VERLAG ÖSTERREICH

S. Bachmann, G. Baumgartner,
R. Feik, C. Fuchs, K. Giese,
D. Jahnel, G. Lienbacher (Hrsg)

Besonderes Verwaltungsrecht

14. Auflage

2022

Lehrbuch

VERLAG ÖSTERREICH

Bundesratsdirektorin PR Dr. Susanne Bachmann
Univ.-Prof. Dr. Gerhard Baumgartner
ao. Univ.-Prof. Dr. Rudolf Feik
Univ.-Prof. Dr. Claudia Fuchs, LL.M.
ao. Univ.-Prof. Dr. Karim Giese
ao. Univ.-Prof. Dr. Dietmar Jahnel
Univ.-Prof. Dr. Georg Lienbacher

Susanne Bachmann: Parlamentsdirektion, Wien
Claudia Fuchs: Institut für Staatsrecht und Politische Wissenschaften, Johannes Kepler Universität Linz
Gerhard Baumgartner: Institut für Rechtswissenschaften, Alpen-Adria-Universität Klagenfurt
Georg Lienbacher: Mitglied des Verfassungsgerichtshofes sowie Institut für Österreichisches und Europäisches Öffentliches Recht, Wirtschaftsuniversität Wien
Rudolf Feik, Karim Giese, Dietmar Jahnel: Fachbereich Öffentliches Recht, Völker- und Europarecht, Universität Salzburg

Das Werk ist urheberrechtlich geschützt.
Die dadurch begründeten Rechte, insbesondere die der Übersetzung, des Nachdruckes, der Entnahme von Abbildungen, der Funksendung, der Wiedergabe auf photomechanischem oder ähnlichem Wege und der Speicherung in Datenverarbeitungsanlagen, bleiben, auch bei nur auszugsweiser Verwertung, vorbehalten.
Die Wiedergabe von Gebrauchsnamen, Handelsnamen, Warenbezeichnungen usw in diesem Buch berechtigt auch ohne besondere Kennzeichnung nicht zu der Annahme, dass solche Namen im Sinne der Warenzeichen- und Markenschutz-Gesetzgebung als frei zu betrachten wären und daher von jedermann benutzt werden dürfen.

Produkthaftung: Sämtliche Angaben in diesem Fachbuch/wissenschaftlichen Werk erfolgen trotz sorgfältiger Bearbeitung und Kontrolle ohne Gewähr. Eine Haftung der Autoren, der Herausgeber oder des Verlages aus dem Inhalt dieses Werkes ist ausgeschlossen.

© 1996, 1998, 2000, 2002, 2004, 2007, 2008 und 2010 Springer-Verlag/Wien
© 2012, 2014, 2016, 2018, 2020 und 2022 Verlag Österreich GmbH, Wien
www.verlagoesterreich.at
Gedruckt in Ungarn

Satz: Grafik & Design, Claudia Gruber-Feigelmüller, 3580 Horn, Österreich
Druck und Bindung: Prime Rate Kft., 1044 Budapest, Ungarn

Gedruckt auf säurefreiem, chlorfrei gebleichtem Papier

Bibliografische Information der Deutschen Nationalbibliothek
Die Deutsche Nationalbibliothek verzeichnet diese Publikation in der Deutschen Nationalbibliografie; detaillierte bibliografische Daten sind im Internet über http://dnb.d-nb.de abrufbar.

ISBN 978-3-7046-8583-4 13. Auflage Verlag Österreich
ISBN 978-3-7046-9043-2 14. Auflage Verlag Österreich

Vorwort zur 14. Auflage

Die 14. Auflage des Lehrbuches bemüht sich so wie bisher, den Leserinnen und Lesern im Studium und in der Praxis den Zugang zu den zentralen Rechtsgebieten des Besonderen Verwaltungsrechts auf aktuellem Stand zu erschließen und zu vermitteln.

Auswahl und Zusammenstellung der Rechtsgebiete orientieren sich in bewährter Weise an der praktischen Relevanz und ihrer aktuellen Bedeutung im universitären Lehr- und Prüfungsbetrieb. Die Aktualisierung der Beiträge ist von geringeren Änderungen im Rechtsbestand gekennzeichnet. Erwähnenswert scheinen das neue Telekommunikationsgesetz 2021 und im Bereich des Fremdenrechts die Umsetzung der RL (EU) 2021/1883 („Blaue Karte EU") samt Erleichterungen bei der „Rot-Weiß-Rot-Karte" für hochqualifizierte drittstaatsangehörige Arbeitnehmer. Wie immer galt es aber auch, einschlägige Entwicklungen aus dem Bereich der umfangreichen Judikatur zu sichten und zu verarbeiten.

Die vorliegende Auflage berücksichtigt die Rechtslage bis zum 01. September 2022.

Wenn es gelingt, im Kontext der Einzeldarstellungen Kenntnisse zu den Funktionsweisen und den Instrumenten, die das jeweilige Rechtsgebiet wesentlich bestimmen, zu vermitteln und dessen Einbettung in die gesamte Rechtsordnung mit all ihren Wechselbeziehungen bewusst zu machen, ist eine der maßgeblichen Zielsetzungen dieses Lehrbuchs erreicht. Jeden Vorschlag, diese Ziele noch besser zu verwirklichen, nehmen wir gerne entgegen. Für Anregungen und Kritik sind wir daher wie immer dankbar.

Hinzuweisen ist auf das Fallbuch als Ergänzung zum vorliegenden Besonderen Verwaltungsrecht. Es ist inhaltlich auf die Sachgebiete des Lehrbuchs abgestimmt und soll die Studierenden mit der Anwendung des Lernwissens und der Technik der Fallbearbeitung vertraut machen, zur Vertiefung in Kernfragen der Rechtsgebiete beitragen sowie insbesondere zur Vorbereitung auf Klausuren im rechtswissenschaftlichen Studium eine Hilfestellung bieten.

Den an der Überarbeitung beteiligten Mitarbeiterinnen und Mitarbeitern wird für ihre Unterstützung herzlich gedankt.

Klagenfurt a. W./Linz/Salzburg/Wien, im September 2022

Die Herausgeberinnen und Herausgeber

Vorwort zur 1. Auflage

Ziel dieses Lehrbuchs ist es, eine Auswahl wichtiger Kapitel des Besonderen Verwaltungsrechts einheitlich strukturiert darzustellen, um damit eine Hilfestellung für Studium und Praxis zu bieten. Die Zusammenstellung der Rechtsgebiete und die Entwicklung eines einheitlichen Gliederungskonzepts wurde gemeinsam vorgenommen, für den Inhalt der einzelnen Kapitel ist jedoch jeder Autor selbst verantwortlich. Dabei war es nicht immer leicht, eine möglichst vollständige systematische Darstellung zu gewährleisten und gleichzeitig die Umfangsvorgaben eines Lehrbuchs einzuhalten.

Im Gegensatz zu den anderen Lehrbüchern des Besonderen Verwaltungsrechts ging es uns nicht darum, die Materien des Verwaltungsrechts in knapper Form grundrissartig darzustellen oder Besonderheiten aus einzelnen Kapiteln unter didaktischen Gesichtspunkten aufzubereiten. Vielmehr verfolgten wir das Ziel, die ausgewählten Rechtsgebiete im Gefüge der Gesamtrechtsordnung darzustellen und den Regelungsgegenstand, die Regelungsziele, die Rechtsinstitute bzw rechtlichen Instrumente aufzuzeigen, die der jeweilige Gesetzgeber verwendet hat. Dabei wurde versucht, soweit wie möglich auf die Prüfungs- und Lehrsituation an allen Universitäten in Österreich einzugehen, weshalb bei den landesrechtlichen Materien vor allem die Gemeinsamkeiten bzw Unterschiede zwischen den Bundesländern herausgearbeitet wurden.

Dieses Buch soll nicht nur dem Studenten als Lernbehelf dienen, sondern teilweise auch die Funktion eines Nachschlagewerks für den Praktiker erfüllen. Deshalb wurden zu Beginn jedes Kapitels die innerstaatlichen und europäischen Rechtsgrundlagen möglichst umfassend aufgelistet. Rechtsprechung und Literatur wurden hauptsächlich mit Blickrichtung auf studentische Bedürfnisse ohne jeglichen Anspruch auf Vollständigkeit ausgewählt. Ein besonderes Anliegen war uns ferner eine Darstellung sowohl der aktuellen verfassungsrechtlichen als auch der europarechtlichen Bezüge.

Ein Glossar immer wiederkehrender Begriffe, Institute und Institutionen des Verwaltungsrechts im Anhang soll vor allem dem studentischen Benützer das Lesen und Verstehen der einzelnen Beiträge ohne ständiges Nachschlagen in anderen Werken ermöglichen und damit das Lernen erleichtern.

Die Rechtslage wurde bis zum 1. Mai 1996 berücksichtigt und insb das Strukturanpassungsgesetz noch eingearbeitet. Für Anregungen und Kritik sind wir dankbar.

Salzburg, im Mai 1996 Die Herausgeber

Benützerhinweise

- In diesem Buch wird aus Gründen der Lesbarkeit auf Fußnoten verzichtet, dafür sind jedem Kapitel Hinweise auf weiterführende Literatur vorangestellt. Die Auswahl erfolgt in erster Linie im Hinblick auf studentische und praktische Bedürfnisse ohne jeden Anspruch auf Vollständigkeit. Auf Standardlehrbücher wird nicht verwiesen.
- Die Rubrik „Rechtsprechung" umfasst die wesentlichen Leitentscheidungen zu den einzelnen Materiengesetzen und soll häufig wiederkehrende und besonders komplexe Rechtsprobleme anhand von Beispielen veranschaulichen.
- Die Darstellung der Landesmaterien beschränkt sich nicht auf ein Bundesland. Es wird vielmehr versucht, das jeweilige Rechtsgebiet in einer Zusammenschau der Landesgesetze unter systematischen Gesichtspunkten darzustellen und auf einzelne Besonderheiten bzw Unterschiede hinzuweisen. Für Einzelheiten ist daher eine Lektüre der jeweiligen Landesgesetze unumgänglich.
- Paragrafenbezeichnungen ohne nähere Angaben beziehen sich auf das „Hauptgesetz" der jeweiligen Materie.
- Österreichische Verordnungen sind mit „V" abgekürzt, europäische mit „VO".
- Im Text mit „*" versehene Begriffe sind im Glossar näher erläutert.
- Querverweise innerhalb des Buches erfolgen mit „→".
- Die Bezeichnungen der BM richten sich nach dem Bundesministeriengesetz idF BGBl I 98/2022 und können daher vom Materiengesetz abweichen.
- Am Ende jedes Kapitels findet sich ein Abschnitt „Behörden und Verfahren", in dem vor allem die Zuständigkeiten dargestellt werden und auf verfahrensrechtliche Besonderheiten hingewiesen wird.
- Die im Sachverzeichnis kursiv ausgewiesenen Seitenangaben weisen auf die jeweilige Seitenangabe für die Erläuterung eines Glossarbegriffs hin.

Inhaltsübersicht

Abkürzungsverzeichnis XXVII

Datenschutzrecht (*Dietmar Jahnel*) 1

Sicherheitspolizeirecht (*Karim Giese*) 49

Vereinsrecht (*Karim Giese*) 99

Versammlungsrecht (*Karim Giese*) 129

Fremdenrecht (*Rudolf Feik*) 161

Staatsbürgerschaftsrecht (*Susanne Bachmann*) 225

Umweltverträglichkeitsprüfung (*Claudia Fuchs*) 243

Gewerberecht (*Rudolf Feik*) 267

Wasserrecht (*Gerhard Baumgartner*) 331

Forstrecht (*Karim Giese*) 383

Straßenpolizei- und Kraftfahrrecht – ausgewählte Fragen (*Susanne Bachmann*) 415

Regulierungsrecht (*Gerhard Baumgartner/Claudia Fuchs*) 441

Vergaberecht (*Claudia Fuchs*) 493

Raumordnungsrecht (*Georg Lienbacher*) 527

Baurecht (*Dietmar Jahnel*) 565

Grundverkehrsrecht (*Georg Lienbacher*) 599

Naturschutzrecht (*Dietmar Jahnel*) 631

Veranstaltungsrecht (*Georg Lienbacher*) 647

Glossar 673

Sachverzeichnis 703

Inhaltsverzeichnis

Abkürzungsverzeichnis	XXVII
Datenschutzrecht (*Dietmar Jahnel*)	1
I. Regelungsgegenstand und -ziele	4
II. Verfassungsrechtliche Bezüge	5
1. Kompetenzrechtliche Bestimmungen	5
2. Grundrechtliche Bestimmungen	6
III. Europarechtliche Bezüge	6
IV. Grundlagen	6
1. Sachlicher Anwendungsbereich (Art 2)	6
2. Räumlicher Anwendungsbereich (Art 3)	7
3. Die Rollenverteilung im Datenschutzrecht	8
4. Weitere (ausgewählte) Begriffsbestimmungen	11
V. Das Grundrecht auf Datenschutz	14
1. Recht auf Geheimhaltung personenbezogener Daten	15
2. Die Rechte auf Auskunft, Richtigstellung und Löschung	17
VI. Verarbeitung von Daten	18
1. Rechtmäßigkeitsprüfung	18
2. Allgemeine Grundsätze	24
3. Weiterverwendung für einen anderen Zweck	24
4. Datenübermittlung ins Ausland	25
VII. Datensicherheit	26
1. Datensicherheitsmaßnahmen	26
2. Data Breach Notification	26
3. Datengeheimnis (§ 6 DSG)	27
VIII. Publizität der Datenverarbeitungen	28
1. Verzeichnis der Verarbeitungstätigkeiten	28
2. Datenschutz-Folgenabschätzung	29
3. Datenschutzbeauftragter	30
IX. Die Rechte der betroffenen Person	31
1. Informationspflicht	32
2. Auskunftsrecht	33

	3. Recht auf Berichtigung und Löschung	36
	4. Recht auf Einschränkung der Verarbeitung	38
	5. Recht auf Datenübertragbarkeit	38
	6. Widerspruchsrecht	39
	7. Automatisierte Entscheidungen im Einzelfall einschließlich Profiling	39
X.	Datenverarbeitung zu spezifischen Zwecken	40
	1. Wissenschaftliche Forschung und Statistik	40
	2. Freiheit der Meinungsäußerung und Informationsfreiheit („Medienprivileg")	40
	3. Bildverarbeitung	41
XI.	Strafbestimmungen	43
	1. Datenverwendung in Gewinn- oder Schädigungsabsicht	43
	2. Geldbuße	44
	3. Verwaltungsstrafen	45
XII.	Behörden und Verfahren	45
	1. Behörden	45
	2. Rechtsschutz	46

Sicherheitspolizeirecht (*Karim Giese*) 49

I.	Regelungsgegenstand und -ziele	55
II.	Verfassungsrechtliche Bezüge	55
	1. Kompetenzrechtliche Bestimmungen	55
	2. Grundrechtliche Bestimmungen	57
	3. Legalitätsprinzip	60
	4. Organisation und Aufgaben der Sicherheitsbehörden	61
	5. Besondere Kontrolle der Sicherheitsbehörden	62
	6. Privatisierung sicherheitspolizeilicher Aufgaben	63
III.	Europarechtliche Bezüge	63
	1. Europäische Polizeikooperation	63
	2. Datenschutz	64
	3. Grundrechte-Charta	65
IV.	Völkerrechtliche Bezüge	65
	1. Internationale Polizeikooperation	65
	2. Sicherheitspolizeiliche Maßnahmen	65
V.	Sicherheitspolizeirecht des Bundes	66
	1. Aufgaben der Sicherheitspolizei	67
	2. Sicherheitspolizeiliche Befugnisse	70
	3. Polizeistrafrecht des Bundes	86
	4. Behörden und Verfahren	89
VI.	Sicherheitspolizeirecht der Länder	92
	1. Sicherheitspolizeiliche Befugnisse	92
	2. Bewilligungsvorbehalte	93

	3. Polizeistrafrecht der Länder	93
	4. Sonstige „Gefahrenpolizei"	94
	5. Behörden und Verfahren	95
VII.	Ortspolizeiliche Verordnungen der Gemeinden	95
	1. Beschränkter Anwendungsbereich	95
	2. Behörden und Verfahren	96

Vereinsrecht (*Karim Giese*) 99

I.	Regelungsgegenstand und -ziele	102
II.	Verfassungsrechtliche Bezüge	103
	1. Kompetenzrechtliche Bestimmungen	103
	2. Grundrechtliche Bestimmungen	103
III.	Europarechtliche Bezüge	105
	1. Grundrechte-Charta	105
	2. Grundfreiheiten des Binnenmarktes	105
	3. Europäischer Verein	105
IV.	Vereinsbegriff	105
	1. Freiwilligkeit	106
	2. Auf Dauer angelegter Zusammenschluss mindestens zweier Personen	106
	3. Aufgrund von Statuten organisierter Zusammenschluss	106
	4. Bestimmter, gemeinsamer, ideeller Zweck	106
	5. Ausnahmen	107
V.	Erscheinungsformen von Vereinen	110
	1. Haupt- und Zweigvereine	110
	2. (Vereins-) Verbände, Dachverbände	110
VI.	Vereinsgründung	110
	1. Vereinserrichtung	111
	2. Vereinsentstehung	114
	3. Nichtgestattung der Vereinsgründung	115
VII.	Vereinstätigkeit	116
	1. Beginn der Vereinstätigkeit	116
	2. Konstituierung des Vereins	117
	3. Geschäftsführung, Außenvertretung	117
	4. Vereinsversammlungen	118
	5. Informationsrechte und -pflichten	118
	6. Rechnungslegung, Rechnungsprüfung	118
	7. Anzeigepflichten	119
	8. Statutenänderung	119
	9. Zivilrechtliche Haftung	119
VIII.	Beendigung des Vereins	119
	1. Freiwillige Vereinsauflösung	120
	2. Behördliche Vereinsauflösung	120

	3. Abwicklung des Vereinsvermögens	122
IX.	Verwaltungsstrafrecht	123
X.	Behörden und Verfahren	123
	1. Zuständigkeit	123
	2. Verfahren	124
	3. Rechtsschutz beim VfGH und VwGH	124
	4. Vereinsregister	126

Versammlungsrecht (*Karim Giese*) ... 129

I.	Regelungsgegenstand und -ziele	132
II.	Verfassungsrechtliche Bezüge	133
	1. Kompetenzrechtliche Bestimmungen	133
	2. Grundrechtliche Bestimmungen	133
III.	Europarechtliche Bezüge	136
IV.	Völkerrechtliche Bezüge	136
V.	Versammlungsbegriff	137
	1. Definition	137
	2. Arten von Versammlungen	140
VI.	Vorbereitung einer Versammlung	142
	1. Versammlungsanzeige	142
	2. Zurückweisung der Anzeige	144
	3. Untersagung der Versammlung	144
	4. Erteilung einer Bescheinigung; Zustellung des Untersagungsbescheides	149
	5. Behördliche Festlegung eines Schutzbereiches	150
VII.	Durchführung einer Versammlung	150
	1. Versammlungsleiter und Ordner	150
	2. Vermummungs-, Waffenverbot	151
	3. Sonstige Verbote nach anderen Verwaltungsgesetzen	152
	4. Exkurs: Zivilrechtliche Haftung für Demonstrationsschäden	152
	5. Behördliche Versammlungsaufsicht	153
VIII.	Verwaltungsstrafrecht, gerichtliches Strafrecht	155
IX.	Behörden und Verfahren	156
	1. Behörden	156
	2. Verfahren	157
	3. Rechtsschutz bei VfGH und VwGH	157

Fremdenrecht (*Rudolf Feik*) ... 161

I.	Regelungsgegenstand und -ziele	172
II.	Verfassungsrechtliche Bezüge	173
	1. Kompetenzrechtliche Bestimmungen	173
	2. Grundrechtliche Bestimmungen – Rechtsstaatsprinzip	174
III.	Europarechtliche Bezüge	175

IV.	Völkerrechtliche Bezüge	178
V.	Grundbegriffe	178
VI.	Fremdenpolizeigesetz 2005	180
	1. Reisedokumente	181
	2. Sichtvermerke	182
	3. Aufenthaltsberechtigung	183
	4. Fremdenpolizeiliche Befugnisse	184
	5. Aufenthaltsbeendigung	189
	6. Schubhaft	192
	7. Fremdenpolizeiliche Datenverwendung	194
	8. Strafbestimmungen	195
	9. Behörden und Verfahren	195
VII.	Niederlassungs- und Aufenthaltsgesetz	197
	1. Aufenthaltstitel	198
	2. Allgemeine Voraussetzungen für die Erteilung eines Aufenthaltstitels	200
	3. Quotenpflichtige Aufenthaltstitel	202
	4. Ungültigkeit, Gegenstandslosigkeit, Erlöschen, Untergang und Entziehung von Aufenthaltstiteln	203
	5. Das Verfahren zur Erteilung von Aufenthaltstiteln	203
	6. Aufenthaltsrecht von EWR-Bürgern	205
	7. Integrationsförderung	206
	8. Verwenden personenbezogener Daten	208
	9. Behörden und Verfahren	208
VIII.	Asylgesetz 2005	210
	1. Status des Asylberechtigten	210
	2. Status des subsidiär Schutzberechtigten	214
	3. Antragstellung, Antragseinbringung und Zulassungsverfahren	215
	4. Einstellung und Gegenstandslosigkeit des Asylverfahrens	217
	5. Asylrechtliche Rückkehrentscheidung	218
	6. Zwangsbefugnisse gegenüber Asylsuchenden	219
	7. BVwG-Beschwerde	220
	8. Datenverwendung	221
	9. Grundversorgung	222
	10. Behörden und Verfahren	222

Staatsbürgerschaftsrecht (*Susanne Bachmann*) 225
I. Regelungsgegenstand und -ziele 227
II. Verfassungsrechtliche Bezüge 228
    1. Kompetenzrechtliche Bestimmungen 228
    2. Grundrechtliche Bestimmungen 228
    3. Bundesbürgerschaft – Landesbürgerschaft 229
III. Europarechtliche Bezüge 229

IV.	Grundsätze des Staatsbürgerschaftsrechts	230
V.	Erwerb der Staatsbürgerschaft	231
	1. Erwerb durch Abstammung	231
	2. Erwerb durch Verleihung	231
	3. Erwerb durch Anzeige	237
VI.	Verlust der Staatsbürgerschaft	238
	1. Verlust durch Erwerb einer fremden Staatsangehörigkeit	238
	2. Verlust durch Entziehung	239
	3. Verlust durch Verzicht	240
VII.	Strafbestimmungen	240
VIII.	Behörden und Verfahren	240
	1. Behörden	240
	2. Verfahren	242
	3. Anwendung früherer Rechtsgrundlagen	242

Umweltverträglichkeitsprüfung (*Claudia Fuchs*) 243
I. Regelungsgegenstand und -ziele 248
II. Verfassungsrechtliche Bezüge 249
    1. Kompetenzrechtliche Bestimmungen 249
    2. Zuständigkeit des BVwG 249
III. Europarechtliche Bezüge 250
IV. Völkerrechtliche Bezüge 251
V. UVP-Pflicht 251
    1. UVP-pflichtige (Neu-)Vorhaben 252
    2. Vorhabensänderungen 253
    3. Feststellungsverfahren 253
    4. Bundesstraßen und Hochleistungsstrecken 254
    5. Wasserwirtschaftlich bedeutsame Vorhaben 254
    6. Vorhaben von gemeinsamem Interesse und Standort-Entwicklungsgesetz 254
VI. Behörden und Verfahren 255
    1. Behörden 255
    2. Umweltrat 256
    3. Parteien und Rechtsschutz 256
    4. Verfahren 259

Gewerberecht (*Rudolf Feik*) 267
I. Regelungsgegenstand und -ziele 275
II. Verfassungsrechtliche Bezüge 276
    1. Kompetenzrechtliche Bestimmungen 276
    2. Grundrechtliche Bestimmungen 276
    3. Staatsziele Nachhaltigkeit, Tierschutz, Umweltschutz, Wasser- und Lebensmittelversorgung und Forschung 278

III.	Europarechtliche Bezüge	279
IV.	Geltungsbereich der GewO	281
	1. Gewerbsmäßigkeit	281
	2. Erlaubtheit	282
	3. Ausnahmen	283
V.	Einteilung der Gewerbe	284
	1. Reglementierte Gewerbe – freie Gewerbe	284
	2. Anmeldungsgewerbe – bescheidbedürftiges Gewerbe	285
	3. Exkurs: Gewerbebetrieb – Industriebetrieb	286
VI.	Antritts- und Ausübungsvoraussetzungen	287
	1. Allgemeine Voraussetzungen	287
	2. Besondere Voraussetzungen	288
VII.	Umfang der Gewerbeberechtigung	292
	1. Gewerbewortlaut	292
	2. Zusätzliche Befugnisse der Gewerbetreibenden	293
VIII.	Ausübung von Gewerben	294
	1. Gewerbeberechtigung/Gewerbelizenz – Gewerbeinhaber/Gewerbetreibender	294
	2. Sonstige Rechtsfragen zur Gewerbeausübung	297
IX.	Verlust der Gewerbeberechtigung	300
	1. Endigung der Gewerbeberechtigung	300
	2. Entziehung der Gewerbeberechtigung	300
X.	Gewerbliche Betriebsanlage	301
	1. Definition der gewerblichen Betriebsanlage	301
	2. Genehmigungspflicht von Betriebsanlagen	303
	3. Schutzgüter iSd § 74 Abs 2	307
	4. Sonstige wichtige Begriffe des Betriebsanlagenrechts	309
	5. Betriebsanlagengenehmigungsverfahren	313
	6. Genehmigte Betriebsanlagen – Folgeverfahren	319
	7. Gewerbepolizeiliche Bestimmungen	323
XI.	Märkte	326
XII.	Behörden und Verfahren	327
	1. Behörden	327
	2. Verfahren	328
	3. Rechtsschutz	330

Wasserrecht (*Gerhard Baumgartner*) 331
I.	Regelungsgegenstand und -ziele	338
II.	Verfassungsrechtliche Bezüge	339
	1. Kompetenzrechtliche Bestimmungen	339
	2. Grundrechtliche Bestimmungen	340
	3. Wasserbezogene Staatsziele	341
III.	Europarechtliche Bezüge	342

IV.	Völkerrechtliche Bezüge	344
V.	Grundbegriffe des Wasserrechts	345
	1. Die Gewässer (§§ 1 ff)	345
	2. Öffentliches Wassergut (§ 4)	346
	3. Öffentliche Interessen (§ 105)	347
VI.	Die Benutzung der Gewässer (§§ 5 ff)	348
	1. Die Benutzung öffentlicher Gewässer und privater Tagwässer	348
	2. Die Benutzung des Grundwassers	350
	3. Die Bewilligung der Wasserbenutzung	351
	4. Schadenshaftung (§ 26)	354
VII.	Die nachhaltige Bewirtschaftung der Gewässer (§§ 30 ff)	354
	1. Allgemeines	354
	2. Allgemeine wasserrechtliche Sorgfaltspflicht (§ 31)	355
	3. Vermeidung und Sanierung von Gewässerschäden (B-UHG)	356
	4. Potentiell wassergefährdende Vorhaben (§ 31a, § 31c)	357
	5. Die Bewilligungstatbestände nach §§ 32 ff	358
	6. Schutz der Wasserversorgung	361
VIII.	Abwehr und Pflege der Gewässer (§§ 38 ff)	362
IX.	Allgemeine wasserwirtschaftliche Verpflichtungen (§§ 50 ff)	365
	1. Die Instandhaltungspflicht	365
	2. Die wasserwirtschaftliche Planung	365
X.	Einzugsgebietsbezogene Planung und Durchführung von Maßnahmen zur nachhaltigen Bewirtschaftung (§§ 55 ff)	366
XI.	Erhebung des Zustandes von Gewässern – Wasserkreislauf und Wassergüte (Hydrografie)	368
XII.	Zwangsrechte (§§ 60 ff)	368
	1. Allgemeines	368
	2. Öffentlicherklärung von Privatgewässern (§ 61)	369
	3. Verpflichtung zur Duldung von Vorarbeiten (§ 62)	369
	4. Zwangsrechtstatbestände nach §§ 63 bis 70 (insb Enteignung)	370
	5. Die Befugnisse nach § 71 und § 72	370
XIII.	Wassergenossenschaften und Wasserverbände (§§ 73 ff)	371
XIV.	Behörden und Verfahren (§§ 98 ff)	373
	1. Behörden	373
	2. Parteien und Beteiligte	374
	3. Das wasserrechtliche Bewilligungs- und Anzeigeverfahren	375
	4. Genehmigungskonzentration	378
	5. Die Leistung von Entschädigungen (§§ 117 ff)	379
	6. Aufsicht und Strafen	380

Forstrecht (*Karim Giese*) 383
I. Regelungsgegenstand und -ziele 386
II. Verfassungsrechtliche Bezüge 387

	1. Kompetenzrechtliche Bestimmungen	387
	2. Grundrechtliche Bestimmungen	388
	3. Staatsziel Umweltschutz	389
III.	Europarechtliche Bezüge	389
IV.	Völkerrechtliche Bezüge	390
V.	Grundsätze des Forstrechts	391
VI.	Geltungsbereich; Waldbegriff	391
	1. „Wald" als Legalbegriff	391
	2. Feststellungsverfahren	393
VII.	Forstliche Raumplanung	394
VIII.	Erhaltung des Waldes	395
	1. Wiederbewaldung	395
	2. Waldverwüstungen	396
	3. Rodung	397
	4. Besonders geschützte Wälder mit Sonderbehandlung	402
IX.	Sicherung der Waldwirkungen	404
	1. Forstschutz	404
	2. Schutz vor Wildbach- und Lawinengefahren	406
X.	Benützung und Bewirtschaftung des Waldes	406
	1. Benützung des Waldes	406
	2. Bewirtschaftung des Waldes	408
XI.	Forstaufsicht	409
	1. Private Forstaufsicht; Forstpersonal	409
	2. Behördliche Forstaufsicht	409
XII.	Forstliche Förderung	410
XIII.	Behörden und Verfahren	411
	1. Behörden	411
	2. Hilfsorgane	412
	3. Verfahren	413

Straßenpolizei- und Kraftfahrrecht – ausgewählte Fragen
(Susanne Bachmann) 415

I.	Regelungsgegenstand und -ziele	418
II.	Verfassungsrechtliche Bezüge	418
	1. Kompetenzrechtliche Bestimmungen	418
	2. Grundrechtliche Bestimmungen	419
III.	Europarechtliche Bezüge	422
IV.	Allgemeine Regelungen und Grundsätze	423
V.	Ausgewählte Fragen	424
	1. Alkoholkontrolle (§§ 5 ff StVO)	424
	2. Benützung von Straßen zu verkehrsfremden Zwecken (§§ 82 ff StVO)	427
	3. Entfernung von Hindernissen (§§ 89 ff StVO)/„Abschleppen"	427

Inhaltsverzeichnis

    4. Kfz-Zulassung (§§ 37 ff KFG) 428
    5. Lenkberechtigung 431
    6. Lenkerauskunft 434
    7. Verkehrsbeschränkungen 435
VI. Behörden und Verfahren 436
    1. Behörden 436
    2. Verfahren 438

Regulierungsrecht (*Gerhard Baumgartner/Claudia Fuchs*) 441
I. Regelungsgegenstand und -ziele 452
II. Verfassungsrechtliche Bezüge 454
    1. Kompetenzrechtliche Bestimmungen 454
    2. Grundrechtliche Bestimmungen 454
    3. Verfassungsrechtliche Fragen unabhängiger Regulierungsbehörden 457
III. Europarechtliche Bezüge 458
    1. Rahmenbedingungen und Anforderungen des EU-Primärrechts 458
    2. Vorgaben des EU-Sekundärrechts 459
IV. Völkerrechtliche Bezüge 460
V. Grundbegriffe 461
    1. Regulierung 461
    2. Regulierte Sektoren 463
    3. Instrumente und Verfahren der Regulierung 463
VI. Regulierung im Bereich Telekommunikation 467
    1. Marktzutritt und Frequenzzuteilung 467
    2. Marktdefinition und Marktanalyse 468
    3. Entgeltregulierung und Nutzerrechte 469
    4. Zusammenschaltung 470
    5. Netzausbau 470
    6. Universaldienst 471
VII. Regulierung im Bereich Energiewirtschaft 472
    1. Netzzugang 472
    2. Netzanschluss 473
    3. Entflechtung 474
    4. Preisregulierung 475
    5. Ausgleich von Angebot und Nachfrage im liberalisierten Energiemarkt 476
VIII. Regulierung im Bereich Post 477
    1. Universaldienst 478
    2. Marktzugang 479
IX. Regulierung im Schienenverkehr 480
    1. Marktzugang 480
    2. Entflechtung 480

      3. Netzzugang 482
      4. Entgeltregulierung 483
X. Behörden und Verfahren 484
      1. Das „österreichische Regulierungsbehördenmodell" 484
      2. Regulierungsbehörden der verschiedenen Sektoren 486
      3. Verfahren und Rechtsschutz 490

Vergaberecht (*Claudia Fuchs*) 493
I. Regelungsgegenstand und -ziele 499
II. Verfassungsrechtliche Bezüge 500
      1. Kompetenzrechtliche Bestimmungen 500
      2. Grundrechtliche Bezüge 501
III. Europarechtliche Bezüge 502
IV. Völkerrechtliche Bezüge 504
V. Anwendungsbereich 504
      1. Persönlicher Anwendungsbereich 505
      2. Sachlicher Anwendungsbereich 506
VI. Das Vergabeverfahren 508
      1. Grundsätze und allgemeine Bestimmungen 508
      2. Arten und Wahl des Vergabeverfahrens 511
      3. Wege der Informationsübermittlung 515
      4. Bekanntmachung 515
      5. Ausschreibung 515
      6. Eignungsprüfung 516
      7. Angebot 517
      8. Angebotsprüfung 518
      9. Zuschlag 518
      10. Widerruf 520
      11. Sonderregelungen für die Phase der Auftragsausführung 520
      12. Sonderregelungen für Auftragsvergaben in den Sektoren 521
      13. Die Regelungen des BVergGKonz 2018 für die Vergabe von
          Konzessionsverträgen 521
      14. Die Regelungen des BVergGVS 2012 für die Beschaffung von
          Leistungen im Verteidigungs- und Sicherheitsbereich 522
VII. Rechtsschutz 522
      1. Vergabekontrollverfahren vor dem BVwG 523
      2. Vergabekontrolle auf Ebene der Länder 525
      3. Außerstaatliche Kontrolle 525
      4. Schadenersatz 525

Raumordnungsrecht (*Georg Lienbacher*) 527
I. Regelungsgegenstand und -ziele 536
II. Verfassungsrechtliche Bezüge 537

1. Kompetenzrechtliche Bestimmungen	537
2. Grundrechtliche Bestimmungen	540
3. Legalitätsproblematik	541
III. Europarechtliche Bezüge	542
IV. Einfachgesetzliche Rechtsgrundlagen	544
1. Hoheitliche Raumordnung auf Bundesebene	544
2. Hoheitliche Raumordnung auf Landesebene	545
3. Hoheitliche Raumordnung auf Gemeindeebene	549
4. Nichthoheitliche Raumordnung des Bundes und der Länder	558
V. Behörden und Verfahren	561
1. Behörden	561
2. Verfahren	562
3. Rechtsschutz	562
Baurecht (*Dietmar Jahnel*)	565
I. Regelungsgegenstand und -ziele	568
II. Verfassungsrechtliche Bezüge	569
1. Kompetenzrechtliche Bestimmungen	569
2. Grundrechtliche Bestimmungen	571
III. Europarechtliche Bezüge	572
IV. Bauplatz	573
1. Begriff des Bauplatzes	573
2. Bauplatzerklärung	574
3. Bausperre	575
4. Grundstücksänderung	575
5. Anliegerleistungen	576
V. Baubewilligung	576
1. Begriff „Bau"	576
2. Kategorien von Bauvorhaben	577
3. Baubewilligungsverfahren	580
VI. Baupolizei	591
1. Baupolizeiliche Aufträge	591
2. Illegale Bauten („Schwarzbauten")	592
VII. Bautechnische Vorschriften	592
1. Regelungsgegenstand	592
2. OIB-Richtlinien	593
VIII. Sonstige Rechtsvorschriften	594
IX. Behörden und Verfahren	594
1. Behörden	594
2. Verfahren	596
Grundverkehrsrecht (*Georg Lienbacher*)	599
I. Regelungsgegenstand und -ziele	606
II. Verfassungsrechtliche Bezüge	607

	1. Kompetenzrechtliche Bestimmungen	607
	2. Grundrechtliche Bestimmungen	609
III.	Europarechtliche Bezüge	611
	1. Personenverkehrsfreiheiten* und Erwerb eines (ständigen) Wohnsitzes	612
	2. Kapitalverkehrsfreiheit* und Erwerb eines (ständigen) Wohnsitzes	612
	3. Personenverkehrsfreiheiten* und Erwerb eines Freizeitwohnsitzes	613
	4. Kapitalverkehrsfreiheit* und Erwerb eines Freizeitwohnsitzes	614
	5. Regelungsspielraum der Länder	614
IV.	Die einfachgesetzlichen Rechtsgrundlagen	616
	1. Land- und forstwirtschaftlicher Grundverkehr (grüner Grundverkehr)	617
	2. Baugrundstücksverkehr (grauer Grundverkehr)	620
	3. Ausländergrundstücksverkehr	625
	4. Rechtserwerb von Todes wegen	626
	5. Gemeinsame Bestimmungen	628
V.	Behörden und Verfahren	629
	1. Behörden	629
	2. Verfahren	630
	3. Rechtsschutz	630

Naturschutzrecht (*Dietmar Jahnel*) ... 631

I.	Regelungsgegenstand und -ziele	633
II.	Verfassungsrechtliche Bezüge	634
	1. Kompetenzrechtliche Bestimmungen	634
	2. Grundrechtliche Bestimmungen	635
	3. Staatsziel Umweltschutz	636
III.	Europarechtliche Bezüge	636
IV.	Allgemeiner Landschaftsschutz, Bewilligungs- und Anzeigepflichten	636
V.	Allgemeiner Tier- und Pflanzenschutz	637
	1. Pflanzenschutz	637
	2. Tierartenschutz	638
VI.	Naturdenkmalschutz, Baumschutz	638
VII.	Flächenschutz	639
	1. Schutz von Lebensraum	639
	2. Naturschutzgebiete	639
	3. Landschaftsschutzgebiete	640
	4. Europaschutzgebiete	640
	5. Geschützte Landschaftsteile und Ruhegebiete	641
	6. Naturparks	641

    7. Höhlenschutz 641
    8. Nationalparks 642
    9. Biosphärenparks 642
VIII. Weitere Regelungen 642
    1. Wiederherstellung 642
    2. Ausgleichsmaßnahmen 643
    3. Vertragsnaturschutz 643
    4. Naturschutzabgaben 643
IX. Behörden und Verfahren 643
    1. Behörden 643
    2. Verfahren 644

Veranstaltungsrecht (*Georg Lienbacher*) 647
I. Regelungsgegenstand und -ziele 651
II. Verfassungsrechtliche Bezüge 652
    1. Kompetenzrechtliche Bestimmungen 652
    2. Grundrechtliche Bestimmungen 658
III. Europarechtliche Bezüge 659
IV. Einfachgesetzliche Rechtsgrundlagen 659
    1. Allgemeine Veranstaltungsgesetze der Länder 659
    2. Sonderregelungen für bestimmte Veranstaltungstypen 665
    3. An das Veranstaltungswesen anknüpfende Vorschriften ... 668
    4. Urheberrechtliche Fragen 668
V. Behörden und Verfahren 669
    1. Behörden 669
    2. Verfahren 671

Glossar 673

Sachverzeichnis 703

Abkürzungsverzeichnis

1. AEV	1. Abwasseremissionsverordnung
aA	andere(r) Ansicht
AAEV	Allgemeine Abwasseremissionsverordnung
AB	Ausschussbericht
ABGB	Allgemeines Bürgerliches Gesetzbuch
ABl	Amtsblatt der Europäischen Union, Amtsblatt
Abs	Absatz
ACER	Agentur für die Zusammenarbeit der Energieregulierungsbehörden
ADR	Europäisches Übereinkommen über die internationale Beförderung gefährlicher Güter auf der Straße
AEUV	Vertrag über die Arbeitsweise der Europäischen Union
AEV	Abwasseremissionsverordnung
aF	alte Fassung(en)
AG	Aktiengesellschaft
AGB	Allgemeine Geschäftsbedingungen
AGesVG	Anti-Gesichtsverhüllungsgesetz
AGO	Allgemeine Gemeindeordnung
AgrRS	Agrarische Rundschau
AK	Arbeiterkammer(n)
ÄK	Ärztekammer
AKM	Autoren, Komponisten, Musikverleger
AktG	Aktiengesetz
ALSG	Altlastensanierungsgesetz
aM	andere(r) Meinung
Anh	Anhang
AnhO	Anhalteordnung
ARBÖ	Auto-, Motorrad- und Radfahrerbund Österreichs
Art	Artikel
ASFINAG	Autobahnen- und Schnellstraßen-Finanzierungs AG
ASV	Aufzüge-Sicherheitsverordnung
AsylG	Asylgesetz 2005
AsylG-DV	Asylgesetz-Durchführungsverordnung
AÜG	Arbeitskräfteüberlassungsgesetz
AuslBG	Ausländerbeschäftigungsgesetz
AVG	Allgemeines Verwaltungsverfahrensgesetz
AVRAG	Arbeitsvertragsrechts-Anpassungsgesetz
AWG	Abfallwirtschaftsgesetz
AGesVG	Anti-Gesichtsverhüllungsgesetz

BAG	Berufsausbildungsgesetz
BAK	Bundesamt für Korruptionsprävention und Korruptionsbekämpfung
BauO	Bauordnung(en)
BauPolG	Baupolizeigesetz
BauTG	Bautechnikgesetz(e)
BBetrG	Bundesbetreuungsgesetz
BBetrV	Bundesbetreuungsverordnung
bbl	Baurechtliche Blätter
BDA	Bundesdenkmalamt
BDG	Beamten-Dienstrechtsgesetz
BekGG	Bundesgesetz über die Rechtspersönlichkeit von religiösen Bekenntnisgemeinschaften
betr	betreffend(e, -er, -es)
BFA	Bundesamt für Fremdenwesen und Asyl
BFA-VG	BFA-Verfahrensgesetz
BG	Bundesgesetz(e)
BGBl	Bundesgesetzblatt
BGG	Bebauungsgrundlagengesetz
Bgld, bgld	Burgenland, burgenländisch(e, -er, -es)
Bgm	Bürgermeister
BH	Bezirkshauptmann, Bezirkshauptmannschaft
BK	Bundeskanzler
BKA	Bundeskanzleramt, Bundeskriminalamt
BlgNR	Beilagen zu den stenografischen Protokollen des Nationalrates
BM	Bundesminister(ium)
BMAW	Bundesminister(ium) für Arbeit und Wirtschaft
BMBWF	Bundesminister(ium) für Bildung, Wissenschaft und Forschung
BMEIA	Bundesminister(ium) für europäische und internationale Angelegenheiten
BMF	Bundesminister(ium) für Finanzen
BMG	Bundesministeriengesetz
BMI	Bundesminister(ium) für Inneres
BMJ	Bundesminister(ium) für Justiz
BMK	Bundesminister(ium) für Klimaschutz, Umwelt, Energie, Mobilität, Innovation und Technologie
BML	Bundesminister(ium) für Land- und Forstwirtschaft, Regionen und Wasserwirtschaft
BMLV	Bundesminister(ium) für Landesverteidigung
BR	Bundesrat
BRBG	Erstes Bundesrechtsbereinigungsgesetz
BReg	Bundesregierung
bspw	beispielsweise
BStFG	Bundesstraßenfinanzierungsgesetz 1996
BStG	Bundesstraßengesetz
BStMG	Bundesstraßen-Mautgesetz 2002
BTG	Bautechnikgesetz
B-UHG	Bundes-Umwelthaftungsgesetz
BVA	Bundesvergabeamt
BVB	Bezirksverwaltungsbehörde(n)

BVerfG	(deutsches) Bundesverfassungsgericht
BVergG	Bundesvergabegesetz 2018
BVergGKonz	Bundesvergabegesetz Konzessionen 2018
BVergGVS	Bundesvergabegesetz Verteidigung und Sicherheit 2012
BVG	Bundesverfassungsgesetz(e)
B-VG	Bundes-Verfassungsgesetz
B-VGNov	Bundes-Verfassungsgesetznovelle
BVT	Bundesamt für Verfassungsschutz und Terrorismusbekämpfung; beste verfügbare Techniken
BVwG	Bundesverwaltungsgericht(e)
BWG	Bankwesengesetz
BWK	Bundeswirtschaftskammer
bzw	beziehungsweise
ca	circa
CAFE-RL	Luftqualitätsrichtlinie (Clean Air for Europe)
CDM	Clean Development Mechanism – Mechanismus für umweltverträgliche Entwicklung
CPV	Common Procurement Vocabulary
DFB	Druckfehlerberichtigung
dh	das heißt
DLG	Dienstleistungsgesetz
DMSG	Denkmalschutzgesetz
DÖV	Die öffentliche Verwaltung
DSB	Datenschutzbehörde
DSG	Datenschutzgesetz
DSGVO	Datenschutz-Grundverordnung
DSK	Datenschutzkommission
dt	deutsch(e, -er, -es)
DV	Durchführungsverordnung
DVR	Datenverarbeitungsregister
EAD	European Assessment Document (Europäisches Bewertungsdokument)
EBA	Europäischer Berufsausweis
EDV	Elektronische Datenverarbeitung
EECC	European Electronic Communications Code
EEffG	Bundes-Energieeffizienz-Gesetz
EG	Europäische Gemeinschaft(en), EG-Vertrag in der Fassung des Vertrages von Nizza
EG-K	Emissionsschutzgesetz für Kesselanlagen
EGMR	Europäischer Gerichtshof für Menschenrechte (Straßburg)
E-GovG	E-Government-Gesetz
EGVG	Einführungsgesetz zu den Verwaltungsverfahrensgesetzen
EisbEG	Eisenbahn-Enteignungsentschädigungsgesetz
EisbG	Eisenbahngesetz
EK	Europäische Kommission
EKMR	Europäische Kommission für Menschenrechte
EL	Ergänzungslieferung
ElWOG	Elektrizitätswirtschafts- und -organisationsgesetz
EMAS	Eco-Management and Audit Scheme
EMRK	Europäische Menschenrechtskonvention

endg	endgültig
EP	Europäisches Parlament
ErlRV	Erläuterungen zur Regierungsvorlage
ETA	European Technical Assessment (Europäische Technische Zulassung)
etc	et cetera
EU	Europäische Union, EU-Vertrag in der Fassung des Vertrages von Nizza
EuG	Europäisches Gericht I. Instanz (Luxemburg)
EuGH	Europäischer Gerichtshof (Luxemburg)
EUV	Vertrag über die Europäische Union
eWb	eigener Wirkungsbereich
EWG	Europäische Wirtschaftsgemeinschaft
EWR	Europäischer Wirtschaftsraum
EWRA	Abkommen über den Europäischen Wirtschaftsraum
EZG	Emissionszertifikategesetz 2011
f	und der, die folgende
FAG	Finanzausgleichsgesetz
ff	und der, die folgenden
FGPG	Feuer- und Gefahrenpolizeigesetz
ForstG	Forstgesetz
FPG	Fremdenpolizeigesetz 2005
FrG	Fremdengesetz 1997
FrG-DV	Fremdengesetz-Durchführungsverordnung 1997
FS	Festschrift
FSG	Führerscheingesetz
FSG-DV	Führerscheingesetz-Durchführungsverordnung
FSG-GV	Führerscheingesetz-Gesundheitsverordnung
FSG-PV	Fahrprüfungsverordnung
F-VG	Finanz-Verfassungsgesetz
FWP	Flächenwidmungsplan, -pläne
G	Gesetz(e)
GATS	General Agreement on Trade in Services
GdO	Gemeindeordnung(en)
GelVerkG	Gelegenheitsverkehrsgesetz
gem	gemäß
GemG	Gemeindegesetz
GEREK	Gremium Europäischer Regulierungsstellen für elektronische Kommunikation
GES	Zeitschrift für Gesellschaftsrecht
GesRZ	Zeitschrift für Gesellschafts- und Unternehmensrecht
GewO	Gewerbeordnung
GFK	Genfer Flüchtlingskonvention
GFPO	Gefahrenpolizei- und Feuerpolizeiordnung
GGBG	Bundesgesetz über die Beförderung gefährlicher Güter (Gefahrgutbeförderungsgesetz)
GH	Gerichtshof, Gerichtshöfe
GISA	GewerbeInformationsSystem Austria
GmbH	Gesellschaft mit beschränkter Haftung
GOG	Gerichtsorganisationsgesetz
GP	Gesetzgebungsperiode

GPA	Agreement on Government Procurement
GplG	Gemeindeplanungsgesetz
GRC	Grundrechte-Charta der EU
GrekoG	Grenzkontrollgesetz
GS	Gedenkschrift
GSpG	Glücksspielgesetz
GütbefG	Güterbeförderungsgesetz
GVG	Grundverkehrsgesetz(e)
GVG-B	Grundversorgungsgesetz-Bund
GVV	Grundversorgungsvereinbarung
GWG	Gaswirtschaftsgesetz
ha	Hektar
hA	herrschende Ansicht
HANR	Hauptausschuss des Nationalrates
HausrG	Gesetz zum Schutz des Hausrechtes
hL	herrschende Lehre
HlG	Hochleistungsstreckengesetz
hM	herrschende Meinung
Hrsg	Herausgeber
iaR	in aller Regel
Ibk	Innsbruck
idgF	in der geltenden Fassung
idF	in der Fassung
idR	in der Regel
idS	in diesem Sinne
IE-RL	Industrieemissions-Richtlinie
ieS	im engeren (eigentlichen) Sinn
IEV	Indirekteinleiter-Verordnung
IG-L	Immissionsschutzgesetz-Luft
IMI	Binnenmarkt-Informationssystem
ImmZ	Österreichische Immobilien Zeitung
insb	insbesondere
IPPC	Integrated Pollution Prevention and Control
iS	im Sinne
iSd	im Sinne des (der)
iSv	im Sinne von
IUR	Institut für Umweltrecht (der Johannes Kepler Universität Linz)
IUV	Industrieunfallverordnung
IV	Industriellenvereinigung
iVm	in Verbindung mit
iwS	im weiteren Sinn
iZm	im Zusammenhang mit, in Zusammenhang mit
JAP	Juristische Ausbildung und Praxisvorbereitung
JBl	Juristische Blätter
JI	Joint Implementation – Gemeinsame Umsetzung
JMG	Journal für Medizin und Gesundheitsrecht
JN	Jurisdiktionsnorm
JRP	Journal für Rechtspolitik
JST	Journal für Strafrecht
Jud	Judikatur
K-AGO	Kärntner Allgemeine Gemeindeordnung

KDV	Kraftfahrgesetz-Durchführungsverordnung 1967
KFG	Kraftfahrgesetz
KflG	Kraftfahrliniengesetz
Kfz	Kraftfahrzeug(e)
KfzStG	Kraftfahrzeugsteuergesetz 1992
kg	Kilogramm
KGRückG	Kulturgüterrückgabegesetz
K-GWVG	Kärntner Gemeindewasserversorgungsgesetz
KHVG	Kraftfahrzeugs-Haftpflichtgesetz 1994
km	Kilometer
KOG	KommAustria-Gesetz
KOM	Europäische Kommission
KRG	Kunstrückgabegesetz
Krnt, krnt	Kärnten, kärntner
K-StRG	Kärntner Straßengesetz 1991
KW	Kilowatt
LG	Landesgesetz(e)
LGBl	Landesgesetzblatt
LH	Landeshauptmann
lit	litera/ae
LKW	Lastkraftwagen
LMSVG	Lebensmittelsicherheits- und Verbraucherschutzgesetz
LPolD	Landespolizeidirektion
LReg	Landesregierung
LRG-K	Luftreinhaltegesetz für Kesselanlagen
LSG	Luftfahrtsicherheitsgesetz, (zB sbg, wr) Landessicherheitsgesetz
LStG	Landesstraßengesetz
LStVG	Landes-Straßenverwaltungsgesetz
LUA-G	Landesumweltanwaltschafts-Gesetz
LV	Landesverfassung
L-VG	Landes-Verfassungsgesetz
LVwG	Landesverwaltungsgericht(e)
LWK	Landwirtschaftskammer(n)
m	Meter
maW	mit anderen Worten
max	maximal
mE	meines Erachtens
MinroG	Mineralrohstoffgesetz
MR	Medien und Recht
MSV	Maschinen-Sicherheitsverordnung
mwH	mit weiteren Hinweisen
mwN	mit weiteren Nachweisen
NAG	Niederlassungs- und Aufenthaltsgesetz
nF	neue Fassung
NGO	Nichtregierungsorganisation (Non Governmental Organisation)
NGP	Nationaler Gewässerbewirtschaftungsplan
NLV	Niederlassungsverordnung
NÖ, nö	Niederösterreich, niederösterreichisch(e, -er, -es)
Nov	Novelle
NR	Nationalrat

Nr	Nummer(n)
NSchG	Naturschutzgesetz(e)
NSDAP	Nationalsozialistische Deutsche Arbeiterpartei
NVG	Nahversorgungsgesetz
NVwZ	Neue Verwaltungszeitschrift
NZ	Österreichische Notariatszeitung
ÖAMTC	Österreichischer Automobil-, Motorrad- und Touringclub
öarr	Österreichisches Archiv für recht & religion
ÖGB	Österreichischer Gewerkschaftsbund
OGH	Oberster Gerichtshof
ÖGZ	Österreichische Gemeindezeitung
OIB	Österreichisches Institut für Bautechnik
ÖIR	Österreichisches Institut für Raumplanung
oJ	ohne Jahresangabe
ÖJZ	Österreichische Juristen-Zeitung
ÖNORM	Österreichische Norm
OÖ, oö	Oberösterreich, oberösterreichisch(e-, er, -es)
ÖROK	Österreichische Raumordnungskonferenz
österr	österreichisch(e, -er -es)
ÖVA	Österreichisches Verwaltungsarchiv
ÖWAV	Österreichischer Wasser- und Abfallwirtschaftsverband
ÖZG	Öffnungszeitengesetz
ÖZÖR	Österreichische Zeitschrift für Öffentliches Recht
ÖZW	Österreichische Zeitschrift für Wirtschaftsrecht
PartG	Parteiengesetz
PCI	Projects of Common Interest
PersFrG	BVG über den Schutz der persönlichen Freiheit
PKW	Personenkraftwagen
PMG	Postmarktgesetz
PolG	Polizeigesetz(e)
PolKG	Polizeikooperationsgesetz
PolStrafG	Polizeistrafgesetz(e)
ProvNV	Provisorische Nationalversammlung
PSO-VO	VO über öffentliche Personenverkehrsdienste auf Schiene und Straße
PStG	Personenstandsgesetz
PStSG	Polizeiliches Staatsschutzgesetz
QZV	Qualitätszielverordnung
RassenDiskrVerbG	BVG zur Durchführung des Internationalen Übereinkommens über die Beseitigung aller Formen rassischer Diskriminierung
RdU	Recht der Umwelt
RdW	Recht der Wirtschaft
REMIT-VO	VO über die Integrität und Transparenz des Energiegroßhandelsmarktes
RFG	Rechts- und Finanzierungspraxis der Gemeinden
RGBl	Reichsgesetzblatt
RL	EU-Richtlinie(n)
RLV	Verordnung des BMI, mit der Richtlinien für das Einschreiten der Organe des öffentlichen Sicherheitsdienstes erlassen werden (Richtlinien-Verordnung)

RMP	Hochwasser-Risikomanagementplan
ROG	Raumordnungsgesetz(e)
RPA	Recht und Praxis der öffentlichen Auftragsvergabe
RPlG	Raumplanungsgesetz(e)
Rsp	Rechtsprechung
RV	Regierungsvorlage
Rz	Randzahl(en)
S	Satz
s	siehe
Sbg, sbg	Salzburg, salzburger
SDÜ	Schengener Durchführungsübereinkommen
SEV	Verordnung des BMI über die Sondereinheiten der Generaldirektion für die öffentliche Sicherheit (Sondereinheiten-Verordnung)
SIAK	SIAK-Journal, Zeitschrift für Polizeiwissenschaft und polizeiliche Praxis
SiG	Sicherheitsgesetz
SittenPolG	Sittenpolizeigesetz(e)
sog	so genannt(e, -er, -es)
SPG	Sicherheitspolizeigesetz
SP-V	Strategische Prüfung – Verkehr
StbG	Staatsbürgerschaftsgesetz
StGB	Strafgesetzbuch
StGBl	Staatsgesetzblatt
StGG	Staatsgrundgesetz über die allgemeinen Rechte der Staatsbürger
Stmk, stmk	Steiermark, steiermärkisch(e, -er, -es)
StMV	Standard- und Musterverordnung 2004
StPO	Strafprozessordnung
StRÄG	Strafrechtsänderungsgesetz
StrSchG	Strahlenschutzgesetz
stRsp	ständige Rechtsprechung
StudFG	Studienförderungsgesetz
StV	Staatsvertrag
StVO	Straßenverkehrsordnung
SUP	Strategische Umweltprüfung
SVG	Signatur- und Vertrauensdienstegesetz
t	Tonne(n)
TEN	Transeuropäische Netze
TGO	Tiroler Gemeindeordnung
Tir, tir	Tirol, tiroler
TIWAG	Tiroler Wasserkraft AG
TKG	Telekommunikationsgesetz
tw	teilweise
u.a.	und andere
ua	und andere, unter anderem
UA	Unterabsatz
uÄ	und Ähnliche(s)
uam	und andere mehr
UbG	Unterbringungsgesetz
Übk	Übereinkommen
udgl	und dergleichen

UFG	Umweltförderungsgesetz
UGB	Unternehmensgesetzbuch
UGStVG	Umweltgutachter- und Standorteverzeichnisgesetz
UIG	Umweltinformationsgesetz
UMG	Umweltmanagementgesetz
UN	United Nations (Vereinte Nationen)
UNECE	United Nations Economic Commission for Europe
UNESCO	United Nations Educational, Scientific and Cultural Organization
UNHCR	United Nations High Commissioner for Refugees (Flüchtlingshochkommissariat der Vereinten Nationen)
usw	und so weiter
uU	unter Umständen
uvam	und viele andere mehr
UVE	Umweltverträglichkeitserklärung
UVGA	Umweltverträglichkeitsgutachten
UVP	Umweltverträglichkeitsprüfung
UVP-G	Umweltverträglichkeitsprüfungsgesetz
UVS	Unabhängiger Verwaltungssenat, Unabhängige Verwaltungssenate
üWb	übertragener Wirkungsbereich
V	Verordnung(en) (österr)
v	von
va	vor allem
VAG	Versicherungsaufsichtsgesetz
VBG	Vertragsbedienstetengesetz
VerG	Vereinsgesetz
VersG	Versammlungsgesetz
VerssG	Versorgungssicherungsgesetz
VerwGesG	Verwertungsgesellschaftengesetz 2016
VfGH	Verfassungsgerichtshof
VfSlg	Sammlung der Erkenntnisse und wichtigsten Beschlüsse des Verfassungsgerichtshofes
vgl	vergleiche
VIS	Visa-Informationssystem
VKW	Vorarlberger Kraftwerke (AG)
Vlbg, vlbg	Vorarlberg, vorarlberger
VO	EU-Verordnung(en)
VR	Volksrepublik
VStG	Verwaltungsstrafgesetz
VVG	Verwaltungsvollstreckungsgesetz
VwG	Verwaltungsgericht(e)
VwGH	Verwaltungsgerichtshof
VwGVG	Verwaltungsgerichtsverfahrensgesetz
VwSlg	Sammlung der Erkenntnisse und Beschlüsse des Verwaltungsgerichtshofes
WaffGG	Waffengebrauchsgesetz
Wb	Wirkungsbereich
wbl	Wirtschaftsrechtliche Blätter
WK	Wirtschaftskammer(n)
WLSG	Wiener Landessicherheitsgesetz
wr	wiener

WRG	Wasserrechtsgesetz
WRRL	Wasserrahmenrichtlinie
WTO	World Trade Organization
Z	Zahl, Ziffer
Zak	Zivilrecht Aktuell
zB	zum Beispiel
ZER	Zeitschrift für Europarecht
ZfV	Zeitschrift für Verwaltung
ZfVB	Die administrativrechtlichen Entscheidungen des VwGH und die verwaltungsrechtlich relevanten Entscheidungen des VfGH in lückenloser Folge (Beilage zur ZfV)
ZJS	Zeitschrift für das Juristische Studium
ZÖR	Zeitschrift für öffentliches Recht
ZPEMRK	Zusatzprotokoll zur Europäischen Menschenrechtskonvention
ZPO	Zivilprozessordnung
ZSR	Zentrales Staatsbürgerschaftsregister
zT	zum Teil
ZVB	Zeitschrift für Vergaberecht und Bauvertragsrecht
ZVR	Zeitschrift für Verkehrsrecht
ZVR-Z	Zentrales Vereinsregister-Zahl, Vereinsregisterzahl

Dietmar Jahnel

Datenschutzrecht

Rechtsgrundlagen

Kompetenzgrundlagen

Art 10 Abs 1 Z 13 („allgemeine Angelegenheiten des Schutzes personenbezogener Daten").

Verfassungsrechtliche Bezüge

§ 1 DSG (Grundrecht auf Datenschutz); Art 8 Abs 2 EMRK (Achtung des Privat- und Familienlebens).

Europarechtliche Bezüge

Art 7 und 8 GRC; Art 16 AEUV; VO (EU) 2016/679 des Europäischen Parlaments und des Rates vom 27. April 2016 zum Schutz natürlicher Personen bei der Verarbeitung personenbezogener Daten, zum freien Datenverkehr und zur Aufhebung der RL 95/46/EG (Datenschutz-Grundverordnung), ABl L 2016/119, 1 idF L 2021/74, 35; RL (EU) 2016/680 des Europäischen Parlaments und des Rates vom 27. April 2016 zum Schutz natürlicher Personen bei der Verarbeitung personenbezogener Daten durch die zuständigen Behörden zum Zwecke der Verhütung, Ermittlung, Aufdeckung oder Verfolgung von Straftaten oder der Strafvollstreckung sowie zum freien Datenverkehr und zur Aufhebung des Rahmenbeschlusses 2008/977/JI des Rates, ABl L 2016/119, 89 idF L 2021/74, 36; RL 2002/58/EG des Europäischen Parlaments und des Rates vom 12. Juli 2002 über die Verarbeitung personenbezogener Daten und den Schutz der Privatsphäre in der elektronischen Kommunikation, ABl L 2002/201, 37 idF L 2017/162, 56.

Völkerrechtliche Bezüge

Übereinkommen zum Schutz des Menschen bei der automatischen Verarbeitung personenbezogener Daten, BGBl 317/1988 (Datenschutzkonvention des Europarates).

Gesetze und sonstige Rechtsgrundlagen

Bund: BG über den Schutz personenbezogener Daten (Datenschutzgesetz – DSG), BGBl I 165/1999 idF I 148/2021; §§ 51 ff SicherheitspolizeiG (SPG), BGBl 566/1991 idF I 50/2022;

§§ 160 ff TelekommunikationsG 2021 (TKG 2021), BGBl I 190/2021; § 83 ff Gerichtsorganisationsgesetz (GOG), RGBl 217/1896 idF BGBl I 61/2022; § 151 Gewerbeordnung 1994 (GewO), BGBl 94/1994 idF I 65/2020.

Länder: bgld DatenschutzG, LGBl 87/2005 idF 40/2018; oö Auskunftspflicht-, Datenschutz- und InformationsweiterverwendungsG, LGBl 46/1988 idF 67/2021; sbg Gesetz über Auskunftspflicht, Dokumentenweiterverwendung, Datenschutz, Landesstatistik und Geodateninfrastruktur, LGBl 73/1988 idF 90/2021; stmk DatenschutzG, LGBl 71/2018 idF BGBl I 14/2019; vlbg DatenschutzbeauftragtenG, LGBl 53/2019; wr Datenschutz-AnpassungsG, LGBl 44/2018.

Verordnungen: Verordnung der Datenschutzbehörde über die Ausnahmen von der Datenschutz-Folgenabschätzung (DSFA-AV), BGBl II 108/2018; Verordnung der Datenschutzbehörde über Verarbeitungsvorgänge, für die eine Datenschutz-Folgenabschätzung durchzuführen ist (DSFA-V), BGBl II 264/2019; Verordnung der Datenschutzbehörde über die Anforderungen an eine Stelle für die Überwachung der Einhaltung von Verhaltensregeln (Überwachungsstellenakkreditierungs-Verordnung – ÜStAkk-V), BGBl II 278/2018; Verordnung der Datenschutzbehörde über die Anforderungen an die Akkreditierung einer Zertifizierungsstelle (Zertifizierungsstellen-Akkreditierungs-Verordnung – ZeStAkk-V), BGBl II 79/2021.

Literaturauswahl

Monografien – Kommentare

Kommentare zur DS-GVO (Österreich): *Feiler/Forgó*, EU-DSGVO. EU-Datenschutz-Grundverordnung (2016); *Jahnel*, Datenschutz-Grundverordnung, Kommentar (2021); *Knyrim* (Hrsg), Der DatKomm. Praxiskommentar zum Datenschutzrecht, DSGVO und DSG (Stand 2022).

Kommentare zur DS-GVO (Deutschland – Auswahl): *Ehmann/Selmayr* (Hrsg), Datenschutz-Grundverordnung[2] (2018); *Gola* (Hrsg), DS-GVO. Datenschutz-Grundverordnung[3] (2022); *Kühling/Buchner* (Hrsg), DS-GVO/BDSG. Datenschutz-Grundverordnung[3] (2020); *Paal/Pauli* (Hrsg), Datenschutz-Grundverordnung Bundesdatenschutzgesetz[3] (2021); *Sydow* (Hrsg), Europäische Datenschutzgrundverordnung[3] (2022).

Kommentare zum DSG: *Bresich/Dopplinger/Dörnhöfer/Kunnert/Riedl*, DSG. Datenschutzgesetz (2018); *Pollirer/Weiss/Knyrim/Haidinger*, DSG. Datenschutzgesetz[4] (2019); *Thiele/Wagner*, DSG. Datenschutzgesetz[2] (2022).

Sonstige Kommentare: *Kröpfl*, Praxiskommentar zu den SCC 2021. EU-Standardvertragsklauseln für die Übermittlung personenbezogener Daten an Drittländer (2021).

Einführung: *Forgó* (Hrsg), Grundriss Datenschutzrecht (2018); *Jahnel/Pallwein-Prettner*, Datenschutzrecht[3] (2021); *Kinast/Stanonik* (Hrsg), Praxishandbuch Datenschutz für KMU (2019); *Kunnert*, Datenschutz in Fragen & Antworten (2019); *Unger*, Grundzüge des Datenschutzrechts[3] (2018).

Monografien: *Dürager*, Datenschutz in Unternehmenstransaktionen (2020); *Egger*, Übergabe von Kundendaten bei Unternehmenstransaktionen (2020); *Engel*, Private Bildaufnahme im Datenschutzrecht (2022); *Feiler/Horn*, Umsetzung der DSGVO in der Praxis (2018); *Feiler/Schmitt*, Muster zur Umsetzung der DSGVO in der Praxis (2019); *Gabauer*, Die Verarbeitung personenbezogener Daten zu wissenschaftlichen Forschungszwecken (2019); *Gosch*, Die Verarbeitung besonderer Kategorien personenbezogener Daten (2019);

Gstöttner, Der datenschutzrechtliche Auftragsverarbeiter (2021); *Haimberger*, Datenschutz in der medizinischen und pharmazeutischen Forschung (2021); *Knotzer/Leisser*, Die Datenschutzerklärung. Compliance in klarer und einfacher Sprache (2020); *Pachinger*, Datenschutz-Verträge. Verantwortlicher – Auftragsverarbeiter – Joint Controller (2021); *Probst*, Datensicherheit nach der DS-GVO (2019); *Thiele/Wagner*, Umsetzung der DS-GVO in der Personalpraxis (2019).

Sammelbände: *Bergauer/Jahnel/Mader/Staudegger* (Hrsg), jusIT Spezial: DS-GVO (2018); *Knyrim* (Hrsg), Praxishandbuch Datenschutzrecht[4] (2020); *Lachmayer/von Lewinski* (Hrsg), Datenschutz im Rechtsvergleich. Deutschland – Österreich (2019); *Pachinger* (Hrsg), Datenschutz. Recht und Praxis (2019); *Scheichenbauer* (Hrsg), Der Datenschutzbeauftragte (2019).

Beiträge

Aufsätze zum Datenschutzrecht erscheinen laufend in den Zeitschriften jusIT und Dako sowie im Jahrbuch Datenschutzrecht.

Eine wichtige Rolle bei der Auslegung der DS-GVO spielen die diversen Leitlinien des Europäischen Datenschutzausschusses (EDSA) bzw die „Working Paper (WP)" seiner Vorgängerin, der sog Artikel 29-Datenschutzgruppe, die auf der Website des EDSA abrufbar sind (https://edpb.europa.eu/edpb_de).

Rechtsprechung

VfSlg 12.228/1989 (Veröffentlichungspflicht von Wirtschaftsdaten); VfSlg 18.300/2007 (Papierakt ist keine Datei); VfSlg 18.643/2008 (keine gesetzliche Grundlage für Videoabstandsmessung); VfSlg 19.892/2014 (Aufhebung der Vorratsdatenspeicherung); VfSlg 19.937/2014 (Recht auf Aktenvernichtung); VfSlg 20.014/2015 (Aufhebung des begründungslosen Widerspruchsrechts); VfSlg 20.359/2019 (Anforderungen an die Determinierung von gesetzlichen Grundrechtseingriffen).

OGH 28.06.2000, 6 Ob 148/00h (Sachverständigengutachten ist keine Datei); OGH 15.04.2010, 6 Ob 41/10p (Löschung von Daten); OGH 23.05.2019, 6 Ob 91/19d (Zweigleisigkeit des Rechtsschutzes nach der DS-GVO); OGH 22.06.2021, 6 Ob 56/21k (Haushaltsausnahme bei Facebook; immaterieller Schadenersatz); OGH 03.08.2021, 6 Nc 19/21b (Zuständigkeit der Landesgerichte); OGH 02.02.2022, 6 Ob 129/21w (Rechtmäßigkeit der Lehrer:innen-Bewertungsplattform „Lernsieg").

EuGH 06.11.2003, C-101/01 (Lindqvist) (Veröffentlichung auf einer Internetseite ist kein Übermitteln von Daten in Drittländer); EuGH 16.12.2008, C-73/07 (Satakunnan Markkinapörssi und Satamedia) (auch veröffentlichte Daten fallen unter den Datenschutz; Medienprivileg); EuGH 09.11.2010, C-92/09, C-93/09 (Volker und Markus Schecke und Eifert) (Europarechtswidrigkeit der Veröffentlichung personenbezogener Daten über die Empfänger von Agrarbeihilfen); EuGH 13.05.2014, C-131/12 (Google Spain und Google) (Löschungspflichten von Suchmaschinenbetreibern); EuGH 06.10.2015, C-362/14 (Schrems) (Ungültigerklärung von Safe Harbor); EuGH 19.10.2016, C-582/14 (Breyer) (Dynamische IP-Adressen als personenbezogene Daten); EuGH 05.06.2018, C-210/16 (Wirtschaftsakademie Schleswig-Holstein) (Gemeinsame Verantwortlichkeit bei Facebook-Fanpages); EuGH 29.07.2019, C-40/17 (Fashion ID) (Verantwortlichkeit bei Social Plugin); EuGH 24.09.2019, C-136/17 (GC u.a.) (Auslistung sensibler Daten).

I. Regelungsgegenstand und -ziele

Primäres Ziel des Datenschutzrechts ist es, die **Privatsphäre des Menschen** vor den Gefahren zu schützen, die durch die Möglichkeiten von Auswertungen und Verknüpfungen elektronisch verfügbarer Daten entstehen. Gleichzeitig will das Datenschutzrecht keineswegs die elektronische Verarbeitung personenbezogener Daten verhindern, sondern einen angemessenen Ausgleich zwischen Datenverarbeitung und Schutz der Betroffenen erreichen. Etwa seit Beginn der Siebzigerjahre wird versucht, diese schwer miteinander zu vereinbarenden gegensätzlichen Ziele in eigenen Datenschutzgesetzen zu regeln. In Österreich war dies das **DSG 1978**, das den Schutz der Privatsphäre betonte und verschiedene **Informations- und Abwehrrechte** für die von der Datenverarbeitung Betroffenen einführte.

In der Praxis zeigte sich jedoch bald, dass die Bürger diese Rechte kaum in Anspruch nahmen. Dies führte in den Achtzigerjahren zu einer neuen Sichtweise des Datenschutzes nicht mehr als bloßes Abwehrrecht, sondern auch als Gestaltungsrecht. Das im „Volkszählungsurteil" des deutschen Bundesverfassungsgerichts (BVerfG) 1983 erstmals festgehaltene Grundrecht auf **informationelle Selbstbestimmung** wurde in den folgenden Jahren zum Leitmotiv der europäischen Datenschutzentwicklung.

Für Österreich brachte die DatenschutzRL der EU, die 1995 verabschiedet wurde, die Verpflichtung zu einer tiefgreifenden Umgestaltung der Datenschutzvorschriften im **DSG 2000**. Mit der DSG-Nov 2014 trat eine neue **Datenschutzbehörde** als Kontrollstelle iSd Art 28 Abs 1 der DS-RL an die Stelle der bisherigen Datenschutzkommission. Weiters ist darauf hinzuweisen, dass neben dem DSG 2000 in zahlreichen Bundes- und LandesG (nach wie vor) eigene **Sonderdatenschutzregelungen** bestehen. Derartige Vorschriften sind zB im SPG, im TKG 2021, in § 151 GewO und im GOG zu finden.

Mit **25. Mai 2018** ist die unmittelbar anwendbare **Datenschutz-Grundverordnung (DS-GVO)** in Geltung getreten. Damit waren zwar zahlreiche Neuerungen im Detail verbunden, die bisher geltenden Grundsätze des europäischen Datenschutzrechts wurden aber durch die DS-GVO keineswegs über Bord geworfen, sondern vielmehr aktualisiert, modernisiert und weiterentwickelt.

Die DS-GVO besteht aus 99 Artikeln und 173 Erwägungsgründen. Wegen der vielen Kompromisse bei der Texierung des Gesetzestextes der DS-GVO und der vielen unbestimmten Rechtsbegriffe va bei den inhaltlich neuen Bestimmungen spielen die **Erwägungsgründe (ErwGr)** bei der Auslegung eine große Rolle. Inhaltlich sind Erwägungsgründe Erläuterungen des Gesetzgebers, die einem EU-Rechtsakt vorangestellt werden und die aufzeigen sollen, welche Überlegungen zum Erlass des Rechtsakts geführt haben. Sie werden zwar vom europäischen Gesetzgeber mit beschlossen, sind aber rechtlich nicht verbindlich und können daher nach der Rsp des EuGH weder zur Rechtfertigung einer Abweichung von den Bestimmungen des betreffenden Rechtsaktes noch zu einer Auslegung dieser Bestimmung, die ihrem Wortlaut offensichtlich widerspricht, herangezogen werden (EuGH 19.06.2014, C-345/13).

Die DS-GVO enthält zahlreiche **Öffnungsklauseln** (und wird deshalb auch als „hinkende" Verordnung bezeichnet), die den Nationalstaaten neben den unmittelbar anwendbaren Bestimmungen an den entsprechenden Stellen einen gewissen Regelungsspielraum einräumen. In Österreich wurden diese Öffnungsklauseln im Datenschutzgesetz (DSG) ausgeführt. Dabei sollte ursprünglich ein völlig neues DSG geschaffen, das Grundrecht auf Datenschutz vereinfacht und auf natürliche Personen eingeschränkt sowie eine einheitliche Kompetenzgrundlage für den Bund in den allgemeinen Angelegenheiten des Schutzes personenbezogener Daten eingeführt werden. Dazu ist es aber mangels Zustandekommens der notwendigen Verfassungsmehrheit weder im **Datenschutz-Anpassungsgesetz 2018** (BGBl I 120/2017) noch im **Datenschutz-Deregulierungs-Gesetz 2018** (BGBl I 24/2018) gekommen. Durch BGBl I 14/2019 wurde immerhin eine neue, einheitliche Kompetenzgrundlage für den Bund mit Wirkung von 1.1.2020 geschaffen.

Bei Vorliegen einer Öffnungsklausel muss daher sowohl der Text der DS-GVO als auch der Text des DSG herangezogen werden, um die in Österreich geltende Rechtslage eruieren zu können.

Alle Normzitate ohne Abkürzung einer Norm in diesem Beitrag beziehen sich auf die DS-GVO.

II. Verfassungsrechtliche Bezüge

1. Kompetenzrechtliche Bestimmungen

Durch BGBl I 14/2019 wurde mit Wirkung von 1.1.2020 in Art 10 Abs 1 Z 13 eine **einheitliche Bundeskompetenz** für „allgemeine Angelegenheiten des Schutzes personenbezogener Daten" geschaffen. Durch die Einschränkung auf allgemeine Angelegenheiten des Schutzes personenbezogener Daten bleibt die Zuständigkeit zur Erlassung von auf einen bestimmten Gegenstand bezogenen datenschutzrechtlichen (Sonder)Regelungen – wie bisher auch – unberührt. Die Regelungen betreffend allgemeine Angelegenheiten des Schutzes personenbezogener Daten fußen auf dem neuen Kompetenztatbestand in Art 10 Abs 1 Z 13 B-VG; hingegen sollen die spezifischen datenschutzrechtlichen Regelungen sowohl in Angelegenheiten der Bundesgesetzgebung als auch in Angelegenheiten der Landesgesetzgebung weiterhin auf die Kompetenztatbestände der jeweiligen Materie gestützt werden (**materienspezifischer Datenschutz als Annexmaterie**).

Mit Inkrafttreten der neuen Kompetenzbestimmung am 1.1.2020 traten neben den Verfassungsbestimmungen der §§ 2 und 3 DSG auch die landesgesetzlichen Vorschriften in allgemeinen Angelegenheiten des Schutzes personenbezogener Daten im nicht-automationsunterstützten Datenverkehr außer Kraft. Die in einigen Bundesländern weiterhin bestehenden Landes-Datenschutzgesetze enthalten im Wesentlichen nur noch Bestimmungen über die Datenschutzbeauftragten im Bereich der Länder.

2. Grundrechtliche Bestimmungen

Das durch Verfassungsbestimmung geregelte österreichische **Grundrecht auf Datenschutz** wird in einem eigenen Abschnitt näher dargestellt (s V.). In einem engen Zusammenhang damit steht das Grundrecht auf **Achtung des Privat- und Familienlebens** nach Art 8 EMRK. Die Grundrechte-Charta der EU (GRC) sieht in Art 7 ein Recht auf „Achtung des Privatlebens" und in Art 8 unter dem Titel „Schutz personenbezogener Daten" ein **eigenes Grundrecht auf Datenschutz** vor. IZm der Veröffentlichung personenbezogener Daten über die Empfänger von Agrarbeihilfen hat der EuGH die Grundrechtswidrigkeit eines Rechtsakts des Sekundärrechts festgestellt und diesen für ungültig erklärt (EuGH 09.11.2010, C-92/09, C-93/09).

III. Europarechtliche Bezüge

Neben der unmittelbar anwendbaren DS-GVO ist die „**Datenschutz-Richtlinie-Polizei und Strafjustiz**" für die Verarbeitung personenbezogener Daten durch zuständige Behörden zum Zweck der Verhütung, Ermittlung, Aufdeckung oder Verfolgung von Straftaten oder der Strafvollstreckung, einschließlich des Schutzes vor und der Abwehr von Gefahren für die öffentliche Sicherheit, sowie zum Zweck der nationalen Sicherheit, des Nachrichtendienstes und der militärischen Eigensicherung, relevant. Diese RL wurde im 3. Hauptstück des DSG in den §§ 36 bis 59 ins österreichische Recht umgesetzt.

Der bereichspezifische Datenschutz im Telekommunikationssektor wurde durch eine eigene DatenschutzRL für elektronische Kommunikation („**ePrivacy-RL**") geregelt, die ua Vorschriften betreffend Cookies, Speicherung von Verkehrsdaten, Rufnummernanzeige, Standortdaten und unerbetene Nachrichten enthält. Die österreichische Umsetzung dieser RL ist im TKG 2021 zu finden. In diesem Bereich ist eine Neuregelung durch eine eigene „ePrivacy-Verordnung" (seit Jahren) in Vorbereitung.

IV. Grundlagen

1. Sachlicher Anwendungsbereich (Art 2)

Die DS-GVO gilt für die ganz oder tw **automatisierte Verarbeitung** personenbezogener Daten sowie für die nichtautomatisierte Verarbeitung perso-

nenbezogener Daten, die in einem **Dateisystem** gespeichert sind oder gespeichert werden sollen. Ausgenommen vom Anwendungsbereich sind Datenverarbeitungen:
- im Rahmen einer Tätigkeit, die nicht in den Anwendungsbereich des Unionsrechts fällt, zB Tätigkeiten, die die nationale Sicherheit betreffen;
- durch die Mitgliedstaaten im Rahmen von Tätigkeiten, die in den Anwendungsbereich von Titel V Kapitel 2 EUV fallen. Dabei handelt es sich um Tätigkeiten iZm Bestimmungen über die gemeinsame Außen- und Sicherheitspolitik der EU-Mitgliedstaaten;
- durch natürliche Personen zur Ausübung ausschließlich persönlicher oder familiärer Tätigkeiten (sog „Haushaltsausnahme");
- durch die zuständigen Behörden zum Zwecke der Verhütung, Ermittlung, Aufdeckung oder Verfolgung von Straftaten oder der Strafvollstreckung, einschließlich des Schutzes vor und der Abwehr von Gefahren für die öffentliche Sicherheit. Diesbezüglich wurde die Datenschutz-Richtlinie-Polizei und Strafjustiz erlassen.

Hinsichtlich der für das tägliche Leben bedeutsamen „**Haushaltsausnahme**" gibt ErwGr 18 eine erste Interpretationshilfe. Danach sind darunter Verarbeitungen zur Ausübung ausschließlich persönlicher oder familiärer Tätigkeiten ohne Bezug zu einer beruflichen oder wirtschaftlichen Tätigkeit zu verstehen. Nach der bisherigen Rsp liegt das entscheidende Kriterium darin, ob die personenbezogenen Daten **einem potenziell unbegrenzten Personenkreis zugänglich gemacht** wird (EuGH 10.07.2018, C-25/17). Die Anwendbarkeit der Haushaltsausnahme wurde bejaht
- bei einer privaten Nutzung von WhatsApp, mit der keine uneingeschränkte Veröffentlichung personenbezogener Daten im Internet einherging (DSB 03.05.2021, 2021-0.285.169);
- bei einem privaten Facebook-Account, bei dem die Inhalte nicht potentiell öffentlich zugänglich waren (OGH 23.06.2021, 6 Ob 56/21k).

Weitere Beispiele: Im Urlaub gefertigte Fotos oder Videos, der Versand von SMS an Freunde oder Familienmitglieder sowie das Führen eines (elektronischen) Tagebuchs unterliegen nicht der DS-GVO.

Werden Kontaktdaten von Familienmitgliedern oder Freunden in einem Smartphone oder E-Mail-Adressbuch am PC gespeichert, ist die DS-GVO nicht anwendbar. Handelt es sich bei diesen Kontakten allerdings um Kunden oder Geschäftspartner, gilt die DS-GVO.

2. Räumlicher Anwendungsbereich (Art 3)

Die DS-GVO findet Anwendung auf die Verarbeitung personenbezogener Daten, soweit diese im Rahmen der **Tätigkeiten einer Niederlassung** eines Verantwortlichen oder eines Auftragsverarbeiters **in der Union** erfolgt, unabhängig davon, ob die Verarbeitung in der Union stattfindet (Niederlassungsprinzip). Eine Niederlassung setzt nach ErwGr 22 die effektive und tatsächliche Ausübung einer Tätigkeit durch eine feste Einrichtung voraus.

Die Rechtsform ist dabei nicht ausschlaggebend, es kann sich um eine Zweigstelle oder eine Tochtergesellschaft mit oder ohne eigene Rechtspersönlichkeit handeln.

Erweitert wird der Anwendungsbereich der DS-GVO auf die Datenverarbeitung durch einen **nicht in der Union niedergelassenen Verantwortlichen** oder Auftragsverarbeiter, wenn die Datenverarbeitung im Zusammenhang damit steht,

- betroffenen Personen in der Union Waren oder Dienstleistungen anzubieten, unabhängig davon, ob von diesen betroffenen Personen eine Zahlung zu leisten ist (Marktortprinzip), oder
- das Verhalten betroffener Personen zu beobachten, soweit ihr Verhalten in der Union erfolgt.

Damit ist das europäische Datenschutzrecht – unter den angeführten Voraussetzungen – auch außerhalb der Europäischen Union anwendbar.

Beispiel: Wenn bei der Bestellung von Waren in einem US-amerikanischen Web-Shop in Euro bezahlt werden kann, ist die DS-GVO unzweifelhaft anwendbar; ebenso wird die Möglichkeit des Versandes von Waren in die EU für die Anwendbarkeit der DS-GVO ausreichen.

3. Die Rollenverteilung im Datenschutzrecht

Das Verständnis der datenschutzrechtlichen Rollenverteilung ist wesentlich für die Beantwortung der Frage nach den Trägern der Rechte und Pflichten nach der DS-GVO: Die Bezeichnungen der einzelnen Rollen lauten „**betroffene Person**", „**Verantwortlicher**" und „**Auftragsverarbeiter**". Betroffene Person ist diejenige natürliche Person, deren Daten verarbeitet werden (Art 4 Z 1 DS-GVO). Verantwortlicher ist, wer über die Zwecke und Mittel der Verarbeitung von personenbezogenen Daten entscheidet (Z 7). Auftragsverarbeiter ist, wer die Daten im Auftrag eines Verantwortlichen verarbeitet, wobei hier die Entscheidung über die Mittel der Verarbeitung delegiert wird (Z 8).

a) Betroffene Person (Art 4 Z 1)

Die „**betroffene Person**" ist in Art 4 DS-GVO nicht eigens definiert, die Begriffsbestimmung ergibt sich vielmehr aus der Definition der personenbezogenen Daten als alle Informationen, die sich auf eine identifizierte oder identifizierbare natürliche Person (im Folgenden „betroffene Person") beziehen. Die betroffene Person ist der Träger der **wesentlichen Rechte** nach der DS-GVO.

b) Verantwortlicher (Art 4 Z 7)

„**Verantwortlicher**" nach der DS-GVO ist die natürliche oder juristische Person, Behörde, Einrichtung oder andere Stelle, die allein oder gemeinsam mit anderen über die Zwecke und Mittel der Verarbeitung von personenbezogenen Daten entscheidet. Um ältere Entscheidungen, die zur Rechtslage nach dem DSG 2000 ergangen sind, verstehen zu können, sei darauf hingewiesen, dass der Verantwortliche nach der früheren Rechtslage als „Auftraggeber" bezeichnet wurde. Der Begriff des Verantwortlichen dient in erster Linie dazu, zu bestimmen, **wer** für die Einhaltung der Datenschutzbestimmungen **verantwortlich ist** und an wen sich die betroffene Person bei der Geltendmachung ihrer Rechte in der Praxis wenden kann.

Mit dem Tatbestandselement „**die allein oder gemeinsam mit anderen**" wird klargestellt, dass in Konstellationen, in denen mehrere Parteien an einer Datenverarbeitung mitwirken, nicht zwingend nur eine, sondern auch mehrere Parteien die Rolle des Verantwortlichen einnehmen können.

Eine **gemeinsame Verantwortlichkeit** liegt gem Art 26 vor, wenn zwei oder mehrere (eigenständige) Verantwortliche gemeinsam die Zwecke der und die Mittel zur Datenverarbeitung festlegen (arbeitsteilige Datenverarbeitung). Beispiele dafür sind zB eine gemeinsam geführte Kunden- oder Marketingdatenbank oder eine gemeinsame Buchungsplattform von unterschiedlichen Reiseveranstaltern und Unternehmen, die Nebenleistungen anbieten (Hotels, Mietwagen oder Veranstaltungsbuchung). In diesem Fall muss der Schwerpunkt der Prüfung auf der Frage liegen, ob mehr als eine Partei über die Zwecke und die wesentlichen Elemente der Mittel entscheidet. Wird dies bejaht, verpflichtet Art 26 sämtliche Verantwortliche dazu, in einer transparenten Vereinbarung untereinander festzulegen, wer welche Rechte und Pflichten aus der DS-GVO zu übernehmen hat. Diese Vereinbarung ist hinsichtlich ihrer wesentlichen Bestimmungen der betroffenen Person zur Verfügung zu stellen. Weiters wird in Art 26 Abs 3 festgehalten, dass die betroffene Person jedenfalls ihre Rechte im Rahmen der DS-GVO gegenüber jedem einzelnen der Verantwortlichen geltend machen kann (Solidarverantwortung).

Zur Beurteilung der Fähigkeit „**über Zwecke und Mittel zu entscheiden**" wurden von der Art 29-Datenschutzgruppe (s dazu XII.1.c) folgende drei Kategorien entwickelt:
1. Die Verantwortung aufgrund einer ausdrücklichen rechtlichen Zuständigkeit;
2. die Verantwortung aufgrund einer implizierten Zuständigkeit (zB Arbeitgeber in Bezug auf Daten ihrer Mitarbeiter);
3. die Verantwortung aufgrund eines tatsächlichen Einflusses (zB vertragliche Beziehungen oder eine tatsächlich von einer Partei ausgeübte Kontrolle).

Beim „**Zweck**" der Datenverarbeitung wird auf das erwartete Ergebnis abgestellt, das beabsichtigt ist oder die geplanten Aktionen leitet, bei den „**Mitteln**" auf die Art und Weise, wie das Ergebnis oder Ziel erreicht wird.

Den Verantwortlichen treffen va folgende Pflichten:
- Verantwortung für die Zulässigkeit der Verarbeitung von Daten;
- Vorkehrungen zur Datensicherheit;
- Verzeichnisführungspflicht;
- (allenfalls) Durchführen einer Datenschutz-Folgenabschätzung;
- (allenfalls) Bestellung eines Datenschutzbeauftragten;
- Informationspflicht, Auskunftspflicht, Pflicht zur Richtigstellung und Löschung.

Beispiele: Rechtsanwälte sind datenschutzrechtlich Verantwortliche, wenn sie Daten für den Zweck der Vertretung ihrer Mandanten verarbeiten (DSB 06.12.2021, 2020-0.774.665). Auskunfteien über Kreditverhältnisse nach § 152 GewO sind als Verantwortliche und nicht als Auftragsverarbeiter zu qualifizieren (DSB 13.05.2019, DSB-D123.688/0003-DSB/2018).

Als (selbständig) Verantwortliche werden von der Art 29-Datenschutzgruppe zB qualifiziert: Der Anbieter einer Telekommunikationsdienstleistung hinsichtlich der Verkehrs- und Rechnungsdaten, der Gebäudeeigentümer bei einer Videoüberwachung, Personalvermittler und Soziale Netzwerke.

Der EuGH hat in folgenden Konstellationen das Vorliegen einer **gemeinsamen Verantwortlichkeit** bejaht: Der Betreiber einer sog „Fanpage" ist für diese Verarbeitung gemeinsam mit Facebook verantwortlich (EuGH 05.06.2018, C-210/16); eine Religionsgemeinschaft und ihre als Verkünder tätigen Mitgliedern sind gemeinsam Verantwortliche (EuGH 10.07.2018, C-25/17); der Betreiber einer Website, der ein Social Plug-in einbindet, das den Browser des Besuchers dieser Website veranlasst, Inhalte des Anbieters dieses Plug-in anzufordern und hierzu personenbezogene Daten des Nutzers an diesen Anbieter zu übermitteln, ist als gemeinsam mit Facebook Verantwortlicher anzusehen (EuGH 29.07.2019, C-40/17).

Vom BVwG wurden gerichtlich beeidete Sachverständige als mit dem Gericht gemeinsam Verantwortliche qualifiziert (BVwG 23.01.2020, W214 2196366-3). Diese Qualifikation kann durchaus hinterfragt werden und ist in der Fachliteratur umstritten.

c) Auftragsverarbeiter (Art 4 Z 8)

„Auftragsverarbeiter" (nach dem DSG 2000 „Dienstleister") ist eine natürliche oder juristische Person, Behörde, Einrichtung oder andere Stelle, die personenbezogene Daten im Auftrag des Verantwortlichen verarbeitet.

Auftragsverarbeiter handeln im Auftrag und im Interesse des Verantwortlichen, sozusagen als dessen „verlängerter Arm". Da es die Aufgabe eines Auftragsverarbeiters ist, die vom Verantwortlichen erteilten Weisungen hinsichtlich des Zwecks der Verarbeitung und der wesentlichen Elemente der Mittel zu befolgen, wird die Rechtmäßigkeit der Datenverarbeitungstätigkeit des Auftragsverarbeiters durch den erteilten Auftrag bestimmt. Ein Auftragsverarbeiter, der den Rahmen der ihm übertragenen Aufgaben überschreitet und/oder selbst eine nennenswerte Rolle bei der Entscheidung über die Zwecke und die wesentlichen Mittel der Verarbeitung übernimmt, ist hingegen als Verantwortlicher zu qualifizieren.

Zwischen dem Verantwortlichen und einem Auftragsverarbeiter ist ein **Auftragsverarbeitungsvertrag** nach Art 28 DS-GVO abzuschließen, der die Details des konkreten Verhältnisses bestimmt.

Beispiele: Eine Detektei ist nicht datenschutzrechtlicher Verantwortlicher, sondern derjenige, der den Auftrag zur Observation gegeben hat (BVwG 25.06.2019, W258 2187426-1). Im konkreten Fall war die Detektei nur beratend und ausführend, also ohne maßgebliche eigenverantwortliche Entscheidungsgewalt, tätig.

Als Auftragsverarbeiter werden von der Art 29-Datenschutzgruppe zB qualifiziert: Reine Hosting-Dienste von Internetanbietern, Callcenter, der Anbieter einer Telekommunikationsdienstleistung hinsichtlich der übermittelten Inhaltsdaten.

4. Weitere (ausgewählte) Begriffsbestimmungen

a) Personenbezogene Daten (Art 4 Z 1)

Die DS-GVO bezieht sich ausschließlich auf die Verarbeitung **personenbezogener Daten.** Dies sind alle Informationen, die sich auf eine identifizierte oder identifizierbare natürliche Person (im Folgenden „betroffene Person") beziehen; als **identifizierbar** wird eine natürliche Person angesehen, die direkt oder indirekt, insb mittels Zuordnung zu einer Kennung wie einem Namen, zu einer Kennnummer, zu Standortdaten, zu einer Online-Kennung oder zu einem oder mehreren besonderen Merkmalen, die Ausdruck der physischen, physiologischen, genetischen, psychischen, wirtschaftlichen, kulturellen oder sozialen Identität dieser natürlichen Person sind, identifiziert werden kann.

Beispiel: IP-Adressen können je nach dem konkreten Verwendungszusammenhang direkt identifizierbare personenbezogene Daten (zB im Netzwerk des Arbeitgebers), identifizierbare (wenn zB die Zuordnung nicht durch den Verarbeiter der Daten, sondern nur durch den Provider erfolgen kann) oder anonyme Daten (zB in einem Internetcafé ohne Vorlage eines Personalausweises) sein. Zur Identifizierbarkeit von dynamischen IP-Adressen: EuGH 19.10.2016, C-582/14.

b) Sensible Daten (Art 9 Abs 1)

Besonders schutzwürdig sind personenbezogene Daten, aus denen die rassische und ethnische Herkunft, politische Meinungen, religiöse oder weltanschauliche Überzeugungen oder die Gewerkschaftszugehörigkeit hervorgehen sowie die Verarbeitung von genetischen Daten, biometrischen Daten zur eindeutigen Identifizierung einer natürlichen Person, Gesundheitsdaten oder Daten zum Sexualleben oder der sexuellen Orientierung einer natürlichen Person. Diese Datenarten werden in der DS-GVO als **„besondere Kategorien personenbezogener Daten"** bezeichnet. Zu den Sonderbestimmungen für die Verwendung sensibler Daten s VI.1.b.

c) Pseudonymisierung (Art 4 Z 5) und Anonymisierung

Bei einer **„Pseudonymisierung"** erfolgt die Verarbeitung personenbezogener Daten in einer Weise, dass die personenbezogenen Daten ohne Hinzuziehung zusätzlicher Informationen nicht mehr einer spezifischen betroffenen Person zugeordnet werden können. Zusätzlich müssen diese zusätzlichen Informationen gesondert aufbewahrt werden. Das bedeutet, dass die Daten während ihrer Verarbeitung durch den konkreten Verantwortlichen nicht mehr einer Person zugeordnet werden können, die Wiederherstellung der Personenbezogenheit ist aber unter Verwendung der separierten Zusatzinformationen möglich. Bei pseudonymisierten Daten ist gem ErwGr 28 ein geringeres Risiko für die Beeinträchtigung der Rechte der betroffenen Person zu erkennen, sodass die Datenverarbeitung einem geringeren Schutzmaßstab unterliegt.

Im Fall von **anonymisierten Daten** hingegen ist eine Re-Identifizierung nicht mehr möglich. Laut ErwGr 26 sollten dabei alle Mittel berücksichtigt werden, die vom Verantwortlichen oder einer anderen Person nach allgemeinem Ermessen wahrscheinlich genutzt werden, um die natürliche Person direkt oder indirekt zu identifizieren. Auf in diesem Sinne anonymisierte Daten ist das Datenschutzrecht nicht anwendbar, weil gar keine personenbezogenen Daten vorliegen.

d) Dateisystem (Art 4 Z 6)

„Dateisystem" meint **jede strukturierte Sammlung** personenbezogener Daten, die nach bestimmten Kriterien zugänglich ist, unabhängig davon, ob diese Sammlung zentral, dezentral oder nach funktionalen oder geografischen Gesichtspunkten geordnet geführt wird.

Von einer „strukturierten Sammlung" personenbezogener Daten kann gesprochen werden, wenn die Daten **hinsichtlich ihres personenbezogenen Inhalts einer gewissen Ordnung** unterliegen. Dies trifft etwa auf alphabetisch nach Namen sortierte Karteikarten oder Listen zu. Eine bloß chronologische Ordnung hingegen beinhaltet kein personenbezogenes Strukturelement. Dasselbe gilt auch für Inhaltsverzeichnisse oder Deckblätter, denen keine Struktur zugrunde liegt, die sich nach bestimmten personenbezogenen Kriterien orientiert (wie etwa Papierakte und ihre Deckblätter).

Liegt eine strukturierte Datensammlung vor und sind die darin enthaltenen personenbezogenen Daten daher nach bestimmten Kriterien zugänglich, ist die DS-GVO auf ein derartiges „Karteisystem" anwendbar.

Beispiele: Bei einem Gutachten eines medizinischen Sachverständigen aus einem Vorprozess handelt es sich mangels Suchkriterium um keine Datei (OGH 28.06.2000, 6 Ob 148/00h). Ein Kopienakt (Papierakt) einer Polizeidienststelle ist keine Datei (VfSlg 18.300/2007; VwGH 17.02.2010, 2009/17/0064). Finanzunterlagen und Verfahrensakten, die lediglich physisch durch Trennblätter getrennt bzw nach Ordnungsnummern sortiert in

Ordnern abgelegt sind, erreichen nicht den für die Anwendung der DS-GVO erforderlichen Ordnungsgrad (BVwG 25.06.2019, W258 2187426-1).

e) Verarbeitung (Art 4 Z 2)

Der Begriff „**Verarbeitung**" ist in der DS-GVO sehr weit definiert und umfasst **jeden mit oder ohne Hilfe automatisierter Verfahren ausgeführten Vorgang** oder jede solche Vorgangsreihe **iZm personenbezogenen Daten** wie das Erheben, das Erfassen, die Organisation, das Ordnen, die Speicherung, die Anpassung oder Veränderung, das Auslesen, das Abfragen, die Verwendung, die Offenlegung durch Übermittlung, Verbreitung oder eine andere Form der Bereitstellung, den Abgleich oder die Verknüpfung, die Einschränkung, das Löschen oder die Vernichtung.

Die Aufzählung der Verarbeitungsfälle in Art 4 Z 2 DS-GVO ist sehr umfangreich, aber nicht abschließend, womit jeder Vorgang iZm personenbezogenen Daten unter den Begriff der Verarbeitung fällt.

f) Einwilligung (Art 4 Z 11)

Unter „**Einwilligung**" (nach dem DSG 2000 „Zustimmung") der betroffenen Person versteht die DS-GVO jede freiwillig für den bestimmten Fall, in informierter Weise und unmissverständlich abgegebene Willensbekundung in Form einer Erklärung oder einer sonstigen eindeutigen bestätigenden Handlung, mit der die betroffene Person zu verstehen gibt, dass sie mit der Verarbeitung der sie betreffenden personenbezogenen Daten einverstanden ist.

Wie in ErwGr 32 ausgeführt, besteht daher **kein Schriftformerfordernis** für eine gültige Einwilligung, diese kann auch elektronisch oder mit mündlicher Erklärung erfolgen. Auch ein konkludentes (schlüssiges) Handeln ist möglich, weil eine ausdrückliche Zustimmung nur bei sensiblen Daten (Art 9 Abs 2 lit a) und bei einer automatisierten Entscheidung im Einzelfall (Art 22 Abs 2 lit c) verlangt wird.

> Beispiele: Das Anklicken eines Kästchens auf einer Internetseite stellt eine unmissverständliche Willensbeurkundung dar. Hingegen kann durch Stillschweigen, durch bereits angekreuzte Kästchen oder bei Untätigkeit der betroffenen Person keine gültige Einwilligung zustande kommen.

Art 7 legt nähere Bedingungen für die Einwilligung fest:
- eine **Nachweispflicht** durch den Verantwortlichen;
- die klare **Unterscheidbarkeit** von anderen Textteilen bei schriftlichen Einwilligungserklärung (va in AGB);
- ein jederzeitiges **Widerrufsrecht**;
- und das sog „**Koppelungsverbot**".

Die Einwilligung soll freiwillig abgegeben werden, dh die betroffene Person muss eine **echte Wahl** haben, in die Verarbeitung ihrer Daten einzuwilligen oder nicht. Das Vorliegen der Freiwilligkeit wird in verschiedenen Konstellationen infrage gestellt, wenn die Entscheidungsfreiheit der betroffenen Partei eingeschränkt ist, bspw im Fall von Über- und Unterordnungsverhältnissen oder wenn die Abgabe der Einwilligung an Leistungen bzw Vorteile gekoppelt ist.

Der recht kryptisch formulierte Art 7 Abs 4 besagt, dass bei der Beurteilung, ob die Einwilligung freiwillig erteilt wurde, dem Umstand in größtmöglichem Umfang Rechnung getragen werden muss, ob ua die Erfüllung eines Vertrags von der Einwilligung zu einer Verarbeitung von personenbezogenen Daten abhängig ist, die für die Erfüllung des Vertrags nicht erforderlich sind. Mit diesem **Koppelungsverbot** wird untersagt, vertragliche Leistungen (einschließlich Dienstleistungen) davon abhängig zu machen, dass die betroffene Person in die Verarbeitung von personenbezogenen Daten einwilligt, obwohl diese Einwilligung zur Vertragserfüllung nicht notwendig ist.

Beispiele: Die Abgabe der Einwilligung zur Verwendung von Cookies für die Zwecke der Webanalyse und digitaler Werbemaßnahmen erfolgt freiwillig, wenn als Alternative ein bezahltes Abonnement ohne Werbung und ohne Cookies zu einem günstigen Preis angeboten wird (DSB 30.11.2018, DSB-D122.931/0003-DSB/2018). Unzulässig ist die „Koppelung" der Benützung einer Sommerrodelbahn mit der Abbildung durch eine Actioncam (DSB 16.04.2019, DSB-D213.679/0003-DSB/2018).

Art 8 Abs 1 regelt die datenschutzrechtliche **Einwilligung Minderjähriger** („Kinder"), allerdings eingeschränkt auf Angebote von „Diensten der Informationsgesellschaft". Darunter ist nach Auflösung des Verweises in Art 4 Z 25 „jede in der Regel gegen Entgelt elektronisch im Fernabsatz und auf individuellen Abruf eines Empfängers erbrachte Dienstleistung" zu verstehen. Die DS-GVO setzt die Altersgrenze für die Einwilligungsfähigkeit im Online-Bereich mit der Vollendung des sechzehnten Lebensjahres an. In Österreich wurde die diesbezügliche Öffnungsklausel in Anspruch genommen und das Alter in § 4 Abs 4 DSG mit **14 Jahren** festgelegt. Unterhalb dieser Altersgrenze muss die Einwilligung durch den Träger der elterlichen Verantwortung für das Kind erteilt werden oder von diesem autorisiert sein.

Außerhalb der von dieser Bestimmung erfassten Online-Diensten bleibt damit aber die Rechtsunsicherheit betreffend die genauen Voraussetzungen für die datenschutzrechtliche Einwilligungsfähigkeit Minderjähriger weiter bestehen. In der Judikatur wie auch in der Fachliteratur wird dazu auf die individuelle Einsichts- und Urteilsfähigkeit abgestellt.

V. Das Grundrecht auf Datenschutz

Die Verfassungsbestimmung des § 1 DSG regelt das Grundrecht auf Datenschutz. Anders als die Überschrift vermuten lässt, gibt es kein einheitliches

Grundrecht auf Datenschutz, **das Grundrecht besteht** vielmehr **aus mehreren, unterschiedlichen Rechten.** Im Einzelnen sind dies:
1. das Recht auf Geheimhaltung personenbezogener Daten (§ 1 Abs 1 DSG);
2. das Recht auf Auskunft (§ 1 Abs 3 Z 1 DSG);
3. das Recht auf Richtigstellung unrichtiger Daten (§ 1 Abs 3 Z 2 DSG);
4. das Recht auf Löschung unzulässiger Weise verarbeiteter Daten (§ 1 Abs 3 Z 2 DSG).

1. Recht auf Geheimhaltung personenbezogener Daten

Eine der zentralen Bestimmungen des Datenschutzrechts ist **das allgemeine Grundrecht auf Geheimhaltung** personenbezogener Daten. Dieses datenschutzrechtliche „Basisgrundrecht" schützt den Betroffenen vor Ermittlung und Weitergabe seiner Daten. Es ist ein „Jedermannsrecht", das für **jede natürliche und juristische Person,** unabhängig von der Staatsbürgerschaft gilt. Weil Träger dieses Grundrechts nicht nur Menschen, sondern auch juristische Personen sind, ist damit (in Österreich) auch ein Schutz von Wirtschaftsdaten verbunden. Zu den – bislang gescheiterten – Versuchen, das österreichische Grundrecht an den Anwendungsbereich der DS-GVO anzupassen und auf natürliche Personen einzuschränken, s I.

Die DSB entwickelte in verfassungskonformer Interpretation den Lösungsansatz, dass juristischen Personen jedenfalls die in § 1 DSG normierten Rechte zukommen, nicht aber jene Rechte, die nur in der DS-GVO, nicht aber in § 1 DSG Deckung finden (wie etwa das Recht auf Einschränkung der Verarbeitung oder das Recht auf Datenübertragbarkeit). Dies hat zur Folge, dass sich juristische Personen (allerdings nur bei rein österreichischen, nicht aber bei grenzüberschreitenden Sachverhalten) wegen einer behaupteten Verletzung in den Rechten auf Geheimhaltung, Auskunft, Richtigstellung und Löschung auf das Grundrecht auf Datenschutz berufen und dieses vor der Datenschutzbehörde oder vor Gericht geltend machen können.

Das Grundrecht auf Geheimhaltung nach § 1 Abs 1 DSG umfasst sämtliche personenbezogenen Daten, **unabhängig von der Art ihrer Verwendung,** also selbst das gesprochene Wort (vgl dazu zB DSK 20.07.2007, K121.269/0010-DSK/2007). Der Anwendungsbereich der „Begleit"-Grundrechte nach § 1 Abs 3 DSG (Recht auf Auskunft, Richtigstellung und Löschung) ist hingegen enger, weil es sich hier um Daten handeln muss, die automationsunterstützt verarbeitet werden oder zur Verarbeitung in einer manuell geführten Datei bestimmt sind.

a) Personenbezogene Daten

Grundsätzlich sind vom Schutzbereich des Grundrechts nur „personenbezogene Daten" umfasst. S dazu IV.4.a.

b) Schutzwürdiges Geheimhaltungsinteresse

Nach dem Wortlaut des § 1 Abs 1 DSG ist das Vorliegen eines **„schutzwürdigen Geheimhaltungsinteresses"** weitere Voraussetzung für den Grundrechtsschutz. Nach § 1 Abs 1 S 2 DSG besteht dieses Interesse nicht, wenn die Daten allgemein verfügbar oder nicht auf eine Person rückführbar sind. Damit sollte klargestellt werden, dass kein „Quellenschutz" besteht und jedermann auf öffentliche Daten zugreifen und von ihnen Kenntnis nehmen darf. Sollten aber durch die Weiterverwendung allgemein zugänglicher Daten „neue" Informationen entstehen, ist die Zulässigkeit ihrer Generierung nach den rechtlichen Voraussetzungen der Art 5–9 DS-GVO neu zu beurteilen.

Der explizite Ausschluss der Schutzwürdigkeit von nicht auf eine Person rückführbare Daten stellt auf die Fälle ab, in denen zwar nicht der Verantwortliche selbst, aber Dritte die Betroffenen identifizieren können, also auf **„pseudonymisierte Daten"**. Diese generellen Ausnahmen vom Grundrecht auf Geheimhaltung werden allerdings von der DSB im Hinblick auf die DS-GVO einschränkend interpretiert.

Judikatur: Nach gefestigter Rsp der DSB ist die ganz generelle Annahme des Nichtvorliegens einer Verletzung schutzwürdiger Geheimhaltungsinteressen für zulässigerweise veröffentlichte Daten nicht mit den Bestimmungen der DS-GVO vereinbar (DSB 23.04.2019, DSB-D123.626/0006-DSB/2018).

c) Beschränkungen des Grundrechts

Das Grundrecht auf Datenschutz wirkt nicht absolut, sondern kann durch bestimmte, nach § 1 Abs 2 DSG zulässige Eingriffe aus folgenden Gründen beschränkt werden:
- Die Verwendung von personenbezogenen Daten liegt im **lebenswichtigen Interesse** des Betroffenen.
- Die Verwendung erfolgt mit seiner **Zustimmung**.
- Die Beschränkungen sind **zur Wahrung überwiegender berechtigter Interessen eines anderen** zulässig.

Die dritte Variante der Beschränkung unterscheidet weiters zwischen dem öffentlichen und privaten Bereich: Im privaten Bereich ist für die Zulässigkeit eines Eingriffs in das Grundrecht eine **Interessenabwägung*** zwischen Eingreifendem und Betroffenem im Einzelfall vorzunehmen. Im öffentlichen Bereich bedarf es zusätzlich zu dieser Interessenabwägung* einer **gesetzlichen Ermächtigung**, um in das Grundrecht einzugreifen, wobei der Gesetzgeber an den materiellen Gesetzesvorbehalt des Art 8 Abs 2 EMRK (zB Maßnahmen für die nationale Sicherheit, die öffentliche Ruhe und Ordnung oder zum Schutz der Gesundheit) gebunden ist. Besonders **sensible Daten** dürfen zudem nur zur Wahrung wichtiger öffentlicher Interessen verarbeitet werden. Die Gesetze, die zur Verarbeitung solcher Daten ermächtigen, müssen angemessene Garantien für den Schutz der Geheimhaltungsinteressen der Betroffenen festlegen.

Für alle Arten von Beschränkungen gilt, dass der Eingriff in das Grundrecht jeweils nur **in der gelindesten**, zum Ziel führenden Art vorgenommen werden darf.

Judikatur: Verletzung im Recht auf Geheimhaltung durch die Verpflichtung „sämtlicher Behörden" zur Übermittlung personenbezogener Daten an die Länder in § 1 Abs 1 und 2 Sozialhilfe-Statistikgesetz (VfSlg 20.359/2019). Verletzung im Grundrecht auf Datenschutz durch einen an eine Wertpapierfirma gerichteten Auftrag der FMA zur Übermittlung von Kundendaten, weil diese Maßnahme zur Erreichung des Aufsichtsziels des präventiven Schutzes von Anlegerinteressen ungeeignet und unverhältnismäßig war (VfSlg 18.975/2009). Verletzung im Eigentumsrecht durch die Verhängung einer Geldstrafe wegen Geschwindigkeitsübertretung mangels einer gesetzlichen Grundlage iSd § 1 Abs 2 DSG 2000 für die der Bestrafung zu Grunde liegende Geschwindigkeits- und Abstandsmessung (VfSlg 18.643/2008). Die umfassende Veröffentlichungspflicht von Wirtschaftsdaten nach § 8 Abs 1 BundesstatistikG hat das Grundrecht auf Datenschutz verletzt (VfSlg 12.228/1989).

d) Unmittelbare Drittwirkung*

Auch neben der DS-GVO hat das Grundrecht auf Datenschutz weiterhin **unmittelbare Drittwirkung***. Es verpflichtet neben dem Staat auch Private, Verletzungen des Grundrechts können mittels Beschwerde an die Datenschutzbehörde geltend gemacht werden.

2. Die Rechte auf Auskunft, Richtigstellung und Löschung

Die weiteren, nach § 1 Abs 3 DSG verfassungsgesetzlich gewährleisteten Rechte betreffen die **Auskunft darüber, wer Daten verarbeitet, woher sie stammen, wozu sie verwendet und an wen sie übermittelt werden**, weiters das Recht auf **Richtigstellung** unrichtiger Daten und das Recht auf **Löschung** unzulässiger Weise verarbeiteter Daten. Diese Rechte stehen jedermann zu, soweit personenbezogene Daten automationsunterstützt oder manuell in einer Datei verarbeitet werden. Hier ist allerdings zu beachten, dass der VfGH bei einer Aufbewahrung von Papierakten, deren weitere Verwendung gegen Art 8 EMRK verstößt, unmittelbar aus dem Recht auf Geheimhaltung nach § 1 Abs 1 DSG ein „**Recht auf Aktenvernichtung**" abgeleitet hat (VfSlg 19.937/2014).

Diese Rechte sind allerdings nur „nach Maßgabe gesetzlicher Bestimmungen" eingeräumt. Dies bedeutet, dass der Gesetzgeber die nähere Reichweite dieser Rechte und die Modalitäten ihrer Durchsetzung zu regeln hat. Nach der Rsp des VfGH handelt es sich dabei um einen **Ausgestaltungsauftrag**, nicht aber um einen Ausgestaltungsvorbehalt, weshalb § 1 Abs 3 DSG auch kein sog „Feinprüfungsgrundrecht" ist. Nach Außerkrafttreten der entsprechenden Bestimmungen des DSG 2000 ergeben sich derartige Regelungen unmittelbar aus der DS-GVO (s dazu IX.).

VI. Verarbeitung von Daten

1. Rechtmäßigkeitsprüfung

Für die Prüfung der Rechtmäßigkeit der Verarbeitung von Daten stellt Art 5 zunächst allgemeine Grundsätze auf, die Art 6, 9 und 10 enthalten Regeln für die **Beurteilung der Zulässigkeit** einer konkreten Datenverarbeitung, wobei zwischen „normalen", „sensiblen" und „strafrechtlich relevanten" Daten zu unterscheiden ist.

a) „Normale" personenbezogene Daten

Nach Art 6 Abs 1 ist eine Datenverarbeitung nur rechtmäßig, wenn mindestens eine der nachstehenden Bedingungen erfüllt ist („**Verbotsprinzip**"). Die Passage, wonach „**mindestens eine**" der aufgelisteten Bedingungen vorliegen muss, stellt klar, dass die einzelnen Tatbestände auch nebeneinander bestehen können, dass aber eine einzige Bedingung für das Vorliegen der Rechtmäßigkeit ausreicht:

- die betroffene Person hat ihre **Einwilligung** zu der Verarbeitung der sie betreffenden personenbezogenen Daten für einen oder mehrere bestimmte Zwecke gegeben (lit a);
- die Verarbeitung ist für die **Erfüllung eines Vertrags**, dessen Vertragspartei die betroffene Person ist, oder zur Durchführung vorvertraglicher Maßnahmen erforderlich, die auf Anfrage der betroffenen Person erfolgen (lit b);
- die Verarbeitung ist zur **Erfüllung einer rechtlichen Verpflichtung** erforderlich, der der Verantwortliche unterliegt (lit c);
- die Verarbeitung ist erforderlich, um **lebenswichtige Interessen** der betroffenen Person oder einer anderen natürlichen Person zu **schützen** (lit d);
- die Verarbeitung ist für die Wahrnehmung einer Aufgabe erforderlich, die im **öffentlichen Interesse** liegt oder in **Ausübung öffentlicher Gewalt** erfolgt, die dem Verantwortlichen übertragen wurde (lit e);
- die Verarbeitung ist zur **Wahrung der berechtigten Interessen des Verantwortlichen** oder eines Dritten erforderlich, sofern nicht die Interessen oder Grundrechte und Grundfreiheiten der betroffenen Person, die den Schutz personenbezogener Daten erfordern, überwiegen, insb dann, wenn es sich bei der betroffenen Person um ein Kind handelt (lit f).

Die Erlaubnistatbestände in Art 6 Abs 1 sind zwar abschließend aufgezählt, eröffnen aber durch die Interessenabwägung (lit f) eine flexible Beurteilungsmöglichkeit im konkreten Einzelfall.

– **Einwilligung (lit a)**

Die datenschutzrechtliche Einwilligung spielt zweifellos eine wichtige Rolle im Datenschutzrecht, va weil sie Transparenz gegenüber den betroffenen Personen schafft. Wegen ihrer jederzeitigen Widerrufbarkeit bildet sie aber keine dauerhafte, sondern bloß eine **vorübergehende Rechtsgrundlage** für eine Datenverarbeitung. Es empfiehlt sich daher, die Einwilligung nur dann als Rechtmäßigkeitsgrund heranzuziehen, wenn kein Fall der Vertragserfüllung oder der Interessenabwägung vorliegt. Zu den Voraussetzungen für eine gültige Einwilligung s IV.4.f.

– **Vertragserfüllung (lit b)**

In der unternehmerischen Praxis ist die Vertragserfüllung der wichtigste Rechtfertigungstatbestand: Eine Datenverarbeitung ist zulässig, wenn sie für **die Erfüllung eines Vertrags** oder zur Durchführung vorvertraglicher Maßnahmen erforderlich ist. Die betroffene Person muss Vertragspartei des Vertrags sein, bzw die Durchführung der vorvertraglichen Maßnahmen muss auf ihren Antrag erfolgt sein.

    Beispiele: Abwicklung eines Kaufs von Büchern in einem Webshop; alle nicht-sensiblen Daten zur Erfüllung eines Arbeitsvertrags; die Verarbeitung von Kundendaten, Lieferantendaten, Preisen etc durch einen Bauunternehmer, die zur beauftragten Errichtung eines Gebäudes benötigt werden.

    Judikatur: Keine Verletzung im Recht auf Geheimhaltung dadurch, dass im Zuge der Mängelbehebung durch einen Bauträger aus dem mit der betroffenen Person geschlossenen Werkvertrag Name, E-Mail-Adresse und Telefonnummer der Beschwerdeführerin an ausführende Firmen übermittelt wurden (DSB 09.04.2019, DSB-D123.589/0002-DSB/2019).

– **Erfüllung einer rechtlichen Verpflichtung (lit c)**

Dieser Erlaubnistatbestand setzt eine rechtliche (und keine bloß vertragliche) Verpflichtung des Verantwortlichen voraus, Daten zu verarbeiten. Derartige **rechtliche Verpflichtungen** begründen bspw das Finanzmarkt-Geldwäschegesetz oder das Arbeits-, Sozial- oder Steuerrecht. In ErwGr 45 wird klargestellt, dass nicht für jede einzelne Verarbeitung ein spezifisches Gesetz verlangt wird, sondern dass ein Gesetz auch die Grundlage für mehrere Verarbeitungsvorgänge bilden kann. Neben Privaten kann auch die Verarbeitung durch Behörden aufgrund einer rechtlichen Verpflichtung durch diesen Tatbestand gerechtfertigt sein.

    Beispiele: Arbeitszeitaufzeichnungen durch einen Arbeitgeber nach § 26 AZG; Meldungen durch Banken an die österreichische Geldwäschestelle in bestimmten Verdachtsfällen nach § 16 FM-GwG.

– **Schutz lebenswichtiger Interessen (lit d)**

Diese Rechtsgrundlage kann der Verarbeitung von Daten zum Schutz lebenswichtiger Interessen der betroffenen Person, aber auch anderer natürlicher

Personen dienen. Nach ErwGr 46 soll dieser Erlaubnistatbestand nur dann die Rechtsgrundlage für eine Datenverarbeitung bilden, wenn die Verarbeitung offensichtlich auf keine andere Rechtsgrundlage gestützt werden kann. Es handelt sich somit um eine subsidiäre Rechtsgrundlage, welche bspw im Falle von Naturkatastrophen Anwendung finden könnte.

– Öffentliches Interesse oder Ausübung öffentlicher Gewalt (lit e)

Von diesem Erlaubnistatbestand wird sowohl die Datenverarbeitung durch Behörden und andere öffentliche Stellen als auch die Wahrnehmung von **Aufgaben im öffentlichen Interesse** durch eine natürliche oder juristische Person des Privatrechts umfasst, der eine eigenverantwortliche Datenverarbeitung für diese Zwecke übertragen wurde. Die Ausübung öffentlicher Gewalt betrifft die Wahrnehmung hoheitlicher Aufgaben auf der Grundlage gesetzlich festgelegter Aufgaben und Befugnisse sowohl durch Behörden als auch durch Beliehene*.

Art 6 Abs 2 räumt den Mitgliedstaaten die Möglichkeit ein, spezifischere Bestimmungen zur Anpassung der Anwendung der Vorschriften in Bezug auf die Verarbeitung zur Erfüllung von lit c und lit e beizubehalten oder einzuführen (fakultative Öffnungsklausel). Der österreichische Gesetzgeber hat von dieser Möglichkeit Gebrauch gemacht und etwa in Abschnitt 2 des DSG (§§ 7 ff) Regelungen für **Datenverarbeitungen zu spezifischeren Zwecken** aufgenommen. Dies betrifft zB Verarbeitungen für im öffentlichen Interesse liegende Archivzwecke, wissenschaftliche historische Forschungszwecke oder statistische Zwecke (§ 7), die Verarbeitung personenbezogener Daten im Katastrophenfall (§ 10) oder die Bildverarbeitung (§§ 12 f).

– Wahrung berechtigter Interessen (lit f)

Der Erlaubnistatbestand des berechtigten Interesses bildet eine sehr praxisrelevante Rechtsgrundlage für die Datenverarbeitung von Privaten. Für Verhältnisse zwischen Hoheitsträgern und Privaten findet er keine Anwendung. Die hier durchzuführende Interessenabwägung* stellt eine Art Auffangtatbestand für die Rechtmäßigkeit der Datenverarbeitung dar, welche Fälle abdecken soll, in denen die Verarbeitung nicht auf die Erlaubnistatbestände des Art 6 Abs 1 lit a–e gestützt werden kann. Demnach ist die Verarbeitung rechtmäßig, wenn sie zur **Wahrung berechtigter Interessen** des Verantwortlichen oder eines Dritten **erforderlich** ist. Zudem dürfen die schutzwürdigen **Interessen der betroffenen Person nicht überwiegen.**

Die Abwägung, ob solche Interessen vorliegen und in Folge, ob entgegenstehende überwiegende Interessen der betroffenen Person bestehen, hat der Verantwortliche selbst vorzunehmen. Die betroffene Person hat darzulegen, dass auf ihrer Seite überwiegende schutzwürdige Interessen bestehen, welche die Datenverarbeitung unrechtmäßig machen.

Berechtigte Interessen können iZm bestehenden Dienst- oder Kundenverhältnissen stehen (welche aber nicht der Vertragserfüllung selbst dienen). Ebenso scheinen in den ErwGr Direktwerbung und konzerninterne Datenübermittlungen als berechtigte Interessen anerkannt zu werden.

ErwGr 47 verdeutlicht die Intention dieser Bestimmung: Insb dann, wenn personenbezogene Daten in Situationen verarbeitet werden, in denen eine betroffene Person **vernünftigerweise nicht mit einer weiteren Verarbeitung rechnen muss**, können die Interessen und Grundrechte der betroffenen Person überwiegen. Auch die Absehbarkeit der Datenverwendung wird bei der Abwägung berücksichtigt (Branchenüblichkeit).

Zu beachten ist Art 6 Abs 1 UAbs 2, wonach die Interessenabwägung nach lit f **nicht für die von Behörden** in Erfüllung ihrer Aufgaben vorgenommene Verarbeitung herangezogen werden kann.

Beispiele: Konsultation von und Datenaustausch mit Auskunfteien zur Erfüllung von Bonitäts- und Ausfallrisiken; Maßnahmen zur Betrugsprävention und -bekämpfung durch Banken; Geburtstagslisten in Firmen und sonstigen Organisationen.

Judikatur: Kein Recht auf Löschung eines Arztes aus einer Ärztebewertungsplattform aufgrund der durchgeführten Interessenabwägung (DSB 15.01.2019, DSB-D123.527/0004-DSB/2018). Zulässigkeit der Verwendung personenbezogenen Daten aus dem Grundbuch durch einen Immobilientreuhänder, um den Beschwerdeführer bloß einmalig postalisch zu kontaktieren (DSB 23.04.2019, DSB-D123.626/0006-DSB/2018). Zulässigkeit der Nutzung der Kfz-Kennzeichen-Daten als elektronische Parktickets bei einer Tiefgarage (DSB 04.07.2019, DSB-D123.652/0001-DSB/2019). Die Verarbeitung personenbezogener Daten von Lehrer:innen auf der Bewertungsplattform „Lernsieg" ist nach Art 6 Abs 1 lit f DS-GVO rechtmäßig (OGH 02.02.2022, 6 Ob 129/21w).

b) „Sensible" Daten

Für „besondere Kategorien personenbezogener Daten" (zur Definition s IV.4.b) sieht Art 9 DS-GVO zunächst in Abs 1 ein generelles **Verarbeitungsverbot** vor. Abs 2 listet einen taxativen Katalog von **Ausnahmetatbeständen** von diesem Verarbeitungsverbot auf. Damit tritt bei der Zulässigkeitsprüfung von sensiblen Daten eine Änderung gegenüber dem früheren Konzept im DSG 2000 ein: Zunächst ist das Vorliegen eines Ausnahmetatbestandes nach Art 9 Abs 2 zu prüfen. Auch wenn diese Voraussetzung erfüllt ist, besagt ausschließlich Art 6 Abs 1, ob eine konkrete Datenverarbeitung rechtmäßig ist. Bei der Verarbeitung sensibler Daten hat daher stets eine **doppelte bzw implizite Prüfung von Art 9 Abs 2 und Art 6 Abs 1** zu erfolgen. Diese Vorgangsweise wird auch aus ErwGr 51 vorletzter Satz deutlich: „Zusätzlich zu den speziellen Anforderungen an eine derartige Verarbeitung sollten die allgemeinen Grundsätze und andere Bestimmungen dieser Verordnung, insb hinsichtlich der Bedingungen für eine rechtmäßige Verarbeitung, gelten."

Der taxative Katalog des Art 9 Abs 2 listet folgende Ausnahmetatbestände vom Verarbeitungsverbot für sensible Daten auf:
- Vorliegen einer **ausdrücklichen Einwilligung** der betroffenen Person (lit a);
- zur Ausübung von Rechten, die sich aus dem **Arbeitsrecht**, der sozialen Sicherheit und des Sozialschutzes ergeben (lit b);
- zum Schutz **lebenswichtiger Interessen** der betroffenen Person (lit c);
- bei Datenverarbeitungen durch gewisse „**Tendenzbetriebe**", wie politische, weltanschauliche, religiös oder gewerkschaftlich ausgerichtete Vereinigungen (lit d);
- in Bezug auf Daten, die **die betroffene Person offensichtlich öffentlich gemacht** hat (lit e);
- zur **Geltendmachung**, Ausübung oder Verteidigung von **Rechtsansprüchen** (lit f);
- bei Erforderlichkeit aufgrund eines erheblichen **öffentlichen Interesses** (lit g);
- zur **Gesundheitsvorsorge**, Arbeitsmedizin, medizinischen Diagnostik, Versorgung, Behandlung oder Verwaltung im Gesundheits- oder Sozialbereich (lit h);
- aus Gründen des öffentlichen Interesses im Bereich der öffentlichen Gesundheit (lit i);
- bei Erforderlichkeit für Archivzwecke, für wissenschaftliche oder historische **Forschungszwecke** sowie für bestimmte statistische Zwecke (lit j).

Im Folgenden werden die Besonderheiten der **für den privaten Bereich wichtigsten Ausnahmetatbestände** vom Verarbeitungsverbot für sensible Daten kurz dargestellt. Auffällig ist dabei, dass bei sensiblen Daten die für die unternehmerische Praxis sehr relevanten Rechtfertigungsgründe „Erfüllung eines Vertrags" und „berechtigte Interessen" nicht als Ausnahmetatbestände vorgesehen sind. Im öffentlichen Bereich ergibt sich aufgrund des Legalitätsprinzips die Ermächtigung zur Verwendung sensibler Daten in den meisten Fällen aus gesetzlichen Vorschriften, die zudem der Wahrung eines wichtigen öffentlichen Interesses dienen müssen.

– Ausdrückliche Einwilligung (lit a)

Im Unterschied zur Einwilligung bei der Verwendung nicht-sensibler Daten muss die Einwilligung bei sensiblen Daten **ausdrücklich** erfolgen. Eine konkludente Einwilligung ist daher nicht ausreichend.

– Datenverarbeitung im Arbeitsverhältnis (lit b)

Das Verarbeitungsverbot entfällt, wenn die Verarbeitung nach dem Unionsrecht oder dem Recht der Mitgliedstaaten erforderlich ist, um den **Pflichten aus dem Arbeitsrecht und Sozialrecht** nachzukommen oder dort festgeschriebene Rechte auszuüben. Als mitgliedstaatliche Rechtsgrundlage gelten ausdrücklich auch Kollektivvereinbarungen. Damit begründet Art 9 Abs 2 lit b keinen eigenständigen Ausnahmetatbestand, sondern verweist auf ausdrückliche Bestimmungen in nationalen Rechtsvorschriften inklusive Kollektivverträgen und Betriebsvereinbarungen.

– **Datenverarbeitung im Gesundheits- und Sozialbereich (lit h)**

Eine weitere wichtige Ausnahme besteht bei Datenverarbeitungen für verschiedene Zwecke im **Gesundheits- oder Sozialbereich** (ua Gesundheitsvorsorge, medizinische Behandlung und die Verwaltung derartiger Dienste), sofern im Unionsrecht oder im Recht des Mitgliedstaates eine Rechtsgrundlage besteht oder aufgrund eines Vertrags mit einem Angehörigen eines Gesundheitsberufs. Art 9 Abs 3 stellt diesbezüglich die zusätzliche Bedingung des Vorliegens eines Berufsgeheimnisses oder anderer Geheimhaltungspflichten auf.

Beispiel: Die Dokumentationspflicht von Ärzten und die Berechtigung zur Datenübermittlung an Sozialversicherungsträger und Krankenfürsorgeanstalten ist in § 51 ÄrzteG festgelegt.

c) Strafrechtlich relevante Daten

Art 10 sieht vor, dass die Verarbeitung personenbezogener Daten über strafrechtliche Verurteilungen und Straftaten aufgrund von Art 6 Abs 1 nur unter behördlicher Aufsicht vorgenommen werden darf, außer die Mitgliedstaaten sehen abweichende Regelungen vor. Der österreichische Gesetzgeber hat für strafrechtlich relevante Daten in **§ 4 Abs 3 DSG** eine nationale Regelung geschaffen, wonach Daten über gerichtlich oder verwaltungsbehördlich strafbare Handlungen oder Unterlassungen (insb auch über den Verdacht der Begehung von Straftaten oder bestehende Verurteilungen) zulässigerweise nur dann verarbeitet werden dürfen, wenn:
- eine **ausdrückliche gesetzliche Ermächtigung oder Verpflichtung** zur Verarbeitung solcher Daten besteht oder
- sich sonst die Zulässigkeit der Verarbeitung dieser Daten **aus gesetzlichen Sorgfaltspflichten** ergibt oder die **Verarbeitung zur Wahrung der berechtigten Interessen** des Verantwortlichen oder eines Dritten gem Art 6 Abs 1 lit f DS-GVO (s dazu VI.1.a) erforderlich ist und die Art und Weise, in der die Datenverarbeitung vorgenommen wird, die Wahrung der Interessen der betroffenen Person gewährleistet.

Judikatur: Der Miteigentümer eines Hauses darf Akten des Strafverfahrens, in dem gegen die Geschäftsführer der Hausverwaltung wegen Untreue auch zulasten der Miteigentümergemeinschaft ermittelt wird, nach Akteneinsicht als Opfer per E-Mail an andere Miteigentümer weiterleiten (OGH 27.06.2016, 6 Ob 191/15d). Die Verpflichtung der Lettischen Direktion für Verkehrssicherheit, Daten über Strafpunkte, die gegen Fahrzeuglenker wegen Verkehrsdelikten verhängt wurden, der Öffentlichkeit frei zugänglich zu machen, ohne dafür zu sorgen, für die Einsichtnahme ein besonderes Interesse am Erhalt dieser Daten nachzuweisen, ist nach Art 10 Satz 2 DS-GVO nicht gerechtfertigt (EuGH 22.06.2021, C-439/19).

2. Allgemeine Grundsätze

Die allgemeinen Grundsätze für die Verarbeitung personenbezogener Daten sind in Art 5 geregelt: Diese sind: Rechtmäßigkeit, Verarbeitung nach Treu und Glauben, Transparenz, Zweckbindung, Datenminimierung, Richtigkeit, Speicherbegrenzung, Integrität und Vertraulichkeit. Durch die DS-GVO wurde die diesbezügliche Verpflichtung des Verantwortlichen erweitert: Dieser ist für die Einhaltung der Grundsätze verantwortlich und muss deren Einhaltung nachweisen können („**Rechenschaftspflicht**").

Bei konkreten Zulässigkeitsprüfungen durch die DSB wurde die Einhaltung der allgemeinen Grundsätze bei Vorliegen eines Rechtmäßigkeitstatbestands bislang meist eher kursorisch geprüft. Es sind aber durchaus Fälle denkbar, in denen von Vornherein eine Verletzung etwa der Speicherbegrenzung ersichtlich ist, wie zB bei der Übermittlung von Datenarten, die für die Erfüllung des konkreten Zwecks gar nicht notwendig sind. Dann ist eine Datenverarbeitung schon wegen Verletzung der allgemeinen Grundsätze unzulässig.

Judikatur: Zur Erfüllung des Zwecks „Verwaltung der Kursteilnehmer" ist es nicht notwendig und daher überschießend, dass der jeweilige Trainer über die Daten seiner Kursteilnehmer hinaus auch Zugriff auf die Daten von Kursteilnehmern anderer Trainer hat (DSB 17.01.2018, DSB-D213.503/0004-DSB/2017). Bonitätsdaten müssen über einen längeren Zeitraum gespeichert werden, um eine objektive, transparente und wahrheitsgetreue Auskunft über Zahlungsfähigkeit und -schwierigkeiten von Schuldnern zu gewährleisten. Zulässige Speicherung von Bonitätsdaten für zehn Jahre (OGH 23.06.2021, 6 Ob 87/21v).

3. Weiterverwendung für einen anderen Zweck

Neu eingeführt wurde mit der DS-GVO eine ausdrückliche Bestimmung über die **Weiterverwendung von Daten für einen anderen Zweck**. Um festzustellen, ob eine Verarbeitung zu einem anderen Zweck als für denjenigen, zu dem die Daten ursprünglich erhoben wurden, vereinbar ist, hat der Verantwortliche nach Art 6 Abs 4 „unter anderem" (es handelt sich also um eine demonstrative Aufzählung) zu berücksichtigen:
- jede Verbindung zwischen dem Erhebungszweck und den Zwecken der beabsichtigten Weiterverarbeitung;
- den Zusammenhang, in dem die personenbezogenen Daten erhoben wurden;
- die Art der personenbezogenen Daten, insb ob sensible oder strafrechtsbezogene Daten verarbeitet werden;

- die möglichen Folgen der beabsichtigten Weiterverarbeitung für die betroffenen Personen;
- das Vorhandensein geeigneter Garantien, wozu Verschlüsselung oder Pseudonymisierung gehören können.

Ein positives Ergebnis des Kompatibilitätstests hat zur Folge, dass **die Weiterverarbeitung mit dem ursprünglichen Zweck** iSd Zweckbindungsgrundsatzes nach Art 5 Abs 1 lit b vereinbar ist. Nach der Systematik der DS-GVO ist für die Zulässigkeit einer Verarbeitung sowohl die Einhaltung der Grundsätze des Art 5 als auch das Vorliegen eines Rechtfertigungstatbestand nach Art 6 Abs 1 erforderlich. Daraus ist zu schließen, dass auch bei einem positiven Kompatibilitätstest zusätzlich das **Vorliegen eines Rechtfertigungstatbestandes** nach Art 6 Abs 1 zu prüfen ist. Diesbezüglich wird häufig ein berechtigtes Interesse nach Art 6 Abs 1 lit f in Betracht kommen und es werden die gleichen oder ähnliche Argumente für die Abwägung der Interessen herangezogen werden können wie beim Kompatibilitätstest.

Beispiel: Die Daten von bestehenden Kunden eines Unternehmens dürfen nach Art 6 Abs 4 für Kundenbetreuung und Marketing für eigene Zwecke weiterverwendet werden.

4. Datenübermittlung ins Ausland

Datenübermittlungen innerhalb der EU sind zulässig, wenn die Grundsätze der Verarbeitung gem Art 5 und die Bedingungen für die Rechtmäßigkeit dieser Datenverarbeitung nach Art 6 bzw 9 eingehalten werden.

Die DS-GVO regelt in den Art 44–50 sehr ausführlich die **Übermittlung personenbezogener Daten in Drittländer** und an internationale Organisationen. Dabei wird die Kommission beauftragt, das Schutzniveau zu beurteilen, das ein Gebiet oder ein Sektor in einem Drittland bietet. Hat die Kommission keinen **Angemessenheitsbeschluss** bezüglich eines Gebiets oder eines Sektors getroffen, so kann die Übermittlung der personenbezogenen Daten trotzdem ohne besondere Genehmigung der Aufsichtsbehörde erfolgen, wenn geeignete Garantien für den Schutz bestehen (Standarddatenschutzklauseln, verbindliche unternehmensinterne Datenschutzvorschriften oder Vertragsklauseln). Nach Art 45 Abs 9 bleiben die aufgrund von Art 25 Abs 6 DS-RL durch die EU-Kommission getroffenen Feststellungen der Zulässigkeit des Datentransfers nach Andorra, Argentinien, Färöer, Großbritannien, Guernsey, Isle of Man, Israel, Japan, Jersey, Kanada, Neuseeland, die Republik Korea, die Schweiz und Uruguay so lange in Kraft, bis sie durch einen neuen Beschluss der Kommission – nach den nunmehrigen Regeln des Art 44 – geändert, ersetzt oder aufgehoben werden.

Für den Datentransfer in die USA besteht zurzeit kein Angemessenheitsbeschluss, nachdem der EuGH in der Rechtssache „Schrems II" (EuGH 16.07.2020, C-311/18) den Durchführungsbeschluss (EU) 2016/1250 der

Kommission gem der RL 95/46/EG über die Angemessenheit des vom EU-US-Datenschutzschild gebotenen Schutzes für ungültig erklärt hat. Für die Rechtmäßigkeit einer Datenübermittlung in die USA kommen daher zurzeit (nur) alternativ va Standardvertragsklauseln oder einer der Ausnahmetatbestände des Art 49 DS-GVO in Betracht. Ein neues EU-US-Datentransferabkommen ist zurzeit in Verhandlung.

Judikatur: Die Veröffentlichung von personenbezogenen Daten auf einer Internetseite ist keine Übermittlung von Daten in ein Drittland (EuGH 06.11.2003, C-101/01 [Lindqvist]).

VII. Datensicherheit

1. Datensicherheitsmaßnahmen

In Art 32 werden einige Maßnahmen zur Erreichung der Datensicherheit angeführt, die unter Berücksichtigung des Stands der Technik, der Implementierungskosten und der Art, des Umfangs, der Umstände und der Zwecke der Verarbeitung sowie der unterschiedlichen Eintrittswahrscheinlichkeit und Schwere des Risikos für die Rechte und Freiheiten natürlicher Personen zu treffen sind. Diese Maßnahmen schließen ua ein: Die Pseudonymisierung und Verschlüsselung, die Fähigkeit, die Vertraulichkeit, Integrität, Verfügbarkeit und Belastbarkeit der Systeme und Dienste iZm der Verarbeitung personenbezogener Daten auf Dauer sicherzustellen sowie die Fähigkeit, die Verfügbarkeit der Daten und den Zugang zu ihnen bei einem physischen oder technischen Zwischenfall rasch wiederherzustellen.

Eine Liste konkreter Sicherheitsmaßnahmen ist in der DS-GVO nicht enthalten. **Mögliche Datensicherheitsmaßnahmen** können Zugangsbeschränkungen sein (zB Zutrittskontrollen zu Serverräumen oder bestimmten Arbeitsplätzen), aber auch technische Zugriffsbeschränkungen (zB Passwortschutz, abgestuftes Berechtigungskonzept, Firewall, Pseudonymisierung, Verschlüsselung) sowie andere Sicherungs- und Sicherheitsmaßnahmen (zB die Protokollierung von Verarbeitungsvorgängen oder das Bestehen eines Back-Up-Konzeptes). Ähnliche konkrete Sicherheitsmaßnahmen sind § 54 DSG zu entnehmen. Bei dieser Gesetzesstelle ist allerdings zu beachten, dass sie nicht in Ausführung der DS-GVO, sondern als Umsetzung der Datenschutzrichtlinie Polizei und Strafjustiz RL (EU) 2016/680 ergangen ist.

2. Data Breach Notification

Die Art 33 und 34 enthalten detaillierte Regelungen über die Meldung von Verletzungen des Schutzes personenbezogener Daten an die Aufsichtsbehörde und an den Betroffenen. So muss die **Aufsichtsbehörde** (in Österreich die

DSB) bei einer Datenschutzverletzung grundsätzlich innerhalb von **72 Stunden ab Kenntnis** zumindest über Folgendes informiert werden:
- eine Beschreibung der Art der Verletzung des Schutzes personenbezogener Daten;
- den Namen und die Kontaktdaten des Datenschutzbeauftragten oder einer sonstigen Anlaufstelle für weitere Informationen;
- eine Beschreibung der wahrscheinlichen Folgen der Verletzung des Schutzes personenbezogener Daten;
- eine Beschreibung der von dem Verantwortlichen ergriffenen oder vorgeschlagenen Maßnahmen zur Behebung der Verletzung des Schutzes personenbezogener Daten.

Eine **Ausnahme von der Meldepflicht an die DSB** besteht nur dann, wenn die Datenschutzverletzung voraussichtlich nicht zu einem Risiko für die Rechte und Freiheiten von natürlichen Personen führt. Dies ist etwa dann der Fall, wenn die Daten auf einem verlorenen Gerät ausreichend verschlüsselt sind oder wenn Daten während eines kurzen Stromausfalls nicht verfügbar waren.

Beispiele: Konkret kommen va folgende Vorfälle in Betracht: Verletzung der Vertraulichkeit (Daten wurden gestohlen oder kopiert); Verletzung der Integrität (Daten wurden unautorisiert geändert); Verletzung der Verfügbarkeit (Daten wurden gelöscht oder sind aus anderen Gründen nicht mehr verfügbar). Ein weiteres Beispiel ist der Verlust eines elektronischen Gerätes (Laptop, Stick etc), auf dem sich eine Kopie der Kundendatenbank befindet.

Judikatur: Verletzung des Schutz personenbezogener Daten durch das unbeaufsichtigte Abstellen eines Post- oder Depotsackes (BVwG 22.12.2020, W258 2225293-1).

Wenn die Datenschutzverletzung **ein hohes Risiko** für die Rechte und Freiheiten natürlicher Personen zur Folge hat, muss auch **die betroffene Person** von der Verletzung in klarer und einfacher Spreche benachrichtigt werden. Nach Art 34 Abs 3 ist diese Benachrichtigung va dann nicht erforderlich, wenn der Verantwortliche geeignete technische und organisatorische Sicherheitsvorkehrungen getroffen oder durch nachfolgende Maßnahmen sichergestellt hat, dass das hohe Risiko für die Rechte und Freiheiten der betroffenen Personen aller Wahrscheinlichkeit nach nicht mehr besteht.

3. Datengeheimnis (§ 6 DSG)

Verantwortliche, Auftragsverarbeiter und ihre Mitarbeiter haben **Daten** aus Datenverarbeitungen, die ihnen ausschließlich aufgrund ihrer berufsmäßigen Beschäftigung anvertraut wurden und zugänglich geworden sind, **geheim zu halten**. Mitarbeiter sind außerdem **vertraglich zu verpflichten**, Daten aus Datenanwendungen nur aufgrund von Anordnungen zu übermitteln und das Datengeheimnis auch nach Beendigung des Dienstverhältnisses zum Verantwortlichen oder Auftragsverarbeiter einzuhalten.

VIII. Publizität der Datenverarbeitungen

Seit Wirksamwerden der DS-GVO gehören **Datenverarbeitungsregister** und DVR-Nummer der Vergangenheit an. An die Stelle des DVR sind nun verstärkte Dokumentationspflichten für den Verantwortlichen in Form der Verzeichnisführungspflicht getreten. Darüber hinaus ist in bestimmten Fällen eine Datenschutz-Folgenabschätzung vorzunehmen sowie ein Datenschutzbeauftragter zu benennen. Damit tritt an die Stelle der Registrierungspflicht eine Pflicht zur weitgehenden **Selbstregulierung**.

1. Verzeichnis der Verarbeitungstätigkeiten

In Art 30 ist als neue Verpflichtung des Verantwortlichen (und auch des Auftragsverarbeiters) vorgesehen, dass diese jeweils ein Verzeichnis führen müssen, in dem alle „Verarbeitungstätigkeiten, die ihrer Zuständigkeit unterliegen", aufgenommen werden. Ausnahmen von dieser Verpflichtung scheinen auf den ersten Blick nach Art 30 Abs 5 für Unternehmen zu bestehen, die weniger als 250 Mitarbeiter haben. Die Gegenausnahme für „nicht nur gelegentliche Verarbeitungen" führt aber im Ergebnis dazu, dass **jeder Verantwortliche**, der zumindest eine laufende Datenverarbeitung vornimmt, **ein Verarbeitungsverzeichnis zu führen hat**.

Das Verzeichnis der Verarbeitungstätigkeiten muss **folgende Inhalte** haben:

- den Namen und die **Kontaktdaten** des Verantwortlichen und gegebenenfalls des gemeinsam mit ihm Verantwortlichen, des Vertreters des Verantwortlichen sowie eines etwaigen Datenschutzbeauftragten;
- die **Zwecke** der Verarbeitung;
- eine Beschreibung der Kategorien betroffener Personen und der **Kategorien personenbezogener Daten**;
- die **Kategorien von Empfängern**, gegenüber denen die personenbezogenen Daten offengelegt worden sind oder noch offengelegt werden, einschließlich Empfänger in Drittländern oder internationalen Organisationen;
- gegebenenfalls Übermittlungen von personenbezogenen Daten an ein Drittland oder an eine internationale Organisation;
- wenn möglich, die vorgesehenen **Fristen für die Löschung** der verschiedenen Datenkategorien;
- wenn möglich, eine allgemeine Beschreibung der technischen und organisatorischen Datensicherheitsmaßnahmen.

Bei den **Löschungsfristen** handelt es sich um die Rubrik des Verarbeitungsverzeichnisses, die in der Praxis die größten Schwierigkeiten bereitet, weil zur Ermittlung der konkreten Fristen nicht weniger als die gesamte

Rechtsordnung zu beachten ist. Konkret lassen sich bspw Fristen für die Speicherdauer in vielen Fällen aus den Fristen für Gewährleistung und Schadenersatz im ABGB ableiten, tw wird auch die steuerrechtliche Aufbewahrungspflicht von 7 Jahren nach § 132 Abs 1 BAO herangezogen.

Der Sinn und Zweck des Verarbeitungsverzeichnisses liegt in erster Linie darin, der DSB einen Überblick über die Verarbeitungstätigkeiten und die damit verbundenen Risiken des Unternehmens zu verschaffen, eine Pflicht zur Veröffentlichung besteht hingegen nicht.

2. Datenschutz-Folgenabschätzung

Gem Art 35 Abs 1 muss der Verantwortliche bei Formen der Verarbeitung, die voraussichtlich ein hohes Risiko für die persönlichen Rechte und Freiheiten hat (insb bei Verwendung neuer Technologien), vorab eine **Abschätzung der Folgen einer Datenanwendung** für den Schutz personenbezogener Daten durchführen. In Art 35 Abs 3 werden folgende drei Fälle demonstrativ aufgezählt, in denen jedenfalls eine DSFA erforderlich ist:
- im Fall einer systematischen und umfassenden Bewertung persönlicher Aspekte, die auf einer automatisierten Verarbeitung gründet und die natürliche Person in erheblicher Weise beeinträchtigt;
- im Fall einer **umfangreichen Verarbeitung besonders schützenswerter Daten** und
- im Fall einer systematischen umfangreichen Überwachung öffentlich zugänglicher Bereiche.

Eine gewisse Klarstellung für die Verantwortlichen ist insofern erfolgt, als die nationale Aufsichtsbehörde nach Art 35 Abs 4 eine Liste mit jenen Datenanwendungen zu erstellen hat, für die eine Datenschutz-Folgenabschätzung vorzunehmen ist („**Blacklist**"). In BGBl II 278/2018 wurde von der DSB ein Katalog von Kriterien kundgemacht, nach denen der Verantwortliche selbst zu prüfen und zu beurteilen hat, ob seine konkreten Datenverarbeitungen DSFA-pflichtig sind oder nicht. Gem Art 35 Abs 5 kann die Aufsichtsbehörde auch eine Liste über jene Datenanwendungen erstellen, für die keine Datenschutz-Folgenabschätzung erfolgen muss („**Whitelist**"). Dem entsprechend ist die Datenschutz-Folgenabschätzungs-Ausnahmenverordnung der DSB (DSFA-AV) in BGBl II 108/2018 kundgemacht worden. Danach sind zahlreiche in der unternehmerischen Praxis wichtige und notwendige Datenverarbeitungen wie Kundenverwaltung, Rechnungswesen, Logistik und Buchführung, Personalverwaltung, Kundenbetreuung und Marketing für eigene Zwecke, Sach- und Inventarverwaltung, Zugriffsverwaltung für EDV-Systeme sowie Zutrittskontrollsysteme jedenfalls von einer Datenschutz-Folgenabschätzung ausgenommen.

Die Datenschutz-Folgenabschätzung muss gem Art 35 Abs 7 einen bestimmten **Mindestinhalt** aufweisen:
- eine systematische Beschreibung der geplanten Verarbeitungsvorgänge und der Zwecke der Verarbeitung, gegebenenfalls einschließlich der von dem für die Verarbeitung Verantwortlichen verfolgten berechtigten Interessen;
- eine Bewertung der Notwendigkeit und Verhältnismäßigkeit der Verarbeitungsvorgänge in Bezug auf den Zweck;
- eine Bewertung der Risiken der Rechte und Freiheiten der betroffenen Personen;
- die zur Bewältigung der Risiken geplanten Abhilfemaßnahmen.

Bezüglich der Dokumentation der Datenschutz-Folgenabschätzung und auch hinsichtlich der Zusammenfassung ihrer Ergebnisse in einem Bericht werden in der DS-GVO keine expliziten Vorgaben gemacht. Geht aus der Datenschutz-Folgenabschätzung hervor, dass die Verarbeitung ein hohes Risiko birgt, hat der Verantwortliche vor der Verarbeitung nach Art 36 Abs 1 die Aufsichtsbehörde **zu konsultieren**, sofern keine Maßnahmen zur Risikoeindämmung getroffen werden.

3. Datenschutzbeauftragter

Die DS-GVO sieht in Art 37 keine allgemeine Pflicht zur Bestellung eines Datenschutzbeauftragten vor. **Nur in folgenden Fällen** haben Verantwortliche **einen Datenschutzbeauftragten verpflichtend zu benennen:**
- die Verarbeitung wird von einer Behörde oder öffentlichen Stelle durchgeführt, mit Ausnahme von Gerichten, die im Rahmen ihrer justiziellen Tätigkeit handeln;
- die Kerntätigkeit des Verantwortlichen oder des Auftragsverarbeiters besteht in der Durchführung von Verarbeitungsvorgängen, die eine umfangreiche regelmäßige und systematische Überwachung von betroffenen Personen erforderlich machen; oder
- die Kerntätigkeit des Verantwortlichen oder des Auftragsverarbeiters besteht in der **umfangreichen Verarbeitung besonders schützenswerter Daten.**

Damit ist die Frage, was als **Kerntätigkeit** eines Unternehmens anzusehen ist, von entscheidender Bedeutung für die Pflicht zur Bestellung eines Datenschutzbeauftragten im privaten Bereich. Dazu hält ErwGr 97 fest, dass sich die Kerntätigkeit stets auf die Datenverarbeitung als Haupttätigkeit, nicht aber als Nebentätigkeit bezieht.

Was unter „**umfangreich**" zu verstehen ist, wird in der DS-GVO nicht näher erläutert. Die „Auslegungshilfe" in ErwGr 91 verneint eine „umfangreiche" Verarbeitung personenbezogener Daten, wenn sie von einem einzelnen Arzt oder sonstigen Angehörigen eines Gesundheitsberufs oder von einem einzelnen Rechtsanwalt vorgenommen wird. Dies ist aber kein brauchbares Kriterium, weil es für die Erfüllung des Tatbestandselementes „umfangreich" nicht auf die Zahl der Verantwortlichen, die die Verarbeitungen durchführen, ankommen kann. So können etwa einzelne niedergelassene Allgemeinmediziner Daten von mehreren tausenden Patienten verarbeiten und damit uU deutlich mehr als hochspezialisierte Gruppenpraxen von Privatärzten. Ein einzelner Rechtsanwalt, der auf Strafverteidigung spezialisiert ist, wird mehr an strafrechtlich relevanten Daten verarbeiten, als eine Kanzleigemeinschaft, die vorwiegend im Vertrags- oder Wirtschaftsrecht tätig ist und lediglich Pflichtverteidigungen durchführt. Zudem stellen sich fast unlösbare Abgrenzungsfragen, ab wie vielen Ärzten oder Rechtsanwälten der Begriff „umfangreich" erfüllt sein soll.

In diesem Zusammenhang ist auch bemerkenswert, dass die Art 29-Datenschutzgruppe folgende, von ErwGr 91 abweichende **Kriterien für die Beurteilung, ob eine „umfangsreiche" Verarbeitung vorliegt**, empfiehlt:
- die Zahl der betroffenen Personen – entweder als bestimmte Zahl oder als Anteil an der maßgeblichen Bevölkerung;
- das Datenvolumen und/oder das Spektrum an in Bearbeitung befindlichen Daten;
- die Dauer oder Permanenz der Datenverarbeitungstätigkeit;
- die geografische Ausdehnung der Verarbeitungstätigkeit.

Inhaltlich **hat der Datenschutzbeauftragte die Aufgabe**, den Verantwortlichen und den Auftragsverarbeiter, die personenbezogene Daten verarbeiten, sowohl über ihre Pflichten nach der DS-GVO, als auch hinsichtlich ihrer Pflichten nach anderen Datenschutzvorschriften der EU oder der Mitgliedstaaten zu unterrichten und zu beraten. Weiters obliegt dem Datenschutzbeauftragen die Überwachung der Einhaltung der DS-GVO und anderer Datenschutzvorschriften sowie die Überwachung der Strategien des Verantwortlichen oder des Auftragsverarbeiters für den Schutz personenbezogener Daten, einschließlich der Zuweisung von Zuständigkeiten, der Sensibilisierung und Schulung der Mitarbeiter. Außerdem ist der Datenschutzbeauftragte Anspruchsperson für die Aufsichtsbehörde.

IX. Die Rechte der betroffenen Person

Die Rechte der betroffenen Person umfassen Informationspflichten (bzw -rechte), das Recht auf Auskunft, Berichtigung und Löschung, das Recht auf Einschränkung der Verarbeitung, das Widerspruchsrecht, das Recht auf Datenübertragbarkeit sowie das Recht, nicht einer ausschließlich auf einer automatisierten Verarbeitung beruhenden Entscheidung unterworfen zu werden.

1. Informationspflicht

Art 12 regelt allgemein, wie eine **transparente Information** und Kommunikation mit den betroffenen Personen auszugestalten ist, Art 13 enthält speziellere Regelungen über die Informationen, die bei Erhebung von personenbezogenen Daten bei der betroffenen Person zu erteilen sind. Art 14 umschreibt die Informationspflicht, wenn die personenbezogenen Daten nicht bei der betroffenen Person erhoben wurden.

a) Direkterhebung von Daten (Art 13)

Werden die Daten **bei der betroffenen Person erhoben,** muss nach Art 13 Abs 1 über Namen und Kontaktdaten des Verantwortlichen, ggf über Kontaktdaten des Datenschutzbeauftragten, über Verarbeitungszwecke und Rechtsgrundlagen der Verarbeitung, im Falle einer Datenverarbeitung aufgrund berechtigter Interessen des Verantwortlichen bzw eines Dritten über diese, ggf über Empfänger oder Kategorien von Empfängern sowie über eine allfällige Absicht, die Daten an ein Drittland oder eine internationale Organisation zu übermitteln, informiert werden.

Um eine „faire und transparente Verarbeitung zu gewährleisten", werden in Art 13 Abs 2 noch **weitere Informationen** aufgezählt, die der betroffenen Person im Zeitpunkt der Verarbeitung zur Verfügung gestellt werden müssen:
- Dauer der Datenspeicherung bzw, wenn unmöglich, die Kriterien für die Festlegung der Dauer;
- Betroffenenrechte auf Auskunft, Berichtigung, Löschung, Einschränkung, Datenübertragbarkeit und Widerspruch;
- Möglichkeit des Widerrufs der Einwilligung;
- Beschwerdemöglichkeit bei der Aufsichtsbehörde;
- ob die Bereitstellung der personenbezogenen Daten gesetzlich oder vertraglich vorgeschrieben oder für einen Vertragsabschluss erforderlich ist, ob die betroffene Person verpflichtet ist, die personenbezogenen Daten bereitzustellen und welche möglichen Folgen die Nichtbereitstellung hätte;
- ggf das Bestehen einer automatisierten Entscheidungsfindung;
- sollen die Daten für einen anderen als den ursprünglichen Zweck weiterverarbeitet werden, auch Informationen über diesen anderen Zweck und alle anderen maßgeblichen Informationen hierzu.

Nach Art 13 Abs 4 ist **nur eine Ausnahme von der Informationspflicht** bei Direkterhebung vorgesehen, nämlich dann, wenn und soweit die betroffene Person bereits über die Informationen verfügt. **Weitere Ausnahmen** von der Informationspflicht können aber unter den Voraussetzungen des Art 23 **in nationalen Rechtsvorschriften** vorgesehen werden. Von dieser Möglichkeit hat Österreich vor allem in zahlreichen Gesundheitsgesetzen (wie zB in § 3b Abs 2 ÄrzteG oder § 9a Abs 2 KAKuG) Gebrauch gemacht.

Beispiele: Auf einer Website kann die Informationspflicht in der Form erfüllt werden, dass der Link zu einer „Datenschutzerklärung" am Ende jeder Seite gut sichtbar abrufbar ist.

Im Falle der Erhebung von Kontaktdaten bei einer telefonischen Anfrage oder durch Übergabe einer Visitenkarte, müssen nur die Informationen nach Abs 1 erteilt werden, sofern sie der betroffenen Person nicht ohnedies schon bekannt sind, was zumeist der Fall sein wird. Die weiteren Informationen nach Abs 2, wie va die diversen Rechtsbelehrungen, können entfallen, weil sie in dieser Situation nicht für eine faire und transparente Verarbeitung benötigt werden (vorläufige Einschätzung).

b) Datenerhebung nicht bei der betroffenen Person (Art 14)

Werden die Daten nicht bei der betroffenen Person direkt erhoben, sondern stammen aus einer anderen Quelle (zu denken ist dabei va an **Datenübermittlung** und an **Daten aus öffentlich zugänglichen Quellen**), ist zusätzlich zu den Informationen nach Art 13 Auskunft darüber zu geben, aus welcher Quelle die Daten stammen. In diesem Fall sind nach Art 14 Abs 5 weitere **Ausnahmegründe** von der Informationspflicht vorgesehen. Danach entfällt die Informationspflicht, wenn und soweit

- die betroffene Person bereits über die Informationen verfügt;
- die Informationserteilung unmöglich oder mit einem unverhältnismäßigen Aufwand verbunden ist;
- die Erlangung oder Offenlegung durch Rechtsvorschriften der Union oder der Mitgliedstaaten, die geeignete Maßnahmen zum Schutz der berechtigten Interessen der betroffenen Person vorsehen, ausdrücklich geregelt ist;
- die Daten dem Berufsgeheimnis oder einer satzungsmäßigen Geheimhaltungspflicht unterliegen und daher vertraulich behandelt werden müssen.

Beispiele: Die Abfrage von Daten aus öffentlichen Registern, wie Grundbuch, Firmenbuch oder GISA, löst keine Informationspflicht aus, weil dies in österreichischen Rechtsvorschriften ausdrücklich vorgesehen ist. Fraglich könnte sein, ob alle diese Rechtsgrundlagen auch „geeignete Garantien zum Schutz" vorsehen. Immerhin sind in §§ 6 f GUG und in § 365e GewO bestimmte Einschränkungen der Auskunft über die gespeicherten Daten vorgesehen.

Dem Berufsgeheimnis unterliegt zB die Übermittlung von personenbezogenen Daten an einen Rechtsanwalt über denjenigen, gegen den ein Verfahren angestrengt wird sowie über allfällige Zeugen, Auskunftspersonen und sonstige Beteiligte.

2. Auskunftsrecht

a) Form des Auskunftsbegehrens, Identitätsnachweis

Im Gegensatz zu den Informationspflichten, die proaktiv durch den Verantwortlichen zu erfüllen sind, setzt das Recht auf Auskunft einen **Antrag der betroffenen Person** voraus. Über die konkrete Form des Auskunftsbegehrens gibt die DS-GVO keine Auskunft, sodass der Antrag grundsätzlich mündlich oder schriftlich gestellt werden kann. Allein aus Zwecken der Beweisbarkeit ist die Schriftform empfehlenswert.

Nicht (mehr) zwingend vorgesehen ist der **Nachweis der Identität** in geeigneter Form bei der Geltendmachung des Auskunftsanspruchs. Hat der Verantwortliche jedoch berechtigte Zweifel an der Identität des Betroffenen, so kann er nach Art 12 Abs 6 zusätzliche Informationen anfordern, die zur Bestätigung der Identität der betroffenen Person notwendig sind. Speziell (aber nicht nur) bei mündlichen Auskunftsbegehren ist daher jedenfalls eine Identitätsprüfung vorzunehmen.

Judikatur: Als geeignete Form des Identitätsnachweises wurde nach der Rsp zum DSG 2000 bei einem schriftlichen Auskunftsbegehren etwa die Beilage der Kopie eines amtlichen Lichtbildausweises wie va eines Reisepasses oder Personalausweises angesehen.

Zu Art 12 Abs 6 DS-GVO wurde ausgesprochen, dass die elektronische Signatur ein geeignetes Mittel zum Nachweis der Identität darstellt (BVwG 27.05.2020, W214 2228346-1).

b) Inhalt und Form der Auskunftserteilung

Nach Art 15 hat die betroffene Person das Recht, **Auskunft über die personenbezogenen Daten** zu verlangen, **die sie betreffen**. Dieser Kerninhalt des Auskunftsrechts ist (etwas versteckt) im Einleitungssatz von Art 15 Abs 1 festgelegt. Wird vom Verantwortlichen bestätigt, dass Daten über die betroffene Person verarbeitet werden, so besteht zudem das Recht auf folgende Auskünfte:
- die Verarbeitungszwecke;
- die Kategorien personenbezogener Daten, die verarbeitet werden;
- die Empfänger oder Kategorien von Empfängern, gegenüber denen die personenbezogenen Daten offengelegt worden sind oder noch offengelegt werden, insb bei Empfängern in Drittländern;
- falls möglich, die geplante Dauer, für die die personenbezogenen Daten gespeichert werden, oder, falls dies nicht möglich ist, die Kriterien für die Festlegung dieser Dauer;
- das Bestehen eines Rechts auf Berichtigung oder Löschung oder auf Einschränkung der Verarbeitung durch den Verantwortlichen oder eines Widerspruchsrechts gegen diese Verarbeitung;
- das Bestehen eines Beschwerderechts bei einer Aufsichtsbehörde;
- wenn die personenbezogenen Daten nicht bei der betroffenen Person erhoben werden, alle verfügbaren Informationen über die Herkunft der Daten;
- das Bestehen einer automatisierten Entscheidungsfindung einschließlich Profiling.

Eine Erweiterung der Rechte der betroffenen Person stellt der Anspruch nach Art 15 Abs 3 dar, eine **Kopie der personenbezogenen Daten**, die Gegenstand der Verarbeitung sind, zu erhalten. Stellt die betroffene Person den

Antrag elektronisch, so sind die Informationen in einem gängigen elektronischen Format zur Verfügung zu stellen, sofern sie nichts anderes angibt. Das Recht auf Erhalt einer Kopie darf die Rechte und Freiheiten anderer Personen nicht beeinträchtigen, weshalb bspw Geschäftsgeheimnisse oder Rechte des geistigen Eigentums nicht herausgegeben werden müssen.

Judikatur: Der genaue Umfang des Rechts auf Kopie ist bislang noch nicht geklärt. Nach der DSB beinhaltet der Auskunftsanspruch des Art 15 Abs 3 DS-GVO nur das Recht auf Erhalt einer Kopie der personenbezogenen Daten, die Gegenstand der Verarbeitung sind, nicht aber ganzer Dokumente (DSB 10.08.2020, 2020-0.204.456). Diesbezüglich ist ein Vorabentscheidungsersuchen des BVwG beim EuGH anhängig (C-487/21).

c) Frist

Gem Art 12 Abs 3 hat die Auskunftserteilung **innerhalb eines Monats** nach Eingang des Antrags zu erfolgen. Bei komplexen Begehren kann diese Frist um **zwei weitere Monate** ausgedehnt werden, hiervon ist der Betroffene aber ebenfalls binnen Monatsfrist schriftlich zu verständigen und zwar unter Anführung der Gründe. Ein Anspruch auf Kostenersatz besteht grundsätzlich nicht.

Sind zur Person des Auskunftswerbers keine Daten vorhanden, ist innerhalb eines Monats eine **Negativauskunft** zu erteilen, in der die betroffene Person über die Gründe des Nicht-Tätigwerdens und über die Möglichkeit, bei der DSB Beschwerde einzulegen, zu informieren ist (Art 12 Abs 4).

d) Mitwirkungspflicht des Auskunftswerbers

Eine Mitwirkungspflicht der betroffenen Person ist im Normtext der DS-GVO nicht verankert. Allerdings sieht ErwGr 63 vor, dass ein Verantwortlicher, der eine große Menge von Informationen über die betroffene Person verarbeitet, verlangen können soll, dass die betroffene Person präzisiert, auf welche Information oder welche Verarbeitungsvorgänge sich ihr Auskunftsersuchen bezieht, bevor er ihr Auskunft erteilt. Wie sich diese „**Mitwirkungspflicht**" auf die Fristen zur Auskunftserteilung auswirkt, ist nicht geregelt.

e) Unentgeltlichkeit der Auskunft

Gem Art 12 Abs 5 hat die Auskunftserteilung unentgeltlich zu erfolgen. Bei offenkundig unbegründeten oder häufig wiederholten und damit **exzessiven Anträgen** einer betroffenen Person kann der Verantwortliche aber entweder ein angemessenes Entgelt verlangen oder sich weigern, aufgrund des Antrags tätig zu werden. Den Nachweis für den offenkundig unbegründeten oder exzessiven Charakter des Antrags hat der Verantwortliche zu erbringen.

f) Beschränkungen des Auskunftsrechts

Nach Art 23 können die Betroffenenrechte – und damit auch das Auskunftsrecht – durch Gesetzgebungsmaßnahmen beschränkt werden ua zum Schutz der betroffenen Person oder der Rechte und Freiheiten anderer Personen oder aus bestimmten **öffentlichen Interessen** (zB Vorbeugung, Verhinderung oder Verfolgung von Straftaten, nationale Sicherheit oder Schutz der Unabhängigkeit der Justiz).

Von dieser Öffnungsklausel hat der österreichische Gesetzgeber in § 4 Abs 5 und 6 DSG Gebrauch gemacht: Danach besteht das Recht auf Auskunft der betroffenen Person gegenüber einem hoheitlich tätigen Verantwortlichen dann nicht, wenn durch die Erteilung dieser Auskunft die Erfüllung einer dem Verantwortlichen gesetzlich übertragenen Aufgabe gefährdet wird. Gegenüber dem Verantwortlichen ist das Auskunftsrecht ausgeschlossen, wenn durch die Erteilung dieser Auskunft ein **Geschäfts- oder Betriebsgeheimnis** des Verantwortlichen bzw Dritter gefährdet würde. Eine weitere Beschränkung des Auskunftsrechts ist für Rechtsanwälte und Notare in § 9 Abs 4 RAO bzw § 37 Abs 5 NO vorgesehen.

3. Recht auf Berichtigung und Löschung

a) Berichtigungsrecht

Nach Art 16 hat die betroffene Person das Recht, vom Verantwortlichen unverzüglich die Berichtigung sie betreffender **unrichtiger personenbezogener Daten** zu verlangen. Unter Berücksichtigung der Zwecke der Verarbeitung besteht zudem das Recht, die Vervollständigung unvollständiger personenbezogener Daten — auch mittels einer ergänzenden Erklärung — zu verlangen.

b) Löschungsrecht („Recht auf Vergessenwerden")

Art 17 sieht das Recht vor, die **Löschung** von personenbezogenen Daten **bei Vorliegen bestimmter Löschungsgründe** zu verlangen. Dieses Recht entbindet den Verantwortlichen allerdings nicht davon, auch ohne Verlangen der betroffenen Person regelmäßig zu überprüfen, ob die von ihm verarbeiteten Daten zu löschen sind. Ein Recht auf automatische Löschung nach einer vordefinierten Zeit und damit ein wirkliches „Recht auf Vergessenwerden" wurde damit aber nicht eingeführt.

Als Löschungsgründe kommen insb in Betracht:
- die personenbezogenen Daten sind für die Zwecke, für die sie erhoben oder auf sonstige Weise verarbeitet wurden, nicht mehr notwendig (lit a);
- die betroffene Person widerruft ihre Einwilligung, auf die sich die Verarbeitung stützte, und es fehlt an einer anderweitigen Rechtsgrundlage für die Verarbeitung (lit b);

- die betroffene Person legt gem Art 21 Abs 1 Widerspruch gegen die Verarbeitung ein, und es liegen keine vorrangigen berechtigten Gründe für die Verarbeitung vor (lit c);
- die personenbezogenen Daten wurden **unrechtmäßig verarbeitet** (Generalklausel, lit d).

Art 17 Abs 3 sieht **Ausnahmetatbestände** vor, in denen kein Recht auf Löschung besteht, und zwar bspw dann, wenn die Verarbeitung zur Ausübung des Rechts auf freie Meinungsäußerung und Information, für den Bereich der öffentlichen Gesundheit oder für die Geltendmachung von Rechtsansprüchen erforderlich ist.

Judikatur: Die personenbezogenen Daten des Beschwerdeführers, welche durch die (an sich rechtswidrige) Videoüberwachung gewonnen wurden, sind Beweismittel in zwei anhängigen Verfahren, weshalb diese Daten einstweilen gem Art 17 Abs 3 lit e DS-GVO nicht gelöscht werden müssen (DSB 31.07.2019, DSB-D123.901/0002-DSB/2019).

c) Folgen der Löschungspflicht

Ein absolutes Löschungsrecht der betroffenen Person, losgelöst vom Vorliegen dieser Löschungsgründe, gibt es auch nach der DS-GVO nicht. Wenn ein **Löschungsgrund** besteht, hat der Verantwortliche die **Löschung unverzüglich** vorzunehmen. Dabei ist der Betroffene innerhalb eines Monats (mit Verlängerungsmöglichkeit um weitere zwei Monate) über die auf seinen Antrag hin getroffenen Maßnahmen zu informieren. Löschung bedeutet die **technische Löschung** von elektronischen Daten, nicht bloß eine Stilllegung oder Deaktivierung. Es kommt darauf an, dass auf die Daten nicht mehr zugegriffen werden kann. Dass eine Wiederherstellung von Daten theoretisch mit hohem Aufwand möglich ist, wird in diesem Zusammenhang unproblematisch sein.

Insb bei einer **verteilten Speicherung** aus Sicherheitsgründen bzw hinsichtlich von Backups kann es im Einzelfall schwierig sein, einzelne Datensätze aus sämtlichen Kopien zu entfernen. Hier hat der österreichische Gesetzgeber in § 4 Abs 2 DSG eine Regelung geschaffen, wonach in Fällen, in denen eine Löschung oder Berichtigung aus wirtschaftlichen oder technischen Gründen nicht unverzüglich, sondern nur zu bestimmten Zeitpunkten vorgenommen werden kann, eine Einschränkung der Verarbeitung iSd Art 18 (s dazu gleich im Anschluss unter 4.) ausreichend ist.

Für den Fall, dass der Verantwortliche die personenbezogenen Daten **öffentlich gemacht** hat, besteht eine spezielle, **zusätzliche Informationspflicht**, die den Risiken der Verbreitung im Internet Rechnung tragen soll. In diesem Fall hat der Verantwortliche auch andere Verantwortliche, welche die zu löschenden personenbezogenen Daten verarbeiten, darüber zu informieren, dass eine betroffene Person die Löschung aller Links zu diesen personenbezogenen Daten oder von Kopien verlangt hat. Diese Pflicht besteht allerdings nur „unter Berücksichtigung der verfügbaren Technologie und der Implementierungskosten".

Nach Art 19 hat der Verantwortliche jede Berichtigung, Löschung oder Einschränkung der Verarbeitung **allen anderen Empfängern**, denen personenbezogene Daten offengelegt wurden, **mitzuteilen**. Dies soll der Beseitigung von nachteiligen Folgen für die betroffene Person dienen und die Betroffenenrechte effektiver machen. Der Verantwortliche hat die betroffene Person auch über die erfolgte Mitteilung an die Empfänger zu unterrichten. Entfallen kann die Mitteilung nur dann, wenn sie sich als unmöglich erweist oder mit unverhältnismäßigem Aufwand verbunden ist.

Judikatur: Um das Löschungsgebot nach dem DSG 2000 zu erfüllen, genügt es nicht, die Datenorganisation so zu verändern, dass ein „gezielter Zugriff" auf die betreffenden Daten ausgeschlossen ist (OGH 15.04.2010, 6 Ob 41/10p). Die Entfernung des Personenbezugs („Anonymisierung") von personenbezogenen Daten kann grundsätzlich ein mögliches Mittel zur Löschung sein. Es muss jedoch sichergestellt werden, dass weder der Verantwortliche selbst, noch ein Dritter ohne unverhältnismäßigen Aufwand einen Personenbezug wiederherstellen kann (DSB 05.12.2018, DSB-D123.270/0009-DSB/2018).

4. Recht auf Einschränkung der Verarbeitung

Folgende Fälle sind in Art 18 unter dem sog „**Recht auf Einschränkung**" vorgesehen:
- der Betroffene hat die Richtigkeit der Daten bestritten: Für die Dauer der Prüfung der Daten durch den Verantwortlichen kann der Betroffene begehren, dass die Datenverarbeitung eingeschränkt wird;
- die Datenverwendung ist rechtswidrig, aber der Betroffene spricht sich gegen eine Löschung aus und verlangt alternativ die Beschränkung;
- das Unternehmen benötigt die Daten zwar nicht mehr, aber der Betroffene zur Geltendmachung, Ausübung oder Verteidigung von Rechtsansprüchen;
- der Betroffene hat Widerspruch gem Art 21 Abs 1 eingelegt: Für die Dauer der Prüfung durch den Verantwortlichen kann der Betroffene begehren, dass die Datenverarbeitung eingeschränkt wird.

5. Recht auf Datenübertragbarkeit

Nach Art 20 hat die betroffene Person das Recht, **die sie betreffenden personenbezogenen Daten**, die sie einem Verantwortlichen bereitgestellt hat, in einem strukturierten, gängigen und maschinenlesbaren Format **zu erhalten** und diese Daten einem anderen Verantwortlichen ohne Behinderung durch den ursprünglichen Verantwortlichen zu übermitteln, sofern die Verarbeitung der Daten mit automatischen Mitteln und entweder aufgrund einer Zustimmung des Betroffenen oder eines Vertrages zwischen Betroffenem und Unternehmen erfolgte.

Bei der Ausübung ihres **Rechts auf Datenübertragbarkeit** kann die betroffene Person verlangen, dass die personenbezogenen Daten direkt von einem Verantwortlichen einem anderen Verantwortlichen übermittelt werden, soweit dies technisch machbar ist. Dieses Recht gilt nicht für eine Verarbeitung, die für die Wahrnehmung einer Aufgabe erforderlich ist, die im öffentlichen Interesse liegt oder in Ausübung öffentlicher Gewalt erfolgt, die dem Verantwortlichen übertragen wurde.

Beispiele: Denkbare Fälle sind die Übertragung eines Social Media-Accounts auf einen anderen Anbieter oder die Übertragung einer Wunschliste von Musik bzw Büchern von einem Webshop auf einen anderen sowie die Übertragung der Daten aus Fitness-Apps.

6. Widerspruchsrecht

Art 21 räumt der betroffenen Person das Recht ein, aus Gründen, die sich **aus ihrer besonderen Situation** ergeben, jederzeit gegen die Verarbeitung sie betreffender personenbezogener Daten Widerspruch einzulegen. Ist der Widerspruch erfolgreich, so resultiert daraus nach Art 17 Abs 1 lit c ein **Recht auf Löschung**. Das Widerspruchsrecht besteht allerdings nur bei Datenverarbeitungen, die aufgrund von zwei der (insgesamt sechs) in Art 6 vorgesehenen Rechtmäßigkeitsgründen erfolgen. Diese sind:
- Art 6 Abs 1 lit e (Wahrnehmung einer Aufgabe im öffentlichen Interesse) oder
- Art 6 Abs 1 lit f (Interessenabwägung).

Wird Widerspruch erhoben, so darf der Verantwortliche die personenbezogenen Daten nicht mehr verarbeiten, es sei denn, er kann zwingende schutzwürdige Gründe für die Verarbeitung nachweisen, die gegenüber den Interessen, Rechten und Freiheiten der betroffenen Person überwiegen, oder die Verarbeitung dient der Geltendmachung, Ausübung oder Verteidigung von Rechtsansprüchen. Ein absolutes Widerspruchsrecht besteht für die betroffene Person bei der Verarbeitung für Zwecke der Direktwerbung. Damit trifft den Verantwortlichen die **Beweislast für das Überwiegen der zwingenden schutzwürdigen Gründe** an der Datenverarbeitung gegenüber den Interessen oder den Rechten und Freiheiten der betroffenen Person.

Judikatur: Ein Suchmaschinenbetreiber ist dazu verpflichtet, von der Ergebnisliste, die im Anschluss an eine anhand des Namens einer Person durchgeführte Suche angezeigt wird, Links zu von Dritten veröffentlichten Internetseiten mit Informationen zu dieser Person zu entfernen (EuGH 13.05.2014, C-131/12 [Google Spain und Google]).

7. Automatisierte Entscheidungen im Einzelfall einschließlich Profiling

Art 22 sieht vor, dass die betroffene Person das Recht hat, nicht einer ausschließlich auf einer automatisierten Verarbeitung – einschließlich **Profiling**

– beruhenden Entscheidung unterworfen zu werden, die ihr gegenüber rechtliche Wirkung entfaltet oder sie in ähnlicher Weise erheblich beeinträchtigt.

Judikatur: Beim EuGH ist ein Vorabentscheidungsverfahren des Verwaltungsgerichtes Wiesbaden zur Frage anhängig, ob die automatisierte Erstellung eines Wahrscheinlichkeitswertes über die Fähigkeit einer betroffenen Person, künftig einen Kredit zu bedienen, eine ausschließlich auf einer automatisierten Verarbeitung beruhende Entscheidung iSd Art 22 darstellt (C-634/21).

X. Datenverarbeitung zu spezifischen Zwecken

Art 6 Abs 2 und 3 erlaubt den Mitgliedstaaten im durch diese Vorschrift gesetzten Rahmen die Beibehaltung oder Einführung **bereichsspezifischer Datenschutzvorschriften** in Bezug auf die Verarbeitung zur Erfüllung einer rechtlichen Verpflichtung oder zur Wahrung von Aufgaben im öffentlichen Interesse bzw in Ausübung öffentlicher Gewalt. Von dieser sog „**Flexibilisierungsklausel**" hat der österr Gesetzgeber in zahlreichen Materiengesetzen aber auch in den §§ 7 bis 13 DSG Gebrauch gemacht. Von den im DSG geregelten spezifischen Datenverarbeitungen wird hier auf die wissenschaftliche Forschung, das „Medienprivileg" und die Neuregelung der Bildverarbeitung näher eingegangen.

1. Wissenschaftliche Forschung und Statistik

§ 7 DSG ermächtigt zur Verarbeitung von Daten **für wissenschaftliche Forschungszwecke oder statistische Zwecke**, wenn die Daten entweder öffentlich zugänglich sind, der Verantwortliche die Daten für andere Untersuchungen oder auch andere Zwecke zulässigerweise ermittelt hat oder es sich für ihn um pseudonymisierte personenbezogene Daten handelt und der Verantwortliche die Identität der betroffenen Person mit rechtlich zulässigen Mitteln nicht bestimmen kann. Sind diese Voraussetzungen nicht erfüllt, bedarf die Datenverarbeitung für die wissenschaftliche Forschung oder Statistik einer besonderen gesetzlichen Grundlage, der Einwilligung des Betroffenen oder einer Genehmigung durch die DSB.

Weitere Sonderregelungen für Datenverarbeitungen zu wissenschaftlichen Forschungszwecken sind im Forschungsorganisationsgesetz (FOG) zu finden.

2. Freiheit der Meinungsäußerung und Informationsfreiheit („Medienprivileg")

Art 85 regelt das sog „Medienprivileg". Danach sehen die Mitgliedstaaten für die Verarbeitung, die **zu journalistischen Zwecken** erfolgt, Abweichungen oder Ausnahmen von den meisten Kapiteln der DS-GVO vor, wenn dies erforderlich ist, um das Recht auf Schutz der personenbezogenen Daten mit der

Freiheit der Meinungsäußerung und der Informationsfreiheit in Einklang zu bringen.

Die österreichische Ausführung dieser Öffnungsklausel findet sich in § 9 DSG. Dabei wurde der Anwendungsbereich der österreichischen Regelung gegenüber der unionsrechtlichen Vorgabe auf die Verarbeitung von personenbezogenen Daten durch Medieninhaber, Herausgeber, Medienmitarbeiter und Arbeitnehmer eines Medienunternehmens oder Mediendienstes iSd Mediengesetzes, **zu journalistischen Zwecken des Medienunternehmens oder Mediendienstes** eingeschränkt. Die Vorgabe in Art 85 verlangt hingegen eine Regelung für Verarbeitungen „zu journalistischen Zwecken" ohne Einschränkung auf Zwecke des Medienunternehmens oder Mediendienstes.

In der bisherigen Anwendungspraxis erachtet sich die DSG nur bei Datenverarbeitungen für journalistische Zwecke durch klassische „Medienunternehmen" für unzuständig, nicht jedoch für Datenverarbeitungen, die durch andere Personen für eben diese Zwecke erfolgen. Die Zulässigkeit der Verarbeitung personenbezogener Daten im Rahmen des sog „**Bürgerjournalismus**" kann daher vor der DSB überprüft werden. Für die journalistische Tätigkeit von Medienunternehmen und Mediendiensten sind hingegen die ordentlichen Gerichte nach dem MedienG zuständig.

Judikatur: Die Verarbeitung personenbezogener Daten dient journalistischen Zwecken, wenn sie auf die Vermittlung von Informationen und Ideen über Fragen öffentlichen Interesses abzielt (EuGH 16.12.2008, C-73/07 [Satakunnan Markkinapörssi und Satamedia]). Keine Verletzung im Recht auf Geheimhaltung einer Polizistin durch die Veröffentlichung von Fotos einer – nach Ansicht des Beschwerdegegners überschießenden – Amtshandlung im Rahmen der Abholung eines Minderjährigen, weil damit ein Beitrag zu einer Debatte von öffentlichem Interesse vorliegt. Hingegen liegt durch die Nennung des Nachnamens der Beschwerdeführerin iVm den Fotoaufnahmen eine Verletzung im Recht auf Geheimhaltung vor (DSB 02.12.2019, DSB-D124.352/0003-DSB/2019). Das Medienprivileg ist auf den Betrieb von Bewertungsplattformen mangels Verarbeitung zu journalistischen Zwecken nicht anwendbar (OGH 02.02.2022, 6 Ob 129/21w).

3. Bildverarbeitung

Das DSG sieht in den §§ 12 und 13 Sonderbestimmungen über die „Bildverarbeitung" vor. Hinsichtlich dieser österreichischen Sondernormen ist allerdings zu beachten, dass nach der aktuellen Ansicht des BVwG die §§ 12 und 13 DSG auf Bildverarbeitungen zu privaten Zwecken nicht anwendbar sind, da diese Bestimmungen nicht von den Öffnungsklauseln in Art 6 Abs 3 und Abs 4 DS-GVO gedeckt sind. Auch die DSB beurteilt seitdem Bildverarbeitungen ausschließlich auf Basis der Art 5 und 6 DS-GVO. Allerdings ist fast zeitgleich ein Urteil des OGH ergangen, in dem das zivile Höchstgericht von der Anwendbarkeit der österreichischen Bestimmungen über Bildverarbeitungen in den §§ 12 und 13 DSG ausgegangen ist (OGH 27.11.2019,

6 Ob 150/19f). Angesichts dieser **Judikaturdivergenz** ist für eine endgültige Klärung der Anwendbarkeit oder Unanwendbarkeit der §§ 12 und 13 DSG die weitere Entwicklung der Rsp abzuwarten.

Da sich der OGH bislang nicht für die Unanwendbarkeit der §§ 12 und 13 DSG ausgesprochen hat, werden diese Bestimmungen in Folgenden kurz dargestellt.

a) Begriff der Bildaufnahme

Der Begriff der Bildaufnahme wird in § 12 Abs 1 DSG sehr weit definiert als „die durch Verwendung technischer Einrichtungen zur Bildverarbeitung vorgenommene Feststellung von Ereignissen im öffentlichen oder nicht-öffentlichen Raum zu privaten Zwecken".

Problematisch daran ist, dass die Wendung „**zu privaten Zwecken**" in der Definition der Bildverarbeitung mehr als missverständlich ist. Erst aus den Erläuterungen wird deutlich, dass grundsätzlich alle Bildaufnahmen durch Verantwortliche des privaten Bereichs (so zB auch das Anfertigen von Fotografien zu beruflichen Zwecken) den Bestimmungen der §§ 12 und 13 DSG unterliegen sollen.

b) Zulässigkeitsprüfung

Eine derartige Bildaufnahme „zu privaten Zwecken" (und gem § 12 Abs 5 DSG auch deren Übermittlung!) ist nach § 12 Abs 2 DSG zulässig:
- im lebenswichtigen Interesse einer Person;
- mit Einwilligung der betroffenen Person;
- auf gesetzlicher Grundlage;
- wenn im Einzelfall überwiegende berechtigte Interessen des Verantwortlichen oder eines Dritten bestehen und die Verhältnismäßigkeit gegeben ist.

Damit kann auch eine Videoüberwachung oder sonstige Bildverarbeitung auf den Rechtfertigungstatbestand einer **Interessenabwägung**[*] gestützt werden. Als Beispiele für eine derartige positive Interessenabwägung werden in § 12 Abs 3 DSG angeführt: der vorbeugende Schutz auf privaten Liegenschaften, der vorbeugende Schutz an öffentlich zugänglichen Orten mit Hausrecht und ein privates Dokumentationsinteresse, das nicht auf die identifizierende Erfassung unbeteiligter Personen gerichtet ist. Damit werden nach den Erläuterungen exemplarische, quasi massenhaft auftretende Fallkonstellationen erfasst, wie zB die Überwachung von Einfamilienhäusern, die Überwachung in öffentlichen Verkehrsmitteln oder sog Freizeitkameras uÄ. Wie konkrete Einzelfälle, etwa Unfallkameras („Dash-Cams"), das Fotografieren ins Publikum oder von Teilnehmern am Podium bei Veranstaltungen oder das Hochladen von Mitarbeiterfotos auf Unternehmens-Websites, von der Rsp beurteilt werden, bleibt abzuwarten.

Absolut unzulässig sind Bildaufnahmen im höchstpersönlichen Lebensbereich ohne Einwilligung, Bildaufnahmen zur Arbeitnehmerkontrolle, der automationsunterstützte Abgleich von mittels Bildaufnahmen gewonnenen personenbezogenen Daten mit anderen personenbezogenen Daten und die Auswertung von mittels Bildaufnahmen gewonnenen personenbezogenen Daten anhand von sensiblen Daten als Auswahlkriterium.

c) Protokollierung, Löschung

Nach § 13 Abs 2 und 3 DSG hat der Verantwortliche jeden Verarbeitungsvorgang zu protokollieren, wobei darunter jeder Zugriff auf bzw jede Auswertung von Bilddaten zu verstehen ist. Eine länger als **72 Stunden** andauernde Aufbewahrung muss verhältnismäßig sein und ist gesondert zu protokollieren und zu begründen. Die Löschungspflicht gilt nicht bei Vorliegen eines privaten Dokumentationsinteresses.

d) Kennzeichnungspflicht

Gem § 13 Abs 5 und 6 DSG hat der Verantwortliche einer Bildaufnahme diese **geeignet zu kennzeichnen**. Aus der Kennzeichnung hat jedenfalls der Verantwortliche eindeutig hervorzugehen, es sei denn, dieser ist den betroffenen Personen nach den Umständen des Falles bereits bekannt. Die Kennzeichnungspflicht gilt nicht beim Zulässigkeitstatbestand des privaten Dokumentationsinteresses und für zeitlich strikt zu begrenzende Verarbeitungen im Einzelfall, deren Zweck ausschließlich mittels einer verdeckten Ermittlung erreicht werden kann (zB Ausforschung durch einen Privatdetektiv), unter der Bedingung, dass der Verantwortliche ausreichende Garantien zur Wahrung der Betroffeneninteressen vorsieht, insb durch eine nachträgliche Information der betroffenen Personen.

Schließlich ist noch auf die **Auskunftspflicht von Eigentümern** oder Nutzungsberechtigten einer Liegenschaft gegenüber den Betroffenen über die Identität des Verantwortlichen (va einer Videoüberwachung) in § 13 Abs 7 DSG hinzuweisen.

XI. Strafbestimmungen

1. Datenverwendung in Gewinn- oder Schädigungsabsicht

Gerichtlich strafbar ist nach § 63 die **rechtswidrige Verwendung von Daten** in besonders verwerflicher Absicht, nämlich **in Bereicherungs- oder Schädigungsabsicht**. Betroffen sind personenbezogene Daten, die ausschließlich aufgrund der beruflichen Beschäftigung anvertraut oder zugänglich geworden sind oder die widerrechtlich verschafft wurden. Als Tathandlung ist die Benützung, die Zugänglichmachung für einen anderen oder die Veröffentlichung von Daten unter die Strafdrohung einer Freiheitsstrafe bis zu einem Jahr gestellt.

Judikatur: Das widerrechtliche Fotografieren eines Toilettenbesuches mittels iPhone ist eine – vom erforderlichen Vorsatz getragene – widerrechtliche Benützung von personenbezogenen Daten des Abgebildeten, die nach § 51 DSG 2000 (jetzt § 63 DSG) strafbar ist (LG Salzburg 29.04.2011, 49 Bl 17/11v).

2. Geldbuße

Einem Verantwortlichen oder Auftragsverarbeiter, der die Datenschutzvorschriften verletzt, drohen sehr strenge Sanktionen: So können etwa bei Verstößen gegen die Grundsätze der Verarbeitung oder gegen die Rechte der betroffenen Person gem Art 58 Abs 2 **Geldbußen von bis zu € 20 Mio** oder im Fall eines Unternehmens von bis zu 4 % seines gesamten weltweit erzielten Jahresumsatzes des vorangegangenen Geschäftsjahrs verhängt werden, je nachdem, welcher der Beträge höher ist. Bei Verstößen gegen die Pflichten des Verantwortlichen und der Auftragsverarbeiter sind **Geldbußen bis zu € 10 Mio** oder bis zu 2 % des weltweiten Jahresumsatzes vorgesehen.

Schon Art 83 Abs 1 sieht bei der konkreten Strafbemessung durch die Aufsichtsbehörde vor, dass die Verhängung von Geldbußen in jedem Einzelfall **wirksam, verhältnismäßig und abschreckend** sein muss. Zudem werden Geldbußen nach Art 83 Abs 2 je nach den Umständen des Einzelfalls zusätzlich zu oder anstelle von Maßnahmen nach Art 58 Abs 2 Buchstaben a bis h und i (darunter zB Warnungen, Verwarnungen und Hinweise) verhängt. Damit erscheint die Bestimmung des § 11 DSG über die **Verwarnung der Datenschutzbehörde** eine – eigentlich überflüssige – Klarstellung und kann keinerlei Verpflichtungen der DSB begründen, die nicht schon in der DS-GVO vorgesehen sind.

Art 83 Abs 7 DS-GVO behält es den Mitgliedstaaten vor, festzulegen, ob und in welchem Umfang Geldbußen **gegen Behörden und öffentliche Stellen**, die im entsprechenden Mitgliedstaat niedergelassen sind, verhängt werden können. In § 30 Abs 5 DSG wurde dazu in Österreich geregelt, dass gegen Behörden und öffentliche Stellen, wie insb in Formen des öffentlichen Rechts sowie des Privatrechts eingerichtete Stellen, die im gesetzlichen Auftrag handeln, und gegen Körperschaften des öffentlichen Rechts **keine Geldbußen** verhängt werden können.

Der österreichische Gesetzgeber qualifiziert die Geldbuße nach der DS-GVO offenbar als **Verwaltungsstrafe**, auch wenn im Gesetzestext selbst dazu keine ausdrückliche Anordnung zu finden ist, nur in den ErlRV zu § 22 DSG wird explizit auf die Anwendbarkeit des VStG auf die Verhängung der Geldbußen durch die DSB hingewiesen. Inzwischen ist auch durch die Rsp des

VfGH klargestellt, dass die Verhängung (potenziell) sehr hoher Verwaltungsstrafen durch eine Verwaltungsbehörde wie die DSB verfassungsrechtlich zulässig ist (VfGH 13.12.2017, G 408/2016 iZm einer in die Zuständigkeit der FMA fallenden Geldbuße nach dem Bankwesengesetz).

3. Verwaltungsstrafen

Ergänzend zu Art 83 sieht § 62 DSG subsidiäre Verwaltungsstrafbestimmungen für verschiedene Verletzungen von Bestimmungen des DSG mit einer Geldstrafe bis zu 50 000 Euro vor. Diesbezüglich werden va Verstöße gegen die Bestimmungen über die Bildverarbeitung nach den §§ 12 und 13 relevant werden.

XII. Behörden und Verfahren

1. Behörden

a) Datenschutzbehörde (DSB)

Nach § 18 DSG ist die DSB als nationale Aufsichtsbehörde in Österreich gem Art 51 eingerichtet. Die §§ 19 bis 23 DSG enthalten die näheren Bestimmungen hinsichtlich der Unabhängigkeit und des Leiters der Datenschutzbehörde. Die sehr umfangreichen **Aufgaben und Befugnisse** der Aufsichtsbehörde sind in Art 57 und 58 DS-GVO geregelt und lassen sich in folgende Gruppen zusammenfassen: Untersuchungsbefugnisse, Abhilfebefugnisse, Genehmigungsbefugnisse sowie Beratungs- und Stellungnahmebefugnisse. § 22 DSG enthält nähere Ausführungen dazu, zB kann die DSB vom Verantwortlichen oder Auftragsverarbeiter der überprüften Datenverarbeitung insb alle notwendigen Aufklärungen verlangen und Einschau in Datenverarbeitungen und diesbezügliche Unterlagen begehren.

Art 55 Abs 1 schreibt für die internationale Zuständigkeit grundsätzlich das Territorialitätsprinzip fest: Jede Aufsichtsbehörde hat ihre Befugnisse im Hoheitsgebiet ihres eigenen Mitgliedstaates auszuüben. Bei **grenzüberschreitender Verarbeitung** ist nach Art 56 Abs 1 die Aufsichtsbehörde der Hauptniederlassung des Verantwortlichen oder des Auftragsverarbeiters „federführend" zuständig. Diese ist jedenfalls der einzige Ansprechpartner für Verantwortliche und Auftragsverarbeiter für Fragen grenzüberschreitender Verarbeitungen. Sind mehrere Aufsichtsbehörden involviert, sieht Art 60 ein sog „One-Stop-Shop-Verfahren" vor.

b) Datenschutzrat

Der **Datenschutzrat**, der beim BMJ eingerichtet ist, hat gem §§ 14 ff DSG neben einem Stellungnahmerecht zu Fragen grundsätzlicher Bedeutung für den Datenschutz va eine beratende und beobachtende Funktion in Datenschutzangelegenheiten.

c) Europäischer Datenschutzausschuss

Die DS-GVO sieht in Art 68 die Einrichtung eines **Europäischen Datenschutzausschusses** vor. Der Ausschuss ist unabhängig und bildet eine Einrichtung der Europäischen Union mit eigener Rechtspersönlichkeit. Die Aufgaben nach Art 70 gehen weit über diejenigen der früheren „**Art 29-Datenschutzgruppe**" (eine Gruppe, die nach Art 29 DS-RL aus je einem Vertreter der nationalen Kontrollstellen bestand) hinaus, die zwar nur beratende Funktion hatte, aber zu zahlreichen Fragen des Datenschutzrechts in sog „Working Papers" Stellungnahmen und Leitlinien abgegeben hat. Va im Wege der Beschlussfassung im Streitbeilegungs- und Dringlichkeitsverfahren kann der Ausschuss in für die Aufsichtsbehörden verbindlicher Weise Einfluss auf die Entscheidungen einzelner, ansonsten gem Art 51 Abs 1 und Art 52 völlig unabhängiger Behörden nehmen.

2. Rechtsschutz

Die DS-GVO sieht **zwei Möglichkeiten** für den Betroffenen vor, Verstöße gegen datenschutzrechtliche Bestimmungen geltend zu machen: Zunächst ein Beschwerderecht an die Aufsichtsbehörde gem Art 77 und darüber hinaus das Recht auf einen wirksamen gerichtlichen Rechtsbehelf nach Art 79.

a) Beschwerde an die Datenschutzbehörde

Gem Art 77 hat jede betroffene Person das Recht auf Beschwerde bei einer Aufsichtsbehörde, wenn sie der Ansicht ist, dass die Verarbeitung der sie betreffenden personenbezogenen Daten gegen die DS-GVO verstößt. In Ausführung von Art 77 werden in den §§ 24 und 25 DSG das Recht auf eine Beschwerde vor der DSB und begleitende Maßnahmen im Beschwerdeverfahren festgelegt.

Entscheidungen über Beschwerden an die DSB werden von dieser mit **Bescheid** erledigt. Nach § 27 DSG können die Parteien des Verfahrens vor der DSB gegen diesen Bescheid **Beschwerde an das Bundesverwaltungsgericht (BVwG)** erheben, das in Datenschutzangelegenheiten durch Senat entscheidet. Gegen das Erkenntnis des BVwG kann entweder Revision an den VwGH erhoben oder bei Behauptung einer Verletzung in einem verfassungsgesetzlich gewährleisteten Recht (va Grundrecht auf Datenschutz nach § 1) der VfGH mit Erkenntnisbeschwerde angerufen werden.

Nach § 28 DSG hat die betroffene Person das Recht, eine Einrichtung, Organisationen oder Vereinigung ohne Gewinnerzielungsabsicht, die ordnungsgemäß gegründet ist, deren satzungsmäßige Ziele im öffentlichem Interesse liegen und die im Bereich des Schutzes der Rechte und Freiheiten von betroffenen Personen in Bezug auf den Schutz ihrer personenbezogenen Daten tätig ist, zu beauftragen, in ihrem Namen eine Beschwerde einzureichen („**Datenschutz-NGOs**").

b) Gerichtlicher Rechtsschutz

Nach Art 79 hat jede betroffene Person neben der Beschwerde an die Aufsichtsbehörde auch das Recht auf einen **wirksamen gerichtlichen Rechtsbehelf**, wenn sie der Ansicht ist, dass die ihr aufgrund der DS-GVO zustehenden Rechte infolge einer nicht im Einklang mit dieser Verordnung stehenden Verarbeitung ihrer personenbezogenen Daten verletzt wurden. Für Klagen gegen einen Verantwortlichen oder gegen einen Auftragsverarbeiter sind die ordentlichen Gerichte des Mitgliedstaats zuständig, in dem der Verantwortliche oder der Auftragsverarbeiter eine Niederlassung hat.

Das DSG geht mit keinem Wort auf das Verhältnis der Klage bei einem ordentlichen Gericht zur Beschwerde an die DSB ein, sondern scheint vielmehr anzunehmen, dass neue Klagen bei den ordentlichen Gerichten ab dem 25. Mai 2018 generell nicht mehr eingebracht werden können; stattdessen sei der Antrag an die Datenschutzbehörde zu richten. So jedenfalls wörtlich die Erläuterungen zu den Übergangsbestimmungen des § 69 DSG. Damit wird aber die unmittelbare Anwendbarkeit des im vorigen Abs zitierten Art 79 DS-GVO verkannt, der dem Betroffenen eine Klagemöglichkeit „unbeschadet" der Beschwerde an die DSB einräumt und damit eine **parallele Rechtsschutzmöglichkeit** einrichtet.

Inzwischen wurde auch vom OGH bestätigt, dass ein Löschungsanspruch – unabhängig von der Übergangsbestimmung des § 69 Abs 4 DSG – auch im gerichtlichen Verfahren geltend gemacht werden kann (OGH 20.12.2018, 6 Ob 131/18k und OGH 23.05.2019, 6 Ob 91/19d).

c) Schadenersatz

Nach Art 82 hat jede Person, der wegen eines Verstoßes gegen die DS-GVO ein **materieller oder immaterieller Schaden** entstanden ist, Anspruch auf Schadenersatz gegen den Verantwortlichen oder gegen den Auftragsverarbeiter. Die diesbezüglichen Vorgaben der DS-GVO sind sehr knapp formuliert und lassen viele Punkte offen. Aus diesen Gründen hat der OGH zu den Fragen, wann ein immaterieller Schaden „entstanden" ist, ob bzw welche Erheblichkeitsschwelle für den Zuspruch von immateriellem Schadenersatz erforderlich ist und wie die Höhe des Schadenersatzes zu bemessen ist, ein Vorabentscheidungsersuchen an den EuGH gerichtet (OGH 15.04.2021, 6 Ob 35/21x).

Judikatur: Zuspruch von immateriellem Schadenersatz in Höhe von € 750,– bei Eintragung eines negativen Vermerks in eine Bonitätsdatenbank ohne entsprechende Benachrichtigung des betroffenen Unternehmensberaters (OGH 17.12.2009, 6 Ob 247/08d). Bei einer Veröffentlichung von Sex-Videos im Internet ohne Zustimmung ist eine Geldentschädigung in Höhe von insgesamt € 8.000,– angemessen und geboten (OLG Wien 26.08.2015, 11 R 119/15y). Zuspruch eines immateriellen Schadenersatzes in Höhe von Euro 500,–, weil der Kläger „durch die Datenverarbeitung" der Beklagten „massiv genervt" ist (OGH 22.06.2021, 6 Ob 56/21k).

Karim Giese

Sicherheitspolizeirecht

Rechtsgrundlagen

Kompetenzgrundlagen

Art 10 Abs 1 Z 7 („Aufrechterhaltung der öffentlichen Ruhe, Ordnung und Sicherheit einschließlich der ersten allgemeinen Hilfeleistung, jedoch mit Ausnahme der örtlichen Sicherheitspolizei") und Z 13 B-VG („allgemeine Angelegenheiten des Schutzes personenbezogener Daten"); Art 15 Abs 2 B-VG („örtliche Sicherheitspolizei"); Art 118 Abs 3 Z 3 („örtliche Sicherheitspolizei") und Z 8 B-VG („örtliche Sittlichkeitspolizei"); Art 118 Abs 6 B-VG (ortspolizeiliche Verordnungen).

Verfassungsrechtliche Bezüge

Art 78a ff B-VG (Sicherheitsbehörden des Bundes); Art 102 Abs 2 B-VG (unmittelbare Bundesverwaltung); Art 118 Abs 8, 118a B-VG (Gemeindewachkörper).

Art 7 B-VG (Gleichheitssatz); Art 90 Abs 2 B-VG (Verbot des Zwangs zur Selbstbezichtigung); Art 5 StGG, Art 1 1. ZPEMRK (Schutz des Eigentums); Art 9 StGG (Schutz des Hausrechts); Art 10 und 10a StGG (Schutz des Brief- und Fernmeldegeheimnisses); Art 12 StGG, Art 11 EMRK (Versammlungsfreiheit); Art 2 EMRK (Recht auf Leben); Art 3 EMRK (Verbot von Folter und unmenschlicher oder erniedrigender Strafe oder Behandlung); Art 5 EMRK, Art 1 ff PersFrG (Schutz der persönlichen Freiheit); Art 8 EMRK (Achtung des Privat- und Familienlebens); Art 10 EMRK (Meinungs- und Kommunikationsfreiheit); Art 4 7. ZPEMRK (Verbot der Doppelverfolgung und -bestrafung); § 1 DSG (Grundrecht auf Datenschutz).

Europarechtliche Bezüge

Art 87 ff AEUV (Europol); VO (EU) 2016/794 über die Agentur der Europäischen Union für die Zusammenarbeit auf dem Gebiet der Strafverfolgung (Europol), ABl L 2016/135, 53.

Schengener Durchführungsübereinkommen (SDÜ), BGBl III 90/1997; VO (EU) 2018/1862 über die Einrichtung, den Betrieb und die Nutzung des Schengener Informationssystems (SIS) im Bereich der polizeilichen Zusammenarbeit und der justiziellen Zusammenarbeit in Strafsachen, ABl L 2018/312, 56 idF VO (EU) 2021/1150, L 2021/249, 1.

Art 2 GRC (Recht auf Leben); Art 4 GRC (Verbot von Folter und unmenschlicher oder erniedrigender Strafe oder Behandlung); Art 6 GRC (Recht auf Freiheit und Sicherheit); Art 8 GRC (Schutz personenbezogener Daten); Art 12 GRC (Versammlungsfreiheit); Art 17 GRC (Eigentumsrecht).

VO (EU) 2016/679 zum Schutz natürlicher Personen bei der Verarbeitung personenbezogener Daten, zum freien Datenverkehr und zur Aufhebung der Richtlinie 95/46/EG (DS-GVO), ABl L 2016/119, 1 idF L 2021/74, 35; RL 2016/680/EU zum Schutz natürlicher Personen bei der Verarbeitung personenbezogener Daten durch die zuständigen Behörden zum Zwecke der Verhütung, Ermittlung, Aufdeckung oder Verfolgung von Straftaten oder der Strafvollstreckung sowie zum freien Datenverkehr und zur Aufhebung des Rahmenbeschlusses 2008/977/JI des Rates (DS-RL), ABl L 2016/119, 89 idF L 2018/127, 9.

Völkerrechtliche Bezüge

Sicherheitspolizeiliche Teilbereiche: zB Internationales Übereinkommen zur Bekämpfung nuklearterroristischer Handlungen, BGBl III 77/2007 idF III 118/2021; Übereinkommen des Europarats über einen ganzheitlichen Ansatz für Sicherheit, Schutz und Dienstleistungen bei Fußballspielen und anderen Sportveranstaltungen, BGBl III 124/2021 idF III 46/2022; Übereinkommen des Europarats zur Verhütung und Bekämpfung von Gewalt gegen Frauen und häuslicher Gewalt, BGBl III 164/2014 idF III 19/2022.

Verschiedene Polizeikooperationsvereinbarungen: zB Prümer Vertrag über die Vertiefung der grenzüberschreitenden Zusammenarbeit, insb zur Bekämpfung des Terrorismus, der grenzüberschreitenden Kriminalität und der illegalen Migration, BGBl III 159/2006 idF III 176/2014; Vertrag zwischen der Republik Österreich, der Schweizerischen Eidgenossenschaft und dem Fürstentum Liechtenstein über die grenzüberschreitende polizeiliche Zusammenarbeit, BGBl III 78/2017 idF III 125/2018; Vereinbarung zwischen der Österreichischen Bundesregierung und der Regierung der Italienischen Republik über die polizeiliche Zusammenarbeit, BGBl III 52/2000 und 47/2017; Vertrag zwischen der Republik Österreich und der Bundesrepublik Deutschland über die grenzüberschreitende Zusammenarbeit zur polizeilichen Gefahrenabwehr und in strafrechtlichen Angelegenheiten, BGBl III 210/2005; Vertrag zwischen der Republik Österreich und Ungarn über die Zusammenarbeit bei der Vorbeugung und Bekämpfung der grenzüberschreitenden Kriminalität, BGBl III 99/2006 idF III 165/2018.

Gesetze und sonstige Rechtsgrundlagen

Bund: Sicherheitspolizeigesetz (SPG), BGBl 566/1991 idF I 50/2022; Staatsschutz- und Nachrichtendienst-Gesetz (SNG), BGBl I 5/2016 idF I 190/2021; Bundeskriminalamt-Gesetz (BKA-G), BGBl I 22/2002 idF I 123/2021; Gesetz über das Bundesamt zur Korruptionsprävention und Korruptionsbekämpfung (BAK-G), BGBl I 72/2009 idF I 111/2019; Sondereinheiten-V (SEV), BGBl II 207/1998 idF II 287/2012; PolKG, BGBl I 104/1997 idF I 190/2021; EU-PolKG, BGBl I 132/2009 idF I 206/2021; Verordnung des BMI, mit der Richtlinien für das Einschreiten der Organe des öffentlichen Sicherheitsdienstes erlassen werden (Richtlinien-Verordnung – RLV), BGBl 266/1993 idF II 155/2012; Sicherheitsgebühren-V, BGBl 389/1996 idF II 104/2018; Verordnung, mit der Form und Inhalt der Sicherheitserklärung einschließlich der Zustimmungserklärung erlassen werden, BGBl II 114/2000 idF II 87/2017; AnhalteO, BGBl II 128/1999 idF II 439/2005; StPO,

BGBl 1975/631 idF I 243/2021; VerschlusssachenO, BGBl II 3/2015; DSG, BGBl I 165/1999 idF I 148/2021; WaffengebrauchsG, BGBl 149/1969 idF I 61/2016; Polizeibefugnis-EntschädigungsG, BGBl 735/1988 idF I 161/2013; LuftfahrtsicherheitsG 2011, BGBl I 111/2010 idF I 161/2013; Art III Abs 1 Z 4 EGVG (Verbreiten nationalsozialistischen Gedankengutes); BG, mit dem die Verwendung von Symbolen der Gruppierung Islamischer Staat und anderer Gruppierungen verboten wird (Symbole-G), BGBl I 103/2014 idF I 162/2021; Anti-Gesichtsverhüllungsgesetz (AGesVG), BGBl I 68/2017; AbzeichenG, BGBl 84/1960 idF I 113/2012; Verordnung zum Schutz grafischer Darstellungen der Sicherheitsbehörden und Polizeikommanden (Polizeizeichenschutzverordnung – PZSV), BGBl II 94/2013 idF II 255/2019; §§ 388 ff ABGB (Fundwesen).

Länder: bgld LSG, LGBl 30/2019; krnt LSiG, LGBl 74/1977 idF 85/2013; krnt Gefahrenpolizei- und FeuerpolizeiO (K-GFPO), LGBl 67/2000 idF 29/2020; krnt ProstitutionsG (K-PRG), LGBl 58/1990 idF 85/2013; nö PolStG, LGBl 4000-7 idF 5/2021; nö ProstitutionsG, LGBl 4005-0 idF 27/2021; oö PolStG, LGBl 36/1979 idF 55/2018; oö SexualdienstleistungsG (oö SDLG), LGBl 80/2012 idF 27/2018; sbg LSG, LGBl 20/2010 idF 33/2019; stmk LSG, LGBl 24/2005 idF 100/2020; stmk Feuer- und GefahrenpolizeiG (StFGPG), LGBl 12/2012 idF 87/2013; stmk ProstitutionsG, LGBl 16/1998 idF 79/2017; tir L-PolG, LGBl 60/1976 idF 161/2020; vlbg Gesetz über Angelegenheit der örtlichen Sicherheitspolizei (vlbg L-SG), LGBl 1/1987 idF 37/2018; vlbg SittenPolG, LGBl 6/1976 idF 4/2022; WLSG, LGBl 51/1993 idF 71/2018; wr Gesetz zum Schutz der persönlichen Ehre und Regelung der Ehrenkränkung, LGBl 35/1987 idF 24/2017; wr ProstitutionsG 2011, LGBl 24/2011 idF 71/2018.

Ortspolizeiliche Verordnungen: § 59 bgld GemO; § 12 krnt AGO; § 33 nö GemO; § 41 oö GemO; § 9 sbg GdO; § 41 stmk GemO; § 18 tir GemO; § 18 vlbg GemG; § 108 wr StV (vgl dazu auch die Stadtstatute).

Literaturauswahl

Kommentare – Lehrbücher – Monografien

Erlacher/Forster, Sicherheitspolizeigesetz[2] (2017); *Giese* in Kahl/Khakzadeh/Schmid (Hrsg), Bundesverfassungsrecht – Kommentar, Art 118 Abs 8, 118a B-VG (2021) 1207 ff; *Hauer/Keplinger*, Sicherheitspolizeigesetz[4] (2011); *Hauer* in Kneihs/Lienbacher (Hrsg), Rill-Schäffer-Kommentar Bundesverfassungsrecht, Art 78a ff B-VG (2015); *Keplinger/Nedwed*, Waffengebrauchsgesetz[9] (2022); *Keplinger/Pühringer*, Sicherheitspolizeigesetz[20] (2021); *Lukan* in Kahl/Khakzadeh/Schmid (Hrsg), Bundesverfassungsrecht – Kommentar, Art 78a ff B-VG (2021) 949 ff; *Pöschl* in Korinek/Holoubek et al (Hrsg), BVG-Kommentar, Art 78a ff (1999), 118 Abs 8, 118a B-VG (2000); *Pürstl/Zirnsack*, SPG[2] (2011); *Stolzlechner* in Kneihs/Lienbacher (Hrsg), Rill-Schäffer-Kommentar Bundesverfassungsrecht, Art 118 und 118a B-VG (2004); *Thanner/Vogl* (Hrsg), Sicherheitspolizeigesetz[2] (2013; Neuauflage: 2023); *Weber K.*, Art 118 Abs 6 B-VG, in Korinek/Holoubek et al (Hrsg), B-VG-Kommentar (1999).

Erlacher/Forster, Sicherheitspolizeigesetz, in Aigner et al (Hrsg), Besonderes Verwaltungsrecht[3] (2020); *Wiederin*, Einführung in das Sicherheitspolizeirecht (1998).

Hauer, Ruhe – Ordnung – Sicherheit (2000); *Klaushofer*, Strukturfragen der Rechtsschutzbeauftragten (2012); *Heißl*, Überwachen und Ermittlungen im Internet (2016); *Mayer M.*, Öffentliche Sicherheit und Ordnung in Sportstadien (2009); *Murer*, Prostitution und Verfassung (2016); *Weber K./Schlag*, Sicherheitspolizei und Föderalismus (1995); *Wei-*

land, Die DNA-Analyse im Strafverfahrens- und Sicherheitspolizeirecht (2011); *Wimmer A.*, Die Entschädigung im öffentlichen Recht (2009) 245 ff.

Beiträge

Alessandri, Häusliche Gewalt – Eingriffe der Sicherheitsbehörden in den Privatbereich. Das Betretungs- und Annäherungsverbot des § 38a SPG, ÖJZ 2021/85, 666; *Bezemek*, Einen Schilling zum Telefonieren. Bettelverbote im Lichte freier Meinungsäußerung, JRP 2011, 279; *Cargnelli-Weichselbaum*, Sichtbare Armut durch bettelnde Menschen – aktuelle Fragestellungen zu Bettelverboten aus verfassungsrechtlicher Perspektive, JRP 2016, 85; *Eberhard/Weichselbaum*, Verfassungsrechtliche Problematik der Schutzzonenregelung gemäß § 36a Sicherheitspolizeigesetz, ZfV 2005, 689; *Faber*, Private Wachdienste in Österreich, ZfV 2000/2031; *Fuchs*, Örtliche Sicherheitspolizei und Sittlichkeitspolizei, in Pürgy (Hrsg), Das Recht der Länder, II/1 (2012) 195; *Grois*, Die Mitwirkungsverpflichtung an der erkennungsdienstlichen Behandlung im Lichte des Verbots des Zwangs zur Selbstbeschuldigung, ZfV 2000, 1304; *Gstir*, Gefährdungen durch Hunde, ZfV 2004, 179; *Hauer*, Das Polizeiliche Staatsschutzgesetz, in Baumgartner (Hrsg), Öffentliches Recht. Jahrbuch 2016, 41; *Heißl*, Recht auf persönliche Freiheit und präventive Maßnahmen gegen Hooligans, ZfV 2008, 168; *Heißl*, Polizeiliches Staatsschutzgesetz, ÖJZ 2016/100, 719; *Heißl*, Darf die Polizei googeln? Der Gebrauch des World Wide Web in sicherheitspolizeilichen Ermittlungen, ZfV 2016/17, 158; *Helm*, Einheitlicher Rechtsschutz im StPO-Ermittlungsverfahren, JBl 2016, 134; *Hense*, Zur Aufhebung des Platzverbotes durch den VfGH. Besprechung von VfGH 18.6.2015, V 105/2014, ZVG 2015, 581; *Keplinger*, Die Rolle der Polizei bei Unterbringungen, in ÖGERN (Hrsg), Psychiatrische Notfälle im Spannungsfeld zwischen Freiheit und Sicherheit (2018) 69; *Khakzadeh-Leiler*, Alkoholverbot in Innsbruck – Überlegungen zu VfGH 09.12.2015, E 50/2015, JRP 2016, 238; *Khakzadeh-Leiler*, Das Polizeiliche Staatsschutzgesetz – Eckpunkte und verfassungsrechtliche Fragestellungen, JRP 2016, 302; *Klaushofer*, Platzverbotszonen – die perfekten Orte, um sich ungestört zu versammeln? ZfV 2017/43, 425; *Kolonovits*, Rechtsschutz gegen „schlichtes Polizeihandeln" nach § 88 Abs 2 SPG – Ausgewählte Fragen, in FS Machacek-Matscher (2008) 243; *Lachmayer*, Rechtsstaatliche Grenzen polizeilicher Überwachungsbefugnisse, in Baumgartner (Hrsg), Öffentliches Recht. Jahrbuch 2020, 105; *Lenzbauer*, Strafprozess und gesetzlicher Richter. Anmerkung zu VfGH 30.6.2015, G 233/2014-15 ua, JBl 2015, 808; *Mayrhofer*, Das neue Annäherungsverbot: Änderungen im Sicherheitspolizeigesetz aus Sicht einer Opferschutzeinrichtung, iFamZ 2019, 372; *Müller R.*, Neue Ermittlungsmethoden und das Verbot des Zwanges zur Selbstbelastung, EuGRZ 2002, 546; *Neugebauer/Hofmann*, Sicherheit im Parlament - Ausgewählte Rechtsfragen im Spannungsverhältnis zwischen Gesetzgebung und Vollziehung, in Baumgartner (Hrsg), Öffentliches Recht. Jahrbuch 2021, 279; *Oswald*, Die Verfassungswidrigkeit des „Staatstrojaners" – Anmerkungen zu VfGH 11.12.2019, G 72/2019 ua, ÖZW 2020, 85; *Pesendorfer*, Das Gewaltschutzgesetz 2019 – familienrechtliche Aspekte im Überblick, iFamZ 2019, 179; *Peyerl*, Örtliches Sicherheits- und Sittlichkeitspolizeirecht, in Poier/Wieser (Hrsg), Steiermärkisches Landesrecht III: Besonderes Verwaltungsrecht (2010) 1; *Pühringer*, Adieu einheitlicher Rechtsschutz im Ermittlungsverfahren nach der StPO?, JBl 2015, 810; *Salimi*, Terrorbekämpfung durch Straf- und Sicherheitspolizeirecht. Überlegungen zur „erweiterten Gefahrenerforschung", „Online-Durchsuchung" und „Funkzellenabsaugung", JBl 2013, 698; *Salimi*, Der polizeiliche Staatsschutz – Schutz oder Bedrohung der Freiheit? ÖJZ 2017/19, 115; *Schmid D.P.*, Vom VwGVG abweichende Rechtsmittelfristen im SPG. Rien ne va plus?, ÖJZ 2021/120, 958;

Stiebellehner, Zur Strafbarkeit sogenannter „Gaffer", JMG 2018, 101; *Stiebellehner*, Staatliche Verpflichtungen zum Schutz vor häuslicher Gewalt. Kritische Anmerkungen zu EGMR 15.6.2021, 62.903/15, Kurt gg Österreich, NLMR 2021, 303; *Stolzlechner*, Anmerkungen zur Einrichtung und Organisation des Bundeskriminalamts und des Bundesamts zur Korruptionsprävention und Korruptionsbekämpfung, in FS Mayer (2011) 775; *Stolzlechner*, Möglichkeiten und Grenzen der Übertragung staatlicher Gefahrenabwehraufgaben auf private Sicherheitsunternehmen, in Stober (Hrsg), Übertragung von Aufgaben der staatlichen Gefahrenabwehr auf private Sicherheitsunternehmen (2002) 27; *Stolzlechner/Horvath*, Sicherheitsverwaltung und Privatwirtschaft, SIAK-Journal 4/2009, 67 und 1/2010, 17; *Storr*, Die Akzessorietät von Aufgaben und Befugnissen – eine unterschätzte und vernachlässigte Systematik des Sicherheitspolizeirechts, ZfV 2021/24, 144; *Sündhofer*, Ortspolizeiliches Verordnungsrecht der Gemeinden. Inhalt, Umfang und Verfahren zur Erlassung, RFG 2017/14, 75; *Sündhofer*, Bettelverbote auf Gemeindeebene, RFG 2017/21, 193; *Staffler*, Verfahrensrechtliche Anforderungen zur Einschränkung der Freizügigkeit im Wege präventiver Sicherheitsmaßnahmen – Anmerkung zu EGMR (GK) 23.2.2017, De Tommaso/Italien, JSt 2017, 208; *Vogl*, Das neue Bundesamt für Korruptionsprävention und Korruptionsbekämpfung, in FS Benn-Ibler (2011) 329; *Vogl*, Der neue Menschenrechtsbeirat bei der Volksanwaltschaft, in FS Stolzlechner (2013) 679; *Vogl*, Die Sicherheitsbehörden-Neustrukturierung, in FS Raschauer (2013) 627; *Vogl*, Die Neuorganisation des Verfassungsschutzes in Österreich, JBl 2021, 754; *Wachter*, Das Nächtigungsverbot der Stadt Innsbruck – Eine verfassungsrechtliche Analyse zu VfGH 23.9.2019, E 3480/201, JRP 2020, 120; *Weichselbaum*, Die Bettelverbote in der Judikatur des VfGH, in Baumgartner (Hrsg), Öffentliches Recht. Jahrbuch 2013, 37; *Weiland*, Verfassungswidrigkeit des § 67 Abs 1 S 1 SPG (DNA-Analyse)? Zugleich Besprechung von VfGH 12.3.2013, G 76/12-7, ÖJZ 2013, 592; *Wiederin*, Vertrauenspersonen als verdeckte Ermittler nach dem SPG und als Scheinkäufer nach der StPO?, in FS Fuchs (2014) 657; *Wimmer A.*, Kostentragung für Sicherstellung wahrgenommener Kriegsrelikte und Sondierung von „Fliegerbomben-Verdachtsflächen", bbl 2007, 218.

Rechtsprechung

VfSlg 3650/1959 (Sicherheitspolizei/Verwaltungspolizei); VfSlg 2784/1955, 3201/1957, 3570/1959, 11.195/1986 (allgemeine Sicherheitspolizei/örtliche Sicherheitspolizei); VfSlg 12.501/1990 (Polizeibefugnisse/Verhältnismäßigkeit); VfSlg 14.761/1997 (Auflösung einer Baustellenbesetzung); VfSlg 14.887/1997 (erkennungsdienstliche Behandlung/Rechtsschutz); VfSlg 15.046/1997 (lebensgefährlicher Gebrauch einer Dienstwaffe); VfSlg 15.372/1997 (Schläge/Ermittlungspflichten); VfSlg 16.109/2001 (Beschwerdelegitimation naher Angehöriger); VfSlg 16.149/2001, 16.150/2001 (Speicherung und Löschung personenbezogener Daten); VfSlg 16.439/2002 (erkennungsdienstliche Behandlung/Voraussetzungen); VfSlg 18.302/2007 (nächtliche Nachschau); VfSlg 18.305/2007 (ortspolizeiliche Verordnung/Bettelverbot); VfSlg 18.494/2008 (RLV/Kompetenzverteilung); VfSlg 19.347/2011 (Ermittlungsverfahren/Annahme der Unglaubwürdigkeit/grobe Begründungsmängel/Willkür); VfSlg 19.528/ 2011 (Störung der öffentlichen Ordnung/Versammlungsfreiheit); VfSlg 19.657/2012 (Ermittlung der IP-Adressen von Chatroom-Nutzern/Art 10a StGG/DSG/Art 8 EMRK); VfSlg 19.662/2012 (absolutes Bettelverbot); VfSlg 19.738/2013 (Ermittlung von DNA-Daten/unzureichende Differenzierung und Präzisierung); VfSlg 19.879/2014 (Vermummungsverbot); VfSlg 19.892/2014 (Vorratsdatenspeicherung); VfSlg 19.978/2015 (Platzverbot/ Wahlveranstaltungen); VfSlg 19.990/2015 (Abgrenzung Sicherheitspolizei/Sitzungspolizei/Störung einer Nationalratssitzung); VfSlg 19.991/2015 (Erkennbarkeit der Rechtsschutzzuständigkeiten bei „doppelfunktionellen" Zwangsakten nach SPG und StPO); VfSlg 20.031/2015, (AlkoholverbotsV); VfSlg 20.095/2016 (Bettelverbot); VfSlg 20.184/2017 (Bettelverbot); VfSlg 20.275/2018 (Abgrenzung Besetzung/Versammlung); VfSlg 20.333/2019 (Beschimpfungen der Polizei/Anstandsverletzung/Meinungsfreiheit); VfSlg 20.356/2019 (Section-Control; Bundestrojaner); VfGH 09.03.2021, V 433/2020 (Abgrenzung Besetzung/Versammlung); VfGH 24.06.2021, G 363/2020 (Frist für Richtlinien-Beschwerden).

VwSlg 14.603 A/1997 (Anwendungsbereich der RLV); VwSlg 14.880 A/1998 („Du-Wort"); VwSlg 14.948 A/1998 (Identitätsfeststellung/Rechtsschutz); VwGH 17.09.2002, 2000/01/0235 (Anwendungsbereich der RLV im Bereich der Strafjustiz/Beiziehung eines Rechtsbeistandes zur Vernehmung/Hinweispflichten); VwGH 23.03.2004, 2002/01/0542 (Identitätsfeststellung/Studentenausweis); VwGH 24.08.2004, 2003/01/0041 (Informationspflichten/„verständliche Sprache"); VwSlg 16.629 A/2005 (Wegweisung aus der Wohnung); VwSlg 16.688 A/2005 (Beleidigungen im Rahmen der Besorgung der Sicherheitsverwaltung/Rechtsschutz); VwSlg 16.689 A/2005 (Rechtsmittelfrist bei Säumnis der Dienstaufsichtsbehörde); VwSlg 16.771 A/2005 („Eigensicherung" mit Waffe); VwGH 21.03.2006, 2003/01/0596 (Beschimpfungen im Rahmen der Besorgung anderer Verwaltungsaufgaben/ kein Rechtsschutzweg), VwGH 21.02.2007, 2005/06/0275 (erkennungsdienstliche Maßnahme/unmittelbare verwaltungsbehördliche Befehls- und Zwangsgewalt); VwSlg 17.262 A/2007 (Störung der öffentlichen Ordnung/ungebührliche Lärmerregung); VwSlg 17.140 A/2007 (Überwachungsgebühren/Erwerbsinteresse/ideeller Verein); VwSlg 17.331 A/2007 (Identitätsfeststellung/zumutbare Wegstrecke zum Reisepass); VwGH 04.09.2008, 2006/01/0369 (Erkennungsdienst/DNA-Analysen im Dienste der Strafjustiz); VwGH 27.05.2009, 2007/05/0280 (Auskunft von Betreibern öffentlicher Telekommunikationsdienste/Chat-Forum); VwGH 03.07.2009, 2009/17/0070 (erkennungsdienstliche Behandlung/Vorbeugung vor weiteren gefährlichen Angriffen); VwGH 23.07.2009, 2008/05/0035 (Datenermittlung/Ausübung unmittelbarer Befehls- und Zwangsgewalt); VwGH 15.10.2009, 2008/09/0272 (Störung der öffentlichen Ordnung/ungebührliche Lärmerregung); VwGH 23.11.2009, 2008/05/0079 (Papierakten/Datenschutz); VwSlg 18.087 A/2011 (qualifizierte Untätigkeit von Organen/Rechtsschutz); VwGH 25.10.2012, 2010/21/0047 (Festnahme als Einheit); VwGH 24.04.2013, 2011/17/0293 (IP-Adressen von Chatroom-Nutzern); VwGH 22.06.2016, Ra 2016/03/0095 (Anstandsverletzung/Zeigen des Mittelfingers/Subsidiarität des LSG im Verhältnis zu § 115 StGB); VwGH 27.2.2018, Ra 2017/01/0401 (Voreingenommenheit der Organe des öffentlichen Sicherheitsdienstes); VwGH 04.06.2021, Ra 2021/01/0176 (Identitätsfeststellung/erforderliche Verdachtsmomente); VwGH 13.09.2021, Ro 2021/01/0008 (Bekanntgabe der Dienstnummer); VwGH 06.10.2021, Ra 2021/01/0319 (Voreingenommenheit/RL-V); VwGH 05.01.2022, Ro 2021/01/0023 (Begriff „Sicherheitsverwaltung"); VwGH 20.04.2022, Ra 2021/01/0418 (Abgrenzung Sicherheitspolizei/Kriminalpolizei/Rechtsschutzwege).

EGMR 23.02.2017, 43395/09 – De Tommaso gg Italien = NLMR 2017, 1 (präventive Sicherheitsmaßnahmen/Einschränkung der Freizügigkeit); EGMR 15.06.2021, 62.903/15 – Kurt gg Österreich = NLMR 2021, 221 (staatliche Verpflichtungen zum Schutz vor häuslicher Gewalt).

EuGH 08.04.2014, C-293/12 (Digital Rights Ireland), C-594/12 (Seitlinger ua) (Vorratsdatenspeicherung/nationale Sicherheit); EuGH 05.04.2022, C-140/20 (G.D.) (Vorratsdatenspeicherung/schwere Straftaten).

I. Regelungsgegenstand und -ziele

Das Sicherheitspolizeirecht war in den Anfängen der I. Republik Ländersache. Erst durch die BVGNov 1929 wurde die Kompetenz in „Angelegenheiten der öffentlichen Ruhe, Ordnung und Sicherheit mit Ausnahme der örtlichen Sicherheitspolizei" dem Bund zur Gesetzgebung und Vollziehung übertragen. Gleichzeitig wurde auch die „Erlassung bundesgesetzlicher Bestimmungen über die Befugnisse der Behörden auf dem Gebiet der allgemeinen Sicherheitspolizei" in Aussicht gestellt (Art II § 4 Abs 2 V-ÜG). Diese **Kodifikation des Sicherheitspolizeirechts** gelang erst – nach mehreren erfolglosen Gesetzesentwürfen – in den 1990er Jahren mit der Erlassung des BG über die Organisation der Sicherheitsverwaltung und die Ausübung der Sicherheitspolizei (Sicherheitspolizeigesetz – SPG), nachdem wegen der Unübersichtlichkeit und mangelnden rechtsstaatlichen Determinierung der polizeilichen Befugnisse immer wieder heftige Kritik (zB im Fall „Lucona", 1989) an den zwischenzeitig fortgeltenden gesetzlichen Provisorien geäußert worden war.

Das SPG regelt die **Organisation der Sicherheitsverwaltung** sowie die **sicherheitspolizeilichen Aufgaben** der Sicherheitsbehörden, die va auf die Abwehr von „allgemeinen" Gefahren für die öffentliche Ruhe, Ordnung und Sicherheit zielen und zur Bekämpfung von gerichtlich strafbaren Handlungen, zur Verhinderung von sonstigen sozial unerwünschten Störungen des menschlichen Zusammenlebens sowie darüber hinaus auch noch zur ersten Hilfeleistung bei Gefahren aller Art (sog „Kalamitätenpolizei") ermächtigen.

Der den Ländern zur Gesetzgebung und überwiegend den Gemeinden zur Vollziehung verbliebene Teil der „örtlichen" Sicherheitspolizei wird weiterhin in spezifischen **Landessicherheits-** bzw **Landespolizeigesetzen** sowie – erforderlichenfalls – in gesetzesergänzenden **ortspolizeilichen Verordnungen** der Gemeinden geregelt.

Soweit den Sicherheitsbehörden noch weitere wichtige, mit der Sicherheitspolizei in engem Zusammenhang stehende Aufgaben, wie insb Angelegenheiten der „**Kriminalpolizei**" (im Rahmen der Aufklärung und Verfolgung von gerichtlichen Straftaten gem StPO) zukommen, soll im Folgenden auch darauf Bezug genommen werden.

II. Verfassungsrechtliche Bezüge

1. Kompetenzrechtliche Bestimmungen

a) Sicherheitspolizei und Verwaltungspolizei

Die „Aufrechterhaltung der öffentlichen Ruhe, Ordnung und Sicherheit einschließlich der ersten allgemeinen Hilfeleistung" (Art 10 Abs 1 Z 7 B-VG –

Sicherheitspolizei) umfasst – nach hL und stRsp – Maßnahmen zur Abwehr sog **allgemeiner Gefahren** für den Staat sowie Leben, Gesundheit, Freiheit, Vermögen und Sittlichkeit von Menschen. Eine Gefahr ist dann eine „allgemeine", wenn sie nicht – als „besondere" Gefahr – nur innerhalb einer bestimmten Verwaltungsmaterie (zB → *Gewerbe-, Wasser-, Forst-, Baurecht*) auftritt oder durch den Gegenstand der verwaltungspolizeilichen Regelung eine Spezifikation erfährt, die sie zu einer für die Materie „allein typischen Abart" macht (VfSlg 3201/1957 – **Verwaltungspolizei**). Der kompetenzrechtliche Umfang der Sicherheitspolizei erschließt sich damit – im Unterschied zu anderen Kompetenzbestimmungen – ausnahmsweise nicht im Wege des Versteinerungsprinzips*, sondern vorrangig durch Subtraktion der jeweils anderen Kompetenztatbeständen zugezählten verwaltungspolizeilichen Maßnahmen zur Abwehr besonderer Gefahren. Die Abwehr allgemeiner Gefahren wird auf der Ebene des Kompetenzrechts als **Restmaterie** verstanden: „Alle Polizei, die nicht Verwaltungspolizei [dh Wasser-, Bau-, Gewerbe-, Forst-, Fremdenpolizei usw] ist, ist Sicherheitspolizei" (VfSlg 3650/1959).

Der Kompetenztatbestand der „ersten allgemeinen Hilfeleistungspflicht", der den Bundesgesetzgeber zur Regelung einer **„stellvertretenden" Abwehr von besonderen Verwaltungsgefahren** bei Gefahr im Verzug ermächtigt, zählt kraft ausdrücklicher verfassungsrechtlicher Anordnung zur Sicherheitspolizei (arg *„einschließlich"*). Vgl dazu § 19 SPG (und V.1.c.).

b) Sicherheitspolizei des Bundes und der Länder (Gemeinden)

Angelegenheiten der Aufrechterhaltung der öffentlichen Ruhe, Ordnung und Sicherheit einschließlich der ersten allgemeinen Hilfeleistung sind grundsätzlich Bundessache in Gesetzgebung und Vollziehung (Art 10 Abs 1 Z 7 B-VG – **allgemeine Sicherheitspolizei**).

Dazu zählen zB der vorbeugende Schutz vor gerichtlichen Straftaten (VfSlg 13.659/1993), staatspolizeiliche Angelegenheiten (VfSlg 4692/1957), das Fundwesen (VfSlg 8155/1977), Maßnahmen gegen Landstreicherei (VfSlg 11.195/1986) oder Hausbesetzungen (VfSlg 9653/1983), Straftatbestände betreffend die Störung der öffentlichen Ordnung (VfSlg 4813/1964) und ungestümes Benehmen (VfSlg 5159/1965, 6526/1971).

Davon ausgenommen sind Angelegenheiten, die im ausschließlichen oder überwiegenden Interesse der in der Gemeinde verkörperten örtlichen Gemeinschaft gelegen und geeignet sind, durch die Gemeinschaft innerhalb ihrer örtlichen Grenzen besorgt zu werden (Art 10 Abs 1 Z 7, Art 15 Abs 2 B-VG – **örtliche Sicherheitspolizei**). Sie sind Landessache in Gesetzgebung und, soweit es sich nicht um die Handhabung des Verwaltungsstrafrechts handelt, von den **Gemeinden im eWb*** zu vollziehen (Art 118 Abs 3 Z 3 B-VG).

Entgegen der früheren Rsp des VfGH zählen dazu seit der BVGNov 1974 ausdrücklich die „**Wahrung des öffentlichen Anstandes**" und die „**Abwehr ungebührlicherweise hervorgerufenen störenden Lärmes**" (vgl Art 15 Abs 2 B-VG), darüber hinaus aber auch zB Verbote betreffend den Besitz und die Haltung gefährlicher Tiere uÄ.

Soweit damit nicht gegen bestehende Gesetze und Verordnungen des Bundes und der Länder verstoßen wird (VfSlg 14.384/1995), sind die Gemeinden verfassungsunmittelbar ermächtigt, auch in Angelegenheiten der örtlichen Sicherheitspolizei (bzw Sittlichkeitspolizei; vgl Art 118 Abs 3 Z 3 und 8 B-VG) **ortspolizeiliche Verordnungen zur Beseitigung störender Missstände** zu erlassen (Art 118 Abs 6 B-VG; s VII.).

Regelt zB ein LPolG (LSG) nur die Ausübung der Prostitution in Bordellen, können andere Erscheinungsformen der Prostitution, die das örtliche Gemeinschaftsleben stören, erforderlichenfalls im Wege einer ortspolizeilichen Verordnung geregelt werden (VfSlg 7960/1976).

c) Kriminalpolizei

Aufgaben der Sicherheitsbehörden und der Organe des öffentlichen Sicherheitsdienstes bei der Aufklärung und Verfolgung von Straftaten **im Dienste der Strafjustiz** (sog Kriminalpolizei – vgl dazu § 98 StPO; s V.2.m.) zählen kompetenzrechtlich nicht zur Sicherheitspolizei, sondern zum **Strafrechtswesen** (Art 10 Abs 1 Z 6 B-VG; VwGH 28.03.2017, Ra 2017/01/0059, aA aber VfSlg 4692/1964).

2. Grundrechtliche Bestimmungen

Sicherheitspolizeiliche Maßnahmen berühren verschiedenste grundrechtlich geschützte Freiräume. Einschränkungen dieser Schutzbereiche sind verfassungsrechtlich nur zulässig, soweit sie in den Schranken der jeweiligen Gesetzesvorbehalte erfolgen. Es ist daher idR erforderlich, dass die sicherheitspolizeilichen Maßnahmen einem (in der EMRK taxativ aufgezählten) **öffentlichen Interesse** dienen (zB nationale Sicherheit, öffentliche Ruhe und Ordnung, Verhinderung von strafbaren Handlungen) und gemessen an diesem Ziel nicht außer Verhältnis stehen (**Verhältnismäßigkeitsprinzip**).

Freiheitsentziehende oder -beschränkende Maßnahmen greifen in das Grundrecht auf **persönliche Freiheit** (Art 1 PersFrG, Art 5 EMRK) ein. Sie dürfen einfachgesetzlich nur im Rahmen der verfassungsgesetzlich taxativ aufgezählten Fälle (vgl zB Art 2 Abs 1 Z 2 lit a und Z 6 PersFrG) vorgesehen werden. Das Gebot der Verhältnismäßigkeit (Art 1 Abs 3 PersFrG) verlangt, dass von einer freiheitsentziehenden Maßnahme aber abgesehen wird, wenn dasselbe Ziel auch durch die **Anwendung gelinderer Mittel** erreicht werden kann (zB Wegweisung, Abnahme einer Sache – vgl §§ 81 Abs 2, 84 Abs 2 SPG).

Eigentumsentziehende oder -beschränkende Maßnahmen, wie zB Sicherstellung, Verfall und Inanspruchnahme von Sachen (§§ 42 ff, 81 SPG), greifen in das Grundrecht auf **Eigentum** (Art 5 StGG, Art 1 1. ZPEMRK) ein. Sie dürfen einfachgesetzlich nur im öffentlichen Interesse und nach dem Grundsatz der Verhältnismäßigkeit vorgesehen werden. Verfassungsrechtlich bedenklich erweisen sich aus dem Blickwinkel der Verhältnismäßigkeit zB strikte Verfallsbestimmungen* (§§ 43, 81 Abs 6 SPG) sowie – iVm dem Gleichheitsgrundsatz (Art 7 B-VG) – der generelle Ausschluss der Entschädigungsleistung für Sachbeschädigungen im Rahmen der ersten allgemeinen Hilfeleistungspflicht (vgl § 92 Z 2 SPG).

Beschränkungen des Grundrechtes auf **Versammlungsfreiheit** (Art 11 EMRK) in Form von Platzverboten (§ 36 SPG) oder Wegweisungen (§ 38 Abs 2 SPG) sind verfassungsrechtlich zulässig, wenn sie zum Schutz von Veranstaltungen oder anderen Versammlungen zwingend erforderlich sind. Unzulässig ist es jedoch, in diskriminierender (sachlich nicht begründeter) Weise bestimmten Personen den ungestörten Besuch einer Versammlung in einem vom Platzverbot erfassten Bereich zu sichern (VfSlg 19.978/2015 – Wahlveranstaltung).

Durch das Betreten und Durchsuchen von Grundstücken und Räumen wird in das Recht auf **Achtung des Privat- und Familienlebens** (Art 8 EMRK, §§ 1 ff HausrG) eingegriffen. Auch diese Maßnahmen – wie bspw auf der Grundlage des § 39 SPG – dürfen einfachgesetzlich nur im öffentlichen Interesse (zB nationale Sicherheit, öffentliche Ruhe und Ordnung, Verhinderung von strafbaren Handlungen) und unter Wahrung der Verhältnismäßigkeit vorgesehen werden. Ohne Vorliegen von Gefahr im Verzug wird zB bei einer nächtlichen Nachschau der Polizei in der Wohnung um 1:20 Uhr die erforderliche Verhältnismäßigkeit (§ 29 SPG) nicht gewahrt (VfSlg 18.302/2007).

Auch bei Bettelverboten, wie sie in den meisten LPolG (LSG) vorgesehen sind, setzt die **Kommunikationsfreiheit** (Art 10 EMRK) dem Gesetz- oder Verordnungsgeber verfassungsrechtlich Grenzen. Generelle Verbote, die jede Form des Bettelns (einschließlich des nicht aggressiven, „stillen" Bettelns, zB mit Schild oder Hut) untersagen, sind jedenfalls unverhältnismäßig und daher verfassungswidrig (VfSlg 19.662/2012). Zulässig ist nur ein (zB in einer Verordnung) örtlich und zeitlich eng beschränktes Bettelverbot, wenn das Betteln die Benützung eines öffentlichen Ortes durch andere Personen nachweislich wesentlich erschwert und sich daher als spezifischen Missstand in der betreffenden Gemeinde qualifizieren lässt (VfSlg 20.095/2016 – zB während der Abhaltung von Märkten). Ein Verbot von 8:00 Uhr bis 19:00 Uhr für bedeutende Teile der Salzburger Innenstadt erschien dem VfGH allerdings als sachlich nicht rechtfertigbar (VfSlg 20.184/2017).

Bei Maßnahmen des Ermittlungs- und Erkennungsdienstes (vgl §§ 51 ff SPG) setzen Art 8 EMRK und das Grundrecht auf **Datenschutz** (§ 1 DSG) der staatlichen Sammlung und Weitergabe von Informationen Grenzen (vgl insb §§ 52 ff SPG). Wird etwa die Löschung gespeicherter Daten (iZm Ermittlungen im Dienste der Strafrechtspflege – § 57 Abs 1 Z 6 SPG) trotz Aktualisierungs- und Richtigstellungspflichten nach Maßgabe einer erforderlichen Interessenabwägung verweigert, wird gegen das Grundrecht auf Datenschutz und Achtung des Privat- und Familienlebens verstoßen (VfSlg 16.149/2001, 16.150/2001). Eine anlasslose, verdeckte Speicherung und (Weiter-)Verarbeitung von Daten, die eine Vielzahl unbeteiligter Personen (VfSlg 20.356/2019 – Section-Controlanlagen) oder gar die ganze Bevölkerung betreffen (VfSlg 19.892/2014 – Vorratsdatenspeicherung), erweisen sich idR als unverhältnismäßig, wenn der Zugriff auf die Daten nicht genauer spezifiziert wird (zB bestimmte schwere Kriminaldelikte) und der Zugriff auf die Daten keiner gerichtlichen Kontrolle unterliegt. Auch die Bestimmungen zur Ermittlung von DNA-Daten im Rahmen der erkennungsdienstlichen Behandlung (§ 67 SPG) erwiesen sich mangels Differenzierung und Präzisierung der ausschlaggebenden Strafdeliktstypen als verfassungswidrig (VfSlg 19.738/2013). Die Ermächtigung des § 53 Abs 3a SPG zur Ermittlung von IP-Adressen (sowie Name und Anschrift des Inhabers) zur Verhinderung unmittelbar bevorstehender Straftaten ist dagegen so eng gefasst, dass keine grundrechtlichen Bedenken bestehen (VfSlg 19.657/2012 – hier: Schutz Minderjähriger angesichts eines auf sexuelle Kontakte spezialisierten Chatrooms).

Die **Garantien eines fairen Verfahrens des Art 6 EMRK** (zB Beiziehung eines Rechtsbeistandes – Art 6 Abs 3 lit c EMRK) finden grundsätzlich erst auf das Strafverfahren (StPO, VStG) Anwendung. Art 5 EMRK und das PersFrG enthalten aber auch iZm im Vorfeld erfolgten Festnahmen einschlägige verfassungsgesetzlich gewährleistete (Verfahrens-) Rechte. Wird ein Festgenommener nicht über die Gründe seiner Festnahme und die gegen ihn erhobenen Anschuldigungen in verständlicher Sprache unterrichtet (Art 4 Abs 6 PersFrG, Art 5 Abs 2 EMRK) oder die Möglichkeit eingeräumt, auf sein Verlangen einen Angehörigen und einen Rechtsbeistand von der erfolgten Festnahme zu verständigen (Art 4 Abs 7 PersFrG; vgl dazu § 47 Abs 1 SPG, §§ 36, 36a VStG), wird das **Grundrecht auf Schutz der persönlichen Freiheit** verletzt (vgl VfSlg 18.081/2007 – Verstoß gegen die verfassungsgesetzlich festgelegten Erfordernisse der Festnahme bzw Anhaltung).

Mitwirkungspflichten im Rahmen verschiedener neuer Ermittlungsmethoden (zB Mundhöhlenabstrich, DNA-Analyse) werden im Fall einer „geständnisgleichen" Wirkung aus dem Blickwinkel des **Verbots des Zwangs zur Selbstbeschuldigung** („nemo-tenetur-Prinzip" – Art 90 Abs 2 B-VG) für verfassungsrechtlich bedenklich erachtet (vgl *Grois*, Mitwirkungsverpflichtung 537 ff; aA *R. Müller*, Neue Ermittlungsmethoden 555).

Soweit sicherheitspolizeiliche Befugnisse mittels Ausübung von unmittelbarer verwaltungsbehördlicher Zwangsgewalt (zB §§ 33, 50 und 78 SPG) durchzusetzen sind, findet das **Verbot der Folter** und **unmenschlicher oder erniedrigender Behandlung** (Art 3 EMRK) Anwendung. Danach sind solche physischen Zwangsmaßnahmen unzulässig, denen eine die Menschenwürde beeinträchtigende gröbliche Missachtung des Betroffenen als Person eigen ist (zB Ziehen an den Haaren; Versetzen von Fußtritten – vgl VfSlg

11.230/1987, 11.687/1988, 15.026/1997). Ist die Anwendung von Körperkraft sowie auch ein allfälliger Waffengebrauch aber notwendig und maßhaltend (iSd §§ 2 und 4 bis 6 WaffenGG), liegt keine Verletzung des Art 3 EMRK vor (VfSlg 11.809/1988). Bei lebensgefährdendem Waffengebrauch sind die strengen Voraussetzungen des § 7 WaffGG einzuhalten, da andernfalls das **Grundrecht auf Leben** (Art 2 EMRK) verletzt wird (VfSlg 15.046/1997). Behauptete Übergriffe von Exekutivorganen erfordern im Maßnahmenbeschwerdeverfahren bei den LVwG eine besonders sorgfältige Überprüfung des Sachverhaltes. Dementsprechend wird Art 3 EMRK auch durch die Unterlassung von Ermittlungsschritten verletzt (vgl zB VwGH 05.12.2017, Ra 2017/01/0373 – unbegründete Ablehnung eines Beweisantrages), sofern diese nicht von vornherein aussichtslos erscheinen (VfSlg 15.372/1997). Wesentliche Mängel bei der Beweiswürdigung, die den Denkgesetzen widersprechen (zB bei der Beurteilung der Glaubwürdigkeit von Zeugenaussagen), können wegen Willkür den **Gleichheitssatz** (Art 7 B-VG) verletzen (VfGH 12.06.2012, B 1404/11); dasselbe gilt im Fall nicht nachvollziehbarer Annahmen der Unglaubwürdigkeit von Angaben zum Sachverhalt (VfSlg 19.347/2011).

Besonderes Augenmerk ist im Sicherheitspolizeirecht auch dem **Doppelverfolgungs- und -bestrafungsverbot** (Art 4 7. ZPEMRK – „ne bis in idem") zu schenken. Eine Grundrechtsverletzung kann sich insb bei der Bestrafung von bloß „scheinbar" kumulierenden Verwaltungsübertretungen nach § 81 SPG und den LSG (bzw LPolG – zB Lärmerregung, Betteln, Anstandsverletzung) oder Überschneidungen mit dem gerichtlichen Strafrecht (StGB) ergeben (vgl dazu § 22 VStG sowie – zur Auslegung des Begriffs „derselben strafbaren Handlung" – VfSlg 18.833/2009, 19.280/2010 sowie 20.207/2017). Wird bei „identem" Tatvorwurf von der Behörde (bzw dem LVwG) nicht geklärt, in welchem Verhältnis zwei einschlägige Straftatbestände stehen, ist Willkür und damit die Verletzung des **Gleichheitssatzes** (Art 7 B-VG; Art I Abs 1 BVG-Rassendiskriminierung) vorzuwerfen (VfSlg 19.797/2013).

3. Legalitätsprinzip

Soweit Gesetze – wie zB das SPG in seinem 3. und 4. Teil über die Befugnisse der Sicherheitsbehörden – nicht nur ausnahmsweise (oder zufällig), sondern idR in Schutzbereiche von Grundrechten (s II.2.) eingreifen (sog „**eingriffsnahe Gesetze**"), müssen die Eingriffstatbestände über das in Art 18 Abs 1 B-VG festgelegte Maß der Determinierung hinaus **besonders genau** umschrieben werden („**differenziertes**" Legalitätsprinzip*; vgl VfSlg 10.737/1985, 11.455/1987, 14.850/1997).

§ 33 SPG ermächtigt die Organe des öffentlichen Sicherheitsdienstes, einem gefährlichen Angriff durch Ausübung von unmittelbarer Befehls- und Zwangsgewalt* ein Ende zu setzen. Auch wenn die konkret zulässigen (Abwehr-) Maßnahmen im Gesetz **nicht explizit aufgezählt** werden, so werden sie doch durch die Aufgabenstellung und allgemeine Grundsätze der Befugnisausübung (§§ 28 ff SPG; **„ultima ratio", „Verhältnismäßigkeit"**) zureichend gesetzlich determiniert (kritisch *K. Weber/Schlag*, Sicherheitspolizei 102).

Macht der Gesetzgeber die Befugnisausübung (zB Ermittlung von DNA-Daten) von einer Prognoseentscheidung über das zukünftige Verhalten eines Täters abhängig, müssen die zur Beurteilung heranziehbaren Kriterien hinreichend determiniert werden. In der (bloßen) Bezugnahme auf die Tat oder Persönlichkeit sah der VfGH noch keine zureichende Determinierung der Prognoseentscheidung, dass der Täter bei der Begehung weiterer gefährlicher Angriffe Spuren hinterlassen wird, die seine Wiedererkennung aufgrund der ermittelten genetischen Information ermöglichen würden. Erforderlich ist eine Differenzierung nach Deliktstypen (VfSlg 19.738/2013 zu § 67 Abs 1 S 1 SPG).

4. Organisation und Aufgaben der Sicherheitsbehörden

Die Angelegenheiten der Sicherheitspolizei des Bundes werden überwiegend durch **Bundesbehörden** vollzogen (Art 102 Abs 2 B-VG). Die verfassungsgesetzlichen Grundlagen der Organisation der Sicherheitsbehörden bilden Art 78a bis 78d B-VG:

- Oberste Sicherheitsbehörde ist der **BMI** (Art 78a Abs 1 B-VG). Behördeninterne Organisationseinheiten (Abteilungen, Gruppen), die mit der Sicherheitsverwaltung (§ 2 Abs 2 SPG) betraut sind, bilden die Sektion **Generaldirektion für die öffentliche Sicherheit** (§ 6 Abs 1 SPG). Dazu zählen auch die **Direktion Staatsschutz und Nachrichtendienst** (§ 1 Abs 3 SNG) sowie das **Bundeskriminalamt** (BKA), das zur bundesweiten Bekämpfung gerichtlicher Straftaten sowie zur Wahrnehmung der internationalen Polizeikooperation gesetzlich eingerichtet worden ist (§ 6 Abs 1 SPG; §§ 1 ff BKA-G). Beim **Bundesamt zur Korruptionsprävention und Korruptionsbekämpfung** (BAK; vgl § 6 Abs 1 SPG; §§ 1 ff BAK-G) handelt es sich dagegen – zwecks Sicherung einer gewissen Unabhängigkeit gegenüber dem Generaldirektor der öffentlichen Sicherheit – um eine Organisationseinheit des BMI *außerhalb* der Generaldirektion für die öffentliche Sicherheit (§ 1 BAK-G).
- Dem BMI sind die in jedem Bundesland einzurichtenden **LPolD** (§ 7 SPG), diesen wiederum auf Bezirksebene die **BVB** (§ 9 SPG), dh die BH bzw Bgm (im üWb* der Gemeinde) der Städte mit eigenem Statut, als Sicherheitsbehörden nachgeordnet (Art 78a Abs 1 B-VG).

In Wien und im Gebiet der in § 8 SPG aufgezählten (Stadt-) Gemeinden (zB Graz, Linz, Innsbruck, Salzburg) ist statt der BVB die **LPolD** zugleich „Sicherheitsbehörde erster Instanz" (vgl dazu Art 78c B-VG).

Einzelne sicherheitspolizeiliche Aufgaben können auch **Gemeindeorganen** zur Vollziehung übertragen werden (Art 78a Abs 3 BVG). So besorgt zB der **Bgm** als Fundbehörde (§§ 4 Abs 3, 42a SPG) sicherheitspolizeiliche Aufgaben im üWb* der Gemeinde.

- Den Sicherheitsbehörden sind als Hilfsorgane **Organe des öffentlichen Sicherheitsdienstes** beigestellt. Sie werden regelmäßig in Form von Wachkörpern organisiert. **Wachkörper** (vgl Art 10 Abs 1 Z 14, 78d, 118 Abs 8

B-VG) sind bewaffnete oder uniformierte oder sonst nach militärischem Muster eingerichtete Formationen, denen Aufgaben mit polizeilichem Charakter übertragen sind.

Seit der (Wachkörper-) Zusammenlegung von Gendarmerie, Bundessicherheitswachekorps und Kriminalbeamtenkorps im Zuge der SPGNov 2005 wird der sicherheitspolizeiliche Exekutivdienst (§ 5 Abs 3 SPG) überwiegend durch den in die LPolD integrierten Wachkörper **Bundespolizei** (§ 5 Abs 2 Z 1 und Abs 6 SPG) besorgt (vgl §§ 6 Abs 2, 7 Abs 2, 9 Abs 1 SPG). Die Einrichtung von **Bezirks-** oder **Stadtpolizeikommanden** samt deren **Polizeiinspektionen** obliegt dem BMI (§ 10 Abs 1 SPG). **Gemeindewachkörpern** (§ 5 Abs 2 Z 2 SPG) können mittels Verordnung des LPolD (§ 9 Abs 3 SPG; vgl Art 118a B-VG), dem **rechtskundigen Dienst bei Sicherheitsbehörden** mittels gesetzlicher Ermächtigung (§ 5 Abs 2 Z 3 SPG) entsprechende Exekutivaufgaben zugewiesen werden.

Der BMI kann im Einvernehmen mit dem Hauptausschuss des NR aus den der Generaldirektion für die öffentliche Sicherheit beigegebenen oder zugeteilten Wachkörpern **Sondereinheiten** bilden (§ 6 Abs 3 SPG). Auf Grundlage der Sondereinheitenverordnung (SEV) bestehen derzeit das Einsatzkommando Cobra (EKO Cobra) sowie die Sondereinheit für Observation (SEO).

Die **sachliche Zuständigkeit** der Sicherheitsbehörden des Bundes wird tw verfassungsunmittelbar begründet (Art 78a Abs 2 B-VG), überwiegend ergibt sie sich aber aus den einfachgesetzlichen Bestimmungen. Danach beschränkt sie sich nicht ausschließlich auf die Besorgung der Sicherheitspolizei, denn den Sicherheitsbehörden obliegt darüber hinaus die Besorgung der **Sicherheitsverwaltung*** (§ 2 Abs 1 SPG; zB → *Versammlungs-, Vereins-, Fremdenrecht*). Weiters bestehen auch **kriminalpolizeiliche Aufgaben** im Dienste der gerichtlichen Strafrechtspflege zu (s V.2.m.).

Die **Organe des öffentlichen Sicherheitsdienstes** besorgen nach Maßgabe bundes- und landesgesetzlicher Bestimmungen überdies auch noch zahlreiche **verwaltungspolizeiliche Hilfsdienste** (zB Straßen- oder Gewerbepolizei – vgl § 97 StVO, § 336 GewO).

5. Besondere Kontrolle der Sicherheitsbehörden

Die Maßnahmen der Sicherheitsbehörden zum Schutz der verfassungsmäßigen Einrichtungen und ihrer Handlungsfähigkeit („**polizeilicher Staatsschutz**"; s V.1.a.) unterliegen im Wege von Auskunftspflichten und Einsichtsrechten der **parlamentarischen Kontrolle** durch einen ständigen Unterausschuss des NR (Art 52a B-VG).

Bezüglich der Wahrung der Menschenrechte in der Sicherheitsverwaltung wird die gesamte Tätigkeit der Sicherheitsbehörden von der **Volksanwaltschaft** beobachtet und überprüft (Art 148a Abs 3 B-VG; §§ 11 ff VolksanwaltschaftsG). Zur Beratung der Volksanwaltschaft ist ein Menschenrechtsbeirat eingerichtet worden (Art 148h Abs 3 B-VG; §§ 14 ff VolksanwaltschaftsG).

Bestimmte sicherheitspolizeiliche und strafprozessuale Ermittlungsmaßnahmen (zB Lausch- und Spähangriffe, Rasterfahndung) unterliegen der Kontrolle eines weisungsfreien, unabhängigen **Rechtsschutzbeauftragten**

(§§ 91a ff SPG; §§ 14 ff SNG; §§ 146 f StPO – sog „kommissarischer" Grundrechtsschutz).

6. Privatisierung sicherheitspolizeilicher Aufgaben

Der Aufgabenprivatisierung sind im Bereich der inneren Sicherheit enge Grenzen gesetzt (VfSlg 14.473/1996 – „Austro-Control"). Ansätze zur Privatisierung öffentlicher Sicherheitsdienstleistungen sind dennoch erkennbar. Bspw kann der sicherheitspolizeiliche Schutz von Zivilflugzeugen oder Gerichten in Form von Sicherheitskontrollen (Personen-, Gepäckskontrollen) auch durch **private Sicherheitsunternehmen** erfolgen (vgl §§ 5, 6 LSG 2011, §§ 5, 11 GOG). Auch im Sicherheitspolizeirecht der Länder wird zur Verfolgung bestimmter Verwaltungsübertretungen (zB Bettelverbote) vermehrt die **Mitwirkung beliehener Privater** als Organe der öffentlichen Aufsicht vorgesehen (vgl zB § 1b oö PolStG; krnt L-SiG; § 4b stmk L-SG). Ohne besondere gesetzliche Ermächtigung werden private Sicherheitsunternehmen auch vertraglich zT in die **schlichte Hoheits- oder Privatwirtschaftsverwaltung** der Sicherheitsbehörden (zB in Asyl-Erstaufnahmestellen, Schubhaftzentren) eingebunden.

Daneben führen immer öfters ohne Bezug zu den Sicherheitsbehörden auch **private Sicherheitsdienste** (zB „Private City Patrol"; „Securities") streifenähnliche Tätigkeiten im öffentlichen (zB Fußgängerzonen, Parks) oder semi-öffentlichen Raum (Bahnhöfe, Shopping-Malls) durch. Zu ihren Befugnissen in Form privater Not-, Selbsthilfe- und Anhalterechte s *Faber*, Private Wachdienste 859.

III. Europarechtliche Bezüge

1. Europäische Polizeikooperation

a) Europol

Um die Tätigkeit der nationalen Sicherheitsbehörden sowie deren europaweite Zusammenarbeit bei der Prävention und Bekämpfung von organisierter Kriminalität, Terrorismus und anderen Formen schwerer Kriminalität (zB Menschenhandel, Geldwäsche) zu unterstützen und zu verstärken, wurde in Den Haag ein **Europäisches Polizeiamt (Europol)** eingerichtet. Die Mitgliedstaaten entsenden Verbindungsbeamte, die **nationale Verbindungsbüros** innerhalb von Europol bilden. Europol soll einen ständigen und intensiven **Informations- und Datenaustausch** zwischen den Mitgliedstaaten gewährleisten (Art 88 AEUV); darüber hinaus können auch Ermittlungsersuchen an die nationalen Sicherheitsbehörden gestellt werden bzw das Europol-Personal an gemeinsamen Ermittlungsgruppen teilnehmen.

Die Kooperation mit Europol (und den EU-Mitgliedstaaten) wurde in Österreich beim **Bundeskriminalamt** konzentriert (§ 4 BKA-G) und erfolgt im Wesentlichen auf der spezifischen Grundlage der (Europol-)VO (EU) 2016/794 sowie dem **EU-PolKG** (zB Europol-Informationssystem, Schengener Informationssystem – SIS, Datenaustausch, polizeiliches Einschreiten auf fremdem Hoheitsgebiet, Betrauung von fremden Polizeiorganen mit Aufgaben zur Aufrechterhaltung der öffentlichen Ordnung und Sicherheit oder der Kriminalpolizei im Inland, zB im Rahmen gemeinsamer Streifendienste).

b) Schengener Durchführungsübereinkommen (SDÜ)

Mit der Abschaffung der Personenkontrollen an den Binnengrenzen des sog Schengener Raums wurden notwendige Formen der **operativen Polizeikooperation** völkerrechtlich vereinbart (Art 39 ff SDÜ) und sodann als „Schengen-Besitzstand" im Zuge der Verträge von Amsterdam und Lissabon in die EU-Verträge eingegliedert (vgl dazu Art 77 AEUV sowie Protokoll Nr 19, ABl C 2008/115, 201 ff). Aufgrund der generellen Transformation in das innerstaatliche Recht kann das SDÜ unmittelbar als gesetzliche Grundlage für das Verwaltungshandeln (iSd Art 18 Abs 1 B-VG) herangezogen werden. Einen wesentlichen Kernbereich bilden **kriminalpolizeiliche Maßnahmen**, wie zB die grenzüberschreitende Observation (Art 40 SDÜ) und Nacheile (Art 41 SDÜ).

Diese Ermächtigungen des SDÜ werden im **PolKG** (zB betreffend die organisationsrechtliche Infrastruktur, Rechtsschutz) ergänzt (§§ 15 ff PolKG).

2. Datenschutz

a) Datenschutz-RL für Polizei und Strafjustiz

Art 2 Abs 2 DSGVO (→ *Datenschutzrecht*) nimmt die Verarbeitung personenbezogener Daten im Bereich der Sicherheitspolizei und Strafjustiz ausdrücklich von ihrem Anwendungsbereich aus. Für diesen speziellen Bereich wurde eine eigene RL 2016/680/EU erlassen. Deren Umsetzung erfolgte nicht im SPG, sondern im **3. Hauptstück des DSG** (§§ 36 ff). Das DSG ist vorrangig anzuwenden, soweit das **Sonderdatenschutzrecht des SPG** keine abweichenden Regelungen enthält (§ 51 Abs 2 SPG; s unten V.2.k.).

b) Vorratsdatenspeicherung

Unter Vorratsdatenspeicherung (→ *Datenschutzrecht*) wird die Verpflichtung von Telekommunikationsunternehmen verstanden, zum Zwecke der Strafverfolgung und Terrorismusbekämpfung **Verkehrs- und Standortdaten** (zB bzgl Internet, E-Mail, SMS, Telefon) für einen bestimmten Zeitraum („auf Vorrat") zu speichern und bei Verdacht auf schwere Strafdelikte den (gem StPO und SPG) zuständigen Ermittlungsbehörden Zugriff auf diese Daten zu ermöglichen. Die Vorratsdatenspeicherung ist derzeit in Ermangelung einschlägiger gesetzlicher Ermächtigungen **unzulässig**.

Die bis zum Jahr 2014 geltende **Vorratsdatenspeicherungs-RL (VDS-RL)** wurde vom EuGH wegen Widerspruchs zu den Grundrechten auf Achtung des Privatlebens (Art 7 GRC) sowie Schutz personenbezogener Daten (Art 8 GRC) für ungültig erklärt (EuGH 08.04.2014, C-293/12, C-594/12), die Umsetzung der VDS-RL in österr Recht (**TKG, StPO** und **SPG**) vom VfGH mit derselben Begründung unter Bezugnahme auf Art 8 EMRK und das DSG aufgehoben (VfSlg 19.892/2014).

3. Grundrechte-Charta

Die Grundrechte-Charta* der EU ist in wesentlichen Teilen von der EMRK beeinflusst und enthält für den Anwendungsbereich des Unionsrechts vergleichbare Garantien zum Schutz vor unverhältnismäßigen Eingriffen in Grund- und Menschenrechte. Rechtsakte der EU mit Bezug zu sicherheitspolizeilichen Aufgaben müssen mit den Grundrechtsgarantien der GRC vereinbar sein.

IV. Völkerrechtliche Bezüge

1. Internationale Polizeikooperation

Neben der traditionellen Polizeikooperation im Rahmen von **INTERPOL** (§ 4 BKA-G) wurden mit verschiedenen europäischen (in und außerhalb der EU) sowie außereuropäischen Staaten **bilaterale Abkommen zur polizeilichen Zusammenarbeit** abgeschlossen. Innerstaatlich wird die völkerrechtlich vereinbarte informationelle und operative Zusammenarbeit durch das PolKG (zB betreffend organisationsrechtlicher Infrastruktur, Rechtsschutz) näher geregelt.

Im Fall unmittelbar anrainender Nachbarstaaten wurde vielfach eine über das EU-Maß hinausgehende Zusammenarbeit (zB Deutschland – BGBl III 210/2005, Italien, BGBl III 52/2000 und 47/2017) oder eine dem SDÜ nachgestaltete Zusammenarbeit (Schweiz, Liechtenstein – BGBl III 78/2017) vereinbart. Bei den Vereinbarungen mit anderen Staaten (zB Usbekistan, BGBl III 91/2002; Albanien, BGBl III 134/2007; Montenegro, BGBl III 136/2015) handelt es sich iaR um spezifische (Verwaltungs-) Abkommen über eine Zusammenarbeit im Sicherheitsbereich (betreffend Informationen, Observationen, Befragungen, Fahndungen, Einrichtung von Verbindungsbeamten uÄ), va zum gemeinsamen Kampf gegen bestimmte Formen der Kriminalität.

2. Sicherheitspolizeiliche Maßnahmen

Verschiedene völkerrechtliche Abkommen verpflichten Österreich zur Regelung bestimmter sicherheitspolizeilicher Befugnisse. Soweit solche Abkommen unter Erfüllungsvorbehalt abgeschlossen worden sind, bedürfen sie einer **speziellen Transformation** in das innerstaatliche Recht.

ZB dient § 41 SPG (**Durchsuchungsanordnung bei Großveranstaltungen**) ua auch der Umsetzung des Art 5 des Übereinkommens des Europarats über einen ganzheitlichen

Ansatz für Sicherheit, Schutz und Dienstleistungen bei Fußballspielen und anderen Sportveranstaltungen (BGBl III 124/2021), § 22 Abs 2 SPG idF BGBl I 105/2019 (**Sicherheitspolizeiliche Fallkonferenz**) der Umsetzung des Art 51 des Übereinkommens des Europarates zur Verhütung und Bekämpfung von Gewalt gegen Frauen und häuslicher Gewalt (BGBl III 164/2014).

V. Sicherheitspolizeirecht des Bundes

Sicherheitsbehörden und Organe des öffentlichen Sicherheitsdienstes haben bestimmte sicherheitspolizeiliche Aufgaben zu besorgen. Zur Erfüllung dieser Aufgaben werden ihnen einzelne Befugnisse eingeräumt. Aufgaben und Befugnisse sind in **strikter gegenseitiger Akzessorietät** miteinander verbunden. Zum einen dürfen zur Besorgung der sicherheitspolizeilichen Aufgaben keine anderen als die für die jeweilige Aufgabe vorgesehenen Befugnisse eingesetzt werden. Zum anderen dürfen die sicherheitspolizeilichen Befugnisse nicht zur Besorgung anderer als den sicherheitspolizeilichen Aufgaben herangezogen werden.

Zur **Aufrechterhaltung der öffentlichen Ordnung** können zB neben nicht eingreifenden Mitteln (zB Ermahnung, Streifendienst – § 28a Abs 2 SPG) nur folgende Befugnisse (zT iVm dem VStG) in Anspruch genommen werden:
Wegweisung (§ 81 Abs 2 und 3 SPG), insb auch von Minderjährigen und Schaulustigen (§ 38 Abs 1 und 1a SPG), Sicherstellung von Sachen (§ 81 Abs 2 und 3 SPG) bzw Festnahme (§ 35 Z 3 VStG iVm §§ 81 ff SPG), Auflösung von Besetzungen (§ 37 SPG), Gefährderansprache (§ 49b SPG), Zwangsgewalt (§ 50 SPG), Ermittlung und Verarbeitung von Daten (§ 53 Abs 1 Z 6 SPG).

Obwohl das SPG eine Kodifikation der sicherheitspolizeilichen Aufgaben und Befugnisse beabsichtigt hat, finden sich einzelne sicherheitspolizeiliche Befugnisse auch **außerhalb des SPG**:
- Zur Besorgung der Aufgaben auf dem Gebiet des **Staats- bzw Verfassungsschutzes** werden die hierfür zuständigen Sicherheitsbehörden (Direktion Staatsschutz und Nachrichtendienst im BMI und die für Verfassungsschutz zuständigen Organisationseinheiten der LPolD) zu besonderen Ermittlungsmaßnahmen gem § 11 SNG (zB Observation, Einsatz von Bild- und Tonaufzeichnungen, Einholen von Verbindungsdaten, Einsatz von Vertrauenspersonen) ermächtigt.
- Zur Gewährleistung der **Sicherheit in der Zivilluftfahrt** können die Sicherheitsbehörden und Organe des öffentlichen Sicherheitsdienstes Kleidung und Gepäck von Passagieren nach verbotenen Gegenständen (zB Waffen, Sprengstoff) durchsuchen, wenn gelindere Mittel (zB Einsatz von Röntgengeräten) hierfür nicht ausreichen (§ 3 LSG 2011).
- Die verwaltungsstrafgesetzliche Ermächtigung zur **Festnahme gem § 35 VStG** dient primär der Sicherung des Verwaltungsstrafverfahrens. Soweit die Festnahmebefugnis aber auf die Beendigung des rechtswidrigen Ver-

haltens zielt (§ 35 Z 3 VStG), handelt es sich – im Kontext des SPG – (auch) um eine sicherheitspolizeiliche Befugnis (iwS; vgl idS auch §§ 81 Abs 2 und 3, 84 Abs 2 SPG).
- Ohne ersichtlichen Grund werden einzelne sicherheitspolizeiliche Befugnisse **in anderen MaterienG wiederholt** (zB Vorführung psychisch Kranker zur Unterbringung – § 9 UbG).
- **Einzelne sicherheitspolizeiliche Verwaltungsstraftatbestände** sind in den historisch angestammten Gesetzen verblieben (zB Art III Abs 1 Z 4 EGVG – Verbreiten nationalsozialistischen Gedankengutes) oder finden sich in Sondergesetzen (zB § 3 SymboleG – Verwendung verbotener Symbole, wie zB der Gruppierung Islamischer Staat; § 2 AGesVG – Verbot der Gesichtsverhüllung).
- Aufgrund der Strafrechtsakzessorietät des sicherheitspolizeilichen Gefahrenbegriffs (§ 16 SPG) ergibt sich ein besonderes Nahverhältnis der Sicherheitspolizei zum Strafrechtswesen und den sicherheitsbehördlichen Zuständigkeiten und Befugnissen im Dienste der gerichtlichen Strafrechtspflege (Kriminalpolizei; s V.2.m.). Die **kriminalpolizeilichen Befugnisse** schließen zeitlich zT an die sicherheitspolizeilichen Befugnissen an (§§ 170, 171 StPO – **Festnahme**), zT kommt es aber auch zur zeitlichen **Überschneidung** von sicherheits- und kriminalpolizeilichen Aufgaben und Befugnissen (§ 22 Abs 3 SPG).

Als Grundsatz gilt jedoch: Während gerichtlich strafbare Handlungen von den Sicherheitsbehörden und den Organen der öffentlichen Sicherheit auf der Grundlage des SPG verhindert und beendigt werden (§§ 21, 22 SPG), erfolgt die Ausforschung der einer Straftat **konkret verdächtigten Person**, die Aufklärung der Straftat sowie die Sicherung des gerichtlichen Strafverfahrens grundsätzlich nach Maßgabe der StPO.

1. Aufgaben der Sicherheitspolizei

Die Aufgaben der Sicherheitsbehörden auf dem Gebiet der allgemeinen Sicherheitspolizei sind **abschließend geregelt** und umfassen die Aufrechterhaltung der öffentlichen Sicherheit, die Aufrechterhaltung der öffentlichen Ordnung, die erste allgemeine Hilfeleistungspflicht (kurz: EAH) und den besonderen Überwachungsdienst.

Nicht alle Befugnisse im SPG lassen sich diesen explizit aufgezählten sicherheitspolizeilichen Aufgaben zuordnen. So dient die Beendigung von Besetzungen (§§ 37 Abs 1 Z 2, 38 Abs 5 SPG) zT auch dem **zivilrechtlichen Besitzschutz** (vgl § 344 ABGB), die Vorführung von psychisch kranken Menschen (§ 46 SPG) zT auch dem **Schutz vor nicht gerichtlich strafbaren Arten der Selbst- oder Fremdgefährdung**.

a) Aufrechterhaltung der öffentlichen Sicherheit

Die Aufrechterhaltung der öffentlichen Sicherheit (§§ 20 ff SPG) umfasst in ihrem wesentlichen Kernbereich die „**Verbrechensbekämpfung**", dh die Erforschung und Abwehr allgemeiner Gefahren sowie den vorbeugenden Schutz von Rechtsgütern:

Eine „**allgemeine Gefahr**" entsteht durch gefährliche Angriffe oder die Schaffung von kriminellen Verbindungen (§ 16 Abs 1 SPG). Ein „**gefährlicher Angriff**" liegt vor, wenn einer der in § 16 Abs 2 SPG taxativ aufgezählten **gerichtlichen Straftatbestände** (zB des StGB, VerbotsG, FPG) erfüllt oder eine tatnahe Vorbereitungshandlung vorgenommen wird (§ 16 Abs 3 SPG). Eine kriminelle Verbindung entsteht, sobald sich drei oder mehr Menschen mit dem Vorsatz zusammenschließen, fortgesetzt strafbare Handlungen zu begehen (§ 16 Abs 1 Z 2 SPG).

- **Gefahrenerforschung** (§§ 16 Abs 4, 28a Abs 1 SPG): Bestehen konkrete Anhaltspunkte für das Vorliegen einer allgemeinen Gefahr, haben die Sicherheitsbehörden zunächst Nachforschungen anzustellen und den Sachverhalt zu ermitteln.
- **Beendigung gefährlicher Angriffe** (§§ 21 Abs 2 iVm 16 Abs 2 und 23 SPG): Im Fall der unmittelbaren Begehung einer gerichtlichen Straftat („gefährlicher Angriff") sind die Sicherheitsbehörden unverzüglich zur Beendigung der Tat verpflichtet, sofern nicht ausnahmsweise aus übergeordneten sicherheitspolizeilichen Zielen (zB zwecks Ausforschung von Hintermännern) der Aufschub des Einschreitens zweckmäßig ist und keine Gefahr für Leben und Gesundheit Dritter besteht.
- **Vorbeugender Schutz von Rechtsgütern** (§§ 22, 23 SPG): Bestimmte Rechtsgüter (zB Leben, Gesundheit, Freiheit), Personen (zB hilflose Personen), Institutionen und Sachen sind auch gegen erst im **Vorbereitungsstadium** befindliche gefährliche Angriffe zu schützen. Dabei wird zT ex lege von einer generell erhöhten Gefährdungslage ausgegangen (§ 22 Abs 1 SPG – zB verfassungsmäßige Einrichtungen, gewahrsamsfreie Sachen), ansonsten ist aber eine **Einzelfallprüfung** der Wahrscheinlichkeit eines gefährlichen Angriffs gefordert (§ 22 Abs 2 SPG).

Nach einem gefährlichen Angriff besteht die Verpflichtung zur Gefahrenaufklärung, wenn dies zur Vorbeugung weiterer Angriffe notwendig ist. Es sind die maßgeblichen Umstände (zB Identität des Täters) zu klären. Sobald aber eine **bestimmte Person** einer gerichtlich strafbaren Handlung **verdächtig** ist, sind weitere Ermittlungen und Eingriffe nach dem SPG weitgehend unzulässig. Die Sicherheitsbehörden müssen nach den Bestimmungen der StPO weiter vorgehen (§ 22 Abs 3 SPG – **Kriminalpolizei**).

Die sicherheitsbehördlichen Aufgaben auf dem Gebiet des **polizeilichen Staats- bzw Verfassungsschutzes** sind gesondert im SNG geregelt worden (§§ 6 bis 8 SNG). In diesem Rahmen obliegt der Direktion Staatsschutz und Nachrichtendienst im BMI und den für Verfassungsschutz zuständigen Organisationseinheiten der LPolD (vgl § 2 Abs 3 SNG) insb die Beobachtung von (zB ideologisch, religiös motivierten) **extremistischen Personengruppen** (§ 6 Abs 1 SNG – „erweiterte" Gefahrenerforschung) sowie der vorbeugende Schutz vor **verfassungsgefährdenden Angriffen durch Einzelpersonen** (§ 6 Abs 2 SNG). Unter einem „verfassungsgefährdenden" Angriff wird die Verwirklichung näher bestimmter, taxativ aufgezählter Strafdelikte verstanden (§ 6 Abs 3 SNG – zB terroristische Straftaten, Hochverrat; Straftaten nach dem VerbotsG).

Neben diesen Kernaufgaben obliegt den Sicherheitsbehörden im Rahmen der Aufrechterhaltung der öffentlichen Sicherheit weiters die **Personen- und Sachfahndung** (§ 24 SPG) sowie eine vorbeugende **kriminalpolizeiliche Beratung** (§ 25 SPG) und **Streitschlichtung** (§ 26 SPG).

b) Aufrechterhaltung der öffentlichen Ordnung

Die Aufrechterhaltung der öffentlichen Ordnung (§ 27 SPG) dient dem Schutz der Ordnung an **öffentlichen Orten**, die jederzeit von einem nicht von vornherein bestimmten Personenkreis betreten werden können (zB Straßen, Parks, Gastlokal, Polizeiinspektion).

„Ordnung" bedeutet im gegebenen Zusammenhang die „äußere" (und nicht die rechtliche) Ordnung, dh die **normalen, gewöhnlichen Zustände oder Abläufe** an öffentlichen Orten (VfSlg 4813/1964). Sie ergeben sich idR, wenn und soweit die **ungeschriebenen („gesellschaftlichen") Verhaltensregeln** für das Verhalten der Menschen in der Öffentlichkeit Beachtung finden, deren Befolgung als unentbehrliche Voraussetzung für ein gedeihliches Miteinander der Menschen angesehen wird (VwSlg 543 A/1948). Ausschlaggebend sind hier die von einer breiten, allgemeinen Überzeugung getragenen präpositiven Wertvorstellungen, wie sie ua auch in Form von **Sitten, Konventionen** oder **sozialen (Verhaltens-) Gebräuchen** zum Ausdruck kommen.

Bei der Aufrechterhaltung der öffentlichen Ordnung besteht eine ausdrückliche Verpflichtung zur Beachtung der **Grund- und Freiheitsrechte**, sodass in diesem speziellen Zusammenhang – zB bei der Ausübung der Versammlungsfreiheit (Art 11 EMRK) oder der Kunstfreiheit (Art 17a StGG) – ein gewisses Maß an Ordnungsstörungen von der Gesellschaft allenfalls in Kauf genommen werden müssen (vgl idS VfSlg 19.528/2011). Es muss das Recht der Gemeinschaft auf Ordnung gegen die Rechte des Einzelnen auf Ausübung von Grundrechten im Einzelfall sorgsam abgewogen werden (§ 27 Abs 1 SPG). Eine **„exzessive" Grundrechtsausübung** kann daher eine unzulässige Ordnungsstörung iSd §§ 27, 81 SPG darstellen (VwGH 03.07.1978, 607/78). Das gilt auch für eine bloß im Mantel der Grundrechtsausübung erfolgende **gezielte Störung der Grundrechtsausübung anderer Personen** (vgl dazu VfSlg 12.501/1990 – Versammlungsfreiheit, VfSlg 16.054/2001 – Religionsfreiheit).

c) Erste allgemeine Hilfeleistungspflicht

Die EAH gem § 19 SPG verpflichtet die Sicherheitsbehörden zur **subsidiären („stellvertretenden") Hilfeleistung**. Sicherheitsbehörden, die regelmäßig zuerst am Ort einer Gefahr eintreffen, müssen – bis zum Eintreffen der zuständigen Verwaltungsbehörden bzw der Rettung, Feuerwehr uÄ – auch **besondere Gefahren** (s II.1.a.) abwehren sowie zB **Erste Hilfe** leisten oder erforderliche **Rettungs-** bzw **Sicherungsmaßnahmen** (zB bei einem Brand) durchführen.

Soweit es sich nicht um das (von privaten Rechtsträgern, wie zB dem Roten Kreuz, besorgte) Hilfs- und Rettungswesen oder die Feuerpolizei handelt, ist die erste allgemeine Hilfeleistung **streng verwaltungsakzessorisch**. Es muss die Abwehr der „besonderen" Gefahr nach Bundes- oder LandesG in die Zuständigkeit einer Verwaltungsbehörde fallen. Keine Hilfeleistungspflicht besteht daher in Angelegenheiten der bloß *privaten* Gefahrenabwehr (zB bezüglich im Erdreich verborgener Bombenblindgänger – vgl dazu *A. Wimmer*, bbl 2007, 220 sowie den Zurückweisungsbeschluss des VfSlg 19.354/2011).

Voraussetzung für die EAH ist weiters, dass **bestimmte Rechtsgüter** (Leben, Gesundheit, Freiheit oder Eigentum) gefährdet werden bzw ihre Gefährdung unmittelbar bevorsteht (§ 19 Abs 1 SPG). Die Pflicht zur Hilfeleistung **endet** mit der erfolgreichen Abwehr der Gefährdung, der Ablehnung der Hilfe durch den Gefährdeten sowie dem Einschreiten der zuständigen Verwaltungsbehörde, Rettung oder Feuerwehr (§ 19 Abs 4 SPG).

d) Besonderer Überwachungsdienst

Im Rahmen des besonderen Überwachungsdienstes (§ 27a SPG) obliegt den Sicherheitsbehörden der Schutz gefährdeter Personen, Sachen oder Vorhaben, wenn die Gefährdeten oder Verantwortlichen (zB einer Profisportveranstaltung) dazu nicht bereit oder in der Lage sind und die dadurch entstehende abstrakten Gefahrenlage im Interesse der Aufrechterhaltung der öffentlichen Ordnung und Sicherheit nicht hingenommen werden können.

§ 27a SPG ersetzt die einschlägigen **verwaltungspolizeilichen Regelungen** (zB in den VeranstaltungsG oder der StVO) nicht, sondern ergänzt sie bei entsprechender Gefahrenlage.

2. Sicherheitspolizeiliche Befugnisse

Zur Aufgabenbesorgung sind Sicherheitsbehörden und/oder Organe des öffentlichen Sicherheitsdienstes zur Ausübung **allgemeiner** (§§ 32 und 33 SPG; s 2.a.) und **besonderer Befugnisse** (§§ 34 ff, §§ 81, 84 SPG, § 35 Z 3 VStG; s 2.b. bis j.) sowie **unmittelbarer Zwangsgewalt** (§§ 33, 50, 78 SPG; s 2.i.) ermächtigt. Dabei sind sie an mehrere **allgemeine Grundsätze** der Befugnisausübung gebunden:
- **Vorrang nicht eingreifender Mittel** (§ 28a Abs 3 SPG): Die sicherheitspolizeilichen Aufgaben sind in erster Linie mit jenen rechtlich zulässigen Mitteln zu erfüllen, die nicht in die Rechte von Personen eingreifen.

    ZB schlichtes Auskunftsersuchen, Streifendienst, Warnung eines potenziellen Opfers, aber auch an sich eingreifende Maßnahmen (zB Identitätsfeststellung, Durchsuchung von Räumlichkeiten), wenn sie mit **Zustimmung (!) des Betroffenen** erfolgen.

Erst wenn sich nicht eingreifende Maßnahmen als untauglich oder unverhältnismäßig aufwändig erweisen, können auch **eingreifende Mittel** eingesetzt werden („**ultima-ratio-Prinzip**").

So kann statt der Überwachung einer Gefahrenstelle durch zahlreiche Exekutivorgane auch ein Platzverbot erlassen werden (§ 36 SPG).

- **Beschränkung der Befugnisse** (§ 28a Abs 3 SPG): In die Rechtssphäre betroffener Personen darf nur aufgrund spezieller gesetzlicher Ermächtigungen („Befugnisse") eingegriffen werden.
- **Verhältnismäßigkeitsprinzip** (§ 29 SPG): Trotz Erforderlichkeit eingreifender Maßnahmen ist jeweils die Verhältnismäßigkeit zu Anlass und angestrebtem Erfolg der Maßnahme zu wahren. Die Verhältnismäßigkeit bleibt gewahrt, wenn der Rechtseingriff zur Erfüllung der Aufgabe **tauglich** und **erforderlich** („gelindestes Mittel") ist sowie der angestrebte Erfolg zu voraussichtlich bewirkten Schäden und Gefährdungen in einem **angemessenen Verhältnis** steht.

Als unverhältnismäßig kann sich zB der **Zeitpunkt** einer sicherheitspolizeilichen Maßnahme erweisen (VfSlg 18.302/2007 – nächtliche Nachschau in einer Wohnung um 1.30 Uhr).

UU erfordert ein Rechtseingriff eine **qualifizierte Verhältnismäßigkeit**. So muss bei der EAH der abzuwendende Schaden die Rechtsgutverletzung offenkundig und erheblich übersteigen, wenn in Rechte einer Person eingegriffen wird, die die Gefährdung nicht zu verantworten hat (§ 32 SPG).

- **Vorrang bestimmter Schutzgüter** (§ 28 SPG): Bei der Erfüllung der sicherheitspolizeilichen Aufgaben ist jedenfalls dem Schutz des Lebens und der Gesundheit von Menschen Vorrang vor anderen Gütern einzuräumen.
- **Subjektiv-öffentliche Rechte*** des Betroffenen (§§ 30, 87 SPG): Solange dadurch nicht die Erfüllung der sicherheitspolizeilichen Aufgabe gefährdet wird, kommen betroffenen Personen besondere Rechte zu, zB **auf Verlangen** Auskünfte zu Anlass und Zweck des Einschreitens und den Dienstnummern der einschreitenden Organe zu erhalten oder Personen des Vertrauens beizuziehen. Wird diesen „**Modalitäten**" der Befugnisausübung nicht entsprochen, erfolgt auch die Ausübung der Befugnis selbst – weil nicht in der gebotenen Art vorgenommen – rechtswidrig (VwGH 10.11.2021, Ra 2021/01/0211).
- **Sonstige Ausübungsschranken** (§ 31 SPG; RLV): Die Organe des öffentlichen Sicherheitsdienstes sind bei ihrem Einschreiten überdies an einen „**Berufspflichtenkodex**" gebunden, der spezielle Verhaltensregeln vorschreibt (zB Ansprache mit „Sie", keine Voreingenommenheit, bestimmte Informationspflichten). Zweck dieser Verhaltensregeln ist es, eine einheitliche Vorgangsweise der Sicherheitsexekutive sicherzustellen und die Gefahr von Konflikten mit den Betroffenen zu minimieren (VwGH 17.10.2017, Ra 2017/01/0309).

Unter Berücksichtigung der besonderen Umstände des Einzelfalls wird die **kurzzeitige Verwendung des Wortes „Du"** aber noch nicht so gravierend gewertet, dass sich hieraus insgesamt eine Verletzung des § 5 Abs 2 RLV ergibt (VwGH 06.10.2021, Ra 2021/01/0319).

Bei der Beurteilung der **„Voreingenommenheit"** eines Organs des öffentlichen Sicherheitsdienst gem § 5 Abs 1 RLV kommt es nicht darauf an, ob das Organ tatsächlich voreingenommen ist. Ausschlaggebend ist, ob das Organ eine Handlung setzt, die **objektiv** auf Voreingenommenheit hinweist (VwGH 17.09.2002, 2000/01/0138 – hier: Äußerungen, mit denen einer Person bereits die Begehung des ihm erst vorgeworfenen Deliktes unterstellt wird).

Zwar erkennt der VwGH in § 5 Abs 1 RLV auch eine Verpflichtung der Organe des öffentlichen Sicherheitsdienstes zu freundlichem Verhalten (VwGH 20.12.2016, Ra 2015/03/0048). Ein **aggressiv, unfreundlich, rüpelhaft, herrisch, streitsüchtig oder provokant empfundener Tonfall,** der den (iZm der Befugnisausübung) üblichen zwischenmenschlichen Umgangston übersteigt, erscheint dem VwGH dennoch idR noch nicht als Richtlinienverletzung. Auch eine als **abfällig empfundene Handbewegung** bzw ein als **sarkastisch gewertetes Lächeln** sind nicht geeignet, den Eindruck von Voreingenommenheit in objektiv nachvollziehbarer Form zu erwecken (VwGH 27.02.2018, Ra 2017/01/0401, 29.06.2000, 96/01/1233).

Über die Möglichkeit der **Verständigung bzw Beiziehung einer Vertrauensperson oder eines Rechtsbeistandes** haben die Organe des öffentlichen Sicherheitsdienstes auch dann zu informieren (§ 8 Abs 1 RLV), wenn der Betroffene einer Aufforderung zur Einvernahme freiwillig nachkommt (VwSlg 15.901 A/2002).

Der **Anwendungsbereich** der RLV ist in der Rsp umstritten:
Nach Ansicht des VwGH ist die RLV nicht nur im Bereich des SPG bzw der Sicherheitsverwaltung*, sondern darüber hinaus auch in allen **anderen (Bundes-, Landes-) Vollzugsbereichen** (zB in Angelegenheiten der StVO; vgl dazu VwSlg 14.603 A/1997, 15.900 A/2002) sowie auch auf Amtshandlungen im Dienste der **Strafjustiz** (s V.2.m.) anzuwenden (VwSlg 15.901 A/2002).

Der VfGH differenziert dagegen nach kompetenzrechtlichen Gesichtspunkten, sodass es darauf ankommt, ob die Ziffern des § 31 Abs 2 SPG den **Organisations-** (Art 10 Abs 1 Z 14 B-VG – „innerer Dienst" der Bundespolizei; vgl Z 1, 2 und 5) oder den **Materienkompetenztatbeständen** (Z 3, 4, 6, 7 und 8) zugeordnet werden müssen. Dies führt dazu, dass – § 31 SPG verfassungskonform interpretiert – die Z 1, 2 und 5 für Gemeindewachkörper nicht gelten und die Z 3, 4, 6, 7 und 8 nicht auch das Einschreiten der Organe des öffentlichen Sicherheitsdienstes im Bereich der Landesvollziehung miterfassen (VfSlg 18.494/2008).

Bei den Verhaltensregeln nach der RLV handelt es sich zwar um keine subjektivöffentlichen Rechte*, dennoch ist im Fall der Verletzung der Richtlinien ein **besonderes Rechtsschutzverfahren vor der Dienstaufsichtsbehörde** vorgesehen (§ 89 SPG; s dazu auch V.4.c.).

a) Allgemeine Befugnisse

Sicherheitsbehörden und Organen des öffentlichen Sicherheitsdienstes werden zur Erfüllung der Aufgaben der EAH und der Aufrechterhaltung der öffentlichen Sicherheit **allgemeine Befugnisse** eingeräumt. Bei diesen Befugnissen werden keine Ermächtigungen zu bestimmten Maßnahmen eingeräumt, sondern es wird lediglich das **Ziel des Einschreitens** vorgegeben. Zu beachten gilt, dass durch den Gebrauch der allgemeinen Befugnisse nicht die Beschränkungen der besonderen Befugnisse (§§ 34 ff SPG – sog polizeiliche „Standardmaßnahmen") unterlaufen werden dürfen. Die Inanspruchnahme einer allgemeinen Befugnis kommt nur in Betracht, wenn ein Sachverhalt nicht von den besonderen Befugnissen umfasst wird.

- Im Rahmen der EAH (§ 19 SPG) können die Organe des öffentlichen Sicherheitsdienstes **in Rechtsgüter von Personen** eingreifen, wenn der abzuwendende Schaden die Rechtsgutsverletzung offenkundig und erheblich übersteigt (§ 32 Abs 1 SPG – **verschärftes Verhältnismäßigkeitskalkül**). Das Aufbrechen einer Tür zB zur Rettung eines Verletzten wird aber in diesem Rahmen idR zulässig sein („**Nothilfe**"). Eine „**Schutzhaft**" über die speziellen Fälle der §§ 45, 46 SPG hinaus kommt dagegen schon deshalb nicht in Betracht, da eine solche keine Deckung in Art 2 PersFrG findet. Hinsichtlich Eingriffen in die **Rechtgüter des Gefahrenverursachers** ist nur die allgemeine Verhältnismäßigkeit (§ 29 SPG) zu wahren. Lebensgefährdende Maßnahmen sind jedoch stets nur zur Rettung von Menschenleben zulässig (§ 32 Abs 2 SPG).

- Die Organe des öffentlichen Sicherheitsdienstes können im Rahmen der Aufrechterhaltung der öffentlichen Sicherheit einem **gefährlichen Angriff** (§ 16 Abs 2 SPG) unmittelbar durch Ausübung von unmittelbarer Befehls- und Zwangsgewalt* **ein Ende setzen** (§ 33 SPG).

    Welche Maßnahmen zur Beendigung des gefährlichen Angriffs konkret erforderlich sind, richtet sich nach den Umständen des Einzelfalles und ist am Verhältnismäßigkeitsprinzip auszurichten (vgl dazu zB VwGH 08.03.1999, 98/01/0096 – hier: „In-den-Schwitzkasten-Nehmen", „Zudrücken des Halses" zur Verhinderung des Schluckens von Rauschgift. Im Rahmen des § 33 SPG scheint auch eine **(kurzfristige) Festnahme** (zB Fesselung einer tobenden Person) noch gedeckt (*Hauer/Keplinger*, Sicherheitspolizeigesetz 327; *Pölzl* in Thanner/Vogl, SPG, § 33 Anm 9). IdR kann die Festnahme aber auch bereits im Rahmen der kriminalpolizeilichen Aufgaben und **(Festnahme-) Befugnisse der StPO** erfolgen (s V.2.m.).

- Die Sicherheitsbehörden können zur Abwehr außergewöhnlich großer Gefahren für Leben, Gesundheit oder Vermögen von Menschen mit Verordnung **allgemeine (Verhaltens-) Anordnungen** für Private (zB Ausgehverbot, Ausweispflicht) treffen (§ 49 Abs 1 SPG; zum gesetzlich unmittelbar geltenden „**Vermummungsverbot**" vgl § 2 AGesVG). Sobald der Grund zu ihrer Erlassung weggefallen ist, sind solche Verordnungen unverzüglich wieder aufzuheben (§ 49 Abs 3 SPG).

Die Verordnung ist in einer nach den Umständen geeigneten Form kundzumachen, sodass die potenziellen Adressaten (zB eines Stadtteils) von den Anordnungen tatsächlich Kenntnis erlangen können (zB mit Megaphon, durch öffentlichen Anschlag, in Zeitungen, Rundfunk).

b) Datenermittlung

- **Auskunftsverlangen** (§ 34 SPG): Die Organe des öffentlichen Sicherheitsdienstes können zum Zweck der Gefahrenerforschung im Rahmen der EAH Auskünfte von Personen verlangen.

  Das Auskunftsverlangen kann nicht mit Zwangsgewalt durchgesetzt werden. Auch stellt die Auskunftsverweigerung keine Verwaltungsübertretung dar (sog lex imperfecta). Dadurch unterscheidet sich das normativ-befehlende Auskunfts**verlangen** faktisch kaum vom bloßen Auskunfts**ersuchen**, das als nicht eingreifendes Mittel (§ 28a Abs 2 SPG) grundsätzlich unbeschränkt zulässig ist.

- **Identitätsfeststellung** (§ 35 SPG, §§ 34b, 35 Z 1 VStG): In bestimmten Fällen – wie zB bei **Verdacht der Täterschaft** (Z 1), dem **Aufenthalt an „verdächtigen" Orten** (Z 2 lit a – razziaähnliche Personenkontrollen) oder **(EU-) Binnengrenzen überschreitenden Reisebewegungen** (Z 6) – sind die Organe des öffentlichen Sicherheitsdienstes ermächtigt, die Identität einer Person festzustellen, erforderlichenfalls auch mittels unmittelbarer verwaltungsbehördlicher Zwangsgewalt gegen den Willen des Betroffenen (§ 35 Abs 3 iVm § 50 SPG).

  Als Ausgleich für den Wegfall der Grenzkontrollen an den Binnengrenzen des Schengener Raums (zB Deutschland, Italien) können entsprechende Kontrollen von Reisenden im gesamten Inland vorgenommen werden (sog „**Schleierfahndung**"). Es reicht eine aus den konkreten Umständen abzuleitende Annahme einer Reisebewegung (zB Gepäck, typische Reiseroute) aus.

Die Feststellung der Identität hat mit der vom jeweiligen Anlass gebotenen Verlässlichkeit – von einer Befragung (zB auch von Zeugen) über die Einsichtnahme in einen Lichtbildausweis bis hin zur Abklärung in einer Polizeidienststelle – zu erfolgen. Bei der Identitätsfeststellung dürfen nur Name, Geburtsdatum und Wohnanschrift erfasst werden (§ 35 Abs 2 SPG). Die Feststellung anderer Daten, wie zB jene des Berufs oder der Beschäftigung, ist daher im gegebenen Zusammenhang nur als Auskunftsersuchen im Rahmen der eingriffsfreien Aufgabenerfüllung (§§ 28a Abs 2, 53 SPG) zulässig. Ansonsten müssen solche – nicht der Mitwirkungspflicht unterliegende – Daten im Wege des Ermittlungsdienstes erhoben werden (§§ 52 ff SPG).

Zur Identitätsfeststellung zum Zwecke der **Sicherung des Verwaltungsstrafverfahrens**, wenn eine Person bei einer Verwaltungsübertretung gem §§ 81 ff SPG auf frischer Tat betreten oder unmittelbar danach entweder glaubwürdig der Tatbegehung beschuldigt oder mit Gegenständen betreten wird, die auf ihre Beteiligung an der Tat hinweisen, vgl §§ **34b, 35 Z 1 VStG**.

- **Ermittlungsdienst, Erkennungsdienst** (§§ 52 ff, 64 ff SPG): Die Sicherheitsbehörden können zu taxativ aufgezählten Zwecken (§ 53 SPG – zB Abwehr gefährlicher Angriffe, EAH) und **differenziert nach Quellen** (§ 53 Abs 2 ff SPG – zB Datenbestände der Behörden) **und Methoden** (§§ 53 Abs 4, 54 SPG – zB Observation) personenbezogene Daten ermitteln und verarbeiten sowie bestimmte Personen, wie zB Tatverdächtige, erkennungsdienstlich behandeln (s unten V.2.k.).

  In diesem Rahmen kann zB auch eine **präventive Videoüberwachung** von besonders gefährdeten öffentlichen Orten („Kriminalitätsbrennpunkten"; zB Praterstern in Wien, Rudolfskai in Salzburg) erfolgen (§ 54 Abs 6 SPG).

c) Lokale Aufenthaltsverbote

- **Platzverbote** (§ 36 SPG): Bestehen konkrete Anhaltspunkte, dass an einem Ort (zB Wirtschaftskonferenz; Treffen ausländischer Staatschefs) eine **allgemeine Gefahr** (iSd § 16 SPG) für Leben, Gesundheit, Eigentum oder Umwelt in großem Ausmaß besteht, kann die Sicherheitsbehörde das Betreten eines Gefahrenbereiches und den Aufenthalt in diesem mittels Verordnung verbieten und die Nichtbefolgung zur Verwaltungsübertretung erklären (§ 36 Abs 1 SPG). Die Verordnung tritt spätestens 3 Monate nach Wirksamwerden ex lege wieder außer Kraft (§ 36 Abs 3 SPG).

  Besteht eine Gefahr bereits, kann das Platzverbot auch mittels **Eilverordnung** erlassen werden (§ 36 Abs 2 SPG).

  Das Platzverbot gilt grundsätzlich unterschiedslos für alle Menschen. Es ist aber zulässig, sachlich gerechtfertigte **Ausnahmen vom persönlichen Geltungsbereich** (zB Wohnbevölkerung, Berufstätige, Rettungsdienst, Medienvertreter uÄ) vorzusehen. Unzulässig ist es jedoch, zum Zweck eines ungestörten Besuches einer Versammlung (zB Wahlveranstaltung) ein Platzverbot „genau" für den Veranstaltungsort zu erlassen und den Zugang bestimmten Personengruppen zu erlauben und anderen Gruppen zu verbieten (VfSlg 19.978/2015).

  Bis zum Einschreiten der Sicherheitsbehörde besteht ein **Wegweiserecht** der Organe des öffentlichen Sicherheitsdienstes (§ 38 Abs 2 SPG).

- **Schutzzonen und Sicherheitsbereiche** (§§ 36a, 49a SPG): Die Sicherheitsbehörde kann zeitlich befristet **Schutzzonen zum Schutz von Minderjährigen** (zB vor Verkauf von Drogen, Verteilung von Nazipropagandamaterial) im Umkreis von Schulen, Kindergärten uÄ festlegen. Solche Schutzzonen sind auch zum **Schutz der Funktionsfähigkeit von Gesundheitseinrichtungen** (zB vor aggressiven „Querdenkern" während der Covid-19-Pandemie) zulässig. Der jeweilige Schutzbereich darf höchstens einen **Umkreis von 150 m** betragen, die Wirksamkeit ist auf **bestimmte Zeiträume** (zB Schulunterrichtszeiten) beschränken, wenn dies die Gewährleistung eines wirksamen Schutzes nicht beeinträchtigt. Im Bereich der Schutzzonen sind die Organe des öffentlichen Sicherheitsdienstes zur Wegweisung und zum Ausspruch eines befristeten (Wieder-)

Betretungsverbotes gegenüber verdächtigen Personen ermächtigt (§ 36a Abs 3 und 3a SPG). Die Anordnung ist von der Sicherheitsbehörde binnen 48 Stunden zu überprüfen (§ 36a Abs 4 SPG). Wird das Betretungsverbot nicht aufgehoben, endet es jedenfalls mit Ablauf des 30. Tages nach seiner Anordnung.

Die Wegweisung kann im Wege der Ausübung von Zwangsgewalt durchgesetzt werden (§ 50 SPG). Das unzulässige Wiederbetreten des Schutzbereichs stellt eine Verwaltungsübertretung dar (§ 84 Abs 1 Z 4 SPG). In diesem Fall kann nach § 84 Abs 2 SPG weggewiesen und bei erneuter Missachtung die betreffende Person auch festgenommen werden (§ 35 Z 3 VStG).

Bei Sportgroßveranstaltungen können die Sicherheitsbehörden mittels Verordnung Sicherheitsbereiche bis höchstens **500 m um den Veranstaltungsort** festlegen, wenn zu befürchten ist, dass gewaltbereite Personen Menschen oder Eigentum gefährden oder sich zB rassistisch motiviert verhalten werden (§ 49a Abs 1 SPG). Die Organe des öffentlichen Sicherheitsdienstes sind ermächtigt, verdächtigen Personen („Gefährdern") das Betreten der Schutzzone zu verbieten bzw diese aus der Schutzzone wegzuweisen (§ 49a Abs 2 SPG).

Kehrt der Gefährder zurück, begeht er eine Verwaltungsübertretung (§ 84 Abs 1 Z 5 SPG). Nach wiederholter Missachtung des Betretungsverbotes kann auch in diesem Fall schlussendlich eine Festnahme erfolgen (§ 84 Abs 2 SPG, § 35 Z 3 VStG).

Zur Einrichtung von **Waffenverbotszonen** und den damit einhergehenden Durchsuchungs- und Sicherstellungsbefugnissen vgl § 36b SPG.

- **Betretungs- und Annäherungsverbote** (§ 38a SPG): Gegenüber Personen, von denen aufgrund bestimmter Tatsachen (zB vorangegangener gefährlicher Angriff) anzunehmen ist, dass eine Gefahr für Leben, Gesundheit oder Freiheit für andere Menschen besteht („**Gewalt in der Familie**"), kann – jeweils für einen Umkreis von 100 m – ein Betretungsverbot für die Wohnung der gefährdeten Person sowie damit ex lege verbunden ein generelles Annäherungsverbot an die betreffende Person ausgesprochen und mittels Wegweisung durchgesetzt werden (§ 38a Abs 1 und Abs 2 Z 1 und 6 SPG). Der Gefährder hat allfällige Schlüssel abzugeben und erforderlichenfalls zB Kleidung, Taschen durchsuchen zu lassen (§ 38a Abs 2 Z 2 SPG). Die Organe des öffentlichen Sicherheitsdienstes treffen verschiedene Informationspflichten gegenüber dem Gefährder (§ 38a Abs 2 Z 4 SPG), den Gefährdeten (§ 38a Abs 4 SPG – Möglichkeit der Erwirkung einer einstweiligen Verfügung nach §§ 382b und 382c EO; Angabe geeigneter Opferschutzeinrichtungen) sowie bei minderjährigen gefährdeten Personen auch Dritten (§ 38a Abs 4 Z 1 und 2 SPG). Betritt der Gefährder unerlaubt (vgl zu den Ausnahmen § 38a Abs 9 SPG) den Verbotsbereich, ist er wegzuweisen (§ 38a Abs 5 SPG), erforderlichenfalls kann er auch festgenommen werden (§ 84 Abs 1b und 2 iVm § 35 Z 3 VStG). Die Ein-

haltung des Verbotes ist von den Organen des öffentlichen Sicherheitsdienstes während der ersten 3 Tage der Geltung zu überprüfen (§ 38a Abs 5 SPG). In diesem Zeitraum ist auch die Anordnung von der Sicherheitsbehörde zu überprüfen (§ 38a Abs 7 SPG). Besteht das Verbot zu Recht, ist der Gefährder ex lege verpflichtet, eine **Beratung zur Gewaltprävention** in Anspruch zu nehmen (§ 38a Abs 8 SPG). Das Verbot endet grundsätzlich 2 Wochen nach seiner Anordnung, außer es wurde innerhalb dieser Frist ein Antrag auf Erlassung einer einstweiligen Verfügung gem §§ 382b ff EO eingebracht. In diesem Fall verlängert sich das Betretungsverbot bis zum Zeitpunkt der Zustellung der Entscheidung des ordentlichen Gerichts, längstens jedoch nach 4 Wochen ab Anordnung (§ 38a Abs 10 SPG). Sind die Voraussetzungen der Verbote von Beginn an oder zu späterem Zeitpunkt nicht mehr gegeben, ist das Betretungsverbot vor dem gesetzlichen Fristende mündlich oder schriftlich durch persönliche Übergabe aufzuheben; es handelt sich hierbei um eine verfahrensfreie Verfügung gegenüber dem Gefährder. Die gefährdete Person ist über die beabsichtigte Aufhebung zuvor zu informieren (§ 38a Abs 7 SPG).
- **Wegweisung** (§§ 38, 81 und 84 SPG): Neben den speziellen Wegweiserechten in Schutz- und Verbotszonen sind die Organe des öffentlichen Sicherheitsdienstes generell zur **Wegweisung von Störern** (§§ 38 Abs 1 und 5, 81 Abs 3 SPG), **verharrenden Verwaltungsstraftätern** (§ 84 Abs 2 SPG), **Gefährdeten** (§ 38 Abs 2 bis 4 SPG) oder **Unbeteiligten** (§ 38 Abs 1a SPG – zB „Gaffern", die die Hilfeleistungen der Polizei oder zB der Rettung, Feuerwehr behindern) ermächtigt.
- **Auflösung von Besetzungen** (§ 37 SPG): Haus- und Grundstücksbesetzungen („ohne Duldung des Besitzers") können von der Sicherheitsbehörde mittels Verordnung aufgelöst werden, wenn es einerseits zur **Aufrechterhaltung der öffentlichen Ordnung** (zB in einer öffentlichen Parkanlage) notwendig ist oder anderseits die Besetzung einen „**schwerwiegenden**" (dh einen nicht durch Selbsthilfe abzuwehrenden) **Eingriff in Besitzrechte** (zB eines Grundstücks- oder Hauseigentümers) darstellt und der Besitzer die **Auflösung ausdrücklich verlangt**. Kundmachung und zeitliche Geltungsdauer der AuflösungsV ergeben sich aus § 36 Abs 4 SPG (§ 37 Abs 1 SPG). Nach Auflösung haben alle Anwesenden den Ort sofort zu verlassen und auseinanderzugehen (§ 37 Abs 2 SPG).

Erfolgt die Besetzung nicht durch „mehrere Menschen" (= ab 3 Personen), sondern eine **Einzelperson** (zB gekündigter Mieter), bestehen vergleichbare (hier: Wegweise-) Befugnisse gem § 38 Abs 5 SPG.

Zur Durchsetzung können in der AuflösungsV den Organen des öffentlichen Sicherheitsdienstes **Wegweisebefugnisse** eingeräumt werden (§§ 37 Abs 1 iVm 50 SPG). Das (Wieder-) Betreten des Verbotsbereiches stellt eine Verwaltungsübertretung dar (§ 84 Abs 1 Z 6 SPG), daher können diesfalls auch **Festnahmen** gem § 35 Z 3 VStG erfolgen.

Handelt es sich bei einer „Besetzung" um eine **Versammlung** (iSd VersG), hat die Auflösung nach dem VersG zu erfolgen (→ *Versammlungsrecht*). Insb **Baustellenbesetzungen** werden bei demonstrativem Zusammenwirken (Blockierung der Bauarbeiten, Errichtung von Lagerstätten, Aneinanderketten von Personen) mit dem Ziel der Be- und Verhinderung des Baus idR als Versammlung gewertet (VfSlg 14.761/1997), dies nach der jüngeren Jud selbst im Fall einer Besetzung über einen langen, mehrmonatigen Zeitraum (VfSlg 20.275/2018 – Murcamp).

d) Gefährderansprachen, Meldeverpflichtungen

Zur Verhinderung von (weiteren) Verwaltungsübertretungen bei Sportgroßveranstaltungen (§ 49c SPG), gefährlichen Angriffen unter Anwendung von Gewalt und strafbaren Handlungen gegen die sexuelle Integrität (§ 38b SPG) oder terroristisch, ideologisch oder religiös motivierten Straftaten (§ 8b SNG) können Personen, die sich einschlägiger Straftaten schuldig gemacht haben, mit Bescheid der Sicherheitsbehörde zu einer **Belehrung zum rechtskonformen Verhalten** („Normverdeutlichung") vorgeladen (§ 49b SPG, § 8a SNG) oder zur **Meldung bei der Sicherheitsbehörde** zu bestimmten Zeitpunkten oder in regelmäßigen Abständen verpflichtet werden.

e) Betretung, Nachschau und Durchsuchung

- **Betreten von Grundstücken und Räumen, Öffnen von Behältnissen** (§ 39 Abs 1, 2 und 4 SPG): Während ein freiwillig gestattetes Betreten als nicht eingreifendes Mittel (§ 28a Abs 2 SPG) zur Aufgabenbesorgung jederzeit zulässig ist, sind die Organe des öffentlichen Sicherheitsdienstes nur bei der Erfüllung der EAH oder der Abwehr eines gefährlichen Angriffs auch gegen den Willen des Inhabers zum Betreten von Grundstücken und Räumen sowie Öffnen von Behältnissen ermächtigt. Die Ermächtigung besteht jedenfalls auch für den Fall, dass dadurch ein zulässiger Waffengebrauch vermieden werden kann.

    Flüchtet bspw ein Täter während der Verfolgung durch die Organe des öffentlichen Sicherheitsdienstes in ein Haus, sind diese Organe befugt, ihm – auch ohne vorherige Zustimmung des Hauseigentümers – zu folgen.

- **Durchsuchen von Grundstücken, Räumen und Behältnissen** (§ 39 Abs 3 und 5 SPG): Die Organe des öffentlichen Sicherheitsdienstes können darüber hinaus Grundstücke, Räume, Behältnisse (zB Koffer, Kästen) und Kfz nach angreifenden Personen, unmittelbar gefährdeten Personen und Tatwerkzeugen durchsuchen. Hiebei haben insb die Verhältnismäßigkeit des Eingriffs (§ 29 SPG) und bestimmte Formvorschriften der StPO (zB Bescheinigung, Anwesenheit des Inhabers) Beachtung zu finden.
- **Durchsuchen von Transportmitteln** (§ 39 Abs 4 SPG): Entlang der vom internationalen Durchzugsverkehr benutzten Verkehrswege (Straßen, Ei-

senbahnen, Wasserstraßen etc) oder in der Umgebung von Flughäfen können auch Transportmittel durchsucht werden, wenn gerichtlich strafbare Handlungen (zB Suchtgifthandel, „Schlepperei", Menschenhandel) anzunehmen sind.
- **Personendurchsuchung** (§ 40 SPG): Die Organe des öffentlichen Sicherheitsdienstes können (aus welchen Grund auch immer) **festgenommene Personen** durchsuchen (Durchsuchung der Kleidung, Besichtigung des Körpers). Andere Personen dürfen dagegen nur durchsucht werden, wenn aufgrund bestimmter Tatsachen der Verdacht besteht, sie stünden iZm einem gegen Leben, Gesundheit, Freiheit oder Eigentum gerichteten Angriff und könnten einen gefährlichen Gegenstand (zB Einbruchswerkzeug, Rauschgift) bei sich haben. Die Durchsuchung hat grundsätzlich durch eine **Person desselben Geschlechts** zu erfolgen (§ 5 Abs 3 RLV). Bei der Durchsuchung können auch mitgeführte Behältnisse (zB Tasche) geöffnet und durchsucht werden.
- **Durchsuchungsanordnung bei Großveranstaltungen** (§ 41 SPG): Die Sicherheitsbehörde kann bei Großveranstaltungen (zB Sportveranstaltungen, Popkonzerte) den Zutritt zur Veranstaltungsstätte mittels Verordnung von der Bereitschaft abhängig machen, die Kleidung und mitgeführte Behältnisse durchsuchen zu lassen, wenn aufgrund bestimmter Tatsachen anzunehmen ist, es werde zu nicht bloß vereinzelten Gewalttätigkeiten oder zu einer größeren Zahl gefährlicher Angriffe gegen Leben oder Gesundheit von Menschen kommen.

Werden nach Einwilligung des Betroffenen problematische Gegenstände (zB Feuerwerkskörper) gefunden, ermächtigt § 41 SPG nicht auch zur Sicherstellung dieser Sachen (vgl dazu § 42 SPG). Die Abnahme wird daher regelmäßig durch private Helfer („Ordner") des Veranstalters in Anwendung privatrechtlicher Mittel erfolgen müssen.

f) Weitere Eingriffe in Eigentum und Sachherrschaft

- **Sicherstellung und Verfall* von Sachen** (§§ 42, 43 sowie 81 Abs 3 Z 2, 84 Abs 2 SPG): Die Organe des öffentlichen Sicherheitsdienstes sind im Rahmen der Gefahrenabwehr (§ 42 SPG) sowie der Verhinderung von Ordnungsstörungen und sonstigen Verwaltungsübertretungen (§§ 81, 84 SPG) zur Sicherstellung („**Entziehung**") von Sachen ermächtigt. Durch die Sicherstellung wird ein öffentlich-rechtliches Verwahrungsverhältnis begründet.

Daher können zB Demonstranten, die eine Veranstaltung stören, die Anstoß erregenden Transparente wegen Störung der öffentlichen Ordnung abgenommen werden.

Über die Sicherstellung gem § 42 SPG ist tw eine besondere **Bestätigung** auszustellen. Nach Wegfall des Grundes der Sicherstellung ist die Sache idR von Amts wegen (§ 42 Abs 2 SPG) oder auf Verlangen (§ 81 Abs 4 und 5 SPG) zurück zu stellen. Andernfalls verfallen die sichergestellten Sachen

innerhalb eines bestimmten Zeitraumes oder sind ausdrücklich mit Bescheid als verfallen zu erklären (§§ 43, 81 Abs 6 SPG).
Die Sicherstellung von Sachen ist auch zulässig, wenn es sich um aufgefundene Sachen handelt, die in keiner Gewahrsame stehen. Können sie dem Eigentümer (rechtmäßigen Besitzer) nicht ausgefolgt werden, sind sie dem örtlich zuständigen Bgm als Fundbehörde (§ 14 Abs 5 SPG) zu übergeben. Zur **Entgegennahme, Verwahrung** und **Ausfolgung verlorener** oder **vergessener Sachen** (Fundwesen) vgl § 42a SPG.

- **Inanspruchnahme von Sachen** (§ 44 SPG): Die Organe des öffentlichen Sicherheitsdienstes können fremde Sachen in Anspruch nehmen, wenn deren Gebrauch zur Abwehr eines gefährlichen Angriffs oder für die Erfüllung der EAH unerlässlich ist. Für allfällige Schäden besteht eine Haftung des Bundes.

    Zur Verfolgung eines aus der Bank flüchtenden Bankräubers wird ein vor der Bank abgestelltes Auto – allenfalls in Ausübung unmittelbarer Befehls- und Zwangsgewalt* (§ 50 SPG) – in Anspruch genommen. Für allfällige Schäden am Auto, die während der Verfolgungsjagd eintreten, haftet der Bund (§ 92 Z 2 SPG).

g) Festnahme und Anhaltung

- **Festnahme zur Aufrechterhaltung der öffentlichen Ordnung** (§ 35 Z 3 VStG, §§ 81 Abs 2, 84 Abs 2 SPG): Die Organe des öffentlichen Sicherheitsdienstes dürfen Personen, die auf frischer Tat bei einer Verwaltungsübertretung betreten werden, zum Zweck ihrer **Vorführung vor die Strafbehörde** (§ 86 SPG) festnehmen, wenn der Betretene trotz Abmahnung in der strafbaren Handlung verharrt oder diese zu wiederholen versucht (§ 35 Z 3 VStG).

    Von der Festnahme muss aber abgesehen werden, wenn die Fortsetzung oder Wiederholung der Ordnungsstörung durch Anwendung eines **gelinderen Mittels** (zur Wahrung der Verhältnismäßigkeit – zB Wegweisung des Störers, Sicherstellen von Sachen) abgewendet werden kann (vgl §§ 81 Abs 2, 84 Abs 2 SPG).

    Eine Festnahme gem § 35 VStG ist darüber hinaus auch zulässig, wenn die **Identität des Täters** nicht zureichend festgestellt werden kann (§ 35 Z 1 VStG). Gelindere Mittel zur Festnahme aus diesem Grund finden sich im VStG (vgl § 37a VStG – **vorläufige Sicherheitsleistung**).

- **Festnahme (Anhaltung) von Unmündigen und Zurechnungsunfähigen** (§§ 45, 47 SPG): Werden Zurechnungsunfähige (zB Geisteskranke, tiefgreifend bewusstseinsgestörte Personen – vgl § 11 StGB) oder unmündige Personen (bis zum 14. Lebensjahr – vgl § 21 Abs 2 ABGB) der Begehung **mit beträchtlicher Strafe** (iSd § 17 StGB) bedrohter gerichtlich strafbarer Handlungen verdächtigt, können sie zum Zwecke der Klärung des Sachverhaltes von den Organen des öffentlichen Sicherheitsdienstes festgenommen werden.

Befindet sich ein Tatverdächtiger unter gegebenen Umständen im Zustand der vollen Berauschung (= 2,5–3 Promille), ist er nach § 45 SPG festzunehmen, im Zustand **minderer Berauschung** hat sie dagegen im Rahmen des § 171 StPO zu erfolgen.

Unmündige können auch dann festgenommen werden, wenn sie **zwischen 0:00 Uhr und 5:00 Uhr** ohne Aufsicht an einem öffentlichen Ort angetroffen werden und an diesem Ort (zB Bahnhof, Rotlichtviertel) gefährlichen Angriffen besonders ausgesetzt wären.

Festgenommene haben das Recht, ohne unnötigen Aufschub einen Angehörigen/Rechtsbeistand zu verständigen (§ 47 SPG). Soweit sich keine anderen Erfordernisse ergeben (zB bei psychischer Krankheit gem § 46 SPG, UbG, StPO), sind die Personen nach Feststellung des Sachverhaltes grundsätzlich zu entlassen bzw unverzüglich dem zur Pflege und Erziehung Zuständigen zu übergeben.

- **Vorführung (Anhaltung) psychisch Kranker (§§ 46 und 47 SPG; § 9 UbG):** Die Organe des öffentlichen Sicherheitsdienstes können psychisch Kranke, die sich oder andere Menschen ernstlich und erheblich gefährden, einem im öffentlichen Sanitätsdienst stehenden Arzt (oder Polizeiarzt) oder – bei Gefahr im Verzug – auch unmittelbar einer Krankenanstalt bzw einer Abteilung für Psychiatrie vorführen. Zweck der Vorführung ist eine **medizinische Untersuchung** des Betroffenen sowie die Feststellung des Erfordernisses einer Unterbringung (iSd UbG). Auch in diesem Fall hat der Vorgeführte das Recht, ohne unnötigen Aufschub einen Angehörigen/Rechtsbeistand zu verständigen (§ 47 SPG).

h) Objekt- und Personenschutz

- **Bewachung von Menschen und Sachen (§ 48 SPG):** Wenn ein gefährlicher Angriff gegen Leben, Gesundheit oder Freiheit von Personen oder die Handlungsfähigkeit von Staatsorganen (BPräs, NR etc) bevorsteht, sind die Organe des öffentlichen Sicherheitsdienstes zur vorbeugenden Bewachung dieser Personen ermächtigt. Dasselbe gilt für Sachen, wenn ein gefährlicher Angriff gegen das Eigentum von Personen oder die Umwelt in großem Ausmaß bevorsteht oder wenn ihre unbefugte Beschädigung oder Wegnahme droht.

    Nach einem Einbruch in ein Geschäftslokal kann der Eigentümer nicht verständigt werden. Gelingt es den Sicherheitsbehörden nicht, den Zutritt zum Geschäftslokal für Unbefugte auszuschließen und ist eine Sicherstellung (§ 42 Abs 1 Z 3 SPG) der im Geschäft befindlichen Sachen ebenso unmöglich, können die Sachen durch Organe des öffentlichen Sicherheitsdienstes bewacht werden (vgl § 48 Abs 3 Z 2 SPG).

- **Überwachung von Vorhaben (§ 48a SPG):** Überwachungen im Rahmen des Streifen- und Überwachungsdienstes (§ 5 Abs 3 SPG) sind als nicht eingreifendes Mittel (§ 28a Abs 2 SPG) allgemein zulässig. Die Sicherheitsbehörden können aber auch zur Besorgung sicherheitspolizeilicher

Aufgaben (vgl § 27a SPG) von Amts wegen oder auf Antrag die Überwachung von auf Gewinn ausgerichteten Veranstaltungen (zB Fußballspiele – VwSlg 16.115 A/2003, Schirennen, Open-Air-Konzerte – VwSlg 13.352 A/1991) anordnen. In diesem Fall sind **Überwachungsgebühren** zu entrichten (§ 5a SPG).

Wird mit der Anordnung der Überwachung lediglich die Einhaltung der **veranstaltungsrechtlichen** Bestimmungen bezweckt, handelt es sich bei dieser Maßnahme um keine Angelegenheit der allgemeinen Sicherheitspolizei, sondern des Veranstaltungswesens der Länder (Art 15 B-VG). Der Umstand allein, dass die Gefahrenabwehr der Sicherheit der bei der Veranstaltung anwesenden Personen dient, bewirkt noch nicht, dass die Maßnahme zu einer sicherheitspolizeilichen wird (VfSlg 16.270/2001).

i) Zwangsmittel

Soweit nichts anderes gesetzlich bestimmt ist, wie zB beim schlichten Auskunftsverlangen (§ 34 SPG), können Organe des öffentlichen Sicherheitsdienstes die im Wege der Befehlsgewalt ausgeübten Befugnisse mittels **unmittelbarer verwaltungsbehördlicher Zwangsgewalt** durchsetzen (§ 50 SPG).

Steigt eine festgenommene Person in Befolgung des **normativen Befehls** eines Organs des öffentlichen Sicherheitsdienstes („Befehlsgewalt") in das Polizeiauto, ist die Ausübung von Zwangsgewalt nicht erforderlich. Erst wenn sie wegen des passiven Verhaltens (oder Widerstands) der Person diese zB mit Körperkraft in das Polizeiauto schieben, üben sie (auch) **Zwangsgewalt** (iSd § 50 SPG) aus.

Wenden die Organe bei der Ausübung von Zwangsgewalt **Körperkraft** an (zB Armwinkelsperre, Wegdrängen, Festhalten), muss sie dem **Verhältnismäßigkeitsprinzip** (§ 29 SPG) entsprechen. Der Einsatz der Gewalt ist nur zulässig, soweit sie notwendig ist, um einen Menschen angriffs-, widerstands- oder fluchtunfähig zu machen. Es darf jeweils nur das gelindeste Mittel, das noch zum Erfolg führt, angewendet werden (VwSlg 17.331 A/2007). Das gilt insb auch für die Art und Weise, wie zB Handfesseln angelegt werden (LVwG Vlbg 26.07.2019, LVwG-2-24/2018-R1).

Dem (anwesenden) Betroffenen ist die Ausübung von Zwangsgewalt zuerst **anzudrohen**. Führt diese Androhung zu keinem Erfolg, ist die darauffolgende Zwangsgewalt **anzukündigen**. Erst danach kann sie zulässigerweise **tatsächlich ausgeübt** werden. Nur in Fällen der Notwehr oder der Beendigung gefährlicher Angriffe kann davon abgesehen werden (§ 50 Abs 2 SPG).

Die Ausübung von Befehls- und Zwangsgewalt darf grundsätzlich mit **Bild- und Tonaufzeichnungsgeräten** (zB **Bodycams**) dokumentiert werden. Die Aufzeichnung ist gegenüber Betroffenen anzukündigen. Der Eingriff in die Privatsphäre hat die Verhältnismäßigkeit zu wahren. Die ermittelten personenbezogenen Daten dürfen nur zur Verfolgung von strafbaren Handlungen, die sich während der Amtshandlung ereignet haben, sowie zur Kontrolle der Rechtmäßigkeit der Amtshandlung ausgewertet werden. Sie sind nach sechs Monaten (bzw nach Abschluss eines die Amtshandlung betreffenden Rechtschutzverfahrens) zu löschen (§ 13a Abs 3 SPG).

j) Waffengebrauch

Organe des öffentlichen Sicherheitsdienstes können bei der Ausübung von Zwangsgewalt auch **Dienstwaffen** (zB Gummiknüppel, Pfefferspray, Schusswaffen) zum Einsatz bringen. Sie sind dabei an die Bestimmungen des WaffGG gebunden (§ 50 Abs 3 SPG). Danach dürfen sie ihre Dienstwaffen nur zur gerechten Notwehr, Überwindung von Widerstand gegen Amtshandlungen, Erzwingung der Festnahme, Verhinderung der Flucht einer festgenommenen Person und Abwehr einer von einer Sache drohenden Gefahr gebrauchen (§ 2 WaffGG). **Gelindere Mittel** (zB Aufforderung zur Herstellung des gesetzmäßigen Zustandes, Anwendung von Körperkraft etc) haben dem Waffengebrauch generell vorzugehen (§ 4 WaffGG). Stehen verschiedene Waffen zur Verfügung, darf nur die am wenigsten gefährliche und nach der Lage noch geeignet erscheinende Waffe gebraucht werden (§ 5 WaffGG).

Der **lebensgefährdende Waffengebrauch** unterliegt besonderen Beschränkungen (vgl §§ 7 f WaffGG iVm Art 2 und 3 EMRK; s auch II.2.).

k) Ermittlungs- und Erkennungsdienst

Für das **Ermitteln, Verarbeiten** und **Verwenden personenbezogener Daten** im Rahmen der Sicherheitspolizei gelten die besonderen Bestimmungen für den Ermittlungs- (§§ 52 ff SPG) und Erkennungsdienst (§§ 64 ff SPG). Für beide Bereiche finden folgende **allgemeine Grundsätze** Anwendung (§ 51 SPG):

- Für die (mit oder ohne Hilfe automatisierter Verfahren durchgeführte) **Verarbeitung** von personenbezogenen Daten im Bereich der Sicherheitspolizei gelten die Bestimmungen des **DSG**, soweit nicht im SPG ausdrücklich anderes bestimmt wird (§ 51 Abs 2 SPG).
- Die Verarbeitung ist nur zulässig, wenn sie der Erfüllung der in § 53 Abs 1 SPG **explizit aufgezählten Aufgaben** (zB Abwehr und Vorbeugung gefährlicher Angriffe, EAH, Aufrechterhaltung der öffentlichen Ordnung bei einem bestimmten Ereignis, Fahndung) dienen („**strenge Aufgabenbindung**").
- Bei der Verarbeitung ist generell die **Verhältnismäßigkeit** zu wahren (§ 51 Abs 1 SPG). Die Verarbeitung **besonderer Kategorien personenbezogener Daten** gem § 39 DSG (zB biometrische Daten, Gesundheitsdaten) darf nur erfolgen, soweit dies zur Erfüllung der Aufgaben im Rahmen der Sicherheitspolizei **unbedingt erforderlich** ist. Hierfür sind angemessene Vorkehrungen zur Wahrung der Geheimhaltungsinteressen der Betroffenen zu treffen (zB eingeschränkte Zugangsberechtigungen, Verschlüsselung der Datenübermittlung).

Der **Ermittlungsdienst** (§§ 52 ff SPG) betrifft die Verarbeitung von Daten. Der Begriff ist weit zu verstehen und umfasst jeden mit oder ohne Hilfe automatisierter Verfahren ausgeführten Vorgang, wie insb das Erheben, Erfassen, Speichern, Verwenden, Übermitteln, Verknüpfen, Löschen oder Vernichten (vgl § 36 Abs 2 Z 2 DSG).

§ 53 Abs 1 SPG wird als Generalermächtigung zur Datenermittlung und -verarbeitung gedeutet, die nachfolgend durch **besondere Regelungen für bestimmte Ermittlungsmaßnahmen beschränkt** wird.

Zu den besonderen Ermittlungsmaßnahmen zählen insb die **(Weiter-) Verarbeitung von Daten**, die in Vollziehung von Bundes- oder Landesgesetzen bereits verarbeitet worden sind (§ 53 Abs 2 SPG), die **Einholung von Auskünften** von öffentlichen Stellen, Telekommunikationsdiensten (zB IP-Adressen; [Handy-]Standortdaten – § 53 Abs 3 bis 3b SPG) sowie Privaten (§§ 53 Abs 5, 54 Abs 1 SPG), die **Inanspruchnahme von Videomaterial** (§ 53 Abs 5 SPG), die **Erhebung von im Internet frei zugängigen Daten** (§ 54 Abs 4 SPG), **verdeckte Ermittlungen** (§ 54 Abs 3 SPG), **Observationen** (§ 54 Abs 2 SPG), **Bild- und Tonaufzeichnungen** (sog „kleiner" Späh- und Lauschangriff – vgl § 54 Abs 4 SPG) sowie **Videoüberwachungen öffentlicher Orte** (§ 54 Abs 5 bis 7 SPG).

Unzulässig im Bereich der Sicherheitspolizei sind mangels besonderer Ermächtigungen zB ein **„großer" Späh- und Lauschangriff** (Überwachung ohne Beisein eines verdeckten Ermittlers mittels „Videofallen", Tonbandgeräten, „Wanzen", Richtmikrofonen uÄ – vgl § 54 Abs 4 SPG) oder ein automationsunterstützter Datenabgleich mit anderen Datensammlungen (sog **„Rasterfahndung"** – vgl § 53 Abs 2 SPG). Solche Befugnisse bestehen allerdings für den Bereich der **Kriminalpolizei** (s V.2.m) gem §§ 136 ff (optische und akustische Überwachung von Personen), 141 ff StPO (automationsunterstützter Datenabgleich).

Die ermittelten Daten dürfen zu bestimmten Zwecken in **zentrale Datenbanken** eingespeist werden (zB **Elektronisches Kriminalpolizeiliches Informationssystem – EKIS** – § 57 SPG; Sicherheitsmonitor – § 58a SPG; Zentrale Gewaltschutzdatei – § 58c SPG; Zentrale Analysedatei für schwere Gewaltdelikte, insb sexuell motivierte Straftaten – § 58d SPG; Verwaltungsstrafevidenz – § 60 SPG).

Zur **Zulässigkeit der Übermittlung von Daten** vgl § 56 SPG, zur **Pflicht zur Richtigstellung oder Löschung** vgl § 63 SPG.

Soweit personenbezogene Daten zB durch Observation, verdeckten Einsatz von Bild- oder Tonaufzeichnungsgeräten ermittelt werden, bestehen besondere **Unterrichtungspflichten gegenüber dem Rechtsschutzbeauftragten** (§ 91c SPG). Hatte der Betroffene (noch) keine Kenntnis von der Datenverarbeitung (vgl dazu § 53 Abs 3a Z 2 bis 4, 3b und 3c SPG), muss dieser im Fall der Verletzung seiner Rechte vom Rechtsschutzbeauftragten informiert werden. Ist die Benachrichtigung unzulässig (§ 43 Abs 4 DSG), kann der Rechtsschutzbeauftragte erforderlichenfalls stellvertretend (**„kommissarisch"**) **Beschwerde an die DSB** erheben (§ 91d Abs 3 iVm § 90 SPG).

Erkennungsdienst (§§ 64 ff SPG) ist das Ermitteln personenbezogener Daten durch erkennungsdienstliche Maßnahmen sowie das weitere Verarbeiten und Übermitteln dieser Daten. Erkennungsdienstliche Maßnahmen, zB an Menschen, die im Verdacht stehen, einen gefährlichen Angriff begangen zu haben (§ 65 Abs 1 SPG), sind **technische Verfahren zur Feststellung von Merkmalen eines Menschen**, die seine Wiedererkennung ermöglichen und die nicht mit einem Eingriff in die körperliche Integrität verbunden sind (zB Abnahme von Fingerabdrücken, Herstellung von Fotos, Vornahme von Mundhöhlenabstrichen, Entnahme von Hautpartikeln zum Zwecke einer DNA-Analyse, Erhebung von Stimmproben).

Die **Datenverwendung** im Erkennungsdienst wird nach unterschiedlichen Gesichtspunkten, insb Ermittlung und Verarbeitung (§§ 65 ff SPG), Übermittlung (§§ 71 f SPG), besonderen Formen der Datenverwendung (zB erkennungsdienstliche Evidenzen [§ 70 SPG], Zentrale erkennungsdienstliche Evidenz [§ 75 SPG]), Löschung (§§ 73 f SPG) präzisiert.

Die erkennungsdienstliche Behandlung ist unter den Voraussetzungen des § 65 SPG **formlos** oder – unter näher bestimmten Voraussetzungen – durch **Bescheid** anzuordnen (§ 77 SPG; vgl dazu VfSlg 16.439/2002) und durchzusetzen (§ 78 SPG). Ein Eingriff in die körperliche Integrität (zB Blutabnahme) ist dabei nicht zulässig, außer der Betroffene wirkt freiwillig an einer solchen Maßnahme mit.

Im Fall der Umsetzung des Bescheides handelt es sich bei der Zwangsmaßnahme (iSd § 78 SPG) um keinen Akt der Ausübung unmittelbarer Befehls- und Zwangsgewalt*, sondern um eine (Vollstreckungs-) Maßnahme tatsächlicher Art (*Horvath* in Thanner/Vogl, SPG, § 78 Anm 2).

l) Staatspolizei

Die **erweiterten Befugnisse** der Sicherheitsbehörden (§ 1 Abs 3 SNG – Direktion Staatsschutz und Nachrichtendienst, LPolD) auf dem Gebiet des polizeilichen Staatsschutzes (§ 1 Abs 2 iVm § 6 SNG – erweiterte Gefahrenerforschung, vorbeugender Schutz vor verfassungsgefährdenden Angriffen) werden in § 11 SNG **taxativ aufgezählt**. Neben besonderen Ermächtigungen zur Observation, verdeckten Ermittlung, dem Einsatz von Bild- und Tonaufzeichnungs- sowie (Kfz-) Kennzeichenerkennungsgeräten bestehen insb umfangreiche Ermächtigungen zur **Einholung von Auskünften** (zB bei Telekommunikationsdiensten, Personenbeförderungsunternehmen). In diesem Rahmen können auch **Vertrauensleute** (sog V-Leute) eingesetzt (§ 11 Abs 1 Z 2 SNG) sowie **Verbindungsdaten** ermittelt werden (§ 11 Abs 1 Z 7 SNG – sog **Rufdatenrückerfassung**). Vor der Ausübung dieser Befugnisse ist zT eine vorherige Ermächtigung des Rechtsschutzbeauftragten oder Rechtsschutzsenats einzuholen (§ 14 SNG).

m) Exkurs: Kriminalpolizei

Die Sicherheitsbehörden und Organe des öffentlichen Sicherheitsdienstes haben im Dienste der Strafjustiz auch bei der **Aufklärung und Verfolgung von** gerichtlichen **Straftaten** mitzuwirken (§ 18 StPO). Ermittlungsmaßnahmen (§§ 109 ff StPO – zB Haus- und Personendurchsuchung, optische und akustische Überwachung von Personen, Beschlagnahme, Festnahme) erfordern idR aber eine Anordnung der Staatsanwaltschaft, der im strafprozessualen Ermittlungsverfahren die leitende Funktion zukommt (§§ 101 bis 103 StPO). Nur bei **Gefahr im Verzug** sind Sicherheitsbehörden und Organe des öffentlichen Sicherheitsdienstes ermächtigt, auch **selbständige (Ermittlungs-) Maßnahmen** („von sich aus") durchzuführen (§ 99 Abs 2 und 3 StPO).

So sind die Organe des öffentlichen Sicherheitsdienstes zB zur unmittelbaren **Festnahme eines Beschuldigten bei Betretung auf frischer Tat** (bzw glaubwürdiger Beschuldigung unmittelbar nach Tatbegehung, Betretung mit Gegenständen, die auf eine Beteiligung an der Tat hinweisen) oder – wenn eine Anordnung der Staatsanwaltschaft nicht rechtzeitig eingeholt werden könnte – auch bei **Fluchtgefahr, Verdunklungsgefahr oder Wiederholungs- bzw Ausführungsgefahr** ermächtigt (§ 171 Abs 2 StPO).

Ermittlungsmaßnahmen, die eine Anordnung der Staatsanwaltschaft sowie eine gerichtliche Bewilligung erfordern, können bei Gefahr in Verzug allerdings nur dann selbstständig von den Sicherheitsbehörden durchgeführt werden, wenn es hierfür eine besondere gesetzliche Ermächtigung gibt (§ 99 Abs 3 StPO).

Maßnahmen der Sicherheitsbehörden oder der Organe des öffentlichen Sicherheitsdienstes im Rahmen der Kriminalpolizei unterliegen grundsätzlich dem gerichtlichen Rechtsschutz (§ 106 StPO). Das gilt jedoch nicht für jene Maßnahmen, die **ohne Anordnung** der Staatsanwaltschaft oder Genehmigung des Gerichtes gesetzt werden (zB selbständige Maßnahmen, Überschreitung einer staatsanwaltschaftlichen Anordnung, wozu zB auch rassistische Beschimpfungen durch Polizeiorgane zählen – vgl dazu VwSlg 17.331 A/2007). Diese müssen, solange die StPO (iVm Art 94 Abs 2 B-VG) nichts anderes vorsieht (vgl VfSlg 19.991/2015 – Aufhebung der Wortfolge „Kriminalpolizei" in § 106 Abs 1 StPO idF BGBl I 195/2013), mit **Beschwerde** (Art 130 Abs 1 Z 2 bzw Abs 2 Z 1 B-VG iVm § 88 SPG) **beim LVwG** (Art 131 Abs 1 B-VG) bekämpft werden (vgl VwGH 20.04.2022, Ra 2021/01/0418).

Zur **kommissarischen Kontrolle** bei besonderen Ermittlungsmethoden (wie zB der optischen und akustischen Überwachung von Personen, Rasterfahndung) durch den Rechtsschutzbeauftragten vgl § 147 StPO.

3. Polizeistrafrecht des Bundes

Das Polizeistrafrecht des Bundes dient der Aufrechterhaltung der öffentlichen Ordnung und umfasst insb die folgenden Straftatbestände:
- Ungerechtfertigte **Störung der öffentlichen Ordnung durch ärgerniserregendes Verhalten** (§ 81 Abs 1 SPG):
  Eine Ordnungsstörung liegt vor, wenn beim **konkreten Zustand der „äußeren" Ordnung** an einem öffentlichen Ort eine Änderung eintritt. Eine

solche Änderung liegt insb vor, wenn – ausgelöst von einem ärgerniserregenden Verhalten des Täters, wie zB lautes Schreien, Schimpfen, Randalieren (VwGH 26.02.1990, 89/10/0215), Liegen und Schlafen in einer Fußgängerpassage (UVS Wien 15.07.1991, 03/20/376/91), Verwenden einer Gasdruck-Fanfare bei einer Wahlveranstaltung (UVS Stmk 20.01.2001, 30.3–30/2000) – Dritte dazu bewogen werden, sich **anders als sonst zu verhalten** (zB Menschenauflauf, Änderung von Gehwegen, Öffnen von Fenstern in umliegenden Häusern). Die Eignung eines Verhaltens, „**berechtigtes**" **Ärgernis** bei anderen Menschen zu erregen, bestimmt sich nicht nach der subjektiven Auffassung eines betroffenen Dritten, sondern ist am Maßstab des Empfindens eines *fiktiven* Durchschnittsmenschen zu beurteilen. **Ungerechtfertigt** ist das Verhalten, wenn es nicht aus besonders berücksichtigungswürdigen Gründen (zB Ausübung von Grund- und Freiheitsrechten, wie zB die Versammlungsfreiheit; → *Versammlungsrecht*) in bestimmtem Ausmaß zu tolerieren ist.

Einen Sonderstraftatbestand bildet seit der SPGNov 2018 die **Störung der Hilfeleistung** (durch zB Polizei, Rettung, Feuerwehr) oder der Privatsphäre (zB durch Anfertigung von Fotos) bei Unglücksfällen durch **Schaulustige** („Gaffer"), die ihr Verhalten trotz Abmahnung durch die Organe des öffentlichen Sicherheitsdienstes fortsetzen (§ 81 Abs 1a SPG).

Die **Störung einer Nationalratssitzung** (zB durch Schreien und Werfen von Flugzetteln von der öffentlich zugänglichen Besuchergalerie aus) kann nicht gem § 81 SPG bestraft bzw iVm § 35 Z 3 VStG mit sicherheitspolizeilichen Zwangsbefugnissen beendet werden. Die Aufrechterhaltung der Ordnung während der Sitzung stellt eine **sitzungspolizeiliche Aufgabe** dar, die ausschließlich dem vorsitzführenden Präsidenten des NR obliegt und zur Staatsfunktion Gesetzgebung zählt (VfSlg 19.990/2015).

Eine **(reine) Lärmerregung** unterfällt, soweit sie nicht überdies zu Störungen der öffentlichen Ordnung iSd § 81 Abs 1 SPG führt, die über das durch den bloßen Lärm zwangsläufig verursachte Aufsehen hinausgeht (wie aber zB im Fall, dass die Lärmerregung auch einen Polizeieinsatz mit mehreren Streifenwägen inklusive Blaulicht, der bei Passanten und Bewohnern der umliegenden Häuser Aufsehen und Ärgernis erregte – vgl LVwG Wien 12.10.2020, VGW-031/062/7954/2020), ausschließlich den **landespolizeilichen Strafbestimmungen** über ungebührliche Lärmerregung (VwSlg 17.262 A/2007 – hier: lautes Kreischen und Schreien). Vergleichbares gilt bezüglich der **Verletzung des öffentlichen Anstandes** (VwGH 15.10.2009, 2008/09/0272, 15.09.2011, 2009/09/0154).

- Trotz Abmahnung **fortgesetztes aggressives Verhalten** gegenüber Organen des öffentlichen Sicherheitsdienstes und der öffentlichen Aufsicht (zB Jagd-, Fischerei-, Forstaufsichtsorgane) oder Militärwachen (§ 82 Abs 1 SPG):

    ZB Schreien (VwGH 26.09.1990, 89/10/0239); Gebrauch lautstarker Worte verbunden mit heftiger Gestik (VwGH 12.09.1983, 81/10/0101), nicht aber eine (bloß) theatralische bzw herrische Geste (VfSlg 10.967/1986). Auf den **Inhalt einer Äußerung** (zB beleidigende Ausdrucksweise, abfällige Äußerung, Zeigen des Mittelfingers) kommt es dagegen bei diesem Tatbestand nicht an (VfSlg 7464/1974). Bei solchen Injurien handelt es allenfalls um **Anstandsverletzungen** nach den LSG (bzw LPolG) oder **gerichtliche Straftaten** (zB Beleidigung gem § 115 StGB).

Wird ein Organ **mit Gewalt oder durch gefährliche Drohung** an der Amtshandlung (zB Festnahme) gehindert, liegt bereits gerichtlich strafbarer **Widerstand gegen die Staatsgewalt** (§ 269 StGB) vor.

- Begehung einer Verwaltungsübertretung in einem die **Zurechnungsfähigkeit ausschließenden Rauschzustand** (§ 83 SPG):

> ZB das Beschütten von Passanten mit Bier (Störung der öffentlichen Ordnung – § 81 Abs 1 SPG) im Zustand voller Berauschung (2,5–3 Promille).

Da § 3 Abs 1 VStG die Bestrafung einer Tat bei „Bewusstseinsstörung" ausschließt, pönalisiert § 83 SPG in diesem Zusammenhang (!) schon die schuldhafte Herbeiführung eines die Zurechnungsfähigkeit ausschließenden Rauschzustandes.

- **Unbefugtes Tragen von Uniformen** (§ 83a SPG) oder **Verwenden geschützter grafischer Darstellungen der Sicherheitsbehörden und Polizeikommanden** (§ 83b SPG – zB Gestaltung des Begriffs „Polizei", „BMI" uä);
- **Verbreitung nationalsozialistischen Gedankengutes** (Art III Abs 1 Z 4 EGVG):

> ZB die unsachliche, einseitige und propagandistisch vorteilhafte Darstellung von NS-Maßnahmen (Verharmlosung nationalsozialistischen Gedankengutes).

Liegt in diesem Zusammenhang auch der Vorsatz vor, in Österreich wieder ein NS-Regime zu installieren (Wiederbetätigung), wird ein gerichtlich strafbarer Tatbestand erfüllt (vgl §§ 3d und 3g VerbotsG); auch die „Auschwitzlüge" ist gerichtlich strafbar (§ 3h VerbotsG).

- **Verwendung von Symbolen terroristischer Gruppierungen** (§ 3 Symbole-G);
- **Verhüllung des Gesichts in der Öffentlichkeit** (§ 2 AGesVG);
- **Verstöße gegen bestimmte Verordnungen oder Befehle** (§ 84 SPG), zB Betretungsverbote, Gefährderansprachen, Meldeverpflichtungen.

Die Verwaltungsübertretungen des SPG stehen zT untereinander (§ 82 Abs 2 SPG), darüber hinaus aber auch zum gerichtlichen Strafrecht im Verhältnis der **Subsidiarität** (§ 85 SPG; vgl idS auch §§ 22 Abs 1 VStG, Art 4 7. ZPEMRK).

> Ein Täter, der an einem öffentlichen Ort einen anderen vorsätzlich am Körper verletzt hat, ist vom Gericht wegen Körperverletzung (§§ 83 ff StGB), nicht aber zugleich von der Verwaltungsstrafbehörde auch wegen Ordnungsstörung (§ 81 SPG) zu bestrafen (vgl idS VfSlg 15.128/1998).

Die Sicherheitsbehörden haben die Frage, ob eine Tat die Tatbestandsmerkmale einer gerichtlich strafbaren Handlung erfüllt (zB Widerstand gegen die Staatsgewalt – § 269 StGB; Körperverletzung – §§ 83 ff StGB), eigenständig als **Vorfrage*** zu beurteilen (§ 38 AVG, § 30 Abs 2 VStG). Unerheblich ist, ob der Täter tatsächlich von einem Gericht bestraft wird (VwSlg 2079 A/1951, 3640 A/1955). An Verurteilungen der Gerichte sind die Sicherheitsbehörden aber jedenfalls gebunden (vgl auch § 30 Abs 3 VStG).

4. Behörden und Verfahren

a) Behörden

Die Vollziehung des Sicherheitspolizeirechts erfolgt zT in unmittelbarer (LPolD, BMI), zT in mittelbarer Bundesverwaltung unter Einbeziehung von BVB und Gemeinden (sog **„gemischte" Vollziehung** – vgl dazu auch II.4.).
Oberste Sicherheitsbehörde ist der **BMI** (§ 4 Abs 1 SPG). Dem BMI nachgeordnet sind die **LPolD** sowie – auf Bezirksebene – die **BVB** (§ 4 Abs 2 SPG).

Ob auch die **Gemeinden im üWb*** als Sicherheitsbehörden tätig werden, ergibt sich aus besonderen Bestimmungen des SPG (§ 14 Abs 5 SPG) oder anderen VerwaltungsG.

Die Sicherheitsbehörden sind innerhalb ihres örtlichen Wirkungsbereiches zur Ausübung der Sicherheitspolizei sachlich zuständig (§ 14 Abs 1 SPG – **funktionelle Zuständigkeitskonkurrenz**), sofern nicht davon abweichend (zB § 14 Abs 5 SPG – Fundbehörde; § 1 Abs 3 SNG – Staatsschutzbehörden; § 86 SPG – Verwaltungsstrafbehörden) Besonderes geregelt ist.

Übergeordnete Sicherheitsbehörden können sich Amtshandlungen im Wege der **Weisung** vorbehalten (§ 14 Abs 1 SPG, Art 20 B-VG). Der BMI kann überdies sich oder den LPolD mittels Verordnung die Besorgung bestimmter Angelegenheiten generell vorbehalten („**Aufgabenvorbehalt**" – § 14 Abs 2 SPG; § 5 BKA-G).

Allfällige Zuständigkeitskonkurrenzen enden jedenfalls mit der Erlassung eines sicherheitspolizeilichen Bescheides.

b) Hilfsorgane

Der **Exekutivdienst** für die Sicherheitsbehörden (Streifen- und Überwachungsdienst, Ausübung der EAH, Gefahrenabwehr, Ermittlungs- und Erkennungsdienst) wird durch **Organe des öffentlichen Sicherheitsdienstes** versehen (§§ 5 ff SPG – vgl dazu schon unter II.4.). Deren Vollzugstätigkeiten werden, soweit es sich nicht um beauftragte kriminalpolizeiliche Tätigkeiten handelt (s V.2.m.), den Sicherheitsbehörden (als belangten Behörden) zugerechnet.

Wenn ausnahmsweise die örtlich zuständige Sicherheitsbehörde nicht rechtzeitig die erforderlichen Maßnahmen setzen kann oder dies sonst im Interesse einer raschen und zweckmäßigen Besorgung des Exekutivdienstes liegt, kann ein Organ des öffentlichen Sicherheitsdienstes auch außerhalb des Sprengels der Behörde, der es beigegeben ist, sicherheitspolizeiliche Amtshandlungen durchführen (§ 14 Abs 3 SPG – „**sprengelüberschreitendes**" **Einschreiten**). Die für den BMI oder den LPolD (als Sicherheitsbehörde I. Instanz) tätigen Organe des öffentlichen Sicherheitsdienstes sind überdies allgemein ermächtigt, Maßnahmen zur Verhinderung von Verwaltungsübertretungen nach §§ 81 ff SPG oder zur Einleitung von Verwaltungsstrafverfahren (vgl § 35 VStG) zu setzen. In beiden Fällen schreiten „*fremde*" Exekutivorgane als Organe der zuständigen (und allenfalls: zB im Maßnahmenbeschwerdeverfahren gem § 88 Abs 1 SPG zu belangenden) BVB oder LPolD ein (§ 86 Abs 2 SPG).

c) Verfahren

Auf das behördliche Verfahren der Sicherheitsbehörden finden das AVG, das VStG und das VVG Anwendung (Art I EGVG). Die allgemeinen Verfahrensbestimmungen werden insb durch **folgende Besonderheiten** ergänzt, abgeändert oder klargestellt:

- **Bescheidbeschwerde** (§ 14a SPG): Über Beschwerden gegen Bescheide der Sicherheitsbehörden hat das örtlich zuständige **LVwG** (§ 3 Abs 2 VwGVG) zu entscheiden.
- **Maßnahmen-** (§ 88 Abs 1 SPG; § 17 PolKG), **Verhaltensbeschwerde** (§ 88 Abs 2 SPG): Gegen Akte unmittelbarer sicherheitsbehördlicher **Befehls- und Zwangsgewalt*** (zB Festnahme, Durchsuchung) einschließlich der **Modalitäten der Befugnisausübung** (zB betreffend das Anlegen von Handfesseln, die Bekanntgabe der Dienstnummer oder die Verständigung einer Vertrauensperson – vgl VwGH 29.06.2006, 2005/01/0032), aber auch gegen Maßnahmen bloß **„schlicht-hoheitlichen" Polizeihandelns** in Form von sonstigem außenwirksamen Verwaltungshandeln oder -unterlassen im Rahmen der Besorgung der Sicherheitsverwaltung* kann vom Betroffenen (bei Todesfällen: von nahen Angehörigen – VfSlg 16.109/2001) Beschwerde beim örtlich zuständigen LVwG (§ 3 Abs 2 VwGVG) erhoben werden, wenn die Verletzung von Rechten, namentlich des **subjektiv-öffentlichen Rechtes*** auf Gesetzmäßigkeit sicherheitspolizeilicher Maßnahmen (§ 87 SPG), oder von **Grund- und Menschenrechten** (zB Art 2, 3 EMRK) behauptet wird.

Die Rechtmäßigkeit der Feststellung der Identität einer Person kann bei Befehls- und Zwangsgewalt* (§ 35 SPG) gem § 88 Abs 1 SPG, bei bloßem Ersuchen (vgl § 28a Abs 2 SPG) dagegen gem § 88 Abs 2 iVm Abs 6 SPG geprüft werden (VwSlg 14.948 A/1998).

Beschimpfungen können ein tauglicher Beschwerdegegenstand im Verfahren gem § 88 Abs 2 SPG sein (VwSlg 18.131 A/2011; VfSlg 15.372/1998); sind die Beschimpfungen exzessiv (zB rassistisch), können sie auch die Rechtswidrigkeit der damit in Zusammenhang stehenden Zwangsmaßnahme bewirken (VwSlg 17.331 A/2007 – Hausdurchsuchung).

Zur Zuordenbarkeit einer **„qualifizierten" Untätigkeit von Polizeiorganen** sowohl zu § 88 Abs 1 als auch § 88 Abs 2 SPG ua auch iZm grundrechtlichen Ansprüchen auf staatlichen Schutz vgl VwGH 24.03.2011, 2008/09/0075 (hier: bei Misshandlung durch private Sicherheitsleute).

Bloß **behördeninterne Vorgänge,** die von vornherein nicht auf Außenwirksamkeit angelegt sind (zB Beschreibung einer Amtshandlung in einem Bericht), werden von § 88 Abs 2 SPG jedoch nicht erfasst (VwSlg 14.701 A/1997; kritisch *Kolonovits,* Rechtsschutz 246 ff).

- **Richtlinienbeschwerde** (§ 89 SPG): Verletzt ein Organ des öffentlichen Sicherheitsdienstes die RLV (gem § 31 SPG; s V.2.), kann vom Betroffenen innerhalb von sechs Wochen eine **Aufsichtsbeschwerde** bei der Dienstaufsichtsbehörde (zB bzgl der Bundespolizei die LPolD) eingebracht werden (§ 89 Abs 2 SPG). Stellt die Dienstaufsichtsbehörde in Form einer **nicht bescheidförmigen Mitteilung** die Verletzung der RLV fest, ist das Verfahren abgeschlossen. Wird keine Verletzung festgestellt oder erfolgt keine Mitteilung innerhalb von drei Monaten, kann eine Entscheidung des örtlich zuständigen LVwG verlangt werden (§ 89 Abs 4 SPG; § 3 Abs 2 VwGVG).

Wird eine Verletzung der RLV in einer Maßnahmenbeschwerde behauptet, hat das LVwG die Beschwerde (bzw den betreffenden Beschwerdeteil) der zuständigen Dienstaufsichtsbehörde zuzuleiten (§ 89 Abs 1 SPG).

- **Datenschutzbeschwerde** (§ 90 SPG): Beschwerden wegen Verletzung von Rechten durch Verarbeiten personenbezogener Daten entgegen den Bestimmungen des DSG (oder der §§ 51 ff SPG – vgl dazu VwGH 09.07.2002, 2000/01/0423), sind an die **Datenschutzbehörde (DSB)** zu richten (§ 90 SPG, § 32 Abs 1 Z 4 DSG). Gegen den Bescheid der DSB kann Beschwerde an das **BVwG** erhoben werden (Art 131 Abs 2 B-VG).

Von dieser Zuständigkeit der DSB ausgenommen ist nur die Beurteilung der Rechtmäßigkeit der Ermittlung von Daten im Zuge der **Ausübung sicherheitspolizeilicher Befugnisse ieS** (§§ 28 ff SPG; zB Datenermittlung im Zuge einer Hausdurchsuchung). In dieser Hinsicht kann nur eine Maßnahmenbeschwerde erhoben werden (§ 88 SPG), weil diesfalls in erster Linie die Rechtmäßigkeit der Befugnisausübung zu beurteilen ist.

- **Beschwerde des Rechtsschutzbeauftragten** (§§ 91a ff SPG): Werden im Fall geheim geführter Ermittlungen durch das Verwenden personenbezogener Daten Rechte von Betroffenen verletzt, kommt dem Rechtsschutzbeauftragten ein Beschwerderecht an die DSB zu (§ 91d Abs 3 SPG – „kommissarischer Grundrechtsschutz").
- **Amtsrevision des BMI** (§ 91 SPG): Gegen Entscheidungen der LVwG (gem §§ 88, 89 und 90 SPG) kann der BMI innerhalb einer sechswöchigen Frist Revision an den VwGH erheben. Die Amtsrevision kann sowohl zu Gunsten als auch zum Nachteil des Betroffenen ausgeübt werden.

VI. Sicherheitspolizeirecht der Länder

Die **örtliche Sicherheitspolizei** wird in den LPolG und LSG (bzw SittenpolG) sowie – neuerdings – in speziellen GefahrenpolizeiG geregelt. Anders als im SPG werden im Sicherheitspolizeirecht der Länder idR keine sicherheitspolizeilichen Aufgaben ausdrücklich festgelegt. Aufgrund des kompetenzrechtlichen Hintergrundes (s II.1.b.) handelt es sich um (Teil-) Aufgaben der **Aufrechterhaltung der öffentlichen Ordnung**.

1. Sicherheitspolizeiliche Befugnisse

Bei der Regelung sicherheitspolizeilicher Befugnisse lassen sich **zwei unterschiedliche Regelungssysteme** erkennen:

IdR wird den Organen des öffentlichen Sicherheitsdienstes im Rahmen ihrer (zT beschränkten) **Mitwirkungsverpflichtungen** (s dazu VI.5.) eine allgemeine Befugnis zu Vorbeugemaßnahmen gegen drohende Verwaltungsübertretungen sowie Maßnahmen, die für die Einleitung oder Durchführung von Verwaltungsstrafverfahren erforderlich sind (zB Identitätsfeststellung; vgl dazu §§ 34b, 35, 37a, 39 VStG), eingeräumt („**sicherheitspolizeiliche Generalklausel**"; vgl zB § 3 krnt LSiG, § 9 oö PolStG, § 35 Abs 1 iVm Abs 3 und § 36 Abs 1 sbg LSG).

Dass die nicht näher konkretisierten **vorbeugenden Maßnahmen** auch zur Ausübung unmittelbarer sicherheitsbehördlicher Befehls- und Zwangsgewalt* ermächtigen, wird zu Recht bezweifelt (*Wiederin*, Sicherheitspolizeirecht 175). Verfassungskonform interpretiert haben sich auch mE die Organe auf **nicht-eingreifende Maßnahmen** (zB Inanspruchnahme einer freiwilliger Mitwirkung eines Betroffenen) zu beschränken, soweit nicht ausdrücklich anderes bestimmt ist (vgl § 14 Abs 2 krnt LSiG – Betreten von Räumen, Öffnen von Behältnissen).

Immer öfter werden aber auch im Sicherheitspolizeirecht der Länder die Organe des öffentlichen Sicherheitsdienstes zur Ausübung **besonderer Befugnisse** ermächtigt, namentlich zur **Wegweisung** (vgl zB § 7 Abs 2 Z 3 bgld LSG, § 27 Abs 2 sbg LSG, § 2 Abs 3 stmk LSG, § 9 vlbg L-SiG, § 3 wr LSG), **Außerbetriebsetzung** (zB § 3 tir L-PolG, § 1 Abs 2 wr LSG), **Abnahme und Sicherstellung von Sachen** (zB § 8 bgld LSG, § 3 tir L-PolG, § 1 Abs 2 wr LSG) oder zum **Betreten von Grundstücken und Gebäuden** (zB § 25 Abs 8 tir L-PolG).

Zu beachten gilt, dass der VfGH polizeiliche Befugnisse auch unmittelbar aus den Verwaltungsstrafbestimmungen ableitet. Daher ist zB die **Abnahme einer Sache** als gelinderes Mittel zur Festnahme gem § 35 Z 3 VStG auch ohne besondere (landes-) gesetzliche Ermächtigung zulässig (VfSlg 12.501/1990).

Analoges ist gesetzlich vorgesehen, wenn der Landesgesetzgeber – zusätzlich oder alternativ zu den Organen des öffentlichen Sicherheitsdienstes – zur Bestellung von **speziellen Aufsichtsorganen der Gemeinde** (s dazu VI.5.) ermächtigt (vgl zB § 1c nö PolStG, §§ 18 ff krnt LSiG, § 1b oö PolStG).

2. Bewilligungsvorbehalte

Im Unterschied zum SPG enthält das Sicherheitspolizeirecht der Länder zum Zwecke der Aufrechterhaltung der öffentlichen Ordnung auch **verschiedene Bewilligungsvorbehalte** (vgl zB §§ 15 ff tir L-PolG – Betrieb von Bordellen, § 12 oö SDLG – Peep-Shows, § 19 sbg LSG – Haltung gefährlicher Hunde).

3. Polizeistrafrecht der Länder

Den Kern des Polizeistrafrechts der Länder bilden aber einschlägige **Verwaltungsstraftatbestände**. Dazu zählen insb:

- Verbote der **störenden Lärmerregung** (zB Laufenlassen eines Kfz-Motors auf nicht öffentlicher Straße, laute Musik, Schreien);

    „Störender" Lärm liegt vor, wenn Geräusche wegen der Dauer, Lautstärke oder Schallfrequenz für das menschliche Empfinden unangenehm in Erscheinung treten. Der Lärm wird „ungebührlicherweise" erregt, wenn das Tun oder Unterlassen, das zur Erregung des Lärms führt, gegen ein Verhalten verstößt, wie es im Zusammenleben mit anderen verlangt werden muss, dh jene Rücksichten vermissen lässt, die die Umwelt verlangen kann (VwGH 19.10.2005, 2003/09/0074).

    Ob ungebührlich störender Lärm vorliegt, ist in jedem einzelnen Fall nach seinen konkreten Begleitumständen zu beurteilen (VwSlg 17.932 A/2010).

    Die allgemeinen Lärmvorschriften der LPolG (und LSG) stehen im Verhältnis der Subsidiarität zu **materienspezifischen Lärmvorschriften** (in der GewO, VeranstaltungsG, BauO uÄ – vgl zB VwSlg 17.932 A/2010).

- Verbote der Verletzung des nach den allgemeinen Grundsätzen der Schicklichkeit gebotenen **öffentlichen Anstandes**, zB durch (ua sexuelle) Belästigungen, Behinderung des Gebrauches öffentlicher Sitzbänke, Unterstände uÄ, Urinieren auf öffentlichem Parkplatz (vgl oö LVwG 20.06.2014, LVwG-700050/2/Gf/Rt), Zeigen des nackten Hinterteils (LVwG Nö 17.01.2018, LVwG-S-2571/001-2017), Entfahrenlassen eines lauten Darmwindes (vgl LVwG Wien 11.02.2021, VGW-031/049/13908/2020) oder der Gebrauch von Schimpfworten (LVwG Wien 06.11.2018, VGW-031/036/9680/2018 – „Hurensöhne") während einer Amtshandlung der Polizei. Bei Äußerungen kommt es nicht bloß auf deren Wortlaut allein an, sondern auch auf **Art und Umstand** der Äußerung, also wie und wo welche Öffentlichkeit und von wem diese Öffentlichkeit mit dieser Meinung konfrontiert wird (VfSlg 20.333/2019).

    Die Verwendung des (aus dem Wienerischen stammenden) Wortes „**Oida**" im Gespräch mit einem Organ des öffentlichen Sicherheitsdienstes wird in der Rsp der LVwG situationsabhängig zT als Anstandsverletzung gewertet (vgl LVwG Oö 03.02.2017, LVwG-700214/9/Sr/SA – keine milieubedingte Aussage/Anstandsverletzung; anders aber zB LVwG Wien 07.02.2020, VGW-031/045/858/2019 – Füllwort ohne konkrete Bedeutung/bloße Unmutsäußerung/keine Anstandsverletzung).

    Das Schwenken eines Transparentes mit der **Aufschrift „A.C.A.B." – all cops are bastards** während eines Fußballspieles stellt keine Anstandsverletzung dar, wenn damit primär auf das angespannte Verhältnis zwischen manchen Fußballfans und der Polizei hingewiesen und die ablehnende Haltung gegenüber dem Stand der Polizei als Teil der staatlichen Ordnungsmacht zum Ausdruck gebracht wird (VfSlg 20.333/2019 – Meinungsfreiheit).

Der Tatbestand der Anstandsverletzung ist subsidiär zu gerichtlich strafbaren Tatbeständen, wie zB der **üblen Nachrede** (§ 111 StGB) oder einer vor mehreren Personen begangenen Beleidigung (iSd § 115 StGB; vgl VwGH 22.06.2016, Ra 2016/03/0095 – **Zeigen des Mittelfingers**; LVwG Tir 22.07.2019, LVwG-2019/45/0688-1 – Äußerung „Ihr Bullenschweine, scheiß Bullen").

Zur Verhinderung von Anstandsverletzungen kann zT mittels (Durchführungs-) Verordnung auch der Konsum von Alkohol oder das Mitführen von Alkohol zum Konsum an öffentlichen Orten untersagt werden (vgl § 27 Abs 8 sbg LSG – zB „Lokalmeile" am Rudolfskai in der Stadt Salzburg).

- Verbote der (nicht von Dritten wahrnehmbaren) **Ehrenkränkung** (zB durch Beschimpfung, Verspottung – Privatanklagedelikt iSd § 56 VStG);

  Konstituierendes Merkmal der Ehrenkränkung ist idR, dass die Tathandlung nicht öffentlich oder vor mehreren Leuten begangen wird, während für das Vorliegen einer Anstandsverletzung das Merkmal der Öffentlichkeit (= konkrete Möglichkeit der Kenntnisnahme über den Kreis der Beteiligten hinaus) vorliegen muss (VwGH 22.11.2016, Ra 2016/03/0095 – keine speziellere Norm im Verhältnis zur Anstandsverletzung).

- **Bettelverbote** (zB aggressives Betteln, Betteln mit Kindern, gewerbsmäßiges Betteln);
- Verbote der **Prostitution** außerhalb behördlich bewilligter Bereiche;
- Verbote des Haltens von **gefährlichen Tieren**; Gebote für das Halten und Führen von Hunden;
- Verbote des **Befahrens gesperrter Schipisten** (§ 29 sbg LSG).

Regelmäßig enthalten die LPolG (LSG) entsprechende **Verordnungsermächtigungen der Gemeinden** zur (zB örtlichen, zeitlichen) Konkretisierung von bestimmten Verboten.

Die Gemeinde kann idR die Verwendung oder den Betrieb bestimmter lärmerzeugender Geräte (zB **Rasenmäher**) auf bestimmte Zeiten und Orte beschränken (vgl zB § 2 Abs 4 krnt L-SPG, § 4 oö PolStG) oder – abhängig vom entsprechenden LG – zB **Bettelverbots**- (§ 28 Abs 2 sbg LSG), **Hundeverbots**- (§ 9 krnt L-SPG), **Prostitutionsverbots**- (§ 10 sbg LSG), **Alkoholverbotszonen** (§ 1 Abs 2 stmk LSG) oder **zeitlich befristete Sperren von Schipisten** vorsehen (§ 30 Abs 2 sbg LSG).

Auch die Verwaltungsübertretungen der LSG (LPolG) stehen zum gerichtlichen Strafrecht im Verhältnis der **Subsidiarität** (vgl § 22 Abs 1 VStG, Art 4 7. ZPEMRK sowie VwSlg 19.487 A/2016 zu § 12 vlbg SittenPolG).

4. Sonstige „Gefahrenpolizei"

Unter der sonstigen „Gefahrenpolizei", die die Länder kompetenzrechtlich der örtlichen Sicherheitspolizei gem Art 15 Abs 1 B-VG (s dazu II.1.b.) zuordnen, wird die Ermächtigung der Gemeinde zur Bekämpfung von **örtlichen (Rest-) Gefahren** für Menschen, Tiere und Sachen verstanden (zB bei kleinräumigen Vermurungen, drohendem Steinschlag), die nach Art und Umfang der Gefahr (noch) keiner Verwaltungsmaterie (zB örtliche Katastrophen-, Feuerpolizei) zugeordnet werden können.

Diese Ermächtigungen umfassen idR näher determinierte **Befugnisse zu Rettungs-, Abwehr-** sowie **Sicherungsmaßnahmen** (vgl dazu § 3 stmk FGPG, § 2 krnt GFPO). In Bundesländern, die keine solchen spezifischen Regelungen getroffen haben, ergeben sich vergleichbare (sicherheitspolizeiliche) Ermächtigungen aus den **GemO** (hier: Befugnisse des Bgm bei Gefahr im Verzug – vgl dazu VwSlg 17.479 A/2008 zu § 47 stmk GemO).

5. Behörden und Verfahren

Die Vollziehung der LPolG, LSG und SittenpolG der Länder erfolgt – **mit Ausnahme des Verwaltungsstrafrechts**, das aus kompetenzrechtlichen Gründen (Art 118 Abs 2 B-VG) den staatlichen Behörden (BVB, LPolD – vgl zB § 34 Abs 2 sbg LSG) vorbehalten bleibt – grundsätzlich durch die **Gemeinden im eWb*** (Art 118 Abs 3 Z 3 und 8 B-VG). Die Zuständigkeit des jeweiligen Gemeindeorgans (Bgm, Gemeinderat, Gemeindevorstand) ist entweder ausdrücklich festgelegt (zB § 23 tir L-PolG) oder ergibt sich aus den GemO bzw Stadtstatuten.

Bei der Vollziehung haben die **Organe des öffentlichen Sicherheitsdienstes** (Bundespolizei) im jeweiligen gesetzlich bestimmten Ausmaß als Hilfsorgane „mitzuwirken" (zB § 14 krnt LSiG, § 9 oö PolStG, § 35 sbg LSG, § 5 stmk LSG). Darüber hinaus bestehen zT Ermächtigungen, (vereinzelt vorhandene) Gemeindewachkörper (Art 118a B-VG) oder **speziell beliehene*** **Organe der öffentlichen Aufsicht** mit Exekutivaufgaben zu betrauen (vgl dazu § 4b stmk LSG iVm dem stmk AufsichtsorganG; §§ 18 ff krnt LSiG; § 1b nö PolStG, § 1b oö PolStG), im Anwendungsbereich von GefahrenpolizeiG auch die **Feuerwehr** (vgl zB § 4 stmk FGPG).

Auf Antrag der Gemeinde kann die Besorgung von sicherheitspolizeilichen Angelegenheiten des eWb* der Gemeinde mittels **DelegierungsV** der LReg auch auf staatliche Behörden übertragen werden (Art 118 Abs 7 B-VG).

Auf Verfahren nach den LPolG, LSG (und SittenpolG) finden das AVG, VStG und VVG Anwendung (vgl Art I EGVG).

VII. Ortspolizeiliche Verordnungen der Gemeinden

1. Beschränkter Anwendungsbereich

Soweit keine einschlägigen (bundes-, landes-) rechtlichen Bestimmungen bestehen, können Gemeinden in Angelegenheiten des eWb* **gesetzesergänzende ortspolizeiliche Verordnungen** erlassen. Sie müssen der Abwehr **gemeindespezifischer Missstände** dienen (Art 118 Abs 6 B-VG). Bei einem „Missstand" handelt es sich um einen einzelnen, eher eng abzugrenzenden

Lebenssachverhalt, der **negativ bewertet** wird (zB Ausbreitung von Schädlingen auf ungepflegten Grundstücken – VfGH 07.03.2022, V 85/2021; gemeinschaftsschädliches Verhalten aufgrund von Alkoholmissbrauch – VfSlg 20.031/2015). Es bedarf stets des **Nachweises der konkreten Umstände**, die die Annahme des „gemeindespezifischen" Missstandes schlüssig erscheinen lassen (VfSlg 18.305/2007 – absolutes Bettelverbot). Ein bloßes allgemeines rechtspolitisches Anliegen kann nicht mittels ortspolizeilicher Verordnung einer Regelung zugeführt werden (zB VfSlg 11.753/1988, 14.437/1996 – Baumschutz).

In der Praxis wurde von dieser Ermächtigung auf vielfache Weise Gebrauch gemacht (vgl zB VfSlg 14.384/1995 – **Badeverbot für einen Baggersee** wegen der durch das Freizeitverhalten der Besucher entstehenden Gefährdungen: unkontrolliertes Parken auf den Wiesen rund um den See; Anzünden von Lagerfeuern; nicht bewilligtes Kampieren; Verrichtung der Notdurft).

Selbst wenn ein ortspolizeiliches Verbot (zB bezüglich der Reinhaltung von Flächen, des Lärmschutzes uÄ) aber „nur" den **gleichen Gegenstand** wie eine bereits bestehende gesetzliche Bestimmung regelt, widerspricht sie bereits dem Art 118 Abs 6 B-VG (VfSlg 14.384/1995 – hier: Verbot des Ablagerns oder Wegwerfens von Abfällen).

In den letzten Jahrzehnten hat sich der praktische Anwendungsbereich der ortspolizeilichen Verordnungen sukzessive verengt, da zahlreiche Missstände nunmehr in den LPolG (LSG) geregelt und die Gemeinden in diesem Rahmen spezifisch zur Erlassung von **Durchführungsverordnungen** ermächtigt werden (zB Festlegung von Bettel-, Alkohol-, Prostitutions- oder Hundeverbotszonen, Verbot lärmerzeugender Gartenarbeiten, Schipistensperren).

Die Nichtbefolgung ortspolizeilicher Verordnungen kann vom Verordnungsgeber zur **Verwaltungsübertretung** erklärt werden. Strafart und Strafrahmen sind aber einer Regelung in der GemO (zB § 90 Abs 3 vlbg GemG) oder – subsidiär – dem § 10 Abs 2 VStG vorbehalten; die bloße Wiedergabe dieser Strafdrohungen in der ortspolizeilichen Verordnung ist jedoch noch zulässig (VfSlg 10.614/1985).

2. Behörden und Verfahren

Zuständig zur Erlassung ortspolizeilicher Verordnungen ist idR der **Gemeinderat** (in Wien: Magistrat). Eine Übertragung der Zuständigkeit auf eine staatliche Behörde kommt – anders als die Besorgung von sonstigen sicherheitspolizeilichen Angelegenheiten des eWb* der Gemeinde – nicht in Frage (Art 118 Abs 7 B-VG). Bei Gefahr im Verzug besteht in den GemO idR eine – vorläufige – (Eil-) Zuständigkeit des Bgm; in diesem Fall ist eine nachträgliche Genehmigung durch den Gemeinderat erforderlich.

Ortspolizeiliche Verordnungen unterliegen der Aufsicht durch die Gemeindeaufsichtsbehörden. Rechtswidrige ortspolizeiliche Verordnungen sind von der Gemeindeaufsichtsbehörde aufzuheben (Art 119a Abs 6 B-VG).

Zuständig zur Vollziehung ortspolizeilicher Verordnungen ist die **Gemeinde im eWb***. Ausgenommen davon ist das **Verwaltungsstrafrecht**, dessen Vollziehung vereinzelt dem **Bgm im üWb*** (zB § 41 oö GemO) oder – in Ermangelung einer Zuständigkeitsregelung – subsidiär den **BVB** zukommt (§ 26 Abs 1 VStG).

Bei der Vollziehung ortspolizeilicher Verordnungen können sich in der Praxis erhebliche Vollzugsdefizite ergeben, wenn in einer Stadt mit eigenem Statut (Art 116 Abs 3 B-VG) **keine geeigneten Hilfsorgane** zur Überwachung oder Sicherung des Strafverfahrens zur Verfügung stehen, weil einerseits kein eigener Wachkörper errichtet werden darf (Art 78d Abs 2 B-VG iVm § 8 SPG – „Konkurrenzverbot" in Gemeinden, in denen die LPoD zugleich Sicherheitsbehörde I. Instanz ist), andererseits aber auch keine gesetzliche Grundlage zur Bestellung von Aufsichtsorganen (vgl dazu aber zB § 9 stmk AufsichtsorganG – **Ordnungswache Graz**) mit einschlägigen Befugnissen (zB zur Identitätsfeststellung) besteht.

Karim Giese

Vereinsrecht

Rechtsgrundlagen

Kompetenzgrundlagen

Art 10 Abs 1 Z 6 („Zivilrechtswesen") und Z 7 B-VG („Vereinsrecht").

Verfassungsrechtliche Bezüge

Art 102 Abs 2 B-VG (unmittelbare Bundesverwaltung); Art 12 StGG (Vereinsfreiheit), Art 11 EMRK (Vereinigungsfreiheit); Z 3 Beschluss der ProvNV (Gewährung der vollen Vereinsfreiheit), StGBl 3/1918; Art 4 (Verbot von Organisationen, die den Anschluss an Deutschland zum Ziel haben), Art 7 Z 5 (Verbot von Vereinen, die die Rechtsstellung der kroatischen und slowenischen Minderheiten gefährden) und Art 9 StV Wien (Verpflichtung zur Untersagung und Auflösung von NS-Organisationen), BGBl 152/1955; VerbotsG, StGBl 13/1945 idF BGBl 148/1992; § 1 PartG 2012, BGBl I 56/2012 idF I 125/2022.

Europarechtliche Bezüge

Art 12 GRC (Vereinigungsfreiheit).

Gesetze und sonstige Rechtsgrundlagen

Vereinsgesetz (VerG 2002), BGBl I 66/2002 idF I 211/2021; Vereinsgesetz-Durchführungsverordnung (VerGV), BGBl II 60/2005 idF II 104/2018; BG über die Rechtspersönlichkeit von religiösen Bekenntnisgemeinschaften (BekGG), BGBl I 19/1998 idF I 146/2021; Gesetz betreffend die gesetzliche Anerkennung von Religionsgesellschaften, RGBl 68/1874; PartG 2012, BGBl I 56/2012 idF I 125/2022.

Literaturauswahl

Monografien – Kommentare – Lehrbücher

Brändle/Rein, Das österreichische Vereinsrecht[5] (2015); *Bric*, Vereinsfreiheit (1998); *Ginthör*, Die Vereinsorgane. Rechte und Pflichten[2] (2020); *Fuhrmann*, Fehlerhafte Vereinsbeschlüsse (2021); *Hargassner*, Handbuch für Vereinsfunktionäre[3] (2018); *Hechenblaickner*,

Organhaftung im Verein (2016); *Höhne/Jöchl/Lummerstorfer*, Das Recht der Vereine, Privatrechtliche, öffentlich-rechtliche und steuerrechtliche Apekte[6] (2019); *Keinert*, Vereinskonzern (2017); *Keinert*, Informationspflichten des Leitungsorgans eines Vereins gegenüber den Mitgliedern (2017); *Korinek/Krejci* (Hrsg), Der Verein als Unternehmer (1988); *Möstl/Neubauer/Stark-Sittinger/Trummer* (Hrsg), Der Vereinsexperte II (2016); *Reisinger*, Vereinsrecht (2013); *Steinacker*; Haftung der Organwalter (2019); *Wagner*, Der Europäische Verein (2000).

Elhenický, Vereinsrecht[2] (2019); *Krejci/S. Bydlinski/Weber-Schallauer*, Vereinsgesetz 2002[2] (2009); *Schopper/Weilinger* (Hrsg), VereinsG (24. Lf, 2019).

Berka, Verfassungsrecht[8] (2021) Rz 1516; *Berka/Binder/Kneihs*, Die Grundrechte[2] (2019) 726; *Friedrichkeit-Lebmann/Reithmayer-Ebner*, Vereins- und Versammlungsrecht, in Aigner et al (Hrsg), Besonderes Verwaltungsrecht[3] (2020) 99; *Grabenwarter/Pabel*, Europäische Menschenrechtskonvention[7] (2021) 468; *Kalteis*, Versammlungs- und Vereinigungsfreiheit, in Holoubek/Lienbacher (Hrsg), GRC-Kommentar[2] (2019) 261; *Mayer/Kucsko-Stadlmayer/Stöger*, Bundesverfassungsrecht[11] (2015) Rz 1468; *Potacs*, Recht auf Zusammenschluss, in Merten/Papier (Hrsg), Handbuch der Grundrechte in Deutschland und Europa VII/1: Grundrechte in Österreich[2] (2014) 666; *Öhlinger/Eberhard*, Verfassungsrecht[13] (2022) Rz 902.

Beiträge

Bric, Die Rechtsstellung internationaler Vereine, in FS Winkler (1997) 101; *Fister*, Der Grundrechtseingriff bei der Versammlungs- und Vereinigungsfreiheit, ZÖR 2012, 501; *Freylinger*, Vereinsrecht, in Holoubek/Potacs (Hrsg), Öffentliches Wirtschaftsrecht[4] I (2020) 239; *Hengstschläger*, Vereins- und Versammlungsfreiheit – Ausführungs- oder Eingriffsvorbehalt, in FS Holzinger (2017) 325; *Höhne*, Vertretungsbefugnis im Verein – was ist da so schwierig?, RdW 2013, 317; *Keinert*, Nichtigkeit und Anfechtbarkeit von Vereinsbeschlüssen, JBl 2011, 617; *Keinert/Keinert*, Vereinsausschluss: Organkompetenz, Bedeutung vorhergehender „einvernehmlicher Lösung", Verfristung, GesRZ 2019, 9; *Kneihs*, Verstoß gegen die Strafgesetze (§ 78 StGB) durch Vereinszweck der Hilfe für selbstbestimmtes Sterben, RdM 2016, 108; *Kornfehl*, Die Schlichtungseinrichtung und andere vereinsrechtliche Probleme im Spiegel der Rechtsprechung von 2002–2017, GES 2017, 417; *Krejci*, Zur Haftung des Vereins und seiner Organwalter, GesRZ 2005, 21; *Krejci*, Zur Haftungsbefreiung von Vereinsorganen, ecolex 2012, 560; *Krejci*, Aktuelle Fragen des Vereinsrechts, in FS Iro (2013) 101; *Krejci*, Der Verein als Konzernbaustein, in Haberer/Krejci (Hrsg), Konzernrecht (2016) 157; *Lienbacher*, Vereinsfreiheit und innere Angelegenheiten gesetzlich anerkannter Kirchen und Religionsgesellschaften, ZfV 2002, 647; *Mayr*, Vereins(schieds)gerichte, in Czernich/Deixler-Hübner/Schauer (Hrsg), Handbuch Schiedsrecht (2018), 887; *Raschauer B.*, Vereinsrecht im Lichte der Vereinigungsfreiheit, in FS Melnizky (2013) 189; *Reisinger*, Umbildung/Umgründung von Vereinen und Verbänden, RdW 2011/72, 74; *Saria*, Haftung und Haftungsbeschränkung nach § 24 Abs 1 VerG 2002, in FS Melnizky (2013) 205; *Schulev-Steindl*, Idealvereine und Gewerberecht, ecolex 1994, 8; *Tichy*, Religiöse Gemeinschaften nach dem Vereinsgesetz 2002, öarr 2004, 379; *Weber/Cach*, Ausschluss von Vereinsmitgliedern aus wichtigem Grund, GesRZ 2018, 224; *Werdnik*, Nichtiger oder anfechtbarer Vereinsbeschluss. Nichtigkeits- und/oder Anfechtungsklage? ecolex 2011, 110; *Werkusch*, Die Haftung des Organwalters gegenüber dem Verein nach dem VerG 2002, RdW 2003, 52.

Rechtsprechung

VfSlg 9879/1983, 11.735/1988 (Abgrenzung „ideeller" Verein/„auf Gewinn berechneter" Verein); VfSlg 11.735/1988 (Vereinsumbildung/Beschwerdelegitimation); VfSlg 11.746/1988 (Vereinsgründung/Beschwerdelegitimation); VfSlg 13.025/1992 (Vereinsorgane/Streitschlichtungsorgan); VfSlg 14.555/1996 (Säumnisbeschwerde/Zuständigkeit des VwGH); VfSlg 15.825/2000 (Streitigkeiten aus dem Vereinsverhältnis/Vorfragen); VfSlg 16.298/2001 (freiwillige Vereinsauflösung/Vorfragen); VfSlg 16.395/2001 (Grenzen der Vereinsfreiheit/ innerkirchliche Organisation); VfSlg 17.049/2003 (Vereinsregister/Eintragung von Wahlvorgängen/keine Zuständigkeit der Vereinsbehörde zur Überprüfung der rechtmäßigen Bestellung); VfSlg 18.005/2006 (Vereinsauflösung/Fortbestehen einer eingeschränkten Rechtspersönlichkeit in Vermögensangelegenheiten); VfSlg 18.870/2009 (Vereinsauflösung/keine Beschwerdelegitimation des aufgelösten Vereins); VfSlg 19.120/2010 (Vereinsauflösung/strafbares Verhalten des Vereinsobmannes); VfSlg 19.078/2010 (Vereinsauflösung/bewilligungsloser Betrieb eines Pflegeheimes); VfSlg 19.208/2010 (Vereinsauflösung/ Verbreitung von rechtsextremistischem Gedankengut); VfSlg 19.260/2010 (Vermögensverwaltung/kein „ideeller" Zweck); VfGH 26.06.2013, B 181/2013, G 48/2013 (Vereinssitz/ Zustelladresse); VfSlg 19.994/2015 (Zuständigkeit für den Kernbereich der Vereinsfreiheit sowie zur „Grobprüfung"/Grundrechtsformel); VfSlg 20.057/2016 (Nichtgestattung der Vereinsgründung/Sterbehilfe/strafrechtswidriger Vereinszweck); VfSlg 20.117/2016 (Beschwerderecht der Vereinsmitglieder erst nach Vollbeendigung des Vereins); VfSlg 20.118/2016 (Handlungsunfähigkeit des Vereins mangels vertretungsbefugter Organe/gerichtliche Bestellung eines Abwesenheitskurators/Vereinsauflösung/Zustellung des Bescheides); VfGH 10.10.2019, E 3093/2019 (Vereinsfreiheit/Beschwerdelegitimation des Vereins beim VfGH/Vertretungsbefugnisse während der Abwicklung).

VwGH 20.01.2004, 2003/01/0611 (Einladung zur Aufnahme der Vereinstätigkeit/keine Beschwerdelegitimation eines anderen Vereins); VwGH 27.02.2018, Ra 2017/01/0105 (Fragen der Bestrafung eines Vereinsorgans wegen Verstoßes gegen Anzeigepflichten/Zuständigkeit zur „Feinprüfung"); VwGH 29.09.2021, Ra 2021/01/0181 (Rechtzeitigkeit einer Beschwerde beim VwG/verfahrensrechtliche Frage ohne Zusammenhang mit dem Kernbereich der Vereinsfreiheit/Zuständigkeit zur „Feinprüfung").

OGH 31.01.1996, 9 Ob 501/96 (Satzung/Grundrechtsbindung/„fair trial" bei Besetzung des Vereinsschiedsgerichtes); OGH 28.11.2006, 8 Ob 78/06p (vereinsinterne Streitschlichtungseinrichtung/Zusammensetzung); OGH 04.07.2007, 7 Ob 139/07b (Vereinsschiedsgericht/Zuständigkeit); OGH 10.06.2008, 10 Ob 36/07b (Mitgliederversammlung/ Nichtigkeit von Beschlüssen wegen Einberufungsmängeln); OGH 18.06.2009, 8 Ob 138/08i (Nichteinhaltung des vereinsinternen Instanzenzuges/Unzulässigkeit des Rechtswegs); OGH 15.07.2011, 8 Ob 66/11f (Darlehensvertrag zwischen Verein und Vereinsmitglied/keine Streitigkeit aus dem Vereinsverhältnis); OGH 02.08.2012, 4 Ob 71/12p (Geschäftsführungs- und Vertretungsbefugnis von Organwaltern, die statutenwidrig für eine längere als die vorgesehene Funktionsperiode bestellt worden sind); OGH 21.05.2013, 1 Ob 75/13f (Unanfechtbarkeit von Vereinsbeschlüssen); OGH 19.09.2013, 2 Ob 117/13i (Vereinsschiedsgericht als Schlichtungseinrichtung); OGH 29.11.2013, 8 Ob 112/13y (Vereinsmitgliedschaft/Zulässigkeit von Wohnsitzerfordernissen); OGH 27.09.2016, 6 Ob 125/16z (Streitigkeiten aus dem Vereinsverhältnis/Rechtsweg); OGH 29.03.2017, 6 Ob 15/17z (Modus bei der Vorstandswahl); OGH 24.04.2017, 1 Ob 81/17v (Feststellung der Nichtigkeit eines Vereinsbeschlusses); OGH 17.01.2018, 6 Ob 213/17t (Vereinsausschluss nur aus wichtigen Gründen zulässig); OGH 18.07.2018, 5 Ob 94/18m (Verhältnis von Haupt- und Zweigverein/„Herauslösen" des Hauptvereins durch Statutenänderung); OGH 27.02.2019, 6 Ob 168/18a (Beschlussfassung durch unzuständiges Vereinsorgan/ Nichtigkeit des Beschlusses).

I. Regelungsgegenstand und -ziele

Beim Verein (iSd VerG 2002) handelt es sich um eine **privatrechtliche Gesellschaftsform,** bei der sich mehrere Personen auf der Grundlage eines Organisationsvertrages freiwillig und auf Dauer zusammenschließen, um gemeinsam einen bestimmten **ideellen** (wie zB politischen, religiösen, kulturellen oder sozialen) **Zweck** zu verfolgen. Trotz ausdrücklicher Einschränkung des Betätigungsfeldes auf „ideelle" Zwecke lassen sich im Rahmen dieser Gesellschaftsform – nicht zuletzt aufgrund einer relativ liberalen Rsp des VfGH – durchaus auch gewichtige wirtschafts- und sozialpolitische Interessen mit starkem unternehmerischen Einschlag verfolgen. So sind nicht nur der Österreichische Gewerkschaftsbund oder die Vereinigung Österreichischer Industrieller, sondern auch das Rote Kreuz, Autofahrerclubs (wie ÖAMTC, ARBÖ) bis hin zu den Profifußballclubs der Österreichischen Bundesliga (inkl dem ÖFB), aber etwa auch – im kulturellen Bereich – die Wiener Philharmoniker als Vereine nach dem VerG 2002 organisiert. Insgesamt stellt diese Gesellschaftsform mit österreichweit über 100.000 registrierten ideellen Vereinen ein Drittel aller privaten rechtsfähigen Gebilde dar.

Obwohl die Gründung und Tätigkeit von Vereinen überwiegend dem Privatrecht zuzuordnen ist (**Vereinsprivatrecht**), unterliegt sie auch einer besonderen verwaltungspolizeilichen Aufsicht durch die Sicherheitsbehörden (**„Vereinspolizei"**). Diese öffentlich-rechtlichen Gesichtspunkte des Vereinsrechts stehen immer noch in engem historischen Zusammenhang mit dem ursprünglichen Misstrauen des absoluten Staates gegenüber allen Formen nicht-wirtschaftlicher („politischer") Assoziationen der Bürger sowie der nachfolgend liberalen Grundrechtsentwicklung ab Mitte des 19. Jahrhunderts, die den vormals strengen (vereins-) polizeilichen Einschränkungen letztlich die verfassungsrechtliche Gewährleistung der **Vereinsfreiheit** entgegengesetzt hat.

Das VerG 2002 baut weiterhin auf den wesentlichen Bestimmungen des auf das Jahr 1867 zurückreichenden VerG 1951 auf. Im Einzelnen regelt das VerG 2002 – abgesehen von der Definition des (in der Rsp des VfGH zuvor bereits entwickelten) Vereinsbegriffes – in seinem **öffentlich-rechtlichen Teil** die verwaltungspolizeiliche Aufsicht der Sicherheitsbehörden über die Rechtmäßigkeit der Gründung (Auflösung) und Tätigkeit von Vereinen, in deren Rahmen bei Vorliegen bestimmter Gefahren (wie zB aufgrund der Verfolgung verbotener Zwecke) die Gründung von Vereinen untersagt oder bereits gegründete Vereine wieder aufgelöst werden können. Darüber hinaus wurden in einem – wenngleich vom öffentlich-rechtlichen Teil systematisch nicht streng getrennten – **privatrechtlichen Teil** erstmals auch – in Lehre und Rsp bis zu diesem Zeitpunkt strittige – Rechtsfragen zur Entstehung, Geschäftsführung, Außenvertretung, Rechnungslegung, Haftung sowie Beendigung des Vereins ausdrücklich geregelt (bzw klargestellt).

II. Verfassungsrechtliche Bezüge

1. Kompetenzrechtliche Bestimmungen

Die Bestimmungen des VerG stützen sich tw auf den Kompetenztatbestand „Vereinsrecht" (Art 10 Abs 1 Z 7 B-VG), der in Gesetzgebung und Vollziehung Bundessache ist. Dieser Kompetenztatbestand ermächtigt den Bund zur Regelung der Bildung und Organisation von Vereinen einschließlich der erforderlichen Aufsichtsmaßnahmen („**öffentliches Vereinsrecht**"). Wenngleich in diesem Zusammenhang auch die Zulässigkeit von (zweckgebundenen, zweckneutralen) Vereinstätigkeiten näher bestimmt werden kann, handelt es sich dabei um keine ausschließliche Kompetenz. Die Tätigkeit von Vereinen kann auch durch den Bundes- und Landes(materien)gesetzgeber beschränkt werden, sodass zB **Angelegenheiten des Hilfs- und Rettungsdienstes** auch dann in Gesetzgebung und Vollziehung Landessache (Art 15 Abs 1 B-VG) bleiben, wenn in diesem Sachgebiet speziell die Tätigkeiten von Vereinen geregelt werden (VfSlg 12.320/1990).

Die Regelungen über das Vereinsvermögen im Falle einer behördlich verfügten Vereinsauflösung sind noch Ausfluss des Kompetenztatbestandes „Vereinsrecht" (VfSlg 4615/1963). Soweit jedoch die privaten Rechtsverhältnisse des Vereins nach innen (zwischen dem Verein und seinen Mitgliedern oder den Vereinsmitgliedern untereinander) und außen (im Geschäftsverkehr gegenüber Dritten) geregelt werden (sog „**Vereinsprivatrecht**"), muss der Kompetenztatbestand „Zivilrechtswesen" (Art 10 Abs 1 Z 6 B-VG) in Anspruch genommen werden. Da auch diese Kompetenz in Gesetzgebung und Vollziehung Bundessache ist, kam es in der Staatspraxis bislang zu keinen besonderen kompetenzrechtlichen Abgrenzungsfragen.

2. Grundrechtliche Bestimmungen

a) Vereins- und Vereinigungsfreiheit

Art 12 StGG gewährt **österr Staatsbürgern** das verfassungsgesetzlich gewährleistete Recht (iSd Art 144 B-VG), Vereine zu bilden, dh Vereine zu gründen, ihnen anzugehören und sich statutengemäß zu betätigen („**Vereinsfreiheit**").

Unter einem „**Verein**" wird nach stRsp des VfGH „jede freiwillige, für die Dauer bestimmte organisierte Verbindung mehrerer Personen zur Erreichung eines bestimmten gemeinschaftlichen Zweckes durch fortgesetzte gemeinschaftliche Tätigkeit" verstanden (VfSlg 1397/1931). Vom Schutzbereich dieses Grundrechtes werden nur **ideelle**, nicht auch erwerbswirtschaftliche („auf Gewinn gerichtete") Vereine erfasst (VfSlg 943/1948, 13.654/1993).

Die Vereinsfreiheit kommt auch **ausländischen Staatsbürgern** zu, weil Art 11 EMRK allen Menschen das verfassungsgesetzlich gewährleistete Recht einräumt, sich frei mit anderen zusammenzuschließen („**Vereinigungsfreiheit**").

b) Grundrechtsschranken

Die Vereinsfreiheit steht unter **Gesetzesvorbehalt** (Art 12 StGG, Art 11 EMRK). Die Befugnis des einfachen Gesetzgebers zur Beschränkung der Vereinsfreiheit „durch besondere Gesetze" (Art 12 StGG) wird insb durch folgende **materielle (Eingriffs-) Schranken** begrenzt:

Z 3 des Beschlusses der ProvNV 1918 verpflichtet den Gesetzgeber zur Herstellung der „vollen Vereins-(...)freiheit [ohne Unterschied des Geschlechts]", sodass die Bildung von ideellen Vereinen keiner Bewilligungspflicht unterworfen werden darf (**Verbot der Konzessionspflicht** – VfSlg 254/1923, 405/1925, 1082/1928).

Die im Verfassungsrang stehenden Art 4 und 9 StV v Wien verpflichten Gesetzgebung und Vollziehung, nazistische (faschistische) und den politischen oder wirtschaftlichen Anschluss an Deutschland propagierende Organisationen aufzulösen (vgl dazu zB VfSlg 9246/1981, 9464/1982). Jede Form der **nationalsozialistischen Wiederbetätigung** wird auch durch §§ 3 ff VerbotsG 1947 verboten (vgl VfSlg 10.705/1985). Art 7 Z 5 StV v Wien verbietet weiters Organisationen, die darauf abzielen, der slowenischen und kroatischen Bevölkerung ihre Eigenschaft und ihre Rechte als Minderheit zu nehmen.

Im Übrigen sind Eingriffe in die Vereinsfreiheit verfassungsrechtlich nur zulässig, wenn sie zum Schutz der in Art 11 Abs 2 EMRK **taxativ aufgezählten Rechtsgüter** (zB Aufrechterhaltung der öffentlichen Sicherheit und Ordnung, Schutz der Rechte und Freiheiten anderer Personen) in einer demokratischen Gesellschaft „**notwendig**" sind (Grundsatz der Verhältnismäßigkeit). Ein solches Erfordernis kann sich insb auch zum Zweck des **Schutzes anderer Grundrechte** ergeben.

> So muss die Vereinsbehörde die Vereinsbildung untersagen, wenn die den Zwecken des Vereines (hier: „Verteidigung und Verbreitung der Katholischen Glaubenslehre") entsprechende Betätigung die grundrechtlich geschützten inneren Angelegenheiten einer gesetzlich anerkannten Religionsgesellschaft (Art 15 StGG) betrifft (VfSlg 16.395/2001).

Bereits unmittelbar aus dem Wesen der Vereinsfreiheit ist das Gebot abzuleiten, dass niemand gegen seinen eigenen Willen einem Verein angehören muss (sog „**negative Vereinsfreiheit**").

Eine gesetzliche Beschränkung der **„politischen Tätigkeiten"** von Ausländern lässt Art 16 EMRK zu.

c) Mittelbare Drittwirkung anderer Grundrechte

Bei der zivilrechtlichen Ausgestaltung der Vereinsorganisation ist auch auf allfällige **mittelbare Drittwirkungen*** anderer Grundrechte zu achten.

Da ein einzelnes Vereinsmitglied idR keinen Einfluss auf die Gestaltung der Vereinsstatuten hat und daher in einer dem Adressaten staatlicher Normen ähnlichen Unterlegenheitssituation ist, nimmt der OGH – wie etwa im Fall der Grundsätze des **fair trial** (Art 6 EMRK) – eine verstärkte Grundrechtsbindung an, sodass sich eine statutarische Regelung (zB über die Besetzung des Vereinsschiedsgerichtes) bei grundrechtskonformer Interpretation des § 879 Abs 1 ABGB im Einzelfall als nichtig erweisen kann (OGH 31.01.1996, 9 Ob 501/96).

III. Europarechtliche Bezüge

1. Grundrechte-Charta

Das Grundrecht, sich frei mit anderen zusammenzuschließen, wird auch in der Grundrechte-Charta der EU* ausdrücklich garantiert (Art 12 GRC; vgl dazu → *Versammlungsrecht*).

2. Grundfreiheiten des Binnenmarktes

Beteiligen sich ideelle Vereine (Vereinsverbände) unmittelbar am **Wirtschaftsleben** (s IV.4.), unterliegen diese Tätigkeiten auch den unionsrechtlichen Regelungen, namentlich den Grundfreiheiten des europäischen Binnenmarktes.

Daher waren Regelungen von Sportverbänden, die den (hier: zwischenstaatlichen) Vereinswechsel von Berufsfußballspielern von der Zahlung einer Transfer-, Ausbildungs- oder Förderungsentschädigung abhängig machten, wegen ihres **Widerspruchs zur Freizügigkeit der Arbeitnehmer** rechtswidrig (EuGH 15.12.1995, C-415/93 [Bosman]).

3. Europäischer Verein

Um Vereinen die Ausübung ihrer Tätigkeit im gesamten EU-Gebiet zu erleichtern, wurde bereits vor Jahrzehnten ein Vorschlag für eine VO des Rates über das Statut des Europäischen Vereins (ABl C 1993/236, 1) gemacht. Die Umsetzung des Vorhabens steht allerdings weiterhin aus.

IV. Vereinsbegriff

Ein Verein ist ein freiwilliger, auf Dauer angelegter, aufgrund von Statuten organisierter Zusammenschluss mindestens zweier Personen zur Verfolgung eines bestimmten, gemeinsamen, ideellen Zwecks (§ 1 Abs 1); es handelt sich um eine **privatrechtliche Gesellschaftsform**.

1. Freiwilligkeit

Die Freiwilligkeit des Zusammenschlusses erfordert, dass die Vereinsmitglieder – in Abgrenzung zu anderen, va öffentlich-rechtlichen Assoziationsformen – durch eigenen („freien") Willensentschluss dem Verein bei- bzw aus dem Verein wieder austreten können (**Verbot der Pflichtmitgliedschaft**).

Demgemäß müssen die Vereinsstatuten zwingend Bestimmungen über den Erwerb und die Beendigung der Mitgliedschaft enthalten (§ 3 Abs 2 Z 5). Gewisse sachliche Beschränkungen des Austritts aus dem Verein (zB Kündigungsfristen) sind zulässig, wenn nur der Austritt aus dem Verein innerhalb angemessener Frist rechtlich und faktisch ermöglicht bleibt.

2. Auf Dauer angelegter Zusammenschluss mindestens zweier Personen

Der Zusammenschluss muss auf Dauer angelegt sein. Nicht erforderlich ist, dass deshalb die Vereinstätigkeit zwingend auf unbestimmte Zeit ausgerichtet wird. Auch ein Zusammenschluss auf bestimmte Zeit oder bis zum Eintritt eines von vornherein festgelegten Zweckes (zB Errichtung eines Denkmals) ist ausreichend, wenn der Zusammenschluss nur eine – nach dem Einzelfall zu beurteilende – **„gewisse" Bestandsdauer** erreicht.

Auch wenn **Bürgerinitiativen, Komitees, Arbeitskreise** uÄ idR weder eine solche „gewisse" Bestandsdauer noch die erforderliche Organisationsstruktur aufweisen, schließt dies keineswegs aus, dass sie im Einzelfall auch Vereinscharakter annehmen können (OGH 29.01.1993, 1 Ob 617/92 – hier: Bürgerinitiative).

Der Zusammenschluss zu einem Verein kann nicht nur durch natürliche Personen, sondern auch durch **juristische Personen** (wie zB Vereine) erfolgen (s V.2.).

3. Aufgrund von Statuten organisierter Zusammenschluss

Der Zusammenschluss erfordert den Abschluss eines **zivilrechtlichen (Gesellschafts-) Vertrages** über die Organisation des Vereins („Statut", „Satzung"). Auch wenn bei der Ausgestaltung der Organisation den spezifischen Interessen der Vereinsgründer (bzw -mitglieder) eine relativ weite Gestaltungsfreiheit (als wesentliches Element der Vereinsfreiheit) zukommt, muss sie dennoch bestimmten gesetzlichen **Mindestanforderungen** entsprechen (§§ 3 ff).

4. Bestimmter, gemeinsamer, ideeller Zweck

Vereine müssen einen näher bestimmten, rechtlich zulässigen (s II.2.b.), „ideellen" Zweck verfolgen. Die Vereinstätigkeiten dürfen daher va **„nicht auf**

Gewinn berechnet" sein (§ 1 Abs 2). Letzteres schließt nicht aus, dass ein Verein auch erwerbswirtschaftlich tätig werden kann (vgl dazu § 1 Abs 5 und 6 GewO sowie → *Gewerberecht*). Nach der relativ „vereinsfreundlichen" stRsp des VfGH ist dabei nicht so sehr das Verhältnis von Haupt- und Nebentätigkeit ausschlaggebend (sog **„Nebenzweckprivileg"** – OGH 15.11.1983, 5 Ob 668/81 = JBl 1985, 95), sondern die **Verwendung des Gewinns**. Unzulässig ist, dass der Vereinszweck als solcher in einer Gewinnerzielungsabsicht besteht, der erwirtschaftete Gewinn den Vereinsmitgliedern oder Dritten zukommt (Verbot der Gewinnausschüttung bzw vereinswidrigen Vermögensentnahme) oder der Verein bloß als Deckmantel für die Erwerbstätigkeit anderer Personen missbraucht wird (**„Deckmantelverbot"**; s dazu VfSlg 4411/1963, 8844/1980, 9566/1982, 13.654/1993 uÄ). Bloße wirtschaftliche Vorteile für die Vereinsmitglieder als **„Nebeneffekt"** bedeuten dagegen noch nicht, dass der Verein auf Gewinn berechnet ist.

Dient der Zweck des Vereins primär der Erhaltung und Verwaltung von Vermögen (wie es etwa auch dem Stiftungsrecht eigen ist), liegt kein ideeller Zweck vor. Das gilt selbst dann, wenn – nach Abzug aller (also auch der Verwaltungs- und Personal-) Kosten – verbleibende Überschüsse ideellen Zwecken zugeführt würden. Erwirtschaftet der Verein nämlich keine Gewinne, dann erschöpft sich der Vereinszweck in der Erhaltung und Verwaltung der in fremdem Eigentum stehenden Vermögenswerte (VfSlg 19.260/2010).

Schließen Vereinsstatuten nicht aus, dass ein allfälliges Vereinsvermögen auf die Vereinsmitglieder aufgeteilt wird, und zwar nicht bloß das Vermögen, das dem Wert der von den Mitgliedern geleisteten Einlagen entspricht, sondern auch jenes, das vom Verein erwirtschaftet wurde, dient die Tätigkeit des Vereines dazu, einen von ihm erwirtschafteten Gewinn an seine Mitglieder auszuschütten (VfSlg 11.735/1987).

Sieht der in den Statuten vorgesehene Vereinszweck (Erbringung von Personenbeförderungsleistungen iSd GelVerkG) auch die Erbringung von Transportleistungen für Nichtmitglieder vor, dient der Verein als „Deckmantel" für die Erwerbstätigkeit anderer Personen (VfSlg 9879/1983).

Ein „Verband der Kraftfahrzeugversicherten" bezweckte dagegen nach seinen Statuten, „seinen Mitgliedern die Behebung und erleichterte Abwicklung von Kraftfahrzeugschäden zu ermöglichen"; als Mittel zur Erreichung des Vereinszweckes wurden „insbesondere" die „Auswahl leistungsfähiger Kraftfahrzeugstätten" für die Mitglieder, die „Prüfung der Qualität der KfZ-Reparaturen und der Angemessenheit der Preise", die „Beistellung von Leihwagen während der Reparaturdauer" und die „vereinfachte Verrechnung mit den Versicherungen" genannt. Auch wenn den Mitgliedern dadurch wirtschaftliche Vorteile erwuchsen, erachtete der VfGH den Verein als *nicht* (!) „auf Gewinn berechnet", weil der Verein weder „Überschüsse erzielen und diese etwa auf die Mitglieder ausschütten" wollte noch als Verein selbst „im Wirtschaftsleben gewinnstrebend [auftrat]" (VfSlg 9566/1982).

5. Ausnahmen

Das VerG sieht keine ausdrücklichen Ausnahmen vom Anwendungsbereich vor, weil mit der Vereinsdefinition (§ 1 Abs 1) der Anwendungsbereich ohnedies relativ eng bestimmt wird.

Historisch fand der **Begriff „Verein"** für vielfältige Assoziationsformen Verwendung. Deshalb wurden auf Gewinn berechnete Vereine oder Vereine für Bank- und Kreditgeschäfte sowie Versicherungsvereine auf Gegenseitigkeit, Sparkassen und Pfandleihanstalten früher ausdrücklich vom VerG ausgenommen und auf die „besonderen für sie bestehenden Gesetze" verwiesen (§ 2 VerG 1867/1951). Zu diesen Gesetzen zählte auch das Vereinspatent 1852, dessen subsidiäre Geltung aber inzwischen aufgrund speziellerer gesetzlicher Regelungen (zB BankwesenG, SparkassenG [„Vereine für Bank- und Kreditgeschäfte"], VersicherungsaufsichtsG [„Versicherungsvereine auf Gegenseitigkeit"], AktienG, GesmbH-G uÄ [„Vereine und Gesellschaften, welche auf Gewinn berechnet sind"]) obsolet geworden und durch das BundesrechtsbereinigungsG, BGBl I 191/1999 aufgehoben worden ist.

Klargestellt wird im Gesetz, dass das VerG auf Assoziationen, die „**nach anderen gesetzlichen Bestimmungen**" gebildet werden müssen oder – auf Grund freier Rechtsformwahl – gebildet werden können, keine Anwendung findet (§ 1 Abs 3).

§ 1 Abs 3 schließt allerdings nicht aus, dass eine Personenvereinigung Rechtspersönlichkeit sowohl nach dem VerG als auch nach dem **PartG** besitzen kann (OGH 31.01.2002, 6 Ob269/01d). Eine Unzulässigkeit erfordert besondere Regelungen in den verwiesenen „**anderen gesetzlichen Bestimmungen**" (wie zB im IslamG oder BelGG; s dazu sogleich unter a)).

Für **religiöse** oder **politische (Gesinnungs-) Gemeinschaften** stehen folgende besonderen (bzw alternativen) Organisationsformen zur Verfügung:

a) Kirchen, Religionsgesellschaften, Bekenntnisgemeinschaften

Gesetzlich anerkannte Kirchen und Religionsgesellschaften (zB Katholische, Evangelische Kirche, Israelitische Religionsgesellschaft, Islam) sind **(Personal-)Körperschaften öffentlichen Rechts**, die ihre Rechtspersönlichkeit nach dem AnerkennungsG 1874 oder auf der Grundlage von Sondergesetzen (zB IsraelitenG, IslamG) erlangt haben. Die Gründung von Vereinen, deren Vereinszweck (zB „Verbreitung der Katholischen Glaubenslehre, Veranstaltung von religiösen Feiern") in die **inneren Angelegenheiten einer Kirche (bzw Religionsgemeinschaft) gem Art 15 StGG** eingreift, ist aus grundrechtlichen Erwägungen zu untersagen (VfSlg 16.395/2001). Dementsprechend bestehen bei Vereinen, deren Vereinszweck auf die Ausübung eines Kultus abzielt, besondere Ermittlungspflichten der Behörde (§ 11 Abs 2).

Gesetzlich nicht anerkannte religiöse Gemeinschaften können im Wege eines speziellen Anerkennungsverfahrens nach dem BekGG durch Bescheid **Rechtspersönlichkeit als eingetragene religiöse Bekenntnisgemeinschaft** erlangen (zB Alt-Aleviten, Hindu, Bahai, Sikh). Im Unterschied zu den gesetzlich anerkannten Kirchen und Religionsgesellschaften wird durch die Anerkennung nicht gleichzeitig auch die Stellung einer Körperschaft des öffentlichen Rechts erworben.

Um zu vermeiden, dass beim Erwerb einer Rechtspersönlichkeit nach dem IslamG oder dem BekGG für ein und dieselbe Religionsgesellschaft oder

Bekenntnisgemeinschaft **zwei Rechtspersönlichkeiten** bestehen, müssen gleichzeitig jene **Vereine aufgelöst** werden, deren Zweck zuvor in der Verbreitung der Religionslehre der betreffenden Religionsgesellschaft oder Bekenntnisgemeinschaft bestand (§ 3 Abs 4 IslamG, § 2 Abs 4 BekGG). Davon unberührt bleiben jedoch sog „**Hilfsvereine**", welche nur der Unterstützung dienen (zB Moscheenbauvereine oder Vereine, die Personal zur Verfügung stellen).

b) Politische Parteien

Politische Parteien sind dauernde, organisierte Verbindungen von Menschen, die durch gemeinsame Tätigkeit auf eine umfassende Beeinflussung der staatlichen Willensbildung abzielen. Da ihre Existenz und Vielfalt zu den wesentlichen Bestandteilen der demokratischen Ordnung zählt (§ 1 Abs 1 PartG), können politische Interessengruppen auch als „**politische Partei**" Rechtspersönlichkeit nach dem PartG erlangen (Grundrecht auf Parteienfreiheit).

Die politischen Parteien gründen vielfach **gesonderte, politisch nahestehende Vereine** nach dem VerG. Aus diesem Grund wurde der Anwendungsbereich des PartG erstreckt. Er erstreckt sich nicht mehr nur auf die politische Partei ieS, sondern bezieht **zur Erfassung der gesamten Parteienstruktur** auch die den politischen Parteien nahestehenden Organisationen mit ein (§ 2 Z 3 PartG). Bedeutung kommt diesem erweiterten Anwendungsbereich insb bei den der Transparenz geschuldeten Regelungen zu Rechenschaftspflichten (§ 5 PartG), Spenden, Sponsoring, Inseraten uä (§§ 6 f PartG) zu.

Die Rechtspersönlichkeit einer politischen Partei entsteht durch Beschluss einer Satzung sowie deren **Hinterlegung beim BMI** (§ 1 Abs 4 PartG). Der BMI hat ab 01.01.2024 – nach dem Vorbild des Vereinsregisters – ein im Internet **öffentlich einsehbares Verzeichnis („Parteienregister")** zu führen, das den Namen der politischen Partei, die vertretungsbefugten Personen, das Datum der Hinterlegung der Satzung (Stand Ende 2021: 1.230 Satzungen) sowie die Satzung in der jeweils geltenden Fassung zu enthalten hat (§ 1 Abs 4 PartG). Satzungsänderungen sowie die Auflösung der politischen Partei müssen zur Wahrung der Aktualität des Parteienregisters dem BMI bekanntgegeben werden (§ 1 Abs 4 und 5 PartG).

Im Vergleich zur Vereinsbildung ist die Parteienbildung damit **wesentlich freier** gestaltet, weil sie ihre Grenze ausschließlich in den bundesverfassungsrechtlichen Bestimmungen findet (§ 1 Abs 3 PartG). Der BMI ist nicht ermächtigt, die Parteibildung bescheidmäßig zu untersagen oder die Hinterlegung der Satzung zurückzuweisen (VfSlg 9648/1983). Liegt ein **Verstoß gegen bundesverfassungsrechtliche Verbotsnormen** (zB VerbotsG) vor, hat die politische Gruppierung überhaupt **keine Rechtspersönlichkeit** als politische Partei erlangt, was erforderlichenfalls Verwaltungsbehörden (zB anlässlich der Anzeige einer Versammlung; → *Versammlungsrecht*) oder Gerichte selbstständig als Vorfrage* zu beurteilen haben (VfSlg 11.258/1987 – „Nationale Front").

V. Erscheinungsformen von Vereinen

1. Haupt- und Zweigvereine

Ein Verein kann seine Ziele auch als **Hauptverein** im Zusammenwirken mit mehreren, mit selbstständiger Rechtspersönlichkeit ausgestatteten, statutarisch aber dem Hauptverein untergeordneten **Zweigvereinen** verfolgen (§ 1 Abs 4 S 1). Das Abhängigkeitsverhältnis zwischen Haupt- und Zweigverein muss sich sowohl aus den Statuten des Hauptvereins als auch aus jenen des Zweigvereins ergeben.

Die Gründung von Zweigvereinen setzt den Bestand eines Hauptvereins voraus, die Auflösung des Hauptvereins zieht auch die Auflösung seiner Zweigvereine nach sich (VfSlg 1610/1948, 2100/1951, 2656/1954). Der Hauptverein hat allerdings keinen Rechtsanspruch auf Auflösung eines Zweigvereins, wenn der Zweigverein bspw die Statuten des Hauptvereins verletzt (VfSlg 7048/1973).

Von Zweigvereinen zu unterscheiden sind bloß nach örtlichen oder sachlichen Gesichtspunkten vorgenommene Untergliederungen von Vereinen in rechtlich unselbstständige **Zweigstellen** und **(Vereins-) Sektionen** (§ 1 Abs 4 S 2).

2. (Vereins-) Verbände, Dachverbände

Mehrere rechtlich selbstständige Vereine können sich auch zu einem **vereinsmäßig organisierten Verband**, mehrere solcher Verbände wiederum zu einem **Dachverband** zusammenschließen (§ 1 Abs 5). Eine Pflicht zur Führung der Bezeichnung „Verband"/„Dachverband" besteht in diesem Zusammenhang nicht.

Der Verein „Österreichischer Fußballbund (ÖFB)" ist bspw der Dachverband der vereinsmäßig organisierten Fußball-Landesverbände, denen wiederum gemeinnützige Fußballvereine mit Sitz in den betreffenden Bundesländern angehören.

VI. Vereinsgründung

Die Vereinsgründung ist ein privatrechtlicher Akt, der durch das VerG öffentlich-rechtlichen Beschränkungen unterworfen ist.

Es ist dabei zwischen **interner** und **äußerer Gründung** des Vereins zu unterscheiden (§ 2 Abs 1). Der Abschluss einer zivilrechtlichen Vereinbarung über ein Vereinsstatut durch die Vereinsgründer führt zunächst zur **Errichtung** des Vereins. Die **Entstehung** des Vereins als juristische Person verlangt darüber hinaus eine (stillschweigende, ausdrückliche) „positive" Erledigung der Vereinserrichtungsanzeige durch die Vereinsbehörde (§ 13 Abs 1 und 2).

Eine organschaftliche Konstituierung des Vereins ist für die Entstehung der Rechtspersönlichkeit nicht zwingend erforderlich (s VIII.2.a.). Die Vereinsorgane können vor oder nach der Entstehung des Vereins bestellt werden.

Bis zur Bestellung der Vereinsorgane sind die Gründer von Gesetzes wegen Vertreter des Vereins (§ 2 Abs 2).

1. Vereinserrichtung

Die „**Vereinsstatuten**" („Satzung", „Vereinsverfassung") stellen einen multilateralen, zivilrechtlichen (Gesellschafts-)Vertrag über die Vereinsorganisation (Beziehungen der Vereinsmitglieder untereinander sowie zum Verein) dar. Auch wenn sie überwiegend nach den konkreten Interessen und Vorstellungen der Vereinsgründer (bzw -mitglieder) gestaltet werden können (§ 3 Abs 1 – **Grundsatz der Vereinsautonomie**), müssen sie bestimmte – von der Vereinsbehörde zu überprüfende (s VI.3.) – gesetzliche **Mindesterfordernisse** erfüllen (§ 3 Abs 2).

Die an sich aufgrund eines zivilrechtlichen Vertrages entstandenen Vereinsstatuten sind – nach der Rsp der VfGH – ausnahmsweise wie **generelle Normen** (§§ 6 f ABGB) auszulegen, sodass es bei der Interpretation auf den jeweiligen objektiven Sinn ankommt (VfSlg 8844/1980, 9366/1982, 9589/1982, 11.745/1988).

- **Vereinsname** (§ 3 Abs 2 Z 1, § 4 Abs 1): Der Vereinsname muss einen Schluss auf den Vereinszweck zulassen und darf nicht irreführend sein. Er darf auch keinen Anlass zu Verwechslungen mit anderen Vereinen, Einrichtungen und Rechtsformen (zB „Stiftung", „Fonds") geben. Die Namenswahl wird überdies durch gesetzlich geschützte Bezeichnungen (zB „Universität" uÄ) eingeschränkt.

  Die Bezeichnung „*Gewerkschaft*" lässt keinen Schluss auf den tatsächlichen Vereinszweck zu, wenn der Vereinszweck nicht die Interessen der Arbeitnehmer, sondern der Wirtschaftstreibenden dient (VfGH 04.10.1977, B 322/76). Auch wenn sich ein Verein mit dem Zusatz „*Kammer*" im Vereinsnamen bezeichnet, können Irrtümer über den Aufgabenbereich des Vereins entstehen. Mit „*Kammer*" werden nämlich öffentlich-rechtliche Körperschaften mit Zwangsmitgliedschaft bezeichnet (zB AK, Rechtsanwaltskammer; vgl VfGH 17.10.1957, B 16/57). Der Verein „*Sozial-kulturelle griechische Gemeinde Wien*" ist verwechslungsfähig mit der griechisch-orthodoxen Kirchengemeinde (VfSlg 11.199/1986).

- **Vereinssitz** (§ 3 Abs 2 Z 2, § 4 Abs 2): Der Verein muss seinen Vereinssitz in Österreich festlegen (Angabe des Ortes, der Gemeinde). Da der Vereinssitz nicht der Ort der Entfaltung der Vereinstätigkeit ist, sondern der Ort der **Leitung und (Haupt-) Verwaltung** des Vereines, muss der Tätigkeitsbereich des Vereins nicht ausschließlich in Österreich liegen. Daher kann durchaus auch ein „**internationaler**" Verein betrieben werden.

  Verlegt ein Verein seinen Sitz in das Ausland, verliert er seine Rechtspersönlichkeit (VfSlg 12.109/1989). In diesem Fall wird eine freiwillige Vereinsauflösung (§ 28) ohne ausdrücklichen Auflösungsbeschluss angenommen.

- **Vereinszweck, -tätigkeiten und -mittel** (§ 3 Abs 2 Z 3 und 4): Neben der klaren, bestimmten und vollständigen Angabe eines **ideellen Zweckes** (zB

Interessenvertretung; s IV.4.) müssen auch die konkret beabsichtigten **Tätigkeiten** abschließend festgelegt werden. Die Statuten müssen weiters Auskunft geben, mit welchen **finanziellen Mitteln** (zB Spenden, erwerbsmäßige Tätigkeiten, Mitgliedsbeiträge, Subventionen) die Vereinstätigkeiten bestritten werden sollen.

> Im Fall der **Ausführung anderer Vereinstätigkeiten** als den in den Statuten angegebenen Tätigkeiten kommt eine behördliche Vereinsauflösung in Betracht (s VIII.2.), selbst wenn auch diese Tätigkeiten noch dem Vereinszweck dienen sollten.

- **Vereinsmitgliedschaft** (§ 3 Abs 2 Z 5): Es sind zwingend Bestimmungen über den **Erwerb** und die **Beendigung** der (Vereins-)Mitgliedschaft in die Statuten aufzunehmen. Die konkrete Ausgestaltung bleibt weitgehend der Vereinsautonomie vorbehalten. Es ist in diesem Rahmen zulässig, verschiedene Arten von Mitgliedschaften zu schaffen (zB Vollmitglieder, fördernde Mitglieder, Ehrenmitglieder) sowie bei der Mitgliedschaft zB an bestimmte Wohnsitzerfordernisse anzuknüpfen (OGH 29.11.2013, 8 Ob 112/13y). Unzulässig ist jedoch – auch iZm der zu wahrenden „**negativen Vereinsfreiheit**" – jede Form der Zwangsmitgliedschaft (s II.2.b., IV.1.), sodass ein Vereinsaustritt binnen angemessener Frist (zB zum Schluss des Kalenderjahrs) ermöglicht sein muss.
- **Rechte und Pflichten der Vereinsmitglieder** (§ 3 Abs 2 Z 6): Auch die Rechte und Pflichten (zB Mitgliedsbeiträge) der Vereinsmitglieder unterliegen einer weitreichenden Gestaltungsfreiheit. Verschiedene (Mitwirkungs-, Informations-) Rechte ergeben sich jedoch unmittelbar aus zwingenden gesetzlichen Bestimmungen.

> Bspw kann ein Zehntel der Mitglieder jederzeit vom Leitungsorgan die Einberufung der **Mitgliederversammlung** (§ 5 Abs 2) oder Informationen über Vereinstätigkeit und Finanzgebarung des Vereins verlangen (§ 20).

- **Obligatorische Vereinsorgane, Beschlusserfordernisse** (§ 3 Abs 2 Z 7 bis 9, §§ 5 und 6): In den Vereinsstatuten sind die Vereinsorgane, deren Bestellung, Aufgaben und Funktionsperiode sowie Beschlusserfordernisse (Präsenz-, Konsensquoren) zu bestimmen. Ein Verein muss als Vereinsorgane jedenfalls die Mitgliederversammlung sowie ein oder mehrere Organe als Leitungsorgan(e) vorsehen (§ 5 Abs 1):
Die **Mitgliederversammlung** ist regelmäßig das oberste willensbildende Vereinsorgan. Alle ordentlichen Mitglieder haben Sitz und Stimme, wichtige Grundsatzfragen (zB Änderung der Vereinsstatuten, Bestellung der Organe) sind diesem Organ statutarisch vorzubehalten. Die Mitgliederversammlung ist zumindest alle fünf Jahre oder auf Antrag eines Zehntels der Mitglieder vom Leitungsorgan einzuberufen (s VII.4.).

> Für den Fall, dass aufgrund der großen Mitgliederzahl eine Vollversammlung nicht möglich oder untunlich ist (sog „**Publikumsvereine**"), kann die Willensbildung auch

im Rahmen eines Repräsentationsorgans der Mitglieder (sog „Delegiertenversammlung") erfolgen (§ 5 Abs 2).

Dem **Leitungsorgan** (zB „Vereinsvorstand", „Präsidium") obliegt die **Führung der (Vereins-)Geschäfte** sowie die **Außenvertretung** des Vereins (s VII.3.). Es muss aus **mindestens zwei Personen** bestehen (sog „Vier-Augen-Prinzip"). Es ist sowohl zulässig, die Geschäftsführungs- und Vertretungsaufgaben innerhalb eines Organs aufzuteilen („Ressortverteilung") als auch für die Geschäftsführung und die Außenvertretung jeweils eigene, voneinander verschiedene (gemeinsam aber das „Leitungsorgan" iSd § 5 Abs 3 bildende) Organe einzurichten (§ 5 Abs 3).

Es ist daher zulässig, dass der Verein zwei unterschiedliche Organe, zB einen **Vereinspräsidenten** und einen **Geschäftsführer** einrichtet, die gemeinsam das Leitungsorgan („Vereinsvorstand") bilden.

Soweit die Vereinsstatuten nichts über die gemeinsame oder alleinige Ausübung von Leitungsfunktionen vorsehen, ist **im Zweifel Gesamtgeschäftsführung** und **Gesamtvertretung** aller Mitglieder des Leitungsorgans anzunehmen (§ 6 Abs 1 und 2). Eine Beschränkung der Vertretungsbefugnisse einzelner Organmitglieder nach außen (gegenüber Dritten) kann nicht rechtswirksam festgelegt werden (**organschaftliche Formalvollmacht**); im Innenverhältnis ist sie aber zulässig (§ 6 Abs 3). Weiters ist vorgesehen, dass mangels anderer Regelung in den Statuten (zB qualifizierte Mehrheiten, Einstimmigkeit) für die Beschlussfassung im Bereich der Gesamtgeschäftsführung die einfache Stimmenmehrheit genügt (§ 6 Abs 1).

- **Fakultative Aufsichtsorgane** (§ 5 Abs 4): Es besteht grundsätzlich keine Pflicht des Vereins, auch ein Aufsichtsorgan zu bestellen. Sehen die Statuten aber die Einrichtung eines Aufsichtsorgans vor, muss die Bestellung von mindestens **drei unabhängigen** und **unbefangenen Personen** durch die Mitgliederversammlung vorgesehen werden (§ 5 Abs 4). Die Aufsichtsorgane dürfen grundsätzlich keinem Vereinsorgan angehören, dessen Tätigkeiten geprüft werden sollen. Die Vereinsmitgliedschaft gilt hingegen mit der Funktion im Aufsichtsorgan als vereinbar, selbst wenn die Mitgliederversammlung nach der statutarischen Aufgabenverteilung ausnahmsweise Angelegenheiten der Geschäftsführung besorgt (§ 5 Abs 4 S 4).
- **Rechnungs- und Abschlussprüfung** (§ 5 Abs 5): Vereine sind verpflichtet, die Bestellung von mindestens zwei unabhängigen und unbefangenen Rechnungsprüfern (oder bei großen Vereinen: Abschlussprüfern) vorzunehmen. Die Rechnungsprüfer können statutarisch als Vereinsorgane vorgesehen werden, andernfalls müssen sie jeweils unmittelbar nach Maßgabe der gesetzlichen Bestimmungen von der Mitgliederversammlung bestellt werden. Ist die Bestellung vor der nächsten Mitgliederversammlung unbedingt erforderlich, kann die Auswahl und Bestellung auch vom Aufsichtsorgan oder dem Leitungsorgan vorgenommen werden (§ 5 Abs 5).

- **Streitschlichtung** (§ 3 Abs 2 Z 10, § 8): In den Vereinsstatuten ist eine Streitschlichtungseinrichtung zur außergerichtlichen, vereinsinternen Beilegung von sowohl **rechtlichen** als auch **sonstigen, „reinen" Vereinsstreitigkeiten** vorzusehen.

  Eine „reine" Vereinsstreitigkeit stellt – nach den ErlRV – bspw die Frage dar, ob bei einer Vereinsveranstaltung ein bestimmter Ehrengast eingeladen werden soll oder nicht. IdR sind Vereinsstreitigkeiten aber **Rechtsstreitigkeiten** (zB über einen Vereinsausschluss, die Bestellung und Funktionsperiode von Organwaltern, Zuständigkeitsstreitigkeiten zwischen Organen uÄ).

  Die konkrete Ausgestaltung der Streitschlichtungseinrichtung sowie die Einrichtung vereinsinterner Rechtszüge bleibt grundsätzlich den Vereinsstatuten vorbehalten, in verfahrensrechtlicher Hinsicht müssen aber grundlegende Einrichtungen eines **fairen, rechtstaatlichen Verfahrens** (zB Unbefangenheit, Gewährung beiderseitigen Gehörs) gewahrt werden (§ 8 Abs 2).
  Reine Vereinsstreitigkeiten werden vereinsintern endgültig entschieden. In **Rechtsstreitigkeiten** kann dagegen nach Beendigung des Schiedsverfahrens (bzw – spätestens – nach Ablauf einer Frist von sechs Monaten ab Anrufung der Schlichtungseinrichtung) auch ein ordentliches Gericht angerufen werden (§ 1 JN), außer die Streitschlichtungseinrichtung wurde als Schiedsgericht (iSd §§ 577 ff ZPO) eingerichtet (§ 8 Abs 1).

  Die Streitschlichtungseinrichtungen der Vereine sind regelmäßig nicht als Schiedsgerichte (iSd §§ 577 ff ZPO) eingerichtet. In diesem Fall ist der statutarische Ausschluss des Rechtsweges für Rechtsstreitigkeiten in Vereinsangelegenheiten daher unzulässig und unwirksam.

- **Vereinsauflösung** (§ 3 Abs 2 Z 11, § 28 Abs 1, § 30 Abs 2): In den Statuten ist weiters vorzusehen, unter welchen Voraussetzungen (zB qualifizierter Mehrheitsbeschluss der Mitgliederversammlung) ein Verein sich selbst freiwillig auflösen kann (§ 28 Abs 1) und auf welche Weise nachfolgend das Vereinsvermögen zu verwerten ist.

  Eine Vermögensverteilung an die Vereinsmitglieder kann zwar grundsätzlich vorgesehen werden, den Vereinsmitgliedern dürfen aber in diesem Zusammenhang nur die eingebrachten Einlagen zurückerstattet werden (§ 30 Abs 2; s IV.4. und VfSlg 11.735/1988). Unter „Einlagen" werden auch Sacheinlagen, nicht aber Arbeitsleistungen verstanden.

2. Vereinsentstehung

Die Vereinsgründer oder die nach den Vereinsstatuten bereits bestellten organschaftlichen Vertreter (§ 2 Abs 2) haben vor Aufnahme der Tätigkeit die Errichtung des Vereins unter Angabe personen- und funktionsbezogener Daten sowie Beilage der vereinbarten Statuten der zuständigen Vereinsbehörde schriftlich anzuzeigen (vgl §§ 11 Abs 1, 31 Z 1 – sog **„Errichtungsanzeige"**).

Die Vereinsbehörde hat in der Folge längstens innerhalb von **vier** bzw **sechs Wochen** im Fall einer bescheidmäßigen Verlängerung (vgl § 12 Abs 2 und 3) die Vereinsstatuten auf ihre Gesetzmäßigkeit zu überprüfen (s VI.3.). Besteht der ideelle Vereinszweck in der **Ausübung eines religiösen Kultes**, hat die Vereinsbehörde zum grundrechtlichen Schutz der inneren Angelegenheiten von Kirchen oder Religionsgemeinschaften (Art 15 StGG) den Bundeskanzler als oberste Kultusbehörde in das Ermittlungsverfahren einzubeziehen (§ 11 Abs 2; vgl dazu II.2.b.).

Die Vereinsbehörde hat überdies die Pflicht, den Vereinsgründern im Rahmen des Parteiengehörs (§§ 37, 45 Abs 3 AVG) Gelegenheit zu geben, die vorgelegten Statuten, gegen deren Rechtmäßigkeit sie allenfalls punktuelle Bedenken hat, zu **verbessern** (vgl zB VfSlg 9366/1982, 11.745/1988, 11.746/1988). Behördliche Beschränkungen des Vereinszweckes mittels Vorschreibung von **Auflagen, Bedingungen** und **Befristungen** sind mangels gesetzlicher Ermächtigung nicht zulässig.

Gibt die Vereinsbehörde innerhalb dieser Frist keine der Vereinsgründung entgegenstehende Erklärung ab (§ 13 Abs 1 – „**stillschweigende**" **Einladung**) oder werden die Anzeiger bereits vor Fristablauf zur Aufnahme der Vereinstätigkeit ausdrücklich mit **Bescheid** eingeladen (§ 13 Abs 2), entsteht der Verein als **juristische (Rechts-)Person** und kann seine Tätigkeit aufnehmen (s VII.). Die Vereinsbehörde hat den Anzeigern eine unbeglaubigte Abschrift der Vereinsstatuten und einen Vereinsregisterauszug zu übermitteln (§ 13 Abs 1). Der Verein ist verpflichtet, seine organschaftlichen Vertreter innerhalb eines Jahres, auf Antrag auch innerhalb einer verlängerten Frist zu bestellen, ansonsten der Verein von der Vereinsbehörde wieder aufzulösen ist (§§ 2 Abs 3, 29).

3. Nichtgestattung der Vereinsgründung

Stellt die Vereinsbehörde dagegen bei der Überprüfung der Vereinsstatuten fest, dass der Verein
- nach seinem Zweck (§ 1 Abs 1), seinem Namen (§ 4) oder seiner Organisation (§§ 1 Abs 3, 4 ff) **gesetzwidrig** (iSd VerG oder anderer Rechtsvorschriften, wie zB dem StGB, VerbotsG) ist **und**
- die Untersagung aus einem der **in Art 11 Abs 2 EMRK angeführten Gründe** (zB „Aufrechterhaltung der öffentlichen Ordnung und Sicherheit"; „Schutz der Rechte und Freiheiten anderer") **notwendig** ist (vgl auch VIII.2.),

hat sie – unter Wahrung des Parteiengehörs (§§ 37, 45 Abs 3 AVG) – **mit Bescheid** zu erklären, dass die Gründung eines Vereins nicht gestattet wird (§ 12 Abs 1 – „**Untersagung**").

Die Untersagung der Gründung eines Vereins für Sterbehilfe war bis in jüngste Zeit wegen dem zu diesem Zeitpunkt geltenden generellen Verbot der Mitwirkung am Selbstmord (§ 78 StGB idF vor dem SterbeverfügungsG, BGBl I 242/2021) zulässig (VfSlg 20.057/2016).

Auch die Untersagung aus Gründen der **Verwechslungsfähigkeit** des Vereinsnamens (s VI.1.) ist zum Schutz der Rechte und Freiheiten anderer Personen (hier: Vereine) sowohl erforderlich als auch verhältnismäßig (iSd Art 11 EMRK).

Die bloße Möglichkeit einer **missbräuchlichen Anwendung der Statuten** reicht dagegen für eine Untersagung noch nicht aus. Eine solche Vermutung wird daher den Anlass bilden (müssen), der Tätigkeit des Vereins besonderes Augenmerk zu schenken, um im Fall eines tatsächlichen Missbrauches die Auflösung des Vereines zu verfügen (VfSlg 2208/1951, 2334/1952, 4936/1965).

Da die Erklärung ehestmöglich, spätestens vier (bzw sechs Wochen – s V.2.) nach Einlangen der Errichtungsanzeige zu ergehen hat, sieht § 12 Abs 5 Erleichterungen bei der Zustellung der Untersagungserklärung vor. Bereits der Zustellversuch an der von den Anzeigern angegebenen Abgabestelle (iSd § 4 ZustellG) wahrt die Rechtzeitigkeit der behördlichen Erledigung.

Wurde die Vereinsbildung versehentlich oder aufgrund unzutreffender Rechtsansicht nicht untersagt oder nicht fristgerecht untersagt (iSd § 12 Abs 1), kann – anders als etwa im → *Versammlungsrecht* – die Unterlassung nicht dadurch richtig gestellt werden, dass nach unbeanstandet gebliebener Vereinsbildung mit Auflösung (§ 29) vorgegangen wird. Erst wenn der Verein **nach seiner Bildung** eine Tat setzt, die einen Auflösungsgrund bildet, kann mit behördlicher Auflösung vorgegangen werden (VfSlg 1608/1948, 2468/1953, 19.208/2010). Als Auflösungsgründe iSd § 29 VerG („Bedingungen seines rechtlichen Bestandes nicht mehr entspricht") können allerdings auch die Untersagungsgründe des § 12 VerG herangezogen werden (VfSlg 9567/1982 zum VerG 1951).

Auf die Untersagung eines Vereines besteht kein subjektiv-öffentliches Recht betroffener Dritter. Diese Maßnahme dient ausschließlich dem **öffentlichen Interesse**, wie zB im Fall der Gesetzwidrigkeit eines verwechslungsfähigen Vereinsnamens (§ 4 Abs 1) dem Interesse der Öffentlichkeit an einem Schutz vor namensmäßiger Irreführung (VwGH 20.01.2004, 2003/01/0611).

VII. Vereinstätigkeit

1. Beginn der Vereinstätigkeit

Schon vor der Befassung der Vereinsbehörde können erste organschaftliche Vertreter bestellt werden (§ 2 Abs 2). Darüber hinausgehende Vereinstätigkeiten, wie zB der Abschluss von Rechtsgeschäften im Namen des noch nicht errichteten Vereins, sind **öffentlich-rechtlich** erst nach Anzeige der Errichtung des Vereins bei der Vereinsbehörde zulässig (§ 31 Z 1). **Zivilrechtlich** haften für vorvereinliche Rechtsgeschäfte bis zur Entstehung des Vereins als Rechtsperson (§ 13) die Vereinsgründer oder die allenfalls bereits bestellten organschaftlichen Vertreter nach dem Modell der sog **„Handelndenhaftung"** (§ 2 Abs 4; vgl ähnlich §§ 2 Abs 1 GmbHG, 34 Abs 1 AktG). Die Rechtsgeschäfte bleiben aber bis zur Entstehung des Vereins schwebend unwirksam. Nach der Entstehung des Vereins werden die Rechte und Pflichten für den

Verein unmittelbar wirksam, ohne dass es einer besonderen Genehmigung durch Vereinsorgane oder Gläubiger bedarf (§ 2 Abs 4 S 2).

Wird die Vereinsgründung dagegen von der Vereinsbehörde nicht gestattet (§ 12 Abs 1), bleibt es bei der Handelndenhaftung.

2. Konstituierung des Vereins

Wenngleich eine Konstituierung des Vereins für die Entstehung des Vereins als Rechtsperson nicht erforderlich ist, bleibt sie für seinen **Fortbestand** von rechtlicher Relevanz.

Die Konstituierung erfolgt in der Praxis durch Einberufung und Durchführung der ersten Mitgliederversammlung („konstituierende Generalversammlung") sowie Wahl und Bestellung der statutarisch vorzusehenden Vereinsorgane.

Erfolgt die Bestellung der ersten organschaftlichen Vertreter nicht innerhalb eines Jahres, hat die Vereinsbehörde den Verein wieder aufzulösen (s VIII.2.). Die Frist zur Konstituierung kann auf Antrag verlängert werden, wenn die Einhaltung der Frist durch ein unvorhergesehenes oder unabwendbares Ereignis ohne Verschulden verhindert wurde (§ 2 Abs 3).

3. Geschäftsführung, Außenvertretung

Die Geschäftsführung und Außenvertretung hat von den Mitgliedern des Leitungsorgans nach Maßgabe der „klaren und umfassenden Angaben" in den Vereinsstatuten **einzeln** oder **gemeinsam** zu erfolgen (§ 3 Abs 2 Z 7; s V.1.). Soweit in den Statuten im **Innenverhältnis** nicht ausdrücklich eine Einzelvertretung vorgesehen ist, hat *ex lege* eine Gesamtgeschäftsführung und -vertretung zu erfolgen, wobei zur Beschlussfassung im Zweifel die einfache Stimmenmehrheit erforderlich ist. Im **Außenverhältnis** gegenüber Dritten gelten die im Innenverhältnis zulässigen statutarischen Beschränkungen (zB auch über interne Genehmigungsvorschriften) allerdings nicht (§ 6 Abs 3; sog **organschaftliche Formalvollmacht**).

Unter **Geschäftsführung** werden alle rechtlichen und faktischen (zB Korrespondenz, Buchführung) Tätigkeiten im Innenverhältnis verstanden, die auf die Verfolgung des Vereinszwecks zielen. Wirken diese Tätigkeiten auch im Außenverhältnis gegenüber Dritten, stellt die Geschäftsführung bereits eine **Außenvertretung** dar (zB beim Abschluss eines Mietvertrages).

Insichgeschäfte erfordern eine vereinsinterne Zustimmung eines anderen zur Vertretung oder Geschäftsführung befugten Organwalters (§ 6 Abs 4).

Gesetzwidrige oder statutenwidrige Beschlüsse der Vereinsorgane sind bis zur Streitschlichtung (§ 8) oder bis zu ihrer erfolgreichen, fristgerechten gerichtlichen Anfechtung durch ein betroffenes Vereinsmitglied gültig, außer Inhalt und Zweck des verletzten Gesetzes oder die guten Sitten erfordern die absolute Nichtigkeit von Beschlüssen (§ 7).

4. Vereinsversammlungen

Mitgliederversammlungen sind nach Maßgabe der statutarischen Aufgaben, jedenfalls aber **zumindest alle fünf Jahre** einzuberufen. Mindestens ein Zehntel der Mitglieder (§ 5 Abs 2) oder die Rechnungsprüfer (§ 21 Abs 5) können darüber hinaus jederzeit die Einberufung vom Leitungsorgan verlangen und erforderlichenfalls sogar selbst vornehmen.

Auf – ex lege als geladene Gäste anzusehende (§ 10) – Vereinsmitglieder und sonstige vom Verein persönlich geladene Gäste beschränkte **Vereinsversammlungen** müssen nicht als Versammlungen angezeigt werden (§ 2 Abs 1 VersG 1953), eine Entsendung von Behördenvertretern zu diesen Versammlungen ist unzulässig (§ 12 VersG 1953; → *Versammlungsrecht*).

5. Informationsrechte und -pflichten

Das Leitungsorgan des Vereins ist jedem Vereinsmitglied gegenüber zur Ausfolgung der Vereinsstatuten (§ 3 Abs 3) sowie zur Information über Tätigkeiten und Finanzgebarung des Vereins in jeder Mitgliederversammlung verpflichtet (§ 20). Auf begründeten Antrag mindestens eines Zehntels der Vereinsmitglieder können solche Informationen auch außerhalb von Mitgliederversammlungen verlangt werden. Besondere Informationspflichten ergeben sich iZm der Rechnungslegung und -prüfung (§ 21 Abs 4).

Informationsrechte müssen erforderlichenfalls im ordentlichen Rechtsweg bei den Gerichten durchgesetzt werden. Eine behördliche Vereinsauflösung kommt mE nicht in Betracht.

6. Rechnungslegung, Rechnungsprüfung

Das Leitungsorgan des Vereins hat weiters zum Zwecke der Transparenz und Kontrolle der Finanzgebarung ein nach Größenklassen differenziertes Rechnungswesen einzurichten, dessen Prüfung in Hinsicht auf die Ordnungsmäßigkeit der Rechnungslegung und die statutengemäße Verwendung der Mittel bei kleinen und mittelgroßen Vereinen **unabhängigen** und **unbefangenen Rechnungsprüfern** (§ 5 Abs 5) bzw bei großen Vereinen **berufsmäßigen Abschlussprüfern** (§ 22 Abs 2) zumindest einmal im Jahr obliegt (§§ 21, 22). Rechnungsprüfer und Abschlussprüfer werden regelmäßig von der Mitgliederversammlung ausgewählt (§ 5 Abs 5).

Rechnungsprüfer sind selbst bei Feststellung erheblicher Unregelmäßigkeiten ausschließlich vereinsintern berichtspflichtig (§ 21 Abs 4). Sie können aber auch die Einberufung der Mitgliederversammlung vom Leitungsorgan verlangen, sie erforderlichenfalls sogar selbst einberufen (§ 21 Abs 5). Sind dagegen dem **Abschlussprüfer** Tatsachen erkennbar geworden, die eine Bestandsgefährdung des Vereins befürchten lassen, hat er eine Mitteilungspflicht gegenüber der Vereinsbehörde, die im Vereinsregister ersichtlich zu machen ist (§ 22 Abs 5).

7. Anzeigepflichten

Die zur Außenvertretung berufenen Organwalter des Leitungsorgans sind verpflichtet, **Änderungen in den Vereinsstatuten** (§ 14 Abs 1) und der organschaftlichen Vertretung oder der Vereinsanschrift (§ 14 Abs 2) sowie die freiwillige Auflösung und Beendigung der Abwicklung (§ 28) bei der Vereinsbehörde binnen vier Wochen anzuzeigen. Die Verletzung dieser Anzeigepflichten stellt eine Verwaltungsübertretung dar (vgl § 31 Z 4).

Die Anzeigepflichten treffen *ex lege* die zur Vertretung berufenen Organwalter (§ 31 Z 4) und nicht den „Verein". Es handelt sich daher bei der Verletzung von Anzeigepflichten auch nicht um „besondere Fälle der Verantwortlichkeit" der juristischen Person (iSd § 9 VStG). Eine Bestellung eines verantwortlichen Beauftragten ist in diesem Zusammenhang daher ebenfalls ausgeschlossen.

Die Vereinsbehörde ist in diesem Zusammenhang grundsätzlich nicht verpflichtet, auch die Rechtmäßigkeit der angezeigten (Neu-) Bestellung eines Organes (zB Vereinsvorstand) zu überprüfen (vgl VfSlg 17.049/2003 sowie *Krejci* in FS Iro, 116; s auch unten X.).

8. Statutenänderung

Auf Statutenänderungen („**Vereinsumbildung**") finden die Bestimmungen über die Vereinsgründung (§§ 1 bis 13) sinngemäß Anwendung.

Der Beschluss über die Statutenänderung ist vom zur Außenvertretung berufenen Organwalter des Leitungsorgans bei der Vereinsbehörde anzuzeigen (**Umbildungsanzeige**).

9. Zivilrechtliche Haftung

Für Verbindlichkeiten des Vereins haftet grundsätzlich allein der Verein mit seinem Vermögen (sog „Trennungsprinzip"). Eine persönliche Haftung der Organwalter (oder Vereinsmitglieder) gegenüber Dritten kommt nur ausnahmsweise zum Tragen (§ 23). Organwalter und Rechnungsprüfer haften aber dem Verein gegenüber, wenn sie schuldhaft ihre gesetzlichen oder statutarischen Pflichten verletzen (zB zweckwidrige Verwendung von Vermögen vgl dazu § 24 Abs 2). Seit der VerGNov 2011 sind **Haftungsprivilegien für ehrenamtliche Organwalter** vorgesehen. Sie haften nur bei Vorsatz oder grober Fahrlässigkeit, wenn nicht anderes vereinbart oder in den Statuten festgelegt ist (vgl dazu im Detail *Schürz*, Zak 2012, 4).

VIII. Beendigung des Vereins

Die Rechtspersönlichkeit des Vereins endet mit der **behördlichen Eintragung** der (freiwilligen, behördlichen) Auflösung (§§ 28, 29), bei Erfordernis einer Vermögensverwertung vollständig erst mit der behördlichen Eintragung der Beendigung seiner Abwicklung (§ 30) in das **Vereinsregister** (§§ 27, 16 Abs 1 Z 12).

Während die Erlangung der Rechtspersönlichkeit nicht von der Eintragung ins Vereinsregister abhängig ist (§ 13 Abs 1 und 2), endet die Rechtspersönlichkeit „aus Gründen der Rechtssicherheit" (RV 990 BlgNR XXI. GP) ausdrücklich erst mit dem **amtlichen Publizitätsakt** (konstitutive Wirkung der Eintragung).

Während der Abwicklung kommt dem Verein nur mehr eine auf die zum Zwecke der Liquidation erforderlichen Rechte und Pflichten **eingeschränkte Rechtspersönlichkeit** zu (VfSlg 18.005/2006).

1. Freiwillige Vereinsauflösung

Die freiwillige Auflösung und die Verwertung des Vereinsvermögens hat nach den zwingend in den Statuten vorzusehenden Modalitäten zu erfolgen (§§ 28 Abs 1, 3 Abs 2 Z 11 – zB qualifizierter Mehrheitsbeschluss der Mitgliederversammlung; Zeitablauf). Die Vereinsauflösung ist der Vereinsbehörde unter Angabe verschiedener Daten (zB Datum der Auflösung; allfällige Bestellung eines Abwicklers) binnen vier Wochen mitzuteilen.

Im wesentlichen Unterschied zur alten Rechtslage nach dem VerG 1951 (VfSlg 16.298/2001) hat die behördliche Kenntnisnahme der Mitteilung durch Eintragung in das Vereinsregister **konstitutive Wirkung** auf den Rechtsbestand des Vereines (Untergang der Rechtspersönlichkeit). Deshalb stellt die Rechtmäßigkeit der (statutarischen/zivilrechtlichen) Auflösung, die als Hauptfrage grundsätzlich von den ordentlichen Gerichten zu beurteilen ist (§ 1 JN), im freiwilligen Vereinsauflösungsverfahren nunmehr eine **Vorfrage*** (iSd § 38 AVG) dar. Im Fall einer nicht den Statuten entsprechenden Auflösung hat die Vereinsbehörde – bei verfassungskonformer Interpretation (Rechtsstaatsprinzip) – die Mitteilung der Vereinsauflösung aus Rechtsschutzgründen mit **Bescheid** zurück- oder abzuweisen.

Die Vereinsbehörde hat die freiwillige Auflösung im Vereinsregister ersichtlich zu machen und die historischen Daten des Vereins bis ein Jahr nach der Auflösung (bzw Abwicklung) evident und für Dritte abfragbar zu halten (§§ 28 Abs 3, 30 Abs 5).

Bei einer **behördlichen Säumnis** hinsichtlich der faktischen Vornahme der erforderlichen Eintragungen ins Vereinsregister steht nach dem VerG an sich **kein vereinsrechtlicher Rechtsbehelf** zur Verfügung. Eine Unterlassung kann aber eine Verletzung von Rechten bei der Besorgung der Sicherheitsverwaltung (iSd § 88 Abs 2 SPG – s X.2.a.) darstellen. Darüber hinaus besteht auch nach Art 16 DSGVO ein Rechtsanspruch auf Richtigstellung von Daten.

2. Behördliche Vereinsauflösung

Eine behördliche Auflösung des Vereins mittels Bescheid kann nur aufgrund **taxativ aufgezählter Auflösungsgründe** (§§ 2, 29) erfolgen. Außer im Fall, dass keine organschaftlichen Vertreter rechtzeitig bestellt worden sind (§ 2

Abs 3), ist die Vereinsauflösung darüber hinaus nur zulässig, wenn dies zur Wahrung der in Art 11 Abs 2 EMRK (ebenfalls taxativ) aufgezählten **öffentlichen Interessen** (zB öffentliche Sicherheit und Ordnung, Schutz der Rechte und Freiheiten anderer) auch „notwendig" ist (§ 29 Abs 1). Die Behörde hat deshalb eine **Verhältnismäßigkeitsprüfung** vorzunehmen. Die Vereinsauflösung bedarf stets eines **schwerwiegenden Grundes** (VfSlg 8090/1977, 13.654/1993).

Kriminalpolizei, Staatsanwaltschaften und Gerichte sind ermächtigt, nach der StPO ermittelte personenbezogene Daten (zB zu terroristischen oder sonst strafgesetzwidrigen Handlungen von Vereinsorganen oder -mitgliedern), die auch für vereinsrechtliche Verfahren (zur Errichtung, Auflösung von Vereinen) relevant sind, zu übermitteln (§ 19a VerG iVm § 76 Abs 4 StPO).

Eine vorläufige Einstellung der Vereinstätigkeiten bei **Gefahr im Verzug** bis zur endgültigen Entscheidung über die Vereinsauflösung ist im VerG 2002 nicht vorgesehen. Die Vereinsbehörde kann aber bei Vorliegen der gesetzlichen Voraussetzungen den Verein mittels Mandatsbescheid (§ 57 AVG) auflösen oder der Beschwerde an das LVwG die aufschiebende Wirkung aberkennen (§ 13 Abs 2 VwGVG).

Die einzelnen Auflösungstatbestände des § 29 Abs 1 überschneiden sich in ihren Anwendungsbereichen in nicht unbeträchtlichem Ausmaß, sodass sich auch in der höchstgerichtlichen Praxis des VfGH **keine markanten Abgrenzungen** durchgesetzt haben.

So wird zB **strafbares Verhalten** in der Praxis nicht nur dem „Verstoß gegen Strafgesetze", sondern auch der „Überschreitung des statutarischen Wirkungsbereiches" oder dem „Widerspruch zu den Bedingungen des rechtlichen Bestandes" zugeordnet (vgl zB VfSlg 9567/1982).

a) Keine Bestellung der organschaftlichen Vertreter

Hat der Verein innerhalb eines Jahres ab seiner Entstehung seine organschaftlichen Vertreter noch nicht bestellt, ist er von der Vereinsbehörde jedenfalls aufzulösen (arg *„ist ... aufzulösen"*; § 2 Abs 3).

Werden spätere Änderungen hinsichtlich der periodisch zu wählenden organschaftlichen Vertreter des Vereins für einen längeren Zeitraum nicht mehr zur Anzeige gebracht (§§ 14 Abs 2, 31 Z 4 lit b), liegt ein Indiz vor, dass allenfalls ein „Widerspruch zu den Bedingungen des rechtlichen Bestandes" eingetreten ist (s VIII.2.d).

b) Verstoß gegen Strafgesetze

Unter „**Strafgesetzen**" sind gerichtlich (StGB, strafrechtliche Nebengesetze), aber auch sämtliche verwaltungsbehördlich strafbaren Tatbestände (vgl zB VfSlg 19.078/2010 – bewilligungsloser Betrieb eines Pflegeheims) zu verstehen.

Ein dem Verein zurechenbares **strafrechtswidriges Verhalten des Vereinsobmannes** (zB schwerer Betrug) kann – auch im Lichte des Art 11 Abs 2 EMRK – eine behördliche Vereinsauflösung unzweifelhaft rechtfertigen (VfSlg 19.120/2010).

Ein Verstoß gegen **bestimmte gerichtlich strafbare presserechtliche Vorschriften** (zB bei Herausgabe einer Vereinszeitung) rechtfertigt dagegen die Vereinsauflösung nicht, wenn – zB bei bloßer Verletzung formaler Pflichten, etwa der Anzeige der Herausgabe, Vorlage des Druckwerkes – kein hinreichender Grund iSd Art 11 Abs 2 EMRK ersichtlich ist (VfSlg 8090/1977).

c) Überschreitung des statutarischen Wirkungsbereiches

Vereine sind verpflichtet, in den Statuten den Wb des Vereins festzulegen (§ 3 Abs 2 Z 3) sowie die für die Verwirklichung des Vereinszwecks vorgesehenen Tätigkeiten zu konkretisieren (§ 3 Abs 2 Z 4). Betätigt sich der Verein in einer Richtung, die mit seiner Zielsetzung nichts zu tun hat, wird der statutarische Wb überschritten (VfSlg 3073/1956).

Die Auflösung eines Vereins, dessen statutarisch festgelegter ideeller Vereinszweck nur als Deckmantel für die Entfaltung einer **Erwerbstätigkeit** seiner Mitglieder dient (hier: Vermittlung von Arbeitskräften), ist auch nach Maßgabe des Art 11 Abs 2 EMRK notwendig (VfSlg 13.654/1993). Dasselbe gilt, wenn ein „Motorrad"-Verein als Deckmantel zur (strafgesetzwidrigen) **Verbreitung von rechtsextremistischen Gedankengut** dient (VfSlg 19.208/2010).

d) Widerspruch zu den Bedingungen seines rechtlichen Bestandes

Der Verein muss nicht nur zum Zeitpunkt seiner Entstehung bestimmte rechtliche Voraussetzungen erfüllen, sondern auch während seines rechtlichen Bestandes. Mit dem Verweis auf die „Bedingungen seines rechtlichen Bestandes" wird nach der Rsp des VfGH va auf die **in § 12 Abs 1 für die Vereinsbildung genannten Versagungsgründe** Bezug genommen, sodass analog zu diesen Gründen (zB gesetz- oder rechtswidriger Vereinszweck) eine behördliche Vereinsauflösung gerechtfertigt werden kann (VfSlg 9567/1982). Ein einschlägiger Widerspruch entsteht regelmäßig auch in dem Fall, dass ein Verein mehrere Jahre hindurch **keine Tätigkeiten** oder diese Tätigkeiten überwiegend nur mehr **zum Selbstzweck** oder als **Deckmantel** für die Erwerbswirtschaft dritter Personen ausübt.

Verwendet ein Verein (hier: „Gesellschaft zur Hilfe hirngeschädigter Kinder") aufgebrachte Mittel zum überwiegenden Teil nur für die Vereinsverwaltung, dient die Tätigkeit überwiegend dem Selbstzweck und steht im Widerspruch zu den Bedingungen seines rechtlichen Bestandes (VfSlg 6883/1972).

3. Abwicklung des Vereinsvermögens

Ist ein Vereinsvermögen vorhanden, muss der aufgelöste Verein (bzw dessen Vermögen) noch abgewickelt werden. Bei freiwilliger Vereinsauflösung hat der Verein daher einen sog „**Abwickler**" zu bestellen (§ 28 Abs 2). Im Fall der *behördlichen* Auflösung muss die Vereinsbehörde dagegen die Abwicklung grundsätzlich selbst vornehmen, außer die behördliche Bestellung eines Abwicklers erscheint aus Gründen möglichster Sparsamkeit, Raschheit, Einfachheit und Zweckmäßigkeit erforderlich (§ 29 Abs 4 – zB bei großen Vermögensmassen).

Der Abwickler hat die laufenden Geschäfte zu beenden, Forderungen des Vereins einzuziehen und allfällige Gläubiger zu befriedigen sowie anschließend das verbleibende Vereinsvermögen den statutarischen, verwandten oder sonstigen Zwecken der Sozialhilfe zuzuführen. Im Fall der freiwilligen Auflösung können bei entsprechenden statutarischen Bestimmungen (s VI.1.) Einlagen von Vereinsmitgliedern zurückerstattet werden (§ 30 Abs 2).

Die **Beendigung der Abwicklung** ist der Vereinsbehörde unverzüglich mitzuteilen (§§ 30 Abs 5, 31 Z 5), die Vereinsbehörde hat sie in der Folge in das Vereinsregister einzutragen (§ 30 Abs 5).

Bei Erfordernis weiterer Abwicklungsmaßnahmen ist eine **Nachabwicklung** vorzunehmen. In diesem Fall lebt die Rechtspersönlichkeit des Vereins ausnahmsweise durch entsprechende Eintragungen im Vereinsregister noch einmal kurzfristig auf (§ 30 Abs 6).

IX. Verwaltungsstrafrecht

Verstöße gegen das VerG, wie zB bei Unterlassung von Anzeigen (Statutenänderung; freiwillige Vereinsauflösung) oder der Ausübung unzulässiger Vereinstätigkeiten (zB Ausübung trotz behördlicher Untersagung), stellen **Verwaltungsübertretungen** dar (§ 31), sofern die Tat nicht ausdrücklich gerichtlich strafbar ist (**Subsidiarität**; vgl auch § 22 Abs 1 VStG, Art 4 7. ZPEMRK – Doppelbestrafungsverbot).

X. Behörden und Verfahren

Nur die **verwaltungspolizeilichen Angelegenheiten** des VerG werden von den **Sicherheitsbehörden** vollzogen.

Bei den Bestimmungen des VerG über die Rechtsbeziehungen des Vereins zu Dritten sowie die Beziehungen der Vereinsmitglieder untereinander (zB Ausschluss eines Mitgliedes; Mängel bei der Einberufung der Mitglieder zur Mitgliederversammlung; Wahl des Vereinsvorstandes; privatrechtliche Vereinbarung der Vereinsauflösung) handelt es sich um **zivilrechtliche Angelegenheiten** (privates Vereinsrecht; s II.1.), deren Kontrolle den ordentlichen Gerichten obliegt (§ 1 JN, § 8 VerG; vgl dazu VfSlg 15.825/2000, 17.049/2003).

1. Zuständigkeit

Das Vereinsrecht zählt gem § 2 Abs 2 SPG zu den Angelegenheiten der **Sicherheitsverwaltung*** und wird – zT in **unmittelbarer** (Art 102 Abs 2 B-VG), zT in **mittelbarer Bundesverwaltung*** (Art 102 Abs 1 B-VG) – von den Sicherheitsbehörden (Art 78a B-VG) vollzogen (→ *Sicherheitspolizeirecht*).

Sachlich zuständige **Vereinsbehörde** ist idR die **BVB** (BH, in Städten mit eigenem Statut: der Bgm im üWb der Gemeinde), in Gemeinden, in denen die LPolD zugleich auch „Sicherheitsbehörde I. Instanz" ist (§ 8 SPG; → *Sicherheitspolizeirecht*), die **LPolD** (§ 9 Abs 1). Die örtliche Zuständigkeit richtet sich nach dem Vereinssitz (§ 9 Abs 3).

Gegen Bescheide der Vereinsbehörden kann **Beschwerde an das örtlich zuständige LVwG** erhoben werden (§ 9 Abs 2; § 3 Abs 2 VwGVG):

Im Fall der Nichtgestattung der Vereinsgründung (§ 12) sind die **Vereinsgründer** (bzw die bestellten organschaftlichen Vertreter; s dazu VI.2.) beschwerdelegitimiert. Bei der Vereinsauflösung gilt es dagegen zu differenzieren: **Bis zur rechtskräftigen Auflösung** des Vereins (= Beendigung der Rechtspersönlichkeit) ist nur der Verein selbst, vertreten vom satzungsgemäß zuständigen Organ (vgl VfGH 10.10.2019, E 3093/2019 – Obfrau, nicht der Abwickler; VfSlg 20.117/2016 – gerichtlich bestellte Kuratorin in Ermangelung vertretungsbefugter Organe nach Ungültigkeit einer Wahl), beim LVwG beschwerdelegitimiert. Den **(ehemaligen) Vereinsmitgliedern** kommt zu diesem Zeitpunkt (noch) keine Beschwerdelegitimation als Partei zu. Sie entsteht erst bei Eintritt der „Rechtskraft" der Auflösung, dh gem den besonderen Bestimmungen im VerG zur Publizität (§§ 27, 29) grundsätzlich zum Zeitpunkt der **Eintragung der Auflösung in das Vereinsregister**, im Fall einer notwendigen Abwicklung jedoch erst anlässlich der Eintragung der **Vollbeendigung** (VfSlg 20.117/2016). Die Vereinsmitglieder werden dadurch nicht in ihrer Vereinsfreiheit verletzt, denn für sie beginnt die **Beschwerdefrist** erst mit Veröffentlichung der Vollbeendigung des Vereins zu laufen (VfSlg 20.117/2016).

Da das Vereinsrecht einen Teil der **Sicherheitsverwaltung*** (§ 2 Abs 2 SPG) bildet, können auch die für diesen Rechtsbereich **zusätzlich vorgesehenen Beschwerdemöglichkeiten** beim LVwG (zB gegen schlicht-hoheitliches Handeln – vgl §§ 88 Abs 2, 89 SPG) in Anspruch genommen werden (→ *Sicherheitspolizeirecht*).

2. Verfahren

Die Vereinsbehörden haben gem Art I Abs 2 EGVG die Verwaltungsverfahrensgesetze (AVG, VStG, VVG) anzuwenden.

3. Rechtsschutz beim VfGH und VwGH

Die Formulierung des Art 12 StGG, dass die Vereinsfreiheit „durch besonderes Gesetze geregelt [wird]", wurde vom VfGH die längste Zeit als „**Ausgestaltungsvorbehalt**" gedeutet. Bei einem solchen Verständnis des Gesetzesvorbehaltes muss der einfache Gesetzgeber den Inhalt der Vereinsfreiheit erst festlegen. Prozessual hatte dies zur Folge, dass das VerG grundrechtsgleichen Status erhielt und die Prüfung von Verletzungen des VerG bei österr Staatsbürgern ausschließlich in die Kompetenz des VfGH (Art 144 B-VG) fiel (sog „Feinprüfungsjudikatur"; vgl zB VfSlg 19.078/2010). Von diesem Verständnis des Gesetzesvorbehaltes in Art 12 StGG ist der VfGH – zunächst im Versammlungsrecht (VfSlg 19.818/2013), nachfolgend auch im Vereinsrecht (VfSlg 19.994/2015) – **stillschweigend abgerückt:**

Der VfGH vertritt seither die Auffassung, dass lediglich Entscheidungen, die die Vereinsfreiheit in besonders gravierender Weise berühren, gem Art 133 Abs 5 B-VG in die **ausschließliche Zuständigkeit des VfGH** fallen. Zu diesem von der Zuständigkeit des VwGH zur Gänze (auch im Fall vom Amtsrevisionen – VwGH 09.11.2020, Ra 2020/01/0370) ausgeschlossenen **Kernbereich der Vereinsfreiheit** zählt der VfGH jedenfalls die Beurteilung der Frage, ob überhaupt ein Verein iSd Art 11 EMRK vorliegt, die behördliche Auflösung eines Vereins (§ 29 VerG) sowie die Untersagung der Vereinsgründung (§ 12 VerG) einschließlich aller mit diesem Kernbereich in Zusammenhang stehenden verfahrensrechtlichen Fragen (vgl VwGH 29.09.2021, Ra 2021/01/0181). **Verfassungsrechtlich zulässig** ist ein Eingriff in diesen Kernbereich nur, wenn er zur Erreichung der in Art 11 Abs 2 EMRK genannten Ziele (zB Aufrechterhaltung der öffentlichen Sicherheit; Schutz der Gesundheit oder der Rechte und Freiheiten anderer) „**zwingend notwendig**" ist (VfSlg 19.994/2015).

Im übrigen sieht sich der VfGH nicht (mehr) verpflichtet, angefochtene Entscheidungen (zB betreffend die Bestrafung eines Vereinsorgans wegen Verstoßes gegen Anzeigepflichten nach § 31 VerG) in jeder Hinsicht darauf zu prüfen, ob sie dem VerG entsprechen. Die neuere Rsp nimmt auf den materiellen Eingriffsvorbehalt des Art 11 Abs 2 EMRK Bezug und beschränkt sich in den Angelegenheiten **außerhalb des Kernbereichs** – so wie bei anderen Grundrechten der EMRK – auf eine „**Grobprüfung**" der behaupteten Rechtsverletzungen. Ein Eingriff in den (Rand-)Bereich der Vereinsfreiheit erweist sich nach der nunmehr gebräuchlichen **Grundrechtsformel** (vgl zB VfSlg 19.994/2015, 20.057/2016) erst dann als grundrechtswidrig, wenn

- die ihn verfügende Entscheidung **ohne Rechtsgrundlage** ergangen ist oder
- sie auf einer **dem Art 11 EMRK widersprechenden** (oder sonst verfassungswidrigen – so VfSlg 20.261/2018) **Rechtsvorschrift** beruht (vgl dazu II.2.b.) oder
- bei Erlassung der Entscheidung eine verfassungsrechtlich unbedenkliche Rechtsgrundlage in **denkunmöglicher Weise** angewendet wurde; ein solcher Fall liegt vor, wenn die Entscheidung mit einem so schweren Fehler belastet ist, dass dieser **mit Gesetzlosigkeit auf eine Stufe** zu stellen wäre, oder wenn der angewendeten Rechtsvorschrift fälschlicherweise ein ver-

fassungswidriger, insb ein dem Art 11 Abs 1 EMRK **widersprechender und durch Art 11 Abs 2 EMRK nicht gedeckter Inhalt** unterstellt wurde.

Die Einschränkung der Zuständigkeit des VfGH auf eine Grobprüfung außerhalb des Kernbereichs der Vereinsfreiheit zieht die prozessuale Konsequenz nach sich, dass in diesem (Rand-)Bereich eine **Zuständigkeit des VwGH zur „Feinprüfung"** von behaupteten Rechtsverletzungen besteht (Art 133 Abs 1 Z 1 B-VG), so zB bei Fragen zur **Relevanz von Verfahrensfehlern**, wenn mit diesen – wie etwa bei der Beurteilung der Rechtzeitigkeit einer VwG-Beschwerde (VwGH 29.09.2021, Ra 2021/01/0181) – keine inhaltliche Prüfung des Kernbereichs zwangsläufig verbunden ist.

Grundvoraussetzung für die Zulässigkeit von Revisionen beim VwGH bleibt auch in Vereinsangelegenheiten, dass in der Revision überhaupt eine **Rechtsfrage von grundsätzlicher Bedeutung** aufgeworfen wird (Art 133 Abs 4 B-VG, § 28 Abs 3 VwGG). In Verwaltungsstrafsachen besteht zudem eine **absolute Unzulässigkeit der Revision** (Art 133 Abs 4 B-VG iVm § 25a Abs 4 Z 1 VwGG; vgl zB VwGH 05.12.2018, Ra 2018/01/0450), da § 31 VerG nur die Verhängung von Geldstrafen bis € 218.– (im Wiederholungsfall: bis € 726,–) und – anders als im VersG (→ *Versammlungsrecht*) – keine primären Freiheitsstrafen vorsieht.

4. Vereinsregister

Die Vereinsbehörden haben ein **Lokales Vereinsregister** über die in ihrem örtlichen Wb ansässigen Vereine zu führen. Darin sind bestimmte Registerdaten, insb Vereinsname, Vereinsregisterzahl (ZVR-Z; vgl § 18 Abs 2), Datum des Entstehens des Vereins, Sitz und Zustellanschrift sowie Angaben zu den Vereinsorganen in Evidenz zu halten (§ 16 Abs 1). Die Vereinsstatuten in ihrer Gesamtheit zählen nicht zu den Registerdaten (ieS).

Die Vereinsbehörden haben die gemeldeten Registerdaten auch dem BMI elektronisch zu übermitteln. Der BMI hat ein automationsunterstütztes **Zentrales Vereinsregister (ZVR)** zu führen, über das jede Vereinsbehörde auch über die Daten anderer Vereinsbehörden Kenntnis erlangt (§ 18).

Die beiden Vereinsregister verfügen über einen **öffentlich zugänglichen Registerinhalt** mit einer engeren und erweiterten Auskunftsebene (vgl §§ 17 Abs 1 und 2, 19 Abs 3). Vereine können überdies den **Schutz „besonderer Kategorien personenbezogener" Daten** (iSd Art 9 DSGVO – zB solche, die Rückschlüsse auf ethnische Herkunft, politische Meinungen, religiöse oder weltanschauliche Überzeugungen oder die Gewerkschaftszugehörigkeit der Vereinsorgane ermöglichen) bei der Vereinsbehörde die **Verfügung einer Auskunftssperre** beantragen (vgl §§ 17 Abs 4 bis 6). Von der Kriminalpolizei, Staatsanwaltschaften und Gerichte übermittelte **strafprozessuale Daten** dürfen weder im Lokalen noch im Zentralen Vereinsregister verarbeitet werden

(§ 15 Abs 2). Sie können schon aus diesem Grund keiner Auskunft unterliegen.

Auskünfte sind mündlich oder in Form eines Vereinsregisterauszuges zu erteilen (§ 17 Abs 3), für Informationen aus dem ZVR besteht die Möglichkeit gebührenfreier elektronischer (Online-Einzel-) Abfragen (§ 19 Abs 3). **Vereinsstatuten** als solche können nur bei der zuständigen Vereinsbehörde eingesehen oder nach Maßgabe der technisch-organisatorischen Möglichkeiten gegen Kostenersatz kopiert oder ausgedruckt werden (§ 17 Abs 7).

Änderungen von eingetragenen Tatsachen, die der Vereinsbehörde bekannt werden, sind von dieser im Register ersichtlich zu machen (§ 16 Abs 2). Auf Antrag können **Berichtigungen** von Registerdaten auf der Grundlage des Art 16 DSGVO erfolgen.

Karim Giese

Versammlungsrecht

Rechtsgrundlagen

Kompetenzgrundlage

Art 10 Abs 1 Z 7 B-VG („Versammlungsrecht").

Verfassungsrechtliche Bezüge

Art 12 StGG, Art 11 EMRK (Versammlungsfreiheit); Z 3 Beschluss der ProvNV („volle" Versammlungsfreiheit), StGBl 3/1918; VerbotsG, StGBl 13/1945 idF BGBl 148/1992; Art 102 Abs 2 B-VG (unmittelbare Bundesverwaltung).

Europarechtliche Bezüge

Art 12 GRC (Versammlungsfreiheit).

Völkerrechtliche Bezüge

Art 4, 9 StV Wien, BGBl 152/1955; Art 63 Abs 2, Art 67 StV St. Germain, StGBl 303/1920 idF BGBl III 179/2002 (DFB); Übereinkommen über die Verhütung, Verfolgung und Bestrafung von Straftaten gegen völkerrechtlich geschützte Personen, BGBl 488/1977.

Gesetze und sonstige Rechtsgrundlagen

Versammlungsgesetz (VersG), BGBl 98/1953 idF I 63/2017; § 86 StVO, BGBl 159/1960 idF 154/2021 (Anzeigepflicht von „Umzügen"); § 15 EpidemieG, BGBl 186/1950 idF 80/2022 (Maßnahmen gegen das Zusammenströmen größerer Menschenmengen); (befristet bis 30.06.2023) §§ 4 ff COVID-19-MaßnahmenG, BGBl I 12/2020 idF 64/2022.

Literaturauswahl

Kommentare – Monografien – Lehrbücher

Fessler/Keller, Vereins- und Versammlungsrecht[3] (2013); *Eigner/Keplinger*, Versammlungsrecht – Praxiskommentar[4] (2019); *Kalteis*, Versammlungs- und Vereinigungsfreiheit, in Holoubek/Lienbacher (Hrsg), GRC-Kommentar[2] (2014) 261; *Kogler*, Art 16 MRK, in Kneihs/ Lienbacher (Hrsg), Rill-Schäfer-Kommentar Bundesverfassungsrecht (2015).

Gaßner, Die Rechtsprechung zur Versammlungsfreiheit im internationalen Vergleich (2012); *Hauer*, Ruhe, Ordnung, Sicherheit (2000) 342 ff; *Ripke*, Europäische Versammlungsfreiheit (2012); *Zeiringer*, Die zivilrechtliche Haftung für Demonstrationsschäden (2015).

Berka, Verfassungsrecht[8] (2021) Rz 1497; *Berka/Binder/Kneihs*, Die Grundrechte[2] (2019) 748; *Friedrichkeit-Lebmann/Reithmayer-Ebner*, Vereins- und Versammlungsrecht, in Aigner et al (Hrsg), Besonderes Verwaltungsrecht[3] (2020) 99; *Grabenwarter/Pabel*, Europäische Menschenrechtskonvention[7] (2021) 458; *Kolonovits/Wimberger*, Versammlungsrecht, in Kolonovits ua (Hrsg), Besonderes Verwaltungsrecht[2] (2017) 145; *Öhlinger/Eberhard*, Verfassungsrecht[13] (2022) Rz 907; *Potacs*, Recht auf Zusammenschluss, in Merten/Papier/Kucsko-Stadlmayer (Hrsg), Handbuch der Grundrechte in Deutschland und Europa VII/1: Grundrechte in Österreich[2] (2014) 661.

Beiträge

Berka, Probleme der grundrechtlichen Interessenabwägung – dargestellt am Beispiel der Untersagung von Versammlungen, in FS Rill (1995) 3; *Edinger*, Störungen des Wirtschaftslebens durch häufige Demonstrationen und Kundgebungen, ZVR 2018/243, 466; *Fister*, Der Grundrechtseingriff bei der Versammlungs- und Vereinigungsfreiheit, ZÖR 2012, 501; *Hengstschläger*, Vereins- und Versammlungsfreiheit – Ausführungs- oder Eingriffsvorbehalt?, FS Holzinger (2017), 325; *Keplinger/Zierl*, Das neue Vermummungsverbot im Lichte der EMRK, ZfV 2003, 14; *Krist*, Rechtliche Aspekte der Brennerblockade – Versammlungsfreiheit contra Freiheit des Warenverkehrs, ÖJZ 1999, 241; *Lenzhofer*, Die Besetzung des Audimax der Universität Wien – Versammlungs-, Kommunikationsfreiheit und Hausrecht, in Lienbacher/Wielinger (Hrsg), Jahrbuch Öffentliches Recht 2010 (2010) 269; *Michael/Sauer*, „Grenzgänger" – Autobahnblockade im Spiegel deutscher und europäischer Grundrechte und Grundfreiheiten, ZJS 1/2010; *Muzak*, Die neuen Beschränkungen des Versammlungsrechts für Ausländer aus verfassungs- und verwaltungsrechtlicher Perspektive, migraLex 2017, 30; *Ortner*, Rechtsprechungs-Update Demonstrationsschäden, ecolex 2021/398, 623; *Piska*, Demonstrationsrecht und Straßenverkehr. Voraussetzungen und Grenzen des Rechts auf Versammlungsfreiheit, ZVR 2018/244, 472; *Vogl*, Überlegungen zu einem zeitgemäßen Versammlungsgesetz, FS Bittner (2018), 727; *Wieser*, Ausländer und Versammlungsfreiheit in Österreich, EuGRZ 1990, 56; *Werni*, Gefahrenabwehr im Versammlungsrecht, ZfV 2018/21, 243; *Wieser*, Die Versammlungsfreiheit in der jüngeren Judikatur des Verfassungsgerichtshofes, in FS Berka (2013) 319; *Winkler*, Grundlagen und aktuelle Probleme der Versammlungsfreiheit, in Studien zum Verfassungsrecht (1991) 185; *Zierl*, Die präventive Untersagung von Versammlungen, ZfV 2001, 359.

Rechtsprechung

VfSlg 8610/1979 (Verbreitung nationalsozialistischen Gedankenguts); VfSlg 10.443/1985, 11.132/1986 (geschlossene Versammlung); VfSlg 10.608/1985 (Infotische/Versammlungsdauer); VfSlg 11.866/1988 (notwendige Begleiterscheinungen einer Versammlung); VfSlg 11.935/1988 („sit in"); VfSlg 12.155/1989 (Autobahnblockade); VfSlg 12.161/1989 (Hochhalten von Transparenten); VfSlg 12.501/1990 (staatliche Schutzpflichten bei Gegendemonstration); VfSlg 14.366/1995 (Spontanversammlung); VfSlg 14.367/1995 (Versammlungsdauer); VfSlg 14.761/1997 (Baustellenbesetzung); VfSlg 14.869/1997 (verwaltungsstrafrechtliche Verantwortlichkeit des Versammlungsleiters); VfSlg 15.109/1998 (Videoüberwachung); VfSlg 15.170/1998 (Schutz ausländischer Staatsgäste); VfSlg 15.362/1998 (gleichzeitig abgehaltene Versammlungen/Manuduktionspflichten); VfSlg 15.680/1999 (politische Manifestation); VfSlg 16.123/2001 (Erfordernis der Ausschöpfung des Untersagungsverfahrens); VfSlg 16.054/2001 (Versammlungs- vs Religionsfreiheit); VfSlg 16.842/2003 (Rechtzeitigkeit der Versammlungsanzeige); VfSlg 17.116/2004 (Konfrontation mit Maiaufmarsch einer politischen Partei); VfSlg 17.120/2004 (Gefährdung einer Privatperson und deren Eigentum); VfSlg 17.259/2004 (befürchtete Ausschreitungen); VfSlg 17.873/2006 (befürchtete Ausschreitungen); VfSlg 18.114/2007 (unmittelbare Anwendbarkeit des VerbotsG); VfSlg 18.346/2008 (Intervallversammlungen); VfSlg 18.587/2008 (Konfrontationen mit Veranstaltungsbesuchern); VfSlg 18.601/2008 (Erwerbsfreiheit); VfSlg 18.721/2009 (verwaltungsstrafrechtliche Verantwortlichkeit des Versammlungsleiters); VfSlg 19.423/2011 (Bannmeile); VfSlg 19.528/2011 (Spontanversammlung/Versperrung des Gehsteiges, Ärgerniserregung und vorschriftswidrige Benützung der Fahrbahn); VfSlg 19.741/2013 (Prognoseentscheidung unter Einbeziehung des möglichen Polizeischutzes); VfGH 13.09.2013, B 1443/2012 (unzulässige behördliche Modifikation einer Versammlungsanzeige); VfSlg 19.818/2013 (Spontanversammlung/Störung des abendlichen Verkehrsflusses); VfSlg 19.961/2015 (Verstörung von Kirchenbesuchern); VfSlg 19.962/2015 (Zuständigkeit des VfGH/Kernbereich/Grundrechtsformel); VfSlg 19.978/2015 (unzulässiges Platzverbot am Versammlungsort); VfSlg 20.275/2018 (Abgrenzung Besetzung/Versammlung), VfSlg 20.312/2019 (Recht auf Überprüfung der Rechtmäßigkeit der Untersagung nach Verstreichen des Versammlungstermins); VfSlg 20.331/2019 (Festlegung des Schutzbereiches); VfSlg 20.413/2020 (Bedeutung des Versammlungsortes/Verkehrsstörung/Abwägung); VfGH 9.3.2021, V 433/2020 (Abgrenzung Besetzung/Versammlung); VfGH 26.02.2021 E 4697/2019 (Tiermasken/Gesichtsverhüllungsverbot); VfGH 17.06.2021, E 3728/2020 (Verkehrsstörung/Abwägung); VfGH 08.03.2022, E 3120/2021 (verbotene Symbole/Abwägung).

VwGH 22.03.2018, Ra 2017/01/0359 (Zuständigkeit des VwGH/Spontanversammlung/Anzeigepflicht/Begriff „Veranstalter"); VwGH 06.11.2018, Ra 2018/01/0243 (Zuständigkeit des VwGH/Pflicht zum Verlassen des Versammlungsortes); VwGH 29.09.2021, Ra 2021/01/0181 (Zuständigkeit des VwGH/Verfahrensfehler).

OGH 25.05.1994, 3 Ob 501/94; OGH 24.06.1997, 1 Ob 152/97b; OGH 25.03.1999, 6 Ob 201/98x; OGH 28.04.1999, 7 Ob 49/98a; OGH 13.06.2019, 4 Ob 201/18i (Versammlungsfreiheit/Privatrechte Dritter/Schadenersatz).

EGMR 21.06.1988, 10126/82 – Plattform „Ärzte für das Leben" gg Österreich (Versammlungsbegriff; staatliche Gewährleistungspflichten); EGMR 16.04.1991, 11800/85 – Ezelin gg Frankreich (Versammlungsbegriff/Arten der Meinungskundgabe); EKMR 30.11.1992, 15225/89 – Kurdistan-Komitee gg Österreich (Versammlungsbegriff/„sit in"); EGMR 27.04.1995, 15773/89 – Piermont gg Frankreich (EU-Bürger keine Ausländer); EGMR 02.10.2001, 29221/95 – Stankow ua gg Bulgarien (Versammlungsverbot für politische Vereinigung); EGMR 09.04.2002, 51346/99 – Cisse gg Frankreich (Auflösung einer Kirchenbesetzung); EGMR 29.06.2006, 76900/01 – Öllinger gg Österreich (Interessenausgleich/Glaubensfreiheit); EGMR 05.03.2009, 31684/05 – Barraco gegen Frankreich (Grundpfeiler einer demokratischen Gesellschaft/keine restriktive Interpretation angebracht); EGMR 17.07.2007, 25691/04 – Bukta ua gg Ungarn (unzulässige Auflösung einer Spontanversammlung); EGMR 24.11.2009, 27809/08 – Countryside Alliance ua gg Großbritannien (Jagdgesellschaft/keine Versammlung); EGMR 28.09.2010, 25196/04 – Christian Democratic People's Party gg Moldawien (Versammlungsfreiheit/politische Parteien); EGMR 07.10.2008, 10346/05 – Molnar gg Ungarn (keine Spontanversammlung/zulässige Auflösung mangels rechtzeitiger Anzeige); EGMR 23.10.2008, 10877/04 – Sergey Kuznetsov gg Russland (Behinderung des Zugangs eines Gerichtsgebäudes); EGMR 12.06.2012, 26005/08, 26160/08 – Tatar und Faber gg Ungarn (Versammlung/erforderliche Anzahl von Personen); EGMR 25.09.2012, 4471/06 – Martin Balluch gg Österreich (straßenrechtliche Bewilligung/kein Eingriff in die Versammlungsfreiheit), EGMR 23.07.2013, 42606/05 – Izci gg die Türkei (zulässige Störung des Verkehrs); EGMR 28.10.2014, 49.327/11 – Gough gg Vereinigtes Königreich (Tiermasken/Stilmittel bei der Meinungsäußerung); EGMR 12.05.2015, 73235/12 – Identoba ua gg Georgien (staatliche Gewährleistungspflichten); EGMR 11.10.2016, 53659/07 Kasparov gg Russland (rechtswidrige Festnahme zur Hinderung an der Teilnahme an einer Versammlung/Verletzung der Versammlungsfreiheit); EGMR 22.05.2018, 27585/13, United Civil Aviation Trade Union und Csorba gg Ungarn (symbolische Bedeutung des Versammlungsortes); EGMR 18.06.2019, 74768/10 Chernega ua vs Ukraine (Auflösung einer Baustellenbesetzung/Einsatz privater Sicherheitsdienste); EGMR 15.03.2022, 21881/20 – Affaire Communauté Genevoise d'Action Syndicale (CGAS) gg Schweiz (Corona-Epidemie/Versammlungsverbote/Rechtsschutzerfordernisse).

EuGH 09.12.1997, C-265/95 – Kommission/Frankreich (Warenfreiheit/Versammlungsfreiheit); EuGH 12.06.2003, C-112/00 – Schmidberger/Österreich (Warenfreiheit/Versammlungsfreiheit).

I. Regelungsgegenstand und -ziele

Die Versammlungsfreiheit dient der Ausübung einer **kollektiven Meinungsfreiheit** und gehört – als liberales Grund- und Menschenrecht (Art 12 StGG, Art 11 EMRK) – zu den wesentlichen Grundlagen eines demokratischen Staates. Von ihr kann auf unterschiedlichste Art Gebrauch gebracht werden: Auf Großdemonstrationen (zB Lichtermeere, Sternmärsche) wird um öffentliche Aufmerksamkeit geworben und werden politische Ziele manifestiert. Debatten, Diskussionen und Manifestationen als Kern der Versammlungsfreiheit können sich aber auch in kleineren öffentlichen oder geschlossenen Kreisen entwickeln. Im Jahr 2021 wurden – laut Auskunft des BMI (vgl dazu 9456/AB vom 04.04.2022 zu 9673/J XXVII. GP des NR) – ca 13.000 Versammlungen bei den Versammlungsbehörden in Österreich angezeigt.

Von der Zusammenkunft vieler Menschen gehen (auch) nicht unerhebliche Gefahren für das Gemeinwesen aus. Galten – historisch rückblickend – dem absoluten Staat öffentliche und politische Versammlungen noch an sich verdächtig und gefährlich, muss im demokratischen Staat vorrangig ein Ausgleich zwischen dem Versammlungsrecht und entgegen gerichteten öffentlichen Interessen, namentlich iZm der Aufrechterhaltung der öffentlichen Sicherheit und Ordnung oder dem Schutz einer gleichberechtigten (Grund-) Rechtsausübung Dritter (zB Eigentumsschutz, Religionsausübung, Erwerbsfreiheit), sichergestellt werden.

Damit die erforderlichen staatlichen Ordnungs- und Schutzfunktionen effektiv wahrgenommen werden können, benötigen Sicherheitsbehörden entsprechende Informationen. Das VersG sieht zu diesem Zweck für die Durchführung öffentlicher Versammlungen **Anzeigepflichten des Veranstalters** vor. Ist es zur Wahrung der öffentlichen Interessen erforderlich, können Versammlungen unter näher bestimmten Voraussetzungen bereits vor ihrer Durchführung behördlich untersagt (**präventive Gefahrenabwehr**) oder erforderlichenfalls auch noch nach Beginn ihrer Durchführung aufgelöst werden (**repressive Gefahrenabwehr**).

II. Verfassungsrechtliche Bezüge

1. Kompetenzrechtliche Bestimmungen

Gesetzgebung und Vollziehung in Angelegenheiten des Versammlungsrechts sind **Bundessache** (Art 10 Abs 1 Z 7 B-VG). Der Kompetenztatbestand ermächtigt den Bund zur Regelung der Bildung und Durchführung von Versammlungen einschließlich der erforderlichen Aufsichtsmaßnahmen. Eine „Versammlung" stellt – im Lichte des Versteinerungsprinzips* – eine besondere, grundrechtlich geprägte Assoziationsform dar, bei der es für relativ kurzer Dauer zu einer örtlichen Zusammenkunft kommt, um durch gemeinsames Wirken (Manifestieren) einen bestimmten Zweck zu verfolgen (VfSlg 4586/1963 mwH).

Historisch stellt das Versammlungsrecht eine besondere Ausformung des „**Assoziationsrechtes**" dar, das neben dem Versammlungsrecht auch das Vereinsrecht mit umfasst. Während es sich bei Versammlungen dem Wesen nach um einen „Augenblicksverband" handelt, zielen Vereine auf eine länger fortdauernde Vereinigung von Personen ab (→ *Vereinsrecht*).

Ist kein gemeinsames Wirken (Manifestieren) beabsichtigt, handelt es sich vielfach um **bloße Veranstaltungen**, wie zB öffentliche „Schaustellungen", Belustigungen, Darbietungen, zu deren Regelung der Landesgesetzgeber zuständig ist (Art 15 Abs 1 B-VG; → *Veranstaltungsrecht*). Auch „**Gemeindeversammlungen**" im Rahmen der direktdemokratischen Mitwirkung der Gemeindebürger an der Gemeindevollziehung (vgl zB § 11 sbg GdO) sind keine Versammlungen ieS des Art 10 Abs 1 Z 7 B-VG, sondern Informationsveranstaltungen, zu deren Regelung der Gemeindeorganisationsgesetzgeber zuständig ist (Art 115 Abs 2, Art 117 Abs 8 B-VG).

2. Grundrechtliche Bestimmungen

a) Versammlungsfreiheit

Art 12 StGG gewährt **österr Staatsbürgern** das verfassungsgesetzlich gewährleistete Recht (iSd Art 144 B-VG), sich zu versammeln bzw versammelt zu bleiben (VfSlg 14.772, 14.773/1997) sowie eine allfällige behördliche Untersagung auch noch nach dem geplanten Termin der Versammlung auf deren Rechtmäßigkeit überprüfen zu lassen (VfSlg 20.312/2019). Art 11 EMRK garantiert diese Versammlungsfreiheit – darüber hinausgehend – allen Menschen, daher auch **ausländischen Staatsbürgern**.

Als „**Versammlungen**" gelten grundsätzlich nur Zusammenkünfte mehrerer Menschen, die in der Absicht veranstaltet werden, die Anwesenden zu einem **gemeinsamen Wirken** (zB in Form von Debatten, Manifestationen usw) zu bringen, so dass eine **gewisse Assoziation der Zusammengekommenen** entsteht (VfSlg 11.866/1988, 14.761/1997).

Der **Versammlungsbegriff des Art 11 EMRK** ist zT weiter gefasst. Es werden neben Versammlungen ieS des Art 12 StGG und VersG auch sonstige, nach dem „üblichen Sprachgebrauch" als Versammlungen angesehene organisierte Zusammenkünfte von Menschen als Versammlungen (iwS) qualifiziert, so zB ein **öffentlicher Festakt** zur Enthüllung eines (Mahn-) Denkmals (EGMR 21.06.1988, 10126/82 [Ärzte für das Leben gg Österreich]; VfSlg 12.501/1990), nicht aber auch zB das Sich-Versammeln einer Jagdgesellschaft (EGMR 24.11.2009, 27809/08 [Countryside Alliance ua gg Großbritannien]).

Unfriedliche Versammlungen, von denen Gewalt gegen Menschen oder Eigentum ausgehen (zB bewaffnete Versammlungen), sind grundrechtlich **nicht geschützt** (vgl § 9a VersG). Die Besetzung einer Kirche zB durch Ausländer, die auf ihre schwierige Situation gegenüber den Behörden aufmerksam machen wollen, sind aber dann (noch) nicht als unfriedlich zu qualifizieren, wenn sich weder Priester noch Kirchenvorstand dagegen zur Wehr setzen und die Durchführung von Gottesdiensten und anderen Zeremonien nicht beeinträchtigt werden (EGMR 09.04.2002, 51346/99 [Cisse gg Frankreich]).

b) Grundrechtsschranken

Die Versammlungsfreiheit steht unter **Gesetzesvorbehalt** (Art 12 StGG, Art 11 EMRK). Die Befugnis des einfachen Gesetzgebers zur Beschränkung der Versammlungsfreiheit „durch besondere Gesetze" (Art 12 StGG) wird insb durch folgende **materielle (Eingriffs-) Schranken begrenzt**:

Insb verpflichtet Z 3 des Beschlusses der ProvNV den einfachen Gesetzgeber zur Herstellung der vollen Versammlungsfreiheit. Dem § 3 VersG, der noch eine Bewilligungspflicht für öffentliche Versammlungen unter freiem Himmel vorsah, wurde auf diese Weise derogiert (VfSlg 254/1923), die in den 1950er Jahren erfolgte Wiederverlautbarung dieser Bestimmung vom VfGH als gesetzwidrig aufgehoben (4885/1964). Die Abhaltung von Versammlungen darf **keinem Bewilligungssystem** (= sog „Konzessionssystem") unterworfen werden (VfSlg 11.651/1988, 11.866/1988); bloße Ordnungsvorschriften im Rahmen eines bloßen Anzeigesystems sind dagegen zulässig (s V.2.c.).

Weiters sind einfachgesetzliche Beschränkungen der Versammlungsfreiheit nur zulässig, wenn sie zum Schutz der in Art 11 Abs 2 EMRK **näher** bestimmten **Rechtsgüter** (zB öffentliche Sicherheit und Ordnung, Moral, Rechte und Freiheiten anderer Personen) in einer demokratischen Gesellschaft **notwendig** sind (Grundsatz der Verhältnismäßigkeit; s unter VI.3. und VII.4.c).

Nach Art 16 EMRK kann die Versammlungsfreiheit hinsichtlich der **„politischen Tätigkeiten ausländischer Personen"** weiterreichend eingeschränkt werden (vgl dazu §§ 6 Abs 2, 8 VersG). **EU-Bürger** zählen nach der Rsp des EGMR dagegen nicht als Ausländer iSd Art 16 EMRK (EGMR 27.04.1995, 15773/89 [Piermont gg Frankreich]; vgl dazu *Kogler*, Art 16 EMRK Rz 10 ff).

Welche Tätigkeiten als **„politische"** Tätigkeiten gelten, konnte bislang weder in Rsp noch Lehre hinreichend geklärt werden (*Kogler*, Art 16 EMRK Rz 23 ff).

c) Grundrechtliche Gewährleistungspflichten

Aus der Versammlungsfreiheit werden nicht nur Abwehransprüche gegenüber dem Staat (s II.2.b.), sondern auch Gewährleistungspflichten abgeleitet. Art 11 Abs 2 EMRK garantiert einen **staatlichen Schutz von Versammlungen** (VfSlg 19.741/2013, 12.501/1990), zB vor Störungen durch Dritte in Form von Gegendemonstrationen.

Dem Schutz von Versammlungen dienen insb die **Schutzbereiche** für Versammlungen (§ 7a VersG), darüber hinaus aber auch **spezielle (Justiz-) Straftatbestände** (Sprengung einer Versammlung – § 284 StGB; Verhinderung oder Störung einer Versammlung – § 285 StGB), deren Begehung von den Sicherheitsbehörden zu verhindern oder zu beenden sind (§§ 16, 21 SPG).

d) Fiskalgeltung

Der grundrechtlichen Garantie der Versammlungsfreiheit muss auch dann Rechnung getragen werden, wenn staatliche Aufgaben in **privatrechtsförmiger Weise** besorgt werden.

Ist für die Durchführung einer Versammlung auf einer öffentlichen Straße (zB Fußgängerzone) die **Zustimmung der (privatwirtschaftlich handelnden) Straßenverwaltung** erforderlich, ist die Straßenverwaltung zu grundrechtskonformem Vorgehen verpflichtet. Sie wird idR daher die Zustimmung erteilen müssen (VfSlg 17.600/2005). Der Staat muss sich nämlich auch **unsachlicher indirekter Einschränkungen** enthalten. Im Erfordernis einer (zusätzlichen) straßenrechtlichen Genehmigung (in Form einer **„Zustimmung"**) für eine ansonsten nicht untersagte Versammlung erkannte der EGMR, 25.09.2012, 4471/06 (Martin Balluch gg Österreich) kein verdecktes Hindernis für die Versammlungsfreiheit, wenn die Genehmigungsvoraussetzungen verfassungskonform iSd Jud des VfGH gehandhabt werden und vorrangig der **Schutz von Eigentum der Straßenverwaltung** beabsichtigt ist. Selbst im Fall einer Geldstrafe wegen unterlassener Einholung der Zustimmung kommt es deshalb noch zu keiner Verletzung des Art 11 EMRK.

III. Europarechtliche Bezüge

Die Versammlungsfreiheit wird Unionsbürgern auch durch die **Grundrechte-Charta*** garantiert (Art 12 GRC). Als Unionsgrundrecht kann sie auch Einschränkungen der unionsrechtlichen Grundfreiheiten rechtfertigen.

Ergibt sich bei geplanten Versammlungen ein Spannungsverhältnis mit den unionsrechtlichen Grundfreiheiten (zB **Warenverkehrsfreiheit** – Art 28 AEUV), hat eine spezielle **Abwägung** zwischen der betroffenen unionsrechtlichen Grundfreiheit und dem EU-Grundrecht auf Versammlungsfreiheit sowie eine **Verhältnismäßigkeitsprüfung** stattzufinden. Dabei ist der konkret bezweckten Wirkung der Versammlung mit Bezug auf Ort und Zeitpunkt wesentliche Bedeutung beizumessen. So war zB die „Erlaubnis" einer 28-stündigen, friedlichen Versammlung auf der Brennerautobahn („**Brennerblockade**" gegen den Transitverkehr) durch die österr Versammlungsbehörden europarechtlich zulässig, weil diese Versammlung – im Unterschied zB zu Demonstrationen an der französisch-spanischen Grenze (EuGH 09.12.1997, C-265/95) – nicht den Zweck verfolgte, den Handel mit Waren bestimmter Art oder Herkunft zu beeinträchtigen. Weiters konnten erhebliche Störungen des Straßenverkehrs aufgrund von Begleitmaßnahmen des Veranstalters sowie der staatlichen Behörden (rechtzeitige Information der Verkehrsteilnehmer, Vorschlag von Ausweichstrecken) in Grenzen gehalten werden (EuGH 12.06.2003, C-112/00 [Schmidberger/Österreich]).

Grundrechte der Grundrechte-Charta* können auch als **verfassungsgesetzlich gewährleistete Grundrechte** vor dem VfGH geltend gemacht werden, wenn die bekämpfte Entscheidung in Durchführung des Unionsrechts (Art 51 Abs 1 GRC) ergangen ist (VfSlg 19.632/2012, 19.865/2014; s dazu *Berka*, Verfassungsrecht Rz 1192 ff). Die Bestimmungen des VersG dienen aber nicht der Durchführung des Unionsrechts. Das **Thema** einer Versammlung (zB Demonstration gegen die EU, europäischer Transitverkehr) kann einen solchen erforderlichen Zusammenhang jedenfalls noch nicht herstellen (vgl *Michael/Sauer*, ZJS 1/2010, 91 ff).

IV. Völkerrechtliche Bezüge

Auch völkerrechtliche Übereinkommen konkretisieren in verschiedener Hinsicht behördliche Pflichten zur Aufrechterhaltung der öffentlichen Sicherheit oder des öffentlichen Wohls (§ 6 VersG). Bspw verpflichten die im Verfassungsrang stehenden Art 4 und 9 StV Wien völkerrechtlich, „alle **nazistische[n]** ... **Tätigkeiten und Propaganda in Österreich** zu verhindern", sodass einschlägige Versammlungen auch aus diesem Grunde wegen Gefährdung der öffentlichen Sicherheit und Wohles zu untersagen sind (VfSlg 8610/1979; s VI.3.b.). Im Fall von Versammlungen (Demonstrationen) anlässlich des Besuchs von ausländischen Staatsgästen sind die Versammlungsbehörden zB aus dem „Übereinkommen über die Verhütung, Verfolgung und Bestrafung von Straftaten gegen völkerrechtlich geschützte Personen" verpflichtet, alle durchführbaren Maßnahmen zur **Verhinderung von Straftaten gegen einen ausländischen Regierungschef** zu treffen (Art 1 Z 1 lit a).

Nach der Rsp können die besonderen Sicherheitsrisiken, die mit dem Besuch des Regierungschefs der Volksrepublik China in Österreich verbunden sind, das öffentliche Interesse an dessen ungefährdetem Aufenthalt sowie die völkerrechtlichen Verpflichtungen eine relativ weitgehende Einschränkung des Grundrechts der Versammlungsfreiheit rechtfertigen. Die vollständige Untersagung aller angezeigten Versammlungen verschiedener Organisationen (SAVE TIBET, Amnesty International ua) stellt jedoch einen unverhältnismäßigen Eingriff in die Versammlungsfreiheit dar (VfSlg 15.170/1998).

V. Versammlungsbegriff

1. Definition

Das VersG enthält keine Legaldefinition des Versammlungsbegriffs. Nach stRsp des VfGH ist eine Zusammenkunft mehrerer Menschen nur dann als Versammlung (iS des § 2 VersG) zu qualifizieren, wenn sie in der Absicht veranstaltet wird, die Anwesenden zu einem **gemeinsamen Wirken** (Debatte, Diskussion, Manifestation usw) zu bringen, sodass eine **gewisse Assoziation der Zusammengekommenen** entsteht (**enger Versammlungsbegriff**): zB Demonstrationen, Kundgebungen, Protestversammlungen, Sprechchöre, Diskussionen, Blockierungen von Örtlichkeiten bis hin zu Haus- und Baustellenbesetzungen, Mahnwachen und Sonnwendfeiern, nicht aber reine Veranstaltungen (zB Vorträge, Werbeveranstaltungen), Informationsstände, Sitzstreiks und bloße Meinungskundgaben (zB durch Entrollen von Transparenten).

Die **Friedlichkeit** der Versammlung stellt kein wesensnotwendiges Element des Versammlungs*begriffes* dar. Unfriedliche Versammlungen, von denen Gewalt gegen Menschen oder Eigentum ausgehen, werden aber nach stRsp vom Schutzbereich des Art 11 EMRK (und Art 12 StGG) nicht erfasst (s II.2.a.) und sind nach den Bestimmungen des VersG zu untersagen bzw aufzulösen (§§ 6, 13 und 14 VersG).

Die Beurteilung, ob eine geplante oder bereits stattfindende Zusammenkunft als Versammlung zu qualifizieren ist, hat sich an ihrem Zweck und an den Elementen der äußeren Erscheinungsform zu orientieren (VfSlg 11.651/1988) und hängt somit von den **konkreten Umständen des Einzelfalles** ab (VfSlg 11.935/1988). Bei der Abgrenzung von Versammlungen zu anderen Formen der Zusammenkunft von Menschen haben sich in einer relativ **kasuistischen Jud** folgende wesentliche Gesichtspunkte von besonderer Bedeutung erwiesen.

a) Geplante, organisierte Zusammenkunft

Zufälliges und überwiegend individuell motiviertes Zusammentreffen von Menschen an bestimmten Orten (Bahnhof, Veranstaltungen – sog „Menschenansammlung") stellt noch keine Versammlung dar (VfSlg 11.651/1988). Versammlungen sind idR **geplante** und **organisierte** Zusammenkünfte von Menschen (zB durch Einladung, Absprache). Aber auch **Spontanversammlungen**, bei denen Entschluss und Durchführung der Versammlung zeitlich unmittelbar zusammenfallen, bzw **Eilversammlungen**, bei denen eine fristgerechte Anzeige ohne Gefährdung des Versammlungszweckes nicht mehr möglich ist (VfSlg 14.366/1995), werden in der Rsp als Versammlungen (iSd § 2 VersG) qualifiziert (VfSlg 14.366/1995; VwGH 22.03.2018, Ra 2017/01/0359). Es kann sich dabei auch um eine **spontane Gegenversammlung** (VfSlg 12.501/1990) oder eine (Spontan-) **Versammlung in unmittelbarem Anschluss an eine bereits beendete Versammlung** handeln (VfSlg 19.528/2011 – „Spontanmanifestation" wegen Festnahme von Versammlungsteilnehmern).

Eine Spontanversammlung entsteht, wenn eine Gruppe von Menschen, die sich an einem bestimmten Ort angesammelt hat, durch die **Agitation eines Sprechers** zu einem demonstrativen Wirken veranlasst wird (VfSlg 8685/1979). Liegt keiner der im Art 11 Abs 2 EMRK angeführten Umstände vor, darf eine Spontanversammlung **nicht untersagt (bzw aufgelöst)** werden (§§ 13, 14 VersG). Die unterlassene Anzeige der Versammlung stellt allerdings eine Verwaltungsübertretung des (ad-hoc-)Veranstalters dar (§§ 2, 19 VersG), wenn nicht im Einzelfall Schuldausschließungs- oder Rechtfertigungsgründe (iSd VStG) zum Tragen kommen (VfSlg 14.366/1995).

b) Vorübergehende Zusammenkunft

Versammlungen sind – als zeitlich vorübergehende Gemeinschaften (sog „Augenblicksverbände") – regelmäßig bloß auf die **Dauer von Stunden** beschränkte Zusammenkünfte, die jedenfalls mit dem Auseinandergehen der Versammlungsteilnehmer enden. Der VfGH schloss in der älteren Rsp bei einer längeren Veranstaltungsdauer (von zB zwei Tagen) die Qualifikation der Veranstaltung als Versammlung generell aus (VfSlg 10.608/1985). Nach der neueren Rsp nimmt er dagegen eine einzelfallbezogene Prüfung unter Berücksichtigung der übrigen Modalitäten (Versammlungsart, -bedingungen, -ort) vor. Danach handelt es sich zB auch bei **zweitägigen (Tages- und Nacht-) Aktivitäten**, die in einem engen zeitlichen, örtlichen und sachlichen Zusammenhang stehen („Baustellenblockade"), um eine einheitliche Versammlung (VfSlg 14.367/1995), nicht aber auch bei einer **zweiwöchigen Besetzung** einer Fußgängerzone durch Obdachlose (VfSlg 11.935/1988 – „Sitzstreik") oder einer zwei Monate andauernden Hörsaalbesetzung an der Universität. Nicht ausgeschlossen ist aber, dass zB bei einem **mehrmonatigen Protestcamp** zur Verhinderung eines Kraftwerkes das Verhalten der Protestierer (Ansprechen von Passanten, Zurverfügungstellung von Informationsmaterial, Einladung zu Diskussionen) jedenfalls zum Zeitpunkt der behördlichen Auflösung als Versammlung (und nicht als Besetzung iSd § 37 SPG) zu qualifizieren ist (VfSlg 20.275/2018 – Murcamp). Versammlungen, die in regelmäßigen Abständen am selben Ort und zur gleichen Zeit abgehalten werden (zB „Donnerstagsdemonstrationen"), stellen keine einheitliche Versammlung dar, sondern sog **Intervallversammlungen**, die jeweils gesondert anzeigepflichtig sind (vgl VfSlg 18.346/2008).

c) Zusammenkunft mehrerer Menschen

Eine Versammlung erfordert das Zusammenkommen einer Mehrzahl von Menschen. Als Mindestanzahl dürften bereits **drei bis fünf Teilnehmer** ausreichen (so implizit auch VfSlg 15.952/2000). Ausschlaggebend nach der Rsp des EGMR ist, dass bei einer öffentlichen Versammlung eine Kommunikation mit einer **unbestimmten Anzahl von Personen** zustande kommen kann (EGMR 12.06.2012, 26005/08, 26160/08 [Tatar und Faber gg Ungarn]).

Auch der VfGH schließt zT aus einer **geringen Personenanzahl** sowie dem **geplanten Ablauf** der „Zusammenkunft", dass hier keine Versammlung durchgeführt werden soll (VfSlg 10.608/1985 – vier Teilnehmer, Aufstellung eines Informationsstandes).

d) Gemeinsames Wirken, Assoziation der Versammlungsteilnehmer

Eine Versammlung erfordert weiters, dass die Anwesenden zu einem gemeinsamen Wirken (Debatte, Diskussion, Manifestation [zB in Form von Sprechchören – VfSlg 8685/1979]) gebracht werden und dadurch eine **gewisse Assoziation der Zusammengekommenen** entsteht. Auf den Inhalt des gemeinsamen Wirkens kommt es nicht an. Es muss sich deshalb auch nicht zwingend um öffentliche oder „politische" Angelegenheiten handeln.

Bloß **einseitige Informationen** (Informationsstände, Verteilung von Flugzetteln, Sitzstreik, bloßes Hochhalten von Transparenten – VfSlg 10.608/1985, 11.651/1988, VfSlg 11.935/1988, VfSlg 12.161/1989) sind keine Versammlungen, wenn die Absicht der Veranstalter nicht erkennbar darin liegt, zufällig vorüberkommende Passanten auch zu einem gemeinsamen Wirken zu bewegen.

Allfällige **kurze Diskussionen** mit (Informations-) Veranstaltern stellen noch kein gemeinsames Wirken dar (s *Winkler*, Versammlungsfreiheit 268).

Bei einem Informationsstand kann es sich aber auch um „**Versammlungsmobilar**" handeln: Verteilen zwei bis drei Personen von einem Informationstisch aus an Passanten und Kunden Flugzettel, können sich diese Passanten in Unterschriftenlisten eintragen, halten Aktivisten Transparente, rufen sie mittels Sprechchören Parolen und sollen mittels aufgestellten Fernseh- und Videogeräten Passanten nicht nur informiert werden, sondern die **Diskussion kontroverser Standpunkte** mit interessierten, möglicherweise auch irritierten oder sogar verärgerten Passanten und Kunden anregen und dadurch **Meinungsaustausch** hergestellt werden, liegt eine Versammlung iSd VersG vor (VfSlg 17.600/2005 – Tierschutz).

Keine Versammlungen stellen alle Formen **einseitiger Darbietungen** (zB Straßentheater, Musizieren, Sportveranstaltungen) dar (→ *Veranstaltungsrecht*).

Bei Veranstaltungen mit Veranstaltungs- *und* Versammlungsmerkmalen (**Veranstaltungen gemischten Charakters**) ist insgesamt von einer Versammlung auszugehen (zB umweltpolitische Demonstrationen mit [zB sport-] veranstaltungsähnlichem Charakter/ „Friday Night Skating" der GRÜNEN am Ring in Wien).

Die bloße Zurschaustellung eines Lebensgefühls in Form der Abhaltung einer **öffentlichen Massenparty** („Loveparade") stellt heute – im Unterschied zu den 1990er Jahren – weniger eine politische Manifestation („Partydemo") als vielmehr eine bloße Musik- und Tanzveranstaltung dar, die als öffentliche Belustigung ebenso wie volksgebräuchliche Feste, Aufzüge, Leichenbegängnisse oder religiös veranlasste Zusammenkünfte uÄ vom VersG ausdrücklich ausgenommen sind (§ 5 VersG; s V.2.a.).

Zielen konkrete Umstände des Zusammenkommens sowie die Verknüpfung von Ort, Zeitpunkt und Gegenstand auf eine „politische Manifestation", kann nach der Rsp auch eine **schweigende Zusammenkunft** eine Versammlung darstellen (VfSlg 15.680/1999). Es kommt nämlich nicht darauf an, ob die Meinungsäußerung durch **Worte, Gesten oder Stille** erfolgt (EGMR 16.04.1991, 11800/85 [Ezelin gg Frankreich]).

Während der VfGH das Umhängen von Pappkartontafeln mit provokantem Inhalt („Wir ehren die Deserteure") anlässlich des Totengedenkens des Kameradschaftsbundes als „**politische Manifestation**" iS einer Versammlung (VfSlg 15.680/1999; ähnlich VfSlg 15.952/2000 – Protest gegen die Menschenrechtspolitik der VR China in Tibet mittels Transparenten) wertete, erkannte er im öffentlichen Hochhalten von Transparenten („Partl gib uns unser Recht!", „Warum wollt ihr unseren Bauernhof zerstören?" uÄ) durch eine fünfköpfige Familie vor dem Aufgang zum Andreas-Hofer-Denkmal in Innsbruck ein bloßes „Aufmerksammachen" in Form einer **„reinen" Meinungsäußerung** (VfSlg 12.161/1989).

Verkehrsblockaden (VfSlg 12.257/1990 – Autobahn; VfSlg 14.366/1995 – Eisenbahngleise), **Haus-, Hör- oder Veranstaltungssaal-** (VfGH 09.03.2021, V 433/2020) wie insb auch **Baustellenbesetzungen** (VfSlg 10.955/1986; 14.761/1997) können bei demonstrativem Zusammenwirken (zB Blockierung der Bauarbeiten, Errichtung von Lagerstätten, Aneinanderketten von Personen) „zur drastischen Betreibung eines offenkundigen, gemeinsamen Ziels" (zB Be- oder Verhinderung der Errichtung oder des Abrisses eines Baus, Verhinderung des Transports von Kriegsmaterial) als Versammlungen qualifiziert werden. Die Weigerung, einen bestimmten Ort zu verlassen, ist hier als spezifische Ausdrucksform bzw Unterstreichens des der Versammlung inhärenten gemeinsamen Wirkens und des Themas der Versammlung zu qualifizieren (VfGH 09.03.2021, V 433/2020).

Wird bei einer Hausbesetzung kein über die unmittelbare Benützung hinausgehendes Ziel (zB Verhinderung des Abrisses) verfolgt, handelt es sich aber um eine **bloße Besetzung ohne Versammlungscharakter**. Zu deren Auflösung vgl § 37 SPG (→ *Sicherheitspolizeirecht*).

2. Arten von Versammlungen

Das VersG unterscheidet grundsätzlich **absolut freie, anzeigefreie** sowie **anzeigepflichtige Versammlungen**.

Eine **Bewilligungspflicht** für Versammlungen (sog Konzessionssystem), wie sie ürsprünglich § 3 VersG für öffentliche Versammlungen „unter freiem Himmel" noch vorsah (VfSlg 4885/1964), ist aus verfassungsrechtlichen Gründen unzulässig (Z 3 des Beschlusses der ProvNV).

Zwischen dem verbotenen **Konzessionssystem** und dem nach dem VersG aktuell geltenden **Anmeldesystem** bestehen bezüglich der faktischen Folgen allerdings kaum Unterschiede. Denn auch beim Anmeldesystem ist die Behörde verpflichtet, eine angezeigte rechtswidrige Versammlung bereits vor Beginn mit Bescheid zu untersagen (§ 6 VersG).

a) Absolut freie Versammlungen

Öffentliche Belustigungen, Hochzeitszüge, volksgebräuchliche Feste (zB Sonnwendfeier) oder Aufzüge (zB Schützenaufmärsche, Faschingsumzüge, Fackelzüge), Leichenbegängnisse (Trauerzüge), Prozessionen, Wallfahrten und sonstige Versammlungen oder Aufzüge zur Ausübung eines gesetzlich anerkannten Kultus (oder sonstigen, gesetzlich nicht anerkannten religiösen Bekenntnisses; vgl VfSlg 2494, 2610/1953 mwH) sind gänzlich von den Bestimmungen des VersG ausgenommen, wenn sie in der „**hergebrachten Art**" stattfinden (§ 5 VersG).

Werden solche Versammlungen (zB Abbrennen eines Sonnwendfeuers – VfSlg 10.443/1985; Totengedenken zu Allerheiligen – VfSlg 15.680/1999) nur als **Deckmantel für politische Manifestationen** verwendet, handelt es sich dagegen um keine absolut freien Versammlungen iSd § 5 VersG.

Da es sich bei den aufgezählten Zusammenkünften zT (wie zB bei den öffentlichen Belustigungen) ohnedies um keine Versammlungen ieS des § 2 VersG handelt, wird der Aufzählung in § 5 VersG überwiegend bloß **deklarativer Charakter** beigemessen. Insb schließt § 2 VersG jedenfalls nicht aus, dass sich auch neuere gesellschaftliche Gepflogenheiten zu Versammlungen „in der hergebrachten Art" entwickeln können (*Winkler*, Versammlungsfreiheit 250 ff).

Öffentliche Belustigungen oder volksgebräuchliche Feste und Auf- und Umzüge unterliegen allenfalls den landesgesetzlichen Veranstaltungsgesetzen (→ *Veranstaltungsrecht*).

Auch auf sog **Wählerversammlungen**, bei denen Wähler zu Wahlbesprechungen bzw Besprechungen mit gewählten Abgeordneten zusammen kommen, finden die Bestimmungen des VersG keine Anwendung, wenn sie während ausgeschriebener Wahlen (zB zu den allgemeinen Vertretungskörpern) und in nicht allgemein zugänglichen Bereichen („unter freiem Himmel") stattfinden (§ 4 VersG).

b) Anzeigefreie Versammlungen

Ausschließlich auf geladene Gäste beschränkte („**geschlossene**") **Versammlungen** sowie **Vereins(mitglieder)versammlungen** (§ 10 VerG; → *Vereinsrecht*) unterliegen dem VersG. Diese Versammlungen sind aber von der Anzeigepflicht ausgenommen (§ 2 Abs 1 VersG).

Eine geschlossene Versammlung erfordert, dass die Teilnehmer der Versammlung persönlich und individuell vom Veranstalter geladen werden. Auch wenn der Veranstalter nicht alle Teilnehmer persönlich kennen muss, sind zwingend geeignete Vorkehrungen (zB Verzeichnis der Teilnehmer) zur Abhaltung des Zugangs ungeladener Teilnehmer zu treffen (VfSlg 7762/1976).

Den Teilnehmern ein Schriftstück zukommen zu lassen, in dem sie selbst den Namen einsetzen können, erfüllt nicht die Voraussetzungen der geschlossenen Versammlung (VfSlg 11.132/1986). Eine auf einem Wiesengrundstück ohne Zaun und Absperrung veranstaltete Versammlung erfüllt ebenfalls nicht die Voraussetzungen der geschlossenen Versammlung (VfSlg 10.443/1985).

c) Anzeigepflichtige Versammlungen

Allgemein zugängliche, öffentliche Versammlungen müssen der Versammlungsbehörde vor ihrer Durchführung **schriftlich angezeigt** werden (s VI.1.a.).

VI. Vorbereitung einer Versammlung

Im Folgenden wird nur auf die Anforderungen nach dem VersG eingegangen. Daneben können sich **weitere Anforderungen** aufgrund anderer Verwaltungsvorschriften ergeben.

Wenn eine öffentliche Straße für verkehrsfremde Zwecke (wie zB für Versammlungen) benützt werden soll, ist eine **Anzeige gem § 86 StVO** einzubringen. Diese Anzeige ist – im Unterschied zur Versammlungsanzeige nach dem VersG – drei Tage vor der Benützung der öffentlichen Straße bei der zuständigen (Straßenpolizei-) Behörde (Gemeinde, BVB, LPolD) zu erstatten.

Darüber hinaus kann sich für die Benützung einer öffentlichen Straße zu anderen Zwecken auch nach den **landesstraßenrechtlichen Vorschriften** das Erfordernis einer vorherigen (privatwirtschaftlichen) **Zustimmung der Straßenverwaltung** ergeben (vgl zB § 54 Abs 1 stmk LStVG sowie II.2.d.).

1. Versammlungsanzeige

a) Einbringung

Der Veranstalter hat eine öffentliche Versammlung **spätestens 48 Stunden** vor geplanten Beginn bei der zuständigen Versammlungsbehörde (§ 16 VersG) **schriftlich** anzuzeigen (§ 2 Abs 1 VersG). Ist bei einer Versammlung die Teilnahme von Vertretern ausländischer Staaten, internationaler Organisationen und anderer Völkerrechtssubjekte beabsichtigt, beträgt die Frist **eine Woche** (§ 2 Abs 1a VersG).

Veranstalter ist jene Person, die die Versammlung initiiert, plant und organisiert. Es können sowohl natürliche als auch juristische Personen als Veranstalter auftreten.

Auch **Minderjährige** können – nach Erreichung der persönlichen Reife – als Veranstalter auftreten, nicht aber auch **Ausländer** (§ 8 VersG), ausgenommen EU-Bürger (siehe dazu II.2.b). Bürgerinitiativen, Komitees uÄ, soweit sie nicht als **Vereine** (gem VerG) organisiert sind, kommt keine Rechtspersönlichkeit zu. **Politischen Parteien** kommt Rechtspersönlichkeit mit Hinterlegung ihrer Satzung zu (VfSlg 11.258/1987; → *Vereinsrecht*).

Bei der Beurteilung der Rechtzeitigkeit ist auf das **faktische Einlangen** der Anzeige bei der Behörde abzustellen. Das gilt auch im Fall der Übermittlung mittels Telefax oder E-Mail **nach Ende der Amtsstunden**. § 13 Abs 5 AVG ist nicht anzuwenden. § 2 VersG geht sichtlich davon aus, dass bei den Versammlungsbehörden entsprechende Vorkehrungen zur jederzeitigen Entgegennahme von Anzeigen getroffen worden sind (VfSlg 16.842/2003).

b) Form und Inhalt der Anzeige

In der Anzeige sind gem § 2 Abs 1 VersG (iVm § 6 VStG) **Zweck, Ort, Zeit** (Beginn, Dauer), die **Modalitäten der Durchführung** (Verhaltensweisen, Einsatz von Hilfsmitteln, wie etwa die Verwendung von Megafonen, Flugzetteln, Fackeln, Informationsständen, PKWs) sowie eine allfällige Teilnahme von **Vertretern ausländischer Staaten**, internationaler Organisationen und anderer Völkerrechtssubjekte (§ 2 Abs 1a VersG) hinreichend genau bekanntzugeben. Während der COVID-19-Pandemie ist es auch erforderlich, Angaben zur Einhaltung von sondergesetzlich oder in einer (Maßnahmen-)Verordnung vorgeschriebenen **Maßnahmen zum Schutz vor Corona-Infektionen** zu machen.

Bei einer **Standkundgebung** genügt zB die Angabe eines Platzes (VfSlg 15.952/2011 – „Ballhausplatz, 1010 Wien"). Bei einem **Versammlungsmarsch** muss neben Anfangs- und Endpunkt auch die Marschroute zwischen diesen Punkten bekannt gegeben werden (VfSlg 9103/1981).

Besondere Bedeutung kommt der ausreichenden Konkretisierung von Modalitäten und Hilfsmitteln iZm der **verwaltungsstrafrechtlichen Rechtfertigung** (gem § 6 VStG) von für sich genommen sonst rechtswidrigen, aber für den Zweck der Durchführung der Versammlung unbedingt erforderlichen Vorgangsweisen zu (s VII.3.).

c) Parteiengehör und Manuduktionspflichten

Vor einer erforderlich erachteten Untersagung muss dem Veranstalter Gelegenheit gegeben werden, vom Ergebnis der Beweisaufnahme Kenntnis zu erlangen und dazu Stellung zu nehmen (§ 45 Abs 3 AVG). Wäre die Versammlung nur wegen eines einzelnen Umstandes (zB hinsichtlich Versammlungsort, -zeit, bestimmten Modalitäten) zu untersagen, hat die Versammlungsbehörde den Veranstalter darauf aufmerksam zu machen (VfSlg 9103/1981 – mangelhafte Ortsangabe; VfSlg 19.423/2011 – Standkundgebung statt Marsch; VfSlg 18.601/2008 – Verlegung der Versammlung von 5 auf 20 m Entfernung zu einem Geschäftslokal) und die **schriftliche Änderung** der Anzeige nahe zu legen (VfSlg 18.572/2008).

Aufgrund der kurzen Anzeigefrist ist die Behörde idR gezwungen, kurzfristig einen Besprechungstermin am Sitz der Behörde einzuberufen; erforderliche Verbesserungen oder Berichtigungen können auch im Wege **unmittelbarer (zB telefonischer) Kontaktnahme** angeregt werden. Die Kontaktnahme muss tatsächlich möglich sein (VfSlg 18.563/2008 – keine Angaben zur Kontaktaufnahme).

Es besteht keine gesetzliche Ermächtigung, Zweck, Ort, Zeit bzw Modalitäten von Amts wegen (zB durch Vorschreibung von Auflagen) zu ändern, zu modifizieren oder zu konkretisieren (VfSlg 19.962/2015, 15.362/1998).

2. Zurückweisung der Anzeige

Handelt es sich bei der angezeigten Zusammenkunft um **keine Versammlung** oder eine nicht anzeigepflichtige Versammlung, ist die Versammlungsanzeige zurückzuweisen. Dasselbe gilt, wenn eine Anzeige die erforderlichen Angaben (zB zur Marschroute) **mangelhaft** ausführt (VfSlg 11.866/1988, 18.563/2008, 18.587/2008) oder dem Veranstalter gar **keine Rechtspersönlichkeit** zukommt (s VI.1.a.).

Können der Versammlungsanzeige „schlechterdings" die erforderlichen Informationen (zB Ort, Zeit) nicht entnommen werden, liegt nach der Rsp überhaupt keine Versammlungsanzeige vor (VfSlg 10.955/1986).

3. Untersagung der Versammlung

Eine angezeigte Versammlung muss (bzw kann) vor ihrer Abhaltung untersagt werden, wenn Zweck oder Modalitäten der Durchführung
- **„Strafgesetze"** verletzt (§ 6 Abs 1 VersG),
- die **öffentliche Sicherheit** bzw das **öffentliche Wohl** gefährdet (§ 6 Abs 1 VersG),
- der **politischen Tätigkeit von Drittstaatsangehörigen** (von außerhalb der EU) dient und anerkannten internationalen Rechtgrundsätzen und Gepflogenheiten, völkerrechtlichen Verpflichtungen, demokratischen Grundwerten oder außenpolitischen Interessen der Republik Österreich zuwiderläuft (§ 6 Abs 2 VersG) oder
- in **Widerspruch zu den (Durchführungs-) Vorschriften des VersG** steht (§ 13 Abs 1 VersG).

Die einzelnen Auflösungstatbestände des § 6 Abs 1 VersG **überschneiden** sich zT, weil zB ein Widerspruch zu den Strafgesetzen (s unten a.) idR auch eine Gefährdung der öffentlichen Sicherheit oder des öffentlichen Wohls (s unten b. sowie zB VfSlg 19.961/2015) darstellen wird. Die Gefährdung des öffentlichen Wohls hat aber insb Bedeutung, wenn durch eine Versammlung weder Strafgesetze verletzt noch die Sicherheit gefährdet wird, wie zB im Fall der Beeinträchtigung der Grundrechte anderer Personen (VfSlg 16.054/2001 – ungestörte Religionsausübung iSd Art 9 EMRK am Friedhof zu Allerheiligen).

Auch wenn der **Widerspruch zu den (Durchführungs-) Vorschriften des VersG** nicht explizit in § 6 VersG aufgezählt wird, erfordert ein solcher eine präventive Untersagung (vgl idS VfSlg 16.123/2001). Diese Untersagung kann mit einer analogen Anwendbarkeit des § 13 Abs 1 VersG begründet werden, aber sich auch auf § 6 Abs 1 VersG („**Strafgesetzen zuwiderläuft**") stützen, da eine vorschriftswidrig durchgeführte Versammlung idR eine Verwaltungsübertretung darstellen wird (§§ 19, 19a VersG) und damit einem Strafgesetz zuwiderläuft.

Die Behörde ist überdies – über den unmittelbaren Wortlaut des § 6 (bzw § 13) VersG hinaus – verfassungsrechtlich verpflichtet, bei ihrer Entscheidung über eine allfällige Untersagung auf die **verfassungsgesetzlich gewährleistete Versammlungsfreiheit** hinreichend Bedacht zu nehmen. Die Untersagung erfordert deshalb grundsätzlich auch

- eine **Abwägung zwischen den widerstreitenden Interessen** des Veranstalters an der Abhaltung der Versammlung und den **öffentlichen Interessen am Unterbleiben der Versammlung** (VfSlg 19.962/2015 – Autobahn; 19.961/2015 – Kirchennähe).

Zur Untersagung ist die Behörde nur ermächtigt, wenn die Untersagung aufgrund einer der in Art 11 Abs 2 EMRK genannten öffentlichen Interessen (zB nationale und öffentliche Sicherheit, Aufrechterhaltung der Ordnung, Schutz der Moral, Schutz der Rechte und Freiheiten anderer) **zwingend notwendig** erscheint. Die Untersagung darf stets nur **ultima ratio** sein (VfSlg 19.741/2013). Ob die Voraussetzungen für eine Untersagung vorliegen, hat die Behörde aufgrund konkret festgestellter, objektiv erfassbarer Umstände zu beurteilen. Dabei kommt es nicht nur auf die unmittelbaren Absichten des Veranstalters, sondern auch auf eine realistische und nachvollziehbare Einschätzung des zu erwartenden Geschehensablaufs (zB Ankündigungen Dritter – VfSlg 17.120/2004) in Form einer **Prognoseentscheidung** an. Bloße Vermutungen und Befürchtungen können eine Untersagung nicht rechtfertigen (VfSlg 6850/1972, VfSlg 8609/1979). Erfahrungen der Behörde bei vergleichbaren Versammlungen (zB in Vorjahren) oder Berichte zu vergleichbaren Versammlungen an anderen Orten können eine Untersagung dagegen hinreichend begründen (VfSlg 17.259/2004 – World Economic Forum in Salzburg; VfSlg 19.423/2011 – Ball des Wiener Korporationsringes). Die von der Behörde herangezogenen Umstände müssen nicht dem Veranstalter selbst anzulasten sein (VfSlg 17.261/2004). Wortwahl in der Anzeige und Verhalten des Veranstalters bei anderen Versammlungen (VfSlg 18.114/2007) können Prognosen zum Teilnehmerkreis, Versammlungszweck und Geschehen während der Versammlung aber zusätzlich untermauern (vgl dazu auch VfSlg 17.261/2004 – Skinhead-Demonstration gegen „Linke Intoleranz"/befürchtete Verletzung des VerbotsG).

a) Widerspruch zu Strafgesetzen; Verbotsgesetz

Bislang umstritten geblieben ist, ob ausschließlich ein Widerspruch des Versammlungszweckes zum **gerichtlichen Strafrecht** (zB StGB, §§ 3a ff VerbotsG – nationalsozialistische Wiederbetätigung) oder auch ein solcher zu den **VerwaltungsstrafG** die Untersagung einer Versammlung rechtfertigt (vgl auch → *Vereinsrecht*). Der VfGH hat **gezielte Störungen der öffentlichen Ordnung** iSd § 81 Abs 1 SPG (→ *Sicherheitspolizeirecht*; VfSlg 16.054/2001) oder die Verwendung eines nach dem Symbole-G **rechtswidrig verwendeten Symbols** (VfGH 08.03.2022, E 3120/2021 – Fahne der kurdischen PKK) jedenfalls (auch) als eine den „Strafgesetzen" zuwiderlaufende Zwecksetzung qualifiziert. Dem folgend lassen sich unter dieses Tatbestandsmerkmal auch zB die **„Ansammlungsverbote" an Wahltagen** im Umkreis von Wahllokalen (§ 58 NRWO, § 45 EuWO – zB 10 m vom Eingang des Gemeindeamtes) bzw während der **Eintragungsverfahren zu Volksbegehren** (§ 12 VolksbegehrenG), ebenso das **allgemeine Verbot des Zusammenströmens größerer Menschenmengen** gem § 15 iVm § 40 EpidemieG oder einem speziellen MaßnahmenG (wie zB während der COVID-19-Pandemie) subsumieren.

§ 6 VersG trägt eine Untersagung einer Versammlung allein wegen eines verwaltungsstrafbewehrten Verhaltens idR aber noch nicht. Daher muss zB bei einem Verstoß gegen das Symbole-G auch die beabsichtigte Verwendung des verbotenen Symbols als Stilmittel des Protests gegen das Symbole-G in die versammlungsrechtliche Beurteilung einfließen (VfGH 08.03.2022, E 3120/2021). Vergleichbares wird auch bezüglich der Verletzung von verwaltungsstrafrechtlich sanktionierten **Verhaltensvorschriften** in einem MaßnahmenG oder einer MaßnahmenV/LockerungsV (Tragen von Masken, Abstandhalten) **zum Zweck des Gesundheitsschutzes** während der COVID-19-Pandemie gelten müssen.

Werden mit der Versammlung allerdings die **vom StGB normierten Schwellen überschritten**, verbleibt der Behörde bei der Abwägung iSd Art 11 Abs 2 EMRK idR kein Spielraum. Die Untersagung einer solchen Versammlung ist diesfalls nicht nur zulässig, sondern sogar **rechtlich geboten** (vgl VfSlg 19.961/2015 – strafbare Handlungen gegen den religiösen Frieden und die Ruhe der Toten gem §§ 188 ff StGB).

b) Gefährdung der öffentlichen Sicherheit oder des öffentlichen Wohls

Die **öffentliche Sicherheit** (iSd § 6 VersG) umfasst die Sicherheit des Staates, der Personen (Leben, Gesundheit, körperliche Integrität, Freiheit und Ehre) und des Eigentums.

Besondere Sicherheitsrisiken und völkerrechtliche Verpflichtungen (s IV.) zum Schutz eines **ausländischen Regierungschefs** während eines Österreichbesuches rechtfertigen hinsichtlich des Versammlungsorts eine weitgehende, aber nicht vollständige Einschränkung des Versammlungsrechts. Eine Untersagung aller Versammlungen aufgrund von Befürchtungen negativer Auswirkungen von die Politik seines Landes missbilligenden Äußerungen auf den Staatsgast ist in Hinblick auf Art 11 Abs 2 EMRK keinesfalls gerechtfertigt (VfSlg 15.170/1998 – Li Peng; vgl dazu auch VfSlg 15.952/2000 – Jiang Zemin).

Die Versammlung von Tierschützern unmittelbar **vor dem Privathaus** jener Person, gegen die mit der Versammlung protestiert werden soll, kann die Sicherheit von Personen und Eigentum gefährden; eine Untersagung der Versammlung an diesem Ort ist gerechtfertigt, wenn die Behörden zu Recht davon ausgehen können (zB aufgrund eines Aufrufs im Internet), dass sich dieser Versammlung militante Tierschützer anschließen und Angriffe auf Person und Eigentum von der Exekutive nicht ausreichend verhindert werden könnten (VfSlg 17.120/2004).

Ein **zu einer Justizanstalt führender Demonstrationszug** gegen den Tod eines Häftlings in dieser Strafanstalt unter Mitführung ua von Trommeln und Musikinstrumenten kann wegen zu befürchtender Tumulte in der Anstalt (Gefährdung von Insassen und Personal) durchaus die öffentliche Sicherheit gefährden (VfSlg 17.873/2006).

Bloße Verkehrsbehinderungen durch Versammlungen sind idR in Kauf zu nehmen (VfSlg 7229/1973). Dass ein Durchzugsverkehr wegen einer geplanten Versammlung eine andere Route wählen wird müssen, rechtfertigt die Untersagung der Versammlung noch nicht (VfGH 17.06.2021, E 3728/2020). Eine Untersagung ist erst dann geboten, wenn durch die Abhaltung der Versammlung eine zu befürchtende unvermeidbare, weiträumige, lange währende, extreme Störung des Straßenverkehrs **gravierende Belästigungen** und auch **sicherheitsgefährdende Beeinträchtigungen** zahlreicher unbeteiligter Personen erwarten lässt (VfSlg 20.413/2020, VfGH 17.06.2021, E 3728/2020). Es kommt also stets auf die **konkreten Umstände des Einzelfalles** an (Zeitpunkt der Anzeige, Versammlungszweck/-thema, symbolische Bedeutung des Versammlungsortes, Verkehrsaufkommen, Dauer und Modalitäten der Versammlung). Führt die Abhaltung einer Versammlung **auf der Autobahn** in Form einer mehrstündigen Blockade in erwartbarer Weise zu einer extremen Störung des Straßenverkehrs, ist die Untersagung wegen Gefahren für die öffentliche Sicherheit gerechtfertigt (VfSlg 19.962/2015, 12.257/1990, 12.155/1989; 20.413/2020). Anderes gilt, wenn ein besonderer **thematischer Zusammenhang** zwischen Zweck (Anlass) und Ort der Versammlung besteht (zB „Transitverkehr" – s III.) und aufgrund der frühzeitigen Anzeige der Versammlung **organisatorische Maßnahmen** durch die Straßenpolizei ergriffen werden können (zB Information der Verkehrsteilnehmer, Bekanntgabe von alternativen Fahrtrouten). Die Untersagung einer Versammlung an einem **Verkehrsknotenpunkt der Westautobahn A1** mit überdurchschnittlichem Verkehrsaufkommen und ohne Ausweichmöglichkeiten ist aber selbst dann zulässig, wenn eine Versammlung zum Zweck des Klimaschutzes einen „autofreien Tag" zu thematisieren beabsichtigt (VfSlg 20.413/2020).

Das **öffentliche Wohl** erfasst die von der übrigen Rechtsordnung geschützten öffentlichen Interessen; dazu zählt ua auch der Schutz der Rechte und Freiheiten anderer Personen (zB Versammlungs-, Religionsfreiheit, Erwerbsfreiheit, Grundfreiheiten der EU – s III.).

Versammlungen, die **nationalsozialistische Bestrebungen und Gedankengänge** stärken könnten (VfSlg 2002/1950) oder der **Pflege der Tradition der ehemaligen deutschen Wehrmacht** bezwecken (VfSlg 4524/1963), gefährden das öffentliche Wohl erheblich und müssen – iVm § 3 VerbotsG – jedenfalls untersagt werden (VfSlg 17.543/2005).

Der mit einer Demonstration zwangsläufig verbundene Lärm macht die Untersagung einer Versammlung nicht notwendig. Kommt es aber wegen der Verwendung von Musikinstrumenten, Kochtöpfen etc zu massiven, für Unbeteiligte **unzumutbaren Lärmbelästigungen** („akustischer Terror"), ist die Untersagung zulässig (VfSlg 11.832/1988).

Die **bloße Androhung von Gegendemonstrationen** stellt keinesfalls einen hinreichenden Grund für die Untersagung der Versammlung dar (VfSlg 6304/1970, 6530/1971,

8609/1979). Selbst im Fall eines echten (theoretischen) Risikos erheblicher Konfrontationen zwischen rivalisierenden Personengruppen ist nach der neuesten Rsp des VfGH (unter Verweis auf die Jud des EGMR v 02.02.2010, 25.196/04, Christian Democratic People's Party gg Moldawien) die Untersagung der Versammlung nicht mehr – so wie noch nach der früheren Rsp (vgl dazu zB VfSlg 18.587/2008 – Leistungsschau des Bundesheeres; VfSlg 18.572/2008 – Pelzmodengeschäft; VfSlg 16.054/2001 – Friedhof zu Allerheiligen) – in jedem Fall zulässig. Die Prognose und die darauf folgende Abwägung hat stets im Lichte dessen zu erfolgen, dass es **Aufgabe der Polizei** ist, sich zwischen zwei Gruppen (zB Besuchern einer Veranstaltung und Demonstranten) zu stellen und **gewalttätige Zusammenstöße zu verhindern** (VfSlg 19.741/2013 – Ballveranstaltung). Nur im (gesetzlichen, verordneten) **Schutzbereich von Versammlungen** (§ 7a VersG; s dazu VI.5.) ist die Durchführung einer weiteren Versammlung (zB Gegendemonstration) **absolut verboten** und jedenfalls zu untersagen.

Gezielte Störungen der Ausübung von anderen Grundrechten können im Einzelfall die Untersagung einer Versammlung wegen Beeinträchtigung des öffentlichen Wohls rechtfertigen (VfSlg 16.054/2001 – Religionsausübung auf Friedhöfen an Fest- und Gedenktagen; VfSlg 18.601/2008 – Behinderung des Kundenverkehrs eines Bekleidungsgeschäftes). Die Versammlungsbehörde ist aber auch im Fall **konkurrierender Grundrechtsansprüche** gehalten, die Ausübung der betroffenen Grundrechte im Wege eines **Interessensausgleichs** zu gewährleisten (zB Sicherung der öffentlichen Ordnung durch die Polizei – vgl idS VfSlg 19.961/2015 mwH auf die Rsp des EGMR). Ein solcher scheint dem VfGH aber nicht mehr möglich, wenn es zB bei einer Versammlung von Tierschützern in **sehr geringem Abstand zum Eingangsbereich eines Geschäftslokals** zu erheblichen Behinderungen des Kunden- und Geschäftsverkehrs kommt (VfSlg 18.601/2008). Eine **bloße Verstörung von Kirchenbesuchern** (zB durch den Einsatz eines Kreuzes als Mittel zu Kritik und Diskurs) aufgrund der räumlichen Nähe der geplanten Versammlung zu einer Kirche kann dagegen die Untersagung wegen der Gefährdung des öffentlichen Wohls nicht rechtfertigen (VfSlg 19.961/2015).

Auch Versammlungen auf **privaten Grundstücken (Räumen) ohne Berechtigung** können den Rechtsfrieden gefährden und zweifellos eine Untersagung rechtfertigen.

c) Schutz internationaler Rechtgrundsätze, völkerrechtlicher Verpflichtungen, demokratischer Grundwerte sowie außenpolitischer Interessen

Dieser Versagungstatbestand des § 6 Abs 2 VersG soll es der Behörde ermöglichen, Versammlungen zu untersagen, die dem **Auftritt von Vertretern ausländischer (Dritt-) Staaten** (dh von außerhalb der EU) bezwecken, deren (bereits bekannte) politische Ziele internationalem Recht, demokratischen Grundwerten oder außenpolitischen Interessen der Republik Österreich widersprechen („Lex Erdoğan"). Da sich dieser **spezielle Ermessenstatbestand** (arg „*kann*" – vgl dazu *Muzak*, Die neuen Beschränkungen 33) auf Art 16 EMRK stützt (s II.2.b.), ist keine Abwägung ieS des Art 11 Abs 2 EMRK erforderlich. Zuständig zur Untersagung ist in diesem speziellen Fall die **BReg** (§ 16 Abs 2 VersG – s dazu IX.1.).

d) Widerspruch zu versammlungsrechtlichen Bestimmungen

Bei den Bestimmungen der §§ 7 bis 11 VersG handelt es sich um Regelungen zur Durchführung von Versammlungen. Finden sie bereits in der Anzeige (zB betreffend Ort oder Modalitäten) erkennbar keine Beachtung, kann dies ebenfalls eine Untersagung der Versammlung rechtfertigen. Zwar beziehen sich die Untersagungsgründe des § 13 Abs 1 VersG („gegen die Vorschriften dieses Gesetzes") auf bereits begonnene Versammlungen (s VII.3.c.), dennoch können bzw müssen sie – kraft Größenschlusses – auch zum Zwecke der **präventiven Untersagung** herangezogen werden (vgl idS VfSlg 9103/1981). Zu beachten ist, dass es sich hierbei überwiegend um **„absolute" Verbote** handelt, sodass von der Behörde **keine Rechtsgüterabwägung** idS Art 11 EMRK mehr durchzuführen ist.

Während der Sitzungen des National- oder Bundesrats, der Bundesversammlung oder eines Landtag sind im 300-m-Umkreis des Gebäudes („**Bannmeile**") Versammlungen absolut verboten (§ 7 VersG; vgl dazu VfSlg 14.365/1995, 19.423/2011 – „Untersagung").

Auch beim Verbot der Abhaltung einer Versammlung **im (gesetzlichen, verordneten) Schutzbereich** einer anderen bereits angezeigten Versammlung handelt es sich um ein solches absolutes Verbot (§ 7a Abs 4 VersG).

Auch eine Versammlung, die entgegen § 8 VersG von einem **Ausländer** (Person ohne österreichische Staatsbürgerschaft) als Veranstalter angezeigt wird, muss untersagt werden (VfSlg 16.123/2001).

Beim zeitlich befristeten Versammlungsverbot, wie es zT während der COVID-19-Pandemie im Jahr 2020 galt, handelte es sich dagegen um kein absolutes Verbot nach dem VersG, sondern es fußte auf einem **allgemeinen (verwaltungsstrafrechtlich sanktionierten) Verbot des Zusammenströmens größerer Menschenmengen** gem dem COVID-19-MaßnahmenG. Als solches fand es im (Um-)Weg über den Versagungstatbestand „Strafgesetz" (vgl VI.3.a.) Eingang in die Versagungstatbestände des VersG.

Nicht zulässig wäre es aber, eine Versammlung alleine wegen einer **nicht zeitgerecht erfolgten Anzeige** (§ 2 Abs 1 VersG) zu untersagen (s VII.4.c.).

4. Erteilung einer Bescheinigung; Zustellung des Untersagungsbescheides

Wird eine Versammlung nicht untersagt, ist der Veranstalter grundsätzlich ex lege zur Durchführung der Versammlung berechtigt. Auf ausdrückliches Verlangen ist dem Veranstalter eine **Bescheinigung** über die Anzeige auszustellen (§ 2 Abs 2 VersG). Es handelt sich dabei allerdings um keine behördliche Genehmigung ieS.

Weder die unterlassene Untersagung einer rechtswidrigen Versammlung noch die Ausfertigung einer Bescheinigung bindet die Behörde. **In Ermangelung einer der Rechtskraft fähigen Erledigung** der Anzeige kann bei Vorliegen der Voraussetzungen (§ 13 VersG) auch eine nicht untersagte und anzeigengemäß durchgeführte Versammlung auflöst werden.

Erfolgt eine Untersagung, hat die Behörde Sorge dafür zu tragen, dass der Untersagungsbescheid zeitgerecht wirksam wird. Daher ist im Fall eines unmittelbar bevorstehenden Versammlungszeitpunktes idR ein Mandatsbescheid zu erlassen (§ 57 AVG) oder gleichzeitig mit der Untersagung die aufschiebende Wirkung der (LVwG-) Beschwerde auszuschließen (§ 13 VwGVG). Der Untersagungsbescheid kann mündlich oder schriftlich ergehen. Das ZustellG erlaubt die Zustellung des schriftlichen Bescheides durch einen Bediensteten der Behörde („Bote") oder ein Gemeindeorgan (§ 3 ZustellG), im Fall der Anzeige mittels E-Mail aber auch eine elektronische Zustellung an die in der Anzeige verwendete E-Mail-Adresse (vgl dazu § 2 Z 5 iVm § 37 ZustellG).

5. Behördliche Festlegung eines Schutzbereiches

Die Behörde kann – unter Berücksichtigung der erwarteten Anzahl der Versammlungsteilnehmer, der konkreten örtlichen Gegebenheiten sowie der absehbaren Umstände (zB Gegendemonstration) – um den angezeigten Versammlungspunkt einen **Schutzbereich von 0 (!) bis höchstens 150 m** festlegen (§ 7a Abs 2 VersG; vgl VfSlg 20.331/2019). In diesem Bereich ist zur selben Zeit die Durchführung einer anderen Versammlung **absolut verboten** (§ 7a Abs 4 VersG). Die Ermächtigung zur Festlegung eines Schutzbereiches darf allerdings nicht dazu missbraucht werden, dass die geschützte Versammlung nicht mehr von den Gegenpositionen einer Gegendemonstration erreicht wird. Im Falle, dass an einer größeren Örtlichkeit (zB im Ortszentrum) **zwei Versammlungen mit unterschiedlichen Positionen und gegensätzlichen Meinungen** gleichzeitig stattfinden sollen, muss die Behörde bemüht sein, die Ausübung des Versammlungsrechts aller zu gewährleisten (VfSlg 20.384/2020).

Der festgelegte Schutzbereiches ist mit gesonderter **Verordnung** kundzumachen. Anders als zB beim Platzverbot gem § 36 Abs 3 SPG enthält § 7a Abs 2 VersG keine speziellen Kundmachungsvorschriften. Es genügt daher eine den allgemeinen rechtsstaatlichen Grundätzen entsprechende, ausreichende Kundmachung.

Besteht im konkreten Einzelfall **kein Erfordernis** nach einem größeren (oder kleineren) Schutzbereich oder handelt es sich um eine **nicht angezeigte Spontan- oder Eilversammlung**, gilt vorläufig – bis erforderlichenfalls anderes verordnet wird – ex lege ein **Schutzbereich von 50 m** (§ 7a Abs 3 VersG).

VII. Durchführung einer Versammlung

1. Versammlungsleiter und Ordner

Als zur Leitung der Versammlung berufene Person („**Versammlungsleiter**") gilt bis zur allfälligen Bestellung (Wahl) einer oder mehrerer anderer Personen immer der **Veranstalter** (VfSlg 14.869/1997). Dieser ist idR jene Person, die die Versammlung gem § 2 VersG angezeigt hat oder – bei (nicht angezeigten) Spontan- bzw Eilversammlungen – die der Initiator der Versammlung ist, also bei potenziellen Teilnehmern den Willen zum Sichversammeln hervorruft, in der Öffentlichkeit (zB via Pressemitteilung) bzw gegenüber der Behörde als solcher auftritt oder in sonstiger Weise eine **führende Rolle bei der Versammlung** einnimmt, indem er die Richtung eines Demonstrationszuges bestimmt oder zur Befolgung/Nichtbefolgung von behördlichen Anordnungen aufruft usw (VwGH 22.03.2018, Ra 2017/01/0359).

Das VersG sieht keinen besonderen Modus für die Bestellung eines Versammlungsleiters vor. Er kann daher vom Veranstalter ernannt werden, aber zB auch von den Versammlungsteilnehmern gewählt werden.

Der **Leiter** und die von ihm erforderlichenfalls zu bestellenden Ordner haben die Pflicht, alle zumutbaren Vorkehrungen zur Wahrung des Gesetzes und der Aufrechterhaltung der öffentlichen Ordnung (iSd § 13 Abs 2 VersG) während einer Versammlung zu treffen („interne Versammlungsaufsicht" – § 11 VersG); sie sind hierfür auch **verwaltungsstrafrechtlich verantwortlich** (§ 19 VersG).

So ist der Leiter zB verantwortlich, dass das Thema der Versammlung sowie die einzelnen Modalitäten (zB bezüglich verwendeter Hilfsmittel) der Versammlungsanzeige entsprechen (VfSlg 18.721/2009 – rechtswidriges Verwenden eines Megafons). Stellen Demonstranten ein fremdes Auto rechtswidrig quer über die Straße, sodass andere Verkehrsteilnehmer am Vorbeifahren gehindert werden, trifft den Versammlungsleiter nur dann kein Verschulden (iSd § 5 Abs 1 VStG) an der Ordnungsstörung, wenn er den Nachweis einer angemessenen Kontrolltätigkeit zu erbringen vermag (VfSlg 14.869/1997).

Kann sich der Versammlungsleiter (und seine Ordner) gegenüber den Versammlungsteilnehmern nicht mehr durchsetzen, muss er behördliche Assistenz anfordern (VfSlg 14.869/1997) oder selbst die Versammlung auflösen (§ 11 Abs 2 VersG). Im Falle der Auflösung haben die Versammlungsteilnehmer den Versammlungsort sofort zu verlassen. Mit der Auflösung erlischt auch die verwaltungsstrafrechtliche Verantwortlichkeit des Versammlungsleiters und seiner Ordner (§§ 11, 19 VersG).

2. Vermummungs-, Waffenverbot

Während einer Versammlung dürfen die Versammlungsteilnehmer keine Maßnahmen zur Verhinderung der Feststellung ihrer Identität (Gesichtszüge) mittels Kleidungsstücken oder Gegenständen vornehmen (§ 9 VersG).

Die gesetzlichen (bzw verordneten) Bestimmungen über die **Pflicht zum Tragen von Schutzmasken während der COVID-19-Pandemie** stellen im Verhältnis zu § 9 VersG die spezielleren Normen dar. Davon abgesehen ist nicht davon auszugehen, dass derjenige, der in Erfüllung rechtlicher Verpflichtungen eine Maske trägt, dies tut, um seine Wiedererkennung iZm der Versammlung zu verhindern (LVwG Nö 22.03.2022, LVwG-S-725/001-2022).

Auch die Zulässigkeit zB von **Tiermasken als „Stilmittel"** mit unmittelbarem Bezug zum Thema der Meinungskundgabe erscheint aus verfassungsrechtlichen Gründen zulässig (vgl VfGH 26.02.2021, E 4697/2019 zum Anti-GesichtsverhüllungsG).

Das Mitführen von Waffen oder Gegenständen, die zur Anwendung von Gewalt gegen Menschen oder Sachen geeignet sind (zB Stangen, Steine, Ketten), ist absolut verboten (§ 9a VersG).

3. Sonstige Verbote nach anderen Verwaltungsgesetzen

An sich verwaltungsbehördlich strafbares Handeln (zB nach StVO, SPG) kann iSd **§ 6 VStG** gerechtfertigt sein, wenn es iZm einer Versammlung gesetzt wird und zur Durchführung der Versammlung erforderlich ist (VfSlg 11.866/1988).

Diese Rechtfertigung kommt nicht nur bei rechtzeitig angezeigten (und nicht untersagten) Versammlungen, sondern auch bei Spontan- und Eilversammlungen zum Tragen (VfSlg 19.528/2011 – Betreten der Straßenfahrbahn/Störung der öffentlichen Ordnung gem § 76 Abs 1 StVO und § 81 SPG; idS auch zB VwSlg 17.7765 A/2009 – ungebührliche Lärmerregung gem stmk LSG).

Ist eine Versammlungsanzeige hinsichtlich an sich rechtswidriger Maßnahmen, aber unbedingt notwendiger Begleiterscheinungen der Versammlung zu unbestimmt, kommt keine Rechtfertigung iSd § 6 VStG in Betracht (VfSlg 11.866/1988 – rechtswidriges Befahren der Fußgängerzone mit einem PKW).

4. Exkurs: Zivilrechtliche Haftung für Demonstrationsschäden

Selbst eine behördlich nicht untersagte Versammlung stellt keinen Rechtfertigungsgrund für die **Verletzung der Privatrechte Dritter** (absolute Rechte, Vermögensschäden – OGH 13.06.2019, 4 Ob 201/18i) dar. Schadenersatzansprüche gem § 1295 ABGB aufgrund **„unfriedlicher"** Versammlungen können sich nicht nur im Fall von Demonstrationsschäden ergeben, die durch Gewaltanwendung herbeigeführt werden (vgl OGH 25.05.1994, 3 Ob 501/94, 25.03.1999, 6 Ob 201/98x), sondern auch zB im Fall von Baustellenblockaden, die eine gewisse **Dauer und Schwere der Beeinträchtigung** erreichen (OGH 13.06.2019, 4 Ob 201/18i – „sittenwidrige" Schädigung am Vermögen in bewusstem Missbrauch des Versammlungsrechtes). Die Solidarhaftung des einzelnen Demonstranten (§§ 1301 f ABGB) hängt vom Tatbeitrag ab, der auch in der intellektuellen Förderung des unmittelbaren Täters bestehen kann (OGH 25.03.1999, 6 Ob 201/98x). Die bloße Anmeldung der Versammlung für sich alleine stellt aber noch keine konkrete, bewusste Beitragshandlung dar (OGH 13.06.2019, 4 Ob 201/18i).

5. Behördliche Versammlungsaufsicht

a) Teilnahme- und Informationsrechte

Die Behörde ist berechtigt, zu anmeldepflichtigen Versammlungen einen oder mehrere **Vertreter der Behörde** (§ 16 VersG – LPolD oder BH) zur Überwachung des Versammlungsgeschehens zu entsenden. Dabei kann es sich auch um ein (schriftlich oder mündlich, uU auch per Funk beauftragtes) Organ des öffentlichen Sicherdienstes handeln.

Die Behördenvertreter dürfen nicht unmittelbar in das Versammlungsgeschehen eingreifen, solange Leiter und Ordner ihren Aufsichtsfunktionen (§ 11 VersG; s VII.1.) hinreichend nachkommen (VfSlg 14.869/1997). Den Behördenvertretern stehen lediglich bestimmte **Informationsrechte** gegenüber dem Versammlungsleiter (zB betreffend Redner) zu (§ 12 VersG).

Das VersG ermächtigt die Behörden nicht unmittelbar auch zB zur Herstellung von **Video-** und **Fotoaufnahmen**. In der Praxis wird der Versammlungsverlauf von den Sicherheitsbehörden va auf der Grundlage sicherheitspolizeilicher Befugnisse dokumentiert (vgl zB VfSlg 15.109/1998), wenn etwa eine Zusammenkunft zahlreicher Menschen gefährliche Angriffe gegen Leib, Gesundheit oder Eigentum von Menschen befürchten lässt (§ 54 Abs 5 SPG; → *Sicherheitspolizeirecht*).

b) Gewährleistung und Schutz des rechtmäßigen Versammlungsablaufs

Zur Durchsetzung der Vermummungs- und Waffenverbote (s VII.2.) sind Organe des öffentlichen Sicherheitsdienstes (→ *Sicherheitspolizeirecht*) ermächtigt, **Festnahmen** vorzunehmen (§ 19 VersG iVm § 35 Z 3 VStG) oder – als gelindere Mittel dazu – **Sicherstellungen** oder **Wegweisungen** durchzuführen (§ 9 Abs 2 VersG iVm § 81 Abs 3 bis 6 SPG). Wird die öffentliche Ordnung, Ruhe und Sicherheit nicht gefährdet, kann von solchen Maßnahmen auch abgesehen werden (§ 9 Abs 3 VersG – Opportunitätsprinzip). Erforderlichenfalls muss eine solche Versammlung aber aufgelöst werden (§ 13 VersG; s VII.3.c.).

Die Behörde ist unmittelbar aus Art 11 EMRK verpflichtet, den Ablauf erlaubter Versammlungen gegen **Störungen Dritter** (zB Gegendemonstrationen) zu schützen (s II.2.c.). Zu diesem Zweck können die Sicherheitsbehörden idR auf **sicherheitspolizeiliche Befugnisse** (§§ 28 ff SPG iVm §§ 284, 285 StGB) zurückgreifen.

Nicht zulässig zum Schutz von Versammlungen ist aber die Erlassung eines **Platzverbotes** (§ 36 SPG) „mit selektiver Zugangserlaubnis" zum Versammlungsort (VfSlg 19.978/2015).

c) Auflösung der Versammlung

Eine bereits stattfindende Versammlung kann gem § 13 VersG untersagt bzw aufgelöst werden, wenn
- die Versammlung **gegen die Vorschriften des VersG** (§§ 2, 6 ff VersG – zB betreffend die Vermummung, Bannmeile oder den Sicherheitsbereich anderer Versammlungen) veranstaltet wird oder
- sich **gesetzwidrige Vorgänge** (iwS) ereignen (zB Sachbeschädigungen, Gefährdung von Personen, Besitzstörung) oder
- die Versammlung einen die „**öffentliche Ordnung**" (hier: iSd des → *Sicherheitspolizeirechts*) **bedrohenden Charakter** annimmt (zB Behinderung des Verkehrsflusses, Erzeugung von Brandgefahren)

und – § 13 VersG („nach Umständen") verfassungskonform interpretiert – die Untersagung/Auflösung
- zur Wahrung eines der in Art 11 Abs 2 EMRK aufgezählten Schutzgüter (zB Aufrechterhaltung der öffentlichen Sicherheit und Ordnung, Moral, Rechte und Freiheiten anderer Personen) auch **zwingend notwendig** ist. Die Untersagung/Auflösung darf – so wie bereits im Rahmen des § 6 VersG – nur die **ultima ratio** sein (s VI.3.).

Dem „klaren" Wortlaut des § 13 Abs 1 und 2 VersG, wonach hinsichtlich der behördlichen Vorgangsweise zwischen **angemeldeten** und **nicht angemeldeten Versammlungen** differenziert wird, kommt im Zuge der (verfassungskonformen Interpretations-) Praxis in der Rsp des VfGH keine besondere Bedeutung zu.

Die **bloße Verletzung der Anzeigepflicht** (zB bei Spontanversammlungen – VfSlg 11.132/1986) oder Verlängerung der Versammlung über den angezeigten Zeitraum hinaus (VwSlg 16.330 A/2004) rechtfertigt für sich allein eine Versammlungsauflösung nicht, es müssen **besondere Umstände**, die letztlich zu einer **übermäßigen Gefährdung der öffentlichen Interessen** iSd Art 11 Abs 2 EMRK führen, hinzutreten (VfSlg 14.367/1995).

Bspw nationalsozialistische Propaganda (VfSlg 10.443/1985), wiederholte Verwendung von Raketen und Wurfgeschosssurrogaten (VfSlg 11.930/1988 – Opernball), Blockade von Bauarbeiten (VfSlg 10.955/1986, 14.761/1997) oder Straßenarbeiten (VfSlg 14.367/1995) bzw des einzigen Hauseinganges, sodass Personen am Verlassen bzw Betreten des Gebäudes gehindert werden (UVS Wien 19.11.1996, 06/28/453/94).

Auch die Auflösung einer (nicht angezeigten) Versammlung zum Zweck der **Aufrechterhaltung des städtischen (Haupt-) Verkehrsflusses** in den Abendstunden (zB am Ring in Wien) kann in Ermangelung der Möglichkeiten verkehrlicher Vorsorge durchaus verhältnismäßig sein (VfSlg 19.818/2013).

Versammlungen innerhalb der **Bannmeile von 300 m** während der Sitzungen allgemeiner Vertretungskörper (§ 7 VersG) sind dagegen aufgrund des absoluten Verbotes „**ohne weitere Gründe**" aufzulösen (VfSlg 14.365/1995; s dazu VI.3.d.).

Im Fall der Überschreitung der **vom StGB normierten Schwellen** (zB im Verlauf von Randalen) ist die Untersagung/Auflösung jedenfalls geboten (VfSlg 19.961/2015).

Das Vorliegen solcher besonderen Umstände bzw deren Erheblichkeit ist von der Behörde (bzw vom entsandten Behördenvertreter) – ohne Durchführung eines förmlichen Ermittlungsverfahrens – nach dem Bild zu beurteilen, dass sich **an Ort und Stelle** bietet (VfSlg 10.443/1985, 11.832/1988 mwH); mit dem Veranstalter geführte Gespräche über den weiteren Verlauf der Versammlung sind mitzuberücksichtigen (VwSlg 16.330 A/2004 – „sanitäre Missstände").

Nach Verkündung der Untersagung gegenüber dem Versammlungsleiter und – erforderlichenfalls – der Auflösung gegenüber den Versammlungsteilnehmern, die in der Rsp als **unmittelbare verwaltungsbehördliche Befehlsgewalt*** qualifiziert wird (VfSlg 11.132/1986), müssen die **„Anwesenden"**, dh jedenfalls die Versammlungsteilnehmer einschließlich der sie allenfalls (zB durch elektronische Dokumentation der Versammlung – VwSlg 17.699 A/2009) unterstützenden Personen den Versammlungsort verlassen (§ 14 Abs 1 VersG), andernfalls der Befehl mit unmittelbarer verwaltungsbehördlicher **Zwangsgewalt*** (gewaltsames Auseinandertreiben, Wegtragen, Abdrängen) durchgesetzt werden kann (§ 14 Abs 2 VersG; s IX.2.).

Beim **Einsatz von physischer Gewalt** haben die Organe stets „maßhaltend" (iSd Art 3 EMRK) zu agieren (VfSlg 14.365/1995). Der Einsatz eines Gummiknüppels gegen Beine und Arme kann zur Überwindung von Widerstand durchaus zulässig sein (VfSlg 11.230/1987, 11.329/1987), nicht jedoch gegen den Kopf (VfSlg 11.096/1986, 11.170/1986, 11.421/1987), ebenso wenig zulässig ist ein Versetzen von Fußtritten oder ein Würgen eines Versammlungsteilnehmers (VfSlg 11.230/1987, 11.328/1987).

Ein **Verharren der Versammlungsteilnehmer** am Versammlungsort stellt gem § 19 VersG eine Verwaltungsübertretung dar (s VIII.). Die Organe des öffentlichen Sicherheitsdienstes sind daher zur **Identitätsfeststellung** (§§ 34a, 35 Z 1 VStG; vgl zB VfSlg 14.365/1995 – „Einkesselung") sowie – bei weiterem Verharren trotz Abmahnung – auch zur **Festnahme** ermächtigt (§ 35 Z 3 VStG). Im Fall eines (versuchten) Widerstandes gegen die Staatsgewalt (§ 269 StGB) kann auch ein – diesfalls von der Rechtmäßigkeit der vorangegangen Versammlungsauflösung unabhängiger – Festnahmegrund gem §§ 170, 171 StPO in Betracht kommen (VwSlg 16.330 A/2004).

VIII. Verwaltungsstrafrecht, gerichtliches Strafrecht

Übertretungen des VersG, wie zB durch Unterlassung der Versammlungsanzeige (§ 2 VersG), Veranstaltung einer Versammlung durch Ausländer (§ 8 VersG), unzulässige Vermummung (§ 9 VersG), Tragen von Waffen oder gefährlichen Gegenständen (§ 9a VersG), Unterlassung von Aufsichtspflichten (§ 11 VersG), Nichtverlassen des Versammlungsortes nach Auflösung der Versammlung (§ 14 VersG) stellen **Verwaltungsübertretungen** dar (§ 19 VersG), sofern die Tat nicht ausdrücklich gerichtlich strafbar ist (**Subsidiarität**; vgl idS auch § 22 Abs 1 VStG, Art 4 7. ZPEMRK – Doppelbestrafungsverbot). Bei der gerichtlichen Strafbarkeit handelt es sich um eine Vorfrage* (§ 30 Abs 2 VStG).

Bei **absolut verbotenen Versammlungen** (zB innerhalb der „Bannmeile" gem § 7 VersG) begeht nicht nur der Leiter, sondern auch jeder einzelne Teilnehmer an der Versammlung eine Verwaltungsübertretung (VfSlg 14.365/1995). Die bloße Teilnahme an einer nicht ordnungsgemäß angezeigten Versammlung ist dagegen nicht strafbar (VwGH 22.03.2018, Ra 2017/01/0359), jedenfalls wenn der Versammlungsteilnehmer nicht wusste oder wissen musste, dass die Versammlung nicht (ordnungsgemäß) angezeigt bzw von der Behörde untersagt worden ist (VfSlg 18.483/2008 – Rechtfertigungsgrund iSd § 6 VStG).

Die Erlassung eines Strafbescheides wegen Übertretungen des VersG ist rechtswidrig, wenn die relevanten Umstände der Behörde bereits in der Versammlungsanzeige bekannt gemacht worden sind (zB **ausländischer Veranstalter** iSd § 8 VersG) und diese nicht das „Verfahren nach dem VersG" ausschöpft, namentlich die Versammlung gem §§ 6 und 13 VersG mit Bescheid rechtsförmlich untersagt (VfSlg 16.123/2001; s VI.1.c.).

Wer an einer Versammlung vermummt teilnimmt und (kumulativ) bewaffnet ist (oder gefährliche Gegenstände mit sich führt), unterliegt **gerichtlichem Strafrecht** (§ 19a VersG).

IX. Behörden und Verfahren

1. Behörden

Das Versammlungsrecht zählt gem § 2 Abs 2 SPG zu den Angelegenheiten der Sicherheitsverwaltung* und wird – zT in **unmittelbarer** (Art 102 Abs 2 B-VG), zT in **mittelbarer Bundesverwaltung*** (Art 102 Abs 1 B-VG) – von den Sicherheitsbehörden (Art 78a B-VG) vollzogen (→ *Sicherheitspolizeirecht*).

Sachlich zuständige **Versammlungsbehörde** ist grundsätzlich die **BVB** (§ 16 Abs 1 lit c VersG – BH, in Städten mit eigenem Statut: Bgm im üWb), in Gemeinden aber, in denen die LPolD zugleich auch „Sicherheitsbehörde I. Instanz" ist (§ 16 Abs 1 lit a VersG iVm § 8 SPG; → *Sicherheitspolizeirecht*), sowie „am Sitz des Landeshauptmannes", wenn in dieser Gemeinde die LPolD nicht zugleich Sicherheitsbehörde I. Instanz ist (zB Bregenz), die **LPolD** (§ 16 Abs 1 lit b VersG). Zur Untersagung einer Versammlung „in den [speziellen Untersagungs-] **Fällen** des § 6 Abs 2 VersG" (politische Tätigkeiten von Drittstaatsangehörigen) ist die **BReg** zuständig (§ 16 Abs 2 VersG), zur Auflösung nach Beginn einer Versammlung dagegen (weiterhin) die örtlich zuständigen Behörden gem §§ 16 Abs 1 und 17 VersG (vgl § 13 Abs 1 VersG).

Örtlich zuständig ist jene Behörde, in deren örtlichem Wb die Versammlung der Anzeige gemäß durchgeführt werden soll (§§ 2, 16 VersG iVm § 3 Z 2 AVG). Fällt der Versammlungsort oder die Marschroute in den **örtlichen Wb mehrerer Sicherheitsbehörden** (§ 3 AVG), müssen vom Veranstalter auch mehrere Anzeigen eingebracht werden. Die örtlich zuständigen Sicherheitsbehörden haben bei der Beurteilung der Versammlung einvernehmlich (iSd § 4 AVG) vorzugehen.

Bei Gefahr im Verzug ist auch **jede andere Sicherheitsbehörde** (zB BMI) berechtigt, Versammlungen zu untersagen bzw aufzulösen (§ 17 VersG; vgl dazu VfSlg 11.230/1987).

Da bei der Anzeige einer Versammlung mit **Teilnahme von Vertretern ausländischer Staaten uÄ** (§ 2 Abs 1a VersG) für den Veranstalter nicht erkennbar ist, ob eine Versagung gem § 6 Abs 2 VersG (zB wegen der außenpolitischen Interessen Österreichs) zu erfolgen hat, ist davon auszugehen, dass auch in diesem Fall die Anmeldung bei der BVB bzw LPolD (§ 16 Abs 1 VersG) einzubringen und von dieser **erforderlichenfalls an die BReg weiterzuleiten** ist (vgl dazu *Muzak*, Die neuen Beschränkungen 35).

Über Beschwerden gegen Bescheide sowie die Ausübung unmittelbarer verwaltungsbehördlicher Befehls- und Zwangsgewalt hat das örtlich zuständige **LVwG** zu entscheiden (vgl § 18 VersG; § 3 Abs 2 VwGVG).

Zur Erhebung einer Beschwerde gegen einen Untersagungsbescheid ist ausschließlich der **Veranstalter** legitimiert (VfSlg 15.362/1988). Das Recht auf Versammlungsfreiheit schließt das Recht ein, die Untersagung einer Versammlung auch auf deren Rechtmäßigkeit überprüfen zu lassen. Die Beschwerdelegitimation besteht daher selbst dann noch, wenn im Zeitpunkt der Beschwerdeerhebung beim LVwG der **Termin der untersagten Versammlung bereits verstrichen** ist (VfSlg 20.312/2019).

Im Fall der Auflösung einer Versammlung mittels unmittelbarer verwaltungsbehördlicher Befehls- und Zwangsgewalt kommt sämtlichen **Versammlungsteilnehmern** Beschwerdelegitimation zu.

Da das Versammlungsrecht einen Teil der **Sicherheitsverwaltung*** (§ 2 Abs 2 SPG) bildet, können auch die für diesen Rechtsbereich **zusätzlich vorgesehenen Beschwerdemöglichkeiten** (§§ 88 Abs 2, 89 SPG) beim LVwG in Anspruch genommen werden (→ *Sicherheitspolizeirecht*). Daher ist zB die **Unterlassung des Schutzes einer Versammlung** (s II.2.c. und VII.3.b.), die nicht als unmittelbare verwaltungsbehördliche Befehls- und Zwangsgewalt zu qualifizieren ist (VfSlg 9334/1982), gem § 88 Abs 2 SPG wegen Verletzung des Rechtes auf Versammlungsfreiheit beschwerdefähig.

2. Verfahren

Die Versammlungsbehörden haben gem Art I Abs 2 EGVG die VerwaltungsverfahrensG (AVG, VStG, VVG) in vollem Umfang anzuwenden, wobei – abweichend dazu – zB § 2 Abs 1 VersG als die **speziellere Norm** zu § 13 Abs 5 AVG gilt (VfSlg 16.842/2003; s VI.1.a).

3. Rechtsschutz bei VfGH und VwGH

Die Formulierung des Art 12 StGG, dass die Versammlungsfreiheit „durch besonderes Gesetze geregelt [wird]", wurde vom VfGH die längste Zeit als „**Ausgestaltungsvorbehalt**" gedeutet. Bei einem solchen Verständnis des Gesetzesvorbehaltes muss der einfache Gesetzgeber den Inhalt der Versammlungsfreiheit erst festlegen. Prozessual hatte dies zur Folge, dass das VersG grundrechtsgleichen Status erhielt und die Prüfung von Verletzungen des VersG bei österr Staatsbürgern ausschließlich in die Kompetenz des VfGH (Art 144 B-VG) fiel (sog „Feinprüfungsjudikatur"; vgl zB VfSlg 19.078/2010). Von diesem Verständnis des Gesetzesvorbehaltes in Art 12 StGG ist der VfGH – beginnend mit VfSlg 19.818/2013 – **stillschweigend abgerückt:**

Der VfGH vertritt seither die Auffassung, dass lediglich Entscheidungen, die die Versammlungsfreiheit in **besonders gravierender Weise** berühren, gem Art 133 Abs 5 B-VG in seine ausschließliche Zuständigkeit fallen. Zu diesem von der Zuständigkeit des VwGH zur Gänze (auch im Fall vom Amtsrevisionen – VwGH 29.09.2021, Ra 2021/01/0181) ausgeschlossenen **„Kernbereich"** zählt der VfGH jedenfalls die Beurteilung der Frage, ob eine Versammlung vorliegt sowie die Untersagung und Auflösung von Versammlungen einschließlich aller mit diesem Kernbereich in Zusammenhang stehenden verfahrensrechtlichen Fragen (vgl VfSlg 20.312/2019 – Beschwerdelegitimation vor dem LVwG nach dem Termin der untersagten Versammlung). **Verfassungsrechtlich zulässig** ist ein Eingriff in den Kernbereich der Versammlungsfreiheit nur, wenn dieser zur Erreichung der in Art 11 Abs 2 EMRK genannten Ziele (zB Aufrechterhaltung der öffentlichen Sicherheit; Schutz der Gesundheit oder der Rechte und Freiheiten anderer) **„zwingend notwendig"** ist. Die Untersagung einer Versammlung darf daher stets nur **ultima ratio** sein (VfSlg 19.994/2015).

Im übrigen sieht sich der VfGH nicht (mehr) verpflichtet, angefochtene Entscheidungen in jeder Hinsicht darauf zu prüfen, ob sie dem VersG entsprechen. Die neuere Rsp nimmt hierbei auf den materiellen Eingriffsvorbehalt des Art 11 Abs 2 EMRK Bezug und beschränkt sich in den Angelegenheiten **außerhalb des Kernbereichs** – so wie bei anderen Grundrechten der EMRK – auf eine „Grobprüfung" der behaupteten Rechtsverletzungen. Ein Eingriff in den (Rand-)Bereich der Versammlungsfreiheit erweist sich nach der nunmehr gebräuchlichen **Grundrechtsformel** (vgl zB VfSlg 19.994/2015, 20.057/2016) folglich erst dann als grundrechtswidrig, wenn

- die ihn verfügende Entscheidung **ohne Rechtsgrundlage** ergangen ist oder
- sie auf einer **dem Art 11 EMRK widersprechenden** (oder sonst verfassungswidrigen – so VfSlg 20.261/2018) **Rechtsvorschrift** beruht (vgl dazu II.2.b.) oder
- bei Erlassung der Entscheidung eine verfassungsrechtlich unbedenkliche Rechtsgrundlage in **denkunmöglicher Weise** angewendet wurde; ein solcher Fall liegt vor, wenn die Entscheidung mit einem so schweren Fehler belastet ist, dass dieser **mit Gesetzlosigkeit auf eine Stufe** zu stellen wäre, oder wenn der angewendeten Rechtsvorschrift fälschlicherweise ein verfassungswidriger, insb ein dem Art 11 Abs 1 EMRK **widersprechender** und durch Art 11 Abs 2 EMRK **nicht gedeckter Inhalt** unterstellt wurde.

Die Einschränkung der Zuständigkeit des VfGH auf eine Grobprüfung außerhalb des Kernbereichs der Versammlungsfreiheit zieht die prozessuale Konsequenz nach sich, dass in diesem (Rand-)Bereich eine **Zuständigkeit des VwGH zur „Feinprüfung"** von behaupteten Rechtsverletzungen besteht (Art 133 Abs 1 Z 1 B-VG), so zB bei **Verwaltungsübertretungen** (vgl VwGH 06.11.2018, Ra 2018/01/0243 betreffend §§ 2 Abs 1, 14 Abs 1 iVm § 19 VersG) oder **einschlägigen Verfahrensfehlern,** soweit diese ohne Rückgriff auf den Kern der Versammlungsfreiheit zu prüfen sind. Dies ist zB bei der Prüfung der Rechtzeitigkeit einer VwG-Beschwerde der Fall (VwGH 29.09.2021, Ra 2021/01/0181), nicht aber auch bei der Frage nach der Beschwerdelegitimation nach geplantem Termin einer untersagten Versammlung (VfSlg 20.312/2019 – Kernbereich).

Grundvoraussetzung für die Zulässigkeit von Revisionen beim VwGH bleibt auch in Versammlungsangelegenheiten, dass in der Revision überhaupt eine **Rechtsfrage von grundsätzlicher Bedeutung** aufgeworfen wird (Art 133 Abs 4 B-VG, § 28 Abs 3 VwGG). Eine absolute Unzulässigkeit der Revision in Verwaltungsstrafsachen (Art 133 Abs 4 B-VG iVm § 25a Abs 4 Z 1 VwGG) besteht – anders als nach dem VerG (→ *Vereinsrecht*) – im Bereich des VersG nicht, da § 19 VersG bei Verwaltungsübertretungen nicht nur die Verhängung von Geldstrafen bis zu € 720,–, sondern auch primäre Freiheitsstrafen (bis zu sechs Wochen) vorsieht.

Rudolf Feik

Fremdenrecht

Rechtsgrundlagen

Kompetenzgrundlagen

Art 10 Abs 1 Z 3 B-VG („Regelung und Überwachung des Eintrittes in das Bundesgebiet und des Austrittes aus ihm; Ein- und Auswanderungswesen einschließlich des Aufenthaltsrechtes aus berücksichtigungswürdigen Gründen; Passwesen; Aufenthaltsverbot, Ausweisung und Abschiebung; Asyl; Auslieferung"); Art 10 Abs 1 Z 7 B-VG („Fremdenpolizei").

Verfassungsrechtliche Bezüge

Art 3 EMRK (Verbot unmenschlicher oder erniedrigender Behandlung); Art 5 EMRK iVm PersFrG (Schutz der persönlichen Freiheit); Art 8 EMRK (Schutz des Privat- und Familienlebens); Art 13 EMRK (wirksame Beschwerdeinstanz); Art 2 bis 4 4. ZPEMRK (Freizügigkeit der Person); 6. und 13. ZPEMRK iVm Art 85 B-VG (Schutz vor Todesstrafe); Art 1 7. ZPEMRK (besondere Verfahrensgarantien); Art I RassenDiskrVerbG (Recht auf Gleichbehandlung von Fremden untereinander); § 1 DSG (Datenschutz).

Europarechtliche Bezüge

Art 21 ff AEUV (Bewegungsfreiheit und Aufenthaltsrecht von Unionsbürgern); Art 45 ff AEUV (Freizügigkeit der Arbeitnehmer); Art 49 ff AEUV (Niederlassungsfreiheit); Art 56 ff EG (Dienstleistungsfreiheit); Art 67 ff AEUV (Raum der Freiheit, der Sicherheit und des Rechts); Art 77 ff AEUV (Politik im Bereich Grenzkontrollen, Asyl und Einwanderung).

Art 4 GRC (Folterverbot); Art 7 GRC (Achtung des Privat- und Familienlebens); Art 18 GRC (Asylrecht); Art 19 GRC (Schutz bei Abschiebung, Ausweisung und Auslieferung); Art 45 GRC (Freizügigkeit und Aufenthaltsfreiheit).

Sekundärrecht (Auswahl): VO (EG) 1683/95 über eine einheitliche Visagestaltung, ABl L 1995/164, 1 idF L 2017/198, 24; VO (EG) 539/2001 zur Aufstellung der Liste der Drittländer, deren Staatsangehörige beim Überschreiten der Außengrenzen im Besitz eines Visums sein müssen, sowie der Liste der Drittländer, deren Staatsangehörige von dieser Visumpflicht befreit sind, ABl L 2001/81, 1 idF L 2017/133, 1; RL 2001/40/EG über die gegenseitige Anerkennung von Entscheidungen über die Rückführung von Drittstaatsangehörigen, ABl L 2001/149, 34; VO (EG) 333/2002 über die einheitliche Gestaltung des

Formblatts für die Anbringung eines Visums, das die Mitgliedstaaten den Inhabern eines von dem betreffenden Mitgliedstaat nicht anerkannten Reisedokuments erteilen, ABl L 2002/53, 4; VO (EG) 1030/2002 zur einheitlichen Gestaltung des Aufenthaltstitels für Drittstaatsangehörige, ABl L 2002/157, 1 idF L 2017/286, 9; RL 2002/90/EG zur Definition der Beihilfe zur unerlaubten Ein- und Durchreise und zum unerlaubten Aufenthalt, ABl L 2002/328, 17; RL 2003/86/EG betreffend das Recht auf Familienzusammenführung, ABl L 2003/251, 12; RL 2003/109/EG betreffend die Rechtsstellung der langfristig aufenthaltsberechtigten Drittstaatsangehörigen, ABl L 2004/16, 44 idF L 2011/132, 1; RL 2003/110/EG über die Unterstützung bei der Durchbeförderung im Rahmen von Rückführungsmaßnahmen auf dem Luftweg, ABl L 2003/321, 26 idF L 2004/236, 18; RL 2004/38/EG über das Recht der Unionsbürger und ihrer Familienangehörigen, sich im Hoheitsgebiet der Mitgliedstaaten frei zu bewegen und aufzuhalten, ABl L 2004/158, 77 idF L 2011/141, 1; RL 2004/81/EG über die Erteilung von Aufenthaltstiteln für Drittstaatsangehörige, die Opfer des Menschenhandels sind oder denen Beihilfe zur illegalen Einwanderung geleistet wurde und die mit den zuständigen Behörden kooperieren, ABl L 2004/261, 19 idF L 2013/82, 63; RL 2004/82/EG über die Verpflichtung von Beförderungsunternehmen, Angaben über die beförderten Personen zu übermitteln, ABl L 2004/261, 24; VO (EG) 767/2008 über das Visa-Informationssystem (VIS) und den Datenaustausch zwischen den Mitgliedstaaten für einen kurzfristigen Aufenthalt, ABl L 2008/218, 60 idF L 2021/249, 15; RL 2008/115/EG über gemeinsame Normen und Verfahren zur Rückführung illegal aufhältiger Drittstaatsangehöriger, ABl L 2008/348, 98; RL 2009/50/EG über die Bedingungen für die Einreise und den Aufenthalt von Drittstaatsangehörigen zur Ausübung einer hochqualifizierten Beschäftigung, ABl L 2009/155, 17 (wird durch RL [EU] 2021/1883 mit 19.11.2023 aufgehoben); RL 2009/52/EG über Mindeststandards für Sanktionen und Maßnahmen gegen Arbeitgeber, die Drittstaatsangehörige ohne rechtmäßigen Aufenthalt beschäftigen, ABl L 2009/168, 24 idF L 2012/208, 22; VO (EG) 810/2009 über einen Visakodex der Gemeinschaft, ABl L 2009/243, 1 idF L 2021/248, 11; RL 2011/36/EU zur Verhütung und Bekämpfung des Menschenhandels und zum Schutz seiner Opfer, ABl L 2011/101, 1; VO (EU) 492/2011 über die Freizügigkeit der Arbeitnehmer innerhalb der Union, ABl L 2011/141, 1 idF L 2019/186, 21; RL 2011/98/EU über ein einheitliches Verfahren zur Beantragung einer kombinierten Erlaubnis für Drittstaatsangehörige, sich im Hoheitsgebiet eines Mitgliedstaates aufzuhalten und zu arbeiten, sowie über ein gemeinsames Bündel von Rechten für Drittstaatsangehörige, die sich rechtmäßig in einem Mitgliedstaat aufhalten, ABl L 2011/343, 1; RL 2014/36/EU über die Bedingungen für die Einreise und den Aufenthalt von Drittstaatsangehörigen zwecks Beschäftigung als Saisonarbeitnehmer, ABl L 2014/94, 375; RL 2014/66/EU über die Bedingungen für die Einreise und den Aufenthalt von Drittstaatsangehörigen im Rahmen eines unternehmensinternen Transfers, ABl L 2014/157, 1; RL 2016/801/EU über die Bedingungen für die Einreise und den Aufenthalt von Drittstaatsangehörigen zu Forschungs- oder Studienzwecken, zur Absolvierung eines Praktikums, zur Teilnahme an einem Freiwilligendienst, Schüleraustauschprogrammen oder Bildungsvorhaben und zur Ausübung einer Au-pair-Tätigkeit, ABl L 2016/132, 21 idF L 2021/382, 1; RL (EU) 2021/1883 über die Bedingungen für die Einreise und den Aufenthalt von Drittstaatsangehörigen zur Ausübung einer hoch qualifizierten Beschäftigung („Blaue Karte EU"), ABl L 2021/382, 1.

„Schengen-Acquis" (Auswahl): Schengener Übereinkommen, BGBl III 89/1997 idF III 202/1997; Schengener Durchführungsübereinkommen (SDÜ), BGBl III 90/1997 idF III 203/1997 und III 247/1999; Beschluss des Exekutivausschusses zur Inkraftsetzung des SDÜ in Österreich, BGBl III 204/1997; K betreffend das Inkraftsetzen des SDÜ, BGBl III

205/1997 und III 209/1997; Entscheidung 1999/307/EG über die Einzelheiten der Eingliederung des Schengen-Sekretariats in das Generalsekretariat des Rates, ABl L 1999/119, 49 idF L 1999/210, 24; RL 2001/51/EG zur Ergänzung des Art 26 SDÜ, ABl L 2001/187, 45 (Pflichten von Beförderungsunternehmen); VO (EU) 2016/399 über einen Gemeinschaftskodex für das Überschreiten der Grenze durch Personen, ABl L 2016/77, 1 idF L 2021/248, 11 („Schengener Grenzkodex"); VO (EU) 2018/1860 über die Nutzung des Schengener Informationssystems für die Rückführung illegal aufhältiger Drittstaatsangehöriger, ABl L 2018/312, 1; VO (EU) 2018/1861 über die Einrichtung, den Betrieb und die Nutzung des Schengener Informationssystems (SIS) im Bereich der Grenzkontrollen, ABl L 2018/312, 14 idF L 2019/135, 27; zahlreiche Beschlüsse (zB über die Ausdehnung auf Island und Norwegen).

Asylrecht (Auswahl): Dubliner Übereinkommen über die Bestimmung des zuständigen Staates für die Prüfung eines in einem Mitgliedstaat der europäischen Gemeinschaften gestellten Asylantrages, BGBl III 165/1997 („Dublin Übk"); RL 2001/55/EG über Mindestnormen für die Gewährung vorübergehenden Schutzes im Falle eines Massenzustroms von Vertriebenen und Maßnahmen zur Förderung einer ausgewogenen Verteilung der Belastungen, die mit der Aufnahme dieser Personen und den Folgen dieser Aufnahme verbunden sind, auf die Mitgliedstaaten, ABl L 2001/212, 12; Dublin-DurchführungsVO (EG) 1560/2003, ABl L 2003/222 idF L 2014/39, 1; RL 2011/95/EU über Normen für die Anerkennung von Drittstaatsangehörigen als Personen mit Anspruch auf internationalen Schutz, für einen einheitlichen Status der Flüchtlinge oder von Personen mit Anrecht auf subsidiären Schutz und für den Inhalt des zu gewährenden Schutzes, ABl L 2011/337, 9 idF L 2017/167, 58 („AnerkennungsRL" oder „QualifikationsRL"); VO (EU) 603/2013 über die Errichtung von Eurodac für den Vergleich von Fingerabdrücken zum Zwecke der effektiven Anwendung der VO (EU) 604/2013, ABl L 2013/180, 1 idF L 2021/248, 1; VO (EU) 604/2013 zur Festlegung der Kriterien und Verfahren zur Bestimmung des Mitgliedstaats, der für die Prüfung eines von einem Drittstaatsangehörigen oder Staatenlosen in einem Mitgliedstaat gestellten Antrags auf internationalen Schutz zuständig ist, ABl L 2013/180, 31 idF L 2017/49, 50 („Dublin III-VO"); RL 2013/32/EU zu gemeinsamen Verfahren für die Zuerkennung und Aberkennung des internationalen Schutzes, ABl L 2013/180, 60 („VerfahrensRL"); RL 2013/33/EU zur Festlegung von Normen für die Aufnahme von Personen, die internationalen Schutz beantragen, ABl L 2013/180, 96 („AufnahmeRL"); mehrere Beschlüsse und Entschließungen.

Völkerrechtliche Bezüge

Zahlreiche Staatsverträge, darunter die Genfer Flüchtlingskonvention (GFK), BGBl 55/1955 idF des Flüchtlingsprotokolls BGBl 78/1974; das Übereinkommen über die Rechte des Kindes (KRK), BGBl 7/1993 idF III 70/2022; das Europäische Abkommen über die Regelung des Personenverkehrs zwischen den Mitgliedstaaten des Europarats, BGBl 175/1958 idF III 42/2017; das Freizügigkeitsabkommen EG-Schweiz, BGBl III 133/2002 idF I 2/2008; bilaterale Rückübernahmeabkommen sowie zahlreiche Sichtvermerkabkommen.

Gesetze und sonstige Rechtsgrundlagen

FremdenpolizeiG 2005 (FPG), BGBl I 100/2005 idF I 106/2022; Niederlassungs- und AufenthaltsG (NAG), BGBl I 100/2005 idF I 106/2022; AusländerbeschäftigungsG (AuslBG), BGBl 218/1975 idF I 106/2022; BG, mit dem integrierten Vertriebenen aus Bosnien und

Herzegowina das weitere Aufenthaltsrecht gesichert wird („BosnierG"), BGBl I 85/1998; BG zur Integration rechtmäßig in Österreich aufhältiger Personen ohne österreichische Staatsbürgerschaft („IntegrationsG", IntG), BGBl I 68/2017 idF I 76/2022; FPG-DV, BGBl II 450/2005 idF II 340/2021; NAG-DV, BGBl II 451/2005 idF II 13/2022; NiederlassungsV 2022, BGBl II 567/2021; IntG-DV, BGBl II 286/2019 idF II 378/2020; IntegrationsvereinbarungsV, BGBl II 449/2005 idF II 205/2011; FachkräfteV 2022, BGBl II 573/2021 idF II 271/2022.

BG über die Einrichtung und Organisation des Bundesamtes für Fremdenwesen und Asyl („BFA-EinrichtungsG"; BFA-G), BGBl I 87/2012 idF I 56/2018; BFA-G-DV, BGBl II 453/2013; BFA-VerfahrensG (BFA-VG), BGBl I 87/2012 idF I 83/2022; BFA-VG-DV, BGBl II 458/2013.

AsylG 2005 (AsylG), BGBl I 100/2005 idF I 83/2022; AsylG-DV, BGBl II 448/2005 idF II 93/2022; StaatendokumentationsbeiratsV, BGBl II 413/2005 idF II 456/2013; HerkunftsstaatenV, BGBl II 177/2009 idF II 129/2022; VertriebenenV, BGBl II 92/2022.

GrundversorgungsG-Bund (GVG-B), BGBl 405/1991 idF I 53/2019; Art 15a B-VG-Vereinbarung zur Bundesbetreuung („Grundversorgungsvereinbarung"; GVV), BGBl I 80/2004; BG über die Errichtung der Bundesagentur für Betreuungs- und Unterstützungsleistungen GmbH (BBU-G), BGBl I 53/2019; Bundesbetreuungseinrichtungen-BetretungsV, BGBl II 2/2005 idF II 228/2017; bgld LandesbetreuungsG, LGBl 42/2006 idF 40/2018; krnt GrundversorgungsG, LGBl 43/2006 idF 44/2021; nö GrundversorgungsG, LGBl 9240-2 idF 90/2020; oö GrundversorgungsG, LGBl 12/2007 idF 7/2020; sbg GrundversorgungsG, LGBl 35/2007 idF 25/2022; stmk GrundversorgungsG, LGBl 111/2016 idF 51/2021; tir MindestsicherungsG, LGBl 99/2010 idF 205/2021; tir GrundversorgungsG, LGBl 21/2006 idF 138/2019; vlbg SozialleistungsG, LGBl 81/2020 idF 4/2022; wr GrundversorgungsG, LGBl 46/2004 idF 49/2018.

Literaturauswahl

Monografien – Sammelbände – Kommentare

Abermann ua, Niederlassungs- und Aufenthaltsgesetz² (2019); *Akyürek*, Das Assoziationsabkommen EWG-Türkei (2005); *Ammerer ua*, Krieg und Folter im Asylverfahren (2013); *Ecker*, Familienzusammenführung (2008); *Filzwieser* (Hrsg), Jahrbuch Asyl- und Fremdenrecht 2020 (2020); *Filzwieser/Kasper* (Hrsg), Jahrbuch Asyl- und Fremdenrecht 2021 (2021); *Filzwieser ua*, Asyl- und Fremdenrecht (2016); *Filzwieser/Sprung*, Dublin III-Verordnung (2014); *Filzwieser/Taucher* (Hrsg), Jahrbuch Asyl- und Fremdenrecht 2016 (2016), 2017 (2017), 2018 (2018) und 2019 (2019); *Frank/Anerinhof/Filzwieser*, AsylG 2005⁶ (2012); *Gachowetz ua*, Asyl- und Fremdenrecht im Rahmen der Zuständigkeit des BFA (2017); *Höhl/Hartleib*, Integrationsgesetz (2020); *Merli/Pöschl* (Hrsg), Das Asylrecht als Experimentierfeld (2017); *Muzak/Pinter* (Hrsg), Fremden- und Asylrecht (27. Lfg 2021); *Neugschwendtner/Peyrl/Schmaus*, Fremdenrecht⁷ (2018); *Oswald*, Das Bleiberecht (2012); *Peyrl*, Zuwanderung und Zugang zum Arbeitsmarkt von Drittstaatsangehörigen in Österreich (2018); *Pöschl*, Migration und Mobilität (GA für den 10. ÖJT, 2015); *Putzer*, Asylrecht² (2011); *Schrattbauer/Pfeil/Mosler* (Hrsg), Migration, Arbeitsmarkt und Sozialpolitik (2018); *Schrefler-König/Szymanski*, Fremdenpolizei- und Asylrecht (2022); *Stern*, Rechtsberatung für Asylsuchende (2012); *Wiederin*, Migranten und Grundrechte (2003); *Wildt*, Frauen im Asylrecht (2010); www.asylblog.at.

Beiträge

Abermann, Deutsch vor Zuzug – europarechtskonform?, migraLex 2012, 71; *Berthou*, Verletzung von Art 3 EMRK durch Abschiebung schwer kranker Schutzsuchender in Herkunftsstaaten mit mangelnden medizinischen Behandlungsmöglichkeiten, FABL 2012-I, 13; *Binder*, Aufenthaltsbeendende Maßnahmen und primärrechtliche Aufenthaltstitel bei „begünstigen Drittstaatsangehörigen", migraLex 2021, 40; *Brandl*, Asyl und Einwanderung, in Jahrbuch Europarecht (jährlicher Bericht); *Czech*, Schutz vor Refoulement nach Art 3 EMRK wegen schwerer Krankheit, FABL 2009-I, 49; *Czech*, Jedes Kind zählt – oder doch nicht?, FABL 2012-I, 1; *Czech*, Vorläufiger Rechtsschutz durch den Europäischen Gerichtshof für Menschenrechte, ÖJZ 2012/22, 213; *Czech*, Die Exklusivität des asylrechtlichen Familienverfahrens: Warum § 35 Abs 5 AsylG verfassungswidrig ist, FABL 2016-I, 31; *Czech*, Integriert Euch! Ein Überblick über Integrationsgesetz und Integrationsjahrgesetz, FABL 2017-I, 23; *Czech*, Konventionswidrigkeit der dreijährigen Wartefrist für die Familienzusammenführung subsidiär Schutzberechtigter, FABL 2021-II, 23; *Feik*, Forever young? Minderjährigkeitsbegünstigungen beim Elternnachzug bleiben (zumindest eine Zeit lang) bestehen, FABL 2019-II, 1; *Feik*, Die COVID-19-EinreiseV für Weihnachten 2020 (und dann auch noch für die Zeit danach), FABL 2021-I, 1; *Feik*, Die Ukraine-Vertriebenen-Verordnung, FABL 2022-I, 1; *Flickinger*, Das verwaltungsgerichtliche Verfahren in Fremden- und Asylsachen, migraLex 2018, 71; *Fouchs/Schweda*, Die Neuregelung der humanitären Aufenthaltstitel im Asylrecht, migraLex 2014, 58; *Frahm*, Zugang zu adäquater Grundversorgung für Asylsuchende aus menschenrechtlicher Perspektive, juridikum 2013, 464; *Frick/Fux*, Subsidiärer Schutz und die Akteursproblematik – Vorgaben für eine unions- und gleichheitsrechtskonforme Novellierung, migraLex 2019, 43; *Ganner/Jicha/Weber K.*, Das Recht unbegleiteter minderjähriger Flüchtlinge auf Versorgung durch die Kinder- und Jugendhilfe, iFamZ 2017, 20; *Geiger*, Die Beugehaft zur Durchsetzbarkeit von Mitwirkungspflichten im Rahmen des Fremdenpolizeigesetzes, migraLex 2019, 2; *Groschedl*, Menschenwürdige Aufnahmebedingungen als grundrechtliches Gebot im Asylverfahren, migraLex 2015, 66; *Haas/Matti*, Verfassungsrechtliche Aspekte der Gewährung von materieller Grundsicherung an Personen mit humanitärem Aufenthaltsrecht, migraLex 2021, 58; *Hinterberger*, Die umgekehrte Familienzusammenführung von nachziehenden Eltern zu unbegleiteten minderjährigen Flüchtlingen, NLMR 2018, 205; *Hinterberger/Klammer*, Das Rechtsinstitut der fremdenpolizeilichen Duldung, migraLex 2015, 73; *Kaspar*, Differenzierungen zwischen Asyl- und subsidiär Schutzberechtigten, NLMR 2020, 5; *Kern*, Kürzung von Grundversorgungsleistungen und ihre rechtlichen Grenzen, FABL 2021-II, 33; *Khakzadeh*, Die Schubhaft – Rechtsfragen des Vollzugs und des Rechtsschutzes, migraLex 2003, 43; *Khakzadeh-Leiler*, Sicherungshaft – eine verfassungsrechtliche Standortbestimmung, NLMR 2020, 249; *Klammer/Matti*, Zum unionsrechtlichen Problem der Inhaftnahme von Flüchtlingen, migraLex 2015, 34; *Lais/Schön*, Das Kindeswohl in der Rechtsprechung von VfGH und VwGH, RZ 2021, 211; *Lienbacher*, Grenzen der Ermittlungspflichten im Asylverfahren in der Rechtsprechung des Verfassungsgerichtshofes, in FS Kopetzki (2019) 309; *Loos*, Anwendbarkeit des AVG auf Verfahren vor den österreichischen Vertretungsbehörden in Visaangelegenheiten, FABL 2016-I, 23; *Lukits*, Mehrehen und Familiennachzug – Ist eine Familienzusammenführung polygamer Ehegatten in Österreich möglich?, iFamZ 2017, 261; *Lukits/Lukits*, Neues zur Volljährigerklärung im österreichischen Asylverfahren, FABL 2014-I, 1; *Matti*, Wer braucht wie viel Schutz?, juridikum 2016, 329; *Merl*, Aufenthaltsbeendende Maßnahmen im österreichischen Fremdenrecht, EuGRZ 2013, 19; *Muzak*, Die allgemeine Ausweispflicht für Fremde, in FS Berka (2013) 549; *Neusiedler*, Der Beweismaßbegriff des § 3 Abs 1 AsylG und seine Bedeutung im Kontext des Verfolgungsgrundes der Homosexualität, FABL 2019-I, 1; *Neusiedler*, Abschiebemöglichkeit wegen Straffälligkeit von Asylberechtigten?, FABL 2020-I, 1; *Neusiedler*, Der Asylaberkennungsgrund des „besonders schweren Verbrechens", migraLex 2021, 8; *Obwexer*, Diskriminierungsverbot und Unionsbürgerschaft, in Jahrbuch Europarecht (jährlicher Bericht); *Palmstorfer*, Verbot der Verlängerung von Grenzkontrollen zu Slowenien bei gleichbleibender Bedrohung der öffentlichen Sicherheit, FABL 2022-II, 1; *Palmstorfer/Reitshammer*, Verfolgung aus religiösen Gründen – wie weit geht der Religionsbegriff?, FABL 2013-I, 1; *Pascher/Utz-Ferner*, Der Familienbegriff und die Obsorge unbegleiteter Minderjähriger im Asylverfahren, iFamZ 2020, 284; *Pascher/Utz-Ferner*, Der Begriff der Familie im Asylverfahren und die Frage der Anerkennung von (Kinder-)Ehen, ZfRV 2021, 163; *Paulhart*, Die Aberkennung des Status des subsidiär Schutzberechtigten nach § 9 AsylG 2005, migraLex 2020, 10; *Pfleger*, Aufenthaltsrechtliche Fragen des Brexit, migraLex 2021, 30; *Pöschl*, Einwirkungen des Unionsrechts auf das Migrationsrecht, in Griller ua (Hrsg), 20 Jahre EU-Mitgliedschaft Österreichs (2015) 519; *Putzer*, Asylrecht und Schutz bei Abschiebung und Ausweisung, in Heißl (Hrsg), Handbuch Grundrechte (2009) 441; *Randl*, Übersicht über die VwGH-Judikatur zum Niederlassungsrecht 2019/2020, FABL 2021-II, 1; *Riedler*, Rechtsfragen der Duldung gemäß § 46a FPG, migraLex 2020, 71; *Rihs*, Wirksamer Schutz vor Säumnis in Verfahren nach dem NAG?, migraLex 2020, 42; *Rohrböck*, Die Verfolgungsgefahr im Sinne der Genfer Flüchtlingskonvention und deren Staatlichkeitsmomente, JRP 2001, 121; *Salzburger*, Die Voraussetzungen der Schubhaftverhängung im unions- und verfassungsrechtlichen Kontext, migraLex 2020, 2; *Selim*, Instrumente zur Verfahrensbeschleunigung im österreichischen Asylrecht, migraLex 2017, 2; *Stangl*, Zustellrechtliche Fragestellungen zur Übermittlung negativer Asylbescheide, FABL 2012-II, 21; *Weber T.*, Unionsbürgerschaft, (fehlendes) Aufenthaltsrecht und Sozialleistungen, ZÖR 2015, 137; *Wessely*, Grundversorgungsrecht, in Pürgy (Hrsg), Das Recht der Länder II/1 (2012) 499; *Wildt*, Die gendersensible Fluchtgrundauslegung bei häuslicher Gewalt, FABL 2010-I, 11; *Zwins*, Begründet Art 18 GRC ein subjektives Recht auf Asyl?, migraLex 2014, 38; *Zwins*, Grundrechtliche Fragen der geplanten Rückkehrzentren, migraLex 2017, 67.

Rechtsprechung

VfSlg 10.737/1985 (Aufenthaltsverbot und Privatleben); VfSlg 13.726/1994 (rechtsstaatliche Mindestanforderungen an das Sichtvermerksverfahren); VfSlg 13.834/1994 (Asylverfahren und Rechtsstaatsprinzip); VfSlg 13.837/1994 (wirksamer Schutz vor Refoulement); VfSlg 13.981/1994 (Relevanz des Verbots der Folter und der Todesstrafe); VfSlg 14.191/1995 (Zulässigkeit aufenthaltsrechtlicher Quoten); VfSlg 14.192/1995 (wirksame Schubhaftprüfung); VfSlg 14.374/1995 (wirksamer Rechtsschutz im Ausweisungsverfahren); VfSlg 14.448/1996 (wirksamer Rechtsschutz im Asylverfahren); VfSlg 14.863/1997 (Verbot der Inländerdiskriminierung); VfSlg 15.218/1998, 15.529/1999 (verfassungswidrige zweitägige Berufungsfrist im AsylG); VfSlg 15.465/1999 (Flughafentransitbereich); VfSlg 15.572/1992 (unzulässiges Aufenthaltsverbot wegen Mittellosigkeit gegenüber vorläufig aufenthaltsberechtigtem Asylwerber); VfSlg 15.836/2000 und 16.672/2002 (Kindesalter und Familiennachzug); VfSlg 16.777/2003 (Aufrechterhaltung eines Aufenthaltsverbotes trotz geänderter familiärer Umstände wegen Geburt eines Kindes); VfSlg 16.999/2003 (unzulässiger Verweis auf den „EU-Asyl-Acquis"); VfSlg 17.013/2003 und 17.734/2005 (aus Art 8 EMRK erfließende Verpflichtung, Familiennachzug zu gestatten); VfSlg 17.200/2004 (keine Ausweisung eines Aufenthaltsverfestigten); VfSlg 17.516/2005 (Grundrechte bei asylrechtlicher

Ausweisung zu beachten); VfSlg 17.586/2005 („Kettenabschiebung" und Drittstaatssicherheit); VfSlg 17.942/2006 (Bundeszuständigkeit für Grundversorgung); VfSlg 18.081/2007 (Entscheidungsfrist bei Schubhaftbeschwerde); VfSlg 18.135/2007 (Anwendung der „Boultif"-Kriterien); VfSlg 18.223/2007 (Verbleibekriterien bei rechtswidrigem Aufenthalt); VfSlg 18.382/2008 (Refoulementverbot und Ausweisung); VfSlg 18.432/2008 (Beurteilung einer ausländischen Eheschließung nach IPRG); VfSlg 18.517/2008 (rechtsstaatswidrige Ausgestaltung des humanitären Aufenthaltstitels); VfSlg 18.590/2008 und 19.273/2010 (drohende Genitalverstümmelung); VfSlg 19.104/2010 und 19.183/2010 (Interessenabwägung bei integrierten Minderjährigen); VfSlg 19.362/2011 (Interessenabwägung trotz mehrjährigem unrechtmäßigen Aufenthalt); VfSlg 19.363/2011 (verzögerte Freilassung aus Schubhaft); VfSlg 19.518/2011 (Sanktionen gegen Beförderungsunternehmen); VfGH 28.02.2012, B 1644/10 (Kindeswohlberücksichtigung bei Ausweisung einer HIV-positiven Mutter); VfSlg 19.632/2012 (GRC als verfassungsrechtlicher Prüfungsmaßstab im Asylrecht); VfSlg 19.713/2012 (fehlende Möglichkeit zur Aufhebung eines Einreiseverbots); VfSlg 19.728/2012 (verfassungswidrige Übertragung hoheitlicher Aufgaben an den Österreichischen Integrationsfonds); VfGH 06.06.2013, U 682/2013 (Unverhältnismäßigkeit der Ausweisung bei familiären Pflegebedürfnissen?); VfGH 29.06.2013, U 1446/2012 (Zuständigkeit des Aufenthaltsstaats für unbegleitete minderjährige Asylwerber); VfSlg 19.837/2013 sowie VfGH 22.09.2014, U 2193/2013 (Konvertierung vom Islam zum Christentum); VfSlg 19.792/2013 sowie VfGH 21.09.2015, E 332/2015 (Rückkehrentscheidung gegenüber einer Schwangeren); VfSlg 19.850/2014 (Altersfeststellung); VfSlg 19.856/2014 (Art 3 EMRK-widrige Ausweisung eines in Österreich geborenen Roma); VfGH 18.09.2014, E 910/2014 (Homosexualität in Nigeria); VfGH 07.10.2014, U 2459/2012 (Interessenabwägung bei integriertem Schüler); VfGH 15.06.2015, B 44/2014 (Bescheidqualität der Nichterteilung eines Visums); VfSlg 20.177/2017 (keine NÖ-Mindestsicherung für subsidiär Schutzberechtigte); VfSlg 20.193/2017 (verkürzte Beschwerdefrist im Asylverfahren); VfSlg 20.229/2017 (vlbg Mindestsicherung für Asyl- und subsidiär Schutzberechtigte); VfSlg 20.286/2018 (dreijährige Wartezeit beim Familiennachzug subsidiär Schutzberechtigter); VfGH 24.09.2018, E 2684/2017 (Zwangsheirat als Asylgrund); VfGH 11.06.2019, E 291/2019 (keine Verpflichtung zur Geheimhaltung von Homosexualität); VfGH 23.09.2019, E 4948/2018 (Zumutbarkeit der Übersiedlung der österr Ehegattin nach Nigeria); VfGH 03.10.2019, E 3247/2019 (Familienleben mit Kleinkind über elektronische Medien?); VfSlg 20.378/2020 (verfassungswidrige Mindeststrafe von € 5.000); VfGH 08.06.2020, E 817/2020 (geschütztes Familienleben auch ohne Zusammenleben der Ehepartner); VfGH 20.06.2020, G 298/2019 (unsachliche Legaldefinition der Familienangehörigen in § 2 AsylG); VfGH 21.09.2020, E 2618/2020 (Asylrelevanz der Taufe); VfGH 24.11.2020, E 1377/2020 (eigenständiger Unterhaltsbegriff bei selbstständigen Künstlern); VfGH 23.06.2021, V 95-96/2021 (rechtswidrige Erlässe über den Arbeitsmarktzugang für Asylwerber); VfGH 24.09.2021, E 3115/2021 (Anordnung der Abschiebung trotz Erlassung einer einstweiligen Maßnahme durch den EGMR); VfGH 24.09.2021, E 3047/2021 sowie 30.09.2021, E 3445/2021 (Sicherheitslage in Afghanistan); VfGH 06.12.2021, V 608/2020 (Beschränkung der für Deutschzertifikate anerkannten Institute); VfGH 14.12.2021, G 232/2021 (Aufhebung von § 4 Abs 3 AuslBG).

VwSlg 14.089 A/1994 (Militärdienst als Fluchtgrund); VwSlg 14.406 A/1996 (Aufenthaltsrecht türkischer Staatsangehöriger aufgrund von Assoziierungsrecht der EG); VwSlg 14.883 A/1998 (Ermessensübung bei der Erlassung eines Aufenthaltsverbots); VwSlg 14.910 A/1998 (Ausweisung von Asylwerbern vor Beendigung des Asylverfahrens); VwGH 22.02.2005, 2003/21/0096 (Unzumutbarkeit der Fortsetzung des Familienlebens im

Ausland); VwSlg 17.102 A/2007 (Gefahr der Kettenabschiebung); VwSlg 17.170 A/2007 (Alterseinschätzung durch Sachverständige); VwSlg 17.225 A/2007 (Beachtung der Grundrechte bei Asylwerberausweisung); VwSlg 17.335 A/2007 (Selbsteintrittspflicht); VwGH 12.12.2007, 2007/19/1054 (Ausweisung eines zweijährigen Asylwerbers, getrennt von seiner Familie); VwGH 23.09.2009, 2007/01/0284 (Genitalverstümmelung); VwGH 06.11.2009, 2008/19/0174 (faktischer Abschiebeschutz); VwGH 25.11.2009, 2007/01/1153 (Familienverfahren); VwGH 13.09.2011, 2010/22/0003 (Ausweisung eines AIDS-Kranken); VwGH 29.09.2011, 2009/21/0386 (unionsrechtskonforme Auslegung von § 57 NAG); VwGH 19.01.2012, 2011/22/0313 (Assoziationstürken: Anwendung von § 49 FrG anstelle des NAG); VwGH 15.05.2012, 2011/18/0147 (Aufenthaltsverbot gegen Unionsbürger); VwGH 19.09.2012, 2008/22/0322 (Sparguthaben und Wertpapierdepots als ausreichende finanzielle Unterhaltsmittel); VwGH 21.02.2013, 2011/23/0194 (Unverhältnismäßigkeit der Ausweisung bei familiären Pflegebedürfnissen?); VwGH 26.02.2013, 2010/22/0128 (Inanspruchnahme des Freizügigkeitsrechts durch Ehegattin führt zu Aufenthaltsrecht nach §§ 57 iVm 54 NAG); VwGH 19.03.2013, 2011/21/0260 (fehlende Integration ist kein Schubhaftgrund); VwGH 19.02.2015, Ra 2014/20/0085 (Wehrdienstverweigerung als Asylgrund); VwGH 26.02.2015, Ra 2014/22/0152 (Auslandsantragstellung bei Aufenthaltstitel); VwGH 27.05.2015, Ra 2014/18/0133 (Asylrelevanz strafrechtlicher Verfolgung); VwGH 16.12.2015, Ro 2015/21/0037 (einschränkende Interpretation von § 60 AsylG); VwGH 04.08.2016, Ra 2016/21/0162 (keine Rückkehrentscheidung vor der Asylentscheidung); VwGH 17.11.2016, Ro 2016/21/0016 (BVwG-Zuständigkeit für Beschwerde über Abschiebemodalitäten); VwGH 07.12.2016, Fe 2015/22/0001 und 27.12.2019, Ra 2017/22/0171 (Krankenversicherungsschutz iSd NAG); VwGH 23.02.2017, Ra 2016/21/0325 (Berücksichtigung der langen Aufenthaltsdauer, Kritik am Begründungsstil des BVwG); VwGH 21.03.2017, Ra 2016/22/0098 (Zugang zum Arbeitsmarkt für türkische Arbeitnehmer); VwGH 22.06.2017, Ra 2016/20/0384 (Familienverfahren nach Art 11 Dublin III-VO); VwGH 19.09.2017, Ra 2016/01/0326 (kein Asyl-Familienverfahren für EWR-Bürger); VwGH 20.09.2017, Ra 2016/19/0303 (geduldetes illegales Überschreiten der EU-Außengrenze); VwGH 03.05.2018, Ra 2017/19/0609 (Familienzusammenführung führt nicht zwingend zu Asylberechtigten-Status); VwGH 05.04.2018, Ra 2017/19/0169 (Zuständigkeit nach Dublin III-VO); VwGH 20.09.2018, Ra 2018//20/0349 (Einreiseverbot wegen Mittellosigkeit); VwGH 13.11.2018, Ra 2018/21/0187 (Schubhaft wegen Fluchtgefahr); VwGH 20.12.2018, Ra 2018/21/0154 (faktische Vorenthaltung von Grundversorgungsleistungen ist rechtswidrig); VwGH 31.01.2019, Ra 2018/22/0193 (Aufenthaltsrecht des Kindes eines Assoziationstürken); VwGH 28.02.2019, Ro 2019/01/0003 sowie 08.03.2021, Ra 2020/14/0291 (Abschiebung/Ausreisepflicht eines Asylwerbers trotz Lehrabschluss); VwGH 25.04.2019, Ra 2018/22/0289 (kein „Deutsch vor Zuzug" für Assoziationstürken); VwGH 21.05.2019, Ro 2019/19/0006 (subsidiärer Schutz unabhängig von StatusRL zu prüfen); VwGH 22.08.2019, Ra 2019/21/0063 (Festnahme zur Erlassung von aufenthaltsbeendenden Maßnahmen); VwGH 10.12.2019, Ro 2018/22/0015 (Überschreitung der visumfreien Aufenthaltsdauer); VwGH 17.12.2019, Ra 2019/18/0344 (Rückkehrentscheidung bei Unzulässigkeit der Abschiebung?); VwGH 28.04.2020, Ro 2019/09/0011 (Arbeitsmarktzugang von Asylwerbern); VwGH 18.05.2020, Ra 2019/18/0402 sowie 15.09.2021, Ra 2021/18/0143 (westlich orientierte Frauen aus Afghanistan); VwGH 03.06.2020, Ra 2019/22/0165 (Haftungserklärung nach NAG); VwGH 09.09.2020, Ra 2017/22/0021 (Minderjährigkeit und Eigenschaft als Familienangehöriger); VwGH 18.11.2020, Ra 2020/14/0113 (Straffälligkeit versus Familienleben); VwGH 15.12.2020, Ra 2020/21/0404 (Verlängerung der Schubhaft); VwGH 05.03.2021, Ra 2019/22/0234 sowie 14.07.2021, Ra 2018/22/0017 (amtswegige Wiederaufnahme bei Aufenthaltsehe); VwGH 31.03.2021, Ra 2020/22/0030 (Interessenabwägung bei Familienzusammenführung); VwGH 07.07.2021, Ra 2020/22/0252 (europarechtskonforme Auslegung des § 54a NAG); VwGH 03.09.2021, Ra 2018/22/0231 (gefälschte Deutschzertifikate für Aufenthaltstitel); VwGH 07.10.2021, Ra 2021/21/0143 (ohne Feststellung iSv § 54 Abs 7 NAG Ausweisung von begünstigten Drittstaatsangehörigen); VwGH 07.12.2021, Ra 2021/22/0130 (verweigerter Familiennachzug und Kindeswohl); VwGH 20.12.2021, Ro 2020/22/0020 (rechtmäßiger Aufenthalt iSd § 54a NAG); VwGH 24.03.2022, Ro 2021/22/0002 (Befreiungsschein beeinflusst Aufenthaltsrecht nicht); VwGH 12.04.2022, Ra 2022/22/0019 (amtswegiger „Daueraufenthalt – EU" nach BFA-Mitteilung); VwGH 05.05.2022, Ra 2018/22/0201 („Daueraufenthalt – EU" nach Verlust der österr Staatsbürgerschaft).

EuGH 20.09.1990, C-192/89 (Sevince) (unmittelbare Anwendbarkeit des Assoziierungsrechts mit der Türkei); EuGH 04.05.1995, C-7/94 (Gaal) (Aufenthaltsrecht studierender Kinder); EuGH 30.11.1995, C-175/94 (Gallagher) und 09.11.2000, C-357/98 (Yiadom) (Mindestgarantien im Ausweisungsverfahren); EuGH 30.04.1998, C-24/97 (Kommission/Deutschland) (Aufenthaltsrecht und Ausweispflicht); EuGH 10.02.2000, C-340/97 (Nazli) (Ausweisung türkischer Arbeitnehmer); EuGH 21.09.1999, C-378/97 (Wijsenbeek) (Grenzkontrolle an Binnengrenzen und Passpflicht); EuGH 25.05.2000, C-424/98 (Kommission/Italien) und 23.03.2006, C-408/03 (Kommission/Belgien) (Nachweis der finanziellen Existenzmittel); EuGH 20.09.2001, C-184/99 (Grzelczyk) (Sozialhilfe für Studenten); EuGH 11.07.2002, C-60/00 (Carpenter) (unrechtmäßiger Aufenthalt und Recht auf Familienleben); EuGH 25.07.2002, C-459/99 (MRAX) (Einreise drittstaatsangehöriger Ehegatten); EuGH 17.09.2002, C-413/99 (Baumbast) (Aufenthaltsrecht unmittelbar aus Primärrecht); EuGH 26.11.2002, C-100/01 (Olazabal) (Beschränkung des Aufenthaltsrechts für Basken in Frankreich); EuGH 29.04.2004, C-482/01 (Orfanopoulos) sowie 07.07.2017, C-636/16 (Pastuzano) (Unzulässigkeit einer automatischen Ausweisung bei Straffälligkeit eines Unionsbürgers oder langfristig aufenthaltsberechtigten Drittstaatsangehörigen); EuGH 02.06.2005, C-136/03 (Dörr und Ünal) (Rechtsschutz bei Aufenthaltsverboten); EuGH 27.06.2006, C-540/03 (Parlament/Rat) („Integrationsprüfung" und Wartezeiten beim Nachholen von Kindern verstoßen nicht gegen Art 8 und 14 EMRK); EuGH 25.07.2008, C-127/08 (Metock) und 19.12.2008, C-551/07 (Sahin) (Zeitpunkt der Familiengründung irrelevant); EuGH 17.02.2009, C-465/07 (Elgafaji) (individuelle Gefährdung als Asylvoraussetzung?); EuGH 19.02.2009, C-228/06 (Soysal) (Visumpflicht für Türken); EuGH 30.11.2009, C-357/09 (Kadzoev) (Schubhaft); EuGH 02.03.2010, C-175/08 (Abdulla) (Widerruf des Flüchtlingsstatus); EuGH 04.03.2010, C-578/08 (Charkroun) (Familienzusammenführung); EuGH 17.06.2010, C-31/09 (Bolbol) (GFK-Schutz für vertriebene Palästinenser); EuGH 09.11.2010, C-57/09 und C-101/09 (B. und D.) (Asylausschlussgrund); EuGH 08.03.2011, C-34/09 (Zambrano), 13.09.2016, C-165/14 (Marin) sowie 10.05.2017, C-133/15 (Chavez-Vilchez) (Aufenthaltsrecht der Eltern von minderjährigen Unionsbürgern); EuGH 28.04.2011, C-61/11 (El Dirdi) (Haftstrafe bei Nichtausreise); EuGH 28.07.2011, C-69/10 (Diouf) (beschleunigtes Asylverfahren); EuGH 15.11.2011, C-256/11 (Dereci), 07.11.2013, C-225/12 (Demir), 12.04.2016, C-561/14 (Genc) sowie 10.07.2019, C-89/18 (Udlaendinge- og Integrationsministeriet) (Stillhalteklausel des Assoziationsrechts und Verschärfung aufenthaltsrechtlicher Bestimmungen); EuGH 06.12.2012, C-245/11 (K. gegen Bundesasylamt) (Zuständigkeit bei Familienzusammenführung); EuGH 24.08.2013, C-221/11 (Demikran) (keine Visumfreiheit für türkische Dienstleistungsempfänger); EuGH 07.11.2013, C-199/12 (X., Y. und Z.) (Verfolgung aufgrund der sexuellen Orientierung); EuGH 19.09.2013, C-140/12 (Brey) (Auswirkung von Sozialleistungsbezug auf die aufenthaltsrechtliche Stellung von Unionsbürgern); EuGH 10.07.2014, C-138/13 (Dogan) (keine Deutschkenntnisse bei Familienzusammenführung mit Assoziationstürken); EuGH 17.07.2014, C-473/13 (Bero) (Unterbringung von Schubhäftlingen); EuGH 02.12.2014, C-148/13 (A., B. und C.) sowie 25.01.2018, C-473/16 (F.) (Homosexualität im Asylrecht); EuGH 26.02.2015, C-472/13 (Shephard) (amerikanischer Deserteur als Asylwerber in der EU); EuGH 04.06.2015, C-579/13 (P. und S.) sowie 09.07.2015, C-153/14 (K. und A.) (Integrationsprüfung); EuGH 01.10.2015, C-290/14 (Celaj) (Strafhaft wegen unerlaubter Wiedereinreise); EuGH 01.03.2016, C-443/14 (Alo und Osso) (Wohnsitzauflagen für subsidiär Schutzberechtigte); EuGH 21.04.2016, C-588/14 (Khachab) sowie 27.02.2020, C-836/18 (Subdelegacion del Gabierno en Cindad Real) (Lebensunterhaltsdeckung bei Familiennachzug); EuGH 07.06.2016, C-47/15 (Affum) (keine Freiheitsstrafe wegen illegaler Einreise); EuGH 04.04.2017, C-544/15 (Fahimian) (Visumsverweigerung für iranische Informatikstudentin); EuGH 06.09.2017, C-643/15 und C-647/15 (Slowakei und Ungarn/Rat) (Umsiedelung von Asylwerbern); EuGH 25.10.2017, C-201/16 (Shiri) (sechsmonatige Wiederaufnahmefrist der Dublin III-VO); EuGH 20.12.2017, C-442/16 (Gusa) (Aufenthaltsrecht eines vormals selbstständig erwerbstätigen Unionsbürgers); EuGH 12.04.2018, C-550/16 (A und S) (Familienzusammenführung); EuGH 17.04.2018, C-424/16 (Vomero) (Ausweisungsschutz für Unionsbürger); EuGH 05.06.2018, C-673/16 (Coman) (gleichgeschlechtliche Ehegatten); EuGH 07.08.2018, C-123/17 (Yön) (assoziationsrechtliche Stillhalteklausel und Verhältnismäßigkeitsprüfung); EuGH 14.05.2019, C-391/16 (M., X. und X.) (Zuerkennung bzw Aberkennung der Flüchtlingseigenschaft bei Straffälligkeit); EuGH 03.10.2019, C-302/18 (X.) („Einkünfte" für langfristige Aufenthaltsberechtigung); EuGH 12.11.2019, C-233/18 (Haqbin) (Grundversorgungsanspruch eines unbegleiteten minderjährigen Flüchtlings auch bei dessen Fehlverhalten); EuGH 02.04.2020, C-715/17 ua (Kommission/Polen, Tschechien und Ungarn) (fehlende Mitwirkung am Flüchtlingsumsiedlungsprogramm); EuGH 02.04.2020, C-897/19 (I.N.) (Auslieferung eines EWR-Bürgers nach Russland); EuGH 16.07.2020, C-133/19 (BMM) (Minderjährigkeit bei Familiennachzug); EuGH 19.11.2020, C-238/19 (EZ) (verweigerter Militärdienst in Syrien als Asylgrund); EuGH 24.11.2020, C-225/19 (R.N.N.S. und K.A.) (Begründung der Verweigerung eines Schengen-Visums); EuGH 17.12.2020, C-808/18 sowie 16.11.2021, C-821/19 (Kommission/Ungarn) (unionsrechtswidriges ungarisches Asylrecht); EuGH 14.01.2021, C-441/19 (TQ) (geeignete Aufnahmemöglichkeiten für unbegleitete Minderjährige im Rückführungsstaat); EuGH 20.05.2021, C-8/20 (L.R.) (Folgeantrag zu norwegischer Asylantragsablehnung); EuGH 10.06.2021, C-901/19 (CF und DN) (Prüfung der relevanten Umstände bei Antrag auf subsidiären Schutz); EuGH 09.09.2021, C-18/20 (XY/BFA) (Zulässigkeit eines Folgeantrags); EuGH 06.10.2021, C-35/20 (A) (Verpflichtung zum Mitführen eines Reisedokuments); EuGH 09.11.2021, C-91/20 (LW) (automatische Erstreckung der Flüchtlingseigenschaft auf minderjähriges Kind); EuGH 20.02.2022, C-432/20 (ZK/LH Wien) (Rechtsstellung als langfristig Aufenthaltsberechtigter bei nur kurzen Aufenthalten im Unionsgebiet); EuGH 26.04.2022, C-368/20 (Landespolizeidirektion Stmk) (Wiedereinführung/Aufrechterhaltung von Grenzkontrollen gegenüber Slowenien); EuGH 05.05.2022, C-451/19 (Subdelegación del Gobierno en Toledo) (abgeleitetes Aufenthaltsrecht eines Elternteils eines minderjährigen Unionsbürgers); EuGH 30.06.2022, C-72/22 (MA) (illegaler Aufenthalt ist kein Haftgrund oder Asylantragsausschlussgrund).

EGMR 05.07.1995, 25964/94 (Ahmed gg Österreich) (Abschiebeverbot bei Foltergefahr); EGMR 19.02.1996, 23218/94 (Gül gg Schweiz) (kein Recht auf Familiennachzug); EGMR 26.09.1997, 25017/94 (Mehemi gg Frankreich) sowie 15.07.2003, 52206/99 (Mokrani gg Frankreich) (unzulässige Abschiebung/Ausweisung eines Ausländers zweiter Generation); EGMR 21.10.1997, 25404/94 (Boujlifa gg Frankreich), 10.07.2003, 53441/99 (Benhebba gg Frankreich) sowie 29.06.2017, 33809/15 (Alam gg Dänemark) (zulässige Ausweisung eines als Kind eingewanderten Ausländers); EGMR 06.03.2001, 45276/99 (Hilal gg Vereinigtes Königreich) (inländische Fluchtalternative sowie wirksames Rechtsmittel gegen Abschiebung); EGMR 02.08.2001, 54273/00 (Boultif gg Schweiz) sowie 18.10.2006, 46410/99 (Üner gg Niederlande) (Kriterien der Verhältnismäßigkeitsprüfung bei aufenthaltsbeendenden Maßnahmen); EGMR 21.12.2001, 31465/96 (Sen gg Niederlande) sowie 01.12.2005, 60665/00 (Tuquabo-Tekle ua gg Niederlande) (staatliche Pflicht zur Ermöglichung des Familiennachzugs); EGMR 11.07.2002, 56811/00 (Amrollahi gg Dänemark) (unzumutbare Verlegung des Familienlebens in einen anderen Staat); EGMR 09.10.2003, 48321/99 (Slivenko gg Lettland) (im Fremdenrecht ist „Familienleben" idR auf Kernfamilie begrenzt); EGMR 08.11.2005, 13284/04 (Bader und Kanbor gg Schweden) (drohende Abschiebung einer zum Tod verurteilten Person); EGMR 17.01.2006, 51431/99 (Mendizabal gg Frankreich) sowie 31.01.2006, 50435/99 (da Silva und Hoogkamer gg Niederlande) (Anspruch auf Legalisierung des Aufenthalts); EGMR 28.06.2007, 31753/02 (Kaya gg Deutschland) sowie 17.12.2019, 2967/12 (Zakharchuk gg Russland) (Ausweisung eines straffälligen Migranten zweiter Generation); EGMR 27.05.2008, 26565/05 (N. gg Vereinigtes Königreich), 13.12.2016, 41738/10 (Paposhvilli gg Belgien) sowie 01.10.2019, 57467/15 (Savran gg Dänemark) (Refoulementschutz wegen schwerer Krankheit); EGMR 23.06.2008, 1638/03 (Maslov gg Österreich) sowie 01.07.2017, 30441/09 (Külekci gg Östereich) (Aufenthaltsverbot bei Jugenddelinquenz); EGMR 31.07.2008, 265/07 (Darren Omoregie ua gg Norwegen) (Familienleben bei unrechtmäßigem Aufenthalt); EGMR 05.04.2011, 8687/08 (Rahimi gg Griechenland) (Schubhaft für unbegleitete minderjährige Flüchtlinge); EGMR 28.06.2011, 55597/09 (Nunez gg Norwegen) (Bleiberecht zur Wahrung des Kindeswohls); EGMR 19.01.2012, 39472/07 und 39474/07 (Popov gg Frankreich) sowie 10.04.2018, 75157/14 (Bistieva gg Polen) (Schubhaft mit Kleinkindern); EGMR 23.02.2012, 27765/09 (Hirsi Jamaa ua gg Italien), 13.02.2020, 8675/15 und 8697/15 (N.D. und N.T. gg Spanien) sowie 24.03.2020, 24917/15 (Asady ua gg Schweiz) (Kollektivausweisung); EGMR 01.07.2014, 43835/11 (S.A.S. gg Frankreich) (französisches Verbot, in der Öffentlichkeit Niqab/Burka zu tragen, verletzt nicht Art 8 und 9 EMRK); EGMR 04.11.2014, 29217/12 (Tarakhel gg Schweiz) (Rücküberstellung von Kindern nach Italien); EGMR 02.06.2015, 6009/10, (K.M. gg Schweiz) (Ausweisung nach 24-jährigem Aufenthalt); EGMR 23.02.2016, 68453/13 (Pajić gg Kroatien) sowie 30.06.2016, 51362/09 (Taddeucci und McCall gg Italien) (Diskriminierung homosexueller Lebenspartner/innen beim Familiennachzug); EGMR 19.05.2016, 37289/12 (J.N. gg Vereinigtes Königreich) (Art 5 EMRK und Schubhaft); EGMR 08.11.2016, 56971/10 (El Ghatet gg Schweiz) (Kindeswohl bei Familienzusammenführung); EGMR 01.12.2016, 77036/11 (Salem gg Dänemark) sowie 01.03.2018, 58681/12 (Ejimson gg Deutschland) (Kindeswohl im Rahmen von Ausweisungsentscheidungen); EGMR 12.04.2017, 12552/12 (Kebe gg Ukraine) sowie 11.12.2018, 59793/17 (M.A. gg Litauen) (Verweigerung der Entgegennahme des Asylantrags); EGMR 28.11.2017, 1009/16 (Boudraa gg Türkei) (unzumutbare Schubhaftbedingungen); EGMR 07.12.2017, 34999/16 (D.L. gg Österreich) (drohende Blutrache im Kosovo); EGMR 09.01.2018, 36417/16 (X gg Schweden) sowie 29.04.2019, 12148/18 (A.M. gg Frankreich) (Ausweisung von Terrorverdächtigen); EGMR 27.03.2018, 5871/07 (Berkovich gg Russland) (Ausreiseverbot); EGMR 04.09.2018, 17675/18 (Saidani gg Deutschland) (Abschiebung trotz drohender Todesstrafe); EGMR 28.02.2019, 12267/16 (Khan gg Frankreich) (staatliche Schutz- und Betreuungspflicht gegenüber unbegleiteten Minderjährigen); EGMR 04.04.2019, 36538/17 (G.S. gg

Bulgarien) (drohende Auspeitschung im Iran); EGMR 10.10.2019, 34016/18 (O.D. gg Bulgarien) (Abschiebung eines Deserteurs); EGMR 05.11.2019, 32218/17 (A.A. gg Schweiz) (zum Christentum konvertierter Afghane); EGMR 21.11.2019, 47287/15 (Ilias und Ahmed gg Ungarn) sowie 21.11.2019, 61411/15 (Z.A. gg Russland) (Anhaltung in Transitzone/-zentrum); EGMR 23.07.2020, 40503/17 (M.K. gg Polen) sowie 08.07.2021, 12625/17 (Shahzad gg Ungarn) (Zurückweisung einer Gruppe nach Belarus bzw Serbien); EGMR 11.03.2021, 6865/19 (Feilazoo gg Malta) (Umstände der Schubhaft); EGMR 15.04.2021, 5560/19 (K.I. gg Frankreich) (Asylwiderruf setzt umfängliche Prüfung der Gefährdung im Zielland voraus); EGMR 09.07.2021, 6697/18 (M.A. gg Dänemark) (Wartefrist für Familienzusammenführung); EGMR 22.07.2021, 57035/18 (M.D. gg Frankreich) sowie 31.03.2022, 49775/20 (N.B. gg Frankreich) (Baby bzw Kind in Schubhaft); EGMR 14.09.2021, 71321 (M.D. ua gg Polen) (keine Rückführung von Flüchtlingen nach Syrien); EGMR 02.06.2022, 38967/17 (H.M. gg Ungarn) (Aufenthalt einer Familie in der Transitzone).

I. Regelungsgegenstand und -ziele

Die Migration von Menschen war für die Staaten von jeher von großer Bedeutung. Die **Regelungen über den Zuzug und Aufenthalt** von Fremden sind – abhängig von historischen Erfahrungen, demographischen Entwicklungen, ökonomischen Erfordernissen und/oder politisch-kulturellen Einstellungen – dabei großzügig oder restriktiv. Grundsätzlicher Zweck des Fremdenrechts ist die **polizeiliche Überwachung von Fremden** hinsichtlich ihrer Ein- und Ausreise sowie ihres Aufenthalts, wobei insb für EWR-Bürger Sonderbestimmungen zu beachten sind. Weiters regelt es fremdenpolizeiliche Maßnahmen zur Verhinderung der Einreise, zur Beendigung des Aufenthalts und zur Beförderung ins Ausland, die Ausstellung österr Dokumente für Fremde sowie in den Verfahrens- und Strafbestimmungen insb auch die Verwendung personenbezogener Daten von Fremden. Seit Beginn der 1990er Jahre tritt das Ziel einer **kontrollierten Zuwanderung** hinzu. Diesem Zweck dienen das Institut der Niederlassungsbewilligung, die Quotenpflicht für Erstniederlassungsbewilligungen, das Institut der Aufenthaltsverfestigung, die Regelungen über den Familiennachzug, das Niederlassungsregister sowie die im Rahmen der Privatwirtschaftsverwaltung* zu erbringende Integrationsförderung.

Das **FPG** regelt die fremdenpolizeilichen Befugnisse und Maßnahmen sowie die Erfassung und Kontrolle von Reisetätigkeiten; es enthält neben den einreiserechtlichen Bestimmungen auch Regelungen für einen maximal sechsmonatigen Aufenthalt. Das **NAG** hingegen steuert die Zuwanderung nach Österreich und dient daher primär dem Migrationsmanagement.

Das **AsylG** dient der Umsetzung der von Österreich durch die GFK und das Gemeinschaftsrecht auferlegten Verpflichtungen. Dazu enthält es Sonderbestimmungen für einen Teil der Fremden, nämlich für Asylwerber sowie für Flüchtlinge, denen Österreich Asyl gewährt. Sein Regelungsgegenstand umfasst den **Schutz der Flüchtlinge** in Österreich, Sonderbestimmungen für Einreise und Aufenthalt schutzsuchender Fremder sowie über den Erkennungs- und Ermittlungsdienst, das Asylverfahren und die Mitwirkung des Hochkommissars der Vereinten Nationen für Flüchtlinge sowie besondere Rückkehr- oder Integrationshilfen. Die Asylgewährung verbessert den Status des Fremden; er erhält idR ein dauerhaftes Aufenthaltsrecht (mit reduzierten Beendigungsmöglichkeiten) sowie Zugang zum Arbeitsmarkt und zu Sozialleistungen. Ein Begleitgesetz zum AsylG stellt das **GrundversorgungsG-Bund (GVG-B)** dar, welches insb die Versorgung von Asylwerbern durch den Bund regelt. Ergänzt wird dieses durch eine sog Grundversorgungsvereinbarung (Art 15a B-VG) und landesrechtliche Vorschriften.

Mit dem Fremdenrecht in enger Beziehung stehen bzw dem Fremdenrecht **verwandte Rechtsgebiete** sind neben dem → *Staatsbürgerschaftsrecht* das Passrecht, das Melderecht, das → *Sicherheitspolizeirecht* und das Grenzkontrollrecht. Die Fremdenpolizei ist **Bestandteil der Sicherheitsverwaltung*** (§ 2 Abs 2 SPG). Für die Integration von besonderer Bedeutung sind darüber hinaus die **Regelungen über die Ausländerbeschäftigung** (vgl AuslBG).

II. Verfassungsrechtliche Bezüge

1. Kompetenzrechtliche Bestimmungen

Fremden- und Asylrecht ist in **Gesetzgebung und Vollziehung** im Wesentlichen **Bundessache**. Dafür sind mehrere Kompetenztatbestände relevant: „Regelung und Überwachung des Eintrittes in das Bundesgebiet und des Austrittes aus ihm; Ein- und Auswanderungswesen einschließlich des Aufenthaltsrechtes aus berücksichtigungswürdigen Gründen; Passwesen; Aufenthaltsverbot, Ausweisung und Abschiebung; Asyl; Auslieferung" (Art 10 Abs 1 Z 3 B-VG idF B-VGNov 2008, BGBl I 2/2008), „Strafrechtswesen" (Art 10 Abs 1 Z 6 B-VG), „Fremdenpolizei" (Art 10 Abs 1 Z 7 B-VG), „Arbeitsrecht" (Art 10 Abs 1 Z 11 B-VG), „Staatsverträge" (Art 10 Abs 1 Z 2 B-VG) sowie hinsichtlich der freiwilligen Leistungen des Bundes Art 17 B-VG.

IZm der **Grundversorgung** für Asylwerber ist Art 12 Abs 1 Z 1 B-VG („Armenwesen") zu beachten. Zwar kann nach VfSlg 17.942/2006 eine Leistungsgewährung wegen des engen sachlichen Zusammenhangs mit dem Asylrecht auch auf Art 10 Abs 1 Z 3 und 7 B-VG gestützt werden (GVG-B), jedoch präzisiert die Art 15a B-VG-Vereinbarung (GVV) die Aufgaben von **Bund und Länder** und verpflichtet die Länder zur aliquoten Leistungserbringung. Da der Bund bislang kein Grundsatzgesetz iSd Art 12 Abs 1 Z 1 B-VG erlassen hat, konnten/mussten die Länder ihre Grundversorgungsregelungen auf Art 15 Abs 6 B-VG stützen.

Die Ein- und Ausreiseüberwachung, humanitäre Aufenthaltsberechtigungen, die aufenthaltsbeendenden Maßnahmen, die Fremdenpolizei und das Asylwesen sind in der Aufzählung des Art 102 Abs 2 B-VG enthalten und können daher in **unmittelbarer Bundesverwaltung*** vollzogen werden. Das

Ein- und Auswanderungswesen ist hingegen in **mittelbarer Bundesverwaltung*** zu vollziehen.

Eine besondere **Mitwirkung der Länder** sieht die Verfassungsbestimmung des § 13 Abs 6 NAG bei der Erlassung der jährlichen **NiederlassungsV** vor.

2. Grundrechtliche Bestimmungen – Rechtsstaatsprinzip

Voraussetzung eines rechtlichen Sonderregimes für Fremde ist eine Beschränkung des **Gleichheitssatzes** auf die jeweils eigenen Staatsbürger, wie dies Art 2 StGG und Art 7 B-VG für österr Staatsbürger vorsehen. Aus Art I Abs 1 RassenDiskrVerbG leitet der VfGH aber ein verfassungsgesetzlich gewährleistetes Recht auf Gleichbehandlung von Fremden untereinander ab; diese Bestimmung enthält nach stRsp ein an Gesetzgebung und Vollziehung gerichtetes Verbot, sachlich nicht begründbare Unterscheidungen zwischen Fremden vorzunehmen. Auch ist ein Quotensystem als Steuerungsinstrument der Einwanderungspolitik keineswegs sachfremd, muss aber nachprüfbar ausgestaltet sein (VfSlg 14.191/1995, 17.492/2005). Altersgrenzen für die Familienzusammenführung müssen schul- und beschäftigungsrechtliche Vorgaben berücksichtigen (VfSlg 15.836/2000). Das dem Gleichheitssatz inhärente Willkürverbot erfordert zB ausreichende Ermittlungstätigkeiten (VfSlg 15.451/1999) oder nachvollziehbare Begründungen (VfSlg 15.812/2000). Der VfGH (VfSlg 18.968/2009) entschied, dass eine Schlechterstellung von österr Staatsangehörigen, die keinen „Freizügigkeitssachverhalt" verwirklicht haben, zulässig sei.

Darüber hinaus spielen weitere, durch die EMRK verfassungsgesetzlich gewährleistete Rechte im Fremdenrecht eine zentrale Rolle: das **Verbot der Folter und unmenschlicher oder erniedrigender Behandlung** (zB im Abschiebeverfahren), der **Schutz des Privat- und Familienlebens** (zB bei der Erteilung von Einreise- und Aufenthaltstitel) oder der **Schutz der persönlichen Freiheit** (zB im Schubhaftverfahren). Ein Recht auf unbegrenzten Aufenthalt haben nur österr Staatsbürger (Art 6 StGG); Fremden kommt nach dem 4. ZPEMRK zwar kein verfassungsrechtlicher Schutz gegen Einzelausweisungen und daher auch kein verfassungsrechtlicher Anspruch auf Verbleib im Inland zu (VfSlg 8607/1979), die genannten Grundrechte bieten aber doch einen gewissen Schutz gegenüber fremdenrechtlichen Maßnahmen. Bei Einreiseentscheidungen und aufenthaltsbeendenden Maßnahmen sind insb das Privatleben (dh die außerfamiliären Beziehungen des Fremden zu Freunden, Kollegen, Nachbarn, entfernten Verwandten etc) und das Familienleben (dh die Beziehungen innerhalb der Kernfamilie [zwischen Eheleuten/Lebensabschnittspartnern bzw zwischen Eltern und minderjährigen Kindern]) des Fremden zu beachten. Aus Art 8 EMRK kann die Verpflichtung folgen, Familiennachzug zu gestatten, auch wenn die gesetzlichen Voraussetzungen nicht erfüllt sind (vgl VfSlg 17.013/2003; nach VwGH 17.11.2011,

2010/21/0494 erfordert dies uU die Nichtberücksichtigung der Legaldefinition „Familienangehöriger" in § 2 NAG).

Ferner hat der VfGH dem durch das 6. und 13. ZPEMRK iVm Art 85 B-VG verfassungsgesetzlich gewährleisteten **Recht, nicht zur Todesstrafe verurteilt oder hingerichtet zu werden,** fremdenrechtliche Bedeutung zugemessen (VfSlg 13.981/1994). Die durch das 4. und das 7. ZPEMRK gewährleisteten **Freizügigkeitsrechte** und **Verfahrensgarantien** sind durch das Erfordernis eines rechtmäßigen Aufenthaltes bedingt; die Rechtmäßigkeit richtet sich grundsätzlich nach der Entscheidung des Gesetzgebers. Das Asylrecht ist nicht verfassungsrechtlich verankert. Allerdings sind die verfahrensrechtlichen **rechtsstaatlichen Mindesterfordernisse** zu beachten. Insb Fragen eines wirksamen Rechtsschutzes sowie unzureichende Ermittlungsverfahren oder Begründungsmängel waren im Bereich des Fremden- und Asylrechts schon wiederholt Gegenstand eines VfGH-Verfahrens. Die nicht vorgenommene Vorlage einer entscheidungsrelevanten Frage zur Auslegung des Unionsrechts an den EuGH kann das **Recht auf ein Verfahren vor dem gesetzlichen Richter** verletzen (vgl etwa VfSlg 19.652/2012).

Die **GRC** enthält mehrere einschlägige Bestimmungen: Niemand darf der Folter oder unmenschlichen oder erniedrigenden Strafe oder Behandlung unterworfen werden (Art 4 GRC). Jede Person hat das Recht auf Achtung ihres Privat- und Familienlebens (Art 7 GRC). Das Recht auf Asyl wird nach Maßgabe der GFK sowie nach Maßgabe des EUV und des AEUV gewährt (Art 18 GRC). Kollektivausweisungen sind nicht zulässig; niemand darf in einen Staat abgeschoben oder ausgewiesen oder an einen Staat ausgeliefert werden, in dem für sie oder ihn das ernsthafte Risiko der Todesstrafe, der Folter oder einer anderen unmenschlichen oder erniedrigenden Strafe oder Behandlung besteht (Art 19 GRC). Die Unionsbürger haben das Recht, sich im Hoheitsgebiet der Mitgliedstaaten frei zu bewegen und aufzuhalten; Staatsangehörige von Drittländern, die sich rechtmäßig im Hoheitsgebiet eines Mitgliedstaats aufhalten, kann nach Maßgabe der Verträge Freizügigkeit und Aufenthaltsfreiheit gewährt werden (Art 45 GRC). Der VfGH hat die GRC als **verfassungsrechtlichen Prüfungsmaßstab** herangezogen und die im Anlassfall unterbliebene mündliche Verhandlung in einem Asylverfahren an Art 47 GRC gemessen, welcher Art 6 und 13 EMRK nachgebildet ist (VfSlg 19.632/2012 mit zahlreichen Besprechungen; ferner VfGH 13.03.2013, U 1175/12); auch der VwGH (14.06.2012, 2011/21/0278) beurteilt die Notwendigkeit einer mündlichen Verhandlung im Lichte des Art 47 Abs 2 GRC.

III. Europarechtliche Bezüge

Art 21 AEUV gewährt jedem **Unionsbürger** – unabhängig von einer wirtschaftlichen Betätigung – das Recht, sich im Hoheitsgebiet der Mitgliedstaaten **frei zu bewegen und aufzuhalten;** jedoch nur „vorbehaltlich der in den

Verträgen und in den Durchführungsvorschriften vorgesehenen Beschränkungen und Bedingungen".

Die Durchführung von Identitätskontrollen – und damit die Verpflichtung zur Vorlage eines gültigen Personalausweises oder Reisepasses zur Feststellung, ob jemand ein Staatsangehöriger eines Mitgliedstaats ist und damit das Recht hat, sich in den Mitgliedstaaten frei zu bewegen, oder ob er Staatsangehöriger eines Drittlandes ist, der dieses Recht nicht besitzt – ist zulässig. Die Mitgliedstaaten dürfen zwar die RL-konforme Einreise von begünstigten Drittstaatsangehörigen überprüfen (zB Einhaltung der Visumpflicht), die Sanktionen wegen Verstoßes müssen allerdings verhältnismäßig sein. Die Verweigerung der Einreise eines Drittstaatsangehörigen, der mit einer Unionsbürgerin verheiratet ist, kann bei aufrechter Ehe einen Eingriff in Art 8 EMRK darstellen.

Zur – zeitlich beschränkt möglichen – vorübergehenden Wiedereinführung von Grenzkontrollen im Schengenraum vgl EuGH 26.04.2022, C-368/20; *Palmstorfer*, FABL 2022-II, 1; *Feik*, FABL 2021-I, 1.

Mehrere primär- und sekundärrechtliche Bestimmungen über die **Personenverkehrsfreiheiten*** regeln die **Ein- und Ausreise**, die **Bewegungsfreiheit** und das **Aufenthaltsrecht** von EU-/EWR-Bürgern* und deren Familienangehörigen sowie von Drittstaatsangehörigen.

Diese Bestimmungen sind nach der Rsp des EuGH unmittelbar anwendbar*, sodass entgegenstehendes nationales Recht von den innerstaatlichen Vollzugsorganen nicht anzuwenden ist (Vorrang des Unionsrechts*). Sie können auch gegenüber einem eigenen Staatsangehörigen Anwendung finden, und zwar bspw dann, wenn dieser aus einem anderen Mitgliedstaat in sein Heimatland einreist und damit von der Personenfreizügigkeit Gebrauch macht. Zahlreiche **Richtlinien*** **über den Aufenthalt von EU-/EWR-Bürgern*** **und deren Familienangehörigen sowie langfristig aufenthaltsberechtigte Drittstaatsangehörige** sind überdies so konkret gehalten, dass sich der Einzelne im Falle entgegenstehenden nationalen Fremdenrechts direkt auf sie berufen kann. Von Bedeutung ist dabei insb, dass bei aufenthaltsbeendenden Maßnahmen nur das persönliche Verhalten des Betroffenen ausschlaggebend sein darf und strafrechtliche Verurteilungen allein diese Maßnahmen nicht begründen können. Eine in einem nationalen Suchtgiftgesetz zusätzlich zur Haftstrafe automatisch hinzutretende Ausweisung auf Lebenszeit ist damit ebenfalls nicht vereinbar. Die Freizügigkeit und das Aufenthaltsrecht sind auch nichterwerbstätigen Unionsbürgern (und deren Familienangehörigen) zugänglich: Voraussetzung ihrer Anwendbarkeit ist lediglich, dass Unionsbürger über ausreichende Existenzmittel sowie eine Krankenversicherung verfügen. Die bloße Erklärung, über die finanziellen Mittel zu verfügen, muss bei diesen Personengruppen ausreichen; ein Nachweis durch Vorlage spezieller Dokumente kann nicht gefordert werden. Zum (fehlenden) Aufenthaltsrecht von Sozialleistungsempfängern vgl etwa EuGH 19.09.2013, C-140/12.

Sieht man von Art 21 AEUV ab, so gelten grundsätzlich dieselben Regelungen auch für **Norweger, Isländer** und **Liechtensteiner** („sonstige EWR-Bürger") und für **Schweizer**. Für Letztere wurde der freie Personenverkehr (dh die aufenthaltsrechtlichen Aspekte der Freizügigkeit*, der Niederlassungsfreiheit* und der Dienstleistungsfreiheit*) durch ein Abkommen mit der EG eingeführt; nicht erfasst sind allerdings die Art 67 bis 80 AEUV („Migrationspolitik"), wobei sich in den Art 77 ff AEUV die primärrechtlichen

Grundlagen für die Regelungen betreffend Grenzkontrollen, Asyl und Einwanderung – und damit primär für Drittstaatsangehörige – finden. Das Brexit-BegleitG 2019, BGBl I 25/2019, enthält NAG- und IntG-Sonderbestimmungen für **britische** Staatsangehörige, sofern der Brexit ohne Austrittsabkommen erfolgt.

Zum Sekundärrecht* gehören auch andere **Assoziierungsübereinkommen**, wie insb das mit der **Türkei**. Die auf dessen Grundlage getroffenen Durchführungsbestimmungen gewähren türkischen Arbeitnehmern und ihren Familienangehörigen ein zwar beschränktes, aber ebenfalls unmittelbar anwendbares* Aufenthaltsrecht.

Bei aufenthaltsbeendenden Maßnahmen gegen türkische Staatsangehörige, die in den Anwendungsbereich des Assoziationsabkommens fallen, sind Restriktionen zu beachten, da nach der EuGH-Rsp hier ähnliche Maßstäbe gelten wie bei den noch nicht fünf Jahre aufhältigen Unionsbürgern: Entscheidend ist allein die konkrete, von der Person ausgehende Gefahr, generalpräventive oder wirtschaftliche Überlegungen sind unzulässig. Das Assoziationsrecht enthält auch eine sog „Stand-still-Klausel". Diese verbietet es nach der EuGH-Rsp den Mitgliedstaaten grundsätzlich, rechtliche Verschlechterungen (im Fall Österreich: gegenüber der Rechtslage von 1995) einzuführen. Zulässig ist eine solche „neue Beschränkung" lediglich aus Gründen der öffentlichen Ordnung, Sicherheit und Gesundheit oder wenn sie durch einen zwingenden Grund des Allgemeininteresses gerechtfertigt sowie geeignet ist, die Verwirklichung des verfolgten legitimen Zieles zu gewährleisten, und nicht über das zu dessen Erreichung Erforderliche hinausgeht (vgl EuGH 07.08.2018, C-123/17). So entschied der EuGH (15.11.2011, C-256/11) und ihm folgend der VwGH (vgl etwa 19.01.2012, 2011/22/0313), dass die Anwendung von § 21 NAG auf diese Personen gegen die assoziationsrechtliche Stillhalteklausel verstößt, weshalb sie zur Inlandsantragstellung für einen Aufenthaltstitel legitimiert sind (wie dies im FremdenG 1997 vorgesehen war); ebenso unangewendet hat im Anwendungsbereich des Assoziationsabkommens die Bestimmung des § 21a NAG („Deutsch vor Zuzug") zu bleiben (vgl VwGH 25.04.2019, Ra 2018/22/0289 mit Verweis auf ua EuGH 10.07.2014, C-138/13).

Freizügigkeitsregelungen enthalten auch die **Kooperationsabkommen mit den Maghreb-Staaten** Algerien, Marokko und Tunesien („Europa-Mittelmeer-Abkommen"; zur beschränkt zulässigen Nichtverlängerung einer Aufenthaltserlaubnis eines legal eingereisten und beschäftigten Marokkaners vgl EuGH 02.03.1999, C-416/96 [El-Yassini]).

Die EU hat auch Zuständigkeiten im Bereich **Asyl und Einwanderung** und diesbezüglich einen umfangreichen Acquis erlassen. Es gibt mittlerweile umfangreiche EuGH-Judikatur.

So hat der EuGH die Überstellung von Asylwerbern nach Griechenland wegen der dortigen strukturellen Betreuungsmängel untersagt oder die Verfolgung aufgrund der sexuellen Orientierung als Asylgrund anerkannt. Mehrfach wurde vom EuGH schon über den Flüchtlingsstatus, über Aufenthaltsrechte oder Abschiebungsregeln entschieden oder eine verfahrensrechtliche Frage geklärt.

Im März 2022 wurde infolge der russischen Invasion in der Ukraine vom 24.02.2022 durch den Durchführungsbeschluss (EU) 2022/382 des Rates erstmals die Massenzustrom-RL 2001/55/EG aktiviert. Die davon begünstigten Personengruppen aus der Ukraine haben ein (vorerst auf ein Jahr) befristetes Aufenthaltsrecht sowie Zugang zum Arbeitsmarkt, zu Sozialleistungen und zu Bildung. Die österr Umsetzung der MassenzustromRL ist mangelhaft (vgl *Feik*, FABL 2022-I, 1).

IV. Völkerrechtliche Bezüge

Für das Fremdenrecht gilt seit jeher, dass es besonders stark von Rechtsnormen völkerrechtlichen Ursprungs mitbestimmt wird.

Als Fremdenverkehrsland hat Österreich ein grundsätzliches Interesse an weitestgehender Freizügigkeit, sofern ein Aufenthalt von Fremden nur touristischen Zwecken dient. Dies belegt eine Fülle bilateraler **Sichtvermerksabkommen** (zB mit Japan BGBl 85/1958) und das zwischen den Mitgliedstaaten des Europarates geschlossene Europäische Abkommen über die Regelung des Personenverkehrs. Zu unterscheiden sind mit Genehmigung des NR gem Art 50 B-VG geschlossene und daher **im Gesetzesrang stehende Staatsverträge** (wie zB BGBl 113/1981: Anerkennung des EG-Ausweises als Reisedokument für EG-Bedienstete) oder bloß **im Verordnungsrang stehende Regierungsübereinkommen** gem Art 66 Abs 2 B-VG. Einreise- und Aufenthaltserleichterungen enthalten weiters eine Reihe von Sichtvermerksabkommen für Angehörige des diplomatischen Corps (zB das Regierungsübereinkommen mit Südafrika BGBl III 34/1997). Von großer praktischer Bedeutung sind die mit verschiedenen Staaten geschlossenen **Rückübernahme(Schub)- abkommen** sowie die mit den Nachbarstaaten Österreichs getroffenen Vereinbarungen über den sog **kleinen Grenzverkehr** oder über den **alpinen Touristenverkehr**.

Durch die **GFK** völkerrechtlich determiniert sind insb der Begriff des Flüchtlings sowie die Rechte von Flüchtlingen, denen Österreich Asyl gewährt (s VIII.).

V. Grundbegriffe

Bereits ein Überblick über den Regelungsgegenstand des Fremdenrechts lässt eine grundsätzliche **Dreiteilung des fremdenrechtlichen Regimes** nach dem persönlichen Geltungsbereich erkennen:
- europarechtlich Begünstigte,
- Asylwerber und Flüchtlinge, denen Österreich Asyl gewährt,
- alle sonstigen Fremden.

Der Rechtsstatus als Fremder wird durch fehlende österr Staatsbürgerschaft begründet: **Fremder** ist, wer die österr Staatsbürgerschaft nicht besitzt (§ 2 Abs 4 Z 1 FPG).

Fremde, die Staatsangehörige einer Vertragspartei des EWRA* sind (das sind derzeit neben den Mitgliedstaaten der EU Island, Liechtenstein und

Norwegen), werden gem § 2 Abs 4 Z 8 FPG als **EWR-Bürger*** bezeichnet. Nicht zu dieser Personengruppe zählen nach VwSlg 14.035 A/1994 österr Staatsbürger; nach VfSlg 14.863/1997 sind zur Vermeidung einer Inländerdiskriminierung unter „Drittstaatsangehörige von EWR-Bürgern" aber auch Angehörige von österr Staatsbürgern zu subsumieren.

Drittstaatsangehörige sind Fremde, die nicht EWR-Bürger oder Schweizer Bürger sind (§ 2 Abs 4 Z 10 FPG; zB Australier).

Begünstigte Drittstaatsangehörige sind der Ehegatte, eingetragene Lebenspartner sowie eigene Verwandte und Verwandte des Ehegatten/Lebenspartners eines EWR-Bürgers oder Schweizer Staatsbürgers oder Österreichers, die ihr gemeinschaftsrechtliches Aufenthaltsrecht von mehr als drei Monaten in Anspruch genommen haben, in gerade absteigender Linie bis zur Vollendung des 21. Lebensjahres (und darüber hinaus bei tatsächlicher Unterhaltsgewährung) sowie eigene Verwandte und Verwandte des Ehegatten oder Lebenspartners in gerade aufsteigender Linie, sofern ihnen tatsächlich Unterhalt gewährt wird und sie den gemeinschaftsrechtlich aufenthaltsberechtigten EWR- oder Schweizer Bürger begleiten oder ihm nachziehen (§ 2 Abs 4 Z 11 FPG).

Demgegenüber ist **Drittausländer** eine Person, die nicht Unionsbürger ist (Art 1 SDÜ iVm Art 20 Abs 1 AEUV; Art 1 lit a Dubliner Übk: „Ausländer").

Unter **„unionsrechtlichem Aufenthaltsrecht"** versteht das FPG das aufgrund der FreizügigkeitsRL 2004/83/EG gewährte Recht eines EWR-Bürgers und seiner Angehörigen, sich im Bundesgebiet aufzuhalten (§ 2 Abs 4 Z 15 FPG).

Asylwerber ist ein Drittstaatsangehöriger, der einen Asylantrag eingereicht hat, über den noch nicht endgültig entschieden worden ist (Art 2 Dublin III-VO; § 2 Abs 1 Z 14 AsylG verweist hingegen auf einen „Fremden ab Einbringung eines Antrags auf internationalen Schutz bis zum rechtskräftigen Abschluss, zur Einstellung oder zur Gegenstandslosigkeit des Verfahrens").

Flüchtling ist jeder Drittstaatsangehörige, dem die Flüchtlingseigenschaft iSd GFK zuerkannt und der Aufenthalt im Hoheitsgebiet eines Mitgliedstaats in dieser Eigenschaft gestattet wurde (Art 2 Dublin III-VO: „Begünstigter internationalen Schutzes"). Das AsylG spricht hingegen von **Personen mit dem Status des Asylberechtigten** (mit einem zunächst befristeten und schließlich dauerhaften Einreise- und Aufenthaltsrecht; § 2 Abs 1 Z 15 AsylG) und von **Personen mit dem Status des subsidiär Schutzberechtigten** (mit einem vorübergehenden, verlängerbaren Einreise- und Aufenthaltsrecht; § 2 Abs 1 Z 16 AsylG).

Vertriebene sind Fremde, denen – weil sie anderweitig keinen Schutz finden – für Zeiten eines bewaffneten Konflikts oder sonstiger die Sicherheit ganzer Bevölkerungsgruppen gefährdender Umstände durch Verordnung der BReg ein vorübergehendes Aufenthaltsrecht gewährt wird (§ 62 AsylG). Diesen Status haben einige vor dem Russland-Ukraine-Krieg Geflüchtete erhalten (vgl VertriebenenV BGBl II 92/2022 bzw Durchführungsbeschluss [EU] 2022/382; zu den Abweichungen des § 62 AsylG und der VertriebenenV vom Unionsrecht vgl insb *Feik*, FABL 2022-I, 1).

Das **Bundesamt für Fremdenwesen und Asyl (BFA)** ist eine dem BMI unmittelbar nachgeordnete monokratische Behörde mit bundesweiter Zuständigkeit (§ 1 BFA-G; unmittelbare Bundesverwaltung*). Das BFA hat seinen Sitz in Wien und Regionaldirektionen in allen Bundesländern; zusätzlich können Außenstellen der Regionaldirektionen eingerichtet werden (§ 2 BFA-G). Außerdem können als Teil des BFA Erstaufnahmestellen für Asylwerber eingerichtet werden (§ 4 BFA-G, § 1 BFA-G-DV). Zuständig ist das BFA für die Vollziehung des AsylG, die Vollziehung der §§ 45 bis 51 FPG (Abschiebung und Duldung), §§ 52 bis 81 FPG (aufenthaltsbeendende Maßnahmen) und §§ 88 bis 97 FPG (österr Dokumente für Fremde) sowie die Vollziehung des GVG-B; dabei ist das BFA-VerfahrensG (BFA-VG) anzuwenden.

VI. Fremdenpolizeigesetz 2005

Das FPG regelt nach seinem § 1 die Ausübung der Fremdenpolizei, die Erteilung von Einreisetiteln (§§ 2 Abs 1 iVm 20, 72 und 73 FPG), die Zurückweisung (§§ 41 ff FPG), die Erlassung aufenthaltsbeendender Maßnahmen (§§ 52 ff FPG), die Abschiebung, Duldung und die Vollstreckung von Rückführungsentscheidungen von EWR-Staaten (§§ 46 ff FPG) sowie die Ausstellung österr Dokumente für Fremde (§§ 88 ff FPG).

Unter „**Fremdenpolizei**" (§ 2 Abs 2 FPG) fallen dabei insb folgende Aufgaben: Verhinderung der rechtswidrigen Einreise von Fremden, Überwachung des Aufenthalts Fremder, Zurückschiebung oder Durchbeförderung von Fremden, Verhinderung und Beendigung von nach dem FPG strafbaren Handlungen. Die Besorgung der Fremdenpolizei obliegt den LPolD (§ 5 Abs 1 FPG).

Bezüglich der **Fremdenpolizeibehörden** unterscheidet § 3 FPG: Zum einen werden die **LPolD** als Behörden erster Instanz tätig, und zwar bezüglich der §§ 13 und 14 FPG (Grundsätze der Vollziehung), §§ 15 bis 32 FPG (Rechtmäßigkeit der Einreise und Ausreise, Passpflicht, Visumpflicht), §§ 33 bis 40 FPG (Organbefugnisse), §§ 41 bis 45c FPG (Zurückweisung, Transitsicherung, Zurückschiebung, Durchbeförderung), §§ 98 bis 108 FPG (Erkennungs- und Ermittlungsdienst), §§ 109 bis 112 FPG (Aufenthaltsehe uÄ, Beförderungsunternehmen) sowie §§ 113 bis 122 FPG (Kosten und Strafbestimmungen). Zum anderen ist das **BFA** erstinstanzliche Behörde, und zwar hinsichtlich der §§ 46 bis 51 FPG (Abschiebung, Duldung), §§ 52 bis 81 FPG (aufenthaltsbeendende Maßnahmen) und §§ 88 bis 97 FPG (österr Dokumente für Fremde) (vgl auch § 3 Abs 2 BFA-VG). Für die LPolD und das BFA werden die Organe des öffentlichen Sicherheitsdienstes* (§ 5 SPG) als Hilfsorgane tätig; andere besonders geschulte Organe der LPolD („Bedienstete") können zur Ausübung von Befehls- und Zwangsgewalt* ermächtigt werden (§ 3 Abs 6 FPG). Auf Antrag einer Gemeinde können auch Gemeindewachkörper eingesetzt werden (§ 4 FPG).

Die §§ 13 und 14 FPG enthalten **Grundsätze für die Vollziehung der Aufgaben und Befugnisse** der LPolD und der Organe des öffentlichen Sicherheitsdienstes: Sie dürfen alle rechtlich zulässigen Mittel einsetzen, die nicht in Rechte einer Person eingreifen; Eingriffe in subjektive Rechte müssen im FPG vorgesehen und verhältnismäßig sein; die Befugnisse können – nach vorheriger Androhung und Ankündigung – mit unmittelbarer Befehls- und Zwangsgewalt* durchgesetzt werden; die Maßnahmen dürfen nicht zu einer Gefährdung des Lebens oder einer nachhaltigen Gefährdung der Gesundheit führen (zB bei „Problemabschiebungen"). Rechtseingriffe durch Organe des öffentlichen Sicherheitsdienstes* sind der zuständigen LPolD ohne unnötigen Aufschub mitzuteilen. BFA, LPolD und die Hilfsorgane haben die Art 2, 3 und 8 EMRK besonders zu beachten (§ 13 Abs 2 FPG [„in jedem Stadium einer fremdenpolizeilichen Amtshandlung"]; § 14 BFA-VG).

1. Reisedokumente

a) Grundsatz der Passpflicht

Grundsätzlich benötigen Fremde – auch EWR-Bürger – für die Ein- und Ausreise ein gültiges Reisedokument (§§ 15 iVm 2 Abs 4 Z 4 FPG). **Einschränkungen der Passpflicht** anlässlich der Ein- und Ausreise sowie des Aufenthalts sehen **zwischenstaatliche Vereinbarungen** vor, die anstelle eines gültigen Reisepasses verschiedene Formen des Passersatzes (zB Personalausweis, Ausflugsschein, EG-Ausweis für EG-Bedienstete, Konventionsreisedokument für Flüchtlinge gem Art 28 GFK) anerkennen. **Keine Passpflicht aufgrund internationaler Gepflogenheiten** besteht zB für Staatsgäste sowie für Fremde, die bei Unglücks- oder Katastrophenfällen als Opfer oder als Hilfeleistende einreisen. In mehreren Fällen sieht **das FPG selbst** eine **partielle Aufhebung der Passpflicht** vor (vgl § 18 FPG). Und für bestimmte passpflichtige Fremde kann **durch Verordnung** des BMI im Einvernehmen mit dem BMEIA festgelegt werden, dass andere Reisedokumente ebenfalls zur Einreise ermächtigen (§ 17 Abs 3 FPG; vgl etwa § 2 FPD-DV für Teilnehmer an Schulreisen) bzw nicht geeignet sind (§ 16 Abs 1 FPG).

b) Reisedokumente

Zumeist werden Fremde über Reisedokumente ihres Herkunftslandes verfügen (**Passhoheit des Heimatstaates**). Das für Reisen anerkannte Dokument (Reisepass, Passersatz) muss insb die Identität des Inhabers zweifelsfrei wiedergeben und sein Geltungsbereich die Republik Österreich umfassen (vgl auch § 2 Abs 4 Z 4 und 5 FPG). Ausländische Reisedokumente genießen denselben **strafrechtlichen Schutz** wie inländische öffentliche Urkunden*.

In mehreren Fällen sehen die §§ 88 bis 97 FPG die Ausstellung von **österr Reisedokumenten für Fremde** vor: Fremdenpass, Konventionsreisepass, „Identitätskarte für Fremde", Rückkehrausweis oder „Reisedokument für die Rückführung von Drittstaatsangehörigen". Im Ausland obliegt die Ausstellung dieser Dokumente den Vertretungsbehörden (§§ 4 iVm 15 BFA-VG), im Inland dem BFA (§ 3 Abs 2 Z 5 BFA-VG).

2. Sichtvermerke

a) Grundsatz der Sichtvermerkspflicht

Fremde, die der Passpflicht unterliegen, bedürfen für eine rechtmäßige Einreise grundsätzlich auch eines Sichtvermerkes (§ 15 Abs 2 FPG). Für die EU-Mitgliedstaaten wird der Verpflichtetenkreis zT durch die Visumpflicht-VO 539/2001 festgelegt. Es bestehen jedoch zahlreiche **Ausnahmen** von der Sichtvermerkspflicht: im FPG (zB § 28 Abs 1: Transitreisende, § 29: Träger völkerrechtlicher Privilegien und Immunitäten, § 30 Abs 5: Fremde, die aufgrund des AsylG aufenthaltsberechtigt sind), aufgrund allgemein anerkannter Regeln des Völkerrechts, zwischenstaatlicher Vereinbarungen, sonstiger bundesgesetzlicher Sonderbestimmungen oder unmittelbar anwendbarer* Rechtsakte der EU.

Nach § 15a FPG haben EWR- und Schweizer Bürger das Recht zum Aufenthalt für einen Zeitraum von drei Monaten und darüber hinaus nach Maßgabe des NAG. Begünstigte Drittstaatsangehörige (§ 2 Abs 4 Z 11 FPG) haben das Recht auf Aufenthalt für einen Zeitraum von drei Monaten, unterliegen jedoch der Sichtvermerkspflicht, wenn die VisumpflichtVO (EG) 539/2001 auf sie Anwendung findet; sie haben aber einen Anspruch auf Erteilung eines Visums (§ 15b FPG; für den darüber hinausgehenden Aufenthalt vgl §§ 51 ff NAG). Familienangehörige (§ 2 Abs 4 Z 12 FPG) von nicht gemeinschaftsrechtlich aufenthaltsberechtigten EWR-Bürgern, Schweizern oder Österreichern unterliegen der Sichtvermerkspflicht.

b) Einreisetitel (Visa)

Für Einreisetitel ist der unmittelbar anwendbare* Visakodex (VO [EG] 810/2009) maßgeblich. Das – auch von einem anderen Staat ausstellbare – „**Schengen-Visum**" gilt für die Durchreise und den Aufenthalt im gesamten Schengen-Gebiet für die Dauer von drei Monaten („**einheitlicher Sichtvermerk**"; vgl Art 10 bis 12 und 19 SDÜ). Im Visakodex ist auch ein spezielles Flughafentransitvisum vorgesehen (Art 3 VO). Die äußere Form der im Reisedokument ersichtlich zu machenden Visumsmarke ist durch die VO (EG)

1683/95 geregelt. Das FPG regelt nur das **nationale „Visum D"** für den Aufenthalt bis zu sechs Monaten in Österreich.

§ 20 FPG unterscheidet zehn Einreisetitel: für den längerfristigen Aufenthalt im Bundesgebiet, aus humanitären Gründen, zu Erwerbszwecken, zum Zweck der Arbeitssuche, zur Erteilung eines Aufenthaltstitels, zur Einbeziehung in das Familienverfahren nach dem AsylG, zur Wiedereinreise, aus besonders berücksichtigungswürdigen Gründen, für Saisoniers oder für Praktikanten. Zusätzlich nennt § 22 FPG ein „Visum aus Gründen des nationalen Interesses". Einige dieser Visa dürfen gem § 21 Abs 1 FPG auf Antrag nur erteilt werden, wenn der Fremde ein gültiges Reisedokument besitzt, kein Versagungsgrund (Abs 2; zB Zweifel an der Identität oder fehlender Krankenversicherungsschutz) vorliegt und seine Wiederausreise gesichert erscheint. Ein Visum D, das auch an der Außengrenze erteilt werden kann (vgl § 24b FPG), ist zu annullieren, wenn nachträglich Tatsachen bekannt werden oder eintreten, die eine Nichterteilung rechtfertigen würden (§ 27 Abs 1 FPG); dabei kann eine Interessenabwägung aufgrund von Art 8 EMRK geboten sein (VfSlg 14.009/1995). Vor der Annullierung ist dem Betroffenen Gelegenheit zur Stellungnahme zu geben. Visa D werden gegenstandslos, wenn ein weiteres Visum D mit überschneidender Gültigkeit erteilt wird, wenn gegen den Fremden eine aufenthaltsbeendende Maßnahme gesetzt wird, wenn der Fremde einen Antrag auf internationalen Schutz einbringt, wenn ein Aufenthaltstitel nach dem NAG oder dem AsylG ausgestellt wird, wenn der Fremde Österreicher (→ *Staatsbürgerschaftsrecht*), EWR-Bürger oder Schweizer Bürger wird oder wenn eine Beschäftigungsbewilligung rechtskräftig wiederrufen wurde (§ 27 Abs 3 FPG). Vgl ferner die §§ 1 und 3 bis 9 FPG-DV, welche spezielle Visumregelungen enthalten.

3. Aufenthaltsberechtigung

a) Rechtmäßiger Aufenthalt

Die Rechtmäßigkeit des Aufenthalts eines Fremden ist in mehrfacher Weise von Bedeutung: Sowohl die gem Art 2 Abs 1 4. ZPEMRK garantierte **Bewegungsfreiheit** jedes Menschen innerhalb Österreichs als auch die durch Art 1 7. ZPEMRK verfassungsgesetzlich gewährleisteten **Mindestgarantien** für Fremde im Aufenthaltsbeendigungsverfahren haben den rechtmäßigen Aufenthalt des Fremden zur **Voraussetzung** ihrer Anwendbarkeit. Nach der Rsp des VwGH ist ein rechtmäßiger Aufenthalt überdies im Rahmen der gem Art 8 Abs 2 EMRK vorzunehmenden Interessenabwägung beachtlich (etwa bei der Erlassung eines Aufenthaltsverbotes: VwSlg 13.813 A/1993); sein Fehlen entbindet jedoch nicht von der Vornahme der Interessenabwägung (VfSlg 18.417/2008). Ferner kann sich ein Unionsbürger, der sich rechtmäßig im Gebiet eines anderen Mitgliedstaates aufhält, in allen vom sachlichen Anwendungsbereich des Gemeinschaftsrechts erfassten Fällen auf das allgemeine **Diskriminierungsverbot** des Art 18 AEUV berufen.

Gem § 31 Abs 1 FPG halten sich Fremde **rechtmäßig** im Bundesgebiet auf,
- wenn sie rechtmäßig eingereist sind und während des Aufenthalts im Bundesgebiet die Befristungen oder Bedingungen des Einreisetitels oder des visumfreien Aufenthalts oder die durch zwischenstaatliche Vereinbarungen, Bundesgesetz oder Verordnung bestimmte Aufenthaltsdauer nicht überschritten haben (Z 1);

- wenn sie aufgrund einer Aufenthaltsberechtigung oder einer Dokumentation des Aufenthaltsrechtes nach dem NAG zur Niederlassung oder zum Aufenthalt oder aufgrund einer Verordnung für Vertriebene (§ 62 AsylG) zum Aufenthalt berechtigt sind (Z 2);
- wenn sie Inhaber eines von einem Schengen-Vertragsstaat ausgestellten Aufenthaltstitels sind, sofern sie während ihres Aufenthalts im Bundesgebiet keiner unerlaubten Erwerbstätigkeit nachgehen (Z 3);
- solange ihnen ein Aufenthaltsrecht nach dem AsylG zukommt (Z 4);
- bis zur Entscheidung über einen Verlängerungsantrag, solange der Aufenthalt als Saisonier in den vergangenen zwölf Monaten insgesamt die Dauer von neun Monaten nicht überschreitet (Z 5);
- wenn sie Inhaber eines Aufenthaltstitels für unternehmensintern transferierte Arbeitnehmer („ICT") sind (Z 6);
- wenn sie mit einem Aufenthaltstitel „Forscher" eines anderen Mitgliedstaates tätig sind (Z 7);
- wenn sie mit einem Aufenthaltstitel „Student" eines anderen Mitgliedstaates an Mobilitätsmaßnahmen teilnehmen (Z 8);
- wenn sie Inhaber des Aufenthaltstitels „Blaue Karte EU" sind (Z 9 und 10) oder
- soweit sich dies aus anderen bundesgesetzlichen Vorschriften ergibt (Z 11).

b) Nachweis der Aufenthaltsberechtigung

Fremde sind nach § 32 FPG verpflichtet, den LPolD und ihren Organen auf Aufforderung die für ihre Aufenthaltsberechtigung maßgeblichen Dokumente auszuhändigen, an der Feststellung der Rechtmäßigkeit der Einreise, des Aufenthalts und der Ausreise mitzuwirken und sich erforderlichenfalls in Begleitung eines Organs an jene Stelle zu begeben, an der die Dokumente verwahrt sind. Für EWR- und Schweizer Bürger gilt dies nur insoweit, als deren Identität und Staatsangehörigkeit nicht zweifelsfrei mit anderen Mitteln nachgewiesen werden kann und auch Österreicher verpflichtet sind, maßgebliche Dokumente auszuhändigen.

4. Fremdenpolizeiliche Befugnisse

Das FPG und das BFA-VG unterscheiden wie das SPG (→ *Sicherheitspolizeirecht*) zwischen **Organbefugnissen** und **Behördenbefugnissen**. Nicht alle diese Befugnisse zur Sicherstellung der Einhaltung des FPG oder des AsylG sind durchsetzbar; allerdings bestehen auch einige Ermächtigungen zur Ausübung unmittelbarer Befehls- und Zwangsgewalt*.

a) Organbefugnisse

Die Organe des öffentlichen Sicherheitsdienstes* haben nach dem FPG und dem BFA-VG folgende Befugnisse:
- Die Organe sind ermächtigt, über fremdenpolizeilich relevante Sachverhalte (rechtswidrige Einreise oder Aufenthalt, Straftaten nach FPG) von

Personen **Auskunft zu verlangen** (§ 33 FPG). Die Ausübung von Zwangsgewalt zur Durchsetzung des Auskunftsverlangens ist unzulässig.
- Wenn aufgrund bestimmter Tatsachen anzunehmen ist, dass eine Person rechtswidrig eingereist ist oder sich rechtswidrig im Bundesgebiet aufhält oder soweit dies im Rahmen einer Kontrolle nach § 9a GVG-B erforderlich ist, sind die Organe zur **Identitätsfeststellung** (Name, Geburtsdatum, Staatsangehörigkeit, Wohnanschrift) ermächtigt (§ 34 FPG). Die Betroffenen haben daran mitzuwirken und die unmittelbare Durchsetzung zu dulden. Ähnlich § 36 BFA-VG iZm einem Festnahmeauftrag oder einer räumlichen Aufenthaltsbeschränkung.
- Die **Überprüfung der Rechtmäßigkeit der Einreise und des Aufenthalts** (§ 35 FPG) kann erfolgen, wenn bestimmte Tatsachen die Annahme der rechtswidrigen Einreise oder des rechtswidrigen Aufenthalts rechtfertigen, sofern sich dies nicht schon im Rahmen der Identitätsfeststellung erweist.
- Zur Kontrolle nach § 9a GVG-B oder wenn die gerechtfertigte Annahme von Schlepperei, Prostitution, illegaler Sammelunterkunft, Schwarzarbeit oder ein Durchsuchungsauftrag nach § 35a FPG vorliegt, können die Organe **Grundstücke, Räume, Betriebsstätten, Arbeitsstellen sowie Fahrzeuge betreten sowie größere Behältnisse öffnen** (§ 36 FPG). Auf Verlangen ist darüber eine Bescheinigung auszustellen. IZm einem Durchsuchungsauftrag (§ 35 BFA-VG) sieht auch § 37 BFA-VG ein Betretungsrecht vor.
- Zur Sicherstellung von Beweismitteln können die **Kleidung** und die **mitgeführten Behältnisse** Fremder **durchsucht** werden, wenn sie nach § 39 FPG festgenommen wurden oder der Verdacht besteht, dass sie sich rechtswidrig im Bundesgebiet aufhalten und für eine Durchbeförderung, Zurückschiebung, Zurückweisung bedeutsame Beweismittel bei sich haben (§ 37 FPG, „Personendurchsuchung"; ähnlich § 38 BFA-VG). Vor der Durchsuchung ist der Fremde aufzufordern, alle mitgeführten Beweismittel freiwillig herauszugeben.
- Die Organe können **Gegenstände und Dokumente**, die für ein FPG- oder AsylG-Verfahren als Beweismittel benötigt werden, **vorläufig sicherstellen** (§ 38 FPG, § 39 BFA-VG). Die Sicherstellung kann erforderlichenfalls mit unmittelbarem Zwang durchgesetzt werden. Über die Sicherstellung ist eine Bestätigung auszufolgen; die Fremdenpolizeibehörde, welche die Beweismittel von den Organen übermittelt bekommen hat, hat die Gegenstände und Dokumente zurückzugeben, sobald sie nicht mehr benötigt werden.
- § 39 FPG räumt den Organen eine **Festnahmebefugnis** ein. Festnahmegründe sind: Der Fremde wird bei der Begehung der Verwaltungsübertretung „unbefugter Aufenthalt" (§ 120 FPG) auf frischer Tat betreten (§ 39 Abs 1 Z 1); der Fremde kommt seiner Pflicht zum Nachweis der Aufent-

haltsberechtigung (§ 32 FPG) nicht nach (§ 39 Abs 1 Z 2); der Fremde missachtet eine Gebietsbeschränkung, Wohnsitzauflage, Unterkunftnahmeanordnung oder Wohnsitzbeschränkung (§ 39 Abs 1 Z 3 FPG); gegen den Fremden besteht ein Festnahmeauftrag nach § 34 BFA-VG (§ 40 Abs 1 Z 1 BFA-VG); der Fremde ist aufgrund einer Übernahmeerklärung eingereist (§ 39 Abs 2 Z 3 FPG; Sicherung der Ausweisung sowie „Übernahme in die Anhaltung"); der Fremde wird innerhalb von 14 Tagen nach der Einreise beim nicht rechtmäßigen Aufenthalt betreten (§ 39 Abs 3 Z 1 FPG; Sicherung der Zurückschiebung) oder muss aufgrund eines Rückübernahmeabkommens zurückgenommen werden (§ 39 Abs 3 Z 2 FPG); der Fremde wird innerhalb von 14 Tagen nach Ablauf des rechtmäßigen Aufenthalts im Bundesgebiet (§ 39 Abs 3 Z 3 FPG) oder bei einer Ausreise nach nicht rechtmäßigem Aufenthalt (§ 39 Abs 3 Z 4 FPG) betreten. Die höchstzulässige Anhaltedauer beträgt in den Fällen von Abs 1 und 3 maximal 24 Stunden, in den Fällen von Abs 2 maximal 48 Stunden, im Fall der Durchbeförderung maximal 72 Stunden und im Fall einer Zurückschiebung maximal insgesamt 14 Tage. Schließlich sind die sich aus dem verfassungsgesetzlich gewährleisteten Schutz der persönlichen Freiheit ergebenden Mindestrechte jedes Festgenommenen zu beachten (vgl Art 1 Abs 4, Art 4 Abs 6 und 7 PersFrG; § 40 FPG bzw § 41 BFA-VG: Bekanntgabe der Festnahmegründe in einer dem Fremden verständlichen Sprache sowie auf Verlangen die Information der konsularischen Vertretung).

- Die Organe sind ermächtigt, Fremde, die versuchen, nicht rechtmäßig in das Bundesgebiet einzureisen, an der **Einreise zu hindern** (§ 41 Abs 1 FPG). Die Organe können außerdem einreisende Fremde anlässlich der Grenzkontrolle an der Ein- oder Weiterreise hindern („**Zurückweisung**"), wenn deren Einreise nicht rechtmäßig ist, gegen sie ein gültiges Einreiseverbot oder ein durchsetzbares Aufenthaltsverbot besteht, oder bestimmte öffentliche Interessen gefährdet sind. Zur Sicherung der Zurückweisung sind besondere Anordnungsbefugnisse (zB Konfinierung) vorgesehen (§ 42 FPG; zur Zurückweisung von EWR- oder Schweizer Bürgern sowie begünstigten Drittstaatsangehörigen vgl § 41a FPG; der Zurückweisung kann das Refoulementverbot entgegenstehen; vgl § 45a FPG). Flugreisenden ist der Aufenthalt im Transitraum zu verweigern, wenn aufgrund konkreter Umstände ihre Wiederausreise nicht gesichert erscheint oder ihnen vom Weiterreiseland die Einreise verweigert und sie zurückgeschickt wurden oder sie nicht über ein erforderliches Flugtransitvisum verfügen (§ 43 FPG; „**Transitsicherung**").

b) Organhandeln im Behördenauftrag

- Die LPolD kann den Organen des öffentlichen Sicherheitsdienstes* auftragen, als Beweismittel sichergestellte **Datenträger** eines Fremden (zB

Handy) zum Zweck der Feststellung der Identität und Reiseroute **auszuwerten** (§ 35b iVm §§ 38 und 38a FPG).
- Die LPolD kann den Organen auftragen, einen Fremden, der an einer Grenzübergangsstelle auf einem Flugplatz zurückgewiesen wird, auf seinem **Rückflug** zu **begleiten** (§ 44 FPG).
- Fremde können von den Organen im Auftrag der LPolD mittels „**Zurückschiebung**" zur Rückkehr in einen EU-Mitgliedstaat verhalten werden, wenn sie nicht rechtmäßig eingereist sind und binnen 14 Tagen betreten werden, wenn sie innerhalb von 14 Tagen nach der Einreise in das Bundesgebiet von Österreich aufgrund eines Rückübernahmeabkommens zurückgenommen werden mussten, wenn sie innerhalb von 14 Tagen ab dem Unrechtmäßigwerden des Aufenthalts im Bundesgebiet betreten werden oder wenn sie während eines Ausreisevorgangs bei nicht rechtmäßigem Aufenthalt im Bundesgebiet betreten werden (§ 45 FPG; der Zurückschiebung kann das Refoulementverbot entgegen stehen; vgl § 45a FPG). Eine Zurückschiebung darf nur in jenen Staat erfolgen, aus dem der Fremde unter Umgehung der Grenzkontrolle eingereist ist (VfSlg 13.913/1994).
- Fremde sind von den Organen im Auftrag der LPolD aus dem Ausland durch das Bundesgebiet in das Ausland zu befördern (zB aus Deutschland nach Slowenien), wenn dies in einer Durchbeförderungserklärung aufgrund eines Durchbeförderungsabkommens (§ 45c FPG), auf der Grundlage sonstiger zwischenstaatlicher Abkommen oder auf Ersuchen eines EWR-Vertragsstaates angeordnet ist (§ 45b FPG; „**Durchbeförderung**").
- Fremde, gegen die eine Rückkehrentscheidung (§ 52 FPG), eine Anordnung zur Außerlandesbringung (§ 61 FPG), eine Ausweisung (§ 66 FPG) oder ein Aufenthaltsverbot (§ 67 FPG) durchsetzbar ist, können von den Organen im Auftrag des BFA zur Ausreise verhalten werden (§ 46 FPG, „**Abschiebung**"). Ein Abschiebungsgrund liegt gem § 46 Abs 1 vor, wenn die Überwachung der Ausreise eines Fremden aus Gründen der Aufrechterhaltung der öffentlichen Ruhe, Ordnung oder Sicherheit notwendig scheint (Z 1), der Fremde seiner Ausreiseverpflichtung nicht zeitgerecht nachgekommen ist (Z 2), aufgrund bestimmter Tatsachen zu befürchten ist, er würde seiner Ausreiseverpflichtung nicht nachkommen (Z 3) oder der Fremde einem Einreise- oder Aufenthaltsverbot zuwider nach Österreich zurückgekehrt ist (Z 4). Ist die Abschiebung eines Fremden rechtlich unzulässig (§§ 50, 51 und 52 Abs 9 FPG sowie §§ 8 Abs 3a und 9 Abs 2 AsylG; „**Refoulementverbot**") oder erscheint sie aus tatsächlichen, nicht vom Fremden zu vertretenden Gründen unmöglich oder ist eine Rückkehrentscheidung iSd § 9 BFA-VG vorübergehend unzulässig, so ist der Aufenthalt bis auf Weiteres „**geduldet**"; der Fremde kann dann eine „Karte für Geduldete" erhalten (§ 46a FPG).
- Ist aufgrund bestimmter Tatsachen anzunehmen, dass ein Fremder, gegen den ein Festnahmeauftrag (§ 34 BFA-VG) erlassen worden ist oder die

Schubhaft (§§ 76 ff FPG) verhängt werden soll, sich in bestimmten Räumlichkeiten innerhalb des Sprengels der Behörde aufhält, kann diese, sofern es zur Durchsetzung des Festnahmeauftrages oder zur Vollstreckung des Schubhaftbescheides erforderlich erscheint, den Organen des öffentlichen Sicherheitsdienstes* den Auftrag erteilen, die Räumlichkeiten zu betreten und zu durchsuchen (§ 35a FPG; § 35 BFA-VG; „**Durchsuchungsauftrag**" in Ausübung verwaltungsbehördlicher Befehlsgewalt).

c) Behördenbefugnisse

- Die Fremdenpolizeibehörden haben das **Refoulement-Feststellungsverfahren** durchzuführen (§ 51 FPG).
- Das BFA kann aus verschiedenen Gründen die Festnahme eines Fremden anordnen (vgl § 34 BFA-VG: unrechtmäßiger Aufenthalt, Nichtbefolgung einer Ladung, unbekannter Aufenthalt, bevorstehende Abschiebung etc; „**Festnahmeauftrag**" in Ausübung verwaltungsbehördlicher Befehlsgewalt).
- Für Fremde, die durchbefördert werden sollen, ist von der LPolD ein **Übernahmeauftrag** (§ 45b Abs 3 FPG) zu erlassen, der in Ausübung verwaltungsbehördlicher Befehlsgewalt ergeht und aktenkundig zu machen ist.

d) Refoulementverbot

Das in §§ 45a, 45b und 50 FPG näher ausgestaltete Refoulementverbot hat seine Grundlage in dem jedermann **verfassungsgesetzlich gewährleisteten Schutz vor Folter und Todesstrafe** einerseits sowie in dem durch Art 33 GFK eingeräumten **besonderen Verfolgungsschutz für Flüchtlinge** andererseits. Es bewirkt die Unzulässigkeit einer Zurückweisung, Hinderung an der Einreise, Zurückschiebung, Abschiebung und Durchbeförderung in jeweils unterschiedlichem Maße.

Generell unzulässig ist die Zurückweisung, Hinderung an der Einreise, Zurückschiebung, Abschiebung oder Durchbeförderung in einen Staat, wenn dadurch **Art 2 EMRK, Art 3 EMRK** oder das **6. oder 13. ZPEMRK** verletzt würden oder damit für den Fremden als Zivilperson eine ernsthafte Bedrohung des Lebens oder der Unversehrtheit infolge willkürlicher Gewalt im Rahmen eines internationalen oder innerstaatlichen Konflikts verbunden wäre (vgl §§ 45a Abs 1 und 50 Abs 1 FPG). Dabei muss eine aktuell drohende Verfolgung vorliegen, die bloße Möglichkeit einer Art 3 EMRK-widrigen Behandlung genügt nach stRsp des VwGH nicht.

Besteht in einem Staat Gefahr für Leben oder Freiheit eines Fremden **aus Gründen seiner Rasse, seiner Religion, seiner Nationalität, seiner Zugehörigkeit zu einer bestimmten sozialen Gruppe oder seiner politischen An-

sichten, so sind die Zurückweisung, Zurückschiebung, Durchbeförderung und die Hinderung an der Einreise sowie die Abschiebung unzulässig, sofern nicht eine innerstaatliche Fluchtalternative besteht (§§ 45a Abs 2 und 50 Abs 2 FPG).

Der Sicherung des Refoulementverbots dient ein **besonderes Feststellungsverfahren** gem § 51 FPG. Bis zu seinem rechtskräftigen Abschluss ist eine Abschiebung in den vom Fremden bezeichneten Staat unzulässig (§ 51 Abs 3 FPG). Ein entsprechender Antrag kann allerdings nur während des Verfahrens zur Erlassung einer Ausweisung oder eines Aufenthaltsverbots gestellt werden (§ 51 Abs 1 FPG). Über Beschwerden gegen Bescheide gem § 51 FPG, mit denen die Zulässigkeit der Abschiebung in einen bestimmten Staat festgestellt wurde, ist vom BVwG binnen einer Woche zu entscheiden, soweit nicht die Anhaltung schon vorher geendet hat (§ 21 Abs 6 BFA-VG).

Für die Rechtmäßigkeit eines Ausweisungsbescheides ist nicht maßgeblich, ob und in welchem Staat der Fremde iSd § 50 FPG bedroht ist, da die Ausweisung ausschließlich mit der Verpflichtung zur unverzüglichen Ausreise verbunden ist, nicht jedoch auch festlegt, in welchen Staat der Fremde auszureisen habe (VfSlg 18.382/2008; zum Aufenthaltsverbot ebenso schon VfSlg 13.660/1993). Im Rahmen eines Feststellungsverfahrens hat der Fremde nach stRsp des VwGH das Bestehen einer aktuellen Bedrohung glaubhaft zu machen, die mittels konkreter Angaben und Bescheinigungsmittel darzutun ist.

Bei einer wesentlichen Änderung des maßgeblichen Sachverhaltes ist der Feststellungsbescheid* auf Antrag oder von Amts wegen abzuändern (§ 51 Abs 5 FPG; Durchbrechung der materiellen Rechtskraft*).

5. Aufenthaltsbeendigung

Über Bestand oder Nichtbestand des Aufenthaltsrechts eines Fremden, der sich länger als sieben Tage in Österreich aufhält, ist vom BFA in jedem Fall **mit Bescheid** zu entscheiden. Dabei sind verschiedene Verfahren zu unterscheiden:
- die **Rückkehrentscheidung gegen nicht rechtmäßig aufhältige Drittstaatsangehörige** (§ 52 Abs 1 FPG),
- die **Rückkehrentscheidung gegen Asylwerber** (§ 52 Abs 2 und 3 FPG),
- die **Rückkehrentscheidung gegen Drittstaatsangehörige mit Aufenthaltstitel** (§ 52 Abs 4 und 5 FPG),
- die Aufenthaltsbeendigung bei unionsrechtlichem Aufenthaltsrecht (§§ 66 ff FPG; „Ausweisung" und „Aufenthaltsverbot").

Der EGMR (02.08.2001, 54273/00 sowie 18.10.2006, 46410/99) hat Kriterien für die **Prüfung der Verhältnismäßigkeit** einer aufenthaltsbeendenden Maßnahme (gegenüber einem familiär gebundenen Straftäter) formuliert („**Boultif/Üner-Kriterien**"), denen sich der VfGH (VfSlg 18.135/2007) angeschlossen hat: Schwere des Rechtsverstoßes, Aufenthaltsdauer, Verhalten nach Rechtsverstoß, Staatsangehörigkeit der beteiligten Personen, Familiensituation, Kenntnis des Partners vom Rechtsverstoß bei Beziehungsbeginn, Alter der Kinder, Hindernisse für Umsiedlung in Heimatstaat. Die Interessenabwägung ist nicht erst bei der Abschiebung, sondern bereits bei der zu Grunde liegenden Entscheidung zu beachten (zB EGMR 06.02.2003, 36757/97 [Jakupovic gg Österreich]); unrechtmäßiger Aufenthalt entbindet nicht von der Interessenabwägung (VfSlg 18.417/2008; EGMR 31.01.2006, 50435/99).

Die „Umsetzung" des aufenthaltsbeendenden Bescheides erfolgt – sofern der Fremde nicht freiwillig ausreist – im Wege der **Abschiebung** gem § 46 FPG. Ob es sich dabei um einen eigenständigen Zwangsakt* oder bloß um die Vollziehung eines aufenthaltsbeendenden Bescheides handelt, ist umstritten. Bei Abschiebungen ist ein „Menschenrechtsbeobachter" beizuziehen (vgl § 10 FPG-DV).

Mit einer **Rückkehrentscheidung** gem § 52 FPG wird zugleich eine **Frist für die freiwillige Ausreise** festgelegt (vgl § 55 FPG: idR 14 Tage; zu möglichen Auflagen während der Ausreisefrist vgl § 56 FPG). Gleichzeitig mit der Rückkehrentscheidung ist vom BFA ein **Einreiseverbot** auszusprechen (§ 53 FPG); dieses ist die Anweisung an den Drittstaatsangehörigen, für einen festgelegten Zeitraum nicht in das Hoheitsgebiet der Mitgliedstaaten einzureisen und sich dort aufzuhalten. Das Einreiseverbot gilt höchstens fünf oder zehn Jahre oder auch unbefristet (zu den maßgeblichen Tatbeständen vgl § 53 Abs 2 und 3 FPG). In speziellen Konstellationen ist vom BFA die **aufschiebende Wirkung einer Beschwerde** gegen eine Rückkehrentscheidung abzuerkennen (§ 18 Abs 2 BFA-VG). In einem Verfahren zur Erlassung einer Rückkehrentscheidung ist einem Fremden kostenlos ein **Rechtsberater** amtswegig zur Seite zu stellen (§ 52 BFA-VG). Die Rückkehrentscheidung wird **gegenstandslos**, wenn einem Drittstaatsangehörigen der Status als Asylberechtigter zuerkannt wird oder ihm ein Aufenthaltstitel aus berücksichtigungswürdigen Gründen (§§ 55 bis 57 AsylG) erteilt wird (§ 60 Abs 3 FPG). Die Rückkehrentscheidung hat als Rechtsinstrument die Ausweisung bzw das Aufenthaltsverbot gegenüber Drittstaatsangehörigen ersetzt. Mit der Ausreiseverpflichtung und dem (uU längerfristigen) Einreiseverbot werden die gleichen Ziele verfolgt wie vormals mit Ausweisung und Aufenthaltsverbot. Das FPG verwendet Ausweisung und Aufenthaltsverbot nur mehr iZm aufenthaltsbeendenden Maßnahmen gegenüber unionsrechtlich aufenthaltsberechtigten EWR-Bürgern, Schweizer Bürgern und begünstigten Drittstaatsangehörigen (vgl §§ 66 ff FPG).

EWR-Bürger, Schweizer Bürger oder begünstigte Drittstaatsangehörige können **ausgewiesen** werden, wenn ihnen aus den Gründen des § 55 Abs 3 NAG (Gefährdung der öffentlichen Ordnung, Sicherheit oder Gesundheit oder Nichterfüllung der Voraussetzung für eine Anmeldebescheinigung oder Daueraufenthaltskarte) das Niederlassungsrecht fehlt (§ 66 FPG; dies gilt nicht für zur Arbeitssuche Eingereiste, wenn diese nachweisen, dass sie weiterhin mit begründeter Aussicht auf Erfolg Arbeit suchen, solange ihr Aufenthalt keine schwerwiegende Gefahr für die öffentliche Ordnung oder Sicherheit darstellt). Auch ein **Aufenthaltsverbot** kann – wenngleich unter erschwerten Bedingungen – verhängt werden (§ 67 FPG). Das Aufenthaltsverbot und die Ausweisung verpflichten zur unverzüglichen Ausreise, wobei ein (mit Auflagen versehbarer) **Durchsetzungsaufschub** von einem Monat erteilt werden kann (§§ 70 und 71 FPG). Für die Ausweisung und das Aufenthaltsverbot darf nur das **persönliche Verhalten des Betroffenen** ausschlaggebend sein; strafrechtliche Verurteilungen allein können diese Maßnahmen nicht begründen, sondern müssen nach der EuGH-Rsp durch eine „Negativprognose" ergänzt werden. Auch der VwGH verlangt eine Auseinandersetzung mit den wesentlichen Merkmalen des strafrechtsrelevanten Verhaltens, aus dem die maßgebliche Gefährdung abgeleitet wird (vgl etwa VwGH 24.04.2012, 2011/23/0264). Eine in einem nationalen Suchtgiftgesetz zusätzlich zur Haftstrafe automatisch hinzutretende Ausweisung auf Lebenszeit ist mit dem Unionsrecht nicht vereinbar (vgl etwa EuGH 19.01.1999, C-348/96 [Calfa]). Der Ausweisungsschutz für türkische Staatsangehörige, die vom Anwendungsbereich des Assoziationsabkommens EWG-Türkei erfasst sind, ist genauso intensiv wie derjenige eines daueraufenthaltsberechtigten Drittstaatsangehörigen und von noch nicht fünf Jahre im Mitgliedstaat aufhältigen Unionsbürgern: Nach Ansicht des EuGH (08.12.2011, C-371/08 [Ziebel]) muss eine gegenwärtige, hinreichend schwere Gefahr für die öffentliche Ordnung oder öffentliche Sicherheit bestehen und müssen bei der Entscheidung Aufenthaltsdauer, Lebensalter, Bindung zum Aufenthaltsstaat bzw. zur Türkei etc berücksichtigt werden.

Je länger Fremde rechtmäßig im Bundesgebiet niedergelassen sind, umso eingeschränkter sind die Möglichkeiten einer aufenthaltsbeendenden Maßnahme. Die grundrechtlich begründete „**Aufenthaltsverfestigung**" bewirkt, dass etwa gegen einen Drittstaatsangehörigen mit Aufenthaltstitel eine Rückkehrentscheidung nicht erlassen werden darf, wenn ihm nach § 10 StbG die Staatsbürgerschaft (→ *Staatsbürgerschaftsrecht*) verliehen werden könnte oder er von klein auf im Inland aufgewachsen und hier langjährig niedergelassen ist (vgl § 9 BFA-VG).

„Von klein auf" bedeutet nach der VwGH-Rsp (13.09.2012, 2011/23/0399; VwSlg 18.513 A/2012), dass der Fremde vor Vollendung des dritten Lebensjahres eingereist sein muss. Gegen **Ausländer der zweiten Generation** ist eine aufenthaltsbeendende Maßnahme idR unzulässig (vgl VfSlg 17.200/2004, 17.851/2006; VfGH 11.03.2015, E 1884/2014; vgl ferner EGMR 26.09.1997, 52206/99 und 21.10.1997, 25404/94). Bei der Beurteilung der Notwendigkeit einer Ausweisung eines Fremden, der als Zehnjähriger einwanderte, sind nach der EGMR-Rsp ähnliche Kriterien anzulegen wie bei Ausländern der zweiten Generation. Nach **fünfjähriger** Niederlassung dürfen gegenüber einem Drittstaatsangehörigen wegen Mittellosigkeit, fehlendem Krankenversicherungsschutz, fehlender Unterkunft oder der Möglichkeit der finanziellen Belastung einer Gebietskörperschaft keine Rückkehrentscheidungen nach § 52 Abs 4 FPG getroffen werden, wenn er glaubhaft macht, die Mittel zu seinem Unterhalt und seinem Krankenversicherungsschutz durch Einsatz eigener Kräfte zu sichern oder eine andere geeignete Unterkunft zu finden (§ 9 Abs 5 BFA-VG). Eine Ausweisung nach **achtjähriger** Niederlassung ist nur noch zulässig, wenn Gründe für ein mehr als fünfjähriges Einreiseverbot (§ 53 Abs 3 FPG) vorliegen (§ 9 Abs 6 BFA-VG). Vgl auch VwGH 21.06.2012, 2011/23/0658: Bei einem langjährigen Aufenthalt eines Fremden rechtfertigen StVO- und FSG-Verwaltungsübertretungen allein kein Aufenthaltsverbot.

Würde durch eine Rückkehrentscheidung (§ 52 FPG), eine Anordnung zur Außerlandesbringung (§ 61 FPG), eine Ausweisung (§ 66 FPG) oder ein Aufenthaltsverbot (§ 67 FPG) in das **Privat- oder Familienleben des Fremden** eingegriffen, so ist die Ausweisung (nur dann) zulässig, wenn dies zur Erreichung der im Art 8 Abs 2 EMRK genannten Ziele dringend geboten ist (§ 9 Abs 1 BFA-VG: ein gem Art 8 Abs 2 EMRK verfassungsgesetzlich gewährleistetes Abwägungsgebot zwischen dem öffentlichen Interesse* an der Beendigung des Aufenthaltes einerseits und den persönlichen Interessen des Fremden und seiner Familie an der Fortdauer des Aufenthaltes andererseits).

Nach § 9 Abs 2 BFA-VG sind insb zu berücksichtigen: Art und Dauer des bisherigen Aufenthalts, tatsächliches Bestehen eines Familienlebens, Schutzwürdigkeit des Privatlebens, Grad der Integration, Bindung zum Heimatstaat, strafrechtliche Unbescholtenheit, Verstöße gegen die öffentliche Ordnung (insb Fremdenrecht), Entstehung des Privat- und

Familienlebens während unsicheren Aufenthaltsstatus, behördliches Verschulden an überlanger Verfahrensdauer. Damit übernahm der Gesetzgeber im Wesentlichen die sich aus der EGMR- und VfGH-Judikatur ergebenden Kriterien. Eine Ausweisung nach Verlust des Aufenthaltsrechts kann daher in einem Fall schon nach fünf Jahren unzulässig, in einem anderen Fall nach elf Jahren aber verfassungskonform sein. Der EGMR (zB 20.09.2011, 8008/08 [A.A. gg Vereinigtes Königreich]) betont darüber hinaus, dass bei der Verhältnismäßigkeitsprüfung die Schwere der Tat allein eine Ausweisung nicht rechtfertigen könne, wenn sich der Fremde seit der Tatbegehung mehrere Jahre lang vorbildlich verhalten hat.

Die Möglichkeit, sich auf **„Familienleben"** zu berufen, besteht – von besonderen Abhängigkeitsfällen (zB Krankheit) abgesehen – nur hinsichtlich der Beziehungen innerhalb der „Kernfamilie", dh zwischen Eheleuten/Lebenspartnern bzw zwischen Eltern und minderjährigem Kind; sonstige familiäre oder gesellschaftliche Beziehungen unterliegen dem Anspruch auf Achtung des **Privatlebens** (so zB EGMR 09.10.2003, 48321/99; VfSlg 17.851/2006; VwSlg 16.811 A/2006). Die Konsequenz der Unterscheidung: Der Schutz der Kernfamilie besteht unabhängig von der Dauer ihrer Existenz, verlangt aber nicht notwendigerweise den Verbleib im Aufnahmeland; das schutzwürdige Privatleben beginnt wegen der erforderlichen persönlichen, gesellschaftlichen und wirtschaftlichen Beziehungen hingegen oftmals erst nach mehreren Jahren, verstärkt sich dann aber fortlaufend und erfordert einen ortsgebundenen Schutz. Nach Ansicht des EGMR (zB 20.09.2011, 8008/08) sind im Rahmen der Verhältnismäßigkeitsprüfung dieselben Kriterien anzuwenden, egal, ob das Privat- oder das Familienleben betroffen ist.

6. Schubhaft

Verfassungsrechtliche Grundlage für den Entzug der persönlichen Freiheit aus fremdenpolizeilichen Gründen bilden Art 2 Abs 1 Z 7 PersFrG und Art 5 Abs 1 lit f EMRK. Diese besondere Möglichkeit der Festnahme und Anhaltung von Fremden nennt das FPG **Schubhaft**. Die Schubhaft stellt keine Strafe dar, sondern **dient der Sicherung fremdenpolizeilichen Vorgehens** und unterliegt einem besonderen Haftprüfungsverfahren (zu unzumutbaren Schubhaftbedingungen als Verletzung von Art 3 und 5 EMRK vgl EGMR 06.06.2001, 40907/98 [Dougoz gg Griechenland] oder iZm Kleinkindern EGMR 19.01.2012, 39472/07 und 39474/07). Die Vollziehung der Schubhaft obliegt der LPolD, in deren Sprengel sich der Fremde aufhält (§ 5 BFA-VG).

a) Verhängung der Schubhaft

Die Festnahme und Anhaltung zur Sicherung eines Verfahrens zur Erlassung einer Rückkehrentscheidung, einer Anordnung einer Außerlandesbringung, einer Ausweisung oder eines Aufenthaltsverbots nennt das FPG **„Schubhaft"** (§ 76 Abs 1 FPG); darüber hinaus ist die Schubhaft auch in bestimmten asylrechtlichen Konstellationen zulässig (vgl § 76 Abs 2 und 2a FPG).

Die Anordnung der Schubhaft setzt voraus, dass Fluchtgefahr vorliegt und die Schubhaft verhältnismäßig ist oder dass § 28 Abs 2 Dublin III-VO erfüllt ist (§ 76 Abs 2 und 3 FPG). Unzulässig ist die Schubhaft, wenn gelindere Mittel (§ 77 FPG) ausreichen, jedenfalls unzulässig ist die Anhaltung unmündiger Minderjähriger in Schubhaft (§ 76 Abs 1

FPG); Obsorgeberechtigte können von den ihnen anvertrauten Minderjährigen allerdings „in die Schubhaft begleitet" werden, sofern eine familien- und kindergerechte Unterbringung gewährleistet ist (§ 79 Abs 5 FPG).

Die Erlassung des schriftlichen Schubhaftbescheides (**idR ein Mandatsbescheid*** nach § 57 AVG) bildet eine **Ermessensentscheidung***, bei der neben der Prüfung, ob einer der **besonderen Schubhaftgründe** vorliegt, immer auch das **Erforderlichkeitsprinzip** zu beachten ist. Über Fremde, die sich rechtmäßig im Bundesgebiet aufhalten, darf Schubhaft nur verhängt werden, wenn begründetermaßen anzunehmen ist, dass sie sich dem Verfahren entziehen werden (§ 76 Abs 1 FPG). Unter der Voraussetzung erkennungsdienstlicher Behandlung sind auch **gelindere Mittel** (wie insb die Anordnung, in bestimmten Räumen Unterkunft zu nehmen oder sich in periodischen Abständen bei einem bestimmten Polizeikommando zu melden oder beim BFA eine „angemessene finanzielle Sicherheit" zu hinterlegen) in Betracht zu ziehen (§ 77 FPG; vgl auch § 56 FPG, wonach das BFA während der Frist zur freiwilligen Ausreise mit Mandatsbescheid* bestimmte Auflagen erteilen kann).

Die Behörde ist stets dazu verpflichtet, die einzelnen Schubhafttatbestände verfassungskonform auszulegen und eine einzelfallbezogene Abwägung zwischen dem öffentlichen Interesse an der Sicherung des Verfahrens und der Schonung der persönlichen Freiheit des Betroffenen vorzunehmen (VfSlg 18.145/2007).

b) Dauer und Vollstreckung der Schubhaft

Die Dauer der Schubhaft wird nicht im Schubhaftbescheid festgelegt, sondern bestimmt sich unmittelbar aufgrund des Gesetzes (§ 80 FPG). Demnach hat die Schubhaft **so kurz wie möglich** zu dauern. Sie darf vom BFA nur so lange aufrechterhalten werden, bis der Grund für ihre Anordnung weggefallen ist oder ihr Ziel nicht mehr erreicht werden kann. Die **maximale Haftdauer** beträgt grundsätzlich sechs, in Ausnahmefällen zehn Monate und darüber hinaus (§ 80 Abs 2 bis 4 und 6 FPG; zur Aneinanderreihung von Anhaltezeiten vgl etwa VfSlg 13.988/1994 und 14.730/1997).

Die Schubhaft ist grundsätzlich in den Hafträumen der LPolD und nur in Ausnahmefällen in einem gerichtlichen Gefangenenhaus oder einer Strafvollzugsanstalt zu vollziehen (§ 78 FPG; zum Ersatz der Kosten von außerhalb des zuständigen Bundeslandes untergebrachten Schubhäftlingen vgl VfSlg 20.034/2015). Die **Durchführung des Vollzuges** ist der von Verwaltungsfreiheitsstrafen nachgebildet (§ 79 FPG iVm §§ 53c und 53d VStG). Sonderregelungen gibt es für kranke Schubhäftlinge (§ 78 Abs 6 und 7 FPG) und Minderjährige (§ 79 Abs 2 und 3 sowie § 80 Abs 2 Z 1 FPG).

c) Aufhebung der Schubhaft

Wird ein als Mandatsbescheid* erlassener Schubhaftbescheid nicht binnen 14 Tagen vollstreckt, so gilt er **ex lege als widerufen** (§ 76 Abs 4 FPG). Darüber hinaus gilt ein Schubhaftbescheid als widerrufen, sobald die Schubhaft formlos aufgehoben wird (§ 81 FPG).

Die Schubhaft ist durch Freilassung des Fremden **formlos** (also ohne weiteres Verfahren) **aufzuheben**, wenn sie nach § 80 FPG nicht länger aufrechterhalten werden darf oder das BVwG in einem Schubhaftprüfungsverfahren festgestellt hat, dass die Voraussetzungen für ihre Fortsetzung nicht vorliegen (§ 81 Abs 1 FPG; vgl etwa VfSlg 19.363/2011 zu einer verspäteten Freilassung). Auf Verlangen ist dem Schubhäftling vom BFA eine Bestätigung über die Dauer der Haft auszufolgen (§ 81 Abs 3 FPG).

d) Schubhaftprüfungsverfahren

Ein Fremder, gegen den die Schubhaft angeordnet wurde, hat das Recht, das BVwG mit der Behauptung der Rechtswidrigkeit des Schubhaftbescheides anzurufen (**besonderes Schubhaftprüfungsverfahren** gem § 22a BFA-VG). Sofern die Anhaltung noch andauert, hat das BVwG innerhalb einer Woche (ab Einlangen; vgl VfSlg 18.081/2007) zu entscheiden und jedenfalls festzustellen, ob zum Zeitpunkt seiner Entscheidung die für die Fortsetzung der Schubhaft maßgeblichen Voraussetzungen vorliegen. Die Beschwerdemöglichkeit besteht auch nach Beendigung der Schubhaft (verfassungsrechtlich geboten: VfSlg 14.192/1995). Schubhäftlinge haben Anspruch auf einen kostenlos von Amts wegen zur Verfügung zu stellenden Rechtsberater (§ 52 BFA-VG).

7. Fremdenpolizeiliche Datenverwendung

Die §§ 98 ff FPG und §§ 23 ff BFA-VG enthalten eine Reihe von **Sonderbestimmungen für Fremde,** die tw Abweichungen vom und tw Ergänzungen zum **SPG bzw DSG** enthalten und zugleich der Umsetzung des Schengener Informationssystems (Art 92 bis 119 SDÜ) dienen.

Personenbezogene Daten dürfen von der LPolD, der österreichischen Vertretungsbehörde, dem BFA und dem BVwG nur verwendet werden, soweit dies zur Erfüllung der ihnen übertragenen Aufgaben erforderlich ist (§ 98 FPG und § 23 BFA-VG; Grundsatz der Aufgabenbezogenheit). In bestimmten Fällen ist eine **erkennungsdienstliche Behandlung** (vgl § 64 SPG; → *Sicherheitspolizeirecht*) von Fremden vorgesehen (§ 99 FPG und § 24 BFA-VG). Es besteht eine **besondere Mitwirkungspflicht** im fremdenpolizeilichen Verfahren, über die allenfalls mit Bescheid zu entscheiden ist; auch eine zwangsweise Vorführung zur erkennungsdienstlichen Behandlung ist zulässig (§ 100 Abs 2 FPG).

Die Verwendung, Übermittlung und Löschung erkennungsdienstlicher Daten sowie die Verwendung personenbezogener Daten von Fremden im Allgemeinen (vgl §§ 51 ff SPG; → *Sicherheitspolizeirecht*) sind besonders geregelt

(§§ 99 bis 107 FPG und §§ 26 bis 32 BFA-VG; zentrales Fremdenregister, zentrale Verfahrensdatei, Zugriff auf das zentrale Melderegister). Ausdrücklich geregelt ist ferner der Abschluss von Regierungsübereinkommen betreffend den **internationalen Datenverkehr** (§ 108 FPG und § 33 BFA-VG).

8. Strafbestimmungen

Neben verschiedenen Verwaltungsstraftatbeständen (§ 120 [„rechtswidrige Einreise und rechtswidriger Aufenthalt"] und § 121 [„sonstige Verwaltungsübertretungen", wie zB Nichtmitführen des Reisedokuments oder Aufenthalt eines Asylwerbers außerhalb des BVB-Sprengels]) enthält das FPG auch Tatbestände des gerichtlichen Nebenstrafrechts: die **Schlepperei** (§ 114), die entgeltliche **Beihilfe zum unbefugten Aufenthalt** (§ 115; vgl zu einer Verurteilung eines Schwiegervaters zB EGMR 10.11.2011, 29681/08 [Mallah gg Frankreich]), die **Ausbeutung eines Fremden** (§ 116), das **Eingehen und Vermitteln von Aufenthaltsehen, Aufenthaltspartnerschaften und Aufenthaltsadoptionen** (§§ 117 und 118; zu Maßnahmen zur Bekämpfung dieser Umgehungsgeschäfte vgl §§ 109 und 110) sowie die **unrechtmäßige Inanspruchnahme von Sozialleistungen auf der Grundlage eines erschlichenen Aufenthaltstitels** (§ 119). Als Verwaltungsübertretung können auch **wissentlich falsche Angaben** in asyl- oder aufenthaltsrechtlichen Verfahren geahndet werden (§ 120 Abs 2 FPG); ob es sachlich gerechtfertigt ist, jede falsche Angabe zu Identität und Herkunft in einem Asylverfahren mit Strafsanktion zu versehen, erscheint zweifelhaft.

Beförderungsunternehmer, die Personen mit einem Luft- oder Wasserfahrzeug oder einem Autobus über eine Außengrenze nach Österreich bringen, haben sich zu vergewissern, dass der Fremde über das notwendige Reisedokument und erforderlichenfalls über eine Berechtigung zur Einreise verfügt; sie haben für die Abreise zurückgewiesener Fremder zu sorgen sowie die aus der Zurückweisung entstehenden Kosten zu tragen (§§ 111 und 112 sowie 113 Abs 4 und 5 FPG; §§ 18 und 19 FPG-DV).

9. Behörden und Verfahren

a) Behörden und Rechtsschutz

Zum Vollzug des FPG sind die **LPolD** und das **BFA** zuständig (§ 3 Abs 1 und 2 FPG – **Fremdenpolizeibehörden**). Für sie werden die Organe des öffentlichen Sicherheitsdienstes* (§ 5 SPG) als Hilfsorgane tätig; auf Antrag einer Gemeinde können auch Gemeindewachkörper eingesetzt werden (§ 4 FPG). Zur Durchführung der Grenzkontrolle sind den Fremdenpolizeibehörden auch Zollorgane beigegeben (§ 9 Abs 3 GrekoG iVm Verordnung BGBl II 176/1997). Für zahlreiche Visaangelegenheiten sind die **Vertretungsbehörden** sachlich zuständig (vgl § 7 FPG; zu den besonderen Verfahrensregeln vgl

§§ 11 und 11a FPG). Die Vertretungsbehörden im Ausland haben nicht das AVG anzuwenden, sondern die im FPG niedergelegten besonderen Verfahrensvorschriften und den Visakodex (VwGH 13.12.2012, 2012/21/0070; aA *Loos*, FABL 2016-I, 23).

Die sachliche Zuständigkeit der LPolD als Fremdenpolizeibehörde erster Instanz ist in § 5 Abs 1 FPG normiert: Besorgung der Fremdenpolizei (§ 2 Abs 2 FPG), Führung der Verwaltungsstrafverfahren, Verhängung von Sanktionen gegen Beförderungsunternehmer sowie Vorschreibung von Kosten aufgrund fremdenpolizeilicher Maßnahmen. Dazu kommen bestimmte Visa-Zuständigkeiten (§ 5 Abs 2 und 3 FPG). Die sachliche Zuständigkeit des BFA als Fremdenpolizeibehörde erster Instanz umfasst nach § 3 BFA-VG die Anordnung der Abschiebung, die Feststellung der Duldung, die Vollstreckung von Rückführungsentscheidungen von EWR-Staaten, die Erlassung von aufenthaltsbeendenden Maßnahmen und die Ausstellung österr Dokumente für Fremde.

Über Beschwerden gegen Entscheidungen der LPolD entscheiden die **LVwG**, über Beschwerden gegen Entscheidungen des BFA und der Vertretungsbehörden sowie des BMI und der LPolD in Visaangelegenheiten hingegen das **BVwG** (§ 9 FPG; § 22b BFA-VG für BVwG-Beschwerden gegen die [Nicht]Ausstellung von österr Dokumenten durch die Vertretungsbehörden). Die Beschwerdefrist gegen einen BFA-Bescheid beträgt zwei Wochen (§ 16 Abs 1 BFA-VG). Gegen die Erkenntnisse der LVwG oder des BVwG steht dem BMI die Revision **beim** VwGH zu (§ 10 FPG, § 8 BFA-VG).

Soweit Angelegenheiten der Sicherheitsverwaltung* besorgt werden, kommt überdies eine **LVwG-Beschwerde gem § 88 Abs 2 SPG** in Betracht (→ *Sicherheitspolizeirecht*). Das LVwG ist auch zur Überprüfung einer Festnahme und Anhaltung gem § 39 FPG zuständig (§§ 82 und 83 FPG). Auf die BVwG-Zuständigkeit zur **Schubhaftprüfung** (§ 22a BFA-VG) wurde vorstehend hingewiesen. Das **BVwG** entscheidet auch über **Beschwerden gegen Maßnahmen unmittelbarer Befehls- und Zwangsgewalt*** nach den §§ 34 bis 47 BFA-VG (Festnahme- und Durchsuchungsauftrag bzw Organbefugnisse) und nach den §§ 46 bis 81 FPG (Abschiebung, Duldung, aufenthaltsbeendende Maßnahmen, Schubhaft) (§ 7 Abs 1 Z 3 BFA-VG). Alle **anderen Maßnahmenbeschwerden** sind an das **LVwG** zu richten.

Der **Menschenrechtsbeirat** und seine Kommissionen haben ua fremdenrechtsspezifische Kompetenzen (zB hinsichtlich der Schubhaft) und sind bei der Volksanwaltschaft angesiedelt (Art 148h B-VG).

b) Besondere Verfahrensbestimmungen

Grundsätzlich sind von LPolD, BFA und BMI das AVG, VStG und VVG anzuwenden (Art I Abs 2 EGVG). Es bestehen jedoch **zahlreiche besondere Verfahrensbestimmungen**. Diese müssen in Hinblick auf Art 11 Abs 2 B-VG zur Regelung des Gegenstandes unerlässlich sein (VfSlg 15.218/1998). Darüber hinaus ist vom BFA das BFA-VG als „Sonderverfahrensrecht" anzuwenden. Eigens geregelt ist auch das Verfahren vor den österr Vertretungsbehörden* im Ausland (§ 11 FPG; dazu VfSlg 13.723/1994).

Vom AVG bzw VwGVG abweichend geregelt sind im FPG und BFA-VG etwa
- die **Handlungsfähigkeit von Minderjährigen** (§§ 12 und 89 FPG, § 10 BFA-VG),
- besondere **Mitwirkungspflichten** (§§ 92 Abs 2 und 100 FPG, §§ 10 und 13 BFA-VG),
- besondere **Datenübermittlungspflichten** (§ 106 FPG),
- das für die Erlassung des Schubhaftbescheides (§ 76 Abs 3 FPG) zT zwingend vorgesehene **Mandatsverfahren,**
- vielfach **verkürzte Entscheidungsfristen** (zB §§ 17 Abs 2 oder 22a Abs 2 BFA-VG),
- die Verwendung einer dem Fremden verständlichen **Sprache** in Teilen der Entscheidungen des BFA und BVwG (§ 12 BFA-VG),
- die Vorschriften über die **Kosten** des fremdenpolizeilichen Verfahrens (§ 113 FPG).

Als weitere verfahrensrechtliche Besonderheit ist auf die **Abweichung vom VStG** hinsichtlich der Festnahmebefugnis wegen Betretung bei einer Verwaltungsübertretung (§ 39 Abs 1 FPG) hinzuweisen. Für **Röntgenuntersuchungen** im Rahmen der Altersdiagnostik wurde eine gesetzliche Grundlage geschaffen (§ 12 Abs 4 FPG, § 13 Abs 3 BFA-VG). Zum Nachweis von Verwandtschaftsverhältnissen kann – auf freiwilliger Basis – eine **DNA-Analyse** erfolgen (§ 12a FPG, § 13 Abs 4 BFA-VG).

VII. Niederlassungs- und Aufenthaltsgesetz

Das NAG regelt die **Erteilung, Versagung** und **Entziehung von Aufenthaltstiteln** von Drittstaatsangehörigen, die sich länger als sechs Monate im Bundesgebiet aufhalten oder aufhalten wollen, und von Aufenthaltstiteln „ICT" (§ 58 NAG) bzw „Mobile ICT" (§ 58a NAG) bei einem Aufenthalt von mehr als 90 Tagen sowie die **Dokumentation des unionsrechtlichen Aufenthaltsrechts.** Als Drittstaatsangehörige gelten dabei natürliche Personen, die die österr Staatsbürgerschaft nicht besitzen (also Fremde sind) und keine EWR-Bürger (dh nichtösterr Staatsangehörige einer der anderen Vertragsparteien des EWRA*) bzw Schweizer Bürger (denen über ein Freizügigkeitsabkommen weitgehend die gleiche Stellung zukommt) sind. Vom Geltungsbereich des NAG ausgeschlossen sind insb Fremde, die nach dem AsylG aufenthaltsberechtigt sind (§ 1 Abs 2 Z 1 NAG; VfSlg 18.076/2007); dies gilt aus unionsrechtlichen Gründen allerdings nicht für Asylwerber, die zugleich Angehörige von aufenthaltsberechtigten EWR-Bürgern sind (vgl § 54 Abs 1 NAG).

Nach § 2 Abs 2 NAG ist **„Niederlassung"** der tatsächliche oder zukünftig beabsichtigte Aufenthalt im Bundesgebiet zum Zweck der Begründung eines Wohnsitzes, der länger als sechs Monate im Jahr tatsächlich besteht (Z 1), oder der Begründung eines Mittelpunktes der Lebensinteressen (Z 2) oder der Aufnahme einer nicht bloß vorübergehenden Erwerbstätigkeit (Z 3). Es geht daher nicht um den kurzfristigen Aufenthalt als Tourist, sondern um die länger andauernde Anwesenheit im Bundesgebiet, also um eine „qualifizierte Anwesenheit" iS einer „Zuwanderung". Dafür normiert § 31 NAG in Form einer lex imperfecta eine Verpflichtung zur Anpassung: „Das Verhalten eines in Österreich befindlichen Fremden hat sich am gesellschaftlichen, wirtschaftlichen und kulturellen Leben in Österreich sowie an den Grundwerten eines europäischen demokratischen Staates und seiner Gesellschaft zu orientieren."

Der **„Aufenthalt"** ist eine weniger intensive Beziehung zu Österreich als die „Niederlassung". Der Gesetzgeber hat daher die rechtliche Position mit einer Aufenthaltsbewilligung deutlich schwächer ausgestaltet: Das Aufenthaltsrecht verfestigt sich nicht und es gibt nur eingeschränkte Möglichkeiten der Familienzusammenführung. Im Gegenzug sind Aufenthaltsbewilligungen allerdings nicht quotenpflichtig. In § 2 Abs 3 NAG ist ausdrücklich angeordnet, dass der Aufenthalt aufgrund einer Aufenthaltsbewilligung nicht als „Niederlassung" iSd NAG gilt.

1. Aufenthaltstitel

Fremde müssen sich für einen bestimmten Aufenthaltszweck – und damit für einen bestimmten Aufenthaltstitel – entscheiden. Aus der Kombination von Titel und Zweckbezeichnung ergibt sich der inhaltliche Umfang der Aufenthaltsberechtigung.

Das NAG unterscheidet in seinem § 8 Abs 1 folgende **Arten und Formen von Aufenthaltstiteln:**
- **Aufenthaltstitel „Rot-Weiß-Rot – Karte"** zur befristeten Niederlassung und zur Ausübung einer Erwerbstätigkeit (Z 1 iVm § 41 und 49 NAG: hochqualifizierte Arbeitskräfte außerhalb des Quotensystems iSd §§ 20d oder 24 AuslBG; vgl dazu auch die „Mangelberufsliste" der FachkräfteV 2022);
- **Aufenthaltstitel „Rot-Weiß-Rot – Karte plus"** zur befristeten Niederlassung und zur Ausübung einer selbstständigen Erwerbstätigkeit oder zum unbeschränkten Arbeitsmarktzugang (§ 17 AuslBG; Z 2 iVm §§ 41a, 46, 47 und 50a NAG);
- **Aufenthaltstitel „Blaue Karte EU"** zur befristeten Niederlassung und zur Ausübung einer Erwerbstätigkeit (Z 3 iVm §§ 42 und 50a NAG; Aufenthalts- und Arbeitserlaubnis iSd RL 2009/50/EG bzw RL [EU] 2021/1883);
- **„Niederlassungsbewilligung"** zur befristeten Niederlassung und zur Ausübung einer selbstständigen Erwerbstätigkeit (Z 4 iVm §§ 43, 46 und 49 NAG);
- **„Niederlassungsbewilligung – Sonderfälle unselbständiger Erwerbstätigkeit"** für vom sachlichen Geltungsbereich des AuslBG ausgenommene Tätigkeiten (§§ 43b und 62 NAG);

- „Niederlassungsbewilligung – ausgenommen Erwerbstätigkeit" zur befristeten Niederlassung ohne Ausübung einer Erwerbstätigkeit (Z 5 iVm §§ 44, 46, 49 und 50 NAG);
- „Niederlassungsbewilligung – Angehöriger" zur befristeten Niederlassung ohne Ausübung einer Erwerbstätigkeit (Z 6 iVm § 47 NAG);
- Aufenthaltstitel „Daueraufenthalt – EU" für die (deklarative) Dokumentation des unbefristeten Niederlassungsrechts (Z 7 iVm § 45 NAG);
- Aufenthaltstitel „Familienangehöriger" für die befristete Niederlassung von Familienangehörigen nicht Freizügigkeitsberechtigter mit der Möglichkeit, anschließend einen Aufenthaltstitel „Daueraufenthalt – EU" zu erhalten (Z 8 iVm § 47 NAG);
- Aufenthaltstitel „Niederlassungsbewilligung – Künstler" für die befristete Niederlassung und die Ausübung einer unselbstständigen oder selbstständigen Erwerbstätigkeit (Z 9 iVm § 43a NAG);
- Aufenthaltstitel „Niederlassungsbewilligung – Sonderfälle unselbständiger Erwerbstätigkeit" für die befristete Niederlassung und die Ausübung bestimmter, vom AuslBG ausgenommener, Erwerbstätigkeiten (Z 10 iVm § 43b NAG);
- Aufenthaltstitel „Niederlassungsbewilligung – Forscher" für die befristete Niederlassung und die Ausübung einer unselbstständigen Erwerbstätigkeit für eine Forschungseinrichtung (Z 10 iVm §§ 43c und 43d NAG) bzw Aufenthaltstitel „mobile Forscher" für Drittstaatsangehörige mit einem gültigen „Aufenthaltstitel Forscher" eines anderen Mitgliedstaats (§ 61 NAG);
- „Aufenthaltsbewilligung" für einen vorübergehenden befristeten Aufenthalt im Bundesgebiet zu einem bestimmten Zweck (Z 12 iVm §§ 58 bis 69a NAG). Solche Aufenthaltsbewilligungen können erhalten: unternehmensintern transferierte Arbeitskräfte („ICT"; §§ 58 und 58a NAG), Betriebsentsandte (§ 59 NAG iVm § 18 Abs 4 AuslBG), Selbstständige (§ 60 NAG), bestimmte vom sachlichen Geltungsbereich des AuslBG ausgenommene unselbstständig Erwerbstätige (§ 62 NAG), Schüler (§§ 63 und 65 NAG), Studierende (§§ 64 und 65 NAG), Sozialdienstleistende (§ 66 NAG), Freiwillige (§ 67 NAG) und Familienangehörige (§ 69 NAG);
- Aufenthaltstitel „Artikel 50 EUV" (Z 13), der „Brexit-Betroffene" zur befristeten oder unbefristeten Niederlassung und zur Ausübung einer selbstständigen oder unselbstständigen Erwerbstätigkeit berechtigt.

Der BMI legt das **Aussehen und den Inhalt der Aufenthaltstitel** durch Verordnung fest. Die Aufenthaltstitel haben insb Name, Vorname, Geburtsdatum, Lichtbild, ausstellende Behörde und Gültigkeitsdauer zu enthalten und gelten als Identitätsdokumente (§ 8 Abs 2 NAG; § 1 NAG-DV, Anlage A zur NAG-DV). Dabei ist freilich zu beachten, dass die VO (EG) 1030/2002 über die einheitliche Gestaltung der Aufenthaltstitel für Drittstaatsangehörige entsprechende Vorgaben macht. Die Aufenthaltstitel nach dem NAG werden als Karte ausgestellt; durch diese Karte wird die Verleihung dokumentiert. Da die Aufenthaltstitel als Identitätsdokumente gelten, genügen Fremde der Ausweispflicht, wenn sie diese Karte mit sich führen; sie brauchen nicht zusätzlich auch noch einen Reisepass vorzuweisen (§ 32 Abs 4 FPG). Befristete Aufenthaltstitel sind idR für die Dauer von **zwölf Monaten** (§ 20 Abs 1 NAG), **drei Jahre** (Abs 1a) oder **fünf Jahre** (Abs 3) auszustellen. Die von langfristig aufenthaltsberechtigten Drittstaatsangehörigen verlangten Gebühren für die Erteilung von Aufenthaltstiteln dürfen weder überhöht noch unverhältnismäßig sein (EuGH 26.04.2012, C-508/10 [Kommission/Niederlande] bzw EuGH 02.09.2015, C-309/14 [CGIL und INCA]).

§ 9 NAG regelt die **Dokumentation des unionsrechtlichen Aufenthaltsrechts**: Für EWR- und Schweizer Bürger, die sich in Österreich länger als drei Monate aufhalten, wird über Antrag eine „**Anmeldebescheinigung**" (§ 53 NAG, § 3 NAG-DV, Anlage B zur NAG-DV) und eine „**Bescheinigung über den Daueraufenthalt**" (§ 53a NAG, § 3 NAG-DV, Anlage C zur NAG-DV) und für deren Angehörige, die Drittstaatsangehörige sind, über Antrag eine „**Aufenthaltskarte für Angehörige eines EWR-Bürgers**" (§ 54 NAG, § 5 NAG-DV, Anlage E zur NAG-DV) oder eine Daueraufenthaltskarte (§ 54a NAG, § 5 NAG-DV, Anlage F zur NAG-DV) ausgestellt. EWR-Bürgern mit Anmeldebescheinigung oder Daueraufenthaltsbescheinigung kann auf Antrag ein „**Lichtbildausweis für EWR-Bürger**" (§ 4 NAG-DV, Anlage C zur NAG-DV) ausgestellt werden.

Der Lichtbildausweis, die Aufenthaltskarte und die Daueraufenthaltskarte gelten als Identitätsdokument. Form und Inhalt der Dokumente legt der BMI durch Verordnung fest. Die Bescheinigungen haben nur deklarativen Charakter (vgl VwGH 05.07.2011, 2008/21/0522).

Für Zeiten eines bewaffneten Konfliktes oder sonstiger die Sicherheit ganzer Bevölkerungsgruppen gefährdender Umstände kann die BReg im Einvernehmen mit dem HANR mit Verordnung davon unmittelbar betroffenen Gruppen von Fremden, die anderweitig keinen Schutz finden (**Vertriebene**), ein **vorübergehendes Aufenthaltsrecht** im Bundesgebiet gewähren (§ 62 AsylG). Die Einreisemodalitäten und die Aufenthaltsdauer sind in der Verordnung festzulegen; das Aufenthaltsrecht ist im Reisedokument des Fremden oder in einem ihm auszustellenden „Ausweis für Vertriebene" zu bestätigen.

2. Allgemeine Voraussetzungen für die Erteilung eines Aufenthaltstitels

§ 11 Abs 1 NAG nennt jene Tatbestände, bei deren Vorliegen einem Fremden ein Aufenthaltstitel nicht erteilt werden darf. Diese in der Person des Fremden liegenden **Erteilungshindernisse** sind: ein aufrechtes Einreiseverbot (§ 53 FPG) oder ein aufrechtes Aufenthaltsverbot (§ 67 FPG) (Z 1), ein aufrechtes Einreiseverbot oder eine Rückführungsentscheidung eines anderen EWR-Staates oder der Schweiz (Z 2 und 2a), eine durchsetzbare Rückkehrentscheidung (Z 3), eine Aufenthaltsehe, Aufenthaltspartnerschaft oder Aufenthaltsadoption (Z 4), eine Überschreitung der Dauer des erlaubten visumfreien oder visumpflichtigen Aufenthalts iZm § 21 Abs 6 (Z 5) oder eine rechtskräftige Bestrafung in den letzten zwölf Monaten wegen Umgehung der Grenzkontrolle oder nicht rechtmäßiger Einreise in das Bundesgebiet (Z 6).

§ 11 Abs 2 NAG normiert sechs (bzw sieben) **Voraussetzungen für die Erteilung eines Aufenthaltstitels:** Der Aufenthalt des Fremden widerstreitet nicht öffentlichen Interessen (Z 1), der Fremde weist einen Rechtsanspruch auf eine Unterkunft nach, die für eine vergleichbar große Familie als ortsüblich angesehen wird (Z 2), der Fremde verfügt über eine alle Risken abdeckende Krankenversicherung, die in Österreich auch leistungspflichtig ist (Z 3), der Aufenthalt des Fremden kann zu keiner finanziellen Belastung einer Gebietskörperschaft führen (Z 4), durch die Erteilung eines Aufenthaltstitels werden die Beziehungen der Republik Österreich zu einem anderen Staat oder einem anderen Völkerrechtssubjekt nicht wesentlich beeinträchtigt (Z 5), der Fremde hat im Fall eines Verlängerungsantrages (§ 24 NAG) Modul 1 der Integrationsvereinbarung nach § 9 IntG rechtzeitig erfüllt (Z 6) und bei unternehmensintern transferierten Arbeitnehmern und deren Familienangehörigen müssen diese seit ihrem letzten Aufenthalt in Österreich mehr als vier Monate in einem Drittstaat gewesen sein (Z 7).

Die Erteilungshindernisse und -voraussetzungen werden in § 11 NAG durch weitere Bestimmungen ergänzt: Der Aufenthalt eines Fremden widerstreitet dem **öffentlichen Interesse,** wenn sein Aufenthalt die öffentliche Ordnung oder Sicherheit gefährden würde oder der Fremde ein Naheverhältnis zu einer extremistischen oder terroristischen Gruppierung hat und im Hinblick auf deren bestehende Strukturen oder auf zu gewärtigende Entwicklungen in deren Umfeld extremistische oder terroristische Aktivitäten derselben nicht ausgeschlossen werden können. Der Aufenthalt eines Fremden führt zu keiner **finanziellen Belastung** einer Gebietskörperschaft, wenn der Fremde feste und regelmäßige eigene Einkünfte hat, die ihm eine Lebensführung ohne Inanspruchnahme von Sozialhilfeleistungen der Gebietskörperschaften ermöglichen und der Höhe nach den Richtsätzen des § 293 ASVG (2022: € 1.030,49 für Alleinstehende, € 1.625,71 für Ehepaare) entsprechen. Der Nachweis der Unterkunft, der Krankenversicherung oder des eigenen Vermögens kann uU durch eine **Haftungserklärung** (§ 2 Abs 1 Z 15 NAG) erbracht werden. Der Fremde hat bei der Erstantragstellung ein **Gesundheitszeugnis** vorzulegen, wenn er auch für die Erlangung eines Visums (§ 21 FPG) ein Gesundheitszeugnis gem § 23 FPG benötigen würde.

Wenn es zur **Aufrechterhaltung des Privat- oder Familienlebens** iSd Art 8 EMRK geboten ist, kann gem § 11 Abs 3 NAG ein Aufenthaltstitel auch bei Vorliegen eines Erteilungshindernisses (§ 11 Abs 1 Z 3, 5 oder 6 NAG) oder bei Nichterfüllung einzelner Erteilungsvoraussetzungen (§ 11 Abs 2 NAG) gewährt werden. Bei der Beurteilung des Privat- und Familienlebens sind insb zu berücksichtigen: Art und Dauer des bisherigen Aufenthalts, Rechtmäßigkeit des Aufenthalts, tatsächliches Bestehen eines Familienlebens, Schutzwürdigkeit des Privatlebens, Grad der Integration, Bindung zum Heimatstaat des Drittstaatsangehörigen, strafrechtliche Unbescholtenheit, Verstöße gegen die öffentliche Ordnung (insb Fremdenrecht), Entstehung des Privat- und Familienlebens während unsicheren Aufenthaltsstatus, behördliches Verschulden an der überlangen Verfahrensdauer. In Einzelfällen hat der EGMR ausgesprochen, dass aus Art 8 EMRK die **Verpflichtung** des Staates resultiere, Familienangehörigen die **Einreise und/oder den Aufenthalt zu gestatten,** weil der Nachzug die einzige Möglichkeit zur Realisierung des Familienlebens darstellt (vgl etwa EGMR 21.12.2001, 31465/96; 01.12.2005, 60665/00 sowie 31.01.2006, 50435/99). Auch der VfGH bestätigte einen aus Art 8 EMRK folgenden Anspruch auf Erteilung einer

Niederlassungsbewilligung (VfSlg 17.734/2005: sorgepflichtiger Familienvater; vgl auch VwGH 19.12.2012, 2009/22/0115: emotionale Bindung von Geschwistern). Der EGMR anerkennt sogar einen Anspruch auf Legalisierung des Aufenthalts (EGMR 15.01.2007, 60654/00 [Sisojeva ua gg Lettland]); das wiederholte Erteilen bloß kurzfristiger befristeter Aufenthaltstitel kann ebenfalls konventionswidrig sein (vgl etwa EGMR 17.01.2006, 51431/99).

3. Quotenpflichtige Aufenthaltstitel

Ein wichtiges Steuerungsinstrument für eine **geordnete Zuwanderung von Fremden** bildet die Festlegung einer Anzahl an quotenpflichtigen Aufenthaltstiteln. Der Quotenpflicht unterliegen im Wesentlichen die erstmalige Erteilung der meisten Aufenthaltstitel sowie jene Zweckänderungen eines gültigen Aufenthaltstitels, die einen quotenpflichtigen Aufenthaltstitel zum Ziel haben.

Die BReg erlässt über Vorschlag des BMI im Einvernehmen mit dem HANR und nach Anhörung der Sozialpartner, Länder und Gemeinden und unter besonderer Berücksichtigung des Arbeitsmarktes die **NiederlassungsV** (NLV), mit der für jeweils ein Kalenderjahr die Anzahl der quotenpflichtigen Aufenthaltstitel festgelegt wird (§ 13 NAG).

Die NLV 2022 sah die Erteilung von maximal 6.020 quotenpflichtigen **Aufenthaltstiteln** vor. Allerdings ist zu berücksichtigen, dass jährlich wesentlich mehr quotenfreie als quotenpflichtige Bewilligungen zum Aufenthalt in Österreich erteilt werden. Insoweit hat die Anzahl der quotenpflichtigen Aufenthaltstitel nur wenig Aussagekraft über die tatsächliche Immigration.

Der VfGH hat ein Immigrationsquotensystem für verfassungsrechtlich zulässig erachtet (VfSlg 14.191/1995), er hat allerdings den Gesetzgeber aufgefordert, eine sachgerechte Reihenfolge festzulegen, nach der die zunächst zurückgestellten Nachzugsbegehren von Familienangehörigen zu behandeln sind (VfSlg 17.013/2003). Der Gesetzgeber ist dem in § 12 NAG folgendermaßen nachgekommen: Der LH hat die Anträge auf Erteilung eines der Quotenpflicht unterliegenden Aufenthaltstitels nach dem Datum des Einlangens bei der Behörde in **ein nach Quotenjahren und Quotenarten zu führendes Register** aufzunehmen. Steht zum Zeitpunkt der Antragstellung oder zum Zeitpunkt der Entscheidung über den Antrag in diesem Quotenjahr **kein Quotenplatz** mehr zur Verfügung, so ist der Antrag ohne weiteres Verfahren bescheidförmig **zurückzuweisen**, wobei die Zurückweisungsentscheidung Angaben über die Reihung und die Gesamtzahl der bis zum Entscheidungszeitpunkt gestellten Anträge im Quotenjahr und der zur Verfügung stehenden Quotenplätze zu enthalten hat. Ist in Fällen der **Familienzusammenführung** die Anzahl der Quotenplätze in einem Land ausgeschöpft, hat die Behörde die Entscheidung über den **Antrag aufzuschieben, bis ein Quotenplatz vorhanden** ist, sofern sie den Antrag nicht aus anderen Gründen zurückzuweisen oder abzuweisen hat. Der Fremde oder der Zusammenführende hat zum Stichtag des Aufschubes einen Anspruch auf Mitteilung über den Platz in der Reihung des Registers. **Drei Jahre nach Antragstellung** ist ein weiterer Aufschub nicht mehr zulässig und die **Quotenpflicht erlischt**; daher ist spätestens dann der Aufenthaltstitel für die Familienzusammenführung zu erteilen.

4. Ungültigkeit, Gegenstandslosigkeit, Erlöschen, Untergang und Entziehung von Aufenthaltstiteln

Der Verlust des Rechts zum Aufenthalt in Österreich wird bescheidförmig ausgesprochen (§§ 10 Abs 2, 28 Abs 2 NAG) oder tritt ex lege ein (§§ 10 Abs 3, 20 Abs 4 und 4a NAG).

Aufenthaltstitel und Dokumentationen des unionsrechtlichen Aufenthaltsrechts werden **ungültig**, wenn gegen Fremde ein Aufenthaltsverbot oder eine Ausweisung durchsetzbar oder rechtskräftig wird (§ 10 Abs 1 NAG). Aufenthaltstitel werden auch ungültig, wenn die Behörde mit Bescheid festgestellt hat, dass ein Drittstaatsangehöriger, ausgenommen Inhaber eines Aufenthaltstitels „Daueraufenthalt – EU", nicht mehr in Österreich aufhältig oder niedergelassen ist (Abs 2).

Ein Aufenthaltstitel oder eine Dokumentation des unionsrechtlichen Aufenthaltsrechts wird nach § 10 Abs 3 NAG **gegenstandslos**, wenn dem Fremden zB ein weiterer NAG-Aufenthaltstitel mit überschneidender Gültigkeit erteilt wird, wenn der Fremde Österreicher, EWR-Bürger oder Schweizer Bürger wird oder wenn ihm ein Aufenthaltstitel „Daueraufenthalt – EU" eines anderen Mitgliedstaates erteilt wird.

Ein Aufenthaltstitel „Daueraufenthalt – EU" (§ 45) **erlischt**, wenn sich der Fremde länger als zwölf aufeinanderfolgende Monate außerhalb des Gebietes des EWR aufhält; aus besonders berücksichtigungswürdigen Gründen (zB schwerwiegende Erkrankung) kann sich der Fremde bis zu 24 Monate außerhalb des Gebietes des EWR aufhalten, wenn er dies der Behörde vorher mitgeteilt hat (§ 20 Abs 4 NAG).

Drittstaatsangehörigen kann ihr **Aufenthaltstitel entzogen** werden (§ 28 NAG), wenn gegen sie eine rechtskräftige, vollstreckbare Rückführungsentscheidung (Aufenthaltsverbot) eines anderen EWR-Mitgliedstaates vorliegt und diese(s) mit einer akuten Gefahr für die öffentliche Sicherheit und Ordnung oder nationale Sicherheit begründet wird (strafrechtliche Verurteilung wegen einer mit mindestens einjähriger Freiheitsstrafe bedrohten vorsätzlichen Straftat oder begründeter Verdacht auf bevorstehende Straftaten bzw Verstoß gegen die Einreise- und Aufenthaltsbestimmungen des Entscheidungsstaates). Die Entziehung des Aufenthaltstitels ist allerdings unzulässig, wenn durch die Vollstreckung der Rückführungsentscheidung Art 2 oder 3 EMRK oder das 6. oder 13. ZPEMRK verletzt würden. Würde durch die Entziehung des Aufenthaltstitels in das Privat- oder Familienleben des Fremden eingegriffen werden, so ist diese Entziehung nur zulässig, wenn dies zur Erreichung der im Art 8 Abs 2 EMRK genannten Ziele dringend geboten ist.

5. Das Verfahren zur Erteilung von Aufenthaltstiteln

§ 19 NAG enthält **allgemeine verfahrensrechtliche Vorgaben** für die Erteilung eines Aufenthaltstitels. So sind etwa alle Anträge persönlich bei der Behörde zu stellen; soweit der Antragsteller nicht selbst handlungsfähig ist, hat den Antrag sein gesetzlicher Vertreter persönlich einzubringen (ausgenommen Verlängerungs- und Zweckänderungsanträge, die während der COVID-19-Beschränkungen postalisch oder elektronisch einzubringen sind). Der Aufenthaltszweck ist genau zu bezeichnen. Unzulässig ist das Stellen mehrerer Anträge mit verschiedenen Aufenthaltszwecken. Bei der Antragstellung hat der Fremde die erforderlichen erkennungsdienstlichen Daten (insb Fingerabdrücke und Fotos) zur Verfügung zu stellen bzw an ihrer Ermittlung und Überprüfung mitzuwirken. Der Fremde hat der Behörde eine aktuelle Zustelladresse bekannt zu geben; ist die persönliche Zustellung einer Ladung oder einer Verfahrensanordnung zum wiederholten Mal nicht möglich, kann das Verfahren eingestellt werden, wenn der Fremde bei Antragstellung über diesen Umstand belehrt wurde.

Erstanträge (§§ 21 bis 23 NAG) sind vor der Einreise in das Bundesgebiet bei der örtlich zuständigen Berufsvertretungsbehörde im Ausland einzubringen; die Entscheidung ist im Ausland abzuwarten (§ 21 Abs 1 NAG). Die Berufsvertretungsbehörde hat auf die Richtigkeit und Vollständigkeit des Antrages (zB Nachweis von Deutschkenntnissen gem § 21a NAG) hinzuwirken, die Antragsdaten zu erfassen und den Antrag dem zuständigen LH weiterzuleiten. Kommt der Antragsteller einem Mängelbehebungsauftrag nicht nach, so wird das Verfahren eingestellt. Wird der Antrag bei einer örtlich unzuständigen Berufsvertretungsbehörde eingebracht, ist dieser von ihr ohne weiteres Verfahren zurückzuweisen und der Antragsteller an die zuständige Berufsvertretungsbehörde zu verweisen. Der LH oder die von ihm ermächtigte BVB prüft den Antrag und erlässt die Entscheidung im Wege der örtlich zuständigen Berufsvertretungsbehörde. Wird dem Antrag des Fremden, der sich im Ausland befindet, stattgegeben, so hat die Behörde die örtlich zuständige Berufsvertretungsbehörde mit der Ausstellung eines Visums (§ 21 FPG) für die einmalige Einreise zu beauftragen, soweit der Fremde dies zur Einreise benötigt. Wird der Aufenthaltstitel nicht binnen sechs Monaten bei der Behörde behoben, so ist das Verfahren ohne Weiteres einzustellen.

Allerdings gibt es auch Personen, die ihren Erstantrag im Inland stellen dürfen (vgl § 21 Abs 2 und 3 NAG: Familienangehörige von Österreichern, von Schweizer Bürgern oder von EWR-Bürgern, zur visumfreien Einreise berechtigte Fremde [zB US-Bürger], Forscher, unbegleitete Minderjährige etc). Hier prüft der LH bzw die BVB den Antrag, erteilt Verbesserungsaufträge, entscheidet über den Antrag und hält den Aufenthaltstitel zur Abholung bereit. Die Inlandsantragstellung muss auch türkischen Staatsangehörigen, die vom Assoziationsabkommen EWG-Türkei erfasst sind, offen stehen, weil die Anwendung von § 21 NAG auf diese Personen gegen die assoziationsrechtliche Stillhalteklausel verstößt (vgl oben III.).

Anträge auf Verlängerung eines Aufenthaltstitels (**Verlängerungsanträge**; §§ 24 und 25 NAG) sind frühestens drei Monate vor Ablauf der Gültigkeitsdauer des Aufenthaltstitels bei der örtlich zuständigen Behörde im Inland einzubringen. Nach Ablauf der Gültigkeitsdauer gestellte Anträge gelten als Erstanträge. Bis zur rechtskräftigen Entscheidung über den Verlängerungsantrag ist der Fremde weiterhin rechtmäßig im Bundesgebiet aufhältig, sofern nicht fremdenpolizeiliche Bestimmungen (zB ein rechtskräftiges Aufenthaltsverbot oder eine Ausweisung) dem entgegenstehen. Grundsätzlich bezieht sich ein Verlängerungsantrag auf die Prolongierung des bisherigen Aufenthaltszwecks. Der bisherige Aufenthaltstitel ist mit dem gleichen Aufenthaltszweck zu verlängern, soweit die Voraussetzungen dafür weiterhin vorliegen. Fehlen hingegen Erteilungsvoraussetzungen (§ 11 Abs 1 und 2 NAG), so hat die Behörde den Antragsteller davon in Kenntnis zu setzen und ihm mitzuteilen, dass eine Aufenthaltsbeendigung gem §§ 52 ff FPG beabsichtigt ist. Dem Fremden ist eine mindestens 14-tägige Frist zur Äußerung einzuräumen. Nach Ablauf dieser Frist hat die Behörde das BFA – gegebenenfalls unter Anschluss der Stellungnahme des Fremden – zu verständigen. Erwächst eine Aufenthaltsbeendigung in Rechtskraft, ist das Verfahren über den Verlängerungsantrag auf Erteilung des Aufenthaltstitels formlos einzustellen.

Allerdings kann mit einem Verlängerungsantrag auch die Änderung des Aufenthaltszwecks oder die Änderung des Aufenthaltstitels verbunden werden, wenn der beantragte andere Aufenthaltstitel nach den Bestimmungen des NAG im Anschluss an den bisherigen Aufenthaltstitel erteilt werden kann (**Zweckänderungsverfahren**; § 26 NAG). Wenn der Fremde den Aufenthaltszweck während seines Aufenthalts in Österreich ändern will, hat er dies der Behörde im Inland unverzüglich bekannt zu geben. Eine Zweckänderung ist nur zulässig, wenn der Fremde die Voraussetzungen für den beantragten Aufenthaltstitel erfüllt und ein gegebenenfalls erforderlicher Quotenplatz zur Verfügung steht. Sind alle Voraussetzungen gegeben, hat der Fremde einen Rechtsanspruch auf Erteilung dieses Aufenthaltstitels. Liegen die Voraussetzungen nicht vor, ist der Antrag abzuweisen; die Abweisung hat keine Auswirkung auf das bestehende Aufenthaltsrecht.

6. Aufenthaltsrecht von EWR-Bürgern

Das NAG unterscheidet zwischen EWR-Bürgern (und ihnen gleichgestellten Schweizer Bürgern), die ihr unionsrechtlich gewährtes Recht auf Personenfreizügigkeit iSd FreizügigkeitsRL 2004/38/EG in Anspruch genommen haben, und den anderen EWR-Bürgern.

Die einschlägigen Bestimmungen für die die Freizügigkeit in Anspruch nehmenden **EWR-Bürger und Schweizer Bürger** sind §§ 51 bis 57 NAG. Sie sind zu einem Aufenthalt von mehr als drei Monaten berechtigt, wenn sie in Österreich Arbeitnehmer oder Selbstständige sind (oder ernsthaft einen Arbeitsplatz suchen; vgl VwGH 19.09.2012, 2010/22/0038 und 26.06.2012, 2010/22/0035), für sich und ihre Familienangehörigen über ausreichende Existenzmittel und eine umfassende Krankenversicherung verfügen oder eine Schulausbildung absolvieren. Zu einem mehr als dreimonatigen Aufenthalt berechtigt sind ferner bestimmte Familienangehörige dieser Bürger, sofern sie selbst EWR- oder Schweizer Bürger sind. Für all diese Personen genügt die Anzeige des längerfristigen Aufenthalts, wobei bestimmte Nachweise (zB über ausreichende Existenzmittel, Zulassung zur Schule, Krankenversicherung etc) vorzulegen sind; ihnen ist dann eine „**Anmeldebescheinigung**" (§ 53 NAG) bzw nach fünf Jahren rechtmäßigem und ununterbrochenem Aufenthalt eine „**Daueraufenthaltsbescheinigung**" (§ 53a NAG) auszustellen, welche zugleich als Dokument zur Bescheinigung des Daueraufenthalts des EWR- oder Schweizer Bürgers gilt.

Drittstaatsangehörige, die Angehörige von gemeinschaftsrechtlich aufenthaltsberechtigten EWR- oder Schweizer Bürgern sind, sind ebenfalls zum Aufenthalt von über drei Monaten berechtigt; ihnen ist zunächst eine „**Aufenthaltskarte**" (§ 54 NAG) und später eine auf zehn Jahre befristete „**Daueraufenthaltskarte**" (§ 54a NAG) auszustellen.

Auf **Familienangehörige von Österreichern**, die das Freizügigkeitsrecht in Anspruch genommen haben und danach nach Österreich zurückgekehrt sind, gelten die §§ 52 bis 56 NAG sinngemäß (§ 57 NAG; vgl auch VwGH 26.02.2013, 2010/22/0128).

Sonderbestimmungen gibt es für **Familienangehörige von „sesshaften" Österreichern sowie von nicht freizügigkeitsberechtigten EWR- bzw Schweizer Bürgern**, die in Österreich zwar dauernd wohnhaft sind, denen aber das unionsrechtliche Aufenthaltsrecht (zB wegen fehlender finanzieller Mittel) nicht zukommt (§ 47 NAG). Drittstaatsangehörigen Familienangehörigen dieser Zusammenführenden ist ein Aufenthaltstitel „Familienangehöriger" oder die quotenfreie „Niederlassungsbewilligung – Angehöriger" und später eine „Rot-Weiß-Rot – Karte plus" zu erteilen (§ 48 NAG).

Der EuGH hat in mehreren Entscheidungen (vgl etwa 08.03.2011, C-34/09 und 15.11.2011, C-256/11) ausgesprochen, dass einem drittstaatsangehörigen Familienangehörigen eines Unionsbürgers das Aufenthaltsrecht nicht verweigert werden darf, wenn sonst das Aufenthaltsrecht aus der Unionsbürgerschaft seiner praktischen Wirksamkeit beraubt würde. Der VwGH (28.03.2012, 2009/22/0211; 19.01.2012, 2011/22/0309) folgt dieser Judikatur.

7. Integrationsförderung

Die Integrationsvereinbarung (vormals §§ 14 ff NAG) erhielt durch das IntegrationsG (IntG) eine neue Ausgestaltung. Das IntG zielt auf die rasche Integration rechtmäßig in Österreich aufhältiger Personen in die österr Gesellschaft ab – durch das systematische Anbieten von Integrationsmaßnahmen („Integrationsförderung") sowie die Verpflichtung, aktiv am Integrationsprozess mitzuwirken („Integrationspflicht"). Integration als „gesamtgesellschaftlicher Prozess" (§ 2 IntG) erfordert die aktive Mitwirkung der Zugewanderten sowie das staatliche Anbieten von Integrationsmaßnahmen, welche zur Teilhabe am gesellschaftlichen, wirtschaftlichen und kulturellen Leben in Österreich befähigen (Teilhabe durch Erwerbsarbeit, Bildung, Geschlechtergerechtigkeit, Selbsterhaltungsfähigkeit; der Erhalt der österr

Staatsbürgerschaft soll den Endpunkt eines umfassenden Integrationsprozesses darstellen).

Als Integrationsmaßnahmen sieht das IntG **Deutschkurse** sowie **Werte- und Orientierungskurse** für Asylberechtigte und subsidiär Schutzberechtigte vor (§§ 4 bis 6 IntG). Rechtmäßig niedergelassene Drittstaatsangehörige müssen eine **Integrationsvereinbarung** eingehen (§§ 7 bis 13 IntG). Modul 1 dient dem Erwerb von Deutschkenntnissen auf dem Niveau A2, Modul 2 dem Erwerb von Sprachniveau B1, beide Module darüber hinaus der Vermittlung der grundlegenden Werte der Rechts- und Gesellschaftsordnung. Von der Integrationskurspflicht **ausgenommen** sind unmündige Personen sowie solche, denen aufgrund ihres amtsärztlich festgestellten Gesundheitszustandes die Erfüllung der Integrationsvereinbarung nicht zugemutet werden kann; weiters nicht daueraufhältige Personen sowie noch nicht schulpflichtige Minderjährige. Ebenfalls ausgenommen sind EWR-Bürger und Schweizer. Ausgenommen sind ferner jene türkischen Staatsangehörigen, die in den Anwendungsbereich des Assoziationsabkommens EWG-Türkei fallen: Für sie ist die Pflicht zum Deutsch Lernen und zur Erfüllung der Integrationsvereinbarung eine Verschlechterung, die gegen die assoziationsrechtliche Stillhalteklausel verstößt (vgl dazu EuGH 15.11.2011, C-256/11 sowie 10.07.2014, C-138/13).

Nähere Bestimmungen über die Durchführung von Integrationskursen und Nachweisen hat der für Angelegenheiten der Integration zuständige BM durch Verordnung zu erlassen. Auch die Inhalte der Kurse in Bezug auf Lernziele, Lehrmethode und Qualifikation des Lehrpersonals, die Anzahl der Unterrichtseinheiten sowie Form und Inhalt der Kursbestätigung werden durch Verordnung des BM festgelegt. Der Österr Integrationsfonds zertifiziert die Kurse und evaluiert die vermittelten Lehrinhalte. Unter bestimmten Voraussetzungen gewährt der Bund dem Fremden eine Kostenbeteiligung (§ 14 IntG; § 10 IV-V).

Die Bezeichnung als „Vereinbarung" ist irreführend: Es handelt sich nicht um eine vom freien Willen getragene Übereinkunft, sondern um eine gesetzlich statuierte Spracherwerbspflicht und ein Aufenthaltsrechtstatbestandsmerkmal. Die nicht rechtzeitige Erfüllung von Modul 1 ist ebenso eine Verwaltungsübertretung wie das Schummeln bei der Integrationsprüfung (§ 23 IntG).

Als **zusätzliche Integrationsfördermaßnahmen** kann der Österr Integrationsfonds mit Drittstaatsangehörigen Orientierungsgespräche führen, spezielle Integrationserfordernisse identifizieren und konkrete Schritte zur Integrationsverbesserung empfehlen. Als konkrete Maßnahmen zur Integrationsförderung nennt § 16 IntG insb Sprachkurse, Orientierungskurse, Kurse zur Aus- und Weiterbildung, Veranstaltungen zur Einführung in die österr Kultur und Geschichte, gemeinsame Veranstaltungen mit österr Staatsbürgern zur Förderung des gegenseitigen Verständnisses und die sonstigen Leistungen des Österr Integrationsfonds. Diese Art der Integrationsförderung soll möglichst durch private, humanitäre und kirchliche Einrichtungen sowie Einrichtungen der freien Wohlfahrt oder der Gemeinden erfolgen. Dem Expertenrat für Integration sowie dem Integrationsbeirat (§§ 17 ff IntG) obliegt es insb, den für Integration zuständigen BM zu beraten. Ebendort werden auch eine „Forschungskoordinationsstelle" zum Zweck eines umfassenden Erkenntnisgewinns über die Integration nichtösterreichischer Staatsbürger sowie ein „Integrationsmonitoring" zum Zweck einer kompetenzübergreifenden Vernetzung und einer aufeinander abgestimmten Integrationsstrategie der verschiedenen Integrationsakteure eingerichtet.

Mit BGBl I 68/2017 wurde neben dem IntG auch das „**Anti-GesichtsverhüllungsG – AGesVG**" erlassen. Dieses erklärt das Verhüllen oder Verbergen der Gesichtszüge durch Kleidung oder andere Gegenstände an öffentlichen Orten oder in öffentlichen Gebäuden zur Verwaltungsübertretung, weil das Gelingen von Integration von der Mitwirkung aller in Österreich lebenden Menschen abhänge und auf persönlicher Interaktion beruhe.

8. Verwenden personenbezogener Daten

Die §§ 34 ff NAG enthalten detaillierte Regelungen über das Verwenden personenbezogener Daten; als leges speciales gehen diese den DSG-Bestimmungen vor. Dabei ist ua geregelt, dass sich Fremde **erkennungsdienstlich behandeln** lassen müssen (§ 35 NAG iVm §§ 64, 65 Abs 4 bis 6 und 73 Abs 7 SPG). Aus den Verfahrensdaten (dh den Verfahrensinformationen über Anträge, Entscheidungen und Rechtsmittel) wird eine **zentrale Verfahrensdatei** (§ 36 NAG, § 104 FPG) gespeist, für die die NAG-Behörden und LVwG als gemeinsam Verantwortliche und der BMI als Auftragsverarbeiter fungieren (vgl → *Datenschutzrecht*). Die NAG-Behörden sind befugt, von den Asyl- und Fremdenpolizeibehörden verarbeitete Verfahrensdaten ebenfalls zu verarbeiten, haben aber auch ihre Daten dem **zentralen Fremdenregister** (§ 26 BFA-VG) zur Verfügung zu stellen (BMI als Auftragsverarbeiter). Außerdem hat der BMI ein automationsunterstütztes **Niederlassungsregister** zu führen, in das – in anonymisierter Form – alle im betreffenden Jahr erteilten und beantragten Aufenthaltstitel (§ 8 NAG) und Dokumentationen von gemeinschaftsrechtlichen Aufenthalts- und Niederlassungsrechten (§ 9 NAG) jeweils getrennt nach Art und mit Angabe des Geschlechts, des Alters, der Staatsangehörigkeit, des Herkunftsstaats, des Zielstaats, des Familienstandes, der Schul- und Berufsausbildung des betroffenen Fremden sowie des Zweckes seines Aufenthaltes einzutragen sind (§ 40 NAG).

9. Behörden und Verfahren

Niederlassungsbehörde erster Instanz ist der örtlich zuständige **LH**. Er kann mit Verordnung die BVB ermächtigen, alle oder bestimmte Fälle in seinem Namen zu entscheiden, wenn dies im Interesse der Einfachheit, Zweckmäßigkeit oder Sparsamkeit der Verwaltung gelegen ist (§ 3 Abs 1 NAG; „zwischenbehördliches Mandat*"). Über Beschwerden gegen die Entscheidungen des LH entscheidet das örtlich zuständige **LVwG** (und zwar auch in den Fällen des zwischenbehördlichen Mandats).

Erstanträge auf Erteilung eines Aufenthaltstitels sind grundsätzlich vom Ausland aus einzubringen, und zwar bei der örtlich zuständigen **Berufsvertretungsbehörde** (§§ 3 Abs 3 iVm 22 NAG). Diese Zuständigkeit richtet sich grundsätzlich nach dem Wohnsitz des Fremden (§ 5 NAG). Wird der Antrag bei einer örtlich unzuständigen Berufsvertretungsbehörde eingebracht, ist dieser von ihr ohne weiteres Verfahren zurückzuweisen und der Antragsteller an die zuständige Berufsvertretungsbehörde zu verweisen (§ 22 NAG).

Der BMEIA kann im Einvernehmen mit dem BMI durch Verordnung Berufsvertretungsbehörden mit bestimmten Aufgaben (insb Kontakt- und Informationsstelle für Fremde, Datenerfassung, Sammlung von migrationsrelevanten regionalen Informationen) betrauen und als **dezentrale Informationszentren** bezeichnen.

Strafbehörde ist die örtlich zuständige **BVB**, eine Beschwerde ist an das örtlich zuständige **LVwG** zu richten.

Als **Verwaltungsübertretung** normiert § 77 NAG etwa die Nichtbekanntgabe der Änderung des Aufenthaltszweckes, die Nichtretournierung ungültiger oder gegenstandsloser Dokumente oder die Abgabe einer nicht erfüllbaren Haftungserklärung. Die Nichterfüllung der Integrationsvereinbarung ist nach § 23 IntG eine Verwaltungsübertretung. Bei Geldstrafen bis € 600 kann die BVB auch Strafverfügungen (§ 47 VStG) erlassen.

Der BMI ist berechtigt, gegen die Erkenntnisse und Beschlüsse des LVwG **Revision** beim VwGH zu erheben (§ 3a NAG).

Als verfahrensrechtliche **Abweichungen von AVG und VwGVG** sind bspw zu nennen:

- § 13 AVG sieht relativ großzügige Verbesserungsvorschriften für mangelhafte Anbringen vor; das NAG normiert hingegen im Regelfall die Zurückweisung bzw Verfahrenseinstellung als die Vorgangsweise gegen mangelhafte Anträge (zB § 22 Abs 1: örtlich unzuständige Berufsvertretungsbehörde; § 19 Abs 4: Nichtzurverfügungstellung biometrischer Daten; § 19 Abs 6: Nichterreichbarkeit an der Zustelladresse; § 22 Abs 2: Nichtverwendung vorgegebener Formulare oder fehlende Unterlagen).
- Nach § 19 NAG ist der Erstantrag persönlich bei der Behörde einzubringen, um einerseits feststellen zu können, ob sich der Fremde tatsächlich im Ausland befindet, und um andererseits die notwendigen erkennungsdienstlichen Daten beizubringen. Die persönliche Ausfolgung des Aufenthaltstitels hat die Funktion der Bescheidzustellung. Darüber hinaus kann der Erstantrag nicht bei irgendeiner österr Berufsvertretungsbehörde eingebracht werden, sondern nur bei jener, die nach dem Wohnsitz des Antragstellers örtlich zuständig ist (§ 5 NAG).
- Nach § 19 Abs 3 NAG kann der BMI durch Verordnung die Verwendung von Formularen und die Erforderlichkeit bestimmter Urkunden und Nachweise vorschreiben. Mit den §§ 6 bis 9 NAG-DV wurde diese Ermächtigung tw in Anspruch genommen.
- Eine mündliche Verhandlung durch das LVwG kann unter bestimmten Voraussetzungen unterbleiben (vgl § 19 Abs 12 NAG).
- § 29 NAG normiert eine besondere Mitwirkungspflicht des Fremden; auch die freiwillige DNA-Analyse und die multifaktorielle Untersuchungsmethodik zur Altersdiagnostik werden geregelt.

- § 21 NAG gebietet grundsätzlich die Antragstellung vom Ausland aus, § 21a NAG iVm § 9b NAG-DV verpflichtet zum Erwerb von Deutschkenntnissen bei bestimmten Sprachinstituten.

VIII. Asylgesetz 2005

Die österr asylrechtlichen Bestimmungen dienen der Umsetzung der völkerrechtlichen Verpflichtungen aus der **GFK** (insb dem Refoulementverbot) sowie in jüngerer Zeit jener aus dem gemeinschaftsrechtlichen Asyl-Acquis. Das AsylG regelt die Zuerkennung und die Aberkennung des Status des Asylberechtigten und des subsidiär Schutzberechtigten an Fremde in Österreich, in welchen Fällen eine Asyl-Entscheidung mit einer Ausweisung zu verbinden ist und wie das Verfahren für die Zuerkennung, Aberkennung und Ausweisung ausgestaltet ist (§ 1 AsylG). Die asylrechtlichen Entscheidungen des **BFA** werden vom **BVwG** (dem der bis Ende 2013 existierende AsylGH eingegliedert wurde) überprüft. Die Versorgung der Asylwerber während des laufenden Asylverfahrens („Bundesbetreuung"/„Grundversorgung") ist im GVG-B, in der GVV sowie in landesrechtlichen Vorschriften geregelt. Die „Bundesagentur für Betreuungs- und Unterstützungsleistungen" (**BBU**) übernimmt Aufgaben, die zuvor überwiegend von externen Leistungserbringern für den Bund erbracht wurden (zB Grundversorgung, Rechts- und Rückkehrberatung, Zurverfügungstellung von Menschenrechtsbeobachtern und Dolmetschern).

In das AsylG aufgenommen wurde der „Aufenthaltstitel aus berücksichtigungswürdigen Gründen": „Aufenthaltsberechtigung plus", „Aufenthaltsberechtigung", „Aufenthaltsberechtigung besonderer Schutz" (vgl ferner § 3 AsylG-DV sowie deren Anlage E). Die §§ 54 bis 57 AsylG sind die Nachfolgeregelungen zum „humanitären Aufenthalt". Ob sie im AsylG besser platziert sind als im NAG, sei dahingestellt, die Zuständigkeit in dieser politisch brisanten Angelegenheit ist damit aber von den Ländern zum Bund verlagert worden.

1. Status des Asylberechtigten

Einem Fremden, der **in Österreich einen Antrag auf internationalen Schutz** (früher: „Asylantrag") gestellt hat, ist, soweit dieser Antrag nicht zurück- oder abzuweisen ist, der Status des Asylberechtigten zuzuerkennen, wenn **glaubhaft** ist, dass ihm im Herkunftsstaat **Verfolgung iSd GFK** droht (§ 3 Abs 1 AsylG; Rechtsanspruch auf Zuerkennung der Asylberechtigung).

Asylwerber ist ein Fremder ab Einbringung eines Antrags auf internationalen Schutz bis zum rechtskräftigen Abschluss, zur Einstellung oder Gegenstandslosigkeit des Verfahrens (§ 2 Abs 1 Z 14 AsylG). Der „Status des **Asylberechtigten**" – den ein Fremder mit Rechtskraft des „positiven" Asylbescheids bzw der BVwG-Entscheidung erlangt – gewährt ein zunächst befristetes und schließlich dauerndes Einreise- und Aufenthaltsrecht, der „Status des **subsidiär Schutzberechtigten**" ein vorübergehendes, verlängerbares Einreise- und Aufenthaltsrecht (§ 2 Abs 1 Z 15 und 16 AsylG).

Flüchtling ist, wer sich aus wohlbegründeter Furcht, aus Gründen der Rasse, Religion, Nationalität, Zugehörigkeit zu einer bestimmten sozialen Gruppe (zB von Genitalverstümmelung bedrohte Mädchen in Eritrea oder Homosexuelle im Iran) oder der politischen Gesinnung verfolgt zu werden, außerhalb seines Herkunftslandes (jenes Land, dessen Staatsangehörigkeit er besitzt) oder, sofern er staatenlos ist, außerhalb des Landes seines gewöhnlichen Aufenthaltes befindet und nicht in der Lage oder im Hinblick auf diese Furcht nicht gewillt ist, sich des Schutzes seines Heimatlandes zu bedienen bzw in das Land seines gewöhnlichen Aufenthaltes zurückzukehren (Art 1 Abschnitt A Z 2 GFK). Nach der Rsp des VwGH bedarf es zum Vorliegen der **Flüchtlingseigenschaft** einer objektiv wohlbegründeter Furcht vor aktueller, dem Verfolgerstaat zurechenbarer Verfolgung aus einem anerkannten Fluchtgrund. Eine **Furcht** vor Verfolgung kann nur dann **wohlbegründet** sein, wenn sie im Licht der speziellen Situation des Asylwerbers unter Berücksichtigung der Verhältnisse im Verfolgerstaat objektiv nachvollziehbar ist. Es kommt nicht darauf an, ob sich eine bestimmte Person in einer konkreten Situation tatsächlich fürchtet, sondern ob eine mit Vernunft begabte Person in dieser Situation aus Konventionsgründen flüchten würde. Unter **Verfolgung** ist ein ungerechtfertigter Eingriff von erheblicher Intensität in die zu schützende Sphäre des Einzelnen zu verstehen. Erhebliche Intensität liegt vor, wenn der Eingriff geeignet ist, die Unzumutbarkeit der Inanspruchnahme des Schutzes durch den Heimatstaat zu begründen. Hinsichtlich der „Verfolgung" verweist § 2 Abs 1 Z 11 AsylG auf „jede Verfolgungshandlung iSd Art 9 StatusRL" (Handlungen, die so gravierend sind, dass sie eine schwerwiegende Verletzung der grundlegenden Menschenrechte darstellen; zB Anwendung physischer oder psychischer Gewalt, diskriminierende Maßnahmen der staatlichen Gesetzgebung, Verwaltung oder Gerichtsbarkeit). Die Verfolgung kann nach § 3 Abs 2 AsylG auch auf Ereignissen beruhen, die eingetreten sind, nachdem der Fremde seinen Herkunftsstaat verlassen hat (objektive Nachfluchtgründe) oder auf Aktivitäten des Fremden beruhen, die dieser seit Verlassen des Herkunftsstaates gesetzt hat, die insb Ausdruck und Fortsetzung einer bereits im Herkunftsstaat bestehenden Überzeugung sind (subjektive Nachfluchtgründe). Verfolgungen durch Privatpersonen (zB Blutrache) sind dann asylrelevant, wenn der Staat nicht gewillt oder nicht in der Lage ist, dagegen Schutz zu bieten (vgl zB VwGH 23.02.2011, 2011/23/0064).

Vertriebene sind Fremde, denen für Zeiten eines bewaffneten Konflikts oder sonstiger die Sicherheit ganzer Bevölkerungsgruppen gefährdender Umstände durch Verordnung der BReg ein vorübergehendes Aufenthaltsrecht gewährt werden kann (§ 62 AsylG). Nach Art 2 MassenzustromRL 2001/55/EG sind Vertriebene Personen, die wegen eines bewaffneten Konflikts oder dauerhafter Gewalt oder Menschenrechtsverletzungen ihr Heimatland bzw ihre Heimatregion verlassen mussten und wegen der dort herrschenden Lage nicht sicher und dauerhaft zurückkehren können. Dies wurde vom Rat der EU im Zuge der russischen Invasion in die Ukraine für bestimmte Personengruppen festgestellt. Diesen Personen kommt auch ohne Durchführung einer Einzelfallprüfung ein (unionsrechtlich begründetes) befristetes Aufenthaltsrecht zu.

Fremden ist **von Amts wegen** und ohne weiteres Verfahren der Status des Asylberechtigten oder des subsidiär Schutzberechtigten zuzuerkennen, wenn sich die Republik Österreich völkerrechtlich dazu verpflichtet hat (§ 3a AsylG).

Anerkannte Flüchtlinge („Asylberechtigte") erhalten zunächst eine dreijährige Aufenthaltsberechtigung, die danach unbefristet wird, wenn keine Gründe zur Aberkennung des Status als Asylberechtigter vorliegen (§ 3 Abs 4 AsylG). Das BFA hat für die wichtigsten

Herkunftsländer jährlich eine Analyse zu erstellen, ob es zu einer wesentlichen und dauerhaften Veränderung der spezifischen Verhältnisse, die für die Furcht vor Verfolgung maßgeblich sind, gekommen ist (§ 3 Abs 4a AsylG). Für Familienangehörige von Schutzsuchenden besteht ein eigenständig geregeltes „**Familienverfahren**" (§§ 34 und 35 AsylG).

Die Feststellung der Flüchtlingseigenschaft nach der GFK hat über den internationalen Schutz hinausgehend weitere Konsequenzen: Die besonderen Rechte aufgrund der GFK (zB auf Ausstellung eines Konventionsreisepasses gem § 94 FPG) bleiben unberührt (§ 74 AsylG); das AuslBG findet ebenso wenig Anwendung (§ 1 Abs 2 AuslBG) wie die FPG-Bestimmungen über die Aufenthaltsbeendigung (§ 1 Abs 2 FPG; **Rechte im Asyl**). Schließlich entfaltet die Tatsache der Asylgewährung gelegentlich auch in anderen Gebieten des Verwaltungsrechts eine den Flüchtling begünstigende **Tatbestandswirkung*** („Inländergleichbehandlung", vgl zB § 14 Abs 3 GewO).

Der **Status als Asylberechtigter wird nicht gewährt**, wenn
- Österreich für das Asylverfahren unzuständig ist (§§ 4 und 5 AsylG),
- der Fremde in einem anderen EWR-Staat oder der Schweiz den Status des Asylberechtigten oder subsidiär Schutzberechtigten zuerkannt bekommen hat (§ 4a AsylG),
- dem Fremden eine innerstaatliche Fluchtalternative offen steht (§ 11 AsylG) oder
- der Fremde einen Asylausschlussgrund (§ 6 AsylG) gesetzt hat.

Die **Unzuständigkeit** Österreichs kann sich aus Drittstaatssicherheit oder aus der Zuständigkeit eines anderen Staates ergeben. Ein Asylantrag ist unzulässig und daher zwingend zurückzuweisen, wenn der Fremde auf seiner Flucht in einem anderen Staat Schutz vor Verfolgung finden hätte können (Ausschluss des Zweitasyls – „refugee in orbit"). **Drittstaatssicherheit** besteht nach § 4 Abs 2 AsylG in jenen Staaten, in denen der Fremde nicht gem § 8 Abs 1 AsylG (reale Gefahr einer Verletzung von Art 2 oder 3 EMRK oder des 6. oder 13. ZPEMRK oder ernsthafte Bedrohung des Lebens oder der Unversehrtheit infolge willkürlicher Gewalt gegenüber Zivilpersonen im Rahmen eines internationalen oder innerstaatlichen Konfliktes) bedroht ist und dort ein Verfahren zur Einräumung der Rechtsstellung eines Flüchtlings nach der GFK offen steht oder im Wege über andere Staaten gesichert ist (dh dass der Drittstaat den Asylwerber in einen sicheren „Viertstaat" verweisen darf) und in jenen Staaten während des Verfahrens zum Aufenthalt berechtigt ist. Drittstaatssicherheit bedeutet somit „Verfolgungsschutz iVm GFK-konformen Asylverfahren iVm Aufenthaltsrecht während des Verfahrens".

Drittstaatssicherheit ist nach § 4 Abs 2 AsylG regelmäßig dann gegeben, wenn der Staat die GFK ratifiziert und gesetzlich ein Asylverfahren eingerichtet hat, das die Grundsätze dieser Konvention sowie die EMRK (einschließlich deren 6., 11. und 13. ZP) umgesetzt hat. GFK- und EMRK-Ratifikation bedeuten nur die widerlegbare Vermutung, dass dieser Staat „sicher" ist; dass effektiver Schutz für den Fremden gewährt ist, kann durch konkrete Behauptungen des Betroffenen oder aber auch durch Amtswissen entkräftet werden (vgl etwa VfSlg 18.594/2008; EGMR 20.09.2011, 10816/10 [Lokpo und Touré gg Ungarn] oder EGMR 03.07.2014, 71932/12 [Mohammadi gg Österreich] zu systematischen Mängeln der Anhaltung von Asylwerbern in Ungarn). Für die Rechtsanwendung im Einzelfall bedeutet das, dass die Asylbehörde zunächst die Rechtslage im potenziellen Drittstaat – das kann nur ein solcher sein, in den der Fremde freiwillig einreisen oder notfalls zwangsweise, etwa aufgrund eines Schubabkommens, verbracht werden kann – zu ermitteln hat, und zwar bezogen auf die individuelle Situation des konkreten Asylwerbers; die Asylbehörde hat begründet darzulegen, weshalb aufgrund dieser Rechtslage gem § 4 Abs 2 zu folgern ist, dass dieser Asylwerber während des gesamten Asylverfahrens (einschließlich des gerichtlichen Überprüfungsverfahrens) in diesem Drittstaat aufenthaltsberechtigt ist (so zB VwSlg 15.013 A/1998; VwGH 19.01.2000, 99/01/0080). Wegen der Möglichkeit zur Weiterverweisung in einen „Viertstaat" hat die österr Asylbehörde – wenn sie sich auf die Drittstaatssicherheit berufen will – die Rechtslage im Dritt-, Viert- oder Fünftstaat zu überprüfen und kann dann das Asylverfahren allenfalls dorthin „delegieren". Besteht die Gefahr einer „Kettenabschiebung" in ein Land, in dem der Asylwerber dem Risiko einer Verletzung des Art 3 EMRK ausgesetzt ist, müsste Österreich das Asylverfahren selbst durchführen (VfSlg 17.586/2005; VwSlg 17.102 A/2007).

Drittstaatssicherheit ist allerdings **unbeachtlich**, wenn die mit der Zurückweisung verbundene Rückkehrentscheidung zu einer Verletzung von Art 8 EMRK führen würde.

Eine wegen Drittstaatssicherheit erlassene Antragszurückweisung tritt nach § 4 Abs 5 AsylG **ex lege außer Kraft**, wenn der Fremde aus faktischen Gründen, die nicht in seinem Verhalten begründet sind, nicht binnen drei Monaten nach Durchsetzbarkeit der Entscheidung zurückgeschoben oder abgeschoben werden kann.

Wegen **Unzuständigkeit** ist ein Asylantrag zurückzuweisen, wenn ein anderer Staat vertraglich (zB Dänemark im Wege des Dubliner Übereinkommens) oder aufgrund der Dublin III-VO zur Prüfung zuständig ist (§ 5 AsylG).

Die „Dublin-Staaten" gelten (widerleglich) als sichere Drittstaaten (§ 5 Abs 3 AsylG). Allerdings sind nach Ansicht des EGMR (07.03.2000, 43844/98 [T.I. gg Vereinigtes Königreich]) die EU-Mitgliedstaaten durch das Dubliner Übk nicht von ihrer aus Art 3 EMRK resultierenden Verantwortung befreit. Nach VfSlg 16.122/2001 (und dem folgend etwa VwSlg 16.581 A/2005) führt eine verfassungskonforme Interpretation des § 5 AsylG dazu, dass die österr Behörde von dem in Art 3 Dubliner Übk enthaltenen Selbsteintrittsrecht Gebrauch zu machen hat, wenn eine Verletzung von Art 3 oder 8 EMRK droht; diesfalls sei von einer Zuständigkeitsentscheidung Abstand zu nehmen und eine Sachentscheidung zu treffen. Dies wurde vom VfGH im Fall der Zuständigkeit Griechenlands bei besonders schutzwürdigen Personen angenommen (vgl etwa VfSlg 19.205/2010) und bei nicht vulnerablen Personen für nicht notwendig erachtet (VfSlg 19.424/2011; aA EGMR 21.01.2011, 30696/09 [M.S.S. gg Belgien und Griechenland]).

Die Dublin III-VO sieht ein Konsultationsverfahren vor, wenn ein Mitgliedstaat einen anderen für zuständig erachtet; bei Verletzung bestimmter Fristen bleibt die Zuständigkeit allerdings unberührt.

Nach § 3 Abs 3 AsylG ist der Antrag auf internationalen Schutz bezüglich der Zuerkennung des Status des Asylberechtigten **abzuweisen**, wenn dem Fremden eine innerstaatliche Fluchtalternative offen steht oder der Fremde einen Asylausschlussgrund gesetzt hat: Der Antrag auf internationalen Schutz ist nach § 11 AsylG abzuweisen, wenn Asylwerbern in einem Teil ihres Herkunftsstaates vom Staat oder sonstigen Akteuren, die den Herkunftsstaat oder einen wesentlichen Teil des Staatsgebietes beherrschen, Schutz gewährleistet werden und ihnen der Aufenthalt in diesem Teil des Staatsgebietes zugemutet werden kann (**innerstaatliche Fluchtalternative**). Darüber hinaus ist ein Fremder gem § 6 AsylG **von der Zuerkennung des Status eines Asylberechtigten ausgeschlossen**, wenn und solang er **Schutz gem Art 1 Abschnitt D der GFK** (dh durch andere Organe bzw Organisationen der UNO als den UNHCR) genießt oder wenn einer der **in Art 1 Abschnitt F der GFK genannten Ausschlussgründe** (zB begründeter Verdacht der Begehung eines Kriegsverbrechens, Verbrechen gegen den Frieden oder gegen die Menschlichkeit, schwere nichtpolitische Verbrechen außerhalb des Zufluchtsstaates) vorliegt oder wenn aus stichhaltigen Gründen angenommen werden kann, dass der Fremde eine **Gefahr für die Sicherheit** der Republik Österreich darstellt oder wenn er von einem in- oder ausländischen Gericht wegen eines **besonders schweren Verbrechens** rechtskräftig verurteilt worden ist und wegen dieses strafbaren Verhaltens eine Gefahr für die Gemeinschaft bedeutet. Wenn ein Ausschlussgrund vorliegt, kann der Antrag auf internationalen Schutz in Bezug auf die Zuerkennung des Status des Asylberechtigten ohne weitere Prüfung abgewiesen werden.

Nach § 7 AsylG ist einem Fremden der **Status des Asylberechtigten** von Amts wegen mit Bescheid wieder **abzuerkennen**, wenn ein Asylausschlussgrund nach § 6 AsylG vorliegt, einer der in Art 1 Abschnitt C der GFK angeführten Endigungsgründe (zB freiwillige Rückkehr in den Verfolgerstaat, Erwerb einer Schutz gewährenden Staatsbürgerschaft) eingetreten ist, der Asylberechtigte den Mittelpunkt seiner Lebensbeziehungen in einem anderen Staat hat oder der Asylberechtigte straffällig geworden ist. Ein Aberkennungsverfahren ist ferner einzuleiten, wenn sich aus der Herkunftsstaatenanalyse (§ 3 Abs 4a AsylG) ergibt, dass es dort zu einer wesentlichen, dauerhaften Veränderung der Verhältnisse gekommen ist und die Furcht vor Verfolgung idR nicht mehr bestehen wird (§ 7 Abs 2a AsylG).

2. Status des subsidiär Schutzberechtigten

Der Status des subsidiär Schutzberechtigten ist nach § 8 AsylG einem Fremden zuzuerkennen, dessen in Österreich gestellter **Antrag auf internationalen Schutz abgewiesen** wird oder dem der **Status des Asylberechtigten aberkannt** worden ist, wenn eine Zurückweisung, Zurückschiebung oder Abschiebung des Fremden in seinen Herkunftsstaat eine **reale Gefahr einer Verletzung von Art 2 oder 3 EMRK oder des 6. oder 13. ZPEMRK** bedeuten würde **oder** für ihn als Zivilperson eine **ernsthafte Bedrohung des Lebens oder der Unversehrtheit** infolge willkürlicher Gewalt im Rahmen eines internationalen oder innerstaatlichen **Konfliktes** mit sich bringen würde.

Die Zuerkennung der subsidiären Schutzberechtigung erfolgt von Amts wegen; die Behörde hat das Vorliegen der Voraussetzungen zu prüfen, wenn sie einen Asylantrag abweist oder die Asylberechtigung aberkennt. Die Entscheidung über die Zuerkennung des Status des subsidiär Schutzberechtigten ist mit der abweisenden Entscheidung nach § 3 AsylG oder der Aberkennung des Status des Asylberechtigten nach § 7 AsylG zu verbinden. Anträge auf internationalen Schutz sind bezüglich der Zuerkennung des Status des subsidiär Schutzberechtigten abzuweisen, wenn eine innerstaatliche Fluchtalternative (§ 11 AsylG) offensteht. Einem Fremden, dem der Status des subsidiär Schutzberechtigten zuerkannt wird, ist von der zuerkennenden Behörde gleichzeitig eine auf ein Jahr befristete (und jeweils um zwei Jahre verlängerbare) Aufenthaltsberechtigung als subsidiär Schutzberechtigter zu erteilen. Der Status des subsidiär Schutzberechtigten erlischt, wenn dem Fremden der Status des Asylberechtigten zuerkannt wird. Nach § 9 AsylG ist der Status eines subsidiär Schutzberechtigten von Amts wegen mit Bescheid abzuerkennen, wenn die Voraussetzungen für die Zuerkennung des Status des subsidiär Schutzberechtigten (§ 8 Abs 1 AsylG) nicht oder nicht mehr vorliegen, wenn der Fremde den Mittelpunkt seiner Lebensbeziehungen in einem anderen Staat hat oder wenn er die Staatsangehörigkeit eines anderen Staates erlangt hat und eine Zurückweisung, Zurückschiebung oder Abschiebung des Fremden in seinen neuen Herkunftsstaat keine reale Gefahr einer Verletzung von Art 2 oder 3 EMRK oder des 6. oder 13. ZPEMRK oder für ihn als Zivilperson keine ernsthafte Bedrohung des Lebens oder der Unversehrtheit infolge willkürlicher Gewalt im Rahmen eines internationalen oder innerstaatlichen Konfliktes mit sich bringen würde. Die Aberkennung hat weiters zu erfolgen, wenn ein Asylausschließungsgrund iSd Art 1 Abschnitt F GFK vorliegt, der Fremde eine Gefahr für die Allgemeinheit oder die Sicherheit Österreichs darstellt oder der Fremde im Inland wegen eines Verbrechens rechtskräftig verurteilt wurde. Die Aberkennung des Status des subsidiär Schutzberechtigten ist mit dem Entzug der Aufenthaltsberechtigung als subsidiär Schutzberechtigter zu verbinden.

3. Antragstellung, Antragseinbringung und Zulassungsverfahren

Nach § 2 Abs 1 Z 13 AsylG ist ein „Antrag auf internationalen Schutz" das – auf welche Weise auch immer artikulierte – Ersuchen eines Fremden in Österreich, sich dem Schutz Österreichs unterstellen zu dürfen (schriftliche Anträge sind allerdings nur in Österreich geborenen Kindern gestattet [§§ 17 Abs 3 iVm 25 Abs 1 Z 2 AsylG]). Das AsylG geht also davon aus, dass der Ort der **Antragstellung in Österreich** liegen muss. Ein Antrag auf internationalen Schutz ist nach § 17 Abs 1 AsylG gestellt, wenn ein Fremder in Österreich vor einem Organ des öffentlichen Sicherheitsdienstes oder einer Sicherheitsbehörde um Schutz vor Verfolgung ersucht. Die Antragstellung löst den **faktischen Abschiebeschutz** (§ 12 AsylG) aus: Der Schutzsuchende kann bis zum Abschluss des Verfahrens nicht zurückgewiesen, zurückgeschoben oder abgeschoben werden; sein **Aufenthalt ist zunächst geduldet**. Wird das Asylverfahren zugelassen, ist der Fremde bis zur Erlassung einer durchsetzbaren Entscheidung, bis zur Einstellung oder Gegenstandslosigkeit des Verfahrens oder bis zum Verlust des Aufenthaltsrechts zum **Aufenthalt im Bundesgebiet berechtigt** (§ 13 AsylG). Für **Folgeanträge** enthält § 12a AsylG eine Sonderregelung hinsichtlich des faktischen Abschiebeschutzes.

Die Organe des öffentlichen Sicherheitsdienstes* haben unmittelbar nach der Antragstellung oder im Zulassungsverfahren eine **erste Befragung und erkennungsdienstliche Behandlung** durchzuführen, um die Identität und die Reiseroute, nicht jedoch auch die Fluchtgründe zu ermitteln (§ 19 Abs 1 AsylG; §§ 42 bis 45 BFA-VG).

Nach **Einbringung des Antrages** auf internationalen Schutz ist das eigentliche Asylverfahren mit dem Zulassungsverfahren zu beginnen. In diesem vom BFA geführten **Zulassungsverfahren** (§§ 28 bis 30 AsylG) geht es primär um die Frage, ob Österreich zur Behandlung des Antrags überhaupt zuständig ist. Das Verfahren ist zuzulassen, wenn der Antrag voraussichtlich nicht zurückzuweisen ist (Drittstaatssicherheit, Zuständigkeit eines anderen Staates, res iudicata). Soweit dies nicht bereits zuvor erfolgt ist, ist eine Befragung zur Identität und Reiseroute sowie die Durchsuchung und erkennungsdienstliche Behandlung durchzuführen; es hat eine Einvernahme durch das BFA stattzufinden; erfolgt binnen 20 Tagen ab Antragseinbringung keine Zurückweisung, so gilt der Antrag als zugelassen, wobei es Ausnahmen von dieser Frist gibt (zB Dublin-Konsultationen, mangelnde Mitwirkung des Antragstellers etc); während des Zulassungsverfahrens kann die Bewegungsfreiheit eingeschränkt werden und es bestehen besondere Meldeverpflichtungen (§ 15a AsylG). Im Fall der Zulassung ist eine **Aufenthaltsberechtigungskarte** (§ 51 AsylG) auszustellen **oder** gleich die **Asylberechtigung** zuzuerkennen. Beabsichtigt das BFA hingegen die Antragsabweisung oder -zurückweisung, so ist dies dem Asylwerber (mittels nicht abgesondert bekämpfbarer Verfahrensanordnung) mitzuteilen. Diese **Mitteilung** hat zwei Rechtsfolgen: Zum einen ist dem Asylwerber ein vom Bund zu bezahlender **Rechtsberater** amtswegig zur Seite zu stellen und beide sind zu einer Einvernahme zu laden; zum anderen gilt damit ex lege das Aufenthaltsbeendigungsverfahren als eingeleitet (§ 27 Abs 1 Z 1 AsylG) und die Fremdenpolizeibehörde kann den Asylwerber in **Schubhaft** nehmen (§ 76 Abs 2 Z 2 FPG). Sonderregelungen bestehen ferner für das Verfahren bei der Erstaufnahmestelle Flughafen Schwechat („Flughafenverfahren"; §§ 31 bis 33 AsylG).

Zugelassene Asylanträge sind vom BFA in einem zweiten Verfahrensabschnitt auf ihre Begründetheit, dh auf das Vorliegen der Flüchtlingseigenschaft des Antragstellers, hin zu überprüfen.

Im **Ausland** können **Asylanträge** nur von **Familienangehörigen** gestellt werden (§ 35 AsylG). Die österr Berufsvertretungsbehörde hat dem Fremden ein Visum zur Einreise zu erteilen, wenn das BFA mitgeteilt hat, dass die Gewährung des Status des Asylberechtigten oder des subsidiär Schutzberechtigten wahrscheinlich ist. Eine derartige Mitteilung darf das BFA nur machen, wenn das zu befassende BMI mitgeteilt hat, dass eine Einreise den öffentlichen Interessen nach Art 8 Abs 2 EMRK nicht widerspricht.

Die **Zurückziehung eines Antrags** auf internationalen Schutz ist im Verfahren vor dem BFA nicht möglich (außer der Fremde ist rechtmäßig niedergelassen [§ 2 Abs 2 NAG]), über den Antrag ist abzusprechen; die Zurückziehung im Verfahren vor dem BVwG gilt als Zurückziehung der Beschwerde (§ 25 Abs 2 AsylG).

Dem Fremden, dem der Status des Asylberechtigten zuerkannt wurde, ist eine **Karte für Asylberechtigte** auszustellen (§ 51a AsylG).

Die §§ 36 bis 41 AsylG räumen der BReg die Möglichkeit ein, auf einen **außergewöhnlichen Zustrom an Schutzsuchenden** und einer damit verbundenen Krisensituation (Gefährdung der öffentlichen Ordnung und inneren Sicherheit, Beeinträchtigung staatlicher [Unterstützungs]Systeme) mit einem „**Notstandsrecht**" zu reagieren: Die BReg kann im Einvernehmen mit dem HANR mit Verordnung feststellen, dass eine Gefährdung vorliegt; wenn zeitgleich Grenzkontrollen an den Binnengrenzen (§ 10 Abs 2 GrekoG) durchgeführt werden, müssen die nicht einreise- und aufenthaltsberechtigten Drittstaatsangehörigen den Antrag auf internationalen Schutz bereits bei der – angestrebten – Einreise stellen (§ 38 AsylG). Sonderregelungen gelten in diesem Szenario insb für den faktischen Abschiebeschutz (§ 39 AsylG) und für die Hinderung an der Einreise, der Zurückweisung und der Zurückschiebung (§§ 40 und 41 AsylG). Ein „Krisenrecht" ist nach Art 72 AEUV zulässig, sofern es verhältnismäßig ist und insb die Grundrechte beachtet. Abgewichen wird insb von Art 6, 9 und 31 VerfahrensRL sowie Art 3 und 20 Dublin III-VO.

4. Einstellung und Gegenstandslosigkeit des Asylverfahrens

Neben der bescheidförmigen Asylgewährung bzw der Zurück- oder Abweisung des Asylantrages kennt das AsylG mehrere Möglichkeiten, das Verfahren formlos einzustellen bzw als gegenstandslos abzulegen. Die **Einstellung** des Verfahrens (§ 24 AsylG) hat zu erfolgen, wenn sich der Asylwerber dem Verfahren entzogen hat (dh sein Aufenthaltsort wegen Verletzung seiner Mitwirkungspflichten weder bekannt noch sonst durch das BFA oder das BVwG leicht feststellbar ist oder er das Bundesgebiet freiwillig verlassen hat oder er trotz Aufforderung zu den ihm vom BFA im Zulassungsverfahren gesetzten Terminen nicht kommt) und eine Entscheidung ohne eine allenfalls weitere Einvernahme oder Verhandlung nicht erfolgen kann; bei freiwilliger Abreise des Fremden in den Herkunftsstaat ist das noch nicht entscheidungsreife Asylverfahren ebenfalls einzustellen. Die Einstellung erfolgt mittels Aktenvermerk, das Verfahren kann aber von Amts wegen fortgesetzt werden, sobald die Feststellung des maßgeblichen Sachverhalts möglich ist oder der Fremde sich nach einer Wiedereinreise nicht rechtmäßig im Bundesgebiet aufhält. Bestimmte Anträge können auch als **gegenstandslos** abgelegt werden (§ 25 AsylG): Anträge im Familienverfahren, wenn dem antragstellenden Angehörigen die Einreise nicht gewährt wird, sowie schriftliche Asylanträge (mit Ausnahme jener von in Österreich geborenen Kindern). Die Ablegung der Anträge erfolgt formlos; diese Verfahren können nicht mehr fortgesetzt oder wieder aufgenommen werden.

5. Asylrechtliche Rückkehrentscheidung

Nach § 10 Abs 1 AsylG sind **folgende Entscheidungen mit einer Rückkehrentscheidung oder einer Anordnung zur Außerlandesbringung** zu verbinden:
- die Zurückweisung des Antrags auf internationalen Schutz (§§ 4, 4a und 5 AsylG);
- die Abweisung des Antrags auf internationalen Schutz sowohl bezüglich der Zuerkennung des Status des Asylberechtigten als auch der Zuerkennung des Status des subsidiär Schutzberechtigten;
- die Aberkennung des Status als Asylberechtigten, wenn es nicht gleichzeitig zur Zuerkennung des Status des subsidiär Schutzberechtigten kommt, oder
- die Aberkennung des Status als subsidiär Schutzberechtigter.

Asylrechtliche Rückkehrentscheidungen sind allerdings **unzulässig,** wenn dem Fremden ein nicht auf das AsylG gestütztes Aufenthaltsrecht zukommt oder die Ausweisung eine Verletzung von Art 8 EMRK darstellen würde. Dabei sind insb Art und Dauer des bisherigen Aufenthalts, das Bestehen eines Familienlebens, die Schutzwürdigkeit eines Privatlebens, der Grad der Integration, die Bindung zum Herkunftsstaat, die Unbescholtenheit etc zu berücksichtigen.

Ein asylrechtliches Aufenthaltsbeendigungsverfahren gilt nach § 27 AsylG ex lege als eingeleitet, wenn im Zulassungsverfahren dem Fremden mitgeteilt wurde, dass die Zurück- oder Abweisung beabsichtigt sei (§ 29 Abs 3 Z 4 oder 5 AsylG) und das Verfahren vor dem BVwG einzustellen war, weil sich der Fremde dem Verfahren entzogen hat. Darüber hinaus ist ein Aufenthaltsbeendigungsverfahren einzuleiten, wenn die bisher vorliegenden Ermittlungen die Annahme rechtfertigen, dass der Antrag ab- oder zurückzuweisen sein wird und wenn ein besonderes öffentliches Interesse an der beschleunigten Durchführung eines Verfahrens besteht (vgl dazu § 27 Abs 3 AsylG: Straffälligkeit). Die Einleitung des Aufenthaltsbeendigungsverfahrens ist mit Aktenvermerk zu dokumentieren, stellt also keinen Schubhaftbescheid dar. Dieser ist vom BFA gesondert zu erlassen (§ 76 Abs 2 FPG). Ein Verfahren, bei dem ein Verfahren zur Erlassung einer aufenthaltsbeendenden Maßnahme eingeleitet worden ist, ist schnellstmöglich, längstens jedoch binnen je drei Monaten nach Einleitung des Ausweisungsverfahrens oder nach Ergreifung einer Beschwerde, der aufschiebende Wirkung zukommt, zu entscheiden (§ 27 Abs 8 AsylG). Ein „beschleunigtes Verfahren" (§ 27a AsylG) kann in jenen Fällen geführt werden, in denen nach § 18 Abs 1 BFA-VG die aufschiebende Wirkung gegen eine Beschwerde ausgeschlossen werden kann (zB Asylwerber aus sicherem Herkunftsstaat; vgl unten 7.).

Die Zuständigkeit der Asylbehörde zur Ausweisung ist kompetenzrechtlich verfassungskonform; die Ausweisung hat jedoch zu unterbleiben, wenn der Asylwerber dadurch in seinem Grundrecht nach Art 8 EMRK verletzt würde (VfSlg 17.516/2005, 17.340/2004, 16.221/2001). Ein zweijähriges Kind darf nicht ohne seine Eltern ausgewiesen werden (VwGH 12.12.2007, 2007/19/1054). Zur Abschiebung eines psychisch kranken Asylwerbers bei gewährleisteter medizinischer Versorgung im Zielland vgl VfSlg 18.407/2008.

6. Zwangsbefugnisse gegenüber Asylsuchenden

Das BFA kann gegen einen Fremden, der sich dem Verfahren entzogen hat, einen **Festnahmeauftrag** (§ 34 Abs 4 BFA-VG) erlassen. Wird der Fremde dann von Organen des öffentlichen Sicherheitsdienstes* angehalten, so ist dies dem BFA unverzüglich mitzuteilen und von diesem zu bestimmen, ob er in eine Erstaufnahmestelle oder Regionaldirektion vorzuführen ist. Die korrespondierende Bestimmung zum Festnahmeauftrag ist die **Festnahmeermächtigung** nach § 40 Abs 2 BFA-VG: Zum Zweck der Vorführung vor das BFA können Asylwerber von Organen des öffentlichen Sicherheitsdienstes festgenommen werden, wenn sie nicht zum Aufenthalt im Bundesgebiet berechtigt sind oder gegen sie ein Festnahmeauftrag erlassen worden ist. Als weitere Einschränkung der persönlichen Freiheit sieht § 40 Abs 6 BFA-VG vor, dass die Organe des öffentlichen Sicherheitsdienstes die im Rahmen des Flughafenverfahrens zurückgewiesenen Asylwerber **an der Einreise in das Bundesgebiet hindern** können.

Die Organe des öffentlichen Sicherheitsdienstes haben außerdem **Vorführungen** zur Erstaufnahmestelle zu machen (§§ 40, 43 und 45 BFA-VG), Fremde einer ersten **Befragung** zu unterziehen (§ 43 BFA-VG iVm § 19 Abs 1 AsylG), ihre Kleidung und mitgeführten Behältnisse zu **durchsuchen** (§ 38 BFA-VG), **Beweismittel und Bargeld sicherzustellen** (§ 39 BFA-VG) und **Datenträger** (zB Handy) **auszuwerten** (§§ 35a und 39a BFA-VG) sowie **erkennungsdienstliche Behandlungen** durchzuführen (§ 24 BFA-VG). Die Exekutivorgane dürfen weiters Verfahrenskarten (§ 50 AsylG), Aufenthaltsberechtigungskarten (§ 51 AsylG) und Karten für subsidiär Schutzberechtigte (§ 52 AsylG) abnehmen, welche das BFA dem Fremden entzogen hat (§ 46 BFA-VG).

Zur Durchsetzung dieser Befugnisse sind die Organe des öffentlichen Sicherheitsdienstes* zur Ausübung von **unmittelbarer Zwangsgewalt*** ermächtigt; die Organe haben den Betroffenen die Ausübung unmittelbarer Zwangsgewalt allerdings anzudrohen und anzukündigen (§ 47 Abs 1 BFA-VG).

Eine weitere Ermächtigung zu Freiheitsbeschränkungen enthält das FPG: Gegen einen Asylwerber kann vom BFA die **Schubhaft** zum Zwecke der Sicherung des Verfahrens zur Erlassung einer Rückkehrentscheidung, zur Erlassung einer Anordnung einer Außerlandesbringung oder zur Sicherung einer Abschiebung angeordnet werden (§ 76 Abs 2 FPG). Die Durchführung und die Dauer der Schubhaft richten sich nach den Bestimmungen des FPG. Allerdings sieht § 22 Abs 6 AsylG eine Verfahrensbeschleunigung vor: Befindet sich der Asylwerber in Schubhaft, so ist sein Verfahren vom BFA bzw BVwG vordringlich zu behandeln und schnellstmöglich, längstens jedoch binnen je drei Monaten zu entscheiden.

Nach VfSlg 17.891/2006 ist bei der Verfügung präventiver Freiheitsbeschränkungen der Grundsatz der Verhältnismäßigkeit besonders zu beachten. Die Ermächtigung des § 76

Abs 2 Z 4 FPG, wonach die Schubhaft verhängt werden kann, wenn (bloß) „anzunehmen" ist, dass der Antrag mangels Zuständigkeit Österreichs zurückgewiesen wird, ist daher verfassungskonform dahin gehend auszulegen, dass die Erforderlichkeit der Schubhaft und die Nichtanwendung gelinderer Mittel (§ 77 FPG) besonders zu prüfen und zu begründen sind. Das Vorliegen einer – wenn auch noch nicht rechtskräftigen – Ausweisung rechtfertigt für sich alleine betrachtet noch nicht die Verhängung oder Aufrechterhaltung der Schubhaft über einen Asylwerber (VfSlg 17.918/2006).

7. BVwG-Beschwerde

In Abweichung vom AVG bzw VwGVG regelt das BFA-VG die aufschiebende Wirkung von Beschwerden:
- Einer Beschwerde gegen eine Entscheidung, mit der ein Antrag auf internationalen Schutz zurückgewiesen wird, kommt eine **aufschiebende Wirkung nicht** zu (§ 16 Abs 2 BFA-VG). Die Entscheidung ist dann durchsetzbar, wobei allerdings das Ende der Rechtsmittelfrist abzuwarten ist (Abs 4).
- Einer Beschwerde gegen eine mit einer Antragszurückweisungsentscheidung verbundenen Aufenthaltsbeendigungsentscheidung kommt die **aufschiebende Wirkung** nur zu, **wenn** sie **vom BVwG zuerkannt** wird (§ 17 Abs 1 BFA-VG). Dieser ist binnen einer Woche ab Beschwerdevorlage die aufschiebende Wirkung zuzuerkennen, wenn anzunehmen ist, dass eine Zurückweisung, Zurückschiebung oder Abschiebung des Fremden in den Staat, in den die Ausweisung lautet, eine reale Gefahr einer Verletzung von Art 2 oder 3 EMRK oder des 6. oder 13. ZPEMRK bedeuten würde oder für ihn als Zivilperson eine ernsthafte Bedrohung des Lebens oder der Unversehrtheit infolge willkürlicher Gewalt im Rahmen eines internationalen oder innerstaatlichen Konfliktes mit sich bringen würde.
- Einer Beschwerde gegen die Asylantragsabweisung kann das **BFA** (§ 18 BFA-VG) die **aufschiebende Wirkung aberkennen,** wenn der Asylwerber aus einem sicheren Herkunftsstaat (§ 19 BFA-VG: alle anderen EU-Staaten sowie Australien, Island, Kanada, Liechtenstein, Neuseeland, Norwegen und die Schweiz; nach der HerkunftsstaatenV auch alle jugoslawischen Nachfolgestaaten [einschließlich Kosovo], Albanien, Mongolei, Ghana, Marokko, Algerien, Tunesien, Georgien, Armenien, Benin, Senegal, Namibia, Südkorea und Uruguay) stammt (Z 1), wenn schwerwiegende Gründe die Annahme rechtfertigen, dass der Asylwerber eine Gefahr für die öffentliche Sicherheit oder Ordnung darstellt (Z 2), wenn er das BFA über seine wahre Identität, seine Staatsangehörigkeit oder die Echtheit seiner Dokumente trotz Belehrung über die Folgen zu täuschen versucht hat (Z 3), wenn er keine Verfolgungsgründe vorgebracht hat (Z 4) oder seine Ausführungen zur Bedrohungssituation offensichtlich nicht den Tatsachen entsprechen (Z 5), wenn gegen den Asylwerber vor Stellung des Antrags auf internationalen Schutz eine durchsetzbare Ausweisung

und ein durchsetzbares Aufenthaltsverbot erlassen worden ist (Z 6) oder wenn er sich weigert, seine Fingerabdrücke abnehmen zu lassen (Z 7).

Das **BVwG** hat der Beschwerde, der die aufschiebende Wirkung vom BFA aberkannt wurde, binnen einer Woche ab Beschwerdevorlage mit Beschluss die **aufschiebende Wirkung zuzuerkennen**, wenn anzunehmen ist, dass eine Zurückweisung, Zurückschiebung oder Abschiebung des Fremden in seinen Herkunftsstaat eine reale Gefahr einer Verletzung von Art 2 oder 3 EMRK oder des 6. oder 13. ZPEMRK bedeuten würde oder für ihn als Zivilperson eine ernsthafte Bedrohung des Lebens oder der Unversehrtheit infolge willkürlicher Gewalt im Rahmen eines internationalen oder innerstaatlichen Konfliktes mit sich bringen würde (§ 17 BFA-VG).

Im Beschwerdeverfahren gilt ein **eingeschränktes Neuerungsverbot**. Nach § 20 BFA-VG dürfen neue Tatsachen und Beweismittel nur vorgebracht werden, wenn sich der Sachverhalt, der der Entscheidung zu Grunde gelegt wurde, nach der Entscheidung erster Instanz maßgeblich geändert hat, wenn das Verfahren erster Instanz mangelhaft war, wenn diese dem Asylwerber bis zum Zeitpunkt der Entscheidung erster Instanz nicht zugänglich waren oder wenn der Asylwerber nicht in der Lage war, diese vorzubringen. Am Verfahren vor dem BVwG (vgl insb § 21 BFA-VG) nimmt auch das BFA teil und kann dort Anträge und Fragen stellen. Eine **mündliche Verhandlung kann unterbleiben** bei der Zuerkennung der aufschiebenden Wirkung einer Beschwerde und bei Beschwerden gegen zurückweisende Entscheidungen im Zulassungsverfahren (§ 21 Abs 6a BFA-VG) sowie, wenn der Sachverhalt aus der Aktenlage geklärt erscheint (§ 21 Abs 7 BFA-VG). Der VwGH (28.05.2014, 2014/20/0017) hat dafür folgende Kriterien genannt: Sachverhaltserhebung in einem ordentlichen Ermittlungsverfahren, Aktualität des erhobenen Sachverhalts, Vollständigkeit der Sachverhaltserhebung, Offenlegung der tragenden Beweiswürdigung durch das BFA (und gleiches Beweiswürdigungsergebnis des BVwG), kein substanziiertes neues Sachverhaltsvorbringen in der Beschwerde. Wird einer Beschwerde gegen eine Entscheidung des BFA über das **Zulassungsverfahren** stattgegeben, so gilt das Asylverfahren als zugelassen (§ 21 Abs 3 BFA-VG).

Das BVwG überprüft ferner die Aufhebung des faktischen Abschiebungsschutzes in Fällen von Folgeanträgen (§ 22 BFA-VG).

8. Datenverwendung

Die §§ 23 ff BFA-VG enthalten eine Reihe von **Sonderbestimmungen**, die tw Abweichungen vom und tw Ergänzungen zum **SPG bzw DSG** enthalten. In bestimmten Fällen ist eine **erkennungsdienstliche Behandlung** (vgl § 64 SPG; → *Sicherheitspolizeirecht*) von Fremden vorgesehen (§ 24 BFA-VG). Es besteht eine **besondere Mitwirkungspflicht**; auch eine zwangsweise Vorführung zur erkennungsdienstlichen Behandlung ist zulässig (§ 25 BFA-VG). Die **Verwendung, Übermittlung und Löschung erkennungsdienstlicher Daten** sind besonders geregelt (zentrale Verfahrensdatei, Informationsverbund, internationaler Datenverkehr etc).

9. Grundversorgung

Die **Grundversorgung** umfasst die Bereitstellung elementarer Leistungen (Unterbringung, Verpflegung, Taschengeld, medizinische Untersuchung etc; vgl Art 6 GVV), um Asylwerbern einen materiellen Mindeststandard zu gewährleisten. Diese Leistungen erhalten Fremde im Zulassungsverfahren und im zugelassenen Verfahren, Fremde mit negativem Asylbescheid, die aus rechtlichen oder tatsächlichen Gründen nicht abgeschoben werden können, sowie Fremde, deren Asylantrag zurück- oder abgewiesen wurde, solange sie in einer Bundesbetreuungseinrichtung (vgl die Auflistung in der Bundesbetreuungseinrichtungen-BetretungsV) untergebracht sind. Auf die Gewährung der Leistungen besteht ein **Rechtsanspruch**, doch können diese auch eingeschränkt, unter Auflagen gewährt oder entzogen werden. Grundvoraussetzung für die Leistungsgewährung ist die Hilfsbedürftigkeit (vgl Art 2 Abs 1 GVV).

Das **BFA** ist für die Verwaltungsverfahren nach dem GVG-B die zuständige Behörde erster Instanz; über Beschwerden entscheidet das **BVwG**; der BMI kann Revision an den VwGH erheben. Die Grundversorgungsleistungen des Bundes werden seit 2021 von der „Bundesagentur für Betreuungs- und Unterstützungsleistungen" (BBU) organisiert. Die landesrechtlichen Vorschriften werden idR von der **LReg** bzw der **BVB** vollzogen; Beschwerdeinstanz ist das **LVwG**. Oftmals werden Grundversorgungsleistungen aber auch im Rahmen der Privatwirtschaftsverwaltung* erbracht (und nur bei Nichtgewährung, Einschränkung oder Entziehung auf die bescheidförmige Erledigung zurückgegriffen).

10. Behörden und Verfahren

Als **Asylbehörde erster und letzter Instanz** ist als zentrale Sonderbehörde das **Bundesamt für Fremdenwesen und Asyl (BFA)** eingerichtet. Den Regionaldirektionen des BFA kommt keine eigene Behördenqualität zu. Auch die Erstaufnahmestellen sind Teil des BFA (§ 4 BFA-G). Gem § 1 BFA-G-DV bestehen derzeit drei Erstaufnahmestellen: „Ost" (Traiskirchen), „West" (Thalham/St. Georgen im Attergau) und „Flughafen" (Schwechat). Dem BFA obliegt auch der Informationsaustausch in „Dublin-Verfahren" sowie die Führung der öffentlich zugänglichen „Staatendokumentation" (§ 5 BFA-G: Erfassung der relevanten Tatsachen zur Situation in den betreffenden Staaten).

Gegen Bescheide des BFA oder gegen die Verletzung der Entscheidungspflicht durch das BFA kann **Beschwerde an das BVwG** eingebracht werden (§ 7 BFA-VG).

Der BMI kann gegen die BVwG-Erkenntnisse oder -Beschlüsse beim VwGH Revision erheben (§ 8 BFA-VG).

Grundsätzlich ist in Asylverfahren das AVG anzuwenden (Art I Abs 2 EGVG). Es bestehen jedoch **zahlreiche besondere Verfahrensbestimmungen**. Diese müssen in Hinblick auf Art 11 Abs 2 B-VG zur Regelung des Gegenstandes unerlässlich sein (VfSlg 15.218/1998).

Vom AVG bzw VwGVG abweichend geregelt sind im AsylG etwa
- die **Handlungsfähigkeit von Minderjährigen** (§ 10 BFA-VG),
- die **Einbringung von Anträgen** (§ 17 AsylG: nicht schriftlich),
- die **Unzulässigkeit der Antragszurückziehung** (§ 25 Abs 2 AsylG),
- die **Fremdsprachenregelungen** (zB § 17 Abs 9 AsylG: Merkblatt über Pflichten und Rechte; § 12 BFA-VG: Spruch und Rechtsmittelbelehrung in einer dem Asylwerber verständlichen Sprache),
- die Stellung der **Traumatisierten** und der **Opfer von Eingriffen in die sexuelle Selbstbestimmung** (§§ 20 und 30 AsylG),
- die besondere **Verfahrensstellung des Flüchtlingshochkommissars** der Vereinten Nationen (UNHCR; § 63 AsylG),
- die (idR kostenlose) zur Seite Stellung eines **Rechtsberaters** (§§ 49 ff BFA-VG),
- besondere **Mitwirkungspflichten** (§ 15 AsylG),
- das **Beweisverfahren** im Asylverfahren (zB Vernehmung durch entscheidenden Organwalter: § 19 Abs 2 AsylG),
- die Möglichkeit **radiologischer Untersuchungen** zur Feststellung der Minderjährigkeit (§ 13 Abs 3 BFA-VG),
- die vielfach **verkürzten Entscheidungsfristen** (§ 22 Abs 6, § 27 Abs 8, § 33 Abs 4 AsylG; § 21 Abs 2a BFA-VG),
- die **Verfahrenseinstellung** wegen Abwesenheit des Asylwerbers (§ 24 AsylG),
- die zT verkürzten **Rechtsmittelfristen** (§ 16 Abs 1 BFA-VG, § 33 Abs 3 AsylG; zur Unzulässigkeit einer zweitägigen Berufungsfrist im Asylverfahren vgl VfSlg 15.218/1998, 15.369/1998, 15.520/1999),
- der **Ausschluss der aufschiebenden Wirkung** von Beschwerden (§§ 16 ff BFA-VG),
- das eingeschränkte **Neuerungsverbot** im Beschwerdeverfahren (§ 20 Abs 1 BFA-VG),
- das **Beschwerdeverfahren vor dem BVwG**, wo uU eine mündliche Verhandlung unterbleiben kann (§ 21 Abs 7 BFA-VG; vgl allerdings VwGH 28.05.2014, 2014/20/0017).
- Darüber hinaus gelten zustellrechtliche Sondervorschriften (zB § 11 BFA-VG).

Susanne Bachmann

Staatsbürgerschaftsrecht

Rechtsgrundlagen

Kompetenzgrundlagen

Art 11 Abs 1 Z 1 B-VG („Staatsbürgerschaft").

Verfassungsrechtliche Bezüge

Art 6 Abs 1 B-VG (einheitliche Staatsbürgerschaft); Art III B-VGNov 1988 BGBl 685 (Teilung in Bundes- und Landesbürgerschaft erst durch besondere bundesverfassungsrechtliche Regelung); Art 6 Abs 2 B-VG (Landesbürgerschaft);

Bestimmungen über die Landesbürgerschaft in den Landesverfassungen: Art 5 bgld L-VG, Art 3 nö LV, Art 3 oö L-VG, Art 4 sbg L-VG, Art 3 stmk L-VG, Art 3 tir LO, Art 3 vlbg L-VG.

Europarechtliche Bezüge

Art 18 bis 25 AEUV („Nichtdiskriminierung und Unionsbürgerschaft"); Art 21 Abs 2 GRC (Nichtdiskriminierung); Art 39 ff GRC (Bürgerrechte).

Völkerrechtliche Bezüge

UN-Konvention vom 20.02.1957 über die Staatsbürgerschaft der verheirateten Frau (BGBl 238/1968 idF 445/1983, tw gesetzändernd), UN-Konvention vom 30.08.1961 zur Verminderung der Staatenlosigkeit (BGBl 538/1974 idF III 47/2022, mit Erfüllungsvorbehalt ratifiziert), Europarat-Konvention vom 06.05.1963 über die Verminderung der Fälle mehrfacher Staatsangehörigkeit und über die Militärdienstpflicht in Fällen mehrfacher Staatsangehörigkeit (BGBl 471/1975 idF III 9/2019, gesetzändernd), Europarat-Konvention über Staatsangehörigkeit (BGBl III 39/2000 idF 163/2017, gesetzändernd und gesetzesergänzend), Übereinkommen über die Rechtsstellung der Staatenlosen (BGBl III 81/2008 idF III 44/2022), Übereinkommen des Europarates über die Vermeidung von Staatenlosigkeit in Zusammenhang mit Staatennachfolge (BGBl III 146/2010 idF III 186/2017).

Dazu kommen bilaterale Verträge, zB das Abkommen mit Dänemark über den Austausch von Einbürgerungsmitteilungen (BGBl 40/1964).

Gesetze und sonstige Rechtsgrundlagen

StaatsbürgerschaftsG (StbG) 1985, BGBl 311/1985 idF I 83/2022; StaatsbürgerschaftsV 1985, BGBl 329/1985 idF II 280/2022; StaatsbürgerschaftsprüfungsV BGBl II 138/2006 idF II 260/2013; StaatsbürgerschaftsprüfungsV der Länder, zB oö Verordnung über die Prüfung der Grundkenntnisse der Geschichte Oberösterreichs, LGBl 53/2006; V über das Verfahren zur Erlangung einer Bestätigung gem § 10 Abs 6 StbG BGBl II 39/2014.

Literaturauswahl

Monografien – Kommentare

Ecker/Kind/Kvasina/Peyrl, StbG 1985 – Staatsbürgerschaftsgesetz 1985 (2017); *Fasching*, Staatsbürgerschaftsrecht im Wandel (2015); *Fessler C./Fessler P./Pfandner* (Hrsg), Staatsbürgerschaftsrecht (2018); *Eberwein/Esztegar/Plunger* (Hrsg), StbG – Staatsbürgerschaftsgesetz sowie Artikel 20–25 AEUV (2017); *Thienel*, Österreichisches Staatsbürgerschaftsrecht I: Historische Entwicklung und völkerrechtliche Grundlagen (1989), II: Verfassungsrechtliche Grundlagen und materielles Staatsbürgerschaftsrecht (1990); [*Ohne Autor*], Staatsbürgerschaftsgesetz, Texte Materialien Judikatur[9] (2022).

Beiträge

Feik, Unionsbürgerschaft und Aufenthaltsrecht, in Wiederin (Hrsg), Neue Perspektiven im Ausländerrecht (1996) 7; *Feik*, Staatsbürgerschaft als Mittel oder als Folge der Integration einer nichtösterreichischen Person, JRP 2003, 96; *Gruber M./Novak M.*, Maßgebliche Judikatur zum Aufenthalts- und Staatbürgerschaftsrecht des Jahres 2020, in Filzwieser/Kasper, Asyl- und Fremdenrecht Jahrbuch 2021, 55; *Hinghofer-Szalkay*, Zentrales Personenstandsregister und Zentrales Staatsbürgerschaftsregister, SIAK-Journal 2013/1, 55; *Mankowski*, Das Staatsangehörigkeitsprinzip, IPRax 2017, 130; *Novak*, Grundsätze des österreichischen Staatsbürgerschaftsrechts, ZÖR 19 (1969) 145; *Pöschl*, Wahlrecht und Staatsbürgerschaft, in FS Schäffer (2006) 633; *Raschauer*, „Ermessen" als abwägungsgebundene Rechtsanwendung, in FS Winkler (1997) 881; *Schick/Wiederin*, Landesbürgerschaft, Gemeindemitgliedschaft und Bundesverfassung – Überlegungen zum Wohnsitzbegriff des B-VG, ÖJZ 1998, 6; *Thienel*, Strukturfragen des Staatsbürgerschaftsrechts, in Walter/Jabloner (Hrsg), Strukturprobleme des öffentlichen Rechts, GS Ringhofer (1995) 165; *Thienel* in Korinek/Holoubek (Hrsg), Bundesverfassungsrecht, Art 6 B-VG (1. Lfg 1999); *Thienel*, Staatsangehörigkeit und Wahlrecht im sich einigenden Europa: Das „Volk" im Sinne des Art 3 1. ZPEMRK, in FS Öhlinger (2004) 356; *Wagner A.*, Staatsangehörigkeit aufräumen. Ausgewählte Aspekte in der Debatte um ein zeitgemäßes Staatsbürgerschaftsgesetz, juridicum 2020, 249; *Wiederin*, Staatsbürgerschaftsrecht in Europa: Elemente und Entwicklungen, ZÖR 2009, 421; *ÖStA* „Österreichisches Standesamt", Fachzeitschrift für Personenstands-, Ehe- und Staatsbürgerschaftsrecht (1946 ff).

Rechtsprechung

VfSlg 2455/1952, 10.036/1984 (Verhältnis Landesbürgerschaft – Staatsbürgerschaft), VfSlg 17.264/2004 (Kein Ausländerwahlrecht auf Bezirksebene in Wien), VfSlg 18.314/2007 (Verhalten beim Händereichen kein ausreichender Grund für die Nichtverleihung der Staatsbürgerschaft), VfSlg 18.465/2008 (Niederlassungserfordernis für die Verleihung der Staatsbürgerschaft an minderjährige Wahlkinder von Auslandsösterreichern verfassungswidrig), VfSlg 19.596/2011 (Kind aus Leihmutterschaft in den USA erwirbt Staatsbürgerschaft kraft Abstammung), VfSlg 19.704/2012, 19.766/2013, 19.842/2014 (Gleichbehandlung von unehelichen und ehelichen Kindern beim Erwerb der Staatsbürgerschaft nach dem Vater), VfSlg 20299/2018 (nicht verifiziertes, angebliches türkisches Wählerverzeichnis keine Grundlage für die Entziehung der ö Staatsbürgerschaft) VwGH 30.01.2018, Ra 2018/01/0003 (Erwerb der ö Staatsbürgerschaft führt zum Verlust der Adelstitel); VwGH 22.03.2018, Ra 2018/01/0045 (Verlust der Staatsbürgerschaft tritt auch bei unverschuldetem Irrtum über die Auswirkungen des Erwerbs einer fremden Staatsangehörigkeit ein).

EuGH 07.07.1992, C-369/90 (Micheletti) (nationale Kompetenz zur Regelung der Staatsbürgerschaft unter Beachtung des EU-Rechts); EuGH 20.02.2001, C-192/99 (Kaur) (keine automatische Unionsbürgerschaft für Angehörige ehemaliger Kolonien, die ex lege die Staatsangehörigkeit eines Mitgliedstaates erworben haben); EuGH 02.03.2010, C-135/08 (Rottmann) (Zulässigkeit des Wiederentzugs einer Staatsbürgerschaft mit Verlust der Unionsbürgerschaft); EuGH 08.03.2011, C-34/09 (Ruiz Zambrano) (Eltern eines Kindes mit Staatsangehörigkeit eines Mitgliedstaates haben das Recht, in dem Mitgliedstaat zu leben und zu arbeiten); EuGH 25.02.2016, C-299/14 (García-Nieto u.a.) (Zulässigkeit des Ausschlusses von Sozialhilfe für EU-Bürger innerhalb der ersten drei Aufenthaltsmonate); EuGH 12.3.2019 C-221/17 (Tjebbes) (Spielraum eines Mitgliedstaates bzgl Art 20 AEUV und 7 GRC bei Erwerb/Verlust der Staatsbürgerschaft); EuGH 18.01.2022, C-118/20 (JY gg wr LReg) (Verwaltungsübertretungen kein Grund für Verweigerung der Staatsbürgerschaft nach Zusicherung).

EGMR 11.10.2011, 53124/09 (Genovese gg Malta) (Verweigerung der Staatsbürgerschaft durch Geburt nur wegen Unehelichkeit verletzt Art 8 iVm Art 14 EMRK).

I. Regelungsgegenstand und -ziele

In der Staatslehre sind drei Elemente für die Existenz eines Staates notwendig: Staatsgewalt, Staatsgebiet und Staatsvolk. Das Staatsvolk bilden im Wesentlichen jene Menschen, die der Rechtsordnung des Staates unterliegen. Nur ein Teil davon, die **Staatsbürger**, sind besonderen Rechten und Pflichten unterworfen. Man kann „österr Staatsbürgerschaft" auch als einen alle Staatsangehörigen im völkerrechtlichen Sinn umfassenden, einheitlichen Status definieren, der die Zugehörigkeit zur Republik Österreich bezeichnet (*Thienel*, Staatsbürgerschaftsrecht II, 20).

Das Staatsbürgerschaftsrecht legt fest, unter welchen Voraussetzungen die **Staatsbürgerschaft erworben bzw verloren** wird und regelt das dazugehörende Verfahren. Rechtlich bedeutsam wird die Staatsbürgerschaft erst als Anknüpfungspunkt für Rechte und Pflichten in anderen Rechtsmaterien: ZB gilt der verfassungsgesetzlich normierte Gleichheitssatz nur für Staatsbürger, nur Staatsbürgern kommt das Wahlrecht auf Bundes- und Landesebene zu und nur Staatsbürger unterliegen der Wehrpflicht bzw können dazu berufen werden, das Amt eines Schöffen oder Geschworenen auszuüben, nur Staatsbürger erhalten einen österr Reisepass. Anderseits gibt es rechtliche Regelungen, denen nur Fremde – das sind Personen, die die österr Staatsbürgerschaft nicht besitzen (§ 2) – unterliegen, zB das FPG, das AsylG (→ *Fremdenrecht*).

Die rechtliche Relevanz der Unterscheidung in Staatsbürger und Fremde wurde durch den EU-Beitritt erheblich verringert. Im Anwendungsbereich des EU-Rechts bzw des EWRA sind nun durch das Diskriminierungsverbot (Art 18 AEUV) Unions- bzw EWR-Bürger österr Staatsbürgern gleichgestellt (zB beim Erwerb eines Gewerbescheins).

2006 wurden die Bestimmungen über die Erlangung der Staatsbürgerschaft insgesamt restriktiver gestaltet, das für die Einbürgerung notwendige Deutschniveau erhöht und die Notwendigkeit von Grundkenntnissen der demokratischen Ordnung, der Geschichte Österreichs und des jeweiligen Bundeslandes eingeführt. 2013 wurden ein Zentrales Staatsbürgerschaftsregister (ZSR) und ein neuer Verleihungstatbestand mit verkürzter Aufenthaltsdauer für besonders gut integrierte Fremde geschaffen sowie die staatsbürgerschaftsrechtliche Gleichbehandlung von unehelichen und ehelichen Kindern und weitere Erleichterungen normiert. 2018 wurde das StbG an die DSGVO angepasst; 2020 wurde auch den Nachkommen von in der NS-Zeit Vertriebenen die Einbürgerung erleichtert.

II. Verfassungsrechtliche Bezüge

1. Kompetenzrechtliche Bestimmungen

Art 11 Abs 1 Z 1 B-VG weist die Gesetzgebung in Angelegenheiten der Staatsbürgerschaft dem Bund zu, die Vollziehung den Ländern.

2. Grundrechtliche Bestimmungen

Heute stehen **Menschenrechte** (Grundrechte) jedem Menschen unabhängig von seiner Staatsbürgerschaft zu. Staatsbürgerrechte stammen vorwiegend aus dem 19. Jahrhundert (zB Staatsgrundgesetz über die allgemeinen Rechte der Staatsbürger 1867). Sog **Staatsbürgerrechte** (in Verfassungsrang gewährleistete Rechte für Staatsbürger) sind va die Aufenthalts-, Liegenschafts- und Erwerbsfreiheit (Art 6 StGG), politische Grundrechte (Wahlrecht), das Recht, nicht aus(durch)geliefert zu werden (§§ 12, 44 Auslieferungs- und RechtshilfeG iVm § 5 EU-JZG betr Europäischen Haftbefehl), das Recht auf Einreise in das Inland und Schutz vor Ausweisung (Art 3 4. ZPEMRK), die Rechte der Minderheiten (Art 6 StV v Wien, Art 63 ff StV v St. Germain) und der Gleichheitsgrundsatz (im BVG über das Verbot rassischer Diskriminierung BGBl 390/1973 wird nunmehr in stRsp ein Sachlichkeitsgebot für Fremde untereinander gesehen [zB VfSlg 14.694/1996, 15.528/1999; *Thienel*, Staatsbürgerschaftsrecht II, 75]), das inzwischen aber auch die Differenzierung zwischen Staatsbürgern und Fremden in Richtung eines allgemeinen Diskriminierungsverbotes mehr und mehr beseitigt.

Der **Beitritt zur EU** hat bewirkt, dass manche bisher Staatsbürgern vorbehaltene Grundrechte auf EU-Bürger ausgedehnt wurden, sofern es sich um einen EU-rechtlich relevanten Sachverhalt handelt. ZB ist der Zugang zu öffentlichen Ämtern außerhalb der Hoheitsverwaltung weitgehend für EU-Bürger geöffnet worden. Ebenso hat das **Diskriminierungsverbot** des Art 18 AEUV Auswirkungen auf das Recht auf Erwerbsfreiheit gem Art 6 StGG. Vereinzelt kann es dadurch sogar zu einer Benachteiligung von Inländern kommen, weil die Rechtslage bei grenzüberschreitenden Sachverhalten günstiger sein kann als bei rein innerstaatlichen (**Inländerdiskriminierung**). Aus Sicht der EU sind innerstaatliche Sachverhalte allein den Mitgliedstaaten zur Regelung überlassen. Der VfGH betrachtet es jedoch als gleichheitswidrig, wenn Inländer gegenüber Ausländern ohne sachliche Rechtfertigung benachteiligt werden (VfSlg 15.683/1999 und 14.963/1999 betr Nachsicht von Nachweisen im Gewerberecht, 18.027/2006 betr Grundverkehr).

3. Bundesbürgerschaft – Landesbürgerschaft

Art 6 Abs 1 B-VG legt für Österreich eine **einheitliche Staatsbürgerschaft** fest. Die Unterteilung in eine Bundes- und eine Landesbürgerschaft behält Art III B-VGNov 1988 einer „besonderen bundesverfassungsrechtlichen Regelung" vor. Art 6 Abs 2 B-VG bestimmt, dass jene Staatsbürger, die in einem Land ihren Hauptwohnsitz* bzw Wohnsitz* (je nach landesgesetzlicher Regelung) haben, auch dessen Landesbürger sind. Diese Bestimmung hat keine staatsbürgerschaftsrechtliche Bedeutung, sie dient bislang nur zur Umschreibung der Legitimation für die Ausübung politischer Rechte in einem Bundesland (zB Wahlrecht, Teilnahme an Volksabstimmungen; zum Kommunalwahlrecht von Unionsbürgern vgl Art 20 AEUV, Art 117 Abs 2 B-VG und die Gemeindewahlordnungen der Länder). Darüber hinausgehende Differenzierungen (denkbar wäre zB die Gewährung sozialer Unterstützung nur an Landesbürger) unterliegen dem Gebot einer sachlichen Rechtfertigung nach dem Gleichheitssatz des Art 7 B-VG (RV zur B-VGNov 1988, 607 BlgNR XVII. GP, 6; zB VfGH 07.03.2018, G 136/2017 Aufhebung der Differenzierungen bei der nö Mindestsicherung).

III. Europarechtliche Bezüge

Art 18 bis 25 AEUV begründen die „**Unionsbürgerschaft**". Jeder Staatsangehörige eines EU-Mitgliedstaates ist zugleich Unionsbürger. Die EU sieht für Unionsbürger einen Katalog von Rechten vor, wie freier Aufenthalt in den Mitgliedstaaten, aktives und passives Wahlrecht auf Gemeindeebene und zum

EP, konsularischer bzw diplomatischer Schutz in Drittländern durch die Vertretungen jedes EU-Mitgliedstaates, das Petitionsrecht beim EP und das Recht, sich an den Bürgerbeauftragten der EU zu wenden, wirtschaftliche Betätigungsrechte, zB die Niederlassungsfreiheit* und das Diskriminierungsverbot*. Die Frage, ob eine Person die Staatsangehörigkeit eines Mitgliedstaates besitzt, wird weiterhin ausschließlich auf der Grundlage des Rechts des betreffenden Mitgliedstaates beurteilt. Die EU-Rechtmäßigkeit des Verlusts der Unionsbürgerschaft nach Staatenlosigkeit wegen Erschleichung der Staatsbürgerschaft stellte der EuGH im Fall *Rottmann* fest (EuGH 02.03.2010, C-135/08). Eine Ungleichbehandlung in Bezug auf soziale Leistungen wird seit einiger Zeit auch für zulässig erachtet (zB EuGH 25.02.2016, C-299/14, dagegen EuGH 16.06.2022, C-328/20 Aufhebung der österr Differenzierung bei der Familienbeihilfe). Eine Verhältnismäßigkeitsprüfung in Bezug auf die Folgen des Verlusts der Staatsbürgerschaft verlangt der EuGH im Fall *Tjebbes* ua (12.03.2019, C-221/17).

IV. Grundsätze des Staatsbürgerschaftsrechts

Das Staatsbürgerschaftsrecht ist von folgenden **Grundsätzen** bestimmt:
- **ius sanguinis** beim Erwerb der Staatsbürgerschaft: Die Staatsbürgerschaft wird grundsätzlich durch Abstammung von österr Staatsbürgern und nicht durch Geburt in Österreich (ius soli) erworben;
- **Vermeidung von Doppel- bzw Mehrfachstaatsbürgerschaften** im Einklang mit völkerrechtlichen Verträgen, um Interessenkonflikte, zB bei der Wehrpflicht, hintanzuhalten, ebenso Vermeidung von Staatenlosigkeit, um daraus resultierende Nachteile zu verhindern;
- **Gleichbehandlung von Mann und Frau sowie ehelichen und unehelichen Kindern**: Dieses Prinzip drückt sich va durch Gleichstellung beim Erwerb der Staatsbürgerschaft durch Abstammung und nach der Eheschließung aus;
- **Privatautonomie** (*Novak*) bzw staatsbürgerschaftsrechtliche Selbstständigkeit (*Thienel*): Der Wille des Einzelnen bestimmt das Verfahren weitgehend, behördliches Ermessen und Abhängigkeit von Familienangehörigen werden abgebaut;
- **Familieneinheit** in der Staatsbürgerschaft: Es sollen möglichst alle in einem Haushalt lebenden Familienmitglieder die gleiche Staatsbürgerschaft besitzen;
- Grundsatz der **engeren Beziehung zu Österreich** (*Thienel*): Die Einbürgerung eines Fremden soll der Abschluss eines Assimilierungsprozesses und nicht Mittel zur Integration sein. Dies zeigt sich einerseits darin, dass der Erwerb der Staatsbürgerschaft regelmäßig an eine Reihe von Voraussetzungen geknüpft ist, die eine nähere Beziehung zu Österreich sicher-

stellen sollen, während die Lockerung der Beziehungen zu Österreich zum Verlust der Staatsbürgerschaft führen kann; andererseits ist deren Beibehaltung ausnahmsweise trotz Erwerbs einer zweiten Staatsangehörigkeit gestattet, wenn noch Beziehungen zu Österreich bestehen.

V. Erwerb der Staatsbürgerschaft

Die Staatsbürgerschaft kann durch Abstammung, Verleihung oder Anzeige erworben werden (§ 6). In Österreich wurden 2019 10.606 Personen eingebürgert.

1. Erwerb durch Abstammung

a) Diese auch „Prinzip des ius sanguinis" genannte Erwerbsart bedeutet, dass ein Kind **mit der Geburt ex lege Staatsbürger wird, wenn ein Elternteil** zu diesem Zeitpunkt **Staatsbürger** ist bzw zum Zeitpunkt des Todes Staatsbürger war (§ 7).

b) Der Abstammung ist die **Legitimation** gleichgestellt. Ein minderjähriger lediger Fremder erwirbt mit dem Akt, der die Legitimation bewirkt (Eheschließung der Eltern, Ehelicherklärung), die Staatsbürgerschaft, wenn der Vater Österreicher ist oder am Tag seines Ablebens Staatsbürger war. Nach vollendetem 14. Lebensjahr muss der Legitimierte grundsätzlich dem Erwerb der Staatsbürgerschaft zustimmen (§ 7a).

> Durch **Adoption** wird die Staatsbürgerschaft nicht ex lege erworben, es besteht jedoch ein Anspruch auf Verleihung nach § 12 Abs 1 Z 3 bei Erfüllung bestimmter Verleihungsvoraussetzungen (s V.2.a) und bei Kindern unter 14 Jahren (§ 11b).

c) Kinder, die im Alter bis zu sechs Monaten auf österr Staatsgebiet gefunden werden (**Findelkinder**), **gelten als Staatsbürger durch Abstammung** (widerlegliche **Rechtsvermutung**) (§ 8). Die Betroffenen erwerben die Staatsbürgerschaft eigentlich aufgrund eines „ius soli" (durch Geburt im Staat).

> Zur Feststellung des Alters und des Namens von Findlingen sieht das PStG ein eigenes Verfahren vor (§ 34 PStG): Der LH bestimmt zum Zweck der Eintragung in das Zentrale Personenstandsregister – nach Mitteilung des Standesbeamten über das wahrscheinliche Alter des Kindes und sonstige Ermittlungsergebnisse – Namen sowie Tag und Ort der Geburt der betreffenden Person.

d) Wenn sonst die Staatsbürgerschaft einer Person nicht geklärt werden kann, ist Staatenlosigkeit anzunehmen (§ 3 StbG, ca 12.000 Betroffene).

2. Erwerb durch Verleihung

Auf diesem Weg erwerben va Fremde, die sich in Österreich niedergelassen haben und sich nun zur Gänze integrieren wollen, die Staatsbürgerschaft. Die Verleihung kann entweder Ergebnis einer **Ermessensentscheidung** sein (§ 10) oder auf einem **Rechtsanspruch** beruhen (§§ 11a ff). In jedem Fall müssen grundsätzlich die allgemeinen Verleihungsvoraussetzungen gegeben sein, darüber hinaus hat der Fremde je nach Rechtsgrundlage für die Verleihung der Staatsbürgerschaft im Einzelnen besondere Erfordernisse zu erfüllen.

a) Allgemeine Verleihungsvoraussetzungen

Die allgemeinen Voraussetzungen für eine Verleihung der Staatsbürgerschaft (§ 10 Abs 1 Z 1 bis 8, Abs 2 und Abs 3) können wie folgt gruppiert werden:
- Bestimmte Dauer eines rechtmäßigen und ununterbrochenen **Aufenthaltes in Österreich**, wovon der Fremde mindestens fünf Jahre niedergelassen sein muss (dazu sind neben subjektiven auch objektive Kriterien notwendig, VwGH 21.01.2010, 2008/01/0285). Dazu zählen Aufenthalte mit oder ohne Visum, aufgrund einer Legitimationskarte oder eines Aufenthaltstitels nach § 8 NAG (→ *Fremdenrecht*). Nach dem NAG ist Niederlassung der Aufenthalt in Österreich zur Begründung eines länger als sechs Monate bestehenden Wohnsitzes, eines Mittelpunktes der Lebensinteressen bzw zur Aufnahme einer nicht nur vorübergehenden Erwerbstätigkeit (Zeiten aufgrund einer Aufenthaltsbewilligung gelten ausdrücklich nicht als Niederlassung). Es gibt verschiedene Aufenthaltstitel, die nach genau umschriebenen Voraussetzungen vergeben werden (zB Rot-Weiß-Rot-Karte, §§ 41 ff NAG), weiters erleichterte Bestimmungen für EWR- und Schweizer Bürger und deren Angehörige.
Die Wohnsitzfrist wird **unterbrochen durch** eine **durchsetzbare Rückkehrentscheidung** oder ein rechtskräftiges **Aufenthaltsverbot** (→ *Fremdenrecht*) oder einen mehr als sechsmonatigen, ununterbrochenen **Aufenthalt** in einer Strafanstalt oder einer **Anstalt** für geistig abnorme oder entwöhnungsbedürftige Rechtsbrecher oder für gefährliche Rückfallstäter (§ 15) oder wenn sich der Fremde mehr als 20% der Zeitspanne außerhalb des Bundesgebietes aufgehalten hat. Der rechtskräftige Bescheid über das Aufenthaltsverbot bzw der tatsächliche Aufenthalt in einer eben genannten Anstalt haben Tatbestandswirkung*.
- **Fehlen einer inländischen Verurteilung, Fehlen einer ausländischen Verurteilung, Fehlen eines anhängigen Strafverfahrens** (§ 10 Abs 1 Z 2 bis 4). Nur rechtskräftige – in einer Strafregisterauskunft aufscheinende – Verurteilungen zu einer Freiheitsstrafe wegen eines Vorsatzdeliktes bzw zu einer Freiheitsstrafe wegen eines Finanzvergehens stehen einer Einbürgerung entgegen (auch Jugendstraftaten, § 10 Abs 1a). Bei anhängigen Strafverfahren ist die Strafdrohung relevant. Wenn ein ausländisches Gericht die Verurteilung ausgesprochen hat, hat sie im österr Staatsbürgerschaftsverfahren nur dann Bedeutung, wenn die Tat auch im Inland ge-

richtlich strafbar ist und das zugrunde liegende Verfahren Art 6 EMRK entsprochen hat (Vorfrage*).
- Die Verleihung darf die **internationalen Beziehungen** Österreichs **nicht wesentlich beeinträchtigen**.
- Der Fremde muss nach seinem bisherigen (politischen) Verhalten Gewähr für eine **bejahende Einstellung zu Österreich** (§ 10 Abs 1 Z 6) und auch dafür bieten, dass er keine Gefahr für die öffentliche Ruhe, Ordnung und Sicherheit oder sonstige in Art 8 Abs 2 EMRK genannte öffentliche Interessen darstellt. Er darf **weiters nicht solche Beziehungen zu fremden Staaten** haben, dass die Verleihung der österr Staatsbürgerschaft **die Interessen Österreichs schädigt** (§ 10 Abs 1 Z 8). Die Behörde darf hier bei ihrer Entscheidung auch getilgte Verurteilungen berücksichtigen, weil das Gesamtverhalten des Fremden beurteilt werden soll und nicht auf formelle Kriterien abgestellt wird (VwGH 16.07.2014, 2013/01/0115), der Antragsteller ist jedoch nicht verpflichtet, diese anzugeben (VwGH 11.11.1997, 96/01/0967).

In Zeitungsartikeln geäußerte Kritik an österr Organträgern führt nicht notwendig zu einem Ausschluss von der Verleihung der Staatsbürgerschaft nach Z 6 (VwSlg 12.416 A/1987). Mangelnder Fleiß beim Studium bzw mangelnde Arbeitsmoral können bei der Beurteilung des Gesamtverhaltens berücksichtigt werden (VwGH 07.09.2000, 97/01/0112). Bigamie wurde wegen Verletzung der geschützten Grundwertungen des ö Rechts als Verleihungshindernis gem § 10 Abs 6 gesehen (VwGH 14.12.2018, Ra 2018/01/0406), ebenso die Vorlage eines verfälschten Reisepasses (VwGH 10.04.2008, 2005/01/0013) und das Lenken eines Kraftfahrzeuges ohne Berechtigung zusammen mit anderen Verkehrsdelikten über einen längeren Zeitraum (zB VwGH 23.12.2019, Ra 2019/01/0397).

- Der **Lebensunterhalt** des Fremden muss hinreichend **gesichert** oder aus von ihm nicht zu vertretenden Gründen nicht sicherbar sein (§ 10 Abs 1 Z 7; zB wegen einer Behinderung oder Krankheit § 10 Abs 1b). Diese Voraussetzung ist erfüllt, wenn der Fremde feste und regelmäßige eigene Einkünfte aus Erwerb, gesetzlichen Unterhaltsansprüchen oder Versicherungsleistungen für die letzten drei Jahre nachweisen kann, ohne dass er Sozialhilfe in Anspruch nehmen muss (Ausgleichszulage zur Eigenpension ist keine Sozialhilfe, VfSlg 19.000/2010). Die Höhe richtet sich nach den Richtsätzen des § 293 ASVG. Auch eventuelles Privatvermögen des Fremden ist miteinzubeziehen („Einkommen"). Das pfändungsfreie Existenzminimum ist nicht zu berücksichtigen (§ 10 Abs 5). Freiwillige Zuwendungen einer Lebensgefährtin reichen hingegen zum Nachweis des Unterhalts nicht aus (VwSlg 9287 A/1977). Ein Ordensangehöriger muss die Sicherung seines Lebensunterhalts nicht nachweisen (VfGH 27.02.2020, E 2273/2019).
- Der Fremde muss seine **bisherige Staatsangehörigkeit aufgeben**, soweit ihm das möglich und zumutbar ist, bzw er darf nicht absichtlich auf deren Beibehaltung hinwirken (§ 10 Abs 3).

Der bloße Antrag auf Entlassung aus dem bisherigen Staatsverband genügt nicht zum Nachweis, alles Mögliche zur Aufgabe der bisherigen Staatsbürgerschaft getan zu haben (VwGH 07.10.1993, 93/01/0129).

Bestimmte Verstöße gegen die österr Rechtsordnung bilden **absolute Hinderungsgründe** für eine Einbürgerung, unabhängig vom Vorliegen der übrigen Voraussetzungen (§ 10 Abs 2):
- **Bestimmte Tatsachen aus dem FPG** (zB Bestrafung wegen Prostitution, Begehung von Schlepperei, Erschleichung einer Aufenthaltsbewilligung, Scheinehe);
- mindestens zweimalige, rechtskräftige, nicht getilgte **Bestrafung** wegen einer **schwerwiegenden Verwaltungsübertretung** (zB StVO, Fahren ohne Führerschein, Ausübung eines Gewerbes ohne Berechtigung, schwerwiegende Übertretungen des FPG);
- **Aufenthaltsverbot** bzw **Verfahren zur Aufenthaltsbeendigung anhängig** (→ *Fremdenrecht*). Rechtskraft des Bescheides ist nicht erforderlich (vgl den Wortlaut des § 10 Abs 2 gegenüber § 10 Abs 1 Z 2 und 4 und § 15), auch im Fall eines Vollzugsaufschubes bleibt das Einbürgerungshindernis bestehen;
- **Naheverhältnis** zu einer **extremistischen oder terroristischen Gruppierung** oder wenn im Hinblick auf das Umfeld des Fremden solche Aktivitäten nicht ausgeschlossen werden können.

So ein Naheverhältnis liegt bei Personen vor, die – neben aktiver Mitgliedschaft – (eventuell nicht öffentlich) bekennende Sympathisanten, Geldgeber oder andere Unterstützer, zB Verteiler von Propagandamaterial, sind (1189 BlgNR XXII. GP, 5).

Voraussetzung für jegliche Verleihung der Staatsbürgerschaft ist weiters grundsätzlich der Nachweis (§ 10a):
- über **ausreichende Deutschkenntnisse** gem § 7 Abs 2 Z 2 IntegrationsG
- von **Grundkenntnissen der demokratischen Ordnung und die sich daraus ableitbaren Grundprinzipien sowie der Geschichte Österreichs und des jeweiligen Bundeslandes.**

Unter „www.staatsbuergerschaft.gv.at" findet man Texte, Prüfungsfragen und einen Online Übungstest.

Manche Staaten entlassen ihre Staatsbürger nur dann aus dem Staatsverband, wenn die fremde Staatsangehörigkeit schon erworben oder zumindest ihre Verleihung zugesichert wird. § 20 ermöglicht die **Zusicherung der Staatsbürgerschaft mit Bescheid.** Das gibt dem Fremden zwei Jahre Zeit (ab Rechtskraft des Zusicherungsbescheides), seine bisherige Staatsbürgerschaft aufzugeben. Er erwirbt mit der Zusicherung einen bedingten Rechtsanspruch auf Verleihung. Die Zusicherung tritt ex lege außer Kraft, wenn der Fremde binnen der ihm eingeräumten Frist keinen Nachweis über das Ausscheiden aus seinem Heimatstaat erbringt. Sie ist zu widerrufen, wenn auch nur eine

Verleihungsvoraussetzung nachträglich wegfällt (mit Ausnahme des § 10 Abs 1 Z 7).

b) Weitere Entscheidungskriterien

Einem Fremden, der alle genannten allgemeinen Verleihungsvoraussetzungen erfüllt (bei deren Beurteilung ist die Behörde gebunden, wenn auch nur eine Voraussetzung fehlt, ist der Antrag abzuweisen!), wird grundsätzlich die Staatsbürgerschaft verliehen. Darüber hinaus besteht noch ein **Ermessen** (Entscheidungsspielraum der Behörde), wobei die in § 11 genannten weiteren Kriterien bei der Ausübung des Ermessens zu beachten sind. Das bedeutet, dass die Behörde im Fall einer abweisenden Entscheidung in der Bescheidbegründung darauf eingehen muss, wodurch die dort genannten Kriterien, nämlich das allgemeine Wohl bzw die öffentlichen Interessen beeinträchtigt werden, warum das Ausmaß der Integration des Staatsbürgerschaftswerbers zu gering für eine Verleihung ist.

Das in § 11 erwähnte „Gesamtverhalten" eines Fremden ist kein eigenes Kriterium (VwGH 21.01.2004 2001/01/0404), es ergibt sich aus der Summe der übrigen.

ZB schwerwiegende Übertretung des AuslBG (VwGH 19.09.2017, Ra 2017/01/0276), Verhalten beim Händereichen als alleiniger Indikator für die Beurteilung der persönlichen Integration nicht ausreichend (VfSlg 18.314/2007).

c) Erleichterte Einbürgerung nach § 10 Abs 4

Fremde mit Aufenthalt in Österreich, die die Staatsbürgerschaft mindestens zehn Jahre ununterbrochen besaßen und ehemalige Bürger der Nachfolgestaaten der österreichisch-ungarischen Monarchie, die vor dem 09. Mai 1945 Staatsbürger waren und die Staatsbürgerschaft anders als durch Entziehung verloren haben, sollen eine bevorzugte Einbürgerung genießen. Deshalb ist von bestimmten Voraussetzungen bzw Einbürgerungshindernissen (Aufenthaltsdauer, Verwaltungsübertretungen, Nachweis der Sprach- und Geschichtskenntnisse) abzusehen. Anwendung findet diese Bestimmung zB auf österr Ehegatten von Fremden, die nach der Hochzeit die fremde Staatsbürgerschaft unter Verlust der österr annehmen und dann zurückkehren und auf **ehemalige Alt-Österreicher**, die aufgrund von Verfolgung in der NS-Zeit ins Ausland gegangen sind (s auch unten 3.).

d) Einbürgerung wegen „außerordentlicher Leistungen"

Besonderes gilt für Fremde, deren **Einbürgerung** wegen schon erbrachter und noch zu erwartender außerordentlicher Leistungen **im besonderen Interesse Österreichs** liegt (§ 10 Abs 6). Diese Art der Einbürgerung wird ua bei Sportlern angewendet, um ihre Aufstellung in einer österr Nationalmannschaft (zB Fußball) zu ermöglichen, oder bei besonders bekannten Künstlern (zB Anselm Kiefer). Die Betroffenen benötigen keinen Hauptwohnsitz in Österreich, müssen nicht nachweisen, dass ihr Lebensunterhalt gesichert ist und dass sie die dt Sprache beherrschen und können auch ihre bisherige Staatsbürgerschaft behalten, wenn die **BReg** bestätigt, dass die Verleihung der Staatsbürgerschaft aufgrund der genannten Leistungen im Interesse der Republik liegt. Die BReg hat durch Verordnung nähere Bestimmungen über dieses Verfahren erlassen (§ 10 Abs 7 iVm Verordnung BGBl II 39/2014). Weil Angelegenheiten der Staatsbürgerschaft in die Vollziehung der Länder fallen und hier dem Bund ein Mitwirkungsrecht an der Entscheidung (Vollziehung) eingeräumt ist, wurde § 10 Abs 6 als **Verfassungsbestimmung** gestaltet. Für die LReg ist diese **Bestätigung des Staatsinteresses** bindend, sie kann den Antrag auf Verleihung der Staatsbürgerschaft nicht mehr wegen mangelnden Staatsinteresses abweisen. Die Behörde hat nur die verbleibenden Verleihungsbedingungen zu prüfen und unter Anwendung der Richtlinien des § 11 über die Verleihung der Staatsbürgerschaft zu entscheiden (VwGH 17.04.1991, 91/01/0022).

e) Rechtsanspruch auf Verleihung der Staatsbürgerschaft

Bestimmte Personengruppen haben nach dem StbG einen Rechtsanspruch auf Verleihung der österr Staatsbürgerschaft. Dies dient einerseits der staatsbürgerschaftsrechtlichen Unterstützung familiärer Bindungen und soll andererseits Personen für eine besonders lange bestehende Nahebeziehung zu oder eine besonders gute Integration in Österreich gleichsam „belohnen".

- Die Einbürgerung für **fremde Ehegatten** von Österreichern (§ 11a) wird durch Einräumung eines Rechtsanspruches erleichtert.
Fremden Ehegatten ist die Staatsbürgerschaft zu verleihen, wenn sie die allgemeinen Verleihungsvoraussetzungen erfüllen (Ausnahme: verkürzte Wohnsitzfrist gegenüber § 10: sechs Jahre, s aber § 11a Abs 2), bei aufrechter Ehe im gemeinsamen Haushalt leben, sie die Staatsbürgerschaft nicht durch Entziehung verloren haben, sie mit dem Ehegatten das erste Mal verheiratet sind und die Ehe fünf Jahre hindurch aufrecht ist.
- Fremden mit dem Status von **Asylberechtigten** ist mit einem **Aufenthalt von mindestens sechs Jahren** unter den Voraussetzungen des § 10 Abs 1 Z 2–8, Abs 2 und 3 die Staatsbürgerschaft zu verleihen, sofern laut Auskunft des BAA kein Verfahren nach § 7 AsylG anhängig ist (§ 11a Abs 4), ähnliches gilt für **EWR-Bürger**, für Fremde, die in Österreich geboren sind und für Fremde, wenn die Verleihung wegen schon erbrachter oder noch zu erwartender außerordentlicher Leistungen auf bestimmten Gebieten im Interesse der Republik liegt.
- Einen Rechtsanspruch gibt es für **besonders gut integrierte Fremde** gem § 11a Abs 6 schon nach einem Aufenthalt von sechs Jahren (relevant sind

Sprachkenntnisse, ehrenamtliches Engagement, Beruf im Bildungs-/Sozial- oder Gesundheitsbereich, Funktionen in Interessenvertretungen).
- Außerdem bestehen Verleihungsansprüche für Personen, die seit **30 bzw 15 Jahren** ununterbrochen ihren **Hauptwohnsitz in Österreich** haben, für **Heimkehrer**, die nicht die besonderen Voraussetzungen des § 58c (s V.5) erfüllen, für **Wahlkinder** und für **Staatenlose**, die in Österreich geboren sind (§§ 12 bis 14).

f) Erstreckung der Verleihung

Den Grundsätzen der **Familieneinheit** in der Staatsbürgerschaft und der **Verwaltungsökonomie** (es muss nicht für jede Person ein eigenes Verfahren durchgeführt werden) dient die Einrichtung der „**Erstreckung** der Verleihung" der Staatsbürgerschaft **auf Angehörige des Staatsbürgerschaftswerbers** (§§ 16 bis 19). Für eine Erstreckung der Verleihung auf den Ehegatten ist im Wesentlichen dieselbe Kombination von Wohnsitz- und Ehedauer erforderlich wie für den Erwerb der Staatsbürgerschaft des fremden Ehegatten eines Österreichers (sechs Jahre Aufenthalt, fünf Jahre Ehe). Weiters ist die Verleihung auf minderjährige, ledige (Wahl-)Kinder des Fremden bzw seines Ehegatten zu erstrecken.

Danach besteht ein Rechtsanspruch auf die Erstreckung der Verleihung, wenn die allgemeinen Verleihungsvoraussetzungen des § 10 Abs 1 Z 2 bis 8, Abs 2 und Abs 3 erfüllt sind und wenn sie schriftlich beantragt wurde. Verfügt wird die Erstreckung der Verleihung gemeinsam mit der Verleihung mittels **Sammelbescheid**. Alle darin genannten Personen erwerben die Staatsbürgerschaft zum selben Zeitpunkt. Auch die Erstreckung der Verleihung der Staatsbürgerschaft kann zugesichert werden, um das Ausscheiden aus dem bisherigen Staatsverband zu erleichtern.

3. Erwerb durch Anzeige

Dieser Erwerbstatbestand gilt zum einen für sog „**Putativösterreicher**", das sind Personen, die von den österr Behörden fälschlich zumindest 15 Jahre lang als Österreicher behandelt werden, wenn sich dann herausstellt, dass sie Fremde sind (§ 57).

Der zweite Fall ist eine Art **nachträgliche Wiedergutmachung** für ehemalige österr Staatsbürger, die Opfer des Nationalsozialismus wurden (§ 58c; ab 01.09.2020 auch für deren Nachkommen in direkter absteigender Linie). Der **Erwerbsakt** ist die **schriftliche Anzeige** (bei der zuständigen LReg oder der österr Vertretungsbehörde im Ausland). In diesem Fall ist kein Hauptwohnsitz im Inland notwendig, die Mittel zum Unterhalt sind nicht nachzuweisen, Verwaltungsübertretungen schaden nicht und die seitdem erworbene fremde Staatsbürgerschaft kann beibehalten werden, die übrigen allgemeinen

Verleihungsvoraussetzungen (§ 10 Abs 1 Z 2 bis 6 und 8, Abs 2 Z 1 und 3 bis 7) sind allerdings zu erfüllen. Die LReg erlässt einen **schriftlichen Feststellungsbescheid** darüber, dass die Staatsbürgerschaft mit Einlangen der Anzeige bei ihr (wieder)erworben wurde.

VI. Verlust der Staatsbürgerschaft

Gegenstand des StbG sind auch Regelungen über den Verlust der Staatsbürgerschaft, sei es erzwungenermaßen, als Sanktion für bestimmte Verhaltensweisen, sei es freiwillig, etwa im Gegenzug zum Erwerb einer fremden Staatsbürgerschaft. Die **Tatbestände**, die zum Verlust der Staatsbürgerschaft führen, sind nach dem Wortlaut des **§ 26 taxativ aufgezählt**, also kann man zB durch einen längeren Auslandsaufenthalt allein die Staatsbürgerschaft nicht verlieren. Allerdings gibt es daneben **Verlustgründe**, die sich **implizit aus den Erwerbstatbeständen** ergeben, zB verliert der Betroffene die Staatsbürgerschaft, wenn sein Verleihungsbescheid später durch den VwGH oder den VfGH aufgehoben wird (vgl *Thienel*, Staatsbürgerschaft II, 295). Analog zum Erwerb hat auch der Verlust der Staatsbürgerschaft Auswirkungen auf die minderjährigen ledigen Kinder des Betroffenen. Auf sie **erstreckt sich der Verlust**, wenn der zweite Elternteil nicht Staatsbürger bleibt; auf den zweiten Elternteil erstreckt sich der Verlust hingegen nicht! (§ 29). Ab dem In-Kraft-Treten des Verlustes der Staatsbürgerschaft sind auf die betroffenen Personen fremdenrechtliche Vorschriften anzuwenden (→ *Fremdenrecht*).

1. Verlust durch Erwerb einer fremden Staatsangehörigkeit

Die österr Staatsbürgerschaft verliert **ex lege**, wer Handlungen setzt, die zum Erwerb einer fremden Staatsangehörigkeit führen (Antrag, Erklärung, ausdrückliche Zustimmung), wenn ihm nicht vorher die Beibehaltung mit Bescheid bewilligt worden ist (§ 27).

Der automatische Erwerb einer fremden Staatsbürgerschaft zB anlässlich einer Eheschließung (VwSlg 12.595 A/1987) oder des Antrittes eines Lehramts an einer ausländischen Universität bewirkt nicht den Verlust der österr Staatsbürgerschaft, weil keine entsprechenden Handlungen gesetzt wurden.

Die **Möglichkeiten zur Beibehaltung** der österr Staatsbürgerschaft trotz des Erwerbs einer fremden sind **sehr beschränkt**, um Doppelstaatsbürgerschaften und eventuelle Kollisionen staatsbürgerlicher Pflichten (insb der Wehrpflicht) zu verhindern. Einerseits muss der **fremde Staat zustimmen**, andererseits muss wegen schon erbrachter und noch zu erwartender Leistungen oder wegen eines besonders berücksichtigungswürdigen Grundes die **Republik ein Interesse** daran haben, dass die Person Österreicher bleibt (§ 28). Ein Grund für die Bewilligung der Beibehaltung kann weiters im Privat- oder Familienleben des Betroffenen liegen.

Diese Voraussetzungen werden bisher in der Rsp sehr eng ausgelegt, zB ist eine Unterhaltsverpflichtung der Kinder gegenüber ihren Eltern kein berücksichtigungswürdiger Grund nach § 28 StbG (VwSlg 9109 A/1976), ebenso wenig das Sammeln von einschlägigen Berufserfahrungen im Ausland, die später in Österreich genützt werden können (VwSlg 13.166 A/1990). 2017/18 wurden iZm einer Wählerevidenzliste betr ein Verfassungsreferendum in der Türkei 1000e Doppelstaatsbürgerschaften vermutet und entsprechende Entziehungsverfahren eingeleitet. Mittlerweile hat der VfGH entschieden, dass die nicht authentische „Wählerevidenzliste" kein taugliches Beweismittel für einen Wiedererwerb der türkischen Staatsangehörigkeit ist und die Mitwirkungspflicht der Partei die Behörde nicht von ihrer Verpflichtung zur amtswegigen Feststellung des maßgeblichen Sachverhalts entbindet (VfSlg 20299/2018 etc).

Ferner müssen die wesentlichsten Verleihungsbedingungen (keine Verurteilungen, bejahende Einstellung zur Republik) erfüllt sein.

2. Verlust durch Entziehung

Im Unterschied zum ersten Verlusttatbestand muss hier die Staatsbürgerschaft mit **Bescheid** aberkannt werden, damit der Verlust der Staatsbürgerschaft eintreten kann. Die LReg hat einen Entziehungsbescheid zu erlassen, wenn der Staatsbürger
- freiwillig in den **Militärdienst eines fremden Staates** tritt (§ 32). Ein noch nicht eigenberechtigter Österreicher, der zB Mitglied der französischen Fremdenlegion wird, verliert seine Staatsbürgerschaft allerdings nur dann, wenn sein gesetzlicher Vertreter dem Eintritt zustimmt;
- **im Dienst eines fremden Staates** steht **und durch** sein **Verhalten** die Interessen oder das Ansehen **Österreichs erheblich schädigt** (§ 33). Der Begriff „Dienst" umfasst Hoheits- und Privatwirtschaftsverwaltung, öffentlich-rechtliche und privatrechtliche Dienstverhältnisse (zB Konsulententätigkeit, RV 497 BlgNR X. GP, 33). Die beiden Merkmale (Dienstverhältnis und erheblich schädigendes Verhalten) müssen kumulativ vorliegen (die Tätigkeit einer Österreicherin als Sekretärin in einem dt Ministerium allein würde zB nicht die Entziehung der österr Staatsbürgerschaft zur Folge haben);
- freiwillig für eine organisierte bewaffnete Gruppe aktiv an Kampfhandlungen im Ausland im Rahmen eines bewaffneten Konflikts teilnimmt (§ 33 Abs 2, zur Auslegung 351 BlgNR XXV. GP, 9 f);
- seine **bisherige fremde Staatsangehörigkeit willentlich beibehält** (§ 34), obwohl ihm Handlungen, um sich dieser Staatsangehörigkeit zu entledigen, zumutbar waren. Diese Art der Entziehung ist mit sechs Jahren ab Verleihung **befristet**, danach ist sie nicht mehr zulässig. Der Betroffene ist sechs Monate vor der beabsichtigten Entziehung darüber zu **belehren**, der BMI hat ein Antragsrecht und Organparteistellung* im Verfahren (§ 35).

Hinzuweisen ist auf die gegenüber dem AVG erweiterte Möglichkeit zur Bestellung eines **Abwesenheitskurators**, er kann auch eingesetzt werden, wenn die betreffende Person sich im Ausland aufhält und ihr Aufenthaltsort dort bekannt ist (§ 36; § 11 AVG sieht das nur bei unbekanntem Aufenthaltsort bzw mangelndem gesetzlichen Vertreter vor).

3. Verlust durch Verzicht

Dabei erfolgt der Verlust der Staatsbürgerschaft **durch schriftliche Willenserklärung** der Partei an die LReg (§§ 37, 38). Eine Person verzichtet idR auf die österr Staatsbürgerschaft, wenn sie in ein fremdes Land ausgewandert ist und sich dort durch Erwerb der Staatsangehörigkeit zur Gänze integrieren möchte. Notwendig ist dafür der

- Besitz bzw zumindest die Zusicherung einer fremden Staatsangehörigkeit, es dürfen
- **kein Strafverfahren** und **keine Strafvollstreckung** wegen eines Deliktes mit einer Strafdrohung von über sechs Monaten Freiheitsentzug **anhängig** sein und
- männliche Staatsbürger müssen, wenn sie im wehrfähigen Alter sind (16 bis 36 Jahre), den **Wehr- bzw Zivildienst geleistet** oder ihre Untauglichkeit bescheinigt bekommen oder einen entsprechenden Dienst in einem anderen Staat geleistet haben (Anerkennung auf Grund eines internationalen Übereinkommens notwendig).

Noch ausstehender Wehr- bzw Zivildienst bzw ein anhängiges Strafverfahren bilden allerdings dann **keinen Hinderungsgrund**, wenn die betreffende Person seit mindestens fünf Jahren ununterbrochen ihren **Hauptwohnsitz außerhalb Österreichs** hat.

Die LReg hat einen **schriftlichen Feststellungsbescheid** über den Verlust der Staatsbürgerschaft mit dem Zeitpunkt des Einlangens der Verzichtserklärung zu erlassen.

VII. Strafbestimmungen

Übertretungen nach dem StbG (§ 63c, zB falsche Angaben, Nichtabgabe des fremden Reisepasses auf Aufforderung) stellen Verwaltungsübertretungen dar.

VIII. Behörden und Verfahren

1. Behörden

Die **LReg** ist in erster Instanz für die Erlassung von **Bescheiden** im Staatsbürgerschaftsverfahren zuständig. Die örtliche Zuständigkeit richtet sich nach dem Hauptwohnsitz* des Bescheidadressaten, sonst nach der Evidenzstelle (§ 39).

Evidenzstelle für eine Person ist je nach Geburtszeitpunkt die Geburtsgemeinde bzw der Wohnort der Mutter zum Geburtszeitpunkt oder die Gemeinde Wien, falls der Geburtsort im Ausland liegt. Die Staatsbürgerschaftsevidenz (bis 1938 die sog „Heimatrolle") ist das ständige Verzeichnis der Staatsbürger, das die Gemeinden (Gemeindeverbände) zu führen haben (§§ 49 ff). Sie ist als ZSR zu führen (§§ 56a ff). Alle staatsbürgerschaftsrechtlich relevanten Änderungen bzw Entscheidungen betreffend eine eingetragene Person sind von den zuständigen Behörden der Evidenzstelle mitzuteilen.

Gegen einen Bescheid der LReg ist eine **Beschwerde an das zuständige LVwG** möglich (Art 130 iVm 131 Abs 1 B-VG) und in weiterer Folge Revision an den VwGH (Art 133 Abs 1 B-VG).

Personenbezogene Daten dürfen nur soweit dienstlich erforderlich verwendet und gespeichert und müssen nach dem Tod oder sechs Jahre nach Verleihung der Staatsbürgerschaft von Amts wegen gelöscht werden (§ 39a).

Staatsbürgerschaftsbehörden dürfen weiters Fremde, die die Staatsbürgerschaft beantragen, erkennungsdienstlich behandeln (§ 39a; → *Sicherheitspolizeirecht*).

Österreicher, deren Staatsbürgerschaft unstrittig ist, bekommen auf Antrag einen sog „**Staatsbürgerschaftsnachweis**", das ist die **Beurkundung** darüber, dass eine Person die österr Staatsbürgerschaft besitzt (Auszug aus dem ZSR). Diese Bestätigung dient wiederum zum Beweis der österr Staatsbürgerschaft in anderen Bereichen der Verwaltung, zB für die Ausstellung eines Reisepasses, beim Antritt eines Studiums oder für die Ausübung eines Gewerbes. Die Ausstellung solcher Bestätigungen bzw die Entscheidung über derartige Anträge obliegt der **Gemeinde im üWb***, in der die betroffene Person ihren Hauptwohnsitz hat (§ 41), dagegen ist Beschwerde an das LVwG möglich.

Gemeinden, die zur Besorgung von Personenstandsangelegenheiten zusammengeschlossen sind (Standesamtsverbände), sind nach § 47 StbG ex lege auch zur Durchführung von staatsbürgerschaftsrechtlichen Aufgaben (Ausstellung von Bestätigungen, Staatsbürgerschaftsevidenz) zu einem „**Staatsbürgerschaftsverband**" vereinigt. Standesamtsverbände werden nach § 5 PStG durch Verordnung des LH eingerichtet. Ihre innere Organisation richtet sich gem Art 116a Abs 4 B-VG nach Landesrecht (zB sbg GemeindeverbändeG; TGO).

Wenn der Betroffene keinen Hauptwohnsitz in Österreich hat, kann er sich an das österr **Berufskonsulat** bzw die **diplomatische Vertretungsbehörde** wenden, um eine Bestätigung zu erhalten; auch die Beibehaltung der Staatsbürgerschaft kann dort beantragt werden (§§ 40 u 41 Abs 2; Verfassungsbestimmungen, weil bei der Vollziehung von Landessachen eine Mitwirkung von Bundesorganen im B-VG nicht vorgesehen ist), über Berufungen entscheidet wiederum die LReg.

Soweit die Parteien Bescheide im Instanzenzug nicht mehr anfechten können, hat der **BMI** die Möglichkeit, bei den LVwG **Amtsbeschwerde** zu erheben (Art 132 Abs 1 Z 2 B-VG).

2. Verfahren

Auf das **Verfahren** hat die LReg, weil sie Behörde der allgemeinen staatlichen Verwaltung in den Ländern ist, gem Art I Abs 2 EGVG das **AVG**, das **VStG** und das **VVG** anzuwenden, ebenso die Gemeinden und Gemeindeverbände. Die österr Vertretungsbehörden im Ausland sind zur Anwendung des AVG ausdrücklich verpflichtet (vgl § 41 Abs 2 StbG). Das Verfahren vor den LVwG ist im Verwaltungsgerichtsverfahrensgesetz (**VwGVG** BGBl I 122/2013) geregelt.

Bescheide sind immer **schriftlich** zu erlassen (§§ 23 Abs 1, 28 Abs 5, 34 Abs 3), bloße mündliche Verkündung ist zu ihrer Rechtswirksamkeit nicht ausreichend (dh es liegt zB eine Verleihung der Staatsbürgerschaft erst mit Zustellung oder Ausfolgung des schriftlichen Bescheides vor). Nur das für die Verleihung der Staatsbürgerschaft notwendige Gelöbnis ist mündlich abzulegen (Text in § 21 StbG, Ausnahme in der Corona-Zeit). Abweichend von der allgemeinen Regel, dass ein schriftlicher Bescheid erst durch Zustellung erlassen wird und die darin festgelegten Rechtsfolgen auslöst, kommt im Staatsbürgerschaftsverfahren tw dem im Bescheid genannten **Datum** konstitutive Wirkung zu, zB nach § 23 Abs 2 StbG im Fall der Verleihung. Allerdings ist dieses Datum unter Bedachtnahme auf den Zeitpunkt der Aushändigung bzw Zustellung des Bescheides zu bestimmen.

3. Anwendung früherer Rechtsgrundlagen

Hinzuweisen ist noch auf den Umstand, dass die Behörden im Verfahren uU auf **frühere materiellrechtliche Regelungen** zurückgreifen müssen, weil das StbG 1985 nur den Staatsbürgerschaftserwerb bzw -verlust seit dem Zeitpunkt seiner Wiederverlautbarung regelt (31. Juli 1985).

ZB: Eine Person, die 1961 geboren ist, braucht 2014 einen Staatsbürgerschaftsnachweis. In diesem Fall hat die Behörde die zum Zeitpunkt des Eintretens des konkreten Sachverhalts (hier des Staatsbürgerschaftserwerbs) aktuelle Rechtslage (hier 1961) anzuwenden (VwGH 23.09.2014, 2013/01/0153).

Ältere Bestimmungen über den Erwerb bzw den Verlust der Staatsbürgerschaft (StbG 1945, 1949, 1965) sind daher nur in ihrem zeitlichen Anwendungsbereich begrenzt worden. Das Verfahren ist nach dem StbG 1985 durchzuführen.

Claudia Fuchs

Umweltverträglichkeitsprüfung

Rechtsgrundlagen

Kompetenzgrundlagen

Art 11 Abs 1 Z 7 B-VG (Umweltverträglichkeitsprüfung); Art 10 Abs 1 Z 9 B-VG (Umweltverträglichkeitsprüfung für Bundesstraßen und Eisenbahn-Hochleistungsstrecken).

Verfassungsrechtliche Bezüge

Art 131 Abs 4 Z 2 lit a B-VG (Zuständigkeitsbegründung BVwG).

Europarechtliche Bezüge

Art 191 ff AEUV; RL 2011/92/EU des Europäischen Parlaments und des Rates über die Umweltverträglichkeitsprüfung bei bestimmten öffentlichen und privaten Projekten, ABl L 2012/26, 1 idF RL 2014/52/EU, ABl L 2014/124, 1 (UVP-RL); RL 2001/42/EG des Europäischen Parlaments und des Rates über die Prüfung der Umweltauswirkungen bestimmter Pläne und Programme, ABl L 2001/197, 30 (SUP-RL); RL 2003/35/EG des Europäischen Parlaments und des Rates über die Beteiligung der Öffentlichkeit bei der Ausarbeitung bestimmter umweltbezogener Pläne und Programme, ABl L 2003/156, 17 idF RL 2016/2284/EU, ABl L 2016/344, 1 (ÖffentlichkeitsbeteiligungsRL); VO (EG) 1367/2006 des Europäischen Parlaments und des Rates über die Anwendung der Bestimmungen des Übereinkommens von Aarhus über den Zugang zu Informationen, die Öffentlichkeitsbeteiligung an Entscheidungsverfahren und den Zugang zu Gerichten in Umweltangelegenheiten auf Organe und Einrichtungen der Gemeinschaft, ABl L 2006/264, 13 idF VO (EU) 2021/1767, ABl L 2021/356, 1 (Aarhus-VO); VO (EU) 2022/869 des Europäischen Parlaments und des Rates zu Leitlinien für die transeuropäische Energieinfrastruktur (TEN-E-VO).

Völkerrechtliche Bezüge

Umweltverträglichkeitsprüfung im grenzüberschreitenden Rahmen (Espoo-Konvention), BGBl III 201/1997 (letzte Kundmachung betr den Geltungsbereich BGBl III 236/2019); Protokoll über die strategische Umweltprüfung zum Übereinkommen über die Umweltverträglichkeitsprüfung im grenzüberschreitenden Rahmen, BGBl III 50/2010 (letzte

Kundmachung betr den Geltungsbereich BGBl III 263/2013); Übereinkommen von Aarhus über den Zugang zu Informationen, die Öffentlichkeitsbeteiligung an Entscheidungsverfahren und den Zugang zu Gerichten in Umweltangelegenheiten samt Erklärung (Aarhus-Konvention), BGBl III 88/2005 (letzte Kundmachung betr den Geltungsbereich BGBl III 58/2014).

Gesetze und sonstige Rechtsgrundlagen

BG über die Prüfung der Umweltverträglichkeit (Umweltverträglichkeitsprüfungsgesetz 2000 – UVP-G 2000), BGBl 697/1993 idF I 80/2018; BG über Eisenbahn-Hochleistungsstrecken (Hochleistungsstreckengesetz – HlG), BGBl 135/1989 idF I 154/2004; BG betr die Bundesstraßen (Bundesstraßengesetz 1971 – BStG 1971), BGBl 286/1971 idF I 156/2021; BG zur Durchführung der VO (EU) 347/2013 zu Leitlinien für die europäische Infrastruktur (Energie-Infrastrukturgesetz – E-InfrastrukturG), BGBl I 4/2016; BG über die Entwicklung und Weiterentwicklung des Wirtschaftsstandortes Österreich (Standort-Entwicklungsgesetz – StEntG), BGBl I 110/2018.

V der Bundesministerin für Nachhaltigkeit und Tourismus über belastete Gebiete (Luft) 2019, BGBl II 101/2019.

Literaturauswahl

Monografien – Kommentare

Altenburger (Hrsg), Kommentar zum Umweltrecht[2] (2020); *Altenburger/Berger*, UVP-G. Umweltverträglichkeitsprüfungsgesetz. Kommentar[2] (2010); *Bachl*, Die (betroffene) Öffentlichkeit im UVP-Verfahren (2015); *Baumgartner C./Petek*, UVP-G 2000. Umweltverträglichkeitsprüfungsgesetz. Kurzkommentar (2010); *Bergthaler/Holzinger K./Sachs/Wiener*, Standort-Entwicklungsgesetz. Kommentar (2019); *Braumüller/Gruber*, Handbuch Wasserrecht[2] (2022); *Bußjäger/Lampert*, Bürgerinitiativen im UVP-Verfahren (2016); *Ennöckl/Raschauer N./Bergthaler*, Kommentar zum UVP-G[3] (2013); *Ennöckl/Raschauer N./Wessely* (Hrsg), Handbuch Umweltrecht[3] (2019); *Furherr*, Verwaltungsreform im Anlagenrecht: Praxisanalyse der Novellen zur GewO und zum UVP-G (2017); *Hauer/Mayrhofer* (Hrsg), Umweltrecht[2] (2015); *Lampert*, UVP-G. Umweltverträglichkeitsprüfungsgesetz. Kommentar (2020); *Sander*, Kommentar zum StEntG (2019); *Schmelz/Schwarzer*, UVP-G ON. Umweltverträglichkeitsprüfungsgesetz 2000. Kommentar Update 1.01 (2020).

Beiträge

Baumgartner, Die nachhaltige UVP. Änderungen einer UVP-Genehmigung nach Zuständigkeitsübergang, RdU 2020, 181; *Berger*, UVP-Verfahren: Vereinbarkeit von Unionsrecht und Präklusion, RdU-U&T 2012/12, 38, 103; *Berger*, Geltendmachung der UVP-Pflicht und Anfechtung rechtskräftiger Bescheide durch Umweltorganisationen?, RdU 2020, 78; *Berl*, Die Präklusion nach dem Urteil des EuGH in der Rs C-137/14, RdU 2016, 9; *Berl*, Bürgerinitiativen in UVP-Verfahren – quo vadis?, ÖZW 2019, 62; *Bußjäger*, Strategische Umweltprüfung in Österreich – eine Bilanz, RdU 2016, 5; *Ennöckl/Raschauer N.*, Zur Unionrechtskonformität einer möglichen Novelle der Kumulationsregel des § 3 Abs 2 UVP-G 2000, ÖZW 2017, 111; *Feda-Kittl*, Der Einfluss des Unionsrechts auf den nationalen Verwaltungsrechtsschutz – am Beispiel des Rechtsinstituts der Präklusion im Umweltrecht, ZfV 2021, 25; *Geringer*, Kein Miteinbeziehen von „zeitlich früheren" Feststellungsverfahren in die Kumulationsprüfung, RdU 2021, 89; *Höllbacher*, Neuerungen in der Umweltverträglichkeitsprüfung (Teil I), RdU 2019/83, (Teil II), RdU 2019/107; *Holzinger K.*, Die Präklusion ist tot, es lebe die Präklusion?!, ZVG 2016, 24; *Huber-Medek*, Zur Bindungswirkung von UVP-Feststellungsbescheiden, ÖZW 2015, 116; *Kager*, Neues zur Parteistellung in der UVP, ZVG 2016, 110 (Teil 1), 214 (Teil 2); *Lampert/Bußjäger*, Kundmachung und Auflage im UVP-Genehmigungsverfahren, ZVG 2016, 106; *Lindner*, EuGH zur Präklusion – (Un)Klarstellungen zur Öffentlichkeitsbeteiligung, NR 2021, 103; *Lueger/Schmidhuber*, Einbindung der Öffentlichkeit in Umweltverfahren durch Beteiligtenstellung, NR 2021, 185; *Madner*, Umweltverträglichkeitsprüfung, in Holoubek/Potacs (Hrsg), Öffentliches Wirtschaftsrecht II[4] (2020) 1213; *Marko*, Der Schluss des Ermittlungsverfahrens im UVP-G 2000, ÖZW 2019, 112; *Mühlberger*, UVP Koordination. Aufgaben und Anforderungen, RdU 2020, 233; *Niederhuber/Schwarzer*, Sonderverfahrensrecht für Projektgenehmigungen – wie frei ist der Gesetzgeber?, ÖZW 2020, 2; *Nigischer*, Unbedingte UVP-Pflicht für ein Autobahn-Bauvorhaben im Wege der unmittelbaren Anwendung der UVP-RL, RdU-U&T 2021/13, 49; *Plank*, UVP-Pflicht in Gletscherschigebieten, RdU 2020, 5; *Pointinger/Weber T.*, Der Umweltanwalt – das unbekannte Wesen?, RdU 2015, 233; *Pürgy*, Die Einbindung der Umweltorganisationen in das UVP-Feststellungsverfahren durch die UVP-G-Novelle BGBl I 2012/77. Eine Analyse aus unionsrechtlicher, verfassungsrechtlicher und verfahrensrechtlicher Perspektive, ZfV 2012, 777; *Pyka*, Der Städtebautatbestand der UVP-RL – Licht ins Dunkel. Zur unionsrechtskonformen Umsetzung und Anwendung des Städtebautatbestands der UVP-RL, RdU 2020, 141; *Raschauer N.*, Sachgüterschutz in der UVP, ÖZW 2012, 2; *Schmelz*, Zur Kumulation im UVP-G, in FS Jabloner (2011) 665; *Schmelz/Cudlik*, Neues (und Altes) zur Parteistellung der Gemeinde in UVP-Verfahren, RFG 2018, 29; *Schwarzer*, Gibt es eine „freiwillige Umweltverträglichkeitsprüfung"?, ecolex 2012, 928; *Schwarzer*, In der Wurzel eins? Betrachtungen zum Verhältnis zwischen Umwelt- und Wirtschaftsrecht, ÖZW 2016, 46; *Wiederin*, Lässt die Verfassung die Einführung einer Vollkonzentration für Linienvorhaben des Bundes zu?, ZfV 2020, 329; *Storr*, Überlegungen zu Abwägungen, ÖZW 2017, 184; *Ziniel*, Wer ist für Bundesländergrenzen überschreitende Vorhaben nach dem UVP-G zuständig?, ÖZW 2017, 139.

Rechtsprechung

VfSlg 17.220/2004 (Verfassungswidrigkeit der VfGH-Beschwerdelegitimation für LH und Landesumweltanwaltschaft); VfSlg 18.046/2006 (Voraussetzungen für das Vorliegen einer Bürgerinitiative); VfSlg 19.499/2011 (Feststellung der Zuständigkeit des VwGH zur Entscheidung über die Beschwerde betreffend Genehmigung des Brennerbasistunnels); VfGH 02.10.2013, B 327/2012 ua (keine Bedenken gegen § 24f Abs 1 und 2 UVP-G [Sonderregelung für Eisenbahnvorhaben]); VfSlg 19.926/2014 (Zuständigkeit des BVwG für Beschwerden gegen Entscheidungen nach dem 3. Abschnitt des UVP-G); VfGH 14.12.2016, V 87/2014 (Umweltorganisationen zur Anfechtung von Flächenwidmungsplänen nicht legitimiert); VfSlg 20.162/2017 (Bundesstraßen-LärmimmissionsschutzV); VfSlg 20.185/2017 (Willkür; dritte Piste Flughafen Wien-Schwechat); VfGH 15.12.2021, E 4122/2021 (Beschwerdelegitimation einer Gemeinde im Genehmigungsverfahren; Beschwerdeführung nur im Hinblick auf „echte" subjektive Rechte).

VwSlg 15.666 A/2001 (Lainzer-Tunnel, unmittelbare Anwendbarkeit der UVP-RL); VwSlg 16.018 A/2003 (UVP-Pflicht für thermische Verwertung von Altöl direkt aus dem Unionsrecht); VwSlg 16881 A/2006 (keine Einzelfallprüfung nach § 3a Abs 5 UVP-G, wenn die Änderung weniger als 25% der in Anh 1 gelisteten Schwellenwerte erreicht; ausgenommen Umgehung durch Aufsplitten von Maßnahmen); VwSlg 16.994 A/2006 (UVP-Pflicht für den zweigleisigen Ausbau einer bestehenden Eisenbahnstrecke); VwSlg 17.023 A/2006 (keine UVP-Pflicht für Hubschrauber-Außenlandebewilligungen); VwGH 24.06.2009, 2007/05/0101 (380-kV-Steiermarkleitung); VwSlg 17.827 A/2010 (Parteistellung von Umweltorganisationen); VwSlg 17.939 A/2010 (380-kV-Salzburgleitung); VwGH 23.02.2011, 2009/06/0107 (Grobprüfung im Feststellungsverfahren); VwSlg 18.189 A/2011 (gesamthafter Vorhabensbegriff); VwSlg 18.274 A/2011 (Nachbarn, Begriff der Umweltschutzvorschrift); VwSlg 18.395 A/2012 (keine Parteistellung von Umweltorganisationen im Verfahren zur Erlassung einer Rechtsverordnung); VwGH 18.12.2012, 2009/07/0179 (teilkonzentrierter Genehmigungsbescheid); VwGH 28.11.2013, 2011/03/0219 (Brenner-Basistunnel); VwGH 19.12.2013, 2011/03/0160 (Semmering-Basistunnel); VwGH 26.06.2014, 2013/03/0062 (Zuständigkeit des BVwG); VwGH 21.10.2014, 2012/03/0112 (Berücksichtigung der Ergebnisse der UVP; Präklusionsfolgen für den Umweltanwalt); VwGH 20.11.2014, 2011/07/0244 (Vorhabensbegriff; Großverfahren nach §§ 44a ff AVG); VwGH 17.12.2014, Ro 2014/03/0066 (Änderung eines Vorhabens; Geländeveränderung); VwGH 22.06.2015, 2015/04/0002 (Nachbar iSd GewO als Teil der betroffenen Öffentlichkeit nach UVP-RL; keine Bindungswirkung des UVP-Feststellungsbescheids); VwGH 29.09.2015, 2012/05/0073 (Rodungsbegriff, Vorhabensbegriff, räumlicher Zusammenhang); VwGH 05.11.2015, Ro 2014/06/0078 (kein Antragsrecht der Nachbarn im UVP-Feststellungsverfahren; Parteistellung im Materienverfahren kraft Unionsrecht); VwGH 17.11.2015, Ra 2015/03/0058 (Zuständigkeit des BVwG); VwGH 17.02.2016, Ro 2016/04/0001 (kein Antragsrecht und keine Parteistellung des nicht als Umweltorganisation anerkannten Vereins im UVP-Feststellungsverfahren); VwGH 18.05.2016, Ro 2015/04/0026 (kein Beschwerderecht des Nachbarn im UVP-Feststellungsverfahren vor der Nov BGBl I 4/2016); VwGH 02.08.2016, Ro 2015/05/0008 (Zuständigkeit der LVwG bei Säumnisbeschwerden); VwGH 12.12.2016, Ra 2016/04/0117 (anerkannte Umweltorganisation kann Einhaltung von Umweltschutzvorschriften geltend machen, die Rechtsgüter Einzelner schützen); VwGH 11.05.2017, Ra 2017/04/0006 (Auswirkungen der zu kumulierenden Vorhaben auf die Umwelt); VwGH 25.09.2018, Ra 2018/05/0061 (Prüfungsumfang in der Einzelfallprüfung, bloße Grobprüfung); VwGH 27.09.2018, Ro 2015/06/0008 (Bürgerinitiative als Teil der betroffenen Öffentlichkeit mit Recht auf Beteiligung als Partei auch im vereinfachten Genehmigungsverfahren); VwGH 29.11.2018, Ro 2016/06/0024 (Erfordernis einer gesamthaften Beurteilung bei Straßenbauprojekten); VwGH 30.01.2019, Ro 2017/06/0025 (Unionsrechtswidrigkeit der bloßen Beteiligtenstellung von Bürgerinitiativen im vereinfachten Genehmigungsverfahren; VwGH 11.12.2019, Ra 2019/05/0013 (Begriff „Städtebauvorhaben"); VwGH 17.12.2019, Ro 2018/04/0012 (Befangenheit von Sachverständigen, Inhalt der Einzelfallprüfung, Kumulierung, Beurteilung der örtlichen Zuständigkeit); VwGH 28.01.2020, Ra 2019/03/0162 (Präklusion von in § 19 Abs 3 UVP-G genannten Formalparteien); VwGH 08.10.2020, Ra 2018/07/0447 (kein Miteinbeziehen von früheren Feststellungsverfahren in die Kumulationsprüfung; Vorhabensbegriff; Grobprüfung; sachlicher Zusammenhang); VwGH 15.10.2020, Ro 2019/04/0021 (allenfalls notwendige SUP für Netzentwicklungsplan kein Hindernis für konkrete UVP-Genehmigung; Inhalt, Umfang und maßgeblicher Zeitpunkt für die Erstellung einer Umweltverträglichkeitserklärung; Behördenzuständigkeit bei Bundesländergrenzen überschreitenden Vorhaben); VwGH 28.04.2021, Ra 2019/04/0027 (Einzelfallprüfung; Unterschreitung der Bagatellschwelle; Zuordnung von öffentlich zugänglichen Stellplätzen; Vorhabensmodifizierung im Beschwerdeverfahren); VwGH 20.12.2021, Ra 2021/06/0110 (Bau von Autobahnen und Schnellstraßen gem Anh I Z 7 lit b UVP-RL; wesentliche räumliche und kapazitätsmäßige Erweiterung).

OGH 21.05.2013, 1 Ob 56/13m (Ausbau und Erweiterung des Flughafens Wien ohne UVP, Amtshaftungsrecht, Wertminderung einer Liegenschaft).

EuGH 11.08.1995, C-431/92 (Großkrotzenburg) (unmittelbare Anwendbarkeit der UVP-RL); EuGH 21.09.1999, C-392/96 (Kommission/Irland) (keine Umgehung des Regelungsziels durch Aufsplitterung von Projekten); EuGH 07.01.2004, C-201/02 (Wells) (unmittelbare Wirkung der UVP-RL); EuGH 25.07.2008, C-142/07 (Ecologistas en Acción-CODA) (Gesamtbewertung der Auswirkungen auf die Umwelt, Aufsplitterung); EuGH 30.04.2009, C-75/08 (Mellor) (Zugang zu Entscheidungsbegründungen); EuGH 10.12.2009, C-205/08 (Umweltanwalt von Kärnten) (grenzüberschreitender Bau von Hochspannungsleitungen, UVP-Pflicht auch bei inländischem, unter dem Schwellenwert gelegenen Teilstück); EuGH 03.03.2011, C-50/09 (Kommission/Irland) (Unzulässigkeit einer generellen UVP-Ausnahme für Abbrucharbeiten); EuGH 17.03.2011, C-275/09 (Brussels Hoofdstedelijk Gewest ua) (Verlängerung einer bestehenden Betriebsgenehmigung ohne Durchführung von Arbeiten nicht UVP-pflichtig); EuGH 18.10.2011, C-128/09 (Boxus ua) (Projektgenehmigung mittels Gesetz); EuGH 14.03.2013, C-420/11 (Leth) (Ausbau und Erweiterung des Flughafens Wien ohne UVP, Voraussetzungen für einen Entschädigungsanspruch, Vermögensschäden); EuGH 21.03.2013, C-244/12 (Salzburger Flughafen); EuGH 16.04.2015, C-570/13 (Karoline Gruber) (Anfechtungsmöglichkeit von [negativen] UVP-Feststellungsbescheiden; keine Bindungswirkung gegenüber Nachbarn); EuGH 15.10.2015, C-137/14 (Kommission/Deutschland) (Präklusion; Beschränkung der Klagebefugnis auf im Verwaltungsverfahren vorgebrachte Einwendungen widerspricht Art 11 UVP-RL); EuGH 17.11.2016, Rs C-348/15 (Stadt Wiener Neustadt) (Genehmigungsfiktion in der Übergangsbestimmung des § 46 Abs 20 Z 4 UVP-G mit UVP-RL nicht vereinbar); EuGH 20.12.2017, C-664/15 (Protect) (Parteistellung und gerichtliche Überprüfungsrechte für eingetragene Umweltorganisationen; Art 9 Abs 3 Aarhus-Konvention iVm Art 47 EU-GRC); EuGH 07.08.2018, C-329/17 (Gerhard Prenninger ua) (Auslegung des Tatbestands „Abholzung zum Zweck der Umwandlung in eine andere Bodennutzungsart"); EuGH 17.10.2018, C-167/17 (Volkmar Klohn) (Erfordernis, dass ein Gerichtsverfahren nicht übermäßig teuer sein darf); EuGH 07.11.2018, C-461/17 (Brian Holohan ua) (angemessene Prüfung der Umweltverträglichkeit, Umfang der Begründungspflicht); EuGH 29.07.2019, C-411/17 (Inter-Environnement Wallonie ua) (Begriff „Projekt", Ausnahme von der Prüfung); EuGH 07.11.2019, C-280/18 (Alain Flausch ua) (Beteiligung der Öffentlichkeit an Entscheidungsverfahren und Zugang zu Gerichten); EuGH 28.05.2020, C-535/18 (IL ua) (Öffentlichkeitsbeteiligung, Unregelmäßigkeiten im Projektgenehmigungsverfahren); EuGH 14.01.2021, C-826/18 (Stichting Varkens in Nood et al) (Prüfpflicht der Aarhus-Konvention; Anwendbarkeit auch unabhängig von unionsrechtlichen Sekundärrecht; Präklusion); EuGH 24.02.2022, C-463/20 (Namur-Est Environnement) (FFH-Ausnahmegenehmigung als Teil der Umweltverträglichkeitsprüfung).

I. Regelungsgegenstand und -ziele

Umweltverträglichkeitsprüfungen (UVP) sind ein zentrales Instrument der Umweltvorsorge. Die Zielsetzung der UVP besteht darin, umweltrelevante Projekte („Vorhaben") auf ihre möglichen Umweltauswirkungen hin zu überprüfen. Im Zuge einer UVP werden die potenziellen Konsequenzen eines Vorhabens für die Umwelt in einer **umfassenden und integrativen Weise** ermittelt, beschrieben und bewertet. Die Prüfung des Projekts bleibt dabei nicht auf einzelne Umweltmedien und Schutzgüter begrenzt, sondern folgt einer übergreifenden Betrachtungsweise, die auch Wechselwirkungen berücksichtigt. Als relevante Auswirkungen auf die Umwelt sind alle Einflüsse des betreffenden Vorhabens auf Menschen, die biologische Vielfalt einschließlich der Tiere, Pflanzen und deren Lebensräume, auf Fläche und Boden, Wasser, Luft und Klima, auf die Landschaft und auf Sach- und Kulturgüter anzusehen (§ 1 Abs 1 Z 1 UVP-G). Auf diese Weise sollen schädliche Auswirkungen auf die Umwelt verhindert oder verringert und positive Effekte gefördert werden (§ 1 Abs 1 Z 2 UVP-G; **Vorsorgeprinzip**). Durch eine weitreichende Einbindung der Öffentlichkeit in den Prozess der UVP wird zudem in den häufig konfliktanfälligen Projektierungskonstellationen für **Transparenz und Bürgerbeteiligung** gesorgt.

Rechtlich ist die UVP auf Ebene der Vorhabensgenehmigung angesiedelt und findet eingebettet in das behördliche Verfahren zur Bewilligung des eingereichten Projekts (UVP-Genehmigungsverfahren) statt. Der (positive oder negative) UVP-Bescheid ergeht unter Berücksichtigung der Ergebnisse der UVP im Rahmen eines **konzentrierten Genehmigungsverfahrens***: Sobald ein Vorhaben der UVP-Pflicht unterfällt, hat die Behörde neben den Genehmigungsvoraussetzungen des UVP-G auch alle maßgeblichen sonstigen (materiengesetzlichen) Genehmigungskriterien mitanzuwenden, unabhängig davon, ob es sich um bundes- oder landesrechtliche Vorschriften handelt (s VI.4.c). Mit dieser umfangreichen **Verfahrens- und Genehmigungskonzentration** wird aus Sicht des Umweltschutzes dem ganzheitlichen Ansatz der UVP Rechnung getragen, der über sektorale Betrachtungen des eingereichten Projekts hinausgeht.

Gesetzliche Grundlage für die Durchführung von UVP ist das UVP-G, das – in Umsetzung der UVP-RL (III.) – 1993 erlassen wurde und gegenwärtig als **UVP-G 2000** in Geltung steht. Zahlreiche Novellen, die nicht selten auf unionsrechtliche Anpassungsnotwendigkeiten zurückgehen, und eine breite höchstgerichtliche – insb auch unionsgerichtliche – Rsp haben der Materie zwischenzeitlich eine erhebliche Dynamik beschert.

II. Verfassungsrechtliche Bezüge

1. Kompetenzrechtliche Bestimmungen

Nach **Art 11 Abs 1 Z 7 B-VG** ist die UVP für Vorhaben, bei denen mit **erheblichen Auswirkungen auf die Umwelt** zu rechnen ist, Bundessache in der Gesetzgebung und Landessache in der Vollziehung (die Erlassung von DurchführungsV zum UVP-G verbleibt grundsätzlich beim Bund; s Art 11 Abs 3 B-VG). Dies gilt gleichermaßen für die Genehmigung solcher Vorhaben, soweit ein Bedürfnis nach Erlassung einheitlicher Vorschriften als vorhanden erachtet wird (Bedarfskompetenz). Dem Bund kommt solcherart nicht nur die Regelung der Verfahrensvorschriften der UVP zu; auch hinsichtlich der Genehmigung kommt eine einheitliche bundesgesetzliche Regelung bezüglich der materiellen Genehmigungskriterien (auch durch Anordnung der Mitanwendung von Landesrecht) in Betracht. Diese Kompetenz wurde vom Bundesgesetzgeber mit dem UVP-G in Anspruch genommen.

Als gesonderter Kompetenztatbestand erfasst **Art 10 Abs 1 Z 9 B-VG** die UVP für **Bundesstraßen und Eisenbahn-Hochleistungsstrecken**, bei denen mit erheblichen Auswirkungen auf die Umwelt zu rechnen ist. Für die Regelung der **Genehmigung** solcher Vorhaben besteht nach Art 11 Abs 6 B-VG ebenfalls eine Bedarfskompetenz des Bundes (3. Abschnitt des UVP-G; V.4.). Die Vollziehung dieser Vorschriften folgt der Vollziehungskompetenz in der Sache und steht daher dem Bund oder den Ländern zu, je nachdem, ob die Vollziehung der materiellen Genehmigungskriterien Bundes- oder Landessache ist (Art 11 Abs 4 B-VG).

Schließlich können auch **Angelegenheiten der Bürgerbeteiligung** (Bürgerbeteiligungsverfahren für bundesgesetzlich zu bestimmende Vorhaben, Beteiligung an den einem Bürgerbeteiligungsverfahren nachfolgenden Verwaltungsverfahren, Berücksichtigung der Ergebnisse des Bürgerbeteiligungsverfahrens bei der Erteilung der für die betroffenen Vorhaben erforderlichen Genehmigungen), soweit ein Bedürfnis nach Erlassung einheitlicher Vorschriften als vorhanden erachtet wird, durch BG geregelt werden (**Art 11 Abs 6 B-VG**).

2. Zuständigkeit des BVwG

Abweichend von der allgemeinen Systematik der **Zuständigkeitsverteilung zwischen BVwG und LVwG** ermächtigt Art 131 Abs 4 Z 2 lit a B-VG die Bundesgesetzgebung zur Begründung der Zuständigkeit des BVwG in den **Angelegenheiten der UVP** gem Art 10 Abs 1 Z 9 und Art 11 Abs 1 Z 7 B-VG.

Von dieser Ermächtigung wurde mit § 40 Abs 1 S 1 UVP-G Gebrauch gemacht. Demnach entscheidet über Beschwerden in Angelegenheiten nach dem UVP-G (ausgenommen Verwaltungsstrafverfahren) das BVwG (s VI.1.).

III. Europarechtliche Bezüge

Der innerstaatliche Rechtsrahmen zur Durchführung von UVP ist stark durch EU-Sekundärrechtsakte* vorgezeichnet, die wiederum im Wesentlichen auf Grundlage der Rechtsetzungskompetenzen der EU im Bereich der Umweltpolitik (Titel XX AEUV) erlassen wurden.

Von großer Bedeutung ist die **UVP-RL**, die – angelehnt an vergleichbare US-amerikanische Mechanismen – das Instrument der UVP ab 1985 im EU-Recht verankerte. Seitdem fanden mehrfache Änderungen statt, die eine kontinuierliche Erweiterung des Regelungsumfangs der UVP-RL zur Folge hatten.

Als Instrument der Prüfung von Umweltauswirkungen wird die UVP ergänzt durch die mit der SUP-RL geschaffene **„Strategische Umweltprüfung"** (SUP). Ziel der SUP ist es, allgemeine Programme und Planungswerke (schon) vor ihrer Annahme auf ihre Umweltverträglichkeit hin zu untersuchen. Nachfolgende Genehmigungsverfahren zu Einzelprojekten sollen so von ökologischen Grundsatzfragen möglichst entlastet und es soll insgesamt zu einem hohen Umweltschutzniveau beigetragen werden. Strukturell anders als die UVP ist die SUP damit ihrer Intention nach nicht auf ein konkretes, in seiner Dimension genau umrissenes Projekt bzw Genehmigungsvorhaben bezogen. Vielmehr handelt es sich um eine ökologische Folgenabschätzung, die bereits bei der Ausarbeitung von Plänen und Programmen (etwa Abfallwirtschaftspläne, Entwicklungsprogramme oder Flächenwidmungspläne) die Berücksichtigung von Umwelterwägungen einfordert. Die innerstaatlichen Umsetzungsbestimmungen finden sich über eine Vielzahl an Bundes- (zB AWG, WRG → *Wasserrecht*) und LandesG (insb RaumordnungsG → *Raumordnungsrecht*, Landes-AWG) verteilt.

Die **ÖffentlichkeitsbeteiligungsRL** trägt den völkerrechtlichen Verpflichtungen der Aarhus-Konvention zum Ausbau der Öffentlichkeitsbeteiligung auf EU-Ebene Rechnung (s IV.). Die VO (EG) 1367/2006 regelt darüber hinaus, ebenso in Umsetzung der Aarhus-Konvention, den Zugang zu Umweltinformationen und die Öffentlichkeitsbeteiligung bei Verfahren vor Organen und Einrichtungen der EU.

Die – innerstaatlich unmittelbar anwendbare* – **TEN-E-VO** hat die beschleunigte Durchsetzung des Ausbaus der europäischen Energieinfrastruktur zum Ziel. Für energiewirtschaftlich bedeutende Energieinfrastrukturprojekte (Vorhaben von gemeinsamem Interesse = *Projects of Common Interest/*PCI) ist eine bevorzugte Behandlung, ua durch Beschleunigung der Genehmigungsverfahren, vorgesehen. Für UVP-pflichtige PCI enthält das UVP-G in seinem 6. Abschnitt begleitende Regelungen (s V.6.a.).

IV. Völkerrechtliche Bezüge

Über die unionsrechtlichen Vorgaben hinaus ist das UVP-Regime auch Gegenstand internationaler Vereinbarungen. So verpflichtet die im Rahmen der UN-Wirtschaftskommission für Europa (UNECE) erarbeitete **Espoo-Konvention** bei Vorhaben mit erheblichen grenzüberschreitenden Umweltauswirkungen dazu, die betroffenen Staaten zu informieren und zu konsultieren und deren betroffene Öffentlichkeit am UVP-Verfahren zu beteiligen (s §§ 10, 19 UVP-G). Die Espoo-Konvention ist seit 1997 in Kraft und wurde von Österreich, wie ua auch von der EU, ratifiziert.

Die ebenfalls auf Ebene der UNECE verabschiedete **Aarhus-Konvention** hat generell die Förderung der Öffentlichkeitsbeteiligung an umweltrelevanten Entscheidungen zum Ziel. Sie bezweckt konkret auch für umweltrelevante Genehmigungsverfahren die Sicherstellung des Zugangs zu Umweltinformation, den Ausbau der Öffentlichkeitsbeteiligung und die Gewährleistung von Rechtsschutz durch Zugang zu Gerichten bzw → *Tribunalen* (die „drei Säulen" der Aarhus-Konvention). Österreich hat die Konvention 2005 ratifiziert.

V. UVP-Pflicht

Nicht jeder umweltrelevante Eingriff ist notwendig einer UVP zu unterziehen. Typischerweise wird daher in einem ersten Schritt die Frage geklärt, **ob ein Projekt UVP-pflichtig ist**. Trifft dies zu, gelangen die nach dem UVP-G vorgesehene Verfahrens- bzw Genehmigungskonzentration und die Sperrwirkung gegenüber allfälligen Genehmigungsverfahren nach den MaterienG (VI.4.c.) zur Anwendung. Gem §§ 3 und 3a kann die UVP-Pflicht dabei sowohl (Neu-)Vorhaben als auch Vorhabensänderungen betreffen.

§ 2 Abs 2 definiert den **Begriff des Vorhabens** als die Errichtung einer Anlage (zB Abfallbehandlungsanlage) oder einen sonstigen Eingriff in Natur und Landschaft (zB Rodung) unter Einschluss sämtlicher damit in einem räumlichen und sachlichen Zusammenhang stehender Maßnahmen. Bei Bestehen eines solchen Zusammenhangs kann ein Vorhaben auch mehrere Anlagen oder sonstige Eingriffe umschließen. Maßgeblich für die Beurteilung der UVP-Pflicht ist daher das gesamte zu verwirklichende Projekt und jeder mit dem Vorhaben in sachlichem oder örtlichem Zusammenhang stehende, umweltrelevante Eingriff („**gesamthafter Vorhabensbegriff**").

Davon zu unterscheiden ist die **Kumulationsprüfung**. Im Rahmen der Kumulationsprüfung hat die Behörde im Einzelfall festzustellen, ob (Änderungen von) Vorhaben, die an sich die Schwellenwerte oder andere Kriterien des Anh 1 UVP-G nicht erfüllen (V.1.), gemeinsam mit anderen, in einem räumlichen Zusammenhang stehenden Vorhaben erhebliche schädliche, belästigende oder belastende Auswirkungen auf die Umwelt mit sich bringen und aus diesem Grund UVP-pflichtig sind (§§ 3 Abs 2, 3a Abs 6). Diese Vorhaben sind, anders als beim gesamthaften Vorhabensbegriff, nicht als *ein* Vorhaben zu qualifizieren, sondern stehen schlicht in einem räumlichen Nahebezug, der es nötig macht zu überprüfen, ob die Auswirkungen dieser unabhängigen Vorhaben kumulieren (zB Windkraftanlagen und Pumpspeicherkraftwerke). Wenn das geplante Vorhaben eine Kapazität von weniger als 25 % des Schwellenwertes aufweist (Mindestschwelle für Kleinvorhaben), hat (ausgenommen bei Umgehungen) keine Kumulierung und keine Einzelfallprüfung stattzufinden.

Hinsichtlich der konkreten Zuordnung einzelner Maßnahmen stellen sich in der Praxis zT schwierige Abgrenzungsfragen.

1. UVP-pflichtige (Neu-)Vorhaben

Gem § 3 UVP-pflichtig und damit einem UVP-Genehmigungsverfahren zu unterziehen sind grundsätzlich jene (Neu-)Vorhaben, die in **Anh 1** aufgezählt sind. Anh 1 besteht aus drei Spalten und enthält eine Vielzahl an Vorhabenstypen aus den Bereichen Abfallwirtschaft, Energiewirtschaft, Umgang mit radioaktiven Stoffen, Infrastruktur, Bergbau, Wasserwirtschaft, Land- und Forstwirtschaft sowie sonstige (Produktions-)Anlagen. Aus der Zuordnung zu den einzelnen Spalten und den dort vermerkten Schwellenwerten ergibt sich, ob ein Vorhaben UVP-pflichtig ist und in welchem **Genehmigungsverfahren** die UVP stattfindet: ordentliches Verfahren oder vereinfachtes Verfahren.

- Spalte 1 listet jene Vorhaben auf, die UVP-pflichtig sind und dem **ordentlichen Verfahren** (VI.4.c.) unterliegen (zB bestimmte Anlagen zur Behandlung gefährlicher Abfälle, thermische Kraftwerke ab 200 MW, Neubau von Flugplätzen, größere Bergbauvorhaben, Wasserkraftwerke ab 15 MW).
- Spalte 2 verzeichnet Vorhaben, die ebenso UVP-pflichtig sind, aber im **vereinfachten Verfahren** (VI.4.d.) genehmigt werden (va größere Industrieanlagen, aber auch größere Einkaufszentren oder größere Beherbergungsbetriebe).
- Spalte 3 enthält Vorhaben, die in schutzwürdigen Gebieten liegen (zB Naturschutzgebiet, Alpinregion, Wasserschutzgebiet; s Anh 2) oder sonst nur bei Zutreffen besonderer Voraussetzungen der UVP-Pflicht unterfallen. Für diese Vorhaben ist eine **Einzelfallprüfung** (§ 3 Abs 4 und 4a) daraufhin vorzunehmen, ob eine wesentliche Umweltbeeinträchtigung vorliegt. Ergibt die Einzelfallprüfung eine UVP-Pflicht, ist das **vereinfachte Verfahren** durchzuführen. Selbiges gilt bei einer Kumulationsprüfung im Einzelfall (§ 3 Abs 2).

Hier begründet also erst das Ergebnis der behördlichen Einzelfallprüfung die UVP-Pflicht. Die Einzelfallprüfung entfällt jedoch, wenn der Projektwerber von sich aus – insb weil er es für wahrscheinlich hält, dass erhebliche schädliche oder belastende Auswirkungen auf die Umwelt zu erwarten und die Kriterien der UVP-Pflicht damit erfüllt sind – die Durchführung einer UVP beantragt.

2. Vorhabensänderungen

Auch die **Änderung von bestehenden Vorhaben** kann eine UVP-Pflicht auslösen. Jedenfalls UVP-pflichtig sind gem § 3a Änderungen von Vorhaben nach Spalte 1 oder 2 des Anh 1, wenn eine **Kapazitätsausweitung** um mindestens 100% des festgelegten Schwellenwerts stattfinden soll. Demgegenüber hat in anderen Fällen, nämlich dann,
- wenn ein in Anh 1 normierter Änderungstatbestand erfüllt ist oder
- wenn die beabsichtigte Kapazitätsausweitung zumindest 50% des maßgeblichen Schwellenwerts oder der bisherigen Kapazität ausmacht,

zunächst eine **Einzelfallprüfung** stattzufinden. In dieser wird beurteilt, ob durch die Änderung mit erheblichen nachteiligen Umweltauswirkungen zu rechnen ist; (nur) im bejahenden Fall ist die Vorhabensänderung UVP-pflichtig.

Grundsätzlich gilt, dass bei Erweiterungen bestehender Vorhaben die Summen der in den letzten fünf Jahren genehmigten Kapazitätsänderungen und der nun beantragten Kapazitätsausweitung zusammengerechnet werden müssen, um zu verhindern, dass ein großes Vorhaben zur **Umgehung der UVP-Pflicht** in kontinuierliche, kleinere Vorhabensänderungen gesplittet wird („Salamitaktik"). Wenn die beantragte Kapazität des Änderungsvorhabens jedoch weniger als 25% des relevanten Schwellenwerts oder – für den Fall, dass kein besonderer Schwellenwert besteht – der bisher genehmigten Kapazität beträgt, entfällt eine Einzelfallprüfung und damit auch die UVP (§ 3a Abs 5). Diese Mindestschwelle dient dazu, Kleinvorhaben von der UVP-Pflicht auszunehmen.

3. Feststellungsverfahren

Zur Klärung der – nicht selten strittigen – Fragen, ob ein Vorhaben UVP-pflichtig ist, welcher Tatbestand des Anh 1 erfüllt ist und – damit einhergehend – in welchem Verfahren es zu genehmigen ist, kennt § 3 Abs 7 ein eigenes behördliches Verfahren: das Feststellungsverfahren. Es endet mit einem Feststellungsbescheid (**UVP-Feststellungsbescheid***). Dieses Feststellungsverfahren ist von jenen Feststellungen im Rahmen der Einzelfallprüfung zu unterscheiden, die zu beurteilen haben, ob mit erheblichen Umweltauswirkungen zu rechnen und daher eine UVP-Pflicht gegeben ist (etwa bei der Beurteilung der UVP-Pflicht in schutzwürdigen Gebieten) (s V.1. und V.2.).

Eingeleitet wird das Feststellungsverfahren entweder von Amts wegen oder über Antrag des Projektwerbers, einer mitwirkenden Behörde oder des Umweltanwalts (zum Verfahren s VI.4.b).

4. Bundesstraßen und Hochleistungsstrecken

Die Regelungen des **3. Abschnitts** des UVP-G begründen ein UVP-Sonderregime für Bundesstraßen und Hochleistungsstrecken (sog Verkehrs-UVP).

Die §§ 23a und 23b regeln den Anwendungsbereich der UVP bei Bundesstraßen und Hochleistungsstrecken. Nach § 23a erfasst sind **bestimmte Vorhaben** wie zB der Neubau von Bundesstraßen oder ihrer Teilabschnitte (unter Ausnahme zusätzlicher Anschlussstellen) oder der Ausbau einer bestehenden Bundesstraße von zwei auf vier oder mehr Fahrstreifen mit einer durchgehenden Länge von mindestens 10 km (§ 23a Abs 1). Eine UVP im vereinfachten Verfahren ist zB beim Neubau zusätzlicher Anschlussstellen oder bei bestimmten sonstigen Ausbaumaßnahmen an Bundesstraßen vorgesehen (§ 23a Abs 2). § 23b Abs 1 beschreibt, welche Vorhaben von Hochleistungsstrecken UVP-pflichtig sind; Abs 2 nennt jene Vorhaben, die dem vereinfachten Verfahren unterliegen (zum Verfahren s VI.4.d).

5. Wasserwirtschaftlich bedeutsame Vorhaben

Der **4. Abschnitt** des UVP-G enthält spezifische Bestimmungen für wasserwirtschaftlich bedeutsame Vorhaben. Im Rahmen des Verfahrens zur Genehmigung der erfassten Projekte (zB Wasserkraftwerke, Stauanlagen, Nassbaggerungen) kommt der Verknüpfung mit wasserrechtlichen Kriterien erhebliche Relevanz zu (→ *Wasserrecht*). Die wasserwirtschaftlichen Aspekte sind im Genehmigungsbescheid zusammenzufassen.

6. Vorhaben von gemeinsamem Interesse und Standort-Entwicklungsgesetz

a) Vorhaben von gemeinsamem Interesse

Für Vorhaben von gemeinsamem Interesse (**PCI**) iSd TEN-E-VO (zB Hochspannungsfreileitungen, Stromspeicheranlagen, Fernleitungen für den Transport von Erdgas und Biogas usw; s III.), die dem UVP-G unterliegen, enthält der **6. Abschnitt** (§§ 30–34) besondere Vorgaben. Dazu zählt insb die Anforderung, Verfahren über PCI prioritär zu behandeln und für eine effiziente Durchführung zu sorgen. Zu diesem Zweck unterstützt der BMK als **Energie-Infrastrukturbehörde** nach Maßgabe der TEN-E-VO (§ 47 Abs 5 UVP-G, § 6 E-InfrastrukturG) die UVP-Behörde bei Bewältigung ihrer Aufgaben und nimmt, da PCI oftmals über Bundesländergrenzen hinwegführen und dementsprechend mehrere UVP-Behörden betroffen sind (VI.1.), eine koordinierende Rolle ein. Der Energie-Infrastrukturbehörde kommt im UVP-Verfahren die Stellung einer mitwirkenden Behörde zu (zum Verfahren s VI.4.f).

b) Standort-Entwicklungsgesetz (StEntG)

Das StEntG eröffnet die Möglichkeit, für **standortrelevante Vorhaben** (= Vorhaben nach Anh 1 Spalte 1, Spalte 2 oder Abschnitt 3 UVP-G, für das noch kein Genehmigungsantrag eingebracht wurde) eine Bestätigung über das **besondere öffentliche Interesse der Republik Österreich** zu erlangen, wenn das betreffende Vorhaben außerordentlich positive Folgen für den Wirtschaftsstandort erwarten lässt. Voraussetzung für die Anwendung des StEntG ist, dass das Vorhaben tatsächlich einer UVP zu unterziehen ist. Die Kriterien, wann ein standortrelevantes Vorhaben im besonderen öffentlichen Interesse der Republik liegt, sind in § 2 Abs 3 StEntG demonstrativ genannt (zB strategische Bedeutung, Sicherung von Arbeitsplätzen, Steigerung der Netz-, Leitungs- und Versorgungssicherheit).

Die Bestätigung über das besondere öffentliche Interesse kann (nur) der Projektwerber beim BMAW anregen. Gemeinsam mit den Stellungnahmen der fachlich zuständigen BM werden die Unterlagen dem Standortentwicklungsbeirat (§ 6 StEntG) zur Beurteilung vorgelegt. Über die **Erteilung einer Bestätigung** entscheiden sodann BMAW und BMK im Einvernehmen in Form einer V (Standort-Entwicklungs-Vorhaben-V, § 9 StEntG). Daran knüpfen **verfahrensbeschleunigende Maßnahmen**, die als leges speciales ua auch Bestimmungen des UVP-G vorgehen (s VI.4.g).

Die Bestätigung erlischt unter den in § 10 StEntG taxativ aufgezählten Umständen (zB kein Genehmigungsantrag binnen 3 Jahren ab Kundmachung der V). Bis dato wurde keine entsprechende V erlassen.

VI. Behörden und Verfahren

1. Behörden

UVP-Behörde für Verfahren nach dem 1. und 2. Abschnitt ist die örtlich zuständige **LReg** (§ 39 Abs 1). Ihr kommt die Durchführung von Feststellungs- und Genehmigungsverfahren ebenso zu wie die Vollziehung von Strafbestimmungen. Die Zuständigkeit kann ganz oder tw der BVB übertragen werden. Die örtliche Zuständigkeit richtet sich nach der Lage des Vorhabens (§ 39 Abs 4).

Die Verfahren nach dem 3. Abschnitt (V.4.) werden für die vom Bund zu vollziehenden Genehmigungsbestimmungen vom **BMK** (die Zuständigkeit kann ganz oder tw dem LH übertragen werden), für die vom Land zu vollziehenden Genehmigungsvorschriften von der **LReg** (die Zuständigkeit kann ganz oder tw der BVB übertragen werden) geführt (Teilkonzentration, s § 24).

Über Beschwerden in Angelegenheiten nach dem UVP-G entscheidet das **BVwG** (§ 40 Abs 1 iVm Art 131 Abs 4 Z 2 lit a B-VG; s II.2.). Die Zuständigkeit des BVwG erstreckt sich auch auf Säumnisbeschwerden (anders noch zur alten Rechtslage: VwGH 02.08.2016, Ro 2015/05/0008).

Die **LVwG** sind gem § 40 Abs 1 iVm Art 131 Abs 1 B-VG allerdings für Beschwerden gegen Verwaltungsstrafbescheide (§ 45) zuständig.

2. Umweltrat

Keine behördliche, sondern bloß kontrollierende und beratende Funktion als Beirat kommt dem beim BMK eingerichteten Umweltrat zu (§§ 25 ff). Seine Aufgaben sind auf die **Beobachtung der Vollziehung des UVP-G** gerichtet, wobei insb auch Auskünfte und Berichte über Fragen der UVP und des konzentrierten Genehmigungsverfahrens von den zuständigen Organen verlangt und Anregungen zur allfälligen Verbesserung des Umweltschutzes ausgesprochen werden können.

3. Parteien und Rechtsschutz

Partei des UVP-Genehmigungsverfahrens ist der **Projektwerber** (§ 8 AVG). Er nimmt die Tätigkeit der Behörde aufgrund seines verfahrenseinleitenden Antrags in Anspruch und hat ein subjektiv-öffentliches Recht auf Genehmigung des Vorhabens bei Erfüllen der gesetzlichen Voraussetzungen. Seine Parteistellung präkludiert nicht.

Darüber hinaus legt **§ 19** fest, wer im UVP-Genehmigungsverfahren Parteistellung hat (s demgegenüber die für das Feststellungsverfahren bestehende Sonderregelung in § 3 Abs 7; VI.4.b). Diese Verfahrensparteien müssen, wenn sie subjektive Rechte (oder – bei Formalparteien – öffentliche Interessen als subjektive Rechte; s § 19 Abs 3) geltend machen, rechtzeitig zulässige Einwendungen erheben, um ihre Parteistellung nicht durch **Präklusion*** zu verlieren (s noch VI.4.a).

Sämtliche Parteien haben das Recht, **Beschwerde** an das BVwG zu erheben. Parteien, die eine Verletzung von subjektiv-öffentlichen Rechten* geltend machen, können gegen das Erkenntnis des BVwG mit Revision an den VwGH (Art 133 B-VG) oder – sofern es sich um „echte" subjektive öffentliche Rechte handelt (VfGH 15.12.2021, E 4122/2021) – Beschwerde an den VfGH (Art 144 B-VG) vorgehen. Bei jenen Formalparteien, die öffentliche Interessen nicht als subjektive Rechte geltend machen können (zB wasserwirtschaftliches Planungsorgan, Standortanwalt), richtet sich die Legitimation zur Erhebung einer Revision danach, ob der Gesetzgeber eine solche ausdrücklich eingeräumt hat (zB § 55 Abs 5 WRG, § 19 Abs 12 UVP-G); der Weg zum VfGH ist in diesem Fall mangels subjektiver Rechtsverletzung nicht eröffnet.

a) Nachbarn (§ 19 Abs 1 Z 1)

Nachbarn sind Personen, die durch das Vorhaben gefährdet oder belästigt werden könnten oder deren dingliche Rechte potenziell gefährdet sind (darunter fallen neben den Eigentümern der betroffenen Liegenschaften zB auch Mieter oder Inhaber von Einrichtungen, in denen sich regelmäßig Personen vorübergehend aufhalten). Die Stellung als Nachbar kommt jedem zu, der im **Immissionsbereich** des geplanten Vorhabens liegt, wenn nachteilige Auswirkungen nicht ausgeschlossen werden können.

Nachbarn machen im Verfahren **subjektiv-öffentliche Rechte*** geltend. Dazu zählen das Leben, die Gesundheit, das Eigentum oder sonstige dingliche Rechte. Juristische Personen können Nachbarn sein, sofern die geltend gemachten Gefährdungen für sie denkbar sind (undenkbar wäre etwa die Geltendmachung einer Gesundheitsgefährdung der juristischen Person).

Nachbarn können Beschwerde an das BVwG, Revision an den VwGH und Beschwerde an den VfGH erheben.

b) Nach den anzuwendenden Verwaltungsvorschriften vorgesehene Parteien (§ 19 Abs 1 Z 2)

Personen, denen aufgrund jener **Verwaltungsvorschriften, die im UVP-Verfahren mitanzuwenden sind** (s VI.4.a.), Parteistellung zukommt, sind auch Parteien im UVP-Verfahren. Generell kann es sich dabei sowohl um Parteien handeln, die subjektive Rechte geltend machen (zB Fischereiberechtigte, Inhaber von Wassernutzungsrechten), als auch um solche, die zur Wahrung öffentlicher Interessen berufen sind (zB Arbeitsinspektorat).

c) Umweltanwalt (§ 19 Abs 1 Z 3 iVm Abs 3)

Der Umweltanwalt ist ein eigens vom Bund oder vom betroffenen Land eingerichtetes Organ, das den **Schutz der Umwelt** in Verwaltungsverfahren wahrnimmt (s § 2 Abs 4). Die Einhaltung von Rechtsvorschriften, die dem Schutz der Umwelt dienen, kann vom Umweltanwalt als subjektives Recht im Verfahren geltend gemacht werden (§ 19 Abs 3). Er ist befugt, Beschwerde an das BVwG und Revision an den VwGH zu erheben.

d) Wasserwirtschaftliches Planungsorgan (§ 19 Abs 1 Z 4)

Das wasserwirtschaftliche Planungsorgan (LH, s § 55 Abs 2 WRG → *Wasserrecht*) ist befugt, **wasserwirtschaftliche Interessen**, die sich aus §§ 55, 55g und 104a WRG ergeben, im Verfahren zu vertreten. § 55 Abs 5 WRG räumt dem wasserwirtschaftlichen Planungsorgan die Legitimation zur Erhebung von Beschwerden an das BVwG sowie von Revisionen an den VwGH ein.

e) Gemeinden (§ 19 Abs 1 Z 5 iVm Abs 3)

Die **Standortgemeinde**, also jene, in deren Gemeindegebiet sich das Vorhaben befindet, hat jedenfalls Parteistellung im Genehmigungsverfahren. Erstreckt sich das Vorhaben über mehrere Gemeindegebiete, gelten sämtliche als Standortgemeinden.

Den **unmittelbar angrenzenden österr Gemeinden** kommt dagegen nur dann Parteistellung zu, wenn sie von wesentlichen Auswirkungen auf die Umwelt betroffen sein können. Sonstige Gemeinden, etwa solche, die sich keine Grenze mit der Standortgemeinde teilen oder die nicht mehr im österr Staatsgebiet liegen, haben keine Parteistellung.

Gemeinden, denen Parteistellung zukommt, können die Einhaltung von Rechtsvorschriften, die dem Schutz der Umwelt oder der von ihnen wahrzunehmenden öffentlichen Interessen dienen, gem § 19 Abs 3 als subjektive Rechte geltend machen. Sie sind zur Erhebung einer Beschwerde an das BVwG und einer Revision an den VwGH befugt.

f) Bürgerinitiativen (§ 19 Abs 1 Z 6 iVm Abs 4 und Abs 5)

Eine Bürgerinitiative entsteht, wenn eine innerhalb der Auflagefrist abgegebene schriftliche Stellungnahme gem § 9 Abs 5 (s VI.4.c) während der Auflagefrist von **mindestens 200 Personen** unterstützt wird, die zum Zeitpunkt der Unterstützung in der Standortgemeinde oder einer unmittelbar angrenzenden Gemeinde für Gemeinderatswahlen wahlberechtigt sind. Die Unterstützung muss den Namen, die Anschrift, das Geburtsdatum und eine datierte Unterschrift enthalten (§ 19 Abs 4). Liegen diese Voraussetzungen vor, hat die Bürgerinitiative **Parteistellung**. Um diese nicht wieder zu verlieren, müssen rechtzeitig Einwendungen erhoben werden. Es sind auch Einwendungen möglich, die nicht bereits in der Stellungnahme thematisiert wurden.

Die Bürgerinitiative handelt durch ihren **Vertreter**. Der Vertreter kann in der Unterschriftenliste durch entsprechende Bezeichnung ausgewiesen werden; fehlt eine solche Bezeichnung, ist diejenige Person, die in der Unterschriftenliste an erster Stelle steht, der Vertreter (§ 19 Abs 5).

Entgegen § 19 Abs 2 haben Bürgerinitiativen nicht nur im ordentlichen, sondern **auch im vereinfachten Genehmigungsverfahren** Parteistellung (s VI.4.d).

Bürgerinitiativen dürfen Umweltschutzvorschriften gem § 19 Abs 4 **als subjektive Rechte** geltend machen. Sie können Beschwerde an das BVwG, Revision an den VwGH und Beschwerde an den VfGH erheben.

g) Umweltorganisationen (§ 19 Abs 1 Z 7 iVm Abs 6–11)

Eine Umweltorganisation ist ein Verein oder eine Stiftung, der/die mit dem vorrangigen **Zweck des Schutzes der Umwelt gemeinnützige Ziele** verfolgt und der/die mindestens drei Jahre zu diesem Zweck bestanden hat. Zudem muss ein Verein aus mindestens hundert Mitgliedern bestehen. Ein Verband muss mindestens fünf Mitgliedsvereine umfassen, die gemeinsam die erforderliche Anzahl an Mitgliedern für fünf Vereine (also 500) aufweisen müssen (§ 19 Abs 6).

Um Parteistellung zu erhalten, muss eine solche Umweltorganisation gem § 19 Abs 7 **anerkannt** werden. Über den Antrag entscheidet der BMK im Einvernehmen mit dem BMAW mit Bescheid. Dem Antrag sind Unterlagen, die das Vorliegen der Voraussetzungen belegen, beizufügen. Die Bundesländer, in denen die Umweltorganisation tätig werden möchte, sind bekanntzugeben. Die Umweltorganisation hat nur Parteistellung im Verfahren, wenn das betreffende Vorhaben in diesem Bundesland oder einem unmittelbar angrenzenden Bundesland verwirklicht werden soll. Eine Liste aller anerkannten Umweltorganisationen ist zu veröffentlichen (§ 19 Abs 8).

Der Wegfall der Voraussetzungen nach § 19 Abs 6 kann mit Bescheid festgestellt werden. Die Umweltorganisation ist sodann aus der Liste der anerkannten Umweltorganisationen zu streichen. Alle drei Jahre findet eine Überprüfung der Voraussetzungen statt (§ 19 Abs 9).

Anerkannte Umweltorganisationen sind zur Geltendmachung von Umweltvorschriften im Verfahren berechtigt, soweit sie während der Auflagefrist (§ 9 Abs 1; s VI.4.c.) Einwendungen erhoben haben. Sie sind berechtigt, Beschwerde an das BVwG und Revision an den VwGH zu erheben (§ 19 Abs 10).

§ 19 Abs 11 enthält die Voraussetzungen, unter denen ausländische Umweltorganisationen die Rechte nach Abs 10 geltend machen können.

h) Standortanwalt (§ 19 Abs 1 Z 8 iVm Abs 12)

Der Standortanwalt ist ein eigens vom Bund oder vom betroffenen Land eingerichtetes Organ, das berufen ist, die **Interessen, die für eine Verwirklichung des Vorhabens sprechen,** im Verfahren zu vertreten (s § 2 Abs 6). Er vertritt dabei nicht die Interessen des Projektwerbers, sondern öffentliche Interessen und nimmt objektives Recht wahr.

Der Standortanwalt kann Beschwerde an das BVwG und Revision an den VwGH erheben.

4. Verfahren

a) Anzuwendendes Verfahrensrecht

Das UVP-G kennt eine Vielzahl an verfahrensrechtlichen **Sonderbestimmungen**, etwa hinsichtlich der Genehmigungskonzentration (VI.4.c.), der

Entscheidungsfristen oder der Regelung der Parteistellung (VI.4.a.). Zuletzt standen neben unionsrechtlichen Anpassungsnotwendigkeiten va **Verfahrensbeschleunigung und Effizienzsteigerung** als Anliegen im Vordergrund. Subsidiär gelangen die Verfahrensvorschriften des AVG zur Anwendung.

Sachverständigen kommt in den UVP-Verfahren eine tragende Rolle zu. Weil oft nicht sämtliche Fachgebiete von Amtssachverständigen abgedeckt werden können, ist die Möglichkeit zur Beiziehung von nicht amtlichen Sachverständigen von besonderer praktischer Relevanz. Daher normiert § 3b, dass die Beiziehung von nicht amtlichen Sachverständigen auch abseits der Voraussetzungen des § 52 Abs 2 und 3 AVG zulässig ist. Kosten, die der Behörde erwachsen, sind vom Projektwerber zu tragen.

Auch die Frage der unionsrechtlich zulässigen **Reichweite der Wirkungen der Präklusion*** (§ 42 AVG) im Beschwerdeverfahren hat große Bedeutung für das UVP-Verfahren. Dies besonders, weil der EuGH (Urteil v 15.10.2015, C-137/14) feststellte, dass die UVP-RL einer durch Präklusion bewirkten Beschränkung des Zugangs zum gerichtlichen Überprüfungsverfahren auf den Umfang der bereits im Verwaltungsverfahren getätigten Einwendungen entgegensteht. § 40 Abs 1 S 3 regelt nunmehr, dass **Einwendungen** oder Gründe, die in einer Beschwerde an das BVwG erstmals vorgebracht werden, zulässig sind, wenn zugleich begründet wird, warum diese nicht bereits während der Einwendungsfrist im Verwaltungsverfahren geltend gemacht werden konnten. Weiters muss der Beschwerdeführer glaubhaft machen, dass ihn am Unterbleiben der Geltendmachung während der Einwendungsfrist kein Verschulden oder nur ein minderer Grad des Versehens trifft.

Für das **Rechtsmittelverfahren vor dem BVwG** enthält das UVP-G – abweichend von den Bestimmungen des VwGVG (s Art 136 Abs 2 B-VG) – weitere Vorgaben: Neben der **Beschwerdelegitimation** (VI.3.) betrifft das insb die gesetzlichen Entscheidungsfristen (§ 40 Abs 4) sowie besondere Veröffentlichungs- und Auflagepflichten (§ 40 Abs 7). Das BVwG entscheidet in Verfahren nach dem UVP-G durch Senate, im Feststellungsverfahren durch Einzelrichter (§ 40 Abs 2). Zur Ermittlung des entscheidungserheblichen Sachverhalts stehen die im Bereich der Vollziehung des Bundes und jenes Landes, dessen Bescheid überprüft wird, tätigen **Amtssachverständigen** zur Verfügung (§ 40 Abs 6).

b) Feststellungsverfahren

Zuständig für das Feststellungsverfahren (s V.3.) gem § 3 Abs 7 ist die örtlich zuständige LReg (§ 39 Abs 1). **Parteien** des Feststellungsverfahrens sind der Projektwerber, der Umweltanwalt und die Standortgemeinde.

Eingeleitet wird das Feststellungsverfahren entweder **von Amts wegen** oder **über Antrag** des Projektwerbers, einer mitwirkenden Behörde oder des Umweltanwalts. Vor der Entscheidung sind die mitwirkenden Behörden und das wasserwirtschaftliche Planungsorgan zu hören. Die behördliche Entscheidungsfrist beträgt sechs Wochen. Die Entscheidung ist in geeigneter Form kundzumachen, der Bescheid zur öffentlichen Einsichtnahme aufzulegen und auf der Homepage der Behörde zu veröffentlichen.

Die Feststellung der UVP-Pflicht hat insoweit deklarativen Charakter, als eine allfällige UVP-Pflicht schon davor besteht. Die (materiengesetzlichen) (Fach-)Behörden sind verpflichtet, ihre **Zuständigkeit von Amts wegen** unter Berücksichtigung einer allfälligen UVP-Pflicht des eingereichten Vorhabens zu prüfen; eine Pflicht, einen Feststellungsantrag nach § 3 Abs 7 zu stellen, besteht jedoch nicht (VwGH 24.04.2018, Ra 2016/05/0112).

Den Parteien des Feststellungsverfahrens kommt das Recht zu, **Beschwerde** an das BVwG zu erheben. Gem § 3 Abs 7 wird die Standortgemeinde auch berechtigt, gegen die Entscheidung des BVwG Revision an den VwGH zu erheben (vgl Art 133 Abs 8 B-VG).

Ein spezifisches – von der Parteistellung abgekoppeltes – Anfechtungsrecht räumt § 3 Abs 9 ein: Gelangt die Behörde im Feststellungsverfahren zum Ergebnis, dass für ein Vorhaben keine UVP durchzuführen ist, steht auch **anerkannten Umweltorganisationen** (innerhalb ihres örtlichen Zulassungsbereichs) und **Nachbarn** (§ 19 Abs 1 Z 1) die Möglichkeit offen, Beschwerde an das BVwG zu erheben (§ 40 Abs 3). Mit dieser besonderen Beschwerdemöglichkeit über den Kreis der gesetzlich genannten Verfahrensparteien hinaus soll va unionsrechtlichen Anforderungen hinsichtlich der Überprüfbarkeit von negativen UVP-Feststellungsbescheiden Rechnung getragen werden.

c) Ordentliches Verfahren

Zuständig für die Durchführung des ordentlichen Genehmigungsverfahrens ist die örtlich zuständige LReg (§ 39 Abs 1). **Parteistellung** kommt neben dem Projektwerber den in § 19 Abs 1 genannten Personen, Organen bzw Gebietskörperschaften unter den genannten Voraussetzungen zu.

Das (ordentliche) UVP-Verfahren wird durch einen umfangreichen Gesamtgenehmigungsantrag des Projektwerbers (Antragskonzentration für sämtliche Verwaltungsvorschriften) mit ausführlicher, von ihm beizubringender **Umweltverträglichkeitserklärung** (UVE) eingeleitet (§§ 5 ff). Durch die Verpflichtung zur Vorlage einer UVE trägt der Projektwerber wesentlich zur Sachverhaltsermittlung hinsichtlich der Merkmale und Eigenschaften des eingereichten Vorhabens bei (verfahrensrechtliche Mitwirkungspflicht).

Der Allgemeinheit ist durch **Auflage** bei der Behörde und der Standortgemeinde daraufhin sechs Wochen lang **Gelegenheit zur Stellungnahme** zum Genehmigungsantrag und zur UVE zu geben. Zudem ist das Vorhaben in einer im Bundesland und einer in der betreffenden Gemeinde weitverbreiteten

Tageszeitung und im Internet unter Hinweis auf die Möglichkeit zur Einsichtnahme und Stellungnahme kundzumachen (§ 9 Abs 3).

Eine Stellungnahme zum Projekt kann durch Eintragung in eine Unterschriftenliste unterstützt werden. Umfasst diese Liste 200 Personen, entsteht eine **Bürgerinitiative** mit Parteistellung (§ 19 Abs 4; s VI.3.f.).

Im weiteren Gang des Verfahrens ist ein umfassendes **Umweltverträglichkeitsgutachten** (UVGA; s § 12) eines Teams von Sachverständigen einzuholen. Das UVGA ist bei der Behörde und der Standortgemeinde mindestens vier Wochen lang zur **öffentlichen Einsicht** aufzulegen (§ 13). Im Anschluss hat die Behörde eine **mündliche Verhandlung** mit Parteienöffentlichkeit durchzuführen (§ 16). Bis spätestens in der mündlichen Verhandlung können neue Tatsachen und Beweismittel vorgebracht werden (§ 16 Abs 3). Zeigen sich im Zuge des Genehmigungsverfahrens große Interessenkonflikte zwischen dem Projektwerber und den sonstigen Parteien, kann auf Antrag des ersteren das Verfahren zur Einschaltung eines **Mediationsverfahrens** (zur Konfliktvermittlung durch neutrale Dritte) unterbrochen werden (§ 16 Abs 2). Bei Entscheidungsreife wird das Ermittlungsverfahren durch Verfahrensanordnung für geschlossen erklärt. Abweichend von § 39 Abs 3 AVG kann der Schluss des Ermittlungsverfahrens im UVP-Verfahren auch für einzelne Teilbereiche erklärt werden. Die Wiedereröffnung des Ermittlungsverfahrens ist von Amts wegen möglich (s § 16 Abs 3).

Entscheidungsgrundlage für die UVP-Behörde sind die Genehmigungsvoraussetzungen aller anzuwendenden Verwaltungsvorschriften (zB GewO, WRG, BauO etc), die in § 17 Abs 2 festgelegten weiteren UVP-rechtlichen Genehmigungsvoraussetzungen (zB Begrenzung von Schadstoffemissionen nach dem Stand der Technik und Geringhaltung der Immissionsbelastung) sowie die Ergebnisse der UVP (§ 17). Über den Projektantrag ist somit – nach dem Modell einer umfassenden Verfahrenskonzentration (§ 3 Abs 3) – unter (kumulativer) Anwendung sämtlicher relevanter bundes- wie landesrechtlicher Genehmigungsbestimmungen in einem einheitlichen Bescheid, der alle sonst erforderlichen Bewilligungen ersetzt, abzusprechen (**Konzentrationswirkung** des Genehmigungsbescheids). Der Genehmigungswerber erhält nur *einen* – mit dinglicher Wirkung* (§ 17 Abs 9) ausgestatteten – Bescheid der UVP-Behörde, in dem gesamthaft über die Zulässigkeit seines Projekts erkannt wird. Dadurch soll nicht zuletzt sichergestellt werden, dass die ökologischen Standards aller Verwaltungsvorschriften eingehalten sind. Umgekehrt verlieren die sonst materiengesetzlich zuständigen (Fach-)Behörden* für das UVP-pflichtige Vorhaben ihre Zuständigkeit. Sie sind stattdessen bei verschiedenen Verfahrensschritten im UVP-Verfahren beizuziehen („mitwirkende Behörden"). Vor Abschluss der UVP dürfen für UVP-pflichtige Vorhaben keine Genehmigungen nach den übrigen Verwaltungsvorschriften erteilt werden („**Sperrwirkung**"). Genehmigungsbescheide, die unter Missachtung der Sperrwirkung erlassen wurden, sind mit **Nichtigkeit** bedroht. Eine Nichtigerklärung kann innerhalb von drei Jahren erfolgen (§§ 3 Abs 6, 39 Abs 3).

Die Entscheidungsfrist der Behörde beträgt neun Monate (§ 7 Abs 2).

Der Bescheid ist bei der Behörde und in der Standortgemeinde mindestens acht Wochen zur **öffentlichen Einsicht** aufzulegen. Die Auflage ist in geeigneter Form und jedenfalls auch im Internet kundzumachen (§ 17 Abs 7).

Gegen den Bescheid können die Verfahrensparteien Beschwerde an das BVwG erheben (zur Möglichkeit einer Revision an den VwGH oder einer Beschwerde an den VfGH s VI.3.).

Nach der Verwirklichung des Projekts bleibt die UVP-Behörde noch in gewissen Belangen zuständig (etwa zur Abnahmeprüfung oder iZm der Nachkontrolle gem §§ 20, 22 f). Mit Rechtskraft des Abnahmebescheids (ausnahmsweise Genehmigungsbescheids) geht die Zuständigkeit zur laufenden verwaltungspolizeilichen Kontrolle (wie prinzipiell auch die Vollziehung und Überwachung der Einhaltung von Nebenbestimmungen des Genehmigungsbescheids) jedoch grundsätzlich auf die jeweiligen Materienbehörden über (§ 21).

d) Vereinfachtes Verfahren

Im vereinfachten UVP-Genehmigungsverfahren greifen verschiedene **verfahrensrechtliche Erleichterungen** (§ 3 Abs 1), womit va eine Beschleunigung erzielt werden soll:
- Die UVE des Projektwerbers muss in ihrer Beschreibung des Vorhabens nur geringeren Detailanforderungen genügen.
- An die Stelle des sonst vorgeschriebenen UVGA tritt eine – im Prüfungsumfang vergleichsweise eingeschränkte – zusammenfassende Bewertung der Umweltauswirkungen (§ 12a).
- Der Genehmigungsbescheid ist innerhalb von sechs Monaten zu erlassen (§ 7 Abs 3).
- Die Möglichkeit zur Durchführung eines Mediationsverfahrens ist nicht vorgesehen.
- Eine verpflichtende Nachkontrolle entfällt.

Keine Abweichungen vom ordentlichen Genehmigungsverfahren bestehen bezüglich der zuständigen Behörde, der Parteien und Rechtsschutzmöglichkeiten sowie der Konzentrationswirkung des Genehmigungsbescheids.

Entgegen § 19 Abs 1 Z 6 und Abs 2 verfügen auch **Bürgerinitiativen** im vereinfachten Verfahren über Parteistellung. Sie sind als Teil der betroffenen Öffentlichkeit zu qualifizieren, der gem Art 11 Abs 1 und 3 UVP-RL und Art 9 Abs 2 Aarhus-Konvention eine Anfechtungsmöglichkeit bei Rechtsverletzungen, auch im vereinfachten Verfahren, offenstehen muss. Da die Anfechtungsmöglichkeit jedoch an die Stellung als Partei knüpft, widerspricht ua § 19 Abs 2 nach der Rsp geltendem Unionsrecht und hat aufgrund des

Anwendungsvorrangs unangewendet zu bleiben (VwGH 27.09.2018, Ro 2015/06/0008).

e) Bundesstraßen und Hochleistungsstrecken

Das UVP-Genehmigungsverfahren im „Verkehrsbereich" läuft über zwei Entscheidungsebenen: Ist ein Vorhaben gem § 23a oder § 23b UVP-pflichtig, führt der **BMK** die UVP und ein **teilkonzentriertes Genehmigungsverfahren** durch. Dabei sind alle vom Bund zu vollziehenden, für die Ausführung des Vorhabens erforderlichen, materiellen Genehmigungsbestimmungen anzuwenden, auch soweit sie in den eWb der Gemeinden* fallen (§ 24 Abs 1). Auch die örtlich zuständige **LReg** hat ein **teilkonzentriertes Genehmigungsverfahren** durchzuführen, in dem sie alle vom Land zu vollziehenden, für die Ausführung des Vorhabens erforderlichen Genehmigungsbestimmungen, auch soweit sie in den eWb der Gemeinden* fallen, anzuwenden hat (§ 24 Abs 3).

§ 24f Abs 8 legt fest, wem und in welchem Umfang Parteistellung zukommt und inwieweit Beschwerde- und Revisionsrechte eröffnet sind.

f) Besonderheiten im Verfahren für PCI

Zuständig für das Genehmigungsverfahren von UVP-pflichtigen PCI ist die örtlich zuständige LReg. Die Energie-Infrastrukturbehörde (V.6.a.) unterstützt und koordiniert das Verfahren, insb wenn mehrere UVP-Behörden zuständig sind (§ 30 Abs 3 und 4).

Wesentliche Besonderheit des Verfahrens für PCI ist die Durchführung eines Vorantragsverfahrens, in dessen Rahmen der Projektwerber Orientierung erlangen soll, welche Aspekte bei der Ausarbeitung des Vorhabens in Hinblick auf das UVP-G und die anzuwendenden MaterienG zu beachten sind. Zugleich wird in diesem **Vorantragsabschnitt** der Untersuchungsrahmen für die UVE festgelegt, um zu klären, welche Antragsunterlagen auszuarbeiten sind. Schon im Vorverfahrensabschnitt besteht eine Stellungnahmemöglichkeit für gewisse Verfahrensbeteiligte (s § 32 Abs 1). Eine öffentliche Erörterung ist durchzuführen (§ 32 Abs 2).

Ein von der UVP-Behörde zu erstellender **Ablauf- und Zeitplan** soll insgesamt den zügigen Fortgang sicherstellen. So sind für den Vorverfahrensabschnitt längstens zwei Jahre und für das Genehmigungsverfahren bis zur Entscheidung längstens ein Jahr und sechs Monate vorzusehen. Spätestens sechs Monate nach Antragstellung legt die Behörde gemeinsam mit der Energie-Infrastrukturbehörde, den mitwirkenden Behörden und dem BMK fest, welche Unterlagen in welchem Detailgrad voraussichtlich benötigt werden (**Scoping**).

g) Besonderheiten im Verfahren nach dem StEntG

Das StEntG regelt verfahrensbeschleunigende Maßnahmen für jene Vorhaben, die in eine V nach dem StEntG aufgenommen wurden. Diese sog **fast track-Mechanismen** betreffen neben dem Verfahren vor der UVP-Behörde (§ 11 StEntG) auch das Beschwerdeverfahren vor dem BVwG (§ 13 StEntG).

Die wesentlichen, für das **UVP-Genehmigungsverfahren** vorgesehenen Beschleunigungen sind:

- Stellungnahmen, Beweisanträge sowie Vorbringen der Parteien sind nur innerhalb der gesetzlichen und behördlich angeordneten Fristen zulässig (§ 11 Abs 2, 3).
- Die Entscheidung über ein standortrelevantes Vorhaben ist binnen 12 Monaten ab Antragstellung zu treffen (§ 11 Abs 4). § 12 ermöglicht die Erhebung einer Säumnisbeschwerde unabhängig vom Verschulden der entscheidenden Behörde, wenn die Entscheidung nicht binnen 12 Monaten ergeht.
- Nach dem Wortlaut des § 11 Abs 5 ist das Vorhaben nach Ablauf der 12-Monats-Frist „zu genehmigen".

    Diese Wortfolge war (einer der) Auslöser für ein seitens der EU-Kommission gegen Ö initiiertes Vertragsverletzungsverfahren. Streng nach Wortlaut wäre ein Vorhaben nach Ablauf von 12 Monaten nämlich selbst dann zu genehmigen, wenn zu diesem Zeitpunkt die Genehmigungsvoraussetzungen des UVP-G nicht vorliegen. Abs 6 relativiert diese Anordnung insofern, als er eine Ausnahme von der in Abs 5 genannten Pflicht vorsieht, wenn das Ermittlungsverfahren unzweifelhaft ergeben hat, dass das Vorhaben auch nicht durch Auflagen oder ähnliches genehmigungsfähig ist.

- Die UVP-Behörde hat binnen acht Wochen nach Schluss des Ermittlungsverfahrens den Bescheid zu erlassen.
- Der Verhandlungsleiter kann in der mündlichen Verhandlung Redezeitbeschränkungen anordnen und für den Verhandlungsgegenstand nicht relevantes Vorbringen untersagen.
- Für Großverfahren sieht § 14 StEntG besondere Bestimmungen zu Edikten vor.

Jene Bestimmungen des UVP-G, die durch das StEntG nicht berührt werden (zB Regelung der Parteistellung, Behördenzuständigkeit), sind unverändert anzuwenden.

Rudolf Feik

Gewerberecht

Rechtsgrundlagen

Kompetenzgrundlagen

Art 10 Abs 1 Z 8 B-VG („Angelegenheiten des Gewerbes und der Industrie"); s aber insb auch § 1 Abs 3 GelegenheitsverkehrsG 1996 (Verfassungsbestimmung; „Angelegenheiten der Beförderung von Personen mit Fahrzeugen, die durch die Kraft von Tieren bewegt werden"); Art III B-VGNov 1974 BGBl 444/1974 („Angelegenheiten des Berg- und Schiführerwesens sowie die Privatzimmervermietung") oder BGBl 790/1992 (Kundmachung VfGH; „Errichtung, Erhaltung und Betrieb von Pflegeheimen").

Verfassungsrechtliche Bezüge

Art 6 StGG (Erwerbsfreiheit); Art 18 StGG (Berufsfreiheit); Art 6 EMRK (Verfahrensgarantien); Art 8 EMRK (Schutz des Privat- und Familienlebens bzw der Wohnung); Art 13 EMRK (Rechtsschutz); Art 7 B-VG (Gleichheitsgrundsatz); Art 1 § 1 DSG (Verfassungsbestimmung; Grundrecht auf Datenschutz); BVG Nachhaltigkeit, Tierschutz, umfassender Umweltschutz, Sicherstellung der Wasser- und Lebensmittelversorgung und Forschung.

Europarechtliche Bezüge

Art 28 ff AEUV (freier Warenverkehr); Art 45 ff AEUV (Freizügigkeit); Art 49 ff AEUV (Niederlassungsfreiheit); Art 56 ff AEUV (Dienstleistungsfreiheit); Art 101 ff AEUV (Wettbewerbsrecht); Art 191 ff AEUV (Umweltpolitik).

Art 8 GRC (Datenschutz); Art 15 GRC (Berufsfreiheit); Art 16 GRC (unternehmerische Freiheit).

Sekundärrecht (Auswahl): RL 2000/31/EG über den elektronischen Geschäftsverkehr (E-Commerce-RL), ABl L 2000/178, 1; RL 2000/60/EG zur Schaffung eines Ordnungsrahmens für Maßnahmen der Gemeinschaft im Bereich der Wasserpolitik (WRRL), ABl L 2000/327, 1; RL 2002/49/EG über die Bewertung und Bekämpfung von Umgebungslärm (UmgebungslärmRL), ABl L 2002/189, 12; RL 2003/4/EG über den Zugang der Öffentlichkeit zu Umweltinformationen (UmweltinformationsRL), ABl L 2003/41, 26; RL 2004/35/EG über Umwelthaftung zur Vermeidung und Sanierung von Umweltschäden (UmwelthaftungsRL), ABl L 2004/143, 56; RL 2005/29/EG über unlautere Geschäftspraktiken im binnenmarktinternen Geschäftsverkehr zwischen Unternehmen und Verbrauchern (RL über unlautere Geschäftspraktiken), ABl L 2005/149, 22; RL 2005/36/EG über die Anerkennung von Berufsqualifikationen (BerufsqualifikationsRL), ABl L 2005/255, 22; RL 2006/123/EG über Dienstleistungen im Binnenmarkt (DienstleistungsRL), ABl L 2006/376, 36; RL 2008/50/EG über Luftqualität und saubere Luft für Europa (CAFE-RL), ABl L 2008/152, 1; RL 2009/31/EG über die geologische Speicherung von Kohlendioxid (CCS-RL), ABl L 2009/140, 114; RL 2010/75/EU über Industrieemissionen (integrierte Vermeidung und Verminderung der Umweltverschmutzung) (IndustrieemissionsRL; IE-RL), ABl L 2010/334, 17; RL 2011/83/EU über die Rechte der Verbraucher (Verbraucherrechte-RL), ABl L 2011/304, 64; RL 2011/92/EU über die Umweltverträglichkeitsprüfung bei bestimmten öffentlichen und privaten Projekten (UVP-RL), ABl L 2012/26, 1; RL 2012/18/EU zur Beherrschung der Gefahren schwerer Unfälle mit gefährlichen Stoffen, zur Änderung sowie anschließenden Aufhebung der RL 96/82/EG (Seveso III-RL), ABl L 2012/197, 1; RL (EU) 2018/843 zur Verhinderung der Nutzung des Finanzsystems zum Zwecke der Geldwäsche und der Terrorismusfinanzierung (5. Geldwäsche-RL), ABl L 2015/141, 73; VO (EG) 1272/2008 über die Einstufung, Kennzeichnung und Verpackung von Stoffen und Gemischen (CLP-VO), ABl L 2008/353, 1; VO (EG) 1221/2009 über die freiwillige Teilnahme von Organisationen an einem Gemeinschaftssystem für Umweltmanagement und Umweltbetriebsprüfung (Öko-Audit; EMAS III-VO), ABl L 2009/342, 1; VO (EU) 492/2011 über die Freizügigkeit der Arbeitnehmer innerhalb der Union (FreizügigkeitsVO), ABl L 2011/141, 1; VO (EU) 910/2014 über elektronische Identifizierung und Vertrauensdienste für elektronische Transaktionen im Binnenmarkt (eIDAS-VO), ABl L 2014/257, 73; VO (EU) 2016/679 zum Schutz natürlicher Personen bei der Verarbeitung personenbezogener Daten, zum freien Datenverkehr und zur Aufhebung der RL 95/46/EG (Datenschutz-GrundVO; DSGVO), ABl L 2016/119, 1; VO (EU) 2020/852 über die Einrichtung eines Rahmens zur Erleichterung nachhaltiger Investitionen (Taxonomie-VO), ABL L 2020/198, 13.

Gesetze und sonstige Rechtsgrundlagen

Gewerbeordnung 1994 (GewO 1994), BGBl 194/1994 idF I 108/2022; Bundes-UmgebungslärmschutzG (Bundes-LärmG), BGBl I 60/2005; Bundes-UmwelthaftungsG (B-UHG), BGBl I 55/2009 idF I 74/2018; EmissionszertifikateG 2011 (EZG 2011), BGBl I 118/2011 idF I 142/2020; Fern- und AuswärtsgeschäfteG (FAGG), BGBl I 33/2014 idF I 50/2017; ImmissionsschutzG – Luft (IG-L), BGBl I 115/1997 idF I 73/2018; KonsumentenschutzG (KSchG), BGBl 140/1979 idF I 74/2022; UmweltinformationsG (UIG), BGBl 495/1993 idF I 74/2018; UmweltmanagementG (UMG), BGBl I 96/2001 idF I 98/2013.

Zahlreiche Spezial- bzw Nebengesetze zur GewO, wie zB: ArbeitskräfteüberlassungsG (AÜG), BGBl 196/1988 idF I 174/2021; BerufsausbildungsG (BAG), BGBl 142/1969 idF I 86/2022; DienstleistungsG (DLG), BGBl I 100/2011 idF I 32/2018; EmissionsschutzG für Kesselanlagen (EG-K 2013), BGBl I 127/2013 idF I 81/2015; GelegenheitsverkehrsG 1996 (GelverkG), BGBl 112/1996 idF I 18/2022; GüterbeförderungsG 1995 (GütbefG), BGBl 593/1995 idF I 18/2022; KraftfahrlinienG (KflG), BGBl I 203/1999 idF I 18/2022; Faire-WettbewerbsbedingungenG (FWBG), BGBl 392/1977 idF I 239/2021; ÖffnungszeitenG 2003, BGBl I 48/2003 idF I 62/2007; RohrleitungsG, BGBl 411/1975 idF I 245/2021; StrahlenschutzG (StrSchG), BGBl I 50/2020; VersorgungssicherungsG (VerssG 1992), BGBl 380/1992 idF I 94/2016; BG über den Nationalen Qualifikationsrahmen (NQR-Gesetz), BGBl I 14/2016.

Landesgesetze zur Implementierung des Industrieemissions- und/oder Seveso-Regimes, wie zB: bgld IPPC-Anlagen-, Seveso III-Betriebe- und UmweltinformationsG (ISUG), LGBl 8/2007 idF 26/2021; krnt IPPC-AnlagenG (K-IPPC-AG), LGBl 52/2002 idF 58/2021; krnt Seveso-BetriebeG 2015 (K-SBG), LGBl 68/2015; nö IPPC-Anlagen und BetriebeG (IBG), LGBl 8060-0 idF 21/2022; oö UmweltschutzG 1996 (USchG), LGBl 84/1996 idF 21/2022; sbg Umweltschutz- und UmweltinformationsG (UUIG), LGBl 59/2005 idF 41/2022; stmk IPPC-AnlagenG, LGBl 14/2016 idF 61/2017; stmk Seveso-BetriebeG 2017 (StSBG 2017), LGBl 61/2017; tir Gesetz über die integrierte Vermeidung der Umweltverschmutzung durch Massentierhaltung, LGBl 46/2004 idF 130/2013; vlbg Gesetz über Betreiberpflichten zum Schutz der Umwelt, LGBl 20/2001 idF 4/2022; wr IPPC-AnlagenG 2013 (WIAG 2013), LGBl 32/2013 idF 19/2022; bezüglich Seveso vgl insb auch ROG und einzelne KatastrophenschutzG der Länder.

Zahlreiche Verordnungen zur GewO, wie zB Aufzüge-SicherheitsV 2015 (ASV 2015), BGBl II 280/2015 idF II 19/2016; Maschinen-SicherheitsV 2010 (MSV 2010), BGBl II 282/2008 idF II 204/2018; Verordnung über jene Arten von Betriebsanlagen, die dem vereinfachten Genehmigungsverfahren zu unterziehen sind (BagatellanlagenV), BGBl 850/1994 idF II 19/1999; Verordnung über jene Arten von Betriebsanlagen, die keinesfalls dem vereinfachten Genehmigungsverfahren zu unterziehen sind („Negativliste"), BGBl II 265/1998; Verordnung über jene Arten von Betriebsanlagen, für die jedenfalls keine Genehmigung erforderlich ist (GenehmigungsfreistellungsV), BGBl II 20/1999 idF II 149/1999; Verordnung über genehmigungsfreie Arten von Betriebsanlagen (2. GenehmigungsfreistellungsV), BGBl II 80/2015 idF II 172/2018; IndustrieunfallV 2015 (IUV 2015), BGBl II 229/2015; Unternehmerprüfungsordnung, BGBl 453/1993 idF II 114/2004; Allgemeine Prüfungsordnung, BGBl II 110/2004; EU/EWR-AnerkennungsV, BGBl II 225/2008; zahlreiche Verordnungen mit Standesregeln bzw Berufsausübungsvorschriften für bestimmte Gewerbetreibende, mit Zugangsvoraussetzungen für reglementierte Gewerbe sowie Prüfungsordnungen; zahlreiche EmissionsbegrenzungsV für bestimmte Betriebsanlagen bzw Maschinen.

Literaturauswahl

Monografien – Sammelbände – Kommentare

Calliess/Korte, Dienstleistungsrecht in der EU (2011); *Ennöckl/Raschauer N./Wessely* (Hrsg), Kommentar zur Gewerbeordnung (2015); *Epiney*, Umweltrecht der Europäischen Union[4] (2019); *Erlacher/Forster*, Gewerbeordnung verstehen[2] (2016); *Forster*, Der „Stand der Technik" als Instrument des Umweltrechts (2015); *Furherr* (Hrsg), Verwaltungsreform im Anlagenrecht (2017) passim; *Gruber/Paliege-Barfuß*, GewO (19. Lfg 2020); *Hanusch*, Kommentar zur GewO (30. Lfg 2021); *Illedits/Illedits-Lohr*, Handbuch zum Nachbarrecht[4] (2021); *Lang*, Ortsüblichkeit und Wesentlichkeit vom Immissionen (2012); *Lütte*, Die Entziehung von Berufsberechtigungen (2014); *Paliege-Barfuß* (Hrsg), Taschenkommentar zur GewO[16] (2017); *Pöschl*, System der Gewerbeordnung (2016); *Schiffkorn*, Der Antrag im Anlagengenehmigungsverfahren (2014); *Stolzlechner/Müller/Seider/Vogelsang/Höllbacher*, Gewerbeordnung[4] (2020); *Stolzlechner/Seider/Vogelsang*, GewO Kurzkommentar[2] (2018); *Stolzlechner/Wendl/Bergthaler* (Hrsg), Die gewerbliche Betriebsanlage[4] (2016).

Beiträge

Barbist/Kröll, Die sonstigen Änderungen im gewerblichen Betriebsanlagenrecht ODER: Die wiederentdeckte Wirtschaftsfreundlichkeit, ecolex 2017, 960; *Barnhouse/Woller*,

UWG-Verstoß durch unbefugte Gewerbeausübung, ecolex 2012, 584; *Baumgartner*, Begrenzung von Luftschadstoffen im gewerblichen Betriebsanlagengenehmigungsverfahren, ZfV 2010/1220, 739; *Berger/Eibl*, Zur Verknüpfung von Betriebsanlagenrecht und Wasserrecht im Lichte der Gewerberechtsnovelle 2017 und der Rechtsprechung des EuGH, ÖZW 2018, 82; *Bergthaler*, Anlagenänderung ohne Verfahren? Anmerkungen zu einer Kernfrage der GewO-Novelle 2017, ÖZW 2017, 167; *Bergthaler/Holzinger K.*, Die „nachbarneutrale" Änderung – ein trojanisches Pferd im Betriebsanlagenrecht?, ÖZW 2014, 30; *Budischowsky*, Die Liberalisierung des Berufszugangs für Dienstleister, ecolex 2015, 1024; *Cudlik*, Die ausreichende Bestimmtheit von Auflagen im anlagenrechtlichen Bescheid, RdU-UT 2016, 150; *Ennöckl/Erlacher*, Jenseits des ordentlichen Genehmigungsverfahrens – Bagatellanlagen und Genehmigungsfreistellung in der GewO, ÖZW 2016, 60; *Ennöckl/Rathmayer*, Gewerberecht, in Raschauer B./Ennöckl/Raschauer N. (Hrsg), Grundriss des österreichischen Wirtschaftsrechts[4] (2021) 127; *Feik*, Gewerbliches Betriebsanlagenrecht, in Ennöckl/Raschauer N./Wessely (Hrsg), Handbuch Umweltrecht[3] (2019) 217; *Feik/Randl*, Gewerbenebenrecht, in Holoubek/Potacs (Hrsg), Öffentliches Wirtschaftsrecht I[4] (2019) 93; *Feik/Randl*, Gewerbe- und Berufsrecht, in Jahnel/Mader/Staudegger (Hrsg), IT-Recht[4] (2020) 709; *Filzmoser/Wagner J.*, Zur Frage der Anwendbarkeit der GewO auf selbständig mittätige Gesellschafter, ecolex 2015, 1110; *Flir*, Befähigungsnachweise bei reglementierten Gewerben, ÖZW 2019, 45; *Forster*, Die Umsetzung der Industrieemissionsrichtlinie in der Gewerbeordnung, JAP 2014/2015, 82; *Gottschamel/Stock*, Grenzüberschreitende Dienstleistungserbringung im Licht von Dienstleistungs- und Berufsqualifikationsrichtlinie, ecolex 2010, 316; *Granner/Raschauer N.*, Anmerkungen zum gewerberechtlichen Verfahrensregime für Industriebetriebe, SPRW 2013 VuV A, 95; *Gratt/Bergthaler*, Emissions-, immissions-, nachbarneutral oder irrelevant? Aktuelle Fragen der Lärmbeurteilung aus rechtlicher und technischer Sicht. SV-Tag Lärm 2016, RdU-UT 2016, 66; *Handig*, Geschäftsgeheimnisschutz (und anderes) ist unerheblich: Umweltinformationen zu Emissionen sind formunabhängig frei zugänglich, NR 2022, 70; *Hartmann*, Genehmigungspflicht für mobile Anlagen im Verhältnis AWG 2002, UVP-G 2000 und GewO 1994, ÖZW 2021, 59; *Holzer*, Neue Erscheinungsformen im Gewerberecht am Beispiel von Airbnb und Crossfit, ÖJZ 2017, 1050; *Holzer*, Zur Frage der Abgrenzung zwischen ÄsthOpG und GewO 1994, ZfG 2018, 4; *Holzer*, Taxi? Mietwagen? Gewerbe? Zur rechtlichen Qualifikation von Uber in Österreich, ecolex 2018, 284; *Jahnel*, Internetkundmachung: die neuen Bestimmungen in AVG und GewO, bbl 2013, 188; *Kastner*, Präklusion im gewerblichen Anlagenrecht, ecolex 2014, 657; *Klaushofer*, Beschränkungen für den Betrieb von Tankstellenshops, wbl 2011, 295; *Klaushofer*, Das System der Nebenrechte in der GewO, in FS Stolzlechner (2013) 363; *Klose*, Die spezifischen Probleme mit den neuen Betriebsarten im Gastgewerbe. Diskothek und Clubbing-Lounge, RdU-UT 2014, 2; *Klose*, Gastgärten im öffentlichen Raum im Spannungsfeld von Deregulierung und intensiver Nutzung, RFG 2018, 156; *Kneihs*, Angelegenheiten des Gewerbes und der Industrie, in FS Stolzlechner (2013) 381; *Lachmayer/Wieser*, Das Projektmanagement in der Gewerbeordnung, ÖZW 2021, 13; *Larcher*, Zu Wettbewerbsansprüchen bei rechtswidriger Gewerbeausübung, ecolex 2021, 939; *Leisner-Egensperger*, Kriterien für Genehmigungspflicht und Genehmigungserteilung, JAP 2018/2019, 149; *Mayer*, Der Sonn- und Feiertagsverkauf periodischer Druckwerke, ÖJZ 2021, 446; *Mosing*, Neue Formen der Selbstständigkeit inner- und außerhalb der GewO – Gig-Economy und Crowdwork jenseits des Arbeitsrechts, wbl 2019, 601; *Mosing*, Bauernläden innerhalb und außerhalb der Gewerbeordnung, ZfV 2022, 12; *Neger/Paar*, Beschränkte Ausübung des Gewerbes der Lebens- und Sozialberater auf Supervision?, RdM 2019, 270; *Ortner/Cetin*, Haftung des gewerberechtlichen Geschäftsführers gegenüber Dritten, ecolex 2018, 614 und 706; *Pabel*, Das Verfahren vor den Verwaltungsgerichten am Beispiel des Betriebsanlagengenehmigungsverfahrens, RdU 2013, 93; *Pinter*, GewO-Novelle 2017 – Verwaltungsvereinfachung durch Entfall von Anzeigepflichten, ecolex 2018, 375; *Pöschl*, Gewerbelizenz im freien Spiel der Kräfte, ZÖR 2018, 677; *Potacs*, Gewerbebegriff in wirtschaftlicher Betrachtungsweise, in FS Stolzlechner (2013) 531; *Potacs*, Zur Erweiterung von Nebenrechten durch die Gewerberechtsnovelle 2017, wbl 2018, 13; *Potacs*, Gewerberecht, in Holoubek/Potacs (Hrsg), Öffentliches Wirtschaftsrecht I[4] (2019) 3; *Potacs*, Gewerbliches Betriebsanlagenrecht, in Holoubek/Potacs (Hrsg), Öffentliches Wirtschaftsrecht II[4] (2019) 1167; *Potacs/Wutscher*, Zur verfassungsrechtlichen Beurteilung von Befähigungsnachweiserfordernissen in der GewO, ÖZW 2017, 173; *Reithmayer-Ebner*, § 359b GewO: Das vereinfachte Betriebsanlagenverfahren zwischen Verfassungswidrigkeit und verfassungskonformer Interpretation, ÖZW 2016, 92; *Roth*, Gewerbelizenz, Gewerbeberechtigung und Nebenrechte, JAP 2018/2019, 83; *Sander/Schlatter*, Das Bundesverfassungsgesetz über die Nachhaltigkeit, den Tierschutz, den umfassenden Umweltschutz, die Sicherstellung der Wasser- und Lebensmittelversorgung und die Forschung, in Baumgartner (Hrsg), Jahrbuch Öffentliches Recht 2014 (2014) 235; *Scharler*, Präklusion im Umweltrecht: Österreichs Werk und Europas Beitrag, RdU 2019, 225; *Schmelz/Grassl*, In Trippelschritten zum One-Stop-Shop, ecolex 2017, 956; *Schwarzer*, Die Anlagenrechtsnovelle 2017. Wie weit kann die Deregulierung eines Genehmigungssystems gehen?, bauaktuell 2018, 59; *Simon-Klimbacher*, Berufsanerkennungs-RL neu und ihre Umsetzung im Gewerberecht. Alles neu macht der Berufsausweis?, ecolex 2016, 534; *Stolzlechner*, Überlegungen zur kompetenzrechtlichen Abgrenzung von Gewerberecht, „öffentlichen Agentien und Privatgeschäftsvermittlungen" sowie Wettenrecht, in FS Berka (2013) 627; *Stolzlechner*, Wichtige Neuerungen der Gewerberechtsnovelle 2017, ÖZW 2017, 150; *Storr*, Das Grundrecht der unternehmerischen Freiheit und öffentliche Unternehmen in der Europäischen Union, in FS Berka (2013) 219; *Told*, Haftung des gewerblichen Geschäftsführers infolge Überschreitung der Gewerbeberechtigung, ÖJZ 2018, 1047; *Ulmer*, Das Gewerbeinformationssystem Austria (GISA) als Leuchtturmprojekt für e-Government und gebietskörperschaftsübergreifende Kooperation, in FS Tschirf (2022) 191; *Unterpertinger*, Die Präklusion im Betriebsanlagengenehmigungsverfahren nach der GewO-Novelle 2012, ZfV 2014/3, 24; *Wallner/Nigmatullin*, Durchsetzbares „Recht auf saubere Energie" im Gewerberecht? Zum Stand des Verfahrens der zweiten österreichischen Klimaklage, NR 2022, 78; *Wendl*, Der Nachbarschutz im gewerblichen Betriebsanlagenrecht in Theorie und Praxis – ein Überblick, in FS Stolzlechner (2013) 725; *Wiesinger*, Die Auswirkungen der Gewerberechtsnovelle 2017 auf die Befugnis (Teile I und II), ZVB 2017, 160 und 417; *Zauner/Edtstadler/Doppler*, Lichtimmissionen im Nachbarschaftsbereich und in der Natur. Allgemeines, anlagenrechtlicher Rahmen, medizinische Grundlagen und Beurteilungskriterien, technische Regelwerke, RdU-UT 2013, 22; *Zauner/Eibl*, Die Dispositionsfreiheit im Gewerberecht. SV-Tag Lärm 2018, RdU-UT 2018, 15.

Rechtsprechung

VfSlg 10.831/1986, 17.022/2003 (keine Gewerbekompetenz für Energieeffizienzvorschriften; BVG-Umweltschutz); VfSlg 12.296/1990 (Bedarfsprüfung Rauchfangkehrer); VfSlg 12.996/1992 (Gewerbekompetenz und Versteinerungsprinzip am Beispiel Diskotheken); VfSlg 13.094/1992 (Ausbildungssystem als Voraussetzung für Berufsantritt); VfSlg 13.237/1992 (Errichtung, Erhaltung und Betrieb von Pflegeheimen Länderkompetenz); VfSlg 14.187/1995 (Betriebsanlagenbestimmungen und land- und forstwirtschaftliche Nebengewerbe; BVG-Umweltschutz); VfSlg 14.425/1996 (Versuchsbetrieb); VfSlg 14.512/1996, 16.103/2001, 16.253/2001, 16.259/2001, 16.537/2001, 16.778/2003, 16.824/2003, 17.165/2004 (Bagatellanlagen); VfSlg 14.551/1996, 19.584/2011, 19.875/2014 (Gastgartenregelung und Gleichheitsgrundsatz/BVG-Umweltschutz); VfSlg 14.963/1997 (Inländerdiskriminierung durch EWR-NachsichtsV); VfSlg 15.360/1998, 15.417/1999 (Nachbarrechte im Baubewilligungsverfahren betreffend eine gewerbliche Betriebsanlage); VfSlg 15.671/1999 (Ladenschluss im Großhandel); VfSlg 15.683/1999 (Inländerdiskriminierung durch EWR-Nachsichtsregel § 373c); VfSlg 17.000/2003 (Abgrenzung Gastgewerbe – Buschenschank); VfSlg 17.245/2004 („Marktwesen" Bundeskompetenz); VfSlg 17.559/2005 (Regelungen über die Gewerbeausübung in Gastgärten fallen in den eWb der Gemeinden); VfSlg 17.579/2005 (Vergabe von Christkindlmarktstandplätzen); VfSlg 18.488/2008 (Gleichwertigkeit von Ausbildungsalternativen); VfSlg 18.567/2008 (Zulässigkeit von gewerberechtlichen Sondergesetzen); VfSlg 19.639/2012, 19.950/2015 (Sonntagsöffnung); VfSlg 19.787/2013 (Zustellungsfiktion in § 365l GewO verfassungswidrig); VfSlg 19.803/2013 (Wettkundenvermittler wie Buchmacher und Totalisateure Landeskompetenz); VfSlg 19.814/2013 (Einordnung des Berufsfotografen als reglementiertes Gewerbe verfassungswidrig); VfSlg 20.192/2017 (gewerberechtliche Privilegierung politischer Parteien verfassungskonform); VfSlg 20.196/2017 (Bedarfsprüfung Apotheken/Gleichheitswidrigkeit/vorübergehende Inländerdiskriminierung); VfSlg 20.209/2017 (FAGG/Vollharmonisierung durch Verbraucherrechte-RL); VfSlg 20.248/2018 (Bestellungsvoraussetzungen für gewerberechtlichen Geschäftsführer verhältnismäßig); VfGH 03.03.2021, V 75/2019, G 207/2019 (Apothekenvorbehalt für den Verkauf rezeptpflichtiger Arzneimittel).

VwSlg 4457 A/1957 (Gewerberecht als subjektiv-öffentliches Recht); VwSlg 11.771 A/1985, 16.032 A/2003 sowie VwGH 28.09.2011, 2011/04/0128 ua (örtliche Gebundenheit der gewerblichen Betriebsanlage und gewerbliche Tätigkeit); VwSlg 11.888 A/1985, VwGH 30.06.2004, 2004/04/0096 sowie 14.11.2007, 2005/04/0300 (Grundsatz der Einheit der gewerblichen Betriebsanlage); VwSlg 12.889 A/1989 (Gegenstand einer Auflage); VwSlg 13.408 A/1991, VwGH 24.06.2015, 2013/04/0113, 29.01.2018, Ra 2016/04/0058, 29.01.2018, Ra 2017/04/0088 (Ertragsabsicht bei Vereinstätigkeiten); VwSlg 13.603 A/1992 (Abgrenzung Gesundheitsgefährdung von bloßer Belästigung); VwSlg 14.275 A/1995 (Sportanlagen keine gewerblichen Betriebsanlagen); VwSlg 14.498 A/1995, 15.524 A/2000 (Verfahrensanordnung gem § 360 Abs 1); VwSlg 14.769 A/1997 (Betonmischanlage als Baustelleneinrichtung oder als Betriebsanlage); VwSlg 14.897 A/1998 (Privatzimmervermietung); VwSlg 15.017 A/1998; VwGH 26.09.2012, 2007/04/0151, 20.01.2016, Ra 2015/04/0103 (nachträgliche Auflagen iSd § 79); VwSlg 15.856 A/2002 (keine „individuelle" Verhältnismäßigkeitsprüfung bei § 79); VwSlg 16.361 A/2004, VwGH 25.09.2012, 2012/04/0114-0116, 26.04.2013, 2011/11/2009, 17.10.2013, 2013/11/0189, 21.01.2014, 2013/04/0161, 25.03.2014, 2013/04/0143, 18.02.2015, Ro 2015/04/0003, 09.09.2015, Ro 2015/04/0017, uvam (Gastgewerbe: Veranstaltungen, Begriff „Ausschank", uvam); VwSlg 16.489 A/2004, VwGH 26.09.2012, 2010/04/0095, 18.03.2015, Ro 2014/04/0034, 12.09.2016, Ro 2015/04/0018 (Nachbarn im Bagatellanlagenverfahren); VwSlg 16.498 A/2004, VwGH 24.06.2009, 2007/05/0171, 29.01.2018, Ra 2017/04/0094 (Abgrenzung Eigentumsgefährdung von bloßer Verkehrswertminderung; Störfallberücksichtigung); VwSlg 16.902 A/2006 (Änderung einer Dampfkesselanlage); VwGH 02.03.2010, 2008/11/0126 (Sonntagsöffnung); VwGH 01.07.2010, 2004/04/0166 (ästhetische Beeinträchtigung kein Schutzgut iSd § 74 Abs 2); VwGH 25.09.2012, 2012/04/0067 (GewO normiert kein geschlossenes System gewerblicher Berufstätigkeiten); VwGH 25.09.2012, 2010/04/0100 und 2010/04/0114, 09.04.2013, 2010/04/0089, 21.01.2014, 2013/04/0180 (genereller/individueller Befähigungsnachweis); VwGH 02.10.2012, 2010/04/0018 (grenzüberschreitende Dienstleistungen, Vergaberecht/GewO); VwGH 22.10.2012, 2012/03/0034, 26.06.2013, 2013/03/0042 (Entziehung einer Taxikonzession nach GewO und GelVerkG); VwGH 27.11.2012, 2010/03/0050, 17.12.2012, 2012/04/0144, 25.03.2014, 2013/04/0077 und 2013/04/0178, 29.04.2014, 2013/04/0026 und 2013/04/0150, uvam (Gewerbeausschlussgründe, Entziehung, Nachsicht); VwGH 17.12.2012, 2011/04/0023 (Parteistellung bei Gelegenheitsmarktbewilligung); 17.12.2012, 2011/04/0008 (Zumutbarkeit von Immissionen); VwGH 31.01.2013, 2008/04/0216 (Grenzen der Betriebsüberprüfung gem § 338); VwGH 06.03.2013, 2011/04/0031 (Inpfandnahme von Waffen); VwGH 08.05.2013, 2011/04/0049 (Feilbieten im Umherziehen); VwGH 12.06.2013, 2013/04/0019, 18.03.2015, Ro 2015/04/0002, 11.05.2017, Ra 2017/04/0034 (Änderung einer Betriebsanlage); VwGH 12.06.2013, 2011/04/0186 (tw Zurücklegung der Gewerbeberechtigung); VwGH 25.06.2013, 2011/08/0224, 14.10.2015, Ro 2014/04/0051 (Abgrenzung Gewerbe – land-/forstwirtschaftlicher Betrieb – land-/forstwirtschaftliches Nebengewerbe); VwGH 05.09.2013, 2012/09/0101 (Anbieten von gewerblichen Dienstleistungen mittels Homepage); VwGH 11.09.2013, 2010/04/0087, 18.02.2015, Ra 2015/04/0020 (Anwendungsbereich BerufsqualifikationsRL/Äquivalenzprüfung); VwGH 11.09.2013, 2010/04/0032 (Abgrenzung Unterbrechung/Auflassung einer Betriebsanlage); VwGH 26.02.2014, Ro 2014/04/0031 (Grundumlagen-Rückstand); VwGH 26.02.2014, Ro 2014/04/0030 (Subsidiarität von § 9 VStG); VwGH 05.03.2014, 2012/05/0105 (demonstrative Aufzählung in § 74 Abs 2 Z 2); VwGH 25.03.2014, 2013/04/0085 (Organisation von Personenbetreuung); VwGH 25.03.2014, 2013/04/0168 (Abgrenzung von Gewerbeberechtigungen untereinander; Feststellungsverfahren); VwGH 29.04.2014, 2013/04/0157 (Nachbarstellung als juristische Person); VwGH 29.04.2014, 2013/04/0155 (Versicherungsvermittler); VwGH 21.10.2014, Ra 2014/03/0006 (Abgrenzung Personenbeförderung); VwGH 24.11.2014, 2014/04/0002 (Staatsbürgerschaftsvorbehalt – Waffengewerbe); VwGH 15.12.2014, 2013/04/0078, 23.10.2017, Ro 2015/04/0025 (Gewerbewortlaut, konstitutive Wirkung der Gewerbeanmeldung); VwGH 15.12.2014, Ra 2014/04/0028 (Inhaber einer Betriebsanlage); VwGH 20.05.2015, Ro 2015/04/0010, 14.10.2015, Ra 2015/04/0076 (Selbstbedienung: Pyrotechnik, Solarien); VwGH 22.06.2015, 2015/04/0002 (Nachbarstellung durch „Hausmeistertätigkeiten"); 24.06.2015, 2013/04/0113 (Feststellungsverfahren nach § 348 GewO); VwGH 09.09.2015, Ro 2015/04/0009 (Verfahrenskonzentration, Parteistellung); VwGH 09.09.2015, Ra 2015/04/0030, 18.05.2016, Ra 2015/04/0053, 29.01.2018, Ra 2017/04/0026, 08.08.2018, Ra 2018/04/0136 (Messung vor Berechnung); VwGH 04.07.2016, Ra 2016/04/0053 und 0054, 21.12.2016, Ra 2016/04/0128, 01.02.2017, Ro 2016/04/0052, 26.09.2017, Ra 2017/04/0057, 12.04.2018, Ra 2016/04/0038 („Clubbings"/Begriff der gewerblichen Betriebsanlage/Abgrenzung zu gewerblichen Tätigkeiten außerhalb von Betriebsstätten); VwGH 23.11.2016, Ra 2014/04/0005 (Anzeigeverfahren/beschränkte Parteistellung); VwGH 29.03.2017, Ra 2016/10/0141 (Bedarfsprüfung Apotheken/vorübergehende Inländerdiskriminierung); VwGH 11.05.2017, Ro 2016/04/0008 (Bedarfsprüfung Rauchfangkehrer/Rechtsschutz Mitbewerber); VwGH 18.08.2017, Ra 2017/04/0048 (Umfang Akteneinsicht/Änderungsanzeigeverfahren/Prüfbescheinigung); VwGH 23.10.2017, Ra 2017/04/0082 (emissionsneutrale Änderung/Verfahrensgegenstand/Sachentscheidung); VwGH 27.02.2019, Ra 2018/04/0144 (Anbieten einer Ferienwohnung auf Internetportalen als gewerbsmäßige Beherbergung); VwGH 26.06.2019, Ra 2019/04/0036 (Hundeschulegrundstück als Betriebsanlage); VwGH 18.09.2019, Ro 2018/04/0010 (Stromtankstellen unterliegen der GewO); VwGH 16.10.2019, Ra 2019/04/0080 (Getränkeausschank in Vereinslokal); VwGH 17.12.2019, Ra 2018/04/0121, 18.08.2021, Ra 2020/04/0103 (Immissionen durch Verkehr auf Zufahrtsstraße); VwGH 15.12.2020, Ra 2018/04/0198 (Präklusion); VwGH 15.07.2021, Ro 2019/04/0008 (Antragslegitimation nach § 358 Abs 1 GewO); VwGH 07.02.2022, Ra 2021/04/0145 (Gewerberechtsfähigkeit eines Ausländers); VwGH 18.03.2022, Ra 2022/04/0005 (Antrag nach § 79a GewO).

OGH 19.10.1993, 1 Ob 25/93 (Gewerbebehörde hat die Befolgung erteilter Auflagen zu überwachen); OGH 11.10.1995, 3 Ob 508/93 (Schadenersatz- und Unterlassungsansprüche trotz genehmigungsbescheidkonformen Verhaltens); OGH 26.04.2000, 3 Ob 201/99a, 21.12.2000, 2 Ob 94/00p (Ortsüblichwerden von Immissionen); OGH 28.01.2009, 1 Ob 123/08g, 17.02.2010, 2 Ob 57/09k, 20.01.2012, 8 Ob 95/11w (Bagatellanlagen nach § 359b GewO sind keine behördlich genehmigten Anlagen iSd § 364a ABGB; „übergangene Partei"; nachträglich hinzugezogene Nachbarn); OGH 13.07.2010, 4 Ob 123/10g (Sonntagsöffnung); OGH 02.10.2012, 17 Os 14/12f (Verfahrensanordnung gem § 360 Abs 1 GewO); OGH 10.04.2014, 6 Ob 224/13d (Sitzverlegung nach Österreich bei gleichzeitiger Gesellschaftsumwandlung); OGH 14.01.2016, 6 Ob 234/15b (Organisation von Personenbetreuung); OGH 27.01.2016, 4 Ob 3/16v (DienstleistungsRL – Rauchfangkehrer); OGH 28.09.2017, 8 Ob 57/17s (Haftung des gewerberechtlichen Geschäftsführers); OGH 19.12.2019, 4 Ob 206/19a (Uber benötigt Gewerbeberechtigung für das Reisebürogewerbe); OGH 30.01.2020, 2 Ob 12/19g (Ersatz von Gesundheitsschäden im Nachbarrecht); OGH 28.04.2020, 1 Ob 62/20d (Abwehr gesundheitsschädlicher Geruchsemissionen); OGH 22.09.2020, 4 Ob 84/20m (Ausübung des Tätowierergewerbes aufgrund ausländischer Berufsqualifikationen).

EuGH 22.03.1994, C-375/92 (Kommission/Spanien), 22.12.2010, C-338/09 (Yellow Cab), 25.01.2011, C-382/08 (Neukirchinger) (Dienstleistungsfreiheit); EuGH 30.11.1995, C-55/94 (Gebhard), 18.07.2007, C-490/04 (Kommission/Deutschland), 11.06.2009, C-564/07 (Kommission/Österreich) (Abgrenzung Niederlassungs- und Dienstleistungsfreiheit); EuGH 07.05.1998, C-350/96 (Clean Car Autoservice) (Inlandswohnsitzerfordernis); EuGH 09.03.1999, C-212/97 (Centros), 17.10.2002, C-79/01 (Payroll Data Services ua), 05.11.2002, C-208/00 (Überseering BV), 30.09.2003, C-167/01 (Inspire Art), 16.12.2008, C-210/06 (Cartesio), 22.12.2008, C-161/07, (Kommission/Österreich) (Gründungs- oder Sitztheorie bei Niederlassungsfreiheit); EuGH 09.03.2000, C-358/98 (Kommission/Italien), 13.07.2000, C-456/98 (Centrosteel), 03.10.2000, C-58/98 (Corsten), 11.12.2003, C-215/01 (Schnitzer), 06.03.2003, C-485/01 (Caprini) (Registrierungspflicht); EuGH 12.06.2003, C-112/00 (Schmidberger) (Warenverkehrsfreiheit und nationale Versammlungsfreiheit – „Brenner Blockade"); EuGH 23.02.2006, C-441/04 (A-Punkt SchmuckhandelsGmbH) (Verbot bestimmter Haustürgeschäfte mit Art 34 AEUV vereinbar); EuGH 06.09.2012, C-544/10 (Deutsches Weintor eG) (nährwert- und gesundheitsbezogene Angaben bei alkoholischen Getränken und Art 15, 16, 35 GRC); EuGH 13.02.2014, C-367/12 (Sokoll-Seebacher I), 30.06.2016, C-634/15 (Sokoll-Seebacher II) (Niederlassungsfreiheit – Bedarfsprüfung/Gebietsschutz Apotheken); EuGH 16.04.2015, C-570/13 (Gruber) (UVP-Feststellung/Bindungswirkung/betroffene Öffentlichkeit); EuGH 04.09.2014, C-474/12 (Schiebel Aircraft GmbH) (Staatsbürgerschaftsvorbehalt – Waffengewerbe); EuGH 23.12.2015, C-293/14 (Hiebler) (DienstleistungsRL – Rauchfangkehrer); EuGH 15.10.2015, C-137/14 (Kommission/Deutschland), 20.12.2017, C-664/15 (Protect) (Öffentlichkeitsbeteiligung und Rechtsschutz in Umweltangelegenheiten); EuGH 12.09.2019, C-64/18 ua (Maksimovic ua) (Geldstrafe bei Arbeitnehmerentsendung).

I. Regelungsgegenstand und -ziele

Das Gewerberecht stellt einen der ältesten und zugleich auch einen der wichtigsten Regelungsbereiche des **Wirtschafts(verwaltungs)rechts** dar. Über die Bestimmungen der GewO wird va versucht, erwerbswirtschaftliche Tätigkeiten in geordnete Bahnen zu lenken. Durch die Vorschriften über den Antritt, die Ausübung und die Beendigung einer gewerblichen Erwerbstätigkeit ist Gewerberecht im Kernbereich **Berufsrecht** und sichert dadurch ua die Qualität von Produkten bzw Dienstleistungen sowie die Qualifikation der Gewerbetreibenden. Die GewO enthält nicht nur allgemeine Bestimmungen über die Ausübung von gewerblichen Erwerbstätigkeiten, sondern daneben zusätzliche Detailregelungen für einzelne Gewerbe. Verwaltungspolizeiliche Maßnahmen sollen die von der Gewerbeausübung ausgehenden Gefahren für Gewerbetreibende, Kunden, Nachbarn oder sonst betroffene Personen sowie die Umwelt abwehren und einen Ausgleich zwischen ökonomischen Interessen einerseits und ökologischen bzw Nachbarinteressen andererseits herstellen. So bilden die Bestimmungen über die **Errichtung und** den **Betrieb gewerblicher Betriebsanlagen** neben dem Berufsrecht den zweiten Eckpfeiler des Gewerberechts. Maßnahmen im alleinigen Interesse des Umweltschutzes gehören jedoch nicht zum Gewerberecht, auch wenn sie sich in diesem Bereich besonders auswirken (zB Energieeffizienzvorschriften).

Mit BGBl 194/1994 wurde die vielfach novellierte Gewerbeordnung 1973 (BGBl 50/1974) als „**Gewerbeordnung 1994**" wieder verlautbart und seither zu Lasten von Struktur und guter Lesbarkeit idR jährlich mehrmals geändert. Von diesen mannigfaltigen Änderungen sind aus jüngerer Zeit insb folgende besonders hervorzuheben: GewONov BGBl I 85/2012 (EU-rechtliche Anpassungen insb im Bereich des Berufszugangsrechts und Deregulierung im Berufs- und Betriebsanlagenrecht); GewONov BGBl I 85/2013 (berufsrechtliche Anpassungen insb für versicherungspflichtige Gewerbe sowie für Gastgewerbe, Vereinfachung Betriebsanlagenrecht, Implementierung Verwaltungsgerichtsbarkeit); GewONov BGBl I 125/2013 (Implementierung IE-RL); GewONov BGBl I 18/2015 (Einrichtung des Gewerbeinformationssystems Austria – GISA); GewONov BGBl I 81/2015 (Seveso III-Nov); GewONov BGBl I 94-96/2017 (zahlreiche berufs- und anlagenrechtliche Neuerungen, Geldwäsche- und Terrorismusbekämpfung); GewONov BGBl I 32/2018 (Materien-Datenschutz-AnpassungsG 2018); GewONov BGBl I 45/2018 (Implementierung der PauschalreiseRL, GISA-Anpassung); GewONov BGBl I 112/2018 (Versicherungsvermittler); GeldwäscheNov 2020 BGBl I 65/2020.

Zu den zahlreichen **Spezial- bzw Nebengesetzen zur GewO** gehören zB das AÜG, das BAG, das GelVerkG (zB betreffend die Personenbeförderung durch „Uber"), das GütbefG, das EG-K, das KflG und das ÖffnungszeitenG. Die Ausübung bestimmter Gewerbe in Sondergesetzen außerhalb der GewO zu regeln, ist nach hA zulässig, soweit die gewählten Systeme in sich sachlich sind. So sieht etwa auch § 109 KFG einen Befähigungsnachweis für die Erteilung einer Fahrschulbewilligung vor (→ *Straßenpolizei- und Kraftfahrrecht;* vgl in diesem Zusammenhang auch VfSlg 14.165/1995, 17.429/2004; EuGH 19.06.2008, C-104/08 [Kurt/Bgm von Wels]).

II. Verfassungsrechtliche Bezüge

1. Kompetenzrechtliche Bestimmungen

Gem **Art 10 Abs 1 Z 8 B-VG** fallen **„Angelegenheiten des Gewerbes und der Industrie"** in die Zuständigkeit des Bundes zur Gesetzgebung und zur Vollziehung. Die Auslegung dieses Kompetenztatbestands erfolgt nach stRsp des VfGH unter Zuhilfenahme des Versteinerungsprinzips* (alle Vorschriften typisch gewerblicher – dh gewerbepolizeilicher – Art nach dem Stand 01. Oktober 1925 unter Berücksichtigung einer intrasystematischen Weiterentwicklung).

Nicht unter diese „allgemeine" Gewerberechtskompetenz fallen die „Angelegenheiten des Berg- und Schiführerwesens" und die „Privatzimmervermietung" (Art III B-VGNov 1974) sowie die „Angelegenheiten der Beförderung von Personen mit Fahrzeugen, die durch die Kraft von Tieren bewegt werden" (§ 1 Abs 3 GelVerkG). Vorschriften über Energieeffizienz können nach der VfGH-Rsp ebenfalls nicht auf Art 10 Abs 1 Z 8 B-VG gestützt werden. Erwerbstätigkeit auf **anderer kompetenzrechtlicher Grundlage**, wie zB Art 10 Abs 1 Z 5 B-VG („Bankwesen"), Art 10 Abs 1 Z 10 B-VG („Bergwesen") oder Art 12 Abs 1 Z 5 B-VG („Elektrizitätswesen"), zählt nicht zum Gewerberecht iSd Art 10 Abs 1 Z 8 B-VG. **Weitere Anknüpfungspunkte für gewerberechtlich relevante Bundeskompetenzen** (va hinsichtlich des Betriebsanlagenrechts) ergeben sich etwa aus Art 10 Abs 1 Z 9 B-VG („Bundesstraßenangelegenheiten"; zB Beeinträchtigung des öffentlichen Verkehrs iSd § 74 Abs 2 Z 4 GewO), aus Art 10 Abs 1 Z 10 B-VG („Wasserrecht"; zB Einwirkungen auf Gewässer iSd § 74 Abs 2 Z 5 GewO; → *Wasserrecht*) oder aus Art 10 Abs 1 Z 12 B-VG („Luftreinhaltung", zB Begrenzung von Luftschadstoffemissionen gem § 77 Abs 3 GewO; „Abfallwirtschaft", zB Abfallvermeidungs-, -verwertungs- bzw -entsorgungspflicht gem § 77 Abs 4 GewO und Abfallsammlung/-behandlung gem § 32 Abs 1 Z 7 sowie Abs 5 GewO bzw insb iZm IPPC-Anlagen iSd § 71b Z 1 GewO); weiters aus Art 11 Abs 1 Z 7 B-VG („Umweltverträglichkeitsprüfungen"; → *Umweltverträglichkeitsprüfung*).

2. Grundrechtliche Bestimmungen

Rechtliche Vorgaben für die gewerbliche Erwerbstätigkeit ergeben sich neben der GewO va aus dem **Grundrecht der Freiheit der Erwerbstätigkeit** (Art 6

StGG) und dem **Grundrecht der Freiheit der Berufswahl und -ausbildung** (Art 18 StGG). Gesetzliche Beschränkungen der Erwerbsfreiheit sind nur zulässig, wenn sie durch ein öffentliches Interesse geboten, zur Zielerreichung geeignet, adäquat und auch sonst sachlich zu rechtfertigen sind (vgl VfSlg 13.177/1992 mwN). Antrittsbeschränkungen, wie etwa Bedarfsprüfungen oder Befähigungsnachweise, sind dabei strenger zu prüfen als (bloße) Ausübungsbeschränkungen, wie zB gesetzlich vorgeschriebene Öffnungszeiten (zur Ladenöffnung an Samstagen nach 18 Uhr und an Sonntagen vgl etwa VfSlg 19.950/2015) oder Voraussetzungen für die Bestellung eines gewerberechtlichen Geschäftsführers (vgl VfSlg 20.248/2018). Bei den Erwerbsantrittsvoraussetzungen darf etwa die Absolvierung sachlich gleichwertiger Ausbildungsalternativen nicht schlechthin ausgeschlossen werden. Verfassungsrechtlich zulässig können Bedarfsprüfungen oder ein Gebietsschutz nur dann sein, wenn sie aus besonderen Gründen erforderlich sind (vgl §§ 121, 123 GewO für Rauchfangkehrer iZm sicherheitsrelevanten Tätigkeiten sowie unten VI.2.c)).

Zu beachten ist gerade auch im Hinblick auf Bedarfsprüfungen und Gebietsschutz die unionsrechtliche Relevanz (vgl iZm dem Rauchfangkehrergewerbe EuGH 23.12.2015, C-293/14 sowie zur Niederlassungs- und Dienstleistungsfreiheit* unten III.). Der VfGH erkennt allerdings in stRsp, dass Unionsrecht **kein** Prüfungsmaßstab im verfassungsgerichtlichen Verfahren ist. Allfällige Anträge auf Aufhebung oder „Rechtsungültigerklärung" nationaler Normen wegen Verstoßes gegen Unionsrecht wären wegen Nichtzuständigkeit des VfGH als unzulässig zurückzuweisen. Rechte der GRC* hingegen, die in ihrer Formulierung und Bestimmtheit verfassungsgesetzlich gewährleisteten Rechten der österr Bundesverfassung gleichen, könnten nach der Rsp des VfGH Prüfungsmaßstab in Verfahren der generellen Normenkontrolle sein, wenn der Anwendungsbereich der GRC* eröffnet ist (VfSlg 19.950/2015 mwN).

Das Zusammenwirken der Erwerbs- und der Berufsfreiheit stellt somit für den einfachen Gesetzgeber **verfassungsrechtliche Schranken für die Festlegung von Berufszugangs- und Erwerbsausübungsvoraussetzungen** auf (Stichwort: „Verhältnismäßigkeitsprinzip"; vgl etwa auch VfSlg 19.814/2013, wonach das Erfordernis eines Befähigungsnachweises für Berufsfotografen unverhältnismäßig ist).

Dem Recht auf freie Erwerbstätigkeit stehen darüber hinaus nicht nur (grund-)rechtlich geschützte Positionen anderer gegenüber (vgl etwa EGMR 02.11.2006, 59909/00 [Giacomelli gg Italien]; 26.02.2008, 37664/04 [Fägerskiöld gg Schweden]; 27.01.2009, 67021/01 [Tătar gg Rumänien]; 21.07.2011, 38182/03 [Grimkovskaya gg Ukraine]; aber auch 14.02.2012, 31965/07 [Hardy & Maile gg Vereinigtes Königreich]: **Umweltverschmutzung/-beeinträchtigung** durch Lärm, Luftschadstoffe etc **als mögliche Verletzung** des Rechts auf Achtung **des Privat- und Familienlebens bzw der Wohnung** gem Art 8 EMRK), sondern auch wirtschaftslenkende oder ökologische Vorstellungen des Gesetzgebers. Insb hinsichtlich der anhaltend geforderten Beschleunigung von Anlagengenehmigungsverfahren ist weiters auf Fragen der Parteistellung und der **Rechtsschutzeffizienz** (Art 13 EMRK) Bedacht zu nehmen. Darüber hinaus wird bei Betriebsanlagengenehmigungsverfahren uU auch über eigentumsrechtliche Aspekte (zB Gefährdung des Eigentums eines Nachbarn) und damit über **zivilrechtliche Ansprüche** („civil rights" iSd Art 6 EMRK) entschieden. Schließlich hat der Gesetzgeber auch das Grundrecht auf **Datenschutz** (Art 1 § 1 DSG 2000; → *Datenschutzrecht*) zu berücksichtigen: zB bei Bestimmungen über die Auskunftserteilung oder die Eintragung in das Gewerbeinformationssystem Austria – GISA, über die Verarbeitung und Übermittlung personenbezogener Daten durch die Meisterprüfungsstellen (vgl § 352b), über die Verwendung personenbezogener Daten für Marketingzwecke Dritter durch Adressverlage und Direktmarketingunternehmer (vgl § 151) oder etwa bei der Regelung von Veröffentlichungsvorschriften im Betriebsanlagenrecht (insb iZm der Genehmigung von IPPC-Anlagen). Nicht unerwähnt soll zudem das Erfordernis der Beachtung des **Gleichheitsgrundsatzes** (Art 7 B-VG) seitens des Gesetzgebers (zB Beseitigung von Privilegierungen für Gastgärten gem § 76a GewO gegenüber sonstigen Betriebsanlagen durch VfSlg 19.584/2011 bzw VfSlg 19.875/2014 als gleichheitswidrig; keine Gleichheitswidrigkeit hingegen bezüglich der gewerberechtlichen Privilegierung politischer Parteien: VfSlg 20.192/2017) und der Gewerbebehörden bleiben.

3. Staatsziele Nachhaltigkeit, Tierschutz, Umweltschutz, Wasser- und Lebensmittelversorgung und Forschung

Der umfassende Umweltschutz wurde erstmals mit BVG BGBl 491/1984 zum Staatsziel erklärt. Mit BGBl I 111/2013 wurde der Katalog an Staatszielen wesentlich erweitert; das BVG enthält nunmehr Regelungen „über die Nachhaltigkeit, den Tierschutz, den umfassenden Umweltschutz, die Sicherstellung der Wasser- und Lebensmittelversorgung und die Forschung". Das darin enthaltene Bekenntnis zum umfassenden Umweltschutz entspricht dem bisherigen BVG-Umweltschutz, welches gleichzeitig außer Kraft gesetzt wurde.

Als **Staatszielbestimmungen*** bewirken sie **nach hA** weder grundrechtliche Verbürgungen, noch ändern sie die Kompetenzaufteilung zwischen Bund und Ländern. Inwieweit damit ein **Auftrag an die Gesetzgebung** normiert wird, ist umstritten. **Rsp** und **hL** haben jedoch auch bisher im Hinblick auf das BVG-Umweltschutz anerkannt, dass das Staatsziel Umweltschutz die **Vollziehung bindet** und insb bei der **Auslegung** unbestimmter Gesetzesbegriffe, als Interpretationsmaxime bei Ermessensentscheidungen sowie bei der Bewertung von Grundrechtseingriffen durchaus **normative Wirkung** hat; Gleiches hat für die Staatsziele Nachhaltigkeit, Tierschutz, Sicherstellung der Wasser- und Lebensmittelversorgung sowie Forschung zu gelten. Aufgrund des BVG steht außer Frage, dass die Wahrung der Belange des Tierschutzes, des Umweltschutzes etc im **öffentlichen Interesse*** liegt.

Der VfGH hat in diesem Sinne bereits unter Verweis auf das (ehemalige) BVG-Umweltschutz etwa festgestellt, dass keinesfalls der Vorwurf erhoben werden könne, eine Regelung, die auf eine weitgehende Beschränkung des Motorbootverkehrs auf den österr Seen abzielt, liege nicht im öffentlichen Interesse (VfSlg 12.009/1989).

III. Europarechtliche Bezüge

Das Unionsrecht schafft kein „gesamteuropäisches" Gewerberecht, sondern beschränkt sich im Wesentlichen auf den Abbau von Hemmnissen für grenzüberschreitende Tätigkeiten. Die **Niederlassungsfreiheit*** gibt EU-/EWR-Bürgern das Recht auf diskriminierungsfreie Ausübung einer selbstständigen Erwerbstätigkeit in einem anderen Mitgliedstaat; davon umfasst sind alle wirtschaftlich relevanten Tätigkeiten, seien sie nun kaufmännischer, handwerklicher oder etwa freiberuflicher Art. Die **Dienstleistungsfreiheit***, also der freie Dienstleistungsverkehr, ermöglicht es den Gewerbetreibenden, gewerbliche Tätigkeiten vorübergehend auch in einem anderen Mitgliedstaat auszuüben oder ihre Tätigkeiten im Inland ausländischen EU-/EWR-Bürgern anzubieten, ohne dass eine eigene Niederlassung gegründet wird. Die DienstleistungsRL dient zwar der Liberalisierung des Dienstleistungsbinnenmarkts, hat aber einen eingeschränkten Anwendungsbereich. Die **Freizügigkeit*** gewährt nicht nur Arbeitnehmern diskriminierungsfreie Beschäftigung in einem anderen Mitgliedstaat; auch ein Arbeitgeber kann sich auf diesen Gleichbehandlungsgrundsatz berufen, wenn er im Mitgliedstaat seiner Niederlassung Angehörige eines anderen EU-/EWR-Staates als Arbeitnehmer beschäftigen will. Mit diesen Grundfreiheiten muss auch eine adäquate **Anerkennung von Berufsqualifikationen** einhergehen.

Einen Verstoß gegen die Freizügigkeit, die Niederlassungs- und die Dienstleistungsfreiheit stellt es etwa dar, wenn der Betrieb eines Unternehmens von einer Niederlassung im Inland, vom inländischen Wohnsitz der Führungskräfte oder von einer zur Genehmigung des Herkunftsstaates hinzutretenden weiteren Bewilligung des Aufnahmestaates abhängt (vgl EuGH 09.03.2000, C-355/98 [Kommission/Belgien]). Europarechtswidrig ist es weiters, wenn nationale Vorschriften für die Ausübung gewerblicher Tätigkeiten – bspw betreffend private Sicherheitsdienste oder das Waffengewerbe – einen generellen Inländervorbehalt vorsehen (vgl zB EuGH 30.09.2003, C-47/02 [Anker]; EuGH 04.09.2014, C-474/12 [Schiebel Aircraft GmbH]) oder eine Pflicht zur Eintragung in ein Handels(vertreter)register oder eine Handwerksrolle besteht (EuGH 06.03.2003, C-485/01; 13.07.2000, C-456/98; 03.10.2000, C-58/98; 11.12.2003, C-215/01 etc). Anlässlich der „Brenner Blockade" entschied der EuGH, dass die Nichtuntersagung einer Demonstration (Ausübung der Versammlungs- und Meinungsäußerungsfreiheit) nicht gegen die Warenverkehrsfreiheit* verstößt. Weiters hat der EuGH im Fall Hiebler festgestellt, dass ein genereller Kehrgebietsschutz für Rauchfangkehrer der DienstleistungsRL widerspricht, wobei ein Gebietsschutz eingeschränkt auf im öffentlichen Interesse* liegende Tätigkeiten, insb solche der „Feuerpolizei", unter bestimmten Voraussetzungen zulässig ist, was allerdings von den nationalen Gerichten zu prüfen ist (vgl dazu OGH 27.01.2016, 4 Ob 3/16v; VwGH 11.05.2017, Ro 2016/04/0008). Zu Bedarfsprüfung und Gebietsschutz für Apotheken iZm der Niederlassungs- und der Dienstleistungsfreiheit vgl auch EuGH im Fall Sokoll-Seebacher II. Nach stRsp des EuGH ist eine nationale Regelung nur dann geeignet, die Erreichung des angestrebten Zieles zu gewährleisten, wenn sie tatsächlich dem Anliegen gerecht wird, es in kohärenter und systematischer Weise zu erreichen.

Zur Verwirklichung der genannten Freiheiten erlassen das EP und der Rat gem Art 53 iVm 62 AEUV ua **Richtlinien für die gegenseitige Anerkennung** der Diplome, Prüfungszeugnisse und sonstigen Befähigungsnachweise (vgl BerufsqualifikationsRL) sowie **Richtlinien zur Koordinierung der Rechts- und Verwaltungsvorschriften** der Mitgliedstaaten über die Aufnahme und Ausübung selbstständiger Tätigkeiten.

Zur Niederlassungs- und Dienstleistungsfreiheit sowie zur Anerkennung von Berufsqualifikationen vgl auch unten unter VI. iZm den allgemeinen und besonderen Gewerbeantritts- und -ausübungsvoraussetzungen.

In der **Umweltpolitik** (Art 191 ff AEUV) hat die EU schwerpunktmäßig ihre (gewerberechtlich relevanten) Maßnahmen va in den Bereichen **Gewässerschutz, Luftreinhaltung** und **Lärmschutz** gesetzt (vgl insb WRRL, CAFE-RL, UmgebungslärmRL). In Bezug auf das Betriebsanlagenrecht besonders hervorzuheben sind zudem die UVP-RL bzw ihr österr UmsetzungsG (UVP-G 2000) mit Vorschriften über die Durchführung einer **UVP** (→ *Umweltverträglichkeitsprüfung*), die Seveso III-RL für besonders **risikoreiche Anlagen** sowie die IE-RL, welche die integrierte Vermeidung und Verminderung der Umweltverschmutzung infolge industrieller Tätigkeiten zum Inhalt hat und ua ein spezielles Genehmigungsregime für sog IPPC-Anlagen, also bestimmte **umweltrelevante Anlagen**, vorsieht. Aus dem Bereich des „allgemeinen" **Umweltrechts** sind va die UmwelthaftungsRL und die UmweltinformationsRL zu nennen. So sind etwa Sicherheitskonzepte nach § 84e GewO oder die Ergebnisse der Abwassermessungen einer Industrieanlage „Umweltinformationen" (vgl VwGH 26.06.2019, Ra 2017/04/0130; VwGH 06.07.2021, Ra 2020/07/0065). Die unionsweit zu berücksichtigende Aarhus-Konvention verpflichtet darüber hinaus zu einer weitreichenden **Öffentlichkeitsbeteiligung** an Verfahren in Umweltangelegenheiten bis hin zur Schaffung von Anfechtungsmöglichkeiten (vgl insb Art 6 und 9 Aarhus-Konvention; zu den Verfahrensrechten von **Umweltorganisationen** vgl insb EuGH 20.12.2017, C-664/15 [Protect]).

Die **Europäische GRC*** enthält einige Bestimmungen, die insb auch für den Bereich des Gewerberechts von Bedeutung sind; neben Art 8 GRC (Datenschutz; → *Datenschutzrecht*) und Art 15 GRC (Berufsfreiheit; insb Abs 2 iSd Niederlassungs- und Dienstleistungsfreiheit*) ist va auf Art 16 GRC zu verweisen, der die „unternehmerische Freiheit nach dem Unionsrecht und den einzelstaatlichen Rechtsvorschriften und Gepflogenheiten" anerkennt.

Der EuGH geht in seiner Rsp davon aus, dass die Berufsfreiheit und die unternehmerische Freiheit, ebenso wie das Eigentumsrecht, nicht absolut gewährleistet werden, sondern iZm mit ihrer gesellschaftlichen Funktion zu sehen seien. Die Ausübung dieser Freiheiten könne daher Beschränkungen unterworfen werden, sofern diese tatsächlich den dem Gemeinwohl dienenden Zielen der Union entsprechen und keinen im Hinblick auf den verfolgten Zweck unverhältnismäßigen und untragbaren Eingriff darstellen, der diese Rechte in ihrem Wesensgehalt antastet (Stichwort: „Verhältnismäßigkeitsprinzip"; vgl EuGH 06.09.2012, C-544/10 [Deutsches Weintor eG] iZm gesundheitsbezogenen Angaben auf alkoholischen Getränken). In verfahrensrechtlicher Hinsicht ist auf Art 47 GRC hinzuweisen, wonach die Mitgliedstaaten einen wirksamen gerichtlichen Rechtsschutz zu gewährleisten haben.

IV. Geltungsbereich der GewO

Die Bestimmungen der GewO gelten für alle gewerbsmäßig ausgeübten und nicht gesetzlich verbotenen Tätigkeiten, soweit sie nicht in den §§ 2 bis 4 ganz oder tw ausgenommen werden (§ 1 Abs 1; **System der Generalklausel mit Ausnahmen**).

1. Gewerbsmäßigkeit

Eine Tätigkeit wird gewerbsmäßig ausgeübt, wenn sie selbstständig, regelmäßig und in Ertragsabsicht betrieben wird (**§ 1 Abs 2**).
- **Selbstständigkeit** liegt vor, wenn die Tätigkeit auf eigene Rechnung und Gefahr ausgeübt wird (§ 1 Abs 3), wenn also ein unternehmerisches Risiko getragen wird.
- **Regelmäßigkeit** setzt nicht zwingend eine wiederkehrende Tätigkeit voraus (vgl § 1 Abs 4). Auch eine einmalige Handlung gilt als regelmäßige Tätigkeit, wenn nach den Umständen des Falles auf die Absicht der Wiederholung geschlossen werden kann oder wenn sie längere Zeit erfordert (zB Bauarbeiten; planmäßiger Verkauf von Immobilien – allenfalls auch erst nach Umgestaltungsmaßnahmen – ist idR „gewerblicher Grundstückshandel" [vgl VwGH 03.09.2019, Ra 2018/15/0015]). Das Anbieten einer den Gegenstand eines Gewerbes bildenden Tätigkeit an einen größeren Kreis von Personen oder bei Ausschreibungen wird der Ausübung des Gewerbes gleichgehalten.

> Das Anbieten kann, muss aber nicht wie bei einem Massenmedium (zB Online- oder Zeitungsinserat) an einen größeren Personenkreis gerichtet sein. Es genügt für die Gewerbsmäßigkeit, dass die Ankündigung grundsätzlich der gesamten Öffentlichkeit zugänglich ist (zB auf einer Homepage, als Hinweisschild an einer Hausmauer oder als Plakat in einem Fenster). Ausschlaggebend ist nicht die Absicht des Anbietenden, sondern der objektive Wortlaut (VwGH 01.02.2017, Ra 2016/04/0147 mwN). Die Veröf-

fentlichung über eine den Gegenstand eines Gewerbes bildende Tätigkeit in Registern (zB Firmenbuch) gilt hingegen nicht als Ausübung, wenn die Veröffentlichung aufgrund von gesetzlichen Verpflichtungen erfolgt (§ 1 Abs 4 S 3).

- **Ertragsabsicht** ist die Absicht, einen Ertrag oder sonstigen wirtschaftlichen Vorteil zu erzielen, gleichgültig, für welchen Zweck dieser bestimmt ist und ob er iZm einer in den Anwendungsbereich der GewO fallenden Tätigkeit erzielt werden soll oder nicht (§ 1 Abs 2); sie liegt auch dann vor, wenn dieser den Mitgliedern einer Personenvereinigung zufließen soll (§ 1 Abs 5).

Bei **Vereinen** (→ *Vereinsrecht*) liegt Ertragsabsicht auch dann vor, wenn die Vereinstätigkeit das Erscheinungsbild eines einschlägigen Gewerbebetriebes aufweist und diese Tätigkeit direkt oder indirekt auf die Erlangung vermögensrechtlicher Vorteile der Vereinsmitglieder gerichtet ist. Ob tatsächlich ein Gewinn (dh mehr als nur Selbstkostendeckung) erwirtschaftet wird, ist unerheblich; entscheidend ist auch hier die auf Erzielung eines Ertrags oder wirtschaftlichen Vorteils gerichtete Absicht. Übt ein Verein eine an sich der GewO unterliegende Tätigkeit öfter als einmal in der Woche aus, so wird die Ertragserzielungsabsicht (widerleglich) vermutet (§ 1 Abs 6).

> Beispiel: In einem Vereinslokal, das täglich von 11.00 Uhr bis 21.00 Uhr geöffnet und mit 30 Sitzplätzen ausgestattet ist, werden Getränke und kleine Imbisse an Vereinsmitglieder oder deren Angehörige gegen ein fixes Entgelt verkauft, wobei der Verkaufspreis über dem Einkaufspreis liegt. Der Ertrag wird zur Bezahlung der Kosten des Vereinslokals (Miete, Strom) verwendet, weiter verbleibende Geldmittel werden zur Aufrechterhaltung der Vereinsaktivitäten (zB Anschaffung von Sportbekleidung) verwendet. Nach der Rsp des VwGH liegt in diesem Fall eine gewerbliche Tätigkeit vor, weil die – selbstständig und regelmäßig – ausgeübte Bewirtung durch einen Verein darauf angelegt ist, die daraus erzielten Einnahmen nicht nur zur Deckung der damit im Zusammenhang stehenden Unkosten, sondern auch zur zumindest tw Deckung der Ausgaben eines anderen Bereiches der Vereinstätigkeit (etwa zur Anschaffung von Dressen) zu verwenden.

2. Erlaubtheit

Die GewO gilt gem § 1 Abs 1 für alle gewerbsmäßig ausgeübten und nicht gesetzlich verbotenen Tätigkeiten. Gesetzlich verbotene Tätigkeiten können – wegen der Einheit der Rechtsordnung – nicht Gegenstand eines Gewerbes sein, weshalb man für solche Tätigkeiten auch keine Gewerbeberechtigung erhalten kann. Gesetzliche Verbote haben sich dabei auf die Gesamtbetätigung zu beziehen (zB Menschenhandel); punktuelle Unerlaubtheit (zB Wuchergeschäft) spricht hingegen nicht gegen Gewerbsmäßigkeit iSd GewO.

> Beispiel: Der „Verleih von Mautvignetten" ist gesetzlich verboten und kann daher kein Gewerbe darstellen (VwSlg 15.019 A/1998).

3. Ausnahmen

Auch wenn eine Tätigkeit gewerbsmäßig im obigen Sinne ausgeübt wird, unterliegt sie (ganz oder tw) dann nicht der GewO, wenn einer der **Ausnahmetatbestände der §§ 2 bis 4** erfüllt ist. Das hat zur Folge, dass für diese Tätigkeit keine Gewerbeberechtigung erforderlich ist bzw dass auf die verwendeten Anlagen nicht das gewerbliche Betriebsanlagenrecht anzuwenden ist (wobei es allerdings wiederum Ausnahmen von den Anwendungsausnahmen gibt). Bestehen Zweifel darüber, ob auf eine bestimmte Tätigkeit die Bestimmungen der GewO anzuwenden sind, so entscheidet darüber die BVB von Amts wegen (§ 348 Abs 1; Feststellungsbescheid*).

Die in **§ 2 Abs 1** detailliert angeführten Ausnahmen sind

- zT **aus kompetenzrechtlichen Gründen verfassungsrechtlich geboten** (zB Land- und Forstwirtschaft [Art 15 B-VG], Berg- und Schiführer sowie Privatzimmervermietung [Art III B-VGNov 1974], Kinos und Veranstaltungsbetriebe [vgl Art 15 Abs 3 B-VG; → *Veranstaltungsrecht*]),
- zT **bestehen** für diese Tätigkeiten **eigene Bundesgesetze** (zB für das Bankwesen, für den Bergbau, für die einzelnen freien Berufe [Rechtsanwälte, Notare, Ziviltechniker, Ärzte, Dentisten, Psychotherapeuten etc]).

> Beispiel: Es wurde ein freies Gewerbe „Natur-Heilpraktiker mit Ausschluss der gesetzlich den Ärzten oder anderen Heilberufen vorbehaltenen heilkundlichen Tätigkeit" angemeldet. Die BVB untersagte die Ausübung dieses angemeldeten freien Gewerbes, weil diese Tätigkeit nicht der GewO unterliege. Die Ausnahmebestimmung des § 2 Abs 1 Z 11 („die Ausübung der Heilkunde") umfasse nämlich jede Tätigkeit auf dem Gebiet der Heilkunde und nicht nur die wissenschaftliche Heilpflege, wie sie von Ärzten ausgeübt werde; die Untersuchung von Personen auf ihren Gesundheitszustand hin und ihre Behandlung mit „natürlichen" Heilmethoden stelle – unabhängig davon, ob die Heilbehandlung auf medizinisch-wissenschaftlicher Erkenntnis oder (bloß) auf besonderer diagnostischer und therapeutischer Begabung beruht – eine Tätigkeit dar, die aufgrund der Ausnahmebestimmung des § 2 Abs 1 Z 11 gar nicht als Gewerbe ausgeübt werden könne (vgl VwSlg 15.273 A/1999; vgl weiters VfSlg 15.766/2000 und 16.601/2002 zur Untersagung einer Heilpraktikerausbildung in Österreich; zur Europarechtskonformität vgl EuGH 11.07.2002, C-294/00 [Gräbner]; ihm folgend OGH 20.08.2002, 4 Ob 70/02a; VwGH 28.10.2003, 2002/11/0175, 20.11.2007, 2003/11/0248 mwN).

§ 2 enthält zahlreiche Konkretisierungen bzw Begriffsbestimmungen und Einschränkungen der Ausnahmen, indem etwa einzelne Bereiche der GewO (zB die Bestimmungen über Betriebsanlagen) für einige gem § 2 Abs 1 von der GewO grundsätzlich ausgenommene Tätigkeiten für anwendbar erklärt werden. Besonders detailliert sind Tätigkeiten im Rahmen der **Land- und Forstwirtschaft**, der land- und forstwirtschaftlichen Nebengewerbe sowie der land- und forstwirtschaftlichen Erwerbs- und Wirtschaftsgenossenschaften geregelt (vgl § 2 Abs 1 Z 1 bis 4 und Abs 2 bis 8; zu damit im Zusammenhang stehenden Vereinen [→ *Vereinsrecht*] vgl insb Abs 1 Z 3; zu Buschenschanken vgl Abs 1 Z 5 iVm Abs 9). Die nachfolgenden Regelungen betreffen den Bergbau (Abs 10), die Ausübung der schönen Künste (Abs 11), Anlagen der dem Bund zustehenden Monopole und Regalien sowie zur Erzeugung von Blatternimpfstoff (Abs 12), ausländische Reisebetreuer (Abs 15) und Anlagen zur Erzeugung oder Verarbeitung von Schieß- und Sprengmitteln (Abs 16). Zu den Sonderregelungen für Veranstaltungen (→ *Veranstaltungsrecht*) durch Körperschaften des öffentlichen Rechts und diesen gleichzuhaltenden juristischen Personen vgl Abs 1 Z 25. Die Ausnahme der in § 2 Abs 1 angeführten Tätigkeiten vom Anwendungsbereich der GewO gilt nicht für Tätigkeiten, wodurch Waren, Maschinen, Geräte, Ausrüstungen oder Zubehör in Verkehr gebracht werden (auch nicht für den Eigengebrauch), von denen wegen ihrer Bauart oder Wirkungsweise Gefahren für das Leben oder die Gesundheit der Benützer ausgehen können (Abs 14).

Für Patentinhaber gilt die GewO nur partiell (§ **3**); auf das Halten von Räumen und Flächen zum Abstellen von Kraftfahrzeugen („Garagierung") ist die GewO unter bestimmten Voraussetzungen anzuwenden (§ **4**).

Werden Tätigkeiten, die in den Anwendungsbereich der GewO fallen, ohne erforderliche Gewerbeberechtigung ausgeübt, gelten dafür die Bestimmungen der GewO und ihrer Verordnungen sinngemäß. Desgleichen gelten die Normen der kollektiven Rechtsgestaltung für Arbeitsverhältnisse zwischen Arbeitgebern und Arbeitnehmern (§ 2 Abs 13).

V. Einteilung der Gewerbe

Die von der GewO erfassten Erwerbstätigkeiten kann man nach dem erforderlichen Befähigungsnachweis bzw nach den verfahrensrechtlichen Voraussetzungen für den Antritt des Gewerbes unterscheiden.

1. Reglementierte Gewerbe – freie Gewerbe

Das Erfordernis eines **Befähigungsnachweises** (s VI.2.a)) ist das Kriterium, nach dem reglementierte Gewerbe von freien Gewerben unterschieden werden. Gewerbliche Tätigkeiten, die nicht als reglementierte Gewerbe (§ 94) oder Teilgewerbe (§ 31 Abs 2 ff) ausdrücklich angeführt sind, sind freie Gewerbe; für Letztere ist kein Befähigungsnachweis zu erbringen (§ 5 Abs 2).

Die taxative Liste der **reglementierten Gewerbe** (§ 94) enthält eine Reihe von Tätigkeiten, wovon einige (zB Bäcker, Dachdecker) ausdrücklich als **Handwerk** gekennzeichnet sind; für sie ist die Meisterprüfung ein möglicher Befähigungsnachweis (§ 21). Einzelne reglementierte Gewerbe in § 94 werden als **verbundenes Gewerbe** bzw verbundenes Handwerk bezeichnet (zB Gärtner und Florist); diese setzen sich aus zwei oder mehreren Gewerben zusammen (§ 6; s VII.2.). **Teilgewerbe** (§ 31 Abs 2 ff) umfassen Tätigkeiten eines Handwerks oder sonstigen reglementierten Gewerbes, deren selbstständige Ausführung auch von Personen erwartet werden kann, die die Befähigung hiefür auf vereinfachte Art (zB Lehrabschlussprüfung oder einschlägige Tätigkeit) nachweisen. Im Gegensatz zu den einfachen (Teil-)Tätigkeiten iSd § 31 Abs 1 (einfache Tätigkeiten von reglementierten Gewerben, deren fachgemäße Ausübung den sonst vorgeschriebenen Befähigungsnachweis nicht erfordern; sie sind nicht den reglementierten Gewerben vorbehalten; s VII.2.) können Teilgewerbe auch typische Kernbereiche eines reglementierten Gewerbes umfassen. Mit der GewONov BGBl I 94/2017 wurden die Bestimmungen über die Teilgewerbe zwar beibehalten, die bis dahin in der durch die Nov außer Kraft gesetzten 1. TeilgewerbeV aufgezählten Teilgewerbe jedoch größtenteils zu freien Gewerben erklärt (vgl § 162) und die beiden verbleibenden Teilgewerbe Erdbau sowie Betonbohren und -schneiden beim reglementierten Gewerbe Baumeister integriert. Derzeit gibt es daher keine Teilgewerbe.

Die bisherigen Teilgewerbe Erdbau bzw Betonbohren und -schneiden gelten seit dem 17.10.2017 als reglementiertes Gewerbe „Baugewerbetreibender, eingeschränkt auf Erdbau" bzw „Baugewerbetreibender, eingeschränkt auf Betonbohren und -schneiden" (vgl § 99 Abs 5 sowie die Übergangsbestimmungen in § 376 Z 62 und § 379 Abs 8 und 9).

Sämtliche Gewerbetätigkeiten, für die nicht ausdrücklich anderes normiert ist, sind **freie Gewerbe** (vgl auch die nicht taxative „Bundeseinheitliche Liste der freien Gewerbe" mit derzeit ca 440 freien Gewerben, abrufbar auf der Homepage des BMAW). Für sie ist kein Befähigungsnachweis erforderlich. Spezielle Ausübungsvorschriften (zB § 151 für Adressverlage und Direktmarketingunternehmen) sind jedoch zu beachten (§ 5 Abs 2).

Bei Zweifel über die Einreihung einer konkreten gewerblichen Tätigkeit entscheidet der BMAW (§ 349 Abs 1 Z 2).

2. Anmeldungsgewerbe – bescheidbedürftiges Gewerbe

Die meisten Gewerbe dürfen bei Erfüllung der allgemeinen und der allenfalls vorgeschriebenen besonderen Voraussetzungen bereits aufgrund der Anmeldung des betreffenden Gewerbes ausgeübt werden (§ 5 Abs 1 iVm § 339; **Anmeldungsgewerbe**). Die Gewerbeanmeldung wirkt in diesen Fällen konstitutiv für die Erlangung der Gewerbeberechtigung (zur einheitlichen Gewerbeberechtigung durch eine Gewerbelizenz s VIII.1.a)). Infolge der (auch elektronisch möglichen) Anmeldung überprüft die Behörde, ob die gesetzlichen Voraussetzungen für die Ausübung des angemeldeten Gewerbes durch den Anmelder im betreffenden Standort vorliegen. Ist dies der Fall und hat die Anmeldung nicht ein in § 95 genanntes Gewerbe oder das Rauchfangkehrergewerbe zum Gegenstand, so hat die BVB den Anmelder binnen drei Monaten in das bundesweite Gewerberegister, das sog Gewerbeinformationssystem Austria – GISA, einzutragen und durch Übermittlung eines Auszugs aus dem GISA von der Eintragung zu verständigen. Liegen die Voraussetzungen hingegen nicht vor, so hat die Behörde dies bescheidmäßig festzustellen und die Ausübung des Gewerbes zu untersagen (§ 340).

Bei der Anmeldung eines in § 95 genannten Gewerbes, bei dem die **Zuverlässigkeit** zu prüfen ist (zB Baumeister, Pyrotechnikunternehmen, Reisebüro; s VI.2.b)), hat die Behörde über das Ergebnis der Überprüfung der Voraussetzungen binnen drei Monaten einen Feststellungsbescheid* zu erlassen („**bescheidbedürftiges Gewerbe**" oder auch „**Zuverlässigkeitsgewerbe**"). Erst mit Rechtskraft* des Bescheides, mit dem das Vorliegen der Voraussetzungen festgestellt wurde, darf das betreffende Gewerbe ausgeübt werden und hat die Behörde den Anmelder umgehend in das GISA einzutragen (§ 340 Abs 2; hinsichtlich des Rauchfangkehrergewerbes vgl die Sonderbestimmungen in § 340 Abs 2a iVm § 125 Abs 3 ff). Wurde im Bescheid ein Fehlen der Voraussetzungen festgestellt, ist gleichzeitig die Gewerbeausübung zu untersagen.

Ebenfalls die Rechtskraft* eines Feststellungsbescheides* muss der Anmelder abwarten, der seine Kenntnisse, Fähigkeiten und Erfahrungen zur Gewerbeausübung durch den „individuellen Befähigungsnachweis" (§ 19; s VI.2.a)) belegen will.

Das Anmeldungsverfahren (§§ 339 f) wird von der BVB durchgeführt; abweichend davon ist eine Anmeldung für das Waffengewerbe betreffend militärische Waffen und militärische Munition beim BMAW vorzunehmen, der darüber im Einvernehmen mit dem BMI entscheidet (§ 148).

Das Ausüben eines Gewerbes ohne die erforderliche Gewerbeberechtigung begründet eine Verwaltungsübertretung (vgl insb § 366 Abs 1 Z 1). Diesbezügliche Zuwiderhandlungen verstoßen nach stRsp des OGH dann gegen das Wettbewerbsrecht, wenn sie subjektiv vorwerfbar und geeignet sind, dem Verletzer einen sachlich nicht gerechtfertigten Vorsprung vor gesetzestreuen Mitbewerbern zu verschaffen (vgl zB OGH 10.02.2004, 4 Ob 205/03f, mwN; generell zu Rechtsbruch als Wettbewerbsverstoß mit zahlreichen weiterführenden Hinweisen auch auf das Schrifttum insb OGH 11.03.2008, 4 Ob 225/07b sowie 20.05.2008, 4 Ob 37/08g); Voraussetzung ist die tatsächliche Ausübung der Tätigkeit (die bloße Werbung für ein Reisebüro ist keine Reisevermittlungstätigkeit: OGH 24.08.2017, 4 Ob 130/17x – „Affiliate-Marketing im Internet"); vgl weiters etwa VwGH 26.09.2017, Ro 2015/04/0022.

3. Exkurs: Gewerbebetrieb – Industriebetrieb

Die GewO kennt außerdem auch noch die Unterscheidung zwischen Gewerbebetrieb und **Industriebetrieb**. Ein Industriebetrieb ist jedoch **keine Gewerbeart**, sondern eine **Gewerbeausübungsform**, die va durch hohen Kapitaleinsatz, intensiven Maschineneinsatz, Serienproduktion, organisatorische Trennung von technischer und kaufmännischer Führung uam gekennzeichnet ist (vgl § 7 Abs 1). Diese Merkmale müssen nicht alle (kumulativ) vorliegen; entscheidend ist das Überwiegen gegenüber jenen, die andere Betriebsformen charakterisieren (§ 7 Abs 2 bis 4; „**typologische Betrachtung**"). Ob ein Gewerbe tatsächlich in Form eines Industriebetriebs ausgeübt wird, entscheidet die BVB (§ 347 Abs 2). Für die industriemäßige Ausübung eines Gewerbes ist **kein Befähigungsnachweis erforderlich**, sofern nicht eines der in § 7 Abs 5 taxativ aufgezählten Gewerbe (zB Baumeister, Arzneimittelherstellung) vorliegt. Einige Gewerbegruppen können nicht industriemäßig ausgeübt werden, so zB das Handelsgewerbe oder das Tourismusgewerbe (vgl § 7 Abs 6). Ist offenkundig, dass eine industrielle Ausübung eines Gewerbes nicht beabsichtigt oder vorläufig überhaupt nicht möglich ist, so ist im „Verfahren betreffend die Ausübung eines Gewerbes in der Form eines Industriebetriebes" (§ 347 Abs 1) die Ausübung des Gewerbes bescheidmäßig zu untersagen.

Die Gewerbeausübung in Form eines Industriebetriebes ist regelmäßig flächenwidmungsrelevant und kann in Bauverfahren eine Frage der Zulässigkeit der Betriebstype in der gegebenen Widmungskategorie aufwerfen (vgl am Beispiel eines Bäckereibetriebes VwGH 08.04.2014, 2011/05/0071) (→ *Raumordnungsrecht, Baurecht*).

VI. Antritts- und Ausübungsvoraussetzungen

Für alle Gewerbe gilt, dass ihre Ausübung nur bei Erfüllung der allgemeinen Voraussetzungen (§§ 8 ff) zulässig ist. Für einige Gewerbe können noch besondere Voraussetzungen (§§ 16 ff) hinzutreten.

1. Allgemeine Voraussetzungen

Zu den allgemeinen Voraussetzungen gehören
- die **gewerberechtliche Handlungsfähigkeit**: Natürliche Personen müssen eigenberechtigt sein (idR vollendetes 18. Lebensjahr [§ 21 ABGB iVm § 9 AVG] und nicht unter Sachwalterschaft stehend; bis zur Vollendung des 24. Lebensjahres bestehen Einschränkungen; vgl § 8). Juristische Personen und eingetragene Personengesellschaften (offene Gesellschaften und Kommanditgesellschaften) müssen zur Gewerbeausübung einen (entsprechend qualifizierten) Geschäftsführer bestellen (§ 9 Abs 1 iVm § 39; vgl auch VwGH 28.02.2012, 2009/09/0211: Gesellschaften bürgerlichen Rechts können nicht Träger einer Gewerbeberechtigung sein).
- die (relative) **Unbescholtenheit**: Bestimmte strafgerichtliche oder finanzstrafbehördliche Verurteilungen, Insolvenzverfahren oder eine Entziehung oder gerichtliche Verlustigerklärung einer Gewerbeberechtigung bilden persönliche Ausschließungsgründe (vgl § 13). Von diesen hat die BVB unter bestimmten Voraussetzungen per Bescheid Nachsicht zu erteilen (§§ 26 und 27 iVm § 346).
- die österr (oder eine gleichgestellte) **Staatsbürgerschaft** (→ *Staatsbürgerschaftsrecht*) bzw **Unternehmenssitz/Niederlassung** im Inland: Ausländische natürliche Personen dürfen – sofern die GewO nichts anderes bestimmt – Gewerbe wie österr Staatsbürger ausüben, wenn dies in Staatsverträgen festgelegt worden ist oder die Fremden sich rechtmäßig in Österreich aufhalten (§ 14 Abs 1). EU-/EWR-Bürger* und ihre Familienangehörigen sind aufgrund der **Niederlassungsfreiheit*** Inländern gleichge-

stellt und dürfen ebenso wie Schweizer (aufgrund des Freizügigkeitsabkommens, BGBl III 133/2002 idF I 2/2008) in Österreich ein Gewerbe ausüben.

Zur Unionsrechtswidrigkeit des bis vor der GewONov BGBl I 81/2015 in § 141 vorgesehenen generellen Staatsbürgerschaftsvorbehaltes für das Waffengewerbe in Bezug auf militärische Waffen und militärische Munition vgl EuGH 04.09.2014, C-474/12 (Schiebel Aircraft GmbH) sowie VwGH 24.11.2014, 2014/04/0002.

Juristische Personen und sonstige ausländische Rechtsträger, die weder ihren Sitz noch eine Niederlassung im Inland haben, dürfen – soweit Staatsverträge nicht anderes vorsehen – Gewerbe nicht ausüben (§ 14 Abs 4). Nach der EuGH-Rsp (insb 16.12.2008, C-210/06 ua) müssen die nationalen Rechtsordnungen aber die grenzüberschreitende Sitzverlegung bei gleichzeitiger Umwandlung der Gesellschaft in eine Rechtsform des Zuzugsstaates zulassen (vgl auch OGH 10.04.2014, 6 Ob 224/13d; zur Gründungs- versus Sitztheorie vgl bereits EuGH 09.03.1999, C-212/97).

Von den Niederlassungsbestimmungen sind vorübergehende grenzüberschreitende Tätigkeiten ohne Niederlassung zu unterscheiden, die im Rahmen der **Dienstleistungsfreiheit*** erfolgen.

So wurde mit der GewONov BGBl I 48/2015 das Niederlassungserfordernis für Rauchfangkehrer vor dem Hintergrund der DienstleistungsRL nunmehr auf sicherheitsrelevante Tätigkeiten, die der unmittelbaren Gefahrenabwehr und somit einem öffentlichen Interesse* dienen (das sind solche Tätigkeiten, zu denen Rauchfangkehrer aufgrund landesrechtlicher Vorschriften verpflichtet werden, wie solche der Feuerpolizei, Baupolizei udgl) eingeschränkt (§ 120 Abs 1; vgl dazu auch EuGH 23.12.2015, C-293/14 und oben III.; zur Anerkennung von grenzüberschreitenden gewerblichen Tätigkeiten im Rahmen der Niederlassungs- bzw Dienstleistungsfreiheit* vgl unten VI.2.a) beim Befähigungsnachweis).

- die **Zulässigkeit der Tätigkeit**: Eine gewerbliche Tätigkeit darf nicht ausgeübt werden, wenn gewerberechtliche Bestimmungen dem entgegenstehen; eine allenfalls erforderliche Betriebsanlagengenehmigung muss zum Zeitpunkt der Gewerbeanmeldung oder der Bescheiderlassung gem § 340 Abs 2 allerdings noch nicht vorliegen (§ 15). Darüber hinaus darf die Tätigkeit auch sonst nicht gesetzlich verboten sein (vgl § 1 Abs 1).

2. Besondere Voraussetzungen

Zusätzlich zu den allgemeinen Voraussetzungen ist bei reglementierten Gewerben vor Antritt die Befähigung zu deren Ausübung nachzuweisen. Darüber hinaus sind für bestimmte Gewerbe noch weitere besondere Antrittserfordernisse zu erfüllen, wie etwa der Nachweis der Zuverlässigkeit, das Vorliegen eines Bedarfs oder der Abschluss einer Haftpflichtversicherung. Von den besonderen Ausübungsvoraussetzungen (Antrittsbeschränkungen) sind besondere Vorschriften für die Ausübung (Ausübungsbeschränkungen), wie sie etwa auch für einzelne freie Gewerbe normiert sind, zu unterscheiden (s dazu VIII.2.a)).

a) Befähigungsnachweis

Die GewO kennt einen generellen und einen individuellen Befähigungsnachweis. Wenn der Anmelder durch die von ihm vorgelegten Unterlagen dokumentiert, dass er die fachliche Qualifikation besitzt (entweder im Wege des generellen [§ 18] oder des individuellen [§ 19] Nachweises), so ist der Befähigungsnachweis – dh der **Nachweis der fachlichen und kaufmännischen Kenntnisse, Fähigkeiten und Erfahrungen zur selbstständigen Ausführung der gewerblichen Tätigkeit** (§ 16 Abs 2) – als erbracht anzusehen.

Gem § 18 Abs 1 hat der BMAW für jedes reglementierte Gewerbe durch Verordnung festzulegen, durch welche Belege (zB Zeugnis über abgelegte Meisterprüfung oder sonstige Befähigungsprüfung, Unternehmerprüfung, Studienabschluss, Lehrabschlussprüfung, Praxiszeiten etc) die Zugangsvoraussetzungen zum betreffenden Gewerbe im Hinblick auf die erforderliche fachliche Befähigung jedenfalls als erfüllt anzusehen sind (vgl zB Baumeister-V, BGBl II 30/2003 idF II 399/2008; Immobilientreuhänder-V, BGBl II 58/2003). Diese Belege bilden den „**generellen Befähigungsnachweis**". Für Handwerke erfolgt der Nachweis der fachlichen Kenntnisse weiterhin vorrangig durch Ablegung der Meisterprüfung.

> Ziel von **Meister- und Befähigungsprüfungen** (vgl §§ 20 ff) ist der Nachweis von Lernergebnissen, die über dem Qualifikationsniveau beruflicher Erstausbildung liegen. Sie sind so zu gestalten, dass eine standardisierte Bewertung zur Anerkennung bei facheinschlägigen Studien- bzw Lehrgängen von Hochschulen iSd NQR-Gesetzes vorgenommen werden kann (Nationaler Qualifikationsrahmen). **Zusatzprüfungen** zu bereits absolvierten fachverwandten Prüfungen sind möglich (§ 23). Die jeweiligen **Prüfungsordnungen** für Meister-, Befähigungs- und Zusatzprüfungen sind von der zuständigen Fachorganisation der WK durch Verordnung festzulegen. Sie bedürfen der Zustimmung durch den BMAW und sind von diesem im Rechtsinformationssystem des Bundes (RIS) kundzumachen (§ 24). Mit der **Unternehmerprüfung** werden die für die selbstständige Gewerbeausübung erforderlichen betriebswirtschaftlichen und rechtlichen Kenntnisse nachgewiesen (§ 25). Abzulegen sind die Prüfungen bei einer im übertragenen Wirkungsbereich der Landeskammern der gewerblichen Wirtschaft eingerichteten **Meisterprüfungsstelle** (vgl §§ 350 ff).

Kommt für den Anmelder keiner der in der einschlägigen Verordnung vorgesehenen Wege in Betracht, so kann die Befähigung auch dadurch nachgewiesen werden, dass durch entsprechende Beweismittel die für die jeweilige Gewerbeausübung erforderlichen Kenntnisse, Fähigkeiten und Erfahrungen nachgewiesen werden („**individueller Befähigungsnachweis**"; § 19). Die Behörde hat das Vorliegen der individuellen Befähigung mit der Beschränkung auf eine Teiltätigkeit des betreffenden Gewerbes auszusprechen, wenn die Befähigung nur in diesem Umfang vorliegt. Die Gewerbeausübung darf erst mit

Rechtskraft* des Feststellungsbescheides* über den individuellen Befähigungsnachweis erfolgen.

Eine – allenfalls zeitlich und/oder sachlich beschränkte – **Nachsicht von der Erbringung des Befähigungsnachweises** ist **nicht vorgesehen**. Die Behörde hat schon bei der Gewerbeanmeldung die Möglichkeit, die individuelle Befähigung des Anmelders zu überprüfen.

Die Nichterbringung des Befähigungsnachweises verhindert den Antritt eines reglementierten Gewerbes. Allerdings besteht die Möglichkeit, den Befähigungsnachweis für alle Gewerbe (Ausnahme: Rauchfangkehrer) durch einen Geschäftsführer erbringen zu lassen (§ 16 Abs 1; sog „**volle Supplierung**").

Gleichwertige ausländische Prüfungszeugnisse sind österreichischen gleichzuhalten (§ 16 Abs 4). Bei der Verordnungserlassung nach § 18 Abs 1 hat der BMAW darauf zu achten, dass bei reglementierten Gewerben, deren Qualifikation unionsrechtlich Diplomniveau zukommt, dieses Niveau gewahrt bleibt. Die **Niederlassungsfreiheit*** und die **Dienstleistungsfreiheit*** (und damit in Zusammenhang stehend die DienstleistungsRL und die BerufsqualifikationsRL) erfordern auch Regelungen über die Anerkennung bzw die Ausübungsmodalitäten grenzüberschreitender Tätigkeiten (vgl §§ 373a ff): EU-/EWR-Bürger*, die in einem anderen Mitgliedstaat als Österreich niedergelassen sind und dort eine in den Anwendungsbereich der GewO fallende Tätigkeit befugt ausüben, dürfen diese Tätigkeit im Rahmen der Dienstleistungsfreiheit vorübergehend und gelegentlich unter den gleichen Voraussetzungen wie Inländer in Österreich ausüben; Gleiches gilt für EWR-Gesellschaften (§ 373a).

Hinsichtlich inländischer Niederlassungen von EU-/EWR-Finanzinstituten bzw deren grenzüberschreitender Dienstleistungen wird in § 373g auf die Bestimmungen des BankwesenG verwiesen.

§ 373a gilt auch für Schweizerische Gewerbetreibende und Schweizer Gesellschaften sinngemäß mit der Maßgabe, dass sie an maximal 90 Arbeitstagen pro Kalenderjahr Dienstleistungen in Österreich erbringen. Im Hinblick auf die Anerkennung von Berufsqualifikationen zur Gründung einer Niederlassung in Österreich sind Schweizer den EU-/EWR-Bürgern* gleichgestellt (§ 373b Abs 1). Hinsichtlich der Anwendung der Bestimmungen des § 373a sind EU-/EWR-Bürgern* folgende Personengruppen gem § 373b Abs 2 gleichgestellt: Familienangehörige von aufenthaltsberechtigten EU-/EWR-Bürgern*, anerkannte Flüchtlinge und subsidiär Schutzberechtigte, Personen mit einem Niederlassungsrecht gem § 45 oder § 49 NAG und solche, die über einen Aufenthaltstitel „Blaue Karte EU" gem § 42 NAG verfügen (→ *Fremdenrecht*).

§ 373a („vorübergehende grenzüberschreitende Dienstleistung"; zum Begriff „vorübergehend" vgl die Erläuterungen in IA 549/A BlgNR XXIII. GP, 51 bzw AB 420 BlgNR

XXIII. GP, 25; zu den Familienangehörigen von EU-/EWR-Bürgern* vgl § 14 Abs 3) enthält nähere Bestimmungen: So haben etwa Dienstleistungserbringer die entsprechenden Ausübungsvorschriften der GewO zu beachten und ist die erstmalige Aufnahme einer einem reglementierten Gewerbe entsprechenden Tätigkeit dem BMAW vorher schriftlich anzuzeigen, der BMAW hat solche Dienstleister im Internet sichtbar zu machen etc.

Für Schweizer und EU-/EWR-Bürger* (und sinngemäß diesen gleichgestellte Personen), die die Niederlassungsfreiheit* in Anspruch nehmen wollen, ist die tatsächliche Ausübung von Tätigkeiten in einem anderen Mitgliedstaat oder Vertragsstaat als ausreichender Nachweis der Befähigung vom LH bescheidmäßig anzuerkennen; eine Verordnung des BMAW listet in Berücksichtigung der BerufsqualifikationsRL Art und Dauer der Tätigkeiten auf (§ 373c; EU/EWR-AnerkennungsV). Liegen die normierten Voraussetzungen vor, so erfolgt eine „automatische" Anerkennung, die den österreichischen Befähigungsnachweis ersetzt, nicht aber bereits eine Gewerbeberechtigung begründet; soll ein inländischer Gewerbestandort geschaffen werden, muss eine Gewerbeberechtigung erlangt werden und eine Gewerbeanmeldung erfolgen (OGH 22.09.2020, 4 Ob 84/20m).

Soweit § 373c nicht anwendbar ist, kommt auch eine Gleichhaltung aufgrund einer Äquivalenzprüfung in Betracht (§ 373d). Für den Fall, dass eine Äquivalenzprüfung vorzunehmen ist, hat ein Mitgliedstaat die Diplome, Prüfungszeugnisse und sonstigen Befähigungsnachweise, die der Betroffene zur Ausübung des gleichen Berufes in einem anderen Mitgliedstaat erworben hat, in der Weise zu berücksichtigen, dass er die durch diese Diplome bescheinigten Fachkenntnisse mit den nach nationalem Recht vorgeschriebenen Diplomen und Fähigkeiten vergleicht. Diese Beurteilung der Gleichwertigkeit eines ausländischen Diploms muss ausschließlich danach erfolgen, welches Maß an Kenntnissen und Fähigkeiten dieses Diplom unter Berücksichtigung von Art und Dauer des Studiums und der praktischen Ausbildung, auf die es sich bezieht, bei seinem Besitzer vermuten lässt (EuGH 10.12.2009, C-345/08 [Pesla]).

Zum Vorwarnmechanismus im Wege des Binnenmarkt-Informationssystems (IMI) und zum Europäischen Berufsausweis (EBA) vgl die §§ 373j und 373k.

Eines gesonderten Befähigungsnachweises bedarf es für das **Ausbilden von Lehrlingen** (zB erfolgreiche Ablegung der Ausbilderprüfung; § 16 Abs 3).

b) Relative Zuverlässigkeit

Die Ausübung eines **in § 95 genannten Gewerbes** ist nur zu gestatten, wenn der Bewerber die dafür erforderliche Zuverlässigkeit besitzt („**relative**" **Zuverlässigkeit**). BVB bzw LPolD haben als Sicherheitsbehörden an der Feststellung der Zuverlässigkeit (dh an der Feststellung des Nichtvorliegens von Tatsachen, die es zweifelhaft erscheinen lassen, dass das Gewerbe ordnungsgemäß geführt wird; Zuverlässigkeitsprüfung) mitzuwirken (vgl § 336a). Dabei ist auf das **gewerbespezifische** Verhalten des Bewilligungswerbers abzustellen. Die erforderliche Zuverlässigkeit für die Gewerbeausübung liegt bei schwerwiegenden Verstößen gegen die iZm dem betreffenden Gewerbe zu beachtenden Rechtsvorschriften und Schutzinteressen, insb auch zur Wahrung des Ansehens des Berufsstandes, jedenfalls nicht vor (vgl Gewerbeentziehungsgrund § 87 Abs 1 Z 3; Schutzinteressen dieser Bestimmung sind insb die Hintanhaltung der illegalen Beschäftigung, der Kinderpornographie, des Suchtgiftkonsums und -verkehrs, der illegalen Prostitution sowie der Diskriminierung jeglicher Art; die erforderliche Zuverlässigkeit iSd § 87 Abs 1 Z 3 fehlt auch im Falle einer Eintragung eines Unternehmens in die Liste gem dem SozialbetrugsbekämpfungsG).

Beispiel: Verurteilungen wegen Schlepperei (§ 114 FPG) sind jedenfalls bei der Zuverlässigkeitsprüfung für das Reisebürogewerbe (§ 95 Abs 1 iVm § 94 Z 56) zu beachten.

Die Bestellung eines gewerberechtlichen (Filial-)Geschäftsführers iZm einem Zuverlässigkeitsgewerbe ist genehmigungspflichtig (§ 95 Abs 2).

c) Sonstige Voraussetzungen

Für **einzelne Gewerbe** normiert die GewO noch **zusätzliche Voraussetzungen**: So haben sich etwa Augenoptiker ausgebildeter **Fachkräfte** zu bedienen (§ 98). Besonders risikobehaftete Gewerbe, wie Baumeister bzw Baugewerbetreibende (§ 99), Immobilientreuhänder (§ 117), gewerbliche Vermögensberater (§ 136a) und Versicherungsvermittler (§ 137c), haben eine **Haftpflichtversicherung** abzuschließen (vgl auch § 92). Gegen die Ausübung eines Pyrotechnik- (§ 107) oder Sprengungsunternehmens (§ 132) und des Waffengewerbes (§§ 141, 148) dürfen zusätzlich zur Zuverlässigkeitsprüfung gem § 95 **vom Standpunkt der öffentlichen Ruhe, Ordnung und Sicherheit keine Bedenken** bestehen; in diesen Fällen haben die Sicherheitsbehörden (→ *Sicherheitspolizeirecht*) auch an der Feststellung der erforderlichen Zuverlässigkeit mitzuwirken (vgl § 363a). Bei Rauchfangkehrern ist hinsichtlich ihrer sicherheitsrelevanten Tätigkeiten (Feuerpolizei etc) eine **Bedarfsprüfung** durchzuführen und gilt für diese Tätigkeiten eine Beschränkung auf bestimmte Kehrgebiete (**Gebietsschutz**), die durch Verordnung des LH festgelegt werden (vgl insb §§ 121, 123, 125; vgl iZm mit der Niederlassungs- und Dienstleistungsfreiheit auch oben III.).

Nach der Rsp des VwGH erfordert ähnlich wie bei der Apothekenkonzession auch im Bereich der Gewerbeberechtigung für das Rauchfangkehrergewerbe die mit der Bedarfsbindung einhergehende Beschränkung der Erwerbsfreiheit im Fall konkurrierender Anmeldungen eine Rechtsschutzmöglichkeit, die nicht nur die Versagung der eigenen Gewerbeausübung, sondern auch den Zuspruch der Gewerbeausübung des Mitbewerbers beeinspruchen kann (VwGH 11.05.2017, Ro 2016/04/0008).

VII. Umfang der Gewerbeberechtigung

1. Gewerbewortlaut

Inhalt und Umfang der Gewerbeberechtigung ergeben sich gem § 29 aus dem Wortlaut der Gewerbeanmeldung (§ 339) oder des Feststellungsbescheides* gem § 340 Abs 2 iZm den einschlägigen Rechtsvorschriften. Im

Zweifel sind die den einzelnen Gewerben eigentümlichen Arbeitsvorgänge, verwendeten Roh- und Hilfsstoffe sowie Werkzeuge und Maschinen, die historische Entwicklung und die in den beteiligten gewerblichen Kreisen bestehenden Anschauungen und Vereinbarungen zur Beurteilung heranzuziehen (§ 29 S 2). Bleiben dennoch mehrere zulässige Auslegungsalternativen, so ist die Beurteilung des Umfangs der Gewerbeberechtigung im Verhältnis zu einer anderen Gewerbeberechtigung vom BMAW zu treffen (§ 349 Abs 1 Z 1).

2. Zusätzliche Befugnisse der Gewerbetreibenden

Eine Abschwächung der strikten Trennung der einzelnen Gewerbe bringen die Rechtsinstitute „fachübergreifende Leistungen verbundener Gewerbe" (§ 30), „einfache Tätigkeiten von reglementierten Gewerben" (§ 31 Abs 1) und „Nebenrechte" (§§ 32 ff).

Fachübergreifende Leistungen verbundener Gewerbe: „Verbundene Gewerbe" sind gem § 6 iVm § 94 ausdrücklich als solche bezeichnete, zusammengefasste Gruppen reglementierter Gewerbe (zB § 94 Z 47: „Maler und Anstreicher; Lackierer; Vergolder und Staffierer; Schilderherstellung [verbundenes Handwerk]"). Wer den Befähigungsnachweis für ein zu einem verbundenen Gewerbe gehöriges Gewerbe in vollem Umfang erbracht hat, darf auch die Leistungen der anderen Gewerbe dieser Gruppe erbringen (§ 30 Abs 1; ein Maler und Anstreicher darf demnach bspw auch Lackiererleistungen erbringen).

Einfache Tätigkeiten von reglementierten Gewerben, deren fachgemäße Ausübung den sonst vorgeschriebenen Befähigungsnachweis nicht erfordern, darf jeder als eigenständiges freies Gewerbe ausüben (§ 31 Abs 1; möglich ist auch die Ausübung als Nebenrecht: s § 32 Abs 1 Z 11). Von diesen sog „einfachen Teiltätigkeiten" (zB Kantenschleifen bei Schiern oder Bespannen von Tennisschlägern) sind die Teilgewerbe (s V.1.) strikt zu unterscheiden. Die für ein reglementiertes Gewerbe typischen Kerntätigkeiten, welche entsprechende Kenntnisse, Fähigkeiten und Erfahrungen voraussetzen, gelten keinesfalls als „einfache Teiltätigkeiten".

§ 32 Abs 1 GewO enthält eine Aufzählung von **Nebenrechten** („sonstige Rechte"): Alle Gewerbetreibenden dürfen demnach Arbeiten planen, Vorarbeiten und Vollendungsarbeiten vornehmen, die der Absatzfähigkeit ihrer Produkte dienen, Verpackungsmaterial herstellen und bedrucken uvam. Gewerbetreibende dürfen nach § 32 Abs 1a auch Leistungen anderer Gewerbe erbringen, wenn diese Leistungen die eigenen wirtschaftlich sinnvoll ergänzen und insgesamt maximal 30 % des Jahresumsatzes ausmachen. Bei ergänzenden Leistungen reglementierter Gewerbe ist darüber hinaus auch noch bei jedem Auftrag eine Grenze von maximal 15 % der Auftragssumme einzuhalten. Bei der Ausübung der Nebenrechte gem Abs 1 und Abs 1a müssen allerdings der wirtschaftliche Schwerpunkt und die Eigenart des Betriebes erhalten bleiben und haben sich, soweit dies aus Sicherheitsgründen notwendig ist, die Gewerbetreibenden entsprechender Fachkräfte zu bedienen (§ 32 Abs 2). Weitere Einschränkungen für bestimmte Gewerbe ergeben sich aus den §§ 32 Abs 3 ff und 33. Dienstleistungen im Postwesen (mit Ausnahme des Geld- und Zahlungsverkehrs) können Gewerbetreibende jederzeit ohne besondere gesetzliche Ermächtigung erbringen (§ 34). Für einzelne reglementierte Gewerbe enthält darüber hinaus § 150 nähere Bestimmungen über deren Berechtigungsumfang.

VIII. Ausübung von Gewerben

1. Gewerbeberechtigung/Gewerbelizenz – Gewerbeinhaber/Gewerbetreibender

a) Persönliches Recht

Seit der GewONov BGBl I 94/2017 unterscheidet der Gesetzgeber zwischen **Gewerbelizenz** (Recht, gewerbsmäßig Tätigkeiten auszuüben) und **Gewerbeberechtigung** (Recht, ein Gewerbe auszuüben; § 38 Abs 1).

Eine **Gewerbelizenz** wird mit der Anmeldung eines Gewerbes durch einen Gewerbetreibenden begründet, der zu diesem Zeitpunkt noch über keine Gewerbeberechtigung verfügt hat. Sie umfasst sämtliche Gewerbe einschließlich der Nebenrechte und wird durch die Anmeldung zusätzlicher Gewerbe erweitert. Bei der Erweiterung um ein freies Gewerbe ist dieses lediglich bei der Behörde gem § 345 anzuzeigen (s in diesem Zusammenhang auch § 371b). Die Gewerbelizenz wird durch Beendigung einzelner Gewerbe iSd § 85 (wieder) eingeschränkt und endet, sobald auch das letzte Gewerbe, das sie umfasst hat, beendet wird (vgl § 38 Abs 2–4). Mit der erstmaligen Anmeldung eines Gewerbes wird also nunmehr eine **einheitliche Gewerbeberechtigung** in Form einer **(digitalen) „Single License"** erlangt.

Gewerbelizenz und Gewerbeberechtigung sind **subjektiv-öffentliche Rechte**[*] und stellen eine Rechtsbeziehung ausschließlich zwischen dem Staat und dem Gewerbeberechtigten dar. Als persönliche Rechte können die Gewerbelizenz und die Gewerbeberechtigung nicht übertragen werden (§ 38 Abs 1: **Grundsatz der persönlichen Ausübung und Unübertragbarkeit**). Sie können durch Dritte nur nach Maßgabe der GewO ausgeübt werden. Solche Dritte sind der gewerberechtliche Geschäftsführer und der Fortbetriebsberechtigte.

Gewerbeinhaber ist derjenige, der über die Gewerbeberechtigung (und Gewerbelizenz) verfügt. **Gewerbetreibender** ist hingegen derjenige, der die Gewerbeberechtigung tatsächlich ausübt. Dies können der Gewerbeinhaber selbst oder ein Fortbetriebsberechtigter sein (§ 38 Abs 5). Der gewerberechtliche Geschäftsführer hingegen ist als Bevollmächtigter bloß „Hilfsorgan" des Gewerbeinhabers, aber nicht selbst Gewerbetreibender.

b) Gewerberechtlicher Geschäftsführer

Der Gewerbeinhaber kann gem § 39 für die Ausübung seines Gewerbes einen Geschäftsführer bestellen, der dem Gewerbeinhaber gegenüber für die fachlich einwandfreie Ausübung des Gewerbes und der Behörde gegenüber für die Einhaltung der gewerberechtlichen Vorschriften verantwortlich ist (**fakultativer Geschäftsführer**).

In bestimmten Fällen ist die Bestellung eines gewerberechtlichen Geschäftsführers zwingend vorgeschrieben, nämlich dann, wenn eine juristische Person oder eine eingetragene Personengesellschaft (offene Gesellschaften und Kommanditgesellschaften) ein Gewerbe ausüben will (§ 9). Darüber hinaus hat der Gewerbeinhaber einen gewerberechtlichen Geschäftsführer zu bestellen, wenn er den Befähigungsnachweis (vgl § 16 Abs 1) nicht erbringen kann oder wenn er selbst keinen Wohnsitz* im Inland hat (§ 39 Abs 1) sowie bei der Gewerbeausübung in bestimmten Erbschafts- (vgl § 8 Abs 2) und Fortbetriebsfällen (vgl § 41 Abs 4) (**obligatorischer Geschäftsführer**). Das inländische Wohnsitzerfordernis entfällt, wenn durch internationale Übereinkommen die Zustellung der Verhängung und die Vollstreckung von Verwaltungsstrafen sichergestellt sind, oder wenn es sich um EWR-Bürger oder Schweizer handelt (§ 39 Abs 1); Gleiches gilt für das grundsätzliche Inlandswohnsitzerfordernis des Geschäftsführers, wobei es sich hierbei auch um einen daueraufenthaltsberechtigten Drittstaatsangehörigen handeln kann (§ 39 Abs 2a).

Für Übertretungen der gewerberechtlichen Vorschriften ist primär der **Geschäftsführer verantwortlich**, während der Gewerbetreibende neben dem Geschäftsführer idR nur strafbar ist, wenn er die Verwaltungsübertretung wissentlich duldet oder wenn er bei der Auswahl des Geschäftsführers es an der erforderlichen Sorgfalt hat fehlen lassen. Verletzt der Geschäftsführer hingegen aufgrund einer besonderen Weisung des Gewerbeinhabers eine Verwaltungsvorschrift, ist er dann nicht verantwortlich, wenn er glaubhaft machen kann, dass ihm deren Einhaltung nicht zumutbar war (§ 370 Abs 2 und 3; lex specialis zu § 9 VStG bei gewerberechtlichen Verstößen). Der Geschäftsführer muss die **persönlichen Voraussetzungen** für die Ausübung des Gewerbes (zB Eigenberechtigung, Befähigungsnachweis) erfüllen und in der Lage sein, sich **im Betrieb entsprechend zu betätigen** (Anordnungsbefugnis gegenüber Mitarbeitern, Möglichkeit zur Kontrolle der Einhaltung der gewerberechtlichen Bestimmungen, um so die gesetzmäßige Gewerbeausübung zu gewährleisten). Zur Verhinderung des „Scheingeschäftsführerunwesens" bei juristischen Personen bestimmt § 39 Abs 2 für die reglementierten Gewerbe, dass der Geschäftsführer dem zur Vertretung berufenen Organ der juristischen Person angehören oder ein zumindest halbtägig beschäftigter Arbeitnehmer sein muss.

Nach VwGH 25.02.2002, 2001/04/0228, ist eine „entsprechende" Betätigung in einem Innsbrucker Betrieb nicht möglich, wenn der Betreffende seinen Lebensmittelpunkt in Ybbs an der Donau und dort 23 Wochenstunden an der Schule zu sein hat.

Bei den in § 95 genannten Gewerben („Zuverlässigkeitsgewerbe") ist die **Bestellung** eines Geschäftsführers behördlich **zu genehmigen** (§ 341; beachte für Rauchfangkehrer die Voraussetzungen des § 122 Abs 1), bei den anderen Gewerben ist sie **anzuzeigen**; das **Ausscheiden** eines Geschäftsführers ist immer nur **anzeigepflichtig** (§ 39 Abs 4). Mit dem Ausscheiden erlischt die Gewerbeberechtigung nicht; in den Fällen der obligatorischen Geschäftsführerbestellung entsteht allerdings ein Ausübungshindernis. Gesellschaften können in diesem Fall aber bis zur Bestellung eines neuen Geschäftsführers, längstens jedoch während sechs Monaten, weiterhin ihr Gewerbe ausüben (vgl § 9 Abs 2). Bei Vorliegen bestimmter Tatsachen hat die Gewerbebehörde die Bestellung des Geschäftsführers für die Ausübung des Gewerbes **zu widerrufen** (vgl § 91). Auch in diesem Fall entsteht lediglich ein Ausübungshindernis und erst ein Verstoß gegen das Ausübungsverbot kann zum Entzug der Gewerbeberechtigung führen.

Die Geschäftsführerbestellung erfolgt idR durch einen zivilrechtlichen Vertrag. Durch die Bestellung wird die verwaltungsstrafrechtliche Verantwortlichkeit (§ 9 VStG) begründet; nach außen hin beginnt sie jedoch erst mit der Bestellungsanzeige bzw -genehmigung (§§ 341, 345; vgl auch §§ 39 Abs 5 und 370 Abs 1). Hingegen endet die Verantwortlichkeit mit dem tatsächlichen Ausscheiden des Geschäftsführers und nicht erst mit dem Einlangen der entsprechenden Anzeige (VwGH 27.01.1999, 97/04/0070).

Der gewerberechtliche Geschäftsführer wird als Bevollmächtigter **im Namen und für Rechnung des Gewerbeinhabers** tätig. Zum **Filialgeschäftsführer** s § 47 (sowie unter VIII.2.b)).

c) Fortbetriebsberechtigter

Das Fortbetriebsrecht ist gem § 41 Abs 1 das **Recht, einen Gewerbebetrieb aufgrund der Gewerbeberechtigung einer anderen Person fortzuführen.** Dieses Recht entsteht ex lege – und zwar im Fall des **Todes des Gewerbeinhabers** für die Verlassenschaft (Z 1) bzw für den überlebenden Ehepartner oder eingetragenen Partner (Z 2) und die Deszendenten (Z 3) sowie bei einer **öffentlichen Verwertung des Gewerbebetriebes** für die Insolvenzmasse (Z 4) oder den Zwangsverwalter bzw -pächter (Z 5). Es endet für die Verlassenschaft, den Masseverwalter und den Zwangsverwalter bzw -pächter mit der Verfahrensabwicklung (§§ 42, 44 und 45). Für überlebende Ehegatten oder eingetragene Partner und für Kinder entsteht es mit dem Zeitpunkt, in dem das Fortbetriebsrecht der Verlassenschaft endet. Es endet mit der Zurücklegung der Gewerbeberechtigung, überdies kann auf das Fortbetriebsrecht verzichtet werden (§§ 43 und 85 Abs 1 Z 7).

2. Sonstige Rechtsfragen zur Gewerbeausübung

a) Besondere Ausübungsvorschriften und Pflichten

Die GewO normiert für eine Reihe von reglementierten Gewerben **besondere Vorschriften** über deren **Umfang und Ausübung** (s §§ 98 ff), so zB auch für das Gastgewerbe (§§ 111 ff: ua Sperr- und Aufsperrstunden, Ausschank- und Abgabeverbot von Alkohol an Jugendliche etc; für Vereinslokale s die Sonderbestimmung des § 113 Abs 2 [→ *Vereinsrecht*]); zu **Standesregeln** sowie besonderen Vorschriften iZm **Geldwäsche und Terrorismusbekämpfung** s unten unter c). Ungeachtet des grundsätzlich unbeschränkten Gewerbezugangs bestehen auch besondere Vorschriften für die Ausübung bestimmter freier Gewerbe (§§ 151 ff).

Eine **Pflicht zur Ausübung des Gewerbes besteht grundsätzlich nicht**, die Gewerbeberechtigung kann selbstverständlich auch zurückgelegt werden (vgl § 85 Z 7 iVm § 86; s IX.1.), doch kann bei aufrechter Gewerbeberechtigung im Falle der Nichtausübung unter gewissen Voraussetzungen (illegaler Aufenthalt des ausländischen Gewerbeinhabers, Drei- bzw Fünf-Jahres-Frist) die Gewerbeberechtigung von der BVB entzogen werden (vgl § 88). Das Ruhen und die Wiederaufnahme der Gewerbeausübung sind der WK binnen drei Wochen anzuzeigen (§ 93 Abs 1). Für manche Gewerbe besteht eine Verpflichtung, das Ruhen, die Einstellung, Unterbrechung oder Wiederaufnahme der Gewerbeausübung der Behörde innerhalb bestimmter Frist im Vorhinein anzuzeigen (vgl etwa § 122 Abs 2 für Rauchfangkehrer bzw § 93 Abs 2 bis 5 für Versicherungsvermittler, Immobilientreuhänder, Baumeister bzw Baugewerbetreibende und gewerbliche Vermögensberater).

Einen **Kontrahierungszwang*** sieht die GewO lediglich für „öffentlich zugelassene Rauchfangkehrer" iSd § 125 Abs 3 vor: Diese sind verpflichtet, innerhalb ihres Kehrbereiches die sicherheitsrelevanten Tätigkeiten auszuführen (§ 123 Abs 3). Kontrahierungspflichten sind darüber hinaus bspw in § 5 NahversorgungsG für gewerbliche Letztverkäufer (Versorgungspflicht) oder in § 20 Abs 1 Z 2 KflG (Beförderungspflicht) vorgesehen.

b) Betriebsstätten, gewerbliche Tätigkeiten außerhalb, Bezeichnung

Die Gewerbeausübung ist grundsätzlich an den **Standort** ihrer gewerbebehördlichen Anmeldung **gebunden**. Allerdings besteht nach § 46 die Möglichkeit, weitere Betriebsstätten bei der BVB anzuzeigen. Als „**weitere Betriebsstätte**" gilt dabei eine standortgebundene Einrichtung, die zur Entfaltung einer gewerblichen Tätigkeit an einem anderen Standort als dem, auf den die Gewerbeanmeldung lautet, nicht bloß vorübergehend bestimmt ist. Für die Gewerbeausübung an einer weiteren Betriebsstätte kann ein **Filialgeschäftsführer** bestellt werden, der der Behörde gegenüber für die Einhaltung der gewerberechtlichen Vorschriften in dieser Betriebsstätte verantwortlich ist (§ 47). Die Verlegung des Standortes eines Gewerbebetriebes oder einer weiteren Betriebsstätte ist wiederum anzuzeigen. Keine Anzeigepflicht besteht für die Gewerbeausübung auf Messen und messeähnlichen Veranstaltungen sowie für reine Lagerräumlichkeiten (zB auch Abhollager von Einrichtungshäusern); sie gelten also nicht als „weitere Betriebsstätte" (vgl § 46 Abs 3).

Außerhalb des Standortes des Gewerbebetriebes oder einer weiteren Betriebsstätte ist die Gewerbeausübung nur auf Grundlage besonderer gesetzlicher Ermächtigung zulässig. § 50 Abs 1 enthält eine demonstrative Aufzählung an Tätigkeiten, deren **Ausübung außerhalb des Gewerbestandortes oder einer weiteren Betriebsstätte** grundsätzlich erlaubt ist: zB die Gewerbeausübung eben auf Messen, der Warenverkauf und die Bestellannahme auf Märkten (vgl §§ 286 ff sowie XI.), der Erwerb von Roh- und Hilfsstoffen und Betriebsmitteln, die Lieferung von bestellten Waren und die Verrichtung bestellter Arbeiten sowie von Gewerbetätigkeiten, die von Natur aus nur außerhalb von Betriebsstätten vorgenommen werden können, weiters der Kleinverkauf von Lebensmitteln uÄ auf Festen, sportlichen Veranstaltungen und sonstigen Anlässen, im Gastgewerbe vorübergehend die Speisenverabreichung und der Getränkeausschank im Rahmen von Einzelereignissen (zB Volksfeste, Ausstellungen; zur Abgrenzung von den betriebsanlagenrechtlichen Erfordernissen s VwGH 12.04.2018, Ra 2016/04/0038 mwH) etc. Einschränkungen bis hin zu Verboten bestehen für bestimmte Waren im Versandhandel (§ 50 Abs 2–4) bzw iZm Selbstbedienungsautomaten (§ 52). Weitere Sondervorschriften gelten für das Feilbieten im Umherziehen (§§ 53 f; zur Unzulässigkeit einer räumlichen Begrenzung der Befugnis zum Feilbieten von Waren im Umherziehen vgl EuGH 13.01.2000, C-254/98 [TK-Heimservice Sass GmbH]) sowie für das Sammeln und die Entgegennahme von Bestellungen (Dienstleistungen und Waren, Werbeveranstaltungen, Druckwerke; vgl §§ 54 ff). Zu ausländischen Personen und Rechtsträgern im Geltungsraum des WTO-Abkommens bzw zu italienischen Staatsangehörigen in der Region Trentino-Südtirol vgl §§ 51 f.

Gewerbetreibende haben zur **äußeren Bezeichnung der Betriebsstätten** und **im Geschäftsverkehr** sich ihres Namens bzw ihrer Firma zu bedienen und einen unmissverständlichen Hinweis auf den Gegenstand ihres Gewerbes anzuführen (vgl §§ 63 ff). Nicht irreführende Zusätze sind zulässig. Unter bestimmten Voraussetzungen kann Unternehmen vom BMAW die Auszeichnung verliehen werden, im Geschäftsverkehr das Bundeswappen führen zu dürfen (§ 68).

c) Schutzbestimmungen, Geldwäsche- und Terrorismusbekämpfung

Die §§ 69 ff enthalten eine Reihe von **Verordnungsermächtigungen** für den BMAW zur Regelung iS bestimmter Schutzgüter: so insb gem § 69 betreffend Maßnahmen bei der Gewerbeausübung zur Vermeidung einer Gefährdung von **Leben oder Gesundheit von Menschen,** zur Vermeidung von **Belastungen der Umwelt** (zum Begriff s § 69a), zum **Schutz der von der Gewerbeausübung betroffenen Personen** (insb zum Schutz vor Vermögensschäden oder Belästigungen, wie zB durch Eindringen in die Privatsphäre) unter Berücksichtigung des Verbraucherschutzes (**Ausübungsregeln**) sowie zur Regelung der für die Ausübung bestimmter Gewerbe einzuhaltenden Verhaltensweisen und erforderlichen Betriebsausstattungen (**Standesregeln**; vgl zB Verordnungen mit Standes- bzw Berufsausübungsregeln für Baumeister, BGBl II 226/2008, Bestatter, BGBl II 476/2004, oder Immobilienmakler, BGBl 297/1996 idF II 268/2010; zur Möglichkeit der bescheidmäßigen Vorschreibung von Maßnahmen durch die BVB vgl § 69 Abs 4–6); ebenso zum Schutz von Leben und Gesundheit von Menschen die Bezeichnung bestimmter besonders risikoreicher Arbeiten, die nachweislich nur von fachlich dazu befähigten Personen ausgeführt werden dürfen (§ 70; **Befähigungsnachweis** iSd § 18 Abs 2); weiters Regelungen iZm **allgemeinen Geschäftsbedingungen** zum Schutz der Verbraucher vor Vermögensnachteilen (§ 72); schließlich Regelungen hinsichtlich des Inverkehrbringens potenziell gefährlicher Geräte, Maschinen, Ausrüstungen bzw Ausrüstungsteile und Zubehör, die seitens des Gewebetreibenden einer **Übereinstimmungserklärung,** allenfalls unter Zugrundelegung einer von einer akkreditierten Stelle ausgestellten **Prüfbescheinigung,** bedürfen (§ 71; vgl zB MSV 2010; zur Bestimmung des A-bewerteten Schallleistungspegels von Maschinen und Geräten s § 72). Darüber hinaus soll durch ein „**Schutzklauselverfahren**" (§§ 365i bis 365k) die Umsetzung der europarechtlichen Sicherheitsanforderungen und Normen betreffend Produkte, Maschinen, Geräte, Ausrüstungen, Ausrüstungsteile und Zubehör gewährleistet werden.

Mit der GewONov BGBl I 95/2017 wurden in Umsetzung der 4. Geldwäsche-RL die **Maßnahmen zur Verhinderung der Geldwäsche und Terrorismusfinanzierung** neu geregelt (vgl §§ 365m ff iVm Anlagen 7 und 8; zu den verwaltungsstrafrechtlichen Bestimmungen s § 366b; zur EU-weiten Behördenzusammenarbeit s § 373i1). Die Bestimmungen gelten für **Handelsgewerbetreibende** einschließlich Versteigerer, **Immobilienmakler, Unternehmensberater** sowie **Versicherungsvermittler,** wobei der BMAW mittels Verordnung deren Anwendung auf Grundlage eines **risikobasierten Ansatzes** auf weitere Berufe bzw Unternehmenskategorien ausdehnen kann (vgl § 365m1 Abs 1 f). Die genannten Berufsgruppen treffen ua spezielle **Sorgfaltspflichten,** wozu bspw auch die Identitätsfeststellung vor der Begründung einer Geschäftsbeziehung oder der Abwicklung einer Transaktion gehört (vgl § 365q). Für die erforderliche Meldung von Verdachtsfällen wurde beim Bundeskriminalamt (→ *Sicherheitspolizeirecht*) eine **Geldwäschemeldestelle** eingerichtet (vgl § 4 Abs 2 Z 1 und 2 BKA-G), für alle übrigen behördlichen Aufgaben bleibt die Gewerbebehörde zuständig (vgl § 365m1 Abs 3). Die genannten Gewerbetreibenden haben auch **besondere Aufbewahrungs- und Auskunftspflichten** im Hinblick auf relevante **Daten** und Informationen (vgl § 365y; → *Datenschutzrecht*). Im Zuge der Umsetzung der 5. Geldwäsche-RL erfolgten mit der GeldwäscheNov 2020 weitere Anpassungen.

IX. Verlust der Gewerbeberechtigung

Eine Beschränkung der Erwerbsausübungsfreiheit ist nur zulässig, wenn sie durch das öffentliche Interesse geboten, zur Zielerreichung geeignet und adäquat und auch sonst sachlich zu rechtfertigen ist; was für die den Erwerbsantritt behindernden Vorschriften gilt, gilt gleicherweise auch für Bestimmungen über den Entzug einer Gewerbeberechtigung (vgl VfSlg 15.842/2000 mwN).

1. Endigung der Gewerbeberechtigung

§ 85 enthält eine taxative Aufzählung der Gründe, mit denen eine Gewerbeberechtigung endigt. Zu den **Endigungsgründen** zählen insb Tod einer natürlichen Person (bei Fortbetrieben erst mit Endigung des Fortbetriebsrechts), Ende einer juristischen Person (Nichteintragung ins Firmenbuch, Untergang, Auflösung), Insolvenzfälle iSd § 13 Abs 3 und 5 S 1, Zurücklegung der Gewerbeberechtigung (vgl § 86), behördliche Entziehung der Gewerbeberechtigung (aus den in den §§ 87, 88 und 91 genannten Gründen; vgl jedoch § 89 neu) bzw Untersagung der Ausübung in Form eines Industriebetriebes (vgl § 347 Abs 1), Gerichtsurteil (§ 90; über das Erlöschen ist in diesem Fall ein lediglich deklaratorischer Feststellungsbescheid* zu erlassen), Nichtigerklärung des Bewilligungsbescheides (§ 363 Abs 1 iVm § 68 Abs 4 Z 4 AVG), Zeitablauf sowie Eintritt einer auflösenden Bedingung*.

2. Entziehung der Gewerbeberechtigung

Das Vorliegen der persönlichen Ausschließungsgründe „strafgerichtliche oder finanzstrafbehördliche Verurteilung" (§ 13 Abs 1 und 2) und zu befürchtende Wiederholungsgefahr ist ebenso ein **Gewerbeberechtigungsentziehungsgrund** iSd § 87 wie der Gewerbeausschließungsgrund in bestimmten Insolvenzfällen (§ 13 Abs 4 und 5 S 2), schwerwiegende Verstöße gegen die iZm dem betreffenden Gewerbe zu beachtenden Rechtsvorschriften und Schutzinteressen, die Bestrafung des Gewerbeinhabers wegen Beihilfe zur Gewerbeausübung ohne Gewerbeberechtigung bei Wiederholungsgefahr oder das Fehlen der gesetzlichen Haftpflichtversicherung bei versicherungspflichtigen Gewerben.

Weiters ist die Gewerbeberechtigung von der Behörde insb dann zu entziehen, wenn sich der Gewerbeinhaber nicht mehr zulässigerweise in Österreich aufhält oder das Gewerbe während der letzten drei Jahre nicht ausgeübt wurde und der Gewerbeinhaber mit der Entrichtung der Kammerumlage mehr als drei Jahre im Rückstand ist oder das Gewerbe während der letzten fünf Jahre nicht ausgeübt wurde und der Aufenthalt des Gewerbeinhabers unbekannt ist; die Berechtigung zur Gewerbeausübung in Form eines Industriebetriebes ist zu entziehen, wenn festgestellt wird, dass die Ausübung in dieser Form nicht der Fall ist und der erforderliche Befähigungsnachweis nicht erbracht wird (vgl § 88).

Das Tatbestandsmerkmal des „schwerwiegenden Verstoßes" kann nicht nur durch an sich als schwerwiegend zu beurteilende Verstöße erfüllt werden, sondern auch durch eine Vielzahl geringfügiger Rechtsverletzungen (zB VwGH 26.02.2014, Ro 2014/04/0013). Es sind immer die Umstände des Einzelfalls einer Gesamtbetrachtung zu unterziehen (VwGH 20.01.2022, Ra 2021/04/0226). Im Falle einer strafgerichtlichen Verurteilung ist das Risiko einer weiteren Begehungsgefahr nach der Art des begangenen Deliktes sowie der Persönlichkeit des Verurteilten zu prognostizieren, wobei ein zwischenzeitiges Wohlverhalten des Betroffenen zu berücksichtigen ist. Die Prognose gem § 87 Abs 1 Z 1 ist inhaltsgleich mit jener gem § 26 Abs 1 (VwGH 27.10.2014, 2013/04/0103).

Mit der GeldwäscheNov 2020 wurde ein eigener Entzugstatbestand iZm „Mittelsmännern" iSd § 232 StGB geschaffen (§ 89).

Für das **Verfahren zur Entziehung** der Gewerbeberechtigung (§ 361) ist grundsätzlich die BVB zuständig. Vor der Entziehung sind die zuständigen Kammern zu hören. Sie haben hinsichtlich der (Nicht-)Entziehung kein Revisionsrecht (VwGH 07.02.2022, Ro 2021/04/0019). Ob eine Gewerbeberechtigung noch aufrecht ist bzw zu welchem Zeitpunkt sie geendet hat, kann gem § 348 Abs 4 in einem **Feststellungsverfahren** geklärt werden.

X. Gewerbliche Betriebsanlage

1. Definition der gewerblichen Betriebsanlage

Unter einer gewerblichen Betriebsanlage ist jede örtlich gebundene Einrichtung zu verstehen, die der Entfaltung einer gewerblichen Tätigkeit nicht bloß vorübergehend zu dienen bestimmt ist (§ 74 Abs 1).

Für die Anwendbarkeit der Betriebsanlagenbestimmungen der GewO müssen somit folgende Wesensmerkmale kumulativ vorliegen:
- **Ortsgebundenheit**: ist nicht nur dann gegeben, wenn die Einrichtung selbst unbeweglich ist (zB Bauwerk), sondern auch dann, wenn die ihrer Natur nach bewegliche Einrichtung nach der Absicht des Gewerbetreibenden ausschließlich oder überwiegend und für längere Zeit an einem

bestimmten Standort der Entfaltung der gewerblichen Tätigkeit dienen soll (zB fahrbare Imbissbude mit regelmäßig aufgesuchtem Standplatz);
- **nicht bloß vorübergehend**: entscheidend ist die zeitliche Nutzungsabsicht nach Art und Zweckbestimmung der betreffenden Einrichtung; sie fehlt etwa bei Betriebsprovisorien, bei Baustelleneinrichtungen für eine konkrete Bauführung oder beim Tätigwerden eines Gastgewerbetreibenden außerhalb seines Gasthauses auf einem von ihm veranstalteten Zeltfest (vgl RV 1475 BlgNR 25. GP, 7; zur Abgrenzung von den Tätigkeiten außerhalb einer Betriebsstätte iSd § 50 Abs 1 Z 11 als Gewerbeausübungsvorschrift s insb VwGH 12.04.2018, Ra 2016/04/0038 mwH; iZm einer Clubbing-Veranstaltung [→ *Veranstaltungsrecht*] in einer Messehalle s VwGH 04.07.2016, Ra 2016/04/0053, 0054);
- **gewerbliche Tätigkeit**: vgl § 1 Abs 2 (Selbstständigkeit, Regelmäßigkeit, Ertragsabsicht; s unter IV.).

Beispiel 1: Wird eine Baustelleneinrichtung nicht nur für eine konkrete Bauführung verwendet, sondern auf unbestimmte Zeit aufgestellt und betrieben, liegt eine gewerbliche Betriebsanlage vor. Wenn also eine Betonmischanlage nicht nur für die Zwecke einer konkreten Baustelle betrieben wird, sondern vor Ort auch dafür, um Beton an andere Abnehmer abzugeben, handelt es sich dabei nicht mehr nur um eine bloße Baustelleneinrichtung (VwSlg 14.769A/1997; s zB auch VwGH 21.12.2016, Ra 2016/04/0128).

Beispiel 2: Wenn jemand eine landwirtschaftliche Gärtnerei und Baumschule betreibt, einen räumlich abgegrenzten Teil aber als Verkaufsfläche (zB für Pflanztöpfe, Teichzubehör etc) mit Kundenparkplatz nützt, so bezieht sich die Feststellung einer allfälligen Betriebsanlagengenehmigungspflicht iSd § 358 ausschließlich auf jene räumlich abgegrenzten Anlagenteile, in der gewerbliche Tätigkeiten – und eben nicht rein landwirtschaftliche – ausgeübt werden (VwGH 28.09.2011, 2007/04/0114).

Als gewerbliche Betriebsanlage ist die Gesamtheit jener Einrichtungen anzusehen, welche dem **Zweck des Betriebes** eines Unternehmens gewidmet sind. Diese Einrichtungen stellen – sofern sie in einem lokalen Zusammenhang stehen – eine einheitliche Betriebsanlage dar. Nur durch eine solche Gesamtbetrachtung kann das gegenseitige Ineinanderwirken der einzelnen Anlagenteile in ihren Auswirkungen auf die Umwelt umfassend beurteilt und damit der von der GewO angestrebte umfassende Nachbarschaftsschutz bewirkt werden (**Grundsatz der Einheit der gewerblichen Betriebsanlage**).

Beispiel 1: Ein Autohaus, bestehend aus einer Werkstättenhalle, einem Ausstellungsgebäude mit den Neuwagenmodellen, einem Abstellplatz für Gebrauchtwagen und einem Kundenparkplatz, bildet eine einheitliche Betriebsanlage.

Beispiel 2: In der Wärmeerzeugung in einem Kraftwerk einerseits und im Wärmetransport in einer ca 18 km langen Anlage mit verschiedenen Einspeisungsmöglichkeiten andererseits liegen verschiedene Betriebszwecke, die örtlich getrennt verfolgt werden und sich auch in ihrer betrieblichen Bedeutung derart voneinander unterscheiden, dass nicht von einer einheitlichen, sowohl die Wärmetransportleitung als auch das Fernheizkraftwerk umfassenden gewerblichen Betriebsanlage zu sprechen ist (VwSlg 12.759 A/1988).

2. Genehmigungspflicht von Betriebsanlagen

In Abhängigkeit vom jeweiligen Genehmigungsregime kann man folgende Arten von Betriebsanlagen unterscheiden: „**Normalanlagen**" (§§ 74 ff), „**IPPC-Anlagen**" (§§ 77a f), (minder belastende) „**Bagatellanlagen**" (§ 359b) und „**nicht genehmigungspflichtige Anlagen**" (§ 74 Abs 7). Für „**Seveso-Anlagen**" (§§ 84a ff) besteht kein eigenständiges Genehmigungsverfahren, für sie gelten aber zusätzliche Sicherheitsanforderungen.

a) Normalanlagen

Eine Betriebsanlage darf gem § 74 Abs 2 nur mit Genehmigung der BVB errichtet oder betrieben werden, wenn sie wegen der Verwendung von Maschinen und Geräten, wegen ihrer Betriebsweise, wegen ihrer Ausstattung oder sonst **geeignet** ist,
1. das **Leben** oder die **Gesundheit** des Gewerbetreibenden, der nicht dem Arbeitnehmerschutz unterliegenden mittätigen Familienangehörigen, der Nachbarn oder der Kunden, oder das **Eigentum** oder **sonstige dingliche Rechte** der Nachbarn **zu gefährden**,
2. die **Nachbarn** durch Geruch, Lärm, Rauch, Staub, Erschütterung oder in anderer Weise **zu belästigen**,
3. die Religionsausübung in Kirchen, den Unterricht in Schulen, den Betrieb von Kranken- und Kuranstalten oder den Betrieb anderen **öffentlichen Interessen*** dienender benachbarter Anlagen oder Einrichtungen zu **beeinträchtigen**,
4. die Sicherheit, Leichtigkeit und Flüssigkeit des **Verkehrs** an oder auf Straßen mit öffentlichem Verkehr **wesentlich zu beeinträchtigen** oder
5. eine nachteilige **Einwirkung auf die Beschaffenheit der Gewässer** herbeizuführen, sofern nicht ohnedies eine Bewilligung aufgrund wasserrechtlicher Vorschriften (→ *Wasserrecht*) vorgeschrieben ist.

§ 74 Abs 2 umschreibt somit **taxativ** die persönlichen und sachlichen **Schutzgüter** sowie den geschützten **Personenkreis** (vgl unten X.3.).
Die GewO knüpft die Genehmigungspflicht nicht an die Verwendung bestimmter Maschinen oder Materialien oder an eine bestimmte Betriebsweise. Entscheidend ist allein die Tatsache, dass von der Betriebsanlage schädliche Wirkungen ausgehen können („**abstrakte**" Eignung), nicht gefordert wird hingegen der tatsächliche Eintritt dieser Folgen. Bei Zweifeln über die Genehmigungspflicht hat die BVB einen Feststellungsbescheid* zu erlassen (§ 358); bei offenkundiger Genehmigungspflicht ist ein Feststellungsbescheid nach der VwGH-Rsp unzulässig. Gem § 15 muss die Betriebsanlagengenehmigung bei der Gewerbeanmeldung (bzw bei der Erlassung eines Feststellungsbescheides iSd § 340 Abs 2) noch nicht vorliegen.

Wenn es zur Wahrung der in § 74 Abs 2 umschriebenen Interessen erforderlich ist, bedarf auch die **Änderung einer genehmigten Betriebsanlage** einer Genehmigung, sofern nicht genau umschriebene Tatbestände (zB Austausch gleichwertiger Maschinen) vorliegen (vgl § 81; s unten X.6.c)).

b) Bagatellanlagen

Sog „Bagatellanlagen" unterliegen einem **vereinfachten Genehmigungsverfahren** (vgl § 359b; s unten X.5.a)).

Als **Bagatellanlagen** gelten gem § 359b Abs 1 Anlagen, in denen Maschinen, Geräte und Ausstattungen iSd § 76 Abs 1 oder 2 oder solche, die vornehmlich bzw auch für Privathaushalte bestimmt sind, zum Einsatz kommen (Z 1); ferner jene, deren Ausmaß der der Betriebsanlage zur Verfügung stehenden Räumlichkeiten und sonstigen Betriebsflächen nicht mehr als 800 m^2 beträgt und bei denen die elektrische Anschlussleistung der zum Einsatz gelangenden Maschinen und Geräte 300 kW nicht übersteigt (Z 2); darüber hinaus ist ein vereinfachtes Genehmigungsverfahren durchzuführen, wenn die Art der Betriebsanlagen in einer Verordnung nach Abs 5 genannt ist (Z 3), das Verfahren eine Spezialgenehmigung gem § 356e betrifft (Z 4) oder bei einer nach § 81 genehmigungspflichtigen Anlagenänderung einer der in Z 1–4 festgelegten Tatbestände erfüllt ist (Z 5). Die aufgrund von § 359b Abs 5 erlassene **Bagatellanlagen V** listet zB Gaststätten mit bis zu 200 Verabreichungsplätzen ohne Musikberieselung oder Getreidemühlen mit einer jährlichen Gesamtmahlmenge bis zu zehn Tonnen auf. Daneben gibt es auch eine Verordnung mit einer „**Negativliste**", welche jene Betriebsanlagen nennt, die keinesfalls im Bagatellanlagenverfahren genehmigt werden dürfen (vgl § 359b Abs 6): zB Raffinerien, Eisenwerke, Tierkörperverwertungsanlagen. IPPC-Anlagen und Seveso-Betriebe sind bereits von Gesetzes wegen keinesfalls einem vereinfachten Verfahren zu unterziehen (§ 359b Abs 4 letzter S).

Das Bagatellanlagenverfahren, dessen Vereinfachung gegenüber dem Normalverfahren im Wesentlichen in der Beschränkung von Nachbarrechten besteht, war bereits vielfach Gegenstand der Rsp der Gerichtshöfe des öffentlichen Rechts und sorgt nach wie vor für rege Diskussion im Schrifttum. Mit BGBl I 96/2017 wurde § 359b neu gefasst, das vereinfachte Verfahren dabei iSd obigen Ausführungen auf weitere Anlagen ausgedehnt.

c) IPPC-Anlagen

Der Name IPPC geht zurück auf die Umsetzung der IPPC-RL (Integrated Pollution Prevention and Control), welche mit Ablauf des 06. Jänner 2014 ihre Gültigkeit verlor und (gemeinsam mit sechs weiteren RL) durch die IE-RL ersetzt wurde. Die IE-RL bezweckt generell die integrierte, umweltmedienübergreifende Vermeidung und Verminderung der aus industrieller Tätigkeit resultierenden Umweltverschmutzung (zum Begriff vgl § 71b Z 10) und enthält dahingehende Mindeststandards für die Genehmigung und den Betrieb besonders umweltrelevanter Industrieanlagen.

IPPC-Anlagen (vgl auch die Legaldefinition in § 71b Z 1) werden in der Anlage 3 zur GewO – überwiegend verbunden mit einem bestimmten Schwellenwert für die Anlagenkapazität bzw mit einer bestimmten Verfahrenstechnologie – aufgelistet und dabei entsprechend Anh 1 der IE-RL in folgende Kategorien von industriellen Tätigkeiten eingeteilt: Energiewirtschaft (zB Raffinerien), Herstellung und Verarbeitung von Metallen (zB Eisen- und Stahlerzeugung), Mineralverarbeitende Industrie (zB Ziegelbrennereien, Zement- und Kalkwerke, Glaserzeugung), Chemische Industrie (zB Herstellung von Polymeren, Biotreibstoffen oder Pflanzenschutzmitteln), Abfallbehandlung (zB Müllverbrennungsanlagen) sowie Sonstige Industriezweige (zB Zellstoffindustrie, Schlachthöfe). IPPC-Anlagen sind gem §§ 77a ff iVm § 353a und §§ 356a f jedenfalls in einem „Normalverfahren" zu prüfen, wobei bestimmte **materielle und verfahrensrechtliche Sonderregelungen** zur Anwendung kommen; iZm dem Stand der Technik* besteht ein wesentlicher Unterschied zu Normanlagen auch darin, dass BVT-Schlussfolgerungen für IPPC-Anlagen verbindlich sind (vgl unten X.4.b)). Den Inhaber einer IPPC-Anlage treffen zudem Meldepflichten hinsichtlich der von der Anlage ausgehenden Lärmemissionen iZm dem Bundes-LärmG (§ 84q).

d) Seveso-Anlagen

Seveso-Anlagen sind solche, die im Falle von Unfällen ein besonderes Risiko bergen (der Begriff geht zurück auf einen schweren Chemieunfall 1976 im italienischen Ort Seveso). Mit der GewONov BGBl I 81/2015 wurden die Bestimmungen der Seveso III-RL umgesetzt. Zur Verhütung bzw **Beherrschung der Gefahren bei schweren Unfällen mit gefährlichen Stoffen** werden in der Anlage 5 der GewO **Stofflisten** und **Mengenschwellen** genannt; für Betriebe, in denen aufgelistete Stoffe mindestens in der angegebenen Menge vorhanden sind, gelten besondere Sicherheitsanforderungen (Abschnitt 8a: §§ 84a ff). Die Errichtung und der Betrieb dieser Anlagen unterliegen aber dem Normalanlagen- bzw dem IPPC-Anlagen-Genehmigungsverfahren; die Bestimmungen für Seveso-Betriebe sind keine zusätzlichen Genehmigungsvoraussetzungen und begründen keine Parteistellung (vgl § 84a Abs 3). Der Betriebsinhaber einer Seveso-Anlage hat alle nach dem Stand der Technik* notwendigen Maßnahmen zu ergreifen, um schwere Unfälle zu verhüten und deren Folgen für Mensch und Umwelt zu begrenzen (§ 84c). Ihn treffen ua bestimmte Mitteilungs- und Informationspflichten (zB Mitteilung der konkreten Stoffe, Tätigkeiten etc); er hat darüber hinaus – je nach Einteilung in einen Betrieb der unteren oder oberen Klasse – ein Sicherheitskonzept bzw einen Sicherheitsbericht sowie interne Notfallpläne zu erstellen und erforderlichenfalls zu aktualisieren. All diese Verpflichtungen werden durch die

IUV 2015 näher konkretisiert (vgl § 84m). Zur Hintanhaltung von Domino-Effekten hat zwischen benachbarten Seveso-Betrieben ein zweckdienlicher Informationsaustausch stattzufinden. Die Behörde hat ein Inspektionssystem zu erstellen und eine Reihe von Melde- und Überprüfungsverpflichtungen (vgl §§ 84k f), so hat sie insb auch die für die Flächennutzung und -ausweisung erforderlichen Informationen an die zuständigen Behörden der örtlichen Raumplanung weiterzuleiten (→ *Raumordnungsrecht*). Die für die Berichtspflichten an die EK erforderlichen Informationen werden auf Grundlage der Meldungen der Behörden beim BMAW gebündelt (vgl § 84l); im Falle möglicher grenzüberschreitender Unfallfolgen wird die Bundeswarnzentrale beim BMI tätig (§ 84n). Bei Zweifeln über die Gefahrengeneigtheit einer Anlage iSd §§ 84a ff hat die BVB einen Feststellungsbescheid* zu erlassen (vgl § 358 Abs 1 iVm Abs 3).

e) Nicht genehmigungspflichtige Anlagen

Gem § 74 Abs 7 können durch Verordnung jene Arten von Betriebsanlagen bezeichnet werden, für die jedenfalls keine Genehmigung erforderlich ist, weil von ihnen **erwartet werden kann, dass die Schutzgüter des § 74 Abs 2 hinreichend geschützt** sind. Die (1.) GenehmigungsfreistellungsV nennt nur bestimmte Erdgasflächen- und Fernwärmeversorgungsleitungsnetze. Die 2. GenehmigungsfreistellungsV bezeichnet, sofern die in ihr festgelegten Betriebszeiten und sonstigen Einschränkungen eingehalten werden, folgende weitere Betriebsanlagen als genehmigungsfrei: Einzelhandelsbetriebe und bestimmte Lager mit einer Betriebsfläche bis zu 600 m², Bürobetriebe, Kosmetik-, Fußpflege-, Friseur-, Massage-, Bandagisten-, Schuhservice-, Fotografenbetriebe, Änderungsschneidereien und Schneidereien mit haushaltsähnlichen Nähmaschinen, Dentalstudios und bestimmte gewerbliche zahntechnische Labors, bestimmte Beherbergungsbetriebe, Eissalons, Betriebsanlagen zur ausschließlichen Übernahme von Textilien für Textilreiniger und Wäschebügler, bestimmte Rechenzentren, Betriebsanlagen innerhalb von rechtmäßig betriebenen Eisenbahnanlagen, Flugplätzen, Häfen und Krankenanstalten, Betriebsanlagen einzelner Gewerbetreibender mit einer Betriebsfläche bis zu 400 m² innerhalb einer generalgenehmigten Gesamtanlage iSd § 356e Abs 1.

Grundsätzlich nicht genehmigungspflichtig ist eine Betriebsanlage, von der überhaupt **keine abstrakten Gefährdungen, Belästigungen, Beeinträchtigungen oder nachteiligen Einwirkungen** ausgehen; außerdem gem § 76 die Verwendung von durch Verordnung oder Feststellungsbescheid* näher bezeichneten (**„typenzugelassenen"**) Maschinen, Geräten und Ausstattungen sowie die **Änderung einer genehmigten Betriebsanlage** nach Maßgabe des § 81 Abs 2. Zur bloßen Anzeigepflicht für **Gastgärten** gem § 76a vgl etwa VfSlg 19.584/2011 sowie VfSlg 19.875/2014.

3. Schutzgüter iSd § 74 Abs 2

Die in § 74 Abs 2 näher bezeichneten Schutzgüter umschreiben die Kriterien für die **Genehmigungspflicht** einer Betriebsanlage und sind Grundlage für deren **Genehmigungsfähigkeit** (vgl § 77). Für alle diese Schutzgüter gilt, dass die sie betreffende Gefährdung, Belästigung, Beeinträchtigung oder nachteilige Einwirkung **in kausalem Zusammenhang** mit der Errichtung oder dem Betrieb der Betriebsanlage stehen muss. Allerdings reicht für eine Genehmigungspflicht eine **abstrakte Gefahr** aus. Nur wenn die **Gefährdungen** iSd § 74 Abs 2 Z 1 **vermieden** und die **Belästigungen, Beeinträchtigungen oder nachteiligen Einwirkungen** iSd § 74 Abs 2 Z 2 bis 5 **auf ein zumutbares Maß beschränkt** werden können, ist die Betriebsanlage zu genehmigen; entscheidend dafür ist, dass der Nichteintritt dieser Auswirkungen – allenfalls unter Einhaltung vorgeschriebener **Auflagen*** – nach dem Stand der Technik* (§ 71a) und dem Stand der in Betracht kommenden Wissenschaften zu erwarten ist (§ 77 Abs 1). Bei der Beurteilung sind voraussehbare Störfälle mit zu berücksichtigen. Zu beachten ist in diesem Zusammenhang, dass nur physische Einwirkungen, nicht jedoch auch die von einer Betriebsanlage allenfalls ausgehenden sittlichen Gefährdungen oder Belästigungen, „psychologische Auswirkungen" oder „ästhetische Beeinträchtigungen" Gegenstand des Betriebsanlagengenehmigungsverfahrens sein können.

- Eine **Gefährdung des Lebens oder der Gesundheit des Gewerbetreibenden, seiner im Betrieb tätigen Familienangehörigen, der Nachbarn oder der Kunden** liegt idR bei einer Einwirkung auf den menschlichen Organismus vor, wenn diese in Art und Nachhaltigkeit über eine bloße Belästigung hinausgeht. Dabei ist allerdings zu berücksichtigen, dass Belästigungen uU erst bei einer Konzentration auftreten, bei denen schon massive Gesundheitsgefährdungen festgestellt werden können, oder auch vom Betroffenen nicht unmittelbar wahrnehmbare Immissionen* gesundheitsgefährdend sein können (zB geruchlose Gase). Die nach den Umständen des Einzelfalles **konkret voraussehbare Gefährdung muss absolut vermieden werden können**, eine Interessen- oder Zumutbarkeitsabwägung findet nicht statt. Bei der Prüfung der Gesundheitsgefährdung ist nicht vom gesunden, normal empfindenden Menschen auszugehen, sondern auch auf **konkret betroffene Kinder oder alte Menschen** Bedacht zu nehmen.
- Eine konkret zu befürchtende **Gefährdung des Eigentums oder sonstiger dinglicher Rechte des Nachbarn** verbietet die Genehmigung der Betriebsanlage. Dabei bereitet die Grenzziehung zwischen Sachgefährdung und bloßer Sachbeeinträchtigung Schwierigkeiten. Eine Eigentumsgefährdung ist aber nach stRsp des VwGH nicht nur dann gegeben, wenn die Substanz des Eigentums bedroht ist, sondern auch, wenn eine sinnvolle – nach der Verkehrsanschauung übliche – Nutzung bzw Verwertung der

Sache wesentlich beeinträchtigt wird oder überhaupt nicht mehr möglich ist. Bloße Minderungen des Verkehrswertes des Eigentums stellen keine Eigentumsgefährdung iSd § 74 Abs 2 Z 1 dar (§ 75 Abs 1).
- Eine **Belästigung der Nachbarn** durch Geruch, Lärm, Rauch, Staub, Erschütterungen oder in anderer Weise liegt bei einer Einwirkung auf den menschlichen Organismus unterhalb der Gesundheitsgefährdungsschwelle vor. Dabei gilt alles als Belästigung iSd § 74 Abs 2 Z 2, was geeignet ist, zu belästigen und die Sinnesorgane anzusprechen (demonstrative Aufzählung der Belästigungsarten; zB auch Lichtreflexion oder Beschattung möglich). Wenn nach dem Stand der Technik* und der in Betracht kommenden Wissenschaften zu erwarten ist, dass die Belästigungen der Nachbarn **auf ein zumutbares Maß beschränkt werden**, ist die Betriebsanlage zu genehmigen (Interessenabwägung zwischen Schutzbedürftigkeit und funktionierendem Wirtschaftsleben); die Zumutbarkeit ist danach zu beurteilen, wie sich die durch die Betriebsanlage verursachten Änderungen der örtlichen Verhältnisse auf ein gesundes, normal empfindendes Kind und auf einen gesunden, normal empfindenden Erwachsenen auswirken (Maßstab: „**Durchschnittsmensch**"; § 77 Abs 1 und 2). Der Entzug von Licht durch eine Windkraftanlage, der sich in einem rotierenden Schattenwurf und damit in Verbindung stehenden Flimmereffekten auswirkt, ist einer Immission* vergleichbar und kann unter § 364 ABGB fallen (OGH 20.01.2012, 8 Ob 95/11w). Die Emission* von **Luftschadstoffen** hat die Behörde **jedenfalls** nach dem Stand der Technik* zu begrenzen (§ 77 Abs 3), ein subjektives Nachbarrecht ist aus dieser Verpflichtung jedoch nicht abzuleiten (vgl zB VwGH 27.09.2000, 2000/04/0069).
- Eine **Beeinträchtigung** von **öffentlichen Interessen*** (zB Religionsausübung, Unterricht ua) dienenden Institutionen muss – gegebenenfalls durch Vorschreibung entsprechender Auflagen* – ebenso auf ein zumutbares Maß beschränkt werden wie eine **wesentliche Beeinträchtigung der Sicherheit, Leichtigkeit und Flüssigkeit des Straßenverkehrs** im engeren örtlichen Bereich einer Betriebsanlage; ist dies nicht möglich, so ist die Betriebsanlagengenehmigung zu versagen.
- **Nachteilige Einwirkungen auf die Gewässerbeschaffenheit** (vgl § 30 Abs 3 WRG) bilden nur dann den Gegenstand des Betriebsanlagengenehmigungsverfahrens, wenn dafür keine wasserrechtliche Bewilligung (→ *Wasserrecht*) erforderlich ist (Kumulationsprinzip*; vgl demgegenüber die Bestimmungen zum konzentrierten Genehmigungsverfahren* in § 356b Abs 1; s X.5.a); vgl etwa auch VwGH 05.04.2017, Ra 2015/04/0028).
- Die Genehmigungspflicht besteht auch dann, wenn die Gefährdungen, Belästigungen, Beeinträchtigungen oder nachteiligen Einwirkungen nicht durch den **Inhaber** der Anlage oder seine **Erfüllungsgehilfen**, sondern durch (**sonstige**) **Personen** in der Betriebsanlage bewirkt werden können, die die Anlage der Art des Betriebes gem in Anspruch nehmen (vgl § 74

Abs 3). Zu denken ist dabei etwa an den von Gästen verursachten Lärm beim Kegeln oder Lärm auf Parkplätzen, sofern diese zur Betriebsanlage gehören, selbst wenn der Parkplatz als „Straße mit öffentlichem Verkehr" iSd § 1 StVO (→ *Straßenpolizei- und Kraftfahrrecht*) zu qualifizieren ist (vgl etwa VwSlg 15.073 A/1999). Generell ist bei außerhalb einer Betriebsanlage stattfindenden, aber mit dieser uU in einem Zusammenhang stehenden Vorgängen eine Grenzziehung der **Zurechenbarkeit** erforderlich: Nach der VwGH-Rsp ist das bloße Vorbeifahren (ebenso wie das Anhalten, Halten oder Parken) von Betriebsfahrzeugen auf einer Straße mit öffentlichem Verkehr, auch wenn es sich um die einzige Zufahrtsstraße zur Betriebsanlage handelt, nicht mehr der Betriebsanlage zuzurechnen (vgl zur Abgrenzung zB VwGH 08.05.2013, 2011/04/0193, 16.03.2016, Ra 2016/04/0025, jeweils mwN).

4. Sonstige wichtige Begriffe des Betriebsanlagenrechts

a) Nachbarn

Nachbarn iSd GewO sind **alle Personen**, die durch die Errichtung, den Bestand oder den Betrieb einer Betriebsanlage **in ihrem Leben oder ihrer Gesundheit gefährdet oder sonst belästigt** oder deren **Eigentum oder sonstige dingliche Rechte gefährdet** werden können (§ 75 Abs 2 S 1). Nachbar ist daher grundsätzlich jeder, der sich über längere Zeit im Gefährdungs- und Belästigungsbereich einer Betriebsanlage aufhält. Auf eine unmittelbare Anrainerschaft kommt es nicht an, das maßgebliche Naheverhältnis wird durch den **möglichen Immissionsbereich** bestimmt. Nicht als Nachbarn gelten Personen, die sich bloß vorübergehend in der Nähe der Betriebsanlage aufhalten und nicht dinglich berechtigt sind (§ 75 Abs 2 S 2; zB Lieferanten oder Passanten). Das Leben und die Gesundheit der Kunden fällt in den Schutzbereich des § 74 Abs 2 Z 1, vermittelt diesen aber keine Nachbarstellung. Inhaber von Einrichtungen, in denen sich regelmäßig Personen vorübergehend aufhalten (zB Beherbergungsbetriebe), sowie Schulerhalter gelten wiederum – unabhängig von ihrer allfälligen eigenen Nachbarstellung – (eingeschränkt) als Nachbarn (§ 75 Abs 2 S 3). Schließlich gelten Bewohner grenznaher Grundstücke im Ausland als Nachbarn, wenn sie durch Auswirkungen einer Betriebsanlage gefährdet oder belästigt oder ihr Eigentum oder sonstige dingliche Rechte gefährdet werden könnten und im betreffenden Staat österr Nachbarn in den entsprechenden Verfahren rechtlich oder doch tatsächlich den gleichen Nachbarschaftsschutz genießen (§ 75 Abs 3; „Reziprozität").

b) Stand der Technik

Nach § 71a ist unter dem Stand der Technik* (**beste verfügbare Techniken – BVT**) der auf den einschlägigen wissenschaftlichen Erkenntnissen beruhende

Entwicklungsstand fortschrittlicher Verfahren, Einrichtungen, Bau- oder Betriebsweisen zu verstehen, deren **Funktionstüchtigkeit erprobt und erwiesen** ist. Dabei sind vergleichbare Verfahren, Einrichtungen oder Bau- und Betriebsweisen heranzuziehen, welche am wirksamsten zur Erreichung eines allgemein hohen Umweltschutzniveaus sind. Weiters sind unter Beachtung der **Verhältnismäßigkeit** (zwischen dem Aufwand für die den jeweiligen gewerblichen Sektor betreffenden erforderlichen Maßnahmen einerseits und dem dadurch bewirkten Nutzen für die jeweils zu schützenden Interessen andererseits) sowie des **Vorsorge-** und des **Vorbeugegrundsatzes** im Allgemeinen wie auch im Einzelfall die Kriterien von Anlage 6 zur GewO zu berücksichtigen.

Der Stand der Technik spielt insb für die **Genehmigungsfähigkeit** von Betriebsanlagen eine große Rolle (vgl die entsprechenden Kriterien in den §§ 77 bis 77b; zu den „Umwelt-SanierungsV" vgl unten X.6.d)). Mit der GewONov BGBl I 125/2013 wurde in § 71a der Klammerausdruck „(beste verfügbare Techniken – BVT)" eingefügt, um zu verdeutlichen, dass dieser Begriff mit jenem des Standes der Technik ident ist. Die BVT (engl „Best Available Techniques" – BAT) nehmen in der IE-RL (wie auch bereits zuvor in der IPPC-RL) eine zentrale Position ein; die Grundlagen dafür liefern in erster Linie die vom Europäischen IPPC-Büro in Sevilla branchenspezifisch festgelegten umfangreichen **BVT-Merkblätter** (vgl § 71b Z 2; engl „Best Available Techniques Reference Documents" – BREF). Daraus werden wiederum die **BVT-Schlussfolgerungen** (vgl § 71b Z 3) abgeleitet, welche zusammengefasst die BVT sowie damit **assoziierte BVT-Emissionswerte** (vgl § 71b Z 4) enthalten. Die BVT-Schlussfolgerungen werden im ABl der EU veröffentlicht und sind als Referenzdokumente für die Genehmigung, wesentliche Änderung und Anpassung von **IPPC-Anlagen** anzuwenden (§ 71c); sie sind somit für IPPC-Anlagen rechtsverbindlich (vgl aber auch § 77a Abs 3 ff sowie § 77b Abs 3 f). Für Normalanlagen stellen die BVT-Schlussfolgerungen „lediglich" fachliche Grundlagen wie auch andere technische Regelwerke (zB RL des Vereins deutscher Ingenieure) dar. Für IPPC-Anlagen hat die Behörde außerdem über den Stand der Technik iSd § 71a hinausgehende bestimmte und geeignete Auflagen* vorzuschreiben, wenn und soweit dies zur Verhinderung der Überschreitung von EU-weit festgelegten Immissionsgrenzwerten erforderlich ist (§ 77a Abs 6).

c) Auflagen

Die Betriebsanlagenbewilligungsvoraussetzungen (§§ 77 ff) können idR nur durch Vorschreibung zusätzlicher Auflagen* erreicht werden. **Zweck der Auflage** ist somit die **Herstellung der Genehmigungsfähigkeit** eines Projektes. Die von einer Betriebsanlage **ausgehenden Emissionen* und auf die Schutzgüter einwirkenden Immissionen* sind grundsätzlich zu messen** (und nicht bloß zu schätzen oder zu berechnen); die Auswirkungen der Immissionen sind immer unter Zugrundelegung jener Situation zu beurteilen, in der diese **für den Nachbarn am ungünstigsten (belastendsten) ist** (VwSlg 14.507 A/1996; VwGH 10.06.2021, Ra 2021/04/0072). Daher wird bspw der Lärm aus einer Bar idR nicht am Nachmittag, sondern am Abend zu messen sein (vgl zu Lärmmessungen iZm einem Gastgartenbetrieb etwa VwGH 29.01.2018, Ra 2017/04/0026 mwN).

Auflagen müssen so klar gefasst sein, dass sie den Verpflichteten jederzeit die Grenzen seines Verhaltens und damit die Einhaltung der Auflagen zweifelsfrei erkennen lassen (VwGH 25.02.1993, 92/04/0164). Sie dürfen allerdings nicht an Dritte gerichtet sein (zB an den Eigentümer des Nachbargrundstücks; vgl VwGH 12.12.2001, 2000/04/0178).

Auflagen müssen folgenden Erfordernissen entsprechen:

- **Bestimmtheit**: Eine Auflage muss konkrete Ge- oder Verbote enthalten, also bspw vorschreiben, dass die Fenster und Türen einer Werkstatt während des Betriebes geschlossen zu halten sind. Unzureichend wäre es, wenn bloß die „Ergreifung ausreichender Maßnahmen" aufgetragen wird.
- **Geeignetheit**: Die Auflage muss zur Wahrung der von Amts wegen wahrzunehmenden Schutzpflichten tauglich und erfüllbar sein.
- **Erforderlichkeit**: Durch die Auflagenerfüllung ist die Vermeidung der Auswirkungen iSd § 74 Abs 2 iVm §§ 77 ff gewährleistet; alternative Auflagen können vorgeschrieben werden, wenn sichergestellt ist, dass jede Alternative zum gleichen, mit der vorgeschriebenen Maßnahme angestrebten Ergebnis führt (VwSlg 11.752 A/1985). Bei mehreren Möglichkeiten der Zielerreichung hat die Behörde dem Bewilligungswerber die ihn weniger belastende Auflage vorzuschreiben (VwGH 02.07.1992, 92/04/0064). Auf die Vorschreibung von strengeren als zum Schutz unbedingt erforderlichen Maßnahmen besteht (zB seitens von Nachbarn) kein Anspruch.
- **Behördliche Erzwingbarkeit**: Auflagen müssen so gestaltet sein, dass sie von der Behörde jederzeit überprüft und ihre Durchsetzung erzwungen werden können.

Beispiele aus der VwGH-Rsp: Unzulässig ist die Auflage „es ist anzustreben, dass die mit A-bewerteten Schallpegel nicht überschritten werden" (24.01.1989, 88/04/0152). Begriffe wie „unnötiges Laufenlassen von Motoren" und „ähnliche unnötige Emissionen" entsprechen nicht den Anforderungskriterien von Auflagen (06.05.1986, 85/04/0185); ebenso wenig die Anordnung, „bei längerer Trockenheit" eine Sprenkleranlage in Betrieb zu nehmen (27.01.2006, 2003/04/0130). Auflagen, wie „die Betriebsanlage so zu betreiben, dass die Nachbarschaft nicht durch Lärm belästigt bzw eine Belästigung vermieden wird", entsprechen nicht den gesetzlichen Bestimmungen (18.06.1982, 79/04/3321). Nicht ausreichend ist die bloße Festlegung eines Immissionsgrenzwertes, ohne dass bestimmte Maßnahmen festgelegt werden, bei deren Einhaltung die Wahrung dieses Grenzwertes zu erwarten ist (21.12.1993, 91/04/0209). Die Auflage „Sämtliche Fenster und Tore der Werkstatt haben ein mittleres Schalldämmmaß von mindestens 25 dB aufzuweisen und sind während des Betriebes der Betriebsanlage geschlossen zu halten. Ausgenommen hievon ist lediglich das kurzfristige Öffnen der Tore zu Zwecken der Ein- und Ausfahrt; während solcher Zeiträume dürfen keine Maschinen oder Geräte verwendet werden." ist ausreichend bestimmt (22.12.1992, 92/04/0121).

Eine Auflage gem § 77 Abs 1 kann somit grundsätzlich jede der Vermeidung von Gefährdungen bzw Beschränkung von Immissionen* iSd § 74 Abs 2 dienende und zu ihrer Erfüllung geeignete und behördlich erzwingbare Maßnahme des Inhabers der Betriebsanlage zum Gegenstand haben. Die Auflagenvorschreibung darf nicht dazu führen, dass die Gewerbeausübung unmöglich gemacht oder auch nur wesentlich beeinträchtigt wird, weswegen von mehreren möglichen gleichwertigen Maßnahmen auch nur jene vorgeschrieben werden darf, welche den Betriebsinhaber am wenigsten belastet. Das eingereichte Projekt darf durch Auflagen nur insoweit „modifiziert" werden, als dieses dadurch nicht in seinem **„Wesen"** berührt wird. Kann ohne die Vorschreibung „wesensverändernder" Auflagen (zB Betriebszeiten nur zwischen Mai und Oktober anstelle des beantragten ganzjährigen Betriebes oder Einschränkung der Betriebszeiten, sodass ein Zweischichtbetrieb nicht mehr möglich ist) die Genehmigungsfähigkeit nicht erreicht werden, so ist die Genehmigung zu versagen. Emissionen* von Luftschadstoffen sind jedenfalls nach dem Stand der Technik* zu begrenzen (§ 77 Abs 3), in Bezug auf Abfälle gilt das Prinzip der Vermeidung bzw Verwertung vor Entsorgung (§ 77 Abs 4).

Die Auflagen haben erforderlichenfalls auch Maßnahmen für den Fall der Unterbrechung des Betriebes und der Auflassung der Anlage zu umfassen (§ 77 Abs 1 S 2). Auch diese Auflagen sind nur zur Wahrung der normierten Schutzinteressen zulässig.

Für **IPPC-Anlagen** gelten über § 77 hinausgehende Genehmigungsvoraussetzungen, die wiederum insb mittels Auflagen sicherzustellen sind (vgl §§ 77a f). Der in der IE-RL iZm IPPC-Anlagen verwendete Begriff der Genehmigungsauflagen geht über Auflagen iSd gewerblichen Betriebsanlagenrechts weit hinaus; er bezeichnet vielmehr den gesamten konsensgemäßen Zustand (**Genehmigungskonsens**; s § 71b Z 9; vgl auch AB 2393 BlgNR XXIV. GP, 4).

Erforderliche Auflagen sind **im Genehmigungsbescheid anzuführen** (§ 359 Abs 1). Der im Genehmigungsbescheid enthaltene Abspruch über die Genehmigung und jener über die erteilten Auflagen bilden eine notwendige **Einheit**, die keiner getrennten selbstständigen Rechtskraft* fähig sind, sondern nur gemeinsam angefochten werden können. Die Nichteinhaltung von Auflagen ist eine Verwaltungsübertretung (§ 367 Z 25; fortgesetztes Delikt*); zur Möglichkeit der Erteilung nachträglicher Auflagen s unten 6.b).

Unterlässt es die Gewerbebehörde schuldhaft rechtswidrig, für die Herstellung des gesetzmäßigen Gewerbebetriebes durch Erteilung der erforderlichen Auflagen zu sorgen, kann dies Amtshaftung* begründen (vgl zB OGH 29.01.2002, 1 Ob 168/01i).

5. Betriebsanlagengenehmigungsverfahren

a) Verfahren

Das Betriebsanlagengenehmigungsverfahren (§§ 353 ff) wird nur auf **Antrag** durchgeführt (**antragsbedürftiger Verwaltungsakt**). Dem Ansuchen sind bestimmte Unterlagen beizuschließen (vgl § 353, für IPPC-Anlagen zusätzlich auch § 353a). Spätestens gleichzeitig mit dem Genehmigungsantrag kann der Betriebsanlageninhaber für bestimmte Fachgebiete die Bestellung von **nichtamtlichen Sachverständigen** unwiderruflich beantragen (vgl § 353b).

Wird eine **mündliche Verhandlung** (§ 356) anberaumt, so hat die Genehmigungsbehörde (BVB) Gegenstand, Zeit und Ort der mündlichen Verhandlung sowie die Voraussetzungen zur Aufrechterhaltung der Parteistellung gem § 42 AVG (Stichwort Präklusion*; s unten b)) folgendermaßen bekannt zu geben:
1. durch Kundmachung an der Amtstafel der Gemeinde (§ 41 Abs 1 AVG),
2. Verlautbarung auf der Internetseite der Behörde,
3. Anschlag auf dem Betriebsgrundstück und
4. Anschlag in den der Anlage unmittelbar benachbarten Häusern.

Statt durch Anschlag iSv 3. und 4. kann die Bekanntgabe aus Gründen der Zweckmäßigkeit, Raschheit und Einfachheit durch persönliche Verständigung erfolgen (§ 356 Abs 1).

Im Falle einer **IPPC-Anlage** ist darüber hinaus der Genehmigungsantrag in einer in der betroffenen Gemeinde verbreiteten periodisch erscheinenden Zeitung und im Internet bekannt zu machen (**erweiterte Kundmachungsvorschriften**) und besteht eine **Auflagepflicht** der relevanten Unterlagen für mindestens sechs Wochen mit einem Stellungnahmerecht für jedermann (**Öffentlichkeitsbeteiligung**; vgl § 356a).

Bei Durchführung einer mündlichen Verhandlung, die auch bei IPPC-Anlagen im Ermessen der Behörde liegt, ist zusätzlich nach § 356 Abs 1 vorzugehen. Die Beteiligung der Öffentlichkeit hat unabhängig davon zu erfolgen, ob eine mündliche Verhandlung anberaumt wird, und unabhängig davon, ob die Behörde die Bestimmungen über Großverfahren (§§ 42a AVG ff) anwendet.

§ 356b sieht vor, dass in allen gewerberechtlichen Genehmigungsverfahren von Betriebsanlagen, zu deren Errichtung, Betrieb oder Änderung auch nach anderen Verwaltungsvorschriften des Bundes eine Genehmigung (Bewilligung) zum Schutz vor Auswirkungen der Anlage oder zum Schutz des Erscheinungsbildes der Anlage oder eine Rodungsbewilligung (→ *Forstrecht*) erforderlich ist, gesonderte Genehmigungen bzw Bewilligungen nach diesen anderen Bundesrechtsvorschriften entfallen, deren materiellrechtliche Regelungen bei der Erteilung der gewerberechtlichen Genehmigung aber anzuwenden sind; die gewerberechtliche Betriebsanlagengenehmigung gilt demnach auch **als die jeweils erforderliche** forstrechtliche (s auch § 356b Abs 5 iVm § 50 ForstG), denkmalschutzrechtliche etc **Genehmigung** (konzentriertes Genehmigungsverfahren*, „**Verfahrenskonzentration**", One-stop-shop-Prinzip für Bundesmaterien; dies gilt jedoch nicht für UVP-pflichtige Anlagen [→ *Umweltverträglichkeitsprüfung*] und für Anlagen gem § 37 AWG 2002). Dem Verfahren sind entsprechende Sachverständige beizuziehen. Die Mitanwendung des WRG ist auf sieben taxativ genannte Bewilligungstatbestände beschränkt; die Gewerbebehörde ist in diesen Fällen aber auch zur Erlassung wasserpolizeilicher Aufträge befugt (VwSlg 17.288 A/2007). Das wasserwirtschaftliche Planungsorgan hat in allen Verfahren, in denen wasserwirtschaftliche Interessen berührt werden, Parteistellung, Beschwerde- und Revisionsrecht; zudem sind näher genannte wasserrechtliche Regelungen, wie etwa die persönliche Ladung von Parteien, mitanzuwenden (→ *Wasserrecht*). Für erforderliche landesrechtliche Bewilligungen gilt das Kumulationsprinzip*.

Bestimmte Vorhaben, bei denen aufgrund ihrer Art, ihrer Größe oder ihres Standortes mit erheblichen Auswirkungen auf die Umwelt zu rechnen ist, sind einer **UVP** in einem vollkonzentrierten Genehmigungsverfahren* (→ *Umweltverträglichkeitsprüfung*) zu unterziehen.

Bei einer Betriebsanlage, die verschiedenen Gewerbetreibenden dienen soll (Gesamtanlage; zB ein Einkaufszentrum), besteht gem § 356e die Möglichkeit, lediglich um eine **Generalgenehmigung** (für die allen dienenden Anlagenteile, zB Rolltreppen, Brandmeldeeinrichtungen etc) anzusuchen. Die Anlage eines Gewerbebetriebes innerhalb der Gesamtanlage bedarf dann einer – auf Grundlage der Generalgenehmigung ergehenden – **Spezialgenehmigung**, sofern sie geeignet ist, die Schutzinteressen des § 74 Abs 2 zu berühren (§ 356e).

Mit der GewONov BGBl I 96/2017 unterwirft § 359b Abs 1 Z 4 Spezialgenehmigungen iSd § 356e pauschal dem vereinfachten Genehmigungsverfahren.

§ 359a Abs 1 normiert eine gegenüber § 73 Abs 1 AVG **verkürzte Entscheidungsfrist** der Behörde im gewerblichen Betriebsanlagenverfahren von **vier Monaten** (seit 2017 gibt es aufgrund einer Übereinkunft von BMAW, den Bundesländern und den Statutarstädten ein bundesweites Verfahrensdauermonitoring; die Ergebnisse werden auf der Homepage des BMAW veröffentlicht). Ebenso haben die LVwG über Beschwerden binnen vier Monaten zu entscheiden (§ 359a Abs 2).

Das **vereinfachte Genehmigungsverfahren nach § 359b** für Bagatellanlagen (s oben X.2.b)) unterscheidet sich vom Normalverfahren gem § 356 Abs 1 va durch den Wegfall der vollen Parteistellung der Nachbarn: Diese können nicht den Schutz ihrer Interessen nach § 74 Abs 2 geltend machen, haben aber **Parteistellung** hinsichtlich der Frage, ob die Voraussetzungen für ein vereinfachtes Verfahren vorliegen. Um den Nachbarn die Möglichkeit zur Wahrnehmung ihres **Anhörungsrechts** zu geben, hat die Behörde die

Projektunterlagen bis zu drei Wochen lang zur Einsicht aufzulegen und diesen Umstand nach Maßgabe des § 356 Abs 1 zu veröffentlichen. Wird während der Auflagefrist nicht eingewendet, dass die Voraussetzungen für die Durchführung eines vereinfachten Verfahrens nicht vorliegen, endet damit die (auf diese Frage beschränkte) Parteistellung von Nachbarn (§ 359b Abs 2). Die Genehmigungsbehörde hat nach Fristablauf unter Bedachtnahme auf die eingelangten Äußerungen von Nachbarn und, wenn nach dem Stand der Technik und dem Stand der medizinischen und sonstigen Wissenschaften zu erwarten ist, dass überhaupt oder bei Einhaltung der erforderlichenfalls vorzuschreibenden bestimmten geeigneten Auflagen die nach den Umständen des Einzelfalles voraussehbaren Gefährdungen iSd § 74 Abs 2 Z 1 vermieden und Belästigungen, Beeinträchtigungen oder nachteilige Einwirkungen iSd § 74 Abs 2 Z 2–5 auf ein zumutbares Maß beschränkt werden, die die Anwendung des vereinfachten Verfahrens begründende Anlagenbeschaffenheit festzustellen und erforderlichenfalls „Aufträge" (Auflagen*) zum Schutz der gem § 74 Abs 2 und § 77 Abs 3 und 4 wahrzunehmenden Interessen zu erteilen (§ 359b Abs 3). Dieser (konstitutiv wirkende) Bescheid über die Beschaffenheit der Anlage gilt gleichzeitig als Genehmigungsbescheid für die Anlage. Die **Entscheidungsfrist** im vereinfachten Genehmigungsverfahren ist für BVB und LVwG jeweils auf **zwei Monate** ab Einlangen des (vollständigen) Genehmigungsantrages bzw der Beschwerde verkürzt (§ 359b Abs 4).

Nach der bisherigen OGH-Rsp ist eine nach dem Bagatellanlagenverfahren genehmigte Anlage keine „behördlich genehmigte Anlage" iSd § 364a ABGB. Daher wäre eine Unterlassungsklage (§ 364 ABGB) gegen ortsunübliche Immissionen zulässig. Eine generelle Rücksichtnahme auf schutzwürdige Interessen der Nachbarn iZm „gemeinwichtigen Anlagen" genügt hingegen für die Sperrwirkung gem § 364a ABGB (vgl OGH 29.11.2017, 1 Ob 194/17m).

§ 359b wurde durch die GewONov BGBl I 96/2017 neu gefasst. Die Unbedenklichkeitsprognose nach Abs 3 ist seither getrennt von der „Wahl" (vgl RV 1475 BlgNR 25. GP, 14) der Verfahrensart gem Abs 1 und 2 zu sehen. Sie wurde von einer prozessualen Zulässigkeitsfrage (ob überhaupt ein vereinfachtes Genehmigungsverfahren einzuleiten ist) zum entscheidenden materiellen Kriterium im Ermittlungsverfahren gemacht.

b) Nachbarn und Parteistellung

Nachbarn (§ 75 Abs 2 und 3; s X.4.a)) haben **zunächst ab Einleitung des Verfahrens Parteistellung**. Wurde eine allfällige mündliche Verhandlung in einem Normalverfahren seitens der Behörde nach Maßgabe des § 356 Abs 1 GewO iVm § 41 Abs 1 S 2 AVG bekannt gegeben, müssen die Nachbarn zur **Aufrechterhaltung ihrer Parteistellung fristgerecht** (dh spätestens während der mündlichen Verhandlung) **rechtserhebliche** (dh iSd § 74 Abs 2 Z 1 oder 2) **Einwendungen*** vorbringen (Stichwort Präklusion* iSd § 42 Abs 1 AVG). Nach § 356c ist bei mehr als 20 im Wesentlichen gleichgerichteten Einwendungen von verschiedenen Personen ein **Zustellbevollmächtigter** zu bestellen.

Eine von konkreten Auswirkungen unabhängige Äußerung, dass Umweltbelastungen zu befürchten seien, ist keine rechtserhebliche Einwendung (VwGH 21.09.1993, 93/04/0017), weil diese auf die Wahrung der im Interesse der Nachbarn erlassenen Schutznormen beschränkt sind (**Prinzip der eingeschränkten Parteistellung im subjektiv-öffentlichen Nachbarrecht**). Eine Einwendung liegt nur dann vor, wenn der Beteiligte die Verletzung eines subjektiven Rechtes geltend macht: Dem Vorbringen muss jedenfalls entnommen werden können, dass überhaupt eine Verletzung eines subjektiven Rechtes behauptet wird und welcher Art dieses Recht ist, es **muss also auf einen oder mehrere der im § 74 Abs 2 Z 1 oder 2 vorgeschriebenen Alternativtatbestände abgestellt werden**; die Schutzinteressen in § 74 Abs 2 Z 3, 4 und 5 sind von der Behörde von Amts wegen wahrzunehmen; generell liegt die Wahrnehmung öffentlicher Interessen bei der Gewerbebehörde, den Nachbarn kommt hier weder das Recht der Mängelrüge noch ein sonstiges Mitspracherecht zu (vgl VwGH 26.09.2017, Ra 2015/04/0011 mwN). Juristische Personen können keine Parteistellung wegen Gefährdung oder Belästigung iSd § 75 Abs 2 erster Teilsatz erlangen, weil bei ihnen eine persönliche Gefährdung durch Lärm, Geruch, Gas oÄ schon begrifflich nicht in Frage kommt. Eine Gefährdung des Eigentums oder sonstiger dinglicher Rechte können hingegen auch juristische Personen geltend machen. Das Erheben von Einwendungen für Dritte verhindert nicht, dass diese die Parteistellung verlieren.

Ob ein Vorbringen eine geeignete Einwendung* darstellt, ist nicht nur nach dem Wortlaut der Erklärung des Nachbarn zu beurteilen, sondern auch nach ihrem Sinn.

Im Falle der nicht rechtzeitig erhobenen Einwendungen treten die Rechtsfolgen der **Präklusion*** iSd § 42 Abs 1 AVG ein: Der Nachbar verliert seine Parteistellung mit allen damit verbundenen Rechten (s aber unten X.5.c) iZm IPPC-Anlagen). Die in § 356 Abs 1 Z 2 bis 4 normierten Kundmachungsformen (Internetverlautbarung, Anschlag am Betriebsgrundstück und in den benachbarten Häusern) stellen eine „besondere Kundmachung" iSd § 42 Abs 1 AVG dar, während der Anschlag an der Amtstafel gem § 356 Abs 1 Z 1 GewO bereits in § 41 Abs 1 S 2 als allgemeine Kundmachungsform vorgesehen ist (doppelte Kundmachung).

Ist eine Kundmachung der mündlichen Verhandlung nicht gem § 42 Abs 1 AVG (also nicht entsprechend § 356 Abs 1 iVm § 41 Abs 1 S 2 AVG) erfolgt, so treten die Präklusionsfolgen nur gegenüber jenen Beteiligten ein, die rechtzeitig eine Verständigung von der Anberaumung der mündlichen Verhandlung erhalten und dennoch keine zulässigen Einwendungen fristgerecht erhoben haben (§ 42 Abs 2 AVG).

Verständigt die Behörde aus Gründen der Zweckmäßigkeit, Raschheit und Einfachheit statt Anschlag (§ 356 Abs 1 Z 3 und 4) ihr bekannte Beteiligte von der mündlichen Verhandlung persönlich (§ 356 Abs 1 letzter S), so stellt dies eine Kundmachung iSd § 41 Abs 1 S 1 AVG dar. Die doppelte

Kundmachung mit den Präklusionsfolgen gem § 42 Abs 1 AVG ergibt sich aber auch in diesem Fall durch die Pflicht der Behörde, zusätzlich zur persönlichen Verständigung (statt Anschlag) die Verhandlungsanberaumung durch Kundmachung an der Amtstafel der Gemeinde (§ 356 Abs 1 Z 1; als „allgemeine Form" der Kundmachung iSd § 41 Abs 1 S 2 AVG) und durch Verlautbarung auf der Internetseite der Behörde (§ 356 Abs 1 Z 2; als „besondere Form" der Kundmachung iSd § 42 Abs 1 AVG) bekannt zu geben.

Sind voraussichtlich mehr als 100 Personen beteiligt, kann die Behörde das Verfahren als **Großverfahren** führen; diesfalls sind die §§ 44a bis 44g AVG zu berücksichtigen (**Kundmachung per Edikt** mit mindestens sechswöchiger Frist zur Erhebung von **Einwendungen***). Im Großverfahren verliert eine Person ihre Stellung als Partei dann, wenn sie nicht fristgerecht, dh nicht innerhalb der mindestens sechswöchigen Einwendungs- und Auflagefrist, schriftlich Einwendungen erhebt (§ 44b).

Weist eine grundsätzlich präkludierte Partei der Behörde nach, dass sie ohne ihr Verschulden oder nur aus einem minderen Grad des Versehens daran **gehindert war, rechtzeitig Einwendungen zu erheben** und sie deshalb die **Parteistellung verloren** hat, so kann sie ihre Einwendungen gegen die Anlage binnen zwei Wochen nach Wegfall des Hindernisses, spätestens jedoch bis zur rechtskräftigen Entscheidung vorbringen (§ 42 Abs 3 AVG; „**Quasi-Wiedereinsetzung**"*). Die (nachträglich erhobenen) Einwendungen gelten als rechtzeitig und sind von der Behörde zu berücksichtigen.

Neben dem Genehmigungsverfahren kommt Nachbarn auch in **weiteren Anlagenverfahren** nach Maßgabe des § 356 Abs 3 f Parteistellung zu.

Bei **privatrechtlichen Einwendungen** des Nachbarn hat der Verhandlungsleiter zunächst auf eine Einigung hinzuwirken und eine solche im Verhandlungsprotokoll zu beurkunden; im Übrigen ist der Nachbar mit solchen Vorbringen auf den Zivilrechtsweg zu verweisen (§ 357).

c) Besonderheiten der Parteistellung bei IPPC-Anlagen

Das im Falle von IPPC-Anlagen während der mindestens sechswöchigen Auflage der Einreichunterlagen bestehende **Stellungnahmerecht für jedermann** (vgl § 356a Abs 2 Z 1) steht jeder Person unabhängig davon zu, ob sie von der Anlage betroffen ist oder nicht, begründet aber keine über die gesetzlich normierten Parteien hinausgehenden Parteistellungen. Zu beachten ist jedoch, dass **Umweltorganisationen** iSd § 356b Abs 7 **Parteistellung** in IPPC-Verfahren erlangen, wenn sie während dieses Auflagezeitraumes schriftlich Einwendungen erheben.

Die **Genehmigung** von IPPC-Anlagen ist ebenso für mindestens sechs Wochen zur Einsicht aufzulegen, der Inhalt der Entscheidung der Öffentlichkeit jedenfalls auch im Internet zugänglich zu machen. Die Auflage der Entscheidung ist von der Behörde in einer in der betroffenen Gemeinde verbreiteten periodisch erscheinenden Zeitung und im Internet bekannt zu geben; die Behörde hat dabei auch Angaben über das Verfahren zur **Öffentlichkeitsbeteiligung** zu tätigen (§ 77a Abs 7). Zwei Wochen nach dieser Bekanntgabe gilt der IPPC-Genehmigungsbescheid auch gegenüber jenen Personen zugestellt, die sich am Verfahren nicht oder nicht rechtzeitig (§ 42 AVG; Präklusion) beteiligt und deshalb keine Parteistellung (mehr) haben (**Zustellfiktion**). Ab dem Tag der Kundmachung im Internet ist Personen, die ein Beschwerderecht glaubhaft machen, Akteneinsicht zu gewähren (§ 77a Abs 8). In einer gegen eine IPPC-Genehmigung erhobenen **Beschwerde** erstmals vorgebrachte Einwendungen oder Gründe sind nur dann zulässig, wenn zugleich begründet wird, warum diese nicht bereits während der Einwendungsfrist im Genehmigungsverfahren vorgebracht werden konnten, und der Beschwerdeführer glaubhaft macht, dass ihn am Unterbleiben kein Verschulden oder nur ein minderer Grad des Versehens trifft. Gelingt dies dem Beschwerdeführer zur Gänze nicht, ist die Beschwerde als unzulässig zurückzuweisen, gelingt es ihm nur tw nicht, ist die Beschwerde in diesen Punkten nicht zu behandeln (§ 77a Abs 9).

Die durch die GewONov BGBl I 96/2017 erfolgten Neuerungen des § 77a Abs 7–9 sind va Folge der **EuGH-Rsp** betreffend den **Zugang zu Gerichten** in UVP- und IPPC-Angelegenheiten (vgl EuGH 15.10.2015, C-137/14 [Kommission/Deutschland]). Bei IPPC-Anlagen kann eine im Verwaltungsverfahren verloren gegangene Parteistellung im gerichtlichen Überprüfungsverfahren wieder aufleben. Aus Gründen der Rechtssicherheit hat der Gesetzgeber eine Zustellfiktion normiert, die es ermöglicht, dass Beschwerdefristen aufrecht bleiben. Die erforderliche Durchbrechung des Neuerungsverbotes wird durch eine Begründungspflicht abgemildert. Betroffen sind nicht nur Genehmigungsverfahren, sondern alle IPPC-Verfahren, die einer **Öffentlichkeitsbeteiligung** iSd IE-RL unterliegen (s insb auch § 356d).

d) Sonstige wichtige Fragen des Betriebsanlagengenehmigungsverfahrens

Bestehen **Zweifel an der Genehmigungspflicht**, so hat die **BVB** auf Antrag durch Bescheid festzustellen, ob die Errichtung und der Betrieb der Anlage einer Genehmigung bedürfen (§ 358).

Bei voraussichtlich längerer Verfahrensdauer oder wenn zur Ausarbeitung des Projektes Vorarbeiten erforderlich sind oder wenn das Vorliegen des Ergebnisses bestimmter Vorarbeiten für die Entscheidung der Behörde von wesentlicher Bedeutung ist, kann sie mit Bescheid noch **vor der Erteilung der Betriebsanlagengenehmigung** die Durchführung der erforderlichen Arbeiten (zB **Versuchsbetrieb**) genehmigen. Gegen diese Genehmigung ist ein abgesondertes Rechtsmittel nicht zulässig (§ 354).

Vor Eintritt der (formellen) **Rechtskraft*** des Genehmigungsbescheides darf eine Betriebsanlage bereits errichtet und betrieben werden, wenn die mit dem Genehmigungsbescheid erteilten **Auflagen*** eingehalten werden; dieses Recht endet mit der Erlassung eines allfälligen Beschwerdeerkenntnisses, spätestens jedoch drei Jahre nach Zustellung des Genehmigungsbescheides an den Genehmigungswerber, und kann zur Hintanhaltung von Gefährdungen des Lebens oder der Gesundheit auch ausgeschlossen werden (§ 78 Abs 1; s auch VfSlg 16.460/2002; VwGH 18.08.2017, Ro 2017/04/0006, Ro 2017/04/0013).

Wird ein Genehmigungsbescheid vom VwGH aufgehoben, so darf der Genehmigungswerber die betreffende Anlage entsprechend dem aufgehobenen Genehmigungsbescheid bis zur Rechtskraft* des Ersatzbescheides, längstens jedoch ein Jahr, weiter betreiben, sofern nicht der VwGH der dem Verfahren zugrunde liegenden Revision aufschiebende Wirkung zuerkannt hatte (§ 359c; **„Weiterbetriebsrecht"**).

Auf Antrag eines in das **EMAS-Register** eingetragenen Betriebes kann gem § 22 UMG von der Behörde für Anlagen bzw Anlagenteile ein **„konsolidierter Genehmigungsbescheid"** ausgestellt werden; in diesem werden zahlreiche für den Standort geltende bundesrechtliche Genehmigungen (zB WRG, ForstG, MinroG etc) zusammengefasst. Mit Rechtskraft des konsolidierten Genehmigungsbescheides der BVB treten die davon erfassten früheren Genehmigungsbescheide nach den einschlägigen Materiengesetzen außer Kraft.

6. Genehmigte Betriebsanlagen – Folgeverfahren

a) Dingliche Wirkung des Genehmigungsbescheides

Der Genehmigungsbescheid hat für den Inhaber der Betriebsanlage dingliche Wirkung*, durch einen Wechsel in der Person des Anlageninhabers wird die Wirksamkeit der Genehmigung nicht berührt (§ 80 Abs 5).

b) Nachträgliche Auflagen

Zur Wahrung der Schutzinteressen des § 74 Abs 2 muss die Behörde auch nach Rechtskraft* des Genehmigungsbescheides **nachträglich andere oder zusätzliche Auflagen*** erteilen, wenn sich ergibt, dass die vorgeschriebenen Auflagen trotz ihrer Einhaltung zur Erreichung des erforderlichen Schutzes nicht ausreichen (§ 79 Abs 1 S 1; Durchbrechung der materiellen Rechtskraft; allerdings schließt nach der OGH-Rsp selbst bescheidmäßiges Verhalten des Betriebsanlageninhabers **zivilrechtliche Ansprüche** nicht gänzlich aus). Die Behörde kann festlegen, dass die zum Schutz der Interessen gem § 74 Abs 2 erforderlichen nachträglichen Auflagen erst zu einem späteren Zeitpunkt (spätestens in drei bzw fünf Jahren) eingehalten werden müssen, wenn eine frühere Auflagenbefolgung dem Betriebsanlageninhaber wirtschaftlich nicht zumutbar ist und die Schutzinteressen gewahrt bleiben. Die Behörde hat nachträgliche Auflagen **nicht** vorzuschreiben, wenn sie – unabhängig von der konkreten Wirtschaftssituation des betroffenen Unternehmens, dh „objektiv" – **unverhältnismäßig** sind, wobei insb Art, Menge und Gefährlichkeit der von der Anlage ausgehenden Emissionen* und der durch sie verursachten Immissionen* sowie die Nutzungsdauer und die technischen Besonderheiten der Anlage zu berücksichtigen sind (§ 79 Abs 1 S 2 und 3). Wenn eine nachträgliche Auflage allerdings dem **Schutz vor einer Gesundheitsgefährdung** dient, kann der mit der Erfüllung der Auflage verbundene **Aufwand niemals außer Verhältnis** zu dem damit angestrebten Erfolg stehen (VwGH 26.06.2002, 2000/04/0113).

Zugunsten „**nachträglich hinzugezogener Nachbarn**" sind nachträgliche Auflagen nur soweit vorzuschreiben, als diese zur Vermeidung einer Gefährdung des Lebens oder der Gesundheit dieser Personen notwendig sind; darüber hinausgehende nachträgliche Auflagen betreffend Luftschadstoffe, Lärm oder gefährliche Abfälle müssen verhältnismäßig sein und dürfen nicht zur Hintanhaltung von bloßen Beeinträchtigungen vorgeschrieben werden (vgl § 79 Abs 2 sowie → *Baurecht*). Hinsichtlich jener Immissionen, die von Anlagenteilen ausgehen, die erst nach der Ansiedelung der Nachbarn errichtet oder geändert wurden, genießen diese jedoch den vollen Schutz des § 79 Abs 1 (vgl VwSlg 13.329 A/1990).

Würden die notwendigen Auflagen das Wesen der genehmigten Betriebsanlage verändern, so hat die Behörde dem Anlageninhaber die Vorlage eines **Sanierungskonzeptes** aufzutragen (§ 79 Abs 3). In diesem Bescheid ist das Sanierungsziel, nämlich die Behebung festgestellter Mängel, festzulegen; durch welche Maßnahmen das Ziel im Sanierungskonzept erreicht werden soll, liegt im alleinigen Entscheidungsbereich des Betriebsinhabers (VwSlg 17.038 A/2006). Das Sanierungskonzept selbst bedarf jedoch der Genehmigung der Behörde, in welcher diese wiederum Auflagen* vorschreiben kann und eine Umsetzungsfrist festzusetzen hat.

Das Verfahren nach § 79 ist grundsätzlich von Amts wegen einzuleiten. Allerdings können auch der BMK aufgrund ihm vorliegender Nachbarbeschwerden oder Messergebnisse sowie ein Nachbar unter bestimmten Voraussetzungen (vgl insb VwSlg 16.118 A/2003; VwGH 10.12.2009, 2005/04/0059; 18.03.2022, Ra 2022/04/0005 [zum Nachweis der Nachbareigenschaft]) die Einleitung dieses Verfahrens beantragen (vgl § 79a; BMK als Organpartei*). Für Betriebsanlagen in Sanierungsgebieten iSd IG-L ist § 79 Abs 4 zu beachten.

Auch im Abfallbereich können nachträgliche Auflagen – unter Berücksichtigung der Verhältnismäßigkeit – vorgeschrieben werden (vgl § 79b).

Auf Antrag des Betriebsinhabers können im Genehmigungsbescheid vorgeschriebene **Auflagen*** auch **nachträglich aufgehoben oder abgeändert** werden, wenn sie zur Wahrung der Schutzinteressen nach § 74 Abs 2 nicht erforderlich sind oder dafür weniger belastende Auflagen genügen (§ 79c). Zu den Antragsmöglichkeiten aus Anlass einer **Betriebsübernahme** vgl § 79d.

c) Änderung einer genehmigten Betriebsanlage

Wenn es **zur Wahrung der im § 74 Abs 2 umschriebenen Interessen** erforderlich ist, bedarf auch die Änderung einer genehmigten Betriebsanlage einer Genehmigung (§ 81 Abs 1). Dabei sind alle Änderungen, die abstrakt geeignet sind, die Schutzinteressen zu berühren und im Genehmigungsbescheid noch nicht berücksichtigt sind, **prinzipiell genehmigungspflichtig** (vgl etwa VwGH 25.02.1993, 91/04/0284; OGH 20.10.2009, 4 Ob 124/09b). Die Genehmigung hat auch die bestehende Anlage soweit zu umfassen, als dies aufgrund der Änderung zum Schutz der Interessen gem § 74 Abs 2 erforderlich ist. Einzelne, **nicht genehmigungspflichtige** Änderungen werden in § 81 Abs 2 demonstrativ aufgezählt (zB die Erfüllung nachträglicher behördlicher Auflagen [§§ 79 Abs 1 oder 79b], der Austausch von gleichartigen Maschinen oder Geräten, „emissionsneutrale" Änderungen, „nachbarneutrale" Änderungen [Anzeige- und Bescheidpflicht; vgl § 81 Abs 3 iVm § 345 Abs 6]).

Zum Verhältnis von § 81 Abs 1 zu Abs 2 vgl VwGH 18.03.2015, Ro 2015/04/0002. Bei emissionsneutralen Änderungen besteht für Nachbarn kein Antragsrecht auf Feststellung der Genehmigungspflicht (VwGH 15.07.2021, Ro 2019/04/0008).

Genehmigungspflichtige Anlagenänderungen bedürfen auch dann keiner gewerberechtlichen Genehmigung, wenn die Betriebsanlage EMAS-zertifiziert ist und es sich dabei nicht um eine UVP-pflichtige Anlage oder eine IPPC-Anlage handelt (vereinfachtes Anzeigeverfahren nach § 21 UMG, beachte aber § 21a UMG hinsichtlich der Anberaumung einer mündlichen Verhandlung). Änderungen von IPPC-Anlagen sind nach § 81a genehmigungs- oder anzeigebedürftig (bei wesentlichen Änderungen sind die BVT-Schlussfolgerungen gem § 71c zu beachten; vgl auch unten e)).

d) Verordnungen zum Schutz der Umwelt

Der BMAW kann im Einvernehmen mit dem BMK gem § 82 durch sog „**Umwelt-SanierungsV**" die nach dem Stand der Technik* (vgl X.4.b)) zum Schutz der in § 74 Abs 2 umschriebenen Interessen und zur Vermeidung von Belastungen der Umwelt (§ 69a) sowie die zur Anpassung an aktuelle BVT-Schlussfolgerungen erforderlichen näheren Vorschriften über die Bauart, die Betriebsweise, die Ausstattung oder das zulässige Ausmaß der Emissionen von Anlagen oder Anlagenteilen erlassen, wobei für Altanlagen aus Gründen der Verhältnismäßigkeit die Festlegung von Abweichungen möglich ist. Solche Verordnungen sind bspw jene über die Ausstattung von Tankstellen mit Benzindampf-Rückgewinnungssystemen (BGBl II 67/2013), über die Verbrennung von Abfällen (BGBl II 389/2002 idF II 127/2013) oder die zahlreichen branchenbezogenen Verordnungen über die Begrenzung bestimmter Emissionen* (zB Eisen- und Stahlerzeugung, BGBl II 54/2016; Gießerei, BGBl II 264/2014; Zementerzeugung, BGBl II 60/2007 idF II 38/2010; HKW-Anlagen, BGBl II 411/2005; VOC-Anlagen, BGBl II 301/2002 idF II 77/2010). Durch diese Verordnungen soll eine **Standardisierung genehmigungspflichtiger Anlagen** im Interesse der Umwelt und der Schutzgüter nach § 74 Abs 2 erreicht werden, die gegebenenfalls **Anpassungen** einer Anlage (vgl § 82 Abs 2 ff) **erforderlich** macht (zB auch im Wege eines genehmigungspflichtigen betrieblichen Reduktionsplans). Wird im Einzelfall das in einer Umwelt-SanierungsV angestrebte Schutzziel alleine durch die Einhaltung der Verordnungsbestimmungen nicht gewährleistet, hat die Behörde über die Verordnung hinausgehende Auflagen* vorzuschreiben (§ 82 Abs 4).

e) Betriebsanlagenrevision

Der Inhaber einer genehmigten Betriebsanlage hat diese regelmäßig **wiederkehrend zu prüfen** oder prüfen zu lassen, ob sie dem Genehmigungsbescheid und den sonst für die Anlage geltenden gewerberechtlichen Vorschriften entspricht (§ 82b). Die zeitlichen Abstände zwischen den Überprüfungen dürfen fünf Jahre, bei Bagatellanlagen sechs Jahre nicht überschreiten. Die Überprüfung kann **von befugten und qualifizierten Dritten** (zB Bundesanstalten oder Ziviltechnikern), aber auch von **geeigneten und fachkundigen Betriebsinhabern oder Betriebsangehörigen** durchgeführt werden. Der Prüfer hat festgestellte Mängel in einer **Prüfbescheinigung** festzuhalten, welche in der Folge der Genehmigungsbehörde zu übermitteln ist. Die Verpflichtung zur wiederkehrenden Anlagenrevision besteht nicht, wenn der Betrieb in ein Register gem § 15 UMG eingetragen ist (§ 82b Abs 6; vgl auch § 27 UMG).

Für **IPPC-Anlagen** gelten darüber hinaus besondere Vorschriften nach §§ 81b ff. Jeder IPPC-Anlageninhaber hat demnach gem § 81b innerhalb eines Jahres nach Veröffentlichung der für seine Anlage relevanten **BVT-Schlussfolgerungen** der Behörde mitzuteilen, ob sich der Stand der Technik* geändert hat (vgl dazu oben X.4.b)), und gegebenenfalls umgehend die erforderlichen Anpassungsmaßnahmen zu treffen, welche jedenfalls binnen vier Jahren ab Veröffentlichung der BVT-Schlussfolgerungen abgeschlossen sein müssen; nötigenfalls hat die Behörde entsprechende Maßnahmen mit Bescheid anzuordnen, amtswegig den Genehmigungskonsens zu überprüfen bzw die Vorlage eines Anpassungskonzeptes zu verlangen, welches gleichzeitig als Antrag einer wesentlichen Anlagenänderung iSd § 81a Z 1 gilt (zur amtswegigen Betriebsrevision vgl unten X.7.a)). Die regelmäßige Anpassung von IPPC-Anlagen an den Stand der Technik* ist daher eng mit den BVT-Schlussfolgerungen verknüpft. Zusätzlich sind in den §§ 81c f besondere Verhaltensmaßnahmen für IPPC-Anlageninhaber im Falle von Unfällen bzw Störfällen normiert.

f) Erlöschen einer Betriebsanlagengenehmigung

Die Genehmigung einer Betriebsanlage **erlischt ex lege**, wenn der Betrieb der Anlage nicht binnen fünf Jahren nach erteilter Genehmigung zumindest in wesentlichen Teilen **aufgenommen** oder durch mehr als fünf Jahre gänzlich **unterbrochen** wurde (vgl § 80). Die Frist kann auf Antrag auf insgesamt sieben Jahre verlängert werden.

Der Inhaber einer genehmigten Betriebsanlage, deren Betrieb unterbrochen wird, hat die **notwendigen Vorkehrungen** zu treffen, **dass Auswirkungen iSd § 74 Abs 2 nicht eintreten**. Die Betriebsunterbrechung und die getroffenen Vorkehrungen sind der Genehmigungsbehörde anzuzeigen. Auch in diesem Fall kann die Behörde die erforderlichen Maßnahmen (mit dinglicher Wirkung*) bescheidmäßig vorschreiben. Im Gegensatz zur **Betriebsauflassung** (§§ 83 f; vgl unten X.7.c)) besteht bei einer **Betriebsunterbrechung** die Möglichkeit der Fortsetzung des Betriebes; erst nach mehr als fünfjähriger Unterbrechung erlischt die Betriebsanlagengenehmigung (VwSlg 14.088 A/1994; der Untergang der dem Anlagenzweck dienenden Einrichtungen führt hingegen nicht automatisch zum Erlöschen der Betriebsanlagengenehmigung – vgl VwSlg 14.137 A/1994).

7. Gewerbepolizeiliche Bestimmungen

a) Amtswegige Betriebsrevision

Soweit dies zur Vollziehung der gewerberechtlichen Vorschriften erforderlich ist, sind die Organe der zur Vollziehung zuständigen Behörden sowie die von diesen Behörden zugezogenen Sachverständigen berechtigt, Betriebe sowie deren Lagerräume während der Betriebszeiten zu **betreten** und zu **besichtigen, Kontrollen** des Lagerbestandes vorzunehmen und **Proben** zu entnehmen (§ 338). Die Gewerbetreibenden trifft eine **Mitwirkungspflicht** (zB Urkundenvorlage). Den Nachbarn kommt kein subjektiv-öffentliches Recht auf Durchführung einer Überprüfung zu; allerdings sind die Behörden uU von sich aus verpflichtet, Betriebsrevisionen vorzunehmen. So ist etwa die Einhaltung erteilter Auflagen* zu überwachen und durchzusetzen; wird dies unterlassen, handelt die Behörde rechtswidrig und unterliegt der Amtshaftung*.

Der Betriebsinhaber hat den behördlichen Organen das Betreten und Besichtigen des Betriebes zu ermöglichen und deren Anordnungen Folge zu leisten (§ 338 Abs 2). Das Vorliegen einer rechtskräftig genehmigten Betriebsanlage ist nicht Voraussetzung für das Einschreiten der Gewerbebehörde (vgl VwGH 23.10.2017, Ro 2017/04/0019).

IPPC-Anlagen sind gem § 82a **regelmäßigen Umweltinspektionen** auf Grundlage eines vom LH erstellten Programmes zu unterziehen, in welchem ua die Häufigkeit der Vor-Ort-Besichtigungen für die einzelnen IPPC-Anlagenarten festgelegt sind. IPPC-Anlagen der niedrigsten Risikostufe sind mindestens alle drei Jahre zu besichtigen, solche der höchsten Risikostufe mindestens einmal jährlich. Bei Beschwerden, Unfällen oder Rechtsverstößen sind auch nicht routinemäßige Umweltinspektionen durchzuführen. Nach jeder Vor-Ort-Besichtigung hat die Behörde einen Bericht mit Schlussfolgerungen hinsichtlich allfällig zu treffender Maßnahmen zu erstellen und eine Zusammenfassung davon im Internet zu veröffentlichen.

b) Zwangs- und Sicherheitsmaßnahmen

Um die Einhaltung gewerberechtlicher Vorschriften zu sichern, kann die Behörde **einstweilige Zwangs- und Sicherheitsmaßnahmen** treffen (§ 360). Diese Maßnahmen sind keine auf dem VVG beruhenden Vollstreckungsverfügungen, sondern **eigenständige Sondermaßnahmen** (vgl § 12 VVG, wonach besondere Zwangsbefugnisse in Materiengesetzen unberührt bleiben); allerdings ist die Durchsetzung der (Titel-)Bescheide unter Anwendung des VVG zulässig. Maßnahmen nach § 360 sind von Amts wegen (BVB) zu treffen, die Nachbarn haben keinen Rechtsanspruch auf Einleitung eines solchen Verfahrens.

Mit Hilfe der einstweiligen Zwangs- und Sicherheitsmaßnahmen sollen Verstöße gegen gewerberechtliche Vorschriften von erheblichem Unrechtsgehalt, Rechtsgutverletzungen und Belästigungen von Nachbarn provisorisch beseitigt werden. Konkret dienen diese Sondermaßnahmen
- zur Herstellung des der Rechtsordnung entsprechenden Zustandes; eine Gefährdung oder unzumutbare Belästigung muss nicht vorliegen (§ 360 Abs 1, 1a, 2 und 3);
- zur Abwehr einer Gefahr für das Leben oder die Gesundheit von Menschen oder für das Eigentum oder zur Abstellung einer unzumutbaren Belästigung von Nachbarn, die von einer nicht genehmigten Betriebsanlage bzw durch Nichtbeachtung der geltenden Anforderungen an Maschinen, Geräte oder Ausrüstungen verursacht werden (§ 360 Abs 4).

Bei Verdacht einer Übertretung gegen die gewerberechtlichen Bestimmungen hat die Behörde gem § 360 Abs 1 – unabhängig von der Einleitung eines Strafverfahrens (§§ 366 ff) – dem Verantwortlichen mit **Verfahrensanordnung** die Herstellung des rechtskonformen Zustandes binnen angemessener Frist aufzutragen. In dieser Verfahrensanordnung hat die Behörde noch nicht die notwendigen Maßnahmen zu verfügen, sondern nur den Sollzustand hinreichend konkret zu beschreiben; diesen Zustand hat der Anlageninhaber innerhalb der gesetzten Frist herzustellen, wobei ihm nach der VwGH-Rsp Art und Weise der Herstellung frei stehen. Nach § 360 Abs 1 ist eine Interessenabwägung zur Vermeidung von Härten für den Betriebsinhaber nicht vorgesehen, allerdings wird bei verfassungskonformer Interpretation (Erwerbsfreiheit) eine Verhältnismäßigkeitsprüfung geboten sein.

Kommt der Verpflichtete der Aufforderung nicht fristgerecht nach, hat die Behörde mit **Bescheid** die zur Herstellung des der Rechtsordnung entsprechenden Zustandes jeweils notwendigen Maßnahmen zu verfügen. Außer im Falle von IPPC-Anlagen besteht die Möglichkeit, **im Einzelfall** im Rahmen einer Grobprüfung (im Hinblick auf die Schutzinteressen gem § 74 Abs 2 und die Umwelt) seitens der Behörde gleichzeitig mit der Verfahrensanordnung nach Abs 1 eine Frist für ein Genehmigungsansuchen zu setzen und in weiterer Folge einen Genehmigungsbescheid zu erlassen (§ 360 Abs 1a).

Bei offenkundigem Verdacht bestimmter Verwaltungsübertretungen (zB Inverkehrbringen nicht zugelassener Maschinen) und begründeter Annahme, dass diese fortgesetzt werden, darf die Behörde auch **ohne vorausgehendes Verfahren und vor Bescheiderlassung** die notwendigen Maßnahmen an Ort und Stelle setzen (insb Beschlagnahmungen); darüber ist jedoch binnen eines Monats ein Bescheid zu erlassen, ansonsten gilt die getroffene Maßnahme als aufgehoben (§ 360 Abs 2; iZm unberechtigter Gewerbeausübung vgl Abs 3).

Zur Einhaltung der Schutzinteressen iSd § 74 Abs 2 hat die Behörde gem § 360 Abs 4 mit Bescheid die notwendigen Vorkehrungen zu verfügen (zB Betriebsschließung, Stilllegung von Maschinen). Sind zur Gefahrenabwehr **Sofortmaßnahmen** erforderlich, kann die Behörde nach Verständigung des Verantwortlichen ebenso ohne vorausgehendes Verfahren und vor Bescheiderlassung diese an Ort und Stelle treffen. Auch in diesen Fällen hat binnen eines Monats ein Bescheid zu ergehen.

Die **Bescheide** nach Abs 1 zweiter S, 2, 3 und 4 sind gem § 360 Abs 5 **sofort vollstreckbar**. Vollstreckungsmaßnahmen tatsächlicher Art (zB Plombierung eines Schlosses), die bloß als Maßnahmen zur Vollstreckung eines vorangegangenen Bescheides nach § 360 (zB Schließungsbescheid nach Abs 4) anzusehen sind, sind nicht als Akt unmittelbarer Befehls- und Zwangsgewalt* zu qualifizieren (VwGH 17.04.1998, 98/04/0005). Wenn die Bescheide nicht kürzer befristet sind, treten sie mit Ablauf eines Jahres, vom Beginn der Vollstreckbarkeit an gerechnet, außer Wirksamkeit. Durch einen Wechsel in der Person des Inhabers der von den einstweiligen Zwangs- und Sicherheitsmaßnahmen betroffenen Anlagen, Anlagenteile oder Gegenstände wird die Wirksamkeit dieser Bescheide nicht berührt, sie besitzen also dingliche Wirkung*. Liegen die Voraussetzungen für die Bescheiderlassung nicht mehr vor, sind die damit getroffenen Maßnahmen auf Antrag zu widerrufen (§ 360 Abs 6).

c) Auflassung einer Betriebsanlage

„Auflassung" bedeutet die **endgültige Aufhebung der Widmung der Anlage für ihren ursprünglichen Betriebszweck** durch den Inhaber und führt zum gleichzeitigen Erlöschen der Betriebsanlagengenehmigung (VwSlg 14.088 A/1994). Ob eine (vorübergehende) Betriebsunterbrechung (§ 80) oder eine (endgültige) Betriebsanlagenauflassung (§ 83) vorliegt, richtet sich nach dem hinter der Betriebseinstellung stehenden Willen des Anlageninhabers.

Werden eine genehmigungspflichtige Betriebsanlage oder Teile davon aufgelassen, so hat der Inhaber der Anlage die zur Vermeidung von Auswirkungen iSd § 74 Abs 2 **notwendigen Vorkehrungen zu treffen**. Die Auflassung und diese Vorkehrungen sind der Genehmigungsbehörde **vorher anzuzeigen**. Reichen die vorgeschlagenen Vorkehrungen nicht aus, so hat die Behörde die **erforderlichen Maßnahmen mit Bescheid** aufzutragen; dieser Bescheid hat dingliche Wirkung*. Nach Durchführung der veranlassten Vorkehrungen hat der Anlageninhaber deren Fertigstellung wiederum bei der Behörde anzuzeigen. Wenn keine weiteren Maßnahmen mehr erforderlich sind, hat die Behörde darüber einen Feststellungsbescheid* zu erlassen. Mit dessen Rechtskraft* gilt die Betriebsanlage (bzw die Betriebsanlagenteile) als aufgelassen und erlischt (im Falle der gänzlichen Auflassung der Anlage) die Betriebsanlagengenehmigung. § 83 ermöglicht es der Behörde somit, eine gefahrlose und (weitgehend) belästigungsfreie Entsorgung der aufgelassenen (Teile der) Betriebsanlage zu erzwingen.

Zur Haftung für Gewässerverunreinigungen durch eine aufgelassene Tankstelle s OGH 22.12.2015, 1 Ob 151/15k.

Die Auflassung einer **IPPC-Anlage** richtet sich nach den Bestimmungen des § 83a, die ua zur Beseitigung von durch die IPPC-Anlage verursachten erheblichen Boden- und/oder Grundwasserverschmutzungen mit relevanten gefährlichen Stoffen (vgl § 71b Z 6) verpflichten.

XI. Märkte

Ein Markt iSd GewO ist eine **Veranstaltung**, bei der auf einem örtlich bestimmten Gebiet zu bestimmten Tagen und Zeiten **Waren feilgeboten und verkauft** werden (§ 286 Abs 1). Ein Markt darf nur aufgrund einer Verordnung einer Gemeinde, in der der Markt abgehalten werden soll, stattfinden. Nach Maßgabe der von der Gemeinde hiefür erlassenen Verordnung darf jedermann auf dem Markt seine Waren feilbieten und verkaufen („Marktfreiheit"). Gelegenheitsmärkte („Quasimärkte") werden nur aus besonderen Anlässen abgehalten und bedürfen der Bewilligung der Gemeinde (§ 286 Abs 2). Anders als gewöhnliche Flohmärkte gelten Bauernmärkte, karitative Verkaufsveranstaltungen und Messen nicht als Märkte iSd GewO (vgl § 286 Abs 3 bis 6); sie unterliegen aber dennoch der Bundeskompetenz nach Art 10 Abs 1 Z 8 B-VG (gesetzgeberischer Regelungsverzicht führt nicht zur Zuständigkeit der Länder).

Die **Gemeinde** hat **im eWb*** eine Verordnung zu erlassen, wenn ein Bedarf nach der Abhaltung eines Marktes angenommen werden kann und bestimmte öffentliche Interessen* nicht beeinträchtigt werden; die Verordnung hat jedenfalls das Marktgebiet, die Markttermine (Tage und Zeiten) und die hauptsächlichen Waren zu bezeichnen (§ 289); außerdem sind in dieser **„Marktordnung"** Regelungen über die Vergabe von Marktplätzen und weitere Konkretisierungen zu treffen (§ 293; zur ausreichenden Bestimmtheit der Verordnungsermächtigung vgl VfSlg 20.171/2017). Dabei ist zu beachten, dass der Kreis der Marktteilnehmer offen bleibt („jedermann"); die ex lege-Bevorzugung der „vorjährigen Standler" ist verfassungswidrig.

Die örtliche Marktpolizei wird im eWb* der Gemeinde vollzogen. Nachdem in der GewO der innergemeindliche Instanzenzug nicht ausgeschlossen wurde (vgl Art 118 Abs 4 B-VG), ist vor einer Beschwerde an das LVwG zunächst der innergemeindliche administrative Instanzenzug auszuschöpfen (VwGH 12.11.2021, Ro 2019/04/0001).

XII. Behörden und Verfahren

1. Behörden

Die Vollziehung der GewO erfolgt grundsätzlich in **mittelbarer Bundesverwaltung*** (Art 102 Abs 1 B-VG).

Soweit nicht ausdrücklich anderes bestimmt ist, ist gem § 333 die **BVB** (in Städten mit eigenem Statut idR der Bgm; ausnahmsweise auch der Magistrat) **sachlich zuständige Gewerbebehörde**. Wäre in einem Betriebsanlagenverfahren infolge einer „sprengelüberschreitenden Betriebsanlage" die örtliche Zuständigkeit mehrerer BVB gegeben, so entscheidet jene BVB, in welcher sich der größte Teil der Grundfläche der Betriebsanlage befindet; die übrigen BVB sind zu hören (§ 335).

Der **LH** ist ua zuständig für das Verfahren zur Anerkennung wegen tatsächlich ausgeübter Tätigkeit gem § 373c Abs 1 und zur Gleichhaltung von Berufsqualifikationen gem § 373d Abs 1 und § 373e Abs 1, zur Gleichstellung gem § 51 Abs 2 (gewerbliche Tätigkeiten ausländischer Personen im Inland außerhalb der Betriebsstätte) sowie für die Genehmigung der Geschäftsordnung von Pfandleihern gem § 155 Abs 2; weiters kann er gegen Erkenntnisse des LVwG Revision beim VwGH erheben, sofern nicht der BMAW belangte Behörde im Verfahren vor dem LVwG ist (§ 371a). Außerdem hat er nach der GewO zahlreiche Verordnungsermächtigungen/-verpflichtungen in Anspruch zu nehmen.

Einzelne Aufgaben in der GewO fallen gem § 337 Abs 1 in den **eWb der Gemeinden**. Eine Reihe von Aufgaben kommt weiters den **WK und Fachorganisationen** sowie bei diesen eingerichteten Stellen zu; sie sind solche des **üWb** der Organisationen der gewerblichen Wirtschaft; die jeweils genannten Selbstverwaltungskörper und Stellen sind bei der Besorgung dieser Aufgaben **an die Weisungen des BMAW gebunden** (§ 337 Abs 2; in Bezug auf Meisterprüfungsstellen vgl zB auch § 350).

Der **BMAW** hat nur die in der GewO ausnahmsweise vorgesehenen Zuständigkeiten (zB § 349: Klärung der Frage, ob eine Tätigkeit ein freies oder ein reglementiertes Gewerbe darstellt; § 148: Entscheidung über die Ausübung des Waffengewerbes betreffend militärische Waffen und Munition – im Einvernehmen mit dem BMI; § 51 Abs 3: Verbot der Tätigkeitsausübung für ausländische Personen außerhalb von Betriebsstätten im Falle von Entziehungs- oder Endigungsgründen) in gewerbebehördlichen Verfahren (zur Möglichkeit der Erteilung eines **Mandats*** s § 334). Weiters hat er Beschwerden über Versicherungsvermittler entgegenzunehmen (§ 365z1). Auch für den BMAW sieht die GewO zahlreiche Verordnungsermächtigungen/-verpflichtungen vor.

2015 wurde ein bundesweites, automationsunterstütztes Gewerberegister, das sog **Gewerbeinformationssystem Austria (GISA)**, und auf dessen Basis das Versicherungs- und Kreditvermittlerregister (gesonderte Abfragemöglichkeiten für die Öffentlichkeit) als Informationsverbundsystem iSd § 4 Z 13 DSG 2000 eingerichtet (§§ 365 ff). Gemeinsam Verantwortliche des GISA iSd Art 4 Z 7 iVm Art 26 Abs 1 DSGVO sind der BMAW, die Bundesländer sowie die Städte mit eigenem Statut; die Stadt Wien übt die Funktion des Auftragsverarbeiters iSd Art 4 Z 8 DSGVO aus (→ *Datenschutzrecht*).

UVP-pflichtige Betriebsanlagen sind gem UVP-G 2000 von der LReg zu genehmigen (→ *Umweltverträglichkeitsprüfung*).

Für die Organe des öffentlichen Sicherheitsdienstes bzw die **Sicherheitsbehörden** bestehen bestimmte Mitwirkungsrechte und -pflichten in gewerbebehördlichen Verfahren (vgl insb §§ 336 f) (→ *Sicherheitspolizeirecht*).

Darüber hinaus wurde zur Bekämpfung von **Geldwäsche und Terrorismusfinanzierung** für die erforderliche Meldung von Verdachtsfällen beim Bundeskriminalamt (→ *Sicherheitspolizeirecht*) eine **Geldwäschemeldestelle** eingerichtet (vgl § 4 Abs 2 Z 1 und 2 BKA-G), für alle übrigen behördlichen Aufgaben in diesem Zusammenhang bleibt die Gewerbebehörde zuständig (vgl § 365m1 Abs 3).

2. Verfahren

Die GewO normiert zahlreiche besondere Verfahrensbestimmungen, subsidiär sind auf das Verfahren vor den Verwaltungsbehörden das **AVG**, das **VStG** und das **VVG** anzuwenden (Art I Abs 1 und 2 EGVG).

In ihrem IV. Hauptstück regelt die GewO unter 2. detailliert **verschiedene gewerberechtliche Verfahrensarten**, wobei die §§ 339 ff in berufsrechtlicher Hinsicht und die §§ 353 ff betreffend Betriebsanlagen besonders hervorzuheben sind. Mit der GewONov BGBl I 96/2017 wurden gegenüber § 73 Abs 1 AVG **verkürzte Entscheidungsfristen** für das („normale") Betriebsanlagenverfahren (vier Monate; § 359a Abs 1) bzw für das vereinfachte Genehmigungsverfahren (zwei Monate; § 359b Abs 4) festgelegt. Bei UVP-pflichtigen Betriebsanlagen ist anstelle des konzentrierten gewerberechtlichen Genehmigungsverfahrens* (§ 356b) ein Verfahren nach dem UVP-G 2000 durchzuführen, das sämtliche für die Ausführung des Vorhabens erforderlichen Anzeige- und Bewilligungsverfahren ersetzt; die **UVP-Pflicht** kann sich neben der Anlagenkapazität etwa aus den Emissionen, dem Grundflächenbedarf, dem Verkehrsaufkommen, der Lage in einem Schutzgebiet etc ergeben (→ *Umweltverträglichkeitsprüfung*).

Das **gewerberechtliche Verwaltungsstrafrecht** (V. Hauptstück) besteht primär aus Geldstrafen und dem Ausspruch des Verfalls bestimmter Gegenstände (§§ 366 ff). Mit der GewONov BGBl I 96/2017 wurde für geringfügige Vergehen anstelle der sofortigen Strafe eine Beratung mit Fristsetzung für die Herstellung des gesetzmäßigen Zustandes vorgesehen (vgl §§ 371b f „Beraten statt Strafen"; s auch § 33a VStG). Auch § 23 UMG statuiert unter bestimmten Voraussetzungen ein „Absehen von der Verwaltungsstrafe", wenn im Zuge einer EMAS-Zertifizierung ein rechtswidriger Zustand beseitigt wird.

Die **Strafe des Verfalls** (§§ 10 iVm 17 f VStG) von Waren, Eintrittskarten, Werkzeugen, Maschinen, Geräten, Ausrüstungen oder Transportmitteln kann ausgesprochen werden, wenn diese Gegenstände mit bestimmten Verwaltungsübertretungen im Zusammenhang stehen und nicht zur Ausübung des Berufes oder zur Führung des Haushaltes benötigt werden (§ 369).

Eine Verwaltungsübertretung liegt nicht vor, wenn eine in den §§ 366 bis 368 bezeichnete Tat den Tatbestand einer in die **Zuständigkeit der Gerichte** fallenden strafbaren Handlung bildet (§ 371 Abs 1; Subsidiarität des Verwaltungsstrafrechts).

§ 370 GewO regelt (als lex specialis zu § 9 VStG) besondere Fälle der **verwaltungsstrafrechtlichen Verantwortlichkeit**: Wurde die Bestellung eines Geschäftsführers oder Filialgeschäftsführers angezeigt oder genehmigt, so sind die Geld- oder Verfallsstrafen gegen diese Person zu verhängen; der Gewerbetreibende ist neben dem Geschäftsführer strafbar, wenn er die Verwaltungsübertretung wissentlich duldet oder bei der Auswahl seines Geschäftsführers nicht im erforderlichen Maße sorgfältig war. Der Geschäftsführer ist dann nicht zu belangen, wenn er glaubhaft machen kann, dass ihm die Einhaltung einer Verwaltungsvorschrift unzumutbar war, weil er sie aufgrund einer besonderen Weisung des Gewerbeinhabers verletzt hat. Die verwaltungsstrafrechtliche Verantwortlichkeit von juristischen Personen oder eingetragenen Personengesellschaften ist in § 370 Abs 1a und 1b geregelt.

Wird eine Betriebsanlage ohne gewerbebehördliche Genehmigung betrieben oder werden Auflagen* nicht eingehalten, so ist dies auch **wettbewerbsrechtlich** relevant (§ 1 UWG: „Vorsprung durch Rechtsbruch"; vgl dazu etwa OGH 20.10.2009, 4 Ob 124/09b; s auch die Ausführungen oben unter V.2.).

3. Rechtsschutz

Über Beschwerden in gewerberechtlichen Angelegenheiten entscheiden die LVwG (Art 131 Abs 1 B-VG) – und zwar sowohl in **berufsrechtlichen Angelegenheiten** als auch im **Betriebsanlagenverfahren** (für UVP-pflichtige Anlagen ist hingegen das BVwG zuständig [→ *Umweltverträglichkeitsprüfung*]) einschließlich des **Verwaltungsstrafrechts**. Die örtliche Zuständigkeit richtet sich nach § 3 VwGVG. Mit der GewONov BGBl I 96/2017 wurde für die LVwG eine **verkürzte Entscheidungsfrist** im Betriebsanlagenverfahren von vier Monaten (§ 359a Abs 2) bzw für das vereinfachte Genehmigungsverfahren von zwei Monaten (§ 359b Abs 4) festgelegt.

Die LVwG entscheiden über Bescheidbeschwerden wegen Rechtswidrigkeit, Beschwerden gegen Akte unmittelbarer Befehls- und Zwangsgewalt* sowie Säumnisbeschwerden wegen Verletzung der Entscheidungspflicht (vgl Art 130 Abs 1 B-VG).

In Gewerbeberechtigungsentziehungsverfahren sind regelmäßig auch Prognose- und Wertentscheidungen zu treffen und stellen sich insb auch im Rahmen einer allenfalls durchzuführenden mündlichen Verhandlung entsprechende Fragen der Beweiswürdigung. Die generelle Übertragung von Beschwerdeverfahren über die Entziehung von Gewerbeberechtigungen an Rechtspfleger ist daher verfassungswidrig (VfSlg 20.026/2015 in Bezug auf eine dahingehende Regelung zum wr LVwG).

Eine **ausdrückliche Legitimation** zur Beschwerdeerhebung an die LVwG sowie die Revisionseinlegung an den VwGH räumt die GewO bspw der WK gem § 349 Abs 6 (Umfang der Gewerbeberechtigung und Einreihung von Gewerben) bzw gem § 363 Abs 2 und 3 (Nichtigerklärung von Gewerbebescheiden) oder dem wasserwirtschaftlichen Planungsorgan gem § 356b Abs 1 (Betriebsanlagenverfahren, in denen wasserwirtschaftliche Interessen berührt werden) ein (vgl auch Art 132 Abs 5 und Art 133 Abs 8 B-VG). Bei Gewerbeentziehungen in Fällen des § 91 Abs 1 können sowohl der Gewerbeinhaber als auch der (Filial-)Geschäftsführer Beschwerde erheben (§ 361 Abs 3), nicht aber die Kammern. Ebenso kommt einem Prüfungswerber ausdrücklich ein Beschwerderecht gegen Bescheide der Meisterprüfungsstelle zu (§ 352 Abs 12).

Dem LH steht gem § 371a das Recht zu, gegen Erkenntnisse des LVwG Revision beim VwGH zu erheben.

Gerhard Baumgartner

Wasserrecht

Rechtsgrundlagen

Kompetenzgrundlagen

Art 10 Abs 1 Z 10 B-VG („Wasserrecht"); Art 10 Abs 1 Z 6 B-VG („Zivilrechtswesen"); Art 10 Abs 2 B-VG (Ermächtigung der Landesgesetzgebung zur Erlassung von Ausführungsbestimmungen – s dazu etwa § 36 Abs 1 S 2 WRG).

Verfassungsrechtliche Bezüge

Art 5 StGG iVm Art 1 1. ZPEMRK (Eigentumsschutz); Art 4 Abs 3 lit c und d EMRK (Arbeitsleistungen nach Art 4 Abs 3 lit c und d EMRK fallen nicht unter das Verbot der Zwangs- oder Pflichtarbeit; s § 49 WRG); Art 6 EMRK (Verfahrensgarantien); BVG Nachhaltigkeit, Tierschutz, umfassender Umweltschutz, Sicherstellung der Wasser- und Lebensmittelversorgung und Forschung (Maßnahmen zur Reinhaltung des Wassers, Wasserversorgung).

Art 37b Abs 2 bgld L-VG (Versorgung mit einwandfreiem Trinkwasser); Art 7a Abs 2 K-LVG (Schutz des Wassers); Art 4 Z 3 nö LV (nachhaltige Sicherung des Wassers); Art 10 Abs 2 oö L-VG (Schutz des Wassers bzw des Trinkwassers); Art 9 sbg L-VG (nachhaltige Sicherung des Wassers, Schutz strategisch wichtiger Wasserressourcen, Sicherung der Trinkwasserversorgung); Art 7 Abs 6 vlbg LV (Schutz des Wassers).

Europarechtliche Bezüge

Art 3 Abs 3 EUV (hohes Maß an Umweltschutz, Verbesserung der Umweltqualität); Art 4 Abs 2 lit e AEUV (geteilte Zuständigkeit im Hauptbereich Umwelt); Art 6 lit f AEUV (Katastrophenschutz); Art 11 AEUV (Berücksichtigung des Umweltschutzes im Rahmen der Unionspolitiken); Art 114 (va Abs 3 bis 6) AEUV (Rechtsangleichung und Umweltschutz); Art 191 ff AEUV (Titel XX. Umwelt); Art 5 Abs 2 GRC (Verbot von Zwangs- oder Pflichtarbeit); Art 17 Abs 1 GRC (Eigentumsrecht); Art 37 GRC (Umweltschutz); Art 47 GRC (Recht auf einen wirksamen Rechtsbehelf und ein unparteiisches Gericht).

Das europäische Wasserrecht wird durch zahlreiche sekundärrechtliche Vorschriften geregelt, die unterschiedliche Bezugspunkte aufweisen:

Allgemeiner Rahmen: RL 2000/60/EG zur Schaffung eines Ordnungsrahmens für Maßnahmen der Gemeinschaft im Bereich der Wasserpolitik, ABl L 2000/327, 1 idF

L 2014/311, 32 (Wasserrahmenrichtlinie – WRRL); RL 2007/60/EG über die Bewertung und das Management von Hochwasserrisiken (Hochwasser-RL), ABl L 2007/288, 27.

Spezifischer Gebrauch von Wasser: RL 91/271/EWG über die Behandlung von kommunalem Abwasser, ABl L 1991/135, 40 idF L 2013/353, 8; RL 2020/2184/EU über die Qualität von Wasser für den menschlichen Gebrauch (Neufassung), ABl L 2020/435, 1 (Trinkwasser-RL); RL 2006/7/EG über die Qualität der Badegewässer und deren Bewirtschaftung und zur Aufhebung der RL 76/160/EWG, ABl L 2006/64, 37 idF L 2013/353, 8 (Badegewässer-RL); VO (EU) 2020/741 über Mindestanforderungen an die Wasserwiederverwendung, ABl L 2020/177, 32.

Einleitung von Stoffen: RL 91/676/EWG zum Schutz der Gewässer vor Verunreinigung durch Nitrat aus landwirtschaftlichen Quellen, ABl L 1991/375, 1 idF L 2008/311, 1 (Nitrat-RL); RL 2006/118/EG zum Schutz des Grundwassers vor Verschmutzung und Verschlechterung („neue" Grundwasser-RL), ABl L 2006/372, 19 idF L 2014/182, 52; RL 2008/105/EG über Umweltqualitätsnormen im Bereich der Wasserpolitik und zur Änderung und anschließenden Aufhebung der RL 82/176/EWG, 83/513/EWG, 84/156/EWG, 84/491/EWG und 86/280/EWG sowie zur Änderung der RL 2000/60/EG, ABl L 2008/348, 84 idF L 2013/226, 1.

Wasserrelevante Vorschriften des allgemeinen EU-Umweltrechts:

RL 2001/42/EG über die Prüfung der Umweltauswirkungen bestimmter Pläne und Programme, ABl L 2001/197, 30 (SUP-RL); RL 2003/4/EG über den Zugang der Öffentlichkeit zu Umweltinformationen und zur Aufhebung der RL 90/313/EWG, ABl 2003/41, 26; RL 2003/35/EG über die Beteiligung der Öffentlichkeit bei der Ausarbeitung bestimmter umweltbezogener Pläne und Programme und zur Änderung der RL 85/337/EG und 96/61/EG des Rates in Bezug auf die Öffentlichkeitsbeteiligung und den Zugang zu Gerichten, ABl L 2003/156, 17 idF L 2016/344, 1 (Öffentlichkeitsbeteiligungs-RL); RL 2004/35/EG über Umwelthaftung zur Vermeidung und Sanierung von Umweltschäden, ABl L 2004/143, 56 idF L 2019/170, 115 (Umwelthaftungs-RL); RL 2008/99/EG über den strafrechtlichen Schutz der Umwelt, ABl L 2008/328, 28; RL 2010/75/EU über Industrieemissionen (integrierte Vermeidung und Verminderung der Umweltverschmutzung), ABl L 2010/334, 17 idF L 2012/158, 25 (IE-RL); RL 2011/92/EU über die Umweltverträglichkeitsprüfung bei bestimmten öffentlichen und privaten Projekten, ABl L 2012/26, 1 idF L 2014/124, 1 („neue" UVP-RL).

Völkerrechtliche Bezüge

Abkommen mit Nachbarstaaten (bzw deren Teilstaaten): Staatsvertrag zwischen der Republik Österreich und der Schweizerischen Eidgenossenschaft über die Regulierung des Rheines von der Illmündung bis zum Bodensee, BGBl 178/1955; Abkommen zwischen der Republik Österreich und der Föderativen Volksrepublik Jugoslawien über wasserwirtschaftliche Fragen der Mur-Grenzstrecke und der Mur-Grenzgewässer (Mur-Übereinkommen), BGBl 119/1956 (BGBl 714/1993: Republik Slowenien; BGBl 474/1996: Republik Kroatien [keine Weiteranwendung]); Abkommen zwischen der BReg der Republik Österreich und der Regierung des Freistaates Bayern über die Regelung der Wasserkraftnutzung der Saalach, BGBl 224/1959; Vertrag zwischen der Republik Österreich und der Ungarischen Volksrepublik über die Regelung der wasserwirtschaftlichen Fragen im Grenzgebiet, BGBl 225/1959; Übereinkommen über den Schutz des Bodensees gegen Verunreinigung, BGBl 289/1961; Übereinkommen über die Regelung von Wasserentnahmen aus dem Bodensee, BGBl 396/1967; Vertrag zwischen der Republik Österreich und der Tschechoslowakischen Sozialistischen Republik über die Regelung von wasserwirtschaftlichen Fragen an den Grenzgewässern, BGBl 106/1970 idF III 123/1997; Vertrag zwischen der Republik Österreich einerseits und der Bundesrepublik Deutschland und der Europäischen Wirtschaftsgemeinschaft andererseits über die wasserwirtschaftliche Zusammenarbeit im Einzugsgebiet der Donau (sog Regensburger Vertrag), BGBl 17/1991; Abkommen zwischen der Republik Österreich und der Schweizerischen Eidgenossenschaft über die Nutzbarmachung des Inn und seiner Zuflüsse im Grenzgebiet, BGBl III 99/2008.

Multilaterale Abkommen: Übereinkommen zum Schutz und zur Nutzung grenzüberschreitender Wasserläufe und internationaler Seen (Helsinki-Übereinkommen), BGBl 578/1996 idF III 144/2021; Übereinkommen über die Zusammenarbeit zum Schutz und zur verträglichen Nutzung der Donau (Donauschutzübereinkommen), BGBl III 139/1998 idF III 78/2005; Übereinkommen von Aarhus über den Zugang zu Informationen, die Öffentlichkeitsbeteiligung an Entscheidungsverfahren und den Zugang zu Gerichten in Umweltangelegenheiten samt Erklärung (Aarhus-Konvention), BGBl III 88/2005 idF III 58/2014.

Gesetze und sonstige Rechtsgrundlagen

Wasserrechtsgesetz 1959 – WRG 1959, BGBl 215/1959 idF I 73/2018; BG über die Prüfung der Umweltverträglichkeit (Umweltverträglichkeitsprüfungsgesetz 2000 – UVP-G 2000), BGBl 697/1993 idF I 80/2018; BG über Umwelthaftung und zur Vermeidung und Sanierung von Umweltschäden (Bundes-Umwelthaftungsgesetz – B-UHG), BGBl I 55/2009 idF I 74/2018; Eisenbahn-Enteignungsentschädigungsgesetz – EisbEG, BGBl 71/1954 idF I 111/2010; Gesetz vom 30. Juni 1884, betreffend Vorkehrungen zur unschädlichen Ableitung von Gebirgswässern, RGBl 117/1884 idF BGBl 61/2018; BG über die Förderung des Wasserbaues aus Bundesmitteln (Wasserbautenförderungsgesetz 1985 – WBFG), BGBl 148/1985 idF I 61/2018; BG über die Förderung von Maßnahmen in den Bereichen der Wasserwirtschaft, der Umwelt, der Altlastensanierung, zum Schutz der Umwelt im Ausland und über das österr JI/CDM-Programm für den Klimaschutz (Umweltförderungsgesetz – UFG), BGBl 185/1993 idF I 26/2022; BG betreffend die Belastung öffentlichen Wassergutes mit Fischereirechten, BGBl I 157/2001; BG zur Neuordnung der Rechtsverhältnisse der Österreichischen Bundesforste und Errichtung einer AG zur Fortführung des Betriebes „Österreichische Bundesforste" (Bundesforstegesetz 1996), BGBl 793/1996 idF I 14/2019 (§ 1 Abs 1, 2a, 3a; § 4 Abs 5).

Es existiert eine Vielzahl von Verordnungen des BMLF(UW) zu verschiedenen Themen, wie zB:

Bewilligungsfreistellung: V über die Bewilligungsfreistellung von Gewässerquerungen (BewilligungsfreistellungsV für Gewässerquerungen – GewQBewFreistellV), BGBl II 327/2005.

Umweltziele für Gewässer: V über die Festlegung des Zielzustandes für Oberflächengewässer (Qualitätszielverordnung Chemie Oberflächengewässer – QZV Chemie OG), BGBl II 96/2006 idF II 128/2019; V über den guten chemischen Zustand des Grundwassers (Qualitätszielverordnung Chemie Grundwasser – QZV Chemie GW), BGBl II 98/2010 idF II 248/2019; V über die Festlegung des ökologischen Zustandes für Oberflächengewässer (Qualitätszielverordnung Ökologie Oberflächengewässer – QZV Ökologie OG), BGBl II 99/2010 idF II 128/2019.

Überwachung des Gewässerzustands: V über die Überwachung des Zustandes von Gewässern (Gewässerzustandsüberwachungsverordnung – GZÜV), BGBl II 479/2006 idF II 128/2019.

Wassergefährdende Stoffe: V betreffend Anlagen zur Lagerung und Leitung wassergefährdender Stoffe, BGBl II 4/1998.

Indirekteinleiter: V betreffend Abwassereinleitungen in wasserrechtlich bewilligte Kanalisationen (IndirekteinleiterV – IEV), BGBl II 222/1998 idF II 389/2021.

Abwasseremissionen: V über die allgemeine Begrenzung von Abwasseremissionen in Fließgewässer und öffentliche Kanalisationen (AAEV), BGBl 186/1996 idF II 389/2021; V über die Begrenzung von Abwasseremissionen aus Abwasserreinigungsanlagen für Siedlungsgebiete (1. AEV für kommunales Abwasser), BGBl 210/1996 idF II 128/2019; V über die Begrenzung von Abwasseremissionen aus Abwasserreinigungsanlagen für Einzelobjekte in Extremlage (3. AEV für kommunales Abwasser), BGBl II 249/2006 idF II 128/2019. Daneben gibt es eine Vielzahl von branchenbezogenen Verordnungen zur Begrenzung von Abwasseremissionen (zB die V über die Begrenzung von Abwasseremissionen aus der Herstellung von Zellstoff und Papier [AEV Zellstoff und Papier], BGBl II 62/2018 idF II 128/2019).

Bewirtschaftungs- und Hochwasserrisikomanagementpläne:
V betreffend die Einstufung erheblich veränderter oder künstlicher Oberflächenwasserkörper, die Erlassung der im Nationalen Gewässerbewirtschaftungsplan 2021 (NGP 2021) zur stufenweisen Erreichung der Umweltziele erstellten allgemein verbindlichen Maßnahmenprogramme (Nationale GewässerbewirtschaftungsplanVO 2021 – NGPV 2021), BGBl II 182/2022 (Art 2); V zur Erlassung des Hochwasserrisikomanagementplans, welcher die für Gebiete mit potentiell signifikantem Hochwasserrisiko festgelegten angemessenen Ziele einschließlich der zur Zielerreichung vorgesehenen Maßnahmen verbindlich setzt (HochwasserrisikomanagementplanVO 2021 – RMPV 2021), BGBl II 182/2022.

Gefahrenzonen: V über die Gefahrenzonenplanungen nach dem Wasserrechtsgesetz 1959 (WRG-Gefahrenzonenplanungsverordnung – WRG-GZPV), BGBl II 145/2014.

Programme EU-Integration: V über das Aktionsprogramm zum Schutz der Gewässer vor Verunreinigung durch Nitrat aus landwirtschaftlichen Quellen (Nitrat-Aktionsprogramm-Verordnung – NAPV), Amtsblatt zur Wr Zeitung 22/2008 idF BGBl II 385/2017.

Belastungsregister: V über ein elektronisches Register zur Erfassung aller wesentlichen Belastungen von Oberflächenwasserkörpern durch Emissionen von Stoffen aus Punktquellen 2017 (Emissionsregisterverordnung 2017 – EmRegV-OW 2017), BGBl II 207/2017 idF II 389/2021.

Methoden: V über Methodenvorschriften im Bereich Chemie für Abwasser, Oberflächengewässer und Grundwasser (Methodenverordnung Wasser – MVW), BGBl II 129/2019 idF II 332/2019.

Literaturauswahl

Monografien – Kommentare

Altenburger (Hrsg), Kommentar zum Umweltrecht. Bd 1[2] (2020) Bd 2[2] (2021); *Braumüller/Gruber C.*, Handbuch Wasserrecht[2] (2022); *Bumberger/Hinterwirth*, WRG – Wasserrechtsgesetz. Kommentar[3] (2020); *Eisenberger/Bayer* (Hrsg), Die Aarhus-Konvention[2] (2020); *Ennöckl/Raschauer N./Wessely* (Hrsg), Handbuch Umweltrecht[3] (2019); *Epiney ua* (Hrsg), Aarhus-Konvention Handkommentar (2017); *Götzl ua*, B-UHG. Bundes-Umwelthaftungsgesetz. Kommentar (2010); *Grabmayr/Rossmann*, Das österreichische Wasserrecht[2] (1978); *Hinteregger/Kerschner* (Hrsg), Kommentar zum Bundes-Umwelthaftungsgesetz (2011); *Hödl*, Wasserrahmenrichtlinie und Wasserrecht (2005); *Kaan/Rose/*

Rausch, Handbuch der Wassergenossenschaften und Wasserverbände aus rechtlicher, betriebswirtschaftlicher und steuerlicher Sicht (1991); *Kerschner*, WRG. Kurzkommmentar Wasserrechtsgesetz (2022); *Kerschner/Weiß*, WRG. Wasserrechtsgesetz 1959 idF der WRG-Novelle 2003 (2003); *Krzizek*, Kommentar zum Wasserrechtsgesetz (1962), Ergänzungsheft 1974; *Oberleitner/Berger*, WRG-ON[4.01] (Stand: 01.09.2020); *Ramsebner*, Das Recht am Grundwasser (2003); *Raschauer B.*, Kommentar zum Wasserrecht (1993); *Rossmann* (Hrsg), Das österreichische Wasserrechtsgesetz[2] (1993); *Weber K./Barbist*, B-UHG. Bundes-Umwelthaftungsgesetz (2009); *Weber T.*, Umweltschutz durch Rechtsschutz (2015).

Beiträge

Berl/Berl, Das wasserrechtliche Verschlechterungsverbot beim Grundwasser und Individualrechtsschutz, RdU 2019/3, 5; *Bumberger*, Rechtsprobleme des Widerstreitverfahrens, ecolex 2010, 424; *Dworak*, Die Übertragung von Wasserrechten, RdU 2011/125, 210; *Ennöckl*, Rechtsstellung von Umweltorganisationen im Verfahren gem § 21a WRG, RdU 2022/22, 36; *Fuchsberger/Wagner*, Schutz der Gewässer vor Verunreinigung durch Nitrat aus landwirtschaftlichen Quellen, RdU 2020/24, 31; *Granner*, Überlegungen zur Nachfolge in wasserpolizeiliche Instandsetzungsaufträge, ÖZW 2014, 62; *Hartlieb C.*, Die Gemeinde im wasserrechtlichen Bewilligungsverfahren. Parteistellung und Beschwerdelegitimation, RFG 2011/47, 204; *Hattenberger*, Anlagenrelevante Bestimmungen des Wasserrechtsgesetzes, in Holoubek/Potacs (Hrsg), Handbuch des öffentlichen Wirtschaftsrechts II[4] (2019) 1381; *Hattenberger*, Wasserversorgung – Abwasserentsorgung, in Holoubek/Potacs (Hrsg), Handbuch des öffentlichen Wirtschaftsrechts I[4] (2019) 1539; *Hinterwirth*, Legaldienstbarkeiten im WRG, in Rössler/Kerschner (Hrsg), Wasserrecht und Privatrecht[2] (2013) 49; *Kerschner*, Das Enteignungs- und Entschädigungsverfahren im WRG – materiellrechtlicher Teil, in Rössler/Kerschner (Hrsg), Wasserrecht und Privatrecht[2] (2013) 31; *Kerschner*, Zur „Durchleitungshaftung" nach § 26 Abs 2 Wasserrechtsgesetz, in GS Rebhahn (2019) 203; *Kind*, Paradigmenwechsel im Wasserrecht. Erwerb von Eigentum oder anderen dinglichen Rechten am Bette eines Sees, NZ 2014/37, 117; *Kind*, Wem gehört das Wasser?, RdU 2013/6, 23; *Lachmayer*, Der Landeshauptmann als wasserwirtschaftliches Planungsorgan und Behörde, RdU 2012/3, 5; *Oberleitner*, Das „öffentliche Interesse" im Wasserrecht, RdU 2005, 4; *Oberleitner*, Flächennutzungswirksame Planung im Wasserrecht, in Hauer/Nußbaumer (Hrsg), Österreichisches Raum- und Fachplanungsrecht (2006) 135; *Oberleitner*, Funktion und Bedeutung des Grundeigentums im Wasserrecht, in Rössler/Kerschner (Hrsg), Wasserrecht und Privatrecht[2] (2013) 1; *Oberleitner*, Rechtliche Aspekte der Gewässerbewirtschaftung in Österreich, ZfV 2011/2, 11; *Oberleitner*, Rechtliche Aspekte des Grundwasserschutzes bei der Gewinnung von Sand und Kies, RdU 2012/25, 61 (Teil 1), RdU 2012/53, 99 (Teil 2); *Oberleitner*, Übereinkommen und Zwangsrechte im Wasserrecht, in FS Kerschner (2013) 609; *Primosch*, Umweltorganisation als Partei im wasserrechtlichen Bewilligungsverfahren, ecolex 2018/30, 772; *Primosch*, Erhebung des Summationseffekts von anderen Wassernutzungen, ecolex 2020/482, 1123; *Raschauer B.*, Die Gewässerschädigung im B-UHG, RdU 2009/28, 52; *Raschauer B.*, Wasserkraft – Im Widerstreit öffentlicher Interessen/A. Bau, Betrieb und Anpassung von Wasserkraftwerken – Rechtsrahmen, in IUR/ÖWAV (Hrsg), Jahrbuch des österreichischen und europäischen Umweltrechts 2010 (2010) 73; *Raschauer N./Stangl*, Die Sanierung von Grundwasserschäden nach § 31 WRG, ÖZW 2013, 87; *Riegler*, Parteistellung für Umweltorganisationen im wasserrechtlichen Verfahren, RdU 2018/116, 163; *Reichel*, Zur Ausnahmegenehmigung nach § 104a WRG, ecolex 2012, 1025; *Rittler*, Nachträgliche Enteignung im Wasserrecht, RdU 2015/35, 61; *Rockenschaub*, Neues zum Verschlechterungsverbot der Wasserrahmenrichtlinie, RdU-UT 2015/30, 116; *Rössler*, Der Schutz von Wasserversorgungsanlagen im Widerstreit zwischen öffentlichen Interessen und privaten Rechten, in FS Kerschner (2013) 625; *Rössler*, Wege zur Realisierung und dauerhaften Absicherung von Wasserbenutzungsanlagen, in Rössler/Kerschner (Hrsg), Wasserrecht und Privatrecht[2] (2013) 21; *Schachinger/Neger*, Aktuelle Entwicklungen und gesetzlicher Handlungsbedarf bei wasserrechtlichen Widerstreitverfahren, ZTR 2012, 194; *Schulev-Steindl*, Das Aarhus-Beteiligungsgesetz – Ende gut, alles gut?, ÖZW 2019, 14; *Storr*, Negativplanungen für Wasserkraftwerke. Möglichkeiten und Grenzen, RdU-UT 2016/4, 1; *Vogl*, Die WRG-Novelle 2003 zur Umsetzung der Wasserrahmenrichtlinie in Österreich, in IUR/ÖWAV (Hrsg), Jahrbuch des österreichischen und europäischen Umweltrechts 2004 (2004) 97; *Vogl*, Wasserrecht, in Norer (Hrsg), Handbuch des Agrarrechts[2] (2012) 455; *Wagner*, Gestaltung von privatrechtlichen Übereinkommen im Rahmen wasserrechtlicher Verfahren, in Rössler/Kerschner (Hrsg), Wasserrecht und Privatrecht[2] (2013) 65; *Wagner*, Grundinanspruchnahme privater Liegenschaften für Schutzmaßnahmen und Überflutungsflächen, RdU 2013/109, 181; *Wagner*, Haftung und Verwaltungsakzessorietät am Beispiel des Bundes-Umwelthaftungsgesetzes, in IUR/ÖWAV (Hrsg), Jahrbuch des österreichischen und europäischen Umweltrechts 2010 (2010) 145; *Wagner*, Fehlende Umsetzung von Aarhus im Wasserrecht, RdU 2018/31, 34; *Wallnöfer*, Wassergenossenschaften – moderne Organisationsform zur Wasserversorgung?, ecolex 2006, 435; *Weiß*, Das Enteignungs- und Entschädigungsverfahren im WRG – verfahrensrechtlicher Teil, in Rössler/Kerschner (Hrsg), Wasserrecht und Privatrecht[2] (2013) 37; *Weiss*, Das übergeordnete öffentliche Interesse an erneuerbaren Energien: Eine Kurzdarstellung am Beispiel des Wasserrechts, RdU 2022/48, 93; *Wieser N.*, Schwarze Sulm: Quelle für Systemfragen im Wasserrecht, ZfV 2017/19, 176.

Rechtsprechung

VfSlg 4387/1963 (Kompetenzfeststellung – Abwässerbeseitigung von bebauten Liegenschaften); VfSlg 4883/1964 (Anschlusszwang bei Wasserversorgungsanlagen); VfSlg 11.760/1988 (Art 6 EMRK); VfSlg 12.893/1991 (kein Recht auf ungehinderten Gemeingebrauch); VfSlg 13.587/1993, 14.489/1996 (Eigentumsrecht); VfSlg 17.220/2004 ua (Verfassungswidrigkeit der Ermächtigung staatlicher Organe zur Erhebung einer Beschwerde an den VfGH); VfSlg 17.242/2004 (sukzessive Gerichtszuständigkeit); VfSlg 17.557/2005 (Parteistellung der Gemeinde – eigener Wirkungsbereich); VfSlg 18.804/2009 (Anschlusszwang, Vorschreibung eines Wasserleitungsbeitrages); VfSlg 19.636/2012 (LH als Amtspartei und Behörde); VfSlg 19.677/2012 (Widerstreitverfahren – Vorzugsentscheidung ist keine Genehmigung iSd Art 11 Abs 1 Z 7 B-VG); VfSlg 19.963/2015 (Entschädigung für Wasserschutzgebiet); VfSlg 20.116/2016 (Versagung der wr Bewilligung aufgrund einer Grundwasserschongebietsverordnung); VfSlg 20.158/2016 (fehlendes Rechtsschutzinteresse nach Ablauf des Bewilligungszeitraums); VfSlg 20.263/2018 (§ 31c Abs 5 lit b WRG ist hinreichend determiniert); VfGH 03.12.2019, A6/2019 (Kontrolle des Uferbewuchses, Kostentragung Bund).

VwSlg 10.964 A/1983 (kein Ermessen bei § 34 Abs 1 WRG); VwSlg 14.193 A/1995 (Unterscheidung zwischen Bescheid und Maßnahme in § 31 Abs 3 WRG); VwSlg 15.536 A/2001 (§ 102 WRG – § 8 AVG); VwSlg 15.634 A/2001 (Nutzungsbefugnis am Grundwasser); VwSlg 16.203 A/2003 (Bewilligungspflicht nach § 32 und § 56 WRG); VwGH 27.05.2004, 2003/07/0119 (Verhältnis § 107 WRG zu § 42 AVG); VwSlg

16.969 A/2006 (Eisenbahnrecht/Wasserrecht); VwSlg 17.538 A/2008 (Verpflichteter nach § 31 WRG); VwGH 19.11.2009, 2007/07/0059 (Bestimmtheit einer wasserrechtlichen Dienstbarkeit); VwSlg 17.827 A/2010 (Ausnahme vom Verschlechterungsverbot); VwGH 17.06.2010, 2009/07/0037 (Stand der Technik); VwGH 24.03.2011, 2010/07/0155 (dingliche Gebundenheit von Wasserbenutzungsrechten); VwSlg 18.141 A/2011 (Baumaßnahmen im Hochwasserabflussgebiet); VwSlg 18.236 A/2011 (Zuständigkeit des LH); VwSlg 18.487 A/2012 (Dienstbarkeit, Präklusion); VwGH 21.11.2012, 2012/07/0191 (erhebliche Gewässerverunreinigung); VwSlg 18.664 A/2013 (Genossenschaftsbeiträge, Zuständigkeit); VwSlg 18.702 A/2013 (Entziehung der wasserrechtlichen Bewilligung als ultima ratio); VwGH 20.02.2014, 2013/07/0181 (§ 21a WRG kein Instrument zur Herstellung des gesetzmäßigen Zustandes); VwGH 20.02.2014, 2013/07/0253 (Aufsicht über die Wassergenossenschaften); VwSlg 18.956 A/2014 (§ 21 Abs 5 WRG); VwSlg 19.207 A/2015 (Begriff „Wasserversorgungsanlage"); VwGH 17.12.2015, 2012/07/0137 (keine Bindung an UVP-Feststellungsbescheid); VwSlg 19.234 A/2015 (Trennung Schutzgebietsfestlegung – Entschädigung); VwGH 24.05.2016, 2013/07/0227 (Kraftwerksprojekt Schwarze Sulm); VwGH 30.06.2016, Ro 2014/07/0028 (§ 21a WRG keine Umsetzung der Aarhus-Konvention); VwGH 24.11.2016, Ro 2014/07/0101 (Verschlechterungsverbot, Ausnahmebewilligung); VwGH 30.05.2017, Ra 2015/07/0098 (Wasserbenutzungsrecht, Zweckbindung); VwGH 28.03.2018, Ra 2015/07/0055 (Anlassfall Rs Protect); VwGH 28.03.2018, Ra 2015/07/0152 (Parteistellung von Umweltorganisationen); VwGH 21.06.2018, Ro 2017/07/0031, 0032 (Bewilligungspflichten); VwGH 21.06.2018, Ra 2016/07/0071 (Eingriff in die Rechtskraft); VwGH 03.10.2018, Ra 2018/07/0350 (Wassergenossenschaften); VwGH 22.11.2018, Ra 2018/07/0420 (nachträgliche Genehmigung einer Abweichung im Kollaudierungsverfahren nach § 121 WRG); VwGH 28.02.2019, Ra 2018/07/0446 (Kundmachung und Präklusion); VwGH 25.04.2019, Ra 2018/07/0410 („Rückwirkung" des EuGH-Urteils Rs Protect); VwGH 23.05.2019, Ro 2018/07/0044 (Anordnung letztmaliger Vorkehrungen); VwGH 27.06.2019, Ra 2019/07/0051 (Widerstreitverfahren); VwGH 19.12.2019, Ro 2019/07/0012 (Maß der zulässigen Wasserbenutzung); VwGH 10.04.2020, Ra 2020/07/0007 (Fischereiberechtigte); VwGH 25.06.2020, Ra 2018/07/0457 (Nichterteilung eines wasserpolizeilichen Auftrags aufgrund tatsächlicher Unmöglichkeit der Herstellung des ursprünglichen Zustandes); VwGH 25.06.2020, Ra 2018/07/0455 (Wasserleitung unter Straßengrundstück); VwGH 09.09.2020, Ra 2019/07/0118 (Summationseffekt); VwGH 14.09.2021, Ra 2020/07/0056 (Parteistellung von Umweltorganisationen); VwGH 02.02.2022, Ro 2019/07/0013 (Nutzung des Grundwassers durch Baurechtsberechtigten); VwGH 24.05.2022, Ro 2021/03/0009 (Qualifikation der Alten Donau als Privatgewässer).

OGH 26.11.1958, 1 Ob 355/58 (Privateigentum am Bett öffentlicher Gewässer); OGH 30.06.1998, 1 Ob 335/97i (Unverjährbarkeit der Kostenersatzpflicht nach § 31 Abs 3 WRG); OGH 12.08.2004, 1 Ob 295/03v (Privatgewässer – Grenzverlauf); OGH 12.10.2004, 1 Ob 141/04y (Entschädigungspflicht für Grundwasserentnahmen); OGH 16.05.2006, 1 Ob 63/06f (Jahrhunderthochwasser, Amtshaftung); OGH 05.05.2009, 1 Ob 49/09a (keine Klagslegitimation eines Landes iZm § 4 Abs 8 WRG); OGH 10.08.2010, 1 Ob 98/10h (dingliches Recht an öffentlichem Wassergut); OGH 23.02.2011, 1 Ob 227/10d (Veränderung der Abflussverhältnisse durch Schutz- und Regulierungsbauten); OGH 14.03.2013, 1 Ob 44/13x (Bindung des Eigentümers an Zwangsrecht der Dienstbarkeit der Transportwasserleitung); OGH 29.08.2013, 1 Ob 127/13b (Haftung des Werkunternehmers für Gewässerverunreinigungen); OGH 18.09.2014, 1 Ob 115/14j (§ 111 Abs 4 WRG); OGH 22.01.2015, 1 Ob 141/14w (öffentliches Wassergut – Ersitzungsausschluss); OGH 24.11.2015, 1 Ob 127/15f (verschuldensunabhängige Haftung nach § 26 Abs 2 WRG);

OGH 17.07.2018, 1 Ob 92/18p (Fälligkeit von Entschädigungen nach § 117 WRG); OGH 26.09.2018, 1 Ob 114/18y (Entschädigungspflicht iZm einer vorübergehenden Beeinträchtigung); OGH 27.05.2019, 1 Ob 31/19v (Beginn des Fristenlaufs nach § 117 Abs 4 WRG); OGH 23.10.2019, 1 Ob 147/19b (Entschädigung nach § 34 Abs 4 iVm § 117 WRG); OGH 23.07.2020, 1 Ob 108/20v (Schutzzweck der §§ 30 f WRG).

EuGH 14.03.2002, C-161/00 (KOM/D) (Schutz der Gewässer vor Verunreinigung durch Nitrat aus landwirtschaftlichen Quellen); EuGH 06.11.2009, C-381/07 (TOS) (Gewässerreinhaltung, Art 6 RL 2006/11/EG); EuGH 16.04.2015, C-570/13 (Gruber) (Bindungswirkung von UVP-Feststellungsbescheiden); EuGH 01.07.2015, C-461/13 (Bund für Umwelt und Naturschutz Deutschland e.V.) (Verschlechterungsverbot der WRRL, Weser-Vertiefung); EuGH 15.10.2015, C-137/14 (KOM/D) (verfahrensrechtliche Einschränkungen beim Rechtsschutz); EuGH 04.05.2016, C-346/14 (KOM/Ö) (Kraftwerksprojekt Schwarze Sulm); EuGH 01.06.2017, C-529/15 (Folk) (Umweltschaden); EuGH 20.12.2017, Rs C-664/15 (Protect) (Parteistellung von Umweltorganisationen); EuGH 03.10.2019, C-197/18 (Wasserleitungsverband Nördliches Burgenland ua) (Schutz des Grundwassers vor Nitrateinträgen); EuGH 28.05.2020, C-535/18 (Land Nordrhein-Westfalen) (Verschlechterung eines Grundwasserkörpers, Rechtsmittelbefugnis der betroffenen Öffentlichkeit); EuGH 24.06.2021, C-559/19 (KOM/ESP) (Verschlechterungsverbot, Naturraum Doñana).

I. Regelungsgegenstand und -ziele

Das **WRG** schafft einen umfassenden Ordnungsrahmen, der das Wasser und die damit zusammenhängenden Teile der Erdoberfläche (Bett, Ufer) erfasst. Zu den zentralen Themenkreisen dieses Rechtsgebiets zählen die Benutzung der Gewässer (**Nutzwasserwirtschaft**), die nachhaltige Bewirtschaftung, insb der Schutz und die Reinhaltung der Gewässer (**Gewässergütewirtschaft**), der Schutz vor den vom Wasser ausgehenden Gefahren (**Schutzwasserwirtschaft**) sowie die Organisation und Tätigkeit von Wassergenossenschaften und Wasserverbänden. Die Nutzung der tragenden Kraft des Wassers (zB für Schifffahrtszwecke) ist allerdings aus historischen und kompetenzrechtlichen Gründen nicht im WRG geregelt.

Wasserrecht ist zu einem erheblichen Teil **Verordnungsrecht**. Darin spiegelt sich nicht nur die Notwendigkeit sachlich und örtlich differenzierter Regelungen, sondern auch der „technische Charakter" des Wasserrechts wider. Darüber hinaus werden Verordnungen auch zur Umsetzung EU-rechtlicher Vorgaben genutzt.

> Beispiel: § 55p und § 133 Abs 6 bilden die gesetzliche Grundlage für die V des BMLFUW über das Aktionsprogramm zum Schutz der Gewässer vor Verunreinigung durch Nitrat aus landwirtschaftlichen Quellen (Nitrat-Aktionsprogramm-Verordnung – NAPV).

Das Wasser betreffende Regelungen finden sich aber nicht nur im WRG und den darauf basierenden Verordnungen. **Spezifische Aspekte** werden in besonderen bundesgesetzlichen Vorschriften bzw auch im Landesrecht geregelt: So bestimmt etwa das LMSVG die Anforderungen an Wasser für den menschlichen Gebrauch und die damit verbundene Verantwortung der Unternehmer. Landesgesetzliche Vorschriften regeln bspw die Wasserversorgung (zB krnt Gemeindewasserversorgungsgesetz – K-GWVG) und die Entsorgung von Abwässern (zB oö AbwasserentsorgungsG 2001).

II. Verfassungsrechtliche Bezüge

1. Kompetenzrechtliche Bestimmungen

Nach **Art 10 Abs 1 Z 10 B-VG** ist das „Wasserrecht" in Gesetzgebung und Vollziehung Bundessache. Gleiches gilt für die „Regulierung und Instandhaltung der Gewässer zum Zweck der unschädlichen Ableitung der Hochfluten oder zum Zweck der Schifffahrt und Flößerei" sowie für die „Wildbachverbauung" und den „Bau" und die „Instandhaltung von Wasserstraßen".

Der Inhalt des in Art 10 Abs 1 Z 10 B-VG normierten **Kompetenztatbestandes „Wasserrecht"** ist unter Zugrundelegung des Versteinerungsprinzips* zu bestimmen. Nach hA erfasst die Zuständigkeit des Bundes aufgrund dieses Kompetenztatbestandes grundsätzlich die chemische Verbindung H_2O, unabhängig vom Aggregatzustand (zB Eis, atmosphärische Niederschläge), einer allfälligen Vermischung mit anderen Stoffen (zB Heilquellen, Heilmoore), dem Grad seiner Verunreinigung (zB Abwässer) und dem Ort seines Vorkommens (zB Tagwässer, Grundwasser). Wird das Wasser allerdings seinem natürlichen Kreislauf entzogen (zB indem es in Flaschen abgefüllt wird), unterliegt es so lange nicht mehr dem Kompetenztatbestand „Wasserrecht", bis der natürliche Zusammenhang (zB durch Ausgießen auf den Boden oder in den Abfluss) wiederhergestellt ist. Regelungen, die die Erde, soweit sie wasserwirtschaftlich von Bedeutung ist (zB Bett, Ufer), betreffen, können ebenfalls auf diesen Kompetenztatbestand gestützt werden.

Gegenstand wasserrechtlicher Regelungen iSd Art 10 Abs 1 Z 10 B-VG können insb die Nutzung und der Schutz des Wassers, aber auch der Schutz vor dem Wasser sein. Das Recht der wasserrechtlichen Genossenschaften zählt ebenfalls zum Kompetenztatbestand „Wasserrecht".

Abgrenzungsprobleme zur Kompetenz des Landesgesetzgebers ergaben sich va im Verhältnis zum **Baurecht** und zum **Naturschutzrecht**. Im Kompetenzfeststellungserkenntnis VfSlg 4387/1963 hat der VfGH festgehalten, dass die Regelung der Abwässerbeseitigung von bebauten Liegenschaften, soweit sie die Einwirkung der Abwässerbeseitigung auf fremde Rechte oder auf öffentliche Gewässer betrifft, gem Art 10 Abs 1 Z 10 B-VG (Wasserrecht) Bundessache ist. Der VfGH räumt aber ein, dass es durchaus möglich ist, die Ableitung von Abwässern sowohl unter baurechtlichen als auch unter wasserrechtlichen Gesichtspunkten zu regeln. Folglich steht der Landesgesetzgebung auch die Kompetenz zu, die Frage des Anschlusszwangs an eine öffentliche Kanalanlage einer Regelung zu unterziehen (VwSlg 9965 A/1979, VfSlg 12.842/1991). Bei Wasserversorgungsanlagen ist die Regelung eines Anschlusszwanges (s § 36 Abs 1) hingegen vom Kompetenztatbestand „Wasserrecht" erfasst (VfSlg 4883/1964).

Der VfGH hat außerdem die Auffassung vertreten, dass der Landesgesetzgeber nicht befugt ist, die **Errichtung von Wasserbauten** ieS, also von Bauten, die unmittelbar der Wassernutzung dienen (zB die Verlegung einer Gussrohrleitung), einer Bewilligungspflicht nach der BauO (→ *Baurecht*) zu unterwerfen. Die Zuständigkeit des Baurechtsgesetzgebers kommt nur dort und insoweit in Betracht, als es sich um Bauten handelt, die nicht unmittelbar, sondern bloß mittelbar der Wassernutzung dienen, bei denen also der wasserbauliche Nutzungszweck in den Hintergrund tritt (zB Werkstättengebäude iZm Wasserbauten) (VfSlg 13.234/1992).

Hinsichtlich der Kompetenz zur Regelung des Naturschutzes (→ *Naturschutzrecht*) stellte sich etwa die Frage, inwieweit der **Schutz des Grundwassers** vor Verunreinigung eine Aufgabe des Naturschutzes ist. Der VwGH hat dazu festgehalten, dass der Grundwasserschutz grundsätzlich dem Kompetenztatbestand „Wasserrecht" zuzuordnen ist, wenngleich nicht ausgeschlossen werden kann, dass es spezifisch naturschutzrechtliche, von den wasserrechtlichen verschiedene Gesichtspunkte für den Grundwasserschutz gibt. Auf der Grundlage dieser Überlegungen war es nach Ansicht des Gerichtshofs mangels spezifisch naturschutzrechtlicher Gesichtspunkte unzulässig, eine naturschutzbehördliche Bewilligung zur Schotterentnahme allein wegen der Gefahr einer Grundwasserverunreinigung zu verweigern (VwSlg 14.078 A/1994).

Wie die Judikatur zu den kompetenzrechtlichen Abgrenzungsproblemen zeigt, kommt dem Kompetenztatbestand „Wasserrecht" kein exklusiver, dh andere Kompetenztatbestände verdrängender Inhalt zu. Nach Maßgabe der bundesstaatlichen Kompetenzverteilung können sohin wasserrechtlich relevante Sachverhalte auch unter Heranziehung anderer Kompetenztatbestände geregelt werden (**Gesichtspunktetheorie***). Derartige Regelungen sind iSd Kumulationsprinzips* zu beachten (vgl etwa VwGH 10.12.1991, 91/05/0063).

2. Grundrechtliche Bestimmungen

Der VfGH hat sich mit Eingriffen der Wasserrechtsbehörden in grundrechtlich verbürgte Freiräume va unter dem Blickwinkel des **Eigentumsschutzes** beschäftigt. Staatliche Eigentumseingriffe sind nur zulässig, wenn ein nachweisliches öffentliches Interesse* besteht und der Grundsatz der Verhältnismäßigkeit gewahrt ist. Unter Berufung auf diesen dem Eigentumsrecht immanenten **Verhältnismäßigkeitsgrundsatz** hat der VfGH betont, dass eine Vermögensbelastung eines Grundeigentümers durch einen wasserpolizeilichen Auftrag nach § 138 WRG nur nach Prüfung seiner wirtschaftlichen Zumutbarkeit und Adäquanz im Hinblick auf die im öffentlichen Interesse* gelegene Beseitigung des konsenslosen Zustandes zulässig ist (VfSlg 13.587/1993; vgl auch VfSlg 14.489/1996). Aus der verfassungsrechtlichen Eigentumsgarantie ergibt sich weiters ein unmittelbarer Anspruch auf **Rückübereignung**, wenn die Voraussetzungen für den Eigentumseingriff nicht gegeben bzw weggefallen sind. Dementsprechend normiert § 70 WRG für den Fall des Erlöschens einer wasserrechtlichen Bewilligung das Erlöschen bzw die Aufhebung der dadurch entbehrlich gewordenen Dienstbarkeiten (Abs 1) sowie die Rückübereignung von Grundstücken, die für Zwecke einer Wasseranlage übertragen worden sind (Abs 2). Zu den Voraussetzungen einer Zwangsrechtseinräumung s XII.1.

Nach **Art 6 EMRK** hat jedermann ein verfassungsgesetzlich gewährleistetes Recht, dass über seine Sache, wenn sie „civil rights and obligations" (oder „criminal charges") betrifft, ein unabhängiges und unparteiisches, auf Gesetz beruhendes „Gericht" (Tribunal*) entscheidet. Da der Anspruch auf Enteignungsentschädigung nach der Rsp zu den „civil rights" zählt, ist der Gesetzgeber verpflichtet, die Festlegung von Entschädigungen bei derartigen Eigentumseingriffen Tribunalen* iSd Art 6 EMRK zu übertragen. § 117 WRG sieht für Entscheidungen über Entschädigungsansprüche (insb wegen der Begründung wasserrechtlicher Zwangsrechte nach § 60 WRG) eine sukzessive Zuständigkeit* vor.

3. Wasserbezogene Staatsziele

Nach § 3 des **BVG über die Nachhaltigkeit, den Tierschutz, den umfassenden Umweltschutz, die Sicherstellung der Wasser- und Lebensmittelversorgung und die Forschung** bekennt sich die Republik Österreich (Bund, Länder und Gemeinden) zum umfassenden Umweltschutz. Der umfassende Umweltschutz besteht ua in Maßnahmen zur Reinhaltung des Wassers. In § 4 dieses BVG findet sich sodann ein Bekenntnis der Republik Österreich „zur Wasserversorgung als Teil der Daseinsvorsorge und zu ihrer Verantwortung für die Sicherung deren Erbringung und Qualität, insb dazu, das öffentliche Eigentum an der Trinkwasserversorgung und die Verfügungsgewalt darüber […] in öffentlicher Hand zu erhalten." Damit werden der Beteiligung Privater an der Wasserversorgung Grenzen gezogen.

Wasserbezogene Staatsziele finden sich darüber hinaus in mehreren **Landesverfassungen**. So zählen etwa „die nachhaltige Sicherung des Wassers als natürliche Lebensgrundlage, der Schutz strategisch wichtiger Wasserressourcen zur Vorsorge für kommende Generationen und die Sicherung der Versorgung insb der Bevölkerung mit qualitativ hochwertigem Trinkwasser zu sozialverträglichen Bedingungen" zu den Aufgaben und Zielsetzungen des staatlichen Handelns des Landes Salzburg (Art 9 sbg L-VG).

III. Europarechtliche Bezüge

Die wasserrechtlichen Vorschriften der EU bilden ein umfangreiches Regelungswerk, das sich sowohl auf Binnengewässer als auch auf Grund- und Meerwasser bezieht. Neben Abkommen zum Schutz grenzüberschreitender Gewässer und der Meere handelt es sich dabei in erster Linie um Richtlinien*. Die Umsetzung dieser Richtlinien* erfolgt in Österreich insb durch das WRG.

Im Zentrum des europäischen Wasserrechts steht die **Wasserrahmenrichtlinie** (WRRL). Die WRRL schafft einen europaweiten Ordnungsrahmen für den Schutz der Binnenoberflächengewässer, der Übergangsgewässer (bei Flussmündungen), der Küstengewässer und des Grundwassers. Hauptziele sind die Erhaltung und Verbesserung der aquatischen Umwelt, die Verringerung der Einleitung gefährlicher Stoffe in Gewässer, die Aufstellung allgemeiner Grundsätze (zB zur Koordinierung von Maßnahmen zur Verbesserung des Gewässerschutzes in der EU), die Sicherstellung eines guten Zustandes der Oberflächengewässer und des Grundwassers sowie die Verhinderung einer Zustandsverschlechterung der Gewässer (s zum Verschlechterungsverbot der WRRL EuGH 01.07.2015, C-461/13). Der wasserwirtschaftlichen Planung wird eine zentrale Rolle eingeräumt.

Zur Umsetzung der WRRL wurde das WRG umfassend novelliert (WRG-Nov 2003, BGBl I 82/2003). Verschlechterungen des jeweiligen Gewässerzustandes sind seitdem grundsätzlich unzulässig (s §§ 30 ff, 104a) (**Verschlechterungsverbot**). Diese Novelle liefert freilich ein anschauliches Beispiel dafür, dass sich die Übernahme von Richtlinienrecht nachteilig auf die Verständlichkeit und die Kohärenz innerstaatlicher Vorschriften auswirken kann.

IVm der WRRL ist auch die **Hochwasser-RL** zu nennen. Ziel dieser RL ist es, einen Rahmen für die Bewertung und das Management von Hochwasserrisiken zu schaffen. Ihrer Umsetzung diente die WRG-Nov BGBl I 14/2011.

Darüber hinaus werden in verschiedenen Richtlinien* Regelungen über den **spezifischen Gebrauch von Wasser** getroffen. Zu erwähnen ist hier etwa die Trinkwasser-RL, mit der die EU grundlegende Qualitätsstandards für Wasser festlegt, das für den menschlichen Gebrauch bestimmt ist.

Die **Einleitung von Stoffen** in das Wasser ist ebenfalls Gegenstand von EU-Regelungen. Zu nennen ist bspw die RL über Umweltqualitätsnormen im Bereich der Wasserpolitik. Mit dieser RL, die an die WRRL anknüpft, werden Umweltqualitätsnormen für sog prioritäre Stoffe und bestimmte andere Schadstoffe mit dem Ziel festgelegt, einen guten chemischen Zustand der Oberflächengewässer zu erreichen. Ein weiteres Beispiel ist die **Nitrat-RL**, die darauf abzielt, die durch Nitrat aus landwirtschaftlichen Quellen bewirkte Gewässerverunreinigung zu vermeiden und derartigen Verunreinigungen in Hinkunft vorzubeugen. Die Nitrat-RL verpflichtet die Mitgliedstaaten zur

Erlassung von Aktionsprogrammen, in denen Maßnahmen vorzusehen sind, damit der Grenzwert für Nitrat im Grundwasser nicht überschritten wird. Nach der Rsp des **EuGH** (Rs C-197/18, **Wasserleitungsverband Nördliches Burgenland**) können unmittelbar Betroffene von den zuständigen Behörden verlangen, dass diese ein bestehendes Aktionsprogramm ändern oder weitere Maßnahmen bzw Aktionen treffen, solange der Nitratgrenzwert im Grundwasser überschritten wird oder eine Überschreitung droht.

Ergänzt werden diese spezifisch wasserrechtlichen Vorschriften des EU-Rechts durch **Vorschriften des allgemeinen EU-Umweltrechts**, die auch für das Wasser von Relevanz sind. Wegen ihrer Bedeutung für den Gewässerschutz ist hier – neben der UVP-RL (→ *Umweltverträglichkeitsprüfung*) – insb die **Industrieemissions-RL** (IE-RL) zu erwähnen. Diese RL regelt die integrierte (dh medienübergreifende) Vermeidung und Verminderung der Umweltverschmutzung infolge industrieller Tätigkeiten. Sie sieht Vorschriften zur Vermeidung und, sofern dies nicht möglich ist, zur Verminderung von Emissionen in Luft, Wasser und Boden und zur Abfallvermeidung vor, um **ein hohes Schutzniveau für die Umwelt insgesamt** zu erreichen. Die Umsetzung dieser RL im Wasserrecht erfolgte mit Art 5 UmweltrechtsanpassungsG 2013 (BGBl I 98/2013). Mit dieser Novelle wurde ua ein neuer § 134a ins WRG eingefügt. Diese Bestimmung verpflichtet die Betreiber von sog „IE-Anlagen" (s VI.3.), sofern „relevante gefährliche Stoffe" verwendet, erzeugt oder freigesetzt werden, einen Bericht über den Ausgangszustand des Anlagengeländes im Hinblick auf eine mögliche Verschmutzung des Grundwassers zu erstellen. Dieser Bericht soll die Basis für eine kontinuierliche Überwachung bzw Überprüfung des Grundwasserzustandes bilden. Darüber hinaus ist er für die Festlegung von Maßnahmen iZm der Stilllegung von IE-Anlagen (§ 29a) von Relevanz (s VI.3.).

In diesem Kontext muss auch auf das EU-Umwelthaftungsrecht hingewiesen werden. Die Vorgaben der **Umwelthaftungs-RL** betreffend Schäden an Boden und Gewässern wurden durch das **B-UHG** umgesetzt. Das B-UHG regelt auf der Grundlage des Verursacherprinzips (auch: „polluter pays"-Prinzip) Maßnahmen zur Vermeidung und Sanierung von Umweltschäden (s VII.3.). Als Umweltschaden iS dieses Gesetzes gilt insb jede erhebliche Schädigung der Gewässer (**Gewässerschaden**). Das ist jeder Schaden, der erhebliche nachteilige Auswirkungen auf den ökologischen, chemischen oder mengenmäßigen Zustand oder das ökologische Potenzial der betreffenden Gewässer iSd WRG hat, mit Ausnahme der nachteiligen Auswirkungen, die in Anwendung des § 104a WRG bewilligt wurden (§ 4 Z 1 lit a B-UHG).

Schließlich sei noch erwähnt, dass die **Konzessionsvergabe-RL** 2014/23/EU (→ *Vergaberecht*) besondere Ausschlüsse „im Bereich Wasser" normiert (Art 12). Danach sind etwa Konzessionen betreffend die Bereitstellung und das Betreiben fester Netze zur Versorgung der Allgemeinheit iZm der Gewinnung, dem Transport oder der Verteilung von Trinkwasser vom Anwendungsbereich der RL ausgenommen (s dazu § 8 Abs 1 Z 25 BVergGKonz 2018).

IV. Völkerrechtliche Bezüge

Für das Wasserrecht von Bedeutung ist das UNECE-Übereinkommen über den Zugang zu Informationen, die Öffentlichkeitsbeteiligung an Entscheidungsverfahren und den Zugang zu Gerichten in Umweltangelegenheiten (**Aarhus-Konvention**). Diese Konvention, deren Name sich von der Stadt in Dänemark herleitet, in der sie unterzeichnet wurde, soll den Zugang zu Umweltinformationen, die Beteiligung der Öffentlichkeit an bestimmten Entscheidungsverfahren, die Auswirkungen auf die Umwelt haben können, sowie den Zugang zu einem Gericht (bzw einer anderen auf gesetzlicher Grundlage geschaffenen, unabhängigen und unparteiischen Stelle) in Umweltangelegenheiten sicherstellen. Das zentrale Anliegen der Konvention, die sowohl von Österreich als auch von der EU ratifiziert bzw genehmigt wurde, besteht darin, die Beteiligung der Öffentlichkeit an umweltrelevanten Genehmigungsverfahren zu intensivieren und damit das Umweltbewusstsein der Bevölkerung zu stärken.

Unter Berufung auf die Aarhus-Konvention hat der **EuGH** mit der Entscheidung in der **Rs Protect**, der ein wasserrechtliches Verfahren zu Grunde lag, die Rechtsposition von **Umweltorganisationen** im Anlagenverfahren massiv gestärkt. Umweltorganisationen sind an umweltrechtlichen Bewilligungsverfahren als Parteien zu beteiligen und haben das Recht, behördliche Entscheidungen zu bekämpfen. Auch der im österr Verfahrensrecht an sich vorgesehene Verlust der Parteistellung (Präklusion*) mangels rechtzeitiger Erhebung von Einwendungen* soll dem nicht entgegenstehen.

S dazu auch die Entscheidung des VwGH im Anlassfall der Rs Protect (VwGH 28.03.2018, Ra 2015/07/0055): In einem wasserrechtlichen Bewilligungsverfahren darf durch die Geltung der Ausschlussregelung des § 42 AVG für eine Umweltorganisation das Recht, bei einem Gericht einen Rechtsbehelf einzulegen, wie es Art 9 Abs 3 Aarhus-Übereinkommen iVm Art 47 GRC für den Schutz der durch Art 4 WRRL gewährten Rechte gewährleistet, nicht übermäßig beschränkt werden.

Mittlerweile hat der Gesetzgeber auf die Rsp reagiert und mit dem **Aarhus-Beteiligungsgesetz 2018** anerkannten Umweltorganisationen iSd § 19 Abs 7 UVP-G 2000 (→ *Umweltverträglichkeitsprüfung*) im Rahmen ihrer örtlichen Anerkennung Beteiligungs- und Anfechtungsrechte iZm wasserrechtlichen Genehmigungsverfahren eingeräumt (s dazu XIV.2.).

Das UNECE-Übereinkommen zum Schutz und zur Nutzung grenzüberschreitender Wasserläufe und internationaler Seen (**Helsinki-Übereinkommen**) legt Rahmenbedingungen für die Zusammenarbeit bei der Vermeidung bzw Bewältigung der Verschmutzung grenzüberschreitender Gewässer fest.

Die Vertragsparteien sind verpflichtet, alle geeigneten Maßnahmen zur Verhütung, Bekämpfung und Verringerung grenzüberschreitender Beeinträchtigungen zu treffen. Insb haben sie die Verschmutzung von Gewässern hintanzuhalten sowie sicherzustellen, dass grenzüberschreitende Gewässer mit dem Ziel einer umweltverträglichen und rationellen Wasserbewirtschaftung, der Erhaltung der Wasservorkommen und des Schutzes der Umwelt genutzt werden. Zudem ist dafür Sorge zu tragen, dass grenzüberschreitende Gewässer in angemessener und ausgewogener Weise genutzt werden und Ökosysteme erhalten bzw wiederhergestellt werden (Art 2).

V. Grundbegriffe des Wasserrechts

1. Die Gewässer (§§ 1 ff)

Der erste Abschnitt des WRG handelt „von der rechtlichen Eigenschaft der Gewässer" und spricht damit den für das Wasserrecht zentralen Begriff des „Gewässers" an. Dieser setzt seinerseits einen weiteren Grundbegriff voraus, nämlich jenen des Wassers. Als **Wasser** iSd WRG ist die chemische Verbindung H_2O (= die Wasserwelle) in ihrem natürlichen Kreislauf zu verstehen (s II.1.). Als **Gewässer** bezeichnet man natürliche oder künstliche Zusammenhänge von Wasser, die dem WRG unterliegen. Dazu zählen (bei Tagwässern) neben der Wasserwelle auch das Wasserbett (= Grund, über dem sich das Wasser befindet) und die Ufer (s auch VwGH 23.04.1998, 97/07/0005).

Das WRG unterscheidet folgende **Arten von Gewässern**:
- öffentliche und private Gewässer (§§ 1–3);
- Tagwässer (zB § 9 Abs 2) und Grundwasser (zB § 3 Abs 1 lit a);
- stehende Gewässer (zB Seen, Teiche) und fließende Gewässer (zB Flüsse, Bäche). Die fließenden Gewässer werden zT auch als „Gerinne" bezeichnet (zB § 47 Abs 1 lit c).

Öffentliche Gewässer (§ 2) sind zunächst alle im Anh A zum WRG aufgezählten Ströme, Flüsse, Bäche und Seen mit allen ihren Armen, Seitenkanälen und Verzweigungen (sog „Kataloggewässer"). Darüber hinaus zählen dazu jene Gewässer, die vor Inkrafttreten des WRG anlässlich der Erteilung einer wasserrechtlichen Bewilligung als öffentliche behandelt wurden (bei fließenden Gewässern ab der betreffenden Stelle flussabwärts). Außerdem gelten all jene Gewässer als öffentlich, die (im WRG) nicht ausdrücklich als Privatgewässer bezeichnet werden. Öffentliche Gewässer sind schließlich auch jene, die gem § 61 für öffentlich erklärt wurden (s XII.2.). Öffentliche Gewässer bilden einen Teil des öffentlichen Gutes (§ 287 ABGB).

Von den öffentlichen Gewässern als Teil des öffentlichen Gutes ist das öffentliche Wassergut (§ 4) zu unterscheiden. Dieses umfasst nur das Bett öffentlicher Gewässer (s V.2.) (vgl *Bumberger/Hinterwirth*, WRG³ § 1 K4.).

Das **Eigentumsrecht** an öffentlichen Gewässern kommt grundsätzlich dem Bund zu (vgl *Bachler* in Oberleitner/Berger, WRG-ON[4.01] § 1 Rz 1 mwH). Zu beachten ist freilich, dass nach der Rsp das Eigentum am Wasserbett und an der Wasserwelle auseinanderfallen kann (VwGH 21.11.1994, 94/10/0112); das Bett öffentlicher Gewässer kann daher auch im Privateigentum stehen (OGH 26.11.1958, 1 Ob 355/58).

Zu den **Privatgewässern** rechnet man – neben den in § 2 Abs 2 genannten Gewässern, für die ein besonderer, vor dem Jahre 1870 entstandener Privatrechtstitel (an der Wasserwelle; OGH 31.03.1965, 1 Ob 11/65) nachgewiesen wird – die in § 3 Abs 1 lit a bis e genannten Gewässer, sohin insb das **Grundwasser** und das aus einem Grundstück zu Tage quellende Wasser (**Quellwasser**), die sich auf einem Grundstück aus atmosphärischen Niederschlägen ansammelnden Wässer sowie das in Brunnen, Zisternen, Teichen oder anderen Behältern enthaltene und das in Kanälen, Röhren usw für Verbrauchszwecke abgeleitete Wasser. Privatgewässer stehen grundsätzlich im Eigentum des Liegenschaftseigentümers bzw der Ufereigentümer, wobei auch die Gebietskörperschaften als Eigentümer in Betracht kommen (zB ist der Hallstätter See ein im Eigentum des Bundes stehendes Privatgewässer; OGH 15.10.1970, 1 Ob 133/70).

Den Grundeigentümern steht nach § 5 Abs 2 das Recht zu, das nach § 3 Abs 1 lit a als Privatgewässer qualifizierte Grundwasser, zB durch einen Hausbrunnen, zu nutzen (VwGH 23.02.2012, 2009/07/0046).

Der Umstand, dass ein Gewässer im Eigentum einer Gebietskörperschaft (etwa des Bundes) steht, macht dieses also noch nicht zum öffentlichen Gewässer. Es gibt eben auch Privatgewässer der Gebietskörperschaften (vgl *Bumberger/Hinterwirth*, WRG[3] § 2 K4.).

Als **Grundwasser** bezeichnet man das in einem Grundstück enthaltene unterirdische Wasser einschließlich der unterirdischen Seen (Höhlenwässer). Das zu Tage tretende (= oberhalb der Erdoberfläche befindliche) Wasser nennt man **Tagwasser**.

2. Öffentliches Wassergut (§ 4)

Zum öffentlichen Wassergut (§ 4) zählt jene Fläche, die **das Bett eines öffentlichen Gewässers und dessen Hochwasserabflussgebiet** bildet, sofern entweder

- der Bund in den öffentlichen Büchern als Eigentümer eingetragen ist (§ 4 Abs 1 S 1), oder
- die Zweifelsregel des § 4 Abs 1 S 2 zur Anwendung kommt, oder
- der Bund das Eigentum an einer solchen Fläche erworben hat und diese (den in § 4 Abs 2 genannten) Zwecken öffentlichen Wasserguts dienlich sein kann (§ 4 Abs 4),

wobei es nicht darauf ankommt, ob das öffentliche Gewässer wasserführend ist. Unter öffentlichem Wassergut versteht man folglich nicht das Wasser selbst, sondern ausschließlich die bezeichneten **Grundflächen**.

Ausnahmen: Eisenbahngrundstücke sowie Grundstücke, die zu einer öffentlichen Straßen- oder Wegeanlage gehören oder in der Verwaltung eines Bundesbetriebes stehen, zählen nicht zum öffentlichen Wassergut (§ 4 Abs 3). Flächen gem § 4 Abs 1, die die Österreichische Bundesforste AG (→ *Forstrecht*) im eigenen oder fremden Namen verwaltet (zB bestimmte Seen), sind ebenfalls nicht öffentliches Wassergut. Die diesbezüglichen Bestimmungen gelten aber für diese Flächen zT sinngemäß (§ 4 Abs 3a, § 4 Abs 10).

Das öffentliche Wassergut dient in erster Linie **öffentlichen Interessen***, wie etwa der Erhaltung des ökologischen Zustandes der Gewässer, dem Schutz ufernaher Grundwasservorkommen, der Sicherheit vor Hochwässern und Eisstau und der Erholung der Bevölkerung (vgl § 4 Abs 2). Aus diesem Grund bedürfen Grundflächen, die öffentliches Wassergut sind, eines **besonderen Schutzes** (insb vor Veräußerung oder dinglicher Belastung). § 4 Abs 8 sieht daher vor, dass bei den zum öffentlichen Wassergut gehörenden Liegenschaften die Übertragung des Eigentums erst nach bescheidmäßiger Feststellung der dauernden Entbehrlichkeit für die mit der Widmung* als öffentliches Wassergut verbundenen Zwecke (Ausscheidung) zulässig ist. Die Einräumung eines anderen dinglichen Rechts erfordert die vorherige bescheidmäßige Feststellung, dass dadurch keine Beeinträchtigung der Widmungszwecke (§ 4 Abs 2) eintritt. Bis zur Erlassung des Ausscheidungs- oder Feststellungsbescheids* durch den LH ist das zivilrechtliche Rechtsgeschäft schwebend unwirksam.

Ein Land ist jedoch nicht berechtigt, in einem Zivilprozess die Feststellung zu begehren, dass ein zwischen dem Bund als Verkäufer und einem Privaten als Käufer geschlossener Kaufvertrag wegen eines Verstoßes gegen § 4 Abs 8 nichtig sei, wenn seine Rechtsposition nicht unmittelbar tangiert ist (OGH 05.05.2009, 1 Ob 49/09a).

Die Verwaltung des öffentlichen Wassergutes erfolgt im Wege der **Privatwirtschaftsverwaltung*** des Bundes durch den LH (BGBl 280/1969), hinsichtlich einiger Seen durch die Österreichische Bundesforste AG und bei Donau, March und Thaya durch die via donau – Österreichische Wasserstraßen-Gesellschaft mbH (§ 2 Abs 1 Z 10 WasserstraßenG) (so *Bachler* in Oberleitner/Berger, WRG-ON[4.01] § 4 Rz 9).

3. Öffentliche Interessen (§ 105)

Eine zentrale Norm des WRG ist dessen § 105, der **wasserwirtschaftlich bedeutsame öffentliche Interessen*** zum Ausdruck bringt. Die in § 105 demonstrativ aufgezählten öffentlichen Interessen stellen zugleich allgemein zu beachtende **Versagungstatbestände** für beantragte wasserrechtliche Bewilligungen sowie Kriterien für die Vorschreibung von **Auflagen*** und sonstigen Nebenbestimmungen dar. Die Wahrnehmung dieser als öffentliche Interessen qualifizierten Gesichtspunkte obliegt der Wasserrechtsbehörde von Amts wegen; subjektiv-öffentliche Rechte* der mitbeteiligten Parteien können sich daraus nicht ergeben.

Ein Bewilligungsantrag, dessen Ausführung öffentlichen Interessen iSd § 105 zuwiderläuft, ist von der Behörde* grundsätzlich abzuweisen. Die Beeinträchtigung öffentlicher Interessen führt jedoch dann nicht zu einer Versagung der angestrebten Bewilligung, wenn dem Interessenwiderstreit durch Auflagen* oder sonstige Nebenbestimmungen abgeholfen werden kann. Lässt sich auf diese Weise ein Widerspruch zu öffentlichen Interessen nicht bzw nicht zur Gänze beseitigen, kann dennoch eine Bewilligung erteilt werden, wenn überwiegende öffentliche Interessen für das Vorhaben sprechen. § 105 ermöglicht sohin auch eine **Abwägung zwischen verschiedenen öffentlichen Interessen** (vgl *Bumberger/Hinterwirth*, WRG³ § 105 K1. und K3.).

VI. Die Benutzung der Gewässer (§§ 5 ff)

1. Die Benutzung öffentlicher Gewässer und privater Tagwässer

Ist im WRG von der Benutzung der Gewässer die Rede, so muss zunächst je nach Art und Intensität dieser Benutzung zwischen dem unentgeltlichen und **bewilligungsfreien Gemeingebrauch**, der **bewilligungsfreien Nutzung** und der **bewilligungspflichtigen Nutzung** unterschieden werden. Der Umfang des Gemeingebrauchs hängt davon ab, ob es sich um ein privates oder um ein öffentliches Gewässer handelt.

Der Gemeingebrauch an öffentlichen Gewässern (sog „**großer Gemeingebrauch**") ist der „gewöhnliche, ohne besondere Vorrichtungen vorgenommene, die gleiche Benutzung durch andere nicht ausschließende Gebrauch des Wassers, wie insb zum Baden, Waschen, Tränken, Schwemmen, Schöpfen, dann die Gewinnung von Pflanzen, Schlamm, Erde, Sand, Schotter, Steinen und Eis, schließlich die Benutzung der Eisdecke überhaupt, soweit dadurch weder der Wasserlauf, die Beschaffenheit des Wassers oder die Ufer gefährdet noch ein Recht verletzt oder ein öffentliches Interesse beeinträchtigt noch jemandem ein Schaden zugefügt wird, [...]" (§ 8 Abs 1).

> Unter Wahrung dieser Voraussetzungen zählen etwa zum Gemeingebrauch: das Baden oder Tauchen (mit Atemgeräten), geringe Wasserentnahmen, geringe Schotterentnahmen sowie der Gebrauch von Bachwasser als Viehtränke. Die Benutzung der tragenden Kraft des Wassers zur Schifffahrt und Floßfahrt gehört nicht zum Gemeingebrauch iSd § 8 Abs 1 (VfSlg 4330/1962).
>
> Gewerblich geführte Canyoning-Touren gehen über den „großen Gemeingebrauch" des § 8 Abs 1 hinaus (OGH 10.02.2004, 1 Ob 56/03x).

Eine darüber hinausgehende Benutzung des öffentlichen Gewässers (**bewilligungspflichtige Sondernutzung**) sowie die Errichtung oder Änderung der **zur Benutzung der Gewässer dienenden Anlagen** bedarf der **Bewilli-**

gung der Wasserrechtsbehörde (§ 9 Abs 1). Der Bewilligungspflicht nach § 9 Abs 1 unterliegen daher nur Anlagen, die der Benutzung der Gewässer dienen.

Unter einer Anlage* iSd WRG muss alles das verstanden werden, was durch die Hand des Menschen „angelegt", dh errichtet wird (VwSlg 5070 A/1959). Zu den Anlagen zur Gewässerbenutzung zählen etwa Trink- und Nutzwasserversorgungsanlagen, nicht hingegen Bootsanlegeplätze und Schiffsanlegestellen.

Ist nur die Errichtung von baulichen Anlagen oder von Einbauten geplant, so ist nach hA § 38 einschlägig. Entwässerungsanlagen (§ 40), Schutz- und Regulierungswasserbauten (§ 41) sowie im Regelfall auch Anlagen und Vorhaben nach §§ 31a und 31c (potentiell wassergefährdende Vorhaben) unterliegen nicht der Bewilligungspflicht nach §§ 9 ff, weil diese Vorhaben projektgemäß nicht auf die Benutzung der Gewässer abzielen (vgl *Hattenberger* in Holoubek/Potacs II[4] 1405).

Bezieht sich die über den Gemeingebrauch hinausgehende Benutzung lediglich auf das Bett (zB Sand- und Schotterentnahmen), so ist nach § 5 Abs 1 jedenfalls auch die zivilrechtliche Einwilligung des Eigentümers erforderlich. Eigentümer des Betts öffentlicher Gewässer ist idR der Bund (s aber OGH 26.11.1958, 1 Ob 355/58; dazu schon V.1.).

Die **Benutzung der privaten Tagwässer** ist grundsätzlich dem **Eigentümer** vorbehalten, der jedoch die Ausübung des Gemeingebrauchs durch Dritte unentgeltlich zu dulden hat. Der Gemeingebrauch an privaten Tagwässern (sog **„kleiner Gemeingebrauch"**) umfasst den Gebrauch des Wassers „zum Tränken und zum Schöpfen mit Handgefäßen", soweit dadurch weder Rechte noch öffentliche oder private Interessen verletzt werden (§ 8 Abs 2). Der kleine Gemeingebrauch an Privatgewässern kommt freilich nur dort in Betracht, wo eine Zugangserlaubnis zum Gewässer besteht (zB durch eine öffentliche Straße).

Während bei öffentlichen Gewässern jede Überschreitung des Gemeingebrauchs die Bewilligungspflicht auslöst, ist die Benutzung der privaten Tagwässer sowie die Errichtung oder Änderung der hiezu dienenden Anlagen nur dann bewilligungspflichtig, wenn dadurch auf fremde Rechte oder infolge eines Zusammenhanges mit öffentlichen Gewässern oder fremden Privatgewässern auf das Gefälle, auf den Lauf oder die Beschaffenheit des Wassers (va in gesundheitsschädlicher Weise) oder auf die Höhe des Wasserstandes in diesen Gewässern Einfluss geübt werden kann. Gleiches gilt, wenn eine Gefährdung der Ufer bzw eine Überschwemmung oder Versumpfung fremder Grundstücke herbeigeführt werden kann (**bewilligungspflichtige Nutzung**; § 9 Abs 2). Gewisse, den Gemeingebrauch übersteigende Nutzungen sind somit durch den Eigentümer oder mit Zustimmung des Eigentümers auch ohne wasserrechtliche Bewilligung möglich (**bewilligungsfreie Nutzung**).

Von einer Benützung eines privaten Tagwassers iSd § 9 Abs 2 kann nur dann gesprochen werden, wenn die betreffende Anlage über einen eigenen Wasserspender verfügt. Der Nebenstrang einer Trinkwasserversorgungsanlage, der über keine eigene Quelle verfügt, bedarf daher keiner wasserrechtlichen Bewilligung (VwGH 08.10.1979, 2452/78).

Eine Maßnahme oder Anlage ist trotz der Berührung fremder Rechte nicht nach § 9 Abs 2 bewilligungspflichtig, wenn die Zustimmung des Berechtigten oder eine entsprechende Vereinbarung vorliegt (VwGH 23.05.2002, 2002/07/0037).

Auf die ungehinderte Aufrechterhaltung des (großen wie des kleinen) Gemeingebrauchs hat niemand einen Rechtsanspruch.

2. Die Benutzung des Grundwassers

Die Benutzung des Grundwassers für den notwendigen Haus- und Wirtschaftsbedarf steht dem **Grundeigentümer ohne Bewilligung** der Wasserrechtsbehörde zu, wenn die Förderung nur durch handbetriebene Pump- oder Schöpfwerke erfolgt oder wenn die Entnahme in einem angemessenen Verhältnis zum eigenen Grund steht. In allen anderen Fällen sowie bei artesischen Brunnen (= durch Druck des Grundwassers fließende Brunnen) ist für die Erschließung (zB Grabungsarbeiten) oder Benutzung des Grundwassers und für die damit im Zusammenhang stehenden Eingriffe in den Grundwasserhaushalt sowie zur Errichtung oder Änderung der hiefür dienenden Anlagen* eine **wasserrechtliche Bewilligung** erforderlich (§ 10).

Beispiel: Die Benutzung des Grundwassers durch eine Motorpumpe ist nur dann bewilligungsfrei, wenn die dem Eigentümer im Umkreis um die Entnahmestelle zur Verfügung stehende Grundfläche so groß ist, dass nicht mit Auswirkungen auf die Grundwasserverhältnisse benachbarter Liegenschaften zu rechnen ist.

§ 12 Abs 4 regelt den Fall, dass durch bewilligungspflichtige Grundwasserentnahmen **benachbarten Grundstücken Grundwasser entzogen** wird. Einen Anspruch auf Abweisung eines Antrages auf Erteilung einer wasserrechtlichen Bewilligung hat der Eigentümer des Nachbargrundstücks wegen **Zugriffs auf sein Grundwasser** demnach nur dann, wenn durch diesen Zugriff das betroffene Grundstück nicht mehr **auf die bisher geübte Art benutzbar** bleibt. Wenn durch die Grundwasserentnahme das betroffene Grundstück zwar nicht in seiner bisherigen Nutzung beeinträchtigt wird, aber durch diese Wasserentnahme eine **Verschlechterung der Bodenbeschaffenheit** eintritt, so hat der Grundeigentümer keine Möglichkeit, das Wasserbauvorhaben zu verhindern; er muss sich mit einer **Entschädigung** (§ 117) begnügen. Bleibt das betroffene Grundstück trotz der Grundwasserentnahme auf die bisher geübte Art benutzbar und kommt es auch nicht zu einer Verschlechterung der Bodenbeschaffenheit, dann hat der Grundeigentümer auch keinen Anspruch auf Entschädigung (VwSlg 15.634 A/2001).

Die Entschädigungsregelung des § 12 Abs 4 ist abschließend. Neben einer Entschädigung gem § 12 Abs 4 gebühren daher keine weiteren Entschädigungen als Ausgleich für die Minderung des Verkehrswerts von Liegenschaften wegen Änderung des Grundwasserstands oder als Entgelt für den Substanzwert des durch eine Wasserbenutzungsanlage aus dem Grundwasserstrom abgeleiteten Wassers (OGH 12.10.2004, 1 Ob 141/04y).

Einen Gemeingebrauch am Grundwasser gibt es nicht. Es kann auch nicht nach § 61 (s XII.2.) für öffentlich erklärt werden. Zur Frage, ob auch ein anderer als der Grundeigentümer Grundwasser bewilligungsfrei nutzen kann, hat der VwGH die Auffassung vertreten, dass die **bewilligungsfreie Benutzung des Grundwassers nur dem Grundeigentümer zukommt**, nicht jedoch demjenigen, der über ein (sonstiges) dingliches Recht verfügt, das ihm eine Nutzungsbefugnis iSd § 5 Abs 2 einräumt (VwSlg 17.884 A/2010).

3. Die Bewilligung der Wasserbenutzung

Mit den genannten Bewilligungen (§§ 9, 10 Abs 2) werden **Wasserbenutzungsrechte** verliehen; die betreffenden Anlagen gelten als **Wasserbenutzungsanlagen**. Bei der Bewilligung von Wasserbenutzungen (= Verleihung von Wasserbenutzungsrechten) sind jedenfalls der Ort, das Maß (quantitativer Aspekt) und die Art (qualitativer Aspekt) der Wasserbenutzung zu bestimmen (§ 11 Abs 1), wobei das Maß und die Art der zu bewilligenden Wassernutzung so festzulegen sind, dass das öffentliche Interesse* iSd § 105 nicht beeinträchtigt und bestehende Rechte nicht verletzt werden. Als **bestehende Rechte**, die einem Vorhaben entgegenstehen und vom Berechtigten im Bewilligungsverfahren als Einwendungen* geltend gemacht werden können (s XIV.2.), gelten gem **§ 12 Abs 2**:
- **rechtmäßig geübte Wassernutzungen** mit Ausnahme des Gemeingebrauchs. Rechtmäßig geübte Wassernutzungen iSd § 12 Abs 2 sind über den bloßen Gemeingebrauch hinausgehende, durch das WRG aufrechterhaltene (§ 142) oder durch einen Bewilligungsbescheid zuerkannte Wasserbenutzungsrechte (VwSlg 15.537 A/2001).

Tritt die geplante Nutzung mit schon bestehenden Wasserbenutzungsrechten in Widerstreit, so ist der Bedarf der neuen Wasserbenutzung grundsätzlich erst nach Sicherung der bestehenden Ansprüche und unter den für das neue Vorhaben sich hieraus ergebenden Einschränkungen zu befriedigen (§ 16). Davon zu unterscheiden ist der in § 17 geregelte Fall der Konkurrenz von geplanten Wasserbenutzungen. Bei dieser Konstellation ist jenem Vorhaben der Vorzug einzuräumen, das dem öffentlichen Interesse* (§ 105) besser dient. Dabei ist die in einem anerkannten Rahmenplan dargestellte, im öffentlichen Interesse gelegene Ordnung „vornehmlich" zu beachten (s XIV.3.).
- **Nutzungsbefugnisse nach § 5 Abs 2**. Das sind die bewilligungsfreien Nutzungen von Privatgewässern.

- das **Grundeigentum**. Relevant sind nur projektgemäß vorgesehene Eingriffe in die Substanz des Grundeigentums (zB Versumpfung); bloße Grundnachbarschaft reicht nicht.

Sind von einem bewilligungspflichtigen Vorhaben bestehende Rechte iSd § 12 Abs 2 betroffen, dann ist die Erteilung der wasserrechtlichen Bewilligung – vom Fall der Einräumung von Zwangsrechten (s XII.) abgesehen – nur zulässig, wenn der Inhaber des betroffenen Rechts dem Eingriff in sein Recht zustimmt (VwSlg 14.654 A/1997) bzw ein Übereinkommen iSd § 111 Abs 3 (s XIV.3.) geschlossen wird (VwGH 31.03.2005, 2004/07/0035).

Ist das Vorhaben genehmigungsfähig, so hat die Bestimmung des **Maßes der Wasserbenutzung** im Bewilligungsbescheid sowohl den **Bedarf** des Bewilligungswerbers als auch die bestehenden **wasserwirtschaftlichen Verhältnisse** zu berücksichtigen und auf eine möglichst sparsame Verwendung des Wassers Bedacht zu nehmen. Keinesfalls dürfen das Maß und die Art der Wasserbenutzung so weit gehen, dass die lokale Wasserversorgung zum Zweck der Abwendung von Feuersgefahren, für sonstige öffentliche Zwecke oder für Zwecke des Haus- und Wirtschaftsbedarfs der Bewohner beeinträchtigt wird (§ 13).

Bei allen Wasserbenutzungen sowie dem WRG unterliegenden Anlagen und Maßnahmen ist grundsätzlich der **Stand der Technik*** einzuhalten. Als Stand der Technik gilt der auf den einschlägigen wissenschaftlichen Erkenntnissen beruhende Entwicklungsstand fortschrittlicher Verfahren, Einrichtungen oder Betriebsweisen, deren Funktionstüchtigkeit erprobt und erwiesen ist. Unter bestimmten Voraussetzungen darf dieser Maßstab vorübergehend unterschritten werden. Gegen Bescheide, mit denen gem § 12a Abs 3 Ausnahmen vom Stand der Technik gewährt wurden, kann **Amtsbeschwerde** an das VwG erhoben werden (§ 12a iVm § 116).

Handelt es sich um ein **Vorhaben von minderer wasserwirtschaftlicher Bedeutung**, das durch V bewilligungsfrei gestellt wurde, so ist es der Behörde* lediglich zu melden (§ 12b). Ferner sieht das Gesetz die Möglichkeit einer **Typengenehmigung** vor (§ 12c).

Das WRG geht von der Regel aus, dass jede Benützungsbewilligung zu befristen ist (§ 21). Diese **Frist** darf bei Wasserentnahmen für Bewässerungszwecke 25 Jahre, sonst 90 Jahre nicht überschreiten. Eine Verlängerung ist zwar nicht möglich, das Gesetz räumt jedoch dem bisher Berechtigten einen Anspruch auf **Wiederverleihung** des Wasserbenutzungsrechts ein, wenn öffentliche Interessen* dem nicht entgegenstehen und die Wasserbenutzung unter Beachtung des Standes der Technik* erfolgt.

Ergibt sich **nach Erteilung der Bewilligung**, dass öffentliche Interessen* (§ 105) trotz Einhaltung der im Bewilligungsbescheid oder in sonstigen Bestimmungen enthaltenen Auflagen* und Vorschriften nicht hinreichend geschützt sind, hat die Wasserrechtsbehörde die nach dem nunmehrigen Stand der Technik* (§ 12a) zur Erreichung dieses Schutzes erforderlichen anderen oder zusätzlichen Auflagen* vorzuschreiben, Anpassungsziele festzulegen und die Vorlage entsprechender Projektunterlagen über die Anpassung aufzutragen, Art und Ausmaß der Wasserbenutzung vorübergehend oder auf Dauer einzuschränken (**Anpassungsaufträge**) oder die Wasserbenutzung vorübergehend oder auf Dauer zu untersagen (§ 21a Abs 1), sofern dies nicht unverhältnismäßig ist (**Durchbrechung der Rechtskraft***). Die Möglichkeit zur Erlassung derartiger Bescheide besteht nicht nur bei Benützungsbewilligungen, sondern bei allen Arten wasserrechtlicher Bewilligungen (Abs 5). Andererseits sind Auflagen* auf Antrag mit Bescheid aufzuheben oder abzuändern, wenn und soweit die Voraussetzungen für ihre Vorschreibung nicht mehr vorliegen (§ 21b).

Bei nicht ortsfesten Wasserbenutzungsanlagen ist die Bewilligung auf die Person des Wasserberechtigten beschränkt; bei allen anderen Wasserbenutzungsrechten ist **Wasserberechtigter** der jeweilige Eigentümer der Betriebsanlage oder Liegenschaft, mit der diese Rechte verbunden sind (**dingliche Wirkung***; § 22).

Eine solche „Verbindung" (iSd § 22 Abs 1) kann sich auch aus einer Interpretation des Bewilligungsbescheids ergeben. Findet sich aber kein vernünftiger Anhaltspunkt für die Zuordnung eines Wasserbenutzungsrechts zu einer Liegenschaft oder Anlage, so ist auch bei ortsfesten Wasserbenutzungsanlagen von einer bloß „persönlichen Gebundenheit" des Wasserbenutzungsrechts auszugehen (VwSlg 17.471 A/2008).

Die Gründe für das **Erlöschen von Wasserbenutzungsrechten** sind in § 27 geregelt. Das Erlöschen tritt entweder kraft Gesetzes oder (bei Entziehung) durch rechtsgestaltenden Bescheid ein.

Nach § 27 Abs 1 lit b erlöschen Wasserbenutzungsrechte durch Nichteinwendung des Rechts in einem wasserrechtlichen Verfahren, insoweit eine mit diesem Recht offensichtlich in Widerspruch stehende Anlage bewilligt und ausgeführt wird. Ein allfälliger Schadenersatzanspruch nach § 26 Abs 3 (s VI.4.) bleibt davon unberührt.

In dem im Falle des Erlöschens zu erlassenden Feststellungsbescheid (§ 29) kann die Behörde* dem bisherigen Wasserbenutzungsberechtigten auch sog letztmalige Vorkehrungen (zB die Beseitigung der Wasserbenutzungsanlage) vorschreiben. Bei Anlagen, in denen eine oder mehrere der in Anh I der IE-RL angeführten Tätigkeiten durchgeführt werden (**IE-Anlagen**), ist im Falle der endgültigen Einstellung dieser Tätigkeiten der **Stand der Grundwasserverschmutzung** durch „relevante gefährliche Stoffe" ein letztes Mal zu bewerten. Die aufgrund dieser **letztmaligen Bewertung** notwendigen Maßnahmen sind vom Betreiber zu planen und der Behörde anzuzeigen. Die Behörde* hat sodann dem Anlagenbetreiber die Durchführung der jeweils **erforderlichen Maßnahmen** mit Bescheid aufzutragen (§ 29a). Hinsichtlich der erforderlichen Maßnahmen wird danach differenziert, ob ein Bericht über den Ausgangszustand (§ 134a Abs 1; s III.) vorliegt oder nicht.

4. Schadenshaftung (§ 26)

§ 26 enthält besondere schadenersatzrechtliche Regelungen. Die betreffenden Schadenersatzansprüche sind im ordentlichen Rechtsweg (dh bei Gericht) geltend zu machen. Davon zu unterscheiden sind die von der Wasserrechtsbehörde zu behandelnden Entschädigungsansprüche nach § 117 (s XIV.5.) und die Haftung iSd B-UHG (s VII.3.).

In § 26 sind drei verschiedene Kategorien von Schadenersatzansprüchen vorgesehen:
- **allgemeine zivilrechtliche Haftung.** § 26 Abs 1 bestimmt, dass die allgemeinen zivilrechtlichen Haftungsregeln auf Schäden anzuwenden sind, die aus dem Bestand oder Betrieb einer Wasserbenutzungsanlage resultieren (sofern nicht das WRG selbst Besonderes statuiert).
- **verschuldensunabhängige Erfolgshaftung.** Diese Haftung nach § 26 Abs 2 greift, wenn durch den rechtmäßigen Bestand oder Betrieb einer Wasserbenutzungsanlage ein dort näher umschriebener Schaden entstanden ist, mit dessen Eintritt bei der Erteilung der Bewilligung nicht oder nur in einem geringeren Umfang gerechnet wurde. Dieser Tatbestand beruht auf dem Gedanken, dass dem Geschädigten auch dann Ersatz gebührt, wenn infolge einer unrichtigen Prognose keine oder eine zu geringe Entschädigung (§ 117) zuerkannt wurde. Als Sonderregelung verdrängt § 26 Abs 2 die nachbarrechtlichen Ansprüche nach § 364 Abs 2 und § 364a ABGB (OGH 24.11.2015, 1 Ob 127/15f mwN).
- **Haftung zu Gunsten der übergangenen Partei.** Nach § 26 Abs 3 haftet der Wasserberechtigte jenen Geschädigten, die – obwohl ihnen Parteistellung zugekommen wäre – ohne ihr Verschulden außer Stande waren, ihre Einwendungen* rechtzeitig geltend zu machen (und regelmäßig deswegen keine Entschädigung zugesprochen bekommen haben).

VII. Die nachhaltige Bewirtschaftung der Gewässer (§§ 30 ff)

1. Allgemeines

Der nachhaltigen Bewirtschaftung, insb der **Reinhaltung** und dem **Schutz der Gewässer**, ist der dritte Abschnitt des WRG gewidmet. Die diesen Abschnitt einleitende Regelung des **§ 30 Abs 1** normiert als auslegungs- und ermessensleitende **Zielbestimmung** zunächst den Grundsatz, dass alle Gewässer einschließlich des Grundwassers im Rahmen des öffentlichen Interesses* und nach Maßgabe der nachfolgenden Bestimmungen so reinzuhalten und zu schützen sind,
- dass die Gesundheit von Mensch und Tier nicht gefährdet werden kann,
- dass Beeinträchtigungen des Landschaftsbildes und sonstige fühlbare Schädigungen vermieden werden können,

- dass eine Verschlechterung vermieden (**Verschlechterungsverbot**) sowie der Zustand der aquatischen Ökosysteme und der direkt von ihnen abhängenden Landökosysteme und Feuchtgebiete im Hinblick auf ihren Wasserhaushalt geschützt und verbessert werden,
- dass eine nachhaltige Wassernutzung auf der Grundlage eines langfristigen Schutzes der vorhandenen Ressourcen gefördert wird (**Nachhaltigkeitsgebot**),
- dass eine **Verbesserung** der aquatischen Umwelt, ua durch spezifische Maßnahmen zur schrittweisen Reduzierung von Einleitungen, Emissionen* und Verlusten von gefährlichen Schadstoffen gewährleistet wird.

Insb ist Grundwasser und Quellwasser so reinzuhalten, dass es als Trinkwasser verwendet werden kann. **Grundwasser** ist außerdem so zu schützen, dass eine schrittweise Reduzierung der Verschmutzung des Grundwassers und die Verhinderung der weiteren Verschmutzung sichergestellt werden. **Oberflächengewässer** sind so reinzuhalten, dass Tagwässer zum Gemeingebrauch sowie zu gewerblichen Zwecken benutzt und Fischwässer erhalten werden können.

Unter **Reinhaltung** der Gewässer wird im WRG die Erhaltung der natürlichen Beschaffenheit des Wassers in physikalischer, chemischer und biologischer Hinsicht (Wassergüte), unter **Verunreinigung** jede Beeinträchtigung dieser Beschaffenheit und jede Minderung des Selbstreinigungsvermögens verstanden. Handelt es sich um eine wesentliche Verunreinigung, so soll nach den Intentionen des Gesetzgebers eine **Verschmutzung** vorliegen (RV WRG-Nov 2003). Mit **Schutz der Gewässer** meint das WRG die Erhaltung der natürlichen Beschaffenheit von Oberflächengewässern einschließlich ihrer hydromorphologischen Eigenschaften und der für den ökologischen Zustand maßgeblichen Uferbereiche sowie den Schutz des Grundwassers (§ 30 Abs 3).

In den mit der WRG-Nov 2003 eingefügten §§ 30a bis 30g finden sich Regelungen betreffend **Umweltziele** für Oberflächengewässer, Grundwasser und Schutzgebiete (§§ 30a, 30c, 30d), die Einstufung als künstliche oder erheblich veränderte Oberflächenwasserkörper (§ 30b) sowie die stufenweise Zielerreichung (§ 30e). Außerdem wurden Bestimmungen über die Zielabweichung im Falle außergewöhnlicher Katastrophenereignisse (§ 30f) und den sog kombinierten Ansatz für Punktquellen (zB Abwasserreinigungsanlagen) und diffuse Quellen (§ 30g) ins Gesetz aufgenommen.

2. Allgemeine wasserrechtliche Sorgfaltspflicht (§ 31)

§ 31 statuiert eine allgemeine wasserrechtliche Sorgfaltspflicht. Demnach hat **jedermann**, dessen Anlagen, Maßnahmen oder Unterlassungen eine Einwirkung auf Gewässer herbeiführen können, seine Anlagen so herzustellen, instand zu halten und zu betreiben oder sich so zu verhalten, dass eine **Gewässerverunreinigung vermieden** wird, die den Bestimmungen des § 30 zuwiderläuft und nicht durch eine wasserrechtliche Bewilligung gedeckt ist. Der Sorgfaltsmaßstab richtet sich je nach Lage des Falles nach § 1297 ABGB oder nach § 1299 ABGB (verschärfter Sorgfaltsmaßstab).

Im Falle einer dennoch eintretenden Gefahr einer Gewässerverunreinigung hat der zur Reinhaltung Verpflichtete unverzüglich die **zur Vermeidung einer Verunreinigung erforderlichen Maßnahmen** (zB Reparatur, Reinigung) zu treffen und die BVB, bei Gefahr im Verzug den Bgm oder die nächste Dienststelle des öffentlichen Sicherheitsdienstes (→ *Sicherheitspolizeirecht*) zu verständigen. Werden die zur Vermeidung einer Gewässerverunreinigung erforderlichen Maßnahmen nicht oder nicht rechtzeitig getroffen, so hat grundsätzlich die Wasserrechtsbehörde die entsprechenden Maßnahmen dem Verpflichteten aufzutragen (Bescheid) oder bei Gefahr im Verzug unmittelbar anzuordnen und nötigenfalls gegen Kostenersatz (§ 117) unverzüglich durchführen zu lassen (Befehls- und Zwangsgewalt*). Welche behördliche Reaktion im jeweiligen Fall zu setzen ist, richtet sich nach dem Grad der **Dringlichkeit**. Bei Gefahr im Verzug hat die Behörde* mit unmittelbarer Befehls- und Zwangsgewalt* vorzugehen, die stufenförmig ablaufen kann, aber nicht muss. Reicht eine bloße Anordnung an den Verpflichteten (Befehlsgewalt), hat es damit sein Bewenden. Wird die Anordnung nicht sofort befolgt, ist sie unverzüglich durchführen zu lassen (Zwangsgewalt) (VwSlg 14.193 A/1995).

> Beispiel: Zum Schutz des Grundwassers erteilt die Wasserrechtsbehörde (der zuständige Jurist der BH) wegen Gefahr im Verzug den verwaltungsbehördlichen Befehl, eine leckende Leitung zu schließen.

Ob die in § 31 Abs 1 normierten Pflichten schuldhaft verletzt worden sind, ist für die Zulässigkeit von Anordnungen gem § 31 Abs 3 unerheblich. Es kommt allein darauf an, dass durch Anlagen, Maßnahmen oder Unterlassungen objektiv die Gefahr einer Gewässerverunreinigung eingetreten ist (VwSlg 13.401 A/1991).

3. Vermeidung und Sanierung von Gewässerschäden (B-UHG)

Handelt es sich um eine als „Umweltschaden" zu qualifizierende **Schädigung der Gewässer iSd B-UHG** (§ 4 Z 1 lit a B-UHG; s auch III.), kommen die dort geregelten Maßnahmen zur Vermeidung bzw Sanierung dieses Schadens in Betracht. In diesem Fall hat die Behörde – wenn die zur **Abwendung der unmittelbaren Gefahr eines Umweltschadens** erforderlichen Maßnahmen nicht, nicht ausreichend oder nicht rechtzeitig getroffen werden – die entsprechenden Maßnahmen dem Betreiber aufzutragen (Bescheid) oder bei Gefahr im Verzug (zB Gefährdung einer Wasserversorgung) unmittelbar anzuordnen und gegen Ersatz der Kosten durch den Betreiber nötigenfalls unverzüglich durchführen zu lassen (Befehls- und Zwangsgewalt*) (§ 5 Abs 4 B-UHG).

Gleichermaßen hat die Behörde vorzugehen, wenn ein solcher **Umweltschaden bereits eingetreten** ist und die gebotenen Vorkehrungen bzw Sanierungsmaßnahmen nicht, nicht ausreichend oder nicht rechtzeitig getroffen wurden (§ 6 Abs 3 B-UHG). Außerdem muss der Betreiber im Fall einer Gewässerschädigung gem § 7 B-UHG einen **Sanierungsplan** ausarbeiten, der von der Behörde zu überprüfen und zu veröffentlichen ist. Sind die vom Betreiber angezeigten Sanierungsmaßnahmen nicht ausreichend, so hat ihm die Behörde die erforderlichen Maßnahmen (Anh 2 B-UHG) aufzutragen. Solche Maßnahmen können auch über die von der Behörde nach § 5 Abs 4 oder nach § 6 Abs 3 getroffenen Maßnahmen hinausgehen (§ 7 B-UHG).

Mittels **Umweltbeschwerde** kann in Sanierungsfällen ein Tätigwerden der Behörde verlangt werden (§ 11 B-UHG). Beschwerdelegitimiert sind – neben dem Umweltanwalt und anerkannten Umweltorganisationen (→ *Umweltverträglichkeitsprüfung*) – Personen, die durch einen eingetretenen Umweltschaden in näher bezeichneten Rechten verletzt werden können oder die insofern betroffen sind, als sie in der Nutzung der natürlichen Ressourcen Gewässer oder Boden bzw in der Nutzung der Funktionen dieser Ressourcen erheblich eingeschränkt werden können, oder die ein ausreichendes Interesse an einem Verfahren zur Sanierung (gem § 6 und § 7 Abs 2 B-UHG) haben. Als Rechte, die die Beschwerdelegitimation begründen, gelten ua der Schutz des Lebens und der Gesundheit von Menschen sowie in Bezug auf Gewässer bestehende Rechte iSd § 12 Abs 2 WRG (s VI.3.) und die Rechte der Fischereiberechtigten. Die **Kosten** der nach dem B-UHG durchgeführten Vermeidungs- und Sanierungsmaßnahmen hat grundsätzlich der Betreiber zu tragen (§ 8 B-UHG). Diese Ersatzpflicht setzt kein Verschulden voraus.

Was das Verhältnis zwischen § 31 WRG und dem B-UHG anlangt, wird davon ausgegangen, dass das B-UHG in seinem (vergleichsweise engen) Anwendungsbereich als lex specialis vorgeht.

4. Potentiell wassergefährdende Vorhaben (§ 31a, § 31c)

§ 31a und § 31c regeln potentiell wassergefährdende Vorhaben und Maßnahmen.

§ 31a verlangt für **Anlagen zur Lagerung und Leitung wassergefährdender Stoffe,** dass sie so beschaffen sind und so errichtet, betrieben und aufgelassen werden, dass eine Verunreinigung der Gewässer oder eine sonstige nachteilige Veränderung ihrer Eigenschaften nicht zu erwarten ist. Solche Anlagen sind grundsätzlich **bewilligungsfrei.** Durch **Verordnung** des **BML** kann allerdings für derartige Anlagen, die aufgrund ihres Gefährdungspotenzials, ihrer Bauweise, ihrer Häufigkeit oder aufgrund EU-rechtlicher Bestimmungen einer Kontrolle bedürfen, eine **Meldepflicht** statuiert werden. Diese Meldepflicht soll die Kontrolle solcher Anlagen erleichtern. Bei Anlagen, die nach anderen bundesrechtlichen Vorschriften einer Anzeige oder Bewilligung bedürfen, nach denen die gewässerschutzrelevanten Kriterien berücksichtigt werden (s insb § 74 Abs 2 Z 5 GewO; → *Gewerberecht*), entfällt die Meldepflicht.

Auf Basis des § 31a Abs 3 wurde die V betreffend Anlagen zur Lagerung und Leitung wassergefährdender Stoffe BGBl II 4/1998 erlassen.

Außerdem kann mittels **Verordnung** des **BML** eine eigenständige wasserrechtliche **Bewilligungspflicht** vorgesehen werden, wenn dies unionsrechtlich geboten ist und sich die Bewilligungspflicht nicht schon aus anderen bundesrechtlichen Vorschriften ergibt, die für den Gewässerschutz relevante Kriterien berücksichtigen (§ 31a Abs 5).

§ 31c Abs 1 statuiert – wegen der mit der Abtragung der schützenden Bodenschicht verbundenen Gefahr für das Grundwasser – eine Bewilligungspflicht für die **Gewinnung von Sand und Kies**, wenn sie mit besonderen Vorrichtungen erfolgt (sog **Trockenbaggerungen**). Diese Bewilligungspflicht entfällt jedoch, wenn es sich um Vorhaben handelt, die nach den gewerberechtlichen Vorschriften (→ *Gewerberecht*) genehmigungspflichtig sind oder die dem MinroG unterliegen, sofern das Vorhaben außerhalb wasserrechtlich besonders geschützter Gebiete (s VII.6.) geplant ist. Diese Regelung gilt sinngem auch für bestimmte **Anlagen zur Gewinnung von Erdwärme** sowie für **Anlagen zur Wärmenutzung der Gewässer,** wobei in all diesen Fällen das Anzeigeverfahren nach § 114 (s XIV.3.) Anwendung findet (Abs 5).

Die Gewinnung von Sand und Kies im Grundwasserbereich einschließlich des Grundwasserschwankungsbereichs („**Nassbaggerungen**") erfordert demgegenüber eine wasserrechtliche Bewilligung nach § 32 Abs 2 lit c (s VII.5.). Eine (zusätzliche) Bewilligung nach § 31c Abs 1 ist nicht notwendig (VwGH 20.10.2000, 2000/07/0085).

5. Die Bewilligungstatbestände nach §§ 32 ff

Von großer praktischer Bedeutung ist der Bewilligungstatbestand des **§ 32** (**Einwirkungsbewilligung**). Demnach bedürfen Einwirkungen auf Gewässer, die unmittelbar oder mittelbar deren Beschaffenheit beeinträchtigen (§ 30 Abs 3), einer wasserrechtlichen Bewilligung (Abs 1). Bloß geringfügige Einwirkungen, insb der Gemeingebrauch (§ 8; s VI.1.) und die ordnungsgemäße land- und forstwirtschaftliche Bodennutzung (§ 32 Abs 7), gelten jedoch – bis zum Beweis des Gegenteils – nicht als Beeinträchtigung. Geringfügige Einwirkungen iSd § 32 Abs 1 sind solche, die einer zweckentsprechenden Nutzung des Gewässers nicht entgegenstehen (VwGH 29.06.2000, 98/07/0146).

Die **Bewilligungspflicht nach** § 32 ist sohin immer dann gegeben, wenn nach dem natürlichen Lauf der Dinge mit (nicht bloß geringfügigen) nachteiligen Einwirkungen auf die Beschaffenheit der Gewässer (einschließlich des Grundwassers) zu rechnen ist.

Beispiel: Wird eine nicht bewilligungspflichtige Anlage, wie etwa eine dichte Senkgrube, mangelhaft gewartet oder tritt sonst ein Baugebrechen an einer solchen Anlage auf und kommt es dadurch zu einer Gewässerbeeinträchtigung, so ist nach § 31 vorzugehen (s VII.2.). Wenn die Anlage hingegen von vornherein so geplant ist, dass mit einer Gewässerbeeinträchtigung gerechnet werden muss, besteht eine Bewilligungspflicht nach § 32 (vgl VwGH 20.05.2009, 2009/07/0030).

Einwirkungen auf Gewässer unterliegen zwar nicht unmittelbar der Bewilligungspflicht nach § 9 und § 10 (s VI.). Allerdings finden auf Einwirkungen, Maßnahmen und Anlagen, die aufgrund der Einwirkungstatbestände des § 32 genehmigungspflichtig sind, die für Wasserbenutzungen (Wasserbenutzungsanlagen) geltenden Bestimmungen des WRG sinngemäß Anwendung (§ 32 Abs 5).

Für Maßnahmen, die nach § 32 bewilligungspflichtig sind, ist nach Ansicht des VwGH keine Bewilligung nach § 38 erforderlich (VwSlg 17.902 A/2010).

Einer wasserrechtlichen Bewilligung bedürfen (nach der **demonstrativen Aufzählung in § 32 Abs 2**) insb:
- die Einbringung von Stoffen in festem, flüssigem oder gasförmigem Zustand in Gewässer mit den dafür erforderlichen Anlagen (zB Abwassereinleitungen);
- Einwirkungen auf Gewässer durch ionisierende Strahlung oder Temperaturänderung (zB Einleitung von Kühlwässern);
- Maßnahmen, die zur Folge haben, dass durch Eindringen (Versickern) von Stoffen in den Boden das Grundwasser verunreinigt wird (zB Nassbaggerungen, Sickergruben);
- die Reinigung von gewerblichen oder städtischen Abwässern durch Verrieselung oder Verregnung;
- eine erhebliche Änderung von Menge oder Beschaffenheit der bewilligten Einwirkung (zB Ersetzung eines Schadstoffes durch einen anderen);
- die Ausbringung bestimmter Düngemittel, soweit sie ein gewisses Maß überschreitet.

Einer Bewilligung bedarf ferner die künstliche Anreicherung von Grundwasser für Zwecke der öffentlichen Grundwasserbewirtschaftung (§ 32 Abs 4; zB Marchfeldkanal) sowie – unabhängig davon, ob das Vorhaben mit einer Einwirkung auf Gewässer verbunden ist – die Errichtung oder Änderung von Anlagen zur Reinigung öffentlicher Gewässer oder zur Verwertung fremder Abwässer (§ 32 Abs 3).

Die **Bewilligungskriterien** für die Erteilung einer Einwirkungsbewilligung ergeben sich aus einer Vielzahl von Bestimmungen des WRG (insb §§ 30 ff, 104a, 105). Außerdem ist zu beachten, dass wegen § 32 Abs 5 die für die Wasserbenutzung (Wasserbenutzungsanlagen) maßgeblichen Bestimmungen des Gesetzes (insb §§ 11 ff) auch auf Bewilligungen nach § 32 sinngemäß anzuwenden sind. Daraus folgt, dass Bewilligungen nach § 32 „bestehende

Rechte" iSd § 12 Abs 2 (s VI.3.) begründen (vgl *Bumberger/Hinterwirth*, WRG³ § 32 K17.).

§ **32a** regelt **Einbringungsverbote und -beschränkungen** und sieht (iVm § 17 BMG) eine Verordnungsermächtigung des **BML** zum Schutz der Gewässer, insb zur Erreichung der gem §§ 30a, 30c und 30d festgelegten Umweltziele, vor. Danach kann der **BML** im allgemeinen Interesse an der Reinhaltung der Gewässer sowie in Erfüllung EU-rechtlicher Verpflichtungen mit **Verordnung** sowohl die Einbringung bestimmter Stoffe in Oberflächenwasserkörper oder Kanalisationen als auch die direkt (ohne Bodenpassage) vorgenommene Einbringung in Grundwasserkörper verbieten. Er hat ferner die Möglichkeit, mit **Verordnung** Beschränkungen für die Bewilligung der Einbringung bestimmter Stoffe in das Grundwasser zu verfügen. Jedenfalls verboten ist nach § 32a die Einleitung von Klärschlamm in Oberflächengewässer, insb von Schiffen oder durch Leitungssysteme.

Indirekteinleitungen (= Einleitungen in wasserrechtlich bewilligte Kanalisationsanlagen) sind **grundsätzlich bewilligungsfrei**; es genügt die **Zustimmung des Kanalisationsunternehmens**. Allerdings sind die einschlägigen Abwasseremissionsverordnungen grundsätzlich auch von nicht bewilligungspflichtigen Indirekteinleitern einzuhalten (**§ 32b** Abs 1). Eine wasserrechtliche Bewilligung ist nur erforderlich, wenn dies aufgrund der Gefährlichkeit der Abwässer, des Abwasseranfalls oder aufgrund EU-rechtlicher Bestimmungen durch **Verordnung** festgelegt wird (§ 32b Abs 5 iVm IndirekteinleiterV). In diesen Fällen kann vom Anzeigeverfahren nach § 114 (s XIV.3.) Gebrauch gemacht werden. Für Abwasser, dessen Beschaffenheit nicht nur geringfügig von der häuslichen Abwassers abweicht, besteht eine spezifische Mitteilungspflicht an das Kanalisationsunternehmen (§ 32b Abs 2).

Bei der Bewilligung von **Abwassereinleitungen** in Gewässer oder in eine bewilligte Kanalisation hat die Behörde* jedenfalls die nach dem Stand der Technik* möglichen Auflagen* zur Begrenzung von Frachten und Konzentrationen schädlicher Abwasserinhaltsstoffe vorzuschreiben. Deren Einleitung darf nur bewilligt werden, wenn eine Vermeidung nach dem Stand der Technik* nicht möglich ist und die wasserwirtschaftlichen Verhältnisse, insb bestehende Nutzungen und die bereits vorhandene Belastung, eine Einleitung zulassen (§ **33b** Abs 1 und 2). Überdies statuiert § 33b Abs 3 (iVm § 17 BMG) eine Verpflichtung des **BML**, durch V **Emissionswerte** in Form von Grenzwerten oder Mittelwerten für Konzentrationen oder spezifische Frachten festzulegen (vgl zB AAEV). Bei Erlassung einer Emissionsverordnung (§ 33b Abs 3 und 4) sind auch Fristen für die erstmalige generelle Anpassung bestehender Altanlagen sowie für die Anpassung bestimmter IE-Anlagen (s VI.3.) festzulegen (**Sanierung von Altanlagen**; § 33c).

§ **33d** regelt die Erstellung von Programmen zur Verbesserung des Zustandes von **Oberflächenwasserkörpern** oder Teilen von Oberflächenwasserkörpern (Sanierungsprogramme). § 33f befasst sich schließlich mit der Verbesserung der Qualität von **Grundwasser**. Auf der Grundlage eines mehrstufigen Modells soll die Grundwasserqualität verbessert bzw eine Verschlechterung verhindert werden (so *Vogl* in Norer, Agrarrecht² 478).

Eine (subsidiäre) Bewilligungspflicht bei Einwirkungen auf Gewässer findet sich im gewerblichen Betriebsanlagenrecht (→ *Gewerberecht*). Nach § 74 **Abs 2 Z 5 GewO** bedürfen die Errichtung und der Betrieb einer **gewerblichen Betriebsanlage** einer Genehmigung, wenn diese geeignet ist, eine nachteilige Einwirkung auf die Beschaffenheit der Gewässer herbeizuführen, sofern nicht ohnedies eine Bewilligung aufgrund wasserrechtlicher Vorschriften vorgeschrieben ist.

6. Schutz der Wasserversorgung

§ 34 Abs 1 bestimmt, dass die Behörde* zum **Schutz von Wasserversorgungsanlagen** (zB Brunnen, Quellfassungen, Leitungen, Behälter) gegen Verunreinigung (§ 30 Abs 2) oder gegen eine Beeinträchtigung ihrer Ergiebigkeit bestimmte **Schutzmaßnahmen** ergreifen „kann". Zuständig ist dafür bei bewilligungspflichtigen Anlagen die zur Bewilligung dieser Anlagen zuständige Wasserrechtsbehörde, ansonsten (allgemein) die BVB. Inhalt dieser mit **Bescheid** anzuordnenden Schutzmaßnahmen können sein (vgl *Raschauer B.*, Kommentar 209 f):
- dingliche Anordnungen an die Eigentümer von Grundstücken und Gewässern betreffend deren Bewirtschaftung oder sonstige Benutzung (zB Düngeverbot);
- das dingliche Verbot an die Eigentümer von im Nahebereich der Anlage gelegenen Liegenschaften, bestimmte Anlagen (zB einen Lagerplatz) zu errichten;
- die (parzellenscharfe) Bestimmung eines **Schutzgebietes**;
- die Einschränkung des Betriebs bestehender Anlagen und Unternehmungen im notwendigen Ausmaß.

Bei Vorliegen der gesetzlichen Voraussetzungen **hat** die Behörde* die jeweils erforderlichen Anordnungen zu treffen („kann" bedeutet hier nicht Ermessen*; VwSlg 10.964 A/1983).

§ 34 Abs 2 sieht vor, dass der LH (bzw nach Abs 2a der **BML**) zum **Schutz der allgemeinen Wasserversorgung** mittels **Verordnung Schongebiete** festlegen kann, in denen Maßnahmen, die die Beschaffenheit, Ergiebigkeit oder Spiegellage des Wasservorkommens zu gefährden vermögen, vor ihrer Durchführung der Wasserrechtsbehörde anzuzeigen sind oder eine wasserrechtliche Bewilligung erfordern, oder nicht oder nur in bestimmter Weise zulässig sind. Unter bestimmten Voraussetzungen können sogar Betretungsverbote erlassen werden. Für jene Maßnahmen, die durch eine SchongebietsV für bewilligungspflichtig erklärt wurden, begründet § 34 Abs 2 einen selbstständigen wasserrechtlichen **Bewilligungstatbestand**.

Beschränkungen iSd § 34 kommen auch zur Sicherung künftig nutzbarer Wasserversorgungspotentiale, insb von sog Grundwasserhoffnungsgebieten (§ 35), sowie zum Schutz natürlicher oder künstlich erschlossener Heilquellen und Heilmoore vor Beeinflussung ihrer Beschaffenheit und Ergiebigkeit in Betracht (§ 37). Schutz- und Schongebiete gem §§ 34, 35 und 37 gelten als schutzwürdige Gebiete der Kategorie C iSd Anh 2 UVP-G 2000 (→ *Umweltverträglichkeitsprüfung*) und als „**wasserrechtlich besonders geschützte Gebiete**" iSd WRG (vgl zB § 31c Abs 2).

Sowohl durch die Anordnung von Schutzmaßnahmen als auch durch die Festlegung eines Schongebietes kann eine **Entschädigungspflicht** (§ 117) ausgelöst werden (§ 34 Abs 4). Einem Bescheid, dessen Spruch ausschließlich ein Wasserschutzgebiet zum Schutz einer Wasserversorgungsanlage gem § 34 Abs 1 festlegt, ohne zugleich ausdrücklich über die Entschädigung abzusprechen, darf aus Rechtsschutzerwägungen keine (implizite) negative Erledigung von Entschädigungsbegehren Betroffener gem § 34 Abs 4 unterstellt werden (VfSlg 19.963/2015; dem folgend VwSlg 19.234 A/2015).

VIII. Abwehr und Pflege der Gewässer (§§ 38 ff)

Der vierte Abschnitt des WRG regelt vornehmlich die Abwehr der Gewässer (insb den Schutz vor Überschwemmungen) und die damit im Zusammenhang stehende Gewässerpflege. Zur Abwehr und Pflege der Gewässer statuiert das WRG insb verschiedene **Bewilligungsvorbehalte**. Bewilligungspflichtig sind:
- die **Errichtung und Abänderung besonderer baulicher Herstellungen** (§ 38). Dazu zählen Brücken, Stege und Uferbauten, andere Anlagen innerhalb der Grenzen des Hochwasserabflusses (Abs 3) fließender Gewässer, Unterführungen unter Wasserläufen sowie – soweit sie nicht unter § 127 (Eisenbahnanlagen) fallen – Einbauten in stehende öffentliche Gewässer (zB Bootshäuser). Eine wasserrechtliche Bewilligungspflicht für besondere bauliche Herstellungen besteht außerdem in Gebieten, für die zum Zweck der Verringerung hochwasserbedingter nachteiliger Folgen vom LH ein wasserwirtschaftliches Regionalprogramm erlassen wurde, das eine wasserrechtliche Bewilligungspflicht vorsieht. Von der Bewilligungspflicht nach § 38 sind nur Maßnahmen an Tagwässern erfasst. Das Bewilligungserfordernis entfällt, wenn die Maßnahme bereits nach den §§ 9 oder 41 bewilligungspflichtig ist oder unter die Ausnahmebestimmung des § 38 Abs 2 fällt. Darüber hinaus kann bei Vorhaben von minderer wasserwirtschaftlicher Bedeutung (§ 12b, s bereits VI.3.) eine Bewilligungsfreistellung durch V erfolgen (zB für bestimmte bauliche Herstellungen nach der BewilligungsfreistellungsV für Gewässerquerungen).
- **Entwässerungsanlagen** (zB Drainagen), sofern es sich um eine zusammenhängende Fläche von mehr als 3 ha handelt oder eine nachteilige Be-

einflussung der Grundwasserverhältnisse, des Vorfluters oder fremder Rechte zu befürchten ist (§ 40). Als „Vorfluter" wird jenes Gewässer bezeichnet, das das abgeleitete Wasser aufnehmen soll (vgl *Lindner* in Oberleitner/Berger, WRG-ON[4.01] § 40 Rz 2). Bei Überschreitung bestimmter Schwellenwerte ist auch die zeitweilige oder ständige Entwässerung von Flächen bei Tunnelanlagen oder Stollenbauten in einem Karst- oder Kluftgrundwasserkörper bewilligungspflichtig.

- **Schutz- und Regulierungswasserbauten** (zB Hochwasserdämme) in öffentlichen Gewässern einschließlich der Vorkehrungen zur unschädlichen Ableitung von Gebirgswässern nach dem WildbachverbauungsG 1884. Bei Privatgewässern ist eine Bewilligung für derartige Bauten dann erforderlich, wenn dadurch eine Einwirkung auf fremde Rechte oder auf die Beschaffenheit, den Lauf oder die Höhe des Wassers in öffentlichen oder fremden privaten Gewässern entstehen kann (§ 41). Der Ufereigentümer darf allerdings bei nicht für die Schiff- oder Floßfahrt benutzten Strecken fließender Gewässer bestimmte Maßnahmen (zB Holzverkleidungen) bewilligungsfrei durchführen (§ 41 Abs 3). Bei Eisenbahnanlagen iSd § 127 ist für die Genehmigung nach § 41 die Eisenbahnbehörde zuständig (vgl *Lindner* in Oberleitner/Berger, WRG-ON[4.00] § 41 Rz 4).

Grundsätzlich bleibt es nach § 42 dem jeweiligen Grundeigentümer überlassen, Schutz- und Regulierungsbauten herzustellen. Unterlässt jedoch der Eigentümer (der sog „Vorderlieger") geeignete Schutzmaßnahmen und entsteht dadurch eine Gefahr für das Eigentum Dritter (zB durch Überschwemmung), so haben diese (die sog „Hinterlieger") einen **öffentlich-rechtlichen Anspruch** auf Ergreifung oder Duldung und Unterstützung der erforderlichen **Schutzmaßnahmen** (§ 42 Abs 2).

In Gebieten mit „potenziellem signifikantem Hochwasserrisiko" hat der **BML** als Vorsorgemaßnahme **Hochwasserrisikomanagementpläne** zu erstellen. Nach Vorliegen dieser Pläne sind entsprechend den dort festgelegten Vorgaben **Gefahrenzonenplanungen** zu machen. Gefahrenzonenplanungen sind Fachgutachten, in denen insb Überflutungsflächen hinsichtlich der Gefährdung und der voraussichtlichen Schadenswirkung durch Hochwasser sowie hinsichtlich ihrer Funktionen für den Hochwasserabfluss, den Hochwasserrückhalt und für Zwecke späterer schutzwasserwirtschaftlicher Maßnahmen beurteilt werden (§ 2 Abs 1 WRG-GZPV). Auf der Grundlage der Gefahrenzonenplanungen werden in weiterer Folge **wasserwirtschaftliche Regionalprogramme** erlassen; diese können insb Widmungen* von Flächen für den Zweck der Verringerung hochwasserbedingter nachteiliger Folgen zum Gegenstand haben (§ 42a). In bestimmten Fällen, insb wenn großflächige Überflutungen vorkommen, die umfangreiche und aufeinander abgestimmte Maßnahmen des Hochwasserrisikomanagements erfordern, kann es zweckmäßig sein, dafür Wassergenossenschaften bzw Wasserverbände (s XIII.) heranzuziehen. Dementsprechend sieht § 43 Abs 1 vor, dass in Gebieten, die mit hoher Wahrscheinlichkeit von Hochwasser überflutet werden können, ua durch die Bildung einer **Wassergenossenschaft** oder eines **Wasserverbandes** für die Ausführung von Maßnahmen des Hochwasserrisikomanagements Sorge zu tragen ist.

Nachbarschaftsrechtliche Rücksichtnahmepflichten regelt § 39. Demnach darf der Eigentümer eines Grundstückes (der sog „Oberlieger") den natürlichen Abfluss der sich darauf ansammelnden oder darüber fließenden Gewässer zum Nachteil des unteren Grundstücks nicht willkürlich ändern. Ebenso wenig ist der Eigentümer des unteren Grundstücks (der sog „Unterlieger") befugt, den natürlichen Ablauf solcher Gewässer zum Nachteil des oberen Grundstücks zu hindern. Ausgenommen von diesem Verbot sind lediglich Änderungen der Ablaufverhältnisse, die durch die ordnungsmäßige Bearbeitung eines landwirtschaftlichen Grundstücks notwendigerweise bewirkt werden (zB durch den Pflanzenbewuchs). Allfällige zivilrechtliche Ansprüche auf Unterlassung und Schadenersatz werden durch diese Bestimmung nicht berührt.

Im Interesse der **Instandhaltung der Gewässer** sowie zur Hintanhaltung von Überschwemmungen kann die **Wasserrechtsbehörde** gem § 47 Abs 1 den Eigentümern der Ufergrundstücke durch Bescheid verschiedene Maßnahmen auftragen, wie etwa die Abstockung und Freihaltung der Uferböschungen oder die Räumung kleiner Gerinne von Stöcken, Bäumen und Schutt (die Aufzählung in § 47 Abs 1 ist taxativ!). Bei Gewässern, die häufig ihre Ufer überfluten, dürfen an den Ufern und innerhalb der Grenzen des Hochwasserabflusses (§ 38 Abs 3) keine Ablagerungen vorgenommen werden, die Wasserverheerungen erheblich vergrößern oder die Beschaffenheit des Wassers wesentlich beeinträchtigen können. Dasselbe gilt für die Ablagerung von Abfällen in aufgelassenen Brunnen oder in Sand- und Schottergruben (§ 48 Abs 1). Darüber hinaus kann der LH im Interesse der Instand- und Reinhaltung von Gewässern sowie zur Vermeidung von Wasserschäden für bestimmte Gewässerstrecken oder Grundwasserbereiche durch V gewisse **Wirtschaftsbeschränkungen** verfügen (§ 48 Abs 2; taxative Aufzählung).

§ 49 regelt schließlich die **Verpflichtung zur Hilfeleistung im Notfall**. Ein Notfall liegt vor, wenn zur Verhütung der Gefahr von Ufer- oder Dammbrüchen oder von Überschwemmungen rasche Maßnahmen ergriffen werden müssen. In einer solchen Situation kann die BVB oder, bei Gefahr im Verzug, der Bgm der bedrohten Gemeinde alle im Gemeindegebiet anwesenden tauglichen Personen zur unentgeltlichen Leistung von Diensten (zB Erdarbeiten) verpflichten. Vorhandene Baustoffe und Geräte, die zur Bekämpfung der Gefahr erforderlich sind, müssen gegen Entgelt (§ 117) abgegeben werden. Schließlich können auch die Nachbargemeinden zur Leistung der erforderlichen Hilfe herangezogen werden. Bei der Anordnung der Hilfeleistungspflicht handelt es sich entweder um eine V (zB Aufruf mittels Megafon) oder um die Ausübung unmittelbarer verwaltungsbehördlicher Befehlsgewalt (zB individuelle Arbeitsbefehle).

IX. Allgemeine wasserwirtschaftliche Verpflichtungen (§§ 50 ff)

1. Die Instandhaltungspflicht

Für nach dem WRG **rechtmäßig bestehende Wasseranlagen** besteht kraft Gesetzes eine Pflicht zur Instandhaltung. Sofern keine rechtsgültigen Verpflichtungen anderer bestehen (vgl zB § 111 Abs 3), haben die Wasserberechtigten ihre Wasserbenutzungsanlagen einschließlich der dazugehörigen Kanäle, künstlichen Gerinne, Wasseransammlungen sowie sonstigen Vorrichtungen im **konsensgemäßen Zustand** und, wenn dieser nicht feststellbar ist, **derart zu erhalten und zu bedienen, dass keine Verletzung öffentlicher Interessen* oder fremder Rechte stattfindet**. Ferner obliegen den Wasserberechtigten die Instandhaltung der Gewässerstrecken im unmittelbaren Anlagenbereich (Abs 1) sowie die Behebung von nachteiligen Wirkungen ihrer Anlagen auf andere (dh über den unmittelbaren Anlagenbereich hinausgehende) Gewässerstrecken (Abs 2). Gleiches gilt für Wasseranlagen, die nicht der Wasserbenutzung dienen. Der Eigentümer einer solchen Anlage muss diese allerdings nur insoweit erhalten, als es zur Verhütung von Schäden notwendig ist, die durch den Verfall der Anlage entstehen können (Abs 6). Bewilligungsfreie Anlagen unterliegen der Instandhaltungspflicht nach § 50 nicht (VwGH 25.11.1999, 96/07/0186). Bei genehmigungspflichtigen, jedoch nicht genehmigten Anlagen ist § 138 (XIV.6.) einschlägig.

Für Instandhaltungsmaßnahmen besteht grundsätzlich keine Bewilligungspflicht. Wird jedoch durch die Räumung oder Spülung von Kanälen, Stauräumen, Ausgleichsbecken oder durch ähnliche Maßnahmen die Beschaffenheit von Gewässern beeinträchtigt, bedarf es dafür einer Einwirkungsbewilligung nach § 32 (§ 50 Abs 8). Die Instandhaltungspflicht endet erst mit der Beseitigung der Anlage.

2. Die wasserwirtschaftliche Planung

Als Instrument der wasserwirtschaftlichen Fachplanung nennt der 5. Abschnitt des WRG nur mehr die wasserwirtschaftlichen Rahmenpläne (§ 53). Die wasserwirtschaftliche Rahmenverfügung, die bis 2012 im § 54 geregelt war, wurde durch die Planungsinstrumente des 6. Abschnitts des WRG (s X.) ersetzt.

Wasserwirtschaftliche Rahmenpläne werden von Privaten entweder freiwillig oder aufgrund eines behördlichen Auftrags entworfen und dem **BML** zur Prüfung vorgelegt. Ist die darin dargestellte Ordnung im öffentlichen Interesse* gelegen, kann der **BML** diesen Rahmenplan im Rahmen der Maßnahmenprogrammerstellung für den NGP (s X.) oder in einer gesonderten V anerkennen. Die Verwirklichung eines anerkannten Rahmenplans ist bei allen wasserwirtschaftlichen Maßnahmen als öffentliches Interesse* (§ 105) anzustreben.

X. Einzugsgebietsbezogene Planung und Durchführung von Maßnahmen zur nachhaltigen Bewirtschaftung (§§ 55 ff)

Mit der **WRG-Nov 2003** wurde ins WRG ein neuer 6. Abschnitt eingefügt (§§ 55 ff), in dem die einzugsgebietsbezogene Planung und die Durchführung von Maßnahmen zur nachhaltigen Bewirtschaftung geregelt werden. Die **einzugsgebietsbezogene Planung** umfasst die Schaffung eines Ordnungsrahmens für den Schutz der Oberflächengewässer und des Grundwassers sowie die Bewertung und das Management von Hochwasserrisiken (§ 55 Abs 1). Entsprechend den Vorgaben der **WRRL** (s III.) erfolgt die Planung nunmehr unter Bezugnahme auf Planungsgebiete (vgl *Kerschner/ Weiß*, WRG 263). Dementsprechend ordnet § 55b an, dass die österr Gewässer nach **Flusseinzugsgebieten** zu bewirtschaften sind. Diese Flusseinzugsgebiete werden zu Bearbeitungs- und Koordinationszwecken in **Planungsräume** untergliedert.

Aufgrund von Art 3 WRRL müssen die Mitgliedstaaten die einzelnen Einzugsgebiete innerhalb ihres jeweiligen Hoheitsgebietes bestimmen und einer **Flussgebietseinheit** zuordnen. Unter einer Flussgebietseinheit versteht die RL ein als „Haupteinheit für die Bewirtschaftung von Einzugsgebieten festgelegtes Land- oder Meeresgebiet" (s auch § 55b Abs 4). Österreich hat aufgrund seiner geographischen Lage Anteil an den drei Einzugsgebieten Donau, Rhein und Elbe. Die Zuordnung der betreffenden Einzugsgebietsanteile zu den internationalen Flussgebietseinheiten Donau, Rhein und Elbe erfolgt in § 55b. Eine kartografische Darstellung der nationalen Anteile dieser internationalen Flussgebietseinheiten sowie der zugeordneten Planungsräume findet sich im Anh F zum WRG.

Die **Planung** iS der WRRL und der Hochwasser-RL ist in den §§ **55a bis 55o** geregelt. Diese Bestimmungen betreffen:
- **Planungsgrundsätze** (§ 55a): Danach hat sich die wasserwirtschaftliche Ordnung von Planungsräumen in die wasserwirtschaftliche Ordnung der gesamten Flussgebietseinheit einzufügen. Es besteht ein umfassendes „Berücksichtigungs- und Abstimmungsgebot".
- **Flusseinzugsgebiete** (§ 55b) und deren Bewirtschaftung (**Nationale Gewässerbewirtschaftungspläne** für Einzugsgebiete; § 55c): Der **BML** hat mit **Verordnung** für jede Flussgebietseinheit einen Nationalen Gewässer-

bewirtschaftungsplan (NGP) zu erlassen. Aktuell ist der **NGP 2021** maßgeblich (Planungsperiode 2022–2027).
- **Bestandsaufnahme** (Ist-Bestandsanalyse und Abweichungsanalyse; § 55d): Die Bestandsaufnahme bildet die Basis für die NGP.
- **Maßnahmen** (§ 55e) und **Maßnahmenprogramme** (§ 55f) sowie die **Umsetzung der Maßnahmenprogramme** (§ 55g): Entsprechend den Vorgaben der WRRL sind auf der Grundlage der Bestandsaufnahme Maßnahmenprogramme zu erstellen. Diese mit **Verordnung** erlassenen Maßnahmenprogramme bilden das Instrument zur Erreichung der Umweltziele (§§ 30a, 30c, 30d). Die Umsetzung der Maßnahmenprogramme obliegt grundsätzlich dem LH, der dazu insb **wasserwirtschaftliche Regionalprogramme** erlassen kann. Bescheide dürfen nur im Einklang mit dem NGP (Maßnahmenprogramm) und darauf basierenden V erlassen werden. Die Bewilligung eines mit einem wasserwirtschaftlichen Regionalprogramm im Widerspruch stehenden Vorhabens ist nur zulässig, wenn das öffentliche Interesse* an der Maßnahme jenes an der Einhaltung des Regionalprogramms überwiegt. Unter bestimmten Voraussetzungen kann das wasserwirtschaftliche Planungsorgan gegen einen Bescheid Beschwerde an das VwG und gegen das Erkenntnis des VwG Revision an den VwGH erheben (§ 55g Abs 3).
- § 55h regelt das **Verfahren** für die Erstellung der NGP und sieht dafür eine Art „Konsultationsmechanismus" vor.
- §§ 55i bis 55l legen die einzelnen Schritte des von der Hochwasser-RL vorgegebenen Planungsprozesses für ein **Hochwasserrisikomanagement** fest. Die dort vorgesehenen Hochwassergefahrenkarten und Hochwasserrisikokarten (§ 55k) haben insb die Funktion, andere Planungsträger (→ *Raumordnungsrecht*), aber auch den Einzelnen auf die mögliche Gefährdung eines Gebiets durch Hochwasser hinzuweisen. Sie bilden die Grundlage für die Erstellung von Hochwasserrisikomanagementplänen (§ 55l – Nationale HochwasserrisikomanagementplanVO 2021 – **RMPV 2021**) für Gebiete mit „potenziellem signifikantem Hochwasserrisiko" (§ 55j).
- § 55m enthält Vorschriften betreffend die Beteiligung der Öffentlichkeit bei der Erstellung von NGP und Hochwasserrisikomanagementplänen.
- § 55n behandelt die **Umweltprüfung** für andere wasserwirtschaftliche Pläne (als NGP). § 55o regelt das Berichtswesen (insb Berichtspflichten an die Europäische Kommission).

§ 56 normiert eine **Bewilligungspflicht für vorübergehende Eingriffe in den Wasserhaushalt**, wie zB Pumpversuche oder wasserbauliche und wasserwirtschaftliche Versuche in der freien Natur, wenn eine Beeinträchtigung öffentlicher Interessen* oder eine Verletzung bestehender Rechte (§ 12) zu befürchten ist.

Schließlich wurde mit der WRG-Nov 2003 der Wasserwirtschaftskataster zu einem „**Wasserinformationssystem Austria**" (WISA) weiterentwickelt (§ 59). Dieses dient als Übersicht über die maßgeblichen wasserwirtschaftlichen Verhältnisse im Bundesgebiet insb zur Erstellung der (internationalen) Bewirtschaftungspläne einschließlich der Maßnahmenprogramme sowie als Grundlage für die Erfüllung EU-rechtlicher Berichtspflichten. Im WISA sind der jeweils gültige NGP sowie der Hochwasserrisikomanagementplan und die diesen Planungen zu Grunde liegenden Hintergrundinformationen verfügbar zu machen. Der Zugang zu Daten des WISA steht jedermann nach Maßgabe des UIG und des DSG (→ *Datenschutzrecht*) frei. Soweit dies zur Erstellung der NGP und der Maßnahmenprogramme sowie zur Erfüllung EU-rechtlicher Berichtspflichten erforderlich ist, muss im WISA ein elektronisches Register der Belastungen der Oberflächenwasser- und Grundwasserkörper sowie deren Auswirkungen erstellt werden (§ 59a). Außerdem hat der **BML** im Rahmen des WISA ein Verzeichnis der Schutzgebiete zu führen (§ 59b).

XI. Erhebung des Zustandes von Gewässern – Wasserkreislauf und Wassergüte (Hydrografie)

Im 7. Abschnitt des WRG finden sich Bestimmungen betreffend die **Überwachung** des Zustandes von Gewässern, wobei nach den Zielen der Überwachung die überblicksweise Überwachung (§ 59e), die operative Überwachung (§ 59f) und die Überwachung zu Ermittlungszwecken (§ 59g) unterschieden werden. Ein Programm für die überblicksweise Überwachung und für die operative Überwachung ist für jeden Zeitraum zu erstellen, für den ein NGP (s X.) erlassen wird (Überwachungsprogramm). In den in § 59g genannten Fällen (zB, wenn dies erforderlich ist, um das Ausmaß und die Auswirkungen unbeabsichtigter Verschmutzungen festzustellen) können Überwachungsprogramme zu Ermittlungszwecken erstellt werden (§ 59d Abs 1).

XII. Zwangsrechte (§§ 60 ff)

1. Allgemeines

Durch die im 8. Abschnitt des WRG vorgesehenen Zwangsrechte wird gewährleistet, dass Vorhaben, an deren Verwirklichung ein öffentliches Interesse* besteht, gegenüber entgegenstehenden fremden Rechten zum Durchbruch verholfen werden kann. Insb hat die Behörde* im Verfahren zur Erteilung einer wasserrechtlichen Bewilligung für ein Vorhaben, dem bestehende Rechte Dritter (§ 12) entgegenstehen, zu prüfen, ob diese Rechte durch Zwangsrechte überwunden werden können.

Berührt eine wasserrechtlich bewilligungspflichtige Anlage fremde Rechte und kann der Bewilligungswerber mit dem Inhaber der durch das Vorhaben berührten fremden Rechte keine Einigung erzielen, setzt die wasserrechtliche Bewilligung in Bezug auf die beeinträchtigten fremden Rechte eine Zwangsrechtseinräumung gem § 63 (zB die Einräumung eines Leitungsrechts) voraus (VwGH 25.02.2016, 2013/07/0044).

Der Ausspruch über die Notwendigkeit, den Gegenstand und den Umfang von Zwangsrechten hat, wenn dies ohne Verzögerung der Entscheidung möglich ist, im wasserrechtlichen Bewilligungsbescheid, sonst mit gesondertem Bescheid zu erfolgen (§ 111 Abs 1).

Die in § 60 Abs 1 taxativ aufgezählten Zwangsrechte statuieren zT kraft Gesetzes wirkende Duldungspflichten Dritter (lit d), zT gestatten sie mit dinglichem Bescheid (dingliche Wirkung*) zu verfügende Eingriffe in Rechte Dritter (lit a bis c). Zwangsrechte dürfen grundsätzlich nur gegen **Entschädigung** (vgl dazu insb § 118) und nur dann begründet bzw in Anspruch genommen werden, wenn zuvor der **Versuch einer gütlichen Übereinkunft** unternommen wurde (§ 60 Abs 2).

Wegen Art 5 StGG und Art 1 1. ZPEMRK ist die Einräumung von Zwangsrechten ferner nur unter der Voraussetzung zulässig, dass ein öffentliches Interesse* an der Zwangsrechtsbegründung besteht, das die Beschränkung unter Berücksichtigung des **Verhältnismäßigkeitsgrundsatzes** rechtfertigt. Im Rahmen der Beurteilung der Verhältnismäßigkeit ist eine Abwägung zwischen dem in Rede stehenden öffentlichen Interesse und dem entgegenstehenden Interesse des Belasteten vorzunehmen.

2. Öffentlicherklärung von Privatgewässern (§ 61)

§ 61 ermöglicht die Öffentlicherklärung der in § 2 Abs 2 und § 3 Abs 1 lit d und e genannten Privatgewässer (s V.1.), wenn wichtige öffentliche Interessen* es erfordern. Dadurch wird das Privatgewässer öffentliches Gut und für die Allgemeinheit wird der große Gemeingebrauch (§ 8 Abs 1) eröffnet. Aufgrund der wasserwirtschaftlichen Bedeutung, die einer solchen Öffentlicherklärung zukommt, und der daraus resultierenden Folgen für das Bundesvermögen (zur Leistung der Entschädigung ist der Bund verpflichtet) bedarf die Öffentlicherklärung der Zustimmung des **BML**.

Die in § 3 Abs 1 lit a bis c genannten Gewässer können nach § 61 nicht für öffentlich erklärt werden. Sie gelten daher als „absolute Privatgewässer" (vgl *Raschauer B.*, Kommentar 16).

3. Verpflichtung zur Duldung von Vorarbeiten (§ 62)

Wenn die Projektierung oder Ausführung von Wasseranlagen Vorarbeiten (zB Bohrungen) oder Bauhilfseinrichtungen (zB Bauhütten) auf fremdem Grund erfordert und der Grundeigentümer deren Vornahme bzw deren Aufstellung nicht gestattet, kann ihn die Wasserrechtsbehörde auf Antrag des Projektierenden bzw des Bewilligungsinhabers mittels **befristetem Duldungsbescheid** dazu verpflichten. Entstehen dem Grundeigentümer durch die Vorarbeiten vermögensrechtliche Nachteile, so ist er dafür zu entschädigen (§ 62 Abs 2 iVm § 117).

4. Zwangsrechtstatbestände nach §§ 63 bis 70 (insb Enteignung)

Um die nutzbringende Verwendung der Gewässer zu fördern, um ihren schädlichen Wirkungen zu begegnen, zur geordneten Beseitigung von Abwässern und zum Schutz der Gewässer kann die Wasserrechtsbehörde gem § 63 soweit erforderlich Dienstbarkeiten begründen, die den Zugang (die Zufahrt) zu einem öffentlichen Gewässer eröffnen oder erheblich erleichtern (lit a), die für Wasserbauvorhaben notwendigen Dienstbarkeiten einräumen oder entgegenstehende Rechte einschränken oder aufheben (lit b), Liegenschaften, Bauwerke, sowie Werke, Leitungen und Anlagen aller Art enteignen (lit c) und wesentliche Veränderungen der Grundwasserverhältnisse gestatten (lit d). Von einer wesentlichen Veränderung der Grundwasserverhältnisse ist dann auszugehen, wenn das betroffene Grundstück nicht mehr wie bisher genützt werden kann. Eingriffe geringerer Intensität sind von § 12 Abs 4 erfasst (s VI.2.) (vgl *Bumberger/Hinterwirth*, WRG³ § 63 K10.).

Während § 63 die **Begründung von Zwangsrechten bzw die Enteignung betreffend Grund und Boden** einschließlich der darauf befindlichen Bauwerke regelt, behandelt § 64 ergänzend die **Enteignung von Wasserrechten und Wassernutzungen einschließlich der dazugehörigen Anlagen** (Abs 1 lit c), die Übertragung von Rechten zur Benutzung von Privatgewässern (Abs 1 lit a, b) sowie die Erteilung der Erlaubnis zur Verlegung von Bringungs- und Leitungsanlagen, Seilaufzügen und Ähnlichem (lit d). Nähere Bestimmungen über den Schutz des landwirtschaftlichen Wasserbedarfs, die Schonung bestehender Nutzungen, das Mitbenutzungsrecht des Servitutsverpflichteten und die Verpflichtung zur Einlösung von Liegenschaften und Anlagen enthalten die §§ 66 bis 69. § 70 regelt das Erlöschen behördlich eingeräumter oder aus Anlass eines wasserrechtlichen Verfahrens durch Übereinkommen begründeter Dienstbarkeiten sowie den Anspruch auf Rückübereignung bei Erlöschen des betreffenden Wasserrechts.

5. Die Befugnisse nach § 71 und § 72

Nach § 71 können bei **Feuersgefahr oder Wassermangel** die BVB oder, bei Gefahr im Verzug, der Bgm, dessen Stellvertreter oder der Feuerwehrkommandant (als Hilfsorgan des Bgm) im öffentlichen Interesse* **Verfügungen** über die zeitweise Benutzung von öffentlichen Gewässern sowie von Privatgewässern treffen (zB Verbot der Verwendung von Wasser aus einer Trinkwasserleitung zu Bewässerungszwecken). Bei den Verfügungen nach § 71 handelt es sich um Befehls- und Zwangsgewalt*.

§ 72 begründet ex lege wirkende öffentlich-rechtliche Duldungspflichten der Eigentümer von Grundstücken und von Wasserberechtigten (**Legalservitut**). Diese haben zu bestimmten – in § 72 Abs 1 taxativ aufgezählten – Zwecken vorübergehend das **Betreten und Benutzen ihrer Grundstücke** bzw eine vorübergehende **Einschränkung oder Einstellung der Wasserbenutzung** zu dulden. Desgleichen sind die Fischereiberechtigten verpflichtet, die Entnahme von Proben, einschließlich der Entnahme von Fischen, sonstigen Wassertieren und Pflanzen zu Zwecken der Überwachung zu dulden (Abs 1). Bei bestimmten behördlich angeordneten Maßnahmen, deren Durchsetzung im Vergleich zu den Nachteilen betroffener Dritter überwiegende Vorteile im öffentlichen Interesse* erwarten lässt, sind auch substanzielle und dauernde Eingriffe in fremde Rechte (zB Abgraben von Bodenmaterial) zulässig (Abs 4).

XIII. Wassergenossenschaften und Wasserverbände (§§ 73 ff)

Als Organisationsformen zur Durchführung wasserwirtschaftlicher Maßnahmen von gemeinsamem Interesse sieht das WRG Wassergenossenschaften und Wasserverbände vor. Dabei handelt es sich um **Körperschaften öffentlichen Rechts**, die zur Verfolgung wasserwirtschaftlich bedeutsamer Zielsetzungen gebildet werden können. § 73 zählt demonstrativ jene Zwecke auf, derentwegen eine Wassergenossenschaft gebildet werden kann (zB Versorgung mit Trink- und Nutzwasser, Beseitigung und Reinigung von Abwässern). Zu den gleichen Zwecken können Wasserverbände gegründet werden, sofern sich die vorgesehenen Maßnahmen über den Bereich mehrerer Gemeinden erstrecken. Ferner können Wassergenossenschaften bzw Wasserverbände zur Errichtung von Bauten gegen die schädlichen Wirkungen des Wassers (Schutz- und Regulierungsbauten) gebildet werden (§ 43). Die Tätigkeit und die innere Organisation von Wassergenossenschaften und Wasserverbänden werden durch **Satzungen** geregelt (§§ 77, 88c), wobei die Beteiligten die Möglichkeit haben, im Rahmen der **Satzungsautonomie** Regelungen zu treffen, die ihren spezifischen Bedürfnissen gerecht werden.

Nach der Art des Zustandekommens kann man drei verschiedene Arten von Wassergenossenschaften bzw Wasserverbänden unterscheiden (§§ 74, 88):
- **freiwillige Genossenschaft/freiwilliger Wasserverband** (§§ 74, 88): wird durch die bescheidförmige Anerkennung einer freien Vereinbarung der daran Beteiligten gebildet;

- **Genossenschaft/Wasserverband mit Beitrittszwang** (§§ 75, 88a): wird durch die Anerkennung eines Mehrheitsbeschlusses der Beteiligten und die gleichzeitige Beiziehung der widerstrebenden Minderheit gebildet;
- **Zwangsgenossenschaft/Zwangsverband** (§§ 76, 88b): wird durch Bescheid des LH gebildet.

Ein wesentlicher Unterschied zwischen Wassergenossenschaften und Wasserverbänden besteht in der Art ihrer **Mitglieder**. Während Mitglied einer Wassergenossenschaft jede natürliche oder juristische Person werden kann, kommen als Mitglieder eines Wasserverbandes grundsätzlich nur Gebietskörperschaften (insb Gemeinden), Wassergenossenschaften und die Erhalter öffentlicher Verkehrswege in Betracht (§ 87 Abs 2). Andere Rechtsträger können Mitglieder eines Wasserverbandes werden, wenn sie Gewässer im Verbandsbereich nicht bloß geringfügig beeinträchtigen oder in Anspruch nehmen (§ 87 Abs 3).

Wassergenossenschaften beziehen sich in erster Linie auf wasserwirtschaftliche Belange von **Liegenschaften und Anlagen**. Die Mitgliedschaft ist nicht an die Person geknüpft, sondern folgt aus der Rechtsbeziehung zu bestimmten Liegenschaften und Anlagen. Daher vermittelt die Zugehörigkeit einer Liegenschaft zu einer Wassergenossenschaft ihrem jeweiligen Eigentümer die mit der Mitgliedschaft verbundenen genossenschaftlichen Rechte und Pflichten (**Realcharakter der Wassergenossenschaft**). Demgegenüber dienen Wasserverbände der Besorgung wasserwirtschaftlicher Aufgaben im Verbandsbereich ohne Bezug zu bestimmten Liegenschaften (vgl *Berger* in Oberleitner/Berger, WRG-ON[4.00] Vor § 87 Rz 7).

Im Gegensatz zu den Wassergenossenschaften kommen den **Wasserverbänden hoheitliche Befugnisse** zu (Selbstverwaltungsträger mit Behördenqualität). Ihr Aufgabengebiet lässt sich in einen **eigenen** und in einen **übertragenen Wirkungsbereich** (§ 97 Abs 3) unterteilen (vgl *Raschauer B.*, Kommentar 365). Im eWb kann ein Wasserverband etwa – soweit es zu einer möglichst wirtschaftlichen Erfüllung der ihm obliegenden Aufgaben erforderlich ist – seinen Mitgliedern in zumutbarem Umfang Aufträge erteilen, Arbeiten übertragen und die Unterstützung des Verbandszweckes durch innerbetriebliche Maßnahmen verlangen (§ 94). Demgegenüber statuiert § 95 zT im Wege der Vollziehung übertragbare (Abs 1), zT ex lege wirkende (Abs 2) Angelegenheiten des **üWb**. Demnach kann ein Wasserverband durch V des LH berufen werden, solche Aufgaben der Aufsicht über Wassergenossenschaften, über Gewässer oder über den Bau und Betrieb von Wasseranlagen wahrzunehmen, die er zweckmäßigerweise besorgen kann (§ 95 Abs 1 iVm § 131 Abs 1). Im Katastrophenfall ist er darüber hinaus (ex lege) ermächtigt, in den Betrieben der Verbandsmitglieder vorübergehend notstandspolizeiliche Maßnahmen (Befehls- und Zwangsgewalt*) anzuordnen (§ 95 Abs 2).

Als besondere Formen von Wasserverbänden kennt das WRG Dachverbände und Reinhaltungsverbände. Zu **Dachverbänden** können sich Wassergenossenschaften und Wasserverbände zur besseren und leichteren Erfüllung ihrer Aufgaben zusammenschließen (§ 90); zählt zu den Aufgaben des Dachverbandes auch die Aufsicht über seine Mitglieder, so spricht man mitunter von einem Kontrollverband (§ 90 Abs 3). Als **Reinhaltungsverbände** bezeichnet man Wasserverbände, deren Zweck (zumindest auch) in der Reinhaltung von Gewässern (§ 87 iVm § 73 Abs 1 lit d) besteht. Solchen Reinhaltungsverbänden teilt das WRG besondere Aufgaben zu (§ 91), wie etwa die Aufstellung und Durchführung eines **Sanierungsplanes** (= Plan zur Verbesserung der Gewässerbeschaffenheit im Verbandsbereich). Hat der Reinhaltungsverband einen solchen Sanierungsplan ausgearbeitet und beschlossen, ist dieser dem LH zur Genehmigung vorzulegen. Ein vom LH genehmigter Sanierungsplan stellt eine **Verordnung** dar, deren Einhaltung bei allen wasserwirtschaftlichen Maßnahmen im Verbandsbereich als öffentliches Interesse* anzustreben ist (§ 92 Abs 3).

XIV. Behörden und Verfahren (§§ 98 ff)

1. Behörden

Die Vollziehung des WRG erfolgt in **mittelbarer Bundesverwaltung***. Wasserrechtsbehörden sind die BVB, der LH und der **BML**, wobei der BVB eine subsidiäre Generalkompetenz zukommt. Sofern keine anderweitigen Regelungen getroffen sind, ist die **BVB** zuständig (§ 98 Abs 1). Verdrängt wird die (generelle) Zuständigkeit der BVB insb in den in § 99 aufgezählten Fällen, in denen eine Zuständigkeit des **LH** besteht, sowie bei den in § 100 angeführten Angelegenheiten, für die (iVm § 17 BMG) eine Zuständigkeit des **BML** vorgesehen ist (diese geht auch der Kompetenz des LH nach § 99 vor). Behördenfunktion kommt nach dem WRG außerdem auch dem Bgm (zB § 31 Abs 3, § 49) und einem Wasserverband (§ 95) zu. Bescheide der Wasserrechtsbehörden können grundsätzlich mittels **Beschwerde beim LVwG** bekämpft werden. Abweichendes gilt für Bescheide, mit denen über die Pflicht zur Leistung von Entschädigungen, Ersätzen, Beiträgen und Kosten entschieden wird (s XIV.5.). Bei bestimmten Bescheiden kommt dem **BML** das Recht zur **Amtsbeschwerde** zu. Außerdem kann der **BML** gegen sämtliche auf Basis des WRG getroffenen Entscheidungen von VwG **Revision** an den VwGH erheben (§ 116).

Besondere Bestimmungen über die Zuständigkeit finden sich in § 101 (Zuständigkeitskonkurrenz; Delegation). Nach § 101 Abs 3 können sowohl der **BML** als auch der LH die nachgeordnete Behörde zur Durchführung des Verfahrens einschließlich der Erlassung des Bescheids ermächtigen, sofern dies im Interesse der Zweckmäßigkeit, Raschheit, Einfachheit und Kostenersparnis gelegen ist.

Für die **Gewässeraufsicht** ist grundsätzlich hinsichtlich der in den §§ 99 und 100 angeführten Gewässer und Anlagen der **LH**, sonst die **BVB** zuständig (§ 131 Abs 1). Für die Erlassung von Anordnungen nach §§ 120 ff und § 138 (s XIV.6.) ist allerdings die allgemeine Zuständigkeitsordnung der §§ 98 ff maßgeblich. Die eigentliche Aufsichtstätigkeit obliegt nach § 132 besonders bestellten Gewässeraufsichtsorganen (Organe der öffentlichen Aufsicht*) bzw Organen des öffentlichen Sicherheitsdienstes*.

Für die im **B-UHG** vorgesehenen Maßnahmen (s VII.3.) ist jene **BVB** zuständig, in deren örtlichen Wirkungsbereich die Vermeidungs- oder Sanierungsmaßnahmen zu ergreifen waren oder zu ergreifen gewesen wären (§ 9 Abs 1 B-UHG). Eine Umweltbeschwerde ist an jene BVB zu richten, in deren örtlichen Wirkungsbereich der behauptete Umweltschaden eingetreten ist (§ 11 B-UHG). Gegen Bescheide nach dem B-UHG steht den Parteien das Recht der **Beschwerde an das LVwG** zu (§ 13 Abs 1 B-UHG). Außerdem kann die **BMK** Entscheidungen über Kosten und Ersätze mittels Beschwerde beim LVwG bzw mittels Revision beim VwGH bekämpfen (§ 13 Abs 2 und 3 B-UHG iVm § 17 BMG).

2. Parteien und Beteiligte

Wer Partei in einem wasserrechtlichen Verfahren ist, ergibt sich in erster Linie aus § 102. **Parteien eines wasserrechtlichen Verfahrens** sind demnach insb
- der **Antragsteller**;
- diejenigen, die (projektgemäß) zu einer **Leistung, Duldung oder Unterlassung** verpflichtet werden sollen: Gegenstand von Einwendungen* kann nur sein, dass die gesetzlichen Voraussetzungen für die Verpflichtung nicht vorliegen;
- diejenigen, deren **in § 12 Abs 2 aufgezählte Rechte** (rechtmäßig geübte Wassernutzungen mit Ausnahme des Gemeingebrauchs, Nutzungsbefugnisse nach § 5 Abs 2, Grundeigentum) sonst berührt werden: Einwendungen* können darauf gestützt werden, dass die gesetzlichen Voraussetzungen für einen Eingriff in das die Parteistellung begründende Recht iSd § 12 Abs 2 nicht gegeben sind (s VI.3.);
- die **Fischereiberechtigten** (§ 15 Abs 1): die den Fischereiberechtigten offenstehenden Einwendungen* richten sich nach § 15. Die dort verankerten Rechte der Fischereiberechtigten können allerdings nicht zu einer Versagung der Bewilligung, sondern nur zur Vorschreibung von Vorkehrungen und zur Zuerkennung von Entschädigungen führen (VwGH 26.05.1998, 97/07/0126);
- die „**Einforstungsberechtigten**" (Nutzungsberechtigte iSd Wald- und Weidenutzungs-Grundsatzgesetzes 1951): sie können nur einwenden,

dass die rechtlichen Voraussetzungen für einen Eingriff in ihre „Einforstungsrechte" nicht gegeben sind;
- diejenigen, die einen **Widerstreit** (§§ 17, 109) geltend machen.

§ 102 schließt nicht aus, dass auch dort nicht genannte Personen, die durch die fragliche Entscheidung in ihren wasserrechtlich geschützten Rechten berührt werden, wegen § 8 AVG Parteistellung genießen (keine taxative Aufzählung der Parteien in § 102: so *Raschauer B.*, Kommentar 398 f; VwSlg 15.536 A/2001). Darüber hinaus finden sich auch an anderen Stellen des WRG Regelungen betreffend die Parteistellung (zB § 34 Abs 6).

Hervorzuheben ist, dass das WRG dem **wasserwirtschaftlichen Planungsorgan** (LH) eine **umfassende Parteistellung** einräumt, die mit einer Beschwerdelegitimation an das VwG und einer Revisionsberechtigung an den VwGH verbunden ist (§§ 55 Abs 5, 55g Abs 3, 102 Abs 1 lit h, 104a Abs 3; s dazu auch § 356b Abs 1 GewO, § 19 Abs 1 Z 4 UVP-G 2000). Eine Parteistellung des LH als wasserwirtschaftliches Planungsorgan ist freilich nur in jenen Verfahren möglich, in denen der LH nicht selbst als Behörde* zur Entscheidung berufen ist (s § 55 Abs 5 S 2; VfSlg 19.636/2012). Dem wasserwirtschaftlichen Planungsorgan kommt keine Beschwerdelegitimation vor dem VfGH zu (VfSlg 17.220/2004 ua).

Bestimmte von einem Verfahren betroffene Personen (zB die Interessenten am Gemeingebrauch) sind – soweit ihnen nicht Parteistellung zukommt – jedenfalls als **Beteiligte** anzusehen (§ 102 Abs 2). Auch **anerkannte Umweltorganisationen** (→ *Umweltverträglichkeitsprüfung*) gelten im Rahmen ihrer örtlichen Anerkennung als Beteiligte, „um einen möglichen Verstoß gegen die Verpflichtung des § 104a zu verhindern". Beteiligte sind berechtigt, im Verfahren ihre Interessen darzulegen, wobei für anerkannte Umweltorganisationen insoweit spezifische Mitwirkungsbefugnisse normiert werden. Die Erhebung von Einwendungen* steht den Beteiligten jedoch nicht zu (§ 102 Abs 3). Anerkannte Umweltorganisationen sind allerdings berechtigt, gegen wasserrechtliche Bescheide **Beschwerde beim VwG** zu erheben, um einen möglichen Verstoß gegen die Verpflichtung des § 104a geltend zu machen (§ 102 Abs 5). Zu denken ist hier etwa an die Frage, ob infolge eines bestimmten Vorhabens eine Verschlechterung zu erwarten ist und ob diese Verschlechterung eine erhebliche negative Auswirkung auf den Gewässerzustand haben könnte (ErlRV 270 BlgNR 26. GP 9).

3. Das wasserrechtliche Bewilligungs- und Anzeigeverfahren

Um eine frühzeitige Abstimmung zu ermöglichen, hat derjenige, der eine wasserrechtliche Bewilligung anstrebt, schon vor Befassung der Wasserrechtsbehörde sein Vorhaben unter Darlegung der Grundzüge dem wasserwirtschaftlichen Planungsorgan anzuzeigen (§ 55 Abs 4). Eingeleitet wird das wasserrechtliche **Bewilligungsverfahren** sodann durch einen entsprechenden

Antrag, der den Kriterien des § 103 zu genügen hat. Auf der Grundlage eines solchen Antrages hat die Behörde*, wenn Auswirkungen des Vorhabens auf „öffentliche Rücksichten" zu erwarten sind, zunächst eine sog **vorläufige Überprüfung** durchführen. Dabei wird insb untersucht, ob und inwieweit durch das Vorhaben öffentliche Interessen* (§ 105) berührt werden, ob die Anlagen dem Stand der Technik* (§ 12a) entsprechen und ob sich ein allfälliger Widerspruch mit öffentlichen Interessen durch Auflagen* oder Änderungen des Vorhabens beheben ließe (§ 104; die Aufzählung in Abs 1 ist demonstrativ). Wird im Zuge der Vorprüfung festgestellt, dass die geplante Tätigkeit **erhebliche negative Auswirkungen auf den Gewässerzustand** haben kann (§ 104 Abs 1 lit b iVm Abs 5), sind anerkannte Umweltorganisationen dem Verfahren als Beteiligte beizuziehen (s XIV.2.). Im Rahmen des Vorprüfungsverfahrens sind auch die Voraussetzungen des § 104a, der **Ausnahmen vom Verschlechterungsverbot** (§§ 30 Abs 1, 30a) vorsieht, zu prüfen. Ergibt sich schon in dieser Phase des Verfahrens auf unzweifelhafte Weise, dass das Vorhaben aus öffentlichen Rücksichten unzulässig ist, so ist der Antrag abzuweisen. Andere Bedenken hat die Wasserrechtsbehörde dem Antragsteller zur allfälligen Aufklärung oder Abänderung des Entwurfs unter Festsetzung einer angemessenen Frist mitzuteilen (§ 106).

Ist der Antrag nicht schon aufgrund der vorläufigen Überprüfung abzuweisen, so ist das Verfahren nach Maßgabe des § 39 Abs 2 AVG durch Anberaumung einer **mündlichen Verhandlung** fortzusetzen. Die Anordnung einer mündlichen Verhandlung ist sohin – sofern sie nicht vom Konsenswerber verlangt wird – **nicht zwingend erforderlich**. Wird jedoch eine mündliche Verhandlung anberaumt, so sind zu dieser gem § 107 Abs 1 der Antragsteller und die Eigentümer jener Grundstücke, die durch die geplanten Anlagen oder durch Zwangsrechte (s XII.) in Anspruch genommen werden sollen, persönlich zu laden; dies gilt auch für jene im Wasserbuch (§ 124) eingetragenen Wasserberechtigten und Fischereiberechtigten, in deren Rechte durch das Vorhaben eingegriffen werden soll. In bestimmten Fällen ist außerdem die Agrarbehörde von der Verhandlung zu verständigen. Wenn noch andere Personen als Beteiligte in Betracht kommen, ist die Verhandlung gem § 41 Abs 1 S 2 AVG und darüber hinaus auf sonstige geeignete Weise (insb durch Verlautbarung in einer Gemeindezeitung oder Tageszeitung, Postwurfsendungen) kundzumachen. **§ 107 Abs 1** sieht somit **keine besondere Kundmachungsform** vor, sondern wiederholt inhaltlich nur die Regelung des § 41 Abs 1 S 2 und des § 42 Abs 1 S 2 AVG, wobei Beispiele dafür angeführt werden, was (jedenfalls) als Kundmachung „auf sonstige geeignete Weise" anzusehen ist (so VwGH 27.05.2004, 2003/07/0119). Dies ist bei der Beurteilung des Eintritts der Präklusion* nach § 42 AVG zu beachten.

Sobald die Sache spruchreif ist, hat die Behörde* mit schriftlichem Bescheid über den Antrag zu entscheiden. Im Fall einer stattgebenden Entscheidung muss der Spruch des **Bewilligungsbescheids** den inhaltlichen Kriterien des § 111 entsprechen (s auch XII.1.). Sofern im Zuge des Verfahrens **Übereinkommen** (etwa über wasserrechtlich geschützte subjektiv-öffentliche Rechte*) getroffen werden, sind diese auf Antrag der Beteiligten bescheidförmig zu beurkunden (§ 111 Abs 3). Werden von Parteien privatrechtliche Einwendungen* erhoben, hat die Behörde* auf eine Einigung hinzuwirken („Vergleichsversuch"). Gelingt eine Einigung, so ist sie mit Bescheid zu beurkunden (§ 113), andernfalls ist die Partei mit ihren Einwendungen auf den Zivilrechtsweg zu verweisen.

Wird bei einem **wasserrechtlichen Vorhaben mit möglichen erheblichen negativen Auswirkungen auf den Zustand der Gewässer** keine mündliche Verhandlung anberaumt, hat eine Kundmachung auf einer **elektronischen Plattform** zu erfolgen, die für anerkannte Umweltorganisationen (→ *Umweltverträglichkeitsprüfung*) zugänglich ist. Auf dieser elektronischen Plattform sind in weiterer Folge auch Bewilligungsbescheide betreffend wasserrechtliche Vorhaben mit Auswirkungen auf den Gewässerzustand gem § 104a bereitzustellen. Mit Ablauf von zwei Wochen nach der Bereitstellung gilt der Bescheid gegenüber einer beschwerdelegitimierten Umweltorganisation als zugestellt (**Zustellfiktion**) (§ 107).

Besonderes regelt § 109 für den Fall eines **Widerstreits** zwischen geplanten Wasserbenutzungen (§ 17, s schon VI.3.): Liegen der Behörde* widerstreitende Ansuchen um Bewilligung einer Wasserbenutzung vor, dann ist auf Antrag eines Bewerbers oder von Amts wegen vorerst darüber zu entscheiden, welchem Vorhaben der Vorzug gebührt.

§ 111a ermöglicht eine Teilung des Genehmigungsverfahrens in ein Grundsatz- und ein Detailgenehmigungsverfahren (**vertikale Verfahrensgliederung**). Bei Vorhaben, die wegen ihrer Größenordnung nicht von vornherein in allen Einzelheiten überschaubar sind, ist das Verfahren auf Antrag vorerst auf die Beurteilung der grundsätzlichen Zulässigkeit zu beschränken. Die Behörde* hat zunächst darüber zu entscheiden, ob und gegebenenfalls bei Einhaltung welcher Auflagen* das Vorhaben grundsätzlich genehmigt wird (Grundsatzgenehmigung). Auf Basis dieser Grundsatzgenehmigung hat die Behörde* sodann über die Detailprojekte zu erkennen (Detailgenehmigung).

Der Verfahrensvereinfachung dient das in **§ 114** geregelte **Anzeigeverfahren**. Dieses Verfahren gelangt bei bewilligungspflichtigen Maßnahmen zur Anwendung, für die entweder durch das WRG selbst oder durch eine auf das WRG gestützte V das Anzeigeverfahren vorgesehen ist. So werden etwa durch § 115 bestimmte bewilligungspflichtige Sachverhalte, bei denen keine Änderung der Art und des Maßes der Wasserbenutzung bewirkt wird, dem Anzeigeverfahren unterstellt (zB die Änderung oder Erweiterung von Trink- und Nutzwasserversorgungsanlagen). Darüber hinaus kann sich die Anwendung des Anzeigeverfahrens bspw aus einer V des **BML** nach § 12a ergeben.

Im Anzeigeverfahren gilt die Bewilligung als erteilt (**Bewilligungsfiktion**), wenn die Behörde* nicht **innerhalb von drei Monaten ab Einlangen der Anzeige** schriftlich mitteilt, dass die Durchführung eines Bewilligungsverfahrens erforderlich ist. Ein Bewilligungsverfahren ist insb dann durchzuführen, wenn aufgrund der vorliegenden Unterlagen (§ 103) sowie unter Berücksichtigung der bestehenden wasserwirtschaftlichen Verhältnisse eine Beeinträchtigung fremder Rechte oder öffentlicher Interessen* zu erwarten ist. Der Anzeiger muss allerdings uU nicht die vollen drei Monate abwarten; teilt ihm die Behörde schon vor Ablauf dieser Frist mit, dass die Durchführung eines Bewilligungsverfahrens nicht beabsichtigt ist, darf er mit der Ausführung der Anlage beginnen. Bei anzeigepflichtigen Vorhaben ist auch die Kollaudierung der Anlage in einem vereinfachten Verfahren durchzuführen (§ 114 Abs 4 iVm § 121 Abs 4).

4. Genehmigungskonzentration

Aufgrund der Konzentrationsbestimmung des **§ 356b GewO** (→ *Gewerberecht*) entfallen bei gewerblichen Betriebsanlagen, zu deren Errichtung, Betrieb oder Änderung auch nach anderen Verwaltungsvorschriften des Bundes eine Bewilligung insb zum Schutz vor Auswirkungen der Anlage oder zum Schutz des Erscheinungsbildes der Anlage erforderlich ist, grundsätzlich gesonderte Bewilligungen nach diesen Verwaltungsvorschriften, es sind aber deren materiell-rechtliche Bewilligungsregelungen anzuwenden (**konzentriertes Genehmigungsverfahren***). Die Mitanwendung der Bestimmungen des WRG bezieht sich allerdings nur auf bestimmte mit Errichtung, Betrieb oder Änderung der Betriebsanlage verbundene Maßnahmen (§ 356b Abs 1 GewO). Gem § 356b Abs 3 GewO obliegen der Gewerbebehörde (BVB) für den Großteil dieser Maßnahmen auch die nach dem WRG bestehenden behördlichen Befugnisse und Aufgaben zur Überprüfung der Ausführung der Anlage, zur Kontrolle, zur Herstellung des gesetzmäßigen Zustands, zur Gefahrenabwehr, zur nachträglichen Konsensanpassung, zur Vorschreibung und Durchführung von Maßnahmen bei Errichtung, Betrieb, Änderung und Auflassung sowie der Wiederverleihung von Rechten („**Konzentration der Kontrolle**"). Diese Bestimmungen dienen der Verwirklichung des „**one-stop-shop**"-Prinzips im Anlagenverfahren. Nach diesem Prinzip soll der (künftige) Anlagenbetreiber im Wesentlichen nur mehr mit einer einzigen Anlagenbehörde konfrontiert sein.

Ein Genehmigungsverfahren mit Konzentrationswirkung sieht auch § 38 AWG 2002 vor. Im Genehmigungs- und Anzeigeverfahren für gem § 37 AWG 2002 genehmigungspflichtige Behandlungsanlagen (**ortsfeste Behandlungsanlagen**) müssen auch alle Vorschriften – mit Ausnahme der Bestimmungen über die Parteistellung, die Behördenzuständigkeit und das Verfahren – angewendet werden, die ua im Bereich des Wasserrechts für Bewilligungen, Genehmigungen oder Untersagungen des Projekts maßgeblich sind. Die Genehmigung oder Nicht-Untersagung nach dem AWG 2002 ersetzt in diesen Fällen die nach dem WRG erforderlichen Bewilligungen bzw Nicht-Untersagungen (**§ 38 Abs 1a AWG 2002**).

Nähere Regelungen über die **Mitanwendung wasserrechtlicher Bestimmungen** im Anlagenverfahren (GewO, AWG 2002, MinroG) finden sich in § 134b. Danach sind die zuständigen Behörden zur Anwendung wasserrechtlicher Kontroll- und Eingriffsinstrumente verpflichtet, soweit die im WRG geregelten behördlichen Befugnisse und Aufgaben über die behördlichen Befugnisse und Aufgaben nach den genannten Materiengesetzen (GewO, AWG 2002, MinroG) hinausgehen (vgl *Berger* in Oberleitner/Berger, WRG-ON$^{4.00}$ § 134b Rz 2).

Bei **UVP-pflichtigen Vorhaben** im Bereich der Wasserwirtschaft (Anh 1 Z 30 bis 42 UVP-G 2000) ist ein **konzentriertes Genehmigungsverfahren*** (§ 3 Abs 3 UVP-G 2000) durchzuführen, das sämtliche für die Ausführung dieses Vorhabens sonst erforderlichen Anzeige- und Bewilligungserfordernisse ersetzt. Der 4. Abschnitt des UVP-G 2000 enthält außerdem Sonderregelungen für wasserwirtschaftlich bedeutsame Vorhaben (→ *Umweltverträglichkeitsprüfung*). Nach der Rsp des EuGH (**Rs Gruber**) ist davon auszugehen, dass ein **Feststellungsbescheid** nach § 3 Abs 7 **UVP-G 2000** für die von einem eingereichten Projekt in ihren wasserrechtlich geschützten Rechten beeinträchtigten Grundeigentümer **keine Bindungswirkung** entfaltet. Die Wasserrechtsbehörde ist daher verpflichtet, die Zuständigkeitsfrage unter Berücksichtigung einer allfälligen UVP-Pflicht des eingereichten Vorhabens ohne Bindung an den rechtskräftigen UVP-Feststellungsbescheid zu prüfen (VwGH 17.12.2015, 2012/07/0137).

5. Die Leistung von Entschädigungen (§§ 117 ff)

§ 117 regelt die **Zuständigkeit der Wasserrechtsbehörde** zur Entscheidung über finanzielle Ansprüche (Entschädigungen, Ersätze, Beiträge und Kosten), die im WRG oder in bestimmten Sondervorschriften vorgesehen sind. Demnach hat grundsätzlich jene Wasserrechtsbehörde, die über die anspruchsbegründende Angelegenheit abzusprechen hat (idR gem § 98 die BVB), mit **Bescheid** darüber zu entscheiden, ob, in welcher Form (Sach- oder Geldleistung), auf welche Art, in welcher Höhe und innerhalb welcher Frist die Leistung zu erbringen ist. Handelt es sich um vermögensrechtliche Ansprüche, die iZm der Verleihung einer wasserrechtlichen Bewilligung oder der Einräumung eines Zwangsrechts (s XII.) stehen, so soll die Entschädigungsentscheidung im betreffenden „Stammbescheid" erfolgen (§ 117 Abs 2). Die Festsetzung der Entschädigung in einem abgesonderten Nachtragsbescheid ist nur ausnahmsweise und nur dann zulässig, wenn im „Stammbescheid" zumindest darüber entschieden wurde, ob dem Grunde nach eine Entschädigung gebührt (VwSlg 9345 A/1977 ua).

Gegen Entscheidungen der Wasserrechtsbehörde nach § 117 Abs 1 ist eine Beschwerde an das VwG nicht zulässig. Es kann allerdings innerhalb einer Frist von zwei Monaten ab Zustellung des Bescheids mittels eines Antrages auf Neufestsetzung eine gerichtliche Entscheidung begehrt werden (**sukzessive Zuständigkeit***). Mit der Stellung eines solchen Antrages tritt die verwaltungsbehördliche Entscheidung außer Kraft; das nunmehr zuständige Landesgericht hat über die Sache völlig neu zu entscheiden (vgl VwSlg 13.420 A/1991). Aufgrund der sukzessiven Kompetenz der ordentlichen Gerichte (§ 117 Abs 4) ist die Wasserrechtsbehörde verpflichtet, über ein Entschädigungsbegehren explizit zu entscheiden (VfSlg 19.963/2015; s schon VII.6.).

Auf Verfahren betreffend die Pflicht zur Leistung von Entschädigungen, Ersätzen und Beiträgen findet das **EisbEG** sinngemäß Anwendung (§ 117 Abs 6).

6. Aufsicht und Strafen

Zur **Gewässeraufsicht** (Aufsicht über Gewässer und Wasseranlagen) zählen nach § 130 Abs 1 im Wesentlichen die Gewässerpolizei, die Gewässerzustandsaufsicht, die ökologische und chemische Gewässeraufsicht sowie der Schutz des Grundwassers. Gewässerstrecken in dicht besiedelten Gebieten, in Gebieten mit zahlreichen Wasseranlagen oder häufigen Überschwemmungen sind einer Beschau (**Gewässerbeschau**) zu unterziehen (§ 130 Abs 2 und 3). Neben dieser **allgemeinen Gewässeraufsicht** sind die Bewilligungstatbestände des WRG und die besonderen Kontrollen (zB §§ 120 f) als Formen der **präventiven Aufsicht** und einzelne Anordnungsermächtigungen (zB §§ 122, 138) als Formen der **repressiven Aufsicht** zu nennen (vgl *Raschauer B.*, Kommentar 536 f; zur Zuständigkeitsverteilung s XIV.1.).

- Zur Überwachung der Bauausführung bewilligungspflichtiger Wasseranlagen kann die Behörde* geeignete Aufsichtsorgane bestellen, die die fach- und vorschriftsgemäße Ausführung der Bauarbeiten und die Einhaltung der einschlägigen Bedingungen des Bewilligungsbescheids zu kontrollieren haben (**wasserrechtliche Bauaufsicht**, § 120).
- Nach der Fertigstellung einer bewilligungspflichtigen Wasseranlage hat die Bewilligungsbehörde von Amts wegen ein Überprüfungsverfahren durchzuführen (**Kollaudierung**, § 121). Handelt es sich um eine Anlage, die keine besondere Bedeutung hat, kann sich die Behörde* mit der Vorlage einer Ausführungsanzeige begnügen (§ 121 Abs 3). Zur Kollaudierung bei anzeigepflichtigen Vorhaben s XIV.3.
- Nach § 122 kann die Wasserrechtsbehörde bei Gefahr im Verzug – zur Wahrung öffentlicher Interessen* von Amts wegen oder zum Schutz Dritter auf deren Antrag – die erforderlichen **einstweiligen Verfügungen** tref-

fen bzw abändern. Während eines anhängigen Beschwerdeverfahrens steht diese Befugnis auch dem VwG zu.
- Sind bereits Missstände aufgetreten, ist insb an die Möglichkeit eines **wasserpolizeilichen Auftrags** gem § 138 zu denken. Nach § 138 Abs 1 hat die Behörde* bei Übertretungen des WRG – wenn es das öffentliche Interesse* erfordert oder der Betroffene (§ 138 Abs 6) verlangt – den Zuwiderhandler zu verpflichten, auf seine Kosten
  a) eigenmächtig vorgenommene Neuerungen (= bewilligungspflichtige Maßnahmen, die ohne Bewilligung durchgeführt wurden) zu beseitigen oder die unterlassenen Arbeiten (s zB § 50 Abs 1) nachzuholen,
  b) Ablagerungen oder Bodenverunreinigungen durch geeignete Maßnahmen zu sichern, wenn die Beseitigung (lit a) nicht oder im Vergleich zur Sicherung an Ort und Stelle nur mit unverhältnismäßigen Schwierigkeiten (Aufwand) möglich ist,
  c) die durch eine Gewässerverunreinigung verursachten Missstände zu beheben,
  d) für die sofortige Wiederherstellung beschädigter gewässerkundlicher Einrichtungen zu sorgen.

Unter bestimmten Voraussetzungen kann die Beseitigung eigenmächtig vorgenommener Neuerungen, das Nachholen unterlassener Arbeiten oder die Sicherung von Ablagerungen oder Bodenverunreinigungen (bzw der Ersatz der dafür anfallenden Kosten) im öffentlichen Interesse* subsidiär auch dem Liegenschaftseigentümer bzw – bei Ablagerungen – auch dessen Rechtsnachfolger auferlegt werden (§ 138 Abs 4). Wenn die Beseitigung, Nachholung oder Sicherung weder durch das öffentliche Interesse geboten ist noch von einem Betroffenen verlangt wird und die Erteilung einer wasserrechtlichen Bewilligung nicht von vornherein ausgeschlossen ist, kommt ein **Alternativauftrag** nach § 138 Abs 2 in Betracht.

Bei drohender Gefahr für das Leben oder die Gesundheit von Menschen oder für die Umwelt hat die Wasserrechtsbehörde gem § 138 Abs 3 zur Wahrung des öffentlichen Interesses* die zur Beseitigung der Gefährdung notwendigen Maßnahmen unmittelbar anzuordnen (Befehlsgewalt) und gegen Ersatz der Kosten durch den Verpflichteten nötigenfalls unverzüglich durchführen zu lassen (Zwangsakt).

Unabhängig von auf denselben Sachverhalt bezogenen behördlichen Anordnungs- und Zwangsbefugnissen kann der Täter nach **§ 137 bestraft** werden. Je nach Schwere des Delikts sind Höchststrafen von € 3.630,–, € 14.530,– (Ersatzfreiheitsstrafe bis zu vier Wochen) bzw € 36.340,– (Ersatzfreiheitsstrafe bis zu sechs Wochen) vorgesehen. § 137 Abs 5 normiert eine besondere verwaltungsstrafrechtliche Verantwortlichkeit des Wasserberechtigten und seines Betriebsleiters bei strafbaren Handlungen, die beim Betrieb einer Wasseranlage begangen werden.

Karim Giese

Forstrecht

Rechtsgrundlagen

Kompetenzgrundlagen

Art 10 Abs 1 Z 10 („Forstwesen einschließlich des Triftwesens"; „Wildbachverbauung") und Z 12 B-VG („Luftreinhaltung, unbeschadet der Zuständigkeit der Länder für Heizungsanlagen"; „Abfallwirtschaft"); Art 10 Abs 2 und 15 Abs 6 B-VG (Ausführungsgesetze der Länder); Art 14a B-VG („land- und forstwirtschaftliches Schulwesen"; „land- und forstwirtschaftliches Erziehungswesen").

Verfassungsrechtliche Bezüge

Art 5 StGG, Art 1 1. ZPEMRK (Eigentumsschutz); Art 5 EMRK, Art 1 ff PersFrG (persönliche Freiheit); Art 6 EMRK (Verfahrensgarantien); BVG über die Nachhaltigkeit, den Tierschutz, den umfassenden Umweltschutz, die Sicherstellung der Wasser- und Lebensmittelversorgung und die Forschung, BGBl I 111/2013.

Europarechtliche Bezüge

Neue EU-Waldstrategie für 2030, COM (2021) 572 final; VO (EU) 1293/2013 zur Aufstellung des Programms für die Umwelt und Klimapolitik (LIFE), ABl L 2013/347, 185; Entschließung des Rates 89/367/EWG zur Einsetzung eines Ständigen Forstausschusses, ABl L 1989/165, 14.

VO (EU) 995/2010 über die Verpflichtungen von Marktteilnehmern, die Holz und Holzerzeugnisse in Verkehr bringen, ABl L 2010/295, 23.

RL 99/105/EG über den Verkehr mit forstlichem Vermehrungsgut, ABl L 2000/11, 17; VO 2016/2031 (EU) über Maßnahmen zum Schutz vor Pflanzenschädlingen, ABl L 2016/169, 4.

VO 1305/2013 (EU) über die Förderung der Entwicklung des ländlichen Raums durch den Europäischen Landwirtschaftsfonds für die Entwicklung des ländlichen Raums (ELER), ABl L 2013/347, 487 idF Delegierte VO 2021/2017 (EU), ABl L 2021/224, 1.

RL 2008/50/EG über Luftqualität und saubere Luft für Europa, ABl L 2008/152, 1 idF RL (EU) 2015/1480, ABl L 2015/226, 4; RL 92/43/EWG zur Erhaltung der natürlichen Lebensräume sowie der wild lebenden Tiere und Pflanzen (Fauna-Flora-Habitat-RL), ABl L 1992/206, 7 idF RL 2013/17/EU, ABl L 2013/158, 193; RL 2009/147/EG über die

Erhaltung der wild lebenden Vogelarten (Vogelschutz-RL), ABl L 2010/20, 7 idF RL 2013/17/EU, ABl L 2013/158, 193 und VO (EU) 2019/1010, ABl L 2019/170, 115.

Völkerrechtliche Bezüge

Alpenkonvention, BGBl 477/1995 idF III 18/1999 samt Durchführungsprotokollen (zB Bergwald – BGBl III 233/2002 idF III 112/2005, Bodenschutz – BGBl III 235/2002 idF III 111/2005); Übereinkommen von Aarhus über den Zugang zu Informationen, die Öffentlichkeitsbeteiligung an Entscheidungsverfahren und den Zugang zu Gerichten in Umweltangelegenheiten samt Erklärung (Arrhus-Konvention, BGBl III 88/2005).

Gesetze und sonstige Rechtsgrundlagen

Bund: ForstG, BGBl 440/1975 idF I 56/2016; Verordnung über die Gefahrenzonenpläne nach dem Forstgesetz 1975 (ForstG-GefahrenzonenplanV), BGBl II 132/2021; Verordnung über den Waldentwicklungsplan, BGBl 582/1977; Verordnung über die Kennzeichnung von Benützungsbeschränkungen im Wald (Forstliche KennzeichnungsV), BGBl 179/1976 idF II 67/1997; Zweite Verordnung gegen forstschädliche Luftverunreinigungen (2. DVO), BGBl 199/1984; Verordnung über die Behandlung und Nutzung der Schutzwälder (SchutzwaldV), BGBl 398/1977; Verordnung über raschwüchsige Baumarten, BGBl 105/1978; Verordnung über die abweichende Bewuchshöhe bei Neubewaldung durch Naturverjüngung, BGBl II 25/2003; Verordnung über den Schutz des Waldes vor Forstschädlingen (ForstschutzV), BGBl II 19/2003; BundesforsteG, BGBl 793/1996 idF I 14/2019; BG über die Bundesämter für Landwirtschaft und die landwirtschaftlichen Bundesanstalten (BundesämterG), BGBl I 83/2004 idF I 90/2018; Forstliches VermehrungsgutG 2002, BGBl I 110/2002 idF I 163/2015; Forstliche VermehrungsgutV 2002, BGBl II 480/2002 idF II 27/2012.

Länder: bgld ForstausführungsG, LGBl 56/1987 idF 79/2013; krnt Landes-ForstG, LGBl 77/1979 idF 20/2020; nö ForstausführungsG, LGBl 6851-7 idF 12/2018; oö WaldteilungsG, LGBl 28/1978 idF 90/2001; oö WaldbrandbekämpfungsG, LGBl 68/1980 idF 90/2013; sbg Forstgesetz-AusführungsG, LGBl 80/1977 idF 106/2013; sbg WaldbrandbekämpfungsG, LGBl 77/1992 idF 106/2013; stmk WaldschutzG, LGBl 21/1982 idF 87/2013; tir WaldO 2005, LGBl 55/2005 idF 80/2020; vlbg Gesetz über einige forstpolizeiliche Maßnahmen und über die Waldaufseher (LandesforstG), LGBl 13/2007 idF 4/2022; wr Gesetz, mit dem Ausführungsbestimmungen zum Forstgesetz 1975 erlassen werden, LGBl 9/1979 idF 11/2001.

Literaturauswahl

Kommentare – Monografien – Sammelwerke

Brawenz/Kind/Wieser, Forstgesetz[4] (2015); *Gschöpf/Schmid* (Hrsg), Das Protokoll „Bergwald" der Alpenkonvention (2020); *Kalss*, Forstrecht (1990); *Lienbacher N.*, Waldeigentum und seine Beschränkungen (2012); *Lindner/Weigel*, Forstrecht, in Altenburger/Raschauer N. (Hrsg), Kommentar zum Umweltrecht[2], Bd 1 (2020) 151; *Ringhof*, Wegerecht und Bergsport. Betretungsrechte der Allgemeinheit an Flächen im Bergland (2015); *Zeinhofer*, Bergsport und Forstgesetz (2008).

Lehr- und Handbücher

Jäger, Forstrecht, in Norer (Hrsg), Handbuch des Agrarrechts² (2012) 505; *Lienbacher N.*, Forstrecht, in Pürgy (Hrsg), Das Recht der Länder, II/2 (2012), 243; *Muzak*, Forstrecht, in Kolonovits ua (Hrsg), Besonderes Verwaltungsrecht² (2017) 505; *Pabel*, Forstrecht, in Ennöckl/Raschauer N./Wessely (Hrsg), Handbuch Umweltrecht³ (2019) 444.

Beiträge

Bayer, Grenzen der Erholung im Wald, Zak 2018/508, 264; *Bobek*, Schilaufen im Wald, ZVR 1990, 130; *Dittrich/Reindl*, Schilaufen im Wald, ZVR 1988, 353; *Duschanek*, Luftreinhaltungspflichten nach dem Forstgesetz, ZfV 1983, 255; *Gaisbauer*, Die forstrechtliche Rodungsbewilligung im öffentlichen Interesse der Agrarstrukturverbesserung, AgrRS 5/1986, 16; *Gaisbauer*, Die forstrechtliche Rodungsbewilligung im öffentlichen Interesse des Siedlungswesens, ÖGZ 5/1986, 20; *Gaisbauer*, Forstpolizeiliche Aufträge bei der Missachtung forstrechtlicher Vorschriften, AgrRS 6/1999, 15; *Gloß*, Betretungsrecht im Klettersport (Setzen von Bohrhaken), Zak 2008, 63; *Hattenberger*, Recht auf Naturnutzung. Rechtliche Rahmenbedingungen der Sportausübung anhand ausgewählter Beispiele, in Berger/Potacs (Hrsg), Recht Sportlich. Aktuelle Rechtsfragen des Sports (2010) 49; *Herbst*, Schilaufen im Wald, ZVR 1990, 129; *Jäger*, Raumwirkungen des Forstrechts, in Hauer/Nußbaumer (Hrsg), Österreichisches Raum- und Fachplanungsrecht (2006) 175; *Kaiser*, Das Forstrecht im Spannungsverhältnis zum Naturschutzrecht unter Bezugnahme auf die Biotopschutzwälder nach § 32a Forstgesetz, in Norer/Holzer (Hrsg), Agrarrecht. Jahrbuch 2010 (2010) 203; *Lang*, Die Befugnisse nach dem BundesforsteG in Hinblick auf die für den Bund verwalteten Liegenschaften, ÖZW 2005, 53; *Mauerhofer*, Gemeinschafts- und verfassungsrechtlicher Handlungsbedarf im Forstrecht (Teil 1), RdU 2016/36, 57, (Teil 2), RdU 2016/63, 107; *Messiner*, Radfahren im Wald, ZVR 1991, 262; *Niederhuber*, Abwägungsentscheidungen im Naturschutz- und Forstrecht, in IUR/ÖWAV (Hrsg), Jahrbuch des Umweltrechts 2012 (2012) 163; *Pepelnik*, Zur historischen Entwicklung der Wegefreiheit im ForstG. Unter besonderer Berücksichtigung des Befahrens des Waldes mit Fahrrädern, ZVR 2016/222, 514; *Probst*, Betretungsrechte und -verbote, ZfV 2016/223, 519; *Ramerstorfer*, Klettersport im Wald, RFG 2016/34, 179; *Reindl*, Im Wald und auf dem Berge – Wegefreiheit versus StVO und KfG, ZVR 2008/21, 103; *Rudolf-Miklau*, Informationswirkung von Gefahrenzonenplanungen, RdU 2014/109, 181; *Stock*, Irrtümliches Befahren von Forststraßen, ZVR 2001, 342; *Stock*, Rettungseinsätze über Forststraßen, ZVR 2012, 153; *Stock*, Zelten – Biwakieren – Lagern. Rechtsbegriffe in Naturschutz und Schutzgebietstourismus, ZVR 2013, 231; *Trzesniowski/Gatterbauer/Pitterle*, Zur Gefährdung von Verkehrsflächen durch Wald, AgrRS 4/1996, 20; *Weber K.*, Schitouren auf Pisten, ZVR 2008/2, 4; *Weiler*, Die Errichtung von Klettersteigen unter juristischen Aspekten. Dargestellt am Beispiel der Tiroler Rechtslage, ZVR 2015/122, 238; *Zeinhofer*, Betretungsrecht im Klettersport, Zak 2008/526, 306.

Rechtsprechung

VfSlg 2192/1951 („Forstwesen"/Kompetenzbegriff/Verhütung und Bekämpfung von Waldbränden), VfSlg 2674/1954 (forstliche Fachplanung), VfSlg 4206/1962 („Forstwesen"/Kompetenzbegriff), 4348/1963 (Maßnahmen zum Schutz des Waldes gegen Wildschäden/Jagdrecht), 6848/1972 (Bringungsrechte/Bodenreform); VfSlg 8009/1977 (Benützung des

Waldes zu Erholungszwecken); VfSlg 10.292/1984, VfGH 25.02.2021, G 282/2020 (bundesstaatliche Rücksichtnahmepflichten im Jagdrecht); VfSlg 12.998/1992 (Radfahrverbot im Wald); VfSlg 14.405/1996 (landesgesetzliche Sonderregeln); VfGH 27.09.2021, G 22/2021 (Bringungsanlagen zu forstwirtschaftlichen Zwecken).

VwSlg 9574 A/1978 (Rodungsbewilligung/gebundene Entscheidung); VwSlg 13.344 A/1990 (Waldbegriff/Schipiste); VwGH 29.10.1992, 92/10/0135 (keine wasserrechtlichen Vorfragen im Rodungsverfahren); VwSlg 13.972 A/1993 (Nebenparteien im Anlagenbewilligungsverfahren); VwGH 03.08.1995, 93/10/0242 (Rodungsbewilligung/Interessenabwägung*); VwGH 25.09.1995, 95/10/0034 (Rodungsbewilligung/allgemeine Grundsätze der Walderhaltung); VwGH 24.06.1996, 91/10/0168 (Waldbegriff/forstliche Nutzung); VwSlg 14.635 A/1997 (Waldfeststellung/dingliche Wirkung); VwGH 19.03.2002, 99/10/0277 (Rodungsbegriff); VwSlg 16.078 A/2003 (Bannzwecke); VwGH 13.10.2004, 2000/10/0115 (Waldbegriff/Mindestbreite); VwGH 03.10.2008, 2005/10/0155 (forstpolizeiliche Aufträge/Grenzen); VwGH 22.10.2008, 2007/06/0066 (Rodungsbegriff; Erlöschen der Rodungsbewilligung); VwGH 16.06.2009, 2006/10/0122 (Feststellungsbescheid/Bindungswirkung); VwGH 11.12.2009, 2007/10/0185 (Waldbegriff/räumlich zusammenhängende Bestockung); VwGH 11.12.2009, 2008/10/0063 (Rodungsbewilligung/Entbehrlichkeit der Interessenabwägung*); VwGH 11.12.2009, 2008/10/0111 (Waldeigenschaft/Berechnung der „vorangegangenen" 10 Jahre); VwGH 26.04.2010, 2004/10/0123 (Rodungsverfahren/Parteistellung benachbarter Waldeigentümer); VwGH 24.02.2011, 2009/10/0113 (Rodungsbewilligung/Wasserkraftanlage); VwGH 31.03.2011, 2007/10/0033 (öffentliches Interesse an der Rodung/Ermittlungspflichten); VwSlg 18.183 A/2011 (Waldverwüstung/Verkehrssicherheit/Vorrang des Schutzes von Leben und Gesundheit); VwGH 27.11.2012, 2009/10/0088 (Waldverwüstung/Abfallbegriff); VwSlg 18.350 A/2012 (Deckungsschutz für Nachbarwald); VwGH 21.05.2012, 2011/10/0117 (Waldeigenschaft/Flächenwidmung); VwGH 21.03.2013, 2011/10/0140 (Rodungsverfahren/ subjektiv-öffentliche Rechte des dinglich Berechtigten); VwGH 18.03.2015, 2013/10/0177 (Rodung/Siedlungswesen); VwGH 09.11.2016, Ro 2014/10/0043 (Rodung/Agrarstrukturverbesserung), VwGH 28.02.2018, Ra 2018/10/0028 (Rodungsverfahren/ subjektiv-öffentliche Rechte des Einforstungsberechtigten), VwGH 04.07.2018, Ra 2018/10/0018 (Waldentwicklungsplan/bloß „großflächiges" Planungsinstrument/Indizwirkung); VwGH 20.12.2019, Ro 2018/10/0010 (FFH-RL und Aarhus-Konvention im Fällungsbewilligungsverfahren/Parteistellung von Umweltorganisationen).

OGH 23.05.2018, 10 Ob 36/18v (Zustimmung zur Benützung von Forststraßen); OGH 30.10.2018, 9 Ob 7/18x, 26.11.2019, 4 Ob 203/19k (Haftungsprivileg gem § 176 ForstG).

I. Regelungsgegenstand und -ziele

Neben der traditionellen Funktion als **Rohstofflieferanten** kommt Wäldern auch wesentliche Bedeutung beim **Schutz vor Elementargefahren** (Lawinen, Hangrutschungen uÄ), der **Erhaltung der natürlichen Umwelt** (zB Reinigung und Erneuerung von Luft und Wasser) sowie als **Erholungsraum** für Menschen zu. Zur nachhaltigen Sicherung dieser multifunktionalen Waldwirkungen zielt das ForstG 1975 – in Einklang mit europäischen und internationalen forstpolitischen Zielen – insgesamt darauf ab, die gegenwärtige

Waldausstattung (von derzeit fast 50% der österr Staatsfläche) flächenmäßig weitgehend zu erhalten.

Zu diesem Zweck enthält das ForstG 1975 spezifische Ziele für die **forstliche Raumplanung** (§§ 1, 6 ff) sowie verschiedenste **Nutzungsge- und -verbote** bzw **forstpolizeiliche Genehmigungsvorbehalte** (§§ 13 ff, 40 ff). Da sich von der Gesamtwaldfläche nur ca 15% in staatlicher Hand (Österreichische Bundesforste AG) befinden, kommt es durch die forstrechtlichen Bestimmungen zu nicht unerheblichen Einschränkungen des freien Verfügungsrechtes am Waldeigentum im Interesse der Allgemeinheit. Als Ausgleich dazu sind **besondere Förderungsmaßnahmen** im Rahmen der Privatwirtschaftsverwaltung* vorgesehen (§§ 141 ff).

II. Verfassungsrechtliche Bezüge

1. Kompetenzrechtliche Bestimmungen

Die forstrechtlichen Bestimmungen stützen sich überwiegend auf den Kompetenztatbestand „**Forstwesen einschließlich des Triftwesens**" (Art 10 Abs 1 Z 10 B-VG), der in Gesetzgebung und Vollziehung Bundessache ist. Der Kompetenztatbestand umfasst nach seiner Bedeutung zum Zeitpunkt des Wirksamwerdens (Versteinerungsprinzip*) alle auf die **Pflege, Erhaltung** und **den Schutz des Waldbestandes** bezughabenden Vorkehrungen. In diesem Rahmen kann die Gesetzgebung nicht bloß notwendige oder zweckmäßig erscheinende **wirtschaftspolitische Maßnahmen**, sondern auch alle jene forstpolizeilichen Anordnungen treffen, die im Interesse der Sicherung des Waldbestandes zur **Abwehr von Gefahren aller Art** notwendig erscheinen (VfSlg 2192/1951 – Maßnahmen zur Verhütung und Bekämpfung von Waldbränden). Auch die Regelung des **freien Zutritts- und Aufenthaltsrechtes** (vgl VfSlg 10.292/1984) und des **nicht-öffentlichen Waldbewirtschaftungsverkehrs** („Bringung" in forstwirtschaftlichen Angelegenheiten – VfGH 27.09.2021, G 22/202) fällt unter das „Forstwesen". Da es sich bei der Raumordnung um eine Querschnittsmaterie* handelt, zu deren Regelung der Landesgesetzgeber nur dann zuständig ist, wenn die planenden Maßnahmen nicht zur Regelung der jeweiligen Sachmaterien gem Art 10 ff B-VG notwendig sind, obliegt dem Bund auch die **vorausschauende Planung der Waldverhältnisse** (Fachplanung; vgl VfSlg 2674/1954 sowie → *Raumordnungsrecht*).

Obwohl mit diesen Regelungsbereichen der Kompetenzbereich „Forstwesen" relativ breit angelegt ist, fällt dennoch nicht jede gesetzliche Regelung, die sich auf Waldgrundstücke bezieht, notwendigerweise in diesen Kompetenzbereich. Ausgenommen vom „Forstwesen" sind insb Maßnahmen zum Schutz des Waldes gegen **Wildschäden** (Art 15 Abs 1 B-VG – vgl VfSlg 4348/1963, VfGH 25.02.2021, G 282/2020) sowie Maßnahmen der **Bo-**

denreform, selbst wenn diese sich auf forstwirtschaftliche Grundstücke beziehen sollten (Art 12 Abs 1 Z 3 B-VG – vgl VfSlg 4206/1962, 6848/1972).

Hervorzuheben gilt es, dass nicht alle Regelungen des ForstG zwingend im Kompetenztatbestand „Forstwesen" Deckung finden müssen. Der Bundesgesetzgeber ist nicht gehindert, ein Bundesgesetz auf mehr als einen Kompetenztatbestand zu stützen (VwSlg 16.334 A/2004 – hier: „Wasserrecht"). Vgl daher zu den §§ 98 ff ForstG über Lawinen- und Wildbachverbauung auch Art 10 Abs 1 Z 10 B-VG (**„Wildbachverbauung"**), zu den §§ 47 ff ForstG über den Schutz des Waldes vor Luftschadstoffen Art 10 Abs 1 Z 12 B-VG (**„Luftreinhaltung, unbeschadet der Zuständigkeit der Länder für Heizungsanlagen"**), zu § 16 Abs 4 ForstG über Ablagerung von Abfall in Wäldern Art 10 Abs 1 Z 12 B-VG (**„Abfallwirtschaft"**).

Eine kompetenzrechtliche Besonderheit stellt dar, dass der Bundesgesetzgeber in den Angelegenheiten des „Forstwesens" die Landesgesetzgeber ermächtigen kann, zu genau bezeichneten Bestimmungen **(Landes-) Ausführungsgesetze** (zB sbg Forstgesetz-AusführungsG) zu erlassen (Art 10 Abs 2 iVm Abs 1 Z 10 B-VG). Die Vollziehung dieser AusführungsG bleibt allerdings dem Bund vorbehalten (**mittelbare Bundesverwaltung***).

Vgl dazu § 15 Abs 4 (Waldteilung); § 26 (Kampfzone des Waldes; Windschutzanlagen); § 42 (Waldbrand); §§ 95 bis 97 (allgemeine und besondere Ermächtigungen); § 101 Abs 8 ForstG (Räumung von Wildbächen).

Soweit ein forstrechtlich relevanter Sachverhalt unter einem anderen Gesichtspunkt von der Landesgesetzgebung geregelt wird (zB Jagdrecht), verbietet das **bundesverfassungsrechtliche Berücksichtigungsprinzip*** dem Landesgesetzgeber, die Effektivität der bundesgesetzlichen Regelungen ohne sachliche Rechtfertigung zu beeinträchtigen. Nimmt zB eine landesgesetzliche Ermächtigung zur **Sperrung von Jagdgebieten im Wald** nicht hinreichend auf das bundesgesetzlich geregelte freie Betretungsrecht des Waldes (§ 33 ForstG) Bedacht, ist diese Bestimmung verfassungswidrig (VfSlg 10.292/1984).

2. Grundrechtliche Bestimmungen

Die forstrechtlichen Bestimmungen berühren verschiedene grundrechtlich geschützte Freiräume. Ihre Beschränkung ist verfassungsrechtlich nur zulässig, wenn sie im Rahmen des jeweiligen Gesetzesvorbehalts eines Grundrechtes erfolgen.

Das Grundrecht auf **Eigentum** (Art 5 StGG iVm Art 1 1. ZPEMRK) schützt alle vermögenswerten Privatrechte. Soweit eigentumsentziehende oder -beschränkende Maßnahmen, wie etwa Verpflichtungen zur Duldung und Unterlassung (zB Betretungsrecht, Bannlegung) oder zur positiven Handlung (zB Wiederbewaldung, Schutz- und Bannwaldbewirtschaftung), gesetzlich vorgesehen werden, müssen sie im öffentlichen Interesse liegen und nach dem Grundsatz der Verhältnismäßigkeit erfolgen.

In diesem Lichte können sich für Leistungen der Waldbewirtschaftung **Abgeltungs-** oder **Entschädigungsansprüche** ergeben (vgl zB § 22 Abs 3a; idS auch zB Art 11 Bergwaldprotokoll der Alpenkonvention).

Der Verhältnismäßigkeit kann zB auch besondere Bedeutung zukommen, wenn der Waldeigentümer im Wege eines **forstpolizeilichen Auftrags** zur Herstellung des gesetzmäßigen Zustandes (vgl §§ 16, 172 Abs 6) verpflichtet wird, er selbst aber nicht der Verursacher des gesetzwidrigen Zustandes ist und der eigentliche Verursacher nicht mehr in Anspruch genommen werden kann. Nach der Rsp des VfGH (VfSlg 13.587/1993 zum WRG) dürfen dem Eigentümer von hoher Hand keine Lasten auferlegt werden, die ihn mit Rücksicht auf ihre Schwere einerseits und seinem aus dem Eigentum gezogenen Nutzen andererseits unverhältnismäßig treffen und ihm daher wirtschaftlich nicht zumutbar sind. Allerdings muss in die Prüfung der Verhältnismäßigkeit auch der Umstand einbezogen werden, ob die Auferlegung der Verpflichtung von einem persönlichen, diese auslösenden Verhalten des Verpflichteten unabhängig ist, wovon aber nicht auszugehen ist, wenn der Verpflichtete selbst eine gesetzwidrige Rodung vorgenommen worden ist (VwGH 24.09.1999, 99/10/0186).

Forstrechtliche Entschädigungspflichten sind als „**civil rights**" zu qualifizieren. Das Grundrecht auf ein **faires Verfahren** (Art 6 EMRK) erfordert, dass Gerichte (Tribunale) zur Festlegung der Entschädigung berufen werden (VfSlg 11.760/1988). Diesem Erfordernis entspricht das ForstG durch eine sukzessive Zuständigkeit* der ordentlichen Gerichte (zB Bezirksgericht – vgl §§ 31 Abs 8, 67 Abs 5).

Freiheitsentziehende und -beschränkende Maßnahmen, wie eine Festnahme durch Forstschutzorgane (§ 112 ForstG iVm § 35 VStG), greifen in das Grundrecht auf **Schutz der persönlichen Freiheit** (Art 1 ff PersFrG, Art 5 EMRK) ein. Sie dürfen einfachgesetzlich nur im Rahmen der verfassungsgesetzlich taxativ aufgezählten Fälle (vgl insb Art 2 Abs 1 Z 3 PersFrG) und nach dem Grundsatz der Verhältnismäßigkeit (Art 1 Abs 3 PersFrG) vorgesehen werden (vgl auch → *Sicherheitspolizeirecht*).

3. Staatsziel Umweltschutz

Das (Staatsziele-) BVG, BGBl I 111/2013, deklariert in § 3 den „**umfassenden Umweltschutz**" als Staatsziel*. Da der Wald einen wesentlichen Teil der vor schädlichen Einflüssen zu schützenden natürlichen Umwelt darstellt, ist die dem einfachen ForstG übergeordnete Staatzielbestimmung auch zur **Auslegung des ForstG** sowie im Fall von Abwägungsentscheidungen auch zur **Gewichtung der im ForstG wahrzunehmenden Umweltinteressen** heranzuziehen (verfassungskonforme Interpretation – vgl zB VfSlg 13.210/1992, 20.185/2017). Ein absoluter Vorrang von Umweltinteressen ergibt sich aus dem (Staatsziele-) BVG aber nicht (VfSlg 20.185/2017).

III. Europarechtliche Bezüge

Das Forstwesen ist keinem der speziellen Politikbereiche der EU (Art 28 ff AEUV), insb auch nicht der Gemeinsamen Agrarpolitik (Art 38 ff AEUV) zuzuordnen. Forstpolitik ist damit grundsätzlich eine Aufgabe der Mitgliedstaaten. Dennoch wurde von der EU eine **unverbindliche „Forststrategie"** entwickelt, die sich im Einklang mit den Grundsätzen der UN-Konferenz für Umwelt und Entwicklung und den Entschließungen der Ministerkonferenzen über den Schutz der Wälder zu einer nachhaltigen Waldbewirtschaftung (s V.) bekennt. Sie wird durch nationale oder regionale (Förder-) Programme konkretisiert und umgesetzt. Die EU unterhält auch einen aus Vertretern der Mitgliedstaaten zusammengesetzten **Ständigen Forstausschuss** zur Beratung der Kommission und zum Informationsaustausch zwischen den Mitgliedstaaten sowie ein breit angelegtes System für ein **Langzeit-Monitoring** des Zustandes des Waldes.

Darüber hinaus weisen verschiedene **umwelt-, handels- oder energiepolitische Maßnahmen der EU** unmittelbare oder mittelbare Bezüge zum Wald und damit auch zum ForstG auf (vgl §§ 48 ff ForstG/forstschädliche Luftverunreinigung – RL 2008/50/EG; § 45 ForstG/Forstschädlingsbekämpfung – VO 2016/2031 (EU); §§ 1 ff Forstliches VermehrungsgutG – RL 99/105/EG, RL 71/161/EWG).

Die **EU-Naturschutzrichtlinien** (Fauna-Flora-Habitat-RL, Vogelschutz-RL; → *Naturschutzrecht*) verpflichten in den einschlägigen Natur- und Tierschutzgebieten (Natura 2000) speziell zur **Unterlassung von forstlichen Eingriffen.**

Zu diesem Zweck können einzelne forstrechtliche Ge- oder Verbote, wie zB iZm der Wiederbewaldung, Waldverwüstung, Schädlingsbekämpfung uÄ, von den Forstbehörden im erforderlichen Umfang geändert oder ausgesetzt werden (s VIII.4.e.).

Soweit die Vorschriften der FFH-RL nicht bereits durch landesrechtliche Naturschutzbestimmungen wirksam werden (→ *Naturschutzrecht*), ist die Forstbehörde – auch wenn § 87 ForstG solches nicht ausdrücklich vorsieht – im Bewilligungsverfahren über (Baum-) Fällungen in einem Natura 2000-Gebiet (wie zB dem Nationalpark Hohe Tauern) verpflichtet, auch die Vereinbarkeit der beantragten Fällungen mit den für dieses Schutzgebiet festgelegten Erhaltungszielen zu überprüfen (Vorrang des unmittelbar anwendbaren **Art 6 Abs 3 FFH-RL**) sowie iVm **Art 9 Abs 2 und 3 AarhK** Umweltorganisationen Parteistellung zuerkennen (VwGH 20.12.2019, Ro 2018/10/0010).

Die VO 1305/2013 schließlich sieht **Beihilfen** für Maßnahmen zur Förderung der nachhaltigen Bewirtschaftung bewaldeter Flächen (zB Erstaufforstungen, Waldumweltmaßnahmen) vor.

IV. Völkerrechtliche Bezüge

Auf internationaler Ebene gibt es zahlreiche multilaterale Vereinbarungen, die Arbeitsprogramme und Maßnahmen zum Schutz der Wälder vorsehen. Auch iZm Klimaschutzmaßnahmen (zB „Kyoto"-Protokolle) kommt Wäldern als sog „Kohlenstoffsenken" besondere Bedeutung zu.

Im Alpenraum nehmen die zwischen den Anrainerstaaten (sowie der EU) abgeschlossene **Alpenkonvention** sowie deren **Durchführungsprotokolle** (zB „Bergwald" – BGBl III 233/2002; „Bodenschutz" – BGBl III 235/2002), die ua auch auf die Erhaltung, Stärkung und Wiederherstellung der verschiedenen Waldfunktionen im Alpenraum abzielen und Verpflichtungen zur Förderung und Abgeltung der Leistungen der Waldwirtschaft vorsehen, eine vorrangige Stellung ein. Soweit die Durchführungsprotokolle ohne Erfüllungsvorbehalt (iSd Art 50 Abs 2 B-VG) genehmigt worden sind, sind sie innerstaatlich unmittelbar anzuwenden (VwSlg 16.640 A/2005).

Die in den Durchführungsprotokollen verwendeten Begriffe sind nicht notwendigerweise deckungsgleich mit jenen des ForstG (VwSlg 16.640 A/2005 – „Wälder mit Schutzfunktionen").

V. Grundsätze des Forstrechts

Dem gesamten ForstG liegt das **programmatische Ziel** zu Grunde, dass der Wald und seine spezifischen Nutz-, Schutz-, Wohlfahrts- und Erholungswirkungen zu erhalten sind (§ 1 Abs 2 Z 1 und 2) und die Waldbewirtschaftung nachhaltig erfolgen muss (§ 1 Abs 2 Z 3). **Nachhaltige Waldbewirtschaftung** bedeutet, dass die Pflege und Nutzung der Wälder so zu erfolgen hat, dass biologische Vielfalt, Produktivität, Regenerationsvermögen, Vitalität sowie Potenzial dauerhaft (auch für nachfolgende Generationen) gesichert bleiben (§ 1 Abs 3).

Aus diesen allgemeinen Grundsätzen des ForstG können zwar noch keine unmittelbaren Verhaltenspflichten der Waldeigentümer oder subjektiv-öffentliche Rechte Dritter abgeleitet werden. Es kommt ihnen aber **auslegungs- und ermessensleitende Funktion** bei der Vollziehung der einzelnen Bestimmungen des ForstG zu.

Werden daher die Rodungsbestimmungen (§§ 17 ff) im Lichte des § 1 ausgelegt, dann können bloß geringfügige Anknüpfungspunkte an Zwecke der Waldbewirtschaftung das Erfordernis einer Rodungsbewilligung für die Errichtung einer Hütte im Wald nicht entbehrlich machen (VwGH 25.09.1995, 95/10/0034).

VI. Geltungsbereich; Waldbegriff

Zentrale Regelungsgegenstände des ForstG sind der Wald, die „Kampfzone" des Waldes sowie Windschutzanlagen.

1. „Wald" als Legalbegriff

Die forstrechtlichen Bestimmungen knüpfen überwiegend an den Begriff „Wald" an. Dieser Begriff unterscheidet sich nicht unerheblich vom her-

kömmlichen Sprachgebrauch und ergibt sich aus einer **komplexeren, mehrgliedrigen Legaldefinition**. Danach gelten grundsätzlich als „Wald":
- die mit näher bestimmten Holzgewächsen (zB Kiefern, Fichten, Birken) bestockten Grund*flächen* von mindestens 1.000 m² und einer durchschnittlichen Mindestbreite von 10m (§ 1a Abs 1 iVm dem Anh zum ForstG);

    Die rechtliche Eigenschaft „Wald" (iSd § 1a Abs 1) bezieht sich auf „**Grundflächen**". Es ist daher ohne Belang, ob die zu beurteilende Fläche mit einem bestimmten Grundstück ident ist, nur einen Teil davon erfasst oder allenfalls mehrere Grundstücke betrifft (VwGH 24.06.1996, 91/10/0168). Wird eine bewaldete Grundfläche aber unterbrochen (zB durch eine Schipiste – VwSlg 13.344 A/1990; durch dauernd unbestockte Felsformationen über 1.000 m² – vgl *Brawenz/Kind/Wieser*, ForstG 32), handelt es sich um keine einheitliche, zusammenzuzählende Grundfläche mehr. Zu beachten ist aber, dass es sich auch bei unbestockten (Teil-) Flächen aufgrund des räumlichen Zusammenhangs durchaus um Wald handeln kann (vgl zB § 1a Abs 7 sowie VwGH 19.12.1994, 91/10/0177 – gesamtheitliche Betrachtung unter Einbeziehung eines ehemaligen Bachbetts ohne jeglichen Bewuchs).

    Aus der in § 1a Abs 1 genannten durchschnittlichen **Mindestbreite von 10 m**, die nicht zuletzt der Abgrenzung gegenüber „Baumreihen" (iSd § 1a Abs 4 lit d) dient, kann nach Ansicht des VwGH nicht gefolgert werden, dass in geschlossenen Waldgebieten der räumliche Zusammenhang – mit entsprechender Auswirkung auf die Waldeigenschaft – jedes Mal dann unterbrochen wäre, wenn zwischen zwei Stämmen eine Entfernung von mehr als 10m liegt (VwGH 25.03.1993, 92/10/0100; 13.10.2004, 2000/10/0115). Aus § 1a Abs 1 ist daher nicht eine erforderliche „Mindestdichte" der Bestockung abzuleiten. Die Beurteilung hat in dieser Hinsicht alleinig nach forstfachlichen Gesichtspunkten zu erfolgen; zB § 13 Abs 8 („ausreichende Pflanzenzahl") und § 4 Abs 1 („Überschirmung von 5/10 ihrer Fläche") können als Anhaltspunkte für die Beurteilung dienen.

- die infolge einer Nutzung (zB befristete Rodung; vgl aber § 5 Abs 2 Z 2 und Abs 2a) oder aus sonstigem Anlass (zB Windwurf) vorübergehend vermindert bestockten oder unbestockten Grundflächen (§ 1a Abs 2).

Weiters werden bestimmte Flächen oder Bewüchse, obwohl sie die Definitionsmerkmale des § 1a Abs 1 und 2 nicht erfüllen, ausdrücklich (ex lege) zum Wald **erklärt**:
- die dauernd unbestockten Grundflächen forstwirtschaftlicher Betriebsflächen, die unmittelbar der Waldbewirtschaftung dienen (§ 1a Abs 3 – zB Bringungsanlagen, Holzlagerplätze);
- Räumden (Wald mit geringer Überschirmung) und Kahlflächen ohne Bewuchs innerhalb des Waldes (§ 1a Abs 7 – vgl dazu VwGH 19.12.1994, 91/10/0177);
- der forstliche Bewuchs in der sog **Kampfzone des Waldes** (zwischen der natürlichen Grenze *forstlichen Bewuchses*, wozu zB auch Latschen zählen, und dem tatsächlichen geschlossenen Baumbewuchs – § 2 Abs 1 und 2);
- die sog **Windschutzanlagen** (linienförmige Baum- oder Strauchreihen – § 2 Abs 1 und 3);

- die im Grenz- bzw Grundsteuerkataster als Wald eingetragenen Grundflächen (widerlegbare „Rechtsvermutung" – § 3 Abs 1);

    Darin sind die Verwendungsweisen (zB Bauflächen, Gewässer, Wald etc) einzutragen. Eine **„Wald"-Eintragung** erfolgt regelmäßig erst ab einer Flächengröße von 2.000 m² (vgl § 10 iVm Anh VermessungsG).

- die neubewaldeten (§ 4 Abs 1 und 2) oder zur Aufforstung staatlich geförderten Grundflächen (§ 4 Abs 3; vgl §§ 141 ff).

Umgekehrt werden bestimmte Flächen vom Waldbegriff (iSd § 1a Abs 1 und 2) **ausdrücklich ausgenommen**:

ZB bloße Baumreihen, Parks, Baumschulen, Forstgärten, Christbaumkulturen (§ 1a Abs 4 und 5), aber auch bereits **mindestens 10 Jahre anderweitig genutzte Waldflächen** (§ 5 Abs 2 Z 1).

Auch durch Erteilung einer **dauernden Rodungsbewilligung** verliert eine Grundfläche bis zum allfälligen Eintritt der Neubewaldung die Waldeigenschaft (vgl § 5 Abs 2 Z 2).

Eine **raumordnungsrechtliche (zB Bauland-) Widmung** hat dagegen für die Qualifikation einer Grundfläche als Wald (iSd ForstG) keine Bedeutung (VwGH 21.01.2015, Ra 2014/10/0056). Verschiedentlich ist in den ROG der Länder vorgesehen, dass Waldflächen erst gar nicht als Bauland gewidmet werden dürfen (vgl § 28 Abs 3 Z 5 sbg ROG 2009). In diesem Fall kommt eine Widmung der Fläche als Bauland erst nach Erteilung einer (dauernden) Rodungsbewilligung in Betracht.

Einzelne forstrechtliche Bestimmungen (zB Forstschädlingsbekämpfung – § 44 Abs 3, 6 und 7, § 45) werden jedoch auch für solche Flächen ausdrücklich für anwendbar erklärt (vgl § 1a Abs 4 und 6).

2. Feststellungsverfahren

Bestehen **Zweifel über die Waldeigenschaft**, hat die Forstbehörde von Amts wegen oder auf Antrag eines Berechtigten (§ 19 Abs 1 – zB Waldeigentümer) und unter Beiziehung der betroffenen Nebenparteien (§ 19 Abs 4) ein Feststellungsverfahren durchzuführen und die Waldeigenschaft (bzw Nichtwaldeigenschaft) mit Bescheid festzustellen (§ 5). Der **Feststellungsbescheid** ist deklarativ, nicht konstitutiv (VwSlg 18.216 A/2011).

Eine von § 38 AVG abweichende Verpflichtung der Forstbehörde zur Unterbrechung eines Verfahrens (zB Rodungsbewilligungsverfahren – VwGH 22.03.1993, 91/10/0066; forstpolizeiliches Auftragsverfahren – VwGH 14.06.1993, 90/10/0100), in dem die Waldeigenschaft eine **präjudizielle Vorfrage** darstellt, wird aus § 5 nicht abgeleitet (VwGH 19.10.1987, 87/10/0063).

Bei der Beurteilung der Waldeigenschaft ist auf einen Beobachtungszeitraum von 10 Jahren abzustellen. Für die Berechnung der vorangegangenen 10 Jahre ist der Zeitpunkt der Einleitung des Verfahrens maßgebend (VwGH 11.12.2009, 2008/10/0111 – hier: Schreiben der Forstbehörde). Es ist nicht erforderlich, dass die Waldeigenschaft während des gesamten Beobachtungszeitraumes vorgelegen ist; es genügt, dass die betreffende Fläche zu irgendeinem Zeitpunkt in den vorangegangenen 10 Jahren Waldeigenschaften aufgewiesen hat (VwGH 18.10.1992, 93/10/0100; 24.06.1996, 91/10/0168). Durch das Abstellen auf einen 10-jährigen Beobachtungszeitraum können auch allenfalls **bewilligungslos (rechtswidrig) durchgeführte Rodungen** durch Zeitablauf saniert werden (vgl dazu VwGH 24.06.1996, 91/10/0168 sowie *Brawenz/Kind/Wieser*, Forstgesetz 83).

Auch durch eine **dauernde Rodungsbewilligung** (bzw Durchführung einer angemeldeten dauernden Rodung gem § 17a) geht die Waldeigenschaft verloren (§ 5 Abs 2 Z 2). Nicht gilt dies hingegen bei bloß **befristet bewilligten Rodungen** (vgl § 18 Abs 1). Die Dauer der befristeten Rodung darf auch nicht in den 10jährigen Beobachtungszeitraum eingerechnet werden (§ 5 Abs 2a).

Dem Feststellungsbescheid* kommt **dingliche Wirkung*** zu. Er entfaltet auch **Bindungswirkung bei Vorfragen*** (iSd § 38 AVG) in anderen Verfahren (zB Rodungsverfahren – VwGH 27.03.2012, 2010/10/0207; forstpolizeiliches Auftragsverfahren).

VII. Forstliche Raumplanung

Die forstliche Raumplanung ist jener Teil der Raumordnung (→ *Raumordnungsrecht*), der durch **Darstellung** und **vorausschauende Planung** der Waldverhältnisse den Waldbestand in solchem Umfang und in solcher Beschaffenheit sichern soll, dass die Wirkungen des Waldes, namentlich die

- **Nutzwirkung**, insb die wirtschaftlich nachhaltige Hervorbringung des Rohstoffes Holz;
- **Schutzwirkung**, insb der Schutz vor Elementargefahren und schädigenden Umwelteinflüssen (zB Lärm) sowie die Erhaltung der Bodenkraft gegen Bodenabschwemmung und -verwehung, Geröllbildung und Hangrutschung;
- **Wohlfahrtswirkung**, insb der Einfluss auf die Umwelt (Ausgleich des Klimas und des Wasserhaushaltes, Reinigung und Erneuerung von Luft und Wasser), und
- **Erholungswirkung**, insb die Wirkung des Waldes als Erholungsraum für die Waldbesucher

bestmöglich gewährleistet werden (§ 6 Abs 2). Dabei können in Abhängigkeit von den konkreten Örtlichkeiten einzelne Waldwirkungen priorisiert werden (vgl § 6 Abs 3). Die betreffenden Waldflächen müssen aber jeweils eine **tatsächliche Eignung** aufweisen, die betreffenden Waldwirkungen hervorzurufen. Soweit die forstliche Raumplanung in Konflikt mit anderen, „konkurrierenden" raumbedeutsamen Planungen der Bundes- und Landesverwaltung steht, ist eine entsprechende Koordinierung der in Betracht kommenden öffentlichen Interessen – zB im Wege von Vereinbarungen gem Art 15a Abs 1 B-VG – anzustreben (§ 6 Abs 4; → *Raumordnungsrecht*).

Als Instrumente der forstlichen Raumplanung dienen die folgenden forstlichen Raumpläne:

- **Waldentwicklungsplan** (§ 9): In (Gesamt-, Teil-) Plänen sind die Waldverhältnisse für das gesamte Bundesgebiet (kartografisch, textlich) darzustellen, die Waldwirkungen mittels **Kennzahlen** zu bewerten sowie sonstige forstlich relevante Sachverhalte (Schäden, Gefahrenquellen, besondere Wirkungszusammenhänge) oder erforderliche Maßnahmen (zB Sanierungsmaßnahmen für Schutzwälder – vgl § 24) anzuführen.

Festlegungen im Waldentwicklungsplan in Form von Kennzahlen (zB keine [0], mittlere [2] oder hohe [3] Schutzwirkung eines Waldes) haben insb Bedeutung bei der Feststellung des öffentlichen Interesses an der Walderhaltung (§§ 17 Abs 2 bis 4, 17a Abs 1 Z 3; s VIII.3.).

- **Waldfachpläne** (§ 10): Auch Eigentümer oder andere interessierte Stellen (zB Behörden) können für ihre Interessenbereiche Waldverhältnisse darstellen und planen. Solche (zunächst „privaten") Waldfachpläne können auf Antrag und nach Prüfung durch den LH als Teilpläne für das betreffende Gebiet in den Waldentwicklungsplan aufgenommen werden.
- **Gefahrenzonenpläne** (§ 11): Darin sind die Einzugsgebiete von Wildbächen oder Lawinen darzustellen sowie abgestufte **(rote, gelbe) Gefahrenzonen** sowie (blaue) Vorbehalts- und (braune) Hinweisbereiche für andere Gefahren auszuweisen.

Die forstlichen Raumpläne sind – anders als etwa die FWP der Gemeinden (→ *Raumordnungsrecht*) – **keine Verordnungen**, ihnen kommt deshalb auch kein normativer Charakter zu. Sie stellen vielmehr sachverständig erarbeitete **Richt- und Leitlinien** dar (VwGH 27.03.1995, 91/10/0090) und dienen den Forstbehörden als Entscheidungshilfe, namentlich bei der Bann- und Schutzwaldfeststellung (§§ 23 und 27) oder der Interessenabwägung* im Rodungsverfahren (§§ 17 ff). Zu beachten gilt aber, dass dem Waldentwicklungsplan als bloß „grobflächigem" Planungsinstrument (Ausweisung von Funktionsflächen idR erst ab einer Mindestgröße von 10 Hektar) lediglich **Indizwirkung** zukommt. Er kann daher die **(Detail-) Gutachten eines forstlichen Sachverständigen** (§ 52 AVG) betreffend der Frage des öffentlichen Interesses an der Erhaltung bestimmter Waldflächen nicht ersetzen (VwSlg 18.350 A/2012).

Gefahrenzonenpläne haben überdies im **Raumordnungsrecht** der Länder (→ *Raumordnungsrecht*) besondere Bedeutung. Die Gemeinde ist berechtigt, die im Gefahrenzonenplan zum Ausdruck kommenden Gefährdungen eines Grundstückes durch Lawinen oder Wildbäche als Grundlage für die Entscheidung über die Frage der Baulandeignung eines Grundstückes heranzuziehen (VfSlg 15.136/1998).

VIII. Erhaltung des Waldes

1. Wiederbewaldung

a) Allgemeine Aufforstungspflicht

Wird der Waldbestand durch eine **Verminderung des Bewuchses** gefährdet, hat der Waldeigentümer die betroffenen Waldflächen grundsätzlich wieder zu bewalden bzw aufzuforsten (§ 13).

Durch Fällungen, Windwurf, Waldbrand uÄ entstandene Kahlflächen und Räumden (§ 1 Abs 7) sind aber nur dann wieder zu bewalden, wenn die Wiederbewaldung zur Walderhaltung **erforderlich** ist. Demnach löst eine kleinere Kahlfläche im Flächenausmaß von 30 m² inmitten eines weitgehend bestockten Waldgrundstückes noch keine Wiederbewaldungspflicht aus (VwGH 11.05.1987, 87/10/0044). Bei einer Kahlfläche im Flächenausmaß von 600 m² ist eine solche Pflicht dagegen nicht zweifelhaft (VwGH 03.08.1995, 95/10/0065).

Kommt der Waldeigentümer der gesetzlichen Wiederbewaldungs- oder Aufforstungspflicht nicht rechtzeitig nach, hat die Forstbehörde nicht nur ein Verwaltungsstrafverfahren einzuleiten (§ 174 Abs 1 lit a Z 1), sondern dem Waldeigentümer die Wiederbewaldung unter Vorschreibung entsprechender Maßnahmen (zB Vorbereitungs- und Begleitmaßnahmen iZm Naturverjüngung; ansonsten Art, Qualität und Anzahl der zu setzenden Pflanzen) aufzutragen (§ 172 Abs 6). Da die Wiederbewaldungspflicht – ohne Bezugnahme auf allfällige Nutzungsberechtigte oder anderweitig Berechtigte – auf dem Eigentum lastet, kann der Wiederbewaldungsauftrag auch an den Waldeigentümer gerichtet werden, selbst wenn dieser die Außerachtlassung der forstrechtlichen Vorschriften gar nicht zu verantworten hat (VwSlg 10.463 A/1981; VwSlg 18.216 A/2011). § 172 Abs 6 lässt es aber auch zu, dem Pächter eines Grundstückes den Auftrag zur Wiederbewaldung zu erteilen (VwGH 14.06.1993, 90/10/0100).

Davon unberührt bleibt, wem im Innenverhältnis zwischen Grundeigentümer und einem allfälligen Nutzungsberechtigten (zB Pächter) die Durchführung der Wiederbewaldung sowie die Kostentragung tatsächlich obliegt (VwSlg 14.147 A/1994).

b) Besondere Aufforstungspflicht

Besondere Aufforstungspflichten können sich zB im Gefolge einer rechtlich **befristeten Rodungserlaubnis** ergeben (§§ 17a Abs 4, 18 Abs 4; s dazu VIII.3.b.).

2. Waldverwüstungen

Die Schwächung der Produktionskraft des Waldbodens, die flächenhafte Gefährdung seines Bewuchses sowie die Ablagerung von Abfällen im Wald sind grundsätzlich jedermann verboten (§ 16, § 174 Abs 1 lit a Z 3).

Beispiele: Tausalzstreuungen; Aufbringen von Klärschlamm; Aushebung eines Leitungsgrabens; Ablagerung von Bauschutt.

Da die Tatbestände der Waldverwüstung – außer im Fall der Abfallablagerung – nicht auf bestimmte Handlungen/Unterlassungen, sondern va auf die **Auswirkungen** abstellen, handelt es sich verwaltungsstrafrechtlich um **Erfolgsdelikte***. Allerdings ist nicht erforderlich, dass eine wesentliche Schwächung oder eine gänzliche Vernichtung der Produktionskraft des Waldbodens als Folge einer Handlung oder Unterlassung bereits eingetreten ist. Entscheidend ist vielmehr, ob von der betreffenden Handlung oder Unterlassung eine die Produktionskraft des Waldbodens wesentlich schwächende oder diese gänzlich vernichtende Wirkung ausgeht.

Stellt die Forstbehörde eine Waldverwüstung fest, hat sie die erforderlichen Maßnahmen zur Beendigung der Waldverwüstung und zur Beseitigung ihrer Folgen mit forstpolizeilichem Auftrag anzuordnen (§ 16 Abs 3, § 172 Abs 6). Aufträge an den Waldeigentümer sind auch dann zulässig, wenn dieser selbst nicht die Waldverwüstung zu verantworten hat (VwSlg 18.216 A/2011 – Waldverwüstung durch Pferdehaltung eines Pächters).

Sterben zB aufgrund der **Tausalzstreuung** durch die Straßenverwaltung über einen Zeitraum von 10 Jahren Fichten bis zur Entfernung von 100 m entlang eines Straßenabschnittes (durch ebenes Gelände mit unzureichender bzw fehlender Wasserabflussmöglichkeit) ab, hat die Forstbehörde zur Beseitigung (und künftigen Verhinderung) der Waldverwüstung die unschädliche Salzwasserableitung oder das Einstellen der Tausalzstreuung anzuordnen (VwGH 10.04.1984, 84/07/0045, 0046); das gilt nur dann nicht, wenn auf andere Weise der **erforderlichen Sicherheit des Straßenverkehrs** nicht Rechnung getragen werden kann (VwSlg 18.183 A/2011 – Vorrang des Schutzes von Leben und Gesundheit).

Ziel der behördlich angeordneten Maßnahmen ist nicht die Wiederherstellung des früheren Zustandes (iS zB einer Beseitigung landschaftlicher Verunstaltungen). Daher können nur solche Maßnahmen angeordnet werden, als durch sie die geschwächte oder gänzlich vernichtete Produktionskraft des Waldbodens wiederhergestellt wird. Auf welche Weise und mit welchen Maßnahmen dieses Ziel im Einzelfall anzustreben ist, hat die Forstbehörde in einer auf die Gegebenheiten des Standortes Bedacht nehmenden **Prognoseentscheidung** festzulegen (VwGH 03.10.2008, 2005/10/0155).

Neben dem allgemeinen Waldverwüstungsverbot (§ 16) enthält das ForstG weitere **speziellere Waldverwüstungsverbote**, zB §§ 14 Abs 1 (Überhang), Abs 2 bis 5 (Deckungsschutz), 40, 41 (Waldbrand), 82 Abs 1 (Kahlhieb).

3. Rodung

Der Waldboden darf – entsprechend dem Ziel der Walderhaltung (s V.) – grundsätzlich nur zum Zweck der Waldkultur verwendet werden. Eine Verwendung zu anderen Zwecken als für solche der Nutz-, Schutz-, Wohlfahrts- und Erholungswirkung des Waldes ist grundsätzlich verboten (**Rodungsverbot** – §§ 6 Abs 2, 17 Abs 1, 174 Abs 1 lit a Z 6).

Die Umwandlung von Waldboden in **Kulturland** (Anlage einer Rasenfläche), **Bauland** (Errichtung einer gewerblichen Betriebsanlage) oder in **Verkehrsflächen** (Bau einer Landesstraße) stellt idS eine „Rodung" dar. Auch die der Telekommunikation dienende Errichtung eines **Handymastes** im Wald ist als Rodung zu qualifizieren (VwGH 05.04.2004, 2002/10/0006). Handelt es sich bei Baumaßnahmen dagegen um **Maßnahmen der Waldbewirtschaftung** (zB Errichtung einer Forststraße, einer forstlichen Materialseilbahn), liegt keine Rodung vor.

Ob bei einer Rodung nicht einmal ein einziger Baum geschlägert (VwGH 19.10.1987, 87/10/0063) oder allenfalls auch nur eine geringfügige Waldfläche, wie zB bei der Errichtung einer **Hütte** (VwSlg 9776 A/1979), der Lagerung von **Baumaterialien** zwischen gegebenem Bewuchs (VwGH 17.05.1993, 92/10/0374) oder beim Einbau von **Reithürden** (VwSlg 18.452 A/2012), in

Anspruch genommen wird, ist nicht von Bedeutung. Ausschlaggebend ist, ob der Waldboden einer anderen, die Waldkultur ausschließenden Nutzung zugeführt wird (VwGH 13.12.2010, 2009/10/0052).

Die **Schlägerung von Bäumen** und die Aushebung eines Leitungsgrabens stellt daher für sich allein noch keine Verwendung von Waldboden für waldfremde Zwecke dar (VwGH 24.06.1996, 91/10/0190). Eine solche Verwendung liegt erst mit der nachfolgenden Benützung des betreffenden Waldbodens zur Verlegung einer Wasserrohrleitung vor (VwGH 03.12.1985, 85/07/0252). Die Schlägerung von Bäumen und die in der Aushebung des Leitungsgrabens gelegene abträgliche Behandlung des Waldbodens erfüllen allenfalls den Tatbestand der **Waldverwüstung** (§ 16 Abs 2; vgl VwGH 07.06.1988, 87/10/0204).

Eine Rodung ist jedoch ausnahmsweise zulässig, wenn **kein besonderes öffentliches Interesse an der Walderhaltung** (§§ 17 Abs 2, 17a) oder ein **anderes gewichtigeres öffentliches Interesse an der Rodung** besteht (Interessenabwägung*; § 17 Abs 3; zur Zulässigkeit von Rodungen in sog „*Erholungswäldern*" vgl § 36 Abs 4 lit a sowie unten X.1.b.).

a) Anmeldepflichtige Rodungen

Kleinflächige Rodungen bis 1.000 m² können bei der Forstbehörde angemeldet werden (§ 17a). Ohne Beiziehung von Nebenparteien hat die Forstbehörde innerhalb einer (verlängerbaren) Frist von sechs Wochen zu prüfen, ob ein **öffentliches Interesse an der Walderhaltung** vorliegt (s VIII.3.b.). Besteht ein öffentliches Interesse an der Walderhaltung, hat die Forstbehörde mitzuteilen, dass die Rodung ohne eine zuvor erwirkte Rodungs*bewilligung* nicht durchgeführt werden darf (§ 17a Abs 1 Z 3). Dieser Mitteilung kommt **kein normativer Charakter** zu (aA *Muzak*, Forstrecht 449), sie ist daher auch nicht bekämpfbar (VwGH 16.10.2006, 2003/10/0226).

Wird die Rodung vor Ablauf der sechswöchigen Untersagungsfrist oder trotz der Mitteilung über die Bewilligungspflicht durchgeführt, liegt eine Verwaltungsübertretung nach § 174 Abs 1 lit a Z 6 vor.

Erfolgt keine fristgerechte Mitteilung über die Bewilligungspflicht der Rodung, kann die angemeldete Waldfläche nach Ablauf der Sechswochenfrist innerhalb eines Jahres einer anderen Verwendung zugeführt werden (§ 17a Abs 3).

b) Bewilligungspflichtige Rodungen

Großflächige Rodungen über 1.000 m² sowie im Anmeldeverfahren „untersagte" Rodungen (s oben VIII.3.a.) erfordern eine **forstbehördliche Bewilligung**.

Der Antrag auf Erteilung einer Rodungsbewilligung kann vom Waldeigentümer, dinglich oder obligatorisch Berechtigten oder von sonstigen Berechtigten gem § 19 Abs 1 (Träger öffentlicher Interessen, Agrarbehörden,

Energie- oder Eisenbahnunternehmen) bei der Forstbehörde eingebracht werden.

Bspw nimmt eine vom Bund mit der Erhaltung und Verwaltung einer Autobahnstrecke beauftragte Gesellschaft öffentliche Interessen iSd § 17 Abs 2 (Straßenverkehr) wahr und ist daher gem § 19 Abs 1 Z 3 antragsberechtigt. Dasselbe gilt für eine Gemeinde, die auf der Grundlage einschlägiger Landesgesetze (zB SportG, FremdenverkehrsG) das öffentliche Interesse am Sport und Fremdenverkehr geltend macht und einen Rodungsantrag hinsichtlich einer – an sich im Eigentum eines Dritten stehenden – Grundfläche stellt.

Neben dem Antragsteller sind die in § 19 Abs 4 und § 20 Abs 2 taxativ aufgezählten Personen (zB an der Rodungsfläche dinglich Berechtigte, benachbarte Waldeigentümer), Behörden und Dienststellen (zB Militärkommando, Agrarbehörden) als **Legal-, Formal-** bzw **Amtsparteien** dem Rodungsverfahren beizuziehen.

Bei der Parteistellung der an die Rodungsfläche (**unmittelbar**) „**angrenzenden**" **Waldeigentümer** (bzw sonst dinglich Berechtigten) ist zu beachten, dass **unbestockte Trennflächen unter 10 m Breite** (in eigenem oder fremdem Eigentum) unberücksichtigt bleiben müssen (§ 14 Abs 3 HS 2). Nach der Rsp muss benachbarten Waldeigentümern (und dinglich Berechtigten) darüber hinaus auch dann noch Parteistellung zukommen, wenn sich die **Rodungsfläche im 40m breiten (Deckungs-) Schutzstreifen** (§ 14 Abs 3 HS 1) für ihren Wald befindet (VwGH 23.01.1995, 92/10/0409 – hier: 23 m zum angrenzenden Wald).

Liegt zwischen der Rodungsfläche und einem Nachbarwald eine **bestockte Waldfläche im fremden Eigentum** (gleich welcher Breite), kommt dem betreffenden Waldeigentümer keinesfalls Parteistellung zu (VwGH 26.04.2010, 2004/10/0123).

Der Umfang des jeweiligen Mitspracherechts der Parteien (iSd § 8 AVG – „subjektiv-öffentliche Rechte"*) ist im Wege der Interpretation der materiell-rechtlichen Bestimmungen sowie aus dem Zweck der Parteistellung zu ermitteln. Das Mitspracherecht bleibt stets auf jene subjektiven Interessen beschränkt, die mit den im Rodungsverfahren relevanten **öffentlichen Interessen der Walderhaltung** verbunden sind.

Der benachbarte Waldeigentümer (§ 19 Abs 4 Z 4) hat jedenfalls ein subjektiv-öffentliches Recht auf Deckungsschutz (§ 14 Abs 3). Dagegen sollen Personen, die ein dingliches Recht (zB Dienstbarkeit, Einforstungsrecht, Baurecht) an der Rodungsfläche haben (§ 19 Abs 4 Z 2), aufgrund ihrer Parteistellung in die Lage versetzt werden, eine Beeinträchtigung ihrer dinglichen Rechte durch die beabsichtigte Rodung zu verhindern (VwSlg 13.578 A/1992); dementsprechend sind solche Einwendungen* diesfalls keine zivilrechtlichen, sondern öffentlich-rechtliche Einwendungen* und dürfen daher nicht auf den Zivilrechtsweg verwiesen werden (§ 19 Abs 7; vgl aber abweichend: VwGH 02.10.1989, 89/10/0113 – hier: ersessenes Bringungsrecht).

Gemeinden und Behörden, die in diesem Verfahren zur Wahrnehmung sonstiger öffentlicher Interessen berufen sind, müssen im Verfahren als **Beteiligte** gehört werden (§ 19 Abs 5).

Bezüglich der Frage, ob mit der beantragten Rodung eine Agrarstrukturverbesserung erreicht werden kann, ist zB die **Agrarbehörde** zu hören, in Angelegenheiten der Siedlungsstruktur dagegen die **Gemeinde** als örtliche Raumplanungsbehörde.

Eine Rodung ist von der Forstbehörde jedenfalls zu bewilligen, wenn **kein besonderes öffentliches Interesse an der Walderhaltung** besteht (§ 17 Abs 2 – zB Errichtung einer Holzhütte auf einer unbedeutenden, kleinen Waldfläche); in diesem Fall ist eine Rodung auch bei bloß privatem Interesse zulässig.

Nach der RV zur ForstGNov 2002 (970 BlgNR XXI. GP) kann von einem **öffentlichen Interesse** an der Walderhaltung ausgegangen werden, wenn der betreffenden Waldfläche eine mittlere oder hohe Schutz- bzw Wohlfahrtswirkung oder eine hohe Erholungswirkung im Waldentwicklungsplan (s VII.) zukommt (idS auch VwGH 21.06.2007, 2004/10/0095). Dieser Maßstab ist nicht nur zur Beurteilung der **Rodungsfläche** heranzuziehen, sondern auch für den an die Rodungsfläche **angrenzenden Nachbarwald**. Der Deckungsschutz für den Nachbarwald (§ 14) dient nur dann dem öffentlichen Interesse an der Walderhaltung, wenn auch diesem Wald bedeutende (Wald-) Wirkungen attestiert werden müssen (VwSlg 18.350 A/2012).

Liegt aber ein besonderes öffentliches Interesse an der Walderhaltung vor, kann die Rodungsbewilligung nur bei einem **überwiegenden öffentlichen Interesse*** an der **nichtforstlichen Verwendung** der Waldflächen erteilt werden (§ 17 Abs 3). Zu den rechtfertigenden öffentlichen Interessen zählen insb Maßnahmen der Agrarstrukturverbesserung, des Eisenbahn-, Luft- und Straßenverkehrs, des Berg- und Wasserbaus, der Energiewirtschaft (VwGH 24.02.2011, 2009/10/0113 – zB auch Kleinkraftwerke nach dem ÖkostromG), des Siedlungswesens (= Baulandentwicklung) und Naturschutzes (demonstrative Aufzählung; vgl § 17 Abs 4). Auch am Fremdenverkehr kann ein relevantes öffentliches Interesse bestehen (VwGH 31.03.2011, 2007/10/0033). Das öffentliche Interesse an der Rodung ist – ungeachtet von Mitwirkungspflichten des Antragstellers – grundsätzlich **von Amts wegen** festzustellen (VwGH 31.03.2011, 2007/10/0033).

ZB Maßnahmen zur Arrondierung, Existenzsicherung oder Erhöhung der Produktivität eines land- und forstwirtschaftlichen Betriebes (Agrarstrukturverbesserung – vgl VwGH 29.02.2012, 2010/10/0130); Errichtung einer öffentlichen Bundes-, Landes-, Gemeindestraße (Straßenverkehr); Errichtung einer neuen Wohnsiedlung (Siedlungswesen).

Die Interessenabwägung* nach § 17 Abs 3 kann nicht zu Gunsten der Rodung ausfallen, wenn kein den Rodungszweck verkörperndes **konkretes Vorhaben** bezeichnet wird, das im öffentlichen Interesse des Siedlungswesens gelegen wäre. Es fehlt daher an einem öffentlichen (Siedlungs-) Interesse, wenn zB gerodete Baugründe an Dritte verkauft werden sollen, wenn das private Interesse in ungewisser Zukunft liegt oder wenn in Betracht kommende Nichtwaldflächen vorerst unausgenützt bleiben sollen (VwGH 11.12.2009, 2006/10/0223).

Bei der **Abwägung der öffentlichen Interessen** hat die Forstbehörde insb auf die Erhaltung der Waldwirkungen (§ 6) sowie auf Zielsetzungen der sonstigen Raumordnung (zB Baulandbedarf) Bedacht zu nehmen (§ 17 Abs 5).

Die gesetzlich gebotene Bedachtnahme insb auf eine die erforderlichen Wirkungen des Waldes gewährleistende Waldausstattung verlangt zwingend **gutachterliche Ausführungen** über die gegebene Waldausstattung einerseits und über die Wirkungen des Waldes auf der zur Rodung beantragten Fläche in Bezug auf diese Fläche und den umgebenden Wald andererseits, weil erst dadurch die Gewichtung des Interesses an der Walderhaltung auf der betreffenden Fläche ermöglicht wird. Ein Sachverständigengutachten, das zwar die im Waldentwicklungsplan (s VII.) festgelegte **Wertziffer** und das „**Bewaldungsprozent**" nennt, die Wirkungen des Waldes auf der zur Rodung beantragten Fläche aber nicht näher beschreibt, kann keine taugliche Grundlage für die Interessenabwägung* bieten (VwGH 19.12.1994, 94/10/0136). Dem Waldentwicklungsplan als einem „**grobflächigen" Planungsinstrument** kommt für sich alleine nur „Indizwirkung" zu (VwGH 16.06.2011, 2009/10/0173).

Ist in einer Gemeinde eine ausreichende Baulandreserve auf Nichtwaldflächen vorhanden, die für das Siedlungswesen zur Verfügung steht, kann – trotz Baulandwidmung im FWP (→ *Raumordnungsrecht*) und rechtskräftiger Baubewilligung (→ *Baurecht*) – nicht von einem Überwiegen des öffentlichen Interesses an der Rodung ausgegangen werden (VwGH 03.08.1995, 93/10/0242; 11.12.2009, 2006/10/0223). Die Forstbehörde muss sich bei der Interessenabwägung* mit den **Gründen auseinandersetzen**, die zur Festlegung einer Baulandwidmung im Wald geführt haben. Fehlt eine Auseinandersetzung mit den im raumordnungsrechtlichen Verfahren maßgebenden Erwägungen, ist die Versagung der Rodung rechtswidrig.

§ 17 enthält hinsichtlich der Erhaltung der Waldwirkungen **keine Vorfragen***. Daran ändert auch der Umstand nichts, dass gegebenenfalls für die Entscheidung im Rodungsverfahren ein Sachverhalt (zB Wasserhaushalt, Reinigung und Erneuerung des Wassers; vgl § 17 Abs 3 und 5 iVm § 6 Abs 2 lit c) maßgeblich sein kann, dem auch in einem anderen Verfahren (zB beim Schutz von Wasserversorgungsanlagen – vgl § 34 WRG) entscheidende Bedeutung zukommt (VwGH 29.10.1992, 92/10/0135).

Bei einem überwiegenden öffentlichen Interesse an der nichtforstlichen Verwendung des Waldbodens hat die Forstbehörde die Rodungsbewilligung zu erteilen (**kein Ermessen*** – VwSlg 9574 A/1978).

Damit im Fall der Erteilung einer Rodungsbewilligung die Walderhaltung nicht über das bewilligte Ausmaß hinaus beeinträchtigt wird, kann die Rodungsbewilligung auch unter **Bedingungen*** und **Auflagen*** erteilt werden (zB Ersatzaufforstung auf fremdem Grund – vgl § 18 Abs 1 bis 3). ZT enthält das ForstG auch (gesetzes-) **unmittelbar geltende Suspensivbedingungen** (§ 18 Abs 6 – Erlag einer Sicherheitsleistung; § 19 Abs 8 – Rechtskraft eines zivil- oder verwaltungsrechtlichen Rechtstitels zur Nutzung des fremden Bodens).

Wenn der beabsichtigte Zweck der Rodung nicht von unbegrenzter Dauer ist, ist die Rodungsbewilligung zu befristen (**befristete Rodung**) und unter der Auflage* zu erteilen, dass der Waldgrund nach Ablauf der festgesetzten Frist wieder zu bewalden ist (§ 18 Abs 4). Zur Sicherung der Erfüllung der vorgeschriebenen Auflagen kann eine angemessene **Sicherheitsleistung** vorgeschrieben werden (§ 18 Abs 6).

Der Rodungsbewilligung sowie einer allfälligen Versagung kommt regelmäßig **dingliche Wirkung*** zu (VwSlg 11.610 A/1984). Mit Erteilung einer dauernden Rodungsbewilligung verliert die betreffende Grundfläche gleichzeitig ihre Waldeigenschaft (VwGH 29.06.1998, 97/10/0241; s VI.1.). Wird allerdings die Waldfläche nicht für den festgelegten Zweck verwendet, erlischt die Rodungsbewilligung ex lege, ohne dass es einer Aufhebung des Rodungsbescheides bedürfte (VwGH 22.10.2008, 2007/06/0066 – hier: geändertes Golfplatzprojekt).

c) Verfahrens- und Entscheidungskonzentration bei gewerblichen Betriebsanlagen

Bei gewerberechtlich genehmigungspflichtigen Betriebsanlagen (§ 74 Abs 2 GewO) entfällt das Erfordernis einer **gesonderten Rodungsbewilligung**. Es sind die materiell-rechtlichen Genehmigungsregelungen der §§ 17 ff ForstG im gewerberechtlichen Betriebsanlagengenehmigungsverfahren mitanzuwenden (→ *Gewerberecht*). Die gewerberechtliche Betriebsanlagengenehmigung gilt ex lege als Rodungsbewilligung (§ 356b Abs 1 GewO).

4. Besonders geschützte Wälder mit Sonderbehandlung

Bei besonders gefährdeten Wäldern sowie bei für die (Natur-) Gefahrenabwehr wichtigen Wäldern ergeben sich **zusätzliche forstrechtliche Verpflichtungen** für die Grundeigentümer.

a) Schutzwälder

Werden Wälder an ihrem Standort durch Wind, Wasser oder Schwerkraft (zB in Form von Erosionen) gefährdet (**„Standortschutzwälder"**), bestehen neben den allgemeinen forstrechtlichen Pflichten **besondere Erhaltungspflichten** im Rahmen der Nutzung und Erneuerung des Waldes (§ 22 Abs 1 und 4, § 24; vgl auch §§ 1 ff SchutzwaldV). Diese Verpflichtungen reichen überwiegend nur bis zur **wirtschaftlichen Zumutbarkeit**, dh der Finanzierbarkeit aus den Erträgnissen der Waldbewirtschaftung (§ 22 Abs 3 – „Schutzwald in Ertrag"). Jenseits dieser Grenze („Schutzwald außer Ertrag") erfordern besondere Verpflichtungen eine bescheidmäßige Bannlegung (s VIII.4.d.).

> Kommt der Waldeigentümer seinen Verpflichtungen nicht rechtzeitig nach, sind die erforderlichen Maßnahmen mit Bescheid aufzutragen (§ 3 SchutzwaldV). Die Forstbehörde hat in diesem Fall Art und Umfang von Pflegemaßnahmen, Maßnahmen zur Erhaltung eines Bestandaufbaus, Art, Zeit und Ort der Bringung, Zulässigkeit der Waldweide (vgl § 37 Abs 1) zu bestimmen.

Handelt es sich um Schutzwälder, die für den Schutz von Menschen oder deren (Infrastruktur-) Einrichtungen vor Elementargefahren oder schädigenden Umwelteinflüssen erforderlich sind (**„Objektschutzwälder"**), kommen die speziellen schutzwaldbezogenen Verpflichtungen nur dann zum Tragen, wenn die Kosten für die erforderlichen Maßnahmen durch **öffentliche Mittel** oder **konkret Begünstigte** gedeckt werden (§ 22 Abs 3a).

Im Unterschied zur Bannwaldeigenschaft (s VIII.4.d.) bedarf es beim Schutzwald **keiner behördlichen Erklärung** (§ 22 Abs 2); die Verpflichtung,

Wald als Schutzwald zu behandeln, ergibt sich unmittelbar **ex lege**. Bestehen allerdings Zweifel an der Schutzwaldeigenschaft des Waldes oder Teilen davon, hat die Forstbehörde auf Antrag des Waldeigentümers oder von Amts wegen einen **deklarativen Feststellungsbescheid** zu erlassen (§ 23).

b) Kampfzone des Waldes

Auch die Zone zwischen dem tatsächlichen geschlossenen Baumbewuchs und der (an sich) natürlichen Grenze forstlichen Bewuchses („Kampfzone"; vgl § 2 Abs 2) stellt einen **Schutzwaldbereich** dar (§ 21 Abs 1 Z 5), auf den die Schutzwaldbestimmungen (§§ 22 bis 24) unmittelbar anzuwenden sind (§ 25 Abs 1). Darüber hinaus bestehen besondere Bewilligungsvorbehalte für Nutzungen (zB Entfernung, Veränderung von Bewuchs, Neubewaldung uÄ; vgl § 25 Abs 2 und 3). Nach Maßgabe der konkreten örtlichen Verhältnisse können von der Forstbehörde zusätzlich mit Bescheid weitreichende Nutzungsbeschränkungen oder zusätzliche Erlaubnisvorbehalte (zB für Fällungen) vorgeschrieben werden (§ 25 Abs 1).

c) Windschutzanlagen

Die Fällung von Bäumen in Baumreihen, die vor Windschäden schützen und der Schneebindung dienen („**Windschutzanlagen**"; vgl § 2 Abs 3), erfordert zwingend eine vorherige forstbehördliche Markierung (sog „Auszeige" – vgl §§ 25 Abs 5, 88 Abs 4, 172 Abs 7), die in der Fällungsbewilligung verpflichtend mit einer Nebenbestimmung vorzuschreiben ist (§ 88 Abs 4).

Darüber hinaus erfordert auch die **Errichtung** oder **Auflassung von Windschutzanlagen** nach einzelnen AusführungsG der Länder (§ 26 Abs 2; s II.1.) eine besondere behördliche Bewilligung (zB § 5 Abs 1 nö ForstausführungsG; § 6 vlbg LandesforstG).

d) Bannwälder

Bannwälder sind Objektschutzwälder, die der Gefahrenabwehr dienen (zB zum Schutz vor Steinschlag, Hochwasser – s VIII.4.a.), Wälder, deren Wohlfahrtswirkung gegenüber der Nutzwirkung Vorrang zukommt sowie Wälder, von denen Gefahren ausgehen. Die „Bannlegung" hat – im Unterschied zu Schutzwäldern – mit **Bescheid** zu erfolgen. Voraussetzung ist, dass das öffentliche Interesse an der Bannlegung (**Bannzweck**) die damit verbundenen Einschränkungen der Waldwirtschaft überwiegt (§ 27 Abs 1 und 2). Im Bannlegungsbescheid sind dem Waldeigentümer die konkret erforderlichen Maßnahmen (zB Entfernung gefährlicher Bäume) oder Unterlassungen (zB Nutzungsbeschränkungen) vorzuschreiben (§ 28 Abs 2).

Bspw kann ein Wald zum Schutz einer Straße und des Verkehrs (§ 29) vor Lawinen-, Hochwasser-, Rutsch- und Abbruchgefahr in Bann gelegt werden (§§ 27 Abs 2 lit a und e, 29). Eine Bannlegung kann auch zum Schutz vor Gefahren, die sich aus dem Wald selbst bzw seinem Zustand ergeben, erfolgen (VwSlg 16.078 A/2003).

Das Bannlegungsverfahren ist von Amts wegen oder auf Antrag einzuleiten (§ 30). Darin ist zB iZm der Gefahrenabwehr zu ermitteln, ob nach den gegenwärtigen örtlichen Verhältnissen der Eintritt von bestimmten Schadensereignissen zu befürchten ist (**Prognoseentscheidung** – vgl VwGH 06.05.1996, 94/10/0069). Der Eigentümer des Bannwaldes hat im Falle vermögensrechtlicher Nachteile Anspruch auf **Entschädigung**, die der Begünstigte der Vorschreibungen zu tragen hat (§ 31).

Die Bannlegung ist wieder aufzuheben, wenn die Voraussetzungen der Bannlegung weggefallen sind (§ 30 Abs 6).

e) Biotopschutzwälder

Für Wälder in Naturwaldreservaten, Nationalparks, Naturschutzgebieten (→ *Naturschutzrecht*) oder Schutzgebieten nach der **Fauna-Flora-Habitat-RL** oder **Vogelschutz-RL** bestehen regelmäßig aufgrund vertraglicher oder besonderer (landes- bzw europa-) rechtlicher Bestimmungen verschiedene Unterlassungspflichten bzw Eingriffsverbote. Damit daraus kein Konflikt mit forstrechtlich gebotenen Bewirtschaftungsmaßnahmen (zB Wiederbewaldung) entsteht, kann die Forstbehörde auf Antrag des Waldeigentümers oder einschlägiger Fachbehörden für Wälder mit besonderem Lebensraum („**Biotopschutzwälder**") Ausnahmen von der Anwendung einzelner forstrechtlicher Bestimmungen (zB Wiederbewaldung – § 13; Schädlingsbekämpfung – § 44f) vorsehen. Im Rahmen ihrer **Ermessensentscheidung*** hat die Forstbehörde einen sachgerechten Ausgleich zwischen forstlichen Interessen und ökologischen Interessen zu gewährleisten (§ 32a).

IX. Sicherung der Waldwirkungen

1. Forstschutz

Der Forstschutz dient dem Schutz des Waldes vor Brand, Forstschädlingen und forstschädlichen Luftverunreinigungen.

a) Schutz vor Waldbrand

Im Wald und in Waldnähe ist das Entzünden oder Unterhalten von Feuer durch unbefugte Personen sowie der unvorsichtige Umgang mit feuergefährlichen Gegenständen (zB auch das Wegwerfen von glimmenden Zigaretten) verboten (§§ 40, 174 Abs 1 lit a Z 16). In Zeiten besonderer Brandgefahr (Trockenheit) kann darüber hinaus vorbeugend das Feuerentzünden und Rauchen im Wald überhaupt verboten bzw selbst das Betreten des Waldes untersagt werden (§ 41 iVm § 174 Abs 1 lit a Z 17).

§ 42 enthält eine Ermächtigung an die Landesgesetzgeber, gem Art 10 Abs 2 B-VG nähere Vorschriften über die Waldbrandbekämpfung zu erlassen.

b) Schutz vor Forstschädlingen

Dem Waldeigentümer sowie den privaten Forstaufsichtspersonen kommen hinsichtlich des Auftretens tierischer und pflanzlicher Forstschädlinge (zB Insekten, Mäuse, Pilze, Viren) besondere Beobachtungspflichten zu (§ 43 Abs 1). Darüber hinaus haben sie der Schädigung des Waldes durch Forstschädlinge vorzubeugen und Forstschädlinge wirksam zu bekämpfen (§ 44). Waldgefährdende Schadensfälle sind der Forstbehörde umgehend zu melden (§ 43).

c) Schutz vor forstschädlichen Luftverunreinigungen

Die Errichtung von Anlagen*, deren **Emissionsstoffe und -mengen** (zB Schwefeloxide, Fluorverbindungen; vgl dazu § 48 iVm der 2. DVO) den Waldbestand gefährden können, ist nur mit behördlicher Bewilligung zulässig.

Bei der Bewilligungspflicht kommt es nicht auf die *räumliche Entfernung* der Anlage zu einer Waldfläche an, sondern ausschließlich auf die **Art** und **Menge der Emissionsstoffe** (§ 9 iVm Anh 4, 11 2. DVO).

Im Fall, dass für solche Anlagen kumulativ auch eine **gewerbe-** (→ *Gewerberecht*), **berg-, eisenbahn-, energie- oder luftreinhalterechtliche Bewilligung** erforderlich ist, entfällt ein gesondertes Bewilligungsverfahren bei der Forstbehörde. In diesem Fall sind die materiellen Bestimmungen des ForstG (§ 50) im jeweiligen Anlagenbewilligungsverfahren mitanzuwenden (**konzentriertes Genehmigungsverfahren***). Ein **gesondertes Bewilligungsverfahren** ist jedoch – außer bei gewerblichen Betriebsanlagen (§ 356b Abs 1 und 5 GewO) und Abfallbehandlungsanlagen (§ 38 AWG 2002) – durchzuführen, wenn von den Emissionen* **Schutz-** oder **Bannwälder** (VIII.4.) betroffen werden (§ 50 Abs 3).

In Anlagenbewilligungsverfahren kommt neben dem Bewilligungswerber insb den **benachbarten Waldeigentümern** Parteistellung (iSd § 8 AVG) zu, weil es auch um den Schutz der im Hinblick auf ihr räumliches Naheverhältnis konkret betroffenen Nachbarn durch die forstrechtliche Bewilligung geht und überdies ihre Rechtsstellung als betroffene Nachbarn durch die forstrechtliche Bewilligung geändert werden kann (VwSlg 13.972 A/1993).

Die Bewilligungsfähigkeit einer Anlage hängt grundsätzlich vom Grad der Immissionen* und vom Status des betroffenen Waldes ab. Die Bewilligung ist zu erteilen, wenn eine Gefährdung der Waldkultur nicht zu erwarten ist oder durch Vorschreibung von Bedingungen* und Auflagen* (mit Bedachtnahme auf den Stand der Technik* – § 49 Abs 5) beseitigt oder auf ein tragbares Ausmaß beschränkt werden kann. Bei Letzterem ist zu dessen Beurteilung die **gesamtwirtschaftliche** (zB arbeitsmarktpolitische) **Bedeutung** der Anlage unter Berücksichtigung der zur Erfüllung der vorgeschriebenen Bedingungen* und Auflagen* erforderlichen Kosten mit dem Ausmaß der zu **erwartenden Gefährdung** der Waldkultur abzuwägen (Interessenabwägung*). Die Überschreitung der Immissionsgrenzwerte (vgl § 48 Abs 1 lit b iVm § 4 der 2. DVO) alleine stellt nur dann einen Versagungsgrund dar, wenn durch die Emissionen* einer Anlage ein entsprechender Immissionsgrenzwert in

Schutz- und **Bannwäldern** überschritten wird. Dem Bewilligungsbescheid kommt **dingliche Wirkung*** zu.

d) Besondere Maßnahmen gegen forstschädliche Luftverunreinigungen

Bei **Verdacht von forstschädlichen Luftverunreinigungen** hat die Forstbehörde sachverständige Messungen und Untersuchungen zu veranlassen (§ 52).

Wird ein Überschreiten von Immissionsgrenzwerten (iSd § 48 Abs 1 lit b iVm § 4 der 2. DVO) festgestellt, können Sachverständige weitere Erhebungen in und um jene Anlagen vornehmen, die nach der örtlichen Lage und nach ihrer Beschaffenheit als Quelle einer forstschädlichen Luftverunreinigung in Betracht kommen (**amtswegige Überprüfung**). Die betreffenden Anlageninhaber haben die Erhebungen zu dulden, Auskünfte zu erteilen sowie Einsicht in die entsprechenden Unterlagen zu gewähren (§ 52 Abs 2).

Sind erhebliche forstschädliche Luftverunreinigungen nachweisbar, die zu einer Waldgefährdung führen, hat die **Forstbehörde** zunächst mittels **Feststellungsbescheid** den Inhaber der hierfür ursächlichen Betriebsanlage festzustellen.

Daran anschließend hat die **jeweils zuständige Bewilligungsbehörde** (§ 50 Abs 2 ForstG; s dazu IX.1.c. sowie zB § 356b Abs 3 GewO) im Zuge eines „**Nachbesserungsverfahrens**" (§ 51 Abs 2) unter Wahrung der Verhältnismäßigkeit entsprechende anlagenbezogene, allenfalls auch waldbezogene Maßnahmen (§ 51 Abs 3; zB Waldbestandsumwandlung) vorzuschreiben. Letztere sind nicht dem Anlageninhaber, sondern dem Waldeigentümer aufzutragen. Die Kosten hat jedoch der Anlageninhaber zu tragen (§ 51 Abs 5).

Zur allfälligen **Haftung** für forstschädliche Luftverunreinigungen mangels Anlagenbewilligung vgl §§ 53 ff.

2. Schutz vor Wildbach- und Lawinengefahren

Soweit es zur Abwehr von Wildbach- und Lawinengefahren erforderlich scheint, hat die Forstbehörde **besondere Waldbehandlungen** (zB Verwendung von geeignetem forstlichem Vermehrungsgut – § 100 Abs 1) bzw **Vorbeugungsmaßnahmen** (zB Bannlegung von neubewaldeten Flächen – § 101 Abs 2) festzusetzen und gegebenenfalls durchzuführen.

X. Benützung und Bewirtschaftung des Waldes

1. Benützung des Waldes

a) Freier Zugang zu Waldflächen

Grundsätzlich darf jedermann den Wald zu **Erholungszwecken** betreten und sich dort aufhalten; es handelt sich dabei um eine das Eigentum beschränkende Legalservitut (**forstrechtlicher Gemeingebrauch*** – vgl § 33 Abs 1).

ZB Spazieren, Wandern, Lagern bei Tag. Auch das Schifahren und -tourengehen sowie Langlaufen (ohne Loipen) wird vom Begriff des „Betretens" noch miterfasst (vgl VwGH 13.11.1989, 89/10/0120).

Eine über den Gemeingebrauch hinausgehende Waldnutzung zu Erholungs- (zB Lagern bei Nacht, Reiten, Befahren mit Autos, Mountainbikes, Skidoos) oder anderen Zwecken („**erweiterte**" **Waldnutzung**) erfordert eine **ausdrückliche Zustimmung** des Waldeigentümers bzw Erhalters von Forststraßen (zB durch Hinweistafel – vgl § 33 Abs 3, § 34 Abs 10).

Beim **Sammeln von Beeren und Pilzen** (gem § 174 Abs 3 Z 2 nur bis 2 kg/Tag) im Rahmen der sog „kleinen Waldnutzung" ist aufgrund der weit verbreiteten Übung eine Zustimmung ausnahmsweise auch bei *Stillschweigen* anzunehmen (*Brawenz/Kind/Wieser*, ForstG 332). Der Waldeigentümer ist in diesem Fall gezwungen, diese Waldnutzung in erkennbarer Weise zu untersagen, erforderlichenfalls Mittel des zivilrechtlichen Besitzschutzes in Anspruch zu nehmen.

Der forstrechtliche Gemeingebrauch wird für Waldflächen mit forstbetrieblichen Einrichtungen (ausgenommen zB Forststraßen), Jungwald (vgl § 33 Abs 2 lit b und c) oder Wald im Bereich von Skiliften (§ 33 Abs 3) gesetzlich **generell ausgeschlossen**.

Darüber hinaus kann der forstrechtliche Gemeingebrauch auch **im Einzelfall** von den Forstbehörden oder den Waldeigentümern – befristet oder dauernd – **beschränkt** werden („**Sperre**").

Die **Forstbehörde** ist ermächtigt, für Bannwälder (§ 28 Abs 3 lit d), brandgefährdete Waldgebiete (§ 41 Abs 2), Waldschädlingsbekämpfungsgebiete (§ 44 Abs 7) Betretungsverbote zu verfügen (§ 33 Abs 2 lit a).

Soweit auch der **Waldeigentümer** ermächtigt wird, befristet (zB Gefährdungsbereiche bei Holzfällung) oder dauernd (zB Sonderkulturen wie die Christbaumzucht) die Benützung des Waldes zu Erholungszwecken zu untersagen (§ 34), kann jederzeit eine **forstbehördliche Überprüfung** der Benützungsbeschränkungen von Amts wegen oder auf Antrag erfolgen. Erforderlichenfalls ist ein behördlicher Auftrag auf Beseitigung von unzulässigen Sperren zu erteilen (§ 35).

Neben den forstrechtlichen Beschränkungen des forstlichen Gemeingebrauchs können sich **weitere Betretungsverbote** auch aus anderen Bundes- oder Landesgesetzen ergeben (zB Sperren nach dem Jagdgesetz; s II.1.).

b) Erholungswald

Besteht an der Benützung des Waldes zu Erholungszwecken ein öffentliches Interesse (zB in der Nähe von Ballungsräumen oder Fremdenverkehrsorten), kann eine Waldfläche auf Antrag mit Bescheid zum **Erholungswald** erklärt werden (§ 36).

Für den Erholungswald sind **Ausnahmen von bestimmten Schutzvorschriften** (zB Rodungen, Fällungen, Wiederbewaldungspflicht) vorgesehen. So sind zB für die Errichtung von Freizeiteinrichtungen (zB Radwege, Spielplätze, Parkplätze) in Erholungswäldern **Rodungen** (s VIII.3.) zu bewilligen, wenn die Erholungswirkung des Waldes erhöht und dessen Schutz- und Wohlfahrtswirkung nicht beeinträchtigt wird (§ 36 Abs 4).

2. Bewirtschaftung des Waldes

a) Nachhaltige Bewirtschaftung des Waldes

Die wirtschaftliche Nutzung des Waldes besteht in der **Holzgewinnung**. Sie ist – vor dem Hintergrund der programmatischen Verpflichtung zur nachhaltigen Waldbewirtschaftung (§ 1 Abs 3) – insb folgenden Beschränkungen unterworfen:

- **Fällungen** in hiebsunreifen Hochwaldbeständen (= Waldbestand unter 60 Jahren), soweit sie nicht der Waldpflege dienen (§ 80), **Kahlhiebe**, die Waldboden, Wasserhaushalt oder Landeskultur gefährden, sowie **Großkahlhiebe** im Hochwald (§ 82) sind grundsätzlich verboten. Ausnahmen können bewilligt werden (§ 81).
- Soweit **Kahlhiebe** und diesen gleichzuhaltende Einzelstammentnahmen sowie Fällungen in Wäldern, die wegen bestimmter Übertretungen des Waldeigentümers (zB Waldverwüstung, Wiederbewaldung) einer besonderen behördlichen Überwachung unterworfen sind, gesetzlich zulässig sind, bedürfen sie einer vorherigen Bewilligung (§ 85).
- **Fällungen in kleinerem Umfang** sind grundsätzlich ohne Fällungsbewilligung zulässig (sog „freie Fällungen"; § 86), uU aber nach anderen forstrechtlichen Bestimmungen bewilligungs- (zB § 16 Abs 3) oder anzeigepflichtig (zB § 28 Abs 3).

b) Forstliche Bringung

Die Beförderung von Holz oder sonstigen Forstprodukten aus dem Wald bis zu einer öffentlichen Verkehrsanlage (§§ 58 bis 73; sog „**Bringung zu Lande**") hat so zu erfolgen, dass der Waldboden und sein Bewuchs möglichst wenig beschädigt werden, die Wiederbewaldung nicht behindert wird, Wasserläufe nicht neu entstehen und bestehende nicht beeinträchtigt werden und der Hochwasserabfluss nicht behindert wird (§ 58 Abs 3). Die Bringung ist auch **über fremden Boden** zulässig, wenn die Bringung sonst nur mit unverhältnismäßigen Kosten oder überhaupt nicht möglich ist (§ 66) und der Eigentümer des verpflichteten Grundstückes für vermögensrechtliche Nachteile entschädigt wird.

Hinsichtlich der Festlegung der Höhe der Entschädigung besteht eine sukzessive Zuständigkeit* (§ 67). Zunächst kann die bescheidmäßige Festlegung bei der BVB beantragt werden. Innerhalb eines Jahres nach Rechtskraft des Bescheides der BVB können die Parteien die Festlegung der Entschädigung bei Gericht beantragen. Gleichzeitig tritt der Bescheid der BVB ex lege außer Kraft.

Zur Bildung von **freiwilligen forstlichen (Bringungs-) Genossenschaften** bzw Genossenschaften mit Beitrittszwang (ähnlich dem → *Wasserrecht*), zB zur Errichtung einer Bringungsanlage, vgl §§ 68 ff.

Die Errichtung und Inbetriebnahme von Holztransportanlagen (sog **Bringungsanlagen** – zB Forststraßen, Schienenbahnen, Materialseilbahnen) ist bewilligungs- (§ 62) oder anmeldepflichtig (§ 64).

Die „**Bringung zu Wasser**" (forstliche Trift) wurde in Österreich seit langer Zeit nicht mehr ausgeübt, die §§ 74 bis 79 wurden daher durch die ForstGNov 2002 aufgehoben.

XI. Forstaufsicht

1. Private Forstaufsicht; Forstpersonal

Waldeigentümer von sog Pflichtbetrieben (ab 1.000 ha) müssen zum Zwecke der fachkundigen Besorgung der Forstwirtschaft (§ 104 Abs 3) **leitende Forstorgane** (Förster, Forstwirt) bestellen und diesen erforderlichenfalls **weitere Forstorgane** (zB Forstassistenten, Forstadjunkten und Forstwarte) zuteilen (§§ 113 Abs 1 bis 3; 104 Abs 2). Verfügt der Waldeigentümer selbst über die Bestellungserfordernisse, kann er auch sich selbst für diese Funktion bei der Forstbehörde namhaft machen (§ 116 Abs 1).

Forstorgane müssen eine **besondere fachliche Ausbildung** zum forstlichen Betriebsdienst aufweisen (§§ 105 ff). Zu diesem Zweck sind Forstfachschulen (§§ 117 ff) und forstliche Ausbildungsstätten (§§ 129 ff) eingerichtet worden.

Im Unterschied zB zum gewerblichen Geschäftsführer (→ *Gewerberecht*) geht die **verwaltungsstrafrechtliche Verantwortung** zur Einhaltung der forstrechtlichen Bestimmungen nicht ex lege auf ein leitendes Forstorgan über. Hiezu bedarf es einer Bestellung zum verantwortlichen Beauftragten (§ 9 Abs 3 und 4 VStG), andernfalls **Überwachungspflichten des Waldeigentümers** (zB betreffend Fällungen uÄ) iSd § 5 Abs 1 VStG bestehen (VwGH 21.12.1987, 87/10/0118).

2. Behördliche Forstaufsicht

Den Forstbehörden obliegt insb die Überwachung der sich aus den Rechtsvorschriften und den behördlichen Anordnungen ergebenden forstrechtlichen Pflichten („**Forstpolizei**") sowie die Feststellung der für die Gesetzesvollziehung relevanten tatsächlichen und rechtlichen Verhältnisse („**Fachaufsicht**").

Zu diesem Zweck sind die Organe der Forstbehörde ermächtigt, jeden Wald zu betreten, Forststraßen zu befahren, Auskünfte von Waldeigentümern, Forstorganen (§ 104) und Forstschutzorganen (§ 110) zu verlangen, Messungen vorzunehmen und Untersuchungsmaterial zu entnehmen (§ 172).

Bei Missachtung der forstrechtlichen Bestimmungen ist dem Verpflichteten (wie zB dem Waldeigentümer) von der Forstbehörde die umgehende **Herstellung des rechtmäßigen Zustandes** einschließlich der erforderlichen Sicherungsmaßnahmen (zB Verhinderung und Abstandnahme von Waldverwüstungen, rechtzeitige und sachgemäße Wiederbewaldung) mit Bescheid (bzw Mandatsbescheid*) aufzutragen.

Bei **Gefahr im Verzug** können entsprechende Maßnahmen auch unmittelbar angeordnet („**forstpolizeilicher Befehl**") und nötigenfalls gegen Ersatz der Kosten durchgeführt werden („**forstpolizeilicher Zwang**"; § 172 Abs 6).

Im forstpolizeilichen Auftragsverfahren stellt die Waldeigenschaft eine Vorfrage* dar (VwGH 13.10.2004, 2001/10/0201; s dazu VI.2.).

§ 172 Abs 6 lit a bis e enthalten nur eine **demonstrative Aufzählung** zulässiger Maßnahmen. Daher ist auch der Auftrag zur Beseitigung eines auf einer Waldfläche ohne behördliche Bewilligung errichteten Bauwerkes durchaus zulässig (VwGH 09.11.1992, 92/10/0061).

Das ForstG enthält neben der allgemeinen Ermächtigung des § 172 Abs 6 auch verschiedene **spezielle Ermächtigungen zur Erlassung forstpolizeilicher Aufträge**. Von Ausnahmen abgesehen (zB § 35 Abs 2; vgl dazu VwGH 27.06.1988, 88/10/0040; 29.11.1993, 90/10/0186 – kein Raum für Aufträge nach § 172 Abs 6) können zur Regelung desselben Sachverhaltes sowohl spezielle als auch generelle Anordnungen (iSd § 172 Abs 6) getroffen werden; das gilt insb im Fall der Waldverwüstung (§ 16; vgl *Brawenz/Kind/Wieser*, ForstG 671).

„Verpflichteter" (iSd § 176 Abs 6) ist derjenige, der ein forstrechtliches Gebot oder Verbot außer Acht gelassen hat. Soweit sich aus dem ForstG nicht eine ausdrückliche Verpflichtung anderer Personen ergibt (vgl zB §§ 16 Abs 3 und 4, 17 Abs 1), ist idR der Waldeigentümer der Verpflichtete.

Davon unbeschadet kann gleichzeitig auch ein **Verwaltungsstrafverfahren** eingeleitet werden. § 174 enthält einen umfangreichen Verwaltungsstrafkatalog.

XII. Forstliche Förderung

Der Bund hat sich – als Ausgleich zu den weitreichenden Nutzungsbeschränkungen des Waldes im Interesse der Allgemeinheit – im Wege eines Selbstbindungsgesetzes zur Förderung privater forstwirtschaftlicher Maßnahmen (zB Erhaltung, Verbesserung und Wiederherstellung von Schutzwäldern) verpflichtet (§§ 141 ff). Bei den Förderungszielen finden auch gemeinschaftliche (bzw internationale) Ziele ausdrücklich Berücksichtigung (zB § 142 Abs 2 Z 9; vgl dazu III. und IV.).

Für die im Rahmen der Privatwirtschaftsverwaltung abzuschließenden privatrechtlichen Verträge zwischen Bund und Förderungswerber besteht dennoch **kein Kontrahierungszwang**. Im Fall der Vertragsschließung ist der Bund jedoch inhaltlich an die gesetzlichen Bestimmungen sowie die vom BMLFUW erlassenen **Förderungsrichtlinien** (§§ 143, 145) gebunden. Ansprüche aus dem Förderungsvertrag sind im ordentlichen Rechtsweg bei den Zivilgerichten geltend zu machen.

Daneben sehen auch die Länder umfangreiche Förderungsmaßnahmen vor (vgl zB §§ 65 ff tir WaldO).

XIII. Behörden und Verfahren

1. Behörden

Das ForstG wird in **mittelbarer Bundesverwaltung*** (Art 102 Abs 1 B-VG) vollzogen. Sofern nicht Abweichendes bestimmt ist, ist die **BVB** sachlich zuständige Forstbehörde. LH und BML sind sachlich in Betracht kommende Oberbehörden* (§ 170 Abs 1).

Gegen **Bescheide** der Forstbehörde sowie die ihr zurechenbaren **Akte unmittelbarer verwaltungsbehördlicher Befehls- und Zwangsgewalt** kann Beschwerde beim örtlich zuständigen (§ 3 Abs 2 VwGVG) **LVwG** erhoben werden (Art 130 Abs 1 Z 1 und 2 iVm Art 131 Abs 1 B-VG).

Darüber hinaus sind **folgende Besonderheiten** im Forstrecht zu beachten:
- Soweit in anderen Bundesangelegenheiten, die in sachlichem Zusammenhang mit einem forstrechtlichen Verfahren stehen (zB wasserrechtliches Bewilligungsverfahren über ein Wasserkraftwerk; → *Wasserrecht*), eine organisatorisch höherrangige Behörde zuständig ist, ist auch zur Entscheidung nach dem ForstG die entsprechende (Ober-) Behörde (LH, BML) als Forstbehörde zuständig (**Attraktionszuständigkeit**; § 170 Abs 2).
- Wird Wald für Eisenbahnanlagen in Anspruch genommen, sind zur Vollziehung von Teilen des ForstG (zB Rodungsbewilligung) die **Eisenbahnbehörden** (§ 12 EisbG) zuständig (§ 185 Abs 6 ForstG).

  Mangels erstinstanzlicher Zuständigkeiten des LH oder BML hat § 170 Abs 5 (**zwischenbehördliches Mandat***; vgl dazu *Brawenz/Kind/Wieser*, ForstG 653) weitgehend seinen Anwendungsbereich eingebüßt. Bedeutung kommt dieser Befugnis allenfalls in Verfahren zu, die von den Eisenbahnbehörden geführt werden (§ 170 Abs 5 letzter Satz).

- Zum Zweck einer **Genehmigungskonzentration*** werden zT im ForstG selbst (§ 50 Abs 2), zT in anderen Bundesgesetzen **abweichende Zuständigkeiten** festgelegt: Vgl dazu § 39 UVP-G (**LReg**) bei umweltrelevanten Vorhaben (zB Anh 1 Z 46 Spalte 2, 3 – größere Rodungen; Anh 2 Kat A – besondere Schutzgebiete/Bannwälder; → *Umweltverträglichkeitsprüfung*) sowie die § 50 Abs 3 ForstG „überlagernden" Konzentrationsbestimmungen des § 356b Abs 1 und 5 GewO (→ *Gewerberecht*) und § 38 AWG 2002.

  § 50 Abs 2 sieht eine Verfahrenskonzentration in der Form vor, dass das forstrechtliche Verfahren in **näher bezeichnete Verwaltungsverfahren** einzubinden ist. Von dieser Entscheidungskonzentration macht § 50 Abs 3 mit Bezug auf Schutz- oder Bannwälder eine Ausnahme. In diesen Fällen soll von den Forstbehörden ein eigenes forstrechtliches Verfahren durchgeführt werden. Diese Bestimmung wird aber **ihrerseits wieder überla-**

gert durch die Konzentrationsbestimmungen des § 38 AWG 2002 und § 356b Abs 1 und 5 GewO, die die Anwendung der materiell-rechtlichen Vorschriften ua des ForstG anordnen und bestimmen, dass die Genehmigungen nach GewO und AWG die forstrechtlichen Bewilligungen ersetzen (VwSlg 15.609 A/2001 zum AWG 1990).

- Das **Bundesamt für Wald und Forschungszentrum** (§§ 129, 130) ist eine Dienststelle des BML, das im Rahmen der Privatwirtschaftsverwaltung auch Leistungen für Dritte erbringt. Ihm können durch Gesetze oder Verordnungen auch hoheitliche Aufgaben zur Besorgung zugewiesen werden.
- In Tir und Vlbg sind zur Entscheidung in bestimmten Angelegenheiten (zB Fällungen, Waldweide) sog **Forsttagsatzungskommissionen** als Behörden erster Instanz zuständig (vgl Art 10 Abs 2 B-VG iVm § 96 Abs 3).
- Tw sind im ForstG auch die **Gemeinden im eWb*** mit Vollzugsaufgaben betraut (vgl § 101 – Räumung von Wildbächen).
- Den **ordentlichen Gerichten** (zB Bezirksgericht) obliegt im Wege einer sukzessiven Zuständigkeit* die Entscheidung in Entschädigungsangelegenheiten (vgl §§ 14, 31, 33, 36, 37, 41, 44, 57, 67).

2. Hilfsorgane

a) Forstschutzorgane

Forstschutzorgane sind **(Hilfs-) Organe der öffentlichen Aufsicht***, die vom Waldeigentümer namhaft gemacht (zB Waldeigentümer selbst, Bedienstete) und – auf der Grundlage von landesrechtlichen Bestimmungen (zB §§ 1 ff stmk WaldschutzG) – von der BVB bestellt werden. Ihnen werden verwaltungspolizeiliche Befugnisse zur Überwachung der Einhaltung des ForstG übertragen (**Beleihung*** – vgl dazu *Kahl/K. Weber*, Allgemeines Verwaltungsrecht[7] Rz 256 ff). In diesem Rahmen sind sie zur **Ausweisung** aus dem Wald, **Feststellung der Identität, Festnahme, vorläufigen Beschlagnahme** (zB von Forstprodukten, Werkzeugen) sowie **Durchsuchung** von Behältnissen und Transportmitteln befugt (§ 112). Forstschutzorgane können auch zur Einhebung von Geldstrafen mittels Organstrafverfügung* ermächtigt werden (§ 174 Abs 6; vgl § 50 VStG).

Die Festnahmeermächtigung des § 112 lit c ist – aufgrund des engen systematischen Zusammenhanges mit § 112 lit b (eingeschränkte Zulässigkeit der Feststellung der Identität) – **einschränkend auszulegen**, sodass eine Festnahme nach § 35 Z 1 und 2 VStG nur in den in § 112 lit b genannten Fällen zulässig ist. Die Festnahme nach § 35 Z 3 VStG ist dagegen uneingeschränkt zulässig.

b) Forstaufsichtsorgane

Soweit den Forstbehörden zur Erfüllung ihrer behördlichen Aufgaben auch **behördeneigene Forstaufsichtsorgane** als Hilfsorgane zur Verfügung stehen, sind die Landesgesetzgeber von Tir, Vbg und OÖ gem der Sonderbestimmung des § 96 Abs 2 lit a ermächtigt, deren Aufgaben und besonderen Befugnisse (zB zur Festnahme von Personen) festzulegen (vgl dazu zB §§ 3, 5 tir WaldO – Gemeindewaldaufseher).

c) Organe des öffentlichen Sicherheitsdienstes

Zur Überwachung der Bestimmungen über die Benützung des Waldes zu Erholungszwecken (§ 33 Abs 3 – zB verbotenes Mountainbiken auf Forststraßen, Schifahren im Bereich von Liften) sind auch die **Organe des öffentlichen Sicherheitsdienstes*** ermächtigt (§ 33 Abs 6; → *Sicherheitspolizeirecht*). Ihnen kommen dieselben Befugnisse zu wie Forstschutzorganen.

3. Verfahren

Auf das Verfahren vor den Forstbehörden als Behörden der allgemeinen staatlichen Verwaltung finden das **AVG**, das **VStG** und das **VVG** Anwendung (Art I Abs 2 EGVG). Die allgemeinen Verfahrensbestimmungen werden insb durch folgende Besonderheiten **ergänzt** oder **abgeändert**:
- **konzentrierte Genehmigungsverfahren***, insb bei **gewerblichen Betriebsanlagen** (§ 356b Abs 1 und 5 GewO), Abfallbehandlungsanlagen (§ 38 AWG 2002) oder umweltrelevanten Vorhaben (§ 3 Abs 3 UVP-G; s XIII.1.);
- Erlassung von **Feststellungsbescheiden***, insb über Waldeigenschaften (§§ 5, 23);
- taxative Aufzählung der **Parteien** (iSd § 8 AVG) im Rodungsbewilligungsverfahren bzw Waldfeststellungsverfahren (§§ 19 Abs 4, 5 Abs 1);
- **bescheidmäßige Festsetzungen von Entschädigungen**, wie etwa iZm der Bannlegung (§ 31), treten ex lege außer Kraft, wenn innerhalb einer bestimmten Frist die gerichtliche Festsetzung verlangt wird (**sukzessive Zuständigkeit***).

Susanne Bachmann

Straßenpolizei- und Kraftfahrrecht – ausgewählte Fragen

Rechtsgrundlagen

Kompetenzgrundlagen

Art 11 Abs 1 Z 4 B-VG („Straßenpolizei"); Art 11 Abs 3 B-VG (DurchführungsV auf dem Gebiet der Straßenpolizei); Art 15 Abs 4 B-VG (inwieweit der Landespolizeidirektion in den Angelegenheiten der Straßenpolizei mit Ausnahme der örtlichen Straßenpolizei [Art 118 Abs 3 Z 4 B-VG] die Vollziehung übertragen wird, wird durch übereinstimmende Gesetze des Bundes und des betreffenden Landes geregelt); Art 118 Abs 3 Z 4 B-VG („örtliche Straßenpolizei").
Art 10 Abs 1 Z 9 B-VG („Kraftfahrwesen").

Verfassungsrechtliche Bezüge

Art 90 Abs 2 B-VG (Anklageprinzip); Art 8 EMRK (Schutz der Privatsphäre); Art 5 StGG und Art 1 1. ZPEMRK (Eigentumsschutz); Art 4 7. ZPEMRK (Verbot der Doppelbestrafung); Art 12 StGG und Art 11 EMRK (Versammlungsfreiheit); Art 6 StGG (Erwerbsfreiheit) sowie Art 13 StGG und Art 10 EMRK (Meinungsfreiheit); BVG Nachhaltigkeit, Tierschutz, umfassender Umweltschutz, Sicherstellung der Wasser- und Lebensmittelversorgung und Forschung (BVG Staatsziele); § 1 HausrG (Schutz des Hausrechts); § 1 DSG (Grundrecht auf Datenschutz).

Europarechtliche Bezüge

Art 34 ff AEUV (Warenverkehrsfreiheit); Art 49 ff AEUV (Niederlassungsfreiheit); Art 90 ff AEUV (Verkehrspolitik); Art 191 ff AEUV (Umweltpolitik); Art 7 GRC (Achtung des Privatlebens); Art 8 GRC (Datenschutz); Art 11 GRC (Meinungsfreiheit, Informationsfreiheit); Art 12 GRC (Versammlungsfreiheit); Art 17 GRC (Eigentumsschutz); Art 37 GRC (Umweltschutz); Art 50 GRC (Doppelbestrafungsverbot).
RL 99/62/EG über die Erhebung von Gebühren für die Benutzung bestimmter Verkehrswege durch Fahrzeuge, ABl 1999/187 idF RL 2022/362/EU, ABl 2022/69, 1.
Die RL 2006/126/EG über den Führerschein ABl 2006/403, 18 (umgesetzt mit der 14. FSG-Nov, BGBl 61/2011) idF ABl 2020/141, 9 sieht die Einführung eines einheitlichen

befristeten europäischen Führerscheins vor. Es gibt zahlreiche RL zur technischen Harmonisierung und Sicherheit im Straßenverkehr und über technische Details im Kraftfahrrecht zur Angleichung der Rechtsvorschriften der Mitgliedstaaten, zB RL 2015/1535/EU über ein Informationsverfahren auf dem Gebiet der technischen Vorschriften und der Vorschriften für die Dienste der Informationsgesellschaft ABl 2015/241, 1 (Notifizierungspflicht für technische Vorschriften); RL 2014/45/EU über die regelmäßige technische Überwachung von Kraftfahrzeugen und Kraftfahrzeuganhängern ABl 2014/127, 51 idF ABl 2019/219, 25.

Völkerrechtliche Bezüge

Es bestehen multilaterale und bilaterale StV, zB Übereinkommen über den Straßenverkehr, BGBl 289/1982 idF III 25/2022; Übereinkommen über Straßenverkehrszeichen, BGBl 291/1982 idF III 19/2016; Europäisches Übereinkommen über die internationale Beförderung gefährlicher Güter auf der Straße (ADR), BGBl 522/1973 idF III 21/2021; Europäisches Übereinkommen über die obligatorische Haftpflichtversicherung für Kfz, BGBl 236/1972; Genfer Abkommen über den Straßenverkehr, BGBl 222/1955 idF III 119/2021.

Gesetze und sonstige Rechtsgrundlagen

Straßenverkehrsordnung (StVO), BGBl 159/1960 idF I 122/2022.

Kraftfahrgesetz (KFG), BGBl 267/1967 idF I 62/2022; Führerscheingesetz (FSG), BGBl I 120/1997 idF I 121/2022; Gefahrgutbeförderungsgesetz (GGBG), BGBl I 145/1998 idF I 104/2019; Kfz-Haftpflichtversicherungsgesetz (KHVG), BGBl 651/1994 idF I 245/2021; Kraftfahrzeugsteuergesetz (KfzStG), BGBl 449/1992 idF I / 108/2022; Normverbrauchsabgabegesetz, BGBl 695/1991 idF I 208/2021.

Wichtige Verordnungen sind zB BodenmarkierungsV, BGBl 848/1995 idF II 370/2002; AlkomatV, BGBl 789/1994 idF II 100/2018; SchulwegsicherungsV, BGBl 790/1994 idF II 399/2003; Kurzparkzonen-ÜberwachungsV, BGBl 857/1994 idF II 145/2008; StraßenverkehrszeichenV, BGBl II 238/1998 idF 292/2013; Kraftfahrgesetz-DurchführungsV 1967 (KDV 1967), BGBl 399/1967 idF II 161/2021; Führerscheingesetz-DurchführungsV (FSG-DV), BGBl II 320/1997 idF II 570/2020; FahrprüfungsV (FSG-PV), BGBl II 321/1997 idF II 415/2020; Führerscheingesetz-GesundheitsV (FSG-GV), BGBl II 322/1997 idF II 267/2021; FreisprecheinrichtungsV, BGBl II 152/1999; AutomatFahrV BGBl II 402/2016 idF II 143/2022.

Literaturauswahl

Monografien – Kommentare

Eisenberger I./Lachmayer/Eisenberger G., Autonomes Fahren und Recht (2017); *Fous/Pürstl/Somereder*, Alkohol und Suchtgift im Straßenverkehr (1996); *Frank/Wessely*, Führerscheingesetz (FSG)³ (2014); *Grubmann*, StVO Straßenverkehrsordnung⁴ (2021); *Grubmann*, Das österreichische Kraftfahrrecht I StVO³ (2015), II Kraftfahrgesetz⁴ (2016), III KDV³ (2012), IV Führerscheingesetz³ (2019); *Grundtner*, Die österreichische Straßenverkehrsordnung⁴³ (2019); *Grundtner*, FSG/KFG/StVO Taschenkommentare³ (2019); *Nedbal-Bures/Pürstl*, Führerscheingesetz⁷ (2019); *Nedbal-Bures/Pürstl*, Kraftfahrgesetz¹¹ (2019); *Hoffer*, StVO³ (2013); *Kepplinger/Wimmer*, StVO¹⁶ (2021); *Novak/Schneider*, Österreichisches Straßenverkehrsrecht, II. Teil Kraftfahrrecht (92. Auflage 2021); *Pürstl*, StVO – Straßenverkehrsordnung[15] (2019); *Zelenka*, FSG – Führerscheingesetz und Mautrecht (2013).

Beiträge

Abmayer, Öffentlich-rechtliche Verkehrsbeschränkungen. Grundfreiheiten und deren notwendige Einschränkungen, ZVR 2008, 594; *Authried*, Zulässigkeit von Doppelbestrafungen nach IG-L und StVO, ZVR 2019, 158; *Bauer*, Zur Zulässigkeit von Section-Control-Anlagen. Gedanken zum Section-Control-Erkenntnis des VfGH und den Auswirkungen auf die Verkehrsüberwachung, ZVR 2007, 280; *Bleier*, Verfassungsrechtliche Aspekte der Atemluftuntersuchung im Lichte des Art 90 Abs 2 B-VG – Verbot des Zwanges zur Selbstbeschuldigung?, ZVR 1999, 182; *Faymann/Salamon*, Drogenkonsum unter Verkehrsteilnehmern, ZVR 2018/47, 70; *Hiesel*, Verkehrsrecht und Vertrauensschutz, ZVR 2017/225, 397; *Hoffer*, Das Führerschein-Vormerksystem in Österreich, ZVR 2006/170, 436; *Jahnel*, Die Meldung von Gesundheitsdaten an die Führerscheinbehörde aus datenschutzrechtlicher Sicht, jusIT 2008/8, 18; *Krysl*, Verordnungen im Straßenverkehr, ZVR 2016, 184; *Lukas*, Haftungsfragen im Zusammenhang mit der wiederkehrenden Begutachtung, ZVR 1990, 354; *Messiner*, Absenkung des Alkoholgrenzwertes auf 0,5 Promille und Änderung des FSG, ZVR 1998, 41; *Muzak/Piska*, Das „Abschleppen" von Kraftfahrzeugen – Voraussetzungen, Konsequenzen, Rechtsschutz, ZVR 1999, Sonderheft 2A; *Nedbal-Bures*, Die 31. StVO-Novelle und ihre Auswirkung auf die Verwendung von E-Scooter, ZVR 2019, 245; *Obwexer*, Die neue Wegekosten-Richtlinie, ecolex 2005, 663; *Öhlinger*, Die verfassungsrechtlichen Schranken der Blutabnahme gemäß § 5 Abs 6 StVO, in FS Dittrich (2000) 773; *Plöckinger*, (Voll-)Autonomes Fahren und Strafrecht, ÖJZ 2019, 452; *Pürstl*, Gurten- und Helmpflicht im Visier. Kritische Betrachtung der gesetzlichen Ausgestaltung, ZVR 2014, 196; *Pürstl*, Anonym-, Computerstraf- und Organstrafverfügungen – alles verfassungskonform?, ZVR 2020, 196; *Schwent*, Einführung der Alkohol-Vortestgeräte, ZVR 2005/24, 68; *Suda*, Datenschutz und Verkehrsrecht, in Bauer/Reimer (Hrsg), Handbuch Datenschutzrecht (2009) 381; *Wegrath*, Das §-57a-Gutachten in Theorie und Praxis, Sachverständige 2010, 68; *Zleptnig*, Rechtliche Fragen im Zusammenhang mit der digitalen Vignette, ZVR 2017/243, 449.

Rechtsprechung

VfSlg 2977/1956, 4180/1962, 4243/1962, 4349/1963, 4381/1963, 4605/1963, 5951/1969, 6089/1969, 6880/1972, 8013/1977, 8035/1977, 11.439/1987, 11.493/1987, 15.885/2000 (Kompetenztatbestände „Straßenpolizei" und „Kraftfahrwesen"); VfSlg 10.976/1986, 11.923/1988 (Blutabnahme; Blutabnahme an Bewusstlosen); VfSlg 9950/1984, 10.394/1985, 11.829/1988 (Lenkerauskunft); VfSlg 17.327/2004 (keine Verfassungswidrigkeit einer Geldstrafe wegen Geschwindigkeitsübertretung im Ortsgebiet ohne zweisprachige Ortstafeln); VfSlg 18.146/2007 (Zulässigkeit der sog Section Control); VfSlg 18.643/2008 (Video-Abstands- und Geschwindigkeitsmessung); VfSlg 19.691/2012 (Verletzung im Datenschutzrecht durch behördeninterne Weitergabe von Gesundheitsdaten); VfSlg 19.743/2013 (kein Strafcharakter der Entziehung der Lenkberechtigung).

VwGH 07.03.2017, Ra 2016/02/0145 (juristische Person als Auskunftspflichtiger bei Lenkerauskunft); VwGH 27.03.2017 Ra 2016/02/0270 (Parkgarage als Straße).

EuGH 12.06.2003, C-112/00 (Schmidberger) (Brennerautobahnblockade); EuGH 15.11.2005, C-320/03 (Kommission/Österreich) (Vertragsverletzung Österreichs durch sektorales Fahrverbot/Inntalautobahn zur Verringerung des Schadstoffausstoßes).

EGMR 30.07.1998, 25711/94 (Oliveira gg Schweiz) (keine Verletzung des Doppelbestrafungsverbots wegen Idealkonkurrenz von Straftaten); EGMR 02.09.2004, 77413/01 (Bachmaier gg Österreich) (keine Verletzung des Doppelbestrafungsverbots durch Geldstrafe wegen alkoholisiertem Fahren nach Freispruch als Unfalltäter vor Gericht, s auch VfSlg 18.833/2009); EGMR 18.03.2010, 13201/05 (Krumpholz gg Österreich) (keine Umkehr der Beweislast zum Nachweis der Unschuld).

I. Regelungsgegenstand und -ziele

Die **StVO** ist ein Schutzgesetz und regelt das möglichst konfliktfreie Nebeneinander der unterschiedlichen Verkehrsteilnehmer (Fußgänger, Fahrradfahrer, Kfz-Lenker). Es gilt, die grundlegenden Gebote der **Verkehrssicherheit**, der **Leichtigkeit** und der **Flüssigkeit des Verkehrs** abzuwägen. Stand am Beginn der Gedanke der Verkehrserleichterung für den Individualverkehr im Vordergrund, sind in den letzten Novellen zur StVO deutliche Anzeichen zur Förderung des öffentlichen Verkehrs sowie des Radfahrverkehrs erkennbar. Zunehmend finden auch umweltrelevante Regelungen (zB Verkehrsverbote und Verkehrsbeschränkungen) Eingang in die StVO.

Das **KFG** dient der **Verkehrs- und Betriebssicherheit** auf Straßen mit öffentlichem Verkehr (Schutzgesetz) und regelt schwerpunktmäßig die Verkehrs- und Betriebssicherheit der Kfz (Bau-, Ausrüstungs- und Zulassungsvorschriften) sowie die Ausbildung von Kfz-Lenkern (Fahrschulen). Kernbereich des Schutzzweckes ist die Vermeidung von Gefahren für den Lenker, mitfahrende Personen und andere Straßenbenützer sowie deren Fahrzeuge. Bei den Bau- und Ausrüstungsvorschriften finden auch umweltrelevante Gesichtspunkte, wie zB die Vermeidung von Luftverunreinigungen durch Schadstoffbegrenzungen oder Vorrichtungen zur Lärmverhütung, Eingang in das KFG.

Im **FSG** ist die Berechtigung zur **Teilnahme am Straßenverkehr** (geistige, körperliche und fachliche Eignung des Lenkers) geregelt.

II. Verfassungsrechtliche Bezüge

1. Kompetenzrechtliche Bestimmungen

Hinsichtlich der Kompetenzmaterien „**Straßenpolizei**" und „**Kraftfahrwesen**" bestand zum Zeitpunkt des Inkrafttretens der Kompetenzartikel keine klare Zuordnung, zumal sich damals eigenständige Landesregelungen der Straßenpolizei und bundesrechtliche Regelungen (AutomobilV) gegenüberstanden. Mit der B-VGNov BGBl 148/1960 erfolgte eine Neuregelung der straßenpolizeilichen Kompetenzen, gleichzeitig wurde die StVO beschlossen.

Bei der Klärung des Kompetenzbegriffes stützt sich der VfGH teils auf das **Versteinerungsprinzip***, teils erfolgt die **Auslegung nach bestimmten Gesichtspunkten***. Aus dem unmittelbaren Zusammenhang der Gesetzesvorbereitung und der Einheit des historischen Gesetzgebers zieht der VfGH für den historischen Inhalt des Kompetenztatbestandes „Straßenpolizei" den Begriffsinhalt der StVO 1960 heran.

Unter den Kompetenztatbestand „Straßenpolizei" fallen Regelungen, die der **Sicherheit, Leichtigkeit und Flüssigkeit des Verkehrs dienen** (verkehrssichernde Maßnahmen); ferner Maßnahmen, die aus dem technischen Zustand der Straße oder des Straßennetzes oder aus dem allgemeinen Verkehrsbedürfnis der Straßenbenützer abzuleiten sind sowie Vorschriften, die dem Schutz der übrigen Verkehrsteilnehmer vor Gefahren dienen, die von Verkehrsteilnehmern jeder Art herrühren.

Nach Art 10 Abs 1 Z 9 B-VG fällt die Gesetzgebung und Vollziehung im Bereich des „Kraftfahrwesens" in die Zuständigkeit des Bundes. Dieser Kompetenztatbestand umfasst alle Angelegenheiten, die das Kraftfahrzeug und seinen Lenker betreffen. Dazu gehören die nach der Eigenart des Kraftfahrzeuges notwendigen verkehrspolizeilichen Bestimmungen; ferner die Bestimmungen über die Beschaffenheit der Fahrzeuge und ihren Betrieb. Der Kompetenztatbestand umfasst alles, was sich auf die Ausstattung und den Betrieb von (Kraft-)Fahrzeugen sowie auf den Verkehr von (Kraft-)Fahrzeugen auf öffentlichen Verkehrsflächen bezieht. Der leitende Grundsatz der Regelung des „Kraftfahrwesens" ist die Vorsorge für die Abwendung der Gefahren, die dem Lenker und der Allgemeinheit durch den Betrieb, dh durch die Ingangsetzung der Kraftfahrzeuge und das Fahren mit Kraftfahrzeugen drohen.

Neben der engen Verzahnung mit dem Kompetenztatbestand „Straßenpolizei" (Art 11 Abs 1 Z 4 B-VG) ergeben sich Abgrenzungsprobleme zB iZm der Gefahrenabwehr beim Transport gefährlicher Güter oder mit dem Gesundheitswesen (Art 10 Abs 1 Z 12 B-VG) beim Transport von Lebensmitteln.

2. Grundrechtliche Bestimmungen

Die Verfassungsbestimmungen des § 5 Abs 6 und 10 sowie § 99 Abs 1 lit c StVO sehen die Möglichkeit einer **Blutabnahme** (bei sonstiger Strafe) vor. Die verfassungsrechtliche Absicherung war notwendig, weil jeder gegen einen Beschuldigten gerichtete behördliche Eingriff, der diesen unter Strafsanktion verpflichtet, an der Wahrheitsfindung durch ein mündliches Geständnis oder in Form der Zurverfügungstellung des Körpers für medizinische Eingriffe (als Beweismittel gegen sich selbst) mitzuwirken, dem **Anklageprinzip** (Art 90 Abs 2 B-VG) widerspricht (VfSlg 10.976/1986). Eine zwangsweise Blutabnahme ohne Einwilligung des Betroffenen ist aber ausgeschlossen. Daher verletzt die Blutabnahme an einem **Bewusstlosen** zur Blutalkoholbestimmung Art 8 EMRK (VfSlg 11.923/1988).

Nach der Rsp des OGH können aber die Ergebnisse einer Blutalkoholuntersuchung nach einer – unzulässigerweise – verfügten Blutabnahme am bewusstlosen Versicherungsnehmer vom Versicherer im Deckungsprozess als Beweismittel für die Behauptung der Leistungsfreiheit verwendet werden (OGH 27.06.1991, 7 Ob 12/91).

Eine gesetzliche Strafdrohung widerspricht dem Art 4 7. ZPEMRK (**Doppelbestrafungsverbot**), wenn sie den wesentlichen Gesichtspunkt eines Straftatbestandes, der bereits Teil eines von den Strafgerichten zu ahndenden Straftatbestandes ist, neuerlich einer Beurteilung und Bestrafung durch die Verwaltungsbehörden unterwirft (Art 4 7. ZPEMRK; EGMR 23.10.1995, 15963/90 [Gradinger gg Österreich]). Im Gegensatz dazu stellte der EGMR jedoch im Fall *Oliveira* fest, dass eine kumulierende Bestrafung bei Idealkonkurrenz zulässig ist, weil dann, wenn dasselbe Verhalten nach verschiedenen Bestimmungen strafbar ist, verschiedene Delikte vorlägen. Im Fall *Bachmaier* stellte auch die Bestrafung wegen alkoholisierten Fahrens nach einem Freispruch als Unfalltäter vor Gericht keine Verletzung dieses Prinzips dar.

Die Erlassung eines sektoralen Fahrverbots nach § 43 Abs 2 lit a StVO ist unter bestimmten Voraussetzungen zulässig; dadurch werden Art 5 und 6 StGG nicht verletzt (VfSlg 14.169/1995).

§§ 82 ff StVO normieren Bewilligungs- bzw Anzeigepflichten für die Benützung von Straßen zu verkehrsfremden Zwecken (zB Verteilung von Druckwerken, Aufstellen von Informationsständen, Errichtung von „Schanigärten"). Die verfassungsgesetzlich gewährleisteten Rechte auf **Erwerbsfreiheit** (Art 6 StGG), **Versammlungsfreiheit** (Art 12 StGG, Art 11 EMRK) sowie **Meinungsfreiheit** (Art 13 StGG, Art 10 EMRK) werden verletzt, wenn behördliche Maßnahmen den verfassungsgesetzlich vorgegebenen Zielen oder dem Grundsatz der Verhältnismäßigkeit widersprechen.

Prinzip des Anklageprozesses (Art 90 Abs 2 B-VG) ist es, dass der Beschuldigte nicht Objekt des Verfahrens, sondern Prozesspartei ist; dies gilt auch für das Verwaltungsstrafverfahren („materielles Anklageprinzip"). § 103 Abs 2 KFG sieht eine verwaltungsstrafrechtlich sanktionierte Auskunftspflicht (Lenkerauskunft) des Zulassungsbesitzers gegenüber der Behörde vor. Der VfGH hat diese Bestimmung wegen des Verstoßes gegen das Anklageprinzip aufgehoben (diese Auskunftspflicht gilt auch, wenn der Zulassungsbesitzer selbst der Lenker ist, VfSlg 9950/1984, 10.394/1985). Die aufgehobene Bestimmung wurde im Wesentlichen als Verfassungsbestimmung wieder in Kraft gesetzt und damit der Kontrolle durch den VfGH entzogen. Nun treten Rechte auf Auskunftsverweigerung gegenüber der Befugnis der Behörde, derartige Auskünfte zu verlangen, zurück.

Die **Abnahme** des **Zulassungsscheines** oder der **Kennzeichentafeln** ist ein Eingriff in das verfassungsgesetzlich gewährleistete Eigentumsrecht (Art 5

StGG und Art 1 1. ZPEMRK), weil dadurch dem Eigentümer des Kfz der für diese Sache wesentliche Gebrauch des Fahrzeuges unmöglich gemacht wird (VfSlg 6402/1971). Hingegen liegt bei der (vorläufigen) **Abnahme des Führerscheins** kein Eingriff vor, weil dem Führerschein als Nachweis der erteilten Lenkerberechtigung gegenüber dem Eigentum am Gegenstand (Papier) der Urkunde in wirtschaftlicher (geldeswerter) Hinsicht keine Bedeutung zukommt (VfSlg 8669/1979).

Die an den Inhaber einer **Fahrschulbewilligung** gestellten Anforderungen hinsichtlich einer bestimmten technischen Ausbildung stellen keine Verletzung des Art 6 StGG dar (VfSlg 14.165/1995).

Die Pflicht zum Anlegen von Sicherheitsgurten für Fahrer und Mitfahrer von Kfz verletzt Art 8 EMRK nicht (VfSlg 11.917/1988).

Ein Pkw, der seiner Bestimmung nach einer „Räumlichkeit" iSd § 1 HausrG gleich verwendet wird (zB Wohnmobil), genießt den **Schutz des Hausrechts** (VfSlg 10.124/1984).

Nach der Rechtsprechung des VfGH stellt die Bestrafung wegen Überschreitung einer Geschwindigkeitsbeschränkung trotz behaupteter mangelhafter Kundmachung des Ortsgebietes wegen **fehlender zweisprachiger Ortstafeln** keine Verfassungswidrigkeit dar (VfSlg 17.327/2004).

Die verschiedensten Datenanwendungen in diesem Rechtsbereich haben Berührungspunkte mit dem **Grundrecht auf Datenschutz**: zB stationäre oder mobile Radarüberwachung, Rotlichtüberwachung („Ampelblitzer"), Geschwindigkeitsmessung mit Videoaufzeichnung, Section Control, Video-Abstands- und Geschwindigkeitsmessung, Zulassungsevidenzen, Führerscheinregister, Vormerksystem, technische Ortung und Überwachung von Kfz („Tracking"), Mautaufsicht. ZT gibt es dazu schon Judikatur und das Ergebnis ist in die 22. StVO-Novelle eingeflossen (BGBl I 16/2009), zT werden die damit verbundenen Fragen in ihren Konsequenzen noch nicht ganz erfasst (s dazu *Suda*, Datenschutz und Verkehrsrecht mwN).

Der VfGH legt ähnlich strenge Voraussetzungen wie für die Blutabnahme für die behördeninterne Übermittlung von Gesundheitsdaten fest, die nur dann unter Berufung auf lebenswichtige Interessen des Betroffenen gem § 1 Abs 2 DSG erfolgen darf, wenn eine Zustimmung nicht eingeholt werden kann (VfSlg 19.691/2012).

Das KFG fixiert zur Verwirklichung der Zielvorgaben des **BVG Staatsziele** bestimmte Grenzwerte im Umweltbereich (zB § 26a KFG – Grenzwerte im Bereich von Abgas- oder Lärmentwicklung).

Betreffend das Zukunftsthema automatisiertes Fahren wurden durch die 33. KFG-Novelle 2016 rechtliche Voraussetzungen geschaffen, die durch eine erste V näher konkretisiert wurden und auch schon rechtswissenschaftliche Beachtung fanden, sich aber in Praxis und Rechtsprechung erst bewähren müssen.

III. Europarechtliche Bezüge

Europarechtliche Anknüpfungspunkte sind die Warenverkehrsfreiheit* (Art 34 ff AEUV), die Niederlassungsfreiheit* (Art 49 ff AEUV) sowie die Verkehrspolitik (Art 90 ff AEUV) und die Umweltpolitik (Art 191 ff AEUV).

Der Verkehr nimmt eine Schlüsselposition bei der Verwirklichung des Binnenmarktes ein. Die Verkehrspolitik ist eine **Gemeinschaftsaufgabe** (Art 4 Abs 2 lit g AEUV) und als **„Sonderfall" der Freizügigkeit im Waren- und Dienstleistungsverkehr** im Titel VI AEUV geregelt (Art 90 bis 100). Die Vorschriften gelten für Eisenbahnen, Straßenverkehr, Binnenschifffahrtsverkehr, Luftfahrt, Seeschifffahrt und für den kombinierten Verkehr.

Art 91 AEUV sieht gemeinsame Regeln für den internationalen Verkehr aus dem oder in das Hoheitsgebiet eines Mitgliedstaates sowie für den Durchzugsverkehr durch das Hoheitsgebiet eines oder mehrerer Mitgliedstaaten vor. Ferner sind Bedingungen für die Zulassung von Verkehrsunternehmen zum Verkehr innerhalb der Mitgliedstaaten, in denen sie nicht ansässig sind, festzulegen sowie Maßnahmen zur Verbesserung der Verkehrssicherheit und alle sonst zweckdienlichen Vorschriften zur Verwirklichung einer gemeinsamen Verkehrspolitik zu erlassen. Aufgrund der Besonderheiten der Verkehrswirtschaft bestehen **Ausnahmeregelungen vom allgemeinen Beihilfeverbot** (Art 107 AEUV); demnach sind jene staatlichen Beihilfen mit dem Vertrag vereinbar, die den Erfordernissen der Koordinierung des Verkehrs oder der Abgeltung bestimmter mit dem Begriff des öffentlichen Dienstes (das sind gemeinwirtschaftliche Leistungen) zusammenhängender Leistungen entsprechen (Art 93 AEUV).

Nach dem Auslaufen des alten „Ökopunktesystems" wurde über die RL 2006/38/EG zur Eurovignette (in Österreich mit Änderungen des BundesstraßenmautG [BGBl I 82/2007] und des KfzStG [BGBl I 64/2007] umgesetzt) das Punktesystem zur Gänze durch Mautgebühren ersetzt (s auch Art 7 Abs 4 der RL 1999/62/EG, der unter Beachtung des Diskriminierungsverbotes den Mitgliedstaaten Differenzierungen bei den Mautgebühren erlaubt).

Der EuGH hat sich mehrfach mit der österr Transitproblematik befasst, zB wurde ein sektorales Fahrverbot auf der Inntalautobahn zur Verringerung des Schadstoffausstoßes untersagt (EuGH 15.11.2005, C-320/03). Zur von Österreich nicht untersagten Blockade der Brennerautobahn (EuGH 12.06.2003, C-112/00) → *Versammlungsrecht*.

Zahlreiche RL zielen auf eine **Vereinheitlichung nationaler Rechtsvorschriften** ab. So regelt zB die RL über den Führerschein 2006/126/EG die Ausstellung und gegenseitige Anerkennung von Führerscheinen innerhalb der Mitgliedstaaten sowie Mindestvoraussetzungen für die Ausstellung von Führerscheinen (Kenntnisse und Fähigkeiten, Fahrprüfung, geistige und körperliche Tauglichkeit). Seit 19. Jänner 2013 besteht in der EU ein einheitlicher Führerschein mit Befristung.

IV. Allgemeine Regelungen und Grundsätze

Während das KFG primär Bau und Ausrüstung eines Kfz regelt, enthält die **StVO Verhaltensvorschriften** für alle Verkehrsteilnehmer (Gebote und Verbote) sowie Vorschriften zur Verkehrsregelung und Verkehrssicherung, insb Vertrauensgrundsatz (§ 3), Verhalten bei Verkehrsunfällen (§ 4, Pflicht zur Bildung einer Rettungsgasse auf Autobahnen § 46 Abs 6), Sicherungsmaßnahmen gegen die Beeinträchtigung durch Alkohol/Suchtgift (§ 5), Rechtsfahrgebot (§ 7), Verkehrszeichen, Verkehrsleiteinrichtungen, Arm- und Lichtzeichen (§§ 31 ff). Besondere Verkehrsvorschriften treffen zB die Benützer von Fahrrädern und Motorfahrrädern (§§ 65 ff) sowie die Fußgänger (§§ 76 ff). Im Rahmen der Benützung von Straßen zu verkehrsfremden Zwecken (§§ 82 ff) werden etwa die Ausübung von Erwerbstätigkeiten, das Spielen auf Straßen sowie das Rollschuhfahren („Inline-Skating") geregelt. Zur Beseitigung von Verkehrserschwernissen (§§ 89 ff) sind ua auch Anrainerpflichten festgelegt.

Die StVO enthält weitreichende **Verordnungsermächtigungen**, zB Alkoholbestimmungen (§ 5a Abs 3), Kurzparkzonen (§ 25 Abs 4), Bodenmarkierungen (§ 34 Abs 1), Geschwindigkeitsbeschränkungen (§ 43 Abs 1 lit b Z 1), Schneeräumung (§ 94d Z 18), Schulwegsicherung (§ 97a Abs 2).

Die StVO gilt für **Straßen mit öffentlichem Verkehr**, das sind Straßen, die von **jedermann unter den gleichen Bedingungen benützt** werden können (Gemeingebrauch). Dies ist der Fall, wenn die Straße nach dem äußeren Anschein zur allgemeinen Benützung freisteht und irgendeine denkbare Benützung im Rahmen des Fußgänger- und Fahrzeugverkehrs offen steht; dabei kommt es nicht auf die Eigentumsverhältnisse an. Bei Zutreffen der Voraussetzungen ist etwa auch ein Privatparkplatz oder ein umzäunter Gasthausparkplatz mit dem Hinweis „Parken nur für Gäste" eine Straße mit öffentlichem Verkehr, zumal jedermann die Möglichkeit hat, „Gast" zu werden. Wie schwierig eine klare Abgrenzung zu finden ist, zeigen zahlreiche höchstgerichtliche Entscheidungen. Nach der Rsp des VfGH ist kein subjektiv öffentliches Recht ableitbar, dass alle Straßenbenützer zu ihrem Grundstück zufahren dürfen (VfSlg 10.491/1985).

Für Straßen ohne öffentlichen Verkehr (zB Straßen innerhalb eines Werksgeländes) gilt die StVO nur insoweit, als besondere Rechtsvorschriften oder die Straßenerhalter nichts anderes bestimmen. Die Befugnisse der Behörden und Organe der Straßenaufsicht erstrecken sich aber nicht auf diese Straßen (§ 1 StVO).

Eine **Straße** ist eine für den Fußgänger- oder Fahrzeugverkehr bestimmte Landfläche samt den in ihrem Zuge befindlichen und diesem Verkehr dienenden baulichen Anlagen (§ 2 Abs 1 Z 1 StVO). Die sehr weite Definition der Straße umfasst ua auch für den Fußgängerverkehr bestimmte Kieswege, Wanderwege und Forststraßen.

Das **KFG** ist auf Kfz und Anhänger auf Straßen mit öffentlichem Verkehr (Gemeingebrauch) anzuwenden. Beschränkte Anwendung findet das KFG zB auf Kfz, die bei Sportveranstaltungen verwendet werden oder auf für den Kampfeinsatz gewidmete Heeresfahrzeuge (§ 1). Ausgenommen sind zB Fahrräder mit Hilfsmotor.

Zentraler Begriff ist im KFG das „**Kfz**" als ein „zur Verwendung auf Straßen bestimmtes oder auf Straßen verwendetes Fahrzeug, das durch technisch freigemachte Energie angetrieben wird und nicht an Gleise gebunden ist, auch wenn seine Antriebsenergie Oberleitungen entnommen wird" (§ 2 Abs 1 Z 1). Neben Personen- und Lastkraftwagen zählen zu den Kfz etwa auch Krafträder (zB Motorräder, Motorfahrräder, Motordreiräder) und Omnibusse. E-Bikes sind grundsätzlich keine Kfz, sondern Fahrräder iSd StVO.

V. Ausgewählte Fragen

1. Alkoholkontrolle (§§ 5 ff StVO)

Wer sich in einem **durch Alkohol oder Suchtgift beeinträchtigten Zustand** befindet, darf nach § 5 Abs 1 StVO weder ein Fahrzeug lenken noch in Betrieb nehmen. Der Begriff Fahrzeug umfasst alle zur Verwendung auf Straßen bestimmten Beförderungsmittel, also **auch Fahrräder** (§ 2 Abs 1 Z 19 StVO, VwSlg 11.676 A/1985).

Nach der Rsp des VwGH ist das **Inbetriebnehmen** eine Tätigkeit, die dem Lenken vorausgeht, unabhängig vom Zweck der Inbetriebnahme (zB Überprüfung der elektrischen Anlage, Einschalten der Heizung). **Lenken** eines Fahrzeuges liegt bereits beim versuchten Starten des Motors vor (VwGH 31.01.2014, 2013/02/0239; Treten der Pedale eines Motorfahrrades, Zurückrollenlassen eines Motorrades, auf dem der Lenker sitzt; das Schieben eines Fahrrades ist gem § 65 Abs 1 StVO kein Lenken).

Bei einem Blutalkoholgehalt von **0,8 Promille** oder darüber, oder bei einem Atemluftalkoholgehalt von 0,4mg/l oder darüber gilt die **unwiderlegbare Rechtsvermutung**, dass jedenfalls eine **Alkoholbeeinträchtigung** vorliegt (§ 5 Abs 1 StVO). Ein **Kraftfahrzeug** darf gem § 14 Abs 8 FSG nur in Betrieb genommen oder gelenkt werden, wenn beim Lenker der Alkoholgehalt des Blutes weniger als 0,5g/l (**0,5 Promille**) oder der Alkoholgehalt der Atemluft weniger als 0,25mg/l beträgt. Auch unterhalb dieser Grenzwerte kann jemand durch Alkohol beeinträchtigt und daher nicht mehr fahrtüchtig sein, wenn entsprechende Alkoholisierungssymptome vorliegen (**Minderalkoholisierung**).

Welche Stoffe unter den Begriff Suchtgift fallen, wird in der SuchtgiftV, BGBl II 374/1997 idgF aufgezählt (zB Cannabis, Opium, Cocain). Grenzwerte für eine jedenfalls vorliegende **Suchtgiftbeeinträchtigung** wurden nicht festgelegt. Die Beeinträchtigung ist daher nach § 58 Abs 1 StVO zu beurteilen, wonach ein Fahrzeug nur lenken darf, wer in der Lage ist, es zu beherrschen und die Verkehrsregeln zu beachten.

Übertretungen des § 5 Abs 1 StVO und des § 14 Abs 8 FSG haben unterschiedliche Folgen: Wenn bei einem Kfz-Lenker ein Alkoholgehalt über 0,5, aber unter 0,8‰ festgestellt wird, ist er nur gem § 37a FSG zu bestrafen. Ein solcher Lenker gilt nicht automatisch als durch Alkohol beeinträchtigt, bekommt jedoch eine Vormerkung im Führerscheinregister (s unten V.5.d). Die gerichtliche Strafbarkeit wegen Gefährdung der körperlichen Sicherheit (§ 89 StGB) und die erhöhte Strafbarkeit bei Fahrlässigkeitsdelikten (§§ 81 und 88 StGB) treten in dem Fall erst beim 3. oder häufigeren Verstoß gegen § 14 Abs 8 FSG innerhalb von 12 Monaten ein (§ 5 Abs 1a StVO). Ein Fahrradlenker ist erst ab 0,8‰ gem § 99 Abs 1 lit a StVO zu bestrafen; § 14 Abs 8 FSG ist auf Fahrradlenker nur dann anwendbar, wenn sie sich „offenbar in einem durch Alkohol beeinträchtigten Zustand" befinden (*Pürstl*, StVO[14], 135).

Eine **Atemluftkontrolle vor Ort** kann von Organen des amtsärztlichen Dienstes oder besonders geschulten und – ausgenommen Organe der Bundespolizei – von der Behörde hiezu ermächtigten Organen der Straßenaufsicht (s VI.) an Personen, die ein Fahrzeug lenken, in Betrieb nehmen oder in Betrieb zu nehmen versuchen, **jederzeit und ohne Anlass** durchgeführt werden („Planquadrat" durch Einsatzanordnung der LReg nach § 94a Abs 2 lit e StVO). Das ist deshalb notwendig, weil durch die Reduzierung der Promillegrenzen die betroffenen Personen oft keine Alkoholisierungssymptome aufweisen. Die Untersuchung ist mit einem Alkomaten durchzuführen (**AlkomatV**).

Die genannten Organe sind ferner berechtigt, bei Personen, die **verdächtig** sind, in einem vermutlich durch **Alkohol beeinträchtigten** Zustand ein Fahrzeug gelenkt oder als **Fußgänger** einen **Verkehrsunfall verursacht** zu haben, die Atemluft auf Alkoholgehalt zu untersuchen. Somit kann auch an Personen, die vor Ort nicht greifbar waren (zB wegen Fahrerflucht), **nachträglich** zum Zweck der Beweissicherung eine Alkoholkontrolle durchgeführt werden (nach der Rsp werden bis zu 3 Stunden nach dem Ereignis noch brauchbare Ergebnisse erzielt). Mangels Alkomat vor Ort können Betroffene auch **zur nächsten** damit ausgestatteten **Dienststelle** gebracht werden. Der Alkoholgehalt zum Tatzeitpunkt wird durch **Rückrechnung** ermittelt. Die **Vermutung** der Alkoholbeeinträchtigung ergibt sich aus bestimmten Merkmalen (zB deutlicher Alkoholgeruch aus dem Mund, starkes Schwanken beim Gehen und Stehen, gerötete Augenbindehäute, lallende Sprechweise). Die Begriffe „Verdacht" und „Vermutung" werden vom VwGH fast gleich ausgelegt (VwGH 18.05.1988, 87/02/0178). Personen, die zur Untersuchung aufgefordert werden, haben sich dieser zu unterziehen, dh, die **Weigerung** stellt eine **Verwaltungsübertretung** dar, auch wenn sich hinterher herausstellt, dass keine Alkoholbeeinträchtigung vorlag.

Auch der vorzeitige Abbruch des Blasvorgangs, das Vorbeiblasen am Mundstück des Alkomaten oder etwa das zu schwache Blasen trotz Belehrung über den Vorgang gelten als

Verweigerung. Wurde die Atemluftuntersuchung trotz Aufforderung und Belehrung über den richtigen Blasvorgang einmal verweigert (ohne Vorliegen gesundheitlicher Hinderungsgründe), wird die Strafbarkeit nicht dadurch aufgehoben, dass nachträglich der nochmals verlangten Untersuchung zugestimmt wird (VwGH 28.06.1989, 89/02/0022, 20.04.2001, 2001/02/0003, 26.04.2002, 99/02/0212).

In der Rsp zur Atemluftuntersuchung finden sich häufig die Begriffe „Nachtrunk" und „Sturztrunk". Während es sich beim „Nachtrunk" um einen Alkoholkonsum zwischen dem Tatzeitpunkt und der Feststellung einer Alkoholisierung handelt, stellt der „Sturztrunk" auf einen Alkoholkonsum unmittelbar vor dem Tatzeitpunkt ab. Der „Sturztrunk" kurz vor Fahrtantritt kann sich zwar uU auf den Blutalkoholgehalt erst nach einer gewissen Zeit auswirken, die beeinträchtigende Wirkung des Alkohols tritt jedoch sofort ein (zB VwGH 12.09.2001, 99/03/0150, 16.12.2011, 2011/02/0344). Wer sich auf Nachtrunk beruft, hat die konkrete Alkoholmenge anzugeben und zu beweisen (VwSlg 17.043 A/2006).

Eine **ärztliche Untersuchung** (zB Pupillenuntersuchung, „Finger-Nasen-Probe", Gehversuche mit geschlossenen Augen, Beurteilung der Sprache, Blutdruckmessung) **zur Feststellung des Grades der Alkoholisierung** (bzw der **Suchtgiftbeeinträchtigung**) ist zulässig, wenn eine Alkoholbeeinträchtigung vermutet wird, aber eine Atemalkoholuntersuchung keine Überschreitung des gesetzlichen Grenzwerts von 0,8‰ ergeben hat bzw aus in der Person des Probanden gelegenen Gründen nicht möglich war (zB bei Lungenkrankheit, die mit Attest nachgewiesen wird [VwGH 01.02.1984, 83/03/0223], aber nicht bei defektem Gerät).

Es besteht kein Wahlrecht des Lenkers zwischen der Untersuchung der Atemluft und einer Blutabnahme (VwGH 25.04.2008, 2007/02/0275). Die Betroffenen haben diese Blutabnahme (bei sonstiger Bestrafung wegen einer Verwaltungsübertretung gem § 99 Abs 1 lit b StVO) vornehmen zu lassen (§ 5 Abs 6 und 10 StVO **Verfassungsbestimmung**; s II.2). Die Verweigerung der Abgabe einer Harnprobe ist nicht strafbar (VwGH 12.12.2000, 2000/11/0212). Zur Blutabnahme werden die betroffenen Personen zu bestimmten Ärzten bzw in öffentliche Krankenanstalten gebracht. Diese Verpflichtung darf jedoch nicht durch Anwendung unmittelbarer Befehls- und Zwangsgewalt* durchgesetzt werden (RV 1580 BlgNR XVIII. GP).

Über Verlangen einer Person, die angibt, dass bei ihr eine Untersuchung der Atemluft eine Alkoholbeeinträchtigung ergeben habe, ist eine **freiwillige Blutabnahme** durchzuführen (§ 5 Abs 8 StVO). Die Blutabnahme und Untersuchung des Blutalkoholwertes ist nach stRsp des VwGH das einzige taugliche Beweismittel zur Entkräftung des Ergebnisses einer mittels Alkomat durchgeführten Atemalkoholuntersuchung (VwGH 20.09.2000, 2000/03/0208, 21.12.2001, 99/02/0097).

Die Organe der Straßenaufsicht sind berechtigt, Personen, die sich offenbar in einem durch Alkohol oder Suchtgift beeinträchtigten Zustand befinden oder deren Blutalkoholgehalt 0,5‰ oder mehr beträgt, an der **Lenkung oder Inbetriebnahme eines Fahrzeuges zu hindern** (§ 5b StVO, zB Abnahme der Fahrzeugschlüssel, Absperren oder Einstellen des Fahrzeuges, Anlegen technischer Sperren – Radklammern. Dies gilt etwa auch für Fahrräder, jedoch in verfassungskonformer Auslegung nur im ersten Fall bzw erst ab 0,8‰, *Pürstl*, StVO[14], 135 Anm 52).

Eine Festnahme kann nicht auf § 5b StVO gestützt werden (VfSlg 8961/1980). Sie könnte evtl dann erfolgen, wenn die Festnahmegründe des § 35 VStG vorliegen (zB wenn der Lenker trotz Vorliegens typischer Alkoholisierungsmerkmale der Aufforderung zur Abgabe der Schlüssel nicht nachkommt, sondern versucht, sein Fahrzeug wieder in Betrieb zu nehmen, VfSlg 10.741/1986).

2. Benützung von Straßen zu verkehrsfremden Zwecken (§§ 82 ff StVO)

Die Benützung von Straßen zu anderen Zwecken als zu solchen des Straßenverkehrs ist – unabhängig von Genehmigungen nach anderen Rechtsvorschriften (zB → *Gewerberecht*, → *Veranstaltungsrecht*, → *Baurecht*, → *Naturschutz*) – **bewilligungspflichtig**. Darunter fallen zB gewerbliche Tätigkeit, Werbung, das Aufstellen von Zeitungsbehältern oder Automaten, die Errichtung von Schanigärten, aber auch das Abstellen von Kfz oder Anhängern ohne Kennzeichentafeln.

Auch Tätigkeiten, die eventuell Menschenansammlungen auf der Straße herbeiführen oder die Aufmerksamkeit der Lenker von Fahrzeugen beeinträchtigen (zB Filmaufnahmen, Modeschauen), müssen straßenpolizeilich bewilligt werden. Das Verteilen von Flugzetteln oder das Aufstellen von Informationsständen, Tischen, Plakatständern udgl unterliegt ebenfalls der Bewilligungspflicht. Wird jedoch beim Verteilen von politischen Flugblättern die Sicherheit und Leichtigkeit des Verkehrs auf einem Gehsteig nur in einem ganz geringfügigen Maß beeinträchtigt, verneint der VwGH die Bewilligungspflicht zugunsten des Rechts auf freie Meinungsäußerung (VwSlg 13.872 A/1993). Auch bewilligte Tätigkeiten können von Organen der Straßenaufsicht (s VI.) vorübergehend untersagt werden, wenn es die Verkehrssicherheit erfordert.

Versammlungen, Umzüge, Prozessionen udgl sind nicht bewilligungspflichtig, jedoch drei Tage vorher der Behörde anzuzeigen (§ 86 StVO → *Versammlungsrecht*, → *Veranstaltungsrecht*). Für Versammlungen unter freiem Himmel ist also eine zweite, von jener gem VersG unabhängige Anzeige notwendig. Die Versammlungsbehörde hat bei der Entscheidung über eine allfällige Untersagung der Versammlung auch auf die Interessen des Straßenverkehrs Bedacht zu nehmen (VfGH 13.06.1988, B 751/88).

3. Entfernung von Hindernissen (§§ 89 ff StVO)/„Abschleppen"

Grundsätzlich sind Gegenstände, die auf der Straße stehen oder liegen, zu kennzeichnen. Liegt etwa durch ein stehendes Fahrzeug eine **Verkehrsbeeinträchtigung** vor (zB wenn der Lenker eines Linienbusses am Vorbeifahren oder Zufahren zu einer Haltestelle gehindert wird; § 89a Abs 2a StVO), hat die **Behörde** die **Entfernung** durch ein beauftragtes Privatunternehmen auf Kosten des Zulassungsbesitzers **ohne weiteres Verfahren zu veranlassen** (§ 89a Abs 2 StVO).

Im Falle der Unaufschiebbarkeit sind auch die Organe der Straßenaufsicht, des Straßenerhalters, der Feuerwehr oder eines Kraftfahrlinien- oder Eisenbahnunternehmens (falls selbst betroffen) berechtigt, die Entfernung zu veranlassen (§ 89a Abs 3 StVO). Nach stRsp des VwGH ist dafür keine konkrete Behinderung notwendig, sondern es reicht aus, wenn nach den Umständen des Einzelfalles „zu besorgen" ist, dass das Fahrzeug den übrigen Verkehr hindern werde („**Besorgnisjudikatur**" VwSlg 13.275 A/1990). Jedenfalls liegt eine Verkehrsbeeinträchtigung beim Abstellen auf bestimmten Verkehrsflächen (Schutzweg, Radfahrerüberfahrt, Behindertenrampe, „Buszone") vor.

Ohne Vorliegen einer Verkehrsbeeinträchtigung ist die Entfernung eines Fahrzeuges zu veranlassen, das ohne Kennzeichentafeln oder im Bereich eines aus Gründen der Sicherheit erlassenen und mit der Zusatztafel „Abschleppzone" gekennzeichneten Halte- und Parkverbots abgestellt ist (§ 89a Abs 2).

Wurden die Abschleppkosten bezahlt und stellt sich heraus, dass das Abschleppen rechtswidrig war, besteht ein vermögensrechtlicher Rückforderungsanspruch (Wegfall des Rechtsgrundes der Zahlung). Verweigert die Behörde die Rückzahlung, muss der Kostenersatz nach Art 137 B-VG von der betreffenden Gebietskörperschaft eingeklagt werden (VfSlg 15.839/2000). Nach Ablauf der Aufbewahrungsfrist geht das Eigentum am entfernten Fahrzeug auf den Straßenerhalter über (§ 89a Abs 6 StVO). Dies kann in Bezug auf Art 5 StGG problematisch sein, wenn der Zulassungsbesitzer nicht Eigentümer des Kfz ist (*Pürstl*, StVO[14], 972 Anm 15).

Der Abtransport eines Fahrzeuges und dessen Verwahrung sind in Ausübung **unmittelbarer Befehls- und Zwangsgewalt*** ergangene Verwaltungsakte. Nicht nur die Entfernung des Fahrzeuges, sondern auch die Tariffestlegung für die Entfernung und Aufbewahrung fallen in den eWb der Gemeinde (§ 94d Z 15, 15a StVO).

Das beauftragte Unternehmen ist mangels selbstständiger Entscheidungsbefugnis nicht Beliehener*, sondern bloßer „Verwaltungshelfer" (*B. Raschauer*, Allgemeines Verwaltungsrecht[5], Rz 119).

4. Kfz-Zulassung (§§ 37 ff KFG)

Voraussetzungen für die Zulassung von Kfz und Anhängern sind im Wesentlichen Kauf- oder Mietvertrag, Typenschein bzw Einzelgenehmigung, die Versicherungsbestätigung sowie die Bestätigung über die letzte wiederkehrende Begutachtung gem § 57a Abs 4 KFG (Pickerl). Zusätzliche Voraussetzungen gelten für aus der EU oder Drittstaaten erworbene Kfz.

Der **Typenschein** ist die privatrechtliche Bestätigung über die bescheidmäßig erteilte, EU-weite Betriebserlaubnis für einen Fahrzeugtyp unabhängig vom konkreten Erzeuger und vom Besitzer (objektive Wirkung). Weicht ein Kfz wesentlich von diesem Typ ab, ist eine Einzelgenehmigung erforderlich (§§ 28 ff KFG).

Die Zulassung kann unter Auflagen* oder befristet* erteilt oder auf bestimmte Arten von Straßen (Routengenehmigung) eingeschränkt werden. Über einen Zulassungsantrag entscheidet idR die BVB (bzw LPolD), in deren örtlichem Wb das Fahrzeug seinen dauernden Standort hat (zB Hauptwohnsitz* des Antragstellers).

Die Zulassung wird in Form der **Beleihung* von Versicherern** durchgeführt (§§ 40a ff KFG). Der LH hat durch Verordnung Behörden zu bestimmen, in deren örtlichem Wb Versicherer auf Antrag bescheidmäßig ermächtigt werden, private Zulassungsstellen einzurichten und zu betreiben. Dafür kommen nur Versicherer in Betracht, die zum Betrieb von Kfz-Haftpflichtversicherungen berechtigt sind und bestimmte Voraussetzungen erfüllen (zB Leistungsfähigkeit, Anforderungen in räumlicher und personeller Hinsicht). Mit der Ermächtigung werden die wesentlichen mit der Zulassung verbundenen behördlichen Tätigkeiten dem Versicherer übertragen; sie kann auch widerrufen oder zurückgelegt werden. Die Klärung besonderer rechtlicher Vorfragen* vor der Zulassung hat durch die Behörde zu erfolgen (zB Feststellung, dass kein Hauptwohnsitz in Österreich vorliegt; Bewilligung für Probefahrten). Bei der Behörde verbleiben die Aufsicht über die Zulassungsstellen (zB Aktenvorlage, Mängelbehebung), die Aufhebung der Zulassung, allfällige Vorladungen für Kfz-Überprüfungen und die Vornahme der Zulassung in bestimmten Fällen (zB Deckkennzeichen) sowie die Erteilung von Auskünften aus der Zulassungsevidenz.

Bei der Zulassung sind das **Kennzeichen** festzulegen und Kennzeichentafeln (öffentliche Urkunden*) auszugeben (§ 48f KFG). Auf Antrag ist ein (kostenpflichtiges) Wunschkennzeichen (die nicht behördenbezogenen Kennzeichenteile können frei gewählt werden) zuzuweisen.

Der dem Zulassungsbesitzer auszufolgende **Zulassungsschein** ist eine Bestätigung über die Erlassung des Bescheides, der die Zulassung des Fahrzeuges und die Zuweisung des Kennzeichens ausspricht (öffentliche Urkunde*). Adressänderungen etc sind anzuzeigen. Erfolgt dadurch der Wechsel zu einer anderen BH, muss das Kfz ab- und kostenpflichtig neu angemeldet werden.

Die **Zulassung erlischt**, wenn der Zulassungsbesitzer das Fahrzeug abmeldet und Zulassungsschein sowie Kennzeichentafeln abgibt. In manchen Fällen ist eine **Abmeldepflicht** bzw die bescheidmäßige, behördliche **Aufhebung der Zulassung** vorgesehen (zB wenn das Fahrzeug nicht mehr verkehrs- oder betriebssicher ist, §§ 43 Abs 4, 44 KFG; die Aufhebung der Zulassung ist keine Strafe, sondern eine vorbeugende Maßnahme im Interesse der Verkehrssicherheit, VwGH 28.01.2016, Ra 2015/11/0105). Werden Kennzeichentafeln aufgrund eines Aufhebungsbescheides ohne Vollstreckungsverfügung abgenommen, stellt dies einen gesetzwidrigen Akt unmittelbarer Befehls- und Zwangsgewalt* dar.

Die Zulassungsbehörde (bzw der Verband der Kfz-Versicherer) hat eine **Zulassungsevidenz** zu führen (zB Kennzeichen, Datum der An- und Abmeldung, Name; § 47 KFG). Ein Datenaustausch ist mit dem BMF (Kfz-Steuer) und der Statistik Österreich vorgesehen. Auf Anfrage ist den Organen des Bundes, der Länder, der Gemeinden und der gesetzlichen Interessenvertretungen **Auskunft** zu erteilen, soweit diese zur Wahrnehmung der ihnen übertragenen Aufgaben eine wesentliche Voraussetzung bildet (§ 47 Abs 2). Die Behörde hat auch **Privatpersonen auf Anfrage**, in der das Kennzeichen, die Motornummer oder die Fahrgestellnummer angegeben und ein **rechtliches Interesse glaubhaft gemacht** wird (zB Einbringung einer Besitzstörungsklage), nach Maßgabe der technischen und organisatorischen Auswertungsmöglichkeiten, Namen und Anschrift des Zulassungsbesitzers bekannt zu geben (§ 47 Abs 2a). Eine **zentrale Zulassungsevidenz** mit Abfragemöglichkeiten für verschiedene Behörden wird vom BMI geführt.

Bei der **wiederkehrenden Begutachtung** (§ 57a KFG, „Pickerl") hat der Zulassungsbesitzer sein Fahrzeug (zB Pkw, Kraftrad) von einem vom LH ermächtigten Ziviltechniker, Verein (Autofahrerklub) oder Gewerbetreibenden begutachten zu lassen; die Erteilung der Ermächtigung erfolgt in Form einer **Beleihung***. Pkws und Kombifahrzeuge müssen erst drei Jahre nach der Erstzulassung, dann nach weiteren zwei Jahren und dann jährlich begutachtet werden. Für alle anderen Fahrzeuge hat die Begutachtung jedes Jahr zu erfolgen. Ausnahmeregelungen bestehen für Taxis, Rettungs- und Krankentransportfahrzeuge.

Entspricht das Fahrzeug den gesetzlichen Erfordernissen, ist dem Zulassungsbesitzer eine von der Behörde ausgegebene **Begutachtungsplakette** auszufolgen oder am Fahrzeug anzubringen; damit wird öffentlich beurkundet*,
- dass eine Begutachtung erfolgt ist,
- dass das Fahrzeug im Zeitpunkt der Begutachtung verkehrs- und betriebssicher sowie in vorschriftsmäßigem Zustand war und davon keine übermäßigen Umweltbelastungen ausgehen, und
- wann die nächste Begutachtung vorzunehmen ist.

Neben der regelmäßigen Überprüfung und Begutachtung können die Wirksamkeit der Teile und Ausrüstungsgegenstände eines Fahrzeuges, der Zustand der Reifen sowie mögliche Umweltbeeinträchtigungen **jederzeit** von der Behörde, in deren örtlichem Wb sich das Fahrzeug befindet, oder von den ihr zur Verfügung stehenden Organen des öffentlichen Sicherheitsdienstes* **an Ort und Stelle geprüft** werden (§ 58). Wird die Verkehrssicherheit durch die weitere Verwendung des Fahrzeuges gefährdet, so sind bei **Gefahr im Verzug** der **Zulassungsschein** und die **Kennzeichentafeln** unverzüglich **abzunehmen**. Die Abnahme ist ein Akt unmittelbarer Befehls- und Zwangsgewalt*. Zuständige Behörde gem § 123 KFG ist die BVB oder die LPolD. Zur Abnahme des Zulassungsscheines und der Kennzeichentafeln sind nur die genannten Organe, nicht aber zB die technischen Sachverständigen berechtigt.

5. Lenkberechtigung

a) Erteilung der Lenkberechtigung

Das Lenken eines Kfz ist nur aufgrund einer von der Behörde erteilten Lenkberechtigung für die Klasse/Unterklasse zulässig, in die das Kfz fällt. Die Lenkberechtigung darf nur Personen erteilt werden, die das für die angestrebte Klasse erforderliche Mindestalter erreicht haben, verkehrszuverlässig, gesundheitlich geeignet (ärztliches Gutachten) und fachlich befähigt (Fahrprüfung) sind, ein Kfz zu lenken; ferner ist der Nachweis über die Unterweisung in lebensrettenden Sofortmaßnahmen („Rot-Kreuz-Kurs") zu erbringen (§ 3 Abs 1 FSG).

Über einen Antrag auf Erteilung der Lenkberechtigung hat die Behörde zu entscheiden, in deren örtlichem Wb der Antragsteller seinen Hauptwohnsitz* hat (BVB bzw LPolD; § 5 Abs 2 iVm § 35 Abs 1 FSG). Anfänger unterliegen einer Probezeit von drei Jahren, während der sie keine schweren Verstöße gegen die StVO begehen dürfen und eine 0,1‰-Alkohol-Grenze zu beachten haben (§§ 4 ff FSG). Diese **Probezeit** kann dreimal verlängert werden. Ein weiterer Verstoß innerhalb der 3. Verlängerung kann nach verschiedenen Untersuchungen zur Entziehung führen. Für Anfänger der Klassen A und B ist zusätzlich eine sog **2. Ausbildungsphase** vorgesehen (Perfektionsfahrten, Fahrsicherheitstraining usw).

Die **Verkehrszuverlässigkeit** (§ 7 FSG) ist ein wesentliches Tatbestandsmerkmal bei der Erteilung und Entziehung der Lenkberechtigung. Nach der gesetzlichen Vermutung gilt eine Person solange als verkehrszuverlässig, als nicht aufgrund erwiesener bestimmter Tatsachen (Verkehrsverstöße wie etwa Trunkenheit am Steuer, Überschreiten der Höchstgeschwindigkeit im Ortsgebiet um mehr als 40km/h oder außerhalb des Ortsgebiets um mehr als 50km/h) und ihrer Wertung (Verwerflichkeit der Tat, Gefährlichkeit der Verhältnisse, seit der Tat verstrichene Zeit und das während dieser Zeit gesetzte Verhalten) angenommen werden muss, dass sie wegen ihrer Sinnesart beim Lenken von Kfz die Verkehrssicherheit gefährden wird (insb durch rücksichtsloses Verhalten im Straßenverkehr, Trunkenheit oder einen durch Suchtgift oder durch Medikamente beeinträchtigten Zustand) oder sich wegen der erleichternden Umstände, die beim Lenken von Kfz gegeben sind, sonstiger schwerer strafbarer Handlungen schuldig machen wird.

Bei der Verkehrszuverlässigkeit handelt es sich um einen **charakterlichen Wertbegriff** (Sinnesart einer Person), der die Beurteilung der charakterlichen

Veranlagung einer Person aufgrund von nach außen hin in Erscheinung tretenden Handlungen erfordert (VwGH 11.07.2000, 2000/11/0011); die Entscheidung über das Vorliegen ist als **Prognoseentscheidung** ausgestaltet (kein Ermessen*!). Sie ist keine medizinische Frage, sondern ist ausschließlich von der Behörde aufgrund der im Ermittlungsverfahren hervorkommenden Umstände zu prüfen (Rechtsfrage).

Die Erteilung der Lenkberechtigung hat Bescheidcharakter. Liegen die Voraussetzungen für die Erteilung nicht vor, ist der Antrag bescheidmäßig abzuweisen. Der **Führerschein** ist die von der Behörde ausgestellte **Bestätigung über die Erteilung der Lenkberechtigung** (§ 13 FSG). In den Führerschein sind Befristungen, Beschränkungen (zeitliche, örtliche, sachliche) der Lenkberechtigung oder vorgeschriebene Auflagen*, nicht aber die Probezeit (§ 4 FSG) einzutragen.

Wurde eine Lenkberechtigung nicht mit einem gesonderten Bescheid erteilt, sondern nur ein Führerschein ausgestellt, dann kommt diesem Bescheidcharakter zu (**Urkunde mit Bescheidcharakter***). Der Verlust des Führerscheins hat nicht den Verlust der Lenkberechtigung zur Folge.

Die Hauptwohnsitzbehörde hat ein örtliches, der BMKUEMIT ein zentrales **Führerscheinregister** zu führen (§§ 16–17 FSG).

b) Entziehung, Einschränkung und Erlöschen der Lenkberechtigung/ vorläufige Abnahme des Führerscheins

Bei der Entziehung der Lenkberechtigung sowie bei der vorläufigen Abnahme des Führerscheins handelt es sich um **Schutz- bzw Sicherungsmaßnahmen** und nicht um Strafen (VwGH 22.02.2000, 99/11/0341; VfSlg 19.743/2013).

Die Lenkberechtigung ist zu **entziehen**, wenn die Verkehrszuverlässigkeit, die gesundheitliche Eignung oder die fachliche Befähigung nicht mehr gegeben sind (§ 24 Abs 1 FSG) oder Anordnungen über die Absolvierung von Ausbildungsphasen nicht befolgt werden. Ferner kann die Lenkberechtigung durch Auflagen*, Befristungen* oder zeitliche, örtliche und sachliche Beschränkungen **eingeschränkt** werden. Dies gilt auch für Fahrradfahrer und sogar Fußgänger, bei denen durch mehrmalige Auffälligkeit Alkoholabhängigkeit anzunehmen ist (bzw die Unfälle verursachen). Die Einschränkungen sind in den Führerschein einzutragen. Es können auch begleitende Maßnahmen (zB Nachschulung) angeordnet werden. Dabei ist die Dauer der Entziehung festzulegen; je nach Deliktsart sind unterschiedliche Entziehungszeiten normiert (Sonderfälle der Entziehung nach § 26 FSG). Bei Fahren ohne Lenkberechtigung ist eine Mindeststrafe vorgesehen (§ 37 Abs 4 FSG), bei Fahren vom Ablauf der Entziehungsdauer bis zur Ausfolgung des Führerscheins ist der Lenker wegen Nichtmitführens eines gültigen Führerscheins zu bestrafen (§ 37 Abs 1 FSG).

Nach Ablauf der **Entziehungsdauer** ist der Führerschein auf Antrag wieder auszufolgen. Nach Ablauf einer Entziehungsdauer von mehr als 18 Monaten **erlischt** die Lenkberechtigung, ferner durch Zeitablauf, Verzicht, 100 Jahre nach Erteilung sowie durch Tod des Berechtigten (§ 27 FSG).

Für das Verfahren zur Entziehung der Lenkberechtigung gelten besondere Bestimmungen (§ 29 FSG). Ein **Rechtsmittelverzicht kann nicht wirksam abgegeben werden** (Sonderbestimmung zu § 63 Abs 4 AVG). Nach Eintritt der Vollstreckbarkeit des Entziehungsbescheides ist der Führerschein unverzüglich bei der Behörde abzuliefern. Für Anträge und Berufungen von Parteien beträgt die **Entscheidungsfrist** der Behörden **längstens drei Monate** (Sonderbestimmung zu § 73 Abs 1 AVG; die Entscheidungsfrist gilt nicht für Verwaltungsgerichte, VwGH 27.08.2015, Fr 2015/11/0008).

c) Vorläufige Abnahme des Führerscheins

Die **vorläufige Abnahme** erfolgt durch die Organe des öffentlichen Sicherheitsdienstes* (Akt der unmittelbaren Befehls- und Zwangsgewalt*) und der Straßenaufsicht, wenn aus dem Verhalten des Kfz-Lenkers deutlich zu erkennen ist, dass er „insb infolge Alkohol- oder Suchtmittelgenusses oder eines außergewöhnlichen Erregungs- oder Ermüdungszustandes **nicht mehr die volle Herrschaft über** seinen **Geist** und seinen **Körper** besitzt" **oder 0,8‰ Blutalkohol oder** mehr aufweist oder eine mit technischen Hilfsmitteln festgestellte **Geschwindigkeitsübertretung** begeht (§ 39 FSG).

Die Abnahme kann nur dann erfolgen, wenn ein Kfz gelenkt, in Betrieb genommen oder versucht wird, es in Betrieb zu nehmen (s oben V.1). Über die vorläufige Abnahme ist eine **Bescheinigung** auszustellen, in der die Gründe für die Abnahme und eine Belehrung über die erforderlichen Schritte für die Wiedererlangung des Führerscheines enthalten sind.

Der Führerschein ist dem Besitzer **auf Antrag binnen drei Tagen auszufolgen**, sofern nicht ein Ermittlungsverfahren zur Entziehung der Lenkberechtigung eingeleitet wird. Bei der vorläufigen Abnahme des Führerscheins bleibt die Berechtigung zum Lenken von Kfz, über welche der abgenommene Führerschein ausgestellt wurde, aufrecht; vor der Wiederausfolgung besteht jedoch ein **Lenkverbot**.

d) Vormerksystem – Maßnahmen gegen Risikolenker

Die Begehung bestimmter Delikte (Gefährdung von Fußgängern am Schutzweg, Fahren mit 0,5‰ Alkohol, Vorrangverletzung usw) zieht, abgesehen von der Verwaltungs- oder gerichtlichen Strafe, die Eintragung einer **Vormerkung im Führerscheinregister** nach sich (§ 30a FSG). Neben einem eventuellen Entzug der Lenkberechtigung sind als Folge einer oder mehrerer Vormerkungen sog besondere Maßnahmen vorgesehen, zB Nachschulungen, Fahrsicherheitstraining (§ 30b FSG).

6. Lenkerauskunft

Eine Behörde kann Auskünfte darüber verlangen, wer zu einem bestimmten Zeitpunkt (nicht jedoch Zeitraum) ein nach dem Kennzeichen bestimmtes Fahrzeug gelenkt bzw zuletzt vor einem bestimmten Zeitpunkt an einem bestimmten Ort abgestellt hat (**Lenkererhebung**; § 103 Abs 2 KFG; bei bloßer Inbetriebnahme besteht keine Auskunftspflicht). Die **Auskunftspflicht** (Name und Anschrift der betreffenden Person) trifft in erster Linie den Zulassungsbesitzer. Kann er diese Auskunft nicht erteilen, so hat er die Person zu nennen, die die Auskunft erteilen kann und diese Person trifft dann die Auskunftspflicht (diese Person [kann auch eine juristische Person sein, VwGH Ra 2016/02/0145] hat dann den Lenker zu nennen, nicht einen weiteren Auskunftspflichtigen; VwGH 14.07.2000, 2000/02/0665). Bei Namhaftmachung einer Person, die sich ständig oder überwiegend im Ausland aufhält, muss die Behörde als ersten Schritt an sie ein Schreiben mit der Bitte um schriftliche Stellungnahme richten, sofern nicht ein Rechtshilfeabkommen eine andere Vorgangsweise gebietet. Langt innerhalb angemessener Frist keine Erklärung bei der Behörde ein, hat die Behörde der Person, die diese Auskunft erteilt hat, im Rahmen des Parteiengehörs Gelegenheit zu geben, entsprechend ihrer **erhöhten Mitwirkungspflicht** den Entlastungsbeweis in anderer Weise zu erbringen (zB Glaubhaftmachung zumindest des Aufenthalts der genannten Person in Österreich zum fraglichen Zeitpunkt; VwSlg 13.451 A/1991). Eine Lenkeranfrage ist allerdings unzulässig, wenn das zugrunde liegende Delikt im Ausland begangen wurde (VwSlg 15.969 A/2002).

Die Auskunft ist unverzüglich, im Fall einer schriftlichen Aufforderung binnen zwei Wochen nach Zustellung des Ersuchens zu erteilen. § 103 Abs 2 KFG sieht keine bestimmte Form für die Erfüllung der Auskunftspflicht vor. Die Auskunftspflicht ist jedoch nur dann erfüllt, wenn die Auskunft tatsächlich bei der Behörde (Sitz der anfragenden Behörde) einlangt. Dieser **Erfüllungsort** ist auch der **Tatort der Unterlassung einer Auskunft** (VwSlg 14.398 A/1996).

Mittels Verfassungsbestimmung ist festgelegt, dass gegenüber der Befugnis der Behörde, derartige Auskünfte zu verlangen, Rechte auf Auskunftsverweigerung zurücktreten (s II.2).

Die **Verletzung der Auskunftspflicht** (zB unrichtige oder unvollständige Auskunft, bloße Nichterteilung der Auskunft, die Auskunft wird nicht sofort erteilt) stellt ein Ungehorsamsdelikt* dar und unterliegt der Strafsanktion des § 134 KFG. Keine Erinnerung an den Lenker zu haben, bewahrt nicht vor Strafe, es müssen in dem Fall Aufzeichnungen geführt werden (VwGH 26.05.2000, 2000/02/0115).

Die Lenkererhebung ist **keine Verfolgungshandlung** iSd § 32 Abs 2 VStG, weil sie nicht gegen einen konkreten Beschuldigten gerichtet ist

(VwGH 29.02.2000, 99/03/0314; gem § 31 Abs 2 VStG besteht aber eine einjährige Frist für die Verfolgungsverjährung!).

7. Verkehrsbeschränkungen

Die **StVO** sieht eine Reihe von **Verkehrsbeschränkungen** vor (§ 43 StVO): Die Behörde hat, ua wenn es die **Sicherheit, Leichtigkeit und Flüssigkeit des Verkehrs** erfordert, durch Verordnung für bestimmte Straßen, Straßenstrecken oder für Straßen innerhalb eines bestimmten Gebietes dauernde oder vorübergehende Verkehrsbeschränkungen und -verbote zu erlassen bzw den Straßenbenützern ein bestimmtes Verhalten vorzuschreiben.

ZB 80km/h-Beschränkung auf der Südosttangente in Wien (VwGH 23.05.1985, 85/02/0081), Abstellplätze für Reisebusse in der Nähe bzw am Rand des 1. wr Bezirkes (VwSlg 12.041 A/1986), Busspur ohne zeitliche Einschränkung (VfSlg 13.697/1994). Eine Verordnung betr generelle Geschwindigkeitsbeschränkung von 30km/h im gesamten Stadtgebiet von Graz wurde aufgehoben, weil die allgemeine Herabsetzung der Höchstgeschwindigkeit im Ortsgebiet Sache des Gesetzgebers sei (VfSlg 14.000/1994). Ebenso rechtfertigt der Ausbauzustand einer Straße allein keine Geschwindigkeitsbeschränkung (VfSlg 16.805/2003). (S auch III).

Weiters hat die Behörde zur Fernhaltung von Gefahren oder Belästigungen, insb durch Lärm, Geruch oder Schadstoffe zum Schutz der Bevölkerung oder der Umwelt durch Verordnung für bestimmte Gebiete, Straßen oder Straßenstrecken Verkehrsverbote bzw -beschränkungen zu erlassen.

Diese Bestimmung dient – iVm dem BVG Staatsziele – als Grundlage für die LKW-Nachtfahrverbote (VfSlg 11.493/1987, 12.485/1990, 17.477/2005) bzw generelle nächtliche Geschwindigkeitsbeschränkungen auf bestimmten Autobahnen (VfSlg 13.351/1993). Die Einbeziehung lärmarmer Kfz widerspricht dem Gleichheitsgrundsatz (VfSlg 12.944/1991). Ebenso möglich ist zB ein allgemeines Fahrverbot für Omnibusse in einer Stadt (VfSlg 13.813/1994). An besonders verkehrsreichen Wochenenden wird in Tirol zum Schutz der Bevölkerung vor Überlastung des regionalen Verkehrsnetzes das Verlassen der Autobahn verboten (V der BVB gem § 94b StVO).

Für die Feststellung einer Geschwindigkeitsüberschreitung können auch Durchschnittsgeschwindigkeitsmessgeräte verwendet werden (§ 100 Abs 5b StVO, § 134 Abs 3b KFG „Section Control", zB Kaisermühlentunnel in Wien).

Diese Messmethode ist allerdings nur unter bestimmten Bedingungen. zulässig (zB besonders gefährliche Strecke, Anordnung der Strecke durch Gesetz oder Verordnung, Ankündigung der Datenerhebung, VfSlg 18.146/2007; der Bescheid im Anlassfall wurde mangels ordnungsgemäßer Festlegung der Messstrecke aufgehoben, VfSlg 18.144/2007). Mit BGBl I 16/2009 wurde die Section Control daraufhin ausdrücklich gesetzlich geregelt, die zulässigen Einsatzzwecke entsprechen jenen der Radarboxen und es gibt Datenverwendungs- und Löschungsregeln (§§ 98a f StVO). Weiters wurden die Frontfotografie ua für die Feststellung von Geschwindigkeitsübertretungen (§ 98b StVO) und die automationsunterstützte Feststellung der Rotlichtmissachtung (§ 98d StVO) ermöglicht.

Eine weitere Ermächtigung zu Verkehrsbeschränkungen enthält das **IG-L** (BGBl I 115/1997 idF 58/2017) in § 14, danach können zB zum Schutz der Gesundheit von Menschen, Tieren, Pflanzenbeständen etc vor schädlichen Luftschadstoffen Geschwindigkeitsbeschränkungen sowie zeitliche und räumliche Beschränkungen angeordnet werden. Gemäß § 14 Abs 2a Z 2 gelten diese nicht für Elektroautos, sofern entsprechende Hinweisschilder bestehen (fehlen diese Schilder, sind auch E-Autos umfasst, VFGH 23.02.2017, E 70/2017).

Vgl zB die Verordnung des LH von OÖ betreffend immissionsabhängige Geschwindigkeitsbegrenzung für eine Teilstrecke der A1 West Autobahn, sog „Lufthunderter Linz" oö LGBl 101/2008 idF 3/2015.

VI. Behörden und Verfahren

1. Behörden

a) StVO (§§ 94 f)

Regelmäßig ist die **BVB zunächst zuständig**, sofern nicht die Zuständigkeit der Gemeinde oder der LPolD gegeben ist. Der BVB obliegt zB die Handhabung der **Verkehrspolizei** (Überwachung der Einhaltung der straßenpolizeilichen Vorschriften und die unmittelbare Verkehrsregelung), die Erlassung von Verordnungen und Bescheiden, die Ausstellung von Gehbehinderten- und Radfahrausweisen (§ 94b). Der **LPolD** obliegt in ihrem örtlichen Wb zB die Handhabung der Verkehrspolizei (außer auf Autobahnen), die Ausübung des Verwaltungsstrafrechts und die Anordnung der Teilnahme am Verkehrsunterricht (§ 95).

Die LReg kann durch Verordnung von der BVB zu besorgende Agenden, die nur das Gebiet einer Gemeinde betreffen, dieser **Gemeinde** übertragen (§ 94c Abs 1). Sofern eine Gemeinde über einen Gemeindewachkörper verfügt, kann ihr die Handhabung der Verkehrspolizei durch diesen übertragen werden (§ 94c Abs 3).

Der Gemeinde obliegt **im eWb** (§ 94d) zB die Verordnungserlassung für Geschwindigkeitsbeschränkungen sowie die Anordnung von Kurzparkzonen, Bestimmung von Fußgängerzonen, Bewilligung von Werbungen und Ankündigungen, die Sicherung des Schulweges, Spielen auf Straßen, Rollschuhfahren auf Fahrbahnen.

Zu den **Organen der Straßenaufsicht*** (§ 97) zählen insb die Organe der Bundespolizei und die Gemeindewachkörper. Andere Organe sind von der Behörde auf ihre Dienstpflichten zu vereidigen und mit einem Dienstabzeichen auszustatten. Die Organe der Straßenaufsicht haben die **Verkehrspolizei** (§ 94b Abs 1 lit a) zu **handhaben** (Mitwirkung bei Vorbeugemaßnahmen, Maßnahmen, die für die Einleitung eines Verwaltungsstrafverfahrens erforderlich sind, Anwendung körperlichen Zwangs, soweit gesetzlich vorgesehen, sie können auch ermächtigt werden, mit Organstrafverfügung* Geldstrafen einzuheben, § 50 Abs 1 VStG). Diese Organe sind selbst keine Behörden, sondern nur Hilfsorgane der jeweils zuständigen Behörde.

Behörde ist die **LReg**. Ihr kommt auch eine **subsidiäre Generalkompetenz zu** (§ 94a); jedenfalls obliegt ihr die Handhabung der Verkehrspolizei auf Autobahnen.

Die LReg kann Organe (Wachkörper → *Sicherheitspolizeirecht*), die der LPolD angehören oder dieser zugeteilt und in Angelegenheiten des Straßenverkehrs besonders geschult sind, zur Handhabung der Verkehrspolizei einsetzen (zB zur Hintanhaltung von schweren Verwaltungsübertretungen [Alkoholisierung, Überschreitung der erlaubten Höchstgeschwindigkeit] oder wenn ein über den Bereich einer BVB hinausgehendes Einschreiten erforderlich ist [landesweit koordinierte Vorgangsweise, auf verkehrsreichen Straßenzügen]).

Die LReg kann auch auf Autobahnstrecken, die im örtlichen Wb einer LPolD liegen, die Angehörigen der LPolD einsetzen; in diesem Fall handeln diese aber als Organe der LReg.

Der **BMKUEMIT** ist zuständig zur Erlassung bestimmter Verordnungen (zB für Autobahnen, Erklärung von Bundesstraßen zu Autostraßen oder Vorrangstraßen). Von diesen straßenpolizeilichen Erklärungen zu unterscheiden sind die straßenrechtliche Erklärung zu Bundesstraßen sowie deren Einteilung in Autobahnen und Schnellstraßen.

Beschwerden gegen Bescheide sind an das zuständige **LVwG** zu richten.

b) KFG (§ 123) und FSG (§ 35 f)

Nach § 123 Abs 1 KFG entscheidet im **Administrativverfahren** idR die **BVB** (bzw **LPolD**), in zweiter Instanz der **LH** (mittelbare Bundesverwaltung); hinsichtlich der Ausbildung in und des Betriebes von Fahrschulen (§§ 108 bis 117, § 119 Abs 2 und § 122a Abs 4) entscheidet über eine Beschwerde das **zuständige LVwG**. Abweichende Zuständigkeitsregelungen bestehen zB bei der Einzelgenehmigung (§ 31), über die der LH entscheidet. Über die Typengenehmigung entscheidet der **BMKUEMIT** (§ 29). In Vollziehung des **FSG** entscheidet **in erster Instanz die BVB bzw LPolD**, über Beschwerden das **zuständige LVwG** (§ 35 Abs 1 FSG).

Entscheidet der **LH** in erster Instanz, kann dagegen Beschwerde an das zuständige LVwG erhoben werden (§ 123 Abs 1 KFG, § 36 Abs 1 FSG).

Der LH hat, wenn dies im Interesse der Zweckmäßigkeit, Raschheit und Einfachheit der Vollziehung gelegen ist, **Gemeinden**, denen gem § 94 StVO die Angelegenheiten der Verkehrspolizei übertragen sind, durch Verordnung für dieselben Straßen die Mitwirkung an der Vollziehung des KFG zu übertragen. Die Gemeinde hat sich zur Vollziehung der ihr übertragenen Aufgaben des **Gemeindewachkörpers** zu bedienen. Die Übertragung ist durch Verordnung zu widerrufen oder einzuschränken, wenn sich die Voraussetzungen, unter denen eine Übertragung erfolgte, geändert haben.

In **Strafverfahren** nach KFG und FSG entscheidet in erster Instanz die BVB (bzw LPolD), dagegen ist Beschwerde an das zuständige LVwG möglich.

Die Kfz-Zulassung erfolgt durch **beliehene*** **Versicherer** (§§ 40a und 40b KFG). Der LH kann Vereine, **Ziviltechniker** oder **Kfz-Betriebe** zur wiederkehrenden Begutachtung von Fahrzeugen und zur Anbringung von Begutachtungsplaketten (§ 57a KFG) ermächtigen.

Der BMKUEMIT hat zur Beratung in Kraftfahrangelegenheiten und zur Begutachtung von Gesetzes- und Verordnungsentwürfen einen **Kraftfahrbeirat** zu bestellen (§ 130 KFG); ferner bedient sich der BMKUEMIT zur Führung der Liste der historischen Kfz der sachverständigen Beratung eines Beirats für historische Kfz (§ 131b KFG). Weiters kann er **Vereine** von Kfz-Besitzern zur Ausstellung von internationalen Führerscheinen ermächtigen (§ 36 Abs 2 FSG).

Zur Förderung der Verkehrssicherheit wurde der „Österreichische **Verkehrssicherheitsfonds**" als unselbstständiger Verwaltungsfonds geschaffen (§ 131a KFG).

2. Verfahren

a) StVO (§§ 99 ff)

AVG, VStG und VVG sind anzuwenden (Art I EGVG). Es gilt das Prinzip der **Subsidiarität von Verwaltungsstrafen** gegenüber gerichtlichen Strafen (Doppelbestrafungsverbot s II.2.).

Bei den Übertretungstatbeständen (§ 99 StVO) handelt es sich großteils um Ungehorsamsdelikte*. Aufgrund der massenhaft auftretenden Delikte kommt häufig ein abgekürztes Verfahren (§ 47 VStG Strafverfügung, § 49a VStG Anonymverfügung, § 50 VStG Organstrafverfügung) zur Anwendung; ferner führen fortgesetzte Delikte* und Dauerdelikte* zu Abgrenzungsproblemen. Die Lenkerauskunft (§ 103 Abs 2 KFG) dient der Feststellung des Beschuldigten (s oben V.6).

Bei besonders schwerwiegenden Übertretungen (zB Verstoß gegen die Alkoholbestimmungen) sind Untergrenzen für die Bestrafung festgelegt.

Der **Versuch ist strafbar** (Spezialbestimmung zu § 8 VStG), ausgenommen, wenn jemand, der in einem durch Alkohol beeinträchtigten Zustand versucht, ein Fahrzeug in Betrieb zu nehmen, aus freien Stücken oder von wem immer auf seinen Zustand aufmerksam gemacht, die Ausführung aufgibt (§ 99 Abs 5 StVO).

Bei zweimaliger Übertretung nach § 99 StVO kann ein Primärarrest, bei dreimaliger Übertretung können Geld- und Arreststrafe nebeneinander verhängt werden. Bei vorschriftswidrig abgestellten Fahrzeugen (zB auf Gehsteigen, in Halte- und Parkverboten) können die Organe der Straßenaufsicht technische Sperren (zB Klammern) anbringen, wenn aufgrund bestimmter Tatsachen anzunehmen ist, dass eine Strafverfolgung unmöglich oder wesentlich erschwert sein werde (§ 100 Abs 3a StVO).

Schwerwiegende Verwaltungsübertretungen schließen die Erlassung von Organstrafverfügungen (§ 50 VStG) aus (§ 100 Abs 5 StVO).

b) KFG und FSG

Grundsätzlich sind AVG, VStG und VVG anzuwenden (Art I EGVG). Im Ermittlungsverfahren liegt der Schwerpunkt auf Sachverständigengutachten durch behördlich bestellte Sachverständige (Sachverständige für die Typenprüfung, Einzelprüfung, Fahrprüfung, Befähigungsprüfung für Fahrschullehrer und Fahrlehrer; Einholung von ärztlichen Gutachten vor Erteilung und Entziehung der Lenkberechtigung).

Folgende verfahrensrechtliche Besonderheiten bestehen:
- Gem Art I Abs 3 Z 6 EGVG ist bei der Abnahme von Prüfungen (Fahrprüfung, § 11 FSG) das AVG nicht anzuwenden.
- Berufungen gegen die Anordnung einer Nachschulung haben keine aufschiebende Wirkung (§ 4 Abs 3 FSG).
- Im Verfahren zur Entziehung der Lenkberechtigung kann ein Rechtsmittelverzicht nicht wirksam abgegeben werden (§ 29 Abs 1 FSG).
- Die Entscheidungsfrist über Anträge und Berufungen von Parteien beträgt bei der Entziehung der Lenkberechtigung (§ 29 Abs 1 FSG) abweichend von § 73 Abs 1 AVG drei Monate.

Die **Strafbestimmungen** des KFG (§ 134) und des FSG (§ 37) sind als „**Blankettstrafnormen**" ausgestaltet. Wurde der Täter wegen der gleichen Zuwiderhandlung bereits einmal bestraft, kann anstelle der Geldstrafe eine Freiheitsstrafe bis zu sechs Wochen verhängt werden (Primärarrest im Wiederholungsfall). Die Verhängung einer Freiheitsstrafe ist in diesem Fall nur zulässig, wenn es ihrer bedarf, um den Täter von weiteren Verwaltungsübertretungen der gleichen Art abzuhalten (Spezialprävention). Der **Versuch** einer Zuwiderhandlung ist strafbar (§§ 134 Abs 1 KFG und 37 Abs 1 FSG; Sonderbestimmung zu § 8 VStG). Auch im KFG gilt das Prinzip der **Subsidiarität von Verwaltungsstrafen** gegenüber gerichtlichen Straftatbeständen.

Wurde mit einem Kfz oder Anhänger eine unter § 50 Abs 1 VStG (Organstrafverfügung) fallende Übertretung des KFG, der StVO oder des EisenbahnG von einem dem anzeigenden Organ unbekannten Lenker begangen und ist die Übergabe des Beleges an den Täter oder die Hinterlassung am Tatort nicht möglich (fließender Verkehr), so kann der Beleg auch dem Zulassungsbesitzer zugestellt werden (**zugesandtes Organmandat**, § 134 Abs 5 KFG).

Gem § 134 Abs 6 KFG sind Kraftstoffe, die nicht den gesetzlichen Anforderungen entsprechen, für **verfallen** zu erklären, wenn nicht auf andere Weise sichergestellt werden kann, dass diese Kraftstoffe nicht zum Verbraucher gelangen.

Gerhard Baumgartner/Claudia Fuchs

Regulierungsrecht

Rechtsgrundlagen

Kompetenzgrundlagen

Art 10 Abs 1 Z 8 B-VG („Angelegenheiten des Gewerbes und der Industrie"); Art 10 Abs 1 Z 9 B-VG („Verkehrswesen bezüglich der Eisenbahnen"; „Post- und Fernmeldewesen"); Art 10 Abs 1 Z 10 B-VG („Normalisierung und Typisierung elektrischer Anlagen und Einrichtungen, Sicherheitsmaßnahmen auf diesem Gebiet; Starkstromwegerecht, soweit sich die Leitungsanlage auf zwei oder mehrere Länder erstreckt"); Art 12 Abs 1 Z 2 B-VG („Elektrizitätswesen").

Verfassungsrechtliche Bezüge

Bundesverfassungsgesetz, mit dem die Eigentumsverhältnisse an den Unternehmen der österr Elektrizitätswirtschaft geregelt werden, BGBl I 143/1998; BVG Atomfreiheit BGBl I 149/1999.

Europarechtliche Bezüge

Primärrecht

Art 14 AEUV (Dienste von allgemeinem wirtschaftlichem Interesse); Art 34 ff AEUV (Warenverkehrsfreiheit); Art 49 ff AEUV (Niederlassungsfreiheit); Art 56 ff AEUV (Dienstleistungsfreiheit); Art 63 ff AEUV (Kapitalverkehrsfreiheit); Art 101 ff AEUV (Wettbewerbsregeln); Art 114 AEUV (Rechtsangleichung im Binnenmarkt); Art 170 ff AEUV (Transeuropäische Netze).

Sekundärrecht

Telekommunikation

RL 91/287/EWG über das Frequenzband, das für die koordinierte Einführung europäischer schnurloser Digital-Kommunikation (DECT) in der Gemeinschaft vorzusehen ist, ABl L 1991/144, 45; RL 2002/58/EG über die Verarbeitung personenbezogener Daten und den Schutz der Privatsphäre in der elektronischen Kommunikation, ABl L 2002/201, 37 idF

L 2009/337, 11; RL 2002/77/EG über den Wettbewerb auf den Märkten für elektronische Kommunikationsnetze und -dienste (Wettbewerbs-RL), ABl L 2002/249, 21; RL 2008/63/EG über den Wettbewerb auf dem Markt für Telekommunikationsendeinrichtungen, ABl L 2008/162, 20; RL 2013/40/EU über Angriffe auf Informationssysteme und zur Ersetzung des Rahmenbeschlusses 2005/222/JI des Rates, ABl L 2013/218, 8; RL 2014/30/EU zur Harmonisierung der Rechtsvorschriften der Mitgliedstaaten über die elektromagnetische Verträglichkeit, ABl L 2014/96, 79 idF L 2018/212, 1; RL 2014/35/EU zur Harmonisierung der Rechtsvorschriften der Mitgliedstaaten über die Bereitstellung elektrischer Betriebsmittel zur Verwendung innerhalb bestimmter Spannungsgrenzen auf dem Markt, ABl L 2014/96, 357; RL 2014/53/EU über die Harmonisierung der Rechtsvorschriften der Mitgliedstaaten über die Bereitstellung von Funkanlagen auf dem Markt und zur Aufhebung der RL 1999/5/EG, ABl L 2014/153, 62 idF L 2018/212, 1; RL 2014/61/EU über Maßnahmen zur Reduzierung der Kosten des Ausbaus von Hochgeschwindigkeitsnetzen für die elektronische Kommunikation, ABl L 2014/155, 1; RL 2018/1972/EU über den europäischen Kodex für die elektronische Kommunikation, ABl L 2018/321, 36 idF L 2020/419, 36 (EECC-RL).

VO (EG) 765/2008 über die Vorschriften für die Akkreditierung und Marktüberwachung im Zusammenhang mit der Vermarktung von Produkten ABl L 2008/218, 30 idF L 2019/196, 1; VO (EG) 544/2009 zur Änderung der VO (EG) 717/2007 über das Roaming in öffentlichen Mobilfunknetzen in der Gemeinschaft und der RL 2002/21/EG über einen gemeinsamen Rechtsrahmen für elektronische Kommunikationsnetze und -dienste, ABl L 2009/167, 12 idF L 2018/321, 36; VO (EU) 611/2013 über die Maßnahmen für die Benachrichtigung von Verletzungen des Schutzes personenbezogener Daten gem der RL 2002/58/EG (Datenschutzrichtlinie für elektronische Kommunikation), ABl L 2013/173, 2; VO (EU) 2015/2120 über Maßnahmen zum Zugang zum offenen Internet, ABl L 2015/310, 1 idF L 2018/321, 1; VO (EU) 2018/1971 zur Einrichtung des Gremiums europäischer Regulierungsstellen für elektronische Kommunikation (GEREK) und der Agentur zur Unterstützung des GEREK (GEREK-Büro), ABl L 2018/321, 1; VO (EU) 2019/881 über die ENISA (Agentur der Europäischen Union für Cybersicherheit) und über die Zertifizierung der Cybersicherheit von Informations- und Kommunikationstechnik (Rechtsakt zur Cybersicherheit), ABl L 2019/151, 15; VO (EU) 2021/1153 zur Schaffung der Fazilität „Connecting Europe", ABl L 2021/249, 38 idF L 2021/289, 57.

Energiewirtschaft

RL 2009/73/EG über gemeinsame Vorschriften für den Erdgasbinnenmarkt und zur Aufhebung der RL 2003/55/EG (Erdgasbinnenmarkt-RL), ABl L 2009/211, 94 idF L 2022/152, 45; RL 2010/31/EU über die Gesamtenergieeffizienz von Gebäuden, ABl L 2010/153, 13 idF L 2018/328, 1; RL 2012/27/EG zur Energieeffizienz, zur Änderung der RL 2009/125/EG und 2010/30/EU und zur Aufhebung der RL 2004/8/EG und 2006/32/EG (Energieeffizienz-RL), ABl L 2012/315, 1 idF L 2020/15, 8; RL 2014/94/EU über den Aufbau der Infrastruktur für alternative Kraftstoffe, ABl L 2014/307, 1 idF L 2019/268, 1; RL 2018/2001/EU zur Förderung der Nutzung von Energie aus erneuerbaren Quellen, ABl L 2018/328, 82 idF L 2022/41, 37; RL 2019/944/EU mit gemeinsamen Vorschriften für den Elektrizitätsbinnenmarkt und zur Änderung der Richtlinie 2012/27/EU, ABl L 2019/158, 125 idF L 2022/152, 45 (Elektrizitätsbinnenmarkt-RL).

VO (EG) 663/2009 über ein Programm zur Konjunkturbelebung durch eine finanzielle Unterstützung der Gemeinschaft zugunsten von Vorhaben im Energiebereich, ABl

L 2009/200, 31 idF L 2018/328, 1; VO (EG) 715/2009 über die Bedingungen für den Zugang zu den Erdgasfernleitungsnetzen und zur Aufhebung der VO (EG) 1775/2005, ABl L 2009/211, 36 idF L 2022/173, 17 (Erdgasfernleitungsnetzzugangs-VO); VO (EU) 1227/2011 über die Integrität und Transparenz des Energiegroßhandelsmarkts („REMIT"), ABl L 2011/326, 1; VO (EU) 347/2013 zu Leitlinien für die transeuropäische Energieinfrastruktur, ABl L 2013/115, 39 idF L 2022/109, 14; VO (EU) 543/2013 über die Übermittlung und die Veröffentlichung von Daten in Strommärkten und zur Änderung des Anh I der VO (EG) 714/2009, ABl L 2013/163, 1 idF L 2019/158, 54; VO (EU) 2015/1222 zur Festlegung einer Leitlinie für die Kapazitätsvergabe und das Erdgasmanagement, ABl L 2015/197, 24 idF L 2021/62, 24; VO (EU) 2016/631 zur Festlegung eines Netzkodex mit Netzanschlussbestimmungen für Stromerzeuger, ABl L 2016/112, 1; VO (EU) 2016/1388 zur Festlegung eines Netzkodex für den Lastanschluss, ABl L 2016/223, 10; VO (EU) 2016/1447 zur Festlegung eines Netzkodex mit Netzanschlussbestimmungen für Hochspannungs-Gleichstrom-Übertragungssysteme und nichtsynchrone Stromerzeugungsanlagen mit Gleichstromanbindung, ABl L 2016/241, 1; VO (EU) 2016/1952 über europäische Erdgas- und Strompreisstatistik und zur Aufhebung der Richtlinie 2008/92/EG, ABl L 2016/311, 1; VO (EU) 2017/459 zur Festlegung eines Netzkodex über Mechanismen für die Kapazitätszuweisung in Fernleitungsnetzen und zur Aufhebung der VO (EU) 984/2013, ABl L 2017/72, 1; VO (EU) 2017/460 zur Festlegung eines Netzkodex über harmonisierte Fernleitungsentgeltstrukturen, ABl L 2017/72, 29; VO (EU) 2017/1485 zur Festlegung einer Leitlinie für den Übertragungsnetzbetrieb, ABl L 2017/220, 1 idF L 2021/62, 24; VO (EU) 2017/1938 über Maßnahmen zur Gewährleistung der sicheren Gasversorgung und zur Aufhebung der VO (EU) 994/2010, ABl L 2017/280, 1 idF L 2022/173, 17 (SoS-VO); VO (EU) 2017/2195 zur Festlegung einer Leitlinie über den Systemausgleich im Elektrizitätsversorgungssystem, ABl L 2017/312, 6 idF L 2022/147, 27; VO (EU) 2017/2196 zur Festlegung eines Netzkodex über den Notzustand und den Netzwiederaufbau des Übertragungsnetzes, ABl L 2017/312, 54 idF L 2019/31, 108; VO (EU) 2018/1999 über das Governance-System für die Energieunion und für den Klimaschutz, ABl L 2018/328, 1 idF L 2021/243, 1; VO (EU) 2019/941 über die Risikovorsorge im Elektrizitätssektor und zur Aufhebung der Richtlinie 2005/89/EG, ABl L 2019/158, 1; VO (EU) 2019/942 zur Gründung einer Agentur der Europäischen Union für die Zusammenarbeit der Energieregulierungsbehörden, ABl L 2019/158, 22 idF L 2022/152, 45; VO (EU) 2019/943 über den Elektrizitätsbinnenmarkt, ABl L 2019/158, 54 idF L 2022/152, 45.

Post

RL 97/67/EG über gemeinsame Vorschriften für die Entwicklung des Binnenmarktes der Postdienste der Gemeinschaft und die Verbesserung der Dienstequalität (Postdienste-RL), ABl L 1998/15, 14 idF L 2015/225, 49; VO (EU) 2018/644 über grenzüberschreitende Paketzustelldienste, ABl L 2018/112, 19.

Schienenverkehr

RL 2002/49/EG über die Bewertung und Bekämpfung von Umgebungslärm – Erklärung der Kommission im Vermittlungsausschuss zur RL über die Bewertung und Bekämpfung von Umgebungslärm, ABl L 2002/189, 12 idF L 2021/269, 65; RL 2007/59/EG über die

Zertifizierung von Triebfahrzeugführern, die Lokomotiven und Züge im Eisenbahnsystem in der Gemeinschaft führen, ABl L 2007/315, 51 idF L 2019/97, 1; RL 2008/68/EG über die Beförderung gefährlicher Güter im Binnenland, ABl L 2008/260, 13 idF L 2022/176, 33; RL 2011/92/EU über die Umweltverträglichkeitsprüfung bei bestimmten öffentlichen und privaten Projekten (UVP-RL), ABl L 2012/26, 1 idF L 2014/124, 1; RL 2012/34/EU zur Schaffung eines einheitlichen europäischen Eisenbahnraums, ABl L 2012/343, 32 idF L 2017/295, 69; RL 2016/797/EU über die Interoperabilität des Eisenbahnsystems in der EU, ABl L 2016/138, 44 idF L 2021/458, 539; RL 2016/798/EU über Eisenbahnsicherheit, ABl L 2016/138, 102 idF L 2020/352, 1; RL 2016/2370/EU zur Änderung der RL 2012/34/EU bezüglich der Öffnung des Marktes für inländische Schienenpersonenverkehrsdienste und der Verwaltung der Eisenbahninfrastruktur, ABl L 2016/352, 1.

VO (EU) 1370/2007 über öffentliche Personenverkehrsdienste auf Schiene und Straße (PSO-VO), ABl L 2007/315, 1 idF L 2016/354, 22; VO (EU) 1371/2007 über die Rechte und Pflichten der Fahrgäste im Eisenbahnverkehr, ABl L 2007/315, 14; VO (EG) 169/2009 über die Anwendung von Wettbewerbsregeln auf dem Gebiet des Eisenbahn-, Straßen- und Binnenschiffsverkehrs, ABl L 2009/61, 1; VO (EU) 36/2010 über Gemeinschaftsmodelle für die Fahrerlaubnis der Triebfahrzeugführer, Zusatzbescheinigungen, beglaubigte Kopien von Zusatzbescheinigungen und Formulare für den Antrag auf Erteilung einer Fahrerlaubnis für Triebfahrzeugführer gem der RL 2007/59/EG, ABl L 2010/13, 1 idF L 2013/158, 74; VO (EU) 913/2010 zur Schaffung eines europäischen Schienennetzes für einen wettbewerbsfähigen Güterverkehr, ABl L 2010/276, 22 idF 2013/348, 129; VO (EU) 1315/2013 über Leitlinien der Union für den Aufbau eines transeuropäischen Verkehrsnetzes, ABl L 2013/348, 1 idF L 2019/43, 1; VO (EU) 2016/796 über die Eisenbahnagentur der EU, ABl L 2016/138, 1; VO (EU) 2016/2338 zur Änderung der VO (EG) 1370/2007 hinsichtlich der Öffnung des Marktes für inländische Schienenpersonenverkehrsdienste, ABl L 2016/354, 22; DurchführungsVO (EU) 2018/1795 der Kommission zur Festlegung des Verfahrens und der Kriterien für die Durchführung der Prüfung des wirtschaftlichen Gleichgewichts gem Art 11 der RL 2012/34/EU, ABl L 2018/294, 5.

Völkerrechtliche Bezüge

Telekommunikation

Allgemeines Übereinkommen über den Handel mit Dienstleistungen (Anh 1B zum Abkommen zur Errichtung der WTO), BGBl 1/1995 idF I 2/2008; Beschluss 97/838/EG, ABl L 1997/347, 45 (WTO-Beschluss); Satzung der Internationalen Fernmeldeunion (Genf 1992) samt Anlagen und Fakultativprotokoll sowie Änderungsurkunden von Kyoto 1994 samt Anlage und Vorbehalte der Republik Österreich, BGBl III 17/1998 idF III 244/2013.

Energiewirtschaft

Übereinkommen über ein Internationales Energieprogramm, BGBl 317/1976 idF III 38/2018; Abkommen zwischen der österr BReg und der Regierung der Tschechoslowakischen Republik über die Ausbeutung der gemeinsamen Erdgas- und Erdöllagerstätten, BGBl 53/1985 idF (Slowakei: BGBl 1047/1994, Tschechien: BGBl III 123/1997); Vertrag über die Energiecharta, BGBl III 81/1998 idF I 2/2008; Energiechartaprotokoll über Energieeffizienz und damit verbundene Umweltaspekte, BGBl III 82/1998; Abkommen zwischen der Republik Österreich, der Republik Bulgarien, der Republik Ungarn, Rumänien und der Republik Türkei über das Nabucco-Projekt, BGBl III 57/2010.

Post

Satzung des Weltpostvereins, BGBl III 53/2008 idF III 229/2013.

Schienenverkehr

Übereinkommen über den internationalen Eisenbahnverkehr (COTIF) vom 9. Mai 1980 idF des Änderungsprotokolls vom 3. Juni 1999, BGBl 225/1985 idF III 1507/2021; Protokoll zur Durchführung der Alpenkonvention von 1991 im Bereich Verkehr (Protokoll „Verkehr"), BGBl III 234/2002 idF III 108/2005.

Gesetze und sonstige Rechtsgrundlagen
Telekommunikation

Fernmeldegebührengesetz BGBl 170/1970 idF I 70/2016; Fernsprechentgeltzuschussgesetz (FeZG), BGBl I 142/2000 idF I 190/2021; Fernsprechentgeltzuschussverordnung, BGBl II 90/2001 idF II 9/2017; Frequenznutzungsverordnung 2013 (FNV 2013), BGBl II 63/2014 idF II 397/2019; V der RTR-GmbH über die Einmeldung und Abfrage von Daten und Einsichtnahme in Daten bei der RTR-GmbH als Zentrale Informationsstelle für Infrastrukturdaten (ZIS-V 2019), BGBl II 50/2019; V der RTR-GmbH über die Übermittlung von Informationen an die RTR-GmbH als Zentrale Informationsstelle für Breitbandversorgung (ZIB-V 2019), BGBl II 202/2019; Netz- und Informationssicherheitsgesetz (NISG), BGBl I 111/2018; KommAustria-Gesetz (KOG), BGBl I 32/2001 idF I 136/2022; Telekommunikationsgesetz 2021 (TKG 2021), BGBl I 190/2021; Funkanlagen-Marktüberwachungs-Gesetz, BGBl I 57/2017 idF I 190/2021; Signatur- und Vertrauensdienstegesetz (SVG), BGBl I 50/2016 idF I 104/2018; Universaldienstverordnung (UDV), BGBl II 192/1999 idF I 190/2021; V der RTR-GmbH über Verpflichtungen von Betreibern elektronischer Kommunikationsnetze und Anbietern elektronischer Kommunikationsdienste im Zusammenhang mit Mindestsicherheitsmaßnahmen unter Berücksichtigung von 5G-Netzen sowie mit Informationspflichten bei Sicherheitsvorfällen – Telekom-Netzsicherheitsverordnung 2020 (TK-NSiV 2020), BGBl II 301/2020; V der RTR-GmbH betreffend die Erfassung und Zurverfügungstellung von Daten im Zusammenhang mit der Zuteilung und Nutzung von Rufnummern in einer zentralen Datenbank (ZR-DBV), BGBl II 535/2020; V der RTR-GmbH betreffend die Übertragung von Nummern zwischen Mobil-Telefondienstebetreibern (NÜV 2012), BGBl II 48/2012 idF II 184/2022; V der RTR-GmbH, mit der die elektronische Form der Anzeige von Allgemeinen Geschäftsbedingungen und Entgeltbestimmungen von Telekommunikationsdiensten festgelegt wird (TKA-V), BGBl II 215/2022; V der RTR-GmbH, mit der statistische Erhebungen für den Bereich der elektronischen Kommunikation angeordnet werden (KEV 2022), BGBl II 238/2022.

Energiewirtschaft

Biomasseförderung-Grundsatzgesetz, BGBl I 43/2019; Erneuerbaren-Ausbau-Gesetz – EAG, BGBl I 150/2021 idF I 13/2022; BG zur Festlegung einheitlicher Standards beim

Infrastrukturaufbau für alternative Kraftstoffe, BGBl I 38/2018 idF I 150/2021; Energie-Control-Gesetz (E-ControlG), BGBl I 110/2010 idF I 7/2022; Elektrizitätswirtschafts- und -organisationsgesetz 2010 (ElWOG 2010), BGBl I 110/2010 idF I 7/2022; Bundes-Energieeffizienz-Gesetz (EEffG), BGBl I 72/2014 idF I 68/2020; Energielenkungsgesetz (EnLG 2012), BGBl I 41/2013 idF I 68/2022; Energie-Infrastrukturgesetz, BGBl I 4/2016; Gaswirtschaftsgesetz 2011 (GWG 2011), BGBl I 107/2011 idF I 94/2022; KWK-Gesetz, BGBl I 111/2008 idF I 12/2021; Ökostromgesetz (Ökostromgesetz 2012 – ÖSG 2012), BGBl I 75/2011 idF I 150/2021; Starkstromwegegesetz 1968, BGBl 70/1968 idF I 150/2021; VerrechnungsstellenG, BGBl I 121/2000 idF I 107/2017; Gasdiversifizierungsgesetz 2022 (GDG 2022), BGBl I 95/2022 idF I 107/2022.

V der Regulierungskommission der E-Control, mit der die Entgelte für die Systemnutzung bestimmt werden (Systemnutzungsentgelte-Verordnung 2018 – SNEV 2018), BGBl II 398/2017 idF II 558/2021; Verordnung der Regulierungskommission der E-Control, mit der die Entgelte für die Systemnutzung in der Gaswirtschaft bestimmt werden (Gas-Systemnutzungsentgelte-Verordnung 2013, GSNE-VO 2013), BGBl II 309/2012 idF II 176/2022.

Bgld Elektrizitätswesengesetz 2006 (Bgld ElWG 2006), LGBl 59/2006 idF 42/2022; bgld Starkstromwegegesetz, LGBl 10/1971 idF 23/2022; krnt Elektrizitätsgesetz (K-EG), LGBl 47/1969 idF 36/2022; krnt Elektrizitätswirtschafts- und -organisationsgesetz 2011 (K-ElWOG), LGBl 10/2012 idF 98/2021; nö Elektrizitätswesengesetz 2005 (NÖ ElWG 2005), LGBl 7800-0 idF 34/2022; nö Starkstromwegegesetz, LGBl 7810-0 idF 68/2021; oö Elektrizitätswirtschafts- und -organisationsgesetz 2006 (OÖ ElWOG 2006), LGBl 1/2006 idF 36/2022; oö Starkstromwegegesetz 1970, LGBl 1/1971 idF 36/2022; sbg Landeselektrizitätsgesetz 1999 (LEG), LGBl 75/1999 idF 115/2021; stmk Elektrizitätswirtschafts- und -organisationsgesetz 2005 (Stmk ElWOG 2005), LGBl 70/2005 idF 47/2022; stmk Starkstromwegegesetz 1971, LGBl 14/1971 idF 24/2022; tir Elektrizitätsgesetz 2012 (TEG 2012), LGBl 134/2011 idF 190/2021; tir Starkstromwegegesetz 1969, LGBl 11/1970 idF 191/2021; vlbg Gesetz über die Erzeugung, Übertragung und Verteilung von elektrischer Energie (Vlbg Elektrizitätswirtschaftsgesetz), LGBl 59/2003 idF 14/2022; vlbg Starkstromwegegesetz, LGBl 22/1978 idF 15/2022; wr Elektrizitätswirtschaftsgesetz 2005 (WElWG 2005), LGBl 46/2005 idF 33/2022; wr Starkstromwegegesetz 1969, LGBl 20/1970 idF 33/2022.

Post

Postmarktgesetz (PMG), BGBl I 123/2009 idF I 190/2021; Poststrukturgesetz (PTSG), BGBl 201/1996 idF I 153/2020; Post-Kostenrechnungsverordnung, BGBl II 433/2010; Post-Erhebungs-Verordnung (PEV 2019), BGBl II 27/2019.

Schienenverkehr

Eisenbahngesetz 1957 (EisbG), BGBl 60/1957 idF I 231/2021; Hochleistungsstreckengesetz (HlG), BGBl 135/1989 idF I 154/2004; Bundesbahngesetz, BGBl 825/1992 idF I 231/2021; Eisenbahn-Beförderungs- und Fahrgastrechtegesetz (EisbBFG), BGBl I 40/2013 idF I 37/2018; Privatbahngesetz 2004 (PrivbG), BGBl I 39/2004 idF I 95/2009; BG über die Agentur für Passagier- und Fahrgastrechte, BGBl I 61/2015 idF I 37/2018; Schieneninfrastrukturfinanzierungsgesetz – SCHIG, BGBl 201/1996 idF I 111/2010.

Literaturauswahl

Monografien – Kommentare

Baldwin/Cave/Lodge, Understanding Regulation² (2012); *Catharin/Gürtlich/Walder-Wintersteiner*, EisbG Kommentar⁴ (2021); *Damjanovic*, Regulierung der Kommunikationsmärkte unter Konvergenzbedingungen (2002); *Damjanovic/Holoubek/Kassai/Lehofer/Urbantschitsch*, Handbuch des Telekommunikationsrechts (2006); *Fehling/Ruffert* (Hrsg), Regulierungsrecht (2010); *Hauenschild/Micheler/Oberndorfer/Oberndorfer/Schneider C. F.*, ElWOG Kommentar² (2013); *Holoubek*, Vom Wirtschaftsaufsichtsrecht zum Regulierungsverwaltungsrecht?, 17. ÖJT (2009) I/1, 13 ff; *Kahl*, Der öffentliche Personennahverkehr auf dem Weg zum Wettbewerb (2005); *Kühling/Schall/Biendl*, Telekommunikationsrecht² (2014); *Leitl*, Die Regulierungsbehörden im österreichischen Recht (2006); *Riesz/Schilchegger* (Hrsg), TKG Kommentar (2016); *Schneider C. F.*, Regulierungsrecht der Netzwirtschaften I + II (2013); *Schneider C. F./Stöger*, Regulierungsrecht (der Netzwirtschaften) unter besonderer Berücksichtigung ökonomischer Aspekte¹⁷ (2022); *Tobisch*, Kooperative Verfahren der Telekommunikationsregulierung (2017); *Wimmer N./Müller Th.*, Wirtschaftsrecht³ (2018).

Beiträge

Alge, Der Universaldienst im Postbereich – eine unbestimmte Norm, ein VwGH-Erkenntnis und viele offene Fragen, in Paulus (Hrsg), Jahrbuch Regulierungsrecht 2017 (2017) 271; *Altmann*, Förderungen im Elektrizitätsbereich aus Sicht des Bundes: Eine kompetenzrechtliche Untersuchung, wbl 2020, 494; *Baumgartner G.*, Weisungsfreistellung durch den einfachen Gesetzgeber (Art 20 Abs 2 B-VG) – Konsequenzen für die Wirtschaftsaufsicht durch Regulierungsbehörden, ZfV 2009/1423, 742; *Damjanovic*, Sektorspezifisches Wettbewerbsrecht, in WiR (Hrsg), Wettbewerb und Recht (2015) 215; *Eilmansberger*, Zum Verhältnis zwischen allgemeinem Wettbewerbsrecht und Regulierungsrecht, MR 2010, 353; *Feiel*, Das Telekommunikationsgesetz 2021 – ein Überblick, MR 2021, 310; *Fuchs*, Zur „Regulierungsautonomie" nationaler Behörden im europäischen Telekommunikationsrecht, ZfV 2011, 943; *Fuchs*, Sachverstand im Regulierungsrecht, in WiR (Hrsg), Sachverstand im Wirtschaftsrecht (2013) 189; *Fuchs*, Wirtschaftsverwaltungsrecht und Wettbewerb, in WiR (Hrsg), Wettbewerb und Recht (2015) 237; *Hauenschild*, Preisanpassungen bei Stromlieferungen – erste Überlegungen zum neuen § 80 ElWOG, ecolex 2022, 189; *Hautzenberg*, Staatsaufsicht und Unabhängigkeit im Regulierungsrecht, ZTR 2016, 128; *Heffermann*, Aktuelle Rechtsprechung zum Energierecht, RdU-U&T 2021, 96; *Hofmann*, Das gaswirtschaftsgesetzliche Schlichtungsverfahren: Verhältnis zu Art 94 Abs 2 B-VG und (Un-)Zulässigkeit des Schiedswegs – zwei Anmerkungen zu VfGH 26.6.2020, E 4233/2019; *Holoubek*, Der Staat als Wirtschaftssubjekt und Auftraggeber, VVDStRL 60 (2001) 513; *Holoubek*, Aufgaben, Organisation und Verfahren von „Regulierungsbehörden" vor dem Hintergrund verfassungsrechtlicher Anforderungen, in Duschanek (Hrsg), Beiträge zur Ausgliederungsdiskussion (2002) 51; *Holoubek/Damjanovic*, Postrecht, in Holoubek/Potacs (Hrsg), Öffentliches Wirtschaftsrecht I⁴ (2019) 1459; *Holoubek/Damjanovic/Grafl*, Telekommunikationsrecht, in Holoubek/Potacs (Hrsg), Öffentliches Wirtschaftsrecht I⁴ (2019) 1280; *Holoubek/Segalla*, Das Ziel der Versorgungssicherheit – Analyse und Ausblick, in Nowotny/Parak/Scheucher (Hrsg), Handbuch der österreichischen Energiewirtschaft (2004) 75; *Kahl*, Regulierungsrecht, in Winkler (Hrsg), Öffentliches Wirtschaftsrecht (2008)

213; *Kahl*, Regulierung, Lenkung, Gewährleistung – Die neuen Kerngebiete des öffentlichen Wirtschaftsrechts?, ÖZW 2015, 16; *Kemetmüller*, Das neue Preisänderungsregime des ElWOG, VbR 2022, 52; *Kneihs*, Das Regulierungsrecht – Eine neue rechtswissenschaftliche Kategorie?, ZÖR 60 (2005) 1; *Lebelhuber/Altmann*, Gasbilanzierung Neu: Hintergründe und Implikationen, in Paulus (Hrsg), Jahrbuch Regulierungsrecht 2019 (2019) 123; *Lehofer*, Verbraucherrechtliche Neuerungen im TKG 2021, VbR 2022, 44; *Liewehr*, Das Verhältnis zwischen Wettbewerbs- und Regulierungsrecht in der europäischen Elektrizitätswirtschaft, ÖZK 2011, 17; *Marx*, Ausschließliches Recht zum Vertrieb anderer Frankierungsmittel als Postwertzeichen unzulässig, in Paulus (Hrsg), Jahrbuch Regulierungsrecht 2019 (2019) 167; *Marx*, Die Universaldienstbeschwerde nach dem PMG: Entscheidung des BVwG vom 21. 10. 2019, in Paulus (Hrsg), Jahrbuch Regulierungsrecht 2021 (2021) 179; *Marx*, EuGH zum Post-Universaldienst, in Paulus (Hrsg), Jahrbuch Regulierungsrecht 2017 (2017) 267; *Mrvošević/Rabl*, BVwG: Auch der Vorstand der E-Control ist nicht unabhängig!, ecolex 2016, 543; *Müller Th.*, Ziele, Kompetenzen, Instrumente und Organisation des europäischen Lenkungs- und Regulierungssystems, in Müller Th./Raschauer N. (Hrsg), Europäisches Wirtschaftslenkungs- und Regulierungsrecht (2015) 1; *Müller Th.*, Entwicklungstendenzen im Öffentlichen Wirtschaftsrecht, ÖZW 2017, 72; *Müller Th./ Raschauer N.*, Wirtschaftsaufsichts- und Regulierungsrecht, in Raschauer B. ea (Hrsg), Grundriss des österreichischen Wirtschaftsrechts[4] (2021) 229; *Nigmatullin*, Bescheidmäßige Feststellung des Status „Energiegemeinschaft"?, ecolex 2022, 78; *Paulus*, Die Gesetzgebung zu den Energiemärkten Erdgas und Elektrizität (1.8.2018 bis 31.7.2019), in Paulus (Hrsg), Jahrbuch Regulierungsrecht 2019 (2019) 111; *Paulus*, Die Rechtsprechung des VfGH und des VwGH zur Telekommunikation (1.8.2019 bis 31.12.2020), in Paulus (Hrsg), Jahrbuch Regulierungsrecht 2021 (2021) 187; *Paulus*, Die Rechtsprechung des VfGH und des VwGH zu den Energiemärkten Erdgas und Elektrizität (1.8.2019 bis 31.12.2020), in Paulus (Hrsg), Jahrbuch Regulierungsrecht 2021 (2021) 143; *Poltschak*, Mangelnde Unabhängigkeit der Regulierungskommission, ZTR 2016, 23; *Potacs*, Energiewirtschaftsrecht, in Holoubek/Potacs (Hrsg), Öffentliches Wirtschaftsrecht I[4] (2019) 979; *Pürgy/Hofer Th. E.*, Verkehrsrecht, in Holoubek/Potacs (Hrsg), Öffentliches Wirtschaftsrecht I[4] (2019) 1053 (1240 ff); *Raschauer N.*, Aufsicht, Kontrolle und parlamentarische Verantwortung in der Agency-Verwaltung, SPRW 2015, 74; *Redl*, Aktuelle Vorabentscheidungsverfahren im Bereich der Regulierung des Schienenverkehrsmarkts, in Paulus (Hrsg), Jahrbuch Regulierungsrecht 2021 (2021) 39; *Regner*, Zur postmarktrechtlichen Rechtslage hinsichtlich der Schließung von Postämtern durch die Österreichische Post AG, ÖZW 2009, 30; *Ruffert*, Regulierung im System des Verwaltungsrechts, AöR 1999, 237; *Ruhle*, Die Neuerungen zum Mobilfunk im TKG 2021 – eine ökonomische Analyse, MR 2022, 111; *Samonig*, Die E-Control-Behörde zwischen Demokratie und Sachverstand. Zur demokratischen Legitimierung einer Regulierungsbehörde, juridikum 2016, 46; *Schneider C. F.*, Das neue Postmarktgesetz, ÖZW 2010, 2; *Schneider C. F.*, Auskunftspflicht gegenüber der E-Control bei Marktuntersuchungen, ZTR 2013, 43; *Schneider C. F.*, Beschwerderecht in regulierungsbehördlichen Verfahren im Energierecht, ZTR 2015, 188; *Schneider, C. F.*, Ermessen der nationalen Regulierungsbehörde bei der Festsetzung der Netzentgelte, ZTR 2021, 168; *Schneider C. F.*, Rechtsschutz der Nutzer gegen Maßnahmen der Infrastrukturregulierung, insbesondere gegen die Festlegung von Infrastrukturnutzungsentgelten, in Paulus (Hrsg), Jahrbuch Regulierungsrecht 2021 (2021) 149; *Schneider I.*, Änderung der Gasrichtlinie: Kleine Änderung – große Wirkung, in Paulus (Hrsg), Jahrbuch Regulierungsrecht 2018 (2018) 171; *Schneider I.*, Änderung der Gasrichtlinie: Kleine Änderung – große Wirkung (Fortsetzung), in Paulus (Hrsg), Jahrbuch Regulierungsrecht 2019 (2019) 117; *Schrottenbaum*,

(Mangelnde) Unabhängigkeit der Energieregulatoren, in Baumgartner G. (Hrsg), Jahrbuch Öffentliches Recht 2017 (2017) 167; *Stöger*, Gedanken zur institutionellen Autonomie der Mitgliedstaaten am Beispiel der neuen Energieregulierungsbehörden, ZÖR 2010, 247; *Storr*, Das öffentliche Wirtschaftsrecht in Österreich – wie viel „Austriaca" gibt es (noch)?, ÖZW 2015, 86; *Traitler*, Regulierung in der Gaswirtschaft und das Dritte Energiepaket, ZfRV 2013/21, 148; *Urbantschitsch*, Europäisierung und Energieregulierung, ÖJZ 2009/93, 849; *Wallnöfer*, Regulierungsrecht – quare venis, quo vadis? Überlegungen zur sektorspezifischen Regulierung moderner Prägung, in FS Wimmer N. (2008) 629.

Rechtsprechung

Telekommunikation

VfSlg 2721/1954 (Kompetenztatbestand); VfSlg 15.385/1998 (markbeherrschende Stellung, rechtsstaatliche Mindestanforderungen); VfSlg 15.427/1999 (Einrichtung Telekom-Control-Kommission, kein vorlagepflichtiges Gericht, Zuweisung von zusätzlichen Frequenzen); VfSlg 16.369/2001 (Auskunftspflicht); VfSlg 16.688/2002 (Verbot unerbetener Anrufe zu Werbezwecken); VfSlg 17.577/2005 (Widerspruch gegen Haftungsklauseln in AGB eines Mobilfunkbetreibers); VfSlg 17.732/2005 (Einräumung von Leitungsrechten, Entschädigung); VfSlg 17.810/2006 (Staatshaftung); VfSlg 18.959/2009 (Festlegung des relevanten Marktes); VfSlg 19.307/2011 (Breitbandvorleistungsmarkt, [kein] Rechtsformenmissbrauch); VfSlg 19.892/2014 (TKG und Vorratsdatenspeicherung).

VwSlg 16.297 A/2004 (Schutz vor unerbetenen Anrufen); VwGH 13.12.2004, AW 2004/03/0055 (Einräumung eines Leitungsrechts); VwSlg 16.538 A/2005 (Widerspruchsverfahren); VwSlg 16.584 A/2005 (Entgelthöhe NRH-Routing, Zusammenschaltungsanordnung); VwSlg 16.695 A/2005 (Feststellung beträchtlicher Marktmacht, Marktanalyse); VwSlg 16.754 A/2005 (Marktzutrittsschranken); VwSlg 17.056 A/2006 (vertragsersetzende Anordnung); VwSlg 17.136 A/2007 (Auferlegung geeigneter Verpflichtungen, Marktdefinition); VwGH 28.05.2008, 2007/03/0223 (Dummydatensätze); VwSlg 17.485 A/2008 (Monopolmarkt); VwSlg 17.509 A/2008 (Widerspruchsrecht der Regulierungsbehörden); VwGH 11.01.2010, AW 2010/03/0004 (Mitbenutzungsrechte); VwSlg 17.836 A/2010 (Marktanalyseverfahren); VwGH 08.01.2013, AW 2012/03/0049 (Überlassung von Frequenznutzungsrechten); VwGH 27.02.2013, 2010/03/0136 (Verfahren zur Streitbeilegung); VwSlg 18.625 A/2013 (Mitbenutzungsanordnung); VwSlg 18.818 A/2014 (Regulierungsermessen); VwSlg 18.984 A/2014 (Wegfall Konzessionspflicht, Auktionsdesign Frequenzvergabe); VwGH 17.11.2015, 2013/03/0019 (Zusammenschaltungsstreitigkeit); VwSlg 19.264 A/2015 (Auferlegung spezifischer Pflichten, Marktanalyseverfahren, Festlegung relevanter Märkte); VwGH 06.04.2016, Ro 2014/03/0058 (Verwaltungsabgaben, Anzeigepflicht); VwGH 26.04.2016, Ra 2016/03/0044 (Einwilligung des Anrufempfängers, Haftung für Organisationsverschulden); VwGH 13.06.2016, Ro 2014/03/0049 (Abweichen von der Terminierungsempfehlung, Modellwahl und -wechsel); VwGH 20.12.2016, Ro 2014/03/0049 (angemessene Überprüfungszeiträume, einheitliches Regulierungskonzept); VwGH 20.12.2016, Ro 2014/03/0031 (Feststellung beträchtlicher Marktmacht, Regulierungsermessen); VwGH 20.12.2016, Ro 2014/03/0032 (Auferlegung, Änderung oder Aufhebung spezifischer Verpflichtungen, Regulierungsinstrumente); VwGH 07.04.2017, Ro 2016/02/0009 (AGB-Änderung, Anzeigepflicht); VwGH 03.05.2017, Ra 2016/03/0108 (Direktwerbung, Kumulationsprinzip); VwGH 10.05.2017, Ra 2017/03/0041 (Opt-in- oder Opt-out-System für Direktwerbung, Umsetzungsspielraum); VwGH 08.04.2019, Ra

2018/03/0081 (Überwälzung der Verwaltungsabgaben); VwGH 08.04.2019, Ro 2019/03/0010 (Anzeigepflicht, Konzernumsatz); VwGH 08.04.2019, Ra 2018/03/0124 (Auskunftspflicht); VwGH 06.11.2020, Ro 2020/03/0014 (Zugangssperre zu einer Website); VwGH 23.06.2021, Ra 2021/03/0079 (Parteistellung bei Errichtung und Betrieb einer Funkanlage); VwGH 08.04.2022, Ro 2022/03/0016 (Mitbenutzungsanordnung).

EuGH 22.05.2003, Rs C-462/99 (Connect Austria) (effektiver Rechtsschutz, angemessene Gebühren); EuGH 21.02.2008, Rs C-426/05 (Tele2) (Parteistellung von Mitbewerbern); EuGH 17.02.2011, Rs C-52/09 (Konkurrensverket/TeliaSonera Sverige AB) (potentielle Wettbewerbswidrigkeit bei Vergrößerung der Kosten-Preis-Schere bei vertikal integrierten Unternehmen mit marktbeherrschender Stellung); EuGH 22.01.2015, Rs C-282/13 (T-Mobile Austria) (Neuzuteilung der Rechte zur Nutzung von Funkfrequenzen nach der Verschmelzung zweier Unternehmen); EuGH 26.11.2015, Rs C-326/14 (A1 Telekom Austria) (kein außerordentliches Kündigungsrecht bei Entgeltänderung aufgrund Indexanpassung); EuGH 15.09.2016, Rs C-28/15 (Koninklijke KPN NV ua) (Preiskontrolle und Kostenrechnung, Kognitionsbefugnis nationaler Gerichte bei Entscheidungen der Regulierungsbehörden); EuGH 02.09.2021, Rs C-34/20 (Telekom Deutschland GmbH) (Bandbreitenlimitierung).

Energiewirtschaft

VfSlg 17.661/2005 (SystemnutzungstarifeV 2003); VfSlg 19.673/2012 (Regulierungsbehörde, Befugnisse, Marktuntersuchung, Datenschutz); VfSlg 19.700/2012 (Systemnutzungsentgelte-Verordnung); VfSlg 20.291/2018 (EEffG und Rechtsstaatsprinzip); VfSlg 20.314/2019 (AGB-Kontrolle durch Regulierungsbehörden und Gerichte); VfSlg 20.392/2020 (Schiedsfähigkeit von Streitigkeiten nach GWG); VfGH 30.09.2021, V 178/2021 (Ablehnung eines Parteiantrags betreffend smart meter).

VwGH 24.02.2004, 2001/05/0914 (Netzzugangsverweigerung); VwSlg 16.430 A/2004 (Netzzugang); VwSlg 16.987 A/2006 (Netzzugang); VwSlg 18.464 A/2012 (Bedingungen des Netzzuganges); VwSlg 18.710 A/2013 (Regulierungsbehörde, Befugnisse, Marktöffnung, Informationseingriffe); VwGH 27.09.2013, 2012/05/0213 (Vorstand E-Control, kein Tribunalcharakter); VwSlg 18.733 A/2013 (Untersagung von Lieferbedingungen); VwGH 23.05.2014, 2013/04/0013 (Auflagen für Verteilernetzbetreiber); VwGH 18.11.2014, 2012/05/0092 (Regulierungsbehörde, Kostenermittlung); VwSlg 18.991 A/2014 (Unabhängigkeit der Regulierungskommission); VwGH 28.06.2016, 2013/17/0836 (Umsatzort); VwGH 23.11.2016, Ro 2016/04/0013 (E-Control, Unabhängigkeit); VwGH 01.10.2018, Ro 2016/04/0046 (Begriff Verteilernetz); VwGH 18.12.2018, Ra 2016/04/0148 (Grundsatz der Nichtdiskriminierung); VwGH 18.09.2019, Ro 2018/04/0002 (Kostenermittlung, Systemnutzungsentgelt); VwGH 18.09.2019, Ro 2018/04/0010 (rechtliche Einordnung einer E-Tankstelle); VwGH 04.04.2022, Ro 2018/04/0016 („Endverbraucher", „Verbrauchsstätte" ua Begrifflichkeiten).

EuGH 14.04.2005, Rs C-128/03 ua (AEM SpA ua) (Erhöhung der Gebühr für den Zugang zum nationalen Elektrizitätsübertragungsnetz und seine Benutzung); EuGH 07.06.2005, Rs C-17/03 (Vereniging voor Energie) (Privilegierter Zugang zum Netz); EuGH 22.05.2008, Rs C-439/06 (citiworks AG) (freier Netzzugang Dritter); EuGH 09.10.2008, Rs C-239/07 (Sabatauskas ua) (Zugang zum Übertragungsnetz); EuGH 29.10.2009, Rs C-274/08 (KOM/SWE) (Entflechtung, Aufgaben der Regulierungsbehörde); EuGH 29.10.2009, Rs C-474/08 (KOM/BEL) (Zuständigkeiten der Regulierungsbehörde für den Elektrizitätssektor); EuGH 19.03.2015, Rs C-510/13 (E.ON Földgáz Trade Zrt) (Rechtsmittel gegen Entscheidung der Regulierungsbehörde über den Netzkodex); EuGH 19.10.2016, Rs C-424/15 (Xabier Ormaetxea Garai ua) (Zusammenlegung von Regulierungsbehörden); EuGH 19.12.2019, Rs C-523/18 (Engie Cartagena SL) (Pflichtbeitrag zur Finanzierung eines nationalen Aktionsplans zur Energieeinsparung und Energieeffizienz); EuGH 02.04.2020, Rs C-765/18 (Stadtwerke Neuwied GmbH) (Tarifänderungen, Information der Kunden); EuGH 30.04.2020, Rs C-5/19 („Overgas Mrezhi" AD ua) (Erdgasspeicherungspflichten, Kostenüberwälzung); EuGH 11.06.2020, Rs C-378/19 (Prezident Slovenskej republiky) (Unabhängigkeit der Regulierungsbehörde); EuGH 02.09.2021, Rs C-718/18 (KOM/Deutschland) (Umsetzung der Elektrizitäts- und Erdgasbinnenmarkt-RL); EuGH 14.10.2021, Rs C-683/19 (Viesgo Infraestructuras Energéticas) (Kosten für gemeinwirtschaftliche Verpflichtungen); EuGH 24.02.2022, Rs C-290/20 („Latvijas Gaze" AS) (Netzzugang Dritter ua).

Post

VfSlg 11.358/1987 (amtliche Öffnung eines fehlerhaft adressierten Briefes als AuvBZ); VfSlg 11.494/1987 (Monopole, Regale und Erwerbsfreiheit); VfSlg 11.648/1988 (postgebührenrechtliche Sonderregelungen für Zeitungen); VfSlg 17.819/2006 (Sicherstellung des Zugangs zu bestehenden Hausbrieffachanlagen); VfSlg 18.153/2007 (Staatshaftung, fehlerhafte Umsetzung der Post-RL); VfSlg 18.909/2009 (Postamtschließungen); VfSlg 19.635/2012 (Austausch der Hausbrieffachanlagen).

VwSlg 18.318 A/2012 (Übergang zur neuen Rechtslage); VwSlg 18.546 A/2012 (Tribunalcharakter der Post-Control-Kommission; [keine] Parteistellung „betroffener Gemeinden" bei Schließung einer eigenbetriebenen Post-Geschäftsstelle); VwGH 28.02.2014, 2011/03/0192 (RTR-GmbH als Geschäftsstelle der Post-Control-Kommission, Leistung des Universaldienstes, Dienste zur Aufrechterhaltung der Grundversorgung); VwSlg 18.932 A/2014 (GewO auf Anbieter von Postdiensten nicht anwendbar); VwGH 29.01.2015, 2012/03/0058 (Postnetz, Postdienste, Postdienstanbieter); VwGH 20.12.2016, 2016/03/0004 (Finanzierung der Regulierungsbehörde); VwGH 05.09.2018, Ra 2018/03/0056 (aufschiebende Wirkung und Postdienste-RL).

EuGH 19.05.1993, Rs C-320/91 (Corbeau) (Postmonopol); EuGH 10.02.2000, Rs C-147/97, C-148/97 (Deutsche Post AG) (Inlandsgebühren für grenzüberschreitende Massensendungen); EuGH 17.05.2001, Rs C-340/99 (TNT Traco SpA) (nicht zum Universaldienst gehörende Eilkurierdienstleistungen); EuGH 02.09.2010, Rs C-399/08 P (Deutsche Post AG ua) (Ausgleich der Mehrkosten einer nicht kostendeckenden Verkaufsstrategie im Haus-zu-Haus-Paketdienst); EuGH 27.03.2012 (GK), Rs C-209/10 (Post Danmark A/S) (Niedrigpreispolitik gegenüber ehemaligen Kunden eines Wettbewerbers); EuGH 06.10.2015, Rs C-23/14 (Post Danmark A/S II) (wettbewerbsschädigendes Rabattsystem); EuGH 16.11.2016, Rs C-2/15 (DHL Express [Austria] GmbH) (Finanzierung der Regulierungsbehörde des Postsektors); EuGH 27.03.2019, Rs C-545/17 (Pawlak) (Aufgabe von Verfahrensschriftstücken); EuGH 02.05.2019, Rs C-259/18 (Sociedad Estatal Correos y Telégrafos SA) (ausschließliches Recht zum Vertrieb anderer Frankierungsmittel als Postwertzeichen); EuGH 21.11.2019, Rs C-203/18, C-374/18 (Deutsche Post AG, Leymann ua) (für Universalpostdienst genutzte Fahrzeuge); EuGH 17.12.2020, Rs C-431/19P & C-432/19P (Inpost Paczkomaty) (staatliche Ausgleichsleistungen für Universaldienst).

Schienenverkehr

VfSlg 20.061/2016 (Kostentragung Eisenbahnkreuzung).
VwSlg 18.371 A/2012 (Zuweisung von Zugtrassen während sanierungsbedingter Kapazitätsengpässe); VwSlg 18.625 A/2013 (Anschluss- und Mitbenützungsrechte); VwGH 29.01.2014, 2012/03/0026 (Auskunftspflicht gegenüber Schienen-Control Kommission); VwGH 21.10.2014, 2013/03/0112 (Kontrolle des Benützungsentgelts); VwGH 27.11.2014, 2013/03/0092 (Einholung von Auskünften); VwSlg 19.001 A/2014 (Beschwerdemöglichkeit); VwSlg 19.153 A/2015 (Verpflichtung zur Erstellung von Schienennetz-Nutzungsbedingungen); VwGH 16.12.2015, 2013/03/0034 (Entscheidungen der Zuweisungsstelle); VwGH 13.09.2016, Ro 2015/03/0045 (Wettbewerbsaufsicht, Schutz von Zugangsberechtigten); VwGH 13.03.2019, Ra 2018/03/0064 (Sicherung einer Eisenbahnkreuzung); VwGH 11.07.2019, Ro 2019/03/0015 (Befangenheit Schienen-Control-Kommission, Infrastruktur-Benützungsentgelt); VwGH 08.02.2021, Ro 2020/03/0044 (Träger der Straßenbaulast); VwGH 17.01.2022, Ro 2021/03/0022 (Teilauflassung von Eisenbahnkreuzungen); VwGH 10.05.2022, Ra 2022/03/0044 (durch Naturereignisse eingetretene Gefährdungen).
EuGH 28.02.2013, Rs C-556/10 (KOM/DE) (Liberalisierung des Eisenbahnmarktes, Aufgaben der Regulierungsstelle); EuGH 11.07.2013, Rs C-627/10 (KOM/SLO) (Zuweisung von Fahrwegkapazität der Eisenbahn); EuGH 03.10.2013, Rs C-369/11 (KOM/ITA) (Zuweisung von Fahrwegkapazität der Eisenbahn, Wegeentgelte, Unabhängigkeit des Betreibers der Infrastruktur); EuGH 09.11.2017, Rs C-489/15 (CTL Logistics GmbH/DB Netz AG) (Angemessenheit von Entgeltregelungen, Erstattung von Entgelten, Ermessensentscheidungen); EuGH 24.06.2021, Rs C-12/20 (DB Netz AG) (Zugang zu Güterverkehrskorridoren).

I. Regelungsgegenstand und -ziele

Die Auseinandersetzung mit dem Thema „Regulierung" bzw „Regulierungsrecht" verlangt zunächst Klarheit über den **Begriff der Regulierung**. Im vorliegenden Zusammenhang wird der Begriff in einem engen, wirtschaftsrechtlichen Sinn verstanden: Regulierung beschreibt die **staatliche Einwirkung auf bestimmte Wirtschaftssektoren** mit dem Ziel, **Wettbewerbsbedingungen** zu schaffen bzw zu erhalten und ein Funktionieren dieser Wirtschaftssektoren im **Interesse der Allgemeinheit** sicherzustellen.

Hinzu kommt, dass sich Regulierung nach dem hier zu Grunde gelegten Begriffsverständnis (nur) auf die sog **Netzwirtschaften** bezieht, also auf Wirtschaftszweige, deren Dienste grundsätzlich auf Basis eines (nicht beliebig duplizierbaren) Netzes erbracht werden (zB Stromleitungsnetz, Telekommunikationsnetz, Schienennetz). Wegen der typischerweise hohen Investitionen in die für die Leistungserbringung unerlässlichen Netze erschien es nach dem Konzept der **„natürlichen Monopole"** lange Zeit gerechtfertigt, die Bereitstellung der betreffenden netzgebundenen Leistungen monopolistisch, dh va durch den Staat selbst oder durch öffentliche Monopolunternehmen, zu organisieren.

Unter dem Druck des EU-Rechts, das nach und nach die **Liberalisierung** (dh den Abbau staatlicher Vorschriften, die den freien Zugang zu Märkten oder den Wettbewerb behindern) vordem geschützter Märkte forderte, wurden diese Wirtschaftssektoren schrittweise dem Wettbewerb geöffnet. Wettbewerb kann dabei wegen der Angewiesenheit auf die Netzinfrastruktur va auf Ebene der über dieses Netz erbrachten Dienste bzw Dienstleistungen stattfinden, kommt grundsätzlich aber auch als Wettbewerb um das Netz (insb um Zuerkennung eines zeitlich befristeten Netzmonopols) in Betracht. Die Erbringung der jeweiligen Aufgaben erfolgt damit im Ergebnis nicht mehr durch den Staat, sondern über den Markt. Mittels staatlicher Regulierung der betreffenden Märkte wird sichergestellt, dass das öffentliche Interesse* an einer ausreichenden Versorgung der Bevölkerung mit den betreffenden Leistungen gewahrt bleibt.

Man spricht in diesem Zusammenhang von einem Wechsel von der staatlichen **Leistungs- bzw Erfüllungsverantwortung** zur **Gewährleistungsverantwortung**: Der Staat erbringt gewisse Versorgungsleistungen nicht mehr selbst, sondern trifft Vorsorge dafür, dass der Markt die von der Allgemeinheit benötigten Leistungen in bestimmter Qualität und Quantität zur Verfügung stellt. Während früher staatliche Stellen oder öffentliche Unternehmen die erforderlichen Dienste (zB Telekommunikationsleistungen) bereitgestellt haben, werden diese nunmehr über weite Strecken vom Markt (dh von den am Markt tätigen Unternehmen) erbracht. Dass der Markt diese Leistungen in der gewünschten Form tatsächlich erbringt, ist Zielsetzung der staatlichen Regulierung; der Staat nimmt seine diesbezügliche Verantwortung insb über die **Instrumente des Regulierungsrechts** wahr.

Das Regulierungsrecht soll entsprechend seinen zentralen Zielsetzungen zusammengefasst also einerseits **funktionsfähigen Wettbewerb in den regulierten Sektoren** schaffen bzw sicherstellen, andererseits für eine **Mindestqualität der** in diesen Wirtschaftssektoren **erbrachten Dienste** sorgen.

Nach klassischem Verständnis ist somit dann von „Regulierung" die Rede, wenn es um die Beaufsichtigung und rechtliche Steuerung der **netzgebundenen Infrastrukturmärkte**, und zwar konkret der Wirtschaftssektoren **Telekommunikation, Energie (Strom und Erdgas), Post und Schienenverkehr** geht. Demgegenüber wird die Finanzmarktaufsicht, auch wenn es sich ebenfalls um eine sektorspezifische Form der Wirtschaftsaufsicht handelt, idR nicht zum Regulierungsrecht gezählt. Zweifelhaft ist die Abgrenzung beim **Rundfunk** (Hörfunk und Fernsehen, audiovisuelle Mediendienste).

<small>Das positive Recht legt eine Zuordnung des Rundfunkbereichs zum Regulierungsrecht nahe, zumal das KOG ausdrücklich von „Regulierungsaufgaben" bzw von der „Regulierungsbehörde" spricht. Darüber hinaus bezieht sich die für die Weisungsfreistellung der Kommunikationsbehörde Austria (KommAustria) (§§ 1 ff KOG) maßgebliche Verfassungsbestimmung auf Organe* „zur Aufsicht und Regulierung elektronischer Medien und zur Förderung der Medien" (Art 20 Abs 2 Z 5 B-VG).</small>

II. Verfassungsrechtliche Bezüge

1. Kompetenzrechtliche Bestimmungen

Die Kompetenzgrundlage für die Regulierung der **elektronischen Kommunikationsmärkte und des Postmarktes** findet sich in Art 10 Abs 1 Z 9 B-VG („Post- und Fernmeldewesen"). Gleiches gilt für die Regulierung des **Schienenverkehrsmarktes** („Verkehrswesen bezüglich der Eisenbahnen"). Die Gesetzgebung und Vollziehung in diesen Angelegenheiten fallen daher dem Bund zu. Da sowohl das „Post- und Fernmeldewesen" als auch das „Verkehrswesen" in **Art 102 Abs 2 B-VG** genannt sind, können diese Angelegenheiten durch eigene Bundesbehörden, also in unmittelbarer Bundesverwaltung*, vollzogen werden.

Das **Elektrizitätsrecht** gilt als klassisches Beispiel für eine **Querschnittsmaterie***. Für den Betrieb von Elektrizitätsunternehmen unter versorgungspolitischen Gesichtspunkten ist der Kompetenztatbestand „Elektrizitätswesen, soweit es nicht unter Art. 10 fällt" (**Art 12 Abs 1 Z 2 B-VG**) maßgeblich. Zahlreiche Bestimmungen des ElWOG 2010 sind daher Grundsatzbestimmungen des Bundes. Durch die **Verfassungsbestimmung des § 1 ElWOG 2010** wird allerdings die Erlassung, Aufhebung und Vollziehung von Vorschriften, wie sie in näher genannten Bestimmungen dieses Gesetzes enthalten sind, auch in jenen Belangen zur Bundessache erklärt, hinsichtlich derer das B-VG etwas anderes bestimmt (**Kompetenzdeckungsklausel**). Die in diesen Vorschriften geregelten Angelegenheiten können in unmittelbarer Bundesverwaltung* besorgt werden. Solche Kompetenzdeckungsklauseln finden sich aufgrund der kompetenzrechtlichen Vorgaben im Energierecht häufig (s zB § 1 Abs 1 E-ControlG, § 1 EAG, § 1 ÖSG 2012).

Gesetzliche Regelungen über **Energieeinsparung** und **Energieeffizienz** können nur punktuell Bundeskompetenztatbeständen zugeordnet werden; im Übrigen fallen solche Regelungen in die Zuständigkeit der Länder (Art 15 Abs 1 B-VG). Daher enthält auch § 1 EEffG eine Kompetenzdeckungsklausel.

Die gewerbsmäßige **Versorgung mit Gas** ist im Wesentlichen dem Kompetenztatbestand „Angelegenheiten des Gewerbes und der Industrie" (**Art 10 Abs 1 Z 8 B-VG**) zuzuordnen (→ *Gewerberecht*) und daher in Gesetzgebung und Vollziehung Bundessache. Dementsprechend wird das GWG 2011 weitgehend auf diesen Kompetenztatbestand gestützt.

2. Grundrechtliche Bestimmungen

Aufgrund des Regelungsgegenstandes des Regulierungsrechts sind für die grundrechtliche Beurteilung der einfachgesetzlichen Regelungen sowie des

Vollzugshandelns va die **Grundrechte des Wirtschaftslebens (Eigentum, Erwerbsfreiheit, Gleichheit)** von Bedeutung.

So hat der VfGH etwa iZm den gesetzlichen Bestimmungen betreffend die Voraussetzungen für die **Schließung von Postämtern** betont, dass dem Gesetzgeber bei der Regelung von Eingriffen in die unternehmerische Gestaltungsfreiheit der Österreichischen Post AG durch den **Verhältnismäßigkeitsgrundsatz** Grenzen gesetzt sind. Der Umstand, dass dem Betreiber von Universaldiensten im Interesse des Funktionierens des Universaldienstes (s VIII.1.) intensivere Beschränkungen als anderen Unternehmen auferlegt werden, stelle für sich allein jedoch keine Verletzung der **Erwerbsfreiheit** oder des **Gleichheitssatzes** dar (VfSlg 18.909/2009). In dieser Entscheidung wies der VfGH auch darauf hin, dass Postdienstleistungen einen wesentlichen Teil der Infrastruktur eines Landes ausmachen. Überträgt der Bund im Rahmen seiner Infrastrukturverantwortung die Erbringung solcher Dienstleistungen an ein privates Unternehmen, hat dieses auch ein **höheres Maß an Intensität der Wirtschaftsaufsicht** hinzunehmen.

Keinen Verstoß gegen das Eigentumsrecht, die Erwerbsfreiheit oder den Gleichheitssatz erkannte der VfGH in der Verpflichtung der Österreichischen Post AG als Universaldienstbetreiber zum **Austausch der Hausbriefachanlagen** bzw zur **Tragung der Kosten** des Austausches. Die angefochtenen Regelungen des PMG lagen im öffentlichen Interesse*, waren verhältnismäßig und sachlich gerechtfertigt (VfSlg 19.635/2012).

Auch im Fall des Widerspruchs der **Telekom-Control-Kommission** (s X.2.a.) gegen die Haftungsklauseln in den **AGB** eines Mobilfunkbetreibers waren nach dem Erkenntnis des VfGH keine verfassungsgesetzlich gewährleisteten Rechte verletzt. Der behaupteten Verletzung der **Erwerbsfreiheit** hielt der Gerichtshof entgegen, dass eine administrative Kontrolle solcher AGB durch die Regulierungsbehörde dem Kundenschutz und damit dem öffentlichen Interesse* dient. Es liegt im Gestaltungsspielraum des Gesetzgebers, bei Abwägung der beteiligten Interessen das Kundeninteresse höher zu bewerten. Da der Abschluss von Verträgen nicht verhindert wird, liegt auch **keine Verletzung des Eigentumsrechts** vor. Dass der Inhalt von Verträgen bestimmten Voraussetzungen entsprechen muss, greift überdies nicht in das Eigentum ein, sondern betrifft die Modalitäten der Erwerbsausübung. Schließlich erachtete der VfGH eine administrative Inhaltskontrolle der Verträge von Anbietern von Telekommunikationsdiensten, also von „Massenverträgen", als sachlich gerechtfertigt, sodass auch **keine Gleichheitsverletzung** vorlag (VfSlg 17.577/2005).

IZm der für das Regulierungsrecht typischen Verpflichtung der Marktteilnehmer (der „Industrie") zur Beteiligung an der **Finanzierung der Tätigkeit der Regulierungsbehörden** führte der VfGH aus, dass es zwar grundsätzlich zulässig ist, „jene Unternehmen, die als Marktteilnehmer von der Regulierungstätigkeit […] in erster Linie berührt sind, zur Finanzierung dieser Regulierungstätigkeit heranzuziehen." Derartige Finanzierungsregeln sind aber unsachlich und verstoßen daher gegen den **Gleichheitssatz**, wenn die Unternehmen auch Aufgaben finanzieren müssen, „die unter keinem erdenklichen Gesichtspunkt in ihrem Interesse liegen (können), bzw die nicht grundsätzlich alle in Betracht kommenden Interessenten nach dem Maßstab des (objektiven) Interesses erfassen" (VfSlg 17.326/2004).

Da im Zuge von Regulierungsentscheidungen oftmals über **civil rights iSd Art 6 EMRK** abgesprochen wird, muss in diesen Verfahren eine Entscheidung durch ein unabhängiges und unparteiisches „Tribunal"* iS dieser Bestimmung sichergestellt sein und grundsätzlich eine **mündliche Verhandlung** stattfinden (vgl VfSlg 17.577/2005). In der Vergangenheit waren die Anforderungen aus Art 6 EMRK – neben den Vorgaben des EU-Rechts – ein wesentlicher Grund für die Schaffung (weisungsfreier) kollegialer Regulierungsbehörden mit richterlichem Einschlag (Art 133 Z 4 B-VG aF). Die so entstandene Behördenorganisation wirkt bis heute nach (s sogleich II.3.).

Die den Regulierungsbehörden eingeräumten Ermächtigungen haben typischerweise **Informationseingriffe** bei den von der Marktregulierung betroffenen Unternehmen zur Folge (insb Recht der Regulierungsbehörde auf Einsichtnahme in deren Unterlagen, Pflicht der Unternehmen zur Auskunftserteilung). Dazu hielt der VfGH fest, dass derartige Befugnisse die Regulierungsbehörde – als notwendige Basis für die Wahrnehmung ihrer Aufgaben – grundsätzlich in die Lage versetzen sollen, Kenntnisse über die von ihr zu regulierenden und zu beaufsichtigenden Märkte zu erhalten. Die Regulierungsbehörde muss, insb was das Wissen um die Marktvorgänge anlangt, den von ihr regulierten Unternehmen **„auf gleicher Augenhöhe"** begegnen können. Im Lichte dessen hat es der VfGH (iZm Ermittlungsbefugnissen der E-Control) unter Aspekten des Grundrechts auf → *Datenschutz* (§ 1 Abs 1 DSG) auch nicht beanstandet, dass der Gesetzgeber der Regulierungsbehörde einen gewissen Beurteilungsspielraum einräumt, welche Auskünfte sie zur Wahrnehmung ihrer Überwachungs- und Aufsichtsbefugnisse konkret für erforderlich hält (VfSlg 19.673/2012).

Schließlich ist darauf hinzuweisen, dass § 5 PMG vor dem Hintergrund der einschlägigen grundrechtlichen Vorgaben (Art 10 StGG, Art 8 EMRK, § 1 Abs 1 DSG) einen **Schutz des Postgeheimnisses** normiert. Demnach müssen Personen, die Postdienste erbringen, „jede wie immer geartete Mitteilung über Postsendungen" an andere Personen als an den Absender oder den Empfänger unterlassen, sofern keine gesetzliche Ausnahmeregelung besteht. Wer unter das Postgeheimnis fallende Tatsachen offenbart oder verwertet, um sich oder einem anderen einen Vermögensvorteil zu verschaffen oder um einem anderen einen Nachteil zuzufügen, begeht eine **gerichtlich strafbare** Handlung (§ 57 PMG).

3. Verfassungsrechtliche Fragen unabhängiger Regulierungsbehörden

IZm der Einrichtung unabhängiger Regulierungsbehörden stellt sich die Frage, ob und unter welchen Voraussetzungen der einfache Gesetzgeber eine Weisungsfreistellung solcher Behörden* vorsehen kann. Während er dazu ursprünglich auf die Organisationsform der **Kollegialbehörde mit richterlichem Einschlag** (Art 133 Z 4 B-VG aF) zurückgreifen musste, stellt nunmehr **Art 20 Abs 2 B-VG** eine weit gefasste Ermächtigung zur Schaffung weisungsfreier Regulierungsbehörden zur Verfügung. Diese Bestimmung erlaubt es, bestimmte Kategorien von Organen* **durch einfaches Gesetz weisungsfrei** zu stellen. So können etwa Organe zur Sicherung des Wettbewerbs und zur Durchführung der Wirtschaftsaufsicht (Z 4), Organe zur Aufsicht und Regulierung elektronischer Medien und zur Förderung der Medien (Z 5) sowie Organe, soweit dies nach Maßgabe des Rechts der EU geboten ist (Z 8), von der Bindung an Weisungen der ihnen vorgesetzten Organe freigestellt werden (s dazu VfGH 16.12.2021, G 390/2020 ua).

Da das für den Erdgas- und Elektrizitätsmarkt relevante Richtlinienrecht eine Weisungsbindung der nationalen Regulierungsbehörde (s X.1. und 2.) gegenüber staatlichen Organen* ausschließt, sind (auch) die Voraussetzungen des Art 20 Abs 2 Z 8 B-VG erfüllt. Für die Weisungsfreistellung ist daher eine einfachgesetzliche Regelung ausreichend (s § 5 Abs 2 E-ControlG).

Macht der Gesetzgeber von dieser Ermächtigung Gebrauch, so muss er ein der Aufgabe des weisungsfreien Organs* angemessenes **Aufsichtsrecht** der obersten Organe vorsehen („Konzept abgestufter Ingerenz"); jedenfalls ist ein Informationsrecht der obersten Organe zu normieren (s zB § 18 Abs 6 KOG). Darüber hinaus muss das einfachgesetzlich auszuformende Aufsichtsrecht grundsätzlich auch das Recht beinhalten, das weisungsfreie Organ aus wichtigem Grund abzuberufen (s zB § 10 Abs 6 E-ControlG). Eine Ausnahme davon besteht für Organe nach Art 20 Abs 2 Z 2, 5 und 8 B-VG. Schließlich sieht **Art 52 Abs 1a B-VG** – gewissermaßen als Ausgleich für die mit der Weisungsfreistellung einhergehende Reduktion der demokratischen Kontrolle der Verwaltung – **besondere parlamentarische Kontrollrechte** vor. Demnach sind die zuständigen Ausschüsse des NR und des BR befugt, die Anwesenheit des Leiters eines gem Art 20 Abs 2 B-VG weisungsfreien Organs in den Sitzungen der Ausschüsse zu verlangen und diesen zu allen Gegenständen der Geschäftsführung zu befragen.

Dass das Regulierungsrecht nicht von den Behörden* der allgemeinen staatlichen Verwaltung, sondern von besonderen Regulierungsbehörden vollzogen wird, wirft ebenfalls verfassungsrechtliche Fragen auf, zumal außerhalb der Verwaltungsorganisation angesiedelte **juristische Personen** des Privatrechts (Regulierungs-GmbHs – Beleihung*) bzw des öffentlichen Rechts (E-Control) **mit Aufgaben der Hoheitsverwaltung betraut** wurden (s X.). Bei der verfassungsrechtlichen Beurteilung dieser Behördenorganisation ist daher die Judikatur des VfGH zu den **Grenzen der Übertragung von Hoheitsgewalt auf selbstständige Rechtsträger** zu beachten (insb VfSlg 14.473/1996 [Austro Control GmbH], 16.400/2001 [Bundes-Wertpapieraufsicht], 17.341/2004 [Zivildienstverwaltungs GmbH], VfGH 16.12.2021, G 390/2020 ua [AQ Austria]).

III. Europarechtliche Bezüge

Dem Recht der EU kommt **entscheidende Bedeutung** für den Prozess der Überführung ehemals monopolistischer Strukturen und staatlicher Betriebe in wettbewerbliche Systeme sowie für die Herausbildung und Verfestigung der Regulierung bestimmter Wirtschaftssektoren (die Etablierung des Regulierungsrechts) insgesamt zu.

1. Rahmenbedingungen und Anforderungen des EU-Primärrechts

Auf primärrechtlicher Ebene sind zunächst die **Grundfreiheiten des AEUV*** (Warenverkehrsfreiheit*, Dienstleistungsfreiheit*, Niederlassungsfreiheit*, Kapitalverkehrsfreiheit*) als Antriebsfaktoren einer Marktöffnung zu sehen. Sie richten sich sowohl gegen Diskriminierungen als auch gegen Beschränkungen im europäischen Wirtschaftsverkehr und bringen für die Mitgliedstaaten gewisse Liberalisierungspflichten mit sich. Obwohl die Eigentumsordnungen in den Mitgliedstaaten gem Art 345 AEUV grundsätzlich unberührt bleiben, sind mit derartigen Vorgängen der Liberalisierung zumindest faktisch oftmals Privatisierungen verbunden – insb indem Aufgaben der Daseinsvorsorge unter einem ansteigenden Wettbewerbsdruck an Private übertragen oder öffentliche Unternehmen (tw) an Private veräußert werden.

Zusätzliche Anforderungen ergeben sich aus dem **EU-Wettbewerbsrecht**. Monopolistisch organisierte Netzinfrastrukturen können in eine immanente Spannungslage mit dem Verbot der missbräuchlichen Ausnützung einer marktbeherrschenden Stellung gem Art 102 AEUV geraten. Die aus dieser Bestimmung abgeleitete „**essential facilities-Doktrin**" kann Netzmonopolisten als Marktbeherrscher dazu verpflichten, potentiellen Konkurrenten auf der Dienstleistungsebene den Zugang zu Netzen (als nicht duplizierbare Einrichtungen: man denke nur an das Schienenverkehrsnetz) unter angemessenen Bedingungen zu gewähren. Auf diese Weise soll – wenn nicht Wettbewerb *der Netze*, so doch zumindest – Wettbewerb zur Erbringung von Dienstleistungen *auf dem* bzw *über das* Netz ermöglicht werden. Dieser Grundgedanke findet sich in den verschiedenen Bereichen des Regulierungsrechts in einzelnen konkretisierenden Rechtsakten wieder.

Zu berücksichtigen ist allerdings, dass nach **Art 106 Abs 2 AEUV** die Regelungen des AEUV* – insb jene des Wettbewerbsrechts – für Unternehmen, die mit **Dienstleistungen von allgemeinem wirtschaftlichem Interesse** (kurz: DAWI) betraut sind, nur insoweit gelten, als deren Anwendung nicht die Erfüllung der ihnen übertragenen besonderen Aufgaben verhindert. Als derartige DAWI anerkannt wurden vom EuGH etwa die Einrichtung eines öffentlichen Telefonnetzes, die Strom- und Gasversorgung oder die Postdienste. Die Mitgliedstaaten haben zwar einen weiten Spielraum bei der Definition von DAWI. Nach dem EuGH kommt es aber im Kern stets darauf an, ob es sich um eine Leistung handelt, die **unter Marktbedingungen nicht oder nicht in der gleichen Weise** (ausreichend in Qualität und Umfang) erbracht würde. Die Einräumung von **besonderen oder ausschließlichen Rechten** an einzelne Unternehmen zur Erbringung von bestimmten Diensten wird dementsprechend nach Art 106 Abs 2 AEUV etwa dann als unionsrechtlich zulässig angesehen, wenn dies notwendig ist, um die Erfüllung von Aufgaben im allgemeinen Interesse zu wirtschaftlich tragbaren Bedingungen zu ermöglichen.

Nicht zuletzt aufgrund dieser Sonderregelung des Art 106 Abs 2 AEUV konnte die marktöffnende Wirkung des EU-Primärrechts für sich allein im Ergebnis kaum als ausreichend gesehen werden, um die erwünschten umfänglichen Liberalisierungswirkungen in den Netzwirtschaften zu erreichen.

2. Vorgaben des EU-Sekundärrechts

Von durchschlagendem Gewicht für die Herausbildung und Entfaltung des Regulierungsrechts im heutigen Verständnis waren eine **Vielzahl an sekundärrechtlichen Rechtsakten der EU**, welche die in ihrer Umsetzung ergangenen innerstaatlichen Rechtsgrundlagen der Regulierung in den einzelnen Sektoren weiterhin maßgeblich vorzeichnen und tiefgreifend prägen.

Gestützt sind die entsprechenden Sekundärrechtsakte weitestgehend auf die Kompetenz zur **Rechtsangleichung im Binnenmarkt** (Art 114 AEUV), zT auf Sonderkompetenzen (vgl Art 91, 172 AEUV).

Die Unionsgesetzgebung fand in mehreren Wellen und mit verschiedenen Stoßrichtungen statt und erfolgte in den jeweiligen Sektoren mit unterschiedlicher Geschwindigkeit. Dabei kam dem Telekommunikationssektor – und der dort mit der Endgeräte-RL 88/301/EWG eingeleiteten Liberalisierung – eine entscheidende Vorreiterrolle zu. Während die Unionsgesetzgebung zunächst die (schrittweise) **Marktöffnung** im Blick hatte, verschob sich das Schwergewicht im Laufe der Zeit mehr und mehr auf die **ökonomische Regulierung**, maW auf die Absicherung eines funktionsfähigen Wettbewerbs auf den eröffneten Märkten. In jüngerer Zeit kam es zunehmend zu einer Stärkung der (Rolle und Stellung der) nationalen Regulierungsbehörden und einem Ausbau der Vorschriften über deren Einbindung in eine europäische Verbundverwaltung (**europäischer Regulierungsverbund**).

Hierbei handelt es sich um einen Überbegriff, um die – für die jeweiligen Sektoren auf zT enge Zusammenarbeit angelegten – unionsrechtlich etablierten Netzwerke zwischen den unabhängigen Regulierungsbehörden der Mitgliedstaaten, der Europäischen Kommission und/oder bestehenden besonderen sonstigen Einrichtungen auf europäischer Ebene (zB ACER im Energiebereich oder GEREK im Bereich der elektronischen Kommunikation) zu erfassen.

Die einschlägigen Sekundärrechtsakte stellen sich in ihrem Umfang als mittlerweile nahezu unüberschaubar dar.

Im Kernbereich des Energierechts ist neben einer Reihe weiterer Rechtsakte gegenwärtig das sog „Vierte Energiepaket" in Kraft; im Schienenverkehrsbereich steht das „Vierte Eisenbahnpaket" in Geltung, im Postwesen die sog „Dritte Postrichtlinie". Im Telekommunikationsrecht wurden wesentliche Reformen zuletzt mit der RL über den europäischen Kodex für die elektronische Kommunikation (EECC-RL) umgesetzt.

Das innerstaatliche Regulierungsrecht ist infolgedessen über weite Strecken **unionsrechtlich vorgegeben**. Dies gilt sowohl für Fragen der Organisation und Stellung (insb die Unabhängigkeit) der Regulierungsbehörden (s II.3. und X.) und für die diesen zukommenden Aufgaben als auch für die einzelnen Instrumente und Verfahren der Regulierung bzw die konkret zum Einsatz kommenden Handlungsformen (s V.3.).

IV. Völkerrechtliche Bezüge

Die **Liberalisierung der Infrastrukturmärkte** steht auch unter dem Eindruck völkerrechtlicher Rahmenbedingungen, wie sie sich zunächst insb aus den allgemeinen welthandelsrechtlichen Regelungen ergeben. So verpflichtet das unter dem Dach der WTO angesiedelte **GATS** (General Agreement on Trade in Services) als multilaterales Handelsabkommen im Bereich des **internationalen Dienstleistungshandels** in seinem Kern zum Grundsatz der **Meistbegünstigung**, demzufolge die einem Handelspartner gewährte günstige Behandlung auch allen anderen WTO-Mitgliedern einzuräumen ist. Zusätzliche Pflichten, insb zur Öffnung nationaler Märkte und Nichtdiskriminierung von ausländischen Diensteanbietern, reichen grundsätzlich (nur) soweit, als die betreffenden Vertragsstaaten sich dazu (in sog Verpflichtungslisten) konkret bekannt haben.

In einem dem GATS angeschlossenen **Anhang zur Telekommunikation** wird festgelegt, dass allen Dienstleistungsanbietern zu angemessenen und nichtdiskriminierenden Bedingungen das Recht auf Zugang zu und die Nutzung von öffentlichen Telekommunikationsnetzen und -diensten zukommt.

Daneben finden sich zahlreiche weitere, für bestimmte Sektoren relevante internationale Rechtsgrundlagen, die nicht selten mit geschichtsträchtigen völkerrechtlichen Institutionen verknüpft sind. So ist die in der zweiten Hälfte des 19. Jahrhunderts gegründete **Internationale Telekommunikations-**

union (ITU) nach wie vor von zentraler Bedeutung; hierbei handelt es sich nunmehr um eine Unterorganisation der Vereinten Nationen (UNO) mit Sitz in der Schweiz, deren wesentliche Aufgaben in der Frequenzplanung und -verwaltung auf internationaler Ebene sowie der Entwicklung einheitlicher technischer Standards für die Telekommunikation liegen.

Auch der ebenfalls im 19. Jahrhundert gegründete **Weltpostverein** (Universal Postal Union, UPU) mit Sitz in der Schweiz wurde später als Sonderorganisation der UNO weitergeführt. Zu seinen Aufgaben zählen die Regelung der internationalen Zusammenarbeit der Postbehörden sowie der Rahmenbedingungen des grenzüberschreitenden Postverkehrs.

Der **Internationale Eisenbahnverband** (Union Internationale des Chemins de Fer, UIC) ist ein Anfang des 20. Jahrhunderts gegründeter, weltweiter Verband von Eisenbahnverkehrsunternehmen und Infrastrukturbetreibern mit Sitz in Paris, dessen Tätigkeiten va auf die Erleichterung des internationalen Schienenverkehrs durch einheitliche technische Standardisierung gerichtet sind. Die **Independent Regulators' Group – Rail (IRG-Rail)** fungiert daneben als eine – über die EU-Mitgliedstaaten hinausgehende – europäische Kooperationsplattform der Bahnregulatoren und zielt auf Informationsaustausch sowie auf die Herstellung von Homogenität im europäischen Bahnsektor.

V. Grundbegriffe

1. Regulierung

Ein zentraler Aspekt von Regulierung besteht darin, dass seitens des Staates in die Infrastrukturmärkte eingegriffen wird, um auf diesen Märkten einen funktionierenden Wettbewerb zu gewährleisten („**Wettbewerbsregulierung**"). Diese Wettbewerbsregulierung hängt eng mit dem jeweiligen **Grad der Marktöffnung** zusammen. Denn jedenfalls am Beginn eines Liberalisierungsprozesses verfügt der ehemalige Monopolist regelmäßig als einziger Anbieter über ein ausgebautes Netz. Da es im Hinblick auf den Ressourcenverbrauch weder sinnvoll noch für die Mitbewerber wirtschaftlich wäre, ein völlig eigenständiges Netz aufzubauen, muss durch Regulierung zunächst sichergestellt werden, dass der ehemals monopolistische Anbieter und nunmehrige Marktbeherrscher sein **Netz für andere Bewerber öffnet**, sodass sich auf der Ebene der über das Netz erbrachten Dienstleistungen ein Wettbewerb etablieren kann. Der Eigentümer des Netzes erhält für dessen Nutzung zwar ein **Entgelt** (s V.3.c.). Dessen Höhe wird aber „reguliert", um den Markteintritt für neue Anbieter attraktiv zu gestalten. Der Netzzugang ist insb auch **diskriminierungsfrei** zu gewähren. Am Beginn der Marktöffnung geht es va darum, durch Sonderregeln für marktbeherrschende Unternehmen zukünftige Mitbewerber zu unterstützen und dadurch einen funktionierenden Markt zu schaffen (**asymmetrische Regulierung**). Hat sich einmal ein solcher Markt entwickelt, kann sich die zuständige Regulierungsbehörde darauf konzentrieren, die Funktionsfähigkeit dieses Marktes zu erhalten.

In gewissen Fällen ermöglicht das Regulierungsrecht nicht nur einen Wettbewerb auf der Ebene der Dienstleistungen, sondern auch einen Infrastrukturwettbewerb. So ist nach § 5 TKG 2021 jedermann berechtigt, nicht nur Kommunikationsdienste anzubieten, sondern auch Kommunikationsnetze unter Einhaltung der gesetzlichen Bestimmungen bereitzustellen. Die Verlegung paralleler Leitungen ist sohin grundsätzlich möglich.

Neben der Schaffung und Gewährleistung von Wettbewerb zielt das Regulierungsrecht auch auf die **Wahrung von Gemeinwohlbelangen**. Durch staatliche Eingriffe soll eine angemessene Versorgung der Allgemeinheit mit den betreffenden Infrastrukturleistungen sichergestellt werden. Da aus ökonomischen Gründen die Leistungserbringung in Ballungsgebieten oftmals attraktiver ist, muss sichergestellt werden, dass die in Rede stehenden Infrastrukturleistungen (zB Postdienste, Anschluss an das Telefonnetz) auch dort in ausreichender Qualität und Menge bereitgestellt werden, wo dies aus Sicht der Unternehmen nicht rentabel ist (Verhindern des „Rosinenpickens"). Ein wesentliches Instrument zur Erreichung dieses Ziels sind **Universaldienstverpflichtungen** (s V.3.f.).

Schließlich verfolgt das Regulierungsrecht auch das Ziel, die Kunden der Infrastrukturunternehmen zu schützen (**Konsumentenschutz**). Zu den maßgeblichen Regulierungsaufgaben zählen etwa die Kontrolle von AGB, die Festlegung bzw Genehmigung von Tarifen und die Streitschlichtung.

Neben der Schlichtung von Streitigkeiten zwischen Unternehmen und deren Kunden gehört auch die **Streitschlichtung zwischen Unternehmen** zu den Zuständigkeiten von Regulierungsbehörden.

Gem § 205 Abs 1 TKG 2021 sind Endnutzer, Anbieter (§ 4 Z 36 TKG 2021) und Interessenvertretungen berechtigt, Streit- oder Beschwerdefälle, die zwischen einem Endnutzer und einem Anbieter nicht befriedigend gelöst worden sind (zB Zahlungsstreitigkeiten), der Regulierungsbehörde als Schlichtungsstelle vorzulegen. Die Regulierungsbehörde hat eine einvernehmliche Lösung herbeizuführen oder den Parteien ihre Ansicht zum gegenständlichen Fall mitzuteilen. Wird ein Lösungsvorschlag der Regulierungsbehörde von den Parteien angenommen, kommt ein außergerichtlicher Vergleich (§ 1380 ABGB) zustande.

Im Elektrizitäts- und Gaswirtschaftsrecht (§ 22 Abs 2 Z 1 ElWOG 2010; § 132 Abs 2 Z 1 GWG 2011) entscheiden bei Streitigkeiten zwischen Netzzugangsberechtigten und Netzbetreibern „über die aus diesem Verhältnis entspringenden Verpflichtungen" idR die Gerichte. Eine Klage des Netzzugangsberechtigten ist jedoch erst nach Zustellung des Bescheids der Regulierungskommission der E-Control im Streitschlichtungsverfahren (§ 12 Abs 2 Z 2 E-ControlG) möglich. Die Zuständigkeit der Regulierungskommission im Streitschlichtungsverfahren (s X.3.) kann durch eine vertragliche Schiedsklausel abbedungen werden (VfSlg 20.392/2020).

2. Regulierte Sektoren

Als regulierte Sektoren lassen sich die Bereiche Energie (Elektrizität, Erdgas), Telekommunikation, Post und Schienenverkehr identifizieren. Diese Wirtschaftszweige nennt man aufgrund der für diese Tätigkeiten erforderlichen Netze auch **Netzwirtschaften**. Das darauf bezogene Regulierungsrecht wird demnach als Regulierungsrecht der Netzwirtschaften bezeichnet (dazu bereits I.).

Im Bereich der Post wird die nicht duplizierbare Infrastruktur (das „Netz") durch die Hausbriefkästen und die Hausbrieffachanlagen der Empfänger gebildet. § 34 PMG stellt daher sicher, dass diese Anlagen auch von den Mitbewerbern der Post AG genützt werden können.

Zu den regulierten Sektoren wird – neben den zuvor erwähnten Wirtschaftszweigen – vielfach auch der Bereich **Rundfunk** gezählt (s I.). Auf diesen Bereich, der zahlreiche Besonderheiten aufweist, wird im vorliegenden Beitrag nicht gesondert eingegangen. Überschneidungen ergeben sich insb bei der Behördenorganisation, weil die **RTR-GmbH** nicht nur die Telekom-Control-Kommission und die Post-Control-Kommission zu unterstützen hat (s X.2.), sondern darüber hinaus auch den Geschäftsapparat der Komm-Austria im Fachbereich Medien bildet (§ 17 Abs 1 KOG).

3. Instrumente und Verfahren der Regulierung

Im Regulierungsrecht sind **typische Instrumente und Verfahren** anzutreffen. Quer über die verschiedenen Netzwerksektoren hinweg kennzeichnen sie den regulierungsspezifischen Regelungszugang, kommen jedoch nicht notwendig in jedem Wirtschaftsfeld in derselben Weise zum Tragen (s im Einzelnen die nachfolgenden Darstellungen der regulierten Sektoren). Bei all dem lässt sich das Regulierungsrecht als ein breites Einsatzfeld für „atypische" oder jedenfalls **besondere Formen und Ausprägungen des Verwaltungshandelns** begreifen.

Dies gilt etwa für den sog „vertragsersetzenden Bescheid" (VI.4., IX.3.). Oftmals sind von den involvierten Behörden überdies Pläne, Programme, Konzepte, Regeln usw zu erstellen, deren rechtliche Einordnung – mangels (vollumfänglicher) rechtlicher Verbindlichkeit – bisweilen Schwierigkeiten hervorruft.

a) Marktzutritts- und Netzzugangsregulierung

Instrumente der Marktzutritts- und Netzzugangsregulierung haben zum Ziel, die aufgrund bestehender besonderer oder ausschließlicher Rechte für einzelne Infrastrukturbetreiber verschlossenen Märkte aufzubrechen, indem konkurrierende Anbieter zugelassen und der Netzzugang für sie geöffnet wird.

Marktzutrittsvorschriften lassen sich als jene Anforderungen umschreiben, die ein Unternehmen erfüllen muss, um auf dem betreffenden Markt tätig werden zu dürfen. Sie ermöglichen dem Staat, auch einen an sich privatwirtschaftlich organisierten Wirtschaftssektor einer bestimmten Kontrolle und Steuerung zu unterwerfen.

Regelungen des Netzzugangs zielen darauf ab, dass die betreffenden Unternehmen ihre Dienstleistungen im Wege der Nutzung eines vorgefundenen (fremden) Netzes erbringen können. Miteingeschlossen können hierbei Regelungen sein, die das **Netz** (nicht die Dienstleistungsebene) in gewissem Umfang **vor Konkurrenz schützen**, insb um betriebs- und volkswirtschaftlich unerwünschte Parallelnetze zu verhindern.

So wird etwa die Errichtung von parallelen Stromnetzen durch Gebietsmonopole für Verteilernetzbetreiber verhindert: für jeden Endkunden ist immer nur ein Netzbetreiber zuständig (s VII.2.).

b) Entflechtung integrierter Unternehmen (Unbundling)

Werden (auch) Versorgungsleistungen durch öffentliche Monopolunternehmen als Infrastrukturunternehmen erbracht, ist das Dienstleistungsunternehmen in der Praxis vielfach in die Unternehmensstruktur eingegliedert. Es kommt zur Bildung **vertikal integrierter Unternehmen**; Netz- und Dienstleistungsebene werden verschränkt. Dies mag betriebswirtschaftlich gesehen Synergieeffekte freilegen (sog Verbundvorteile), steht der Etablierung effektiven Wettbewerbs wegen der erhöhten Gefahr eines Missbrauchs der Marktmacht im Ergebnis aber entgegen.

Die Verpflichtung zur **Entflechtung (Unbundling)** von Infrastruktur- und Dienstleistungsbereich soll daher zur Wettbewerbsöffnung beitragen und faktische Diskriminierungen beim Netzzugang vermeiden. Im Einzelnen kommen **unterschiedliche Formen und verschiedene Intensitätsgrade** des Unbundling zum Tragen.

Während **buchhalterisches Unbundling** zu getrennten Rechnungskreisen (zB §§ 9 Abs 1, 93 TKG 2021, § 55 Abs 2 EisbG) und **Informationsunbundling** zur Trennung der Unternehmenssparten hinsichtlich wirtschaftlich relevanter Informationen verpflichtet (zB § 11 ElWOG 2010, § 11 GWG 2011), hat im Rahmen des **organisatorischen (funktionellen) Unbundling** eine getrennte Verwaltung von Infrastruktur- und Dienstebereich stattzufinden (zB § 99 TKG 2021, § 55 Abs 1a EisbG). **(Gesellschafts-)rechtliches Unbundling** verlangt die vollständige rechtliche Trennung der betreffenden Geschäftsbereiche (zB § 55c Abs 3 EisbG; IX.2.). Eine echte **eigentumsrechtliche Entflechtung (Ownership Unbundling**; VII.3.) hat prinzipiell die Konzernzerschlagung zur Konsequenz, weil wechselseitig keine Anteilsrechte mehr gehalten werden dürfen.

c) Preisregulierung

Mechanismen der Preisregulierung sind im Kern darauf gerichtet, **marktmissbräuchliches Verhalten** (Ausbeutungs- oder Behinderungsmissbrauch) durch Monopolunternehmen im Netzbereich zu verhindern und das den Netzbetreibern für die Benützung ihrer Infrastruktur zustehende **Netznutzungsentgelt** derart auszugestalten, dass Konkurrenten nicht verdrängt und funktionierende wettbewerbliche Strukturen ermöglicht werden.

Von der behördlichen Preisregulierung erfasst sein können **Netztarife** grundsätzlich ebenso wie **Kundenentgelte**.

> Reguliert werden etwa die Systemnutzungsentgelte für Strom und Gas (VII.4.) oder die Benützungsentgelte für Eisenbahninfrastruktur (IX.4.).

d) Nutzerrechte

Während das Rechtsverhältnis zwischen Dienstleistungsnutzern und Versorgungsunternehmen ein im Grunde privatrechtliches ist, bestehen – besonders im Interesse des **Konsumentenschutzes** – vielfach öffentlich-rechtliche Anforderungen an das Versorgungsunternehmen und damit verbunden öffentlich-rechtliche Überformungen.

> Nahezu durchgehend findet sich ein gesetzlicher **Kontrahierungszwang** der Versorgungsunternehmen und die Pflicht, AGB und Tarife zu erstellen. ZT sind Sonderregelungen betreffend den Zahlungsverzug (§ 143 TKG 2021) oder die Richtigkeit verrechneter Entgelte (§ 145 TKG 2021) normiert, zT bestehen Vorkehrungen zur Erleichterung des Lieferantenwechsels (§ 76 ElWOG 2010), Mindestanforderungen an Rechnungen und Informations- und Werbematerial (§§ 126 ff GWG 2011) usw.

e) Marktregeln, Interoperabilität

Als Folge der Beseitigung von Monopolstellungen tritt häufig eine größere Zahl an Leistungserbringern auf dem Markt in Erscheinung, wodurch neue Schnittstellen entstehen, die – im Interesse einer funktionierenden Leistungsversorgung – der Regulierung bedürfen. Besonders die Sicherung der **Interoperabilität** (die Fähigkeit eines Systems, mit anderen Systemen nahtlos zusammenzuarbeiten) ist dementsprechend ein wesentlicher Zweck spezifischer technischer Regeln für Netzbetreiber und Netznutzer.

> So müssen nach § 7 Abs 2 TKG 2021 Infrastruktureinrichtungen und Kommunikationsnetze in ihrem Aufbau und ihrer Funktionsweise den anerkannten Regeln der Technik betreffend die Sicherheit des Netzbetriebes, Interoperabilität von Diensten und Einhaltung bestimmter Schnittstellenbeschreibungen entsprechen.

Im Energierecht werden jene Vorschriften, Regelungen und Bestimmungen, die Marktteilnehmer im Elektrizitätsmarkt einzuhalten haben, um ein geordnetes Funktionieren dieses Marktes zu ermöglichen, als **Marktregeln** bezeichnet (§ 7 Z 46 ElWOG 2010). Aufgabe der Regulierungsbehörde ist es dabei ua, in Zusammenarbeit mit den Betreibern von Stromnetzen technische und organisatorische Regeln für Betreiber und Benutzer von Netzen zu erarbeiten und diesen zur Verfügung zu stellen sowie in Zusammenarbeit mit den Marktteilnehmern sonstige Marktregeln (etwa bezüglich der Informationsübermittlung von Netzbetreibern an andere Marktteilnehmer, des Austauschs von Netzabrechnungsdaten, der technischen Dokumentation von Geschäftsprozessen usw) zu erstellen und in geeigneter Weise zu veröffentlichen (§ 22 Z 1 und Z 2 E-ControlG).

f) Gemeinwirtschaftliche Verpflichtungen

Um trotz Marktöffnung und Wettbewerbsorientierung dem öffentlichen Interesse an der flächendeckenden Versorgung der Bevölkerung mit **Versorgungsleistungen (Daseinsvorsorgeleistungen)** gerecht werden zu können, zählt die Auferlegung spezifischer gemeinwirtschaftlicher Verpflichtungen zu den hervorstechenden Instrumentarien des Regulierungsrechts. Über entsprechende Maßnahmen soll sichergestellt werden, dass ein **bestimmtes Leistungsniveau** auch dort zur Verfügung steht, wo dies allein unter Marktbedingungen womöglich nicht in der gewünschten Qualität zu erschwinglichen Preisen der Fall wäre (Netzinfrastruktur, Postdienstleistungen auch in entlegenen Gebieten usw).

Nach dem **Netzdienstmodell** trifft die Netzbetreiber als Garanten für das reibungslose Funktionieren des Netzes eine Betriebs- und Anschlusspflicht, die Pflicht zur Gleichbehandlung aller Netzkunden, zur Durchführung von Erhaltungs- und Netzausbaumaßnahmen usw (vgl dafür insb den Bereich der Energiewirtschaft, VII.).

Nach dem **Universaldienstmodell,** das im Telekommunikationsbereich und im Postsektor anzutreffen ist (VI. und VIII.), hat der zur Erbringung des Universaldienstes Verpflichtete eine flächendeckende Grundversorgung der Bevölkerung mit bestimmten Leistungen sicherzustellen.

Dies kann zB als Verpflichtung des Marktbeherrschers ausgestaltet sein (§ 12 Abs 1 PMG); werden Universaldienstleistungen nicht vom Markt erbracht, können sie auch öffentlich ausgeschrieben werden (§ 107 TKG 2021).

Die **Finanzierung** von gemeinwirtschaftlichen Pflichten kann über Quersubventionierungen (Strom und Gas), gesonderte staatliche Abgeltung oder durch Beiträge der Marktteilnehmer (zB §§ 109 f TKG 2021, §§ 13 ff PMG) stattfinden.

Die Sicherstellung einer ausreichenden Bedienung im **Schienenverkehr** für öffentliche Personenverkehrsdienste erfolgt auf Basis der VO (EU) 1370/2007 (PSO-VO). Dort wird als „gemeinwirtschaftliche Verpflichtung" definiert: Eine „von der zuständigen Behörde festgelegte oder bestimmte Anforderung im Hinblick auf die **Sicherstellung von im allgemeinen Interesse liegenden öffentlichen Personenverkehrsdiensten,** die der Betreiber unter Berücksichtigung seines eigenen wirtschaftlichen Interesses nicht oder nicht im gleichen Umfang oder nicht zu den gleichen Bedingungen ohne Gegenleistung übernommen hätte" (Art 2 lit e). Im Einzelnen bestehen detaillierte Vorgaben bezüglich der Gewährung von **Ausgleichsleistungen** für gemeinwirtschaftliche Verpflichtungen. Ergänzende Regelungen finden sich auch im ÖPNRV-G 1999. Bei der Vergabe von Dienstleistungsaufträgen über öffentliche Personenverkehrsdienste auf der Schiene oder per Untergrundbahn sind auch die Vorschriften des → *Vergaberechts* beachtlich.

VI. Regulierung im Bereich Telekommunikation

Bis zu seiner unionsrechtlich vorangetriebenen Liberalisierung war der österr Telekommunikationsmarkt verschlossen. Die **„Post- und Telegraphenverwaltung"** verfügte über ein Monopol auf alle öffentlichen Telekommunikationsdienste, die Errichtung der Infrastruktur und die Zulassung der Endgeräte. Seit 1998 ist der Telekommunikationsmarkt vollständig liberalisiert.

Der europäische Rechtsrahmen wurde zunächst mit dem Telekommunikationsgesetz 2003 umgesetzt. Zahlreiche Änderungen der Rechtslage auf Unionsebene veranlassten den Gesetzgeber zu einer weitreichenden Neuregelung durch ein am 01.11.2021 in Kraft getretenes, neues **Telekommunikationsgesetz (TKG 2021)**. Hervorzuheben ist die Ausdehnung des Anwendungsbereichs durch die Neudefinition der Kommunikationsdienste in § 4 Z 4, die auch Unternehmen erfasst, die ihre Dienste direkt über das Internet anbieten (sog OTT „Over the Top-Diensteanbieter").

Maßgebliche verfahrens- und organisationsrechtliche Bestimmungen enthält das **KommAustria-Gesetz (KOG)**.

1. Marktzutritt und Frequenzzuteilung

Die Marktzutrittsregulierung im Telekommunikationssektor folgt dem Prinzip der Allgemeingenehmigung, die sich verfahrensrechtlich in der Vornahme einer **Anzeige** erschöpft: Gem § 6 Abs 1 TKG 2021 sind die beabsichtigte Bereitstellung eines öffentlichen Kommunikationsnetzes oder das Anbieten eines öffentlichen Kommunikationsdienstes sowie dessen Änderungen und dessen Einstellung vor Betriebsaufnahme, Änderung oder Einstellung der Regulierungsbehörde anzuzeigen.

Keine Anzeigepflicht nach dem TKG 2021 besteht für **nummernunabhängige interpersonelle Kommunikationsdienste** gem § 4 Z 6 und 8 TKG 2021 (zB webbasierte E-Mail-Dienste, [Video]Chatdienste etc).

Einzelgenehmigungen (mit Bescheid) sind für die Zuteilung der erforderlichen Nutzungsrechte für **Funkfrequenzen sowie für Nummern** notwendig (§§ 13 Abs 6, 114 Abs 3 TKG 2021).

Die **Frequenzverwaltung** erfolgt im Rahmen mehrerer, aufeinander aufbauender Verordnungen (Frequenznutzungsplan, Frequenzzuteilungsplan) und obliegt grundsätzlich dem BMF (§§ 11 ff TKG 2021 iVm § 17 BMG). Die **individuelle Frequenzzuteilung** findet auf Basis dessen im Regelfall mit Bescheid statt. Die KommAustria ist dabei für die Zuteilung von Frequenzen zur Veranstaltung von Rundfunk zuständig (§ 13 Abs 7 Z 1 TKG 2021), die **Telekom-Control-Kommission (TKK)** für harmonisierte Frequenzen und zahlenmäßig beschränkte Frequenzen (§§ 13 Abs 7 Z 2, 198 Z 2 TKG 2021), der BMF für Ausnahmebewilligungen zum Zweck der technischen Erprobung (§ 29 TKG 2021 iVm § 17 BMG) und die Fernmeldebehörde für alle sonstigen Frequenzen (§ 13 Abs 7 Z 3 TKG 2021). **Harmonisierte Frequenzen** sind bestimmte Frequenzen, die auf europäischer Ebene harmonisiert wurden und speziell dem Betrieb von mobilen elektronischen Kommunikationsnetzen bzw dem Anbieten von mobilen elektronischen Kommunikationsdiensten gewidmet sind. „**Zahlenmäßig beschränkt**" bedeutet, dass die Frequenzen im Rahmen eines Auswahlverfahrens durch die TKK zu vergeben sind. Diese zahlenmäßige Beschränkung erfolgt für harmonisierte Frequenzen durch die RTR-GmbH (§§ 14 Abs 1, 194 Abs 1 TKG 2021), für andere Frequenzen durch den BMF im Rahmen des Frequenznutzungsplans (§ 11 Abs 4 TKG 2021).

Konkret hat der Zuteilung von zahlenmäßig beschränkten Frequenzen durch die TKK eine öffentliche Ausschreibung voranzugehen, wenn ein Bedarf von Amts wegen festgestellt worden ist oder ein entsprechender Antrag auf Zuteilung vorliegt. Die Ermittlung des höchsten Gebots richtet sich nach dem gebotenen Frequenznutzungsentgelt (**Versteigerungsverfahren**; § 16 TKG 2021). Im Bescheid über die Frequenzzuteilung ist dann auch das Frequenznutzungsentgelt vorzuschreiben. Die Antragsteller bilden eine **Verfahrensgemeinschaft** (§ 16 Abs 9 TKG 2021).

2. Marktdefinition und Marktanalyse

Die „Wettbewerbsregulierung" nach dem Telekommunikationsrecht (8. Abschnitt des TKG 2021) zielt darauf ab, Unternehmen mit beträchtlicher Marktmacht regulatorische Verpflichtungen aufzuerlegen, um einen **chancengleichen und funktionsfähigen Wettbewerb** bei der Bereitstellung von Kommunikationsnetzen und Kommunikationsdiensten zu ermöglichen. Besteht Marktmacht und kein wirksamer Wettbewerb, ist dieser über einen Katalog an Regulierungsinstrumenten, die der Regulierungsbehörde zur Verfügung stehen, herzustellen (**asymmetrische Regulierung**).

Dem voran geht ein **Verfahren der Marktdefinition und Marktanalyse**. Dieses dient der Bestimmung der für die Regulierung relevanten Märkte sowie der Feststellung, ob auf diesen jeweils ein oder mehrere Unternehmen über beträchtliche Marktmacht verfügen oder aber effektiver Wettbewerb gegeben ist (§ 87 Abs 1 TKG 2021). Ein Unternehmen gilt als **Unternehmen mit beträchtlicher Marktmacht,** wenn es entweder allein oder gemeinsam mit anderen eine der Beherrschung gleichkommende Stellung einnimmt, nämlich eine wirtschaftlich starke Stellung, die es ihm gestattet, sich in beträchtlichem Umfang unabhängig von Wettbewerbern, Kunden und letztlich Nutzern zu verhalten (§ 86 Abs 1 TKG 2021).

Als Ergebnis der Marktdefinition und Marktanalyse stellt die Regulierungsbehörde von Amts wegen mit Bescheid die der Regulierung unterliegenden relevanten Märkte fest, wobei dem oder den auf dem relevanten Markt auftretenden Unternehmen mit beträchtlicher Marktmacht in weiterer Folge geeignete regulatorische Verpflichtungen aufzuerlegen sind (§ 89 TKG 2021). Allfällige, bereits bestehende Regulierungen sind an die Ergebnisse der Marktanalyse anzupassen, die spezifischen Verpflichtungen werden in weiterer Folge geändert, aufgehoben oder neuerlich auferlegt (beibehalten). Bei der Auswahl der geeigneten Verpflichtungen hat die Regulierungsbehörde eine Verhältnismäßigkeitsprüfung vorzunehmen. Kann das Regulierungsziel (dh die Bekämpfung des identifizierten Wettbewerbsversagens) auch durch eine gelindere Maßnahme (Verpflichtung) erreicht werden, ist diese zu bevorzugen.

Zu den vorgesehenen **Regulierungsinstrumenten** (§§ 91 ff TKG 2021) zählen insb Gleichbehandlungsverpflichtungen in Bezug auf den Netzzugang, Transparenzverpflichtungen, Pflichten zur getrennten Buchführung, Pflichten zur Gewährung von Zugang zu bestimmten Netzkomponenten und zugehörigen Einrichtungen und deren Nutzung, Verpflichtungen bezüglich Entgeltkontrolle und Kostenrechnung für den Zugang (s 4.), bestimmte Maßnahmen in Bezug auf Dienste für Endnutzer usw.

Stellt die Regulierungsbehörde fest, dass die auferlegten regulatorischen Verpflichtungen nicht zu wirksamem Wettbewerb geführt haben und wichtige und andauernde Wettbewerbsprobleme oder Marktversagen bestehen, kann sie **vertikal integrierten Unternehmen mit beträchtlicher Marktmacht** (s V.3.b.) überdies die Verpflichtung auferlegen, die Bereitstellung von Vorleistungsprodukten, die für Wettbewerber auf der nachgelagerten Endkundenebene essentiell sind (zB Zugang zur Teilnehmeranschlussleitung), in einem unabhängig arbeitenden Geschäftsbereich unterzubringen (funktionelles Unbundling; § 99 TKG 2021).

3. Entgeltregulierung und Nutzerrechte

Unternehmen mit beträchtlicher Marktmacht kann die Regulierungsbehörde hinsichtlich der Netznutzungsentgelte Verpflichtungen betreffend **Kostendeckung und Entgeltkontrolle** einschließlich kostenorientierter Entgelte oder auch eine bestimmte Kostenrechnungsmethode vorschreiben (§ 96 TKG 2021).

In Bezug auf **Dienste für Endnutzer** können Unternehmen mit beträchtlicher Marktmacht weiters spezifische Verpflichtungen auferlegt werden, die dann greifen, wenn die Regulierungsbehörde in einem Marktanalyseverfahren festgestellt hat, dass auf dem relevanten Endnutzermarkt **kein Wettbewerb** herrscht und sonstige Pflichten zur Zielerreichung faktisch nicht zum Tragen kommen. Zu derartigen spezifischen Pflichten in Bezug auf die Endnutzer zählen die Verbote, überhöhte Preise zu verlangen, den Eintritt neuer Marktteilnehmer zu behindern, Kampfpreise zur Ausschaltung des Wettbewerbs anzuwenden, bestimmte Endnutzer unangemessen zu bevorzugen oder Dienste ungerechtfertigt zu bündeln (§ 103 TKG 2021).

4. Zusammenschaltung

Besondere Bedeutung kommt im Telekommunikationsbereich den **Zusammenschaltungsregelungen** zu. Deren zentrale Zielsetzung besteht darin, die Kommunikation der Nutzer verschiedener Kommunikationsnetze untereinander zu ermöglichen. Demnach ist jeder Betreiber eines öffentlichen Kommunikationsnetzes – unabhängig von der Frage der Marktmacht – verpflichtet, anderen Betreibern solcher Netze auf Nachfrage **ein Angebot zur Zusammenschaltung** zu legen. Alle Beteiligten haben hierbei das Ziel anzustreben, die Kommunikation der Nutzer verschiedener öffentlicher Kommunikationsnetze untereinander, den Zugang zu Diensten in anderen Netzen sowie die Interoperabilität von Diensten zu ermöglichen und zu verbessern (§ 105 Abs 1 TKG 2021). Die Zusammenschaltung zwischen den Unternehmen soll primär auf privatrechtlichem Weg erfolgen.

Kommt eine entsprechende Vereinbarung binnen vorgegebener Frist nicht zustande, kann die **Regulierungsbehörde** angerufen werden (§ 105 TKG 2021). Diese ist nach Durchführung eines Streitschlichtungsverfahrens dazu befugt, die zwischen den Verfahrensparteien zu treffende vertragliche Vereinbarung durch Bescheid zu ersetzen („**vertragsersetzender Bescheid**"; § 198 Z 13 iVm §§ 200 Abs 5, 203 TKG 2021).

5. Netzausbau

Ziel des TKG 2021 ist ua die Förderung der Konnektivität, des Zugangs zu und der Nutzung von **Netzen mit sehr hoher Kapazität** (§ 1 Abs 2 Z 1); dies sind Netze, die bis zum Verteilerpunkt am Ort der Nutzung komplett aus Glasfaserkomponenten bestehen, oder in Bezug auf ihre Upload- und Downloadbandbreite eine ähnliche Netzleistung erbringen (§ 4 Z 2 TKG 2021).

Um den Netzausbau zu fördern, sieht § 98 TKG 2021 für Unternehmen mit beträchtlicher Marktmacht die Möglichkeit der **Selbstverpflichtung** vor. Dabei entwerfen die Unternehmen Vereinbarungen zB in Bezug auf Ko-Investitionen betreffend den Ausbau von Netzen mit sehr hoher Kapazität, die von der Regulierungsbehörde für bindend erklärt werden können. Die für bindend erklärte Selbstverpflichtung ist ein veröffentlichtes Angebot an einen unbestimmten Kreis an Ko-Investoren zur Bündelung finanzieller Ressourcen zum Zweck des Netzausbaus. Im Gegenzug für die Selbstbindung an ein publiziertes Vertragsangebot werden dem betroffenen Unternehmen regulatorische Erleichterungen in Bezug auf die von den Verpflichtungen betroffenen Elemente des neuen Netzes gewährt.

Für Bereitsteller von mobilen Kommunikationsdiensten besteht außerdem die Möglichkeit, **Kooperationsvereinbarungen** abzuschließen. Darin wird die gemeinsame Nutzung von oder der Zugang zu den Funktionalitäten von aktiven Netzkomponenten vereinbart. Aktive Netzkomponenten sind Komponenten, die mit elektrischer Energie betrieben werden und für die Signalerzeugung, -verarbeitung und -verstärkung sowie die Netzsteuerung eingesetzt werden (§ 85 TKG 2021). Das dient va der gemeinsamen Nutzung bereits vorhandener und zukünftig bestehender Infrastruktur. Derartige Vereinbarungen unterliegen einer Genehmigungspflicht durch die Regulierungsbehörde.

6. Universaldienst

Beim **Universaldienst** handelt es sich um ein **Mindestangebot** an öffentlichen Kommunikationsdiensten zu erschwinglichen Preisen, das die **uneingeschränkte soziale und wirtschaftliche Teilhabe** in der Gesellschaft im Bundesgebiet gewährleistet. Der Universaldienst umfasst den Zugang zu einem Internetzugangsdienst mit angemessener Bandbreite und zu Sprachkommunikationsdiensten. Die für den Universaldienst zur Verfügung stehende Bandbreite muss unionsrechtlichen Mindesterfordernissen entsprechen (§ 106 TKG 2021). Dieses Mindestangebot an Diensten, die ein angemessener Breitbandinternetzugang unterstützen können muss, umfasst: E-Mail, Suchmaschinen, die das Suchen und Auffinden aller Arten von Informationen ermöglichen, grundlegende Online-Werkzeuge für die Aus- und Weiterbildung, Online-Zeitungen oder Online-Nachrichten, Online-Einkauf oder Online-Bestellung von Waren und Dienstleistungen, Arbeitssuche und Werkzeuge für die Arbeitssuche, berufliche Vernetzung, Online-Banking. In Österreich hat daher grundsätzlich jeder einen Anspruch auf einen Telefonanschluss und Internetzugang zu einem erschwinglichen Preis.

Die Qualitätsanforderungen an einen Internetanschluss iZm dem Universaldienst sind dynamisch geregelt. Der BMF kann mittels V eine Präzisierung der umschriebenen Bandbreite zur Sicherstellung der Mindestdienste treffen, wenn dies zur Gewährleistung einer sozialen und wirtschaftlichen Teilhabe am gesellschaftlichen Leben erforderlich ist.

Der BMF hat mit Unterstützung der Regulierungsbehörde jedenfalls alle fünf Jahre zu prüfen, ob die gewünschten **Universaldienstleistungen vom Markt im Wettbewerb** erbracht werden. Soweit dies nicht der Fall ist, ist die betreffende **Universaldienstleistung öffentlich auszuschreiben** und nach entsprechender Anwendung der Vorschriften des → *Vergaberechts* mit Bescheid zu vergeben. Die Ausschreibung kann entfallen, wenn vor dem Hintergrund einer effizienten Leistungserbringung des Universaldienstes lediglich ein Anbieter die betrieblichen Voraussetzungen für die Erbringung der Universaldienstleistung erfüllt. Nur ausnahmsweise ist der Anbieter per Bescheid zu verpflichten (§ 107 TKG 2021). Derzeit ist im Telekommunikationsbereich kein Universaldiensterbringer benannt; die Leistungen des Universaldienstes werden grundsätzlich durch den Markt erbracht.

Für die nachweislich aufgelaufenen **Kosten des Universaldienstes**, die trotz wirtschaftlicher und kosteneffizienter Betriebsführung nicht hereingebracht werden können, besteht ein gesetzlicher Abgeltungsanspruch (§ 109 TKG 2021). Bei Bedarf ist für die Finanzierung des Universaldienstes ein **Universaldienstfonds** einzurichten, in welchen Anbieter, die eine bestimmte Jahresumsatzgrenze übersteigen, nach dem Verhältnis ihrer Marktanteile Beiträge entrichten (§ 110 TKG 2021).

VII. Regulierung im Bereich Energiewirtschaft

Das Regulierungsrecht der Energiewirtschaft erfasst die Märkte für **Elektrizität** und **Erdgas**. Die nachfolgende Darstellung richtet den Fokus auf das Elektrizitätsrecht. Das Gasrecht weist zahlreiche Parallelen auf.

1. Netzzugang

Die Öffnung des Energiemarktes ist ein anschauliches Beispiel für die spezifischen Erfordernisse eines Marktes, der ein (Leitungs-)**Netz** voraussetzt, **ohne dessen Nutzung den Kunden keine Leistungen** (hier: Lieferung von Strom und Gas) **angeboten werden können**. Die Öffnung dieser Infrastruktur ist daher eine unabdingbare Voraussetzung für einen Wettbewerb auf diesem Markt. Dies geschieht in der Form, dass der zwischen dem Kunden und dem Energielieferanten „zwischengeschaltete" **Netzbetreiber** die Einspeisung und Abnahme von Strom und Gas in bzw aus seinem Netz gestattet. Ein wesentliches Element der Wettbewerbsregulierung stellen daher die Bestimmungen über den **„geregelten Netzzugang" auf Basis regulierter Entgelte** bzw über die Netzzugangsverweigerung dar.

Zu verweisen ist hier auf § 15 ElWOG 2010, der vorsieht, dass die Netzbetreiber durch die Ausführungsgesetze zu verpflichten sind, Netzzugangsberechtigten den **Netzzugang** zu den genehmigten Allgemeinen Bedingungen und bestimmten **Systemnutzungsentgelten** zu gewähren. Als **Netzzugangsberechtigter** gilt nach der Legaldefinition des § 7 Abs 1 Z 54 ElWOG 2010 „eine natürliche oder juristische Person oder eingetragene Personengesellschaft, die Netzzugang begehrt, insbesondere auch Elektrizitätsunternehmen, soweit dies zur Erfüllung ihrer Aufgaben erforderlich ist". § 16a ElWOG

2010 verschafft Netzzugangsberechtigten einen Rechtsanspruch gegenüber Netzbetreibern, **gemeinschaftliche Erzeugungsanlagen** zu betreiben. Es ist daher möglich, auch in Mehrfamilienhäusern solche Anlagen (zB Photovoltaikanlagen) zu errichten und über eine Gruppe teilnehmender Endverbraucher zu nutzen.

§ 17 Abs 1 ElWOG 2010 verbietet Diskriminierungen beim Zugang zum System. Insb dürfen die Zugangsbedingungen keine missbräuchlichen Praktiken oder ungerechtfertigten Beschränkungen enthalten (**Missbrauchsverbot**). Eine **Verweigerung des Netzzugangs** kommt nur ausnahmsweise, in den im ElWOG 2010 bzw in den Ausführungsgesetzen vorgesehenen Fällen (zB Störfälle), in Betracht (§ 21 ElWOG 2010). Bei Verweigerung des Netzzugangs kann die **Regulierungskommission der E-Control** angerufen werden. Diese hat binnen eines Monats festzustellen, ob die Voraussetzungen für die Verweigerung eines Netzzugangs vorliegen (§ 12 Abs 1 Z 1 E-ControlG iVm § 21 Abs 2 ElWOG 2010). Eine **gerichtliche Klage** wegen Ansprüchen, die sich auf eine Verweigerung des Netzzugangs gründen, kann erst nach Rechtskraft* der Entscheidung der Regulierungsbehörde über die Rechtmäßigkeit der Verweigerung des Netzzugangs eingebracht werden (§ 22 Abs 3 ElWOG 2010). Es ist daher ausschließlich Sache der Regulierungsbehörde, die Rechtmäßigkeit der Verweigerung des Netzzugangs festzustellen.

Auch im **GWG 2011** ist ein System des „**geregelten Netzzugangs**" verwirklicht. Der Zugang zu Verteiler- und Fernleitungsnetzen für Erdgas ist auf Basis behördlich genehmigter **Allgemeiner Bedingungen** (§§ 27 ff, 31 f GWG 2011) und des mit V festgelegten **Systemnutzungsentgelts** (§§ 70 ff GWG 2011; GSNE-VO 2013) zu gewähren. Die Verweigerung des Netzzugangs ist nur in bestimmten Fällen zulässig (§ 33 GWG 2011). Behauptet jemand, in seinem Recht auf Netzzugang verletzt zu sein, entscheidet die **Regulierungskommission der E-Control** (§ 12 Abs 1 Z 1 E-ControlG iVm § 33 GWG 2011). Was die Zulässigkeit einer Klage wegen Ansprüchen infolge der Verweigerung des Netzzugangs anlangt, gilt das zum Elektrizitätsrecht Gesagte (§ 132 Abs 3 GWG 2011). Kommt ein Netzbetreiber seinen gesetzlichen Pflichten nicht nach, kann die Behörde* in bestimmten Fällen mit Bescheid einen anderen Netzbetreiber zur Erfüllung der Aufgaben des säumigen Unternehmens heranziehen (**Einweisung**) bzw zur dauernden Übernahme des Netzbetriebes verpflichten (§ 57 GWG 2011).

2. Netzanschluss

Der österr Markt für Elektrizität und Erdgas ist mittlerweile vollständig liberalisiert, dh sowohl Stromkunden als auch Erdgaskunden können ihren **Lieferanten frei wählen**. Die Liberalisierung des Energiemarkts betrifft allerdings nur die Erzeugung bzw die Gewinnung und den Vertrieb. Im Bereich der Infrastruktur (dh des Netzes) wird ein Wettbewerb nur sehr eingeschränkt zugelassen; insb ist die Errichtung paralleler Stromnetze aufgrund von Gebietsmonopolen ausgeschlossen (s zB § 34 Abs 1 lit a K-ElWOG).

Zur Sicherstellung eines funktionierenden Energiemarkts werden den **Netzbetreibern** eine Reihe von Pflichten auferlegt (§ 5 Abs 1 ElWOG 2010 bzw § 5 Abs 1 GWG 2011). Insb sind sie verpflichtet, mit den Netzbenutzern privatrechtliche Verträge über den Anschluss an ihr Netz abzuschließen (**allgemeine Anschlusspflicht** – § 46 Abs 1 ElWOG 2010, § 59 Abs 1 GWG 2011) und alle Kunden ihres Netzes diskriminierungsfrei zu behandeln (**Diskriminierungsverbot** – § 9 ElWOG 2010 bzw § 9 GWG 2011). Zudem müssen sie eine ausreichende Elektrizitätsnetz- bzw Erdgasinfrastruktur errichten und erhalten (**Infrastrukturverantwortung**). Die Betreiber von Verteilernetzen für Elektrizität (das sind Netze zur unmittelbaren Versorgung von Kunden) haben grundsätzlich das Recht, innerhalb des von ihrem Verteilernetz abgedeckten Gebietes alle Endverbraucher und Erzeuger an ihr Netz anzuschließen (**Recht zum Netzanschluss**; § 44 ElWOG 2010).

3. Entflechtung

Die für einen funktionierenden Markt erforderliche Trennung zwischen dem Netz und den über dieses Netz erfolgenden Energielieferungen wird auch durch entsprechende Entflechtungsregelungen sichergestellt. Nach § 8 Abs 2 ElWOG 2010 sind dem Netzbetreiber **Quersubventionierungen** ausdrücklich untersagt. Darüber hinaus werden Elektrizitätsunternehmen zwecks „Vermeidung von Diskriminierung, Quersubventionen und Wettbewerbsverzerrungen" verpflichtet, im Rahmen ihrer internen Buchführung **getrennte Rechnungskreise** für die unterschiedlichen Geschäftsfelder (zB Stromerzeugung, Stromverteilung) zu führen. Die interne Buchführung hat für jede Tätigkeit eine Bilanz sowie eine Ergebnisrechnung zu enthalten (**buchhalterisches Unbundling**).

Außerdem statuiert § 24 ElWOG 2010 an sich eine **eigentumsrechtliche Entflechtung** (Ownership Unbundling; s V.3.b.) für **Betreiber von Übertragungsnetzen** (das sind Hochspannungsverbundnetze mit einer Spannungshöhe von 110 kV und darüber, die dem überregionalen Transport von elektrischer Energie dienen). Stand das Übertragungsnetz am **03.09.2009** (= Datum des Inkrafttretens der Elektrizitätsbinnenmarkt-RL 2009/72/EG) im Eigentum eines vertikal integrierten Elektrizitätsunternehmens (§ 7 Abs 1 Z 78 ElWOG 2010), besteht jedoch die Möglichkeit, die eigentumsrechtliche Entflechtung nicht anzuwenden und **stattdessen**
- auf Vorschlag des Eigentümers des Übertragungsnetzes einen unabhängigen Netzbetreiber zu benennen (**Independent System Operator – ISO**) (§§ 25–27 ElWOG 2010);
- einen unabhängigen Übertragungsnetzbetreiber zu benennen (**Independent Transmission Operator – ITO**) (§§ 28–32 ElWOG 2010);

- bestehende Regelungen anzuwenden, die eindeutig eine wirksamere Unabhängigkeit des Übertragungsnetzbetreibers gewährleisten als die Bestimmungen zum unabhängigen Übertragungsnetzbetreiber (**ITO+**) (§ 33 ElWOG 2010).

Die Regulierungsbehörde hat die Einhaltung dieser Entflechtungsvorschriften ständig zu beobachten. Für jede der genannten Formen der Entflechtung ist ein mit Feststellungsbescheid* abzuschließendes **Zertifizierungsverfahren** vorgesehen, in das auch die Europäische Kommission eingebunden wird (§ 34 ElWOG 2010).

Für **Verteilernetzbetreiber** sieht das ElWOG 2010 spezifische Entflechtungsregeln vor, die sich va auf das Konzessionsverfahren beziehen. Bei „großen" Verteilernetzbetreibern (das sind jene, an deren Netz mindestens 100.000 Kunden angeschlossen sind) müssen Konzessionswerber, die zu einem vertikal integrierten Unternehmen gehören, zumindest **in ihrer Rechtsform, Organisation und Entscheidungsgewalt unabhängig** von den übrigen Tätigkeitsbereichen sein, die nicht mit der Verteilung zusammenhängen. Im Falle einer Konzessionserteilung ist durch entsprechende **Auflagen*** oder **Bedingungen*** sicherzustellen, dass der Verteilernetzbetreiber hinsichtlich seiner Organisation und Entscheidungsgewalt unabhängig von den übrigen Tätigkeitsbereichen eines vertikal integrierten Unternehmens ist, die nicht mit der Verteilung zusammenhängen (§ 42 Abs 3 ElWOG 2010). Ein Verteilernetzbetreiber, der Teil eines vertikal integrierten Unternehmens ist, darf diesen Umstand **nicht zur Verzerrung des Wettbewerbs nutzen**. Insb sind im Rahmen der Ausführungsgesetzgebung der Länder Maßnahmen vorzusehen, durch die gewährleistet ist, dass vertikal integrierte Verteilernetzbetreiber in ihrer Kommunikations- und Markenpolitik dafür Sorge tragen, dass eine **Verwechslung** „in Bezug auf die eigene Identität der Versorgungssparte des vertikal integrierten Unternehmens" **ausgeschlossen** ist (§ 42 Abs 6 ElWOG 2010).

Für **Erdgasunternehmen** bestehen ähnliche Entflechtungsvorschriften (§ 8 Abs 2, §§ 106 ff GWG 2011).

4. Preisregulierung

Da das **ElWOG 2010** einen „geregelten Netzzugang" vorsieht, stellt sich die Frage, zu welchen Preisen das Netz benutzt werden darf. Da eine autonome Festsetzung dieser Preise durch die Netzbetreiber zu Wettbewerbsverzerrungen führen könnte, wird auf Basis von bescheidförmig festgestellten Kosten und Mengen das sog **Systemnutzungsentgelt** durch die Regulierungsbehörde mittels **V** festgesetzt (§ 49 ElWOG 2010; SNE-V 2018). Mit diesem Systemnutzungsentgelt, das sich aus mehreren Bestandteilen (zB Netznutzungsentgelt, Netzverlustentgelt) zusammensetzt, werden die von den Netzbetreibern und Regelzonenführern erbrachten Leistungen abgegolten. Das Systemnutzungsentgelt hat insb dem Grundsatz der Gleichbehandlung aller Systembenutzer, der Kostenorientierung und der weitestgehenden Verursachungsgerechtigkeit zu entsprechen (§ 51 ElWOG 2010).

Im **GWG 2011** finden sich ähnliche Regelungen (§§ 69 ff GWG 2011; s auch GSNE-VO 2013). Die maßgeblichen Vorschriften differenzieren zwischen Verteilernetzen und Fernleitungsnetzen.

Für bestimmte Forschungs- und Demonstrationsprojekte (zB Systemintegration von erneuerbaren Energietechnologien) kann die Regulierungsbehörde mit Bescheid abweichende Systemnutzungsentgelte festlegen (§ 58a ElWOG 2010, § 78a GWG 2011). Die damit geschaffenen regulatorischen Freiräume (**„Regulatory Sandboxes"**) sollen zur Erprobung innovativer Ideen im Bereich erneuerbare Energien genutzt werden.

5. Ausgleich von Angebot und Nachfrage im liberalisierten Energiemarkt

Ein spezifisches Thema der Energiewirtschaft ergibt sich daraus, dass zur Sicherstellung der Versorgung der Abnehmer mit Strom und Gas jeweils so viel Energie ins Netz eingespeist werden muss wie entnommen wird. Um die Erfüllung dieser Anforderung auch in einem liberalisierten Markt zu gewährleisten und den Ausgleich zwischen Einspeisung und Verbrauch zu organisieren, werden **Regelzonen** (ElWOG 2010) bzw **Marktgebiete** (GWG 2011) gebildet und nach dem sog **Bilanzgruppenmodell** verwaltet.

Eine **Regelzone** stellt einen Netzbereich dar, innerhalb dessen der Ausgleich zwischen Erzeugung und Verbrauch organisiert wird (§ 7 Abs 1 Z 59 ElWOG 2010). Die Administration dieser Regelzone obliegt dem **Regelzonenführer**. Die Aufgaben des Regelzonenführers nach dem ElWOG 2010 umfassen ua die Organisation und den Einsatz der Regelenergie (zum Ausgleich von Schwankungen im Stromnetz) sowie die Sicherstellung des physikalischen Ausgleichs zwischen Aufbringung und Bedarf in dem von ihm abzudeckenden System (§ 23 Abs 2 Z 3 und 8 ElWOG 2010). Gem § 23 Abs 1 ElWOG 2010 werden die Verbund-Austrian Power Grid AG, die TIWAG-Netz AG und die VKW-Übertragungsnetz AG oder deren Rechtsnachfolger als Regelzonenführer benannt. Die Zusammenfassung von Regelzonen in Form eines gemeinsamen Betriebs durch einen Regelzonenführer (**Austrian Power Grid AG**) ist jedoch zulässig. Innerhalb einer solchen Regelzone werden durch den Bilanzgruppenverantwortlichen Bilanzgruppen gebildet (§ 86 Abs 1 ElWOG 2010). Eine **Bilanzgruppe** ist die „Zusammenfassung von Lieferanten und Kunden zu einer virtuellen Gruppe", innerhalb derer ein Ausgleich zwischen Stromaufbringung und Stromabgabe erfolgt (§ 7 Abs 1 Z 4 ElWOG 2010). Der **Bilanzgruppenverantwortliche** ist insb dazu berufen,

Ausgleichsenergie für die Bilanzgruppenmitglieder zu beschaffen (§ 87 Abs 2 Z 5 ElWOG 2010). Die Verwaltung der Bilanzgruppen in organisatorischer und abrechnungstechnischer Hinsicht sowie die Berechnung und Zuordnung der Ausgleichsenergie sind Sache des **Bilanzgruppenkoordinators**, der zu diesem Zweck eine **Verrechnungsstelle** für Transaktionen und Preisbildung für die Ausgleichsenergie betreibt (s § 1 VerrechnungsstellenG, § 23 Abs 4 ElWOG 2010).

Während das Elektrizitätsrecht auf Regelzonen abstellt, bezieht sich das GWG 2011 auf **Marktgebiete**. Unter einem Marktgebiet versteht das Gesetz „eine Zusammenfassung von Netzen unterschiedlicher Netzbetreiber, in dem ein Netzzugangsberechtigter gebuchte Kapazitäten an Ein- und Ausspeisepunkten flexibel nutzen kann" (§ 7 Abs 1 Z 36 GWG 2011). Das österr Leitungsnetz besteht aus drei Marktgebieten (§ 12 GWG 2011: Ost, Tirol und Vorarlberg). Die Administration obliegt einem **Marktgebietsmanager**, der von den Betreibern der Fernleitungsnetze des Marktgebiets mit Genehmigung der Regulierungsbehörde zu bestellen ist (§§ 13 ff GWG 2011). Die Verteilerleitungsanlagen der Netzebenen 1 bis 3 (§ 7 Abs 1 Z 44, § 84 Abs 1 GWG 2011) eines Marktgebietes werden vom Gesetz zu einem Verteilergebiet zusammengefasst, für das ein **Verteilergebietsmanager** zu bestellen ist (§§ 17 ff GWG 2011).

Das GWG 2011 kennt außerdem den **Virtuellen Handelspunkt** (§ 7 Abs 1 Z 76), der vereinfacht gesagt dazu dient, den Handel mit dem im Marktgebiet befindlichen Gas zu ermöglichen. Dessen Betreiber sind zum Zweck der Konzentration des Gashandels am Virtuellen Handelspunkt eine Reihe von Aufgaben, wie etwa die elektronische Protokollierung und die Abrechnung der Energiemengen aus Handelsgeschäften, übertragen (§ 68 GWG 2011).

Vor dem Hintergrund der aktuellen Situation am Gasmarkt wurden zuletzt Regelungen zur **Gewährleistung der Versorgungssicherheit** ins GWG 2011 aufgenommen. Zu nennen sind hier etwa die Einführung eines „Use-it-or-lose-it"-Prinzips für Speicheranlagen (§ 104 Abs 3 und 4 GWG 2011) sowie die Ermächtigung zum Abschluss von Ressortübereinkommen über eine gemeinsame Nutzung von Speicheranlagen (§ 105a GWG 2011).

VIII. Regulierung im Bereich Post

Vor der durch EU-Recht vorangetriebenen **Liberalisierung des Postwesens** wurden Briefdienste in Österreich nur durch die zum Verkehrsministerium gehörende **Post- und Telegraphenverwaltung (PTV)** erbracht. Mittlerweile ist der österr Postmarkt für den Wettbewerb geöffnet; die Post wurde ausgegliedert und in weiterer Folge teilprivatisiert. Mit Jahresbeginn 2011 wurde auch der bis dahin „reservierte Postdienst" der Österreichischen Post AG für die Mitbewerber freigegeben. Der österr Postmarkt gilt somit als vollständig liberalisiert.

Die **gewerbsmäßige Erbringung von Postdiensten**, das sind Dienste iZm der Abholung, dem Sortieren, dem Transport und der Zustellung von Postsendungen (§ 3 Z 2 PMG), wird nicht in der GewO (→ *Gewerberecht*) geregelt, sondern in einem eigenen Gesetz, dem **Postmarktgesetz (PMG)**. Das PMG soll einen fairen **Wettbewerb** beim Erbringen von Postdiensten ermöglichen und zugleich für die Bevölkerung im gesamten Bundesgebiet eine ausreichende und preiswerte **Grundversorgung** mit Postdiensten (**Universaldienst**) gewährleisten (§ 1 Abs 1 PMG). Im Vergleich zu anderen regulierten Sektoren kommt den Regelungen zur Gewährleistung des Universaldienstes im PMG ein besonders hoher Stellenwert zu.

1. Universaldienst

Unter dem Begriff **Universaldienst** versteht man „ein Mindestangebot an Postdiensten, die allgemein zur Aufrechterhaltung der Grundversorgung der Nutzerinnen und Nutzer als notwendig angesehen werden, die flächendeckend im Bundesgebiet angeboten werden und zu denen alle Nutzerinnen und Nutzer zu einem erschwinglichen Preis Zugang haben" (§ 6 Abs 1 PMG). Welche Postdienstleistungen konkret damit gemeint sind, ergibt sich insb aus § 6 Abs 2 PMG. Soweit Postdienstleistungen unter den Universaldienst fallen, sind sie gem § 6 Abs 5 PMG

- ständig,
- flächendeckend,
- zu allgemein erschwinglichen Preisen und
- in einer entsprechenden Qualität (dh va unter Einhaltung bestimmter Laufzeiten; § 11 PMG) anzubieten.

Diese Vorgaben werden im Gesetz näher konkretisiert. Hervorzuheben sind insb die recht detaillierten Regelungen über die **flächendeckende Versorgung mit Post-Geschäftsstellen** (§§ 7 f PMG). Die **Schließung** einer eigenbetriebenen Post-Geschäftsstelle ist demnach **nur unter bestimmten Voraussetzungen** und unter Einbindung der Regulierungsbehörde möglich. Liegen die im Gesetz vorgesehenen Voraussetzungen nicht vor, so hat die Regulierungsbehörde die Schließung der betreffenden eigenbetriebenen Post-Geschäftsstelle mit **Bescheid** zu untersagen. Für den Universaldienstbetreiber besteht ein **Kontrahierungszwang*** (§ 19 PMG) nach Maßgabe seiner AGB; diese **AGB** unterliegen der **Kontrolle** durch die Regulierungsbehörde (§ 20 PMG).

Eine Preisfestsetzung durch die Regulierungsbehörde ist im Postbereich zwar nicht vorgesehen. Die Regulierungsbehörde kann aber erforderlichenfalls eine **Überprüfung der Entgelte** für die vom Universaldienst umfassten

Dienste einleiten und den Universaldienstbetreiber, wenn notwendig, mit Bescheid auffordern, diese Entgelte unverzüglich den gesetzlichen Vorgaben anzupassen. Wird dem nicht entsprochen, können die Entgelte für unwirksam erklärt werden (§ 21 PMG). Besonderes gilt für **Einzelsendungsentgelte** des Universaldienstbetreibers für Briefsendungen bis 50 g im Inland; diese unterliegen einer **Vorabkontrolle** durch die Regulierungsbehörde (§ 22 PMG).

Universaldienstbetreiber ist seit Inkrafttreten des PMG (2011) die **Österreichische Post AG** (§ 12 PMG). Zur Finanzierung des Universaldienstes sieht das Gesetz einen **Ausgleichsfonds** vor. Der Universaldienstbetreiber kann beantragen, dass ihm die nachweislich aufgelaufenen Nettokosten des Universaldienstes, die trotz wirtschaftlicher Betriebsführung nicht hereingebracht werden können und eine unverhältnismäßige finanzielle Belastung darstellen, ersetzt werden (§ 13 PMG). Wird ein derartiger Antrag auf Kostenersatz gestellt, hat die Regulierungsbehörde einen Ausgleichsfonds einzurichten und zu verwalten. Dotiert wird dieser Ausgleichsfonds durch **Beiträge der Betreiber von konzessionierten Postdiensten** mit einem Jahresumsatz von mehr als € 1 Mio aus dieser Tätigkeit. Die Höhe der Beiträge richtet sich nach dem jeweiligen Marktanteil.

2. Marktzugang

Der Zugang zum Markt für Postdienste ist weitgehend dereguliert. Nach § 24 PMG ist bei Beachtung der gesetzlichen Vorgaben jedermann berechtigt, Postdienste anzubieten und zu erbringen. IdR besteht nur eine **Anzeigepflicht** (§ 25 PMG). Lediglich die gewerbsmäßige Beförderung von Briefsendungen für Dritte bis zu einem Gewicht von 50 g bedarf einer Konzession, die auf Antrag von der Regulierungsbehörde zu erteilen ist. Diese Konzessionspflicht entfällt freilich beim Universaldienstbetreiber. Dieser gilt ex lege als Betreiber eines konzessionierten Postdienstes (§§ 26 ff PMG).

Um Nachteile der Mitbewerber gegenüber dem Universaldienstbetreiber (der Österreichischen Post AG) zu vermeiden, sieht § 36 PMG vor, dass der Universaldienstbetreiber die Verwendung seiner **Postleitzahlen** anderen Postdienstleistern unentgeltlich zu gestatten hat. Soweit Adressdaten für das Nachsenden oder das Rücksenden von Postsendungen verwendet werden, haben die Postdiensteanbieter einander auf transparente und nichtdiskriminierende Weise Zugang zu diesen Adressdaten zu gewähren (§ 35 PMG). Außerdem enthält das PMG Bestimmungen über **Hausbriefkästen bzw Hausbrieffachanlagen**, die sicherstellen sollen, dass allen Anbietern von Postdienstleistungen diese Möglichkeit zur Abgabe von Postsendungen zur Verfügung steht (§ 34 PMG; s V.2.).

IX. Regulierung im Schienenverkehr

Wesentliche Grundlagen für die Entwicklung von Wettbewerb im Eisenbahnsektor waren die unionsrechtlich angestoßenen Verpflichtungen, Infrastrukturbetrieb und Diensteerbringung zu trennen sowie für Eisenbahnunternehmen eine vom Staat unabhängige Geschäftsführung vorzusehen.

1. Marktzugang

Hinsichtlich des Marktzugangs im Eisenbahnwesen ist zwischen Eisenbahninfrastrukturunternehmen (§ 1a EisbG) und Eisenbahnverkehrsunternehmen (§ 1b EisbG) zu unterscheiden:

Eisenbahninfrastrukturunternehmen sind Eisenbahnunternehmen, die dem Bau und Betrieb von Haupt- und Nebenbahnen dienen und darüber verfügungsberechtigt sind. Sie benötigen eine **Konzession** (§ 14 EisbG), die nur dann verliehen werden darf, wenn öffentliche Interessen dem nicht entgegenstehen oder wenn das öffentliche Interesse an der Erbauung und dem Betrieb der geplanten Eisenbahn die entgegenstehenden Interessen überwiegt (Gemeinnützigkeit der Eisenbahn) (§ 14a Abs 3 EisbG). Die **Konzessionsdauer ist zu befristen**, jedoch grundsätzlich einer Verlängerung zugänglich (§§ 14b ff EisbG). Die Konzession ist als staatlich verliehenes Schutz- und Nutzungsrecht ausgestaltet; gem § 18a EisbG darf während der Konzessionsdauer niemandem gestattet werden, andere Eisenbahnen zu errichten, die eine dem Konzessionsinhaber nicht zumutbare Konkurrenzierung bedeuten würden. Hierdurch erlangt der Konzessionsinhaber **Schutz vor Konkurrenz** durch andere (va parallele) Eisenbahnstrecken.

Eisenbahnverkehrsunternehmen sind Eisenbahnunternehmen, die Eisenbahnverkehrsdienste auf der Eisenbahninfrastruktur von Hauptbahnen oder vernetzten Nebenbahnen erbringen sowie die Traktion sicherstellen. Sie bedürfen – für die Erbringung von Eisenbahnverkehrsdiensten auf österr Hauptbahnen und vernetzten Nebenbahnen, in der EU, im EWR oder in der Schweiz – einer **Verkehrsgenehmigung** (§§ 15 ff EisbG), anderenfalls – für Personenverkehrsdienste im Stadt- oder Vorortverkehr sowie Güterverkehrsdienste im Regional-, Stadt- oder Vorortverkehr – einer **Verkehrskonzession** (§§ 16 ff EisbG). Voraussetzungen für die Erteilung der Berechtigung sind die Zuverlässigkeit des Antragstellers, seine finanzielle Leistungsfähigkeit und fachliche Eignung.

2. Entflechtung

Die wesentlichen Kernelemente der eisenbahnrechtlichen Entflechtungsregeln zielen auf die Trennung von Eisenbahninfrastruktur- und Eisenbahnverkehrsunternehmen sowie die Sicherung ihrer jeweiligen Unabhängigkeit.

So müssen **Eisenbahnverkehrsunternehmen**, die im Eigentum einer Gebietskörperschaft stehen oder von einer Gebietskörperschaft kontrolliert werden, in Bezug auf die Geschäftsführung, die Verwaltung und die interne Kontrolle der Verwaltungs-, Wirtschafts- und Rechnungsführungsfragen eine von den Gebietskörperschaften unabhängige Stellung haben. Insb müssen sie über ein Vermögen, einen Haushaltsplan und eine Rechnungsführung verfügen, die vom Vermögen, vom Haushaltsplan und von der Rechnungsführung der Gebietskörperschaften getrennt sind (§ 55 Abs 1 EisbG).

Im Zentrum der jüngeren eisenbahnrechtlichen Entflechtungsregelungen steht die Verwaltung der Eisenbahninfrastruktur im Bereich von vertikal integrierten Unternehmen (in Österreich insb der ÖBB-Konzern). Von **integrierten Eisenbahnunternehmen** wird dann gesprochen, wenn Eisenbahnunternehmen sowohl als Eisenbahninfrastrukturunternehmen als auch als Eisenbahnverkehrsunternehmen tätig werden (§ 1c EisbG). **Vertikal integrierte Unternehmen** sind entweder integrierte Eisenbahnunternehmen oder Eisenbahninfrastrukturunternehmen, die in eine Unternehmensstruktur derart eingebunden sind, dass es aufgrund von verschiedenen Interessenlagen wahrscheinlich ist, dass die Verwaltung der Eisenbahninfrastruktur nicht so optimiert ist wie bei Eisenbahninfrastrukturunternehmen, die keiner Kontrolle durch andere am Eisenbahnmarkt tätige Eisenbahnunternehmen unterliegen (s § 1d EisbG). Organisatorische, personelle und betriebliche **Entflechtungsregelungen** (s V.3.b.) zielen vor diesem Hintergrund auf eine Verbesserung der Verwaltung der Eisenbahninfrastruktur in vertikal integrierten Unternehmen.

Wenn Eisenbahninfrastrukturunternehmen und Eisenbahnverkehrsunternehmen voneinander völlig unabhängig sind, schadet es nicht, dass beide unmittelbar vom Bund oder einem Bundesland kontrolliert werden: sie gelten nicht als vertikal integrierte Unternehmen (§ 1d Abs 2 EisbG).

Integrierte Eisenbahnunternehmen müssen für die Funktion als Infrastrukturunternehmen und jene als Eisenbahnverkehrsunternehmen voneinander **getrennte Unternehmensbereiche** einrichten („organisatorisches Unbundling"; § 55 Abs 1a EisbG). Um Quersubventionierungen entgegenzuwirken, besteht zudem ein Gebot zur **Führung getrennter Rechnungskreise** („buchhalterisches Unbundling"; § 55 Abs 2–4 EisbG).

Generell müssen **Infrastrukturunternehmen von Verkehrsunternehmen rechtlich getrennt** sein; in vertikal integrierten Unternehmen gilt dies auch für die Trennung von anderen rechtlichen Einheiten dieses Unternehmens („rechtliches Unbundling"; § 55c Abs 3 EisbG). Ein vertikal integriertes Unternehmen ist zudem so zu organisieren, dass keine seiner rechtlichen Einheiten einen bestimmenden Einfluss auf die Entscheidungen des Eisenbahninfrastrukturunternehmens hinsichtlich dessen wesentlicher Funktionen – als

Zuweisungsstelle oder entgelterhebende Stelle (§ 55d Abs 1 EisbG; s IX.3.) – ausüben (§ 55c Abs 1 EisbG).

In **personeller Hinsicht** ist insb auf die Unparteilichkeit der Vorstands- und Aufsichtsratsmitglieder des Infrastrukturunternehmens (§ 55c Abs 2 EisbG) sowie auf das Verbot der kreuzweisen Ausübung bestimmter Organfunktionen (§ 55c Abs 4 EisbG) Bedacht zu nehmen.

Zur Förderung der **finanziellen Transparenz** normiert § 55f EisbG spezifische Anforderungen (zB ein Verbot der gegenseitigen Gewährung von direkten oder indirekten Darlehen zwischen Eisenbahninfrastrukturunternehmen und Eisenbahnverkehrsunternehmen oder Vorgaben zur Erbringung von Dienstleistungen bei integrierten Unternehmen).

Das Eisenbahninfrastrukturunternehmen kann mit schriftlichem Vertrag **Aufgaben an das Eisenbahnverkehrsunternehmen übertragen**, sofern keine Interessenkonflikte entstehen und die Vertraulichkeit des Geschäftsgeheimnisses gewahrt bleibt (§ 55g EisbG). Eine weitere zulässige Form der Zusammenarbeit zwischen Eisenbahninfrastruktur- und -verkehrsunternehmen sind **Kooperationsvereinbarungen**, die den Kunden des Eisenbahnverkehrsunternehmens Vorteile bieten sollen (wie bspw niedrige Kosten oder eine höhere Leistungsfähigkeit; § 55i EisbG). Sofern die gesetzlichen Entflechtungsvorschriften eingehalten werden, ist es außerdem zulässig, dass die mit dem Bau und dem Betrieb von Eisenbahnen verbundenen Funktionen nicht nur von einem einzigen Eisenbahninfrastrukturunternehmen, sondern von verschiedenen Eisenbahninfrastrukturunternehmen (auf Grundlage eines schriftlichen Kooperationsvertrages) wahrgenommen werden (§ 55h EisbG).

3. Netzzugang

Die zum **Zugang zur Eisenbahninfrastruktur** Berechtigten werden in § 57 EisbG ausdrücklich genannt und umfassen insb Eisenbahnverkehrsunternehmen mit Sitz im EU/EWR-Raum. Diesen Zugangsberechtigten kommt ein Anspruch auf diskriminierungsfreie **Zuweisung von Fahrwegkapazität** zu (§ 57a EisbG), wobei zur Gewährleistung der Sicherheit des Betriebs der Schienenfahrzeuge entsprechende Sicherheitsbescheinigungen notwendig sind (§§ 185 ff EisbG).

Den Netzzugangsberechtigten ist ein **Mindestzugang** zu gewähren, der insb die Nutzung der Eisenbahninfrastruktur, die Zugsteuerung, die Nutzung vorhandener Versorgungseinrichtungen für Fahrstrom sowie Informationen umfasst, die zur Durchführung oder zum Betrieb des Eisenbahnverkehrsdienstes erforderlich sind (§ 58 EisbG). Für die Nutzung der Schieneninfrastruktur sind vom jeweiligen Eisenbahninfrastrukturunternehmen (nach Konsultation mit den Beteiligten) **Schienennetz-Nutzungsbedingungen** zu verfassen, die der Schienen-Control Kommission unverzüglich nach deren Erstellung im Entwurf vorzulegen sind (§ 59 EisbG).

Die Einräumung des Netzzugangs (Trassenzuweisung) erfolgt durch die **Zuweisungsstelle**. Die Funktion der Zuweisungsstelle kommt – sofern keine Interessenkonflikte bestehen und Geheimhaltungsinteressen gewahrt bleiben – grundsätzlich dem Eisenbahninfrastrukturunternehmen zu, anderenfalls ist die Aufgabe an die SCHIG (X.2.d.) oder an ein sonst geeignetes Unternehmen durch schriftlichen Vertrag zu übertragen. Lediglich integrierte Eisenbahnunternehmen dürfen die Funktion einer Zuweisungsstelle nicht selbst wahrnehmen; sie müssen diese Funktion der SCHIG oder einem anderen geeigneten Unternehmen oder einer anderen geeigneten Stelle vertraglich übertragen (§ 62 EisbG). Auch die **Entgelterhebung** obliegt nach diesem Grundsatz („rechtliches Unbundling") entweder dem Eisenbahninfrastrukturunternehmen selbst, der SCHIG oder einem anderen Unternehmen (§ 62b EisbG).

Generell gilt, dass die Zuweisung von Fahrwegkapazitäten unter **angemessenen, nichtdiskriminierenden und transparenten Bedingungen**, nach den Grundsätzen der Gleichbehandlung und einer möglichst effektiven Nutzung der Eisenbahninfrastruktur sowie unter Wahrung des Geschäftsgeheimnisses hinsichtlich der gegenüber der Zuweisungsstelle gemachten Angaben vorzunehmen ist. Die Dauer der Zuweisung ist grundsätzlich mit einer Netzfahrplanperiode limitiert (§ 63 EisbG).

Die Zuweisung von Fahrwegkapazität, die Gewährung des Mindestzugangspakets sowie des Zugangs zu Serviceeinrichtungen und -diensten folgt einem gesetzlich geregelten Prozedere (§§ 71 ff EisbG) und findet im Allgemeinen in Form eines **schriftlichen Vertrags** statt. Sollen Fahrwegkapazitäten an ein integriertes Eisenbahnunternehmen zur Ausübung von Zugangsrechten auf seiner eigenen Eisenbahninfrastruktur zugewiesen werden, ist dafür von der Zuweisungsstelle eine **Urkunde** auszufertigen (§ 70a EisbG).

Für **Beschwerden gegen die Zuweisungsstelle**, insb wegen Ablehnung eines Begehrens auf Zuweisung von Fahrwegkapazität oder auf Gewährung des Mindestzugangspakets, ist die **Schienen-Control Kommission** zuständig. Liegen die gesetzlichen Voraussetzungen für die Zuweisung der begehrten Fahrwegkapazität vor, ist der Beschwerde stattzugeben, und die Zuweisung der Fahrwegkapazität erfolgt durch einen Bescheid, der den Abschluss eines schriftlichen Vertrags oder die Erstellung einer Urkunde über die Zuweisung von Fahrwegkapazität ersetzt („**vertragsersetzender Bescheid**"). Ein derartiger Bescheid steht dem späteren Abschluss eines schriftlichen Vertrags zwischen dem Beschwerdeführenden und der Zuweisungsstelle (bzw der Ausstellung einer Urkunde) nicht entgegen (§ 72 EisbG).

4. Entgeltregulierung

Nach § 67 Abs 1 EisbG sind **Wegeentgelte** für den Zugang zur Eisenbahninfrastruktur und für die Gewährung des Mindestzugangspakets einschließlich der damit verbundenen Bearbeitung und Prüfung von Begehren auf Zuweisung von Fahrwegkapazität grundsätzlich in Höhe der Kosten zu ermitteln, die unmittelbar aufgrund des Zugbetriebs anfallen. Sofern die Wegeentgelte und sonstige Erlöse aus dem Betreiben der Eisenbahninfrastruktur nicht ausreichen, um eine volle Deckung der Kosten zu erreichen, können **weitere Aufschläge** festgesetzt werden, wobei die Höhe der Wegeentgelte die Nutzung der Eisenbahninfrastruktur durch Marktsegmente (§ 67d Abs 4 und 5 EisbG) nicht ausschließen darf, die mindestens die Kosten, die unmittelbar aufgrund des Zugbetriebes anfallen, sowie eine marktgerechte Rendite erbringen können (§ 67d Abs 1 EisbG). Für bestimmte Eisenbahninfrastrukturen können auf Grundlage der langfristigen Investitionskosten höhere Wegeentgelte festgesetzt werden (§ 67e EisbG). Als Grundsatz gilt, dass die durchschnittlichen Wegeentgelte eines Eisenbahninfrastrukturunternehmens für gleichartige Nutzungen seiner Eisenbahninfrastruktur vergleichbar sein müssen (**Vergleichbarkeit der Wegeentgelte**; § 67g EisbG). Die für die Inanspruchnahme von Serviceeinrichtungen und Serviceleistungen zu entrichtenden Entgelte dürfen die dafür anfallenden Kosten, zuzüglich eines angemessenen Gewinns, nicht übersteigen (§ 69b Abs 1 EisbG).

Das Wegeentgelt ist an die **entgelterhebende Stelle** (IX.3.) zu entrichten, von der es gegebenenfalls an das Eisenbahninfrastrukturunternehmen weiterzuleiten ist (§ 69 EisbG). Die dem zu Grunde liegenden **Wegeentgeltregeln** finden sich in den Schienennetz-Nutzungsbedingungen des Eisenbahninfrastrukturunternehmens, gegebenenfalls auch in deren Anh (§ 68 EisbG). Auch Entgeltnachlässe kommen in Betracht (§ 69a EisbG). Generell dürfen Verhandlungen zwischen Fahrwegkapazitätsberechtigten und der entgelterhebenden Stelle über die Höhe des zu entrichtenden Wegeentgeltes jedoch nur unter **Aufsicht der Schienen-Control Kommission** geführt werden (§ 68a EisbG).

X. Behörden und Verfahren

1. Das „österreichische Regulierungsbehördenmodell"

Mit der Marktöffnung in wichtigen Infrastrukturbereichen (Netzwerkindustrien) war in Österreich auch die Einführung von sog „Regulierungsbehörden" („Regulatoren") verbunden. Diese **sektorspezifischen Regulierungsbehörden**, die außerhalb der staatlichen Ministerialverwaltung stehen, sind zum einen als beliehene* Rechtsträger in Form einer der ministeriellen Aufsicht und den Weisungen des zuständigen BM unterliegenden **GmbH** organisiert. Zum anderen handelt es sich um **unabhängige Kollegialbehörden**. Charakteristisch für die Behördenorganisation ist sohin eine im staatlichen Eigentum stehende „Control"- oder „Regulierungs"-GmbH, die gesetzlich in spezifischer Weise mit einer als weisungsfreie Kollegialbehörde organisierten „Control-Kommission" verbunden ist. Diese Verbindung kommt va darin zum Ausdruck, dass die GmbH der Kollegialbehörde als Geschäftsapparat zur Verfügung gestellt wird. Diese erstmals im Telekommunikationsrecht verwirklichte Konstruktion, die generalisierend auch als **„österreichisches Modell"** bezeichnet wird, hatte ihren Grund vornehmlich im EU-Recht, welches dort, wo der Staat weiterhin Eigentumsanteile an regulierten Unternehmen hält, die Trennung der Regulierungsbehörde von jener staatlichen Verwaltungsbehörde verlangt, die die Eigentümerbefugnisse wahrnimmt (Trennung der Funktionen des Staates als „Mitspieler" und „Schiedsrichter").

So bestimmt Art 6 Abs 1 der für die elektronische Kommunikation relevanten RL 2018/1972/EU (EECC-RL), dass die nationalen Regulierungsbehörden (und andere zuständige Behörden) rechtlich und funktional von jeder natürlichen oder juristischen Person unabhängig sein müssen, die elektronische Kommunikationsnetze, -geräte oder -dienste anbietet. Wenn Mitgliedstaaten weiterhin an Unternehmen beteiligt sind, die solche Leistungen anbieten, oder diese kontrollieren, müssen sie eine wirksame strukturelle Trennung der hoheitlichen Funktion von Tätigkeiten iZm dem Eigentum oder der Kontrolle sicherstellen.

Zur Gewährleistung dieser Trennung und um Interessenkonflikte zwischen Eigentümerstellung und behördlicher Tätigkeit zu vermeiden, sieht § 2 ÖIAG-G 2000 vor, dass die Ausübung der Eigentümerrechte des Bundes dem BMAW obliegt, soweit ein Tagesordnungspunkt der Hauptversammlung eine Angelegenheit eines Beteiligungsunternehmens betrifft, die der behördlichen Regulierung oder Aufsicht des BMF unterliegt.

Die Unabhängigkeit von Regulierungsbehörden gegenüber den obersten Verwaltungsorganen wurde darüber hinaus als wesentlich angesehen, um **politisch motivierte Eingriffe in Marktprozesse zu verhindern** und so die Funktionsfähigkeit dieser Behörden* sicherzustellen. Mittlerweile verlangen auch die einschlägigen **europarechtlichen Vorgaben** meist eine weitgehende Unabhängigkeit von der staatlichen Verwaltung (zB Art 6 ff EECC-RL). Schließlich war vor Einführung der Verwaltungsgerichtsbarkeit 1. Instanz die Einrichtung unabhängiger Behörden* dort notwendig, wo aufgrund von Zuständigkeiten zur regulatorischen Entscheidung über civil rights **Tribunale*** iSd Art 6 EMRK vorgesehen werden mussten (s II.2.).

Das beschriebene österr Modell gelangt in den Bereichen Telekommunikation und Post sowie – in modifizierter Form – im Bereich Schienenverkehr (s X.2.d) zur Anwendung. Abweichende Organisationsstrukturen finden sich im Bereich der **Energiewirtschaft**, weil für diesen Sektor das EU-Sekundärrecht* eine einzige nationale Regulierungsbehörde verlangt (Art 57 Elektrizitätsbinnenmarkt-RL, Art 39 Erdgasbinnenmarkt-RL). Als Regulierungsbehörde fungiert dort die nach dem Vorbild der FMA als **Anstalt öffentlichen Rechts** eingerichtete E-Control. Eine gewisse Nähe des Organisationsrechts der E-Control zum „österreichischen Modell" der Regulierungsbehörden besteht aber nach wie vor; sie kommt insb in der Einrichtung einer Regulierungskommission als unabhängige Kollegialbehörde zum Ausdruck (s X.2.b.).

Das vom Unionsrecht vorgegebene System unabhängiger Regulierungsbehörden, das auch in Österreich verwirklicht wurde, geht zurück auf das **anglo-amerikanische Modell** unabhängiger „regulators" bzw „regulatory agencies".

2. Regulierungsbehörden der verschiedenen Sektoren

Im Einzelnen stellen sich die Organisation und die Aufgaben der Regulierungsbehörden in den besprochenen Sektoren wie folgt dar:

a) Telekommunikation

Regulierungsbehörden im Bereich der Telekommunikation sind die Rundfunk und Telekom Regulierungs-GmbH (RTR-GmbH) und die Telekom-Control-Kommission.

Die **RTR-GmbH**, die ihre Rechtsgrundlage in §§ 16 ff KOG hat, bildet den Geschäftsapparat der Telekom-Control-Kommission und hat diese sowohl in administrativer als auch in fachlicher (technischer, wirtschaftlicher und rechtlicher) Hinsicht zu unterstützen. Außerdem obliegt ihr die Information der Öffentlichkeit über die Tätigkeit der Telekom-Control-Kommission und der RTR-GmbH. Gem **§ 194 Abs 1 TKG 2021** hat die RTR-GmbH sämtliche Aufgaben wahrzunehmen, die durch das TKG 2021 und die aufgrund dieses Gesetzes erlassenen V der Regulierungsbehörde übertragen sind, sofern diese Aufgaben nicht in die Zuständigkeit der Telekom-Control-Kommission oder der KommAustria fallen. Demnach zählen zu den **Aufgabengebieten** der RTR-GmbH bspw Leitungs- und Mitbenutzungsrechte, Frequenzvergabeverfahren und die Streitschlichtung. Als beliehener* Rechtsträger ist die RTR-GmbH va iZm der Verwaltung von Kommunikationsparametern (§ 111 TKG 2021) hoheitlich tätig (bescheidförmige Zuteilung von Rufnummern). Darüber hinaus sieht das TKG 2021 eine Reihe von **Verordnungsermächtigungen** der RTR-GmbH vor.

Auf Basis des § 119 Abs 6 TKG 2021 wurde von der RTR-GmbH die V zur Regelung der Übertragung von Nummern zwischen Mobil-Sprachkommunikationsdiensteanbietern (Nummernübertragungsverordnung 2022 – NÜV 2022, BGBl II 184/2022) erlassen.

Die durch die technische Entwicklung vorangetriebene Verschmelzung von klassischen Medien (Hörfunk, Fernsehen) und Telekommunikationsdiensten („**Medienkonvergenz**") spiegelt sich auch in der Organisation und in den Aufgaben der RTR-GmbH wider. Die RTR-GmbH hat nicht nur die Telekom-Control-Kommission (und die Post-Control-Kommission) zu unterstützen, sondern fungiert auch als Geschäftsapparat der für die Verwaltungsführung und die Besorgung von Regulierungsaufgaben im Bereich der Medien zuständigen KommAustria (s V.2.). Dementsprechend hat die Gesellschaft zwei Geschäftsführer, einen Geschäftsführer für den **Fachbereich Medien** und einen Geschäftsführer für den **Fachbereich Telekommunikation und Post**. Der Geschäftsführer für den Fachbereich Medien wird vom BK, der Geschäftsführer für den Fachbereich Telekommunikation und Post vom BMF bestellt (§ 16 Abs 1 KOG iVm § 17 BMG). Dem BK bzw dem BMF kommt im jeweiligen Fachbereich (Medien: BK; Telekommunikation und Post: BMF) auch das Aufsichtsrecht und damit eine **Weisungsbefugnis** zu (§ 18 KOG iVm § 17 BMG).

Die **Telekom-Control-Kommission** (§§ 195 ff TKG 2021) ist eine bei der RTR-GmbH angesiedelte, weisungsfreie Kollegialbehörde, die aus drei von der BReg ernannten Mitgliedern besteht, wobei ein Mitglied dem Richterstand anzugehören hat. Zu den in § 198 TKG 2021 geregelten **Aufgaben** der Telekom-Control-Kommission zählen bspw die Feststellung der der sektorspezifischen Regulierung unterliegenden relevanten Märkte, die Feststellung des an den Universaldienstfonds zu leistenden Betrages, die Entscheidung über den Entzug der Rechte, Kommunikationsnetze oder -dienste bereitzustellen, sowie die Antragstellung an das Kartellgericht. Nach dem Signatur- und Vertrauensdienstegesetz (SVG) ist die Telekom-Control-Kommission außerdem die Aufsichtsstelle für Vertrauensdiensteanbieter, wobei sie sich bei Durchführung dieser Aufsicht ebenfalls der RTR-GmbH bedienen darf (§§ 12 ff SVG).

Fernmeldebehörden sind der BMF sowie das ihm unterstehende Fernmeldebüro (§ 191 TKG 2021 iVm § 17 BMG).

b) Energiewirtschaft

Für die Regulierung der Elektrizitäts- und Erdgaswirtschaft ist die **E-Control**, eine **Anstalt öffentlichen Rechts** mit eigener Rechtspersönlichkeit, zuständig (§ 2 Abs 1 E-ControlG). Die E-Control hat ein sehr **breites Aufgabengebiet**, das sich aus einer Vielzahl von die Energiewirtschaft betreffenden Gesetzen speist (zB ElWOG 2010, GWG 2011, ÖSG 2012 uam; s insb § 21 E-ControlG). Zu den **Regulierungsaufgaben** der E-Control zählen etwa die Erstellung von sonstigen Marktregeln (s V.3.e.), die Erarbeitung von technischen und organisatorischen Regeln für Betreiber und Benutzer von Netzen sowie das Veröffentlichen eines Tarifkalkulators (§ 22 E-ControlG). Außerdem sind der E-Control insb **Aufsichts- und Überwachungsaufgaben** im Rahmen der Elektrizitäts- bzw Erdgasaufsicht sowie im Bereich der Entflechtung der Übertragungs- bzw Fernleitungsnetzbetreiber zugewiesen (§§ 24, 25 E-ControlG). Schließlich ist sie mit der Untersuchung und Überwachung des Funktionierens der Energiegroßhandelsmärkte (§ 25a E-ControlG) sowie der **Schlichtung von Streitigkeiten**, etwa aus der Abrechnung von Elektrizitäts- und Erdgaslieferungen sowie von Systemnutzungsentgelten, betraut (§ 26 E-ControlG).

Die E-Control hat **drei Organe*** mit unterschiedlichen Aufgaben, und zwar den aus zwei Mitgliedern bestehenden Vorstand, die in Form einer weisungsfreien Kollegialbehörde eingerichtete Regulierungskommission und den Aufsichtsrat (§ 5 Abs 1 E-ControlG). Mit (hoheitlichen) Regulierungsaufgaben sind allerdings nur der Vorstand und die Regulierungskommission betraut; dem Aufsichtsrat kommen keine Bescheid- bzw Verordnungskompetenzen zu.

Der **Vorstand** ist zur Besorgung aller der E-Control übertragenen Aufgaben zuständig, die nicht bundesgesetzlich der Regulierungskommission oder dem Aufsichtsrat zugewiesen sind (§ 7 Abs 1 E-ControlG). Die der **Regulierungskommission** vorbehaltenen (hoheitlichen) Aufgaben ergeben sich aus § 12 E-ControlG (zB die Untersagung der Anwendung von AGB für die Belieferung mit elektrischer Energie und Erdgas). In bestimmten Streitschlichtungsfällen ist die **Anrufung des Zivilgerichts** vorgesehen. Eine Partei, die sich mit der Entscheidung der Regulierungskommission nicht zufriedengibt, kann die Sache innerhalb von vier Wochen nach Bescheidzustellung beim zuständigen ordentlichen Gericht anhängig machen (§ 12 Abs 4 E-ControlG).

Gem § 5 Abs 2 E-ControlG sind die Organe* der E-Control und ihre Mitglieder – von bestimmten Ausnahmen abgesehen – **weisungsfrei**. Sie handeln **unabhängig** von Marktinteressen. Die Ausübung von Funktionen, die die Unabhängigkeit gefährden, ist untersagt.

c) Post

Regulierungsbehörden im Bereich des Postwesens sind die **RTR-GmbH** und die **Post-Control-Kommission** (§ 37 Abs 2 PMG). Postbehörden sind der BMF als Oberste Postbehörde und das Fernmeldebüro. Das **Fernmeldebüro** (§ 191 TKG 2021) ist zur Durchführung von Verwaltungsverfahren nach dem PMG zuständig; dessen Bescheide können mit Beschwerde beim BVwG bekämpft werden (§ 37 Abs 4 PMG).

Die **RTR-GmbH** bildet den Geschäftsapparat der Post-Control-Kommission und unterstützt diese bei der Erfüllung ihrer Aufgaben nach dem PMG. Der RTR-GmbH obliegt auch die Information der Öffentlichkeit über die Tätigkeit der Post-Control-Kommission und der RTR-GmbH in Angelegenheiten des Postwesens (§ 17 Abs 3 KOG). Überdies hat die RTR-GmbH sämtliche Aufgaben wahrzunehmen, die durch das PMG und durch die aufgrund dieses Gesetzes erlassenen V der Regulierungsbehörde übertragen sind, sofern hierfür nicht die Post-Control-Kommission zuständig ist (§ 38 Abs 1 PMG). Eigene Aufgaben nimmt die RTR-GmbH etwa im Bereich der Streitschlichtung wahr (§ 53 PMG).

Die **Post-Control-Kommission** (§§ 39 ff PMG) ist eine weisungsfreie Kollegialbehörde mit drei Mitgliedern, wobei tw Personalidentität mit der Telekom-Control-Kommission besteht. Denn das richterliche Mitglied der

Telekom-Control-Kommission und jenes Mitglied, das über juristische und ökonomische Kenntnisse zu verfügen hat, sind in dieser Funktion auch Mitglieder der Post-Control-Kommission. Anstelle des in der Telekom-Control-Kommission vorgesehenen Mitglieds mit einschlägigen technischen Kenntnissen (§ 196 Abs 1 TKG 2021) gehört der Post-Control-Kommission ein (drittes) Mitglied mit Kenntnissen im Postwesen an (§ 41 PMG). Die **Aufgaben** der Post-Control-Kommission sind in **§ 40 PMG** geregelt. Dazu zählen bspw Maßnahmen iZm der Schließung von Post-Geschäftsstellen oder in Bezug auf AGB des Universaldienstbetreibers, die Erteilung von Konzessionen, die Festlegung der Beiträge zur Finanzierung des Ausgleichsfonds sowie das Setzen von Aufsichtsmaßnahmen.

d) Schienenverkehr

Die Regulierungsbehörden für den Schienenverkehrsmarkt wurden ursprünglich nach dem Vorbild des Telekom-Bereichs und sohin auf Basis eines dualen Modells organisiert. Da gem **Art 55 Abs 1 RL 2012/34/EG** in einem Mitgliedstaat für den Eisenbahnsektor aber nur „eine einzige nationale Regulierungsstelle" einzurichten ist, wurden mit der EisbG-Novelle 2015 die regulierungsbehördlichen Aufgaben grundsätzlich der Schienen-Control Kommission übertragen. Die **duale Organisationsstruktur** (Schienen-Control GmbH, Schienen-Control Kommission) blieb allerdings erhalten. Zudem sieht § 81 Abs 4 EisbG vor, dass die Schienen-Control GmbH von der Schienen-Control Kommission mit der Wahrnehmung bestimmter Aufgaben betraut werden kann, wobei für eine generelle Ermächtigung eine V erforderlich ist.

Die **Schienen-Control GmbH** (§§ 76 ff EisbG) ist eine im 100%igen Bundeseigentum stehende GmbH, die einerseits die Geschäftsführung für die Schienen-Control Kommission wahrnimmt und andererseits mit der eigenständigen Besorgung bestimmter Aufgaben betraut ist. Dazu zählen etwa die Überwachung der Wahrung der gegenüber der Schienen-Control Kommission bestehenden Bereitstellungs- und Vorlagepflichten der Eisenbahninfrastruktur- und Eisenbahnverkehrsunternehmen sowie die Tätigkeit als Schlichtungsstelle. Zur Durchsetzung der ihr zukommenden Aufgaben kann die Schienen-Control GmbH mit **Bescheid** Anordnungen erlassen (§ 77 EisbG).

Die **Schienen-Control Kommission** (§§ 81 ff EisbG) ist eine weisungsfreie Kollegialbehörde mit drei Mitgliedern, wobei das den Vorsitz führende Mitglied dem Richterstand anzugehören hat. Die übrigen Mitglieder (Ersatzmitglieder) müssen Fachleute für die einschlägigen Bereiche des Verkehrswesens oder für andere netzgebundene Bereiche sein. Die **Aufgaben** der Schienen-Control Kommission ergeben sich aus § 81 Abs 2 EisbG. Dazu zählen bspw Verfahren aufgrund von Beschwerden von Fahrwegkapazitätsberechtigten (§ 72 EisbG), die Überwachung des Wettbewerbs (§ 74 EisbG) sowie die Unwirksamerklärung von Beförderungsbedingungen einschließlich der Entschädigungsbedingungen (§ 78b EisbG).

Die **Schieneninfrastruktur-Dienstleistungsgesellschaft mbH (SCHIG)** ist ein Unternehmen im 100%igen Eigentum des Bundes, deren Eigentümerrechte von der BMK ausgeübt werden. Zum Aufgabenspektrum der SCHIG zählen etwa behördliche Aufgaben, die Wahrnehmung bestimmter Agenden für das BMK, die Abwicklung von Förderprogrammen sowie die Tätigkeit als Zuweisungsstelle für integrierte Eisenbahnunternehmen (s IX.3.).

3. Verfahren und Rechtsschutz

Die Regulierungsbehörden haben grundsätzlich das **AVG** anzuwenden (Art I EGVG; s spezifisch für die Post-Control-Kommission § 44 Abs 1 PMG, für die E-Control § 36 E-ControlG, für die Schienen-Control GmbH § 78 Abs 1 EisbG, für die Schienen-Control Kommission § 84 Abs 1 EisbG). Die maßgeblichen Materiengesetze enthalten an verschiedenen Stellen **Sonderverfahrensrecht** (zB § 40 KOG, § 184 Abs 4 TKG 2021, § 200 Abs 6 TKG 2021, § 202 TKG, § 44 Abs 2 PMG, § 44b PMG, § 26 Abs 5 E-ControlG).

Gegen Bescheide der **RTR-GmbH**, der **Telekom-Control-Kommission** und der **Post-Control-Kommission** kann Beschwerde beim **BVwG** erhoben werden (§§ 200 Abs 7 und 201 TKG 2021, § 44 Abs 3 PMG; s Art 131 Abs 2 B-VG). Darüber hinaus ist gesetzlich ausdrücklich vorgesehen, dass bei Verletzung der Entscheidungspflicht durch die genannten Kollegialbehörden eine Säumnisbeschwerde beim BVwG erhoben werden kann (§ 200 Abs 7 TKG 2021, § 44 Abs 3 PMG). Rechtsmittel gegen Entscheidungen der Regulierungsbehörden haben **keine aufschiebende Wirkung***; diese kann ihnen jedoch auf Antrag vom BVwG zuerkannt werden. Bei Beschwerden gegen Bescheide der Telekom-Control-Kommission und der Post-Control-Kommission entscheidet das BVwG durch Senate (§ 201 TKG 2021, § 44a PMG). Die Entscheidung des BVwG kann von den Parteien vor den Gerichtshöfen des öffentlichen Rechts (**VwGH, VfGH**) mittels Revision bzw Entscheidungsbeschwerde bekämpft werden.

Gegen **Bescheide von Organen*** **der E-Control** steht den Parteien ebenfalls der Rechtszug an das **BVwG** und in weiterer Folge an den **VwGH** und/oder den **VfGH** offen. Sondervorschriften für den Rechtsschutz im Bereich der Energieregulierung enthält § 9 E-ControlG. Demnach kann die **E-Control** verwaltungsgerichtliche Entscheidungen, die eine Amtshandlung dieser Behörde* zum Gegenstand haben, mittels **Revision** beim VwGH bekämpfen. Außerdem wird in bestimmten Fällen Beschwerden gegen Entscheidungen des Vorstands der E-Control ex lege die aufschiebende Wirkung* versagt.

Über eine Beschwerde gegen einen Bescheid des Vorstands der E-Control in Angelegenheiten der Feststellung der Kostenbasis zur Ermittlung des Systemnutzungsentgelts gem § 48 Abs 1 ElWOG 2010 entscheidet nach Art 130 Abs 1 Z 1 B-VG das BVwG. Einer solchen Beschwerde kommt gem § 9 Abs 2 E-ControlG in Umsetzung unionsrechtlicher Vorgaben keine aufschiebende Wirkung* zu.

Zur Zuständigkeit der **ordentlichen Gerichte** gem § 12 Abs 4 E-ControlG s bereits X.2.b.

Die **Schienen-Control Kommission** hat im Strafverfahren das **VStG** und im Vollstreckungsverfahren das **VVG** anzuwenden (§ 84 Abs 1 EisbG). § 84 Abs 2 EisbG enthält eine spezielle Befangenheitsregelung für diese Kollegialbehörde. Danach muss sich ein Mitglied bzw ein Ersatzmitglied für befangen erklären, wenn es mit Parteien oder Beteiligten eines die Regulierung des Schienenverkehrsmarktes betreffenden Verfahrens ein Jahr vor Einleitung des Verfahrens in einer unmittelbaren oder mittelbaren Verbindung stand.

Gem § 78 Abs 2 EisbG ist für Beschwerden gegen einen Bescheid der **Schienen-Control GmbH** und wegen Verletzung ihrer Entscheidungspflicht das **BVwG** zuständig. Im Anschluss besteht ein Rechtszug zu den **GH des öffentlichen Rechts**. Gleiches gilt für die **Schienen-Control Kommission** (§ 84 Abs 4 EisbG). § 84 EisbG enthält überdies **Sondervorschriften** iZm Beschwerden gegen Bescheide der Schienen-Control Kommission. So gelten etwa in bestimmten Fällen bzw unter bestimmten Voraussetzungen ein Neuerungsverbot und eine Entscheidungsfrist von lediglich zwei Monaten.

Claudia Fuchs

Vergaberecht

Rechtsgrundlagen

Kompetenzgrundlagen

Art 14b B-VG („Angelegenheiten des öffentlichen Auftragswesens").

Verfassungsrechtliche Bezüge

Art 17 B-VG (Privatwirtschaftsverwaltung); Art 130 Abs 2 Z 2 B-VG (Zuständigkeit der VwG); Art 136 Abs 2 B-VG (Verfahrensrecht der VwG).

Europarechtliche Bezüge

Art 18 AEUV (Diskriminierungsverbot), Art 34 ff AEUV (Warenverkehrsfreiheit), Art 49 ff AEUV (Niederlassungsfreiheit), Art 56 ff AEUV (Dienstleistungsfreiheit).
RL 2014/24/EU über die öffentliche Auftragsvergabe, ABl 2013 L 94/65 idF 2021 L 398/23 (allgemeine VergabeRL); RL 2014/25/EU über die Vergabe von Aufträgen durch Auftraggeber im Bereich der Wasser-, Energie- und Verkehrsversorgung sowie der Postdienste, ABl 2013 L 94/243 idF 2021 L 398/25 (SektorenRL); RL 2014/23/EU über die Konzessionsvergabe, ABl 2013 L 94/1 idF 2021 L 398/21 (KonzessionsRL); Delegierte VO (EU) 2021/1951 der Kommission zur Änderung der Richtlinie 2014/23/EU im Hinblick auf den Schwellenwert für Konzessionen, ABl L 398/21; Delegierte VO (EU) 2019/1828 der Kommission zur Änderung der Richtlinie 2014/24/EU im Hinblick auf die Schwellenwerte für die Vergabe öffentlicher Liefer-, Dienstleistungs- und Bauaufträge sowie für Wettbewerbe, ABl 2021 L 398/23; Delegierte VO (EU) 2021/1953 der Kommission zur Änderung der Richtlinie 2014/25/EU im Hinblick auf die Schwellenwerte für Liefer-, Dienstleistungs- und Bauaufträge sowie für Wettbewerbe, ABl 2021 L 398/25; Delegierte VO (EU) 2019/1830 der Kommission zur Änderung der Richtlinie 2009/81/EG im Hinblick auf die Schwellenwerte für Liefer-, Dienstleistungs- und Bauaufträge, ABl L 279/29; VO (EG) 213/2008 der Kommission zur Änderung der VO (EG) 2195/2002 des Europäischen Parlaments und des Rates über das Gemeinsame Vokabular für öffentliche Aufträge (CPV) und der Vergaberichtlinien des Europäischen Parlaments und des Rates 2004/17/EG und 2004/18/EG im Hinblick auf die Überarbeitung des Vokabulars, ABl 2008 L 74/1 (CPV-VO); DurchführungsVO (EU) 2015/1986 der Kommission zur Einführung von Standardformularen für die Veröffentlichung von Vergabebekanntmachungen für öffentli-

che Aufträge, ABl 2015 L 296/1 idF 2017 L 172/36 (StandardformularVO); DurchführungsVO (EU) 2016/7 der Kommission zur Einführung des Standardformulars für die Einheitliche Europäische Eigenerklärung, ABl 2016 L 3/16; RL 89/665/EWG des Rates zur Koordinierung der Rechts- und Verwaltungsvorschriften für die Anwendung der Nachprüfungsverfahren im Rahmen der Vergabe öffentlicher Liefer- und Bauaufträge, ABl 1989 L 395/33 idF RL 2014/23/EU, ABl 2014 L 94/1 (RechtsmittelRL); RL 92/13/EWG des Rates zur Koordinierung der Rechts- und Verwaltungsvorschriften für die Anwendung der Gemeinschaftsvorschriften über die Auftragsvergabedurch Auftraggeber im Bereich der Wasser-, Energie- und Verkehrsversorgung sowie im Telekommunikationssektor, ABl 1992 L 76/14 idF RL 2014/23/EU, ABl 2014 L 94/1 (Sektoren-RechtsmittelRL); RL 2009/81/EG über die Koordinierung der Verfahren zur Vergabe bestimmter Bau-, Liefer- und Dienstleistungsaufträge in den Bereichen Verteidigung und Sicherheit, ABl 2009 L 216/76 idF 2021 L 398/19; RL 2014/55/EU über die elektronische Rechnungsstellung bei öffentlichen Aufträgen, ABl 2014 L 133/1; RL 2009/33/EG über die Förderung sauberer Straßenfahrzeuge zur Unterstützung einer emissionsarmen Mobilität, ABl 2009 L 120/5 idF 2019 L 188/116 (Clean Vehicles Directive).

Abkommen über den Europäischen Wirtschaftsraum (EWRA), BGBl 909/1993 idF III 46/2012.

Völkerrechtliche Bezüge

WTO-Abkommen über das öffentliche Beschaffungswesen (Government Procurement Agreement – GPA), ABl 1994 L 336/273 idF ABl 2014 L 68/2.

Gesetze und sonstige Rechtsgrundlagen

BG über die Vergabe von Aufträgen (Bundesvergabegesetz 2018 – BVergG 2018), BGBl I 65/2018 idF I 91/2019; BG über die Vergabe von Konzessionsverträgen (Bundesvergabegesetz Konzessionen 2018 – BVergGKonz 2018), BGBl I 65/2018 idF I 100/2018; BG über die Vergabe von Aufträgen im Verteidigungs- und Sicherheitsbereich (Bundesvergabegesetz Verteidigung und Sicherheit 2012 – BVergGVS 2012), BGBl I 10/2012 idF I 100/2018; BG über die Errichtung einer Bundesbeschaffung GmbH (BB-GmbH-G), BGBl I 39/2001 idF I 76/2006; BG über die Beschaffung und den Einsatz sauberer Straßenfahrzeuge (Straßenfahrzeug-Beschaffungsgesetz), BGBl I 163/2021.

VO des BMJ betreffend die Anpassung von im Bundesvergabegesetz 2018 festgesetzten Schwellenwerten – Schwellenwerteverordnung 2018, BGBl II 211/2018 idF II 65/2020; BVwG-Pauschalgebührenverordnung Vergabe 2018, BGBl II 491/2013 idF II 212/2018; Kundmachung der BMJ betreffend die von der Europäischen Kommission festgesetzten Schwellenwerte für Auftragsvergabeverfahren ab 1. Jänner 2022, BGBl II 560/2021; VO des BMJ über die Festlegung des Publikationsmediums für Bekanntmachungen gemäß dem Bundesvergabegesetz Verteidigung und Sicherheit 2012 – Publikationsmedienverordnung Verteidigung und Sicherheit 2019, BGBl II 364/2018; VO des BMF zur Bestimmung jener Güter und Dienstleistungen, die nach dem BB-GmbH-G zu beschaffen sind, BGBl II 208/2001 idF II 213/2005; VO des BMF über die Einrichtung eines Beschaffungscontrollings in der Bundesbeschaffung GmbH (Beschaffungscontrolling-V), BGBl II 398/2003 idF II 359/2008.

bgld VergaberechtsschutzG, LGBl 66/2006 idF 43/2018; krnt VergaberechtsschutzG 2018, LGBl 84/2018; nö Vergabe-NachprüfungsG, LGBl 7200-0 idF 54/2019; oö VergaberechtsschutzG, LGBl 130/2006 idF 77/2018; sbg VergabekontrollG 2018, LGBl 63/2018; stmk VergaberechtsschutzG 2018, LGBl 62/2018 idF 43/2019; tir VergabenachprüfungsG 2018, LGBl 94/2018 idF 116/2021; vlbg VergabenachprüfungsG, LGBl 1/2003 idF 33/2019; wr VergaberechtsschutzG 2020, LGBl 34/2020.

Weiters gibt es in den Bundesländern Verordnungen über Pauschalgebühren und Publikationsmedien im Vergabeverfahren.

Literaturauswahl

Monografien – Kommentare

Burgi, Vergaberecht³ (2021); *Egger*, Europäisches Vergaberecht (2008); *Feuchtmüller*, Veräußerung von Gesellschaftsanteilen und Vergaberecht (2013); *Frenz*, Vergaberecht EU und national (2018); *Gölles/Casati* (Hrsg), Kommentar zum BVergG 2018 (47. Lfg, 2022): *Heid Schiefer Rechtsanwälte/Preslmayr Rechtsanwälte* (Hrsg), Handbuch Vergaberecht⁴ (2015); *Höfferer*, Vergaberecht als praktikables Regulativ (2014); *Heid/Reisner/Deutschmann/ Hofbauer* (Hrsg), Kommentar zum Bundesvergabegesetz 2018 (2019); *Holoubek/Fuchs/ Holzinger K./Ziniel*, Vergaberecht⁶ (2022); *Jaeger*, Materielles Europarecht² (2020); *Kahl/ Rosenkranz*, Vergaberecht³ (2019); *Pelzer/De Koninck/Ronse*, Europäisches Vergaberecht (2009); *Sachs/Trettnak-Hahnl*, Das neue Bundesvergaberecht⁶ (2018); *Schnitzer*, Internationales Vergaberecht (2007); *Schramm/Aicher* (Hrsg), Vergaberecht und PPP I–VI (2004–2010); *Schramm/Aicher/Fruhmann* (Hrsg), Kommentar zum Bundesvergabegesetz 2018³ (2020); *Schwartz* (Hrsg), Kommentar zum Bundesvergabegesetz 2006² (33. Lfg, 2015); *Werschitz/Ragoßnig*, Österreichisches Vergaberecht³ (2013).

Beiträge

Aicher/Kraus, Schadenersatz ohne Verschulden bei Verstößen gegen Vergaberecht, ZVB 2011, 315 (Teil I), 358 (Teil II); *Bukovacz/Haunold/Ziniel*, Vergaberecht in Wien, in Holoubek/Madner/Pauer (Hrsg), Recht und Verwaltung in Wien (2014) 849; *Denk/Müller*, Art 14b, in Korinek/Holoubek et al (Hrsg), Österreichisches Bundesverfassungsrecht, 15. Lfg, 2019; *Eberhard/Ranacher/Weinhandl*, Rechtsprechungsbericht: Landesverwaltungsgerichte, Bundesverwaltungsgericht und Verwaltungsgerichtshof, ZfV 2020, 80; *Eilmansberger*, Vergaberechtliche Schranken von Ausgliederungen und Privatisierungen, JBl 2001, 562; *Fruhmann*, Der gemeinschaftsrechtliche Vertragsbegriff, In-House und das Transparenzprinzip, ZVB 2008, 73; *Fruhmann*, Neugestaltung des Bundesvergaberechts in Österreich, in Baumgartner (Hrsg), Jahrbuch Öffentliches Recht 2018 (2018) 91; *Fuchs*, Öffentliche Vergabe, in Kirchhof/Korte/Magen (Hrsg), Öffentliches Wettbewerbsrecht, Neuvermessung eines Rechtsgebiets (2014) 477; *Fuchs*, Vergabewettbewerb als Instrument. Zur Renaissance politischer Instrumentalisierung des Vergaberechts, JRP 2012, 288; *Fuchs*, Vergaberecht und Wettbewerb, ÖZW 2020, 148; *Fuchs/Schröder*, Vergabestrafrecht, in Kert/Kodek (Hrsg), Das große Handbuch Wirtschaftsstrafrecht² (2022) 599; *Heid/Hofbauer*, Die Pflicht zum nachhaltigen öffentlichen Fuhrpark: Einstieg in das neue Straßenfahrzeug-Beschaffungsgesetz, RPA 2021, 255; *Helmreich*, Die vergaberechtliche Relevanz gesellschaftsrechtlicher Veränderungen auf Bieter- und Auftragnehmerseite, RPA 2013, 319 (Teil I), RPA 2014, 5 (Teil II); *Holoubek*, Vergaberecht als Steuerungsinstrument, ÖZW 2020, 202; *Holoubek*, Vergaberechtsschutz durch Schadenersatz, ZfV 1998, 593; *Holoubek/ Damjanovic/Holzinger K.*, Die Vergabe öffentlicher Aufträge als sozialpolitisches Instrument: zu den rechtlichen Rahmenbedingungen, in Schneider/Trukeschitz (Hrsg), Quasi-Märkte und Qualität (2007), 33; *Holoubek/Fuchs*, Zur Rationalität des Vergaberechts, in FS Marx (2013) 267; *Holoubek/Fuchs/Ziniel*, Vergaberecht, in Holoubek/Potacs (Hrsg), Handbuch Öffentliches Wirtschaftsrecht I^4 (2019) 841; *Holoubek/Hanslik*, Haftung für Vergabefehler, in Studiengesellschaft für Wirtschaft und Recht (Hrsg), Haftung im Wirtschaftsrecht (2013) 83; *Kahl/Müller Th.*, Die umfassende Reform des EU-wettbewerbsrechtlichen Rahmens für Dienstleistungen von allgemeinem wirtschaftlichem Interesse, ÖZW 2012, 82; *Killmann*, Europäisches Eigenvergaberecht 2019 – Überblick über die Entwicklungen und die Rechtsprechung zum Eigenvergaberecht, ZVB 2020, 245; *Klaushofer*, Art 14b B-VG, ZfV 2003, 630; *Kneihs*, Vergabekontrolle und Selbstverwaltung in Österreich, ZfV 2005, 499; *Müller Th.*, Rettungsdienste im europäischen Vergaberecht, ecolex 2010, 917; *Oppel*, Schlichtungsverfahren – eine vergebene Chance auf niederschwelligen Rechtszugang?, ZVB 2021, 329; *Potacs*, Auftraggeber im Vergaberecht – am Beispiel des Verfahrens „Stadion Klagenfurt", in FS Wimmer (2008) 527; *Reisner*, Ende der Antragslegitimation?, RPA 2013, 197; *Rihs/Steiner*, „Hinreichend qualifizierter Verstoß" als neue materielle Voraussetzung für Schadenersatzansprüche im BVergG 2006, ZVB 2013, 138 (Teil I), 188 (Teil II); *Rill*, Art 14b B-VG, in Kneihs/Lienbacher (Hrsg), Rill-Schäffer-Kommentar Bundesverfassungsrecht (23. Lfg. 2020); *Schnitzer*, 10 Jahre WTO-Abkommen über das öffentliche Beschaffungswesen (GPA) – Are the rules effective? ZVB 2006, 12; *Ullreich/ Hofbauer*, „Vergabe-Compliance": Über die Pflicht zur Transparenz und Sicherheit, ecolex 2021, 1046; *Weinhandl*, Vergaberechtsschutz, in Pürgy (Hrsg), Das Recht der Länder II/2 (2012) 575; *Ziniel*, Der Anwendungsbereich des Bundesvergabegesetzes im Wandel, ÖZW 2020, 165; *Ziniel*, Stärkung des Bestbieterprinzips im Vergaberecht, RFG 2016/7, 31.

Rechtsprechung

VfSlg 15.106/1998 (keine sachliche Rechtfertigung der Ausnahme der Sektoren vom vergabespezifischen Rechtsschutz); VfSlg 15.286/1998 (Regelung des spezifischen Rechtsschutzes bei von Ländern, Gemeinden oder Gemeindeverbänden vergebenen Aufträgen aufgrund der Organisationskompetenz in Gesetzgebung und Vollziehung Ländersache); VfSlg 16.027/2000, 17.108/2004 (Verfassungswidrigkeit der unterschiedlichen Regelung des Rechtsschutzes im Ober- und Unterschwellenbereich); VfSlg 16.327/2001 (Verfassungswidrigkeit der im sbg LVergG vorgesehenen Kontrolle oberster Organe der Vollziehung wegen Verletzung des rechtsstaatlichen und des demokratischen Prinzips; Aufhebung der Verfassungsbestimmung des § 126a BVergG 1997, Verstoß gegen das Rechtsstaatsprinzip); VfSlg 17.678/2005 (Feststellung der Zuständigkeit des UVS Kärnten zur Entscheidung über Nachprüfungsanträge betreffend Bau des EM-Stadions in Klagenfurt); VfSlg 17.783/2006, 18.248/2007 (tw Verfassungswidrigkeit des Pauschalgebührensystems); VfSlg 18.101/2007 (Zulässigkeit des Verweises auf ÖNORMEN); VfSlg 18.642/2008 (Regelung zur Wahl des Verhandlungsverfahrens ohne Bk); VfGH 28.02.2012, B 1741/10 (keine Antragslegitimation eines Vereins mit dem Zweck der Förderung des fairen bzw der Bekämpfung des unfairen Wettbewerbs); VfSlg 19.896/2014 (keine Verfassungswidrigkeit des Ausschlusses einer Bietergemeinschaft wegen Eröffnung eines Insolvenzverfahrens; VwG kein letztinstanzliches vorlagepflichtiges Gericht); VfSlg 19.914/2014 (keine Bedenken gegen die Gebührenregelungen im Nachprüfungsverfahren vor dem BVwG); VfSlg 20.301/2018 (Kompetenz betreffend Nachprüfung der Vergabe von Dienstleistungskonzessionen); VfGH 17.06.2019, G 75/2019 (Festlegung gesondert anfechtbarer Entscheidungen als Teil des „materiellen Vergaberechts"); VfSlg 20.387/2020 (Akteneinsicht, Betriebs- und Geschäftsgeheimnisse, Interessenabwägung); VfGH 01.03.2022 E 1531/2021 (falsch bezeichneter Anfechtungsgegenstand).

VwSlg 15.633 A/2001 (Widerruf, Kostenüberschreitung); VwGH 25.02.2004, 2003/04/0186 (Mängelbehebung); VwSlg 16.849 A/2006 (Auftraggebereigenschaft); VwGH 29.03.2006, 2004/04/0144 (Auslegung von Ausschreibungsbestimmungen); VwGH 28.05.2008, 2007/04/0232 (Antragslegitimation); VwSlg 17.541 A/2008 (Bestbieterprinzip, Zuschlagskriterien); VwGH 18.03.2009, 2007/04/0132 (technische Leistungsfähigkeit); VwGH 27.05.2009, 2008/04/0041 (Antragslegitimation, zwingendes Ausscheiden von Angeboten im Nachprüfungsverfahren), VwGH 27.05.2009, 2007/04/0098 (Nachweise für Subunternehmer); VwGH 11.11.2009, 2009/04/0203 (Zeitpunkt des Vorliegens der Eignung); VwSlg 17.801 A/2009 (Entgeltlichkeit); VwSlg 17.802 A/2009 (Nebenrechte von Gewerbetreibenden); VwGH 24.02.2010, 2005/04/0253 (finanzielle und wirtschaftliche Leistungsfähigkeit); VwSlg 17.842 A/2010 (Antragslegitimation, drohender Schaden); VwSlg 17.883 A/2010 (Kalkulationsmängel, vertiefte Angebotsprüfung); VwSlg 17.976 A/2010 (Auftragswertberechnung); VwSlg 17.978 A/2010 (schwere berufliche Verfehlung); VwSlg 18.085 A/2011 (verspätete Aufklärung); VwSlg 18.106 A/2011 (Wahlmöglichkeit des Billigstbieterprinzips); VwSlg 18.161 A/2011 (gemeinsames Vorhaben bei Dienstleistungen, Auftragswertschätzung); VwSlg 18.345 A/2012 (wiederholte Aufklärungsversuche); VwGH 14.03.2012, 2009/04/0252 (nö Schlichtungsverfahren; obligatorische Anrufung im Widerspruch zu unionsrechtlichen Vorgaben); VwGH 17.04.2012, 2008/04/0112 (Präklusion, Ausschluss der Anwendbarkeit des BVergG nicht möglich); VwSlg 18.434 A/2012 (Mehrfachbeteiligung); VwGH 25.09.2012, 2008/04/0054 (Widerruf, wesentliche Kostenüberschreitung); VwGH 02.10.2012, 2008/04/0132 (Pauschalgebührenersatz); VwGH 31.01.2013, 2010/04/0070 (Preisangemessenheit, kartellrechtliche Prüfung); VwGH 09.04.2013, 2011/04/0207 (Akteneinsicht); VwGH 12.09.2013, 2012/04/0010 (Bewertung der Zuverlässigkeit, Vermeidungsmaßnahmen); VwGH 17.06.2014, 2013/04/0020 (interkommunale Kooperation); VwGH 27.10.2014, 2012/04/0066 (Auslegung von Ausschreibungsbestimmungen nach dem objektiven Erklärungswert); VwGH 24.06.2015, Ra 2014/04/0043 (Vorschieben eines privaten Dritten als Auftraggeber zur Umgehung des Vergaberechts); VwGH 09.09.2015, Ra 2014/04/0036 (Abgrenzung Eignungs- und Zuschlagskriterien); VwGH 11.11.2015, Ra 2015/04/0073 (Geldbuße keine Verwaltungsstrafe, neues Sanktionssystem); VwGH 16.12.2015, Ra 2014/04/0045 (Kontrollzuständigkeit bei gemeinsamer Vergabe durch Bund und Länder); VwGH 16.12.2015, Ro 2014/04/0065 (wesentliche Vertragsänderung); VwGH 16.12.2015, Ra 2015/04/0071 (Bestandskraft rechtswidriger Auftraggeberentscheidungen); VwGH 16.03.2016, 2015/04/0004 (Verdrängung der sechsmonatigen absoluten Ausschlussfrist für die Einbringung von Feststellungsanträgen wegen Unionsrechtswidrigkeit); VwGH 20.04.2016, Ro 2014/04/0071 (Berechnung des geschätzten Auftragswerts, funktionelle Betrachtung); VwGH 21.12.2016, Ra 2016/04/0130 (Bedachtnahme auf Beschäftigung von Frauen); VwGH 07.03.2017, Ro 2014/04/0067 (keine Legitimation zur Bekämpfung des Zuschlags durch rechtskräftig ausgeschiedenen Bieter); VwGH 29.06.2017, Ra 2017/04/0055 (erforderliche und nicht erforderliche Subunternehmer); VwGH 26.09.2017, Ra 2017/04/0049 (Umgehungsgeschäft); VwGH 23.10.2017, Ra 2017/04/0005 (Festsetzung von Geldbußen als Ermessensentscheidung); VwGH 29.01.2018, Ra 2016/04/0086 (drohender Schaden als Antragsvoraussetzung); VwGH 12.04.2018, Ra 2015/04/0054 (Notariatskammern sind öffentliche Auftraggeber); VwGH 30.01.2019, Ra 2018/04/0001 (Akteneinsicht im Vergabeverfahren); VwGH 19.11.2019, Ra 2017/04/0117 (Schwärzung in Stellungnahme des Auftraggebers); VwGH 26.06.2019, Ra 2018/04/0161 (Insolvenz des Mitglieds einer Bieter- oder Arbeitsgemeinschaft); VwGH 20.07.2021, Ro 2019/04/0231 (Qualifikation des Tabaktrafikantenbestellungsvertrags als Dienstleistungskonzession); VwGH 12.11.2021, Ra 2018/04/0099 (Beginn der Anfechtungsfrist bei Direktvergaben); VwGH, 25.01.2022, Ro 2018/04/0017 (Weitergabe des gesamten Auftrags); VwGH 01.03.2022, Ra 2019/04/0139-3 (Transparenzpflichten bei Markterkundung).

EuGH 20.09.1988, 31/87 (Beentjes) (Begriff des öffentlichen Auftraggebers, funktionelles Verständnis); EuGH 15.01.1998, C-44/96 (Mannesmann Anlagenbau Austria ua) (Begriff des öffentlichen Auftraggebers, „Infizierungsprinzip"); EuGH 24.09.1998, C-76/97 (Tögel) (unmittelbare Anwendbarkeit von RL); EuGH 28.10.1999, C-81/98 (Alcatel Austria) (Trennung von Zuschlagserteilung und -entscheidung, Nachprüfungsverfahren); EuGH 18.11.1999, C-107/98 (Teckal) (Inhouse-Vergabe); EuGH 07.12.2000, C-94/99 (ARGE Gewässerschutz) (Teilnahme subventionierter Bieter am Vergabeverfahren); EuGH 04.12.2003, C-448/01 (EVN AG/Wienstrom) (Umweltgerechtheit der Leistung); EuGH 23.11.1999, C-149/96 (Portugal/Kommission) (Anwendung von WTO-Recht); EuGH 07.12.2000, C-324/98 (Telaustria) (öffentliche Dienstleistungskonzession); EuGH 18.06.2002, C-92/00 (Hospital Ingenieure Krankenhaustechnik Planungs-GmbH) (gesonderte Anfechtbarkeit des Widerrufs der Ausschreibung); EuGH 11.01.2005, C-26/03 (Stadt Halle) (Vergabe an gemischtwirtschaftliche Betriebe unterliegt den Vergabebestimmungen); EuGH 10.11.2005, C-29/04 (Stadt Mödling) (Vertragsverletzung Österreichs durch Vergabe eines Abfallentsorgungsvertrages ohne Ausschreibung; keine Inhouse-Ausnahme für gemischtwirtschaftliche PPP-Gesellschaften); EuGH 09.02.2006, C-226/04 (La Cascina) (Ausschluss vom Vergabeverfahren bei Nichtbezahlung von Sozialversicherungsbeiträgen bzw Steuern); EuGH 18.12.2007, C-337/06 (Bayerischer Rundfunk) (Begriffe „überwiegende staatliche Finanzierung", „Auftraggeber"); EuGH 10.04.2008, C-393/06 (Ing Aigner) (nur Tätigkeiten im Sektorenbereich fallen unter die SektorenRL, die übrigen Aufträge unterfallen der allgemeinen VergabeRL); EuGH 15.05.2008, C-147/06 und C-148/06 (SECAP) (ungewöhnlich niedrige Angebote, grenzüberschreitendes Interesse); EuGH 19.06.2008, C-454/06 (pressetext Nachrichtenagentur) (Begriff Vergabe, Fragen der Vertragsanpassung ohne Neuausschreibung); EuGH 09.06.2009, C-480/06 (Stadtreinigung Hamburg) (öffentlich-öffentliche Kooperation); EuGH 11.06.2009, C-300/07 (Oymanns) (Krankenkassen als öffentliche Auftraggeber); EuGH 10.11.2011, C-348/10 (Norma-A und Dekom) (Dienstleistungsauftrag/-konzession); EuGH 10.05.2012, C-368/10 (Kommission/Niederlande) („Max Havelaar") (Verwendung von Gütezeichen, Berücksichtigung von Kriterien ökologischen und sozialen Handelns); EuGH 29.11.2012, C-182/11 ua (Econord) (Gemeinsam ausgeübte Kontrolle bei Inhouse-Vergaben); EuGH 19.12.2012, C-159/11 (Azienda Sanitaria Locale di Lecce) (Vertrag zwischen zwei öffentlichen Einrichtungen); EuGH 13.06.2013, C-386/11 (Piepenbrock) (Vereinbarung zwischen zwei Gebietskörperschaften, Beteiligung Dritter bei der Aufgabenerfüllung, Hilfsaufgaben); EuGH 04.07.2013, C-100/12 (Fastweb) (Antragslegitimation im Nachprüfungsverfahren bei auszuscheidenden Bietern); EuGH 12.09.2013, C-526/11 (Ärztekammer Westfalen-Lippe) (überwiegende staatliche Finanzierung, erhebliche Autonomie, kein öffentlicher Auftraggeber); EuGH 10.07.2014, C-213/13 (Impresa Pizzarotti) (Vermietung eines zu errichtenden Gebäudes); EuGH 26.03.2015, C-601/13 (Ambisig) (Abgrenzung Eignungs-/Zuschlagskriterien); EuGH 06.10.2015, C-203/14 (Consorci Sanitari del Maresme) („Wirtschaftsteilnehmer" ist auch öffentliche Stelle); EuGH 17.11.2015, C-115/14 (RegioPost) (Mindestlohn); EuGH 26.11.2015, C-166/14 (MedEval) (Schadenersatzansprüche in Abhängigkeit einer vorherigen Feststellung der Rechtswidrigkeit, absolute sechsmonatige Ausschlussfrist unionsrechtswidrig); EuGH 28.01.2016, C-50/14 (CASTA) (Krankentransporte, Direktvergabe an Freiwilligenorganisationen); EuGH 05.04.2016, C-689/13 (PFE) (Antragslegitimation); EuGH 07.04.2016, C-324/14 (Partner Apelski Dariusz) (Eignungsleihe; Beschränkung des Einsatzes von Subunternehmern); EuGH 21.12.2016, C-51/15 (Remondis I) (Begriff öffentlicher Auftrag und interne Organisation der Mitgliedstaaten); EuGH 21.12.2016, C-355/15 (VAMED) (rechtskräftig ausgeschlossener Bieter; Legitimation zur Anfechtung der späteren Zuschlagsentscheidung); EuGH 20.12.2017, C-178/16 (Impresa di Construzioni) (Ausschluss eines Bieters wegen nicht rechtskräftiger strafgerichtlicher Verurteilung eines Verwaltungsratsmitglieds); EuGH 20.03.2018, C-187/16 (Österreichische Staatsdruckerei) (kein Nachweis von Sicherheitsinteressen zur Ausnahme aus den VergabeRL); EuGH 11.04.2019, C-794/18 (Pracsis) (Tippfehler in Zuschlagsentscheidung); EuGH 30.01.2020, C-395/18, Tim SpA (fakultative Ausschlussgründe); EuGH 28.05.2020, C-796/18 (ISE) (öffentlich-öffentliche Kooperation); EuGH 04.06.2020, C-429/19 (Remondis II) (öffentlich-öffentliche Kooperation); EuGH 03.02.2021, C-155/19 ua (Federazione Italiana Giuoco Calcio) (Sportverbände als öffentliche Auftraggeber); EuGH 22.04.2021, C-537/19 (Wiener Wohnen) (Bestandverträge mit öffentlichem Auftraggeber bei erst zu errichtenden Gebäuden); EuGH 08.07.2021, C-295/20 (Sanresa) (behördliche Zustimmung als Mindestanforderung); EuGH 06.10.2021, C-598/19 (Conacee) (Einschränkung des Vergabeverfahrens auf „integrative Betriebe" zulässig); EuGH 12.05.2022, Rs C-719/20 (Comune di Lerici/Provincia di La Spezia) (Nachträglicher Wegfall der Voraussetzungen für eine Inhouse-Vergabe).

I. Regelungsgegenstand und -ziele

Das Vergaberecht regelt die Verfahren zur **Beschaffung von Waren, Bau- und Dienstleistungen** im Wege der Auftragsvergabe durch öffentliche Auftraggeber, Sektorenauftraggeber und sonst erfasste besondere Auftraggeber. Den vergabegesetzlichen Vorschriften unterliegt maW das Nachfrageverhalten dieser – va staatlichen oder staatsnahen – Auftraggeber, wenn sie am Markt auftreten und von anbietenden Unternehmen mittels vertraglicher Beauftragung Leistungen gegen Entgelt beziehen („öffentliche Aufträge"). Im Rahmen formalisierter Vergabeverfahren findet dafür ein **rechtlich geschaffener Wettbewerb** der Bieter statt, der faire und gleiche Bedingungen gewährleisten und effektiven Rechtsschutz ermöglichen soll. Auf diese Weise sollen öffentliche Beschaffungsmärkte für den Wettbewerb geöffnet, die Wirtschaftlichkeit staatlicher Beschaffungen sichergestellt, Betrug und Korruption eingedämmt und insgesamt Objektivität und Wettbewerbsneutralität der Auftragsvergabe garantiert werden.

Die öffentliche Auftragsvergabe zählt zu den klassischen Instrumenten **staatlicher Wirtschaftstätigkeit** und ist zugleich eines der bedeutendsten Anwendungsfelder privatrechtlichen Verwaltungshandelns. Denn der Staat (in seinen verschiedenen Ausformungen) schließt zur Beauftragung der anbietenden Unternehmen privatrechtliche Verträge ab, agiert also nicht mit den Mitteln der Hoheitsverwaltung, sondern im Bereich der **Privatwirtschaftsverwaltung***. Der Rechtsschutz im Vergaberecht ist öffentlich-rechtlich ausgestaltet und bei den VwG angesiedelt; nur eingeschränkt (va betreffend die Zuerkennung von Schadenersatz) besteht auch eine Zuständigkeit der Zivilgerichte (VII.).

Das heutige Vergaberecht steht in einer langen Tradition staatsgerichteter Beschaffungsregeln, ist in seiner nunmehrigen Struktur aber ein nach wie vor junges und **stark europarechtlich geprägtes Rechtsgebiet**. Während frühere Vergaberegulative nur staatsinterne Verbindlichkeit für sich beanspruchen konnten (sog Vergabe- oder Submissionsordnungen) bzw erst der Erklärung ihrer rechtlichen Verbindlichkeit bedurften (insb ÖNORMen*), machten die EU-Vergaberichtlinien für den von ihnen erfassten Oberschwellenbereich (s III.) die Schaffung eines echten vergabegesetzlichen Regelungsregimes sowie die Verankerung subjektiver Bieterrechte erforderlich. Im Zuge des Beitritts Österreichs zum EWR* führte dies zur Erlassung des ersten Bundesvergabegesetzes (BVergG 1993). Die kontinuierliche Fortentwicklung des Vergaberechts auf europäischer Ebene und eine dynamische Rsp des EuGH hatten eine stetige Expansion und eine Vielzahl von Gesetzesänderungen und flankierenden Regelungen zur Folge. Neben dem heute in Geltung stehenden **BVergG 2018** und den **VergabenachprüfungsG der Länder** zählen auch das **BVergGKonz 2018** für die Vergabe von Konzessionsverträgen sowie ein spezielles BVergG für die Vergabe von Aufträgen im Verteidigungs- und Sicherheitsbereich (**BVergGVS 2012**) zum Kernbestand des innerstaatlichen Vergaberechts.

Das 2021 in Kraft getretene **Straßenfahrzeug-BeschaffungsG** regelt die Mindestziele für Auftraggeber bei der Beschaffung bzw dem Einsatz sauberer Straßenfahrzeuge, indem ein Mindestanteil an sauberen Straßenfahrzeugen gesetzlich festgelegt wird.

II. Verfassungsrechtliche Bezüge

1. Kompetenzrechtliche Bestimmungen

Frühere Bundesvergabegesetze erfassten nur Auftragsvergaben durch den Bund und diesem zurechenbare Einrichtungen. Vergaben im Landes- und Gemeindebereich waren nach Maßgabe der damaligen Kompetenzrechtslage landesgesetzlich geregelt. Erst auf Basis der 2002 neu geschaffenen Kompetenzbestimmung des **Art 14b B-VG** für „Angelegenheiten des öffentlichen Auftragswesens" konnte in gewissem Umfang eine kompetenzrechtliche Vereinheitlichung herbeigeführt werden.

Der **Kompetenztatbestand „öffentliches Auftragswesen"** soll durch seine Offenheit auch zur innerstaatlichen Umsetzung künftiger EU-Rechtsakte und der EuGH-Rsp auf dem Gebiet des Vergaberechts ermächtigen.

Im Bereich des **materiellen Vergaberechts** (dh zur Regelung der Angelegenheiten des öffentlichen Auftragswesens mit Ausnahme der Nachprüfung) kommt die **Gesetzgebung** gem Art 14b Abs 1 B-VG dem Bund zu, der auf

Grundlage dessen ein einheitliches, für den Landes- wie Bundesbereich geltendes Regime für Auftragsvergaben geschaffen hat. Die **Vollziehung** (gemeint hier: die inhaltliche Anwendung dieser vergabegesetzlichen Regelungen) ist **Bundessache** bei Auftragsvergaben durch den Bund, der ihm zuzurechnenden Stiftungen, Fonds, Anstalten, Unternehmungen und sonstigen Rechtsträger, der bundesgesetzlich eingerichteten Selbstverwaltungsträger sowie der privaten Sektorenauftraggeber (Art 14b Abs 2 Z 1 B-VG), **Landessache** hinsichtlich der Auftragsvergaben der Länder, Gemeinden und Gemeindeverbände sowie wiederum bestimmter ihnen zuzurechnender Rechtsträger (Art 14b Abs 2 Z 2 B-VG). Für Vergaben, die vom Bund und den Ländern gemeinsam durchgeführt werden, bestehen Abgrenzungsregelungen (Art 14b Abs 2 Z 1 lit f bzw Z 2 lit f B-VG). Auf die Kompetenzgrundlage des Art 14b B-VG gestützt sind neben dem BVergG 2018 insb auch das BVergG-Konz 2018 sowie das BVergGVS 2012.

Die Angelegenheiten der **Nachprüfung** (vergabespezifischer Rechtsschutz) sind in Gesetzgebung und Vollziehung zwischen Bund und Ländern geteilt. Für Auftraggeber im Vollziehungsbereich des Bundes fällt die Gesetzgebung und Vollziehung dem Bund, für Auftraggeber im Vollziehungsbereich eines Landes dem Land zu. Für Bund und Länder kommen daher jeweils eigene Vergaberechtsschutzregelungen zur Anwendung (für den Bund s den 4. Teil des BVergG 2018, für die Länder die LandesvergabenachprüfungsG). In deren Rahmen werden mittels entsprechender bundes- bzw landesgesetzlicher Zuständigkeitsregelung (Art 130 Abs 2 Z 2 B-VG) das **BVwG** (im Vollziehungsbereich des Bundes) bzw die **LVwG** (im Vollziehungsbereich der Länder) zur Vergabekontrolle berufen. Materienspezifische Sonderregelungen für das Verfahren der VwG finden sich auf Grundlage von **Art 136 Abs 2 B-VG** sowohl im BVergG 2018 als auch in den LandesvergabenachprüfungsG.

Der Bund ist gem Art 14b Abs 4 B-VG verpflichtet, den Ländern Gelegenheit zur Mitwirkung an Gesetzesvorhaben des öffentlichen Auftragswesens zu geben (Bund-Länder-Arbeitsgruppe). Vergabegesetzliche Regelungen des Bundes wie auch darauf gegründete DurchführungsV, deren Vollziehung Landessache ist, dürfen nur mit Zustimmung der Länder kundgemacht werden.

Das **Straßenfahrzeug-BeschaffungsG** ist kompetenzrechtlich va auf Art 10 Abs 1 Z 12 B-VG (Luftreinhaltung) gestützt.

2. Grundrechtliche Bezüge

Auch wenn die staatliche Auftragsvergabe im Rahmen der Privatwirtschaftsverwaltung* erfolgt, unterliegt sie anerkanntermaßen grundrechtlichen Bindungen (**Fiskalgeltung*** der Grundrechte). Der **allgemeine Gleichheitssatz** verpflichtet die öffentliche Hand zu einem sachlichen und objektiven Vorgehen bei der Vergabeentscheidung und setzt entsprechende Verfahrensgestaltungen voraus, um die Gleichbehandlung der Bieter zu gewährleisten. In dieser Hinsicht dienen die Vergabegesetze wesentlich der Konkretisierung grundrechtlicher Vorgaben.

Nach Maßgabe der Rsp des VfGH ist der Vergabegesetzgeber gleichheitsrechtlich dazu verpflichtet, außenwirksame Regelungen (insb subjektiv durchsetzbare Bieterrechte) nicht nur für den – EU-sekundärrechtlich geregelten – Oberschwellenbereich (III.) vorzusehen, sondern den Unternehmen auch im **Unterschwellenbereich** (bei „kleineren" Auftragssummen) subjektive Rechtspositionen einzuräumen sowie einen wirksamen Rechtsschutz zu ermöglichen (VfSlg 16.027/2000 und weitere Rsp). Im Interesse der Gewährung eines „den besonderen Anforderungen des Vergabewesens entsprechenden, umfassenden, raschen und effektiven Rechtsschutzes" war es idS sachlich auch nicht gerechtfertigt, den vergabespezifischen Rechtsschutz im Sektorenbereich zu verschließen (VfSlg 15.106/1998 und weitere Rsp). Als Konsequenz der verfassungsgerichtlichen Jud zeichnet sich das BVergG 2018 (so auch BVergKonz 2018 sowie BVergGVS 2012) durch einen umfassenden Anwendungsbereich aus, der – mit entsprechenden verfahrensmäßigen Vereinfachungen – auch **Auftragsvergaben im Unterschwellenbereich** erfasst (III., V.). Der vergabespezifische Rechtsschutz ist im Ober- wie im Unterschwellenbereich eröffnet (VII.).

III. Europarechtliche Bezüge

Die öffentliche Auftragsvergabe wird aufgrund ihrer wirtschaftlichen Bedeutung und der typischerweise bestehenden Neigung der Mitgliedstaaten zu protektionistischem Vorgehen seit jeher als ein **Kernbereich der europäischen Wirtschaftsintegration** verstanden. Auf EU-primärrechtlicher Ebene gelangen neben dem allgemeinen **Diskriminierungsverbot*** (Art 18 AEUV) va die Vorschriften zur Verwirklichung des Binnenmarkts in Gestalt der **Grundfreiheiten** (insb Warenverkehrs-*, Niederlassungs-* und Dienstleistungsfreiheit*) zur Anwendung. Sie richten sich nicht nur gegen staatliche Privilegierungen, die rein an der inländischen Herkunft bestimmter Produkte oder der Nationalität von Unternehmen anknüpfen und insofern gegen ausdrückliche Ungleichbehandlungen, sondern auch gegen formal unterschiedslos geltende Maßnahmen, die in ihren tatsächlichen Wirkungen von Interessenten aus anderen Mitgliedstaaten schwerer oder gar nicht erfüllt werden können.

Darüber hinaus hat der EuGH aus den Grundfreiheiten in stRsp **allgemeine Grundsätze** für die öffentliche Auftragsvergabe abgeleitet. Dazu zählen insb Transparenzpflichten, ein Gleichbehandlungs- und Verhältnismäßigkeitsgebot und ein Gebot der innerstaatlichen, objektiven Nachprüfbarkeit.

Maßgeblich für die Anwendbarkeit dieser Grundsätze wie der genannten primärrechtlichen Vorgaben überhaupt ist das Vorliegen eines **binnenmarktrelevanten Sachverhalts**. Aus dem EU-Primärrecht* können sich unmittelbar maßgebliche Verhaltensmaximen für die auftragsvergebende öffentliche Hand iSd Jud des EuGH daher (nur) dann ergeben, wenn ein Auftrag von grenzüberschreitendem Interesse zur Vergabe gelangen soll. Ein solches grenzüberschreitendes Interesse an der Vergabe kann, abhängig von den Umständen des Einzelfalls, selbst bei wirtschaftlich unrentablen Aufträgen vorliegen.

In Ergänzung und Konkretisierung der primärrechtlichen Grundlagen wurden mehrere **VergabeRL** zur Harmonisierung der mitgliedstaatlichen Vergaberechtsordnungen sowie zahlreiche weitere Rechtsakte erlassen. Von besonderer Relevanz sind die RL über die öffentliche Auftragsvergabe (allgemeine VergabeRL), die RL zur Vergabe durch Auftraggeber im Bereich der Wasser-, Energie- und Verkehrsversorgung sowie der Postdienste (SektorenRL), die RL über die Konzessionsvergabe (KonzessionsRL), die RL über Vergaben in den Bereichen Verteidigung und Sicherheit und die beiden RechtsmittelRL (für öffentliche Vergaben und Sektorenvergaben).

Die – zuletzt 2014 umfassend überarbeiteten – **allgemeine VergabeRL** und **SektorenRL** betreffen den Vorgang der Auftragsvergabe, vereinheitlichen die Vergabeverfahrensvorschriften der Mitgliedstaaten und verpflichten die Auftraggeber insb dazu, ihre Beschaffungsvorhaben unionsweit bekannt zu machen. Erstmals wurde 2014 auch eine **KonzessionsRL** zur Regelung der Vergabe von Bau- und Dienstleistungskonzessionen verabschiedet (s noch VI.13.). Das Reformpaket 2014 wurde mit Erlassung des BVergG 2018 und des BVergGKonz 2018 innerstaatlich umgesetzt. Die **RechtsmittelRL** enthalten Mindeststandards für das Vergabekontrollverfahren in den Mitgliedstaaten, um für eine wirksame und rasche Nachprüfung von Vergabeentscheidungen und die effektive Durchsetzung des Vergaberechts zu sorgen.

Anders als das EU-Primärrecht* erfassen die VergabeRL zwar auch rein innerstaatliche Sachverhalte, sie gelangen aber nur für „Großaufträge" zur Anwendung, also für Auftragsvergaben, deren geschätzter Wert eine bestimmte, unionsrechtlich definierte Schwelle erreicht (**Oberschwellenbereich**). Vergaberechtliche Anforderungen, die aus dem Primärrecht abgeleitet werden, kommen demgegenüber grundsätzlich unabhängig von einem bestimmten Auftragswert zum Tragen.

Die **Schwellenwerte** (§§ 12, 185 BVergG 2018) unterscheiden sich je nach Auftraggeber und Art des Auftrags. Sie betragen aktuell:
- € 140.000,– (Liefer- und Dienstleistungsaufträge bestimmter öffentlicher Auftraggeber laut Anh III)
- € 215.000,– (Liefer- und Dienstleistungsaufträge öffentlicher Auftraggeber)
- € 750.000,– (besondere Dienstleistungsaufträge nach Anh XVI)

- € 431.000,– (Liefer- und Dienstleistungsaufträge von Sektorenauftraggebern)
- € 1 Mio (besondere Dienstleistungsaufträge nach Anh XVI von Sektorenauftraggebern)
- € 5,382 Mio (Bauaufträge)
- Die Wertgrenze für Konzessionsvergaben beträgt € 5,382 Mio (§ 11 BVergGKonz 2018).

Diese (unionsweit geltenden) Schwellenwerte werden in regelmäßigen Abständen einer Evaluierung unterzogen und durch EU-VO neu festgesetzt.

Die CVD-RL (**Clean Vehicles Directive**) verpflichtet die Mitgliedstaaten, in feststehenden Bezugszeiträumen Mindestanteile von „sauberen Straßenfahrzeugen" bei der Beschaffung und beim Einsatz von Straßenfahrzeugen zu erreichen. Sie wurde innerstaatlich durch das Straßenfahrzeug-BeschaffungsG umgesetzt.

IV. Völkerrechtliche Bezüge

Die öffentliche Auftragsvergabe ist Gegenstand mehrerer völkerrechtlicher Vorgaben. Von besonderer Bedeutung ist das im Rahmen der World Trade Organization (WTO) 1994 abgeschlossene **Agreement on Government Procurement** (GPA). Zu den Vertragspartnern zählen die EU und ihre Mitgliedstaaten sowie die meisten WTO-Mitglieder. Der Anwendungsbereich des GPA ist auf bestimmte Auftraggeber und gesondert verzeichnete Waren und Dienstleistungen beschränkt. Zentrale Regelungselemente sind ein Diskriminierungsverbot, ein Inländergleichbehandlungsgebot und entsprechend ausgestaltete Vergabeverfahrensvorschriften, wobei das GPA, vergleichbar den EU-VergabeRL, erst ab bestimmten Schwellenwerten zur Anwendung gelangt. Innerstaatlich müssen den Bietern wirksame Nachprüfungsverfahren zur Verfügung stehen. Streitigkeiten zwischen den Vertragsparteien werden im Rahmen des Streitbeilegungssystems der WTO geschlichtet.

V. Anwendungsbereich

Das **BVergG 2018** gilt in seinem Kernbereich für die Vergabe von Leistungsaufträgen (Bau-, Liefer-, Dienstleistungsaufträge) durch öffentliche Auftraggeber und Sektorenauftraggeber. Zusätzlich unterliegen die Durchführung von Wettbewerben und die Vergabe von Aufträgen bestimmter sonstiger Auftraggeber den vergabegesetzlichen Regelungen. Die Vergabe von Konzessionen (Bau- und Dienstleistungskonzessionen) unterfällt den Regelungen des **BVergGKonz 2018**. Das **BVergGVS 2012** regelt die Beschaffung von Leistungen im Verteidigungs- und Sicherheitsbereich.

1. Persönlicher Anwendungsbereich

Als **öffentliche Auftraggeber** erfasst das BVergG 2018 neben dem „Staat" in einem engeren Sinn (Bund, Länder, Gemeinden und deren jeweils formalorganisatorisch zugehörige Einrichtungen ohne eigene Rechtspersönlichkeit, Gemeindeverbände; § 4 Abs 1 Z 1) auch sonstige Einrichtungen, die staatlich beherrscht sind und zu dem besonderen Zweck gegründet wurden, im Allgemeininteresse liegende Aufgaben nicht gewerblicher Art zu erfüllen (sog **Einrichtungen öffentlichen Rechts**; s die drei in § 4 Abs 1 Z 2 lit a bis c BVergG 2018 genannten, kumulativen Tatbestandselemente). Es handelt sich dabei um (zumindest teilrechtsfähige) Rechtsträger, die aufgrund der von ihnen wahrgenommenen (vielfach vordem bei der staatlichen Verwaltung ieS angesiedelten) Aufgaben und besonders ausgeprägter staatlicher Einflussnahmemöglichkeiten mit der öffentlichen Hand „eng verbunden" sind. Auf die Rechtsform dieser Einrichtungen kommt es für die vergaberechtliche Einordnung nicht an; auch Privatrechtssubjekte sind bei Erfüllen der Tatbestandsvoraussetzungen als Einrichtungen öffentlichen Rechts und damit als öffentliche Auftraggeber zu qualifizieren (keine „Flucht ins Privatrecht").

- **Aufgaben des Allgemeininteresses** erfassen iSd Rsp ein breites Spektrum an Agenden, die im öffentlichen Interesse* besorgt werden bzw einer gemeinwohlorientierten Zielsetzung entsprechen (insb Tätigkeiten im Bereich der Daseinsvorsorge).
- Mit dem Kriterium der **Aufgaben „nicht gewerblicher Art"** wird darauf abgestellt, ob die in Rede stehende Einrichtung grundsätzlich unter denselben Rahmenbedingungen agiert wie ein herkömmliches Wirtschaftsunternehmen. Fehlende Gewinnerzielungsabsicht, staatliche Haftungszusagen oder das Fehlen eines wettbewerblichen Umfelds am Markt (etwa aufgrund von Ausschließlichkeitsrechten) können darauf hindeuten, dass der betreffende Rechtsträger in nicht gewerblicher Weise tätig wird, also bei Beschaffungsvorhaben nach anderen als rein wirtschaftlichen Überlegungen vorgeht. An der Qualifikation einer Einrichtung als öffentlicher Auftraggeber ändert sich selbst dann nichts, wenn die Erbringung von Aufgaben nicht gewerblicher Art einen nur unbedeutenden Anteil an der Gesamttätigkeit darstellt („Infizierungsprinzip").
- Die überdies geforderte **staatliche Beherrschung** kann schließlich im Wege dreier Tatbestandsalternativen verwirklicht werden: aufgrund überwiegender Finanzierung durch öffentliche Auftraggeber, mittels Aufsicht über die Leitung oder durch mehrheitlichen Einfluss öffentlicher Auftraggeber auf die Zusammensetzung der Organe.

Als Einrichtungen öffentlichen Rechts wurden in der bisherigen Rsp zB qualifiziert: ASFINAG Autobahnen- und Schnellstraßen-Finanzierungs-Aktiengesellschaft, Bundesimmobilien-GmbH, Österreichische Nationalbank AG, öffentliche Universitäten, Tourismusverband nach landesgesetzlicher Regelung, Wasserverbände uvam.

Sektorenauftraggeber sind öffentliche Auftraggeber, öffentliche Unternehmen oder mit Sonder- oder Ausschließlichkeitsrechten ausgestattete (private) Unternehmen, die Tätigkeiten im Bereich der Energie- (Gas, Wärme, Elektrizität), Wasser- oder Verkehrsversorgung ausüben, bestimmte Postdienste erbringen, mit dem Aufsuchen und Fördern von Brennstoffen befasst sind oder (Flug-) Häfen bereitstellen (§§ 166 ff). Sektorenauftraggeber agieren damit in Märkten, die herkömmlich zu Monopol- oder Oligopolstrukturen neigen und häufig zugleich Liberalisierungsprozessen ausgesetzt sind (vgl → *Regulierungsrecht*), sodass insofern besondere rechtliche und wirtschaftliche Rahmenbedingungen vorherrschen. Vor diesem Hintergrund gelangen auf Beschaffungen von Sektorenauftraggebern gesonderte Regelungen (Teil 3 des BVergG 2018) zur Anwendung, die von einer größeren Flexibilität geprägt sind und den Auftraggebern insgesamt weitere Spielräume eröffnen (VI.12.). Die Sektorenbestimmungen des BVergG 2018 kommen allerdings nur dann zum Tragen, wenn der **konkrete Vergabevorgang** mit der **Ausübung einer Sektorentätigkeit** im Zusammenhang steht.

Als Sektorenauftraggeber wurden in der bisherigen Rsp zB qualifiziert: Flughafen Wien AG, Schieneninfrastruktur-DienstleistungsgmbH, ÖBB-Infrastruktur AG, VERBUND – Austrian Thermal Power GmbH & Co KG uvam.

§ 4 Abs 2 bis 4 beziehen weiters bestimmte **sonstige Auftraggeber** in den Anwendungsbereich des BVergG 2018 ein. So sind etwa Einrichtungen bei Vergabe bestimmter subventionierter Bauaufträge zur Einhaltung des BVergG 2018 verpflichtet (§ 4 Abs 2). Sollen einer (nicht vergaberechtspflichtigen) Einrichtung gewisse Dienstleistungsaufträge über die Erbringung von öffentlichen Personenverkehrsdiensten erteilt werden, muss in dem zugrunde liegenden Vertrag bestimmt sein, dass letztere beim Kauf von Straßenfahrzeugen im Oberschwellenbereich die Bestimmungen betreffend Anschaffung von sauberen Straßenfahrzeugen zur Anwendung bringt (§ 4 Abs 4).

2. Sachlicher Anwendungsbereich

Bei den vom sachlichen Anwendungsbereich des BVergG 2018 erfassten Leistungsverträgen handelt es sich um **schriftliche, entgeltliche Verträge**, deren Gegenstand die Erbringung von Bau-, Liefer- oder Dienstleistungen ist.

- **Bauaufträge** (§ 5) sind entgeltliche Verträge betreffend die Ausführung oder gleichzeitige Ausführung und Planung von Bauleistungen, die Ausführung oder die gleichzeitige Ausführung und Planung eines Bauvorhabens oder die Erbringung einer Bauleistung durch Dritte gem den vom öffentlichen Auftraggeber (als Bauherr) genannten Erfordernissen.
- **Lieferaufträge** (§ 6) sind entgeltliche Verträge betreffend Kauf, Leasing, Miete, Pacht etc von Waren einschließlich Nebenarbeiten wie das Verlegen oder die Installation.

- Die Kategorie der **Dienstleistungsaufträge** dient im Vergleich dazu als allgemeiner Auffangtatbestand für Dienstleistungen. Dienstleistungsaufträge (§ 7) sind entgeltliche Verträge, die keine Bau- oder Lieferaufträge sind.

Im Einzelnen unterscheidet das BVergG 2018 (in Umsetzung der VergabeRL) sodann zwischen (regulären) Dienstleistungsaufträgen und **besonderen Dienstleistungsaufträgen** (Anh XVI: erfasst sind va – aber nicht nur – Dienstleistungen im Sozial-, Gesundheits- und Bildungsbereich). Da sich letztere aufgrund ihres Gegenstands und der Rahmenbedingungen der Leistungserbringung nicht in demselben Maße dafür eignen, einem europaweiten Vergabewettbewerb unterworfen zu werden, gelten die Vergabevorschriften für besondere Dienstleistungsaufträge nur eingeschränkt (§ 151).

Auch dann, wenn **gemischte Aufträge** vergeben werden sollen, die Elemente unterschiedlicher Auftragsarten beinhalten, bedarf es einer Zuordnung in eine der genannten Kategorien (§ 8 BVergG 2018). Als Grundsatz ist dafür auf den Hauptgegenstand des Auftrags („main object test") abzustellen, je nach Ausgangskonstellation entscheidet aber in bestimmten Fällen der überwiegende Wert der Auftragsbestandteile („main value test").

Gewisse, **taxativ aufgezählte Auftragsvergaben** sind vom Geltungsbereich des BVergG 2018 **ausgenommen** (§ 9). Hiezu zählen etwa rechtsanwaltliche Leistungen iZm gerichtlichen und behördlichen Verfahren sowie Beglaubigungs- und Beurkundungsleistungen durch Notare (Z 9), Immobilienverträge (Z 10), Aufträge über Kredite und Darlehen (Z 15), Arbeitsverträge (Z 16), der Leistungsbezug über eine zentrale Beschaffungsstelle (zB Bundesbeschaffung GmbH), sofern diese ihrerseits die Regelungen des BVergG 2018 eingehalten hat (Z 20 und 22), oder auch Dienstleistungsaufträge im Bereich des Katastrophenschutzes, des Zivilschutzes und der Gefahrenabwehr, die von gemeinnützigen Organisationen erbracht werden (Z 17).

Vom BVergG 2018 ebenfalls ausgenommen und damit vergaberechtsfrei gestellt sind bestimmte „**öffentlich-öffentliche Verhältnisse**" (§ 10), wobei näherhin zwischen Inhouse-Vergabe und öffentlich-öffentlicher Zusammenarbeit unterschieden wird.

Als **Inhouse-Vergaben** werden Aufträge bezeichnet, die ein öffentlicher Auftraggeber durch eine Einrichtung erbringen lässt, über die er (uU auch gemeinsam mit anderen öffentlichen Auftraggebern) eine ähnliche Kontrolle wie über eine eigene Dienststelle ausübt („**Kontrollkriterium**") und die ihre Tätigkeiten im Wesentlichen (mehr als 80%) für den oder die öffentlichen Auftraggeber (oder andere von ihm kontrollierte Rechtsträger) erbringt, die ihre Anteile innehaben oder aus denen sie sich zusammensetzt („**Wesentlichkeitskriterium**"). Eine direkte private Kapitalbeteiligung am kontrollierten, leistungserbringenden Rechtsträger darf, von geringfügigen Ausnahmen abgesehen, nicht bestehen („**Beteiligungskriterium**"). Auch „Bottom-up-Konstellationen" (Auftragsvergabe vom kontrollierten Rechtsträger an die „Mutter") „Schwesternvergaben" (an einen von derselben „Mutter" kontrollierten Rechtsträger) sowie Modelle der gemeinsamen Kontrolle durch mehrere öffentliche Auftraggeber unterliegen bei Zutreffen der genannten Voraussetzungen nicht dem BVergG 2018.

Mit diesem Ausnahmetatbestand der Inhouse-Vergabe (§ 10 Abs 1 und 2 BVergG 2018) wird im Wesentlichen dem Umstand Rechnung getragen, dass der Leistungsbezug von einem Rechtsträger, der vom öffentlichen Auftraggeber beherrscht wird und wirtschaftlich nicht eigenständig ist, funktionell betrachtet **einer „staatlichen Eigenleistung"** äquivalent ist, welche für sich (mangels Nachfrage „am Markt") den Geltungsanspruch des Vergaberechts nicht auslöst. Mit der allgemeinen VergabeRL 2014 wurde diese, durch die EuGH-Rsp (Rs *Teckal*) entwickelte „Inhouse-Ausnahme" erstmals EU-sekundärrechtlich kodifiziert.

Zudem unterliegen **öffentlich-öffentliche Kooperationen**, also Verträge zur Zusammenarbeit zwischen öffentlichen Auftraggebern zwecks Erbringung öffentlicher Dienstleistungen, nicht dem BVergG 2018. Vorausgesetzt ist, dass sie der Erreichung gemeinsamer Ziele dienen, ausschließlich durch Überlegungen iZm dem öffentlichen Interesse bestimmt werden und die beteiligten öffentlichen Auftraggeber auf dem offenen Markt weniger als 20% der durch die Zusammenarbeit erfassten Tätigkeiten erbringen (§ 10 Abs 3). Weiters darf die **Zusammenarbeit** ausschließlich **zwischen öffentlichen Auftraggebern** ohne Beteiligung Privater begründet werden und kein privates Unternehmen einen Wettbewerbsvorteil erlangen. Im Unterschied zu Inhouse-Vergaben liegt in diesen Fällen keine (gemeinsame) Kontrolle über den Vertragspartner vor. In der Praxis handelt es sich häufig um vertragliche Kooperationen auf kommunaler Ebene. Mit den VergabeRL 2014 wurde der – in der EuGH-Judikatur geprägte (Rs *Stadtreinigung Hamburg*) – Ausnahmetatbestand für öffentlich-öffentliche Kooperationen erstmalig auf EU-sekundärrechtlicher Ebene verankert.

VI. Das Vergabeverfahren

1. Grundsätze und allgemeine Bestimmungen

Das BVergG 2018 enthält mehrere allgemein gefasste **Grundsätze für die Durchführung von Vergabeverfahren** (§§ 20 ff). Diese sind bestimmend für das Verhalten der Verfahrensbeteiligten, werden durch zahlreiche Einzelvorschriften ausgestaltet bzw konkretisiert und kommen bei der Auslegung der maßgeblichen Verfahrensbestimmungen zur Anwendung. Zu den insofern zentralen Anforderungen zählen die Beachtung der unionsrechtlichen Grundsätze wie insb der Gleichbehandlung aller Bewerber und Bieter, der Nichtdiskriminierung (Diskriminierungsverbot*), der Verhältnismäßigkeit, der Transparenz, des freien und lauteren Wettbewerbs sowie des Grundsatzes der Wirtschaftlichkeit. Die Vergabe hat an befugte, leistungsfähige und zuverlässige (geeignete) Unternehmer zu angemessenen Preisen zu erfolgen (§ 20 Abs 1).

- **Freier, fairer und lauterer Wettbewerb:** Der vergaberechtliche Wettbewerbsgrundsatz dient mehreren Schutzzwecken. Einerseits soll der Vergabewettbewerb für sich keinen unzulässigen Beschränkungen unterliegen, andererseits das Verhältnis des Auftraggebers zu den Bietern von Fairness geprägt und schließlich auch das Verhältnis der Bieter untereinander frei von wettbewerbsbeschränkenden Verhaltensweisen sein. Der vergaberechtlich organisierte Wettbewerb soll frei, fair und lauter gestaltet sein.
- **Gleichbehandlungsgebot:** Das vergaberechtliche Gleichbehandlungsgebot gebietet die Gleichstellung aller Bieter und Bewerber (für diese Unterscheidung s § 2 Z 10 und 11) und verlangt in seinem Kern insb, dass die Interessenten bei Erstellung ihrer Angebote sowie im Verlauf des Vergabeverfahrens über die gleichen Chancen verfügen. IdS dürfen daher im Vergabeverfahren ausschließlich objektive und nichtdiskriminierende Kriterien zum Einsatz gelangen und der Auftraggeber darf von den einmal festgelegten Kriterien auch nicht willkürlich abweichen.
- **Transparenzgebot:** Mit dem Diskriminierungsverbot* und dem Gleichbehandlungsgebot in unmittelbarem Zusammenhang steht das Gebot der Transparenz, demzufolge der Auftraggeber einen angemessen Grad an Öffentlichkeit zu Gunsten interessierter Unternehmer herzustellen hat, um einen wirksamen Vergabewettbewerb und eine objektive Nachprüfung zu ermöglichen. Der Transparenzgrundsatz soll überdies sicherstellen, dass die Abläufe und „Spielregeln" des Vergabeverfahrens möglichst frühzeitig feststehen und allen Interessenten gleichermaßen bekannt sind.
- Eng mit dem Wettbewerbs- und dem Gleichbehandlungsgrundsatz verknüpft ist die sog **Vorarbeitenregelung:** Wenn Unternehmer, die den Auftraggeber beraten oder auf andere Weise an der Vorbereitung des Vergabeverfahrens beteiligt waren, in weiterer Folge selbst am Vergabeverfahren teilnehmen, hat der Auftraggeber alle erforderlichen Maßnahmen zu setzen, um sicherzustellen, dass der Wettbewerb dadurch nicht verzerrt wird. Gelingt dies nicht, sind die betreffenden Unternehmen von der Teilnahme am Vergabeverfahren auszuschließen (§ 25).
- **Vergabe an befugte, leistungsfähige und zuverlässige Unternehmen:** Der Auftragnehmer muss iS dieses Grundsatzes zur Ausführung des Auftrags befugt sein, also va über die notwendigen gewerbe- und sonstigen berufsrechtlichen Berechtigungen verfügen. Seine wirtschaftliche, finanzielle und technische Leistungsfähigkeit im Hinblick auf den konkreten Auftrag muss gegeben sein und es darf kein Grund vorliegen, der seine allgemeine Zuverlässigkeit in Frage stellt. Ob die maßgeblichen Kriterien zutreffen, wird im Zuge der Eignungsprüfung vom Auftraggeber ermittelt (VI.6.).

- **Vergabe zu angemessenen Preisen:** Der Grundsatz der Vergabe zu angemessenen Preisen hat die Vermeidung spekulativer Preisgestaltung, die Vergleichbarkeit der Angebote und die Gewährleistung wirksamen Wettbewerbs zum Ziel. Werden die Regeln des Vergaberechts eingehalten und ist das Verhältnis zwischen Preis und Leistung nicht ungewöhnlich, ist von der Preisangemessenheit auszugehen. Ungewöhnlich niedrige oder evident unangemessene Preise sind vom Auftraggeber einer vertieften Angebotsprüfung zu unterziehen (VI.8.).
- **Tatsächliche Vergabeabsicht:** Vergabeverfahren dürfen nur durchgeführt werden, wenn tatsächlich die Absicht zur Auftragsvergabe besteht (§ 20 Abs 4). Allerdings ist der Auftraggeber nicht verpflichtet, ein laufendes Vergabeverfahren mit Zuschlag zu beenden; das Vergabeverfahren kann auch mit Widerruf (VI.10.) und damit ergebnislos enden (kein „Zwang zum Zuschlag"), gleichwohl Schadenersatzansprüche zur Folge haben.
- **Umweltgerechte Vergabe:** Gem § 20 Abs 5 ist im Vergabeverfahren auf die Umweltgerechtheit der Leistung Bedacht zu nehmen. Dies kann insb durch die Berücksichtigung ökologischer Aspekte (zB Energieeffizienz, Materialeffizienz, Abfall- und Emissionsvermeidung, Bodenschutz) oder des Tierschutzes bei der Beschreibung der Leistung, bei der Festlegung der technischen Spezifikationen, durch die Festlegung konkreter Zuschlagskriterien oder durch die Festlegung von Bedingungen im Leistungsvertrag erfolgen.
- **Berücksichtigung sozialpolitischer Belange:** Weiters kann im Vergabeverfahren auf die Beschäftigung von Frauen, von Personen im Ausbildungsverhältnis, von Langzeitarbeitslosen, von Menschen mit Behinderung und älteren Arbeitnehmern sowie auf Maßnahmen zur Umsetzung sonstiger sozialpolitischer Belange Bedacht genommen werden. Dies insb im Rahmen der Beschreibung der Leistung, bei der Festlegung der technischen Spezifikationen, durch die Festlegung konkreter Zuschlagskriterien oder durch die Festlegung von Bedingungen im Leistungsvertrag (§ 20 Abs 6).
- **Innovative Vergabe:** Im Vergabeverfahren besteht überdies die Möglichkeit, auf innovative Aspekte Bedacht zu nehmen, so insb bei der Beschreibung der Leistung, bei der Festlegung der technischen Spezifikationen oder im Rahmen der Festlegung der Zuschlagskriterien (§ 20 Abs 7).
- **Förderung von KMU:** Die Konzeption und Durchführung eines Vergabeverfahrens soll nach Möglichkeit so erfolgen, dass kleine und mittlere Unternehmen am Vergabeverfahren teilnehmen können (§ 20 Abs 8).
- **Vertraulichkeit:** Ein wesentlicher weiterer Grundsatz, der das Verhältnis der am Vergabeverfahren Beteiligten prägt, ist jener der Vertraulichkeit. Gem § 27 müssen der Auftraggeber und alle Teilnehmer eines Vergabeverfahrens den vertraulichen Charakter der bei Durchführung eines Vergabeverfahrens ausgetauschten Informationen wahren. Der Auftraggeber darf

keine ihm von einem Unternehmer übermittelten und von diesem als vertraulich bezeichneten Informationen weitergeben (insb technische Geheimnisse, Betriebsgeheimnisse sowie vertrauliche Aspekte der Angebote).
- **Umgehungsverbot:** Schließlich darf nach dem vergaberechtlichen Umgehungsverbot die Konzeption bzw Durchführung eines Vergabeverfahrens nicht den Zweck verfolgen, das Vergabeverfahren vom Anwendungsbereich des BVergG 2018 auszunehmen, die Anwendung der Vorschriften zu umgehen oder den Wettbewerb künstlich einzuschränken.

2. Arten und Wahl des Vergabeverfahrens

Das BVergG 2018 kennt einen **Katalog an typisierten Vergabeverfahrensarten** (§ 31), die je nach Wert und Gegenstand des Auftrags vom Auftraggeber gewählt werden können (§§ 33 ff) und sich insb hinsichtlich der Methode zur Ermittlung des Bieterkreises, im Grad der Formalisierung sowie insgesamt im Maß an Transparenz unterscheiden. Ein nachträglicher Wechsel der Verfahrensart ist unzulässig.

Als „**Regelverfahren**", die im Oberschwellenbereich stets zur Verfügung stehen, sind das offene Verfahren und das nicht offene Verfahren mit vorheriger Bekanntmachung vorgesehen; zwischen diesen beiden Verfahren können die öffentlichen Auftraggeber frei wählen (§ 33). Andere Vergabeverfahren kommen nur bei Vorliegen bestimmter Voraussetzungen in Betracht, insb weil sie im Vergleich dazu weniger formalisiert bzw publizitätsärmer ausgestaltet sind. Im Unterschwellenbereich werden erweiterte Wahlmöglichkeiten und zusätzliche Verfahrensarten zur Verfügung gestellt (§§ 43 ff).

Anhand ihrer Struktur lassen sich im Wesentlichen zwei grundsätzliche Verfahrensdesigns – einstufige und zweistufige Vergabeverfahren – unterscheiden:

Einstufige Vergabeverfahren wie va das offene Verfahren beginnen typischerweise mit einer öffentlichen Bekanntmachung, auf deren Grundlage interessierte Unternehmen Angebote erstellen können. Nach Angebotsöffnung findet die Prüfung der formellen Richtigkeit der eingelangten Angebote sowie die Prüfung der Eignung der Bieter statt, bevor der Auftraggeber eine Bewertung der Angebote der geeigneten Bieter vornimmt und anhand des vorab bekannt gegebenen Zuschlagsprinzips entweder dem billigsten oder dem wirtschaftlich besten Angebot den Zuschlag erteilt, womit zugleich der Vertragsschluss bewirkt wird.

Zweistufige Vergabeverfahren, wie va das nicht offene Verfahren oder das Verhandlungsverfahren mit vorheriger Bekanntmachung, unterscheiden sich davon va durch die vorgeschaltete Durchführung eines Teilnahmewettbewerbs. Auf der ersten Verfahrensstufe wird die Eignung der Bewerber geprüft, die Teilnahmeanträge abgegeben haben. An die als geeignet qualifizierten und vom Auftraggeber ausgewählten Bewerber ergeht dann in der zweiten Verfahrensphase die Aufforderung zur Angebotsabgabe. Der Kreis der Teilnehmer kann dabei vom Auftraggeber – nach sachlichen Kriterien (Auswahlkriterien) – auf die „Bestgeeigneten" beschränkt werden; nicht alle grundsätzlich geeigneten Bewerber müssen zur Angebotslegung aufgefordert werden („Flaschenhalsfunktion").

Im Einzelnen charakterisieren sich die zur Verfügung stehenden Verfahrensarten vor diesem Hintergrund wie folgt:

- Beim **offenen Verfahren** wird eine unbeschränkte Anzahl von Unternehmern öffentlich zur Abgabe von Angeboten aufgefordert. Es handelt sich um ein einstufiges und stark formalisiertes Vergabeverfahren, bei dem der Auftraggeber aufgrund des unbeschränkten Zugangskonzepts keine Vorauswahl trifft, wen er zur Angebotslegung auffordert.
- Beim **nicht offenen Verfahren mit vorheriger Bekanntmachung** werden, nachdem eine unbeschränkte Anzahl von Unternehmern öffentlich zur Abgabe von Teilnahmeanträgen aufgefordert wurde, ausgewählte geeignete Bewerber zur Abgabe von Angeboten eingeladen. Das Verfahren weist eine zweistufige Struktur auf, da zunächst allein die Eignung der Bewerber geprüft wird und eine Aufforderung zur Angebotslegung nur an die entsprechend als geeignet qualifizierten und ausgewählten Bewerber ergeht (Teilnahmewettbewerb). Erst auf einer zweiten Verfahrensstufe findet die Angebotslegung statt.
- Beim **nicht offenen Verfahren ohne vorherige Bekanntmachung** wird eine beschränkte Anzahl von geeigneten Unternehmern unmittelbar zur Abgabe von Angeboten aufgefordert. Aufgrund ihrer herabgesetzten Transparenz kommt diese Verfahrensart nur im **Unterschwellenbereich** zur Anwendung und ist auch dort nur innerhalb bestimmter Wertgrenzen zulässig (§ 43).
- Beim **Verhandlungsverfahren mit vorheriger Bekanntmachung** werden, nachdem eine unbeschränkte Anzahl von Unternehmern öffentlich zur Abgabe von Teilnahmeanträgen aufgefordert wurde, ausgewählte geeignete Bewerber zur Abgabe von Angeboten eingeladen. Beim **Verhandlungsverfahren ohne vorherige Bekanntmachung** wird eine beschränkte Anzahl von geeigneten Unternehmern sogleich vom Auftraggeber zur Abgabe von Angeboten aufgefordert.

Im Unterschied zum offenen und nicht offenen Verfahren **verhandelt** der Auftraggeber mit den Bietern **über den Auftragsinhalt** (Auftragsgegenstand, Bedingungen der Leistungserbringung etc). Das Verhandlungsverfahren ist gesetzlich vergleichsweise wenig formalisiert gestaltet, weshalb den allgemeinen Grundsätzen des Vergabeverfahrens eine bedeutende Rolle zufällt. Es steht dem Auftraggeber frei, eine oder mehrere Verhandlungsrunden sowie ein *short-listing* durchzuführen (§ 114). Um Wettbewerbsverzerrungen und Diskriminierungen zu vermeiden, herrscht Geheimhaltungspflicht.

Das Verhandlungsverfahren ist für öffentliche Auftraggeber im Oberschwellenbereich als **Sonderverfahren** gestaltet und kommt nur bei Vorliegen bestimmter, gesetzlich taxativ genannter Gründe in Betracht (§§ 35 ff). IdS soll für bestimmte Vergabekonstellationen, die besondere Herausforderungen und Schwierigkeiten mit sich bringen (wenn etwa konzeptionelle oder individuelle Lösungen gefordert sind, wenn ein bereits durchgeführtes Vergabeverfahren ergebnislos geendet hat, bei Bestehen von Ausschließlichkeitsrechten oder bei besonderer Dringlichkeit), ein geeigneter Verfahrensrahmen zur Verfügung gestellt werden. Die Voraussetzungen für die Wahl des Verhandlungsverfahrens sind im Lichte der Rsp aber „eng", unter Berücksichtigung seines subsidiären Charakters, auszulegen. Im **Unterschwellenbereich** besteht Wahlfreiheit bezüglich des Verhandlungsverfahrens mit vorheriger Bekanntmachung bzw sind zusätzliche Wahlmöglichkeiten vorgesehen, die zT wiederum mit bestimmten Wertgrenzen bei der Auftragshöhe verknüpft werden (§ 44).

- Eine **Rahmenvereinbarung** ist eine Vereinbarung ohne Abnahmeverpflichtung zwischen einem oder mehreren Auftraggebern und einem oder mehreren (mindestens drei) Unternehmern, die zum Ziel hat, die Bedingungen für die Aufträge, die während eines bestimmten Zeitraums (prinzipiell vier Jahre) vergeben werden sollen, festzulegen, insb in Bezug auf den in Aussicht genommenen Preis und gegebenenfalls die in Aussicht genommene Menge. Der Abschluss einer Rahmenvereinbarung erfolgt auf Grundlage eines Vergabeverfahrens (§ 39) und schränkt den Bieterkreis für künftige Einzelaufträge ein (§§ 153 ff), bewirkt für sich aber keine Vergabe. Der Auftraggeber kann nach Abgabe von Angeboten eine Leistung von einer Partei der Rahmenvereinbarung mit oder ohne erneuten Aufruf zum Wettbewerb beziehen. Eine Abnahmeverpflichtung des Auftraggebers besteht nicht.
- Das **dynamische Beschaffungssystem** ist strukturell mit der Rahmenvereinbarung verwandt. Es handelt sich im Unterschied dazu jedoch um ein vollelektronisches Verfahren ausschließlich für marktübliche Leistungen (§§ 40, 161 f).
- Der **wettbewerbliche Dialog** ist ein mehrphasiges Vergabeverfahren, das als Fortentwicklung des Verhandlungsverfahrens verstanden werden kann. Nachdem eine unbeschränkte Anzahl von Unternehmen öffentlich zur Abgabe von Teilnahmeanträgen aufgefordert wird, führt der Auftraggeber mit ausgewählten Bewerbern einen Dialog über alle Aspekte des Auftrags. Ziel des Dialogs ist es, eine oder mehrere den Bedürfnissen und Anforderungen des Auftraggebers entsprechende Lösung oder Lösungen zu ermitteln, auf deren Grundlage(n) die jeweiligen Bewerber zur Angebotsabgabe aufgefordert werden (§§ 115 ff).
- Im Rahmen der **Innovationspartnerschaft** sollen öffentliche Auftraggeber einem Beschaffungsbedarf Rechnung tragen können, der nicht durch

den Erwerb von bereits auf dem Markt verfügbaren Produkten, Dienst- und Bauleistungen gedeckt werden kann. Ziel der Innovationspartnerschaft ist die Entwicklung einer innovativen Ware, Bau- oder Dienstleistung sowie der anschließende Erwerb der daraus hervorgehenden Waren, Bau- oder Dienstleistungen. Die Innovationspartnerschaft kann mit einem oder mehreren Unternehmen gebildet werden; die Struktur der Innovationspartnerschaft inkludiert ein Verhandlungsverfahren mit vorheriger Bekanntmachung (§§ 118 ff).

- Bei der **Direktvergabe** wird eine Leistung, gegebenenfalls nach Einholung von Angeboten oder unverbindlichen Preisauskünften von einem oder mehreren Unternehmern, formfrei von einem ausgewählten geeigneten Unternehmer gegen Entgelt bezogen. Aufgrund ihrer Formfreiheit und der Anfälligkeit für sachwidrige Einflüsse ist die Direktvergabe nur im Unterschwellenbereich und überdies nur bis zum Erreichen eines bestimmten Auftragswerts zulässig (§ 46). Die maßgebliche gesetzliche **Wertgrenze** liegt bei € 50.000,– (auf Basis der SchwellenwerteV 2018 vorübergehend bis 31.12.2022 bei € 100.000,–).
- Bei der **Direktvergabe mit vorheriger Bekanntmachung** wird, nachdem einer unbeschränkten Anzahl von Unternehmern die beabsichtigte Vergabe eines Auftrages bekannt gemacht wurde, und nach Einholung von einem oder mehreren Angeboten, eine Leistung formfrei von einem ausgewählten geeigneten Unternehmer gegen Entgelt bezogen (§ 47). Auch die Direktvergabe mit vorheriger Bekanntmachung ist nur im Unterschwellenbereich und hier nur innerhalb bestimmter **Wertgrenzen** zulässig (bei Liefer- und Dienstleistungsaufträgen bis € 130.000,–, bei Bauaufträgen bis € 500.000,–).
- Weiters gibt es bei standardisierten Leistungen die Möglichkeit, eine **elektronische Auktion** durchzuführen. In Kombination mit einem anderen Vergabeverfahren oder einer Rahmenvereinbarung kann auf diese Weise dasjenige Angebot ermittelt werden, das den Zuschlag erhalten soll (§§ 38, 156 ff).
- **Wettbewerbe** (§ 32) sind keine Vergabeverfahren ieS, sondern Auslobungsverfahren, um dem Auftraggeber (insb in der Raum- und Stadtplanung, in der Architektur, im Bau-/Ingenieurwesen, in der Werbung oder der Datenverarbeitung) einen Plan oder eine Planung zu verschaffen. Die Auswahl erfolgt durch ein Preisgericht nach bestimmten Kriterien mit oder ohne Preisvergabe (Ideenwettbewerb). Bei Realisierungswettbewerben findet im Anschluss an das Auslobungsverfahren ein Verhandlungsverfahren zur Vergabe eines Dienstleistungsauftrags statt. Die Durchführung von Wettbewerben unterliegt gewissen Sonderregelungen (§§ 163 ff).

3. Wege der Informationsübermittlung

Der **Informationsaustausch** zwischen Auftraggebern und Unternehmern kann grundsätzlich sowohl elektronisch, über den Postweg oder über einen anderen geeigneten Weg bzw auch über eine Kombination dieser Kommunikationswege erfolgen (§ 48).

Die elektronische Vergabe unter Nutzung elektronischer Kommunikationsmittel (**e-procurement**) ist allerdings im Oberschwellenbereich aufgrund EU-rechtlicher Vorgaben mittlerweile verpflichtend vorgesehen. Die für die elektronische Kommunikation zu verwendenden Kommunikationsmittel (Vergabeplattformen) und deren technische Merkmale dürfen keinen diskriminierenden Charakter haben, müssen allgemein verfügbar sowie mit den allgemein verbreiteten Erzeugnissen der Informations- und Kommunikationstechnologie kompatibel sein und dürfen den Zugang des Unternehmers zum Vergabeverfahren nicht beschränken.

Nur weniger bedeutsame Informationen können auch mündlich übermittelt werden.

4. Bekanntmachung

Der Durchführung eines Vergabeverfahrens geht im Regelfall – bei Verfahren mit vorheriger Bekanntmachung – eine Bekanntmachung über die beabsichtigte Vergabe voraus (§§ 50 ff).

Im **Oberschwellenbereich** besteht die Verpflichtung zur EU-weiten Bekanntmachung. Diese erfolgt elektronisch unter Verwendung von Standardformularen. Die Veröffentlichung findet im Supplement S des Amtsblatts der EU statt, abrufbar über „Tenders Electronic Daily" (TED). Zusätzlich dazu findet auf innerstaatlicher Ebene eine Bekanntmachung gem dem *Open Government Data*-Modell in Form von offenen Datensätzen statt. Dafür müssen die Kerndaten des Vergabeverfahrens, welche die wesentlichen Informationen zur beabsichtigten Vergabe beinhalten (Anh VIII), vom Auftraggeber elektronisch bereitgestellt werden. Die Metadaten dieser Kerndaten werden online über data.gv.at publiziert.

Im **Unterschwellenbereich** erschöpft sich die Bekanntmachungspflicht auf eine Bereitstellung der Metadaten der Kerndaten über data.gv.at (§ 64). Weitere Bekanntmachungen in sonstigen Publikationsmedien (zB Amtsblätter) stehen den Auftraggebern frei.

5. Ausschreibung

Die **Ausschreibung** ist eine Erklärung des Auftraggebers, in der er festlegt, welche Leistung er zu welchen Bedingungen erhalten möchte (§ 2 Z 7). Zu den zentralen Elementen der Ausschreibungsunterlagen zählen die Leistungsbeschreibung und die Bestimmungen über den Leistungsvertrag. Im

Rahmen der **Leistungsbeschreibung** muss die nachgefragte Leistung entweder konstruktiv, dh eindeutig und vollständig, insb auf Grundlage eines Leistungsverzeichnisses, oder funktional, dh anhand der Aufgabenstellung durch Festlegung von Leistungs- oder Funktionsanforderungen vom Auftraggeber objektiv und neutral umschrieben werden, sodass weder bestimmte Bieter diskriminiert werden noch andere Bieter von vornherein Wettbewerbsvorteile genießen (§§ 103 ff). Hierbei sind auch technische Spezifikationen anzugeben (§ 106). Die **Vertragsbestimmungen** müssen so eindeutig und umfassend festgelegt werden, dass ein eindeutiger Leistungsvertrag zustande kommen kann (§ 110). Darüber hinaus enthalten die Ausschreibungsunterlagen zahlreiche weitere Angaben zum Ablauf des Vergabeverfahrens (insb Angebots- und Zuschlagsfrist, §§ 88 ff), zum gewählten Zuschlagsprinzip sowie gegebenenfalls zu den Zuschlagskriterien (VI.9.). Im Einzelnen verfügt der Auftraggeber bei Gestaltung der Ausschreibung über weitreichende Spielräume, ist aber gehalten, die Ausschreibungsunterlagen so auszuarbeiten, dass die Preise ohne Übernahme nicht kalkulierbarer Risiken und ohne unverhältnismäßige Ausarbeitungen von den Bietern ermittelt werden können. Die **Vergleichbarkeit der Angebote** muss sichergestellt sein (§ 88 Abs 2).

Der Auftraggeber entscheidet im Lichte technischer und wirtschaftlicher Gesichtspunkte, ob er die gewünschten Leistungen **gemeinsam oder** – etwa hinsichtlich verschiedener Handwerks- und Gewerbezweige oder Fachrichtungen – **getrennt** ausschreibt. Ein Zuschlag in Teilen einer ausgeschriebenen Gesamtleistung ist unzulässig (§ 28).

Um zu bestimmen, ob ein Auftrag im Ober- oder Unterschwellenbereich zu vergeben ist (und demgemäß die Bestimmungen des BVergG 2018 für den Ober- oder Unterschwellenbereich zur Anwendung gelangen), hat der Auftraggeber im Vorfeld den **geschätzten Auftragswert** zu ermitteln. Hierfür kommen besondere gesetzliche (Berechnungs-) Regelungen zum Tragen (§§ 13 ff). Bei zusammengehörigen Auftragskomponenten, die ein einheitliches Vorhaben bilden, ist hinsichtlich der Auftragswertberechnung die Gesamtsumme von Relevanz.

6. Eignungsprüfung

Im Rahmen der Eignungsprüfung findet eine **unternehmensbezogene Bewertung** der Bieter und Bewerber statt. Wesentliches Ziel der Eignungsprüfung ist es, diejenigen Unternehmer von der Teilnahme am Vergabeverfahren auszuschließen, die aus verschiedenen Gründen die geforderte, ordnungsgemäße Leistungsausführung nicht erwarten lassen. Die Eignung wird anhand der **Befugnis**, der finanziellen, technischen und wirtschaftlichen **Leistungsfähigkeit** und der **Zuverlässigkeit** der Unternehmer vom Auftraggeber beurteilt. Hierfür werden den Unternehmen Nachweise abverlangt, wobei der Auftraggeber entsprechend der von ihm definierten **Eignungskriterien** (§ 2

Z 22 lit c) aus dem gesetzlich zur Verfügung stehenden Nachweiskatalog zu bestimmen und in der Bekanntmachung oder Ausschreibung verbindlich anzugeben hat, welche Nachweise konkret zu erbringen sind (§§ 79 ff). Jedenfalls dürfen Nachweise nur so weit verlangt werden, wie dies durch den Gegenstand des Auftrags gerechtfertigt ist (Eignung für die konkrete Leistung, § 80 Abs 1); es muss insofern die Verhältnismäßigkeit gewahrt werden und darf nicht zu Diskriminierungen, Ungleichbehandlungen oder Wettbewerbsverzerrungen kommen.

Zu den möglichen Eignungsnachweisen zählen Firmenbuchauszüge, Strafregisterbescheinigungen zum Nachweis der allgemeinen beruflichen Zuverlässigkeit, eine Bonitätsauskunft, eine Liste der wesentlichen, in den letzten Jahren erbrachten Lieferungen bzw Leistungen (Referenzliste), Warenmuster, Ausbildungsnachweise bei Bau- und Dienstleistungsaufträgen, Erfüllung von Qualitätssicherungsnormen etc.

Das Vorliegen bestimmter, gesetzlich geregelter **Ausschlussgründe** (wie zB einschlägige rechtskräftige strafgerichtliche Verurteilung, schwere Verfehlung gegen Bestimmungen des Arbeits-, Sozial- oder Umweltrechts, Säumigkeit bei der Zahlung der Sozialversicherungsbeiträge, Steuern oder Abgaben, sittenwidrige oder wettbewerbswidrige Abreden des Unternehmers etc) hat – von Sonderfällen abgesehen – den Ausschluss des Unternehmers von der Teilnahme am Vergabeverfahren zur Folge (§ 78).

Im Rahmen zweistufiger Vergabeverfahren (VI.2.) findet die Prüfung der Eignung der Teilnehmer mittels **Teilnahmewettbewerb** statt. Neben den Eignungskriterien, welche die vom Auftraggeber definierten Mindestanforderungen darstellen, werden die Unternehmer überdies am Maßstab vorweg vom Auftraggeber definierter Auswahlkriterien (§ 2 Z 22 lit a) geprüft. An jene Teilnehmer, die sich anhand dieser unternehmensbezogenen Kriterien als „bestgeeignet" qualifizieren konnten, ergeht auf der zweiten Verfahrensstufe die Aufforderung zur Angebotsabgabe.

Die tatsächliche Vorlage der Eignungsnachweise an den Auftraggeber ist nicht (mehr) generell gefordert. § 80 räumt den Unternehmen die Möglichkeit ein, ihre Eignung mittels **Eigenerklärung** zu belegen. Erforderlich ist die Beibringung der Nachweise allerdings dann, wenn sie vom Auftraggeber verlangt wird, im Besonderen hinsichtlich des in Aussicht genommenen Zuschlagsempfängers.

7. Angebot

Aufgrund der Ausschreibung können die interessierten Unternehmer innerhalb der Angebotsfrist **Angebote** (§ 2 Z 3) legen. Sie müssen sich dabei **an die Ausschreibungsunterlagen halten**; nur eingeschränkt – so insb im Verhandlungsverfahren, wo die Verhandlungen Änderungen der Leistungsbeschreibung zur Folge haben können, oder bei Alternativ- oder Abänderungsangeboten – dürfen Angebote von der Ausschreibung **abweichen**. Ist in den Ausschreibungsunterlagen die Möglichkeit der Losvergabe nicht vorgesehen, haben sich Angebote auf die Gesamtleistung zu beziehen (§ 125 Abs 3).

Angebote müssen bestimmten **Formvorschriften** entsprechen (§ 126) und sind grundsätzlich ohne gesonderte Vergütung zu erstellen (§ 130). Nach Ablauf der Angebotsfrist – und damit während der Zuschlagsfrist – sind die Bieter **zivilrechtlich** an ihr Angebot **gebunden** (§ 131 Abs 2). Angebotsänderungen können dann nur noch sehr eingeschränkt vorgenommen werden (zu behebbaren Angebotsmängeln s VI.8.). Während des offenen und nicht offenen Verfahrens darf mit den Bietern über das Angebot nicht verhandelt werden (Verhandlungsverbot; §§ 112 Abs 3, 113 Abs 2).

8. Angebotsprüfung

Angebote sind nach Ablauf der Angebotsfrist zu öffnen. Bei Verhandlungsverfahren ist das Ergebnis der Öffnung geheim zu halten (§ 133 Abs 1).

Die **Prüfung der Angebote** erfolgt in technischer und wirtschaftlicher Hinsicht nach den in der Ausschreibung festgelegten Kriterien (§ 135). Sie obliegt Personen, die die fachlichen Voraussetzungen dafür erfüllen; erforderlichenfalls sind Sachverständige beizuziehen (§ 134). Geprüft wird neben der Formrichtigkeit und Vollständigkeit der Angebote insb auch die Angemessenheit der Preise. Gegebenenfalls hat angesichts der ungewöhnlichen Preisgestaltung eine **vertiefte Angebotsprüfung** stattzufinden (§ 137). Entstehen bei der Angebotsprüfung Unklarheiten oder werden Mängel festgestellt, ist vom Bieter eine verbindliche schriftliche **Aufklärung** zu verlangen (§ 139). Fehlerhafte oder unvollständige Angebote sind jedoch nur dann verbesserungsfähig, wenn ein **behebbarer Mangel** vorliegt (§ 141 Abs 1 Z 7): Würde die Mängelbehebung zu einer Besserstellung des betroffenen Bieters im Vergabewettbewerb führen, ist der Angebotsmangel unbehebbar, im gegenteiligen Fall ist er behebbar (zB bei bloßem Nachreichen von vergessenen, aber bereits bestehenden Eignungsnachweisen).

Bei Vorliegen von Ausscheidensgründen gem § 141 sind die betreffenden **Angebote** vom Auftraggeber aus dem Vergabeverfahren **auszuscheiden**, da sie für eine Zuschlagserteilung nicht in Betracht kommen.

Zu den gesetzlichen Ausscheidensgründen zählen: mangelnde Eignung, keine plausible Zusammensetzung des Gesamtpreises, verspätetes Einlangen des Angebots, Widerspruch zu den Ausschreibungsbestimmungen, nicht behobener oder nicht behebbarer Angebotsmangel etc. Haben es Bieter unterlassen, innerhalb der ihnen gestellten Frist die verlangten Aufklärungen zu geben oder entbehrt die Aufklärung einer nachvollziehbaren Begründung, kann der Auftraggeber das Angebot gem § 141 Abs 2 ebenfalls ausscheiden.

9. Zuschlag

In der Bekanntmachung oder in den Ausschreibungsunterlagen hat der Auftraggeber anzugeben, ob der Zuschlag dem technisch und wirtschaftlich günstigsten Angebot (**Bestangebotsprinzip**) oder dem Angebot mit dem niedrigsten Preis erteilt werden soll (**Billigstangebotsprinzip**). Während beim Billigstangebotsprinzip alleiniges Zuschlagskriterium der Preis ist, erfolgt die Ermittlung des aus der Sicht des öffentlichen Auftraggebers technisch und wirtschaftlich günstigsten Angebots (des Bestangebots) entweder anhand eines Kostenmodells oder anhand von vorab bekannt gegebenen Zuschlagskriterien.

Bei Festlegung der **Zuschlagskriterien** kommt dem Auftraggeber ein großer Spielraum zu. Er hat jedoch darauf Bedacht zu nehmen, dass diese mit dem Auftragsgegenstand in Zusammenhang stehen und zur Ermittlung des technisch und wirtschaftlich günstigsten Angebots tauglich sind, dass sie klar und eindeutig formuliert werden, dem Diskriminierungsverbot entsprechen und eine nachvollziehbare und überprüfbare Bestbieterermittlung ermöglichen. Die Festlegung der Zuschlagskriterien erfolgt im Verhältnis der ihnen zuerkannten Bedeutung und damit iaR in Form einer Prozentangabe.

Als mögliche Zuschlagskriterien in Betracht kommen Qualität, Preis, technischer Wert, Ästhetik, Zweckmäßigkeit, Umwelteigenschaften, Betriebskosten, Rentabilität, Kundendienst, technische Hilfe, Lieferzeitpunkt, Lieferungs- bzw Ausführungsfrist etc.

Als Kostenmodell zur Ermittlung des besten Preis-Leistungs-Verhältnisses kann eine **Lebenszykluskostenrechnung** herangezogen werden (§ 92).

Das BVergG 2018 normiert eine **Präferenz für das Bestangebotsprinzip**: Das Billigstangebotsprinzip ist generell nur zulässig, wenn der Qualitätsstandard der Leistung durch den Auftraggeber in technischer, wirtschaftlicher und rechtlicher Hinsicht klar und eindeutig definiert ist. Das Bestangebotsprinzip muss demgegenüber jedenfalls vom Auftraggeber gewählt werden, wenn einer der in § 91 Abs 5 genannten Fälle vorliegt (Vergabe von geistigen Dienstleistungen im Verhandlungsverfahren, im Wesentlichen funktionale Leistungsbeschreibung, Bauaufträge über € 1 Mio, Auftragsvergabe im wettbewerblichen Dialog, Auftragsvergabe in einer Innovationspartnerschaft).

Im Zuschlagsverfahren wird auf Grundlage des jeweiligen Zuschlagsprinzips bzw der Zuschlagskriterien unter jenen Angeboten, die nach dem Ausscheiden noch im Vergabeverfahren verblieben sind, dasjenige Angebot ermittelt, auf das der Zuschlag ergehen soll. Bei der hierfür notwendigen **Angebotsbewertung** kann sich der Auftraggeber verschiedener Methoden bedienen.

Der Zuschlag selbst erfolgt in zwei Etappen (§§ 142 ff). Zunächst ist den Bietern die **Zuschlagsentscheidung** nachweislich mitzuteilen. Hierbei handelt es sich um eine nicht verbindliche Absichtserklärung des Auftraggebers, welchem Bieter der Zuschlag erteilt werden soll (§ 2 Z 49); es liegt aber noch keine Auftragsvergabe vor. An die Mitteilung der Zuschlagsentscheidung knüpft sich eine gesetzliche **Stillhaltefrist** von zehn (bei elektronischer Übermittlung) bzw 15 Tagen (bei brieflicher Übermittlung). Innerhalb dieser Frist darf der Auftraggeber den Zuschlag bei sonstiger **absoluter Nichtigkeit** nicht erteilen (§ 144 Abs 1). Damit soll sichergestellt werden, dass die Zuschlagsentscheidung vom übergangenen Bieter wirksam bekämpft werden kann, also eine Beschwerdemöglichkeit besteht, noch bevor der Vertragsschluss stattgefunden hat.

Nach Ablauf der Stillhaltefrist kann die **Zuschlagserteilung** erfolgen. Dabei handelt es sich um die an den Bieter abgegebene schriftliche Erklärung, sein Angebot anzunehmen (§ 2 Z 50), womit grundsätzlich zugleich das **Vertragsverhältnis** zustande kommt (§ 145). Über die erfolgreiche Vergabe hat der Auftraggeber einen Vergabevermerk anzufertigen (§ 147).

10. Widerruf

Jedes Vergabeverfahren bedarf einer förmlichen Beendigung. Für den Fall eines erfolglosen Abbruchs sieht das BVergG 2018 den **Widerruf der Ausschreibung** vor (§§ 148 ff). Zum Widerruf verpflichtet (**zwingender Widerruf**) ist der Auftraggeber dann, wenn Umstände bekannt werden, die, wären sie schon vor der Ausschreibung bekannt gewesen, eine Ausschreibung ausgeschlossen oder zu einer inhaltlich wesentlich anderen Ausschreibung geführt hätten, nach Ablauf der Angebotsfrist auch dann, wenn kein Angebot eingelangt ist oder nach dem Ausscheiden von Angeboten kein Angebot im Vergabeverfahren verbleibt. Zum Widerruf berechtigt (**fakultativer Widerruf**) ist der Auftraggeber, wenn nur ein Angebot eingelangt ist (und insofern kein wirksamer Vergabewettbewerb stattfinden konnte), nach dem Ausscheiden von Angeboten nur ein Angebot im Vergabeverfahren verbleibt, oder wenn allgemein sachliche Gründe vorliegen. Selbst ein zulässiger Widerruf kann den Auftraggeber bei Verursachung durch einen hinreichend qualifizierten Vergabeverstoß aber **schadenersatzpflichtig** machen (§ 373 Abs 3).

Ähnlich der zweistufigen Struktur des Zuschlagsverfahrens hat der Auftraggeber auch für den Fall des Widerrufs des Vergabeverfahrens zunächst eine **Widerrufsentscheidung** zu treffen, bevor, nach Verstreichen einer Stillhaltefrist, der (endgültige) Widerruf erklärt wird. Vor Ablauf der Stillhaltefrist darf der Widerruf bei sonstiger Unwirksamkeit nicht erklärt und ein neues Vergabeverfahren über den gleichen Auftragsgegenstand nicht eingeleitet werden. Im Unterschwellenbereich kann der Auftraggeber auch ohne Widerrufsentscheidung und Stillhaltefrist unmittelbar den Widerruf erklären. Mit der Erklärung des Widerrufs gewinnen Auftraggeber und Bieter ihre **Handlungsfreiheit** wieder (§ 150).

11. Sonderregelungen für die Phase der Auftragsausführung

Das BVergG 2018 normiert über die Vergabephase hinausgehend auch einige Verpflichtungen für die **Phase der Leistungserbringung** nach Zuschlagserteilung (Auftragsausführung). Dazu gehören insb Vorschriften betreffend die Bekanntgabepflicht des Auftragnehmers an den Auftraggeber bei beabsichtigtem **Wechsel eines Subunternehmers** (§ 363) sowie Regelungen für die Frage der Zulässigkeit von Vertragsänderungen während ihrer Laufzeit (§ 365). Derartige **nachträgliche Vertragsänderungen** können einen vergabepflichtigen Vorgang begründen (und damit die Pflicht zur neuerlichen Ausschreibung auslösen), wenn es sich um wesentliche Änderungen handelt, wenn sich also der Vertrag vom ursprünglichen Vertrag erheblich unterscheidet. Der Maßstab der **Wesentlichkeit** wird im Einzelnen über verschiedene Tatbestände (etwa die Verschiebung des wirtschaftlichen Gleichgewichts zu Gunsten des Auftragnehmers oder die erhebliche Ausweitung oder Verringerung des Vertragsumfangs) näher konkretisiert. Bloß geringfügige Vertragsänderungen oder Vertragsanpassungen aufgrund ursprünglich mitvereinbarter Vertragsänderungsklauseln sind hingegen nicht als vergabepflichtige Vorgänge einzustufen. Vergabeverfahren zur zulässigen Änderung von Verträgen und Rahmenvereinbarungen während ihrer Laufzeit sind vom sachlichen Anwendungsbereich des BVergG 2018 ausgenommen (§ 9 Abs 1 Z 26).

12. Sonderregelungen für Auftragsvergaben in den Sektoren

Das BVergG 2018 enthält in seinem 3. Teil Regelungen für **Auftragsvergaben in den Sektoren** (V.1.). Im Allgemeinen kennt das Sektorenvergaberecht flexiblere Vergabebestimmungen und spricht den Sektorenauftraggebern eine erweiterte Gestaltungsfreiheit zu. So gewähren die Sektorenvorschriften spezifische Ausnahmen für Auftragsvergaben an verbundene Unternehmen (§ 181), eröffnen im Oberschwellenbereich eine freie Wahl auch des Verhandlungsverfahrens nach vorheriger Bekanntmachung sowie des wettbewerblichen Dialogs (§ 205) und ermöglichen dem Auftraggeber die Einrichtung eines Systems zur Präqualifikation von Unternehmen (Prüfsystem, § 256). Ist die Sektorentätigkeit in Österreich auf einem Markt mit freiem Zugang unmittelbar dem Wettbewerb ausgesetzt, kann über Entscheidung der EK eine Freistellung vom Vergaberecht verfügt werden (§ 184).

13. Die Regelungen des BVergGKonz 2018 für die Vergabe von Konzessionsverträgen

Das **BVergGKonz 2018** regelt die Vergabe von Konzessionsverträgen (Bau- oder Dienstleistungskonzessionen) durch öffentliche Auftraggeber und Sektorenauftraggeber. **Konzessionsverträge** (Baukonzessionen, Dienstleistungskonzessionen) unterscheiden sich von öffentlichen Aufträgen dadurch, dass die Gegenleistung für die vom Konzessionär (der Unternehmer, der die Konzession erhält) erbrachte Leistung statt oder neben einem Entgelt in der **Einräumung des Rechts** an den Konzessionär besteht, die vertragsgegenständliche **Leistung zu nutzen** und von Dritten Entgelte einzuheben, die diese für die Leistung des Konzessionärs zahlen (§§ 5, 6 BVergGKonz 2018). Der Konzessionär trägt damit insb das wirtschaftliche (Betriebs-)Risiko (mit), das sich bei Erbringung der jeweiligen Leistung ergibt. Dieses **Risikoelement** ist ein wichtiger Bestandteil des Konzessionsbegriffs.

Praktische Anwendungsfelder für Konzessionsverträge betreffen insb die Auslagerung der Erbringung von Infrastrukturleistungen (zB Bau und Betrieb einer Kläranlage oder einer Autobahn) an Private.

Konzessionsvergabeverfahren folgen den allgemeinen Grundsätzen des Vergaberechts (§ 14). Wesentlich ist, dass es im Bereich des BVergGKonz 2018 keine detailliert geregelten Vergabeverfahrensarten gibt, sondern der Auftraggeber das Konzessionsvergabeverfahren unter Beachtung der maßgeblichen Grundsätze (§ 22) prinzipiell frei gestalten kann.

Der Rechtsschutz bei Vergaben nach dem BVergGKonz 2018 findet vor den VwG statt (VII.).

14. Die Regelungen des BVergGVS 2012 für die Beschaffung von Leistungen im Verteidigungs- und Sicherheitsbereich

Das **BVergGVS 2012** enthält Vorschriften für die Beschaffung von **Leistungen im Verteidigungs- und Sicherheitsbereich** durch öffentliche Auftraggeber und Sektorenauftraggeber (§ 4). Vom sachlichen Anwendungsbereich umfasst sind die Lieferung von Militärausrüstung und sensibler Ausrüstung, damit in unmittelbarem Zusammenhang stehende Bau-, Liefer- oder Dienstleistungen sowie Bau- und Dienstleistungen speziell für militärische Zwecke oder sensible Bau- bzw Dienstleistungen (§ 1 Z 1). In den Grundzügen entspricht die Regelungssystematik des BVergGVS 2012 jener des BVergG 2018. Allerdings wird in vielfältiger Weise auf die im Verteidigungs- und Sicherheitsbereich bestehenden höheren Geheimhaltungsinteressen (zB §§ 21 f, 69) und das besondere Versorgungsinteresse (§ 70) Rücksicht genommen.

Hinsichtlich des Rechtsschutzes bei Vergaben nach dem BVergGVS 2012 vor dem BVwG gelangen die Bestimmungen des BVergG 2018 zur Anwendung (VII.), wobei das BVergGVS 2012 angesichts der besonderen Sicherheitsanforderungen zusätzliche organisatorische Vorgaben trifft (§ 136). Im Vollziehungsbereich der Länder finden sich entsprechende Regelungen in deren VergabenachprüfungsG.

VII. Rechtsschutz

Die Sicherung der Funktionsfähigkeit des Vergabewettbewerbs ist unmittelbar mit der Sicherung und Kontrolle der Rechtmäßigkeit des Vergabeverfahrens verbunden. Der Gewährleistung von **Individualrechtsschutz für die Bieter** kommt dabei besondere Bedeutung zu. In Umsetzung der unionsrechtlichen Vorgaben, effektiven Rechtsschutz im Vergaberecht herzustellen, ist der – bundes- und landesgesetzlich geregelte (II.1.), bei den VwG angesiedelte – vergabespezifische Rechtsschutz stark am Gedanken der **Gewährung von Primärrechtsschutz** (durch Beseitigung von rechtswidrigen Auftraggeberentscheidungen insb noch während des laufenden Vergabeverfahrens) ausgerichtet. **Sekundärrechtsschutz** (durch Kompensation va in Form von Schadenersatz) ist im Kern vor den Zivilgerichten zu erlangen.

1. Vergabekontrollverfahren vor dem BVwG

Die Wahrnehmung des vergabespezifischen Rechtsschutzes im Vollziehungsbereich des Bundes (II.1.) obliegt nach dem BVergG 2018 dem **BVwG** (§ 327), das in diesen Verfahren iaR (ausgenommen insb Verfahren über Anträge auf einstweilige Verfügung, dort Einzelrichterzuständigkeit) in Dreiersenaten entscheidet. Jeder **Senat** besteht aus einem Richter des BVwG in der Rolle des Senatsvorsitzenden und zwei fachkundigen Laienrichtern als Beisitzern, von denen jeweils einer dem Kreis der Auftraggeber und einer dem Kreis der Auftragnehmer angehört (§§ 328 f). Das Vergaberechtsschutzverfahren vor dem BVwG ist im 4. Teil des BVergG 2018 geregelt; subsidiär gelangen VwGVG und AVG zur Anwendung (§ 333).

Im Einzelnen kennt das BVergG 2018 in Gestalt des Nachprüfungsverfahrens, des Verfahrens über einstweilige Verfügungen und des Feststellungsverfahrens **drei Arten von Rechtsschutzmechanismen**, die jeweils über – vergebührungspflichtige (§ 340) – Anträge der rechtsschutzsuchenden Unternehmer eingeleitet werden. Vor Zuschlagserteilung oder Widerruf(serklärung) ist das BVwG zuständig zur Nichtigerklärung von Entscheidungen des Auftraggebers und zur Erlassung einstweiliger Verfügungen. Nach Zuschlagserteilung oder Widerruf(serklärung) richtet sich die Zuständigkeit des BVwG auf bestimmte Feststellungen betreffend die Vergaberechtswidrigkeit des Auftraggeberverhaltens, nach Zuschlagserteilung überdies auf die Nichtigerklärung oder Aufhebung von bestimmten, vergaberechtswidrig zustande gekommenen Verträgen sowie die Verhängung von Sanktionen (§ 334).

- Nachprüfungsverfahren
  Zur Einbringung eines Nachprüfungsantrags legitimiert sind Unternehmer, die ein Interesse am Abschluss eines vergaberechtspflichtigen Vertrages behaupten und denen durch die behauptete Rechtswidrigkeit ein Schaden entstanden ist oder zu entstehen droht (§ 342 Abs 1). Gegenstand der Nachprüfung können nur **gesondert anfechtbare Entscheidungen** des Auftraggebers sein, die je nach Verfahrensart aufgegliedert im BVergG 2018 abschließend genannt sind (s § 2 Z 15 lit a). Nicht gesondert anfechtbare Entscheidungen können dahingegen nur gemeinsam mit der ihnen nächstfolgenden gesondert anfechtbaren Entscheidung angefochten werden (§ 2 Z 15 lit b). Werden die gesetzlichen Anfechtungsfristen (§ 343) versäumt, kommt es zur **Präklusion***, sodass die Rechtswidrigkeit der be-

treffenden, gesondert anfechtbaren Entscheidung (und der ihr vorangegangenen, nicht gesondert anfechtbaren Entscheidungen) nicht mehr, auch nicht implizit im Wege von Einwendungen gegen spätere Auftraggeberentscheidungen, geltend gemacht werden kann.

Parteistellung im Nachprüfungsverfahren haben jedenfalls der Antragsteller und der Auftraggeber. Andere Bieter, deren rechtliche Interessen durch die Entscheidung des BVwG unmittelbar nachteilig berührt werden könnten (Antragsgegner, insb der präsumtive Zuschlagsempfänger), müssen innerhalb von zehn Tagen begründete Einwendungen erheben, um ihre Parteistellung nicht zu verlieren (§ 346).

Das BVwG hat innerhalb von sechs Wochen über den Nachprüfungsantrag zu entscheiden. Die angefochtene Entscheidung des Auftraggebers ist mit Erkenntnis für **nichtig zu erklären**, wenn der Antragsteller in dem von ihm geltend gemachten Recht verletzt wurde und dies für den Verfahrensausgang von wesentlichem Einfluss ist (§ 347).

- **Einstweilige Verfügungen**
Nachprüfungsanträgen kommt keine aufschiebende Wirkung* hinsichtlich des Fortgangs des Vergabeverfahrens zu. Um eine entstandene oder unmittelbar drohende Schädigung ihrer rechtlich geschützten Interessen zu beseitigen oder zu verhindern, steht den rechtsschutzsuchenden Unternehmen allerdings die Möglichkeit offen, beim BVwG einen **Antrag auf Erlassung einer einstweiligen Verfügung** einzubringen (zB auf Untersagung der Angebotsöffnung oder der Zuschlagserteilung). Das BVwG hat eine Interessenabwägung* vorzunehmen und innerhalb von sieben Tagen durch Beschluss zu entscheiden (§§ 350 ff).

- **Feststellungsverfahren**
Im Feststellungsverfahren nach Zuschlagserteilung oder Widerruf(serklärung) ist das BVwG zuständig, im Rahmen der Beschwerdepunkte festzustellen, ob wegen eines Verstoßes gegen das BVergG 2018, der hierzu ergangenen Verordnungen oder des einschlägigen Unionsrechts **rechtswidrig der Zuschlag erteilt oder der Widerruf erklärt** wurde. In einem solchen Verfahren hat das BVwG weiters über Antrag des Auftraggebers festzustellen, ob der Antragsteller auch bei Einhaltung des BVergG 2018 **keine echte Chance auf Erteilung des Zuschlags** gehabt hätte. Ferner stellt das BVwG nach Zuschlagserteilung fest, ob ein Vergabeverfahren ohne vorherige Bekanntmachung rechtswidriger Weise gewählt oder ob der Zuschlag rechtswidriger Weise **ohne Mitteilung der Zuschlagsentscheidung** erteilt wurde (§§ 334 Abs 3 und 4). Bis zur Zuschlagserteilung oder bis zum Widerruf kann schließlich festgestellt werden, dass der Auftraggeber nach erheblicher **Überschreitung der Zuschlagsfrist** und entgegen dem Ersuchen des Bieters das Vergabeverfahren nicht angemessen fortgeführt hat („Aussitzen"); ein diesbezügliches Feststellungserkenntnis hat *ex lege* den Widerruf des Vergabeverfahrens zur Folge (§§ 334 Abs 5 iVm 311 Abs 9).

Antragslegitimiert im Feststellungsverfahren ist ein am Vertragsabschluss interessierter Unternehmer, sofern ihm durch die behauptete Rechtswidrigkeit ein Schaden entstanden ist oder zu entstehen droht (§ 353 Abs 1). Parteistellung haben grundsätzlich Antragsteller und Auftraggeber sowie ein allfälliger Zuschlagsempfänger (§ 355 Abs 1).

Das Feststellungsverfahren ist als **subsidiärer Rechtsschutzmechanismus** konzipiert. Feststellungsanträge sind insb dann unzulässig, wenn der behauptete Verstoß im Rahmen eines Nachprüfungsantrages geltend gemacht hätte werden können (§ 354 Abs 4). Primäres Ziel des Verfahrens ist die erkenntnismäßige Feststellung von Rechtsverstößen nach erteiltem Zuschlag oder nach erfolgtem Widerruf einer Ausschreibung. Darüber hinaus können **Verträge**, die unter schwerwiegendem Verstoß gegen Vorschriften des BVergG 2018 zu Stande gekommen sind (insb im Fall der rechtswidrigen Vergabe ohne vorherige Bekanntmachung), vom BVwG (grundsätzlich *ex tunc* und zur Gänze) für **nichtig erklärt**, anderenfalls **Geldbußen** für den Auftraggeber als alternative Sanktionen verhängt werden (§ 356). Das Feststellungserkenntnis hat wesentliche Folgewirkungen für die Frage der Zuerkennung von Schadenersatz (VII.4.).

2. Vergabekontrolle auf Ebene der Länder

Die Länder haben in ihren **LandesvergabenachprüfungsG** für den Rechtsschutz in Vergabeverfahren, die in ihren Zuständigkeitsbereich fallen, die jeweiligen **LVwG** mit der Vergabekontrolle betraut. Die Rechtsschutzverfahren entsprechen strukturell weitestgehend jenen im Bundesbereich. Nur vereinzelt finden sich Sonderregelungen, insb soweit vorgeschaltete (fakultative) Mechanismen einer Schlichtung oder gütlichen Einigung betroffen sind (zB in Wien und Kärnten).

3. Außerstaatliche Kontrolle

Die EK kann die Republik Österreich und einen (öffentlichen oder Sektoren-) Auftraggeber bei einem schweren Verstoß gegen die im Unionsrecht enthaltenen Vergabevorschriften zur Beseitigung dieses Verstoßes auffordern. Dieser „**Korrekturmechanismus**" zielt auf eine gütliche Beilegung von Vergabekonflikten ab und ist insofern als ein Instrument objektiver Rechtskontrolle konzipiert. Im Fall der Nichtbeseitigung des gerügten Vergabeverstoßes kann die EK ein Vertragsverletzungsverfahren beim EuGH einleiten (§ 358).

4. Schadenersatz

Die Zuerkennung von Schadenersatz an übergangene Bieter oder Bewerber fällt in die Zuständigkeit der **Zivilgerichte**. Das BVergG 2018 enthält in seinem 5. Teil diesbezügliche Sonderbestimmungen, lässt nach anderen Rechtsvorschriften bestehende Ansprüche aber unberührt (§ 372).

Liegt ein **hinreichend qualifizierter Verstoß** gegen das BVergG 2018 oder die auf dessen Grundlage ergangenen Verordnungen vor, hat ein übergangener Bewerber oder Bieter gegenüber dem Auftraggeber Anspruch auf Ersatz der Kosten der Angebotsstellung und der Teilnahme am Vergabeverfahren. Sofern der übergangene Bieter dartun kann, dass seinem Angebot der Zuschlag hätte erteilt werden müssen, besteht alternativ ein Anspruch auf Ersatz des Erfüllungsinteresses (§ 369 Abs 1 und 3). Die Zuerkennung von Schadenersatz hängt damit nicht von einem schuldhaften Vergabeverstoß ab, sondern die Haftung des Auftraggebers ist – nach Maßgabe EU-rechtlicher Anforderungen und entgegen der früheren Rechtslage – im Interesse eines effektiven Rechtsschutzes **verschuldensunabhängig** ausgestaltet. Kein Haftungsanspruch besteht, wenn das VwG festgestellt hat, dass der Geschädigte auch bei Einhaltung der Bestimmungen des BVergG 2018 keine echte Chance auf Erteilung des Zuschlags gehabt hätte (§ 369 Abs 2). Dasselbe gilt, wenn der Geschädigte den Schaden durch Beantragung einer einstweiligen Verfügung sowie durch einen Nachprüfungsantrag hätte abwenden können.

Zulässigkeitsvoraussetzung für die Einbringung einer Schadenersatzklage ist ein **Feststellungserkenntnis** des zuständigen VwG über den Vergabeverstoß des Auftraggebers; dies gilt grundsätzlich auch für die Geltendmachung von Ansprüchen aus unlauterem Wettbewerb (§ 373). Das Zivilgericht ist hinsichtlich der Vergaberechtswidrigkeit des Auftraggeberverhaltens an die Feststellungen des VwG gebunden. Hält es das Erkenntnis für rechtswidrig, ist das Verfahren zu unterbrechen und beim VwGH gem Art 133 Abs 2 B-VG die Feststellung der Rechtswidrigkeit zu begehren (§ 373 Abs 5).

Georg Lienbacher

Raumordnungsrecht

Rechtsgrundlagen

Kompetenzgrundlagen

Art 15 Abs 1 B-VG (Generalklausel für die Länderkompetenz; Fachplanungskompetenzen der Länder zB im Naturschutzrecht); aber auch Art 10 Abs 1 Z 9 B-VG („Verkehrswesen"); Art 10 Abs 1 Z 10 B-VG („Bergwesen, Wasserrecht, Forstrecht, Starkstromwegerecht"); Art 10 Abs 1 Z 15 B-VG („Militärwesen"); Fachplanungskompetenzen des Bundes; Art 15 Abs 9 B-VG (Straf- und Zivilrechtskompetenz der Länder); Art 118 Abs 3 B-VG („örtliche Raumplanung", Vollziehungskompetenz der Gemeinden im eigenen Wirkungsbereich).

Verfassungsrechtliche Bezüge

Art 5 StGG iVm Art 1 1. ZPEMRK (Eigentumsschutz); Art 7 B-VG iVm Art 2 StGG (Gleichheitssatz); Art 6 EMRK (Verfahrensgarantien); Art 18 B-VG (Legalitätsprinzip).

Europarechtliche Bezüge

Raumordnungsrelevante Anknüpfungspunkte im Europarecht: zB Art 38 ff AEUV (Landwirtschaft); Art 90 ff AEUV (Verkehr); Art 170 ff AEUV (Transeuropäische Netze); Art 174 ff AEUV (Regionalpolitik [Kohäsion]); Art 191 ff AEUV (Umwelt), insb Art 192 AEUV; im Bereich des Naturschutzes sind die im Rahmen von Natura 2000 zu schaffenden Europaschutzgebiete, die auf RL 2009/147/EG über die Erhaltung wildlebender Vogelarten ABl L 2010/20, 7 idF L 2019/170, 115 (VogelschutzRL) und RL 92/43/EWG zum Schutz der natürlichen und naturnahen Lebensräume sowie der wildlebenden Tier- und Pflanzenarten ABl L 1992/206, 7 idF L 2014/95, 70 (Fauna-Flora-Habitat-RL) basieren, zu erwähnen (→ *Naturschutzrecht*); unionsrechtliche Vorgaben enthalten darüber hinaus die RL 2012/18/EU zur Beherrschung der Gefahren schwerer Unfälle mit gefährlichen Stoffen, ABl L 2012/197, 1 (Seveso III-Richtlinie); RL 2001/42/EG über die Prüfung der Umweltauswirkungen bestimmter Pläne und Programme ABl L 2001/197, 30 (SUP-Richtlinie), RL 2002/49/EG über die Bewertung und Bekämpfung von Umgebungslärm ABl L 2002/189, 12 idF L 2019/67, 132 (Umgebungslärmrichtlinie), RL 2013/30/EU über die Sicherheit von Offshore-Erdöl- und -Erdgasaktivitäten ABl L 2013/178, 66; raumordnungsrechtliche Relevanz kommt auch der Erklärung Nr 5, die der Schlußakte des EU-Beitrittsvertrages mit dem Titel „Gemeinsame Erklärung zu Zweitwohnungen" angefügt ist (BGBl 45/1995) zu; rechtlich nicht verbindlich ist das EUREK (EUREK – Europäisches Raumentwicklungskonzept. Auf dem Wege zu einer räumlich ausgewogenen und nachhaltigen Entwicklung der Europäischen Union [Luxemburg 1999]). Eine neue EU-Bodenstrategie für 2030 hat die Europäische Kommission im Rahmen des „Europäischen Green Deal" vorgestellt. Einen diesbezüglichen Legislativvorschlag gibt es noch nicht.

Gesetze und sonstige Rechtsgrundlagen

Raumordnungsgesetze der Länder: bgld RPG 2019, LGBl 49/2019 idF LGBl 42/2022 und bgld RPEG, LGBl 50/2019; krnt ROG 2021, LGBl 59/2021; nö ROG 2014, LGBl 3/2015, idF 97/2020 und idF der authentischen Interpretation 13/2018; oö ROG 1994, LGBl 114/1993 idF 125/2020; sbg ROG 2009, LGBl 30/2009 idF 62/2021; stmk ROG 2010, LGBl 49/2010 idF 15/2022; tir ROG 2022, LGBl 43/2022; vlbg RPlG, LGBl 39/1996 idF 4/2022; Wien: raumordnungsrechtliche Bestimmungen finden sich va im 1. Abschnitt der wr Bauordnung: „Stadtplanung", LGBl 11/1930 idF 70/2021. Es gibt eine Vielzahl flankierender Nebengesetze, die die Verwirklichung örtlicher Raumplanungsziele unterstützen bzw spezielle Schutzmaßnahmen oder zumindest auch raumordnungsrelevante Bestimmungen vorsehen; das krnt Regionalfondsgesetz (RegFG), LGBl 8/2005 idF 67/2020, oder das sbg Altstadterhaltungsgesetz 1980, LGBl 50/1980 idF 8/2017; Grazer Altstadterhaltungsgesetz 2008, LGBl 96/2008 idF 28/2015; weitere Beispiele sind die in verschiedenen Bundesländern bestehenden Ortsbildschutzgesetze oder zB die Naturschutz- und Nationalparkgesetze oder Elektrizitätswirtschafts- bzw Elektrizitätswesengesetze, in denen unter Fachplanungsgesichtspunkten raumordnungsrelevante Bestimmungen zu finden sind. ZT waren solche raumordnungsrelevanten Bestimmungen verfassungswidrig, vgl die seinerzeit in die tir Bauordnung 2011, LGBl 57/2011 aufgenommenen Regelungen des tir Gesetzes über die ausnahmsweise Zulässigkeit von Gebäuden im Freiland, LGBl 11/1994, welche vom Verfassungsgerichtshof aufgehoben wurden, LGBl 48/2011.

Art 15a B-VG-Vereinbarungen: Vereinbarung über die Zusammenarbeit in Angelegenheiten der Raumordnung im gemeinsamen Grenzgebiet: zwischen NÖ und OÖ, oö LGBl 87/1979; Vereinbarung zwischen OÖ und Stmk, oö LGBl 88/1979; Vereinbarung zwischen OÖ und Sbg, sbg LGBl 86/1978 idF 89/1993; Vereinbarung zwischen Krnt, Sbg und Stmk über die Zusammenarbeit in Angelegenheiten der Raumordnung im Lungau-Murau-Nockgebiet, sbg LGBl 44/1978; Vereinbarung über die Errichtung einer Planungsgemeinschaft zwischen den Ländern Bgld, NÖ und Wien, bgld LGBl 20/1978; Vereinbarung zwischen Bund und Kärnten über Vorhaben im Land Kärnten, an welchen der Bund und das Land Kärnten interessiert sind, krnt LGBl 82/1979 (Inkrafttreten LGBl 12/1980) und Zweite Vereinbarung zwischen Bund und Kärnten über Vorhaben im Land Kärnten, an welchen der Bund und das Land Kärnten interessiert sind, krnt LGBl 20/1983 (Inkrafttreten LGBl 3/1984).

Verordnungen: Landesentwicklungsprogramme (-pläne) auf überörtlicher Ebene (zB sbg Landesentwicklungsprogramm, LGBl 94/2003) und die FWP auf örtlicher Ebene gehören zu den wichtigsten der zahllosen Verordnungen im Raumordnungsrecht. Von großer Bedeutung sind auch die Verordnungen betreffend privatwirtschaftliche Maßnahmen im Bereich der örtlichen Raumplanung. Diese haben ua die Sicherstellung der Nutzung von Grundstücken durch Vereinbarungen bzw den Abschluss von Vereinbarungen iZm der Widmung von Grundstücken zwischen Gemeinde und Grundstückseigentümer zum Inhalt, vgl zB krnt LGBl 105/1997 (Verordnung der krnt LReg, mit der Richtlinien für privatwirtschaftliche Maßnahmen der Gemeinden im Bereich der örtlichen Raumplanung erlassen werden, sog Richtlinien-V).

Literaturauswahl

Monografien – Kommentare

Aigner ua (Hrsg), Besonderes Verwaltungsrecht[2] (2017); *Auer,* Der interaktive Flächenwidmungsplan im Internet (2008); *Braun,* Gebäudeschutzausweis (2015); *Azizi/Griller* (Hrsg), Rechtsstaat und Planung (1982); *Berger,* Netzwerk Raumplanung – im Spannungsfeld der Kompetenzverteilung (2008); *Eisenberger/Hödl,* Einführung in das Steiermärkische Bau- und Raumplanungsrecht[3] (2014); *Donner,* Planungskonflikte zwischen den Gebietskörperschaften (2007); *Ennöckl,* Natura 2000 (2002); *Feik ua,* Handelsbetriebe im Raumordnungsrecht (2008); *Frank,* Raumordnungsrecht und Bauvorschriften für das Land Steiermark[4] (2016); *Gamper* (Hrsg), Interkommunale Zusammenarbeit und überörtliche Raumplanung (2007); *Geuder,* Österreichisches Öffentliches Baurecht und Raumordnungsrecht (1996); *Geuder,* Einführung in das österreichische Planungs- und Baurecht (2002); *Gleirscher,* Erschließung und Erweiterung von Schigebieten (2015); *Hauer A.,* Oberösterreichisches Raumordnungsgesetz 1994 (2007); *Hauer A./Nußbaumer* (Hrsg), Österreichisches Raum- und Fachplanungsrecht (2006); *Hecht/Potacs/Scholz* (Hrsg), Planung im Infrastrukturrecht (2019); *Holoubek/Madner/Pauer* (Hrsg), Recht und Verwaltung in Wien (2014); *Holzer/Reischauer,* Agrarumweltrecht (2015); *Jann/Oberndorfer,* Die Normenkontrolle des Verfassungsgerichtshofes im Bereich der Raumplanung (1995); *Kanonier,* Grünlandschutz im Planungsrecht (1994); *Kienastberger/Stellner-Bichler,* NÖ Baurecht[2] (2018); *Kirchmayer,* Wiener Baurecht[5] (2019); *Kleewein,* Vertragsraumordnung (2003); *Kleewein,* Kärntner Raumordnungs- und Gemeindeplanungsrecht (2011); *Korinek,* Rechtliche Probleme der Anwendung von Raumordnungsgesetzen (1975); *Korinek,* Verfassungsrechtlicher Eigentumsschutz und Raumplanung (1977); *König,* Der Zweitwohnsitz im österreichischen Recht[3] (2017); *König,* Immobilienerwerb in Österreich[2] (2016); *Kuncio/Schmid* (Hrsg), Das Protokoll „Tourismus" der Alpenkonvention (2022); *Leitl-Staudinger,* Besonderes Verwaltungsrecht[5] (2018); *Lutz,* Vertragsraumordnung am Beispiel Tirol, Bayern und Südtirol. Ein Rechtsvergleich (2000); *Pallitsch W./Pallitsch P./Kleewein,* Kärntner Baurecht[5] (2015); *Pallitsch W./Pallitsch P./Kleewein,* Niederösterreichisches Baurecht[11] (2020); *Neuhofer* (Hrsg), Oberösterreichisches Baurecht (2014); *ÖROK* (Hrsg), Raumordnung im Umbruch – Herausforderungen, Konflikte, Veränderungen. FS Kunze (2003); *Pernthaler,* Raumordnung und Verfassung I (1975), II (1978), III (1990); *Pernthaler* (Hrsg), Föderalistische Raumordnung – eine europäische Herausforderung (1994); *Pernthaler/Prantl,* Raumordnung in der Europäischen Integration (1994); *Pürgy,* Natura 2000 (2005); *Rebhahn* (Hrsg), Kärntner Raumordnungs- und Grundverkehrsrecht (1996); *Riegler/Koizar,* NÖ BauO. NÖ Bauordnung 2014. NÖ Raumordnungsgesetz 2014. Wichtige Nebenbestimmungen.[4] (2019); *Rill/Schäffer,* Die Rechtsnormen für die Planungskoordinierung seitens der öffentlichen Hand auf dem Gebiete der Raumordnung (1975); *Rill/Schäffer,* Investitionsplanung und Raumordnung (1979); *Schindegger,* Raum. Planung. Politik. Ein Handbuch zur Raumplanung in Österreich (1999); *Schüßler-Datler,* Städtebauliche Verträge (2020); *Trippl/Schwarzbeck/Freiberger,* Steiermärkisches Baurecht[5] (2013); *Weber/Rath-Kathrein* (Hrsg), TBO. Tiroler Bauordnung 2018[2] (2019).

Beiträge

Adler, Staatliche Grundlagen und Instrumente zur Baulandmobilisierung, ecolex 2011, 384; *Aichlreiter,* Stufenbau- und Derogationsfragen bei Flächenwidmungsplänen, ecolex 1995, 65; *Aichlreiter,* Einkaufszentren im Gewerbe- und Raumordnungsrecht, wbl 1998, 53, 101;

Alge/Kroiss, Strategische Umweltprüfung-SUP, in Raschauer N./Wessely (Hrsg), Handbuch Umweltrecht² (2010) 375; *Bajlicz*, Leistbares Wohnen für alle?, ZfV 2021, 421; *Baumgartner/Fister*, Die spätere Verwendung von Wohnobjekten als Freizeitwohnsitze nach der Novelle LGBl 31/2015 zur Kärntner Bauordnung (K-BO), bbl 2016, 1; *Berka*, Einkaufszentren in Orts- und Stadtkernen – ein Beitrag zur Stärkung der Zentrenstrukturen, bbl 2003, 213; *Bergthaler* ua, Das Standort-Entwicklungsgesetz – verfassungs- und unionsrechtliche Aspekte, ÖZW 2019, 2; *Berka*, Starkstromwegeplanung und örtliches Bau- und Raumordnungsrecht, ZfV 2006, 318; *Berka*, Lebendiges Verfassungsrecht (2010), JBl 2014, 545; *Bußjäger*, Aktuelle Fragen der Entschädigungspflicht bei Rückwidmungen, in FS Berka 2013, 21; *Bußjäger*, Strategische Umweltprüfung in Österreich – eine Bilanz, RdU 2016/3, 5; *Bußjäger/Larch*, Gemeinschaftsrecht, internationales Umweltrecht und Verkehrsprojekte I, RdU 2006, 52; *Cech*, Die Bauordnungsnovelle 2018, immolex 2018, 350; *Eberhard*, Die Bedeutung des Legalitätsprinzips im Wirtschaftsrecht, ZfV 2013, 727; *Davy B.*, Baulandsicherung: Ursache oder Lösung eines raumordnungspolitischen Paradoxons, ZfV 1996, 193; *Eisenberger/Wurzinger*, Grundstücksausverkauf in alpinen Ferienorten? bbl 2018, 205; *Degen*, Investieren in Freilandliegenschaften?, ZLB 2015/45, 98; *Diwald/Mayer*, Ein Schritt zu leistbarem Wohnen – Die Salzburger Strategie gegen illegale Zweitwohnsitze und touristische Vermietung via Onlineplattformen, bbl 2020, 44; *Doleschal*, Bauen im Grünland am Beispiel der Regelung in Oberösterreich, RFG 2015/25, 122; *Dullinger*, Vertragsraumordnung aus privatrechtlicher Sicht, ZfV 1997, 11; *Eisenberger/Steineder*, Privatrechtliche Vereinbarungen mit der Gemeinde zur Beseitigung von Umwidmungshindernissen, bbl 2011, 157; *Giese*, Die Vereinbarkeit einer Asyl-Erstaufnahmestelle mit der Flächenwidmung „gemischtes Baugebiet" gemäß § 14 Abs 3 lit f bgld RPlG, bbl 2010, 37; *Giese*, Nochmals zur Vereinbarkeit einer Asyl-Erstaufnahmestelle mit der Flächenwidmung „gemischtes Baugebiet" gemäß § 14 Abs 3 lit f bgld RPlG. Anmerkungen zum Erk des VwGH v 20. 9. 2012, 2010/06/0037 = bbl 2013/1, bbl 2013, 11; *Giese*, Sonderwidmungen im Raumordnungsrecht, bbl 2013, 225; *Giese*, Die raumordnungsrechtliche Zulässigkeit der Unterbringung von Asylwerbern in Kasernen, bbl 2014, 229; *Giese/Jahnel*, Neues Baurecht, bbl 2020,76; *Giese*, Das „besonders wichtige öffentliche Interesse" als Voraussetzung für die Änderung des Räumlichen Entwicklungskonzeptes, bbl 2022, 45; *Götzl/Schnellinger*, Baulandmobilisierung und Erhalt des Naturraumes durch ex lege Rückwidmung, Besteuerung und Abschöpfung „übermäßiger" Wertsteigerung, bbl 2015, 201; *Gstir*, Die Strategische Umweltprüfung (SUP-RL 2001/42/EG) in der Raumordnung; bbl 2005, 188; *Gstir*, Die Umsetzung der SUP-Richtlinie in der örtlichen Raumordnung hinsichtlich der Festlegung der SUP-Pflicht, bbl 2006, 79; *Häußl*, Ist die Zustimmungsvoraussetzung für raumplanerische Akte einer Gemeinde durch die Nachbargemeinde(n) verfassungskonform?, ÖJZ 2005, 438; *Häusler*, Grundzüge des neuen Kärntner Raumordnungsrechts, bbl 2021, 169; *Häusler*, Raumentwicklung und Bodenschutz in den jüngsten Novellen der Landesgesetzgeber, RdU 2021, 59; *Häusler*, Photovoltaik- und Windkraftanlagen ja, aber wo?, NR 2022, 50; *Janko*, Planungsrechtliche Vorgaben der Seveso II-RL, in Kerschner (Hrsg), Jahrbuch des österreichischen und europäischen Umweltrechts 2004 (2004) 127; *Hofmann*, Möglichkeiten der Baulandmobilisierung durch Gemeinden – eine (Normen-)Bestandsaufnahme, RFG 2021, 135; *Kalss*, Vereinbarungen über die Verwendung von Grundflächen, ZfV 1993, 551; *Kanonier*, Änderungen von Flächenwidmungsplänen im österreichischen Raumordnungsrecht, JRP 1998, 73; *Kanonier*, Einschränkungen von Bauführungen im Grünland durch das Raumordnungsrecht, bbl 1998, 8; *Kanonier*, Regelungen für Einkaufszentren im österreichischen Raumordnungsrecht, bbl 2002, 177; *Kanonier*, Zwischennutzungen in Wien aus planungs- und baurechtlicher Sicht, bbl 2012,

235; *Kanonier*, Umgang mit Erdgeschoßlagen in Wien aus planungsrechtlicher Sicht, bbl 2014, 1; *Kanonier*, Raumplanungsrechtliche Beschränkungen im Naturgefahrenrisikomanagement, in Kanonier/Rudolf-Miklau (Hrsg), Regionale Risiko Governance: Recht, Politik und Praxis (2018) 169; *Kastner/Kleewein*, Missstände bei der Vollziehung des Baurechts, bbl 2020, 49; *Kienastberger/Maxian*, Einkaufszentren im österreichischen Raumordnungsrecht, RFG 2012/42, 176; *Kirchmayer*, Die Bauordnungsnovellen 2018 – Wesentliche Änderungen im Wiener Baurecht, bbl 2019, 167; *Klaushofer*, Raumordnungs- und Baurecht, in Winkler (Hrsg), Öffentliches Wirtschaftsrecht (2008) 173; *Klaushofer*, Raumordnungsrecht, in Pürgy (Hrsg), Das Recht der Länder II/2 (2012) 827; *Kleewein*, Baulandmobilisierung nach der neuen Salzburger Rechtslage, bbl 2000, 179; *Kleewein*, Naturgefahren und Gefährdungsbereiche in den Raumordnungsgesetzen der Bundesländer, bbl 2005, 51; *Kleewein*, Vertragsraumordnung in der Praxis – Privatrechtliche Verträge und deren Grenzen, RFG 2005, 52; *Kleewein*, Überwälzung von Raumplanungskosten auf Private, bbl 2006, 139; *Kleewein*, Amtshaftung in der Raumplanung, bbl 2008, 1; *Kleewein*, Das neue Salzburger Raumordnungsgesetz 2009, bbl 2009, 159; *Kleewein*, Das Steiermärkische Raumordnungsgesetz 2010, bbl 2011, 1; *Kleewein*, Raumplanung – wie es euch gefällt?, Bauordnung und Baupraxis. Schriftenreihe der Volksanwaltschaft II 2012, 43; *Kleewein*, Naturgefahren im Bau- und Raumordnungsrecht, RdU 2013/79, 137; *Kleewein*, Infrastrukturverträge im Bau- und Raumordnungsrecht, bbl 2017, 117; *Kleewein*, Planungsqualität in der Raumordnung, Die rechtliche Dimension, RFG 2017, 133; *Kleewein*, Risikomanagement bei der Vollziehung des Raumordnungs- und Baurechts, in Kanonier/Rudolf-Miklau (Hrsg), Regionale Risiko Governance: Recht, Politik und Praxis (2018) 199; *Kleewein*, Raumplanung im Spannungsfeld zwischen Recht, Sachverstand und Gestaltungsspielraum, bbl 2019, 213; *Klingenbrunner/Strejcek*, Raumordnungsrecht, in Hammer ua (Hrsg), Besonderes Verwaltungsrecht (2012) 550; *Kraschowetz*, Neuerungen im oberösterreichischen Bau- und Raumordnungsrecht, RFG 2022, 56; *Kreuzmair*, Die neue Rechtslage im Tiroler Baurecht aufgrund der TBO-Novelle 2011, bbl 2011, 59; *Kreuzmair*, Die neue Rechtslage im Tiroler Raumordnungsrecht aufgrund der TROG-Novelle 2011, bbl 2011, 1; *Laußermair*, Voraussetzungen für die Errichtung von Photovoltaikanlagen im Baurecht und Elektrizitätsrecht, RFG 2014/37, 185; *Lienbacher*, Grundverkehr und Raumplanung, Zusammenhänge und Wechselwirkungen, ZfV 1996, 331; *Lienbacher*, Abwägungsentscheidungen im öffentlichen Recht, in Khakzadeh-Leiler/Schmid/Weber (Hrsg), Interessensabwägung und Abwägungsentscheidungen (2014) 85; *Lienbacher/Schmid*, Die „Theorie vom weißen Fleck", in FS Thaler (2019) 217; *Lintschinger*, Tiroler Raumordnung verfassungswidrig? Der VfGH hebt Bestimmungen des Tiroler Raumordnungsgesetzes als verfassungswidrig auf, ÖGZ 2019/6, 62; *Madner/Parapatics*, Raumordnungsrecht als Instrument der Klima- und Energiepolitik, ÖZW 2016, 130; *Mayer Heinz*, Einkaufszentren und stmk Raumordnung: keine Umgehung der Flächenwidmung, bbl 2000, 66; *Mayer Hubert*, Umgebungslärm – Europäische und nationale Regelungen, WBFÖ 2006 H 3,4; *Mendel*, Änderung von Bebauungsplänen: LVwG Bgld stellt engen Spielraum klar, bbl 2019, 135; *Morscher*, Raumordnungskompetenz im Verkehrswesen bezüglich der Eisenbahnen und der Luftfahrt, ZfV 1998, 758; *Neger/Schachinger*, SUP, Naturschutz, Ortsbild- versus Denkmalschutz. Aktuelle raumordnungsrechtliche Fragestellungen für Gemeinden, RFG 2013/29, 138; *Neger/Paar*, Geländeveränderungen nach dem stmk BauG. Bewilligungspflicht und (nachträgliche) rechtliche Sanierung, bbl 2019, 87; *Neuhofer*, Neuerungen im Oö Bau- und Raumordnungsrecht, bbl 2008, 17; *Öhlinger*, Phantasie und Recht oder Vertragsraumordnung und Bundesverfassung, in FS Barfuß (2002) 197; *Pabel*, Verfassungsrechtliche Anforderungen an die Regelung der Nachbarstellung im Baurecht, RFG 2005, 185; *Palmstorfer*, Der Individualantrag gegen raumordnungsrechtliche Verordnungen, bbl 2015, 107; *Pernthaler/ Prantl*, Raumordnungsverträge aus verfassungsrechtlicher Sicht, Möglichkeiten und Grenzen integrierter Bodenpolitik in Österreich, ÖROK-Schriftenreihe 123 (1995) 213; *Raschauer B.*, „Finale Programmierung" und Raumordnung, ZfV 1980, 93; *Reichel*, Raumordnungsakte und Aarhus-Konvention, bbl 2019, 92; *Riedmüller/Erhart*, Der Tiroler Bodenfonds als Instrument der aktiven Raumordnung, bbl 2020, 184; *Sallinger*, Ein Rechtsanspruch auf Unterlassung von Raumordnungsmaßnahmen?, bbl 2003, 103; *Sallinger*, Zur Vermeidung von „Entschädigungsforderungen" in der Raumplanung mit besonderer Berücksichtigung der Rechtslage in Tirol, AnwBl 2009, 531; *Sandbichler*, Zukunft der Raumordnung?, AnwBl 2010, 313; *Sander/Suchanek*, Abfallrecht und Raumordnung. Gedankenlesen beim Gesetzgeber?, ecolex 2013, 1030; *Schindelegger*, Alpine Schutzhütten aus Sicht der Raumordnung, bbl 2017, 75; *Schlögl*, Windkraft in der Raumordnung der Bundesländer, RFG 2015, 60; *Schöndorfer-Haslauer*, Vertragsraumordnung in Salzburg, ZfV 2021, 129; *Schweichhart*, Aufhebung der Salzburger Vertragsraumordnung durch den Verfassungsgerichtshof, ÖGZ 2000/3, 24; *Seher/Löschner*, Instrumente der Raumplanung für die Flächenvorsorge gegenüber Hochwassergefahren, in Kanonier/Rudolf-Miklau (Hrsg), Regionale Risiko Governance: Recht, Politik und Praxis (2018) 445; *Schweighofer*, Mediation im öffentlichen Baurecht – Raumordnungsrecht, bbl 2005, 99, 137; *Sieberer*, Landeslegistik und Grundrechte – dargestellt anhand aktueller Fragen zur Raumordnung und zum Betteln, NLMR 2018, 95; *Stegmayer*, Raumordnung – Salzburgs neue Wege, bbl 2018, 45; *Steinwender*, Seveso-Betriebe im Kärntner Raumordnungs- und Baurecht, bbl 2019, 1; *Stix*, Die Raumordnung berichtet, ÖGZ 2013 H 2, 36; *Stöger,* Das steiermärkische Sachprogramm Windenergie, RdU-U&T 2014/31, 102; *Weber G.*, Zur Notwendigkeit der Erweiterung des Verfassungsbegriffs „Raumordnung" – Erste Überlegungen aus raumordnungspolitischer Perspektive, bbl 2020, 83; *Weber K.*, Tiroler Vertragsraum(un)ordnung, ecolex 2000, 162; *Weber K.*, Europarechtliche Planungsvorgaben und deren nationale Umsetzung – SUP/WRRL/Natura2000/Seveso II, in Kerschner (Hrsg), Jahrbuch des österreichischen und europäischen Umweltrechts 2004 (2004) 75; *Wessely*, Örtliche Raumplanung als Instrument des Umweltschutzes, in Raschauer N./Wessely (Hrsg), Handbuch Umweltrecht (2010); *Wiederin*, Erstaufnahmezentren, Flächenwidmung und bundesstaatliche Kompetenzverteilung, bbl 2010, 83; *Wieshaider*, Profane Regeln für sakrale Bauten, Religionsrechtliche Aspekte des Raumordnungs- und Baurechts, bbl 2003, 138; *Wimmer A.*, Raumplanungskompetenzen in Angelegenheiten der Grundversorgung von Asylwerbern, bbl 2010, 50.

Rechtsprechung

VfSlg 2674/1954, 13.322/1992 (Kompetenzfeststellung – Raumordnung); VfSlg 8280/1978, 14.179/1995, 14.041/1995, 17.057/2003 (Legalitätsprinzip und finale Determinierung* im Raumordnungsrecht); VfSlg 9543/1982, 10.483/1985, 11.393/1987, 12.284/1990 (Gewerberecht/Einkaufszentren – Raumordnung); VfSlg 10.399/1985 und 11.626/1988 (Bindung der örtl Raumplanung an Entscheidungen des Landes bei überörtlichen Interessen); VfSlg 12.169/1989 (Garantie der Ausübung des Planungsermessens der Gemeinde ohne Beeinflussung des Landes); VfSlg 12.465/1990 (Raumordnung – militärische Angelegenheiten); VfSlg 12.569/1990 (Raumordnung – Volkswohnungswesen); VfSlg 12.926/1991 (Erforderlichkeit neuer Tatsachen seit Erlassung der Plangrundlagen bei einer Flächenwidmungsplanänderung); VfSlg 14.358/1995 (Erlassung von Planungsnormen – Erarbeitung der Entscheidungsgrundlagen); VfSlg 14.681/1996 und VfSlg 14.763/1997 (Gleichheitssatz – Legalisierung von Schwarzbauten); VfSlg 14.762/1997 (Raumplanungsziele allein rechtfertigen kein Überwiegen des öffentlichen Interesses an flächenbezogenen Verboten; formalgesetzliche Delegation*); VfSlg 15.625/1999 (Aufhebung der sog sbg Vertragsraumordnung wegen Verstoßes gegen das Legalitätsprinzip und gegen das Grundrecht auf Eigentum); VfSlg 16.113/2000 („Theorie vom weißen Fleck"); VfSlg 16.386/2001 (Aufhebung der Umwidmung eines Grundstücks wegen unzureichender Entscheidungsgrundlagen); VfSlg 16.394/2001 (Aufhebung von Widmungen im FWP mangels Einhaltung der Verständigungspflicht); VfSlg 17.015/2003 (Gesetzwidrigkeit der Änderung eines örtlichen Raumordnungsprogramms); VfSlg 16.980/2003 (Keine ausreichende Bestimmtheit der raumordnungsrechtlichen Bestimmung über die Herstellung des gesetzmäßigen Zustandes); VfSlg 17.057/2003 (Berücksichtigung auch von Planungsmaßnahmen anderer Gebietskörperschaften bei bestimmten Planungsmaßnahmen; Reichweite der Berücksichtigungspflicht); VfSlg 17.410/2004 (Festlegung einer Voraussetzung für die Freigabe von Aufschließungsgebieten durch Verordnung des Gemeinderates – Gleichheitswidrigkeit, keine Rechtfertigung); VfSlg 18.596/2008 (Gesetzwidrigkeit eines Bebauungsplanes wegen Verletzung von Bestimmungen über die Auflage und Kundmachung des Planentwurfs); VfSlg 18.640/2008 (Gesetzwidrigkeit einer Bebauungsplanänderung mangels ausreichender Grundlagenforschung); VfSlg 19.025/2010 (Keine Legitimation der Nachbargemeinde zur Bekämpfung des aufsichtsbehördlichen Genehmigungsbescheides einer Flächenwidmungs- und Bebauungsplanänderung); VfSlg 19.202/2010 (Keine Gleichheitswidrigkeit der Beschränkung der Rückwidmungsentschädigung auf die Kosten der Baureifmachung); VfSlg 19.341/2011 (Gleichheitswidrigkeit der Einschränkung der Entschädigungspflicht bei Rückwidmung von Liegenschaften auf Fälle rechtsgeschäftlichen Eigentumserwerbs bzw auf Erwerb durch Erbteilung); VfSlg 19.627/2012 (Umwidmung Wohngebiet in gemischtes Baugebiet, fehlende Interessenabwägung); VfSlg 19.780/2013 (Umwidmung als Grünzug bzw Grünland-Parkanlage, Gesetzwidrigkeit mangels Verständigung des betroffenen Grundeigentümers bzw mangels Interessenabwägung); VfSlg 19.819/2013 (Rückwidmung in Grünland, fehlende Grundlagenforschung und Interessenabwägung); VfSlg 19.890/2014 (Aufhebung einer Flächenwidmungsplanänderung im Europaschutzgebiet; keine Verpflichtung zur Durchführung einer Umweltverträglichkeitsprüfung angesichts bloß unerheblicher Umweltauswirkungen mit ausreichender Grundlagenforschung und Interessenabwägung; gesetzwidrige Kundmachung mangels einer den rechtsstaatlichen Anforderungen Rechnung tragenden Plandarstellung); VfGH 25.09.2014, V 65/2014 (Gesetzeswidrigkeit des örtlichen Raumordnungsprogramms hinsichtlich der Umwidmung von Bauland-Wohngebiet in Grünland-Grüngürtel wegen mangelnder Grundlagenforschung und unzureichender Dokumentation einer wesentlichen Änderung der Planungsgrundlagen); ähnlich VfGH 23.02.2015, B 247/2013 (Keine Gesetzeswidrigkeit der Umwidmung eines Grundstücks im örtlichen Raumordnungsprogramm angesichts umfangreicher Grundlagenforschung und hinreichender Interessenabwägung); weiters ähnlich VfGH 18.06.2015, V 68/2015 (Gesetzeswidrigkeit des FWP hinsichtlich der Umwidmung eines Grundstücks mangels Begründung, Grundlagenforschung und Interessenabwägung); VfGH 26.09.2014, V 57/2014 ua (Gesetzeswidrigkeit von Änderungen des örtlichen Entwicklungskonzepts und Flächenwidmungsteiles im FWP betreffend die Widmung* von Baulanderweiterungsflächen mangels nachvollziehbarer Begründung der Flächenwidmungsplanänderung; Aufhebung des Bebauungsplanes wegen gesetzeswidriger Kundmachung); VfGH 24.11.2014, V 92/2014 (Überörtliche Sachgebietsprogramme entfalten grundsätzlich keine unmittelbaren Rechtswirkungen für einzelne Grundstückseigentümer, sondern richten sich lediglich an die Gemeinde); VfGH 02.12.2014, V 72/2014 (Keine Gesetzeswidrigkeit einer Änderung des

FWP hinsichtlich der Widmung* als „Grünland Parkanlagen – Tier und Freizeitpark"); VfGH 27.02.2015, V 94/2014 (Keine Unsachlichkeit der Freilandwidmung von Grundstücken im FWP und kein Widerspruch zum örtlichen Raumordnungskonzept); VfGH 07.10.2015, E 1055/2015 ua (Keine Rechtsverletzung durch Versagung einer Bauplatzerklärung wegen Widerspruchs zum FWP); VfGH 26.11.2015, V 105/2015 ua (Gesetzwidrigkeit der Umwidmung eines Grundstücks von Bauland in Freiland mangels ausreichender Grundlagenforschung und einer die Interessen des Baulandeigentümers mitberücksichtigenden Interessenabwägung; Nichterhebung von Einwendungen des Grundeigentümers im Verordnungserlassungsverfahren kein Grund für einen Entfall der Pflicht der Gemeinde zur Feststellung der Entscheidungsgrundlagen); VfGH 29.02.2016, V 130/2015 (Keine Gesetzwidrigkeit der in einer Verordnung normierten Verpflichtung zur Eindeckung der Dächer mit Holzschindeln; Erhaltung des Landschaftsbildes);VfGH 28.06.2017, V 4/2017 (Abgehen von bisheriger Judikatur zur Frage der Anwendung nicht gehörig kundgemachter Verordnungen durch Gerichte; gesetzwidrig kundgemachte V und verfassungswidrig kundgemachte G sind bis zur Aufhebung des VfGH für jedermann verbindlich und müssen auch von Gerichten angewendet werden); VfSlg 20.318/2018 (Kundmachung von – im eWb zu erlassenden – FWP nur unter rechtlicher Verantwortung eines Gemeindeorgans möglich; Verstoß gegen Grundsatz der Gemeindeautonomie durch elektronische Kundmachung von FWP der Gemeinden durch die Landesregierung); VfSlg 20.396/2020 (Gesetzwidrigkeit von Flächenwidmungsplänen betreffend die Umwidmung von Grundstücken mit geteilter Widmung mangels exakter Abgrenzung der Widmungsflächen); VfSlg 20.400/2020 (Die Errichtung eines Einkaufszentrums auf einem widmungsfreien Grundstück ist gem dem stmk RaumOG 2010 unzulässig); VfGH 04.03.2021, V 541/2020 (Gesetzwidriger Bebauungsplan mangels Darlegung der Art der Berechnung der Geschoßflächenzahl bzw Baumassenzahl); VfGH 30.11.2021, V 600/2020 (Keine Gesetzwidrigkeit eines im Hinblick auf ein konkretes Bauvorhabens erlassenen Raumordnungs- bzw Bebauungsplanes); VfGH 03.03.2022, V 249/2021 (Verletzung der Verpflichtung gemäß dem Flächenwidmungsplan zur Erlassung eines Bebauungsplans binnen 18 Monaten durch den Gemeinderat bewirkt Gesetzwidrigkeit); VfGH 30.06.2022, G 366/2021 (nachträgliche Legalisierung unrechtmäßig genutzter Zweitwohnsitze ist gleichheitswidrig).

VwSlg 16.874 A/2006 (Auslegung von Widmungen* unter Heranziehung jener raumordnungsrechtlichen Regelungen, die im Zeitpunkt der Beschlussfassung des Gemeinderates gegolten haben); VwGH 27.03.2006, 2002/10/0055 (Verhältnis Flächenwidmung – naturschutzbehördliche Interessenabwägung); VwGH 17.03.2006, 2005/05/0131 (Parteistellung im aufsichtsbehördlichen Genehmigungsverfahren betreffend Raumordnungsprogramm; Rechtswirkungen eines solchen Programms); VwGH 29.01.2008, 2006/05/0297 (Beurteilung der beabsichtigten landwirtschaftlichen Nutzung an Hand eines konkreten, von den Gegebenheiten im Zeitpunkt der Entscheidung der Behörde ausgehenden Betriebskonzeptes); VwGH 25.02.2010, 2005/06/0252 (Trotz Kenntlichmachung im FWP kommt Gefahrenzonenplänen als solchen keine normative Außenwirkung zu); VwGH 06.10.2011, 2009/06/0020 (Die im vlbg RPlG für die Flächenwidmung „Ferienwohnungen" vorgesehenen Beschränkungen für Ferienwohnungen stehen nicht im Widerspruch zum Unionsrecht); VwGH 31.07.2012, 2010/05/0001 (örtliches Entwicklungskonzept kann normative Wirkung eines FWP entfalten); VwGH 23.05.2013, 2010/15/0058 (Aufschließungsbeiträge unterliegen nicht der Umsatzsteuer); VwGH 29.09.2015, Ra 2015/05/0045 (kein subjektives Recht* Änderung des FWP, keine bescheidförmige Erledigung); VwGH 11.03.2016, Ra 2015/06/0107 (raumordnungsrechtliche Relevanz von Aspekten der Aufschließung und der Auswirkungen der Bauvorhaben auf die Umgebung, insb betreffend Emissionen oder auch Verkehrserregung. Maßgeblichkeit eines konkreten Bauprojekts nur bei detaillierter Festlegung eines bestimmten Verwendungszwecks, wie etwa für Krankenanstalten oder Einkaufszentren); VwGH 11.03.2016, Ra 2015/06/0107 (Maßgeblichkeit des Beschlussfassungszeitpunktes für den Inhalt einer in einem FWP festgelegten Widmung*. Dies gilt auch für die Auslegung der Bestimmungen der Bebauungsrichtlinien); VwGH 16.03.2016, 2013/05/0095 (Bewilligung zum Neubau einer Pension umfasst die baurechtliche Bewilligung zur Verwendung des gegenständlichen Gebäudes zur Beherbergung von Fremden; diese erstreckt sich auch auf Asylwerberheime); VwGH 14.04.2016, 2013/06/0205 (Beurteilung der Immissionen erfolgt – mangels anderer gesetzlicher Regelung – nach der Widmung* des Baugrundstückes); VwGH 27.04.2016, 2013/05/0205 (Denkmalschutz betrifft ausschließlich öffentliches Interesse*, keine subjektiv-öffentlichen Nachbarrechte*); VwGH 27.04.2016, Ra 2016/05/0031 (Maßgeblichkeit der Regelungen im örtlichen Entwicklungskonzept, die als Regelungen des FWP anzusehen sind, im Bauverfahren); VwGH 29.03.2017, Ro 2014/05/0007 (der FWP hat die Widmungsarten für alle Flächen des Gemeindegebietes festzulegen); VwGH 29.09.2016, 2013/05/0193 (die normative Wirkung einer Baufluchtlinie bezieht sich nur auf Gebäude und Gebäudeteile); VwGH 24.10.2017, Ro 2014/06/0017 (subjektives Recht der Nachbarn auf Einhaltung von Bestimmungen des Bebauungsplanes über die Ausnützbarkeit des Baugrundstückes, inbes auch auf die die bauliche Ausnutzung beschränkende Geschossflächenzahl); VwGH 25.01.2018, Ro 2016/06/003 (keine Privilegierung von normnonkonformen Verhalten gegenüber normkonformen Verhalten; Ausnahmen vom Verbot zur touristischen Nutzung von Wohnungen außerhalb von Zweitwohnungsgebieten in Sbg nur für früher bereits rechtmäßig bestehende Wohnungen); VwGH 23.10.2018, Ra 2017/06/0226 (bescheidmäßige Vorschreibung von Erschließungskosten, die auf privatrechtlichen Vereinbarungen basieren, sind unzulässig); VwGH Ra 2019/05/0061 (ob Abweichungen von den Vorschriften des Bebauungsplanes die dem geltenden FWP- und Bebauungsplan innewohnende Tendenz unterlaufen, ist eine nicht durch Sachverständige zu beantwortende Rechtsfrage); VwGH 14.05.2021, Ra 2020/05/0059 (auf als „Wohngebiet" oder als „gemischtes Baugebiet" gewidmeten Flächen ist die private Hühnerhaltung widmungswidrig); VwGH 13.10.2021, Ro 2021/06/0010 (Die Beurteilung, ob die konkreten persönlichen und familiären Verhältnisse als „besonders" iSd § 16 Abs 1 vlbg RPG 1996 anzusehen sind, ist eine Einzelfallentscheidung).

OGH 11.03.1999, 2 Ob 52/99g (Entschädigungspflicht bei Rückwidmung von Bauland in Grünland; mehrere Folgeentscheidungen gleichen Inhalts); OGH 28.11.2006, 1 Ob 158/06a (Amtshaftung bei erteilter Baubewilligung im Hochwassergebiet); OGH 09.09.2008, 5 Ob 30/08k (Entschädigungspflicht bei Rückwidmung auch in im Gesetz nicht vorgesehenen Fällen, wenn mit einer solchen Rückwidmung eine unverhältnismäßige Belastung Einzelner verbunden ist); OGH 23.01.2013, 3 Ob 181/12g (Notwendigkeit gesetzlicher Grundlagen bei sonstiger Nichtigkeit für behördliche Entscheidungen auf Basis einer privatrechtlichen Vereinbarung); OGH 23.11.2016, 1 Ob 199/16w (Amtshaftung infolge fehlerhafter Baulandwidmung im Gefährdungsgebiet); OGH 24.08.2017, 8 Ob 79/17a (für die Zulässigkeit einer privatrechtlichen Vereinbarung über die Tragung von Aufschließungskosten ist es unerheblich, ob es sich um die erstmalige oder um eine neuerliche Baulandwidmung handelt); OGH 17.07.2018, 1 Ob 103/18f (Regelungen einer Vertragsraumordnung sind unter Berücksichtigung des Parteiwillens und insb des Vertragszwecks auszulegen); OGH 18.05.2020, 8 Ob 44/19g (Baurechtliche oder raumordnungsrechtliche „Widmungen" definieren die privatrechtlichen Rechtsverhältnisse der Wohnungseigentümer untereinander nicht).

I. Regelungsgegenstand und -ziele

Der Regelungsgegenstand „**Raumordnung**" ist zwar tw in den einzelnen ROG der Länder aus dem Blickwinkel ihrer Kompetenz definiert. Eine allgemein gültige Definition, die die Raumordnung in ihrer Gesamtheit (Unionsebene, Bundesebene, Landesebene und Gemeindeebene) sowie in ihrer hoheitlichen und nichthoheitlichen (privatwirtschaftlichen) Form erfasst, gibt es auf gesetzlicher Ebene nicht.

Nach einer in der Lehre von *Rill* und *Schäffer* entwickelten Definition ist Raumordnung **die Gesamtheit staatlicher Akte hoheitlicher und nichthoheitlicher Art, die darauf abzielen, den Staatsraum oder Teile hievon nach den politischen Zielvorstellungen, insb iS wirtschaftlicher, sozialer und kultureller Leitlinien zu gestalten.**

Bei den in den einzelnen LG vorgenommenen Definitionen stehen folgende Elemente im Vordergrund:
- die planmäßige, vorausschauende Gestaltung eines Gebietes,
- die nachhaltige und bestmögliche Nutzung und Sicherung des Lebensraumes im Interesse des Gemeinwohles,
- die Bedachtnahme auf die gegebenen Strukturverhältnisse, die natürlichen Gegebenheiten, die Erfordernisse des Umweltschutzes, die wirtschaftlichen, sozialen und kulturellen Bedürfnisse der Bevölkerung und die freie Entfaltung der Persönlichkeit.

Um dies zu verwirklichen, werden **Raumordnungsziele** festgelegt: zB
- Schutz der Umwelt und der natürlichen Lebensgrundlagen,
- Vorsorge für wirtschaftliche, kulturelle und soziale Erfordernisse des Gemeinwohles,
- Herstellung möglichst gleichwertiger Lebensbedingungen,
- Schutz vor Naturgewalten,
- Vorsorge für die Bevölkerung (Sicherung der Lebens- und Arbeitsbedingungen, Bildungssicherung und Energievorsorge),
- Erhaltung einer lebensfähigen Land- und Forstwirtschaft, des Gewerbes, der Industrie und des Fremdenverkehrs,
- Schutz erhaltenswerter Kulturgüter, Stadt- und Ortsgebiete und
- Sicherung und Verbesserung der Siedlungsstruktur, Vermeidung von Zersiedelung.

Zur Verwirklichung dieser Ziele finden sich in den einzelnen ROG (zB Sbg, Stmk, Tir) noch zusätzliche **Grundsätze**, die bei der Zielverwirklichung zu beachten sind: zB
- sparsamer Umgang mit Grund und Boden,
- Vorrang für die Siedlungsentwicklung nach innen,
- sparsame Verwendung von Energie und vorrangiger Einsatz heimischer erneuerbarer Energieträger,

- Abstimmung mit der Ordnung benachbarter Räume und den Planungen aller Gebietskörperschaften,
- aktive Bodenpolitik der Gemeinden und
- Vorrang von öffentlichen Interessen vor Einzelinteressen.

Diese Ziele und Grundsätze bilden den **Rahmen und Maßstab**, an dem die in den ROG vorgesehenen weiteren Planungsakte (auf örtlicher und überörtlicher Ebene, wie zB FWP bzw Landesentwicklungsprogramme) zu messen sind. Darüber hinaus dienen sie auch als Grundlage für die **Interpretation** von unklaren Bestimmungen sowohl in den ROG selbst als auch in Rechtsakten, die auf den ROG basieren. Im Gegensatz zur Raumordnung wird unter dem Begriff **Raumplanung** die Bodennutzungsplanung in Form der hoheitlichen Nutzungsfestlegung verstanden, die auch vom Raumordnungsbegriff erfasst wird. Der Raumordnungsbegriff geht aber darüber hinaus und erfasst die Gesamtheit raumordnungsrelevanter staatlicher Akte.

Einen besonderen Hinweis verdienen inzwischen auch zahlreiche unionsrechtliche Vorschriften va im Umweltbereich, die viele Umsetzungsverpflichtungen enthalten. Sie sind von den Ländern in den ROG wahrzunehmen, sofern sie nicht in den Bereich der Fachplanungskompetenzen des Bundes oder der Länder fallen.

II. Verfassungsrechtliche Bezüge

1. Kompetenzrechtliche Bestimmungen

Die Materie „Raumordnung" weist eine sehr starke kompetenzrechtliche Zersplitterung auf. Der VfGH hat im Zuge der Erlassung des ersten (sbg) ROG festgehalten, dass Raumordnung keine besondere, für sich bestehende Verwaltungsmaterie sei. Vielmehr liege ein komplexer Begriff vor, der alle Tätigkeiten umfasse, die vorsorgend planend sind. Er kommt in der Bundesverfassung nicht vor. Die Zuständigkeit zur raumordnenden Tätigkeit ist nach der Rsp des VfGH von den bereits bestehenden Kompetenztatbeständen umfasst. Der VfGH (VfSlg 2674/1954) hat dazu im Zuge eines Kompetenzfeststellungsverfahrens nach Art 138 Abs 2 B-VG in einem **Rechtssatz** festgestellt:

„Die planmäßige und vorausschauende Gestaltung eines bestimmten Gebietes in Bezug auf seine Bebauung, insb für Wohn- und Industriezwecke einerseits und für die Erhaltung von im wesentlichen unbebauten Flächen andererseits (,Landesplanung' – ,Raumordnung'), ist nach Art. 15 Abs. 1 B.-VG. in der Fassung von 1929 in Gesetzgebung und Vollziehung insoweit Landessache, als nicht etwa einzelne dieser planenden Maßnahmen, wie insb solche auf dem Gebiete des Eisenbahnwesens, des Bergwesens, des Forstwesens und des Wasserrechts, nach Art. 10–12 B.-VG. in der Fassung 1929 der

Gesetzgebung oder auch der Vollziehung des Bundes ausdrücklich vorbehalten sind."

Die Raumordnung fällt daher nach der Generalklausel des Art 15 B-VG in Gesetzgebung und Vollziehung den Ländern zu, soweit nicht Teile davon in die Kompetenz des Bundes bzw in die Kompetenz der Gemeinden fallen. Sie ist damit ein typisches Beispiel einer „**Querschnittsmaterie**"*.

Dem **Bund** sind Raumordnungskompetenzen als **Fachplanungskompetenzen**, die jeweils einen Teil eines bestimmten (Bundes-)Kompetenztatbestandes bilden, übertragen. Der Bund ist zum Erlass notwendiger raumordnungsrechtlicher Maßnahmen bei der Regelung der jeweiligen Materien zuständig. Als Beispiele sind zu nennen: die Ordnung der Bodennutzung iZm dem Eisenbahn- und Straßenwesen, der Luftfahrt sowie der Schifffahrt, dem Post- und Fernmeldewesen, dem Bergwesen, dem Forstwesen (→ *Forstrecht*), wasserrechtlichen Belangen (→ *Wasserrecht*) und Wildbachverbauung sowie mit den landesgrenzüberschreitenden Starkstromwegen, abfallwirtschaftlichen Anlagen und militärischen Anlagen. Vgl auch die geteilte Kompetenz im Bereich der Abfallwirtschaft für Abfallbehandlungsanlagen nach Art 10 Abs 1 Z 12 B-VG. Im aktuellen Regierungsprogramm (Aus Verantwortung für Österreich. Regierungsprogramm 2020–2024, 104) findet sich außerdem die Ankündigung, raumplanerische Aspekte des Klimaschutzes künftig „durch eine (auf den derzeit schon bestehenden Bundeskompetenzen basierende) gesetzliche Regelung zur Fachplanungskompetenz des Bundes" regeln zu wollen. An einem diesbezüglichen Gesetzesentwurf fehlt es derzeit noch.

Landeskompetenz ist die verbleibende Raumordnungskompetenz, die nicht in die Fachplanungskompetenzen des Bundes fällt. Dazu gehören neben der eigentlichen Raumordnungskompetenz auch die **Fachplanungskompetenzen** in den Materien, die in Gesetzgebung und Vollziehung den Ländern zustehen (Bauwesen, Landeskultur, Landschaftspflege, Naturschutz, Landesstraßen, usw).

Als kompetenzwidrig wurden jüngst Regelungen im bgld Raumplanungsgesetz von *Bajlicz* eingestuft, die Maßnahmen zur Sicherung von leistbaren Baulandpreisen enthalten, mit denen ua durch Verordnung Kaufpreisdeckelungen vorgenommen werden können. *Bajlicz* ordnet diese Bestimmungen dem Kompetenztatbestand „Zivilrechtswesen" nach Art 10 Abs 1 Z 6 B-VG zu.

Der Anteil der **Gemeinden** an der Raumordnungskompetenz außerhalb der Fachplanungskompetenzen der Länder ist ebenfalls aus der Vollziehungskompetenz der Länder herausgelöst. Gem Art 118 Abs 3 Z 9 B-VG sind die Gemeinden im eWb* zur Vollziehung der **örtlichen Raumplanung** zuständig. Entschädigungsfragen und die eben genannten Fachplanungskompetenzen fallen nicht in diese Kompetenz.

Im Hinblick auf die **Abgrenzung der Kompetenzen** zwischen Bund und Ländern ist zunächst auf das in der Rsp des VfGH entwickelte **Berücksichti-**

gungsprinzip* zu verweisen (VfSlg 10.292/1984; 15.552/1998). Die Raumordnungsziele können zwar kompetenzübergreifenden oder kompetenzneutralen Charakter haben, die jeweils andere Gesetzgebungsautorität ist daran nicht gebunden. Bei der Umsetzung der Ziele in verbindliche Rechtsakte ist aber Rücksicht auf die anderen Gesetzgeber bzw die anderen Planungsautoritäten zu nehmen (idS auch VfSlg 17.057/2003). Die Rücksichtnahme darf aber nicht dazu führen, dass die der anderen Gebietskörperschaft obliegenden Regelungskompetenzen selbst wahrgenommen werden. Planungen der anderen Gebietskörperschaft dürfen nicht „unterlaufen" werden (dies gilt insb auch für die Vollziehung). Ein einem Planungsakt einer anderen Gebietskörperschaft widersprechender Planungsakt darf nur in sorgfältiger Abwägung der einander gegenüberstehenden öffentlichen Interessen erfolgen.

Landesrechtliche Regelungen, die die Festlegung von geeigneten Grundflächen für die Errichtung von Einkaufszentren an eine Bedarfsprüfung knüpfen, also die Lage von Großmärkten (Einkaufszentren) auch unter wettbewerbs- oder gewerbepolitischen Aspekten lösen wollen, wurden als kompetenzwidrig erachtet, weil eine derartige Bedarfsdeckung dem Kompetenztatbestand des Art 10 Abs 1 Z 8 B-VG (Angelegenheiten des Gewerbes und der Industrie) zugeordnet wird (VfSlg 9543/1982, 10.483/1985, 11.393/1987, 12.284/1990). Die Gewerberechtskompetenz des Bundes wiederum ermächtigt nicht zur Standortplanung. Generell gesprochen ist es dem jeweiligen Kompetenzträger bei der Ausübung seiner Gesetzgebungskompetenz verwehrt, Regelungen zu treffen, die sich als sachlich nicht gerechtfertige Beeinträchtigung der Effektivität der Regelungen der gegenbeteiligten Gebietskörperschaft darstellen. Diesbezügliche Konfliktfälle sind bisher vom VfGH idR zu Lasten der Länder entschieden worden (vgl zB Jagdrecht – Forstrechtserkenntnis [VfSlg 10.292/1984] → *Forstrecht*] oder das Erkenntnis über den Semmeringbasistunnel [VfSlg 15.552/1998]).

Die **Planungskompetenzen von Bund und Ländern** stehen gleichrangig nebeneinander. Der Bund kann nicht einseitig Raumordnungsziele der Länder festlegen, ebenso wenig können die Länder durch Festlegung von Raumordnungszielen den Bund in seinen Fachplanungskompetenzen binden.

Aus dieser zersplitterten Kompetenzlage entsteht ein großer **Koordinationsbedarf**, der hauptsächlich durch **freiwillige Zusammenarbeit** gedeckt wird (s IV.4.b). Ein Koordinationsinstrument sind dabei auch die Art 15a B-VG-Vereinbarungen zwischen Bund und Ländern.

Keine Gleichrangigkeit besteht **zwischen der Landes- und der Gemeindeplanung.** Die Gemeindeplanung (örtliche Raumplanung) ist der Landesplanung nachgeordnet und von dieser bestimmt. Die **örtliche Raumplanung** wird im eWb* der Gemeinde vollzogen. Die verfassungsrechtliche Grenze für Regelungen der überörtlichen Raumplanung (in den ROG und Entwicklungs- bzw Raumordnungsprogrammen) bildet das überörtliche Interesse. Die örtliche Raumplanung darf durch solche Regelungen nur insoweit gebunden werden, als überörtliche Interessen nachgewiesen werden können. Darüber hinaus muss aber auch in diesem Fall den Gemeinden die Ausübung ihres Planungsermessens grundsätzlich garantiert bleiben (VfSlg 12.169/1989). Regelungen auf überörtlicher Ebene, die diese Kriterien nicht erfüllen, sind verfassungswidrig, weil sie in das Recht der Gemeinden auf Selbstverwaltung* in Angelegenheiten der örtlichen Raumplanung eingreifen.

2. Grundrechtliche Bestimmungen

Für raumordnungsrechtliche Regelungen sind der Eigentumsschutz, der Gleichheitssatz sowie die Verfahrensgarantien nach Art 6 EMRK von besonderer Bedeutung.

Raumordnungsrechtliche Widmungsakte können erhebliche Eingriffe in das Privateigentum bewirken. Eine Umwidmung von Bauland in Grünland, die eine entsprechende Wertminderung und faktische Beschränkung der Verfügungsbefugnis des Eigentümers darstellt, wirft die Frage auf, wie dies mit dem **Eigentumsschutz** (Art 5 StGG iVm Art 1 1. ZPEMRK) vereinbar ist. Starke Einschränkungen in die aus dem Eigentumsgrundrecht ableitbare Baufreiheit bewirken auch die etwa im Bgld vorgesehenen Verwendungs- und Bebauungspflichten (§ 24 Abs 4 Bgld). Auch hier gilt grundsätzlich, dass nur gesetzliche Einschränkungen getroffen werden dürfen, die im öffentlichen Interesse liegen und die verhältnismäßig sind. Bei Umwidmungen bzw bei Rückwidmungen hat eine dokumentierte Interessenabwägung zu erfolgen (VfSlg 19.819/2013, VfGH 26.11.2015, V 105/2015 ua). Es ist zu prüfen, ob die Gesetzgeber bei Eigentumseingriffen durch raumordnungsrechtliche Maßnahmen hinreichende Vorkehrungen getroffen haben, mit denen Benachteiligungen des Einzelnen zugunsten der Allgemeinheit aufgefangen werden können. Im Vordergrund stehen dabei **Entschädigungsbestimmungen**, mit denen etwa Umwidmungen auf einfachgesetzlicher Ebene verfassungskonform ausgestaltet werden können. Eingriffe ohne ausreichende Berücksichtigung der Einzelinteressen, sei es durch Entschädigung, sei es durch andere Maßnahmen, sind nach hL jedenfalls verfassungswidrig und verstoßen gegen den Eigentumsschutz. Die festgelegten Raumordnungsziele allein vermögen keine hinreichende Begründung des Überwiegens des öffentlichen Interesses bei Festlegung eines flächenbezogenen Nutzungsverbotes (Widmung*) und damit für die Rechtmäßigkeit des Grundrechtseingriffes zu liefern. Der Gesetzgeber muss zusätzlich deutliche Kriterien nennen, unter denen eine beschränkende Widmung* durch den Verordnungsgeber zulässig ist. Die **Positivplanung***, dh hoheitlicher Zwang, eine vorgesehene Nutzung auch tatsächlich ausüben zu müssen, stellt dabei ein besonderes Problem dar, das ebenso nach den genannten Kriterien für den Eigentumsschutz zu beurteilen ist. Regelungen, die eine Positivplanung bewirken, finden sich im Gegensatz zu den älteren ROG inzwischen in mehreren neuen ROG.

Der VfGH ist bei der Beurteilung der Frage des Verstoßes gegen das Grundrecht auf Eigentum immer zurückhaltend und ist deshalb von der Lehre auch kritisiert worden. Bei Enteignungen nimmt er die Prüfung an Art 5 StGG vor, wobei zur Rechtfertigung des Eingriffs Entschädigungsregelungen beizutragen vermochten. Bei Eigentumsbeschränkungen (zB Umwidmungen) hat er gegen die hL auch bei Fehlen entsprechender Entschädigungsregelungen keinen Verstoß gegen Art 5 StGG erblickt. Die Frage der Entschädigung wird aber zunehmend im Hinblick auf allgemeine Verhältnismäßigkeitsgesichtspunkte und Sachlichkeitskriterien einer Prüfung im Rahmen des **Gleichheitssatzes** unterzogen. Dabei wird beurteilt, ob an sich sachlich gerechtfertigte Eingriffe in das Eigentum wertmäßig auszugleichen sind bzw ob die Auswahl des umgewidmeten Grundstückes sachgerecht stattgefunden hat. Dazu gehört auch die Berücksichtigung der Interessen der Betroffenen, deren wirtschaftliche Interessen bei einer Umwidmung von Bauland in Grünland ausreichend zu beachten sind (VfSlg 6884/1972, 7234/1973, 13.282/1992). Der OGH sieht jedenfalls in einer entschädigungslosen Umwidmung einen Verstoß gegen den Gleichheitssatz (zB OGH 11.03.1999, 2 Ob 52/99g). Wenn der Landesgesetzgeber jedoch eine Entschädigungspflicht für Umwidmungen vorsieht, so muss diese freilich auch gleichheitskonform ausgestaltet sein. Als sachlich nicht gerechtfertigt sah der VfGH bspw eine Regelung des vlbg RPlG an, die zwischen entgeltlichem und unentgeltlichem Eigentumserwerb differenzierte und die Entschädigungspflicht von der Erbringung eines entsprechenden Baugrundpreises als Gegenleistung abhängig machte (VfSlg 19.341/2011).

Der **Gleichheitssatz** hat in der Judikatur des VfGH aber auch unter anderen Gesichtspunkten eine Rolle gespielt. Gesetzliche Bestimmungen, die undifferenziert „Schwarzbauten" im Grünland mit einer nachträglichen (durch eine gesetzliche Bestimmung erteilten) Baubewilligung versahen, wurden als verfassungswidrig aufgehoben. Personen, die Rechtsvorschriften missachtet haben, dürfen nicht schlechthin besser gestellt werden als Personen, die sich rechtskonform verhalten und kein rechtswidriges Bauwerk errichtet haben (VfSlg 14.681/1996). In eine ähnliche Richtung weist das Erkenntnis des VfGH 30.06.2022, G 366/2021 in dem er eine gesetzliche Konstruktion, die auch eine nachträgliche Legalisierungsmöglichkeit unrechtmäßig genutzter Zweitwohnsitze erlaubte, als gleichheitswidrig aufhob.

Die **Verfahrensgarantien des Art 6 EMRK** sind insoweit betroffen, als es sich um Eingriffe in civil rights handelt. Mit der Einführung der Verwaltungsgerichtsbarkeit erster Instanz am 01. Jänner 2014 wurden zahlreiche Probleme im Hinblick auf die Verfahrensgarantien des Art 6 EMRK gelöst.

3. Legalitätsproblematik

Im Hinblick auf das Legalitätsprinzip* bereiten raumordnungsrechtliche Regelungen insoweit verfassungsrechtliche Probleme, als sie oft nur **Ziele** vorgeben. Diese können ihrer Natur nach zT auch widersprüchlich sein (Zielkonflikte). Diese Bestimmungen lassen die Wahl der Mittel mehr oder weniger offen. Solche Regelungen werden unter bestimmten Voraussetzungen als mit dem Legalitätsprinzip (Art 18 B-VG) vereinbar angesehen.

In Lehre und Rsp geht man von einer differenzierten Anwendung des Legalitätsprinzips aus. Bei der sog **„finalen Determinierung"*** sieht der VfGH eine gewisse Flexibilität im Hinblick auf Art 18 B-VG als zulässig an. Die schwache inhaltliche Bindung ist aber nur unter der Voraussetzung zulässig, dass der Regelung des Verfahrens besondere Aufmerksamkeit geschenkt wird. Insb werden solche Regelungen nur dann als verfassungskonform angesehen, wenn sie einerseits einen umfassenden Zielkatalog oder zumindest eine umfassende Umschreibung der Planungsaufgaben als inhaltliche Vorgaben festlegen. Andererseits wird zusätzlich die strenge Prüfung und vollständige Erarbeitung der Entscheidungsgrundlagen durch die Verwaltungsbehörden gefordert (**„Legitimation durch Verfahren"***). Die schwächere inhaltliche Bindung der gesetzlichen Regelung wird durch eine stärkere verfahrensrechtliche Determinierung kompensiert. So wird zB bei den Regelungen zur Flächenwidmungsplanerlassung das Verfahren (Erarbeitung der Entscheidungsgrundlagen, öffentliches Auflageverfahren) besonders intensiv geregelt. Hinsichtlich des Inhalts sind lediglich die Ziele und Instrumente vorgegeben. Keinesfalls ausreichend im Hinblick auf das verfassungsrechtliche Determinierungsgebot ist das bloße Festlegen von Raumplanungszielen im Gesetz. Auf gesetzlicher Ebene müssen jene Kriterien bezogen auf das jeweilige Planungsinstrumentarium mit hinreichender Deutlichkeit festgeschrieben werden, die die in die Rechtssphäre des Einzelnen eingreifenden Planungsmaßnahmen zu rechtfertigen vermögen. Ebenso kommt der Durchführung eines Ermittlungsverfahrens und der Einhaltung der diesbezüglichen gesetzlichen Regelungen bei der Erlassung von Planungsnormen durch den Verordnungsgeber in Bezug auf das Legalitätsprinzip erhöhte Bedeutung zu (VfSlg 14.358/1998; VfSlg 16.386/2001).

III. Europarechtliche Bezüge

Das Raumordnungsrecht weist inzwischen auch wesentliche und unmittelbare Berührungspunkte zum Europarecht auf. Zunächst betreibt die EU durch ihre Regional- und Sektoralpolitik de facto auch Raumentwicklungspolitik. Im Hinblick auf die umfassende Definition von Raumordnung bestehen im Bereich diverser Fachkompetenzen der EU Möglichkeiten zur Ergreifung raumbedeutsamer Maßnahmen, auch wenn die EU keine Kompetenz für hoheitliche Raumplanungsmaßnahmen besitzt. In den Bereichen Landwirtschaft (Art 38 ff AEUV), Verkehr (Art 90 ff AEUV), insb transeuropäische Netze (Art 170 ff AEUV), Regionalpolitik/Kohäsion (Art 174 ff AEUV), Umwelt

(Art 191 ff AEUV, insb Art 192 AEUV) sind in unterschiedlichem Ausmaß solche raumbedeutsamen Maßnahmen denkbar. Bspw sei auf Art 170 ff AEUV hingewiesen, wonach die EU zum Auf- und Ausbau **transeuropäischer Netze** in den Bereichen Verkehr, Telekommunikation und Energie beiträgt. Mit diesbezüglichen EU-Maßnahmen sind auch Auswirkungen auf die Raumordnung verbunden. Für die Mitgliedstaaten verbindliche Beschlüsse können auf dieser Grundlage zwar nicht gefasst werden. Es sind aber die Erlassung von Leitlinien, in denen Ziele und Prioritäten bzw Vorhaben von gemeinsamem Interesse festgelegt werden, und bestimmte Aktionen und darauf aufbauende finanzielle Unterstützungen durch die EU vorgesehen. Gem Art 192 AEUV kann der Rat zur Sicherung umweltpolitischer Ziele Maßnahmen im Bereich der Raumordnung, der Bodennutzung und der Bewirtschaftung der Wasserressourcen erlassen. Bei all dem handelt es sich um eine Art Fachplanung. Umsetzungsverpflichtungen in den ROG selbst ergeben sich aber aus den naturschutzrechtlich bedeutsamen Rechtsakten, wonach basierend auf der Vogelschutzrichtlinie und der Fauna-Flora-Habitat-RL im Rahmen von „Natura 2000" Europaschutzgebiete auszuweisen sind, denen dadurch auch raumordnungswirksame Relevanz zukommt (→ *Naturschutzrecht*). Österreich ist verpflichtet, solche Schutzgebiete auszuweisen. Sie finden sich in verschiedenen NaturschutzG zT unter dem Begriff „Europaschutzgebiet" (§ 5 Z 10 sbg NSchG) oder auch „Wild-Europaschutzgebiete" (§ 108a sbg JagdG), an die wiederum raumordnungsrechtliche Regelungen anknüpfen (zB § 1 Abs 2 Z 1 lit j, § 2 NÖ; §§ 5a, 5b Sbg), zT werden sie mit den herkömmlichen Schutzgebietskategorien ausgewiesen (vgl *Madner*, Anlagenrelevantes Umweltrecht-Naturschutzrecht, in Holoubek/Potacs [Hrsg], Öffentliches Wirtschaftsrecht II[4] [2019] 1341; *Randl*, Naturschutzrecht, in Ennöckl/N. Raschauer/Wessely [Hrsg], Handbuch Umweltrecht[3] [2019] 524).

Ebenso haben die Umsetzungsverpflichtungen aus der SUP-RL (RL 2001/42/EG über die Prüfung der Umweltauswirkungen bestimmter Pläne und Programme), der Seveso III-RL (RL 2012/18/EU) und der Umgebungslärmrichtlinie (RL 2002/49/EG über die Bewertung und Bekämpfung von Umgebungslärm) gesetzgeberischen Handlungsbedarf hervorgerufen. So wurden dazu zB in Sbg, der Stmk und im Bgld die erforderlichen Verfahren zur Umweltprüfung und zur Raumverträglichkeitsprüfung eingeführt (§§ 5a, 14, 15 und 16 Sbg; § 4 Stmk; §§ 16 ff, 25 Bgld). Die RL 2018/2001/EU zur Förderung der Nutzung von Energie aus erneuerbaren Quellen wurde von den jeweiligen Landesgesetzgebern ebenfalls umgesetzt. Die RL verpflichtet die Mitgliedsstaaten zur Förderung von Energien aus erneuerbaren Quellen. Der oö Landesgesetzgeber setzt diese unionsrechtlichen Vorgaben in § 2 Abs 1 Z 8 öö ROG um, indem er die Sicherung und Verbesserung einer funktionsfähigen Infrastruktur, insb die Integration und den Einsatz von erneuerbarer Energie, als Raumordnungsziel aufnimmt (vgl zB § 2 Abs 1 Z 17 krnt ROG; § 1 Abs 2 Z 1 lit b nö ROG; § 2 Abs 1 Z 8 sbg ROG, § 3 Abs 2 Z 2 lit h stmk ROG).

Auch die Förderungstätigkeit und die allgemeine Beihilfenkontrolle gem Art 107 ff AEUV haben raumordnungsrelevante Folgen. So wird zB mit Hilfe der Strukturfonds der EU **regionale Strukturpolitik** betrieben. Neben mit diesen Strukturfonds verbundenen Zielgebietsförderungen gibt es eine Reihe von speziellen Förderungsinitiativen der EU: So liefen etwa die Förderungsprogramme INTERREG – grenzüberschreitende transnationale und interregionale Maßnahmen und LEADER – Entwicklungsinitiativen für ländliche Regionen bis 2020.

Im Mai 1999 wurde beim informellen Rat der für Raumordnung zuständigen Minister in Potsdam das **Europäische Raumentwicklungskonzept** (EUREK) angenommen. Ziel ist die Verbesserung der Zusammenarbeit der Mitgliedstaaten auf dem Gebiet der Raumordnung, bindend ist das EUREK für die Mitgliedstaaten nicht. Es formuliert einen Orientierungsrahmen für die Fachpolitiken der EU und der Mitgliedstaaten mit räumlichen Wirkungen sowie für regionale und lokale Gebietskörperschaften zur Erreichung einer ausgewogenen und nachhaltigen Entwicklung des europäischen Territoriums. Das EUREK soll den EU-Maßnahmen und den nationalen Maßnahmen zugrunde gelegt werden.

Indirekt sind im innerstaatlichen Bereich bei der hoheitlichen Regelung von bestimmten Raumordnungsfragen europarechtliche Anknüpfungen denkbar bzw erfasst. Erwähnenswert sind zB die im tir oder sbg ROG vorgesehenen Freizeitwohnsitzregelungen, die eine Reihe von europarechtlichen Bezugspunkten aufweisen und insoweit die Kompetenzausübung der Landesgesetzgeber beschränken (→ *Grundverkehrsrecht*).

Die Erklärung Nr 5, die der Schlussakte des EU-Beitrittsvertrages mit dem Titel „Gemeinsame Erklärung zu Zweitwohnungen" angefügt ist (BGBl 45/1995) und besagt, dass raumordnungsrechtliche Maßnahmen zulässig sind, soweit sie nicht diskriminierend wirken, gibt nur wieder, was ohnedies durch das allgemeine Diskriminierungsverbot* des Art 18 AEUV gewährleistet ist.

IV. Einfachgesetzliche Rechtsgrundlagen

Zunächst ist zwischen hoheitlicher und nichthoheitlicher Raumordnung zu unterscheiden. Innerhalb der hoheitlichen Raumordnung ist wiederum zwischen den verschiedenen kompetenzrechtlichen Ebenen Bund, Länder und Gemeinden zu differenzieren. Hauptaugenmerk soll auf die Raumordnungsvorschriften der Länder gelegt werden.

1. Hoheitliche Raumordnung auf Bundesebene

Bei der hoheitlichen Raumordnung des Bundes handelt es sich um die **Fachplanungskompetenzen**, die iZm einem entsprechenden Kompetenztatbestand des Bundes wahrzunehmen sind (s II.1). Sie umfasst daher alle Regelungen in den einfachen BG, die die Ordnung der Bodennutzung iZm der Regelung der jeweiligen Materie festlegen. In die Fachplanungskompetenz des Bundes fallen etwa Regelungen der forstlichen Raumplanung in §§ 6 bis 11 ForstG (→ *Forstrecht*) sowie solche zum Verkehrswesen (Luftfahrt-, Schifffahrt-, Eisenbahn- und Straßenwesen). Daher finden sich in den betreffenden BG raumordnungsrechtliche Bestimmungen, wie die Regelung der Erklärung und Auflassung von Bundesstraßen sowie das Verfahren zur Bestimmung des Straßenverlaufs (Trassenfestlegung) für Bundesstraßen (§ 4 BStG), Regelungen betreffend die Errichtung von Zivilflugplätzen bzw Militärflugplätzen (§§ 63 ff und 81 ff LuftfahrtG) oder Regelungen für den Bau von Eisenbahnen (§§ 32 ff EisbG) und die Regelungen zur Trassenfestlegung von Hochleistungsstrecken (§§ 1, 3 ff HlG). Vorbereitende Arbeiten dafür finden sich im von der BMK entwickelten „Mobilitätsmasterplan 2030", der die Klimaneutralität bis 2040 und die damit verbundene Neuausrichtung des Mobilitätssektors zum Ziel hat. Um dieses ambitionierte Ziel erreichen zu können, ist insb der Ausbau des öffentlich zugänglichen Verkehrs sowie der massive Ausbau und die Umwidmung von Verkehrsflächen für den Rad- und Fußverkehr notwendig. Rechtlich verbindlich ist der Mobilitätsmasterplan dabei nicht. Er beinhaltet lediglich ein Konzept, das der gesetzgeberischen Umsetzung bedarf.

2. Hoheitliche Raumordnung auf Landesebene

Auf Landesebene ist zwischen überörtlicher und örtlicher Raumplanung zu unterscheiden. Die **überörtliche Raumplanung** auf Landesebene bestand ursprünglich in einer Nutzungsplanung (Festlegung, wie ein Grundstück genutzt werden soll – Widmung*) und Auffangplanung (planerische Reaktion auf aufgetretene Raumordnungsprobleme). Im Vordergrund der planerischen Tätigkeit stand die Reaktion auf bestimmte Bedürfnisse. Erst in jüngerer Zeit kam es stärker zu einem Wechsel hin zu einer Art Entwicklungsplanung (vorausschauende und gestaltende Planung). Bemerkenswert ist, dass sich die Entwicklungsplanung in letzter Zeit nicht mehr mit der Festlegung von Nutzungsarten, deren Ausübung zwar nicht veranlasst werden kann, die aber bestimmte Nutzungen ausschließt (Widmung*), allein begnügt (Negativplanung), sondern tw eine sog **Positivplanung*** (Festlegung von Nutzungsverpflichtungen) vornimmt. Neben dem Instrumentarium der **Vertragsraumordnung**, das solches vorsieht (s IV.4.c), üben neuerdings auch andere Regelungen in diese Richtung (sanften) Druck aus. So werden zB in OÖ Aufschließungsbeiträge, die in anderen Bundesländern üblicherweise erst bei der Bebauung vorgeschrieben werden, für unbebautes Bauland eingehoben (§ 25 ff OÖ). Darüber hinaus wird ab dem fünften Jahr nach der Vorschreibung des Aufschließungsbeitrages, der im Falle der Bebauung angerechnet wird, ein zusätzlicher Erhaltungsbeitrag im Bauland für Grundstücke eingehoben, die weiterhin nicht bebaut werden, und zwar solange, bis eine Bebauung stattfindet (§ 28 OÖ). Im sbg ROG ist die verpflichtende Entrichtung eines Infrastruktur-Bereitstellungsbeitrags für unverbautes Bauland vorgesehen (§ 77b Sbg).

Zur Regelung der Raumordnung sehen die ROG hierarchisch gegliederte Planungsinstrumente vor, die von der Verwaltung teils verpflichtend (zB FWP), teils bei Bedarf in Anspruch zu nehmen sind. Die Inanspruchnahme dieser Instrumente wird durch die in der **Planungshierarchie** übergeordneten Regelungen determiniert. Diese hierarchisch angeordneten Planungsakte werden durch die Festlegung bestimmter gesetzlicher Ge- und Verbote ergänzt, die entweder bei der Erlassung der Planungsakte selbst zu berücksichtigen sind oder die existierenden Planungsakte absichern und flankieren.

Darüber hinaus werden in integrierten Prüfungsverfahren unionsrechtliche Vorgaben umgesetzt (Umweltprüfungen, Verträglichkeitsprüfungen bei Europaschutzgebieten [Natura 2000, SUP-RL] und Raumverträglichkeitsprüfung bei Seveso III-Betrieben).

Bei der LReg sind zT auch Organe* wie zB ein **Raumordnungsbeirat** (§ 15 Stmk) eingerichtet, die für alle Raumordnungsangelegenheiten auf überörtlicher Ebene beratend zur Verfügung stehen bzw Vorschläge zu erstatten und Entwürfe auszuarbeiten haben (in Sbg wurde er Ende 1999 abgeschafft). In Angelegenheiten der örtlichen Raumordnung fungiert dieser Beirat in der Stmk auch als Aufsichtsbehörde (örtliche Raumplanung s IV.3). Im Bgld wirkt der Raumplanungsbeirat zB verpflichtend bei der Genehmigung der FWP durch die LReg mit. ZT sind auch regionale Beratungsgremien wie zB Planungsbeiräte, Bezirkskommissionen oder Regionalversammlungen (zB in der Stmk – § 14 StLREG 2018) vorgesehen.

Die Stmk hat in ihrem ROG 2010 darüber hinaus ein **Rauminformationssystem** eingeführt, in dem die Grundlagen für die Raumordnung systematisch erfasst werden und in das die maßgeblichen Daten für die überörtliche und die örtliche Raumordnung aufzunehmen sind. Dieses Rauminformationssystem ist als Raumordnungskataster von der LReg zu führen (§ 6 Stmk).

a) Raumordnungsziele und -grundsätze, ROG

Auf erster Stufe stehen die gesetzlich festgelegten Raumordnungsgrundsätze und -ziele (vgl zB § 2 Krnt, § 1 NÖ, § 2 OÖ, § 2 Sbg oder § 1 Tir) (s I.) sowie alle übrigen raumordnungsgesetzlichen Bestimmungen. Sie sind **oberste Grundlage** aller weiteren Planungsschritte. Sie sind sehr abstrakt formuliert, enthalten keine Rangordnung und bergen auch Zielkonflikte in sich. Die auf dieser Grundlage ergehenden Planungsakte sind an diesen gesetzlich verankerten Zielen und Grundsätzen zu messen und sie haben bestehende Zielkonflikte zu entscheiden. Es handelt sich dabei um ein typisches Beispiel von **Finalnormen**, die der Verwaltung erheblichen Handlungsspielraum einräumen.

b) Landesentwicklungs- bzw Raumordnungsprogramme

Die Landesentwicklungs- oder Raumordnungsprogramme bilden den nächsten Konkretisierungsschritt, der noch auf überörtlicher Ebene angesiedelt ist. Die **LReg erlässt diese Pläne als Verordnung** und macht sie damit zu verbindlichen Rechtsakten. Das Landesentwicklungs- oder Raumordnungsprogramm hat für das gesamte Land die Grundsätze und Leitlinien der Landesplanung festzulegen. Dazu gehören jedenfalls die zentralen Orte und die Entwicklungs- und Hauptverkehrsachsen sowie grundlegende Aussagen über die Siedlungsstrukturen und Siedlungsdichten in Planungsregionen (zB § 9 Sbg). Die verschiedenen ROG sehen zudem vor, dass zusätzlich auch **Sachprogramme** für bestimmte Sachbereiche (zB Energieversorgung, Fremdenverkehr, Krankenanstalten, Schulen im gesamten Landesgebiet; vgl § 7 Krnt) und **Regionalprogramme** für einen bestimmten Teil des Landes (sachlich aber unbegrenzt) erlassen werden können. Solche Regionalprogramme sind in Sbg (§ 10) von Gemeindeverbänden unter angemessener Beteiligung der Bevölkerung zu erarbeiten, aber von der LReg durch Verordnung für verbindlich zu erklären. In NÖ und der Stmk wurden zB mittels (sektoraler) Raumordnungsprogramme verbindlich Zonenpläne für Windkraftanlagen festgelegt. Im Bgld werden Vorschriften für den Primat von Photovoltaik- und Windkraftanlagen vorgesehen (§ 53a). Davon sind die in einigen Bundesländern (zB Krnt) ergangenen Leitlinien/-fäden für die Standortauswahl von Photovoltaik- und Windkraftanlagen zu unterscheiden. Letzteren fehlt es an der Verordnungsqualität, sie haben lediglich Empfehlungscharakter.

Es darf sich bei solchen Bestimmungen nicht nur um die Festschreibung bestehender Tatsachen handeln, sondern es muss vielmehr auf die **zukünftigen Entwicklungen Einfluss** genommen werden. Maßstab für die Rechtmäßigkeit sind die Bestimmungen des ROG und insb die darin festgelegten Raumordnungsziele und -grundsätze. Ein Widerspruch zum ROG wäre vom VfGH im Rahmen eines Verordnungsprüfungsverfahrens (Art 139 B-VG) durch ein aufhebendes Erkenntnis zu beseitigen.

Im Verfahren zur Erstellung derartiger Landesentwicklungs- oder Raumordnungsprogramme sehen die ROG idR eine Reihe von **Stellungnahme- bzw Äußerungsrechten** vor, die va den Gemeinden, den Interessenvertretungen und bestimmten Behörden* eingeräumt sind. In Vlbg und Sbg ist auch ein Auflageverfahren in den Gemeinden und zusätzlich spezifische Kundmachungs- und Bekanntgabevorschriften (§ 8 Abs 4 Sbg) vorgesehen, im Rahmen dessen sich die Bürger schriftlich zum aufgelegten Entwurf äußern können.

Die Wirkungen des Landesentwicklungs- bzw Raumordnungsprogrammes:
- Die Raumordnungsziele und -grundsätze **binden** alle weiteren konkretisierenden Verwaltungsakte (insb die **FWP** und die **Bebauungspläne**). Die rechtliche Übereinstimmung dieser Akte mit dem Landesentwicklungs- bzw Raumordnungsprogramm kann auf dem Rechtsweg (zB im Verordnungsprüfungsverfahren beim VfGH) geltend gemacht werden. Für widersprechende Bescheide wird zT in den ROG ausdrücklich die Nichtigkeit gem § 68 Abs 4 Z 4 AVG angedroht (§ 8 Abs 2 Krnt, § 8 Abs 5 Stmk, § 7 Abs 3 Vlbg). IdR sehen die ROG vor, dass alle Maßnahmen der Verwaltungsbehörden des Landes und der Gemeinden dem Landesentwicklungs- bzw Raumordnungsprogramm entsprechen müssen (vgl zB § 15 Bgld). Das bedeutet, dass auch privatwirtschaftliches Handeln (zB die Vergabe von Förderungen, vgl zB § 4 Abs 2 Tir) der Gebietskörperschaften daran gebunden wird (Selbstbindung).
- Es wird eine Vorentscheidung für die weiteren Gestaltungsmöglichkeiten auf den nächsten Ebenen getroffen (zB Festlegung von Siedlungsdichten und Siedlungsstrukturen etc).
- Im Zuge der Erlassung von Landesentwicklungs- bzw Raumordnungsprogrammen ist in den ROG auch die Möglichkeit der Erlassung von Bausperren (→ *Baurecht*), soweit dies erforderlich ist, vorgesehen.
- Unmittelbare Wirkung für die Grundeigentümer haben die Landesentwicklungs- bzw Raumordnungsprogramme nicht. Ausnahmsweise kann es aber auch hier vorkommen, dass im Rahmen dieser Programme eine parzellenscharfe Widmung* erfolgt, wodurch eine anderweitige autonome gemeindliche Planung ausgeschlossen wird. Allerdings darf die Einschränkung des gemeindlichen Entscheidungsspielraumes nicht so weit gehen, dass der Zuständigkeitsbereich der Gemeinde sektoral oder gar gänzlich beseitigt wird. Dies würde dem verfassungsgesetzlich gewährleisteten Selbstverwaltungsrecht* der Gemeinden (Art 116 Abs 1 iVm Art 118 Abs 3 Z 9 B-VG) widersprechen. Derart genaue Planfestlegungen durch das Land dürfen nur bei Vorliegen eines überwiegenden überörtlichen Interesses erfolgen (VfSlg 10.399/1985, 11.626/1988, 15.233/1998).

Zur überörtlichen hoheitlichen Raumordnung der Länder gehören weiters auch die Fachplanungskompetenzen, die Bestandteil anderer Landesmaterien sind (zB Naturschutzrecht, Landesstraßenrecht, Bauwesen).

c) Umwelt- und Raumverträglichkeitsprüfungen

In Umsetzung von unionsrechtlichen Verpflichtungen der umweltschutzrelevanten Richtlinien SUP-RL und der Seveso III-RL, die bis 31. Mai 2015 umzusetzen war, und von Natura 2000 mit der Vogelschutzrichtlinie und der Fauna-Flora-Habitat-RL, wurden in der Vergangenheit neue Instrumentarien in die ROG der Länder eingefügt (vgl zum aktuellen Stand *Alge/Kroiss/ Schmidthuber*, Strategische Umweltprüfung, in Ennöckl/N. Raschauer/Wessely [Hrsg], Handbuch Umweltrecht³ (2019), 666; *Bußjäger*, Strategische Umweltprüfung in Österreich – eine Bilanz, RdU 2016/3, 5). Bei Planungen auf örtlicher und überörtlicher Ebene (Entwicklungsprogramme, Standortverordnungen und FWP, zT auch bei Bebauungsplänen, Entwicklungsprogrammen und örtlichen Entwicklungskonzepten [zB § 4 Stmk]) ist eine **Umweltprüfung** durchzuführen, wenn die Planung Grundlage für ein Projekt sein soll, das gem Anh 1 des UVP-G einer Umweltverträglichkeitsprüfung unterliegt (verfassungsrechtlich bedenkliche dynamische Verweisung). Ebenso unterliegen einer Umweltprüfung Planungen, die geeignet sind, Europaschutzgebiete oder Wild-Europaschutzgebiete nach dem sbg NSchG oder dem sbg JagdG erheblich zu beeinträchtigen (§ 5a Sbg). Die Umweltprüfung zeichnet sich durch zusätzliche Verfahrensschritte bei der Erlassung der genannten Rechtsakte aus. So ist zB ein Umweltbericht, dem entsprechende Untersuchungen zugrunde liegen, bei Auflage des Planungsaktes vorzulegen, gleichzeitig mit dem FWP ist der Bebauungsplan zu erstellen, eine Vorbegutachtung des Entwurfes des FWP hat stattzufinden usw (§ 5a Sbg, § 38 Stmk).

Europaschutzgebiete bedürfen bei Erlassung der genannten Rechtsakte zusätzlich einer **Verträglichkeitsprüfung** im Hinblick auf die für diese Gebiete im NSchG bzw im JagdG festgelegten Erhaltungsziele (§ 5b Sbg).

Auf überörtlicher Ebene ist zusätzlich eine **Raumverträglichkeitsprüfung** für Seveso III-Betriebe vorgesehen. So ist zB nach § 16 Sbg die Verwendung von Flächen in einer Gemeinde für Betriebe, die in den Anwendungsbereich der Seveso III-RL fallen, nur zulässig, wenn die LReg auf Antrag die Raumverträglichkeit des Vorhabens durch Bescheid festgestellt hat. In Sbg ist zudem auch für Abfallbehandlungsanlagen nach dem AWG 2002 eine Raumverträglichkeitsprüfung durchzuführen (§ 15 Sbg). Im Gegensatz zur Umweltprüfung, die bei der Erlassung der Widmungsakte als besonderer Verfahrensbestandteil zum Tragen kommt, ist diese Raumverträglichkeitsprüfung ein zusätzliches individuelles Verwaltungsverfahren, das maßgeblich für die Errichtung eines entsprechenden Betriebes ist und das nach der Widmung* im Zuge der Betriebserrichtung durchzuführen ist. Diese **Umweltverträglichkeitsprüfungen** und **Umwelterheblichkeitsprüfungen** werden in das Verfahren zur Erlassung der einzelnen Planungsakte eingebaut, wobei insb auch Umweltorganisationen Stellungnahmerechte im Auflageverfahren eingeräumt werden (vgl zB die Bestimmungen §§ 10c Abs 2, 21a, 29a Vlbg).

3. Hoheitliche Raumordnung auf Gemeindeebene

Die von der Gemeinde im eWb* zu besorgende örtliche Raumplanung wird von der überörtlichen Raumplanung determiniert und ist an diese gebunden. Einerseits darf die überörtliche Raumplanung die örtliche nicht verdrängen, andererseits muss die örtliche Raumplanung sich in die überörtliche einfügen. Verfassungsrechtlich ist bei der Trennung der beiden Bereiche auf das ausschließliche oder überwiegende örtliche bzw überörtliche Interesse abzustellen (s II.1.). Die Aufgabe der **örtlichen Raumplanung** liegt in der räumlichen Ordnung und Planung des gesamten Gemeindegebietes. Eine Bedachtnahme auf überörtliche Interessen ändert noch nichts an der Zugehörigkeit zur örtlichen Raumplanung (VfSlg 8601/1979). Als Instrumente der örtlichen Raumplanung stehen das **räumliche Entwicklungskonzept**, der **FWP** und der **Bebauungsplan** im Vordergrund. In Wien ist seit der BO-Novelle 2018 nunmehr auch die Möglichkeit der Erlassung von **Energieraumplänen** vorgesehen.

a) Räumliches Entwicklungskonzept

Beim räumlichen Entwicklungskonzept (auch örtliches Entwicklungskonzept oder örtliches Raumordnungskonzept genannt) handelt es sich um die Entwicklung von **Grundlagen für die Erstellung von FWP**. Die Gemeinden können im räumlichen Entwicklungskonzept für das Gemeindegebiet Entwicklungsziele und Entwicklungsmaßnahmen festlegen. Diese haben grundsätzliche Aussagen zu enthalten über:
- die angestrebte Bevölkerungsentwicklung,
- die angestrebte Entwicklung in den einzelnen Wirtschaftssektoren,
- die räumlichen Gegebenheiten und Umweltbedingungen,
- die Berücksichtigung ökologisch bedeutsamer Gebiete,
- die Gebiete mit besonderer Eignung für die landwirtschaftliche Nutzung,
- die Lage von Erholungsgebieten und Sportgebieten,
- die funktionelle Gliederung des Baulandes und der Siedlungsformen,
- die für die Aufschließung des gesamten Gemeindegebietes erforderlichen Verkehrswege und
- die Hauptversorgungs- und Hauptentsorgungseinrichtungen.

Die Erstellung des räumlichen Entwicklungskonzepts ist in den meisten LG als Verordnung vorgesehen (vgl § 9 Krnt) – in Sbg jedoch nicht. Das räumliche Entwicklungskonzept wird als Vorstufe für die Erstellung des FWP betrachtet. Im Verfahren ist tw auch die Einbeziehung der Bevölkerung durch Entwurfs-Auflage und Äußerungsmöglichkeit vorgesehen. Ebenso finden sich auch Genehmigungsvorbehalte der LReg (§ 24 Abs 9 Stmk).

In der **Stmk** sind darüber hinaus gemeinsame örtliche Entwicklungskonzepte für Gemeinden einer Kleinregion, die in einem räumlich funktionellen Zusammenhang stehen, vorgesehen (§ 23 Stmk). Auch OÖ sieht **interkommunale Raumentwicklungskonzepte** auf freiwilliger Basis vor (§ 6).

Wirkungen des räumlichen Entwicklungskonzepts:
- Es stellt eine Arbeitsvoraussetzung für die Erlassung der weiteren Planungsakte auf Gemeindeebene dar und bindet die Gemeinde im Rahmen ihrer Planungen. Ein Abweichen vom räumlichen Entwicklungskonzept

ist in engen Grenzen und unter bestimmten Voraussetzungen zB in Sbg möglich, wo das räumliche Entwicklungskonzept nicht in verbindlicher Rechtsform (durch Verordnung) erlassen wird, sofern dabei die bindenden Planungsnormen eingehalten werden.
- Bei Unklarheiten der weiteren Planungsakte kann das räumliche Entwicklungskonzept als Interpretationshilfe herangezogen werden.
- Dort, wo eine rechtlich bindende Erlassung (durch Verordnung) vorgesehen ist, entfaltet es die oben beim Landesentwicklungsprogramm (s IV.2.b) dargestellten Wirkungen.
- Das örtliche Entwicklungskonzept bildet in OÖ einen Teil des FWP und entfaltet deshalb auch dessen Wirkungen. Bei Bewilligungserteilungen sind Regelungen des örtlichen Entwicklungskonzeptes unmittelbar neben anderen Bestimmungen des FWP anzuwenden (VwGH 31.07.2013, 2010/05/0001).
- In Sbg bindet das REK die Gemeinde, begründet aber keine Rechte Dritter (§ 23 Abs 3 Sbg).

b) Flächenwidmungsplan

Der FWP ist eine **Verordnung der Gemeinde**, die vom Gemeinderat zu erlassen ist. Er ist das zentrale Planungsinstrument der örtlichen Raumplanung. Der FWP hat konkret die **geordnete Art der Nutzung der gesamten Fläche des Gemeindegebietes** festzulegen (**Widmung***). Die Gemeinden sind verpflichtet, für ihr Gebiet flächendeckend einen FWP zu erlassen. An der Flächenwidmungsplanerstellung ist den betroffenen Gemeindebürgern ein Mitwirkungsrecht eingeräumt.

Folgende für das rechtmäßige Zustandekommen **wesentliche Verfahrensschritte** sind dabei mehr oder weniger in allen ROG vorgesehen und zT mit Einschränkungen auch bei Teiländerungen des FWP zu beachten:
- Die Absicht, einen FWP zu erlassen bzw den bestehenden FWP zu ändern, ist vom Bgm an der Amtstafel **bekannt zu machen** (zT ist die Mitteilung an alle Haushalte in der Gemeinde mittels Postwurf bzw die Verlautbarung in lokalen Zeitungen vorgesehen).
- Die Bürger sind aufzufordern, geplante Bauplatzerklärungen oder Bauvorhaben innerhalb einer bestimmten Frist bekannt zu geben.
- Die benachbarten Gemeinden sind in die Flächenwidmungsplanerstellung mit einzubeziehen.
- Die in Betracht kommenden Dienststellen des Bundes bzw die gesetzlichen beruflichen Interessenvertretungen sowie Regionalverbände und sonstigen Körperschaften des öffentlichen Rechts, soweit sie Planungsinteressen verfolgen und diese auch glaubhaft machen können, haben Mitwirkungsrechte; sie sind schon von der Absicht, einen FWP zu erlassen oder zu ändern, zu verständigen.

- Die genannten Personen und Institutionen sind berechtigt, schriftlich Anregungen zur Erstellung des Entwurfes des FWP einzubringen (dieses Verfahren vor der Planerstellung ist aber nicht in allen Bundesländern vorgesehen, zB nicht in Vlbg).
- Unter bestimmten Umständen ist eine Umweltprüfung bzw eine Verträglichkeitsprüfung bei Europaschutzgebieten durchzuführen (vgl oben IV.2.c).
- Der erstellte Entwurf des FWP ist öffentlich während der Zeiten des Parteienverkehrs **aufzulegen**; die ROG sehen vor, dass die Gemeinden in dieser Phase auch **Bausperren** (→ *Baurecht*) verhängen können, um die mit dem Entwurf angestrebten Planungsziele zu sichern. Bei Änderungen des FWP im vereinfachten Verfahren ist vereinzelt auch eine Wahlmöglichkeit zwischen Auflage und Anhörung vorgesehen (§ 39 Abs 1 Z 2 lit c Stmk).
- Die Auflage des Entwurfs hat ebenfalls wiederum ortsüblich bekannt gemacht bzw verlautbart zu werden.
- Die Auflagefrist beträgt je nach Bundesland zwischen vier und sechs Wochen.
- Innerhalb dieser Frist können die Personen und Institutionen, die von der Flächenwidmungsplanerstellung zu verständigen sind, begründete **schriftliche Einwendungen*** erheben.
- Danach **beschließt** der Gemeinderat den FWP, wobei er verpflichtet ist, die erhobenen Einwendungen in die Beratungen einzubeziehen.
- In der Folge ist der FWP **von der LReg zu genehmigen**; diese hat dabei insb auch die Übereinstimmung mit den übergeordneten raumordnungsrechtlichen Regelungen im ROG bzw in den Landesentwicklungsprogrammen sowie die Beachtung von zwingenden Ge- und Verboten bei der Widmungsfestlegung zu prüfen. Die Versagung der Genehmigung erfolgt in Form eines Bescheides, gegen den die betroffene Gemeinde (der Gemeinderat) Beschwerde an das LVwG erheben kann. Ein ab- oder zurückweisendes Erkenntnis des LVwG kann wiederum von der Gemeinde (vom Gemeinderat) bei Vorliegen der Voraussetzungen beim VwGH bzw beim VfGH bekämpft werden. Vereinzelt entfällt eine solche Genehmigung bei vereinfachten Verfahren zur Änderung des FWP (§ 39 Stmk; § 40 Krnt).
- Nach erfolgter Genehmigung durch die LReg ist der FWP kundzumachen. Die **Kundmachung** erfolgt nach den dafür vorgesehenen Regelungen (zB durch Anschlag an der Amtstafel bzw Kundmachung der Auflage zur Einsicht an der Amtstafel, vgl zB § 65 Abs 8 sbg ROG iVm § 53 sbg GdO 2019).
- Mit der Kundmachung **tritt der FWP in Kraft** und ist im Gemeindeamt zur Einsicht aufzulegen.

Neue Wege bei der Erlassung von FWP ging Tir mit der schrittweisen Einführung des elektronischen FWP durch das tir ROG 2011. Als erstes Bundesland kann die rechtsgültige Kundmachung von Verordnungen digital erfolgen. Auch im Zuge der aufsichtsbehördlichen Prüfung der Änderung des FWP kann die Gemeinde der LReg den Entwurf über den elektronischen FWP vorlegen (§ 69 Tir).

Inhalt des FWP ist die Festlegung der geordneten Nutzung des gesamten Gemeindegebietes. Er enthält verbindliche Festlegungen, die lediglich durch eine Flächenwidmungsplanänderung beseitigt werden können. Der FWP besteht aus einer planlichen Darstellung und dem dazu erforderlichen Wortlaut. Er hat die **Widmungskategorien** und innerhalb dieser die spezifischen in den ROG vorgesehenen **Widmungsarten** flächendeckend für das gesamte Gemeindegebiet festzulegen. Als Hauptwidmungskategorien werden idR **Bauland**, **Vorbehaltsflächen** (das sind Flächen, die Bauten bzw Nutzungen vorbehalten werden, die öffentlichen Zwecken dienen, zB Verkehrsflächen, Schulen, Krankenhäuser) und **Grünland** (Freiland) genannt. Verschiedentlich gibt es auch noch die Nutzungskategorie **Sonderfläche** (zB für Beherbergungsgroßbetriebe oder Einkaufszentren in Tir oder für Tierhaltungsbetriebe zur Ausweisung von Geruchsschwellenabständen und Belästigungsbereichen in der Stmk). Zudem finden sich in bestimmten Bereichen, wie zB für **Freizeitwohnsitze** raumordnungsrechtliche Sonderregime (3. Abschnitt Tir; § 31 Sbg sowie § 30 Abs 2 Stmk, die Freizeitwohnsitze auch Zweitwohnungen nennen) (→ *Grundverkehrsrecht* IV.2.c). In Wien können seit der BO-Novelle 2018 **Wohnzonen** ausgewiesen werden (§ 7a wr BO), welche der Wohnnutzung vorbehalten bleiben (um insb die gewerbliche Nutzung für kurzfristige Beherbergungszwecke einzuschränken). Weiters sind im FWP alle Flächen kenntlich zu machen, über die die Gemeinde keine Planungshoheit besitzt (deklarative Wirkung). Das sind Widmungen* aufgrund der Fachplanungskompetenzen des Bundes (zB Verkehrsflächen, Hochwasserabflussgebiete), und Widmungen (Nutzungsbeschränkungen) aufgrund von landesrechtlichen Fachplanungskompetenzen (zB im Naturschutz Naturschutzgebiete, Landschaftsschutzgebiete etc).

Innerhalb der drei Hauptwidmungskategorien sind wiederum die jeweiligen **Widmungsarten** näher auszuweisen. So gehören zum Bauland in manchen Ländern mehr als zehn verschiedene Widmungs(Nutzungs)arten, die ihrerseits zT nochmals unterteilt sind (zB reine Wohngebiete, Betriebsgebiete, Gewerbegebiete, Industriegebiete, Zweitwohnungsgebiete, Sonderflächen usw; vgl zB § 30 Sbg). Dasselbe gilt auch für das Grünland (zB Kleingartengebiete, Erholungsgebiete, Campingplätze, Gebiete für Sportanlagen, stehende oder fließende Gewässer, Ödland und alle sonstigen nicht als Bauland oder als Verkehrsfläche ausgewiesenen Gebiete usw; vgl § 36 Sbg).

Die verschiedenen **Widmungsarten** differieren in den einzelnen ROG erheblich und sind auch den Hauptwidmungskategorien unterschiedlich zugeordnet. Die so erfolgende sehr detaillierte Planung und Festlegung der Nutzung bzw der Nutzungsarten im gesamten Gemeindegebiet trifft damit auch die grundsätzlichen Entwicklungsentscheidungen für die Wirtschaft, die Bevölkerung, die Ökologie usw. Zumindest hält das aufgezeigte Instrumentarium die Möglichkeiten dafür bereit.

Bei der Festlegung der konkreten Widmungen besteht mit Ausnahme der Bindung an die übergeordneten planerischen Rechtsakte erheblicher raumplanerischer Gestaltungsspielraum der Gemeinde. Dieser wird neben der Bindung an die übergeordneten planerischen Rechtsakte durch bestimmte weitere Instrumentarien eingeschränkt. Zu nennen sind hier etwa „öffentlich rechtliche Erklärungen", die „Vertragsraumordnung" oder zu beachtende Ge- und Verbote.

Im Rahmen der sbg ROG-Novelle 2017 wurde das Erklärungsmodell (bisher war eine Nutzungserklärung des Grundeigentümers Voraussetzung für die Baulandausweisung) durch eine grundsätzliche Befristung von Bauland-Neuausweisungen ersetzt (§ 29 Sbg). Ziel der Neuregelung ist die effektive Mobilisierung von Baulandreserven. Erfolgt innerhalb der gesetzten Frist (idR zehn Jahre) keine widmungskonforme Bebauung des Grundstücks, so tritt automatisch eine entschädigungslose Folgewidmung ein. Als solche kommt nur die Widmung vor der Baulandausweisung in Betracht oder eine andere Widmung der Nutzungsarten Grünland oder Verkehrsflächen.

Im Vergleich zum früheren Erklärungsmodell ist die Gemeinde bei Baulandausweisungen unbebauter Grundflächen nicht mehr vom Vorliegen einer öffentlich-rechtlichen Nutzungserklärung der jeweiligen Grundeigentümer abhängig.

Die Befristungsregelungen der anderen Bundesländer unterscheiden sich in ihrer Ausgestaltung verschieden stark vom Salzburger Modell. Burgenland, Niederösterreich und Wien sehen in ihren ROG (§ 24 bgld RPG, § 17 nö ROG, § 4 wr BO) bspw lediglich eine Ermächtigung – nicht aber eine Verpflichtung – der Gemeinden zur Vornahme einer Baulandbefristung vor.

Die sog **Vertragsraumordnung** ist unter systematischen Gesichtspunkten als privatrechtliches Instrument nicht im Bereich der hoheitlichen Raumordnung zu behandeln (vgl unten IV.4.c).

Ge- und Verbote bei der Widmungsfestlegung grenzen zusätzlich den raumplanerischen Gestaltungsspielraum ein. ZB verbietet § 28 Abs 3 Sbg die Ausweisung von Flächen als Bauland im Gefährdungsbereich von Hochwasser, Lawinen, Murenabgängen, Steinschlag; bei Flächen, die Waldflächen iSd ForstG sind; bei Flächen, die für öffentliche Einrichtungen bzw öffentliche Interessen (Schulen, Verkehr, Energie- und Wasserversorgung, Abfall- und Abwasserbeseitigung etc) unwirtschaftliche Aufwendungen erforderlich machen würden, vgl zB auch § 15 Krnt. Solche Ge- und Verbote finden sich auch in den Regelungen der verschiedenen Widmungsarten (vgl zB § 30 Abs 1 Z 1 lit b Sbg) oder hinsichtlich bestimmter Nutzungsarten (vgl zB die Zweitwohnungs- oder Freizeitwohnungsnutzung § 31 Sbg). Der OGH bejaht die Schadenersatzpflicht einer Gemeinde, die trotz Vorliegens von Anhaltspunkten für eine Hochwassergefährlichkeit eine Fläche als Bauland ausweist und eine Baugenehmigung erteilt (OGH 28.11.2006, 1 Ob 158/06a).

Die Wirkungen des Flächenwidmungsplanes:
- Zunächst **bindet** der FWP alle weiteren Rechtsakte, die auf Gemeindeebene noch ergehen können. Dazu gehört insb die Erlassung eines **Bebauungsplans**, aber auch die **Bauplatzerklärung** und die **Baubewilligung**. Alle diese Rechtsakte müssen den Festlegungen im FWP entsprechen.
- Anknüpfend an die Baulandwidmung im FWP werden in einzelnen ROG Bewilligungspflichten für Grundstückteilungen und Grundstückvereinigungen sowie Teilungsverbote vorgesehen. Ebenso finden sich Bestimmungen über die Umlegung von Grundstücken iZm der Festlegung von Aufschließungsgebieten (§§ 45 ff Stmk).
- Einzelne ROG sehen vor, dass die **Wirkungen** des FWP für Einzelfälle unter bestimmten Voraussetzungen **durch Erlassung eines Bescheides ausgeschlossen** werden können. Gem § 46 Sbg können die Wirkungen des FWP für ein bestimmtes Vorhaben auf Ansuchen des Grundeigentümers durch Bescheid der Gemeindevertretung (Gemeinderat) ausgeschlossen werden; die Bescheide bedürfen der aufsichtsbehördlichen Kenntnisnahme (§ 74 Abs 1 Z 2 lit b Sbg). Das bedeutet insb, dass im Grünland, in dem eine Bebauung grundsätzlich nicht zulässig ist, unter ganz bestimmten Voraussetzungen Ausnahmen erteilt werden können. In Sbg kommt eine Einzelbewilligung nur für bestimmte Fälle in Betracht (§ 46 Abs 3). Im Gegensatz zur alten Rechtslage (§ 19 Abs 3 sbg ROG 1977) sind Einzelbewilligungen für Apartmenthäuser, Feriensiedlungen, Einkaufszentren und Beherbergungsgroßbetriebe sowie die Neuerrichtung von nichtlandwirtschaftlichen Wohnbauten im Grünland nicht (mehr) zulässig.
- Eine Durchbrechung der Wirkungen des FWP wurde in Sbg auch durch die Möglichkeit der **ausnahmsweisen Ferien- bzw Freizeitwohnsitznutzung** durch Genehmigung der Gemeindevertretung geschaffen. Mit **Bescheid** der Gemeindevertretung kann so ein aus dem FWP erfließendes Verbot der Freizeitwohnsitznutzung in engen Grenzen durchbrochen werden (§ 31 Abs 3 Sbg).
- Soweit es für die Erlassung eines FWP erforderlich ist, sehen die ROG auch die Möglichkeit der Erlassung von Bausperren (→ *Baurecht*) vor.
- Auswirkungen ergeben sich aber auch in finanzrechtlicher Hinsicht (Grundsteuer, Bodenwertabgabe, Immobilienertragssteuer), soweit finanzrechtliche Vorschriften an die Widmung bzw Umwidmung oder tatsächliche Nutzung von Grundstücken bei der Bemessung des Wertes oder von Einkünften aus Grundstücksveräußerungen zur Steuer- bzw Abgabenberechnung anknüpfen (vgl zB das BewertungsG 1955, BGBl 148/1955 idF I 45/2022, die im oö ROG vorgesehenen Aufschließungsbeiträge für unbebautes Bauland oder § 30b EStG, BGBl 400/1988 idF I 163/2015 über die Immobilienertragssteuer). Zudem wird vermehrt versucht, über das Abgabenrecht raumordnungsrechtliche Ziele wie insb die tatsächliche Nutzung gewidmeter Grundstücke zu unterstützen. Im Bgld wurde eine

Baulandmobilisierungsabgabe eingeführt. Betroffen sind nicht rückwidbare Baugrundstücke, die nicht bebaut sind und die öffentliche Hand mit Infrastrukturkosten belasten (Bgld § 24a). Zunehmend werden auch abgabenrechtliche Bestimmungen, die den Leerstand von Wohnungen verhindern sollen, diskutiert.
- Förderungsmaßnahmen haben auf die örtliche Raumplanung und insb auf den FWP Bedacht zu nehmen.

Durch die Festlegung der Flächenwidmung für alle Grundstücke im Gemeindegebiet kann es für den Grundbesitzer zu erheblichen Eigentumsbeschränkungen kommen. Die Widmung* eines früher als Bauland ausgewiesenen Grundstücks als Grünland geht mit einem beträchtlichen **Wertverlust** einher. Die verschiedenen LG sehen **Entschädigungen** iZm Umwidmungen vor. Der Umfang dieser Entschädigung wird allerdings unterschiedlich geregelt. Teils hat der Grundeigentümer Anspruch darauf, dass auf Antrag eine angemessene Entschädigung für alle ihm durch die Umwidmung verursachten vermögensrechtlichen Nachteile gewährt wird (§ 49 Sbg, § 27 Vlbg), teils werden die tatsächlich getätigten Leistungen zur Baufreimachung entschädigt (Krnt, OÖ, § 76 tir ROG 2022 sieht je nach Fall den Ersatz vermögensrechtlicher Nachteile oder lediglich von Kosten der Baureifmachung vor). Ob der letztgenannte Regelungstyp noch den verfassungsrechtlichen Determinanten des Eigentumsschutzes bzw des Gleichheitssatzes entspricht, ist fraglich. Der VfGH hielt eine Beschränkung auf die Vergütung der Kosten der Baureifmachung für unbedenklich (VfSlg 19.202/2010). Auf die in bestimmten LV (zB Vlbg) zusätzlich verankerten Eigentumsgarantien sei hingewiesen. Zur Baulandmobilisierung werden in jüngeren Nov einzelner ROG auch entschädigungslose Rückwidmungen nach einer bestimmten Frist (fünf bis zehn Jahre) vorgesehen, wenn die Baulandwidmung befristet festgelegt wurde (§ 24 Abs 2, 3 Bgld, §§ 29, 49 Sbg). Zum Verfahren bei der Entschädigung s V.2. Vgl dazu auch die Baulandmobilisierungsabgabe im Bgld (§ 24a).

Durch eine Flächenwidmungsplanänderung kann es aber auch zu beträchtlichen **Wertsteigerungen** von Grundflächen kommen, wenn etwa Grünland in Bauland umgewidmet wird. Dahinter verbirgt sich ein erhebliches politisches Potenzial für die Gemeinden.

c) Bebauungsplan

Der **Bebauungsplan** ist der nächste verpflichtend vorgesehene Konkretisierungsschritt. Der Bebauungsplan ist eine **Verordnung der Gemeinde**. Er regelt die bauliche Ordnung eines Gebietes unter Bedachtnahme auf einen sparsamen Bodenverbrauch und eine geordnete Siedlungsentwicklung. Inhalt ist die Festlegung der Straßenfluchtlinien (Grenzlinien zwischen Verkehrsflächen und anderen Flächen) sowie des Verlaufs der Gemeindestraßen, die Festlegung der Baufluchtlinien (Grenze zwischen Bauflächen und Verkehrsflächen), Baugrenzlinien (Begrenzungen hin zu anderen Flächen) und der baulichen Ausnutzbarkeit der Grundflächen. (Die Begriffe Baulinie, Baufluchtlinie, Baugrenzlinie etc werden in den verschiedenen LG höchst unterschiedlich gebraucht, daher ist Vorsicht geboten. So finden sich in den LG zB für die Bezeichnung der Grenze zwischen Bauland und Verkehrsfläche die Begriffe Baulinie, Straßenfluchtlinie und Straßenlinie, weiters für die Bezeichnung der Grenzen bebaubarer Flächen die Begriffe Baulinie, Baufluchtlinie, Baugrenzlinie und Baugrenze.)

Verschiedentlich sehen ROG **Bebauungspläne mehrerer Stufen** vor. In Tir werden allgemeine und ergänzende Bebauungspläne unterschieden. In Sbg unterscheidet man Bebauungspläne der Grundstufe, der erweiterten Grundstufe und der Aufbaustufe, wobei die beiden letztgenannten nur unter bestimmten Voraussetzungen erlassen werden können bzw müssen. Diese Bebauungspläne der Aufbaustufe enthalten ergänzende Straßenfluchtlinien, die Art der Energie- und Wasserversorgung sowie der Abwasserbeseitigung, die Bauplatzgrößen und -grenzen, die Bauweise, die Mindest- und Höchstabmessungen der Bauten, Determinanten für die äußere architektonische Gestaltung uam.

Wie der FWP besteht der Bebauungsplan aus der planlichen Darstellung und aus dem erforderlichen Wortlaut.

Der Verfahrensablauf entspricht im Wesentlichen dem Verfahren zur Flächenwidmungsplanerstellung. Nicht immer ist aber eine aufsichtsbehördliche Genehmigung vorgesehen (zB nicht in Sbg, § 74).

Im krnt ROG wird ua auch die Möglichkeit einer integrierten Flächenwidmungs- und Bebauungsplanung vorgesehen (§§ 52 ff), die eine Erlassung von Flächenwidmungs- und Bebauungsregelungen in einem Verfahren unter bestimmten Voraussetzungen zulässt.

Auf baurechtlicher Ebene (→ *Baurecht*) wird die Planungshierarchie durch individuelle Verwaltungsakte, wie den **Bauplatzerklärungsbescheid** und darauf aufbauend den **Baubewilligungsbescheid** vervollständigt. Sie dürfen dem Bebauungsplan nicht widersprechen (zB § 51 Bgld).

d) Energieraumplan

Die Nov der wr BauO 2018 sieht die Möglichkeit der Erlassung von Energieraumplänen vor, die – ähnlich wie die Flächenwidmungs- und Bebauungspläne – Verordnungen des Gemeinderates darstellen und der geordneten, vorausschauenden und nachhaltigen Gestaltung und Entwicklung der Energiebereitstellung für Heizungs- und Warmwasserbereitungsanlagen in Wien und der Nutzung dieser Energiebereitstellungen, insb von klimaschonenden Energieträgern, dienen (§ 2b wr BO). In den von Energieraumplänen erfassten Gebieten sind für Heizungs- und Warmwasserbereitungsanlagen in Neubauten nur hocheffiziente alternative Systeme zulässig. Energieraumpläne können auch Beschränkungen der zulässigen Treibhausgasemissionen aus Heizungs- und Warmwasserbereitungsanlagen vorsehen. Auf das Verfahren zur Erlassung der Energieraumpläne sind einige Regelungen über das Verfahren betreffend Flächenwidmungs- und Bebauungspläne sinngemäß anzuwenden (vgl § 2b Abs 5 wr BO). Auf Ziele der Stadtplanung sowie auf Planungen und auf Maßnahmen des Bundes, anderer Länder sowie der benachbarten Gemeinden ist Bedacht zu nehmen.

4. Nichthoheitliche Raumordnung des Bundes und der Länder

Die bedeutendsten Instrumentarien der nichthoheitlichen Raumordnung sind das Förderungswesen, die nichthoheitliche Koordination und das Modell der „Vertragsraumordnung", das in unterschiedlicher Intensität in einigen ROG aufgenommen wurde.

a) Förderungswesen

Im Bereich des Förderungswesens sind va Regelungen angesprochen, die raumordnungsrechtliche Zielsetzungen mitberücksichtigen bzw vorrangig verwirklichen helfen sollen. Auf Bundesebene kann auf die **Finanzierungsmaßnahmen zum Infrastrukturausbau** und damit auf die Unterstützung raumordnungsrelevanter Ziele hingewiesen werden (vgl zB den oben [IV. 1.] schon erwähnten Mobilitätsmasterplan 2030). In den Ländern gibt es eine ganze Reihe von Förderungen, mit denen Raumordnungsziele unterstützt werden. Zu denken ist zB an die **Wohnbauförderung**, die Förderung der **Instandsetzung und Verbesserung von Altwohnungen** und die Förderung wirtschaftlich vertretbarer **energiesparender Bauweisen** und energienutzender Einrichtungen in Wohnbauten sowie die Förderung von Betriebsansiedlungen, die Förderung des verdichteten Wohnbaus usw.

b) Koordination in der Raumordnung

Die oben geschilderte kompetenzrechtliche Zersplitterung zieht einen großen Koordinationsbedarf der Gebietskörperschaften untereinander nach sich. Man hat deshalb Versuche einer **„integrierten Planung"** gestartet. Instrumente einer solchen integrierten Planung auf nichthoheitlicher Ebene sind:
- privatrechtliche Absprachen zwischen den Gebietskörperschaften und
- informelle Kontakte; diese sind in der Praxis das wichtigste Instrument.

1971 wurde im BKA die **Österreichische Raumordnungskonferenz (ÖROK)** eingerichtet. Sie besteht im rechtsfreien Raum, ihre Aussagen sind rechtlich nicht verbindlich. Vorsitzender ist der BK, Mitglieder sind die BM, die LH, je zwei Vertreter des Gemeinde- und des Städtebundes sowie mit beratender Stimme Vertreter der Kammern und Interessenvertretungen (BWK, AK, ÖGB, IV, LWK). Als vorbereitendes und arbeitendes Organ* ist die „Stellvertreterkommission" vorgesehen, die in der Zusammensetzung ein

Spiegelbild der ÖROK mit weisungsgebundenen Bediensteten ist. Für bestimmte Sachfragen bestehen in Arbeitsgruppen gegliederte Unterausschüsse. Als wichtigste Aufgabe der ÖROK gilt die Erstellung des Österreichischen Raumentwicklungskonzepts (ÖREK), das in etwa alle zehn Jahre überarbeitet wird. Das aktuelle „ÖREK 2030" soll hiebei insb hinsichtlich der Erreichung der Klimaziele einen wichtigen Beitrag zur abgestimmten Raumentwicklungs- und Raumordnungspolitik leisten.

c) Vertragsmodell

In verschiedenen ROG findet sich eine besondere Form der privatrechtlichen Vereinbarung. Ziel solcher Regelungen ist die **Rücknahme der tw sehr großen Baulandüberhänge** und die Abschöpfung von Bauland sowie die Sicherstellung einer tatsächlichen Nutzung iSd Widmung, also die **Mobilisierung von Baulandreserven**.

Eine besonders eingriffsintensive Variante ist dabei die sog **Vertragsraumordnung**. Diesbezügliche Bestimmungen finden sich zB in Tir (§ 33 Abs 2), der Stmk (§ 35), im Bgld (§ 24 Abs 3), in OÖ (§ 16), in Sbg (§ 18) und in Krnt (zB §§ 53 f Krnt).

In einer sehr extensiven und letztlich vom VfGH als verfassungswidrig erkannten Weise hatte § 14 sbg ROG 1992 die Vertragsraumordnung geregelt. Danach war jede Gemeinde verpflichtet, privatwirtschaftliche Maßnahmen zur Verwirklichung der angestrebten Entwicklungsziele, insb zur Vorsorge für Wohnungen und Betriebsflächen entsprechend dem zu erwartenden Bedarf zu treffen. Dazu konnten die Gemeinden mit den Grundeigentümern über die Verwendung der Grundstücke innerhalb einer angemessenen Frist, entsprechend der beabsichtigten Flächenwidmung und des Bebauungsplanes, Vereinbarungen schließen. In diesen Vereinbarungen sollte die Beschaffung von geeigneten Grundstücken für den geförderten Wohnbau im Ausmaß bis zur Hälfte der von den Planungsmaßnahmen betroffenen Grundstücke erfolgen.

Dieses sbg „Vertragsmodell" beruhte darauf, dass zur Mobilisierung von Bauland vor der Baulandwidmung zwischen der Gemeinde und dem Grundeigentümer ein Vertrag abgeschlossen wurde, mit dem der Grundeigentümer bis zur Hälfte der umzuwidmenden Fläche an die Gemeinde verkaufte und sich für die verbleibende Fläche zur baulichen Nutzung verpflichtete. Dies war die Voraussetzung für die vom Grundeigentümer angestrebte Baulandwidmung. Ausgenommen davon war lediglich die Neuausweisung von verhältnismäßig kleinen Flächen zur Gestaltung geschlossener und abgerundeter Baulandflächen (einzelne Parzellen). Ebenso war der Eigenbedarf des Eigentümers hinsichtlich der Wohnbedürfnisse der unmittelbaren Nachkommen für den Zeitraum von zehn Jahren zu beachten.

Dieses Modell, das eine sehr weitgehende **zwingende Verknüpfung** zwischen **privatrechtlichem Vertrag** und **öffentlich-rechtlichem Widmungs-**

akt (**Verordnung**) vorsah, wurde vom VfGH wegen Verstoßes gegen das Legalitätsprinzip, das Rechtsstaatsprinzip, den Eigentumsschutz, den Gleichheitsatz und die Kompetenzbestimmungen als verfassungswidrig aufgehoben (VfSlg 15.625/1999). Die Aufhebung erfolgte wegen der zwingenden Verknüpfung von privatwirtschaftlichen Maßnahmen der Gemeinde mit der Erlassung von Hoheitsakten. Bauland darf nicht nur deshalb ausgewiesen werden, weil der Grundeigentümer eine privatwirtschaftliche Vereinbarung abschließt, eine Rückwidmung von Bauland in Grünland darf nicht nur wegen Fehlens einer solchen Vereinbarung stattfinden. Nach der nunmehr geltenden Regelung in § 18 sbg ROG können die Gemeinden zur Sicherung der Entwicklungsziele mit den Grundeigentümern hinsichtlich der Verwendung ihrer Grundstücke Vereinbarungen abschließen. Flächenwidmungs- und Bebauungsplanänderungen dürfen aber nicht vom Abschluss einer Raumordnungsvereinbarung abhängig gemacht werden. Das Gesetz lässt aber Raumordnungsverträge zu, die mit einer Widmung junktimiert sind, wenn die Entwicklungsziele der Gemeinde allein mit hoheitlichen Mitteln nicht erreicht werden können. Dabei geht es praktisch etwa um Verkaufspreisfestlegungen im Interesse leistbaren Wohnens, wenn der aktuelle Eigentümer keinen Wohnbau errichten will.

Allgemein ist bei derartigen Konstruktionen problematisch, dass die gesetzlichen Regelungen eine nähere **Determinierung** bzw Begrenzung, unter welchen Umständen und Bedingungen der Abschluss solcher Verträge möglich ist oder welchen Inhalt sie haben dürfen, vermissen lassen. Ebenso bedenklich ist der Umstand, dass der **Rechtsschutz** der Betroffenen gegenüber den Gemeinden praktisch fehlt. Zwar treten die Gemeinden formell als gleichrangige Partner dem Grundstückseigentümer gegenüber, diesem ist aber materiell kaum Spielraum eingeräumt, privatrechtlich zu agieren. Die Gemeinden sitzen, weil sie das öffentlich-rechtliche Instrumentarium der Widmung in der Hinterhand haben, auf dem längeren Ast. Die **Privatautonomie** des Eigentümers wird durch die spezifische Kombination von öffentlich-rechtlichem und privatrechtlichem Handeln einer Gebietskörperschaft beschnitten bzw weitgehend ausgeschaltet. Es wird zwischen Gesetz und Verordnung ein Privatrechtsakt, der wiederum Auslöser für die Verordnungserlassung ist, eingefügt. Dies verschafft der Gemeinde, die beim Vertragsabschluss als privatrechtlich handelndes Rechtssubjekt auftritt, eine **faktische und rechtliche Übermachtstellung**, sodass von einer zivilrechtlichen Gleichrangigkeit der Vertragspartner nicht mehr gesprochen werden kann. Im Hinblick auf das Rechtsstaatsprinzip, das Grundrecht auf Eigentum und das Legalitätsprinzip sind solche Regelungen mit der Verfassung wohl kaum vereinbar.

Zur Unterstützung der Gemeinden bei derartigen privatwirtschaftlichen Maßnahmen sehen die Landesgesetzgeber nunmehr verschiedentlich juristische Personen mit unterschiedlichen Aufgaben vor. So richtet das tir ROG einen **Boden(beschaffungs)fonds** ein, der den Erwerb und Verkauf von Grundstücken iSd Verwirklichung der Ziele der örtlichen Raumordnung zu besorgen hat (§§ 103 ff Tir). In Krnt übernimmt der Kärntner Regionalfonds diese Aufgaben, wobei sich hier die Förderungsmaßnahmen in der Hingabe der Förderungen zur Erreichung der zu verwirklichenden Ziele erschöpfen, der Fonds aber nicht selbst als Erwerber oder Veräußerer von Grundstücken auftritt. In Sbg wurde eine **Baulandsicherungsgesellschaft** (§ 77 Sbg) auf privatrechtlicher Basis eingerichtet. Sie ist ausschließlich durch Rechtserwerb an geeigneten Grundstücken für die Gemeinden treuhänderisch und haushaltsunwirksam tätig. Finanzielle Mittel werden nach Maßgabe des jeweiligen LandeshaushaltsG zur Verfügung gestellt.

Bemerkenswert ist weiters, dass inzwischen auch gesetzliche Bestimmungen vorsehen, dass die Tragung der Kosten der Flächenwidmungsplanänderung zum Gegenstand einer privatrechtlichen Vereinbarung mit den betroffenen Grundeigentümern gemacht werden kann, wenn die Umwidmung im privaten Interesse gelegen ist (zB § 43 Abs 5 Bgld). Dies erscheint unter dem Gesichtspunkt des Eigentumsgrundrechts insoweit verfassungsrechtlich bedenklich, als die Nutzung des Grundeigentums nur aus öffentlichem Interesse eingeschränkt werden darf. Wenn aber nun dieses nicht besteht und eine Nutzung als Bauland möglich ist, dürfen wohl allfällige Kosten nicht auf den Grundeigentümer überwälzt werden. Im Übrigen gelten auch hier die schon genannten verfassungsrechtlichen Bedenken iZm der Vertragsraumordnung.

V. Behörden und Verfahren

1. Behörden

Zunächst ist auf das zu verweisen, was bei den einzelnen raumordnungsrechtlichen Instrumentarien ausgeführt wurde. Zur Erlassung von

- Landesentwicklungs- bzw Raumordnungsprogrammen ist die **LReg**,
- räumlichen Entwicklungskonzepten der **Gemeinderat**,
- FWP und Bebauungsplänen ebenfalls der **Gemeinderat** zuständig (s IV.2.b und 3.a, b und c).

Kompetenzen zur ausnahmsweisen Erlassung von individuellen Rechtsakten sind entweder dem Bgm oder dem Gemeinderat im eWb*, zT unter aufsichtsbehördlicher Genehmigung der BVB übertragen. In Sbg muss die von der Gemeindevertretung per Bescheid erteilte Einzelbewilligung (§ 46 iVm § 74 Sbg) von der BVB aufsichtsbehördlich zur Kenntnis genommen werden. In Tir besitzt der Bgm iZm mit den raumordnungsrechtlichen Freizeitwohnsitzregelungen eine Reihe von Bewilligungs- und Feststellungskompetenzen; in Entschädigungsfragen ist zT der Bgm im üWb* (zB Bgld), zT die BVB (zB Krnt und OÖ) zuständig. Soweit in ROG die Erlassung von Bescheiden im eWb der Gemeinden vorgesehen ist, kann nach Ausschöpfung des innergemeindlichen Instanzenzuges Bescheidbeschwerde an das LVwG erhoben werden (Art 130 Abs 1 Z 1 B-VG iVm Art 131 Abs 1 B-VG). Tir, vgl § 17 Abs 2 GdO und § 41 Abs 1 Ibk Stadtrecht und nunmehr auch Oberösterreich, vgl § 95 GdO und die entsprechenden Bestimmungen in den

Stadtstatuten für Linz, Wels und Steyr, haben den innergemeindlichen Instanzenzug abgeschafft; in Sbg ist seit 01. Jänner 2015 der innergemeindliche Instanzenzug zwar abgeschafft, aber die Gemeinden mit Ausnahme der Stadt Salzburg konnten sich in verfassungsrechtlich bedenklicher Weise für eine Beibehaltung des Instanzenzuges entscheiden, vgl § 45 sbg GdO iVm der Gemeinde-Instanzenzug-Verordnung, LGBl 72/2014 idF LGBL 70/2021. In den Gemeinden ohne Instanzenzug ist der Rechtsschutz unmittelbar durch Beschwerde an das LVwG gewährleistet.

Als Besonderheit sei in diesem Zusammenhang auch noch auf das Raumverträglichkeitsprüfungsverfahren in Sbg für Seveso III-Betriebe hingewiesen. Dabei handelt es sich um eine Art zusätzliches, individuelles Genehmigungsverfahren, das unter raumordnungsrechtlichen Gesichtspunkten im Zuge einer Betriebsanlagengenehmigung kumulativ neben dem Betriebsanlagenverfahren nach der GewO bzw einem Naturschutzverfahren etc abzuwickeln ist.

Soweit Strafbestimmungen vorgesehen sind (vgl § 78 Sbg), ist die BVB zuständig. Bescheidbeschwerde kann an das zuständige LVwG erhoben werden.

2. Verfahren

Die vielen verfahrensrechtlichen Besonderheiten wurden iZm den generellen Rechtsakten dargestellt (s IV.2.b und 3.a, b und c). Soweit in den ROG die Erlassung von Bescheiden im Administrativverfahren bzw im Strafverfahren vorgesehen ist, kommen AVG und VStG zur Anwendung. Die Entschädigungsverfahren sind verschieden ausgestaltet. Mehrfach wird zunächst auf eine Einigung zwischen Eigentümer und Gemeinde abgestellt und nur dann, wenn diese nicht zustande kommt, die Festsetzung der Entschädigung durch eine staatliche Behörde* (idR BVB) vorgesehen, wie zB in Krnt (§ 37 Abs 7 Krnt) oder Vlbg (§ 27 Abs 5 Vlbg). Andere Wege geht das Bgld; hier setzt der Bgm die Höhe der Entschädigung nach Anhörung mindestens eines beeideten SV durch Bescheid fest (§ 53 Abs 3 Bgld). In all diesen Fällen steht entweder unmittelbar oder nach Ausschöpfen des innergemeindlichen Instanzenzuges der Gang zum LVwG offen.

3. Rechtsschutz

Da das raumordnungsrechtliche Instrumentarium im Wesentlichen aus Planfestlegungen in Form von Verordnungen besteht, kommt dem Verordnungsprüfungsverfahren beim VfGH (Art 139 B-VG) die größte Bedeutung zu. Die Verordnungsprüfung ist für den Rechtsunterworfenen auf drei Wegen denkbar: sie erfolgt als **inzidente Normenkontrolle (Z 2)**, aufgrund eines **Individualantrags (Z 3)** oder im Wege eines **Parteiantrags auf Normenkontrolle** (vgl Art 139 Abs 1 Z 4 B-VG seit BGBl I 114/2013):

- Die inzidente Prüfung zB eines FWP erfolgt durch ein im Rahmen eines **Erkenntnisbeschwerdeverfahrens** nach Art 144 B-VG amtswegig eingeleitetes Verordnungsprüfungsverfahren. Beispiel: Bekämpfung eines Erkenntnisses eines LVwG, das einen abweisenden Baubewilligungsbescheid bestätigt, der sich auf einen rechtswidrigen FWP stützt.
- Die Verordnungsprüfung kann aber auch aufgrund eines **Individualantrags** erfolgen. Dieser ist nur unter bestimmten Voraussetzungen zulässig (subjektive und aktuelle Betroffenheit, Unzumutbarkeit eines anderen Weges). Der VfGH geht in stRsp davon aus, dass die Zumutbarkeit je nach Art der Erlangung eines Bescheides zu beurteilen ist. Wenn ein förmliches **Baubewilligungsverfahren** wie zB in Tir eingeleitet werden müsste, das mit erheblichen Kosten und großem Aufwand (Planerstellung etc) verbunden ist, ist die Umwegszumutbarkeit nicht gegeben und daher ein Individualantrag zulässig. Wenn aber dem Baubewilligungsverfahren ein vereinfachtes Verfahren vorgeschaltet ist bzw vorgeschaltet werden kann, wie zB in Sbg das **Bauplatzerklärungsverfahren**, so ist ein Bauplatzerklärungsbescheid zu erwirken, und nach Erschöpfung des innergemeindlichen Instanzenzuges – soweit ein solcher vorhanden ist – das LVwG anzurufen. Dessen Erkenntnis kann danach infolge einer Beschwerde nach Art 144 B-VG an den VfGH zu einem amtswegigen Verordnungsprüfungsverfahren führen, wenn der VfGH im Erkenntnisbeschwerdeverfahren Zweifel an der Rechtmäßigkeit der Verordnung hegt oder derart vorgebrachte Zweifel teilt. Der Individualantrag ist in diesem Fall unzulässig. Freilich ist aber auch in diesem Zusammenhang festzuhalten, dass im Hinblick auf die Zumutbarkeit der Kosten und des Aufwandes für ein Bauplatzerklärungsverfahren dies nur insoweit Gültigkeit haben kann, als die Aufwendungen deutlich geringer und damit zumutbar im Vergleich zu einem Baubewilligungsverfahren sind. Das Vorhandensein eines zweistufigen Verfahrens allein genügt nicht.
- Mit der B-VGNov BGBl I 114/2013 wurde der Individualrechtsschutz im verfassungsgerichtlichen Normenkontrollverfahren ausgebaut. Der Parteiantrag auf Normenkontrolle (sog Gesetzesbeschwerde) kann von einer durch ein ordentliches Gericht in erster Instanz entschiedenen Rechtssache beschwerten Verfahrenspartei gestellt werden, wenn sie behauptet, wegen der Anwendung einer gesetzeswidrigen Verordnung iSv Art 139 B-VG in ihren subjektiven Rechten* verletzt zu sein. Der Parteiantrag muss aus Anlass eines Rechtsmittels gegen diese Entscheidung des ordentlichen Gerichts an den VfGH gestellt werden.

Dass mittelbar Rechtsschutz durch die übrigen Möglichkeiten der Verordnungsprüfung im Art 139 B-VG, wie zB durch Gerichtsantrag, gegeben ist, sei angemerkt.

Die Auswirkung einer Aufhebung eines FWP durch den VfGH ist umstritten. Es geht dabei va um die Frage, ob der alte FWP wieder in Kraft tritt oder nicht. Bei letzterem wird von der **„Theorie vom weißen Fleck"** gesprochen. Darunter versteht man, dass im Falle einer Aufhebung der Widmung* durch den VfGH die entsprechenden Grundflächen keinerlei beschränkende Widmung aufweisen und daher völlig frei verfügbar sind. Die hL und überwiegend auch die Rsp vertreten den Standpunkt, dass Vorschriften, denen durch die aufgehobene Verordnung derogiert wurde, nicht wieder in Kraft treten. In der Judikatur des VfGH finden sich grob gesprochen zwei Linien, je nachdem ob Nachbarrechte betroffen sind (vgl zB *Lienbacher/Schmid*, Die „Theorie vom weißen Fleck", in FS Thaler (2019) 217; *Wessely*, Örtliche Raumplanung als Instrument des Umweltschutzes, in Ennöckl/N. Raschauer/Wessely [Hrsg], Handbuch Umweltrecht³ [2019] 646; *Aichlreiter*, ecolex 1995, 65, und *Hauer*, ecolex 1995, 58 und die dort zit Rsp, VfSlg 16.113/2001; aM *Heinz Mayer*, Über die derogatorische Kraft von Flächenwidmungsplänen, ecolex 1994, 354). Sbg hat Sonderbestimmungen für die Aufhebung des FWP oder des Bebauungsplanes geschaffen (§ 22 Sbg), damit eine (auch nur tw) Aufhebung und eine damit verbundene freie Verfügbarkeit einer Grundfläche nicht unbeabsichtigte Folgen nach sich ziehen kann. Danach werden die betroffenen Grundflächen ab Wirksamwerden der Aufhebung bis zur Neuregelung grob gesprochen mit einer Art gesetzlichen Bausperre belegt. In Wien kommt es im Fall eines aufgehobenen Bebauungsplans zu einer Bausperre (§ 8 Abs 1 wr BO). In NÖ gilt ein Bauverbot für Flächen, deren Widmung durch den VfGH aufgehoben wurde (§ 53 Abs 6 Z 1 NÖ).

In Tir hat die Gemeinde innerhalb von sechs Monaten nach Aufhebung einer Widmungsfestlegung oder des Bebauungsplans und nach Ablauf dieser Frist die Landesregierung (mit Verordnung) entsprechende (ersatzweise) Festlegungen zu treffen (§ 77 Tir).

Dietmar Jahnel

Baurecht

Rechtsgrundlagen

Kompetenzgrundlagen

Art 15 Abs 1 B-VG (Generalklausel für die Länderkompetenz); Art 15 Abs 9 B-VG (Straf- und Zivilrechtskompetenz der Länder); Art 118 Abs 3 Z 9 B-VG („örtliche Baupolizei").

Verfassungsrechtliche Bezüge

Art 5 StGG iVm Art 1 1. ZPEMRK (Eigentumsschutz); Art 6 EMRK (Verfahrensgarantien).

Europarechtliche Bezüge

VO (EU) 305/2011 des Europäischen Parlaments und des Rates zur Festlegung harmonisierter Bedingungen für die Vermarktung von Bauprodukten, ABl L 2011/88, 5 idF ABl L 2015/92, 118; RL 2010/31/EU des Europäischen Parlaments und des Rates über die Gesamtenergieeffizienz von Gebäuden, ABl L 2010/153, 13 idF ABl L 2018/328, 1.

Gesetze und sonstige Rechtsgrundlagen

Bund: BauproduktenotifizierungsG 2013, BGBl I 113/2013; Energieausweis-Vorlage-Gesetz 2012, BGBl I 27/2012.

Bauordnungen: bgld BauG, LGBl 10/1998 idF 42/2022; krnt BauO 1996, LGBl 62/1996 idF LGBl 73/2021; krnt Bauvorschriften, LGBl 56/1985 idF 73/2021; nö BauO 2014, LGBl 1/2015 idF 20/2022; oö BauO 1994, LGBl 66/1994 idF 62/2021, oö BauTG 2013, LGBl 35/2013 idF 56/2021; sbg BGG, LGBl 69/1968 idF 62/2021; sbg BauPolG 1997, LGBl 40/1997 idF 52/2022, sbg BauTG 2015, LGBl 1/2016 idF 62/2021; stmk BauG, LGBl 59/1995 idF 45/2022; tir BauO 2022, LGBl 62/2022; vlbg BauG, LGBl 52/2001 idF 42/2022; wr BauO, LGBl 30/1930 idF 70/2021 (alle unter Berücksichtigung von § 82 Abs 7 AVG).

Aufzugsgesetze: krnt AufzugsG, LGBl 43/2000 idF 48/2021; nö Aufzugsordnung 2016, LGBl 9/2017; oö AufzugsG 1998, LGBl 90/2001 idF 49/2017; sbg HebeanlagenG, LGBl 1/2016; stmk HebeanlagenG 2015, LGBl 15/2016; tir Aufzugs- und HebeanlagenG 2012, LGBl 153/2012 idF 138/2019; wr AufzugsG 2006, LGBl 68/2006 idF 71/2018.

Garagengesetze: wr GaragenG 2008, LGBl 34/2009 idF 61/2020.
Kanalisationsgesetze: bgld KanalanschlußG, LGBl 27/1990 idF 80/2013; krnt Gemeindekanalisationsg 1999, LGBl 62/1999 idF 85/2013; nö KanalG, LGBl 8230-0 idF 12/2018; oö AbwasserentsorgungsG 2001, LGBl 27/2001 idF 95/2017; stmk KanalG, LGBl 79/1988 idF 87/2013; tir KanalisationsG 2000, LGBl 1/2001 idF 144/2018; vlbg KanalisationsG, LGBl 5/1989 idF 34/2018; wr Kanalanlagen und EinmündungsgebührenG, LGBl 22/1955 idF 64/2021.
Altstadterhaltungs- und Ortsbildschutzgesetze: krnt OrtsbildpflegeG, LGBl 32/1990 idF 31/2015; sbg AltstadterhaltungsG, LGBl 50/1980 idF 8/2017, sbg OrtsbildschutzG 1999, LGBl 74/1999 idF 107/2013; stmk OrtsbildG, LGBl 54/1977 idF 87/2013, Grazer AltstadterhaltungsG 2008, LGBl 96/2008 idF 28/2015; tir Stadt- und OrtsbildschutzG 2021, LGBl 124/2020 idF 161/2021.
Anliegerleistungsgesetze: oö InteressentenbeiträgeG, LGBl 28/1958 idF 57/1973; sbg AnliegerleistungsG, LGBl 77/1976 idF 82/2017, sbg InteressentenbeiträgeG 2015, LGBl 78/2015.
Bauproduktegesetze: bgld Bauprodukte- und MarktüberwachungsG 2016, LGBl 73/2016 idF 73/2020; krnt BauprodukteG, LGBl 46/2013 idF 86/2018; nö Bauprodukte- und MarktüberwachungsG 2013, LGBl 8204-0 idF 33/2021; sbg BauprodukteG, LGBl 75/2014 idF 62/2021; stmk Bauprodukte- und MarktüberwachungsG 2013, LGBl 83/2013 idF 85/2019; tir BauprodukteG 2016, LGBl 41/2016 idF 27/2020; vlbg BauprodukteG, LGBl 3/2014 idF 4/2022; wr BauprodukteG 2013, LGBl 23/2014 idF 34/2022.
Sonstige Gesetze: zB krnt GrundstücksteilungsG, LGBl 3/1985 idF 59/2021; nö KleingartenG, LGBl 8210-7 idF 68/2015; oö FeuerpolizeiG, LGBl 113/1994 idF 12/2022; wr KleingartenG 1996, LGBl 57/1996 idF 61/2020; wr BaulärmG, LGBl 16/1973 idF 78/2001.
Verordnungen: zB bgld BauV 2008, LGBl 63/2008 idF 22/2021; nö BTV 2014, LGBl 4/2015 idF 32/2022; oö BauTV 2013, LGBl 36/2013 idF 66/2020; sbg Gemeinde-Instanzenzug-Verordnung, LGBl 72/2014 idF 60/2022; tir Technische Bauvorschriften 2016, LGBl 33/2016 idF 61/2020; vlbg BauTV, LGBl 84/2012 idF 67/2021; wr BauplanV, LGBl 1/1993 idF 7/2021, wr GehsteigV, LGBl 14/1981 idF 54/2009, wr SpielplatzV, LGBl 46/1991 idF 35/2009; zahlreiche Bau-DelegierungsV bzw Bau-ÜbertragungsV.

Literaturauswahl

Monografien – Kommentare

Berl, F./Berl, S./Csillag-Wagner, Burgenländisches Baurecht (2017); *Bodmann/Haas*, Der Weg zur Baubewilligung (2018); *Eisenberger/Hödl*, Einführung in das Steiermärkische Bau- und Raumplanungsrecht[3] (2014); *Eisenberger/Lampert/Weber* (Hrsg), Österreichisches Baurecht Band I. Salzburg, Tirol, Vorarlberg (2020); *Eisenberger/Lampert/Weber* (Hrsg), Österreichisches Baurecht Band II. Kärnten, Oberösterreich, Steiermark (2021); *Geuder/Fuchs*, Bauordnung für Wien[8] (2022); *Giese*, Salzburger Baurecht[2] (2018); *Katalan*, Präklusion im Baurecht (2021); *Kienastberger/Stellner-Bichler*, NÖ Baurecht[3] (2022); *Kirchmayer*, Wiener Baurecht[5] (2019); *Kirchmayer/Kolbitsch/Popp*, Dachgeschoßausbau in Wien[3] (2022); *Koizar/Riegler*, NÖ BauO – NÖ Bauordnung. NÖ Raumordnungsgesetz[4] (2019); *Lampert*, Einführung in das Vorarlberger Baugesetz (2018); *Lampert/Tschofen*, Vlbg BauG (2018); *Moritz*, BauO Wien[6] (2019); *Neuhofer*, Oberösterreichisches Baurecht[2] (2017); *Pabel* (Hrsg), Oö Baurecht (2018); *Pallitsch, W.*, Die Rechtsstellung des Nachbarn in Bauverfahren (2017); *Pallitsch W./Pallitsch P./Kleewein*, Burgenländisches Baurecht[4]

(2021); *Pallitsch W./Pallitsch P./Kleewein*, Niederösterreichisches Baurecht[12] (2022); *Pallitsch W./Pallitsch P./Kleewein*, Kärntner Baurecht[5] (2014); *Steinwender*, Kärntner Baurecht (2016); *Stegmayer/Thaller*, Einführung in das Salzburger Bau- und Raumplanungsrecht (2019); *Trippl/Schwarzbeck/Freiberger*, Steiermärkisches Baurecht[5] (2013); *Weber/Rath-Kathrein*, TBO – Tiroler Bauordnung[2] (2019).

Beiträge

Andrieu/Gaich, Das neue Steiermärkische Baugesetz - die Baugesetznovelle 2019, bau aktuell 2020, 70; *Cech*, Das digitale Bauverfahren nach der Bauordnung für Wien, immolex 2021/14, 29; *Eisenberger/Brenneis/Bayer*, Neue Verfahrensabläufe im Baurecht, bbl 2014, 135, 183, 235; *Eisenberger/Tauß-Grill/Tscherner*, Doppelte Kundmachung und Präklusion im Bauverfahren, bbl 2021, 125; *Fuchs*, Die Wiener Bauordnungsnovelle 2021. Aktuelle Änderungen im Wiener Baurecht, bau aktuell 2022, 29; *Giese*, Verfassungsrechtliche Fragen zur steiermärkischen Baugesetznovelle 2003, bbl 2004, 89; *Giese*, Verfassungsrechtliche Grenzen für das Bauanzeigeverfahren nach dem Sbg BauPolG 1997, ZfV 2004/2, 8; *Jahnel*, Handymasten im Baurecht – neueste Entwicklungen, bbl 2009, 89; *Lindermuth*, Baurecht, in Poier/Wieser (Hrsg), Steiermärkisches Landesrecht III. Besonderes Verwaltungsrecht (2010) 255; *Neger, T./Spiegl, Thomas/Neger, D.*, Heranrückende Wohnbebauung. Aktuelle Praxisfragen im Baubewilligungsverfahren – Wer kann Einwendungen erheben und wie ist damit umzugehen?, bbl 2016, 136; *Pabel*, Die Zulässigkeit von Bauvorhaben im Grünland, RFG 2013/28, 132; *Steiner*, OÖ Baurechtsnovellen 2021 - ein Überblick, ZVB 2021/93, 458; *Stellner-Bichler*, Wesentliche Neuerungen im niederösterreichischen Baurecht im Jahr 2021, bbl 2021, 223; *Sonntag*, Jüngste Änderungen im Tiroler Bau- und Raumordnungsrecht, bbl 2022, 98; *Tolar*, Baurecht, in Pürgy (Hrsg), Das Recht der Länder II/2 (2012) 765.

Aufsätze zu Rechtsfragen des öffentlichen Baurechts erscheinen laufend in der Zeitschrift „Baurechtliche Blätter (bbl)".

Rechtsprechung

VfSlg 8279/1978 und 10.844/1986 (eingeschränkte Parteistellung verfassungskonform); VfSlg 12.468/1990 und 13.210/1992 (heranrückende Wohnbebauung); VfSlg 14.681/1996 (Gleichheitswidrigkeit einer nachträglichen Erteilung der Baubewilligung für Schwarzbauten im Freiland); VfSlg 15.581/1999 (Verfassungswidrigkeit der Einschränkung der Nachbarrechte auf Geltendmachung von Abstandsvorschriften in § 25 Abs 1 tir BauO); VfSlg 16.040/2000 (Gleichheitswidrigkeit des engen Nachbarbegriffs des § 25 Abs 1 tir BauO); VfSlg 16.049/2000 (Verfassungswidrigkeit des § 70a wr BauO – vereinfachtes Bewilligungsverfahren); VfSlg 16.455/2002 (Gleichheitswidrigkeit der unentgeltlichen Grundabtretung nach der wr BauO); VfSlg 16.982/2003 (Gleichheitswidrigkeit des sbg Anzeigeverfahrens); VfSlg 16.981/2003 (Aufhebung des engen Nachbarbegriffs in § 21 bgld BauG); VfSlg 17.593/2005 (Aufhebung des engen Nachbarbegriffs in § 31 Abs 1 Z 1 oö BauO); VfSlg 18.234/2007 (Gleichheitswidrigkeit der Regelung über die Erlangung der Parteistellung übergangener Nachbarn in § 134 Abs 4 wr BauO); VfSlg 19.587/2011 (Die Entscheidung über die Erteilung einer Baubewilligung betrifft ein civil right).

VwSlg 7266 A/1968 (Rechte des übergangenen Nachbarn); VwSlg 13.701 A/1992 (Begriff „Bau"); VwSlg 13.880 A/1993 (heranrückende Wohnbebauung).

OGH 28.11.2006, 1 Ob 178/06t (Amtshaftung bei schuldhafter Unterlassung der Aufklärung über Hochwassergefährdung im Baubewilligungsverfahren).

I. Regelungsgegenstand und -ziele

Baurecht iwS umfasst alle Rechtsvorschriften, die die Errichtung von Bauwerken regeln. Dabei ist zwischen Vorschriften zu unterscheiden, die privatrechtliche Fragen, wie Eigentumsverhältnisse, Vertragsbeziehungen etc zum Gegenstand haben („**privates Baurecht**") und solchen, die öffentliche Interessen wie Sicherheit, Gesundheit, Umweltschutz etc verfolgen („**öffentliches Baurecht**"). Die aus dem Grundrecht auf Unverletzlichkeit des Eigentums resultierende **Baufreiheit** eines Grundeigentümers ist aufgrund zahlreicher öffentlich-rechtlicher Vorschriften starken Beschränkungen unterworfen, sodass Bauvorhaben vielfach bewilligungspflichtig sind. In den Neunzigerjahren brachten die Novellierungen des Baurechts einiger Länder eine gewisse Liberalisierung und Deregulierung.

Den traditionellen Kernbereich des hier dargestellten **öffentlichen Baurechts** bilden **Regelungen, die die Sicherheit und einwandfreie Beschaffenheit von Bauten** in technischer, sanitärer und hygienischer Hinsicht gewährleisten sollen. Dazu kommen Regelungen, die die Erfordernisse der Raumordnung berücksichtigen und historisch gewachsene Ortsbilder und Altstadtbereiche schützen. In der jüngeren Entwicklung treten auch Gedanken des Umweltschutzes hinzu, wie die Beschränkung des Energieverbrauchs durch Verwendung von bestimmten Baustoffen sowie Vorschriften über behindertengerechtes Bauen („Barrierefreiheit").

Beim öffentlichen Baurecht können im Wesentlichen drei Gruppen von Normen unterschieden werden:
- allgemeine Bebauungsregelungen,
- baupolizeiliche Normen und
- bautechnische Normen.

In einigen Bundesländern finden sich alle drei Normengruppen in ein und derselben Kodifikation, tw besteht ein eigenes BautechnikG (OÖ) bzw „Bauvorschriften" in Gesetzesrang (Krnt), in Sbg sind die baurechtlichen Normen auf ein BebauungsgrundlagenG, ein BaupolizeiG und ein BautechnikG aufgeteilt. Daneben existieren zahlreiche Nebengesetze und Verordnungen. Wenn in diesem Beitrag von „**Bauordnung**" gesprochen wird, so ist damit immer die **Gesamtheit der baurechtlichen Normen der Bundesländer** gemeint, unabhängig davon, ob nun im einzelnen Bundesland ein „Bauordnung" genanntes Gesetz existiert, ob der Gesetzestitel etwa „Baugesetz" lautet (Bgld, Stmk, Vlbg) oder ob drei baurechtliche Hauptgesetze bestehen wie in Sbg.

In den Neunzigerjahren kam es in fast allen Bundesländern zu einer Reform des Baurechts, mit den Zielen einer Deregulierung, Liberalisierung und Verfahrensvereinfachung. Eine Änderung der verfahrensrechtlichen Bestimmungen des Baurechts brachte die **AVG-Novelle 1998**, BGBl I 158/1998 wegen der **Derogationsregel** des § 82 Abs 7 AVG, durch die va die Regelungen über die mündliche Bauverhandlung, Parteistellung und übergangene Parteien betroffen waren. Inzwischen haben die meisten Landesgesetzgeber entweder ein neues BauG erlassen (Vlbg), die BauO wiederverlautbart (Tir) oder Sondervorschriften über die mündliche Verhandlung und die Parteistellung nach dem 30. Juni 1998 neu kundgemacht (zB Stmk, Wien). Alle diese Kundmachungen sind nach dem 30. Juni 1998 erfolgt und damit nach § 82 Abs 7 AVG letzter Satz von der Derogationswirkung ausgenommen.

II. Verfassungsrechtliche Bezüge

1. Kompetenzrechtliche Bestimmungen

a) Verhältnis Bund – Länder

Im B-VG ist kein allgemeiner Kompetenztatbestand „Baurecht" angeführt, baurechtliche Maßnahmen sind daher **Landessache in Gesetzgebung und Vollziehung** (Art 15 Abs 1 B-VG; zur Vollzugszuständigkeit der Gemeinde s II.1.b). Eine ausdrückliche Ausnahme bildet die Verfassungsbestimmung des § 38 Abs 2 AWG 2002, wonach für die Errichtung oder Änderung bestimmter Abfallbehandlungsanlagen eine baubehördliche Bewilligung entfällt, die bautechnischen Bestimmungen der Bauordnungen jedoch anzuwenden sind.

Nach der (älteren, grundsätzlich überholten, für das Baurecht mangels jüngerer Judikatur aber noch immer aufrechten) Rsp des VfGH (**Wesenstheorie**) ist von bestimmten Bundeskompetenzen auch das Baugeschehen mit umfasst: Dazu gehören va das Verkehrswesen bezüglich der Eisenbahnen, der Schifffahrt und der Luftfahrt, Bundesstraßen (Art 10 Abs 1 Z 9 B-VG), Bergwesen, Forstwesen, Wasserrecht (Z 10) und militärische Angelegenheiten (Z 15). In diesen Fällen besteht kein Raum für eine Baurechtskompetenz der Länder. Einzelne jüngere Erk des VfGH (VfSlg 13.234/1992 zum Wasserrecht) und VwGH kommen unter Heranziehung des **Versteinerungsprinzips*** zum selben Ergebnis.

„Altstadterhaltung" und „Ortsbildschutz" hingegen fallen nach der Rsp in die Baurechtskompetenz der Länder.

Daneben geht der VfGH, gestützt auf die **Gesichtspunktetheorie***, von einem möglichen Nebeneinander von bundes- und landesrechtlichen Vorschriften betreffend die bauliche Gestaltung von Gebäuden aus (zB Baurecht und → *Gewerberecht* bei gewerblichen Betriebsanlagen oder Baurecht und Fernmelderecht, sofern ein baurechtlicher Gesichtspunkt, wie etwa Ortsbildschutz, besteht). Hinsichtlich der Notwendigkeit allfälliger weiterer Bewilligungen gilt damit das **Kumulationsprinzip***. Sonderregelungen bestehen für Verfahren, für die eine UVP (→ *Umweltverträglichkeitsprüfung*) erforderlich ist.

Durch Inanspruchnahme der **Annexkompetenz des Art 15 Abs 9 B-VG** können die Länder die zur Regelung der Errichtung von Baulichkeiten erforderlichen zivil- und strafrechtlichen Bestimmungen erlassen. Diese müssen allerdings mit der Hauptmaterie in einer derart engen Verbindung stehen, dass ohne sie das Land die ihm in der Hauptmaterie eingeräumte Zuständigkeit nicht erfüllen könnte. So enthalten einige BauO etwa grundbuchsrechtliche Bestimmungen.

Im Entwurf einer Nov zum sbg AltstadterhaltungsG war die Einräumung von Vorkaufs- und Vorbestandsrechten vorgesehen. Diesbezüglich hat der VfGH in einem Kompetenzfeststellungserkenntnis ausgesprochen, dass die Erlassung dieses Gesetzes (wegen der Kombination von baurechtlichen und zivilrechtlichen Regelungen) weder in die Zuständigkeit des Bundes noch der Länder fällt. Das sbg AltstadterhaltungsG enthält keine Regelungen, die eine zivilrechtliche Frage aufwerfen würden, zu deren Lösung die im vorgelegten Gesetzesentwurf enthaltenen zivilrechtlichen Bestimmungen in irgendeiner Form beitragen könnten (VfSlg 13.322/1992).

b) Zuständigkeit der Gemeinde

Nach Art 118 Abs 3 Z 9 B-VG fällt die Vollziehung der Angelegenheiten der **örtlichen Baupolizei** in den **eWb* der Gemeinden**. Damit ist in Angelegenheiten der örtlichen Baupolizei idR der **Bgm Baubehörde I. Instanz** (zu Instanzenzug und Rechtsschutz s IX.1). Nach der Rsp des VfGH sind auch Regelungen, die wesensmäßig mit dem der örtlichen Baupolizei und der örtlichen Raumplanung zuzuordnenden Inhalt zusammenhängen, unter Berücksichtigung des Maßstabes der Generalklausel des Art 118 Abs 2 erster Satz B-VG dem eWb der Gemeinde zuzuordnen (VfSlg 5823/1968 – Schaffung von Kleingartenflächen; VfSlg 11.726/1988 – HeizverbotsV).

Welche Angelegenheiten des Baurechts im eWb der Gemeinde zu vollziehen sind, wird in den einzelnen BauO festgelegt. Die Gemeinden haben aufgrund von Art 118 Abs 7 B-VG die Möglichkeit, einen Antrag auf Erlassung einer **DelegierungsV** (in einigen Ländern als „BauübertragungsV" bezeichnet) der LReg bzw des LH **an eine staatliche Behörde** (zB BVB) zu stellen. In Bgld, NÖ, Sbg, Stmk und Tir haben zahlreiche Gemeinden diese Möglichkeit in Anspruch genommen, häufig in den Fällen, in denen außer der baupolizeilichen Bewilligung eine Betriebsanlagengenehmigung nach der GewO (→ *Gewerberecht*) erforderlich ist. Im Einzelfall lässt sich also immer erst unter Berücksichtigung einer allfälligen DelegierungsV feststellen, welche Behörde zur Vollziehung bestimmter Angelegenheiten des Baurechts konkret zuständig ist.

Nicht in den eWb fallen nach der Rsp des VfGH jedenfalls **Verwaltungsstrafsachen, das Vollstreckungsverfahren und Enteignungen**.

Rechtspolitisch ist anzumerken, dass mit der Einrichtung der Zuständigkeit der Gemeinde in Bauangelegenheiten einerseits die Bürgernähe der Behörde gewährleistet wird. Andererseits birgt aber gerade diese Nähe insb in kleineren Gemeinden Gefahren in sich, weil der Bgm als Baubehörde stark in lokale Interessenlagen eingebunden ist, was seine Tätigkeit als Verwaltungsbehörde I. Instanz beeinträchtigen kann. Dazu kommt noch das Problem, dass nicht überall zur Vollziehung der komplizierten und immer zahlreicher werdenden Bauvorschriften die entsprechenden Fachleute zur Verfügung stehen.

2. Grundrechtliche Bestimmungen

Durch die baurechtlichen Bestimmungen wird das Grundrecht auf **Unverletzlichkeit des Eigentums** in mehrfacher Weise berührt. Zunächst besteht zwischen der grundsätzlich aus der Eigentumsfreiheit erwachsenden Baufreiheit und der baurechtlichen Bewilligungspflicht ein Spannungsverhältnis. Die Auswirkungen des Baurechts auf das Grundeigentum werden aber nicht als Enteignung, sondern als bloße Eigentumsbeschränkung angesehen, die aus Gründen des öffentlichen Wohles zulässig ist (Näheres dazu → *Raumordnungsrecht*). Die Zwecke des Baurechts, die diesen Eingriff rechtfertigen, sind va der Schutz der Allgemeinheit vor Gefahren (Feuer, Einsturz, Hygiene) und soziale Zwecke wie etwa eine möglichst optimale Befriedigung des Wohnbedürfnisses.

In einzelnen BauO ist für Bauten und Anlagen, die öffentlichen Zwecken dienen, die Möglichkeit einer **Enteignung** von Grundstücken vorgesehen. Die Enteignung darf dabei nur gegen Entschädigung durchgeführt werden und muss sich auf den jeweils geringsten noch zum Ziel führenden Eingriff in fremde Rechte beschränken. Daneben ist in den BauO mehrfach eine **unentgeltliche Grundabtretung für öffentliche Verkehrsflächen** über eine Breite von bis zu 6 (§ 8 Abs 2 Bgld, § 14 Abs 1 Stmk), 7 (§ 12 Abs 4 NÖ), 8 (§ 17 Abs 1 OÖ) bzw 20 m (§ 17 Wien) vorgesehen. In Sbg ist nach § 15 Abs 2 BGG für eine auch im Interesse des Verpflichteten gelegene Abtretung von Grundflächen für eine Breite der Verkehrsfläche von 7,5 m keine Entschädigung zu leisten. Die Abtretungsregeln müssen nach der Rsp des VfGH Vorsorge dafür treffen, dass die Verpflichtung zur unentgeltlichen Grundabtretung auf ein angemessenes Verhältnis der abzutretenden Fläche begrenzt wird (VfSlg 16.455/2002). Weitere Regelungen betreffend Enteignungen für öffentliche Verkehrsflächen findet man in den StraßenG.

Zur Schaffung von geeigneten Bauplätzen in der Hand eines Eigentümers dürfen verschiedentlich auch Nachbargrundstücke („**Ergänzungsflächen**") enteignet werden. In einigen Ländern kann die Behörde auf Antrag Grenzänderungen verfügen, wenn durch eine unzweckmäßige Form oder durch mangelnde Erschließungsmöglichkeiten die Bebauung aneinander grenzender Grundstücke verhindert oder erschwert wird. Daneben sind auch die Anbringung öffentlicher Einrichtungen wie etwa Beleuchtungskörper, Hinweistafeln oder Orientierungsnummern und die vorübergehende Benützung von Nachbargrundstücken anlässlich einer Bauführung oder Instandsetzung zu dulden.

In der Rsp des VfGH zum Baurecht wurden wiederholt Bestimmungen über vereinfachte Verfahren und Parteirechte am **Gleichheitssatz** (Art 7 B-VG, Art 2 StGG) und am **Rechtsstaatsgebot** gemessen. Dabei wurde dem rechtspolitischen Spielraum des Landesgesetzgebers bei Deregulierung und Verfahrensbeschleunigung deutliche Grenzen gesetzt: Zunächst muss die Abgrenzung der bewilligungspflichtigen von den anzeigepflichtigen Vorhaben nach sachlichen Kriterien erfolgen. Außerdem ist den Nachbarn in vereinfachten Verfahren zumindest hinsichtlich der Frage, welches Verfahren auf die betreffende Angelegenheit anzuwenden ist, ein beschränktes Mitspracherecht einzuräumen (VfSlg 16.982/2003 zum [früheren] sbg Anzeigeverfahren). Schließlich kann die konkrete Ausgestaltung des vereinfachten Verfahrens verfassungswidrig sein (VfSlg 16.215/2001 zu § 70a wr BauO). Daneben muss auch die Einräumung und Ausgestaltung der Parteistellung von Nachbarn nach sachlichen Kriterien erfolgen: Dabei kann einerseits der generelle Ausschluss von Personen in räumlicher Nähe zum Bauvorhaben von der Parteistellung sachwidrig sein (VfSlg 16.981/2003 zum bgld BauG und VfSlg 17.593/2005 zur oö BauO), andererseits ist auch eine radikale Einschränkung der Nachbarrechte verfassungswidrig (VfSlg 15.581/1999 zur tir BauO). Weiters darf bei der Regelung der Erlangung der Parteistellung übergangener Nachbarn durch Geltendmachung von Einwendungen nicht an einen untauglichen Zeitpunkt, wie der Anzeige des Baubeginns, angeknüpft werden (VfSlg 18.234/2007 zu § 134 Abs 4 wr BauO).

Schließlich werden durch das Baurecht auch die **Verfahrensgarantien des Art 6 EMRK** berührt. Nach der jüngeren Judikatur des VfGH betrifft die Entscheidung über den Antrag auf Erteilung einer Baubewilligung einen zivilrechtlichen Anspruch, also ein „civil right", weshalb die Verfahrensgarantien des Art 6 EMRK grundsätzlich einzuhalten sind (VfSlg 19.587/2011 mit Verweis auf EGMR 25.11.1994, 12884/87 [Ortenberg gg Österreich]). Klargestellt war bereits seit längerem, dass eine Entscheidung über Ansprüche auf Enteignungsentschädigung „civil rights" betrifft (VfSlg 16.692/2002, 11.762/1988).

III. Europarechtliche Bezüge

Neben zahlreichen RL für die Vergabe öffentlicher Bauaufträge (→ *Vergaberecht*) bestehen europarechtliche Vorschriften für das Baurecht va hinsichtlich der **Bauprodukte**. Die in allen Mitgliedstaaten unmittelbar anwendbare BauprodukteVO definiert sieben Grundanforderungen an Bauwerke. Die **wesentlichen Merkmale**, damit Bauprodukte diesen Anforderungen genügen, werden in den europäischen technischen Spezifikationen festgelegt. Dazu zählen die harmonisierten Europäischen Normen und die Europäischen Bewertungsdokumente (EAD) sowie die Europäische technische Zulassung (ETA). Als Grundlage für die CE-Kennzeichnung von Bauprodukten ist vom Hersteller ua eine **Leistungserklärung** zu verfassen. Verschiedene Systeme zur Bewertung und Überprüfung der Leistungsbeständigkeit (wie zB eine werkseigene Produktionskontrolle oder eine Stichprobenprüfung vor dem Inverkehrbringen des Produktes) dienen dazu, die Konformität mit der erklärten Leistung sicherzustellen. Begleitende Regelungen zur Bauprodukte-VO sind im BauproduktenotifizierungG des Bundes und in den BauprodukteG der Länder erlassen worden.

Die Umsetzung der RL über die Gesamtenergieeffizienz von Gebäuden, die die Erstellung und Vorlage eines „**Energieausweises**" bei Neubauten und größeren Renovierungen mit dem Ziel der Energieeinsparung vorsieht, ist im Energieausweis-Vorlage-G des Bundes und in den Bauordnungen bzw baurechtlichen Nebengesetzen der Länder erfolgt.

IV. Bauplatz

Die Frage, wo gebaut werden darf, wird durch verschiedene Rechtsakte geregelt, die in Form einer „**Planhierarchie**" aufeinander aufbauen. Die Gemeinden haben im Rahmen der örtlichen Raumplanung durch Verordnung FWP und Bebauungspläne zu erlassen. Der FWP gliedert das Gemeindegebiet in verschiedene Widmungsarten, durch den Bebauungsplan erfolgt die nähere Konkretisierung der Bebaubarkeit des festgelegten Baulandes (→ *Raumordnungsrecht*).

1. Begriff des Bauplatzes

Ob ein Grundstück im Bauland als Bauplatz geeignet ist, wird von der Baubehörde in einigen Bundesländern in einem eigenen Verfahren (**Bauplatzerklärungsverfahren**: OÖ, NÖ, Sbg), in Form einer „Bekanntgabe der Bebauungsbestimmungen" durch Bescheid (Wien), einer fakultativen „Festlegung der Bebauungsgrundlagen" (Stmk, ähnlich Vlbg) ebenfalls durch Bescheid, in einem Vorprüfungsverfahren (Krnt), oder sonst im Rahmen des Baubewilligungsverfahrens festgestellt. In NÖ besteht die Besonderheit, dass bei der Errichtung eines Gebäudes auf einem Grundstück, welches noch nicht zum Bauplatz erklärt worden ist, die Erklärung zum Bauplatz im Baubewilligungsbescheid zu erfolgen hat (§ 23 Abs 3). In OÖ und Sbg kann die Bauplatzbewilligung gleichzeitig mit der Baubewilligung erteilt werden. In OÖ gelten Grundstücke, deren Grenzen sich mit den Bauplatzgrenzen des Bebauungsplanes decken, nach Entrichtung der Anliegerleistungen und Sicherstellung der Verbindung zum öffentlichen Straßennetz ohne Bewilligung als Bauplätze (§ 3 Abs 3). In der Stmk ist eine Auskunft über die rechtlichen Grundlagen der Bebaubarkeit eines Grundstücks vorgesehen, aus der allerdings keine Rechte oder Pflichten erwachsen (§ 17, ähnlich § 14 Bgld).

Unter Bauplatz wird damit eine **Grundfläche** verstanden, der von der Behörde **die Bauplatzeigenschaft zuerkannt** wurde bzw ein Grundstück, auf dem **die Errichtung eines Gebäudes zulässig** ist. Für die rechtliche Eignung eines Grundstücks als Bauplatz sind insb seine Lage (zB tragfähiger Boden, keine Hochwassergefährdung), seine Gestalt (Form, Mindestgröße) und seine Erschließbarkeit ohne unwirtschaftliche Aufwendungen maßgeblich.

Soweit zwingend vorgesehen, ist die Bauplatzerklärung Voraussetzung für jede Bebauung. Partei des Bauplatzerklärungsverfahrens ist idR nur der Eigentümer des in Betracht kommenden Grundstücks, in Sbg haben auch Personen Parteistellung, die einen einverleibungsfähigen Rechtstitel nachweisen können (etwa Kaufvertrag). Es ist ein Ansuchen an die Baubehörde zu stellen, dem verschiedene Unterlagen beizulegen sind (va Grundbuchsauszug, Baupläne, Nachweis der Wasser- und Energieversorgung, Abwasserbeseitigung etc).

2. Bauplatzerklärung

Die Bauplatzerklärung darf insb dann **nicht erteilt** werden, wenn gesetzliche Bestimmungen oder Bestimmungen eines FWP oder eines Bebauungsplanes entgegenstehen oder die Grundfläche sich wegen der natürlichen Gegebenheiten wie etwa Boden- und Grundwasserverhältnisse, Hochwasser- oder Lawinengefahr **für eine Bebauung nicht eignet**. Nach der Rsp des OGH (28.11.2006, 1 Ob 178/06t) führt die schuldhafte Unterlassung der Aufklärung über eine Hochwassergefährdung im Baubewilligungsverfahren zur Haftung der Gemeinde, sofern ein pflichtgemäßes Handeln ihrer Organe den Schaden vermieden hätte.

In Sbg ist die Erteilung der Bauplatzerklärung grundsätzlich daran gebunden, dass ein Bebauungsplan besteht. Das Fehlen eines Bebauungsplanes stellt ua nur bei der Verbauung von Baulücken und bei einzelnen Bauten in Streulage keinen Versagungsgrund dar (§ 14 Abs 1 lit a sbg BGG). In diesen Fällen sind mit der Bauplatzerklärung unter Bedachtnahme auf die materiellen Vorschriften des sbg ROG (→ *Raumordnungsrecht*) die für den Bauplatz in Betracht kommenden Bebauungsgrundlagen festzulegen.

Die Erteilung der Bauplatzerklärung ist tw im Grundbuch ersichtlich zu machen (zB § 8 OÖ, § 3 sbg BGG), der Bescheid hat dingliche Wirkung*.

Die Bauplatzeigenschaft bleibt grundsätzlich **nicht unbeschränkt** erhalten, an **Erlöschensgründen** sind etwa vorgesehen:
- Aufhebung der Bauplatzerklärung auf Antrag des Grundeigentümers (va wegen Anliegerleistungen oder aus steuerrechtlichen Gründen), wenn

Nachbargrundstücke dadurch nicht nachteilig beeinflusst werden (§ 22 lit a sbg BGG);
- durch Zeitablauf nach zwei (§ 18 Abs 4 Stmk), drei (§ 3 Abs 7 Vlbg), zehn Jahren nach Eintritt der Rechtskraft (§ 22 lit b sbg BGG) bzw 18 Monate ab Ausstellungsdatum bei der Bekanntgabe der Bebauungsbestimmungen (§ 9 Abs 3 Wien);
- wenn die Bauplatzbewilligung mit einem neuen FWP oder Bebauungsplan nicht mehr übereinstimmt (§ 7 Abs 1 OÖ, § 22 lit c sbg BGG);
- wenn nachträglich Versagungsgründe hervorkommen.

Durch die Bauplatzerklärung soll dem Baubewilligungswerber die Gefahr einer uU kostspieligen **Fehlplanung** (teure Pläne etc) **erspart werden**. Außerdem erlangt die Behörde durch derartige Verfahren frühzeitig von Bauabsichten Kenntnis, was für ihre Planungsaufgaben von Bedeutung sein kann. Auf der anderen Seite ist aber zu bedenken, dass durch die Durchführung eines zusätzlichen, vorgeschalteten Verfahrens der **Zeitaufwand** von der Planung bis zur Bewilligung eines Bauvorhabens verlängert wird. Deshalb ist zB in § 12a sbg BGG vorgesehen, dass die Bauplatzerklärung unter bestimmten Voraussetzungen auch als Teil der Baubewilligung beantragt werden kann.

3. Bausperre

Zur Sicherstellung der Erreichung der mit der Erlassung des Flächenwidmungs- und des Bebauungsplanes verfolgten Ziele sehen die ROG bzw BauO vor, dass **im Fall der Erlassung oder Änderung der** genannten **Pläne** durch Verordnung für die Dauer des „Planfestsetzungsverfahrens" eine zeitlich begrenzte Bausperre verfügt werden kann (zB §§ 26 und 35 nö ROG, § 21 sbg ROG, § 75 tir ROG). Diese Verordnungen treten idR nach zwei Jahren außer Kraft.

In Wien besteht für das vom Bebauungsplan noch nicht erfasste Stadtgebiet ex lege Bausperre. Im Falle einer Planänderung ist ebenfalls die Verfügung einer zeitlich begrenzten Bausperre vorgesehen (§ 8).

Bei einer Bausperre dürfen Bescheide, die dem Zweck der Bausperre zuwiderlaufen (va Baubewilligungen) grundsätzlich nicht erlassen werden. Verschiedentlich sind Bescheide, die gegen diese Vorschriften verstoßen, mit Nichtigkeit bedroht (§ 68 Abs 4 Z 4 AVG; zB § 26 Abs 4 nö ROG, § 8 Abs 5 stmk ROG).

4. Grundstücksänderung

Um eine möglichst zweckmäßige und wirtschaftliche Bebauung des Baulandes sicherzustellen, sehen die BauO (in Vlbg: §§ 39 ff RPlG, in Krnt: Grundstücksteilungsg) idR detaillierte Vorschriften betreffend die Veränderung von Grundstücken durch **Teilung, Grenzänderungen, Zusammenlegung** etc vor. Danach bedarf im Wesentlichen die Teilung von Grundstücken im Bauland (Parzellierung) einer Bewilligung der Baubehörde. Eine solche ist insb zu versagen, wenn die Grundteilung unwirtschaftliche Aufschließungskosten zur Folge hätte oder Grundstücke entstehen ließe, die für eine selbstständige Bebauung nicht mehr geeignet sind.

5. Anliegerleistungen

Neben der Grundabtretung für öffentliche Verkehrsflächen (s II.2) sehen die BauO vor, dass die Anlieger auch zu den Kosten der Herstellung von Fahrbahn, Gehsteigen, Straßenbeleuchtung usw Beiträge zu leisten haben („**Aufschließungsbeiträge**"), die regelmäßig ausschließliche Gemeindeabgaben sind (vgl § 15 Stmk – „Bauabgabe", §§ 51 ff Wien). In Sbg sieht § 16 BGG Kostenersatzbestimmungen für die Herstellung und Erhaltung der Straßen vor, weitere Anliegerleistungen werden im AnliegerleistungsG und im InteressentenbeiträgeG normiert. In OÖ ist der Aufschließungsbeitrag in § 25 ROG auch als Vorauszahlung für Grundstücke konzipiert, die als Bauland gewidmet und aufgeschlossen, aber noch nicht bebaut sind. Damit sollen raumordnungspolitische Ziele, nämlich die Mobilisierung von Bauland, erreicht werden.

V. Baubewilligung

1. Begriff „Bau"

Die BauO finden insb auf die **Errichtung, Änderung, Erhaltung** und die **Beseitigung** (Abbruch) von „Bauwerken" Anwendung. Der für das Baurecht zentrale Begriff „**Bau**" bzw „**Bauwerk**" oder „**bauliche Anlage**" ist in den einzelnen BauO recht unterschiedlich definiert, im Großen und Ganzen orientiert er sich jedoch an der langjährigen Rsp des VwGH (zB VwSlg 13.701 A/1992). Danach ist ein Bauwerk eine Anlage,
- zu deren Errichtung **bautechnische Kenntnisse** erforderlich sind,
- die mit dem **Boden** in eine gewisse **Verbindung** gebracht wird und
- die wegen ihrer Beschaffenheit die **öffentlichen Interessen** zu berühren geeignet ist (dieses dritte Element ist in einigen BauO nicht ausdrücklich angeführt).

Da es sich dabei um jene öffentliche Interessen handelt, deren Wahrung den Baubehörden obliegt, kommen als Kriterien etwa Bausicherheit, Hygiene, Gesundheit, Feuersicherheit oder die Frage des Einflusses auf das Ortsbild und die Verkehrsinteressen in Frage.

Im Einzelnen bestehen kasuistische Regelungen und eine umfangreiche Rsp. Recht verwirrend und logisch fragwürdig ist die Definition in **§ 1 sbg**

BauPolG: Zunächst wird der Begriff „Bau" definiert als „ein überdachtes oder überdecktes Bauwerk, das von Menschen betreten werden kann und wenigstens einen Raum zum Aufenthalt von Menschen oder zur Unterbringung von Sachen umfasst". Dann wird der Begriff „Bauwerk" mit baulicher Anlage erklärt, „bauliche Anlage" mit baulicher Maßnahme und letztlich „bauliche Maßnahme" mit nach baurechtlichen Vorschriften bewilligungspflichtiger Maßnahme; bei der Frage der Bewilligungspflicht wird wieder der Begriff „Bau" verwendet.

Insgesamt kann festgehalten werden, dass der Begriff „Bau" bzw „Bauwerk" **in einem weiten Sinn** zu verstehen ist. So sind neben Gebäuden auch Hütten, Mauern, Zäune etc umfasst. Bei einem **„Handymast"** (Antennenmast/Antennentragmast) handelt es sich zwar nicht um ein „Gebäude" (VwGH 20.06.1995, 93/05/0103), wohl aber um ein „Bauwerk" (zB VwGH 19.09.2000, 97/05/0153). Aus kompetenzrechtlichen Gründen können Regelungen betreffend Handymasten in den BauO nur unter dem Gesichtspunkt des Ortsbildschutzes getroffen werden. Dies ist in den einzelnen Ländern sehr unterschiedlich tw in den BauO (zB §§ 24 Abs 1 Z 5 und 25 Abs 1 Z 2a OÖ, § 20 Z 2 lit i Stmk, § 60 Tir, § 62a Abs 1 Z 24 Wien) oder im OrtsbildschutzG (Sbg) geschehen (vgl *Jahnel*, bbl 2009, 89).

2. Kategorien von Bauvorhaben

Bei Bauvorhaben unterscheiden die BauO im Wesentlichen folgende Kategorien
- **bewilligungspflichtige,**
- **anzeigepflichtige,**
- **mitteilungspflichtige** und
- **freie.**

Die **Konsequenz dieser Unterscheidung** ist folgende: Mit einem bewilligungspflichtigen Bau darf der Bauwerber grundsätzlich erst beginnen, wenn der Baubewilligungsbescheid in Rechtskraft erwachsen ist. Bei den anzeigepflichtigen Bauführungen darf mit dem Bau erst begonnen werden, wenn die Anzeige von der Baubehörde entweder zur Kenntnis genommen wurde oder die in der BauO zur Untersagung festgesetzte Frist verstrichen ist. Ist eine Bauführung weder bewilligungs- noch anzeigepflichtig, so darf der Bauwerber jederzeit mit der Bauführung beginnen, tw besteht eine bloße Mitteilungspflicht.

Wird ein Bau ohne Bewilligung bzw Anzeige errichtet, so hat die Behörde die Einbringung des Antrags auf Baubewilligung bzw der Bauanzeige aufzutragen. Wird dieser Aufforderung nicht nachgekommen oder ist auch eine nachträgliche Bewilligung nicht möglich, dann muss die Baubehörde die **Entfernung des konsenslos errichteten Baus** verfügen (s VI.), der Bauwerber hat außerdem eine **Verwaltungsübertretung** begangen.

In den Einzelheiten unterscheiden sich die Zuordnungen in den Ländern sehr stark, sodass Maßnahmen, die in einem Bundesland bewilligungspflichtig sind, in anderen Ländern bloß anzeigepflichtig oder überhaupt frei sein können und umgekehrt.

Zu den verfassungsrechtlichen Fragen der Zuordnung von Bauvorhaben zu bestimmten Verfahrenstypen und zur Parteistellung von Nachbarn in „Anzeigeverfahren" s V.3.b.

a) Bewilligungspflichtige Bauten

Nach nahezu allen BauO sind **Neu-, Zu- und Umbauten** (tw ab einer bestimmten Größe bzw bei erheblichen Auswirkungen) bewilligungspflichtig. Unter Neubau ist zunächst die Errichtung neuer Gebäude zu verstehen. Ein Neubau liegt aber auch dann vor, wenn nach Abtragung bestehender Baulichkeiten die Fundamente oder Kellermauern ganz oder tw wieder benützt werden (zB OÖ, Stmk, Wien). Zubau ist die Vergrößerung eines Gebäudes der Höhe, Länge oder Breite nach (zB OÖ, Stmk). Umbau ist eine so weit gehende bauliche Änderung eines Gebäudes, dass dieses nach der Änderung ganz oder in größeren Teilen als ein anderes anzusehen ist.

Weiters sind bewilligungspflichtig: **wesentliche Änderungen des Verwendungszwecks von Räumlichkeiten** (tw anzeigepflichtig); Bauvorhaben, die die Festigkeit tragender Bauteile, die Brandsicherheit oder Nachbarrechte beeinträchtigen können; der Abbruch von Bauten oder die Errichtung von Einfriedungen.

b) Anzeigepflichtige Bauvorhaben

Nach § 24a OÖ sind insb **Neu-, Zu- und Umbauten von Kleinhausbauten** und bestimmte Betriebsgebäude von der Baubewilligungspflicht freigestellt („**Baufreistellung**"). Unter der Voraussetzung, dass die Nachbarn erklären, keine Einwendungen zu erheben und die Übereinstimmung des Bauvorhabens mit allen baurechtlichen Vorschriften sowie einem allfälligen Bebauungsplan von einer befugten Planverfasserin oder einem befugten Planverfasser schriftlich bestätigt wurde, sind diese Vorhaben nur anzeigepflichtig. Nach § 25a hat die Behörde das angezeigte Vorhaben bei Vorliegen bestimmter Abweisungsgründe innerhalb von acht Wochen mit Bescheid **untersagen oder mitzuteilen, dass eine Untersagung nicht beabsichtigt wird**. Bei dieser Mitteilung oder bei **Nichtuntersagung** innerhalb von 8 Wochen erfolgt die Baufreistellung durch Vermerk auf dem Bauplan. Danach kann mit der Bauausführung begonnen werden.

Weitere anzeigepflichtige Vorhaben sind nach § 25 OÖ etwa die Änderung des Verwendungszwecks von Gebäuden, die Verglasung von Balkonen und Loggien sowie die Herstellung von Wintergärten und das Anbringen oder Errichten bestimmter Photovoltaik- oder Solaranlagen. Die nö BauO (§ 15) und die tir BauO (§ 28 Abs 2) enthalten ebenfalls eine detaillierte Aufzählung anzeigepflichtiger Vorhaben.

Nach der Regelung des § 62 genügt **in Wien eine Bauanzeige** – neben dem Einbau und Abänderung von Badezimmern, Loggienverglasung und bestimmten Fällen des Fenstertausches – **für alle sonstigen Bauführungen**, die folgende Kriterien erfüllen:
- es wird keine Änderung der äußeren Gestaltung der Baulichkeit bewirkt,
- es erfolgt keine Umwidmung von Wohnungen und
- es wird keine Verpflichtung zur Schaffung von Stellplätzen ausgelöst.

Gemeinsam ist all diesen Bauvorhaben, dass sie der Baubehörde vor dem vorgesehenen Beginn der Bauführung **schriftlich anzuzeigen** sind. Wird die Ausführung des Bauvorhabens **nicht** binnen einer bestimmten Frist (Tir: 2 Monate; OÖ: 8 Wochen; NÖ, Wien: 6 Wochen; ebenso Vlbg, allerdings mit einem differenzierenden Erledigungssystem in den §§ 33 und 34) **untersagt** bzw für bewilligungspflichtig erklärt, **so darf mit der Bauausführung begonnen werden.**

In § 3a sbg BauPolG ist ein „Mitteilungsverfahren" für bewilligungspflichtige technische Einrichtungen, wie die Errichtung und erhebliche Änderung von Luftwärmepumpen, vorgesehen. Nach der in diesem Abschnitt beschriebenen Terminologie handelt es sich dabei aber um ein Anzeigeverfahren, weil die beantragte Maßnahme erst dann als bewilligt gilt, wenn innerhalb von vier Wochen keine Verständigung an die Bewilligungswerber ergeht.

Das bgld BauG, die krnt BauO und das stmk BauG zB kennen keine anzeigepflichtigen Bauvorhaben.

c) Mitteilungspflichtige Bauvorhaben

Die in einigen Ländern vorgesehenen mitteilungspflichtigen Bauvorhaben dürfen ohne jegliches vorangehendes Verwaltungsverfahren verwirklicht werden, **die Behörde ist lediglich davon zu informieren**. Sie sind damit allerdings nicht zur Gänze vom Geltungsbereich der BauO ausgenommen. Die Verantwortung für die Einhaltung der für diese Vorhaben geltenden Bestimmungen (zB Abstandsvorschriften) trägt der Bauführer. Etwaigen Verstößen kann mit den Mitteln des Baupolizeirechts und des Verwaltungsstrafrechts begegnet werden.

§ 21 Stmk enthält einen umfangreichen Katalog von „meldepflichtigen" Vorhaben (zB Nebengebäude, kleinere bauliche Anlagen, Wasserbecken, Garten- und Gerätehütten oder Solar- und Photovoltaikanlagen). § 7 Krnt sieht einen Katalog von „mitteilungspflichtigen" Bauvorhaben vor (zB geringfügige Gebäudeänderungen, Sonnenkollektoren und Photovoltaikanlagen, bestimmte Einfriedungen und Mauern bzw Wasserbecken). In Bgld sind geringfügige Bauvorhaben der Baubehörde mitzuteilen (§ 16).

Nach § 3 sbg BauPolG sind nachträgliche Wärmedämmungen und Windkraftanlagen „anzeigepflichtige Maßnahmen". Tatsächlich handelt sich dabei aber um eine bloße „Mitteilung", da die bauliche Maßnahme trotz Nicht-Anzeige und ohne Abwarten einer bestimmten Frist bewilligungsfrei durchgeführt werden darf.

d) Freie Bauvorhaben

Diese liegen **unter der Relevanzschwelle der anzeige- bzw mitteilungspflichtigen Bauvorhaben**. In einigen BauO sind die freien Bauvorhaben aufgezählt (etwa in § 2 Abs 2 Krnt zB Parabolantennen, Springbrunnen oder Hochstände; in § 26 OÖ als Ausnahmen von der Bewilligungs- bzw Anzeigepflicht zB Einbau von Sanitärräumen und bestimmter sonstiger Innenausbau; in Sbg in § 2 Abs 2 und 3 BauPolG, in Tir in § 28 Abs 3: insb Baumaßnahmen im Inneren von Gebäuden, Einfriedungen und Solaranlagen). In § 17 NÖ erfolgt eine demonstrative Aufzählung von bewilligungs-, anzeige- und meldefreien Vorhaben (was zu Abgrenzungsschwierigkeiten führen kann). Die wr BauO zählt in § 62a zahlreiche bewilligungsfreie Bauvorhaben auf, sie müssen allerdings den Bauvorschriften entsprechen und sind, wenn der konsenswidrige Zustand nicht behoben wird, zu beseitigen.

3. Baubewilligungsverfahren

a) Bauansuchen

Die **Baubewilligung** ist bei der Baubehörde **schriftlich zu beantragen** („Bauansuchen"). Da die Baubewilligung ein antragsbedürftiger Verwaltungsakt ist, kann ein Bewilligungsverfahren nicht von Amts wegen eingeleitet werden. Dem schriftlichen Ansuchen sind **bestimmte Unterlagen** anzuschließen, va ein Grundbuchsauszug, verschiedene Pläne (zB Lageplan, Übersichtsplan, Grundrisse, Ansichten), der Energieausweis, ein Parteienverzeichnis, der Nachweis der Bauplatzerklärung bzw Angaben über die Bauplatzeignung, sowie die genaue Angabe des Gegenstandes der Bewilligung. In den Einzelheiten unterscheiden sich die Regelungen in den Ländern ganz erheblich.

b) Vereinfachte Bewilligungsverfahren

In den BauO mehrerer Länder sind iS einer **Deregulierung und Verfahrensbeschleunigung** verschieden ausgestaltete vereinfachte Bewilligungsverfahren vorgesehen. Gemeinsam ist diesen Verfahren, dass mit den Baumaßnahmen erst nach Erlassung eines Bescheids begonnen werden darf. Zumeist kommt den **Planverfassern** eine **besondere Stellung** zu, weil sie die Einhaltung der baurechtlichen Vorschriften zu bestätigen haben.

Nach der wr BauO findet gem § 70a ein **vereinfachtes Bewilligungsverfahren** unter folgenden Voraussetzungen Anwendung: Den Bauplänen müssen bestimmte Unterlagen und die **Erklärung eines Ziviltechnikers** angeschlossen werden, dass sie unter Einhaltung der öffentlich-rechtlichen Bestimmungen verfasst sind. Ist das vereinfachte Verfahren zulässig, darf sofort mit der Bauführung begonnen werden, Nachbarn können bis längstens drei Monate nach dem Baubeginn Einwendungen erheben. Erfolgt keine bescheidmäßige Versagung der Baubewilligung, so gilt das Bauvorhaben gem § 70a Abs 10 als mit rechtskräftigem Bescheid nach § 70 bewilligt (**„fiktive" Baubewilligung**, da der Bescheid nicht förmlich erlassen wird). Eine gewisse Absicherung erfolgt durch die Einrichtung eines Wiederaufnahmegrundes (bei unrichtiger Erklärung des Ziviltechnikers). Gem § 124 Abs 2a ist der Bauwerber außerdem ausdrücklich verpflichtet, bei Baubeginn eine deutlich sichtbare Tafel über die Bauführung anzubringen (s zur Aufhebung der früheren Fassung von § 70a VfSlg 16.215/2001).

In Krnt (§ 24) und Sbg (§ 10 BauPolG) sind va für Bauten bis zu einer bestimmten Größe vereinfachte Verfahren vorgesehen. Ähnlich auch nach § 33 iVm § 20 Stmk.

Im Rahmen der Prüfung des (früheren) „Anzeigeverfahrens" nach den §§ 3 iVm 10 sbg BauPolG hat der VfGH (VfSlg 16.982/2003) die **Grenzen des rechtspolitischen Spielraums** des Landesgesetzgebers deutlich gemacht. Dabei hat er va ausgesprochen,

- dass die Einbeziehung von Bauvorhaben in ein vereinfachtes Bewilligungsverfahren nur sachlich gerechtfertigt ist, wenn bereits aufgrund der Art des Bauvorhabens keine subjektiv-öffentlichen Nachbarrechte verletzt werden können oder dem Nachbarn ein ausdrückliches Zustimmungsrecht zum vereinfachten Verfahren eingeräumt wird;
- dass den Nachbarn eine eingeschränkte Parteistellung betreffend die Verfahrensvoraussetzungen eingeräumt werden muss (vgl dazu *Giese*, ZfV 2004/2, 8).

c) Prüfung des Bauansuchens und Bauverhandlung

Kommt es zu keinem vereinfachten Bewilligungsverfahren, hat die Behörde in den meisten Ländern nach Einlangen des Baubewilligungsantrages zunächst eine **Vorprüfung** durchzuführen. Dazu gehört etwa die Prüfung, ob dem Bauvorhaben nicht der FWP und der Bebauungsplan oder sonstige baurechtliche Bestimmungen entgegenstehen. In diesen Fällen ist das Vorhaben idR ohne weitere mündliche Verhandlung abzuweisen (zB § 20 NÖ, § 8 sbg BauPolG, § 34 Abs 3 und 4 Tir). Erachtet die Baubehörde eine Ergänzung der Beilagen für notwendig, so ist dem Bauwerber ein Verbesserungsauftrag entweder nach der ausdrücklichen Regelung einiger BauO oder nach § 13 Abs 3 AVG zu erteilen.

Ob es in weiterer Folge zur Abhaltung einer **mündlichen Bauverhandlung** an Ort und Stelle und allenfalls unter Beiziehung von Bausachverständigen kommt, liegt tw im Ermessen der Behörde (zB § 8 Abs 2 und 3 sbg BauPolG, § 24 Stmk, § 32 Tir). In NÖ findet grundsätzlich keine Bauverhandlung statt, es besteht aber ein Einsichtsrecht in die Unterlagen (§ 21 Abs 1). Eine zwingende Durchführung ist zB in OÖ (§ 32) und in Wien (unter den Voraussetzungen des § 70) vorgesehen. Zur Bauverhandlung sind jedenfalls die Parteien (Bauwerber, Anrainer bzw Nachbarn), der Planverfasser und der Bauführer zu laden. Es handelt sich damit um ein **Mehrparteienverfahren**. Zweck dieser mündlichen Verhandlung ist die Überprüfung des Bauvorhabens auf seine Übereinstimmung mit den von der Baubehörde wahrzunehmenden gesetzlichen Bestimmungen. Daneben wird den Nachbarn und sonstigen Parteien die Möglichkeit geboten, zu dem Vorhaben Stellung zu nehmen und allenfalls ihre Nachbarrechte geltend zu machen. In der Bauverhandlung erfolgen damit die Ermittlung des maßgeblichen Sachverhalts und die Wahrnehmung des Parteiengehörs.

d) Nachbarbegriff

Nach den BauO der Länder zählen zu den **Parteien des Baubewilligungsverfahrens** va:
- der **Bewilligungswerber** (Grundstückseigentümer, Bauberechtigte),
- die **Nachbarn/Anrainer**,
- (tw) der **Grundeigentümer**, wenn er nicht selbst Bauwerber ist.

Va der **Begriff des Nachbarn** wird in den BauO sehr unterschiedlich definiert: tw weit als „Eigentümer, die zu dem zur Bebauung vorgesehenen Grundstück in einem solchen **räumlichen Naheverhältnis** stehen, dass vom geplanten Bau Einwirkungen auf diese Grundflächen ausgehen können, gegen welche die Bestimmungen dieses Gesetzes Schutz gewähren" (§ 4 Z 44 Stmk, ähnlich § 23 Abs 2 Krnt, § 2 lit k Vlbg).

Wesentlich enger erfolgt dagegen die Umschreibung des Nachbarbegriffes in § 134 Abs 3 wr BauO: Danach sind benachbarte Liegenschaften im Bauland jene, die mit der vom Bauvorhaben betroffenen Liegenschaft eine **gemeinsame Grenze** haben oder bis zu einer Breite von 6 m durch Fahnen (das ist ein Zufahrtsstreifen zu einem Grundstück, das nur durch diesen mit einem öffentlichen Verkehrsweg verbunden ist) oder diesen gleichzuhaltende Grundstreifen oder eine höchstens 20 m breite öffentliche Verkehrsfläche getrennt sind und im Falle einer Trennung durch eine öffentliche Verkehrsfläche der zu bebauenden Liegenschaft gegenüberliegen (ähnlich § 6 NÖ und § 33 Tir). In OÖ sind nach § 31 Abs 1 die Eigentümer jener Grundstücke Nachbarn, deren Grundstücke vom zu bebauenden Grundstück höchstens 10 m (bei Wohngebäuden) bzw 50 m (bei allen anderen Bauvorhaben) entfernt sind, sofern sie durch das Bauvorhaben voraussichtlich in ihren subjektiven Rechten beeinträchtigt werden können.

Nach der Regelung in **Sbg** sind Nachbarn (im Wesentlichen) die Eigentümer jener Grundstücke, die **von den Fronten des Baus** nicht weiter entfernt sind, als die nach § 25 Abs 3 BGG maßgebenden Höhen der Fronten betragen (= in die Waagrechte gekippte Fronten). Bei oberirdischen Bauten von über 300 m³ haben jedenfalls auch alle Eigentümer von Grundstücken, die von den Fronten des Baues weniger als 15 m entfernt sind, Parteistellung, bei unterirdischen Bauten oder solchen Teilen von Bauten die Eigentümer jener Grundstücke, die von den Außenwänden weniger als 2 m entfernt sind (§ 7 sbg BauPolG). In Sbg wird damit der für die Nachbareigenschaft maßgebliche Abstand nicht von der Grundgrenze, sondern von den Fronten des Baus berechnet (ähnlich § 21 Bgld: Eigentümer jener Grundstücke, die von den Fronten des Baues weniger als 15 m entfernt sind).

Diese einschränkende Regelung wurde vom VfGH früher als verfassungsrechtlich unbedenklich qualifiziert (VfSlg 10.844/1986). Nach der Rsp des VfGH wurde aber die **Einschränkung der Parteistellung von Nachbarn** auf Eigentümer unmittelbar angrenzender Grundstücke in § 21 Bgld (VfSlg 16.981/2003) und § 31 Abs 1 Z 1 OÖ (VfSlg 17.593/2005) als unsachlich und damit gleichheitswidrig aufgehoben. Danach verpflichtet der Gleichheitssatz den Gesetzgeber, die Parteistellung der Nachbarn sachlich auf deren materielle subjektiv-öffentliche Rechte abzustimmen. Eine generelle Begrenzung auf anrainende Grundstücke kann iZm Immissionsschutzbestimmungen den sachlichen Erfordernissen nicht gerecht werden.

e) Parteistellung; Präklusion

Nachdem durch die **AVG-Novelle 1998**, BGBl I 158/1998 den Bestimmungen über die Parteistellung in den BauO der Länder derogiert worden war (§ 82 Abs 7 AVG), haben in der Zwischenzeit einige Bundesländer nach dem 30. Juni 1998 sonderverfahrensrechtliche Bestimmungen mit vom AVG abweichenden Regelungen kundgemacht. Damit richtet sich die Frage der Parteistellung der Nachbarn je nach Bundesland tw nach den Bestimmungen der BauO und tw nach den allgemeinen Regeln des AVG.

Das **Modell des AVG** sieht dabei Folgendes vor: Nach den §§ 8 und 42 AVG erlangen die Nachbarn Parteistellung und damit die allgemeinen Parteienrechte (zB Akteneinsicht) ab Einleitung des Bewilligungsverfahrens, **verlieren diese Stellung jedoch ("Präklusion"*), soweit sie nicht** spätestens am Tag vor Beginn der Verhandlung bei der Behörde oder während der Verhandlung **Einwendungen* erheben**. Die weitere Voraussetzung für den Eintritt dieser Rechtsfolge ist, dass die mündliche Verhandlung in qualifizierter Form gem § 41 zweiter Satz AVG **und** in einer in den Verwaltungsvorschriften vorgesehenen besonderen Form kundgemacht wurde (**"doppelte Kundmachung"**).

Eine qualifizierte doppelte Kundmachung nach § 42 Abs 1 AVG setzt daher voraus:
- eine **erste Kundmachung** durch Edikt (gem § 41 Abs 1 letzter Satz AVG)
  - entweder an der Amtstafel der Gemeinde
  - oder durch Verlautbarung in der für amtliche Kundmachungen der Behörde bestimmten Zeitung
  - oder durch Verlautbarung im elektronischen Amtsblatt der Behörde.
- **und** eine **zweite Kundmachung**
  - entweder in einer in den Verwaltungsvorschriften vorgesehenen besonderen Form
  - oder in geeigneter Form (wenn die Verwaltungsvorschriften keine besondere Form vorsehen).

Eine derartige besondere Kundmachungsform sieht zB § 8 Abs 2 sbg BauPolG vor, wonach für die zweite Kundmachung der **Hausfluranschlag** in den unmittelbar benachbarten Häusern vorgesehen ist. Bestimmen die Verwaltungsvorschriften nichts über die Form der Kundmachung, so muss die Verhandlung **in geeigneter Form** kundgemacht worden sein. Eine Kundmachungsform ist dann geeignet, wenn sie sicherstellt, dass ein Beteiligter von der Anberaumung der Verhandlung voraussichtlich Kenntnis erlangt. In § 42 Abs 1a AVG ist ausdrücklich geregelt, dass die Kundmachung im Internet unter der Adresse der Behörde als geeignet gilt, wenn sich aus einer dauerhaften Kundmachung an der Amtstafel der Behörde ergibt, dass solche Kundmachungen im Internet erfolgen können und unter welcher Adresse sie erfolgen. Davon abweichend gilt nach § 32 Abs 1 OÖ die Kundmachung im Internet unter der Adresse der Baubehörde generell als geeignete Kundmachungsform.

Ist keine derartige doppelte Kundmachung erfolgt, so trifft die Rechtsfolge des Verlustes der Parteistellung nur jene Beteiligten, die rechtzeitig die persönliche Verständigung von der Anberaumung der Verhandlung erhalten haben (§ 42 Abs 2 AVG) und die keine rechtzeitigen Einwendungen erhoben haben. Nach der ständigen Rsp des VwGH tritt die Präklusionswirkung der mündlichen Verhandlung außerdem nur dann ein, wenn in der Kundmachung der in § 41 Abs 2 Satz 2 AVG vorgesehene Hinweis auf die nach § 42 AVG eintretenden Folgen enthalten ist (zB VwGH 23.05.2001, 2000/06/0056).

Diesem Modell des **Verlustes der Parteistellung mangels Erhebung von Einwendungen** folgen die meisten Länder: Bgld, Krnt, OÖ, Sbg, Tir, Vlbg (mangels ausdrücklicher Regelung) sowie NÖ (ausdrückliche Regelung in § 21) und Stmk (ausdrückliche Regelung in § 27).

Ein anderes Modell der Regelung der Parteistellung ist hingegen in Wien vorgesehen: Nach § 134 Abs 3 **wr BauO** sind die Eigentümer benachbarter Liegenschaften nur dann Parteien, wenn der geplante Bau und dessen Widmung ihre im § 134a erschöpfend festgelegten subjektiv-öffentlichen Rechte berührt und sie spätestens bei der mündlichen Verhandlung Einwendungen gegen die geplante Bauführung erheben. Sie haben somit **vor der Erhebung von Einwendungen keine Parteistellung**. Allerdings ist explizit vorgesehen, dass das Recht auf Akteneinsicht nach § 17 AVG den Nachbarn bereits ab Einreichung des Bauvorhabens bei der Behörde zusteht.

f) Nachträgliche Einwendungen; verhinderter Nachbar; übergangener Nachbar

Bei der Erhebung nachträglicher Einwendungen ist zunächst zwischen Einwendungen durch einen **verhinderten Nachbarn** und Einwendungen durch einen **übergangenen Nachbarn** zu unterscheiden:

War ein Nachbar **durch ein unvorhergesehenes oder unabwendbares Ereignis verhindert**, rechtzeitig Einwendungen zu erheben und trifft ihn kein Verschulden oder nur ein minderer Grad des Versehens, so kann er nach § 42 Abs 3 AVG binnen zwei Wochen nach dem Wegfall des Hindernisses, aber spätestens **bis zum Zeitpunkt der rechtskräftigen Entscheidung der Sache** nachträglich Einwendungen erheben. Diese Bestimmung wurde in enger Anlehnung an die Kriterien des § 71 Abs 1 AVG konzipiert und wird deshalb auch als „**Quasi-Wiedereinsetzung**" bezeichnet. Die Behörde hat über den Antrag nach § 42 Abs 3 AVG aber nicht förmlich abzusprechen, sondern inzident zu beurteilen, ob eine Person durch nachträgliche Einwendungen die Parteistellung wiedererlangt hat.

Diese Quasi-Wiedereinsetzung eines verhinderten Nachbarn nach § 42 Abs 3 AVG gilt in den meisten Ländern mangels abweichender Regelung in den BauO. Ähnliche Bestimmungen sehen zB NÖ (§ 21 Abs 2), OÖ (§ 33 Abs 5) und Stmk (§ 27 Abs 3 mit einer verfassungsrechtlich bedenklichen Befristungsregelung, vgl *Giese*, bbl 2004, 100) vor.

Nach dem wr Modell kann ein Nachbar, der ohne sein Verschulden daran gehindert war, die Parteistellung zu erlangen, seine Einwendungen gegen die Bauführung bis längstens drei Monate nach dem angezeigten Baubeginn vorbringen (§ 134 Abs 4). Nach Aufhebung dieses Absatzes durch den VfGH wegen Anknüpfung der Entscheidungsfrist an einen untauglichen Zeitpunkt (VfSlg 18.234/2007) ist im neu gefassten § 124 Abs 2a allgemein vorgesehen, dass der Bauwerber bei Baubeginn an der Liegenschaft eine Tafel anzubringen hat, deren Angaben einen Nachbarn in die Lage versetzen, allfällige Einwendungen gegen das Bauvorhaben fristgerecht zu erheben. Im Hinblick darauf, dass damit den Bedenken des VfGH entsprochen wurde, ist der bisherige Wortlaut des § 134 Abs 4 im Wesentlichen unverändert neuerlich in das Gesetz aufgenommen worden.

Anders ist die Rechtslage, wenn die **Säumnisfolge** des Verlustes der Parteistellung **nicht eingetreten ist**, weil der Nachbar **nicht rechtzeitig die Verständigung** von der mündlichen Verhandlung (bzw in NÖ die Verständigung vom geplanten Vorhaben) **erhalten hat** (§ 42 Abs 2 AVG) **und keine doppelte Kundmachung** erfolgte (übergangener Nachbar). In OÖ ist in § 33 Abs 1 ausdrücklich geregelt, dass Parteien, die vor oder bei der Bauverhandlung keine Einwendungen erheben konnten, weil sie zu dieser Verhandlung entgegen § 32 Abs 1 OÖ nicht geladen wurden, als übergangene Parteien gelten. § 32 Abs 1 OÖ sieht die persönliche Verständigung oder als Alternative einen Hausfluranschlag vor. Die Kundmachung im Internet unter der Adresse der Baubehörde gilt ausdrücklich als geeignete zweite Kundmachungsform iSd § 42 Abs 1 AVG.

Für **übergangene Nachbarn** gelten allfällige Sonderregelungen der verschiedenen BauO, unabhängig davon, ob sie nach dem 30. Juni 1998 neu kundgemacht wurden oder nicht. So bestimmt etwa § 8a sbg BauPolG, dass ein übergangener Nachbar nur innerhalb von sechs Monaten ab Beginn der Ausführung der baulichen Maßnahme nachträgliche Einwendungen vorbringen kann. In Tir erlangt die Baubewilligung mit dem Ablauf eines Jahres nach dem Zeitpunkt der Anzeige über die Bauvollendung auch gegenüber den übergangenen Nachbarn Rechtskraft (§ 33 Abs 9). § 33 Abs 4 OÖ und § 27 Abs 4 Stmk enthalten ähnliche Bestimmungen.

Sieht eine BauO keine Regelung über den übergangenen Nachbarn vor, so ist die Rsp des VwGH maßgeblich, wonach dieser folgende Möglichkeiten hat: Er kann die **Zustellung des** (meist erstinstanzlichen) **Bescheides verlangen** und dann innerhalb der Rechtsmittelfrist Rechtsmittel erheben. Eine übergangene Partei im Mehrparteienverfahren kann aber auch gegen einen Bescheid, der ihr zwar nicht zugestellt, wohl aber gegenüber anderen Parteien bereits erlassen wurde, Rechtsmittel erheben; in diesem Fall genügt also die bloße Kenntnis vom Inhalt des Bescheids. Schließlich kann noch die bescheidmäßige **Feststellung der Parteistellung** beantragt und nötigenfalls im Rechtsmittelweg ausgetragen werden. Die Inanspruchnahme dieser Möglichkeiten ist zeitlich nicht begrenzt, sodass übergangene Nachbarn noch nach Jahren schon ausgenützte Bewilligungen mit Rechtsmitteln bekämpfen können, was aus Gründen der Rechtssicherheit problematisch erscheint. Klargestellt ist durch die Rsp weiters, dass der übergangene Nachbar kein Recht auf Durchführung einer neuerlichen Verhandlung besitzt, womit für ihn das Verfahren in der ersten Instanz – und somit das Tatsachenermittlungsverfahren – entfällt.

g) Nachbarrechte

Nach der ständigen Rsp des VwGH ist das Mitspracherecht des Nachbarn im Baubewilligungsverfahren **in zweifacher Weise beschränkt**: Es besteht einerseits nur insoweit, als dem Nachbarn nach den BauO subjektiv-öffentliche Rechte zukommen, und andererseits nur in jenem Umfang, in dem der Nachbar solche Rechte im Verfahren durch die rechtzeitige Erhebung entsprechender Einwendungen wirksam geltend gemacht hat (zB VwGH 31.08.1999, 99/05/0056).

Unter Nachbarrechten werden **subjektiv-öffentliche Rechte*** verstanden, die im Baurecht begründet sind und nicht nur der Wahrung öffentlicher Interessen, sondern auch dem **Schutz der Nachbarn** dienen. Die einzelnen Nachbarrechte ergeben sich daher aus den jeweiligen BauO und den dazu ergangenen Verordnungen. Dazu besteht eine umfangreiche, länderweise recht unterschiedliche Rsp des VwGH. Die Baubehörde ist allerdings auch von sich aus verpflichtet, die Einhaltung der Rechtsordnung und damit auch die Rechte der Nachbarn zu gewährleisten.

Die **Geltendmachung** der Nachbarrechte durch den Nachbarn selbst geschieht durch **Erhebung von Einwendungen*** vor oder spätestens bei der Bauverhandlung (bzw in NÖ binnen zwei Wochen ab Zustellung der Verständigung vom Vorhaben). Dabei sind folgende Arten von Einwendungen zu unterscheiden:
- Wird die Verletzung eines subjektiven Rechtes behauptet, das im Privatrecht begründet ist (**privatrechtliche Einwendung**; zB Bestehen einer Dienstbarkeit oder vertraglicher Vereinbarungen), so hat die Behörde in der Verhandlung zunächst eine Einigung zu versuchen, die in der Verhandlungsschrift zu beurkunden ist. Kommt keine Einigung zustande, so ist der Beteiligte mit seinen privatrechtlichen Einwendungen auf den Zivilrechtsweg zu verweisen, seine Einwendungen sind im Spruch des Baubewilligungsbescheids ausdrücklich anzuführen.
- Wird die Verletzung einer Bestimmung behauptet, die nicht dem Schutz der Nachbarn, sondern ausschließlich der Wahrung öffentlicher Interessen dient (**objektiv öffentlich-rechtliche Einwendung**), so hat die Behörde diese Einwendung zurückzuweisen (uU aber dem Inhalt der Einwendungen von Amts wegen Rechnung zu tragen).
- Wird die Verletzung eines Rechtes behauptet, das nicht nur der Wahrung öffentlicher Interessen, sondern auch dem Schutz des Nachbarn dient (**subjektiv öffentlich-rechtliche Einwendung**), so kann die Behörde über diese Einwendung im Baubewilligungsbescheid absprechen. Macht sie von dieser Möglichkeit nicht Gebrauch, so gelten nach § 59 Abs 1 Satz 2 AVG die Einwendungen mit dem Abspruch über den Hauptantrag als mit erledigt. Erachtet die Behörde die subjektiv öffentlich-rechtlichen Einwendungen für berechtigt, so führt dies zur Erteilung der Baubewilligung unter bestimmten Auflagen oder zur Versagung der Baubewilligung; andernfalls sind die Einwendungen abzuweisen.

Die **Grenzziehung zwischen objektiv öffentlich-rechtlichen und subjektiv öffentlich-rechtlichen Einwendungen** ist insb dort auslegungsbedürftig, wo eine demonstrative Aufzählung der Nachbarrechte erfolgt (zB § 23 Abs 3 Krnt, § 31 Abs 4 OÖ, § 9 Abs 1 Z 6 sbg BauPolG). Taxative Aufzählungen (zB § 6 Abs 2 NÖ, § 134a Wien, § 7a sbg BauPolG, § 26 Stmk) erhöhen zwar die Rechtssicherheit, beschränken aber die Nachbarrechte auf die im Gesetz explizit angeführten Fälle. Die radikale Einschränkung der Nachbarrechte auf die Geltendmachung von Abstandsvorschriften (VfSlg 15.581/1999) wurde mangels sachlicher Rechtfertigung als verfassungswidrig aufgehoben.

Taxative Aufzählungen von **subjektiv-öffentlichen Nachbarrechten** beziehen sich **typischerweise** auf:
- Abstandsvorschriften nach der BauO (nicht nach Straßenrecht);
- Gebäudehöhe;
- Bestimmungen des Bebauungsplanes;
- Immissionsschutz.

Im Einzelnen **können die Aufzählungen davon abweichen**. Weitere ausdrücklich angeführte subjektiv-öffentliche Nachbarrechte betreffen zB:
- Brandschutz (NÖ, Stmk, Tir), Bebauungsweise (Krnt, NÖ), Belichtung (NÖ), Schallschutz (Stmk).

Im Falle von **demonstrativen** Aufzählungen sind neben den angeführten Beispielen **weitere subjektiv-öffentliche Rechte** im Wege der Interpretation zu ermitteln. Sie werden durch jene bau- und raumordnungsrechtlichen Vorschriften begründet, die nicht nur dem öffentlichen Interesse, sondern auch dem Interesse des Nachbarn dienen.

Nach der Rsp besitzt ein Nachbar jedoch **keinen Anspruch** zB auf:
- eine bestimmte Geschossbeschränkung (unabhängig von der Höhe);
- Geltendmachung von Fremdenverkehrsinteressen;
- Wahrung des Ortsbildschutzes;
- keine Änderung der Verkehrsverhältnisse auf öffentlichen Verkehrsflächen;
- Einhaltung der Vorschriften über Standfestigkeit oder äußeres Aussehen des Gebäudes;
- Wahrung fremder Rechte, etwa eines anderen Nachbarn.

h) Heranrückende Wohnbebauung

Bei der sog „heranrückenden Wohnbebauung" geht es um die Frage, ob der Inhaber einer **bestehenden (gewerberechtlich) genehmigten Anlage** im Bauverfahren gegen die Errichtung von Wohnhäusern in der Nachbarschaft mit der Begründung **Einwendungen** erheben kann, **die künftigen Bewohner würden sich über die** – wenngleich zulässigen – **Auswirkungen des Betriebs beschweren**. Dies könnte etwa zu einer nachträglichen Verpflichtung zur Errichtung zusätzlicher Schutzvorkehrungen führen. Der VfGH bejaht dies in ständiger Rsp (zB VfSlg 12.468/1990, 15.188/1998, 16.934/2003, 19.846/2014), der VwGH lehnt dagegen die vom VfGH vertretene Rechtsauffassung ausdrücklich ab (zB VwSlg 13.880 A/1993 und VwGH 27.04.1999, 99/05/0058). Nach Ansicht des VwGH muss die Einräumung eines derartigen subjektiv-öffentlichen Rechts durch eine ausdrückliche Formulierung des Landesgesetzgebers erfolgen (VwGH 24.02.2009, 2008/06/0134).

Um die durch diese Judikaturdivergenz entstandene Rechtsunsicherheit zu beseitigen, haben einige Länder Regelungen erlassen, die sich an der Rsp des VfGH orientieren. So sind zB nach § 31 Abs 5 oö BauO bei Neubauten auf bisher unbebauten Grundstücken auch Einwendungen zu berücksichtigen, mit denen **Immissionen** geltend gemacht werden, die **von einer bestehenden benachbarten baulichen Anlage** ausgehen und auf das geplante Bauvorhaben einwirken. Ähnlich § 23 Abs 2 lit c und d Krnt, § 26 Abs 4 Stmk und § 134a Abs 1 lit f Wien. Der frühere § 23 Abs 2 lit b Krnt, der die Parteistellung auf den Inhaber von Anlagen auf einem Grundstück, das an das Baugrundstück angrenzt, einschränkte, wurde vom VfGH als gleichheitswidrig aufgehoben (VfSlg 17.143/2004). Verfassungsrechtlich problematisch ist weiters, dass der Nachbarbegriff der BauO an das Grundeigentum anknüpft und damit ein bloßer Betriebsanlageninhaber (wie zB ein Mieter oder Pächter) mangels Parteistellung keine Einwendungen erheben kann (vgl *Giese*, bbl 2004, 99).

i) Baubewilligungsbescheid

Liegt keiner der Versagungsgründe vor, so besteht ein Rechtsanspruch auf Erteilung der Baubewilligung. Die **Baubewilligung ist schriftlich zu erteilen**, sie hat dingliche Wirkung* und kann auch unter Auflagen* erteilt werden. Sie **erlischt**, wenn nicht binnen einer bestimmten Frist (Bgld, Krnt, NÖ, Tir: zwei Jahre, OÖ, Sbg, Vlbg: drei Jahre, Wien: vier Jahre, Stmk: fünf Jahre) nach Rechtskraft mit der Bauführung **begonnen** wird, eine Verlängerung ist idR aus triftigem Grund möglich. Im Bgld, in NÖ und OÖ erlischt das Recht auch dann, wenn das Vorhaben nicht binnen fünf Jahren (§ 17 Abs 7 sbg BauPolG: drei Jahren; § 35 Abs 1 lit b Tir, § 74 Abs 1 Wien: vier Jahren) nach Beginn der Ausführung **vollendet** ist.

Mit dem Baubewilligungsbescheid wird ausgesprochen, dass der Bau nicht gegen baurechtliche Bestimmungen verstößt, eventuell notwendige Bewilligungen anderer Art, zB nach Gewerbe- oder Naturschutzrecht, werden damit nicht erteilt. Diesbezüglich gilt das Kumulationsprinzip*. Es handelt sich um einen konstitutiven Bescheid, der die **subjektiv-öffentlichen Rechte, den Bau auszuführen und konsensgemäß zu benützen**, begründet.

j) Bauausführung, Bauaufsicht

Mit der Ausführung des Bauvorhabens darf nicht vor dem Eintritt der Rechtskraft des Bewilligungsbescheides begonnen werden, es sind allerdings Ausnahmen für **Vorarbeiten** wie Errichtung der Baustelle oder Erdaushub vorgesehen (zB § 12 Abs 2 sbg BauPolG, § 37 Tir).

Vor Beginn der Bauarbeiten ist der Behörde der **Bauführer** schriftlich bekannt zu geben. Der Bauführer muss nach den bundesrechtlichen Vorschriften (va GewO und ZiviltechnikerG) zur Ausführung der baulichen Anlage berechtigt sein (zB Baumeister). Er ist für die Einhaltung der gesetzlichen Vorschriften und der Bestimmungen des Bewilligungsbescheides verantwortlich. Er hat weiters dafür zu sorgen, dass während der Durchführung der Bauarbeiten Gefährdungen und unzumutbare Belästigungen der Umwelt (insb Lärm) vermieden werden.

Der Behörde obliegt es, während der Bauführung zu überprüfen, ob den Bestimmungen der BauO und der Baubewilligung entsprochen wird (**Bauaufsicht**). Den Organen der Baubehörde ist dazu jederzeit der Zutritt zur Baustelle zu gewähren, es sind ihnen die verlangten Auskünfte zu erteilen, sie können in Unterlagen usw Einsicht nehmen. Werden dabei Mängel festgestellt, so ist deren Beseitigung innerhalb angemessener Frist aufzutragen bzw die Baueinstellung anzuordnen.

k) Benützungsbewilligung

Der Bauwerber hat regelmäßig die Vollendung einer bewilligungspflichtigen baulichen Anlage der Behörde anzuzeigen (zB § 42 OÖ, § 17 sbg BauPolG) und tw gleichzeitig um die Bewilligung zur Benützung der baulichen Anlage anzusuchen (zB § 38 Stmk, § 45 Tir). Im Anschluss daran **prüft die Baubehörde**, ob das Gebäude **entsprechend der Baubewilligung errichtet** wurde und ob alle Auflagen des Bewilligungsbescheides eingehalten wurden („**Kollaudierungsverfahren**"). Wenn dies der Fall ist, wird mit Bescheid die Benützungsbewilligung erteilt, die das Recht gibt, die bauliche Anlage entsprechend dem Verwendungszweck zu benützen. Werden hingegen Abweichungen von der Baubewilligung oder Mängel in der technischen Ausführung festgestellt, so muss um eine nachträgliche Bewilligung angesucht bzw müssen die Mängel innerhalb einer bestimmten Frist behoben werden. Ansonsten ist die Benützung zu untersagen und der Abbruch der baulichen Anlage aufzutragen.

Verschiedene BauO sehen eine **Fertigstellungsanzeige** unter Anschluss bestimmter Unterlagen (va Bestätigung eines Bausachverständigen über Einhaltung der Bauvorschriften) vor, vor deren Erstattung das Bauwerk oder die Anlage nicht benützt werden darf (§ 27 Bgld, ähnlich § 39 Krnt, § 128 Wien nur bei bewilligungspflichtigen Bauten). In NÖ (§ 23 Abs 1) umfasst die Baubewilligung neben dem Recht zur Ausführung des Bauwerks auch das Recht zur Benützung nach Fertigstellung, wenn bei der Fertigstellungsanzeige eine Bescheinigung des Bauführers vorgelegt wird, dass die Ausführung der Bewilligung entspricht, ansonsten erfolgt eine Überprüfung des Bauwerks. Die tir Regelung (§ 45) sieht die Benützungsbewilligung nur noch bei Wohnanlagen und einigen weiteren taxativ aufgezählten Arten von Gebäuden vor, ansonsten dürfen bauliche Anlagen nach der Fertigstellungsanzeige benützt werden, wenn bestimmte Nachweise erbracht werden.

Im Unterschied dazu ist in Sbg nach § 17 BauPolG bei Bauten die **Aufnahme der Benützung** und nur bei sonstigen baulichen Anlagen die Vollendung **anzuzeigen**, eine Bestätigung des Bauausführenden über die den Bauvorschriften entsprechende Bauausführung und verschiedene Überprüfungsbefunde sind anzuschließen. Die Baubehörde hat sich innerhalb eines Jahres nach der Anzeige von der Übereinstimmung der baulichen Anlage mit der erteilten Bewilligung zu überzeugen und darüber einen Bescheid zu erlassen, in dem auch die Beseitigung von Mängeln angeordnet bzw die Benützung des Bauwerks untersagt werden kann.

VI. Baupolizei

1. Baupolizeiliche Aufträge

Die Baubehörde ist nach den BauO zur **Überwachung des Bauzustandes** berechtigt und verpflichtet. Dazu ist den von der Behörde beauftragten Organen der Zutritt zu allen Teilen der baulichen Anlagen zu gestatten, tw sind Eigentümer und Benützer von Baulichkeiten auch zur Erteilung von Auskünften verpflichtet.

Kommt der Eigentümer seiner Verpflichtung zur Erhaltung der Anlage in einem der Bewilligung entsprechenden Zustand nicht nach, so hat ihm die Behörde die Instandsetzung in einer angemessenen Frist aufzutragen (**Instandsetzungsauftrag**; zB § 47 Abs 2 OÖ, § 20 Abs 4 sbg BauPolG, § 39 Abs 3 Stmk, § 47 Abs 2 Tir, § 129 Abs 4 Wien). Wenn für die bauliche Anlage keine Baubewilligung besteht und diese nicht nachgeholt wird oder ein erhebliches, gefährliches Baugebrechen vorliegt und eine Instandsetzung wirtschaftlich nicht vertretbar ist, so hat ein **Abbruchsauftrag** (Demolierungsauftrag) zu ergehen (zB § 49 OÖ, § 20 Abs 5 sbg BauPolG, § 39 Abs 4 Stmk, § 46 Tir). Bei Gefahr im Verzug kann die Behörde die erforderlichen **Sicherungsmaßnahmen** auf Gefahr und Kosten des Eigentümers der baulichen Anlage auch ohne dessen vorherige Anhörung durch Akte der Befehls- und Zwangsgewalt*, tw auch durch Bescheid, anordnen (zB § 36 NÖ, § 20 Abs 8 sbg BauPolG, § 42 Stmk, § 47 Abs 4 Tir, § 129 Abs 6 Wien).

In einigen Bundesländern (§ 34 Abs 3 Krnt, § 16 Abs 6 sbg BauPolG, § 41 Abs 6 Stmk) wird dem **Nachbarn** ein **Recht auf Erlassung eines Baueinstellungs- und Beseitigungsauftrags** eingeräumt, allerdings nur insoweit, als durch die konsenswidrige bzw konsenslose Baumaßnahme ein subjektiv-öffentliches Recht verletzt wird (in Sbg nur, wenn Abstandsvorschriften nicht eingehalten werden).

2. Illegale Bauten („Schwarzbauten")

Bei illegalen Bauten kann unterschieden werden zwischen
- **konsenswidrigem Bau** (er verstößt gegen die Bewilligung oder darin enthaltene Auflagen);
- **formell konsenslosem Bau** (er stimmt in der Sache mit den baurechtlichen Vorschriften überein, wurde aber ohne notwendige Bewilligung bzw Anzeige errichtet) und
- **materiell konsenslosem Bau** (es bestehen Widersprüche zu den Bauvorschriften und die Bewilligung fehlt).

Die Behörde hat in diesen Fällen die Einstellung der Bauausführung zu verfügen bzw die Beibringung eines nachträglichen Bewilligungsantrages zu fordern. Ist die Erteilung einer Baubewilligung nicht möglich oder wird dem nachträglichen Antrag nicht stattgegeben, ist die Beseitigung des Baues zu veranlassen (**Demolierung**). Darüber hinaus ist in einem Verwaltungsstrafverfahren eine **Geldstrafe** zu verhängen.

In der Praxis führt das Verhalten der Baubehörde im Falle von illegalen Bauten immer wieder zu Diskussionen, weil die gesetzlich geforderten Schritte mitunter nicht unternommen werden. IZm einem derartigen **Vollzugsdefizit** wurde ein Bgm wegen Amtsmissbrauchs verurteilt, weil er im Falle eines Schwarzbaus im Grünland keinen Abbruchbescheid erlassen hat (OGH 15.06.1994, 15 Os 50/94). Bestimmungen in den Bundesländern Tir (VfSlg 14.681/1996), Bgld (VfSlg 14.763/1997) und NÖ (VfSlg 15.441/1999), mit denen illegale Bauführungen nachträglich legalisiert werden sollten, wurden als verfassungswidrig aufgehoben bzw deren Verfassungswidrigkeit festgestellt.

VII. Bautechnische Vorschriften

1. Regelungsgegenstand

Bauliche Anlagen müssen in allen ihren Teilen so geplant und ausgeführt werden, dass sie den notwendigen Erfordernissen (va der **Sicherheit**, der **Festigkeit**, des **Brandschutzes**, der Gesundheit, der Hygiene, des Umweltschutzes etc) entsprechen. Die einzelnen Regelungen befinden sich in den BauO oder in eigenen Gesetzen (BauTG in Sbg und OÖ). Manche BauO enthalten Verordnungsermächtigungen, die dem Verordnungsgeber einen sehr weiten Spielraum einräumen (§ 20 Tir – Technische Bauvorschriften – TBV). Ähnliche Regelungen der krnt BauO und der oö BauO 1976 wurden wegen Widerspruchs zum Determinierungsgebot des Art 18 B-VG vom VfGH aufgehoben (VfSlg 10.296/1984 und 11.859/1988). Die krnt „Bauvorschriften" wurden daraufhin in Gesetzesrang gehoben.

Die bautechnischen Vorschriften der einzelnen Länder sind sehr detailliert und recht unterschiedlich.

Bspw finden sich folgende Regelungen:
- Statik: Anforderungen an Fundamente, Isolierungen und tragende Wände;
- Brandschutz: Vorschriften über Brandwände, Brandschutztüren, Decken und Fußböden;
- Sicherheit: Geländer und Brüstungen müssen meist mindestens 1 m hoch sein;
- Wärmeschutz und Schallschutz;
- Gesundheit und Wohnstandard: die Höhe der Wohnräume muss meist mindestens 2,5 m betragen;
- Verpflichtungen zu behindertengerechter Ausführung zB § 115 Wien, § 31 oö BauTG 2013 „barrierefreies Bauen");
- Erstellung eines Energieausweises bei Neubauten und umfassender Sanierung.

In den einzelnen Regelungen wird häufig auf ÖNORMEN* verwiesen. Wie die Ausführung von baulichen Anlagen prinzipiell zu erfolgen hat, wird mit unbestimmten Gesetzesbegriffen wie „den Erkenntnissen der Wissenschaft und den Erfahrungen der Praxis" bzw Stand der Technik* umschrieben (tw abweichend von der Definition in der GewO).

Daneben bestehen auch Vorschriften betreffend das Äußere der Bauten (**Baugestaltung**). In Sbg zB sind Bauten so zu gestalten, dass sie nach Form, Ausmaß, Werkstoff, Farbe unter Berücksichtigung des örtlichen Baucharakters nicht störend wirken (§ 4 Abs 1 BauTG).

2. OIB-Richtlinien

Eine gewisse Harmonisierung der bautechnischen Vorschriften wird durch die **OIB-Richtlinien** (OIB = Österreichisches Institut für Bautechnik) erreicht: Bauwerke und alle ihre Teile müssen demnach so geplant und ausgeführt sein, dass sie unter Berücksichtigung der Wirtschaftlichkeit gebrauchstauglich sind und die in Folge angeführten bautechnischen Anforderungen erfüllen. Diese Anforderungen müssen entsprechend dem Stand der Technik bei vorhersehbaren Einwirkungen und bei normaler Instandhaltung über einen wirtschaftlich angemessenen Zeitraum erfüllt werden. Dabei sind Unterschiede hinsichtlich der Lage, der Größe und der Verwendung der Bauwerke zu berücksichtigen.

Bautechnische Anforderungen an Bauwerke iS dieser Vereinbarung sind:
1. Mechanische Festigkeit und Standsicherheit,
2. Brandschutz,
3. Hygiene, Gesundheit und Umweltschutz,
4. Nutzungssicherheit und Barrierefreiheit,
5. Schallschutz,
6. Energieeinsparung und Wärmeschutz.

Für jede der sechs „Bautechnischen Anforderungen" gibt es eine eigene OIB-Richtlinie. Die OIB-Richtlinien werden nach Beschluss in der Generalversammlung des OIB unter Anwesenheit der Vertreter der Bundesländer herausgegeben. Sie basieren auf den Beratungsergebnissen der von der Landesamtsdirektorenkonferenz zur Ausarbeitung eines Vorschlags zur Harmonisierung bautechnischer Vorschriften eingesetzten Länderexpertengruppe. Die OIB-Richtlinien dienen als Basis für die Harmonisierung der bautechnischen Vorschriften und wurden im Wesentlichen von allen Bundesländern in ihren Bauordnungen **für verbindlich erklärt**.

VIII. Sonstige Rechtsvorschriften

Die zahlreichen baurechtlichen Nebengesetze der einzelnen Bundesländer enthalten bspw folgende Regelungen:

Weitere Beschränkungen der Baufreiheit findet man in **AltstadterhaltungsG** und **OrtsbildschutzG**. Danach können besonders erhaltungswürdige Stadtteile durch Verordnung unter Schutz gestellt werden. In diesen Gebieten sind dann charakteristische Baulichkeiten grundsätzlich zu erhalten, für Umbauten und Nutzungsänderung sind besondere Bewilligungen erforderlich, sofern sie nicht überhaupt verboten sind.

Die **Abwasserbeseitigung** ist in den meisten Ländern in eigenen KanalG (in OÖ: AbwasserentsorgungsG) bzw in Sbg in § 16 BauTG geregelt. Danach besteht eine Anschlusspflicht an das öffentliche Kanalnetz mit der Verpflichtung zur Zahlung von Kanalbenützungsgebühren.

Die Pflicht zur Schaffung von **Abstellflächen oder Garagen** ist teils in den BauO, teils in einem eigenen GaragenG (Wien) geregelt.

In eigenen AufzugsG bzw HebeanlagenG sind Regelungen über die **Aufzüge** enthalten, die ab einer bestimmten Anzahl von Geschoßen (Sbg: mehr als vier) zwingend vorgesehen sind.

Die BauO enthalten verschiedene **Strafbestimmungen** insb für Baumaßnahmen, die ohne Bewilligung aus- bzw weitergeführt werden.

IX. Behörden und Verfahren

1. Behörden

Aufgrund von Art 118 Abs 3 Z 9 B-VG (s II.1.b) sind die Bestimmungen des Baurechts grundsätzlich im eWb* der Gemeinde zu vollziehen. Damit ist **Baubehörde I. Instanz** regelmäßig der **Bgm**. Abweichend davon sind Baubehörde I. Instanz:

- in bestimmten Städten mit eigenem Statut der **Magistrat** (hier nicht Hilfsapparat, sondern Behörde!) nach § 2 Abs 1 NÖ, § 55 Abs 1 OÖ, § 63 Abs 1 Tir, § 132 Abs 1 Wien;

- der **Bauausschuss** der örtlich zuständigen Bezirksvertretung zur Entscheidung über Anträge auf Bewilligungen von unwesentlichen Abweichungen von Bebauungsvorschriften nach § 133 Wien;
- die **BVB** dort, wo eine BaudelegierungsV bzw BauübertragungsV dies festlegt; ferner nach § 30 Abs 5 Bgld, § 2 Abs 2 NÖ und § 62 Abs 2 Tir (Erstreckung des Bauvorhabens auf zwei oder mehrere Gemeinden) bzw § 55 Abs 2 OÖ und § 3 Abs 2 Krnt (Ausnahmen vom eWb);
- die **LReg** bei Bauvorhaben, die sich über zwei oder mehrere Bezirke erstrecken (§ 30 Abs 5 Bgld bzw §§ 62 Abs 2 und 63 Abs 2 Tir [für Innsbruck]).

Art 118 Abs 4 B-VG sieht vor, dass in den Angelegenheiten des eWb der Gemeinde ein **zweistufiger Instanzenzug** besteht. Dieser kann aber (landes)gesetzlich ausgeschlossen werden. Von dieser Möglichkeit haben bislang Oberösterreich, Salzburg (für die Stadt Salzburg), die Steiermark sowie Tirol Gebrauch gemacht. Die verfassungsrechtlich bedenkliche Salzburger Regelung räumt den einzelnen Gemeinden eine Wahlmöglichkeit hinsichtlich des Bestehens eines innergemeindlichen Instanzenzugs ein (§ 45 Abs 3 sbg GdO 2019 iVm sbg Gemeinde-Instanzenzug-V).

Soweit der Instanzenzug nicht ausgeschlossen wurde, ist **Baubehörde II. Instanz** regelmäßig der **Gemeinderat**. Auch hier gibt es wieder zahlreiche Abweichungen wie zB:
- **Gemeindevorstand** (§ 94 Abs 1 K-AGO, § 2 Abs 1 nö BauO);
- **Stadtsenat** in einigen Städten mit eigenem Statut zB in Krnt, NÖ (§ 2 Abs 1 BauO) bzw nach den jeweiligen Stadtstatuten.

Beschwerden wegen Rechtswidrigkeit eines Bescheids (nach Erschöpfung des innergemeindlichen Instanzenzuges, sofern dieser nicht gesetzlich ausgeschlossen ist) sind innerhalb von 4 Wochen (§ 7 Abs 4 VwGVG) bei der belangten Behörde einzubringen. Ergeht keine Beschwerdevorentscheidung oder wird gegen diese binnen zwei Wochen ein Vorlageantrag nach § 15 VwGVG gestellt, ist das **Verwaltungsgericht des jeweiligen Bundeslandes** zur Entscheidung über die Beschwerde zuständig.

Verwaltungsstrafsachen, **Verwaltungsvollstreckung** und **Enteignungen** fallen nach der Rsp des VfGH nicht in den eWb der Gemeinden. Sie werden länderweise verschieden zumeist von den staatlichen Behörden (BVB), zu einem geringeren Teil von den Gemeinden im üWb* besorgt (zB § 8 Abs 8 Bgld für die Festsetzung von Entschädigungen).

Weiters ist zu beachten, dass tw – iZm **konzentrierten Genehmigungsverfahren*** – **abweichende Zuständigkeiten** festgelegt werden: Vgl § 39 UVP-G (LReg) bei umweltrelevanten Vorhaben (zB Kraftwerksbauten, Industrie- oder Gewerbeparks, Einkaufszentren; → *Umweltverträglichkeitsprüfung*) und § 38 AWG 2002.

2. Verfahren

Auf das Verfahren vor den Baubehörden finden das AVG, das VStG und das VVG Anwendung (Art I EGVG). Die allgemeinen Verfahrensbestimmungen werden insb durch folgende Besonderheiten ergänzt oder abgeändert:

- **konzentriertes** Genehmigungsverfahren* insb bei Abfallbehandlungsanlagen (§ 38 AWG 2002) oder umweltrelevanten Vorhaben (§ 3 Abs 3 UVP-G; → *Umweltverträglichkeitsprüfung*);
- Sonderregelungen über die **mündliche Verhandlung, Parteistellung** von Nachbarn und **nachträgliche Einwendungen** in den einzelnen BauO unter Berücksichtigung des § 82 Abs 7 AVG (s V.3.e);
- Erfordernis der **Schriftlichkeit** für Ansuchen und Bescheide;
- kürzere **Fristen** für die Bescheiderlassung abweichend von § 73 AVG etwa nach § 18 Abs 6 Bgld bzw § 5 Abs 2 NÖ (drei Monate für die Entscheidung über einen Baubewilligungsantrag), § 24 Krnt (vier Monate für die Erteilung der Baubewilligung im vereinfachten Verfahren), § 10 Abs 8 sbg BauPolG (drei Monate für die Entscheidung über die Bewilligung im vereinfachten Verfahren);
- Normierung von **Nichtigkeitsgründen** (§ 68 Abs 4 Z 4 AVG) etwa in § 25 Krnt oder § 23 Abs 9 NÖ;
- Normierung eines **Wiederaufnahmegrundes** im vereinfachten Bewilligungsverfahren nach § 70a Abs 10 Wien;
- in OÖ ist bei **bestimmten** bewilligungspflichtigen Bauvorhaben auch die **Umweltanwaltschaft** als Partei zur Bauverhandlung zu laden (§ 32 Abs 2);
- in NÖ, OÖ, Tir und Vlbg bestehen weitere Sonderbestimmungen: Nach § 56 oö BauO haben in den Angelegenheiten dieses Landesgesetzes Bescheidbeschwerden **keine aufschiebende Wirkung**, wenn durch den angefochtenen Bescheid eine Berechtigung eingeräumt wird. Die Behörde hat jedoch auf Antrag der Partei unter bestimmten Voraussetzungen die aufschiebende Wirkung mit Bescheid zuzuerkennen (ebenso § 5 Abs 3 NÖ, § 65 Tir und § 50b Vlbg). Nach der jüngsten Rsp des VfGH bestehen gegen diese Sonderregelung keine verfassungsrechtlichen Bedenken (VfSlg 19.969/2015).
- Das oö Landesverwaltungsgerichts-VorbereitungsG enthält **eigene Legaldefinitionen** für alle oö LandesG: Nach § 6a umfasst der Begriff „Bescheid" auch Erkenntnisse, mit denen das VwG oder der VwGH in der Sache selbst entschieden haben. Nach § 6b bedeutet der Begriff „Rechtskraft", dass der betreffende Bescheid einer Beschwerde nach Art 130 Abs 1 Z 1 B-VG nicht oder nicht mehr unterliegt, bzw wenn es sich um eine Angelegenheit des eWb der Gemeinde handelt, dass der betreffende Bescheid einer Berufung nicht oder nicht mehr unterliegt.

- Aus Art 74 sbg Landesverwaltungsgerichts-Begleitgesetz ergibt sich Folgendes für den **Eintritt der Rechtskraft**:
Besteht ein innergemeindlicher administrativer Instanzenzug, beginnt die Rechtskraft mit der Rechtswirksamkeit eines Rechtsmittelverzichts (§ 63 Abs 4 AVG), mit ungenütztem Ablauf der Berufungsfrist (§ 63 Abs 5 AVG) bzw der Vorlageantragsfrist im Fall der Berufungsvorentscheidung (§ 64a Abs 2 AVG), mit Zurückziehung der Berufung oder der Berufungsentscheidung.
Bei Bescheiderlassung ohne innergemeindlichen Instanzenzug beginnt die Rechtskraft mit der Rechtswirksamkeit des Verzichts auf die Erhebung einer Bescheidbeschwerde (§ 7 Abs 2 VwGVG), mit ungenütztem Ablauf der Frist für die Bescheidbeschwerde an das LVwG (§ 7 Abs 4 VwGVG) bzw der Vorlageantragsfrist im Fall der Beschwerdevorentscheidung (§ 15 VwGVG), mit der Zurückziehung der Bescheidbeschwerde und Einstellung des Verfahrens (§ 28 Abs 1 VwGVG) sowie der Zustellung des Erkenntnisses (Beschlusses) des LVwG.
Eine Revision an den VwGH (Art 132 Abs 1 Z 1 B-VG) oder eine Erkenntnisbeschwerde an den VfGH (Art 144 Abs 1 B-VG) hindern den Eintritt der Rechtskraft nicht, außer es wird diesen (außerordentlichen) Rechtsmitteln im Einzelfall ausdrücklich aufschiebende Wirkung zuerkannt.

Georg Lienbacher

Grundverkehrsrecht

Rechtsgrundlagen

Kompetenzgrundlagen

Art 10 Abs 1 Z 6 B-VG („Zivilrechtswesen mit Ausschluss von Regelungen, die den Grundstücksverkehr für Ausländer und den Verkehr mit bebauten und zur Bebauung bestimmten Grundstücken verwaltungsbehördlichen Beschränkungen unterwerfen, einschließlich des Rechtserwerbs von Todes wegen durch Personen, die nicht zum Kreis der gesetzlichen Erben gehören"); Art VII B-VGNov 1974, BGBl 444/1974 idF I 2/2008 („land- und forstwirtschaftlicher Grundverkehr"); Vereinbarung zwischen dem Bund und den Ländern gemäß Artikel 15a B-VG über die Festlegung von bundesweit einheitlichen zivilrechtlichen Bestimmungen für landesgesetzlich zu regelnde Angelegenheiten des Grundstücksverkehrs (Grundstücksverkehr-Vereinbarung – GruVe-VE), BGBl 260/1993 idF I 1/2017; Art 15 Abs 9 B-VG (Straf- und Zivilrechtskompetenz der Länder).

Verfassungsrechtliche Bezüge

Art 5 StGG iVm Art 1 1. ZPEMRK (Eigentumsschutz); Art 6 StGG (Liegenschaftserwerbsfreiheit); Art 2 StGG iVm Art 7 B-VG (Gleichheitssatz); Art 4 StGG (Freizügigkeit); Art 6 EMRK (Verfahrensgarantien).

Europarechtliche Bezüge

Art 18 AEUV (Diskriminierungsverbot); Art 21 AEUV (Freizügigkeit) Art 45 ff AEUV (Freizügigkeit der Arbeitnehmer); Art 49 ff AEUV (Niederlassungsfreiheit); Art 56 ff AEUV (Dienstleistungsfreiheit); Art 63 ff AEUV (Kapitalverkehrsfreiheit); Art 345 AEUV (Eigentumsordnung); Art 70 EU-Beitrittsakte (EU-Beitrittsvertrag), BGBl 45/1995 (Übergangsfrist betreffend Freizeitwohnsitze); Erklärung Nr 5, die der Schlussakte des Beitrittsvertrages mit dem Titel „Gemeinsame Erklärung zu Zweitwohnungen" angefügt ist (BGBl 45/1995); VO (EU) 492/2011 über die Freizügigkeit der Arbeitnehmer innerhalb der Union, ABl 2011 L 141/1; RL 2004/38/EG des Europäischen Parlaments und des Rates vom 29. April 2004 über das Recht der Unionsbürger und ihrer Familienangehörigen, sich im Hoheitsgebiet der Mitgliedstaaten frei zu bewegen und aufzuhalten, ABl 2004 L 158/77 idF ABl 2011 L 141/1; Umfassendes Wirtschafts- und Handelsabkommen (CETA) zwischen Kanada einerseits und der Europäischen Union und ihren Mitgliedstaaten anderererseits, ABl 2017 L 11/23; Abkommen zwischen der Europäischen Union und Japan über eine Wirtschaftspartnerschaft, ABl 2018 L 330/3; Abkommen über Handel und Zusammenarbeit zwischen der Europäischen Union und der Europäischen Atomgemeinschaft einerseits und dem Vereinigten Königreich Großbritannien und Nordirland andererseits, ABl 2021 L 149.

EWR-Recht: Art 1 iVm Anh I und Art 6 Abs 4 KapitalverkehrsRL 88/361/EWG ABl 1988 L 178/5; Art 4, 28, 31, 32, 33, 34, 36, 39, 40, Anh VII, VIII, Anh XII Punkt 1 lit d und e des EWRA, BGBl 909/1993 idF III 46/2012.

Völkerrechtliche Bezüge

In zahlreichen Abkommen finden sich weitere Regelungen, die bestimmte Personen(gruppen) beim Erwerb von unbeweglichem Vermögen Österreichern gleichstellen bzw privilegieren. Es kann grob unterschieden werden zwischen Bestimmungen in Freundschafts-, Handels- und Schifffahrtsverträgen und Bestimmungen in Amtssitzabkommen.

Bestimmungen in Freundschafts-, Handels- und Schifffahrtsverträgen: Freundschaftsvertrag Österreich-USA, BGBl 192/1931, Art 1; Freundschafts- und Niederlassungsvertrag zwischen Österreich und Iran, BGBl 45/1966, Art 8, 14; Vertrag zwischen Österreich und der UdSSR, BGBl 193/1956, vorläufige Weiteranwendbarkeit zwischen Österreich und Russland BGBl 257/1994, Art 1, bis zur Ersetzung durch das Abkommen zwischen Österreich und der Russischen Föderation BGBl 567/1995. Entsprechende Bestimmungen aus bilateralen Verträgen mit Mitgliedstaaten der EU wie zB Dänemark (BGBl 42/1929), Niederlande (BGBl 299/1930 idF 714/1992) oder Schweden (BGBl 208/1934) sind infolge des Beitritts Österreichs zur EU materiell gegenstandslos geworden. Eine Inländergleichbehandlung beim Rechtserwerb von Todes wegen sahen Verträge mit Jugoslawien (BGBl 224/1955, Art 29), Ungarn (BGBl 306/1967, Art 3) und Polen (BGBl 79/1974, Art 36) vor. Die Abkommen mit Polen und Ungarn wurden infolge des vollen Wirksamwerdens des EU-Beitritts materiell gegenstandslos. Der Vertrag mit Jugoslawien wurde im Zuge der Staatennachfolge seitens Kroatiens und Sloweniens übernommen, ist seit Wirksamwerden des EU-Beitritts von Kroatien und Slowenien materiell gegenstandslos.

Bestimmungen in Amtssitzabkommen: Abkommen Österreichs mit der IAEO, BGBl 82/1958 idF 413/1971, BGBl III 37/1999, Art VII Abschnitt 16 lit b, Art XV Abschnitt 38 lit h; Wiener Übereinkommen über diplomatische Beziehungen, BGBl 66/1966, Art 21, 31; Wiener Übereinkommen über konsularische Beziehungen, BGBl 318/1969, Art 30, 43; Abkommen Österreichs mit der OPEC, BGBl 382/1974 idF III 108/2010, Art 7 lit b, 22 lit g; Abkommen zwischen dem Generalkommissär des Hilfswerks der Vereinten Nationen für Palästinaflüchtlinge im Nahen Osten und der österreichischen Bundesregierung über Privilegien und Immunitäten des Hauptquartiers in Wien, BGBl 466/1978; Abkommen zwischen der Republik Österreich und dem OPEC-Fonds für internationale Entwicklung über den Amtssitz des Fonds, BGBl 248/1982 idF BGBl III 94/2020, Art 7 lit b, 22 Abs 1 lit l; Abkommen zwischen der Republik Österreich und der Kommission der Europäischen Gemeinschaften über die Errichtung sowie die Privilegien und Immunitäten der Delegation der Kommission der Europäischen Gemeinschaften in der Republik Österreich, BGBl 37/1988, Art 2, vor dem Hintergrund des österr EU-Beitritts tw überholt; Abkommen Österreichs mit der Europäischen Patentorganisation, BGBl 672/1990, Art 14 Abs 1 lit f; Abkommen Österreichs mit der Weltorganisation für geistiges Eigentum über den Sitz des Internationalen Registeramts für audiovisuelle Werke, BGBl 405/1992, Art 13 Abs 1 lit h; Abkommen zur Errichtung der Welthandelsorganisation (WTO-Abkommen),

BGBl 1/1995 idF I 2/2008, Anh 1B Teil I Art I, Teil II Art II, Teil III Art XVII, Teil IV Art XX; Abkommen Österreichs mit dem Joint Vienna Institute, BGBl III 187/1997, Art 2 lit b, 14 Abs 1 lit h; Abkommen Österreichs mit der Vorbereitenden Kommission für die Organisation des Vertrages über das umfassende Verbot von Nuklearversuchen, BGBl III 188/1997, Art IX Abschnitt 23 lit b, Art XV Abschnitt 45 lit f; Abkommen Österreichs mit der UNO, BGBl III 99/1998, Art II Abschnitt 2, 3, 37 lit l; Abkommen Österreichs mit der UNIDO, BGBl III 100/1998, Art II Abschnitt 2, 3, Art XII Abschnitt 37 lit l; Abkommen zwischen der Republik Österreich und dem Internationalen Zentrum für Migrationspolitikentwicklung (ICMPD), BGBl III 145/2000, Art 2 lit b, Art 14 lit h; Amtssitzabkommen zwischen der Republik Österreich und der Agentur der Europäischen Union für Grundrechte, BGBl III 10/2011, Art 2, Art 4 Abs 1 lit a; Abkommen zwischen der Republik Österreich und der Internationalen Kommission zum Schutz der Donau, BGBl III 227/2001, Art 2 lit b, 16 Abs 1 lit h; Abkommen zwischen der Republik Österreich und der Internationalen Anti-Korruptionsakademie (IACA) über den Amtssitz der Internationalen Anti-Korruptionsakademie in Österreich BGBl III 100/2012, Art 5, Art 14 Abs 1 lit h; Abkommen zwischen der Republik Österreich und dem ständigen Sekretariat des Übereinkommens zum Schutz der Alpen über dessen Amtssitz, BGBl III 5/2004, Art 2 lit b, Art 14 Abs 1 lit h; Abkommen zwischen der Republik Österreich und der Internationalen Kriminalpolizeilichen Organisation (ICPO-INTERPOL) über den Amtssitz der Interpol Anti-Korruptionsakademie in Österreich, BGBl III 65/2008, Art 2 Abs 1 lit b, Art 14 Abs 1 lit h; Übereinkommen über die Errichtung des Joint Vienna Institute, BGBl III 95/2004 idF III 13/2014, Art 3 lit b, Art 4; Abkommen zwischen der Republik Österreich und der Energiegemeinschaft über den Sitz des Sekretariats der Energiegemeinschaft, BGBl III 87/2007, Art 2 lit b, Art 3, Art 4, Art 14 Abs 1 lit h; Abkommen zwischen der Republik Österreich und der Internationalen Bank für Wiederaufbau und Entwicklung, der Internationalen Finanz-Corporation und der Multilateralen Investitions-Garantie Agentur über die Einrichtung von Verbindungsbüros in Wien, BGBl III 23/2011, Art 2 lit b, Art 3, Art 4, Art 7, Art 14 Abs 1 lit h; Übereinkommen zur Errichtung der Internationalen Anti-Korruptionsakademie als Internationale Organisation, BGBl III 22/2011, Art 1 Abs 3 lit b; Abkommen zwischen der Republik Österreich und dem Internationalen König Abdullah bin Abdulaziz Zentrum für interreligiösen und interkulturellen Dialog über den Sitz des Internationalen König Abdullah bin Abdulaziz Zentrum für interreligiösen und interkulturellen Dialog in Österreich, BGBl III 209/2013, Art 2 lit b, Art 14 lit h, das Zentrum ist mit 01.07.2022 nach Lissabon übersiedelt; Abkommen zwischen der Republik Österreich und der Internationalen Organisation für Migration über den rechtlichen Status der Organisation in Österreich und den Sitz ihrer Büros in Wien, BGBl III 115/2014, Art 2 lit b, Art 15 Abs 1 lit h; Abkommen zwischen der Republik Österreich und der Organisation für Sicherheit und Zusammenarbeit in Europa (OSZE) über den Amtssitz der Organisation für Sicherheit und Zusammenarbeit in Europa, BGBl III 84/2018, Art 2, Art 1 lit m; Errichtung des Internationalen Zentrums für die Förderung von Menschenrechten auf lokaler und regionaler Ebene unter der Schirmherrschaft der UNESCO (Kategorie 2) in Graz (Österreich), BGBl III 147/2020, Art 4 Z 2 lit c.

Gesetze und sonstige Rechtsgrundlagen

Grundverkehrsgesetze der Länder: bgld LGBl 25/2007 idF 83/2020; krnt LGBl 9/2004 idF 104/2020; krnt Zweitwohnsitzabgabegesetz, LGBl 84/2005 idF 85/2013; nö LGBl 6800-0 idF 38/2019; oö LGBl 88/1994 idF 62/2021; sbg LGBl 9/2002 idF 33/2019; sbg Campingplatzgesetz, LGBl 44/2013 idF XX/2022; stmk LGBl 134/1993 idF 63/2018; tir LGBl 61/1996 idF 204/2021; vlbg LGBl 42/2004 idF 4/2022; vlbg Zweitwohnsitzabgabegesetz, LGBl 87/1997 idF 39/2019; wr LGBl 11/1998 idF 59/2018.

Vereinbarung zwischen dem Bund und den Ländern gemäß Artikel 15a B-VG über die Festlegung von bundesweit einheitlichen zivilrechtlichen Bestimmungen für landesgesetzlich zu regelnde Angelegenheiten des Grundstücksverkehrs (Grundstücksverkehr-Vereinbarung – GruVe-VE), BGBl 260/1993 idF BGBl I 1/2017.

Verordnungen: Zu den GVG wurden inzwischen zahlreiche Verordnungen erlassen, die zB Regelungen betreffend Grundverkehrskommissionen, Regelungen über die Abgabe von (Nutzungs-)Erklärungen oder zB Festlegungen bestimmter Gebiete, für die Regelungen der GVG anzuwenden sind, enthalten.

Literaturauswahl

Monografien – Kommentare

Bock, Grundverkehrsrecht in Österreich (1998); *G. Eisenberger/Holzmann*, Praxishandbuch Zweitwohnsitz (2021); *Fischer/Lukas*, Handbuch zum oberösterreichischen Grundverkehrsgesetz (1999); *Fuith*, Tiroler Grundverkehrsgesetz[8] (2022); *Funk* (Hrsg), Grundverkehrsrecht. Institutionen – Funktionen – Beziehungen zum Gemeinschaftsrecht (1996); *Hummer/Schweitzer*, Ausverkauf Österreichs? Ausländergrundverkehr und EWG (1990); *König*, Der Zweitwohnsitz im österreichischen Recht[4] (2020); *König*, Immobilienerwerb in Österreich. Umsetzung der europarechtlichen Bestimmungen in der Praxis[3] (2021); *Lienbacher ua* (Hrsg), Die Grundverkehrsgesetze der österreichischen Bundesländer[2] (49. Lfg 2021); *Müller/Weber* (Hrsg), TGVG. Tiroler Grundverkehrsgesetz 1996 (2017); *Pachler/Uhl*, Grundverkehrsrecht für die Praxis (2011); *Petric/Zraunig* (Hrsg), Kärntner Grundverkehrsgesetz. Kurzkommentar (2021); *Rebhahn* (Hrsg), Kärntner Raumordnungs- und Grundverkehrsrecht (1996); *Schneider*, Handbuch österreichisches Grundverkehrsrecht (1996).

Beiträge

Bachlechner, Liegenschaftserwerb und Kapitalverkehrsfreiheit, ZEuS 1998, 519; *Batlogg*, Die Hobbylandwirte im Grundverkehrsrecht, AnwBl 2006, 188; *Baumgartner/Fister*, Die spätere Verwendung von Wohnobjekten als Freizeitwohnsitze nach dem Kärntner Bau- und Raumordnungsrecht – ausgewählte Fragen, bbl 2018, 83; *Bittner*, Die Privatstiftung im Grundverkehrsrecht, in FS Torggler (2013) 99; *Bittner*, Erwerb eines Grundstücks durch Verein; Nachweis der Inländereigenschaft des Vereins, wobl 2021, 315; *Bußjäger*, Grundverkehrsrecht – Ein Rechtsgebiet für Wohnraumschaffung der Länder?, bbl 2020, 39; *Eilmansberger*, Baugrundverkehr im Europarecht, ecolex 1993, 5; *Eilmansberger/Lienbacher*, Verfassungsrechtliche und europarechtliche Determinanten für die Regelung des Verkehrs mit Baugrundstücken durch die Landesgesetzgeber, in Jahrbuch der Universität Salzburg 1989–1991 (1993) 83; *Eisenberger/Wurzinger*, Grundstücksausverkauf in alpinen Ferienorten?, bbl 2018, 205; *Holzer*, Grundverkehrsrecht, in Norer (Hrsg), Handbuch des Agrarrechts (2005) 493; *Hörtenhuber*, (Ausländer-)Grundverkehr nach dem EU-Beitritt, ZfRV 1995, 221; *Herzig*, Grundbuch und EU-Ausländer Anmerkung zu OGH 24.10.2006, 5 Ob 212/06x, wbl 2007/83, 194; *Holzer*, Grundverkehrsrecht, in Norer (Hrsg), Handbuch des Agrarrechts[2] (2012) 673; *Hopp*, EuGH-Verbot der Selbstbewirtschaftungspflicht beim

„Grünen Grundverkehr", ecolex 2004, 74; *Kalss*, Gesellschaftsrechtliche Implikationen des Grundverkehrsrechts, WoBl 1996, 1, 45; *Khakzadeh*, Grundverkehrsbehördliche Genehmigung von Rechtserwerben an landwirtschaftlichen Grundstücken, ÖJZ 2005, 281; *Knapp*, Diskriminierende Grunderwerbsbeschränkungen in der EU, EWS 1999, 409; *Korinek*, Grundrechte und administrative Beschränkungen des Liegenschaftsverkehrs, ZfV 1992, 8; *Leitner*, „Enteignung" in Ungarn? Die Entscheidung des EuGH zu Nießbrauchsrechten in Ungarn und seine Rechtsprechung zu österr Grunderwerbsbeschränkungen, ecolex 2018, 680; *Lienbacher*, Freizügigkeit der Arbeitnehmer und Zugang zu Wohnmöglichkeiten, WoBl 1998, 321; *Lienbacher*, Grundverkehr und Raumplanung – Zusammenhänge und Wechselwirkungen, ZfV 1996, 331; *Lienbacher*, Sinn und Unsinn von Durchbrechungen verwaltungsgerichtlicher Kontrolle – ein Beispiel, in FS Raschauer (2008) 149; *Lukan/Pürgy*, Entwicklungen im Landesrecht 2012, in Baumgartner (Hrsg), Jahrbuch Öffentliches Recht 2013, 477; *Neger/Doriath/Leitenbauer*, Beschränkungszonen und ihre Bedeutung für Gemeinden. Die Zweitwohnsitzthematik am Beispiel steirischer Vorbehaltsgemeinden mit Blick auf weitere österreichische Bundesländer, RFG 2021, 57; *Neugebauer/Steineder*, Grundverkehrsrecht, in Pürgy (Hrsg), Das Recht der Länder II/2 (2012) 305; *Prader/Walzel von Wiesentreu*, Die wohnungseigentumsrechtliche Widmung im Spannungsfeld öffentlich-rechtlicher Vorgaben und des WEG/BTVG, immolex 2021, 12; *Raschauer B./Wessely*, Besonderes Verwaltungsrecht[4] 185; *Rill*, Aktuelle Fragen der Bodenordnung in Österreich, JBl 1994, 242; *Schöll*, Gemeinsamer Grunderwerb durch EU-Bürger und Drittstaatsangehörige, immolex 2021, 58; *Schön*, Salzburger Grundverkehr, NZ 2011, 1; *Schneider*, Die „Konle"-Entscheidung des EuGH und ihre Auswirkungen auf das österreichische Grundverkehrsrecht, ZfV 2000, 16; *Schneider*, Zur Rechtsnatur grundverkehrsbehördlicher Negativbestätigungen, NZ 2004/6; *Schröder*, Tiroler Grundverkehrsrecht und EU-Recht, in Schurr/Umlauft (Hrsg), Festschrift Eccher (2017) 1051; *Semper*, Der Ausländer-Grundverkehr im Share-Deal, ecolex 2010, 608; *Stegmayer*, Raumordnung – Salzburgs neue Wege (Teil 2), bbl 2018, 125; *Urlesberger*, Beschränkung von Zweitwohnsitzen und Europarecht, wobl 2016, 416; *Walzel von Wiesentreu*, Rechtsfragen des Erwerbes von Eigentumsanteilen an Hotelanlagen in Kärnten, ÖImmZ 2004, 209, 237, 257; *Walzel von Wiesentreu*, Ausländergrundverkehr in Österreich, RFG 2009, 100; *Walzel von Wiesentreu*, Der Erwerb von Wohnungseigentum durch Ausländer, immolex 2013, 198; *Walzel von Wiesentreu*, Ausländergrundverkehr in Österreich, RFG 2009/23 (100).

Rechtsprechung

VfSlg 2658/1954 (Kompetenzfeststellung – land- und forstwirtschaftlicher Grundverkehr); VfSlg 5521/1967, 5534/1967 (Kompetenz zur Regelung des Ausländergrundstücksverkehrs); VfSlg 7838/1976, 10921/1986 uvam (land- und forstwirtschaftliche Grundstücke); VfSlg 11.777/1988 („Verkehr" – Umfang des Kompetenzbegriffes); VfSlg 14.701/1996 (Liegenschaftsverkehrsfreiheit – Verletzung durch generelles Freizeitwohnsitzerwerbsverbot); VfSlg 14.422/2004 (Inländerdiskriminierung beim Grundverkehr); VfSlg 17.855/2006 (Gebot der mündlichen Verhandlung, Art 6 EMRK; Anwendbarkeit der Verwaltungsverfahrensgesetze); VfSlg 18.226/2007 (Inländerdiskriminierung); VfSlg 18.656/2008 (Selbstbewirtschaftungspflicht und Inländerdiskriminierung); VfSlg 18.467/2008 (Aufhebung des Erfordernisses der „Multifunktionalität" als kompetenzwidrig); VfSlg 18.639/2008 (keine ausreichende Determinierung der Behördenzuständigkeit); VfSlg 18.825/2009 (Erbschaftskauf als der grundverkehrsbehördlichen Zustimmung bedürftiges Rechtsgeschäft); VfSlg 19.029/2010 (fehlende Übergangsregelung keine verfassungswidrige Regelungslücke);

VfSlg 19.427/2011 (Kompetenzwidrigkeit der Genehmigungspflicht von originärem Eigentumserwerb); VfGH 12.06.2012, B 528/11 (Versagung der grundverkehrsbehördlichen Zustimmung mangels Landwirteigenschaft zugunsten eines Aufstockungsinteressenten); VfGH 22.02.2013, B 1116/12 (Versagung der grundverkehrsbehördlichen Genehmigung in einem Zwangsversteigerungsverfahren wegen vorhandenem Interessenten); VfGH 07.06.2013, B 656/2012 (Versagung der grundverkehrsbehördlichen Genehmigung im Wege einer Zwangsversteigerung wegen eines den ortsüblichen Verkehrswert erheblich übersteigenden Zuschlagspreises); VfSlg 19.783/2013 (keine Aufhebung von Bestimmungen des Tiroler Grundverkehrsgesetzes über den „grünen Grundverkehr"); VfSlg 19.817/2013 (Keine Bedenken gegen das System der Interessentenregelung wegen Inländerdiskriminierung); VfGH 06.06.2014, B 773/2012 (Verletzung im Gleichheitsrecht; unzulässiger Verzicht auf den Nachweis der Weitergabe an Landwirte durch die Nö Grunderwerbsgenossenschaft); VfGH 22.09.2014, B 1269/2013 (keine Verfassungsverletzung durch Nichtberücksichtigung einer Interessentenmeldung wegen zu geringen Gebotes); VfSlg 20.029/2015 (Kompetenzwidrigkeit der Bestimmung, betreffend originären Rechtserwerbs); VfSlg 20.335/2019 (keine Unsachlichkeit des Entfalls der grundverkehrsbehördlichen Genehmigungspflicht für juristische Personen mit Gründung und Sitz in einem EU-Mitgliedstaat oder Vertragsstaates des EWR-Abkommens; keine unsachliche „Inländerdiskriminierung" durch die Gleichstellung von juristischen Personen mit Mehrheitsbeteiligung von Drittstaatsangehörigen am Gesellschaftskapital oder Vermögen mit österreichischen juristischen Personen); VfSlg 20.336/2019 (keine Unsachlichkeit durch die Anwendung der Kontrolltheorie zur Feststellung der Eigenschaft als In- oder Ausländer eines in Österreich gegründeten Vereines; keine unsachliche „Inländerdiskriminierung" durch Gleichstellung von juristischen Personen mit Mehrheitsbeteiligung von Drittstaatsangehörigen am Gesellschaftskapital oder Vermögen mit österreichischen juristischen Personen); VfGH 10.03.2021, E 3351/2020 (als [geeigneter] Erwerber eines landwirtschaftlichen Grundstückes kann auch eine juristische Person auftreten; das Vorliegen der Landwirteigenschaft bzw eines landwirtschaftlichen Betriebes ist bei juristischen Personen kanonischen Rechts im Rahmen einer Gesamtbetrachtung der Eigenheiten der Institution und ihrer Tätigkeit zu beurteilen).

VwGH 26.01.2001, 2000/02/0230, 12.05.2005, 2003/02/0096 ua (Aufgabe des grundverkehrsbehördlichen Verfahrens; Wahrung öffentlicher Interessen ausschließlich Aufgabe der Grundverkehrsbehörden); VwGH 27.01.2012, 2010/02/0096 (Grundverkehrsbehörde kann Rechtsgeschäft nur zur Gänze genehmigen oder versagen); VwGH 12.07.2012, 2008/02/0144 (Art 56 EGV, Kapital selbst, nicht aber der Kapitalleistende oder -empfänger wird von Beschränkungen befreit); VwGH 24.11.2014, 2013/02/0223 (alleine aufgrund des Bezuges von Arbeitslosengeld kann noch nicht auf eine Freizeitnutzung eines Objektes geschlossen werden); VwGH 30.09.2015, Ra 2014/06/0026 (der Begriff der Verwendung eines Freizeitwohnung ist in zeitlicher Hinsicht nicht punktuell, sondern durchgängig zu verstehen); VwGH 15.03.2016, Ra 2015/02/0246 (Parteien des grundverkehrsbehördlichen Verfahrens sind die Parteien des von der Grundverkehrsbehörde zu beurteilenden Vertrages); VwGH 17.03.2016, Ro 2016/11/0001 (subjektiv-öffentliche Abwehrrechtsposition in Ansehung des Versagungsgrundes, zur Qualifikation als Landwirt ist zumindest tw Selbstbewirtschaftung unabdingbar); VwGH 27.04.2016, Ro 2014/05/0040 (für die Frage der Widmung ist nicht auf das GVG abzustellen); LVwG Tir 08.03.2016, LVwG-2015/42/2132-6 (eine Meldung einer Adresse als Hauptwohnsitz kann lediglich ein Indiz für eine Nutzung als Hauptwohnsitz sein); LVwG Tir 12.08.2016, LVwG-2016/33/0740 (verwaltungsbehördliche Beschränkungen für in EU Mitgliedsstaaten ansässige Drittstaatenangehörige widersprechen Art 63 AEUV); VwGH 23.03.2017, Ra 2016/11/0143 (Begründung von ideellem Miteigentum an land- und forstwirtschaftlichen Grundstücken erfüllt keinen Versagungstatbestand nach dem Sbg GVG); VwGH 22.06.2017, Ra 2016/11/0187 (Bindungswirkung der bescheidmäßigen Feststellung der Eigenschaft land- und forstwirtschaftliches Grundstück); VwGH 29.05.2019, Ra 2017/22/0314 (die subjektive Rechtssphäre des Verkäufers ist auf die Erlangung der behördlichen Genehmigung beschränkt); VwGH 15.10.2019, Ro 2017/11/0004 (unvollständige Anmeldung des Interesses stellt keinen verbesserungsfähigen Mangel nach dem NÖ GVG dar; eine Gebietskörperschaft und somit juristische Person kann keine Landwirtin iSd NÖ GVG sein); VwGH 16.09.2020, Ra 2018/11/0100 (das Nichtvorliegen der Landwirteeigenschaft sowie der Partei- und Interessentenstellung nach dem NÖ GVG sind nicht in einem gesonderten Feststellungsverfahren festzustellen); VwGH 23.04.2021, Ra 2019/11/0172 (Fähigkeit der Zahlung des ortsüblichen Verkehrswerts ist nur bei prompter Zahlung gegeben); VwGH 22.06.2021, Ra 2020/11/0029 (bei grundverkehrsbehördlicher Genehmigung des Zuschlages werden Interessen des Verpflichteten nicht berührt. Der Schutz von in Grundverkehrsgesetzen verankerten öffentlichen Interessen ist allein der Grundverkehrsbehörde überantwortet); VwGH 15.03.2022, Ra 2021/11/0060 (die grundverkehrsbehördliche Genehmigung dient nur der Bewilligung des Rechtsgeschäfts und nicht der verbindlichen Festlegung des Liegenschaftswertes); VwGH 15.03.2022, Ra 2019/11/0216 (bei der Beurteilung eines Grundstücks als land- oder forstwirtschaftliches ist grundsätzlich auf den Zeitpunkt des Abschlusses des Kaufvertrages abzustellen); VwGH 15.03.2022, Ra 2019/11/0187 (keine Anwendbarkeit des Versagungsgrundes nach § 6 Abs 2 Z 2 NÖ GVG, wenn der Rechtserwerber selbst Landwirt ist); VwGH 15.03.2022, Ra 2019/11/0014 (ein die grundverkehrsbehördliche Zustimmung versagender Bescheid greift in das Eigentum [auch] des Erwerbers ein); VwGH 21.03.2022, Ra 2021/11/0172 (ein volkswirtschaftliches Interesse an der Tätigkeit des Erwerbers im Inland begründet nicht automatisch einen Rechtsanspruch auf den Erwerb eines Eigenheims zu Wohnzwecken); VwGH 21.03.2022, Ra 2019/11/0143 (Ausschluss jener Personen von der Landwirteigenschaft, denen ein land- und forstwirtschaftlicher Betrieb nur als Liebhaberei dient; der Umstand, dass jemand „sozialversicherungsrechtlich und versicherungsrechtlich seit Jahren als Landwirt eingestuft werde" ist für die Beurteilung der Landwirteigenschaft nach dem NÖ GVG unerheblich).

OGH 24.10.2006, 5 Ob 212/06x (Kapitalverkehrsfreiheit – Verstoß durch „Nachweismodell"); OGH 29.10.2004, 5 Ob 58/04x ua (Vorrang des Unionsrechts, insb Art 56 EG vor entgegenstehendem Landesrecht); OGH 17.01.2012, 5 Ob 234/11i (keine Eintragung des genehmigungspflichtigen Rechtserwerbs ohne Vorlage der Urkunden, die das landesgesetzliche Grundverkehrsrecht normiert); OGH 24.04.2013, 9 Ob 4/13y (Käufer kann vor grundverkehrsrechtlicher Genehmigung keine Übergabe der Liegenschaft begehren); OGH 08.10.2013, 3 Ob 180/13m (Rückabwicklung bei Zwangsversteigerungen nach GVG); OGH 29.04.2014, 9 Ob 18/14h (Umgehung einer grundverkehrsbehördlichen Genehmigung), OGH 25.09.2015, 5 Ob 154/15f (bei Scheidung keine grundverkehrsrechtlichen Beschränkungen für Vermögensaufteilung eines Zweitwohnsitzes); OGH 13.12.2018, 5 Ob 112/18h (Bescheide von Verwaltungsbehörden, die Voraussetzung einer bücherlichen Eintragung sein sollen, müssen mit der Bestätigung der Rechtskraft versehen sein); OGH 12.07.2021, 5 Ob 78/21p (die grundverkehrsbehördliche Behandlung ist schon bei der Vormerkung der Einverleibung vorzulegen).

EuGH 01.06.1999, C-302/97 (Konle/Österreich) (Kapitalverkehrsfreiheit – Unzulässigkeit des Genehmigungsmodells); EuGH 01.07.2000, C-423/1998 (Albore/Italien) (Erwerb eines Grundstücks in einem anderen Mitgliedstaat fällt unter Kapitalverkehrsfreiheit); EuGH 05.03.2002, C-515/99 (Reisch u.a.) (Beschränkungsverbot – Anmelde- und Genehmigungssysteme); EuGH 15.05.2003, C-300/01 (Salzmann/Österreich) (Vorab-Genehmigungsmodell mit Kapitalverkehrsfreiheit nicht vereinbar); EuGH 23.09.2003, C-452/01 (Margarethe Ospelt und Schlössle Weissenberg Familienstiftung) (zulässiger Genehmigungsvorbehalt im land- und forstwirtschaftlichen Grundverkehr; Verbot eines ausschließlichen Selbstbewirtschaftungsgebotes); EuGH 01.12.2005, C-213/04 (rückwirkende Rechtsunwirksamkeit des Grundverkehrsgeschäftes infolge bloß verspäteter Abgabe der Erklärung verletzt die Kapitalsverkehrsfreiheit); EuGH 25.01.2007, C-370/05 (Festersen) (Kapitalverkehrsfreiheit – Wohnsitzerfordernis als unzulässige Voraussetzung für den Erwerb landwirtschaftlicher Grundstücke); EuGH 24.06.2011, C-476/10 (projektart) (Kapitalverkehrsfreiheit und Zweitwohnsitzerwerb durch EWR-Staatsangehörige); EuGH 06.03.2018, C-52/16 und C-113/16 (die Anknüpfung an ein nahes Angehörigenverhältnis bei Nießbrauchsberechtigten vermag weder den Erwerb zu Spekulationszwecken noch die Zerstückelung von Agrarflächen oder die Landflucht zu verhindern und steht Art 63 AEUV entgegen; die ungarischen Regelungen betreffend den Verkauf land- und forstwirtschaftlicher Flächen und das damit *ex lege* eintretende Erlöschen der Nießbrauchsrechte, die Angehörige anderer Mitgliedstaaten unmittelbar oder mittelbar an land- und forstwirtschaftlichen Flächen in Ungarn innehaben, verstoßen gegen Art 63 AEUV in Verbindung mit Art 17 GRC).

I. Regelungsgegenstand und -ziele

Gegenstand des Grundverkehrsrechts ist die Kontrolle des Bodenmarktes durch staatliche Behörden, die durch verwaltungsbehördliche Maßnahmen (Genehmigungsvorbehalte, Anzeigepflichten, Erklärungspflichten) für bestimmte Grundstückstransaktionen ausgeübt wird. Wird die Genehmigung versagt, ist das zivilrechtliche Rechtsgeschäft unwirksam und kann nicht ins Grundbuch eingetragen werden bzw es ist nichtig und muss rückabgewickelt werden. Werden im Anzeige- bzw im Erklärungsverfahren Rechtswidrigkeiten begangen, führt dies neben verwaltungsstrafrechtlichen Konsequenzen zur Nichtigkeitsklage und in der Folge zur Löschung der vorgenommenen Eintragung des Rechtserwerbs im Grundbuch bzw zu Rückabwicklungen und zu Zwangsversteigerungen. Im Wesentlichen gehen die bestehenden grundverkehrsrechtlichen Regelungen von drei Zielen aus:

- Erstes und ältestes Regelungsziel ist die **Erhaltung, Stärkung oder Schaffung eines lebensfähigen Bauernstandes** (Art VII B-VGNov 1974). Lange Zeit war der land- und forstwirtschaftliche Grundverkehr überhaupt der Hauptanwendungsbereich für grundverkehrsrechtliche Regelungen.
- Das zweite Regelungsziel will eine **„Überfremdung" des Eigentums an Grund und Boden verhindern** (Ausländergrundstücksverkehr). Den Anknüpfungspunkt bildet die Ausländereigenschaft des Erwerbers. Die Staatsbürgerschaft des Veräußerers spielt keine Rolle (VwSlg 9715 A/1979). Da die Ausländergrundstücksverkehrsbestimmungen wegen des europarechtlichen Diskriminierungsverbots auf EU-/EWR-Bürger* nicht mehr anwendbar sind, ist die Bedeutung dieses Regelungsbereiches stark gesun-

ken. Solche Regelungen beziehen sich nur mehr auf Fremde, die nicht EU-/EWR-Bürger sind (Drittstaatsangehörige). Darüber hinaus sind aufgrund von völkerrechtlichen Verträgen bestimmte Personen(gruppen) (zB Angestellte der IAEO, UNIDO) beim Erwerb von unbeweglichem Vermögen Österreichern gleichgestellt oder aufgrund von bilateralen Verträgen begünstigt. Für nicht begünstigte Ausländer werden Genehmigungen des Grundstückserwerbs in den GVG der Länder von staatspolitischen, kulturellen, sozialen oder volkswirtschaftlichen Interessen abhängig gemacht. Damit wurden die bis zu Beginn der neunziger Jahre bestehenden Bestimmungen, die sich mit dem „Überfremdungstatbestand" für die Untersagung des Grunderwerbs durch Ausländer begnügten, verschärft.

- Das dritte und jüngste Regelungsziel ist die **Sicherung einer sinnvollen Ausnutzung des Siedlungsraumes und die Verhinderung einer spekulativen Baulandhortung** (Baugrundstücksverkehr – Verkehr mit bebauten oder zur Bebauung bestimmten Grundstücken). Dabei soll im Hinblick auf die Bodenknappheit dem Bedarf nach Baugrundstücken für **Wohn- und Betriebszwecke** der **Vorrang** vor anderen Nutzungen, insb jener zu Freizeitzwecken (**Freizeitwohnsitz**), gegeben werden. Weiters soll damit auch die Sicherung einer der → *Raumordnung* entsprechenden Nutzung von Grund und Boden erreicht werden. Hintergrund dieser Regelungsziele war auch, einen „Ausverkauf der Heimat" im Zuge des EU-Beitritts bzw der Schaffung des EWR zu verhindern.

II. Verfassungsrechtliche Bezüge

1. Kompetenzrechtliche Bestimmungen

Die zersplitterte kompetenzrechtliche Situation im Grundverkehrsrecht kennt einerseits **drei Länderkompetenzbereiche** (land- und forstwirtschaftlicher Grundverkehr, Ausländergrundstücksverkehr und Baugrundstücksverkehr), andererseits den Rest des Grundverkehrs, der in den Kompetenzbegriff „Zivilrechtswesen" nach Art 10 Abs 1 Z 6 B-VG fällt und damit **Bundeskompetenz** in Gesetzgebung und Vollziehung ist.

Der VfGH hat in einem Kompetenzfeststellungserkenntnis (Art 138 Abs 2 B-VG) unter Anwendung des Versteinerungsprinzips* entschieden, dass Regelungen im Interesse der Erhaltung, Stärkung oder Schaffung eines lebensfähigen Bauernstandes (**land- und forstwirtschaftlicher Grundverkehr**) nicht in den Bereich des Kompetenztatbestandes „Zivilrechtswesen" (Art 10 Abs 1 Z 6 B-VG) fallen, sondern Landessache in Gesetzgebung und Vollziehung gem Art 15 Abs 1 B-VG sind (VfSlg 2658/1954). Dies wurde in Art VII der B-VGNov 1974, BGBl 444/1974 vom Verfassungsgesetzgeber bestätigend festgeschrieben. Im Erkenntnis VfSlg 18.467/2008 hat der VfGH das im bgld Grundverkehrsgesetz 2007 festgelegte Erfordernis der „Multifunktionalität" als kompetenzwidrig aufgehoben, weil es keine unerlässliche Voraussetzung für einen lebensfähigen Bauernstand sei. Die „ökologische Verträglichkeit" hat der Gerichtshof hingegen als Umschreibung einer wesentlichen Voraussetzung für die Erhaltung, Stärkung oder Schaffung eines lebensfähigen Bauernstandes für zulässig erachtet.

Im Zuge älterer Gesetzesprüfungsverfahren stellte der VfGH fest, dass landesgesetzliche Regelungen betreffend den Ausländergrunderwerb als Bestandteil des Kompetenztatbestandes „Zivilrechtswesen" in die Regelungskompetenz des Bundes fallen (VfSlg 5521/1967, 5534/1967). Der Verfassungsgesetzgeber hat darauf reagiert und Regelungen, die den **Grundstücksverkehr für Ausländer** verwaltungsbehördlichen Beschränkungen unterwerfen, aus der „Zivilrechtswesenskompetenz" des Bundes herausgenommen und den Ländern zugeschlagen (Art 10 Abs 1 Z 6 B-VG idF BVG BGBl 27/1969).

Mit den Argumenten eines angespannten Bodenmarktes und spekulativer Baulandhortung und dem drohenden „Ausverkauf der Heimat" als vermutete Folge des EWR- bzw des EU-Beitritts forderten die Länder Ende der 1980er Jahre die Übertragung der gesamten Grundverkehrskompetenz. Durch die B-VGNov BGBl 276/1992 wurde Art 10 Abs 1 Z 6 B-VG geändert und die Kompetenz der Länder auf **„den Verkehr mit bebauten oder zur Bebauung bestimmten Grundstücken"** ausgedehnt. Dieser verfassungsrechtliche Begriff ist weit auszulegen. Er lässt sich nicht auf die in den ROG der Länder und in den FWP vorgesehene Widmungskategorie „Bauland" beschränken. Er umfasst vielmehr alle Flächen, die ihrer Widmung* nach bereits bebaut oder zur Bebauung bestimmt sind, gleichgültig, welche spezifische Widmungskategorie in den raumordnungsrechtlichen Vorschriften dies vorsieht (auch bebaute Flächen in der Widmungskategorie „Grünland" oder „Sonderfläche" fallen darunter). Der kompetenzrechtliche Begriff ist unabhängig von einfachgesetzlichen Regelungen autonom auszulegen. Die Landesgesetzgeber hätten es andernfalls in der Hand, den Kompetenzumfang zur Gänze selbst zu bestimmen.

Eine **Art 15a B-VG-Vereinbarung** (Gliedstaatsvertrag*) zwischen Bund und Ländern mit **einheitlichen zivilrechtlichen Bestimmungen** betreffend den Grundstücksverkehr für Ausländer, den Verkehr mit Baugrundstücken sowie mit land- und forstwirtschaftlichen Grundstücken schränkt die Zivil- und Strafrechtskompetenz der Länder gem Art 15 Abs 9 B-VG ein (BGBl 260/1993 idF I 1/2017). Zivilrechtliche Regelungen in den GVG dürfen dieser Vereinbarung nicht widersprechen (s IV.5.). Durch die Vereinbarung sollen einheitliche Regelungen für die Abwicklungen im Grundbuchsverfahren, im Zwangsversteigerungsverfahren, bei der öffentlichen Feilbietung und bei der Feststellungsklage geschaffen werden.

Die Kompetenz der Länder zur gesetzlichen Regelung der Bereiche „Baugrundstücksverkehr" und „Ausländergrundstücksverkehr" umfasst auch den **Rechtserwerb von Todes wegen durch Personen, die nicht zum Kreis der** gesetzlichen Erben gehören (Art 10 Abs 1 Z 6 B-VG). In der Novelle zur Art 15a B-VG-Vereinbarung 2017 wurden im Hinblick auf die zivilrechtlichen Beschränkungen bei der Zulässigkeit der Eintragung ins Grundbuch gemäß Art 3 Abs 3 die Befreiungen neu definiert. Mit der Privilegierung der „**nächsten Angehörigen**" (Art 3 Abs 3) wird nicht mehr auf den Kreis der gesetzlichen Erben abgestellt, sondern diese konkret festgelegt (s IV.4.).

Im Bereich des land- und forstwirtschaftlichen Grundverkehrs verfügen die Länder hingegen **nicht** über die Kompetenz, den Rechtserwerb von Todes wegen zu regeln.

Kompetenzwidrig sind landesgesetzliche Regelungen im Hinblick auf den Begriff „Verkehr", soweit sie über den rechtsgeschäftlichen Verkehr (zweiseitige Rechtsgeschäfte) hinaus verwaltungsbehördliche Beschränkungen für originären Eigentumserwerb (Okkupation, Dereliktion, Ersitzung, Anwachsung) oder einseitige Rechtsgeschäfte (zB die Auslobung oder die letztwillige Verfügung) in den genannten drei Bereichen vorsehen. Diese sind vom kompetenzrechtlichen Begriff „Verkehr" in Art 10 Abs 1 Z 6 B-VG und Art VII B-VGNov 1974, BGBl 444/1974 nicht erfasst (VfSlg 11.777/1988; vgl zB den mittlerweile aufgehobenen § 4 Abs 2 lit b Tir idF BGBl I 60/2009, VfSlg 19.427/2011 und VfSlg 20.029/2015). Problematisch sind in diesem Zusammenhang auch weite Formulierungen in den GVG, die den „Erwerb" von bestimmten Rechten der Genehmigungspflicht unterwerfen. Damit sind auch der originäre Erwerb, der Erwerb durch einseitige und zweiseitige Rechtsgeschäfte erfasst (vgl zB § 7 Bgld). Nur Regelungen des Erwerbs durch zweiseitige Rechtsgeschäfte sind kompetenzrechtlich zulässig. Der VfGH hat § 4 Abs 2 lit b tir GrundverkehrsG 1996 als kompetenzwidrig aufgehoben, weil er die Rechtsfolgen des Eintritts eines originären Eigentumserwerbs (etwa durch Ersitzung) regelte. Diese Regelung war vom Kompetenztatbestand „Verkehr" nicht gedeckt und konnte auch nicht als auf Art 15 Abs 9 B-VG gestützte akzessorische Regelung zur landesgesetzlichen Hauptregelung angesehen werden (VfSlg 19.427/2011).

Probleme bereitet auch die Ermächtigung zur verwaltungsbehördlichen Beschränkung des Rechtserwerbs von Todes wegen, weil sie am Tatbestandselement „Verkehr" anknüpft. Damit fallen einseitige Rechtsgeschäfte wie insb die letztwillige Verfügung aus der kompetenzrechtlichen Ermächtigung heraus. Bei zweiseitigen Rechtsgeschäften auf den Todesfall handelt es sich aber um Rechtsgeschäfte unter Lebenden, sodass sich die Frage nach dem Anwendungsbereich dieser kompetenzrechtlichen Ermächtigung stellt. Kompetenzwidrig erscheinen daher landesgesetzliche Regelungen, die Rechtserwerbe aufgrund einseitiger Rechtsgeschäfte, wie letztwillige Verfügungen oder Vermächtnisse, verwaltungsbehördlichen Beschränkungen unterwerfen (vgl zB §§ 22 ff Sbg).

2. Grundrechtliche Bestimmungen

Im Grundrechtsbereich sind die Liegenschaftsverkehrsfreiheit, der verfassungsgesetzlich gewährleistete Eigentumsschutz, aber auch der Schutz der Privatsphäre und die Verfahrensgarantien nach Art 6 EMRK die primären Anknüpfungspunkte, die die Landesgesetzgeber zu beachten haben.

Die **Liegenschaftsverkehrsfreiheit** (Art 6 Abs 1 StGG) richtet sich nach hL „nur" gegen historische Beschränkungen zugunsten bestimmter bevorrechteter Kreise beim Liegenschaftserwerb. Der VfGH ist in jüngerer Zeit von seiner am historischen Sinn orientierten Rsp abgegangen und hat festgehalten, dass Art 6 StGG zwar keinen Gesetzesvorbehalt enthält, dass Eingriffe trotzdem grundsätzlich möglich sind, die Länder aber nicht im Rahmen ihrer Gesetzgebungskompetenz unbeschränkt in den Schutzbereich des Art 6 StGG eingreifen dürfen. Der Wesensgehalt der Liegenschaftsverkehrsfreiheit dürfe nicht ausgehöhlt werden (VfSlg 5150/1965). Ein generelles Verbot des Erwerbs von Zweitwohnsitzen verletzt Art 6 StGG, wenn der Gesetzgeber bei seinen Maßnahmen nicht regional oder sonst in geeigneter Weise differenziert. Der Eingriff (§ 14 Abs 1 und 2 Tir aF) war insoweit überschießend und daher verfassungswidrig (VfSlg 14.701/1996). Allgemeine Einschränkungen schließt Art 6 StGG aber nicht aus, sofern sie verhältnismäßig sind und dem öffentlichen Interesse dienen. Einschränkungen zugunsten bestimmter bevorrechteter Kreise oder Personengruppen (mit der Ausnahme für die „tote Hand" nach Art 6 Abs 2 StGG) werden durch dieses Grundrecht jedenfalls ausgeschlossen.

Aufgrund des **Eigentumsschutzes** und im Speziellen aufgrund der im Eigentumsrecht fußenden **Privatautonomie** (Art 5 StGG iVm Art 1 1. ZPEMRK) dürfen auch im Bereich des Grundverkehrsrechts nur gesetzliche Einschränkungen getroffen werden, die im öffentlichen Interesse liegen und verhältnismäßig sind. Dadurch werden der staatlichen Steuerung des rechtsgeschäftlichen Verkehrs mit Grund und Boden Grenzen gesetzt. Der durch Art 1 1. ZPEMRK auch den Ausländern gewährleistete Eigentumsschutz lässt darüber hinaus eine Bevorzugung von Inländern nur aus objektiven Gründen und in verhältnismäßiger Weise zu. Bedenklich sind daher Regelungen, die auf einen Nachweis eines bestimmten kulturellen, sozialen oder volkswirtschaftlichen Interesses beim Grunderwerb durch einen Ausländer abstellen. Grundrechtskonform sind Regelungen, die diesbezügliche Beschränkungen nur im öffentlichen Interesse vorsehen. Zulässig sind auch eine „Positivplanung", die verpflichtet, ein Grundstück nach der festgelegten Nutzungsart auch tatsächlich zu nutzen (→ *Raumordnungsrecht*) und die damit verbundenen Eigentumsbeschränkungen, soweit die Mangelsituation dies erfordert und die Ausgestaltung verhältnismäßig erfolgt. Verfassungswidrig erscheinen nicht hinreichend differenzierende Nutzungspflichten oder überschießende Durchsetzungsinstrumentarien (zB eine sofortige Zwangsversteigerung).

Die **Verfahrensgarantien des Art 6 EMRK** sind insoweit betroffen, als es sich bei derartigen Genehmigungsvorbehalten beim Grundstückserwerb um Eingriffe in den sog „Kernbereich" der civil rights handelt. Mit der Einführung der zweistufigen Verwaltungsgerichtsbarkeit 2014 und der damit verbundenen Umstellung des Rechtsschutzsystems auf die gerichtliche Kontrolle durch die LVwG wird den Anforderungen des Art 6 EMRK vollständig entsprochen.

Aus **gleichheitsrechtlicher Sicht (Art 7 B-VG und Art 2 StGG)** ist die automatische Bevorzugung von Landwirten problematisch, wenn dadurch künftige Landwirte benachteiligt werden. Ebenso ist die Schlechterstellung von Neben- und Zuerwerbslandwirten im Verhältnis zu Vollerwerbslandwirten nach der Rsp des VfGH gleichheitswidrig. In Fällen gleichheitswidriger Inländerdiskriminierung hat der VfGH unionsrechtswidrige Regelungen in den GVG aufgehoben, weil aufgrund des Anwendungsvorranges des Unionsrechts diese gegenüber Personen aus Mitgliedstaaten nicht angewendet werden hätten dürfen.

III. Europarechtliche Bezüge

Obwohl es im Unionsrecht keine Vorschriften gibt, die den Grundverkehr in umfassender und systematischer Weise regeln, findet sich im Primär- und im Sekundärrecht eine Fülle von Regelungen, die den Grundverkehr betreffen und die die nationalen Vollziehungs- bzw Rechtssetzungsorgane binden. Sie dienen letztlich der **Verwirklichung der im Europarecht garantierten Freiheiten**. Trotz des Beitritts Österreichs zur EU gilt auch noch EWR-Recht, das in einigen Bereichen bezüglich des Grundverkehrs vom EU-Recht abweicht, und zwar hinsichtlich Staatsangehöriger Norwegens, Islands und Liechtensteins. In den GrundverkehrsG finden sich mehrheitlich Gleichstellungsbestimmungen zwischen Staatsangehörigen und EU-Bürgern hinsichtlich der Marktfreiheiten. In Tirol wurde eine völlige Gleichstellung verankert (§ 3 Tir).

Je nachdem, ob es sich um Berechtigungen handelt, die aus den Personenverkehrsfreiheiten* oder aus der Kapitalverkehrsfreiheit* abgeleitet werden, und ob es sich um den Erwerb eines Wohnsitzes bzw eines Betriebsgrundstückes oder um den Erwerb eines Freizeitwohnsitzes handelt, sind **vier Fallkonstellationen** zu unterscheiden, die unterschiedlichen unionsrechtlichen Regelungen unterliegen.

Die Unterscheidung **Wohnsitz** und **Freizeitwohnsitz** ist im Hinblick auf die unterschiedlichen unionsrechtlichen Rechtsfolgen relevant. Zudem deckt sich der österr Begriff des **Hauptwohnsitzes*** nicht mit dem Begriff Wohnsitz, an den die unionsrechtlichen Vorschriften anknüpfen. Unionsrechtlich wird zwischen Zweitwohnsitzen, das sind Freizeitwohnsitze, und allen anderen Wohnsitzen unterschieden: Wohnsitze sind alle Aufenthaltsorte, die nicht zu Freizeitzwecken (Ferien- oder Erholungszwecken) genutzt werden, gleichgültig, ob sie nach österr Recht als „Hauptwohnsitz" oder als „Zweitwohnsitz", der zu beruflichen Zwecken benötigt wird, bezeichnet werden. Bei der Verwendung des Begriffes „**Zweitwohnsitz**" in Rechtsvorschriften ist deshalb Vorsicht geboten. Durch die sich kreuzenden unterschiedlichen Terminologien, die sowohl innerhalb der österr Gesetze als auch zwischen Unionsrecht und nationalem Recht auftreten, ist jeweils zu fragen, ob mit dem Begriff Zweitwohnsitz ein Wohnsitz, der zu Freizeitzwecken genutzt wird, gemeint ist oder ein zweiter Wohnsitz, der zu beruflichen Zwecken benötigt wird. In den landesrechtlichen Regelungen findet sich für Zweitwohnsitze, die zu beruflichen Zwecken genützt werden, auch die Bezeichnung **ständiger Wohnsitz**.

Folgende Konstellationen sind zu unterscheiden:

1. Personenverkehrsfreiheiten* und Erwerb eines (ständigen) Wohnsitzes

Alle EU-Bürger haben den Anspruch auf Erwerb von Grundstücken, soweit sie ein durch EU-Recht gewährtes Aufenthaltsrecht (→ *Fremdenrecht*) in Anspruch nehmen und in Österreich einen ständigen Wohnsitz begründen wollen. EU-rechtlich garantierte Aufenthaltsrechte finden sich iVm der **Freizügigkeit der Arbeitnehmer***, der **Niederlassungsfreiheit***, unter bestimmten Umständen auch iVm der **Dienstleistungsfreiheit*** und iVm der **Aufenthaltsrichtlinie** (RL 2004/38/EG), die seit April 2006 umgesetzt sein muss und die früher geltenden RL betreffend die Nichterwerbstätigen (sog „Playboys", denen durch die RL die Möglichkeit des Aufenthalts unter Nachweis von Existenzmitteln und Krankenversicherung eingeräumt wurde), Pensionisten und Studierenden ersetzt. Die Ausübung dieser gleichermaßen im EWR geltenden Rechte darf durch landesgesetzliche Regelungen nicht behindert werden (VwSlg 15.060 A/1998).

Beispiel: Ein deutscher Arbeiter, der mit seiner Familie nach Österreich kommt, um hier zu arbeiten, oder ein deutscher Selbstständiger, der in Österreich einen Betrieb errichtet und dazu ein Wohnhaus und ein Betriebsgrundstück kauft, oder ein vermögender Holländer ohne Beschäftigung bzw der dänische Pensionist, der sich in Österreich einen ständigen Wohnsitz schafft.

2. Kapitalverkehrsfreiheit* und Erwerb eines (ständigen) Wohnsitzes

Gem Art 63 ff AEUV müssen in Österreich alle Beschränkungen für den Kapitalverkehr aufgehoben werden. Die Anwendung der Kapitalverkehrsfreiheit setzt eine **grenzüberschreitende Investition** voraus. Das bedeutet, einem EU-Bürger bzw einer in der EU ansässigen Person darf durch eine landesgesetzliche Vorschrift der Erwerb eines ständigen Wohnsitzes in Österreich nicht verboten werden, den er von seinem Heimatland aus tätigt, solange er dafür Sorge trägt, dass die Nutzung als ständiger Wohnsitz (zB durch Vermietung) aufrecht bleibt.

Beispiel: Ein deutscher Staatsbürger, der weiterhin in Deutschland wohnt, kann in Österreich eine Wohnung kaufen, die er als ständigen Wohnsitz vermietet. Dasselbe gilt für einen Serben, der in Belgien wohnt.

Den Bürgern der EWR-Staaten (Norwegen, Island, Liechtenstein) ist spätestens seit 01. Jänner 1996 solcherart das Investieren in österr Immobilien ohne Einschränkungen zu gestatten (vgl Art 1 iVm Anh I der KapitalverkehrsRL 88/361 und Anh XII EWRA Punkt 1 lit d und e). Die bloße Ansässigkeit in einem EWR-Land, wie dies gem Art 63 ff AEUV für die EU genügt, reicht auch hier aus.

Grundstückserwerbe dürfen auch dann nicht vom Landesgesetzgeber untersagt werden, wenn sie der „Spekulation" oder Geldanlagezwecken dienen. Es müssen aber bestehende und durch LG (zulässigerweise) vorgeschriebene Nutzungsverpflichtungen (etwa als ständiger Wohnsitz) befolgt werden. Dies kann auch durch Vermietung geschehen.

Bezüglich Angehöriger von Drittstaaten dürfen gem Art 64 Abs 1 AEUV nur mehr Beschränkungen aufrechterhalten werden, die bereits am 31. Dezember 1993 bestanden haben („Stillstandklausel"). Die Landesgesetzgeber dürfen aber keine strengeren Bestimmungen mehr schaffen.

Im Art 65 AEUV finden sich Ausnahmen und Vorbehalte, die den nationalen Gesetzgeber zu Beschränkungen des grenzüberschreitenden Kapitalverkehrs ermächtigen. Beschränkungen aus Gründen des Allgemeininteresses finden sich etwa iZm der Raumordnung (→ *Raumordnungsrecht*), dem Steuerrecht oder dem Umweltschutz. Solche Beschränkungen haben jedenfalls dem Verhältnismäßigkeitsgrundsatz zu entsprechen. Der EuGH (01.12.2005, C-213/04) sah raumplanerische Aspekte als im Allgemeininteresse liegende Ziele des vbg GVG an, wenn dadurch eine dauerhaft ansässige Bevölkerung erhalten werden und die Wirtschaftstätigkeit unabhängig vom Tourismus funktionieren kann.

3. Personenverkehrsfreiheiten* und Erwerb eines Freizeitwohnsitzes

Will ein in Österreich aufgrund der **Personenverkehrsfreiheiten** anwesender EU-/EWR-Bürger, der einen (ständigen) Wohnsitz nutzt, zusätzlich einen Freizeitwohnsitz erwerben, so ist zu prüfen, ob ein solcher Erwerb einen derartigen Stellenwert in der sozialen Integration einnimmt, **dass ein Verbot soziale Benachteiligungen** bewirken würde. Dann läge ein Widerspruch zu Art 7 der VO (EU) 492/2011 vor. In der Lehre wird diese Frage vorsichtig bejaht, wenngleich sie der EuGH bisher nicht zu entscheiden hatte. Bei Bejahung dieser Frage wäre es den Landesgesetzgebern verwehrt, entsprechende einschränkende Regelungen zu erlassen. Für den betroffenen Personenkreis würde dann der Anwendungsvorrang (Vorrang des Unionsrechts*) der VO (EU) 492/2011 zum Tragen kommen. Durch die Überschrift vor Art 70 EU-Beitrittsakte ist diese Frage implizit entschieden. Für den Bereich des Zweitwohnsitzerwerbs (Freizeitwohnsitzerwerbs) wurde sowohl im Hinblick auf den Erwerb im Rahmen der Personenverkehrsfreiheiten als auch im Rahmen der Kapitalverkehrsfreiheit eine Übergangsfrist für das Aufrechterhalten diskriminierender Regelungen bis zum 01. Jänner 2000 festgelegt, womit klar wird, dass auch der Freizeitwohnsitzerwerb grundsätzlich von Art 7 der VO (EU) 492/2011 erfasst ist und seit 01. Jänner 2000 uneingeschränkt gleichberechtigt zulässig sein muss.

Beispiel: Ein in Österreich arbeitender und lebender Spanier will in Österreich einen Freizeitwohnsitz kaufen.

War vor dem Inkrafttreten der **Aufenthaltsrichtlinie 2004/38/EG** bzw vor Ablauf der Umsetzungsfrist (29. April 2006) aufgrund der „Pensionisten-RL" und der „PlayboyRL" die Diskriminierung dieser Personengruppen gegenüber Inländern beim **Erwerb von Freizeitwohnsitzen** zulässig (Art 2 Abs 3 RL 90/364/EWG und Art 2 Abs 3 RL 90/365/EWG), ist eine solche Diskriminierung nunmehr für alle Anspruchsberechtigten nach der jetzt geltenden Aufenthaltsrichtlinie aufgrund des Gleichbehandlungsgebotes in Art 24 unzulässig. Anspruchsberechtigt sind unter bestimmten Voraussetzungen alle Unionsbürger und ihre Familienangehörigen, sofern sie nicht schon nach anderen Bestimmungen solche oder umfassendere Ansprüche ableiten können.

4. Kapitalverkehrsfreiheit* und Erwerb eines Freizeitwohnsitzes

Für EU-Bürger bzw in der EU ansässige Personen dürfen beim Erwerb von Freizeitwohnsitzen keine anderen Beschränkungen errichtet werden, als sie für Österreicher bestehen (Diskriminierungsverbot). Gem Art 70 EU-Beitrittsakte sind seit 01. Jänner 2000 bei widersprechenden österr Regelungen die maßgeblichen unionsrechtlichen Bestimmungen in den Verträgen bzw in den VO und RL, soweit sie unmittelbar anwendbar sind, von den österr Behörden vorrangig anzuwenden und die genannten österr Regelungen zu ignorieren.

Beispiel: Ein Deutscher, der in Tirol ein Ferienhaus kauft, darf seit 01. Jänner 2000 nicht mehr diskriminiert werden.

Im Gegensatz zur früher hM, wonach für EWR-Bürger nach Art 6 Abs 4 der 2. KapitalverkehrsRL für diese Fälle beschränkende Bestimmungen aufrecht erhalten werden können, hat der EuGH nunmehr festgehalten, dass einer solchen Beschränkung die Kapitalverkehrsfreiheit des Art 40 EWR-Abkommen entgegensteht (EuGH 24.06.2011, C-476/10).

Beispiel: Auch ein Norweger, der in Tirol eine Ferienwohnung kauft, darf nicht mehr diskriminiert werden.

5. Regelungsspielraum der Länder

Europarechtliche Determinanten iZm den genannten Anknüpfungspunkten finden sich nicht nur in der Einhaltung des Diskriminierungsverbotes, sondern auch in der **Eingriffsintensität beschränkender Regelungen**. So hat der EuGH (01.06.1999, C-302/97, s oben) iZm der Kapitalverkehrsfreiheit ausgesprochen, dass Tiroler Grundverkehrsregelungen, die einen Genehmigungsvorbehalt für den Kauf eines Grundstücks durch einen Deutschen vorsehen, gegen die Kapitalverkehrsfreiheit verstoßen, weil auch gelindere Mittel wie eine Anzeige- oder Erklärungspflicht ausreichten, um die Durchsetzung (berechtigter) raumordnungsrechtlicher Nutzungsbestimmungen zu gewährleisten.

Das **Genehmigungsmodell** ist deshalb unter **Verhältnismäßigkeitsgesichtspunkten unzulässig**, weil dessen Intentionen mit dem weniger eingreifenden Modell der **Anzeige- bzw der Erklärungspflicht** und damit verbundenen Sanktionen bei Rechtsverstößen im Wege einer nachprüfenden Kontrolle auch durchsetzbar sind. Sanktionen wie Verwaltungsstrafen, Androhungen von Zwangsversteigerungen, grundbücherliche Rückabwicklung usw werden dabei vom EuGH zur Verfolgung raumordnungsrechtlicher Nutzungsbestimmungen ausdrücklich als zulässig bezeichnet. Auf dieser Linie liegt auch die Rechtsprechung des EuGH, der einen Verstoß gegen die Kapitalverkehrsfreiheit feststellte, weil die bloß verspätete Abgabe der geforderten Erklärung über den Rechtserwerb zur rückwirkenden Rechtsunwirksamkeit des Grundverkehrsgeschäftes geführt hatte (EuGH 01.12.2005, C-213/04).

Diese iZm der Kapitalverkehrsfreiheit geführte Argumentation schlägt auch auf die anderen, oben dargestellten, den Grundverkehr determinierenden Bestimmungen im Bereich der Personenverkehrsfreiheiten durch. Die Landesgesetzgeber dürfen Bestimmungen mit Genehmigungsvorbehalten nur dann vorsehen, wenn dies zur Erreichung des legitimen Zwecks, nämlich der Durchsetzung raumordnungsrechtlicher Nutzungsbestimmungen, **unerlässlich** ist. Eine solche Unerlässlichkeit wäre allenfalls beim land- und forstwirtschaftlichen Grundverkehr denkbar, wenn rechtswidrige Nutzungen, die erst bei der Aktivierung des nachträglichen Kontrollsystems offenbar werden, zu längeren Nutzungsunterbrechungen führen und eine durchgängige Nutzung damit verhindert würde, die man mit den grundverkehrsrechtlichen Bestimmungen gewährleisten will.

Eine solche Unerlässlichkeit scheint bei den derzeit bestehenden Genehmigungsbestimmungen außerhalb des land- und forstwirtschaftlichen Grundverkehrs idR nicht gegeben zu sein, sodass sich diese wohl zum größten Teil als unionsrechtswidrig erweisen. Für die vollziehenden Behörden und Gerichte sind solche Bestimmungen infolge der unmittelbaren Anwendbarkeit und des Anwendungsvorrangs* unionsrechtlicher Bestimmungen zu ignorieren.

Festzuhalten bleibt, dass **Restriktionen** durch die nationalen Gesetzgeber **bei der geforderten Nutzung der Anlageobjekte** im Hinblick auf die erwähnten unionsrechtlichen Bestimmungen **unbedenklich** sind, soweit sie für Österreicher und EU- bzw EWR-Bürger gleichermaßen gelten und **verhältnismäßig** ausgestaltet werden (s auch oben 4.). Die Möglichkeit der Investition in ein Anlageobjekt muss idR unabhängig von etwaigen Nutzungsverpflichtungen für im EU-Gebiet ansässige Personen im Inland gewährleistet sein, auch wenn dies mit der Absicht zum „Horten von Grundstücken", zur „Spekulation" oder zur Geldanlage geschieht. Regelungen, die einen gewissen **Verwertungszwang** (etwa iS eines Gebotes der Vermietung des Anlageobjekts an Personen mit Bedarf an einem ständigen Wohnsitz) festlegen, um die widmungsgemäße Nutzung sicherzustellen, sind denkbar und **zulässig**.

Auf dieser Linie liegt auch die Rsp des EuGH (23.09.2003, C-452/01), die die unionsrechtliche Zulässigkeit von Genehmigungsvorbehalten im land- und forstwirtschaftlichen Grundverkehr grundsätzlich bestätigt und ein Gebot zur Selbstbewirtschaftung zwar nicht generell für unzulässig erklärt, aber jedenfalls dann Unionsrechtswidrigkeit annimmt, wenn das Grundstück zum Zeitpunkt der Veräußerung nicht vom Veräußerer bewirtschaftet wird und der Pächter es unter dem neuen Eigentümer auch unter denselben Bedingungen wie bisher bewirtschaften würde. Innerstaatlich müssen solche Bestimmungen aber aufgrund der grundrechtlichen Bindungen auf Gebiete mit besonderem Siedlungsdruck beschränkt werden und, um unionsrechtlich zulässig zu sein, auch für inländische Wohnungseigentümer gelten. Der EuGH hat zudem in der Rechtssache C-370/05 (Festersen) ausgesprochen, dass eine nationale Regelung, die als Voraussetzung für den Erwerb eines landwirtschaftlichen Grundstücks fordert, dass der Erwerber auf diesem Grundstück seinen ständigen Wohnsitz begründet, Art 63 AEUV widerspricht.

Schließlich sind auch diskriminierende Bestimmungen im Bereich der Verfahrensabwicklung unzulässig. So widersprach die Regelung im § 5 Abs 1 iVm Abs 4 Wr Ausländergrunderwerbsgesetz idF LGBl 33/2013, die für EU-Bürger bei der Grundbucheintragung strengere Voraussetzungen als für Inländer vorsah (EU-Bürger mussten das Vorliegen der Ausübung einer Grundfreiheit nachweisen), der Kapitalverkehrsfreiheit des Art 63 AEUV und war daher nicht anzuwenden (OGH 24.10.2006, 5 Ob 212/06x). Dies galt vice versa auch für alle Grundstückserwerbe von EU-Bürgern, die auf der Grundlage anderer Grundfreiheiten ausgeübt wurden. Durch die Novellierung des Wr Ausländergrunderwerbsgesetzes 2018 wurde dieses Problem gesetzlich bereinigt.

IV. Die einfachgesetzlichen Rechtsgrundlagen

Die GVG unterscheiden drei Regelungsbereiche: den land- und forstwirtschaftlichen Grundverkehr, den Baugrundstücksverkehr und den Ausländergrundstücksverkehr. Im Hinblick auf den Regelungsgegenstand gilt für alle drei Bereiche, dass nur der „Verkehr" mit Grundstücken den grundverkehrsrechtlichen Bestimmungen unterworfen werden darf (zum Inhalt des Begriffes „Verkehr" vgl oben II.1.).

Soweit in den GVG der Länder keine Kollisionsregeln für Sachverhalte existieren, die in mehrere Regelungsbereiche des Grundverkehrsrechts fallen, ist grundsätzlich davon auszugehen, dass die Regelungen **kumulativ** zur Anwendung gelangen. Ein Rechtserwerb an einem solchen Grundstück ist nur dann rechtmäßig, wenn die Voraussetzungen aller betroffenen Bereiche erfüllt sind. Durch die Definition des Regelungsgegenstandes in den einzelnen Bereichen der GVG in den Ländern und durch ausdrückliche Kollisionsregeln wird dieses Problem hintangehalten (vgl zB die Abgrenzung zwischen land- und forstwirtschaftlichem Grundverkehr und Baugrundstücksverkehr durch die Definition des Regelungsgegenstandes in § 3 krnt GVG, wonach Baugrundstücke ua nur solche sein können, die nicht land- und forstwirtschaftliche Grundstücke sind, oder die Kollisionsregeln der §§ 12 und 13 Tir, wonach die Voraussetzungen im land- und forstwirtschaftlichen Grundverkehr und im Baugrundstücksverkehr zu den sonstigen Genehmigungsvoraussetzungen im Ausländergrundstücksverkehr hinzutreten, wenn ein Ausländer Rechte an einem land- und forstwirtschaftlichen Grundstück oder an einem Baugrundstück erwirbt).

1. Land- und forstwirtschaftlicher Grundverkehr (grüner Grundverkehr)

a) Regelungsgegenstand

Nach ständiger Rsp des VfGH sind land- und forstwirtschaftliche Grundstücke iS des Art VII B-VGNov 1974 solche, die dem land- und forstwirtschaftlichen Betrieb gewidmet sind. Darunter versteht man, dass sie **land- oder forstwirtschaftlich genutzt** werden müssen. Nicht unter diesen Begriff fallen daher all jene Grundstücke, die land- und forstwirtschaftlich nutzbar waren oder die ohne unverhältnismäßige Aufwendungen der land- und forstwirtschaftlichen Nutzung wieder zugeführt werden könnten. Lediglich um Umgehungshandlungen hintanzuhalten, dürfen ehemals land- oder forstwirtschaftlich genutzte Grundstücke in den Anwendungsbereich aufgenommen werden. Dies aber auch nur, wenn die Nutzung eine aus diesem Zweck erklärbare Zeit zurückliegt. Baulandwidmungen oder andere Ausweisungen in FWP schließen daher die Qualifikation als land- und forstwirtschaftliches Grundstück nicht aus.

In einfachgesetzlichen Vorschriften wird bei der Festlegung des Anwendungsbereiches darauf zu wenig Rücksicht genommen. So gibt es in mehreren Bundesländern Regelungen, wonach Grundstücke, die früher land- und forstwirtschaftlich genutzt wurden bzw als solche nutzbar wären, ebenfalls dem Anwendungsbereich der GVG unterworfen werden. Dies ist in Anbetracht des in der Rsp des VfGH entwickelten Begriffsinhalts verfassungs- bzw kompetenzwidrig, soweit damit nicht Umgehungshandlungen hintangehalten werden sollen (vgl zB § 2 Abs 1 Sbg). Problematisch sind weiters Regelungen, die auf die bloße Widmung zum land- und forstwirtschaftlichen Gebiet abstellen. Dies deshalb, weil **Wid-**

mung nicht gleich Nutzung sein muss. Nur auf letztere kommt es unabhängig von raumordnungsrechtlichen Widmungen aber an. Insoweit sind solche Regelungen verfassungswidrig (zB § 2 Abs 1 Vlbg).

Bei der Definition des Regelungsgegenstandes haben die Landesgesetzgeber nur einschränkend von der kompetenzrechtlichen Ermächtigung Gebrauch gemacht, dies meist zugunsten von Abgrenzungsregelungen betreffend den Baugrundstücksverkehr. In der Stmk hat man darüber hinaus überhaupt bestimmte Katastralgemeinden vom Anwendungsbereich ausgenommen. In diesen Gemeinden unterliegen Transaktionen mit land- oder forstwirtschaftlichen Grundstücken nicht den grundverkehrsrechtlichen Regelungen.

b) Verwaltungsbehördliche Beschränkungen

Die GVG sehen im land- und forstwirtschaftlichen Grundverkehr idR (anders zB OÖ) nur **genehmigungspflichtige und genehmigungsfreie Rechtsgeschäfte** vor. Sind solche beschränkende Regelungen nicht vorhanden, ist der Erwerb von Rechten an land- und forstwirtschaftlichen Grundstücken im Rahmen der Bundeskompetenz „Zivilrechtswesen" genehmigungsfrei. Genehmigungspflichten sind im Allgemeinen weit umschrieben und eröffnen den Behörden und Gerichten einen großen Entscheidungsspielraum. Ausnahmen von der Genehmigungspflicht engen diesen wieder ein. Verwaltungsbehördliche Beschränkungen dürfen vom Landesgesetzgeber kompetenzrechtlich nur dann erlassen werden, wenn sie im Interesse der Erhaltung, Stärkung oder Schaffung eines lebensfähigen Bauernstandes liegen.

IdR finden sich unter den **genehmigungsbedürftigen Transaktionen Rechtserwerbe unter Lebenden**, die ua folgende Rechte zum Gegenstand haben: die Eigentumsübertragung, die Einräumung eines Fruchtgenussrechtes oder Baurechts, die Bestandnahme (Miete und Pacht) oder sonstige Überlassungen, wie bspw Nutzungsverträge, Prekarien, Gesellschaftsverträge, die die Nutzung von land- und forstwirtschaftlichen Grundstücken zum Gegenstand haben, und der Erwerb von Gesellschaftsanteilen, wenn im Eigentum der Gesellschaft land- und forstwirtschaftliche Grundstücke stehen. Verschiedentlich wird als Auffangtatbestand auch „jede sonstige Überlassung" dem Genehmigungsregime unterworfen (zB in der Stmk).

Dazu werden in den jeweiligen GVG eine Reihe von **Ausnahmen von der Genehmigungspflicht** festgelegt: ZB Rechtsgeschäfte im Zuge von Agrarverfahren oder Liegenschaftsteilungsverfahren, Grundstücke, die im Eisenbahnbuch eingetragen sind, sowie Grundstücke, die für öffentliche Zwecke insb für den öffentlichen Verkehr bestimmt sind, Flächen ohne Wohn- und Wirtschaftsgebäude, die unterhalb einer bestimmten Größe liegen, Rechtsgeschäfte zwischen Ehegatten, eingetragenen Partnern bzw zwischen bestimmten Verwandten und Verschwägerten, Rechtsgeschäfte mit bestimmten juristischen Personen (land- und forstwirtschaftliche Siedlungsfonds, anerkannte Siedlungsträger, Landeskulturfonds, Bodenbewirtschaftungsfonds), Rechtsgeschäfte iZm einem bäuerlichen Übergabevertrag, Rechtsgeschäfte mit Miteigentümern, Privatzimmervermietung bzw Vermietung im Rahmen des Fremdenverkehrs oder zu Sportzwecken, sofern sie nicht sechs Monate übersteigen.

Für genehmigungspflichtige Rechtsgeschäfte werden dabei **Zustimmungs- und Versagungsgründe** als Genehmigungsbedingungen festgelegt.

In den meisten GVG, die den land- und forstwirtschaftlichen Grundverkehr Beschränkungen unterwerfen, findet sich die allgemeine Formulierung, dass ein Versagungsgrund jedenfalls dann vorliegt, wenn das Rechtsgeschäft im Widerspruch zum allgemeinen Interesse an der **Schaffung und Erhaltung eines leistungsfähigen Bauernstandes** bzw eines wirtschaftlich gesunden, mittleren und kleinen landwirtschaftlichen Grundbesitzes steht oder wenn die **Selbstbewirtschaftung** durch den Erwerber nicht gegeben ist (zB § 10 Abs 2 lit c und d Krnt). Gerade letzteres ist verfassungsrechtlich in Bezug auf den Eigentumsschutz iVm dem Verhältnismäßigkeitsprinzip bedenklich, wenn mit gelinderen Mitteln (zB einer Nutzungsverpflichtung) die land- und forstwirtschaftliche Nutzung auch gewährleistet werden könnte. Auch ein Widerspruch zur Kapitalverkehrsfreiheit scheint gegeben, weil damit jegliche Investition für Personen, die die Grundstücke nicht selbst nutzen, ausgeschlossen wird. Dies selbst dann, wenn zB durch eine Verpachtung dafür gesorgt würde, dass die geforderte Nutzung gewährleistet wird. Dies wurde durch die Rsp des EuGH (23.09.2003, C-452/01, s oben) bestätigt. Danach ist ein solches Selbstbewirtschaftungsgebot unionsrechtswidrig, wenn es die durchgängige Nutzung nicht berühren bzw nicht beeinflussen kann, weil diese ohnehin schon gegeben ist. Unionsrechtswidrigkeit ist bei einem Erwerb durch einen Unionsbürger daher dann gegeben, wenn das Grundstück zum Zeitpunkt der Veräußerung nicht vom Veräußerer bewirtschaftet wird und der Pächter es auch unter denselben Bedingungen wie bisher unter dem neuen Eigentümer bewirtschaften würde und solches durch ein absolutes Selbstbewirtschaftungsgebot verwehrt wird. Der VfGH hat mehrere solcher unbedingten Selbstbewirtschaftungsgebote in verschiedenen GrundverkehrsG wegen Inländerdiskriminierung aufgehoben (zB VfSlg 17.422/2004, 17.554/2005, 17.555/2005 sowie 18.656/2008). Die Landesgesetzgeber haben dem in der Folge insofern Rechnung getragen, als der Erwerber glaubhaft machen muss, dass das zu erwerbende Grundstück der weiteren land- und forstwirtschaftlichen Nutzung nicht entzogen wird (zB vlbg LGBl 28/2004, oö LGBl 59/2006, nö LGBl 6800-0, bgld LGBl 25/2007 und tir LGBl 60/2009).

Vereinzelt wird darüber hinaus die Genehmigung daran geknüpft, dass der **Erwerber Landwirt** ist. Die GVG definieren die Landwirteigenschaft (zB § 4 Abs 4 Sbg, § 10 Abs 4 Krnt). Auch dafür gelten die eben genannten europarechtlichen und verfassungsrechtlichen Bedenken. In Vlbg wurde mit einer Novelle des GVG darauf reagiert und der Rechtserwerb durch Nicht-Landwirte zwar vorgesehen. Zugleich wurde aber Landwirten eine Art **Einbietrecht** gewährt, wonach ein Landwirt, der zum ortsüblichen Preis das

Grundstück erwerben will, die grundverkehrsrechtliche Genehmigung erhält. **Einbietrechte** unterschiedlicher Art sehen auch zB das sbg GVG und in abgeschwächter Form das krnt GVG vor. Danach ist jedenfalls die Genehmigung eines Rechtsgeschäftes zu versagen, wenn wenigstens ein Landwirt bereit ist, das in Frage stehende Recht am Grundstück zum ortsüblichen Preis und ansonsten zu den gleichen Bedingungen zu erwerben. Auch dafür gelten die erwähnten verfassungsrechtlichen und europarechtlichen Bedenken. Tir hat ebenfalls – anstelle des Erfordernisses der Selbstbewirtschaftung – eine „Interessentenregelung" eingeführt (§ 7a). Vergleiche dazu auch die Interessentenregelung in der Stmk (§ 8a).

Der VfGH hat einem Interessenten über die bloßen Parteirechte im Verfahren hinaus auch materielle subjektiv-öffentliche Rechte zugesprochen. Nur unter der Annahme materieller subjektiver Rechte verfügt der Interessent über eine Rechtsstellung, die es ihm gestattet zu verhindern, dass land- und forstwirtschaftliche Grundstücke der agrarischen Nutzung entzogen werden (VfSlg 19.769/2013). Verschiedentlich finden sich in den allgemeinen Zustimmungsvoraussetzungen auch Bestimmungen, die eine Zustimmung bei einer voraussichtlich anderen als einer land- oder forstwirtschaftlichen Verwendung vorsehen, wenn ein entsprechendes öffentliches Interesse besteht und kein Widerspruch zur Raumordnung vorliegt (zB Stmk). Bestimmungen, die auf die Gewährleistung der künftigen Bewirtschaftung eines Grundstücks abzielen, sind grundsätzlich zulässig (VfSlg 19.783/2013). Weiters wird in den einzelnen GVG eine Reihe konkreter **Versagungs- bzw Zustimmungsgründe** aufgezählt: Versagungsgründe sind zB die Gefährdung eines Vollerwerbsbetriebs im Bestand, wenn der Erwerber keine Gewähr für eine ordentliche Bewirtschaftung bietet, wenn der Rechtserwerb zu einer unwirtschaftlichen Zersplitterung führt, Widerspruch zur Agrarstrukturverbesserung, Widerspruch zu forstlichen Interessen an der Erhaltung des Waldes und Gefahr der Bildung von Großgrundbesitz. Weiters werden auch Gründe wie etwa die flächenwidmungsplanwidrige Verwendung angeführt.

Daneben wird versucht, den Erwerb zu Spekulationszwecken zu verhindern. Versagungsgründe wie Erwerb zur bloßen Kapitalanlage, das erhebliche Übersteigen des Gegenwerts im Hinblick auf den Verkehrswert und die Absicht, mit Gewinn weiter zu veräußern, drücken dies aus. Dies steht ua im Widerspruch zum Unionsrecht, namentlich zur Kapitalverkehrsfreiheit.

2. Baugrundstücksverkehr (grauer Grundverkehr)

a) Regelungsgegenstand

In der einfachgesetzlichen Ausgestaltung wurde das oben dargestellte (II.1.) weite Begriffsverständnis der Kompetenzbegriffe „Verkehr mit bebauten oder zur Bebauung bestimmten Grundstücken" zugrunde gelegt. Verfassungsrechtliche Probleme im Kompetenzbereich treten aber insoweit auf, als auf raumordnungsrechtlich verankerte Widmungsarten bzw Widmungskategorien (→ *Raumordnungsrecht*) verwiesen wird, die nicht zur Bebauung bestimmt sind bzw bei denen eine Bebauung nur aufgrund einer bestimmten Nutzung im konkreten Einzelfall in Frage kommt (zB verweist § 13 iVm § 23 Abs 2 stmk GVG auf als Bauland ausgewiesene Grundstücke, obwohl § 30 Abs 1 Z 9 stmk ROG unter Bauland auch die Widmungsart Erholungsgebiet mit unbebauten und nicht zur Bebauung bestimmten Flächen vorsieht).

Im Gegensatz zum land- und forstwirtschaftlichen Grundverkehr und zum Ausländergrundstücksverkehr finden sich in den Regelungen über den Baugrundstücksverkehr idR **anzeigepflichtige, genehmigungspflichtige** und **genehmigungsfreie** Rechtsgeschäfte. Bemerkenswert ist, dass in diesem Bereich auch Deregulierungen gegeben hat. So hat Krnt seine grundverkehrsrechtlichen Regelungen betreffend den Baugrundstücksverkehr beseitigt. In NÖ und Wien gab es solche schon früher nicht. In der einfachgesetzlichen Ausgestaltung wurden auch in unterschiedlichem Ausmaß verwaltungsbehördliche Beschränkungen festgelegt. Im Bgld, der Stmk und OÖ verwaltungsbehördliche Beschränkungen nur für bestimmte gesetzlich festgelegte oder durch Verordnung festzulegende Genehmigungsgebiete wirksam. Im restlichen Landesgebiet ist der rechtsgeschäftliche Erwerb, soweit er nicht unter andere Regelungen fällt, genehmigungsfrei. In Salzburg wird der gesamte Baugrundstücksverkehr grundsätzlich verwaltungsbehördlichen Beschränkungen unterworfen. In Tirol war das bis 01.10.2016 der Fall. Inzwischen gelten solche Beschränkungen dort nur noch für unbebaute Grundstücke. Eine in Vlbg vorgenommene Deregulierung im Baugrundstücksverkehr wurde aufgrund des Problems der spekulativen Baulandhortung mit der Gesetzesänderung, LGBl 5/2019, tw wieder rückgängig gemacht. Für den Rechtserwerb an unbebauten Grundstücken wurde ein Erklärungsverfahren (zur Unionsrechtskonformität eines solchen Verfahrens s unter III.5.) eingeführt. Der Erwerber eines unbebauten Grundstücks ist nun verpflichtet zu erklären, dass er das erworbene Grundstück innerhalb einer Frist von zehn Jahren bebauen wird. Falls das Grundstück nicht innerhalb dieser Frist bebaut werden sollte, ist der Gemeinde der Erwerb des betroffenen Grundstücks anzubieten. Sollte es zu keiner Einigung zwischen dem Eigentümer und der Gemeinde kommen, ist das Grundstück zu versteigern. Für bebaute Liegenschaften gibt es nach wie vor keine verwaltungsbehördlichen Beschränkungen.

b) Verwaltungsbehördliche Beschränkungen

Verwaltungsbehördliche Beschränkungen sind für Rechtsgeschäfte analog zu den Regelungen im land- und forstwirtschaftlichen Grundverkehr und Ausländergrundstücksverkehr festgelegt. Gesonderte Erwähnung verdient dabei die vereinzelt gebliebene verfassungswidrige Aufnahme von originärem Eigentumserwerb (§ 9 Abs 2 Tir, s II.1.).

Die Ausgestaltung der Typologie, in der Beschränkungen (**Erklärungs- bzw Anzeigepflichten** und **der freie Erwerb**) in den GVG festgelegt werden, ist in unterschiedlicher Intensität erfolgt. In der Stmk bedürfen bestimmte Rechtsgeschäfte betreffend Baugrundstücke (nur) der Erklärung durch den Erwerber, dass er das Grundstück in der Beschränkungszone für Zweitwohnsitze nicht zur Begründung eines Zweitwohnsitzes nutzt oder nutzen lässt und er Inländer oder gleichgestellter EU-/EWR-Bürger ist.

Aufgrund der unionsrechtlichen Unzulässigkeiten des Genehmigungsmodells (III.5.) wurde zT der Baugrundstücksverkehr gänzlich dereguliert (Krnt) bzw entsprechend angepasst (Stmk, OÖ).

In Tir wurde das Genehmigungsverfahren durch ein Erklärungsmodell (§§ 9 ff) ersetzt. Es ist darüber hinaus eine behördliche Bestätigung darüber vorgesehen, dass keine Erklärungspflicht besteht. Diese behördliche Bestätigung der Grundverkehrsbehörde (BVB) ist Voraussetzung für die grundbücherliche Durchführung des Rechtserwerbs (§ 31), was letztlich dem früher im Genehmigungsmodell verwirklichten präventiven Kontrollsystem, das unionsrechtlich unzulässig ist (III.5.), materiell sehr nahe kommt. Eine mit 01.10.2016 in Kraft getretene Nov zum tir GVG hat die Anzeige- und Erklärungspflicht für den Verkehr mit bebauten Baugrundstücken abgeschafft. Lediglich für den Verkehr mit unbebauten Baugrundstücken besteht weiterhin eine Anzeige- und Erklärungspflicht. Im Bgld ist in sog Genehmigungsgebieten (Vorbehaltsgemeinden) bei Rechtserwerben an Baugrundstücken grundsätzlich eine **Erklärungspflicht** hinsichtlich der beabsichtigten Nutzung (§§ 9 ff) vorgesehen. Der Rechtserwerber muss erklären, dass er das Grundstück nicht als Freizeitwohnsitz nutzt oder nutzen lässt. Eine solche Erklärung ist in bestimmten Fällen nicht erforderlich (So zB, wenn das Grundstück in einem FWP als Baugebiet für Erholungs- oder Fremdenverkehrseinrichtungen ausgewiesen ist, das Grundstück bereits als Freizeitwohnsitz genutzt wurde, oder wenn soziale, volkswirtschaftliche oder kulturelle Interessen dafür sprechen. Auf Antrag hat der Vorsitzende der Grundverkehrsbehörde festzustellen, ob eine Erklärungspflicht vorliegt.). Eine von der Grundverkehrsbehörde oder vom Bgm ausgestellte Bestätigung der Erklärung bzw des Nichtvorliegens der Erklärungspflicht ist Voraussetzung für den Grundbuchseintrag (§ 17).

In der Stmk existiert eine Erklärungspflicht für Baugrundstücke in den Genehmigungsgebieten. Für die grundbücherliche Durchführung des Rechtserwerbs ist im Gegensatz zu den Bestimmungen in Tir keine behördliche Bestätigung, sondern lediglich die Beischließung der Erklärung notwendig. Damit scheint in der Stmk jedenfalls eine unionsrechtskonforme Ausgestaltung gelungen zu sein.

Von den verwaltungsbehördlichen Beschränkungen werden in den GVG in ähnlicher Weise bestimmte Rechtsgeschäfte mit nahen Verwandten, Ehepartnern, eingetragenen Partnern, Rechtserwerbe durch bestimmte Erben, Rechtserwerbe nach einer Scheidung oder Rechtserwerbe durch Miteigentümer (vgl zB § 10 Tir) ausgenommen.

Als **Rechtserwerbsbedingungen** werden in den einzelnen Landesgesetzen ua die Nutzung als ständiger Wohnsitz oder die Deckung eines betrieblichen Bedarfs, als **Versagungsgründe** ua der Widerspruch zu raumordnungsrechtlichen Bestimmungen und Spekulationsabsichten (Widerspruch zu EU-Recht) festgelegt.

Als **Rechtsfolge** bei gesetzwidrigem Verhalten (insb, wenn Nutzungsverpflichtungen nicht eingehalten werden) sind neben empfindlich hohen **Verwaltungsstrafen** die **Nichtigerklärung** des Rechtsgeschäfts und die **Rückabwicklung** bzw die **Zwangsversteigerung** vorgesehen (s IV.5.).

c) Freizeitwohnsitze

Die GVG verfolgen mehr oder weniger intensiv auch das Ziel, die extensive Beanspruchung von Grund und Boden durch Freizeitwohnsitznutzung einzuschränken. In den **ROG** wurden diesbezügliche Widmungsarten (**Freizeitwohnsitzgebiete**) in der Widmungskategorie Bauland geschaffen, an die zT **die GVG** bei der Genehmigung oder Erklärung entweder ausschließlich oder zum großen Teil **anknüpfen** (zB Bgld, Stmk). Das bedeutet, ein Rechtserwerb, der auf die Schaffung eines Freizeitwohnsitzes gerichtet ist, ist nur zulässig, wenn er in einem Gebiet mit solcher Widmung* liegt, bzw wenn er schon bisher als Freizeitwohnsitz genutzt wurde. In Sbg wird die Steuerung der Freizeitwohnsitznutzung hauptsächlich mit dem Instrumentarium des ROG vorgenommen.

In OÖ enthält das GVG im Bereich des Baugrundstücksverkehrs nur Beschränkungen hinsichtlich der Freizeitwohnsitze in Vorbehaltsgebieten (§§ 6 und 7 OÖ).

Mit der am 01.10.2016 in Kraft getretenen Novelle entfielen auch in Tir alle Regelungen betreffend Freizeitwohnsitze. Die Steuerung erfolgt ausschließlich im → *Raumordnungsrecht*. Das ROG legt fest, unter welchen Voraussetzungen ein Freizeitwohnsitz genutzt werden darf. War bis zur Aufhebung durch den VfGH (VfSlg 14.701/1996) die Schaffung neuer Freizeitwohnsitze überhaupt verboten, wird in § 13 tir ROG 2016 eine solche unter bestimmten Voraussetzungen zugelassen. Daneben kann unter bestimmten Bedingungen eine Ausnahmebewilligung vom Bgm erteilt werden (§ 13 Abs 7 tir ROG 2016). Ehemals bestehende Freizeitwohnsitze mussten gem § 16 tir ROG 1997 beim Bgm bis 31. Dezember 1998 angemeldet werden, um als solche weiter verwendet werden zu dürfen, soweit sie nicht schon nach § 16 Abs 1 tir ROG 1994 angemeldet worden sind. Der Bgm hat ein Freizeitwohnsitzverzeichnis zu führen (§ 14 tir ROG 2016). Daneben werden auch noch Regelungen betreffend den Wiederaufbau und die Erweiterung von bestehenden Freizeitwohnsitzen vorgesehen (§ 15 tir ROG 2016). Rechtmäßig bestehende Freizeitwohnsitze, die im Verzeichnis eingetragen sind, können weiterhin als Freizeitwohnsitze erworben werden. Aufgrund der Schaffung zahlreicher neuer **Freizeitwohnsitze** und der damit einhergehenden Verknappung von Bauland für die ansässige Bevölkerung wurde im Rahmen der jüngsten Nov des tir GVG, LGBl 204/2021, eine zusätzliche Erklärungspflicht für den Grundstückserwerb an unbebauten Grundstücken in sog Vorbehaltsgemeinden eingeführt. Die LReg hat mittels V Gemeinden, in denen der Druck auf den Wohnungsmarkt besonders hoch ist, zu Vorbehaltsgemeinden zu erklären. Grundstückserwerber in Vorbehaltsgemeinden müssen gem § 14a Abs 1 GVG erklären, dass durch den beabsichtigten Rechtserwerb kein **neuer** Freizeitwohnsitz geschaffen wird. Davon ausgenommen sind bereits bestehende Freizeitwohnsitze iSd § 13 Abs 3 erster Satz tir ROG sowie Grundstücke, bei denen die Schaffung neuer Freizeitwohnsitze durch entsprechende Festlegung im FWP nach § 13 Abs 3 zweiter und dritter Satz tir ROG für zulässig erklärt wurde. Falls ein Gebäude(teil) oder eine Wohnung in rechtswidriger Weise als Freizeitwohnsitz verwendet oder anderen als ein solcher überlassen wird, so hat die Grundverkehrsbehörde dem Rechtserwerber die sofortige Unterlassung der unzulässigen Verwendung oder Überlassung als Freizeitwohnsitz aufzutragen. Für den Fall der Nichtbefolgung dieses Auftrags ist die Zwangsversteigerung des betreffenden Objekts anzudrohen. Wird dem Auftrag nicht entsprochen, hat die Grundverkehrsbehörde die unzulässige Verwendung mit schriftlichem Bescheid festzustellen. Nach Eintritt der Rechtskraft des Bescheids ist das Grundstück auf Antrag der Grundverkehrsbehörde in sinngemäßer Anwendung des § 352 EO zu versteigern. Der Grundverkehrsbehörde werden zum Zweck der Überwachung der Einhaltung dieser Bestimmungen weitreichende Befugnisse eingeräumt. Ihren Organwaltern ist die Zufahrt und zu angemessener Tageszeit der Zutritt zu dem jeweiligen Objekt zu gewähren sowie die erforderlichen Auskünfte über dessen Verwendung zu erteilen. Darüber hinaus haben im Verdachtsfall des Vorliegens eines unzulässigen Freizeitwohnsitzes die Versorgungs- und Entsorgungsunternehmen und die Erbringer von Postdiensten auf Anfrage der Behörde die zur Beurteilung der Nutzung erforderlichen Auskünfte zu erteilen oder die erforderlichen personenbezogenen Daten zu übermitteln. Der VfGH fordert iZm dem Verbot von Freizeitwohnsitzen (VfSlg 14.701/1996), dass der Gesetzgeber bei seinen Maßnahmen **regional** (oder in sonst geeigneter Weise) **differenzieren** muss, weil ein solcher Eingriff andernfalls überschießend wäre.

In Vlbg hat man ein eigenes ZweitwohnsitzabgabeG geschaffen, das Ferienwohnungen, die idR nur saisonal genutzt werden, mit einer Abgabe belegt, um kommunale Infrastrukturkosten, die ganzjährig durch die Gemeindebetreuung anfallen, auszugleichen und eine daraus resultierende Benachteiligung der Hauptwohnsitzbevölkerung hintanzuhalten. Ein solches ZweitwohnsitzabgabeG gibt es auch in Krnt, wobei dieses auch Zweitwohnsitze erfasst, die zu beruflichen Zwecken genutzt werden.

In Salzburg besteht seit der Gesetzesänderung, LGBl 102/2018, kein flächendeckendes Verbot der Zweitwohnsitzbeschränkungen. Es werden vielmehr durch VO der LReg Zweitwohnung-Beschränkungsgemeinden festgelegt. Für den Erwerb von Baugrundstücken, die nicht in einer solchen Gemeinde liegen, besteht keine Beschränkung nach dem Grundverkehrsrecht. In den Zweitwohnung-Beschränkungsgemeinden ist die Verwendung einer Wohnung als Zweitwohnung nur in ausgewiesenen Zweitwohnungsgebieten zulässig (§ 31 Abs 2 Sbg ROG). Falls gegen die Zweitwohnsitzbestimmungen verstoßen wird, kann die LReg als ultima ratio die Versteigerung der Liegenschaft per Bescheid anordnen (§ 31 Abs 5 Sbg ROG). In Salzburg wurden Zweitwohnsitze oft durch den Erwerb an einzelnen Stellplätzen eines Campingplatzes begründet. § 8a Abs 1 Sbg CampG ordnet deshalb an, dass an einem oder auch mehreren Stellplätzen lediglich Bestandrechte zu ausschließlich touristischen Zwecken eingeräumt werden dürfen. Dadurch soll der Verkauf von einzelnen Stellplätzen durch Campingplatzinhaber verhindert werden. Gem § 8a Abs 2 Sbg CampG sind Rechtsgeschäfte, die der Einräumung anderer Rechte als solcher nach Abs 1 leg cit dienen, nichtig. Darüber hinaus droht eine Verwaltungsstrafe gem § 15 Abs 1 Z 3a Sbg CampG.

3. Ausländergrundstücksverkehr

a) Regelungsgegenstand

Die Regelungen über den Ausländergrundstücksverkehr unterscheiden zwischen **genehmigungspflichtigen** und **genehmigungsfreien** Rechtsgeschäften. **Alle Grundstücke** sind unabhängig von der Grundstückseigenschaft betroffen. Es kommt ausschließlich auf die **Ausländereigenschaft des Erwerbers** (nicht des Veräußerers) an. Ausländergrundverkehrsbeschränkungen sind in den GrundverkehrsG der Länder enthalten. Wien besitzt ein eigenes AusländergrunderwerbsG.

Ausländer sind nach ziemlich einheitlicher Regelung in allen GVG natürliche Personen, die nicht die österr Staatsbürgerschaft besitzen, juristische Personen, die ihren Sitz, ihre Hauptverwaltung oder ihre Hauptniederlassung nicht in Österreich haben, juristische Personen mit Sitz in Österreich, an denen ausschließlich oder überwiegend Ausländer beteiligt sind, Vereine, deren ordentliche oder stimmberechtigte Mitglieder ausschließlich oder überwiegend Ausländer sind, und Stiftungen und Fonds, deren Vermögen ausschließlich oder überwiegend Ausländern zugute kommt.

EWR- und EU-Bürger sind ausgenommen. Sie sind entweder den Österreichern gleichgestellt oder es wird konkret geregelt, unter welchen Voraussetzungen die Ausländergrundstücksverkehrsregelungen auf sie nicht anwendbar sind. Bestimmungen, die trotz Gleichstellung von EU-Bürgern eine Bestätigung durch eine Behörde verlangen, differenzieren in unzulässiger Weise zwischen Inländern und EU-Bürgern. Solche Bestimmungen werden durch den Anwendungsvorrang des Unionsrechts verdrängt.

b) Verwaltungsbehördliche Beschränkungen

Genehmigungspflichten sind für Rechtsgeschäfte festgelegt, die die Eigentumsübertragung, die Einräumung eines Baurechts, Einräumung eines Fruchtgenussrechtes, eines Gebrauchsrechtes oder einer Dienstbarkeit oder die Einräumung jeder sonstigen Überlassung, die Bestandnahme (Miete, Pacht) sowie den Erwerb von Gesellschaftsanteilen zum Gegenstand haben. Ausgenommen von den Genehmigungspflichten sind idR Rechtsgeschäfte zwischen Ehegatten, eingetragenen Partnern und bestimmten Verwandten. Darüber hinaus finden sich in einzelnen GVG Ausnahmen für Rechtsgeschäfte, die iZm Agrarverfahren oder Liegenschaftsteilungsverfahren abgeschlossen werden, Ausnahmen für Grundstückskäufe, die zu Zwecken der Arrondierung, der Schaffung von Zufahrten oder Parkplätzen dienen (Krnt), Ausnahmen für Mietverträge im Rahmen des Betriebes eines Altersheimes (Sbg), Ausnahmen für Mietverträge zum Zwecke öffentlicher Veranstaltungen und des Campings (Sbg).

Bei der Festlegung der **Genehmigungsbedingungen** ist man zT den Weg gegangen, auf Genehmigungsbedingungen, die bereits beim land- und forstwirtschaftlichen Grundverkehr bzw beim Baugrundstücksverkehr festgelegt wurden, zu verweisen. Insb wird vorgesehen, dass der Erwerb der ständigen Wohnsitznahme dienen und der Erwerber schon fünf Jahre seinen Hauptwohnsitz in Österreich gehabt haben muss bzw dass das Grundstück zur Betriebserrichtung oder Weiterführung des Betriebes dient. Vereinzelt wird darüber hinaus noch die besondere Eignung, Raumordnungsziele zu erfüllen, festgelegt (Krnt). Ebenso finden sich vereinzelt besondere Versagungsgründe wie etwa in Sbg, wenn raumordnungsrechtliche Bestimmungen entgegen stehen und wenn ein Inländer sich in ein Rechtsgeschäft mit dem Ausländer einbietet, also das Rechtsgeschäft zu den gleichen Konditionen abschließen will.

Andere Bestimmungen legen fest, dass keine kulturellen, sozialpolitischen oder staatspolitischen Interessen entgegenstehen dürfen und dass darüber hinaus die öffentliche Ordnung und Sicherheit nicht beeinträchtigt werden darf. Soweit keinerlei besondere (konkretere) Genehmigungsbedingungen (zB § 4 Wien) normiert werden, ruft dies verfassungsrechtliche Bedenken im Hinblick auf das Legalitätsprinzip* (Art 18 B-VG) hervor, zur grundrechtlichen und der damit verbundenen völkerrechtlichen Problematik s II.2. Die dort angestellten Überlegungen gelten auch für die Einbietrechte.

4. Rechtserwerb von Todes wegen

Die Landeskompetenz, verwaltungsbehördliche Beschränkungen in den Bereichen **Ausländer- und Baugrundstücksverkehr** festzulegen, erstreckt sich auch auf **Rechtserwerbe von Todes wegen für Personen, die nicht zum Kreis der gesetzlichen Erben gehören** (Art 10 Abs 1 Z 6 B-VG). Für die gesetzlichen Erben nach den zivilrechtlichen Vorschriften dürfen landesgesetzlich keine Beschränkungen vorgesehen werden. Die Schaffung solcher Beschränkungen ist Bundessache.

In der Novelle zur Art 15a B-VG-Vereinbarung 2017 wurden im Hinblick auf die zivilrechtlichen Beschränkungen bei der Zulässigkeit der Eintragung ins Grundbuch gemäß Art 3 Abs 3 die Befreiungen neu definiert. Mit der Privilegierung der „**nächsten Angehörigen**" (Art 3 Abs 3) wird nicht mehr auf den Kreis der gesetzlichen Erben abgestellt, der sich bei Erbfolge nach fremdem Recht anders gestalten kann als nach österreichischem Recht. Art 3 Abs 3 der Vereinbarung legt nunmehr ausdrücklich die nächsten Angehörigen fest, die privilegiert sind und definiert diese. Insb sind mit der Umschreibung auch Onkel und Tanten (als Nachkommen der Großeltern) samt deren Nachkommen (dh Cousins und Cousinen und deren weitere Nachkommen) sowie Geschwister (als Nachkommen der Eltern) samt deren Nachkommen (dh Nichten und Neffen und deren weitere Nachkommen) erfasst. Den Landesgesetzgebern steht freilich offen, diesen Kreis auch zu erweitern und ihn von zusätzlichen zivilrechtlichen Beschränkungen zu befreien, also zB auch die Lebensgefährten als „nahe Angehörige" zu qualifizieren. Sie dürfen aber bei den Beschränkungen für die Eintragung ins Grundbuch nicht hinter Art 3 Abs 3 zurückgehen.

Im **land- und forstwirtschaftlichen** Grundverkehr ist der Rechtserwerb von Todes wegen **nicht** enthalten. Schon zur Zeit des Inkrafttretens der kompetenzrechtlichen Bestimmungen 1925 (Versteinerungszeitpunkt) erfassten land- und forstwirtschaftliche Grundverkehrsbestimmungen nur Rechtserwerbe unter Lebenden. Für den Rechtserwerb von Todes wegen besteht daher in diesem Bereich keine Kompetenz zu gesetzlichen Regelungen durch die Länder. § 22 Sbg ist wie entsprechende Regelungen in Tir und Vlbg insoweit kompetenz- und damit verfassungswidrig.

In den GVG ist man auch diesbezüglich verschiedene Wege gegangen. Im Bgld, in Krnt, OÖ und in Wien werden überhaupt nur verwaltungsbehördliche Beschränkungen für Rechtserwerbe unter Lebenden vorgesehen. Es wird daher dort von dieser Kompetenz kein Gebrauch gemacht. In Sbg hat man für den Erwerb des Eigentums, eines Fruchtnießungsrechts oder eines Baurechts durch den genannten Personenkreis eine Genehmigungspflicht festgelegt. Die Genehmigung ist zu erteilen, wenn der Rechtserwerb nicht eine Umgehungshandlung der Zustimmungsvoraussetzungen für den Erwerb unter Lebenden darstellt. In Tir wird in allen Bereichen, also auch im land- und forstwirtschaftlichen Grundverkehr, der Rechtserwerb von Todes wegen den gleichen gesetzlichen Beschränkungen unterworfen wie der Rechtserwerb unter Lebenden. Dies gilt auch für Vlbg. Kompetenzrechtlich korrekt wird der Rechtserwerb durch gesetzliche Erben jeweils ausgenommen. Stmk hat derartige Regelungen in dieser Hinsicht verfassungsrechtlich einwandfrei nur in den Bereichen des Ausländer- und Baugrundstücksverkehrs geschaffen. Kompetenzwidrig erscheinen die entsprechenden landesgesetzlichen Regelungen aber auch insoweit, als sie einseitige Rechtsgeschäfte, wie zB die letztwillige Verfügung erfassen. Die kompetenzrechtliche Ermächtigung in Art 10 Abs 1 Z 6 B-VG knüpft am Tatbestandsmerkmal „Verkehr" an, sodass damit nur zweiseitige Rechtsgeschäfte erfasst werden. Es stellt sich überhaupt die Frage, inwieweit zweiseitige Rechtsgeschäfte vorstellbar sind, die nicht Rechtsgeschäfte unter Lebenden darstellen.

5. Gemeinsame Bestimmungen

Alle in die Landeskompetenz fallenden Regelungsbereiche sind **einheitlichen zivilrechtlichen Bestimmungen** unterworfen, die in einer Art 15a B-VG-Vereinbarung* zwischen Bund und Ländern festgelegt wurden (BGBl 260/1993 idF I 1/2017). Das bedeutet, es dürfen keine davon abweichenden zivilrechtlichen Bestimmungen aufgrund von Art 15 Abs 9 B-VG im gesamten von den Ländern zu regelnden Bereich erlassen werden. Mit dieser Vereinbarung wollte man einheitliche Regelungen für die Abwicklungen im Grundbuchverfahren, im Zwangsversteigerungsverfahren, bei der öffentlichen Feilbietung und bei der Feststellungsklage schaffen. Damit ist für die ordentlichen Gerichte gewährleistet, dass nicht neun völlig unterschiedliche landesgesetzliche Regelungen zur Anwendung kommen. Die GVG führen die genannte Vereinbarung bei der Festlegung der betreffenden zivilrechtlichen Bestimmungen aus.

Ein weiterer gemeinsamer Regelungsbereich ist die **Sicherstellung der Einhaltung der GVG**, insb auch der vorgesehenen **Nutzungsverpflichtungen**. Dazu werden Regelungen getroffen, die bei Verstößen gegen die verwaltungsbehördlichen Beschränkungen bzw gegen die Nutzungsverpflichtungen die **Rechtsgeschäfte unwirksam** machen. Sind sie bereits intabuliert, wird die Grundbucheintragung ex lege unwirksam; sie ist zu löschen und das Rechtsgeschäft rückabzuwickeln. Musste oder konnte der Veräußerer vom Verstoß gegen die verwaltungsbehördlichen Beschränkungen nichts wissen, hat er die Möglichkeit, die Rückabwicklung zu verweigern. In diesem Falle wird das Grundstück zwangsversteigert. ZT besteht unter bestimmten Voraussetzungen die Möglichkeit, innerhalb einer gewissen Frist den rechtmäßigen Zustand herzustellen. Darüber hinaus werden Strafen für Verstöße (insb für die vorschriftswidrige Nutzung) bis zu € 40.000,– zT sogar primäre Freiheitsstrafen (verfassungsrechtlich bedenklich wegen Art 1 Abs 3 PersFrG) vorgesehen.

Weiters wird eine Reihe von **sonstigen Regelungen zur Sicherung** normiert: zB Auflagenerteilung, Kautionsstellung bzw Vorschreibung von Sicherheitsleistungen (zB § 14 Sbg). Schließlich sind auch Regelungen über die

Behandlung von Schein- und Umgehungsgeschäften festgelegt. Darin wird idR angeordnet, dass diese nach dem wahren bzw tatsächlich beabsichtigten Rechtsgeschäft zu behandeln sind, wodurch der geschilderte Sanktionsmechanismus greifen kann. Auch Klagen auf gerichtliche Feststellung der Nichtigkeit des Rechtsgeschäfts, das dem Rechtserwerb zugrunde liegt (Nichtigkeitsklagen), sind vorgesehen.

V. Behörden und Verfahren

1. Behörden

Das verwaltungsbehördliche Verfahren wird, abhängig von der landesgesetzlichen Regelung, durch Behörden der allgemeinen staatlichen Verwaltung (BVB) oder durch Sonderbehörden geführt.

Zur Vollziehung der GVG sind großteils eigene Behörden eingerichtet. Die Regelungen sind in den GVG höchst unterschiedlich ausgestaltet. In OÖ ist im verwaltungsbehördlichen Verfahren eine **Bezirksgrundverkehrskommission** für alle drei Bereiche zuständig, wobei bestimmte behördliche Aufgaben dem Vorsitzenden übertragen sind.

Vlbg sieht im verwaltungsbehördlichen Verfahren mit Ausnahme des land- und forstwirtschaftlichen Grundverkehrs, für den eine **Grundverkehrs-Ortskommission** zuständig ist, die Zuständigkeit der **Grundverkehrs-Landeskommission** vor. In Sbg wurden vier verschiedene Behörden mit unterschiedlichen Zuständigkeiten geschaffen: im Wesentlichen gilt, dass für die Vollziehung im Bereich des land- und forstwirtschaftlichen Grundverkehrs die **Grundverkehrskommission** bei der BVB zuständig ist. Im Bereich des Ausländergrundstücksverkehrs ist die Zuständigkeit der **Landesregierung** übertragen. Für die Ausstellung bestimmter Bescheinigungen (Bescheide) im Bereich des land- und forstwirtschaftlichen Grundverkehrs sind zudem der **Bgm** und die **BVB** zuständig. Für den Bereich des Baugrundstücksverkehrs ist der **Bgm** bzw in einzelnen Angelegenheiten die Landesregierung zuständig. In Wien entscheidet der **Magistrat**. In der Stmk ist die **BVB** zuständig.

In Krnt ist im Ausländergrundstücksverkehr die **BVB** zuständig, im land- und forstwirtschaftlichen Grundverkehr entscheidet eine bei der BVB eingerichtete **Grundverkehrskommission**. In NÖ ist im Ausländergrundstücksverkehr **die Landesregierung** zuständig. Im land- und forstwirtschaftlichen Grundverkehr entscheidet eine am Sitz bestimmter Bezirkshauptmannschaften eingerichtete **Grundverkehrsbehörde**, deren Zuständigkeit für mehrere politische Bezirke bzw Statutarstädte besteht. Die Grundverkehrsbehörde wird vom Bezirkshauptmann geleitet.

Im Bgld ist in eine **Grundverkehrsbezirkskommission** zuständig. In Tir entscheidet die **BVB**.

2. Verfahren

AVG und VStG sind gem Art I Abs 2 lit A Z 16 EGVG anwendbar (dies nachdrücklich betonend VfSlg 17.855/2006).

Neben den Bestimmungen über die behördlichen Zuständigkeiten kennen die GVG auch noch eine Reihe von zusätzlichen besonderen Verfahrensbestimmungen. Solche regeln zB Abgabe, Form und Inhalt von Erklärungen und die Einbringung bestimmter Anträge näher. Weiters werden eine Reihe von Informationsrechten der Interessenvertretungen (zB der Landwirtschaftskammern) vorgesehen. Zu den Strafbestimmungen und besonderen Regelungen zur Sicherung der Befolgung der GVG s IV.5.

3. Rechtsschutz

Seit 01. Jänner 2014 sind die weisungsfreien Behörden in der Berufungsinstanz abgeschafft, an ihre Stelle tritt der Rechtsschutz vor den Landesverwaltungsgerichten. Damit sind auch alle Diskussionen obsolet geworden, die wegen der weisungsfreien Berufungsbehörden* im Hinblick auf Art 6 EMRK geführt worden sind, weil das Grundverkehrsrecht in den „Kernbereich" der civil rights nach Art 6 EMRK fällt und dafür grundsätzlich die nachprüfende Kontrolle des VwGH nicht genügte. Das **Landesverwaltungsgericht** jenes Landes ist zuständig, in dem die Liegenschaft liegt, die Gegenstand eines genehmigungspflichtigen Rechtsgeschäftes ist. Somit kann gegen Bescheide der Grundverkehrsbehörden Bescheidbeschwerde an das jeweilige LVwG erhoben werden. Die Verletzung der behördlichen Entscheidungspflicht ist durch Säumnisbeschwerde bekämpfbar. Gegen Erkenntnisse der LVwG kann Revision an den VwGH oder Erkenntnisbeschwerde an den VfGH erhoben werden.

Das Verfahrensrecht vor den VwG richtet sich nach den Bestimmungen des VwGVG. Gem § 17 VerwaltungsgerichtsverfahrensG (VwGVG) sind die VerwaltungsverfahrensG, einschließlich abweichender Bestimmungen, subsidiär anwendbar. Für die Einbringung einer Beschwerde an das VwG besteht keine Anwaltspflicht. Die Rechtsmittelfrist beträgt vier Wochen (§ 7 Abs 4 VwGVG).

§ 27 VwGVG legt den Prüfungsumfang des VwG dahingehend fest, dass die Kognitionsbefugnis des VwG durch den Inhalt der Beschwerde beschränkt ist. Der Prüfungsumfang beschränkt sich damit auf die Gründe, auf die sich die Behauptung der Rechtswidrigkeit stützt und auf das Begehren. Die Beschwerde gegen einen Bescheid einer Verwaltungsbehörde ist bei dieser selbst einzubringen. Gem § 14 VwGVG kann die Behörde innerhalb von zwei Monaten mittels einer Beschwerdevorentscheidung den angefochtenen Bescheid aufheben, abändern oder die Beschwerde zurück- oder abweisen. Nach Zustellung der Beschwerdevorentscheidung kann jede Partei binnen zwei Wochen einen Vorlageantrag an das VwG stellen.

Dietmar Jahnel

Naturschutzrecht

Rechtsgrundlagen

Kompetenzgrundlagen

Art 15 Abs 1 B-VG (Generalklausel für die Länderkompetenz); Art 15 Abs 9 B-VG (Straf- und Zivilrechtskompetenz der Länder).

Verfassungsrechtliche Bezüge

Art 5 StGG iVm Art 1 1. ZPEMRK (Eigentumsschutz); Art 3 BVG über die Nachhaltigkeit, den Tierschutz, den umfassenden Umweltschutz, die Sicherstellung der Wasser- und Lebensmittelversorgung und die Forschung, BGBl I 111/2013 idF I 82/2019; Art 7a krnt L-VG, LGBl 85/1996 idF 97/2021; Art 4 nö LV, LGBl 0001-0 idF 23/2022; Art 10 oö L-VG, LGBl 122/1991 idF 39/2019; Art 9 sbg L-VG 1999, LGBl 25/1999 idF 41/2019; Art 7 Abs 3 tir Landesordnung, LGBl 61/1988 idF 36/2022; Art 7 Abs 6 vlbg LV, LGBl 9/1999 idF 36/2022.

Europarechtliche Bezüge

Art 191 ff AEUV; zB RL 2009/147/EG über die Erhaltung der wildlebenden Vogelarten, ABl L 2010/20, 7 idF L 2019/170, 115 (Vogelschutzrichtlinie); RL 92/43/EWG zur Erhaltung der natürlichen Lebensräume sowie der wildlebenden Tiere und Pflanzen, ABl L 1992/206, 7 idF L 2014/95, 70 (Fauna-Flora-Habitat-RL).

Völkerrechtliche Bezüge

ZB: Washingtoner Artenschutzübereinkommen, BGBl 188/1982 idF III 52/2015; Übereinkommen über die Erhaltung der europäischen wildlebenden Pflanzen und Tiere und ihrer natürlichen Lebensräume, BGBl 372/1983 idF III 82/1999; Übereinkommen über die biologische Vielfalt, BGBl 213/1995 idF III 80/2021; Übereinkommen zum Schutz der Alpen (Alpenkonvention), BGBl 477/1995 idF III 183/2013; Alpenkonvention – Protokoll „Naturschutz und Landschaftspflege", BGBl III 236/2002 idF III 113/2005.

Gesetze und sonstige Rechtsgrundlagen

Naturschutzgesetze: bgld NSchG, LGBl 27/1991 idF 70/2020; krnt NSchG 2002, LGBl 79/2002 idF 78/2021; nö NSchG 2000 LGBl 5500-11 idF 39/2021; oö NSchG 2001, LGBl 129/2001 idF 64/2022; sbg NSchG 1999, LGBl 73/1999 idF 41/2022; stmk NSchG 2017, LGBl 71/2017 idF 87/2019; tir NSchG 2005, LGBl 26/2005 idF 161/2021; vlbg NSchG, LGBl 22/1997 idF 4/2022; wr NSchG, LGBl 45/1998 idF 27/2021.

Nationalparkgesetze: bgld NationalparkG Neusiedlersee, LGBl 28/1993 idF 83/2020; krnt Nationalpark- und BiosphärenparkG 2019, LGBl 21/2019 idF 41/2019; nö NationalparkG, LGBl 5505-0 idF 14/2018; oö NationalparkG, LGBl 20/1997 idF 54/2019; sbg NationalparkG 2014, LGBl 3/2015 idF 41/2022; stmk NationalparkG Gesäuse, LGBl 61/2002 idF 71/2017; tir NationalparkG Hohe Tauern, LGBl 103/1991 idF 161/2021; wr NationalparkG, LGBl 37/1996 idF 27/2021.

Höhlenschutzgesetze: sbg HöhlenG, LGBl 63/1985 idF 82/2018; NaturhöhlenG, BGBl 169/1928 idF stmk LGBl 87/2013 (gilt als LG in Stmk und Wien).

Umweltschutzgesetze: nö UmweltschutzG, LGBl 8050-8 idF 23/2022; oö UmweltschutzG 1996, LGBl 84/1996 idF 21/2022; sbg Umweltschutz- und UmweltinformationsG, LGBl 59/2005 idF 41/2022; stmk LG über Einrichtungen zum Schutz der Umwelt, LGBl 78/1988 idF 75/2019; wr UmweltschutzG, LGBl 25/1993 idF 31/2013.

Baumschutzgesetze: stmk BaumschutzG, LGBl 18/1990 idF 64/2021; wr BaumschutzG, LGBl 27/1974 idF 71/2018.

Sonstige Gesetze: zB bgld DurchführungsG Washingtoner Artenschutzabkommen, LGBl 28/1991 idF 79/2013; krnt BergwachtG, LGBl 25/1973 idF 56/2018; nö LandschaftsabgabeG 2007, LGBl 3630-1; sbg LandesumweltanwaltschaftsG LGBl 67/1998 idF 106/2013; stmk Berg- und NaturwachtG, LGBl 49/1977 idF 87/2013; tir AlmschutzG, LGBl 49/1987 idF 110/2021; tir BergwachtG 2003, LGBl 90/2002 idF 138/2019.

Vereinbarungen nach Art 15a B-VG: zB Vereinbarung zwischen dem Bund und den Ländern Kärnten, Salzburg und Tirol über die Zusammenarbeit in Angelegenheiten des Schutzes und der Förderung des Nationalparks Hohe Tauern, BGBl 570/1994.

Verordnungen: zahlreiche Verordnungen betreffend etwa den Schutz von Pflanzen und Tieren, oder die Erklärung bestimmter Gebiete (auch Seen) zu Landschafts- bzw Naturschutzgebieten.

Literaturauswahl

Monografien – Kommentare

Held/Neuerer/Schmid, TNSchG 2005 (2018); *Köhler*, Naturschutzrecht[2] (2016); *Kraemmer/Onz*, Handbuch Österreichisches Naturschutzrecht (2018); *Kroneder* (Hrsg), Wiener Naturschutzrecht (2014); *Wagner/Ecker*, Wanderkorridore (2021); *Wallnöfer/Augustin*, TNSchG. Tiroler Naturschutzgesetz 2005. Kommentar (2018); *Westermann*, Artenschutzrecht (2012).

Beiträge

Cech, Naturschutzrecht, in Norer (Hrsg), Handbuch des Agrarrechts[2] (2012) 611; *Köhler*, Naturschutzrecht, in Pürgy (Hrsg), Das Recht der Länder II/2 (2012) 1; *Mauerhofer*, EU-Gebiets- und Artenschutz-Judikatur: CEF-Maßnahmen ade? (Teil 1 und 2). Gleichzeitig eine Analyse der einschlägigen EuGH-Judikatur seit 2014, RdU 2019/37,

66 und RdU 2019/58, 109; *Niederhuber*, Abwägungsentscheidungen im Naturschutz- und Forstrecht, in IUR/ÖWAV (Hrsg), Jahrbuch des österreichischen und europäischen Umweltrechts 2012 (2012) 163; *Randl*, Naturschutzrecht, in Ennöckl/Raschauer N./ Wessely (Hrsg), Handbuch Umweltrecht[3] (2019) 524; *Trappl*, Naturschutzrecht, in Poier/Wieser (Hrsg), Steiermärkisches Landesrecht III. Besonderes Verwaltungsrecht (2010) 315.

Rechtsprechung

VfSlg 2574/1954 (Naturschutzkompetenz der Länder); VfSlg 13.369/1993 (Enteignung für landschaftspflegerische Maßnahmen); VfSlg 15.552/1999 (Semmering-Basistunnel); VfSlg 16.316/2001 (Aufhebung von § 7 Abs 2 wr NationalparkG wegen unsachlicher Differenzierung von Entschädigungsansprüchen).

VwSlg 13.934 A/1993 (Kumulationsprinzip im Verhältnis Bergrecht – Naturschutzrecht); VwSlg 14.078 A/1994 (Kumulationsprinzip im Verhältnis Wasserrecht – Naturschutzrecht); VwGH 28.06.2010, 2007/10/0007 (Bereits die bewilligungslose Ausführung eines bewilligungspflichtigen Vorhabens ermächtigt die Behörde dazu, einen Entfernungsauftrag zu erlassen); VwGH 21.05.2012, 2010/10/0147 (In der Fremdenverkehrswirtschaft begründete Interessen an einem Vorhaben sind als öffentliche Interessen anzusehen, wenn ohne Verwirklichung des Vorhabens wesentliche Nachteile für den Fremdenverkehr zu befürchten wären).

EuGH 19.01.1994, C-435/92 (Association pour la protection des animaux sauvages) (Schutz von Zugvögeln); EuGH 07.11.2000, C-371/98 (First Corporate Shipping) (Kriterien für die Auswahl von Natura 2000-Gebieten); EuGH 23.03.2006, C-209/04 (Kommission/Österreich) (Pflichtwidrige Nichtausweisung von Vogelschutzgebieten – „Wachtelkönig"); EuGH 14.10.2010, C-535/07 (Kommission/Österreich) (Verpflichtung zur Ausweisung von Schutzgebieten); EuGH 08.11.2016, C-243/15 (Lesoochranárske zoskupenie VLK) (Verfahrensbeteiligung für Umweltorganisationen nach der Aarhus-Konvention); EuGH 28.10.2021, C-357/20 (Magistrat der Stadt Wien – Grand hamster – II) (Schutz von Fortpflanzungsstätten einer geschützten Tierart).

I. Regelungsgegenstand und -ziele

Der Naturschutz hat zum Ziel, die Natur und die vom Menschen gestaltete Kulturlandschaft in allen ihren Erscheinungsformen und in ihrer Vielfalt zu erhalten und zu pflegen. Damit stellt er einen wesentlichen Bereich des Landes-Umweltschutzes dar. Va durch Verbote oder Einschränkungen von menschlichen Eingriffen in die Natur sollen der Bestand des **Lebensraumes für Menschen, Tiere und Pflanzen** und der **Erholungswert der Natur** gesichert werden. Tw werden darüber hinaus die Gebietskörperschaften oder sogar jedermann zu Schutz und Pflege der Natur verpflichtet. Derartige Grundsätze und Zielbestimmungen in den NSchG sind allerdings nicht selbstständig vollziehbar; sie haben im Wesentlichen programmatische Bedeutung und spielen va als Auslegungskriterium eine Rolle.

Der Regelungsgegenstand des Naturschutzrechts lässt sich im Wesentlichen in folgende Gruppen zusammenfassen:
- Allgemeiner Landschaftsschutz
- Allgemeiner Tier- und Pflanzenschutz
- Naturdenkmalschutz
- Flächenschutz (Natur- und Landschaftsschutzgebiete, Nationalparks etc).

Die wichtigsten Rechtsgrundlagen des Natur- und Landschaftsschutzes bilden die NaturschutzG der Länder. Weitere gesetzliche Bestimmungen finden sich länderweise unterschiedlich va in Nationalpark-, Höhlenschutz-, Baumschutz- und Umweltschutzgesetzen.

II. Verfassungsrechtliche Bezüge

1. Kompetenzrechtliche Bestimmungen

Im B-VG ist kein Kompetenztatbestand „Naturschutz" angeführt, naturschutzrechtliche Maßnahmen sind daher **Landessache in Gesetzgebung und Vollziehung** (Art 15 Abs 1 B-VG). Da sich aber zahlreiche Berührungspunkte mit Kompetenzen des Bundes ergeben, war und ist die Interpretation des Inhalts der Naturschutzkompetenz immer wieder Gegenstand von VfGH-Verfahren. Dabei wird als hauptsächliche Interpretationsmethode die Gesichtspunktetheorie* herangezogen, diese findet allerdings im bundesstaatlichen Berücksichtigungsprinzip* ihre Grenzen. So wurden etwa Regelungen betreffend den Pilzschutz sowohl unter dem Gesichtspunkt des Pflanzenschutzes als auch dem des Forstrechts getroffen (s dazu V.1).

Durch den VfGH wurde klargestellt, dass der Schutz von Naturdenkmälern nicht zum Denkmalschutz zählt und damit nicht in die Bundeskompetenz fällt (VfSlg 1240/1929).

Nach der Rsp des VwGH **gilt hinsichtlich der Bewilligungspflichten das Kumulationsprinzip*** im Verhältnis zum Verkehrsrecht des Bundes (Eisenbahn, Luftfahrt, Schifffahrt), zum Starkstromwegerecht, zum Wasserrecht (→ *Wasserrecht*) und zum Bergrecht. **Weitere Berührungspunkte** bestehen insb mit dem Straßenrecht (eine Enteignung zum Zweck der Realisierung landschaftspflegerischer Begleitmaßnahmen kann nicht auf das BStG gestützt werden; VfSlg 13.369/1993 mit Anmerkung von *Pernthaler*, JBl 1994, 37), dem Luftfahrtwesen (Zulässigkeit des Verbots von Luftfahrzeugen in § 6 sbg NationalparkG: VfSlg 14.178/1995), dem Eisenbahnwesen (Aufhebung des § 2 nö NSchG wegen Missachtung des Berücksichtigungsprinzips, VfSlg 15.552/1999 [Semmering-Basistunnel]), dem Ortsbildschutz (nach Art 118 Abs 3 Z 9 B-VG Aufgabe der Gemeinde im eWb*), der Straßenpolizei (Aufstellung von Werbeanlagen, Verbot der Durchführung von sportlichen Wettbewerben mit Kraftfahrzeugen, die von einem Verbrennungsmotor angetrieben werden, in Tirol), der Bodenreform, dem Waren- und Viehverkehr (Ein- und Ausfuhr von Tieren und Pflanzen) und dem Forstrecht (→ *Forstrecht*).

In VfSlg 14.599/1996 hat der VfGH die Verfassungswidrigkeit einer Bestimmung des bgld NSchG festgestellt, die vorsah, dass die Naturschutzbehörde eine Bewilligung zu versagen hatte, wenn diese dem Flächenwidmungsplan widersprach, weil dadurch gegen das Selbstverwaltungsrecht der Gemeinde verstoßen wurde.

Mit der B-VGNov 1974, BGBl 444 (diese Bestimmung wurde inzwischen durch das 1. BundesverfassungsrechtsbereinigungsG, BGBl I 2/2008 als nicht mehr geltend festgestellt) wurde die bis dahin im **NaturhöhlenG** verfassungsgesetzlich geregelte Kompetenz des Bundes auf die Länder übertragen. Seither gilt in den Ländern, die den Schutz von Naturhöhlen nicht selbst geregelt haben, dieses Bundesgesetz als Landesgesetz (in Stmk und Wien).

Durch Inanspruchnahme der **Annexkompetenz** des Art 15 Abs 9 B-VG können die Länder die zur Regelung des Gegenstandes erforderlichen zivil- und strafrechtlichen Bestimmungen (zB im Bereich des Grundbuchsrechts) erlassen.

2. Grundrechtliche Bestimmungen

Eine **naturschutzrechtliche Unterschutzstellung** eines Grundstücks oder Grundstücksteils bedeutet eine **Eigentumsbeschränkung** (Art 5 StGG iVm Art 1 1. ZPEMRK). Die meisten NSchG sehen eine Entschädigung der durch bestimmte Schutzmaßnahmen bedingten Beschränkung der Bewirtschaftungs- und Nutzungsmöglichkeiten vor (zB § 37 OÖ, § 42 Sbg, § 32 Stmk, § 34 Tir, § 36 Wien). Vgl dazu die Aufhebung von § 7 Abs 2 wr NationalparkG wegen Gleichheitswidrigkeit, weil Eigentumsbeschränkungen außerhalb des Nationalparkgebietes auch dann nicht entschädigt wurden, wenn sie mit den Eingriffen innerhalb des Nationalparkgebietes vergleichbar waren (VfSlg 16.316/2001).

In Sbg findet auf die Festsetzung der **Entschädigung** die Bestimmung des Salzburger LStG über die **sukzessive Zuständigkeit*** Anwendung, wobei die Frist zur Anrufung des Gerichts sechs Monate ab der Erlassung des Entschädigungsbescheides beträgt (§ 42 Abs 3 NSchG; ähnliche Regelungen mit unterschiedlichen Fristen finden sich in anderen Ländern, zB § 37 Abs 4 OÖ mit einer Frist von drei Monaten). Nach der Judikatur des VfGH (VfSlg 17.242/2004) handelt es sich bei naturschutzrechtlichen Entschädigungsansprüchen um „**civil rights**" gem Art 6 Abs 1 EMRK, über die sowohl dem Grunde als auch der Höhe nach von einem „Tribunal" entschieden werden muss. Deshalb wurde § 48 Abs 6 bgld NSchG aufgehoben, der die Anrufung des Gerichts nur hinsichtlich der Höhe der Entscheidung vorsah.

Daneben sind Zutrittsrechte für behördliche Organe vorgesehen (zB § 39 Sbg). Zur Sicherung der Unterschutzstellung kann in einigen Ländern auch mit Enteignung vorgegangen werden (zB § 41 Sbg).

3. Staatsziel Umweltschutz

Zu beachten ist weiters die Staatszielbestimmung* des Art 3 BVG über die Nachhaltigkeit, den Tierschutz, den umfassenden Umweltschutz, die Sicherstellung der Wasser- und Lebensmittelversorgung und die Forschung, welche in der Rsp des VfGH als **Interpretationsmaßstab** herangezogen wird (zB VfSlg 12.485/1990 zur Vorgängerbestimmung des BVG-Umweltschutz, BGBl 491/1984). Ähnliche Zielbestimmungen enthalten die LV von Krnt, NÖ, OÖ, Sbg, Tir und Vlbg.

III. Europarechtliche Bezüge

Die Grundsätze des EU-Umweltrechts ergeben sich aus Art 191 AEUV, als primärrechtliche Grundlage für naturschutzrechtliches Sekundärrecht der EU* kommen va Art 192 bzw 114 AEUV in Betracht. Die zwei zentralen Rechtsakte der EU im Bereich des Naturschutzes sind die **VogelschutzRL** und die **Fauna-Flora-Habitat-RL**. Sie dienen der Erhaltung der Artenvielfalt und verpflichten zur Ausweisung bestimmter Schutzgebiete sowie zur Überprüfung und allfälligen Anpassung von Schutz- und Jagdvorschriften.

Die Fauna-Flora-Habitat-RL sieht ein besonderes europaweites Netzwerk von Schutzgebieten vor (sog „**Natura 2000**"-Gebiete), die zur Bewahrung oder Wiederherstellung eines günstigen Erhaltungszustands von bestimmten gefährdeten Lebensräumen sowie Tier- und Pflanzenarten beitragen sollen und in denen **Eingriffe nur unter eingeschränkten Bedingungen** zulässig sind. Die Mitgliedstaaten sind verpflichtet, den ökologischen Schutzerfordernissen der Natura 2000-Gebiete durch spezielle Erhaltungsmaßnahmen Rechnung zu tragen (zB Bewirtschaftungspläne für das Gebietsmanagement, Vertragsnaturschutz). Für Vogelschutz- bzw FFH-Gebiete besteht ein präventives Verschlechterungs- und Störungsverbot. Außerdem ist für Pläne und Projekte, die potenziell geeignet sind, ein Natura 2000-Gebiet zu beeinträchtigen, eine **Naturverträglichkeitsprüfung** durchzuführen. Zur Umsetzung dieser RL s VII.4.

Gem der Judikatur des EuGH zur **Aarhus-Konvention** (→ *Umweltverträglichkeitsprüfung*) wurden anerkannten Umweltorganisationen in den NSchG der meisten Bundesländer die Stellung als Beteiligte sowie Rechtsmittelbefugnisse eingeräumt (s IX.2.).

IV. Allgemeiner Landschaftsschutz, Bewilligungs- und Anzeigepflichten

Die NSchG sprechen tw allgemeine **Verpflichtungen für jedermann** oder für Länder und Gemeinden aus, **die gesamte Natur zu schützen** und zu pflegen (§ 2 Krnt, § 2 Sbg). In Krnt ist jede „Verunstaltung der freien Landschaft" verboten (§ 13). Daneben wird häufig **ein Katalog von Maßnahmen** angeführt, die von der Naturschutzbehörde **zu bewilligen** sind, auch wenn sie außerhalb von geschützten Gebieten durchgeführt werden. Dazu gehören zB (§ 7 NÖ, § 5 OÖ, § 25 Sbg, §§ 6 und 15 Tir, § 18 Wien): die Anlage von Schottergruben, Lagerplätzen, Materialseilbahnen, Schrottplätzen, großen Parkplätzen, Sportplätzen, Flugplätzen, Golfplätzen, Campingplätzen, Motorsportanlagen, Beschneiungsanlagen, Liften oder die Aufstellung von Werbeeinrichtungen.

In Sbg ist nach § 27 weiters etwa das chemische Präparieren von Skipisten und Langlaufloipen, ausgenommen im Zuge sportlicher Veranstaltungen mit unbedenklichen Stoffen in geringfügigen Mengen oder das Fahren mit Radfahrzeugen in der freien Landschaft (Mountain-Biken; in OÖ nach § 8 über 1.200 m; → *Forstrecht*) verboten. In Tir (§ 5) sind etwa Autorennen, die Verwendung von Hubschraubern für touristische Zwecke oder die Verwendung von Wasserfahrzeugen mit Verbrennungsmotor grundsätzlich **verboten**. In OÖ besteht ein allgemeiner Landschaftsschutz im Bereich von Seen (§ 9: Uferschutz bis zu einer Entfernung von 500 m) und bestimmten sonstigen Gewässern, ein allgemeiner Gewässerschutz ist auch in der Stmk und in Tir vorgesehen.

Tw werden daneben auch noch **anzeigepflichtige Maßnahmen** aufgezählt, die die Naturschutzbehörde unter bestimmten Voraussetzungen zu untersagen hat (zB § 26 Sbg).

V. Allgemeiner Tier- und Pflanzenschutz

1. Pflanzenschutz

Der Pflanzenschutz ist vom Grundgedanken getragen, **seltene und gefährdete Pflanzen zu schützen**. Dabei ist zwischen einem allgemeinen und einem besonderen Schutz zu unterscheiden.

Nach den **allgemeinen Schutzbestimmungen** dürfen wild wachsende Pflanzen **nicht mutwillig beschädigt** werden (§ 17 Krnt, § 17 NÖ, § 26 OÖ) bzw bedarf das Sammeln von wild wachsenden Pflanzen oder Pflanzenteilen in der freien Natur, wenn es in großen Mengen auf fremdem Grund geschieht, einer Bewilligung der Naturschutzbehörde (§ 30 Sbg). Tw sind weitere Verordnungsermächtigungen der LReg vorgesehen, zB zum Schutz von wild wachsenden Waldfrüchten, Beeren und Pilzen.

> Beispiel: Nach der sbg PilzeschutzV, LGBl 47/1994 idF 33/2003 ist (neben sonstigen Beschränkungen) das Sammeln von Pilzen zum Verkauf grundsätzlich nur mit naturschutzbehördlicher Bewilligung zulässig. Nach der tir PilzschutzV, LGBl 68/2005 sind das Sammeln von mehr als 2 kg Pilzen pro Person und pro Tag und organisierte Veranstaltungen zum Sammeln von Pilzen verboten.

Der Schutz von Pilzen ist daneben auch im ForstG (→ *Forstrecht*) verankert: Nach § 174 Abs 3 lit b Z 2 und lit d ForstG sind das unbefugte Sammeln von Pilzen im Ausmaß von mehr als 2 kg pro Person und Tag und die Durchführung von und Teilnahme an Pilzsammelveranstaltungen verboten.

Noch weiter geht der **besondere Schutz** von wild wachsenden Pflanzen in der freien Natur, die in ihrem Bestand gefährdet sind. Solche Pflanzen können durchwegs durch Verordnung der LReg geschützt werden, wobei die **PflanzenschutzV** zwischen vollkommenem und twm Schutz unterscheiden:

- Der **vollkommene Schutz** beinhaltet das Verbot, die Pflanzen zu beschädigen, zu vernichten bzw sie vom Standort zu entfernen und das Verbot, diese Pflanzen entgeltlich oder unentgeltlich anzunehmen oder abzugeben.

  Beispiele: Edelweiß, bestimmte Enzianarten, Seerose (OÖ, Sbg, Stmk, Tir).

- Der **tw Schutz** umfasst das absolute Verbot, die unterirdischen Teile zu entfernen. Das Pflücken von Handsträußen ist erlaubt, ebenso das Pflücken einzelner Stücke bzw einzelner Zweige.

  Beispiele: Maiglöckchen, Zyklame (Sbg, Stmk, Tir), Alpenrose (OÖ, Wien).

2. Tierartenschutz

Auch hinsichtlich der Tiere sind idR ein **allgemeiner** und ein **besonderer Schutz** vorgesehen. Der allgemeine Schutz verbietet, wild lebende Tiere mutwillig zu verfolgen, zu beunruhigen, oder zu vernichten. Bestandgefährdete Tiere können zusätzlich durch Verordnung der LReg ganz oder tw geschützt werden, ausgenommen davon sind tw (zB Sbg und Tir) jagdbare Tiere wie zB Rotwild, Auerhahn oder Fasan. Hinsichtlich der jagdbaren Tiere sehen aber idR die JagdG der Länder (zT ganzjährige) Schonzeiten vor.

VI. Naturdenkmalschutz, Baumschutz

Naturgebilde, die wegen ihrer wissenschaftlichen oder kulturellen Bedeutung oder wegen ihrer Eigenart, Schönheit oder Seltenheit erhaltungswürdig sind, können zum Naturdenkmal erklärt werden. Die **Erklärung zum Naturdenkmal** erfolgt durch **Bescheid der BVB** bzw der **LReg** (in OÖ) oder der **Gemeinde** (zB § 10 Sbg bei Naturgebilden von bloß örtlicher Bedeutung). Dieser Schutz ist va für bestimmte Objekte wie etwa einzelne Bäume, Quellen, Wasserfälle, Schluchten etc gedacht, die Einbeziehung der nächsten Umgebung in den Naturdenkmalschutz ist möglich.

Von der Einleitung des Unterschutzstellungsverfahrens ist zunächst der Grundeigentümer zu verständigen, die Mitteilung bewirkt ein vorläufiges Veränderungsverbot. Die endgültige Erklärung zum Naturdenkmal hat zur Folge, dass **jeder den Bestand oder das Erscheinungsbild beeinträchtigende**

Eingriff verboten ist, den Eigentümer trifft eine **Erhaltungspflicht** (Tatbestandswirkung* des Bescheides). Die Unterschutzstellung wird in den meisten Ländern ortsüblich kundgemacht und das Naturdenkmal durch eine Hinweistafel gekennzeichnet, häufig ist eine Eintragung in ein Naturdenkmalbuch bzw Naturschutzbuch vorgesehen. Daraus ergibt sich, dass die Bescheide dingliche Wirkung* haben. Neben der eingriffsverbietenden Wirkung für den Eigentümer wirkt die Erklärung zum Naturdenkmal auch als Eingriffsverbot gegen jedermann durch Kennzeichnung und Kundmachung. Sie ist insoweit eine Verordnung. Man spricht in solchen Fällen von **janusköpfigen Verwaltungsakten***.

Ein allgemeiner **Baumschutz**, der va eine Erhaltungspflicht und eine Bewilligungspflicht für das Entfernen von Bäumen mit Pflicht zu Ersatzpflanzungen enthält, ist in einigen Bundesländern durch eigene Gesetze (Stmk, Wien) vorgesehen, für die Stadt Salzburg wurde aufgrund der Ermächtigung in § 11 sbg NSchG eine eigene BaumschutzV erlassen.

VII. Flächenschutz

Der Flächenschutz betrifft den Schutz bestimmter räumlich abgegrenzter Gebiete in verschiedener Intensität. Es kann dabei zwischen **mehreren Schutzkategorien** unterschieden werden:

1. Schutz von Lebensraum

In einigen Ländern ist **ex lege** der landesweite Schutz von Lebensräumen vorgesehen (zB § 7 Bgld, § 8 Krnt, § 24 Sbg). Diese Gebiete sind somit ohne Erlassung von Verordnungen unter Schutz gestellt. Danach sind bspw geschützt: Moore, Sümpfe, Quellfluren, Bruch- und Galeriewälder an fließenden und stehenden Gewässern sowie oberirdische fließende Gewässer und das alpine Ödland einschließlich der Gletscher und deren Umfeld. Der Schutz bewirkt, dass Maßnahmen, die **Eingriffe in diese Lebensräume** bewirken können, **bewilligungspflichtig** sind.

2. Naturschutzgebiete

Naturschutzgebiete sind Gebiete außerhalb geschlossener Ortschaften, die sich durch völlige oder weitgehende **Ursprünglichkeit** auszeichnen bzw seltene oder gefährdete Pflanzen oder Tierarten aufweisen. Schutzzweck ist die völlige oder weitestgehende Erhaltung der Ursprünglichkeit und des Bestandes an gefährdeten Pflanzen oder Tieren. In Frage kommen konkret va Moore, Urwaldreste, alpine Landschaften usw. Bei Naturschutzgebieten handelt es sich um eine **sehr strenge Form des Naturschutzes**, weil grundsätzlich **jeder Eingriff in die Natur untersagt** ist. Die Erteilung von Ausnahmebewilligungen ist allerdings nach Vornahme einer Interessenabwägung möglich (vgl zum naturschutzrechtlichen Genehmigungsverfahren ausführlich *Randl* in Ennöckl/N. Raschauer/Wessely, Handbuch Umweltrecht³, 553 ff). Die Erklärung zum Naturschutzgebiet selbst erfolgt durch **Verordnung der LReg.**

Beispiele: Traunstein (OÖ), Fuschlsee (Sbg), Totes Gebirge (Stmk), Karwendel (Tir), Lainzer Tiergarten (Wien).

Das **Verfahren der Unterschutzstellung** ist in den NSchG recht ähnlich geregelt. Es beginnt idR mit der Kundmachung der Absicht durch die LReg, welche ein vorläufiges Veränderungsverbot bewirkt. Der Verordnungsentwurf wird meist für vier Wochen zur allgemeinen Einsichtnahme aufgelegt, die Gemeinden und bestimmte Interessenvertreter haben Stellungnahmerechte. Der Grundeigentümer und sonstige Personen, die ein berechtigtes Interesse glaubhaft machen, können in Sbg binnen einer Frist von sechs Wochen schriftliche Äußerungen zum Vorhaben vorbringen.

3. Landschaftsschutzgebiete

Landschaftsschutzgebiete sind Gebiete, die wegen ihrer **landschaftlichen Schönheit** oder ihres **Erholungswertes** schutzwürdig sind. Landschaftsschutzgebiete werden durch **Verordnung der LReg** eingerichtet. In diesen Verordnungen sind jene Maßnahmen anzuführen, die an eine Bewilligung gebunden sind. Der **Schutz ist weniger streng** als beim Naturschutzgebiet, verboten sind va „grobe" Eingriffe wie etwa die Errichtung baulicher Anlagen, erhebliche Bodenverletzungen oder die Ablagerung von Materialien. Das Verfahren zur Unterschutzstellung ist prinzipiell gleich gestaltet wie bei der Errichtung eines Naturschutzgebietes.

Beispiele: Feldaisttal (OÖ), Mönchsberg (Sbg), Dachstein (Stmk), Nordkette (Tir), Prater (Wien).

4. Europaschutzgebiete

Zur Umsetzung der **VogelschutzRL** und der **Fauna-Flora-Habitat-RL** (s III.) wurde in den meisten Ländern für jene Gebiete, die unter diese RL fallen, eine neue Kategorie von Schutzgebieten geschaffen, nämlich die **Europaschutzgebiete** (zB § 22b Bgld, § 24a Krnt, § 9 NÖ, § 24 OÖ, § 22a Sbg, § 9 Stmk, § 26a Vlbg, § 22 Wien). § 14 Tir sieht eigene „Sonderbestimmungen für Natura 2000-Gebiete" vor. Für derartige Schutzgebiete wird ein einheitliches – europarechtlich gebotenes – Schutzniveau festgelegt, etwa auch hinsichtlich der von der Fauna-Flora-Habitat-RL geforderten **Naturverträglichkeitsprüfung**. Die Erklärung zum Europaschutzgebiet erfolgt durch Verordnung der LReg.

5. Geschützte Landschaftsteile und Ruhegebiete

Soweit in den NSchG vorgesehen (zB § 12 OÖ, § 12 Sbg, § 12 Stmk, § 13 Tir, § 25 Wien), sind geschützte Landschaftsteile meist **kleinräumige Flächen**, die das Landschaftsbild besonders prägen oder für die Erholung der Bevölkerung bedeutsam sind. In Frage kommen va kleinere Moore, Tümpel, Baumgruppen, Parkanlagen, Alleen usw. Die Unterschutzstellung erfolgt durch **Verordnung der BVB oder der LReg** und bewirkt ein **Eingriffsverbot**. Ausnahmebewilligungen können erteilt werden. Das Verfahren ist prinzipiell gleich gestaltet wie bei den Naturschutzgebieten.

In Tir ist als weitere besondere Kategorie das **Ruhegebiet** (§ 11) vorgesehen, in dem va jede erhebliche Lärmentwicklung, der Neubau von Straßen und die Errichtung von lärmerregenden Betrieben verboten sind. In Sbg kann in **Ruhezonen** die Ausübung sportlicher, touristischer oder sonstiger Aktivitäten verboten werden (§ 27 Abs 3).

6. Naturparks

Soweit in den NSchG vorgesehen (zB § 13 NÖ, § 11 Abs 3 OÖ, § 23 Sbg, § 10 Stmk, § 12 Tir), werden darunter Gebiete verstanden, die für die **Erholung der Bevölkerung** oder für die **Vermittlung von Wissen über die Natur** besonders geeignet sind, die bereits zu einem geschützten Gebiet erklärt wurden und allgemein zugänglich sind. Die Erklärung zum Naturpark erfolgt durch **Verordnung der LReg** meist auf Antrag des Grundeigentümers. Bei einem Naturpark handelt sich eigentlich nicht um eine eigene Schutzkategorie, sondern um eine „Auszeichnung" eines bestimmten Schutzgebietes.

Beispiel: Naturpark Untersberg (Sbg).

7. Höhlenschutz

Dass der Schutz von Naturhöhlen tw in eigenen Gesetzen geregelt ist, ist nur historisch durch die Entwicklung der Kompetenzsituation erklärbar (s II.1). In den meisten Bundesländern wurde der Schutz von Naturhöhlen in die NSchG (Bgld, Krnt, NÖ, OÖ, Tir, Vlbg) aufgenommen. In Sbg besteht ein eigenes Höhlengesetz, in den Ländern Stmk und Wien gilt das BG zum Schutz der Naturhöhlen als LG weiter.

Naturhöhlen sind entweder ex lege geschützt (zB § 28 tir NSchG, § 18 oö NSchG) oder können durch Bescheid (zB § 4 sbg HöhlenG, § 14b nö NSchG) zur „**geschützten Höhle**" erklärt werden. Inhaltlich umfasst der Höhlenschutz ein Verbot der Zerstörung und der substanziellen Veränderung der Höhle und des Eingangsbereichs ohne behördliche Genehmigung.

8. Nationalparks

In den Ländern Bgld, Krnt, NÖ, OÖ, Sbg, Stmk, Tir und Wien sind durch eigene Gesetze Nationalparks eingerichtet, in denen die **Natur in strengster Form geschützt** ist. Bekannte Beispiele sind der Nationalpark Hohe Tauern oder der Nationalpark Donau-Auen.

In den **NationalparkG** von Sbg und Tir wird etwa die geschützte Fläche in verschiedene **Zonen mit unterschiedlicher Schutzintensität** eingeteilt, die durch Verordnung der LReg festgelegt werden:
- die Außenzone, in der strenge Bewilligungspflichten, etwa für die Errichtung von baulichen Anlagen oder Straßen, bestehen;
- in der Kernzone, die von der Außenzone umschlossen wird, soll weitestgehend die Ursprünglichkeit gewahrt bleiben, sie ist vergleichbar mit einem Naturschutzgebiet. Generell zugelassen ist nur die herkömmliche Almwirtschaft;
- in Sonderschutzgebieten kann jeder Eingriff ausgeschlossen werden (sogar das Betreten). Derartige Sonderschutzgebiete bestehen derzeit zB für Teile der Gemeinde Fusch an der Glocknerstraße.

In Krnt bestehen ähnliche Regelungen für die Nationalparks Hohe Tauern und Nockberge, im Bgld für den Neusiedler See. Eingerichtet sind weiters folgende Nationalparks: Kalkalpen (OÖ), Donau-Auen (NÖ, Wien), Thayatal (NÖ) und Gesäuse (Stmk).

9. Biosphärenparks

Die von der UNESCO ins Leben gerufenen Biosphärenparks (Biosphärenreservate) sind Modellregionen zur **Erhaltung der biologischen und kulturellen Vielfalt** sowie der nachhaltigen Nutzung der natürlichen Ressourcen, bei denen die (naturnahe) Kulturlandschaft und die Umweltbildung bzw -forschung im Vordergrund stehen. Ähnlich wie bei Nationalparks erfolgt auch hier eine Zonierung des Gebietes (Kern-/Natur-, Pflege- und Entwicklungszone, zT auch Regenerationszone) mit unterschiedlichen Schutz- und Managementmaßnahmen. Die Einrichtung erfolgt zT durch Gesetz, zT durch Verordnung der LReg.

Beispiele: Biosphärenpark Nockberge, Biosphärenpark Wienerwald, Biosphärenpark Großes Walsertal.

VIII. Weitere Regelungen

1. Wiederherstellung

Werden bewilligungspflichtige Vorhaben ohne Bewilligung oder gegen ein naturschutzrechtliches Verbot ausgeführt, so ist regelmäßig neben der Verhängung von **Verwaltungsstrafen** der **Auftrag zur Wiederherstellung des früheren Zustandes** vorgesehen (zB § 46 Sbg, § 17 Tir). Ein anhängiges Verfahren um eine nachträgliche naturschutzrechtliche Bewilligung eines konsenslos durchgeführten Projektes hindert einen Entfernungsauftrag nicht. Kommt der Verpflichtete einem derartigen Auftrag nicht nach, so erfolgt die Vollstreckung durch Ersatzvornahme nach § 4 VVG.

2. Ausgleichsmaßnahmen

Neben der Vorschreibung von Auflagen*, Bedingungen* und Befristungen* ist etwa im Bgld, in Krnt und Sbg die Vorschreibung der Beschaffung eines geeigneten **Ersatzlebensraumes** bzw von **Ausgleichsmaßnahmen** zulässig. Nach § 51 Sbg muss damit insgesamt eine wesentliche Verbesserung des Landschaftsbildes oder Naturhaushalts bewirkt werden und diese Verbesserung die nachteiligen Auswirkungen der beabsichtigten Maßnahmen erheblich überwiegen (zB durch Rekultivierung einer aufgelassenen Schottergrube).

3. Vertragsnaturschutz

Der sog vertragliche Naturschutz im Rahmen der **Privatwirtschaftsverwaltung***, der in jüngerer Zeit in einige NSchG Eingang gefunden hat, soll eine Ergänzung zum hoheitlichen Naturschutz darstellen. Darunter werden neben „echten" **privatrechtlichen Verträgen** va auch **fördernde Maßnahmen** von Gebietskörperschaften verstanden, an die gewisse Verpflichtungen geknüpft sind (zB angemessene Vergütung für die Unterlassung der Nutzung ökologisch wertvoller Flächen oder Düngeverzichtsprämien): vgl § 2 Abs 5 und 6 Sbg, § 33 Stmk, § 9 Abs 2 Vlbg, § 15 tir NationalparkG.

4. Naturschutzabgaben

Einzelne Länder heben **zur Förderung des Naturschutzes** und der Landschaftspflege eine **Naturschutzabgabe** (ausschließliche Landesabgabe nach § 8 F-VG) **bei Gewinnung von Bodenschätzen** ein (§ 59 Sbg, § 12 Vlbg). Der Ertrag aus der Naturschutzabgabe ist zur Förderung des Naturschutzes, also zweckgewidmet zu verwenden (zB § 60 Sbg). Nach § 19 Tir wird eine Naturschutzabgabe „für die Inanspruchnahme der Natur" durch verschiedenste Vorhaben (maschineller Abbau von Mineralien, Errichtung oder Ausbau von Seilbahnen/Schleppliften, Sportanlagen, Beschneiungsanlagen etc) erhoben.

IX. Behörden und Verfahren

1. Behörden

Die Vollziehung der Naturschutzgesetze erfolgt grundsätzlich durch die **BVB** und die **LReg**, tw hat die Gemeinde einzelne Aufgaben im eWb* zu besorgen.

Verwendet das Gesetz den Ausdruck „die Behörde" ohne nähere Bezeichnung, so ist damit die BVB (in Wien der Magistrat) gemeint.

Abweichend davon ist die **LReg** insb zuständig:
- zur Bescheiderlassung bei Vorhaben, für die eine BVB und die LReg oder mehrere BVB zuständig wären;
- zur Erlassung von LandschaftsschutzgebietsV, NaturschutzgebietsV, NaturparkV, PflanzenschutzV und TierschutzV.

Neben den Organen des öffentlichen Sicherheitsdienstes* haben als Exekutivorgane regelmäßig Organe der öffentlichen Aufsicht*, wie etwa die Forstschutz- (→ *Forstrecht*) und Jagdschutzorgane, in einigen Ländern auch eigene **Naturschutzwacheorgane** bzw **Bergwacheorgane** an der Vollziehung mitzuwirken. Dabei handelt es sich um Privatpersonen, die Aufgaben der öffentlichen Verwaltung übernehmen (sog Beliehene*). Sie dürfen nach Maßgabe besonderer Ermächtigungen zB Personen, die auf frischer Tat bei Verwaltungsübertretungen betreten werden, anhalten, ihre Identität prüfen, sie festnehmen oder Gegenstände beschlagnahmen (zB § 55 OÖ, § 56 Abs 3 Sbg, § 45 Wien).

2. Verfahren

Auf das Verfahren vor den Naturschutzbehörden finden das AVG, das VStG und das VVG für die Erlassung von individuellen Verwaltungsakten Anwendung (Art I EGVG). Daneben bestehen insb folgende **Besonderheiten** (und Ergänzungen für das Verfahren zur Verordnungserlassung):
- Mehrfach ist die Bestellung von **Naturschutzbeauftragten** zur Wahrnehmung der Interessen des Naturschutzes vorgesehen (§ 54 Sbg, § 38 Stmk, § 37 Tir). In Sbg hat die BVB dem Naturschutzbeauftragten vor der Bescheid- bzw Verordnungserlassung Gelegenheit zur Stellungnahme zu geben.
- Die Mitwirkung des **Landesumweltanwalts** als Organpartei* ist in einigen Ländern vorgesehen (zB § 27 NÖ, § 55 Sbg, § 36 Tir); in manchen Ländern wird die Parteistellung im UmweltschutzG begründet (zB § 5 OÖ, § 6 Abs 2 Stmk, § 6 Wien), in Vlbg (§ 50) ist ein eigener Naturschutzanwalt eingerichtet.
- Vor Erlassung von Naturschutz- und LandschaftschutzV haben regelmäßig verschiedene **Interessenvertretungen** Stellungnahmerechte.
- In § 52 Bgld, § 53 Krnt, § 27 NÖ und § 46b Vlbg wird ausdrücklich die Parteistellung der Gemeinden geregelt.
- Anerkannte **Umweltorganisationen** nach § 19 Abs 7 UVP-G 2000 (→ *Umweltverträglichkeitsprüfung*) sind in Umsetzung der Aarhus-Konvention an bestimmten Bewilligungsverfahren zu beteiligen und haben Rechtsmittelbefugnisse (§§ 52a und 52b Bgld, § 54a Krnt, §§ 27b und 27c NÖ, § 39b OÖ, § 55a Sbg, § 43 Abs 6 Tir, § 46b Abs 3 Vlbg, § 40a Wien).

- Zur Beratung der LReg in wichtigen und grundsätzlichen Fragen des Naturschutzes ist tw ein **Naturschutzbeirat** eingerichtet (zB § 53 Sbg, § 35 Tir), dem idR bloß beratende Funktion zukommt; daneben ist er meist auch vor der Erlassung von naturschutzrechtlichen Verordnungen durch die LReg zu hören; eine Unterlassung der Anhörung stellt einen wesentlichen Verfahrensmangel dar, der die Verordnung mit Gesetzwidrigkeit belastet.
- Regelmäßig ist vorgesehen, dass die Erlassung naturschutzrechtlicher Verordnungen und Bescheide in ein **Naturschutzbuch** (ein öffentliches Buch, das die LReg zu führen hat und in das jedermann Einsicht nehmen kann) und in das **Grundbuch** einzutragen ist.

Georg Lienbacher

Veranstaltungsrecht

Rechtsgrundlagen

Kompetenzgrundlagen

Art 15 Abs 1 B-VG (Generalklausel für die Länderkompetenz in Gesetzgebung und Vollziehung); Art 10 Abs 1 Z 13 B-VG (Angelegenheiten der künstlerischen und wissenschaftlichen Sammlungen und Einrichtungen des Bundes); Art 10 Abs 1 Z 13 B-VG (Angelegenheiten der Bundestheater mit Ausnahme der Bauangelegenheiten); Art 11 Abs 1 Z 8 B-VG (Angelegenheiten des Tierschutzes); Art 15 Abs 3 B-VG (Sonderregelung bezüglich der Überwachung von und Mitwirkung an der Verleihung von Berechtigungen zu öffentlichen Veranstaltungen); Art 118 Abs 3 Z 3 B-VG (örtliche Veranstaltungspolizei).

Verfassungsrechtliche Bezüge

Art 12 StGG, Art 11 EMRK (Vereins- und Versammlungsfreiheit); Art 14, 15 StGG, Art 9 EMRK (religiöse Veranstaltungen); Art 17 StGG (Wissenschaftsfreiheit); Art 17a StGG (Kunstfreiheit); Art 6 StGG (Erwerbsfreiheit); Art 8 EMRK (Recht auf Privatsphäre).

Europarechtliche Bezüge

Art 45 ff AEUV (Arbeitnehmerfreizügigkeit*), Art 49 ff AEUV (Niederlassungsfreiheit*), Art 56 ff AEUV (Dienstleistungsfreiheit*); RL 2006/123/EG über Dienstleistungen im Binnenmarkt (DienstleistungsRL), ABl 2006 L 376/36.

Gesetze und sonstige Rechtsgrundlagen

Der einfachgesetzliche Rechtsbestand im Veranstaltungswesen ist komplex. In jedem Bundesland gibt es ein VeranstaltungsG. Zusätzlich wird aber in unterschiedlicher Weise eine Vielzahl von NebenG auf Landesebene und auf Grund der Ausnahmekompetenztatbestände auch auf Bundesebene erlassen, die hier nicht alle aufgezählt werden können. Vgl die umfassendere Darstellung bei *Lienbacher*, Veranstaltungsrecht, in Pürgy (Hrsg), Das Recht der Länder II/2 (2012) 637; *Lienbacher*, Veranstaltungsrecht, in Holoubek/Potacs (Hrsg), Öffentliches Wirtschaftsrecht I[4] (2019) 261 und *Strejcek/Schlintner/Weiß*, Privatunterrichtswesen und Fertigkeitsvermittlung, in Holoubek/Potacs (Hrsg), Öffentliches Wirtschaftsrecht I[4] (2019) 357.

Bundesrechtliche Vorschriften: BundestheaterorganisationsG, BGBl I 108/1998 idF I 202/2021; §§ 31 bis 31a ForschungsorganisationsG, BGBl 341/1981 idF I 60/2022 (Bundesmuseen); BundesmuseenG 2002, BGBl I 14/2002 idF I 202/2021; GlücksspielG (GSpG), BGBl 620/1989 idF I 99/2020; TierschutzG (TSchG), BGBl I 118/2004 idF I 86/2018.

Landesrechtliche Vorschriften: VeranstaltungsG: Bgld VeranstaltungsG, LGBl 2/1994 idF 84/2020; Krnt VeranstaltungsG 2010 (K-VAG 2010), LGBl 27/2011 idF 36/2022; NÖ VeranstaltungsG, LGBl 7070 idF 38/2016 idF 90/2020; OÖ VeranstaltungssicherheitsG, LGBl 78/2007 idF 62/2021; Sbg VeranstaltungsG, LGBl 100/1997 idF 46/2019; Stmk VeranstaltungsG 2012 (StVAG), LGBl 88/2012 idF 63/2018; Tir VeranstaltungsG (TVG), LGBl 86/2003 idF 161/2021; Vlbg VeranstaltungsG, LGBl 1/1989 idF 4/2022; Wr VeranstaltungsG 2020 (Wr. VG), LGBl 53/2020.

NebenG: Stmk LichtspielG 1983, LGBl 60/1983 idF 87/2013; Krnt Spiel- und GlücksspielautomatenG (K-SGAG), LBGl 110/2012 idF 96/2019; Nö SpielautomatenG 2011, LGBl 7071 idF LGBl 73/2019; Oö GlücksspielautomatenG LGBl 35/2011 idF LGBl 85/2021; Sbg WettunternehmerG (S. WuG), LGBl 32/2017 idF 41/2020; Stmk Glücksspielautomaten- und SpielapparateG 2014 (StGSG), LGBl 100/2014 idF 53/2021; Vlbg SpielapparateG, LGBl 23/1981 idF LGBl 4/2022; Wr WettenG, LGBl 26/2016 idF LGBl 52/2020.

Art 15a B-VG-Vereinbarung* über die Errichtung der gemeinsamen Filmbewertungskommission, Bgld: LGBl 34/1978 idF 16/1996; Krnt: LGBl 90/1978 idF 18/1991; NÖ: LGBl 7061; Sbg: LGBl 74/1978 idF 19/1996 (im tir LGBl 63/2018 wird die Kündigung der Vereinbarung durch das Land Oberösterreich (LGBl 70/2017) und Salzburg kundgemacht, wonach die Vereinbarung für Salzburg mit 05.12.2018 außer Kraft tritt; eine Kundmachung im sbg LGBl ist dafür nicht zu finden; Stmk: LGBl 23/1979; Tir: LGBl 44/1978 idF 50/1995; Vlbg: LGBl 26/1978 idF 6/1996, durch § 46 Abs 1 Z 4 Wr. VG tritt in Wien die Filmprädikat-Anerkennungsverordnung außer Kraft: LGBl 53/2020.

Zu erwähnen sind weiters landesgesetzliche Vorschriften in den Bereichen Spielapparate, Tätigkeiten der Buchmacher und Totalisateure, Campingplatzwesen, Tätigkeiten der Fiaker, der Schi- und Snowboardschulen, der Schi- und Bergführer, der Tanzschulen und Tanzlehrer.

Verordnungen*: In den genannten gesetzlichen Regelungsbereichen existiert eine Vielzahl von Verordnungen*. Auch hier sei auf die Darstellungen bei *Lienbacher* und *Strejcek/Schlintner/Weiß* jeweils in Holoubek/Potacs, Öffentliches Wirtschaftsrecht I[4] (2019) verwiesen.

Literaturauswahl

Monografien – Kommentare

Albrecht/Güdel/Klode/Vögl, Veranstaltungsrecht in Deutschland – Österreich – Schweiz (2018); *Augustin/Wallnöfer/Pöschl/Hofstätter*, Tiroler Veranstaltungsrecht (2019); *Bammer*, Bundestheater und Verfassung. Eine historisch-systematische Untersuchung der (verfassungs)rechtlichen Stellung der Bundestheater unter besonderer Berücksichtigung der Kunstfreiheit und der Kompetenzverteilung (1992); *Binder*, Das österreichische Tierschutzrecht[4] (2019); *Ehgartner*, Das Veranstaltungsrecht in Österreich (1999); *Färbinger*, Die Verkehrssicherungspflicht des Festveranstalters und ihre Begrenzung (2003); *Feßl*, Veranstaltungsrecht (1993); *Herbrüggen/Wessely*, Österreichisches Tierschutzrecht I[3] (2020); *Hofstätter*, Veranstaltungsrecht kompakt. Zahlreiche Praxisbeispiele, Checkliste für Veranstalter, Jugendschutz (2012); *Irresberger/Obenaus/Eberhard*, Tierschutzgesetz (2005); *Kos-*

sak, Die neue Haftung der Vereinsfunktionäre. Die Vereinsgesetz-Novelle 2011; Kommentierung der §§ 23 bis 26 VerG; Die Haftung für Veranstaltungen[2] (2012); *Pernthaler/Lukasser/Rath-Kathrein*, Gewerbe – Landwirtschaft – Veranstaltungswesen. Drei Fallstudien zur Abgrenzung der Bundes- und Landeskompetenzen im Wirtschafts- und Berufsvertretungsrecht (1996); *Petzenka* (Hrsg), Veranstaltungsgesetze in Österreich[2] (2009); *Schwartz/Wohlfahrt*, Glücksspielgesetz und die wichtigsten Spielbedingungen: Kurzkommentar[2] (2006); *Strejcek/Bresich* (Hrsg), Glücksspielgesetz[2] (2011); *Vögl* (Hrsg), Praxishandbuch Veranstaltungsrecht Update[2] (2021) *Vögl* (Hrsg), Veranstaltungsrecht. Ein Leitfaden für Veranstalter in Österreich[2] (2004); *Vögl* (Hrsg), Praxishandbuch Veranstaltungsrecht[2] (2019); *Vögl*, Veranstaltungen von A bis Z (2013); *Vögl*, Rechtstipps für Events: ein rechtlicher Leitfaden für die Durchführung und Organisation von Veranstaltung aller Art: mit speziellen Rechtstipps für Veranstaltung, Agenturen, Organisatoren und Inhaber von Veranstaltungsstätten[6] (2021).

Beiträge

Barfuß, Sport und Recht – Ausgewählte Themen, ÖJZ 2009, 25; *Berger/Bernthaler*, Sportanlagen in der UVP, in Berger/Potacs (Hrsg), Recht sportlich (2010); *Bresich/Klingenbrunner*, Kompetenzrechtliche Abgrenzungsfragen bei Spielen, AnwBl 2008, 59; *Campara-Kopeinig*, E-Sport vor dem Level Up?, ZTR 2019, 109; *Eberhard G.*, Verbot der Ausstellung von Singvögeln. Aufhebung von § 2 Abs 2 der Tierschutz-Veranstaltungsverordnung wegen Missachtung der kompetenzrechtlichen Rücksichtnahmepflicht, ZfV 2008/270; *Filzmoser*, Gewerblicher Betrieb von Sportanlagen und Anwendbarkeit der Gewerbeordnung?, ÖZW 1993, 105; *Franz*, Rechtliche Abgrenzungsfragen zu Messeveranstaltungen, RFG 2021, 140; *Holzer*, Neue Erscheinungsformen im Gewerberecht am Beispiel von Airbnb und Crossfit, ÖJZ 2017/144, 1050; *Kind*, Verfassungsrechtliche Anmerkungen zum Steiermärkischen Veranstaltungsgesetz 2012, ZUV 2013, 109; *Klose*, Die spezifischen Probleme mit den neuen Betriebsarten im Gastgewerbe. Diskothek und Clubbing-Lounge, RdU-UT 2014/2, 2; *Leitner*, Ausgewählte Rechtsakte im Kultusrecht, öarr 2020, 237; *Lienbacher*, Veranstaltungsrecht, in Holoubek/Potacs (Hrsg), Öffentliches Wirtschaftsrecht I[4] (2019) 261; *Lienbacher*, Sport und Recht – Gewerberecht und Veranstaltungsrecht, in WiR (Hrsg), Sport und Recht (2006) 135; *Lienbacher*, Veranstaltungsrecht, in Pürgy (Hrsg), Das Recht der Länder II/2 (2012) 637; *Nussbaumer*, Zur Genehmigung von sportlichen Veranstaltungen auf Straßen, ZVR 2015, 153; *Pentz*, Kein Platz für Straßenkunst? – Aktuelle Fragestellungen zur Inanspruchnahme des öffentlichen Raums durch StraßenkünstlerInnen in Wien, juridikum 2011, 104; *Piska/Petschinka*, eSport in Österreich: eine rechtliche Navigationshilfe, ZTR 2019, 63; *Raschauer B./Wessely*, Besonderes Verwaltungsrecht[4] (2001) 104; *Rosenmayr-Klemenz*, Betrieb von Tennisplätzen – freies Gewerbe oder Veranstaltung?, ÖZW 1995, 72; *Simon*, Das Glücksspielrecht nach 2010 – Die Ziele der GSpG-Novellen und ihre Einlösung, wbl 2011, 414; *Stöger*, Die Dienstleistungsrichtlinie und das Landesrecht, in Lienbacher/Wielinger (Hrsg), Jahrbuch Öffentliches Recht 2011 (2011) 289; *Stolzlechner*, Straßenpolizeiliche Bewilligung (motor)sportlicher Veranstaltungen und Umweltschutz, ZVR 1995, 162; *Stolzlechner*, Neuerlich: Zur straßenpolizeilichen Bewilligung (motor-)sportlicher Veranstaltungen – Eine Gegendarstellung, ZVR 1995, 322; *Stolzlechner*, Zur rechtlichen Behandlung von Sportanlagen (2002); *Strejcek/Schlintner/Weiß*, Privatunterrichtswesen und Fertigkeitsvermittlung, in Holoubek/Potacs (Hrsg), Öffentliches Wirtschaftsrecht I[4] (2019) 357; *Toth*, Die Sportveranstaltung in den Veranstaltungsgesetzen der Länder, in Wallentin (Hrsg), Fokus Sport – Das Recht (2016) 519; *Vögl*, Künstleragenturen,

Künstler und Veranstalter – Rechtsfragen der Berufsausübung, MR 1997, 173, 230; *Vögl*, EURO 2008: Rechtsfragen des Public Viewing, MR 2008, 3; *Vögl*, Buchmacher, Wettvermittler, Totalisateure – Das neue Wiener Wettengesetz, SWK 23-24/2017, 1055; *Walter*, Straßenpolizeiliche Bewilligung (motor-)sportlicher Veranstaltungen und Umweltschutz – Einige klarstellende Bemerkungen, ZVR 1995, 194.

Rechtsprechung

VfSlg 1477/1932 (Totalisateur- und Buchmacherbetriebe); VfSlg 1589/1947 (Theater- und Kinowesen);VfSlg 2527/1953 (Werbebilder für Kinovorführungen fallen in die Kompetenz des Pressewesens nach Art 10 B-VG); VfSlg 2670/1954 (Abgrenzung zu den Angelegenheiten der künstlerischen und wissenschaftlichen Sammlungen des Bundes); VfSlg 2721/1954 (Rundfunkwesen, öffentliche Veranstaltungen, die im Rundfunk übertragen werden); VfSlg 2740/1954 (Abgrenzung Schulwesen und Veranstaltungswesen der Länder); VfSlg 4037/1961 (Kino- und Theaterwesen unterliegen dem Veranstaltungsrecht); VfSlg 4586/1963 (Vorträge: Veranstaltung – Versammlung); VfSlg 4927/1965 (Werbeverbot unter veranstaltungspolizeilichen Gesichtspunkten); VfSlg 5415/1966 (Abgrenzung örtliche und überörtliche Veranstaltungspolizei); VfSlg 7219/1973 (Rollstuhlverbot im Theater); VfSlg 5788/1977 (Verhältnis von Art 15 Abs 3 zu Art 118 Abs 7 B-VG); VfSlg 8466/1978 (Begriff der Mitwirkung in Art 15 Abs 3 B-VG); VfSlg 12.996/1992 (Diskotheken); VfSlg 17.245/2004 (Bauern- und Flohmärkte sind keine Veranstaltungen, sondern fallen in die Gewerberechtskompetenz); VfSlg 18.096/2007 (kompetenzrechtliches Berücksichtigungsprinzip* im Bereich Tierschutz und Veranstaltungsrecht); VfSlg 18.546/2008 (Gleichheitswidrigkeit der sechsmonatigen Frist für die gerichtliche Geltendmachung der Haftung von Spielbanken im GSpG); VfSlg 19.568/2011 (keine Verfassungswidrigkeit des Verbotes der Haltung und Verwendung von Wildtieren in Zirkussen); VfSlg 19.803/2013 (Wettkundenvermittler mit Tätigkeit der Buchmacher und Totalisateure vergleichbar, Landeskompetenz); VfSlg 19.827/2013 (Ermittlung des „am besten" geeigneten Bewilligungsbewerbers im bgld VeranstaltungsG); VfSlg 19.972/2015 (keine Verfassungswidrigkeit der Regelung über die zeitliche Befristung des zulässigen Betriebs der aufgrund landesgesetzlicher Bewilligungen zugelassenen Glücksspielautomaten, neue kompetenzrechtliche Abgrenzung des Glückspielmonopols des Bundes von Landesausspielungen mit Glücksspielautomaten); VfSlg 20.192/2017 (keine Verfassungswidrigkeit der Begünstigungen für Veranstaltungen und Feste politischer Parteien); VfGH 11.06.2021, E 3737/2020 (Gewährleistung von Rechtsschutz auch nach Ablauf des Bewilligungszeitraums einer Veranstaltung).

VwSlg 4862 A/1959 (Unterhaltungsspielautomaten); VwSlg 11.336 A/1984 (Parteistellung der Nachbarn); VwSlg 12.503 A/1987 (Tennisplätze unterliegen dem Veranstaltungsrecht); VwGH 12.12.1989, 88/04/0140 (Spielapparate); VwGH 27.05.1993, 92/01/0900 (Abgrenzung Veranstaltung örtlicher und überörtlicher Bedeutung); VwGH 29.08.1993, 93/02/0140 (Unterhaltungsspielautomat „Novo-Darts"); VwGH 29.09.1993, 93/02/0094 (erwerbsmäßige Veranstaltung); VwGH 29.09.1993, 93/02/0140 (Unterhaltungsspielautomat); VwSlg 14.275 A/1995 (Golfplatzbetrieb unterliegt dem Veranstaltungswesen); VwSlg 15.631 A/2001 (Tennissportanlagen unterliegen dem Veranstaltungsrecht, Landeskompetenz); VwSlg 15.571 A/2001 (Veranstaltungsrecht umfasst auch Sportanlagen); VwGH 15.12.2008, 2008/02/0378 (Peep Show); VwGH 26.01.2010, 2009/02/0175 (Parteistellung der Landesumweltanwaltschaft); VwSlg 17.887 A/2010 (Veranstaltungsbetriebsstättengenehmigung bei Freiwilligen Feuerwehren); VwSlg 18.271 A/2011 (Wr Fiaker- und PferdemietwagenG, Bewilligungsanforderungen); VwGH 27.01.2012, 2011/02/0340 (Münzgewinnspielapparate, Betriebsstätte, Anzahl der Veranstalter, Teilung der Konzession); VwGH 27.04.2012, 2011/02/0224 (Geldspielapparat, Begriff); VwGH 19.07.2013, 2013/02/0074 (Konzession, Rücknahmepflicht); VwGH 11.09.2013, 2012/02/0044 (Zumutbarkeit, ungebührliche Belästigung); VwGH 20.11.2013, 2011/02/0055 (Verlässlichkeit); VwGH 05.11.2015, Ro 2014/06/0078 (UVP-Feststellungsverfahren und Parteistellung im Veranstaltungsrecht); VwGH 20.11.2015, 2015/02/0122 (musikalische Darbietung über die hauseigene Musikanlage unterliegt nicht dem wr VeranstaltungsG); VwGH 20.01.2016, Ro 2014/17/0036 (Wr Vergnügungssteuer); VwGH 20.01.2016, 2013/17/0902 (Gemeindevergnügungssteuer); VwGH 16.03.2016, Ro 2015/17/0022, VwGH 05.04.2016, 2015/17/0063 (Übertretung des GSpG); VwGH 20.04.2016, 2013/17/0849 (Gemeindevergnügungssteuer); VwGH 21.12.2016, Ra 2016/04/0128 (kein Vorliegen gewerblicher Betriebsanlagen bei Veranstaltungsstätten, die nur drei Veranstaltungen dienen); VwGH, 29.08.2017, Ra 2016/17/0044 (kein Vorliegen von steuerlicher Schlechterstellung eines Nicht-Konzessionärs gegenüber einem Konzessionär nach dem Salzburger Glücksspielgesetz iZm der Vorschreibung von Vergnügungssteuer); VwGH 26.09.2017, Ra 2017/04/0057 (kein Vorliegen gewerblicher Betriebsanlagen bei Errichtung von Veranstaltungsstätten, die nur vorübergehend dem Gastgewerbe dienen); VwGH 17.01.2018, Ra 2017/02/0234 (Zuständigkeit der Landespolizeidirektion als Sicherheitsbehörde erster Instanz); VwGH 18.06.2020, 2020/01/006 (Verhüllungsverbot bei Sportveranstaltung).

I. Regelungsgegenstand und -ziele

Der **Begriff der Veranstaltung** bzw des Veranstaltungswesens ist vielschichtig und schwer fass- bzw abgrenzbar. Er enthält eine große Anzahl von öffentlichen bzw öffentlich zugänglichen Darbietungen, die unter (verfassungs)rechtlichen Gesichtspunkten ganz unterschiedlich eingeordnet werden. Mit Veranstaltungen meint man Theater und Schauspiel, von Veranstaltungen ist iZm sportlichen „Events" die Rede, im Bereich des Vereins- und Versammlungsrechts wird von Veranstaltungen gesprochen, das Gewerberecht enthält Merkmale, die auch Veranstaltungen charakterisieren, in vielen Kompetenztatbeständen finden sich Elemente, die eine Veranstaltung ausmachen. Veranstaltungen finden sich sowohl im bundeskompetenziellen wie auch im landeskompetenziellen Bereich. Im Landesrecht gibt es Veranstaltungen, die als solche bezeichnet werden und solche, die andere Bezeichnungen erhalten haben, letztlich aber auch dem Veranstaltungswesen zuzurechnen sind.

Wesentliches inhaltliches Merkmal ist, dass es sich um öffentliche Belustigungen und Schaustellungen handelt. Darunter wurden alle möglichen Veranstaltungen verstanden, die in der Monarchie tw durch verschiedene Hofkanzleidekrete besondere Regelungen erfahren haben. Allen Veranstaltungen, ohne ihre konkrete rechtliche Einordnung und ihre Bezeichnung als Anknüpfungspunkt heranzuziehen, ist gemeinsam, dass es sich um **öffentliche Schaustellungen** bzw **Darbietungen** handelt, die der **Belustigung, Unterhaltung bzw persönlichen Erbauung oder Information** des einzelnen Teilnehmers dienen, gleichgültig, ob sie entgeltlich oder unentgeltlich durchgeführt werden. Unter diesem allgemeinen Begriff ist die Vorstellung im Burgtheater genauso zu verstehen wie die Kinovorführung in Sbg, die Lehrveranstaltung an einer Universität, Schulveranstaltungen, Märkte und Messen nach der GewO, der Trachtenball in einer Landgemeinde, das Kirchenkonzert, große Konzerte oder Opernvorführungen bei den Salzburger Festspielen, Fußballspiele, Schirennen und sonstige sportliche Veranstaltungen aller Größenordnungen, aber auch der Betrieb von Tennisplätzen und anderen Sportanlagen, Buchmacherwetten und Totalisateurwetten, öffentliche Diavorträge, Prater, Rummelplätze, Ausstellungen, Zirkus, Tierschauen, Spielapparate, Glücksspiel, aber auch religiöse Veranstaltungen, wie Gottesdienste und anderes mehr.

Diese Aufzählung zeigt deutlich, dass Veranstaltungen unterschiedlichen rechtlichen Regelungsbereichen und Kompetenzbereichen unterliegen. Gemeinsam ist diesen – neben den schon genannten Definitionskriterien – das Ziel, Gefährdungen aller Art zu vermeiden, welche durch solche Veranstaltungen hervorgerufen werden können. Unzumutbare Beeinträchtigungen Dritter, sei es durch die Veranstaltung selbst, sei es durch die dafür nötigen Ausstattungen, wie zB durch Veranstaltungsstätten etc, sollen verhindert werden.

II. Verfassungsrechtliche Bezüge

1. Kompetenzrechtliche Bestimmungen

Das Veranstaltungswesen wird in seiner Vielgestaltigkeit von einer Mehrzahl von Kompetenztatbeständen erfasst. Zwar ist damit meist die den Ländern nach Art 15 Abs 1 B-VG in Gesetzgebung und Vollziehung zufallende Kompetenz gemeint. Diese ist aber inhaltlich wenig konturiert und abgrenzungsbedürftig. Dies auch deshalb, weil Art 15 Abs 3 B-VG daran anknüpft und für die Landesgesetzgeber die Pflicht vorsieht, in einem Gemeindegebiet, in dem die LPolD zugleich Sicherheitsbehörde ist, wenigstens die Überwachung der Veranstaltung und die Mitwirkung bei Verleihung von Berechtigungen auf diese zu übertragen. Art 118 Abs 3 Z 3 B-VG verbindet sich insoweit damit, als die **örtliche Veranstaltungspolizei** von der Gemeinde im eWb* zu besorgen ist. Das Veranstaltungswesen im oben genannten umfassenden Sinn erfasst aber auch eine Reihe von Bundeskompetenztatbeständen.

a) Abgrenzung zu Bundeskompetenztatbeständen

Die Angelegenheiten der **Bundestheater** mit Ausnahme der Bauangelegenheiten sind gem Art 10 Abs 1 Z 13 B-VG Bundessache in Gesetzgebung und Vollziehung. Dazu gehören auch die feuerpolizeilichen Angelegenheiten. Gem § 1 BundestheaterorganisationsG sind die Wiener Staatsoper, die Wiener Volksoper, das Burgtheater und das Akademietheater Bundestheater.

Art 10 Abs 1 Z 13 B-VG erfasst im Bereich der Angelegenheiten der künstlerischen und wissenschaftlichen Sammlungen und Einrichtungen des Bundes auch die **Bundesmuseen** und die **Nationalbibliothek** (vgl § 1 Bundesmuseen-G 2002), zu deren Aufgaben ua auch das Erschließen durch Darbietung ausgewählter Objekte der Sammlungen für die Öffentlichkeit durch ständige Schausammlungen sowie fallweise zusätzliche Ausstellungen gem § 31 Abs 2 Z 3 lit a ForschungsorganisationsG gehören (idS auch § 2 Abs 1 Bundesmuseen-G 2002).

Veranstaltungen im Bereich der **Bildungskompetenzen** (Art 14 Abs 1 B-VG) sind ebenfalls von den in die Landeskompetenz fallenden Veranstaltungen abzugrenzen. Dazu gehören **Schulveranstaltungen** und **Veranstaltungen im Bereich des Universitäts- und Hochschulwesens** (Art 14 Abs 1 B-VG). Es ist gleichgültig, ob dies wissenschaftliche Vorträge an Universitäten, Lehrveranstaltungen aller Art an Universitäten und Hochschulen, der Schulunterricht oder sonstige Veranstaltungen iZm dem Schulwesen sind. Vorträge oder andere Veranstaltungen, die mit diesen Bildungskompetenzen nicht in Zusammenhang stehen, wie zB politische **Veranstaltungen auf universitärem Boden**, fallen aber aus diesem Bundeskompetenztatbestand heraus und sind Bestandteil des landeskompetenziellen Veranstaltungsbegriffs, soweit sie nicht einen Bestandteil eines anderen Bundeskompetenztatbestandes, wie zB des Versammlungsrechts bilden. Die **Erteilung des Musikunterrichtes** verfolgt – im Unterschied zu den lediglich der Förderung des gesellschaftlichen Lebens dienenden **Tanzschulen** – auch wesentliche pädagogische und volkserzieherische Ziele und fällt daher unter Art 14 B-VG (VfSlg 2740/1954).

Das **Versammlungsrecht** (Art 10 Abs 1 Z 7 B-VG) (→ *Versammlungsrecht*) schränkt die Landeskompetenz im Veranstaltungsrecht ein. Das Versammlungsrecht erfasst alle organisierten, vorübergehenden Zusammenkünfte mehrerer Menschen, an einem bestimmten Ort, die mit der Absicht auftreten, eine kollektive Meinung zu bilden und sie nach außen zu bekunden. Nicht unter den Versammlungsbegriff fallen Veranstaltungen gem § 5 VersammlungsG, nämlich öffentliche Belustigungen, Hochzeitszüge, volksgebräuchliche Feste oder Aufzüge, Leichenbegängnisse, Prozessionen, Wallfahrten und sonstige Versammlungen oder Aufzüge zur Ausübung eines gesetzlich gestatteten Kultus, wenn sie in der hergebrachten Art stattfinden. Ebenso fallen private Partys (Art 8 EMRK), Sonnwendfeiern, Werbeveranstaltungen, das Aufstellen von Informationstischen und Vortragsveranstaltungen nicht unter den Versammlungsbegriff, solange nicht ein politisches Wirken beabsichtigt ist. Wohl aber sind Demonstrationen, Zusammenkünfte, um in Sprechchören zu rufen, um Kampflieder zu singen, um Hausbesetzungen, Baustellenbesetzungen oder Autobahnblockaden durchzuführen, unter den Versammlungsbegriff zu subsumieren. **Veranstaltungen im Bereich des Vereinsrechtes** wie zB **Vereinsversammlungen** (→ *Vereinsrecht*) (Art 10

Abs 1 Z 7 B-VG) sind Bestandteil der Vereinsrechtskompetenz des Bundes. Sie dürfen aber nicht mit Veranstaltungen verwechselt werden, die von Vereinen organisiert und durchgeführt werden, öffentlich zugänglich sind und nicht mit dem unmittelbaren statutenmäßigen Wirkungskreis in Verbindung stehen. Diese unterliegen der Veranstaltungsrechtskompetenz der Länder.

Nach dem einleitend aufgezeigten Begriffsbild von Veranstaltungen sind viele Veranstaltungen auch geeignet, die allgemeinen Tatbestandsmerkmale für Gewerbe, nämlich die Gewerbsmäßigkeit gem § 1 GewO zu erfüllen. Eine Abgrenzung des Kompetenztatbestandes **Gewerberecht** (Art 10 Abs 1 Z 8 B-VG) zu den von Art 15 B-VG erfassten **Veranstaltungen, die gewerbsmäßig ausgeübt werden**, gelingt auf kompetenzrechtlicher Ebene nicht nach inhaltlichen Kriterien, sondern hauptsächlich durch konsequente Anwendung des „Versteinerungsprinzips*". Von der Anwendbarkeit der GewO 1859 waren **Unternehmungen öffentlicher Belustigungen** und **Schaustellungen aller Art** ausgenommen, so zB Darbietungen „herumziehender Schauspielertruppen, Seiltänzer, gymnastischer Künstler, Menageriebesitzer, Musikanten, Drehorgelspieler, Kunstreiter, Bärenführer, Taschenspieler" usw, die Präsentation von „Guckkästen, Marionettentheatern, Wachsfigurenkabinetten, Zimmerschießstätten, Abnormitäten und Curiositäten aller Art", die Abhaltung von öffentlichen Bällen und „anderen öffentlichen Belustigungen" wie „Concerten oder anderen Musikproduktionen", Schaustellungen udgl, der Betrieb von Singspielhallen, „Volkssängervorstellungen", Vorträge und Vorlesungen, Tanzunterhaltungen und Bälle, Kinder- und Schulfeste, Nachtmusiken, die „Abhaltung sog Ständchen", das Halten von Eislaufplätzen sowie die Erteilung von Tanzunterricht.

Eislaufplätze wurden also schon zum Zeitpunkt der Schaffung der Gewerberechtskompetenz dem Veranstaltungswesen zugerechnet. Deshalb lassen sich unter Versteinerungsgesichtspunkten ebenso wie mit intrasystematischer Fortentwicklung auch **Tennisplätze** (ohne Gastgewerbebetrieb) als Unternehmung einer öffentlichen Belustigung und damit als Veranstaltung gem Art 15 Abs 1 B-VG begreifen. Wesentlich ist dabei, dass vom Unternehmer eine Anlage zur Verfügung gestellt wird, die die Kunden zu ihrer Belustigung nutzen, wobei sie selbst aktiv werden. Das gilt auch für Sommerrodelbahnen, Modellflugzeugplätze, Minigolfanlagen, Golfplätze und andere Sportstätten, die zwar zum Zeitpunkt des Entstehens des Gewerberechtskompetenztatbestandes noch nicht bekannt waren, sich aber unter den Gesichtspunkten der intrasystematischen Fortentwicklung in die oben umschriebene Veranstaltung einer öffentlichen Belustigung einfügen. Werden solche Unternehmungen aber in betriebsorganisatorischer Einheit mit einem Gastgewerbe betrieben, so steht es dem Bundesgesetzgeber frei, gewerberechtliche Regelungen für den Gastgewerbebetrieb zu erlassen bzw sind solche von den zuständigen Behörden auf solche Unternehmungen anzuwenden.

Auch die Gesetzgebung in Bezug auf **Musik- und Tanzveranstaltungen** fällt als Teilbereich des Veranstaltungswesens in die Kompetenz der Länder. Die kompetenzrechtliche Beurteilung betr **Pferdeschlittenfahrten**, Traktorzüge, Straßen- oder Eisenbahnzüge oder **anderer Beförderungseinrichtungen** richtet sich danach, ob der Transportaspekt iS von Überwindung räumlicher Distanzen durch ein Verkehrsmittel oder der Vergnügungsaspekt im Vordergrund steht. Dienen sie vorwiegend der Vergnügung und Belustigung von Personen, so sind sie dem Zuständigkeitsbereich der Länder zuzuordnen (Fiaker). **Märkte**, **Messen** bzw **Verkaufsausstellungen** unterliegen seit jeher den gewerberechtlichen Bestimmungen und gelten daher unter versteinerungsprinzipiellen Gesichtspunkten als Bestandteil des Gewerberechtskompetenztatbestandes. Das gilt auch für Floh- und Bauernmärkte.

Im Bereich des Monopolwesens (Art 10 Abs 1 Z 4 B-VG) herrscht insoweit eine Kompetenz-Kompetenz des Bundesgesetzgebers, als die verfassungsrechtliche Ermächtigung zur Schaffung von Staatsmonopolen dem einfachen Bundesgesetzgeber erteilt ist, wenngleich diesem Grenzen im Hinblick auf Quantität und Qualität gezogen sind. Der Bundesgesetzgeber hat es im Bereich der Regelung des **Glücksspiels** in der Hand (§ 3 GSpG), den Umfang des Monopols zu bestimmen, wobei dessen Negativabgrenzung auf der anderen Seite den Landeskompetenzbereich Veranstaltungswesen auffüllt. Nach § 1 GSpG sind Glücksspiele solche, bei denen die Entscheidungen über das Spielergebnis ausschließlich oder vorwiegend vom Zufall abhängen. Ausnahmen von der Anwendung des GSpG normiert § 4. Die nicht in den Glücksspielmonopolbereich des Bundes fallenden Gegenstände (zB Glücksspiele zum Zeitvertreib um geringe Beträge, Glücksspielautomaten unter bestimmten Voraussetzungen, bestimmte Warenausspielungen, bestimmte Glückshäfen, Juxausspielungen und Tombolaspiele) gehören zum Veranstaltungswesen der Länder nach Art 15 Abs 1 B-VG (vgl allgemein dazu *Schwartz/Wohlfahrt*, Glücksspielgesetz² [2006]).

Der Bereich des **Kultus** ist den Ländern im Veranstaltungswesen kompetenzrechtlich entzogen (Art 10 Abs 1 Z 13 B-VG), soweit nicht überhaupt unter grundrechtlichen Gesichtspunkten gesetzliche Eingriffe verboten sind (Art 14, 15 StGG bzw Art 63 Abs 2 StV v St. Germain und Art 9 EMRK).

Die Verwendung von Tieren bei Veranstaltungen (zB bei **Filmaufnahmen**) unterliegt seit 2005 grundsätzlich einer (zusätzlichen) tierschutzrechtlichen Bewilligung nach dem TierschutzG des Bundes (vgl §§ 23 iVm 26 ff TierschutzG). Die Landesveranstaltungskompetenz wird durch die Bundeskompetenz nach Art 11 Abs 1 Z 8 B-VG (**Individualtierschutz**) eingeschränkt. Ähnliches gilt für die Haltung von Tieren in **Zirkussen**, **Varietés** und dgl. Hier ist die kompetenzrechtliche Rücksichtnahmepflicht zu beachten (VfSlg 18.096/2007 zur Aufhebung einer tierschutzrechtlichen Verordnung, die die nach dem oö VeranstaltungsG zulässige Ausstellung von Singvögeln verbot).

b) Landeskompetenzen im Bereich des Veranstaltungswesens

Die Landeskompetenz im Veranstaltungswesen gem Art 15 Abs 1 B-VG iVm Art 15 Abs 3 B-VG kann durch die beiden Tatbestandsmerkmale **öffentliche Darbietungen** und **öffentliche Belustigungen** umschrieben werden. Darunter fallen auch alle der Förderung des gesellschaftlichen Lebens oder der sportlichen Ertüchtigung dienenden Veranstaltungen. Dies insb auch dann, wenn vom Unternehmer eine Anlage* zur Verfügung gestellt wird, auf der die Kunden zu ihrer Belustigung selbst aktiv werden können (Eislaufplätze, Tennisplätze, Schipisten, Golfplätze etc). In den von diesen beiden Begriffen, die auf der Grundlage der oben aufgezeigten Abgrenzungsfragen weit auszulegen sind, umfassten Angelegenheiten steht den Ländern unter den Kautelen des Art 15 Abs 3 und des Art 118 Abs 3 Z 3 B-VG die Kompetenz zur Gesetzgebung und Vollziehung zu. Aus diesem Bereich der öffentlichen Darbietungen und Belustigungen fallen zunächst alle Angelegenheiten heraus, die in einen der oben angeführten Bundeskompetenztatbestände fallen. Charakterisiert werden diese Angelegenheiten des Veranstaltungswesens auf Länderebene dadurch, dass sie der **Belustigung**, der **Unterhaltung**, der **persönlichen Erbauung** oder der **Information** dienen. Ein weiteres wesentliches Merkmal ist die Öffentlichkeit, wobei es wiederum gleichgültig ist, ob solche Veranstaltungen entgeltlich oder unentgeltlich abgehalten werden. Dies sei an Einzelbeispielen verdeutlicht, die nicht immer auf den ersten Blick dem Veranstaltungswesen zugerechnet werden:

Pferdeschlitten und -fuhrwerke (Fiaker), Schidoos (Motorschlitten), Traktorzüge fallen in den Bereich der Landeskompetenz, wenn nicht der **Transportaspekt**, sondern der **Vergnügungsaspekt** im Vordergrund steht (zB auch Traktorzüge, Wasserbahnen, Dräsinenbahnen, Hippodrome und Autodrome) (aM *Wiederin* in Korinek/Holoubek [Hrsg], Bundesverfassungsrecht Art 15 Abs 3 B-VG Rz 10 [7. Lfg 2005]).

Privatunterricht und Fertigkeitsvermittlung (Sportschulen, das sind va Schi- und Snowboardschulen, Tanzschulen, aber auch das Berg- und Schiführerwesen etc) fallen ebenfalls in den Bereich des Veranstaltungsrechts der Länder (aM *Wiederin* in Bundesverfassungsrecht Art 15 Abs 3 B-VG Rz 10).

Spielapparate, Glücksspiel, Geschicklichkeitsspiel, Buchmacher, Totalisateure sind ein weiterer Bestandteil der Landeskompetenz, sofern sie nicht dem Glücksspielmonopol des Bundes unterliegen. Das Betreiben von Münzspielautomaten (das kleine Glücksspiel) ist ohne landesgesetzliche Regelungen nicht erlaubt (VfSlg 19.971/2015). Wer gewerbsmäßig aus Anlass sportlicher Veranstaltungen Wetten abschließt, ist ein **Buchmacher**, wer solche Wetten gewerbsmäßig vermittelt, ist **Totalisateur**. Gem § 2 Abs 1 Z 22 findet die GewO auf diese Tätigkeiten keine Anwendung. **Spielapparate** ermöglichen durch ihre Inbetriebnahme ein „Spiel", also eine zweckfreie Beschäftigung aus Freude an ihr selbst und/oder ihren Resultaten zur Unterhaltung, Entspannung oder zum Zeitvertreib.

Der **Betrieb von Vergnügungsanlagen (Schipisten, Rodelbahnen, Eislaufplätze, Tennisplätze, Golfplätze, Campingplätze** etc) ist, wie erörtert, unter Versteinerungsgesichtspunkten dem Veranstaltungswesen zuzurechnen und nicht der Gewerberechtskompetenz.

Buschenschanken bzw **Heurige** sind von der GewO ausgenommen. Auf einfachgesetzlicher Ebene finden sich in den Ländern dazu Sonderregelungen. Diese sind nicht dem Veranstaltungsrecht zuzuordnen, weil sie nicht als Bestandteil der „Lustbarkeiten" betrachtet wurden, sondern vielmehr der „Landescultur" entstammen und auf die Ausschank der eigenen Erzeugnisse beschränkt waren. Art 15 Abs 3 B-VG findet in diesem Bereich keine Anwendung.

Art 15 Abs 3 B-VG verpflichtet für die im Veranstaltungswesen der Länder enthaltenen Angelegenheiten, die konkret mit „Angelegenheiten des Theater- und Kinowesens sowie der öffentlichen Schaustellungen, Darbietungen und Belustigungen" umschrieben werden, die Landesgesetzgeber verfassungsrechtlich, wenigstens die **Überwachung der Veranstaltungen**, soweit sie sich nicht auf betriebstechnische, bau- und feuerpolizeiliche Rücksichten erstreckt, und die **Mitwirkung bei der Verleihung von Berechtigungen**, die in solchen Gesetzen vorgesehen werden, im Gemeindegebiet, in dem die LPolD zugleich Sicherheitsbehörde erster Instanz ist, dieser zu übertragen. Unter Mitwirkung ist die Teilnahme an der Erzeugung eines Rechtsaktes, der einer anderen Behörde* zuzurechnen ist, zu verstehen (vgl auch VfSlg 8466/1978). Art 15 Abs 3 B-VG ermöglicht zudem, dass den LPolD weitere Aufgaben übertragen werden können, was sich aus dem Wort „wenigstens" ableiten lässt. Zumindest muss die LPolD neben der Überwachung der Veranstaltung bei der Bescheiderlassung im Anzeigeverfahren bzw im Bewilligungsverfahren soweit eingebunden werden, dass sie Kenntnis erlangt und gegebenenfalls Stellungnahmen abgeben kann. Die in den LG außerhalb der VeranstaltungsG geregelten Gegenstände sehen aber zT weder eine Überwachung noch eine Mitwirkung der LPolD in deren Wb* vor. So kennt zB das sbg FiakerG nicht einmal ein Anhörungsrecht für die LPolD (vgl im Gegensatz dazu die verfassungskonforme Regelung des § 7 Abs 2 Z 2 wr Fiaker- und PferdemietwagenG). Auch in anderen NebenG (Gesetz über die Spielapparate, CampingplatzG, VeranstaltungsstättenG, SportstättenG, Gesetz betr Buchmacher und Totalisateure etc) fehlen zT solche Bestimmungen. Insoweit sind diese Gesetze verfassungswidrig.

c) Überörtliche und örtliche Veranstaltungspolizei

„**Örtliche Veranstaltungspolizei**" iS des Art 118 Abs 3 Z 3 B-VG ist nur jener Teil der Veranstaltungspolizei, der im „ausschließlichen oder überwiegenden Interesse der in der Gemeinde verkörperten örtlichen Gemeinschaft gelegen und geeignet ist, durch die Gemeinschaft innerhalb ihrer örtlichen Grenzen besorgt zu werden". Die Vollziehung obliegt in diesem Bereich den Gemeinden im eWb*. Art 15 Abs 3 B-VG unterscheidet nicht zwischen örtlicher Veranstaltungspolizei und überörtlicher Veranstaltungspolizei und bezieht sich daher als lex specialis auch auf die örtliche Veranstaltungspolizei. Art 15 Abs 3 B-VG ordnet daher für beide Teile der Veranstaltungspolizei an, dass die oben bezeichneten Überwachungsaufgaben und die Mitwirkung bei der Erteilung von Berechtigungen der LPolD übertragen werden müssen. Auch hier tritt das verfassungsrechtliche Problem auf, dass in den auf landesrechtlicher Ebene sondergesetzlich geregelten Angelegenheiten des Veranstaltungswesens vielfach den Landesgesetzgebern das Bewusstsein für diese Verpflichtungen aus Art 15 Abs 3 B-VG fehlt (vgl zB nochmals das sbg FiakerG).

2. Grundrechtliche Bestimmungen

Verfassungsgesetzlich gewährleistete Rechte (Grundrechte) beschränken das Tätigwerden der zuständigen Rechtssetzungsautoritäten. Art 8 EMRK schützt das **Privat- und Familienleben**. Private Veranstaltungen wie zB Partys stehen unter der speziellen verfassungsrechtlichen Garantie des Art 8 EMRK. Sie entziehen sich schon deshalb dem oben herausgearbeiteten Veranstaltungsbegriff, weil es am wesentlichen Element der Öffentlichkeit fehlt.

Art 15 StGG gewährleistet den gesetzlich anerkannten Kirchen und Religionsgesellschaften das Recht zur **öffentlichen Religionsausübung**. Art 14 StGG iVm Art 63 Abs 2 StV v St. Germain und Art 9 EMRK gestattet dieses Recht allen Einwohnern unter dem materiellen Gesetzesvorbehalt des Art 9 Abs 2 EMRK. Davon sind auch religiös bestimmte künstlerische Darstellungen und Darbietungen und religiöse Veranstaltungen aller Art, die öffentlich zugänglich sind, erfasst.

Art 17a StGG garantiert die **Kunstfreiheit**. Künstlerische Darbietungen und Darstellungen sind aber an die allgemeinen Gesetze gebunden, die nicht „spezifisch intentional" in die Kunstfreiheit eingreifen. Für Veranstaltungen künstlerischen Inhalts kommt es auf den Schutzzweck der jeweiligen gesetzlichen Bestimmung an. Hat er andere Schutzgüter als die Kunst im Auge (zB Sicherheit und Flüssigkeit des Straßenverkehrs), ist er im Hinblick auf die in Art 17a StGG gewährleistete Kunstfreiheit unbedenklich, wenn er auch sonst verhältnismäßig ist.

Vom Grundrecht auf **Erwerbsfreiheit** (Art 6 StGG) wird jede Form der wirtschaftlichen, auf Erwerb ausgerichteten Betätigung vor unzulässigen staatlichen Eingriffen geschützt. Das betrifft eine Vielzahl von Veranstaltungen, die entgeltlich durchgeführt werden. Gesetzliche Beschränkungen der Erwerbsfreiheit sind nur zulässig, wenn sie durch ein öffentliches Interesse* geboten, zur Erreichung dieses Interesses geeignet und adäquat und auch sonst sachlich gerechtfertigt sind.

Der **häusliche Unterricht** unterliegt gem Art 17 StGG keinerlei Beschränkungen. Auch im Bereich der Musikpflege darf daher der häusliche Unterricht weder durch ein BG noch durch ein LG Beschränkungen unterworfen werden.

III. Europarechtliche Bezüge

Im Unionsrecht lassen sich für das Veranstaltungswesen keine spezifischen Regelungen finden. Freilich berühren aber viele allgemeine unionsrechtliche Regelungen Angelegenheiten des Veranstaltungswesens. Die Arbeitnehmerfreizügigkeit* kann auf primärrechtlicher Ebene genauso genannt werden, wie die Dienstleistungsfreiheit* oder die Niederlassungsfreiheit*, wenn sich iZm der Durchführung von Veranstaltungen derartige Fragestellungen ergeben. So können auf der Grundlage der unionsrechtlichen Vorschriften Angehörige der Mitgliedstaaten nicht mehr von der Möglichkeit, Veranstalter zu sein, ausgeschlossen werden. Denn verschiedene VeranstaltungsG sehen bezüglich Personen, die die österr Staatsbürgerschaft nicht besitzen, bestimmte Sonderregelungen vor. Alle diese Fragen sind aber nicht veranstaltungsspezifisch, sondern allgemeine unionsrechtliche Problemstellungen, die in jeder Materie eine Rolle spielen. Daher soll ihnen in diesem Zusammenhang nicht weiter nachgegangen werden. Erwähnt sei an dieser Stelle nur, dass sich aus der DienstleistungsRL ein Umsetzungsbedarf (nach Art 44 Umsetzungsfristende mit 28. Dezember 2009) in den VeranstaltungsG ergeben hat (vgl zB die Bewilligungsfiktion und den Verweis auf den Einheitlichen Ansprechpartner in § 6 Abs 2 sbg VeranstaltG).

IV. Einfachgesetzliche Rechtsgrundlagen

Der Regelungsgegenstand veranstaltungsrechtlicher Vorschriften ist typischerweise im Bereich der **verwaltungspolizeilichen*** Gefahrenabwehr angesiedelt. Es geht darum, **Gefährdungen** und **unzumutbare Beeinträchtigungen**, die von der Veranstaltung selbst oder von der dafür notwendigen Ausstattung bzw von den erforderlichen Veranstaltungsstätten ausgehen, für die Veranstalter und Veranstaltungsteilnehmer selbst und auch für Dritte hintanzuhalten bzw zu vermeiden.

1. Allgemeine Veranstaltungsgesetze der Länder

Jedes Bundesland hat ein VeranstaltungsG erlassen, das generell für alle Veranstaltungstypen, die nicht zT oder zur Gänze anderen sondergesetzlichen landesrechtlichen Bestimmungen unterworfen werden, verschiedene verwaltungspolizeiliche* Vorschriften je nach Art und Größe der Veranstaltung vorsieht.

a) Anwendungsbereich

Der **Anwendungsbereich** in den VeranstaltungsG der einzelnen Bundesländer wird unterschiedlich festgelegt und richtet sich ua auch danach, wie viele Veranstaltungstypen durch landesrechtliche Sonderbestimmungen einem eigenen Regelungsregime unterworfen werden, wobei auch dort zT eine Verzahnung mit dem jeweiligen VeranstaltungsG stattfindet. IdR wird der Anwendungsbereich allgemein und abstrakt umschrieben und dann werden beispielhaft Veranstaltungen genannt, auf die sich die Bestimmungen des jeweiligen VeranstaltungsG beziehen. In den Anwendungsbereich werden öffentliche Veranstaltungen aufgenommen, die als allgemein zugängliche, zum Vergnügen oder zur Erbauung der Teilnehmer bestimmte Darbietungen und Einrichtungen definiert werden. Daneben werden beispielhaft Veranstaltungen aufgezählt, die jedenfalls von den gesetzlichen Bestimmungen erfasst sind.

In der Abgrenzung zu den sondergesetzlichen Bestimmungen für bestimmte Veranstaltungstypen ist zu fragen, ob die sondergesetzlichen Regelungen den betr Veranstaltungstyp nur tw oder abschließend determinieren. Im ersten Fall sind darüber hinaus die allgemeinen Bestimmungen im jeweiligen VeranstaltungsG anzuwenden. Im zweiten Fall scheidet eine Anwendung der Bestimmungen des VeranstaltungsG aus (vgl zB § 1 Abs 2 Z 11 OÖ). Welche Veranstaltungen nun tatsächlich von der Generalklausel in den jeweiligen VeranstaltungsG erfasst werden, richtet sich nach den oben bei der Erörterung der kompetenzrechtlichen Fragen herausgearbeiteten Ergebnissen. Ausgeschlossen sind jedenfalls Veranstaltungen, die in den Kompetenzbereich des Bundes fallen, Veranstaltungen, soweit sie ganz oder tw sondergesetzlichen Regelungen unterliegen, und Veranstaltungen, die ein VeranstaltungsG selbst aus seinem Anwendungsbereich ausnimmt.

b) Einteilung der Veranstaltungen

In den VeranstaltungsG werden idR drei Kategorien unterschieden: **bewilligungspflichtige, anmeldepflichtige und freie Veranstaltungen**. Die VeranstaltungsG sehen aber auch **verbotene Veranstaltungen** vor (vgl zB § 8 Krnt, § 2 Abs 1 NÖ). Das Recht auf Abhaltung einer Veranstaltung unter den dafür vorgesehenen gesetzlichen Bedingungen* (Bewilligung, Anzeige, Auflagen* etc) ist ein persönliches Recht, welches idR nicht übertragbar und persönlich auszuüben ist. Fortbetriebsrechte sind allenfalls unter Heranziehung eines Geschäftsführers in den einzelnen VeranstaltungsG vorgesehen.

aa) Bewilligungspflichtige Veranstaltungen

Die Bewilligung und allfällige Auflagen* sind mit Bescheid zu erteilen. Sie wird verschiedentlich auch (Veranstaltungs)konzession genannt. Die Veranstaltungstypen, die einer **Bewilligungspflicht** unterliegen, sind in den einzelnen VeranstaltungsG unterschiedlich festgelegt.

So zählt zB § 3 Blgd verschiedene Veranstaltungen auf, welche einer Bewilligung bedürfen. Dort, wo bewilligungspflichtige Veranstaltungen aufgezählt werden, werden idR Zirkus-, Varieté-, Kabarett-, Revue- und ähnliche Vorstellungen sowie Theatervorstellungen, oft mit Ausnahme jener, an denen nur Laienkräfte mitwirken, und alle im Umherziehen betriebenen Veranstaltungen einer Bewilligung unterworfen. ZT werden unterschiedliche Bewilligungsarten vorgesehen. So wird zwischen Dauerveranstaltungen und einmalig auf einen bestimmten Zeitraum begrenzten Veranstaltungen unterschieden. Eine weitere Unterscheidung erfolgt danach, ob Veranstaltungen an einem bestimmten Ort stattfinden, oder ob sie im Umherziehen ausgeübt werden. So verlangt das wr VeranstaltungsG für Veranstaltungen im Umherziehen eine persönliche Bewilligung (§ 13 Abs 1 Z 1 Wien).

Auch bezüglich der Festlegung der **Bewilligungskriterien** sind die Landesgesetzgeber in den VeranstaltungsG unterschiedliche Wege gegangen. IdR werden **persönliche** und **sachliche Voraussetzungen** in unterschiedlicher Intensität festgelegt.

Persönliche Voraussetzungen für die Bewilligungserteilung sind zB ein bestimmtes Alter, Verlässlichkeit, wobei va Personen ausgeschlossen werden, die wegen bestimmter mit Freiheitsstrafe bedrohter Handlungen verurteilt worden sind. Auch Trunksucht, Drogenmissbrauch, mehrmalige Verstöße gegen die Bestimmungen des Veranstaltungsrechts oder des Jugendschutzes und zB ein fehlender Nachweis der finanziellen Leistungsfähigkeit können die Verlässlichkeit ausschließen (vgl auch VwGH 20.11.2013, 2011/02/0055; VfSlg 19.827/2013). Sachliche Bewilligungsvoraussetzungen sind zB das Verfügen über eine geeignete Betriebsanlage, dass eine Störung der öffentlichen Ruhe, Ordnung und Sicherheit und eine unzumutbare Belästigung der Nachbarn nicht zu erwarten ist (vgl auch VwGH 11.09.2013, 2012/02/0044). Die Bewilligung kann aus besonderen in der Art der Veranstaltung gelegenen Gründen auch vom Abschluss einer Haftpflichtversicherung abhängig gemacht werden. Auch der Erlag einer Sicherheitsleistung ist in verschiedenen Gesetzen vorgesehen.

Versagungsgründe, die einer Bewilligung entgegenstehen, sind ua, dass mit der beabsichtigten Veranstaltung die öffentliche Ordnung nicht aufrecht erhalten werden kann, dass die Betriebsstätte oder die Betriebsmittel (Betriebseinrichtungen) für die Veranstaltung nicht geeignet sind, dass mit Auflagen* nicht das Auslangen gefunden werden kann, dass die persönlichen Voraussetzungen des Veranstalters nicht erfüllt sind oder die Veranstaltung einem Verbot durch das VeranstaltungsG unterliegt. Verschiedentlich ist auch die **Entziehung der Bewilligung** vorgesehen, wenn die Voraussetzungen nicht mehr gegeben sind, oder ein dem Gesetz widersprechender Mangel nicht innerhalb der gesetzten Frist behoben wird (vgl zB § 12 Stmk).

bb) Anzeigepflichtige Veranstaltungen

Eine **Anzeigepflicht** sehen die VeranstaltungsG der Länder jeweils für einen Großteil der Veranstaltungen vor. ZT werden die anzeigepflichtigen Veranstaltungen ausdrücklich benannt (vgl zB § 4 Wien). ZT sind unter Festlegung von Ausnahmen alle Veranstaltungen „anmeldepflichtig" (§ 12 Sbg, § 4 Abs 1 Tir). Für die Anmeldung ist Schriftlichkeit und die Angabe der veranstaltungswesentlichen Daten wie Ort, Zeit, Besucheranzahl usw vorgesehen. In den verschiedenen VeranstaltungsG wird festgelegt, dass ein Unterbleiben einer Reaktion zur rechtmäßigen Durchführung legitimiert; verschiedentlich ist auch die Ausstellung einer **Bescheinigung** darüber angeordnet, dass die Anmeldung erfolgt ist (§ 13 Abs 2 Sbg). Die Behörde* hat mittels Bescheid eine **Untersagung** auszusprechen, wenn die dafür im Gesetz angeführten Untersagungsgründe gegeben sind.

Die Behörde* kann bei Erforderlichkeit oder einem Widerspruch zu den Bestimmungen des Veranstaltungsrechts oder zu anderen Rechtsvorschriften dem Veranstalter notwendige Auflagen*, wie etwa die Einrichtung eines Ordnerdienstes (zumeist bei Sport- und Großveranstaltungen) oder eines ärztlichen Präsenzdienstes, vorschreiben. Sollte mit Auflagen*, Bedingungen* und Befristungen* nicht das Auslangen gefunden werden, hat die Behörde* die Veranstaltung zu untersagen. Solche Untersagungsgründe liegen auch dann vor, wenn die Veranstaltung einer Bewilligung bedarf, die Veranstaltung nach den Bestimmungen des jeweiligen VeranstaltungsG überhaupt verboten ist, Tatsachen vorliegen, die die Annahme rechtfertigen, dass durch die Veranstaltung die öffentliche Ruhe, Ordnung und Sicherheit oder die öffentliche Sittlichkeit gefährdet wird oder die in Aussicht genommene Veranstaltungsstätte ungeeignet erscheint. Auch eine zu befürchtende unzumutbare Beeinträchtigung der Umgebung bildet einen Untersagungsgrund.

cc) Freie Veranstaltungen

Die VeranstaltungsG der Länder sehen auch Veranstaltungen vor, die keiner Bewilligungspflicht und keiner Anzeigepflicht unterliegen (**freie Veranstaltungen**), die aber im Unterschied zu den vom Anwendungsbereich der VeranstaltungsG überhaupt ausgenommenen Veranstaltungen den sonstigen allgemeinen veranstaltungsrechtlichen Bestimmungen unterworfen sind. Auch diesbezüglich ist die Regelungstechnik in den einzelnen Bundesländern unterschiedlich.

Teils werden sie ausdrücklich festgelegt, teils sind sie als Ausnahmen von der Anzeige- bzw Bewilligungspflicht konstruiert (§ 7 Krnt), teils ergeben sie sich aus der Festlegung des Anwendungsbereiches und der Subtraktion der bewilligungspflichtigen (bzw anmeldepflichtigen) und anzeigepflichtigen Veranstaltungen (§ 3 Abs 3 Wien). Vereinzelt wird aber auch dort eine Mitteilungspflicht vorgesehen, die bei Fehlen der Ausnahmevoraussetzungen gesetzlich in eine Anmeldung umgedeutet wird. Beispiele sind Veranstaltungen, die im Rahmen von Gastgewerbebetrieben abgehalten werden, wenn die Zahl der gewerbe- oder veranstaltungsbehördlich genehmigten Besucherplätze 300 nicht übersteigt und keine Gefährdung der Besucher zu erwarten ist (§ 6 Abs 1 Z 1 OÖ; § 12 Abs 2 Sbg), der Betrieb von

Musikautomaten, sportliche Veranstaltungen, wenn sie nicht von Berufssportlern durchgeführt werden, Straßenkunstdarbietungen etc.

dd) Verbotene Veranstaltungen

Die VeranstaltungsG sehen auch eine Reihe von **verbotenen Veranstaltungen** vor. Dies sind zB Veranstaltungen, die die öffentliche Ruhe, Ordnung und Sicherheit oder das Ansehen oder die Einrichtungen der Republik Österreich oder eines Bundeslandes oder einer sonstigen Gebietskörperschaft oder einer gesetzlich anerkannten Kirche oder Religionsgesellschaft gefährden oder verrohend oder sittenwidrig sind (§ 13 Stmk, § 2 NÖ). Außerdem werden Veranstaltungen am Karfreitag und am 24. Dezember, die den Charakter dieser Tage stören und geeignet sind, die religiösen Gefühle der Bevölkerung zu verletzen, verboten. In einigen Bundesländern werden auch die Staats- und Landestrauer zum Anknüpfungspunkt für Verbote gemacht (§ 2 NÖ).

Weiters werden das Bettelmusizieren (§ 42 Z 5 Wien), bei dem die Abgrenzung zum erlaubten Straßenmusizieren zu beachten ist, Experimente auf dem Gebiet der Hypnose und der Suggestion, bei denen sich der Veranstalter einer Person aus dem Publikum bedient (§ 8 Krnt, § 15 Bgld), verboten. Beim Bettelmusizieren sei auf die jüngere Jud des Verfassungsgerichtshofes zu den Bettelverboten verwiesen, wonach das Verbot des stillen Bettelns verfassungswidrig ist. Von stillem Betteln wird man beim Bettelmusizieren nicht sprechen können. Ebenso finden sich Verbote für die entgeltliche Wahrsagerei oder Zukunftsdeutung, für „Hütchenspiele" (§ 42 Z 6 Wien), für Spielautomaten, wenn von ihnen eine verrohende bzw sittengefährdende Wirkung ausgeht (§ 21 Sbg), und Peepshows (§ 15 Bgld). In Vlbg (§ 9 Abs 4) knüpfen Verbote an bestimmte Straftatbestände, wie § 188 StGB (Herabwürdigung religiöser Lehren) oder § 218 Abs 2 StGB (öffentliche geschlechtliche Handlungen) usw an.

c) Veranstalter

Die LandesG enthalten zumeist gesonderte Regelungen über den Veranstalter und dessen Pflichten. Ein **Veranstalter** ist jemand, der Veranstaltungen abhält oder öffentlich bzw gegenüber der Behörde* als solcher auftritt, der Veranstaltungen ankündigt oder auf dessen Rechnung sie durchgeführt werden. Einzelne LandesG enthalten zT noch Zweifelsregeln, wie etwa das Merkmal einer Verfügungsberechtigung, das im Zweifel die Eigenschaft als Veranstalter begründet (vgl zB § 2 Abs 3 Krnt, § 2 Bgld).

Als Veranstalter können natürliche oder juristische Personen oder Personen- und Erwerbsgesellschaften des Handelsrechts auftreten, wobei sich juristische Personen eines Geschäftsführers bedienen müssen. Die Veranstalter sind verpflichtet, die gesetzlichen Bestimmungen bei der Vorbereitung und Durchführung der Veranstaltung einzuhalten. ZT sind gesonderte Anwesenheitspflichten des Veranstalters während der Abhaltung der Veranstaltung festgelegt, zumindest aber die Bestellung einer verlässlichen Person als Aufsicht (zB § 19 Sbg). Dieser Aufsichtsperson kommt idR nicht die Stellung eines verantwortlich Beauftragten iSd § 9 VStG zu, sodass die verwaltungsstrafrechtliche Verantwortlichkeit des Veranstalters weiterhin gegeben ist. Auch Auskunfts- und Informationspflichten sind festgelegt.

d) Veranstaltungsstätte

Einen besonderen Regelungsgesichtspunkt bilden die Veranstaltungsstätten. ZT sind sie in den VeranstaltungsG mitgeregelt, konkrete Anforderungen an die Veranstaltungsstätte wurden in Sbg durch Verordnungen festgelegt (Sbg Veranstaltungsstätten-Verordnung). Veranstaltungsstätte ist der Ort, wo Veranstaltungen abgehalten werden sollen. IdR dürfen Veranstaltungen nur in behördlich bewilligten Veranstaltungsstätten abgehalten werden. Die **behördliche Bewilligung** einer Veranstaltungsstätte erfasst auch die Betriebsmittel, dh die erforderlichen Einrichtungen, gleichgültig, ob sie mobil sind oder nicht. Ausgenommen von der Bewilligungspflicht sind zB Veranstaltungsstätten, welche nach anderen Gesetzen einer Bewilligung unterliegen, wie etwa Gastgewerbebetriebe oder Kinobetriebsstätten.

Voraussetzung für die Bewilligung sind sicherheits-, feuer-, bau- und gesundheitspolizeiliche Aspekte. Weiters darf die Veranstaltungsstätte nur dann bewilligt werden, wenn sie keine unzumutbaren Belästigungen der Nachbarn oder Umwelt nach sich zieht. Für bestimmte Veranstaltungsstätten sind eine Reihe von Sondervorschriften vorgesehen (Stadien, Spielhallen, Theater- und Konzertsäle).

Der Bewilligungsantrag kann vom Eigentümer oder vom Veranstalter mit Einwilligung des Eigentümers eingebracht werden. In zwei Ländern sind aktuell auch mündliche Verhandlungen vorgesehen (§ 6b Tir, § 39 Abs 2 Wien). Tw wird im Verfahren sogar den Nachbarn Parteistellung eingeräumt, wenn sie durch besondere Einwirkungen, wie durch störenden Lärm belästigt werden könnten. Auch der Landesumweltanwaltschaft wurde in Sbg nach dem LUA-G in der Jud des VwGH (vgl VwGH 26.01.2010, 2009/02/0175) nicht nur „Parteistellung" zuerkannt, sondern auch die Geltendmachung naturschutzrechtlicher Belange in veranstaltungsrechtlichen Verfahren zugebilligt. Unabhängig von den Genehmigungen nach speziellen Bestimmungen für Veranstaltungsbetriebsstätten sind freilich auch die allgemeinen Bestimmungen, wie etwa baurechtliche Bestimmungen einzuhalten und auch solche Bewilligungen einzuholen, wenn die Veranstaltungsstätte nach baurechtlichen Bestimmungen bewilligungspflichtig ist (Kumulationsprinzip*).

Die VeranstaltungsG enthalten auch Vorschriften betr die **Überprüfung von Veranstaltungsstätten**. Es finden sich Instrumente wie die wiederkehrende (für Krnt bspw alle zehn Jahre – § 12 Abs 2 Krnt) Begutachtung, wobei für gefahrengeneigte Anlagen auch eine Überprüfung mit verkürztem, fünfjährigem Intervall (Abs 3) vorgesehen ist.

Den Inhaber der Veranstaltungsstätte trifft va eine Instandhaltungspflicht im Hinblick auf den mangelfreien Zustand der Veranstaltungsstätte (Betriebssicherheit), die Einhaltung der für ihn geltenden Betriebsvorschriften (wie etwa die Kennzeichnung eines Rauchverbotes), aber zT auch die unter Strafsanktion gestellte Pflicht, nur angemeldete bzw bewilligte Veranstaltungen (bei Eignung seiner Anlage für diesen Veranstaltungstyp) durchführen zu lassen. Sind Mängel nicht fristgerecht behoben worden, oder treten Mängel auf, die schwer oder unbehebbar sind, wird die Bewilligung entzogen.

e) Veranstaltungen im Freien

Für Veranstaltungen im Freien sind idR Erleichterungen vorgesehen. Auch bei solchen Veranstaltungen ist aber zu beachten, dass eine Reihe anderer nicht veranstaltungsspezifischer Vorschriften zu Einschränkungen in der Abhaltung bzw Durchführung der Veranstaltung führen kann. Bestimmungen des Natur- und Landschaftsschutzes können dafür zB gesonderte zusätzliche Bewilligungen vorsehen. Solche Regelungen finden sich zB für Anlagen des Motocross- und Autocrosssports, für die Anlage von Golf- und Minigolfplätzen, Tennisplätzen, die Anlage von Schipisten etc. Gesonderter Erwähnung bedürfen Veranstaltungen auf Straßen und auf öffentlichem Grund. Meist ist es erforderlich, zusätzliche Genehmigungen einzuholen. Genannt sei die **Gebrauchserlaubnis**, die oft mit einer Gebrauchsabgabe verbunden ist, und für die Verwendung von öffentlichem Grund in den Gemeinden, die solches vorsehen, vorgeschrieben wird. Erwähnung verdienen auch die Bestimmungen der §§ 82 bis 88a StVO betr die **Benützung von Straßen zu verkehrsfremden Zwecken** (→ *Straßenpolizei- und Kraftfahrrecht*). Wenn öffentliche Straßen benutzt werden, bedarf dies überdies der Zustimmung der zuständigen Straßenverwaltung. Dies kann mit einer Gebührenpflicht verbunden sein. Für Luftfahrtveranstaltungen (Ballon-, Drachen- und Modellfliegen, Fallschirmspringen, Flugschau udgl) kann eine (zusätzliche) Genehmigung nach dem LuftfahrtG erforderlich sein.

2. Sonderregelungen für bestimmte Veranstaltungstypen

Hier soll ein Überblick über die wichtigsten Bereiche, die zT außerhalb der (allgemeinen) VeranstaltungsG geregelt sind, versucht werden, ohne Anspruch auf Vollständigkeit zu erheben. Hinsichtlich des **Privatunterrichtswesens** und der **Fertigkeitsvermittlung** sei auf den Beitrag von *Strejcek/Schlintner/Weiß* in Holoubek/Potacs[4] verwiesen. Die gesetzliche Regelung von Fahrunterricht (Kfz, Schiffe, Flugzeuge), Sportunterricht (Schischulwesen, Bergführerwesen, sonstige Sportarten) und Tanzunterricht obliegt zT dem Bund und zT den Ländern.

a) Spielapparate

ZT finden sich in den Ländern für **Spielapparate** SonderG (zB NÖ, OÖ, Vlbg), zT sehen die VeranstaltungsG selbst Sonderregelungen vor. In diesen

Sonderbestimmungen werden zusätzliche Einschränkungen und besondere Sicherheitsvorkehrungen getroffen. Spielapparate sind Vorrichtungen, die zur Durchführung von Spielen bestimmt sind und gegen Entgelt betrieben werden. Geldspielapparate sind Spielapparate, mit denen um vermögenswerte Gewinne oder Verluste gespielt wird. **Geldspielapparate** fallen im Wesentlichen in die Bundeskompetenz im Wege des Glücksspielmonopols. Die nicht unter das GSpG fallenden Geldspielapparate sind in den LG oft überhaupt verboten.

Die **Aufstellung der Spielapparate** unterliegt einer verschärften Bewilligungspflicht. Bestimmte Spielapparate, wie zB solche zur Unterhaltung von Kindern, werden idR vom Anwendungsbereich ausgenommen. Auch hinsichtlich der Überwachung werden eine Reihe zusätzlicher Rechte vorgesehen.

So ist bspw die Behörde* berechtigt, zu Kontrollzwecken unentgeltliche Spiele durchzuführen. In einigen Gesetzen ist auch eine sofortige Entfernung nicht ordnungsgem Spielautomaten vorgesehen. Unter bestimmten Voraussetzungen wird der Verfall* angeordnet.

Auf Bundesebene ist es durch die GSpG-Nov 2010 zu einer Neuordnung des Automatenglücksspiels in Form von Landesausspielungen in Automatensalons oder in Einzelaufstellung gekommen. Neu sind weiters Maßnahmen zum Spielerschutz, die Glücksspielaufsicht über die Landesausspielungen mit Glücksspielautomaten sowie die Vernetzung von Glücksspielautomaten mit dem Rechenzentrum des Bundes.

b) Kinowesen

In der Stmk werden die Angelegenheiten des Kino- bzw Lichtspielwesens durch ein besonderes LandesG außerhalb des VeranstaltungsG geregelt. Das stmk Lichtspielgesetz enthält Bestimmungen in Bezug auf die öffentliche Sicherheit und in Bezug auf die Sicherheit des Publikums. Auch spezielle Jugendschutzbestimmungen sind vorgesehen. Öffentliche Lichtspielvorführungen bedürfen grundsätzlich einer Bewilligung oder sie sind anmeldepflichtig (zB § 4 Abs 2 Z 2 Wien), wobei jeweils Ausnahmen bestimmt werden. ZT werden in den Gesetzen auch verbotene Lichtspielvorführungen angeführt. Im Übrigen finden sich in den einzelnen Gesetzen hinsichtlich der sachlichen und persönlichen Genehmigungsvoraussetzungen und der Verfahren jeweils ähnliche Bestimmungen wie in den VeranstaltungsG.

Die Vorführung darf nur an Orten und mit Vorführeinrichtungen vorgenommen werden, die dafür geeignet sind. Diese Eignung ist unter Wahrung der feuer-, sicherheits-, gesundheits- und verkehrspolizeilichen Gesichtspunkte und der Hintanhaltung von unverhältnismäßigen Belästigungen der Nachbarn in Form einer Betriebsanlagengenehmigung zu erteilen, wenn die Voraussetzungen gegeben sind. Verschiedentlich ist eine zusätzliche Betriebsbewilligung vorgesehen. Regelungsgegenstände sind weiters die Betriebspflicht, Bezeichnungspflichten, Verbote bestimmter Ankündigungen, Regelungen betr das Personal, Anwesenheitspflichten, usw. In den einigen Gesetzen ist auch vorgesehen, dass Filme nach ihrem kulturellen und künstlerischen Wert beurteilt werden. Dies wird von der durch eine Art 15a B-VG-Vereinbarung* der Länder geschaffenen Filmprädikatisierungskommission bewerkstelligt.

c) Buchmacher und Totalisateure

Für die Buchmacher und Totalisateure (II.1.b) bestehen in vielen Ländern Sonderregelungen außerhalb des VeranstaltungsG. Regelungsgegenstand sind die Bewilligungspflicht und die Bewilligungsarten sowie die Voraussetzungen für die Bewilligung. Auch hier werden besondere persönliche und sachliche Voraussetzungen angeordnet. Weiters finden sich besondere Bestimmungen über das Wettreglement, über die äußere Bezeichnung der Betriebsstätte, über Nebenbedingungen usw.

d) Fiaker

In Wien und Sbg wurden eigene FiakerG erlassen, in Tir sind sie im VeranstaltungsG integriert (§§ 2 Abs 1 lit d, 16 Abs 6, 33 Abs 9 Tir) und in Bgld bzw Vlbg sind sie in einer Anlage zum bgld TourismusG 2021 bzw in der vlbg AbgabengruppenV der LReg nach dem FremdenverkehrsG angeführt. In den FiakerG wird die Beförderung von Personen mittels Personenkutschen, soweit sie entgeltlich ist, geregelt. Im Vordergrund steht dabei die Belustigung und Erbauung und nicht die Überwindung einer Distanz bzw der Gebrauch als Beförderungsmittel.

In den FiakerG werden die Bewilligungsbedingungen festgelegt und jeweils besondere Bestimmungen für die Konzessionserteilung, sowie für die Voraussetzungen für den Erwerb der Konzession, über die fachliche Befähigung, über die Ausübungsbedingungen sowie über die Überwachung festgelegt. Ebenso finden sich dort Regelungen über besondere Pflichten der Bewilligungsinhaber.

e) Campingplätze

Die CampingplatzG sind unter den oben angeführten kompetenzrechtlichen Gesichtspunkten ebenfalls dem Veranstaltungswesen zuzurechnen. Außer Stmk und Wien haben die Länder CampingplatzG erlassen, die Bestimmungen über die Errichtung eines Campingplatzes, die sachlichen und persönlichen Voraussetzungen zum Betrieb eines solchen, Ausstattungsvorschriften etc enthalten. Zum Betrieb ist eine Genehmigung erforderlich. Für den Berechtigten wird eine Reihe von Verpflichtungen angeordnet.

f) Großveranstaltungen

In jüngerer Zeit wurden in einigen VeranstaltungsG auch spezifische Bestimmungen über Großveranstaltungen aufgenommen (§ 6a Tir, § 9 Stmk). Den

Veranstaltern werden in diesen Sonderbestimmungen die Vorlagen von sicherheitstechnischen und rettungstechnischen Konzepten auferlegt. Die Einbindung von Sicherheitsorganen sowie anderen Hilfsorganen, wie Rettung und Feuerwehr werden vorgesehen. Für die Bewilligung bzw Anmeldung werden spezielle Bestimmungen getroffen.

3. An das Veranstaltungswesen anknüpfende Vorschriften

Alle landesgesetzlichen **JugendschutzG** knüpfen in mehr oder weniger umfangreicher Weise an Veranstaltungen an. Es werden für Jugendliche, jeweils altersmäßig unterschiedlich gestuft, Verbote und Beschränkungen vorgesehen. So besteht Ausweispflicht bis zu gewissen Altersstufen, Verbot von Alkohol- und Tabakkonsum, beschränkte Ausgeh- und damit Teilnahmebedingungen.

In verschiedenen **Landes-PolStrafG** finden sich Bestimmungen, die spezielle Vorschriften betr Lärm- und Geruchsbelästigungen durch Veranstaltungen, die Wahrung des öffentlichen Anstandes usw, vorsehen.

Rechtsvorschriften sehen auch **Steuern, Gebühren und Abgaben** bei der Abhaltung von Veranstaltungen vor. Dabei ist auf die **Vergnügungssteuer (Lustbarkeitsabgabe)** zu verweisen, die als landesrechtlich geregelte ausschließliche Gemeindeabgabe regelmäßig unter den landesrechtlichen Rahmenbedingungen von den Gemeinden unterschiedlich hoch festgelegt und auch für unterschiedliche Veranstaltungen eingehoben wird. Auch verschiedene Abgabenformen, wie der Sportgroschen oder die Kriegsopferabgabe, die Ankündigungsabgabe (zB Plakatieren, Flugzettel, Lautsprecherdurchsagen etc) oder die Anzeigenabgabe (Anzeigen in Printmedien) sind zu nennen.

4. Urheberrechtliche Fragen

Veranstaltungen mit musikalischen Darbietungen bedürfen einer urheberrechtlichen Bewilligung, die idR von **Verwertungsgesellschaften** vergeben werden (s dazu die Regelungen des VerwGesG; dazu *N. Raschauer*, Staatliche Aufsicht über Verwertungsgesellschaften, in Holoubek/Potacs [Hrsg], Öffentliches Wirtschaftsrecht II[4] [2019] 225). Auch Interpreten und Tonträgerunternehmen haben sog Leistungsschutzrechte. Die **AKM** ist die größte österr Organisation im Bereich der Wahrung von Urheberrechten. Sie vertritt Autoren, Komponisten und Musikverleger und verwaltet deren Aufführungs- und Senderechte an Werken der Musik und den mit ihr verbundenen Texten. Zu nennen sind auch die **Austro-Mechana**, die grob gesprochen die Vervielfältigungsrechte und die Verbreitungsrechte der genannten Personengruppe wahrt, und die **Literar-Mechana**, die die Rechte der Schriftsteller an den von ihnen geschaffenen Sprachwerken schützt. Es bestehen vielfältige Bestimmungen, zB wann eine Aufführungsbewilligung überhaupt zu erwerben ist, welche Veranstaltungen davon ausgenommen sind, wer Veranstalter iSd Urheberrechts ist, usw.

V. Behörden und Verfahren

1. Behörden

a) Zuständigkeiten

Die Behördenzuständigkeiten zur Vollziehung der VeranstaltungsG sind auf Grund der großen Vielfalt von zu besorgenden Aufgaben unterschiedlich festgelegt. Als Eckpunkt soll hier festgehalten werden, dass bei Veranstaltungen im Umherziehen zum großen Teil die **LReg** zuständig sind. Im Übrigen fallen Veranstaltungen, die sich auf den örtlichen Bereich der Gemeinden beschränken, in die Zuständigkeit der **Gemeinden im eWb***, wie dies gem Art 118 Abs 3 Z 3 B-VG geboten ist. Daneben sind die **BVB** und die **LReg** je nach Größe der Veranstaltung zuständig. Die LReg kann auch zuständig sein, wenn sich die Veranstaltungsstätte über mehrere Gemeinden bzw Bezirke erstreckt. Wie schon unter den kompetenzrechtlichen Ausführungen angemerkt wurde, haben die LPolD im Gemeindegebiet als zuständige Sicherheitsbehörde erster Instanz nicht nur die Überwachung von Veranstaltungen gem Art 15 Abs 3 B-VG übertragen zu bekommen, sondern auch wenigstens die Mitwirkung bei der Verleihung von Berechtigungen. Das bedeutet, dass Bewilligungserteilungen bzw das Ausstellen von Bescheinigungen, wie es vereinzelt vorgesehen ist, einer Mitwirkung der LPolD bedürfen, um verfassungskonform geregelt zu sein. Zumindest muss die LPolD insoweit eingebunden sein, als sie zu verständigen ist und eine Äußerungsmöglichkeit erhält (vgl zB § 6 Abs 1 NÖ, § 5 Abs 6 Tir, § 38 Abs 2 Wien).

Die VeranstaltungsG der Länder enthalten idR keine ausdrücklichen Vorschriften über den Rechtsschutz. Mit der Umstellung des verwaltungsrechtlichen Rechtsschutzsystems seit 01. Jänner 2014 (Verwaltungsgerichtsbarkeitsnov, BGBl I 51/2012) obliegt die Kontrolle verwaltungsbehördlicher Bescheide idR den LVwG (sog Bescheidbeschwerde nach Art 130 Abs 1, Art 132 Abs 1 B-VG), gleichgültig, ob die BVB oder die LReg den verwaltungsbehördlichen Bescheid erlassen hat. Gegen das Erkenntnis des LVwG kann Revision an den VwGH (Art 133 Abs 1 Z 1 B-VG) oder, im Falle von Verletzungen der Verfassungssphäre, eine Erkenntnisbeschwerde beim VfGH nach Art 144 Abs 1 B-VG erhoben werden. Bescheide, die von Gemeinden im eWb* erlassen werden, können nur dann unmittelbar beim LVwG bekämpft werden, wenn eine gesetzliche Regelung solches ausdrücklich vorsieht (zB ist in Tir § 17 Abs 2 TGO und § 41 Abs 1 Ibk Stadtrecht der Instanzenzug innerhalb der Gemeinde in Angelegenheiten des eigenen Wirkungsbereiches ausgeschlossen; in der Stmk § 93 GO ist er zB grundsätzlich gegeben). Ist dies nicht der Fall, ist eine verwaltungsgerichtliche Kontrolle erst nach Erschöpfung des innergemeindlichen Instanzenzugs (idR Bgm/Gemeinderat) möglich (Art 118 Abs 4, Art 132 Abs 6 B-VG).

b) Überwachung von Veranstaltungen

Gegenstand der Überwachung sind die Veranstaltung und die Veranstaltungsstätte. Der Veranstalter ist zB verpflichtet, den Organen* die notwendige Anzahl von Sitzplätzen zur Verfügung zu stellen, den Überwachungsorganen ist der Zutritt zu den Veranstaltungsstätten zu gewähren. Er hat nötigenfalls die Inbetriebnahme von Maschinen und anderen Betriebsmitteln auf Weisung der Überwachungsorgane zu veranlassen.

Die Überwachungsorgane haben die Möglichkeit, bei auftretenden Mängeln und Rechtswidrigkeiten die Veranstaltung zu unterbrechen, um sie innerhalb angemessener Frist beheben zu lassen. Wenn dies notwendig ist, kann die Veranstaltung auch abgebrochen werden. Wird eine Veranstaltung von den Überwachungsorganen abgebrochen, haben die Besucher den Ort der Veranstaltung idR über Aufforderung der Überwachungsorgane unverzüglich zu verlassen (zB § 10 Vlbg).

Die Überwachung wird in den verschiedenen VeranstaltungsG je nach Veranstaltungstyp ganz **unterschiedlichen Behörden*** übertragen. IdR ist für die Überwachung von Veranstaltungen, die über die Gemeinde nicht hinausreichen, der Bgm zuständig. Bei den übrigen Veranstaltungen sind jeweils die BVB für die Überwachung verantwortlich. Zu beachten ist dabei, dass auf der Grundlage des Art 15 Abs 3 B-VG im Gemeindegebiet, in dem die LPolD zuständige Sicherheitsbehörde erster Instanz ist, diese zur Überwachung zu berufen ist. Dies gilt auch dann, wenn es sich um Veranstaltungen handelt, die von den Gemeinden im eWb* im Zuge ihrer Kompetenz der örtlichen Veranstaltungspolizei gem Art 118 Abs 3 Z 3 B-VG zu besorgen sind. Gesetzliche Bestimmungen, die dies nicht ausdrücklich anordnen, verstoßen insoweit gegen Art 15 Abs 3 B-VG und sind verfassungswidrig.

Darüber hinaus übertragen einige VeranstaltungsG den Organen des öffentlichen Sicherheitsdienstes* ausdrücklich bestimmte Mitwirkungsbefugnisse bzw Überwachungsaufgaben (zB § 14 Abs 2, § 24 Stmk, § 40 Wien), sodass auch bei einer Überwachungszuständigkeit der Gemeinde im eWb* Organe der öffentlichen Sicherheit* tätig werden. In den VeranstaltungsG ist auch vorgesehen, Sicherheits- und Kontrollaufgaben durch Verwaltungsakt zu übertragen. Es handelt sich dabei idR um die Vorschreibung eines Ordnerdienstes im Wege einer Auflage* oder eines Auftrages (§ 5 Stmk, § 10 Abs 6 Bgld). Solche Ordnerdienste haben aber keine speziellen Befugnisse wie die Organe der öffentlichen Sicherheit*.

Bei Großveranstaltungen ist vielfach eine „besondere Überwachung" nach § 27a SPG durch staatliche Sicherheitskräfte bescheidförmig angeordnet

(→ *Sicherheitspolizeirecht*). Hiefür können auch entsprechende Sicherheitsgebühren eingehoben werden (§§ 5a, 48a SPG). Solche besonderen Überwachungen finden aber nur statt, wenn die für die Veranstaltung Verantwortlichen nicht bereit oder in der Lage sind, durch zumutbare Vorkehrungen den erforderlichen Schutz zu gewährleisten (§ 27a SPG).

Zu erwähnen sind diesbezüglich die Kommissions- und Überwachungsgebühren, die nach § 77 AVG iVm mit der Bundes-Kommissionsgebührenv 2007 und der Sicherheitsgebühren-V* eingehoben werden. Danach sind für Amtshandlungen (Augenschein, mündliche Verhandlung, besondere Entsendung von Exekutivbeamten für Überwachungstätigkeiten etc) tariflich festgesetzte Gebühren zu entrichten.

2. Verfahren

Neben den Bestimmungen des AVG und des VStG, die auch im Bereich des Veranstaltungswesens zur Anwendung gelangen, enthalten die VeranstaltungsG in den Ländern eine Reihe von verfahrensrechtlichen Sonderbestimmungen. Sowohl hinsichtlich der Bewilligungsverfahren als auch hinsichtlich der Anmeldeverfahren ist zumeist die Schriftform zwingend vorgeschrieben. In den Verfahren werden auch außerhalb der schon aus Art 15 Abs 3 B-VG erfließenden Verpflichtung betr die LPolD juristischen Personen in bestimmten Verfahren Anhörungs- oder Informationsrechte eingeräumt (vgl § 14 Abs 2 OÖ, § 38 Abs 2 Wien). Solche Rechte finden sich für die Gemeinden (vgl § 25 Abs 3 Stmk), wenn das Verfahren vor der BVB durchgeführt wird, sowie für Wirtschaftskammern und Arbeiterkammern. Darüber hinaus werden auch Verständigungspflichten bezüglich anderer Behörden* festgeschrieben (vgl §§ 10, 12 Abs 3 Sbg). Charakteristisch für verschiedene Verfahren ist auch, dass vielfach sehr kurze Fristen, sowohl für die Einbringung des Antrages (§ 7 Abs 2, § 8 Abs 2, § 9 Abs 2 Stmk) als auch für die Entscheidung der Behörden* vorgesehen sind (vgl zB Bewilligungsfiktion § 11 Stmk, Genehmigungsfiktion § 15 Abs 7 Krnt).

Glossar

Adhäsionsprinzip: Die Kompetenzbestimmungen der Bundesverfassung regeln die Verteilung der Kompetenzen in Gesetzgebung und Vollziehung in der Weise, dass bestimmte Sachgebiete genannt werden (vgl Art 10 Abs 1 B-VG) und die übrigen Bereiche mit einer Generalklausel entweder in die Kompetenz des Bundes (Art 14 Abs 1 B-VG) oder in die Kompetenz der Länder (Art 14a Abs 1 und 15 B-VG) verwiesen werden. Die ausdrücklich genannten – materiellen – Sachgebiete ziehen regelmäßig die Kompetenz zur Regelung weiterer, nicht ausdrücklich angeführter Sachbereiche nach sich (insb Verfahrensrecht, Verwaltungspolizei, Enteignung, Festsetzung von Strafen); diese folgen der Hauptmaterie, sie sind also von einem Sachbereich auch ohne ausdrückliche Nennung mit umfasst.

AEUV: Der Vertrag über die Arbeitsweise der Europäischen Union (AEUV) basiert auf dem EG-Vertrag (1992) und dem diesem vorangegangenen EWG-Vertrag (1957), mit dem eine Europäische (Wirtschafts-)Gemeinschaft gegründet wurde. Er erhielt seine neue Bezeichnung durch den Vertrag von Lissabon (2009), der die frühere Europäische Gemeinschaft (EG) aufgelöst und deren Funktionen der Europäischen Union (EU) übertragen hat. Während sich vor dem Vertrag von Lissabon EU-Vertrag und EG-Vertrag auf zwei unterschiedliche, wenngleich institutionell verbundene Organisationen bezogen haben, kommt dem AEUV nun ergänzende Funktion zum → *EUV* zu. EUV und AEUV sind rechtlich gleichrangig (Art 1 AEUV) und bilden gemeinsam mit der → *Grundrechte-Charta* die „Verfassung" der EU (→ *Primärrecht der EU*).

Amtshaftung: Das „Sonderhaftpflichtrecht" des Staates hat seine verfassungsrechtliche Grundlage in Art 23 B-VG und ist im AHG geregelt. Nach § 1 Abs 1 AHG haften die Rechtsträger (Bund, Länder, Gemeinden, sowie alle juristischen Personen öffentlichen Rechts, die zur Ausübung eigener hoheitlicher Befugnisse berufen sind [zB Kammern, Sozialversicherungsträger]) nach den Bestimmungen des bürgerlichen Rechts für Vermögens- und Personenschäden infolge eines kausalen, rechtswidrigen und schuldhaften Verhaltens eines Organs „in Vollziehung der Gesetze"

(Gerichtsbarkeit, hoheitliche Verwaltung; weiters auch für Verhaltensweisen, die nach ihrer Form zur Privatwirtschaftsverwaltung zu zählen sind, die aber mit einer hoheitlichen Tätigkeit in einem unmittelbaren Zusammenhang stehen; diesbezüglich besteht eine sehr kasuistische Jud des OGH). Darüber hinaus haften die Mitgliedstaaten nach der Jud des EuGH unter bestimmten Voraussetzungen für Schäden, die dem Einzelnen durch Verstöße staatlicher Organe gegen EU-Recht entstehen („Staatshaftung"). Die Staatshaftung umfasst im Gegensatz zur Amtshaftung auch die gesetzgeberische Tätigkeit des Staates (legislatives Unrecht).

Amtspartei: → *Organpartei*.

Anlage: Unter Anlage versteht man idR eine örtlich gebundene Einrichtung, die der Entfaltung einer (zB gewerberechtlichen, forstrechtlichen, wasserrechtlichen) Tätigkeit regelmäßig zu dienen bestimmt ist.

Art 15a B-VG-Vereinbarungen: → *Gliedstaatsverträge*.

Auflage: Eine Auflage ist eine gesetzlich vorgesehene, pflichtbegründende Nebenbestimmung in einem dem Hauptinhalt nach begünstigenden Bescheid. Auflagen sind in den Spruch des Bescheids aufzunehmen. Wird das mit der Auflage verbundene Recht ausgeübt (zB Inbetriebnahme einer Betriebsanlage), so wird die durch die Auflage vorgeschriebene Verpflichtung (Tun, Dulden oder Unterlassen) vollstreckbar („akzessorischer Charakter", „bedingter Polizeibefehl"). Diese Verpflichtung lässt das mit dem Bescheid verliehene Recht (zB zum Betrieb einer Betriebsanlage) an sich unberührt. Auf den Bestand des Bescheids selbst und auf die Ausübung der damit verbundenen Berechtigung hat die (Nicht-)Einhaltung der Auflage keine Auswirkungen; mit der Ausübung der Berechtigung kann die Erfüllung einer Auflage aber im Vollstreckungsweg durchgesetzt werden.

aufschiebende Wirkung: Eine wesentliche Rechtsfolge eines Leistungsbescheides ist das Entstehen der darin verankerten Pflichten und deren Vollstreckbarkeit durch Zwangsmaßnahmen, sofern sie nicht befolgt werden. Durch die Erhebung von Rechtsmitteln kann diese Rechtsfolge aber zT bis zur endgültigen Klärung der Rechtsfrage im dafür vorgesehenen Rechtsweg hintangehalten (aufgeschoben) werden. So bestimmt § 13 VwGVG, dass rechtzeitig eingebrachte Beschwerden aufschiebende Wirkung haben. Allgemein sind Bescheide also erst dann vollstreckbar, wenn sie in formelle → *Rechtskraft* erwachsen sind. Davon abweichend kann die aufschiebende Wirkung einer Beschwerde aber auch ausdrücklich ausgeschlossen werden (etwa gem § 13 Abs 2 VwGVG bei Gefahr im Verzug); der Bescheid ist dann bereits mit seiner Erlassung vollstreckbar, auch wenn noch ein Rechtsmittel offensteht (ebenso § 64 AVG für Berufungen im eWb von Gemeinden → *Wirkungsbereiche der Gemeinde*). Auch in Landesgesetzen wird tw die aufschiebende Wirkung von Bescheidbeschwerden ausgeschlossen (zB § 56 oö BauO). Besonderes gilt für die Bekämpfung von Entscheidungen der VwG bei den Gerichtshöfen öffentlichen Rechts: Entscheidungsbeschwerden (Art 144 B-VG) haben keine aufschiebende Wirkung; diese muss vielmehr ausdrücklich beantragt und vom VfGH zuerkannt werden (§ 85 VfGG). Auch Revisionen an den VwGH (Art 131 Abs 1 Z 1 B-VG) haben keine aufschiebende Wirkung. Die aufschiebende Wirkung kann aber auf Antrag vom VwG bzw vom VwGH zuerkannt werden (§ 30 VwGG). Bis zur Zuerkennung der aufschiebenden Wirkung bleiben die angefochtenen Entscheidungen der VwG vollstreckbar.

Bedingung: Eine Bedingung ist eine gesetzlich vorgesehene Nebenbestimmung eines Bescheids, die dessen Rechtswirksamkeit von einem ungewissen künftigen Ereignis abhängig macht (im Gegensatz dazu ist eine → *Befristung* von einem gewissen zukünftigen Ereignis abhängig). Bei aufschiebenden Bedingungen (Suspensivbedingungen) wird der Bescheid erst mit deren Erfüllung rechtswirksam, bei Erfüllung einer auflösenden Bedingung (Resolutivbedingung) endet die Rechtswirksamkeit; in beiden Fällen bedarf es keines neuerlichen Bescheids.

Befehls- und Zwangsgewalt: Rechtsvorschriften sehen des Öfteren vor, dass Verwaltungsorgane ohne (förmliches) Verfahren und ohne Einhaltung der für Bescheide vorgesehenen Form unmittelbar (Gesetzeskonkretisierung ohne Dazwischentreten eines Bescheides) in subjektive Rechte der Rechtsunterworfenen eingreifen können. Nach der Rsp ist faktisches Organhandeln dann „Ausübung unmittelbarer behördlicher Befehls- und Zwangsgewalt", wenn ein Verwaltungsorgan im Rahmen der Hoheitsverwaltung einseitig einen Befehl erteilt oder Zwang ausübt und dieser Akt gegen individuell bestimmte Adressaten gerichtet ist. Als Rechtsschutz ist die Möglichkeit einer Beschwerde an die VwG vorgesehen (Art 130 Abs 1 Z 2 B-VG iVm Art 132 Abs 2 B-VG).

Befristung: Eine Befristung ist eine gesetzlich vorgesehene Nebenbestimmung eines Bescheids, die dessen Rechtswirksamkeit von einem gewissen zukünftigen Ereignis abhängig macht (im Gegensatz dazu ist eine → *Bedingung* von einem ungewissen künftigen Ereignis abhängig). Sowohl der Beginn als auch das Ende der Rechtswirksamkeit kann mit dem Eintritt eines genau festgelegten Ereignisses (zB bestimmtes Datum, Todesfall) verbunden werden.

Behörde: (Verwaltungs-) → *Organe*, die mit imperium ausgestattet sind, dh denen von Gesetzes wegen hoheitliche Befugnisse verliehen sind (Erlassung von Bescheiden oder Verordnungen bzw Ausübung unmittelbarer behördlicher → *Befehls- und Zwangsgewalt*) sind Behörden. Auch Gerichte werden zT unter den Behördenbegriff iwS subsumiert.

Beleihung: Von Beleihung spricht man, wenn eine natürliche oder juristische Person des Privatrechts damit betraut wird, im eigenen Namen bestimmte Akte der Hoheitsverwaltung zu setzen. Der Beliehene ist zwar nicht in den staatlichen Organapparat eingegliedert, aber dennoch verpflichtet, die ihm übertragenen Aufgaben der Hoheitsverwaltung wahrzunehmen. Bei der Beleihung werden Private als funktionelle Organe für Gebietskörperschaften tätig, denen ihr Verwaltungshandeln zuzurechnen ist. Beispiele: Ausstellung öffentlicher Urkunden durch Notare (strittig), Bescheid- und Verordnungserlassung durch die Nationalbank, Befehls- und Zwangsakte von Forstschutzorganen bzw Jagd- und Fischereiaufsichtsorganen. Weitere Beispiele für Beleihungen finden sich va iZm Ausgliederungen (zB Austro Control GmbH) bzw in Form der Betrauung selbstständiger juristischer Personen des Privatrechts mit der Besorgung staatlicher Verwaltungsaufgaben (zB Regulierungsbehörden in der Rechtsform der GmbH). Die Übertragung hoheitlicher Befugnisse auf Private ist verfassungsrechtlichen Schranken unterworfen.

Berücksichtigungsprinzip: Das Berücksichtigungsprinzip drückt sich in einer Berücksichtigungsbefugnis und einem Berücksichtigungsgebot aus. Unter dem Berücksichtigungsgebot versteht man, dass Bund und Länder bei ihrer Kompetenzausübung zur gegenseitigen Rücksichtnahme verpflichtet sind. Das bedeutet, dem Bundesgesetzgeber und den Landesgesetzgebern ist es nicht erlaubt, Regelungen zu erlassen, die die Effektivität der Regelungen der gegenbeteiligten Gebietskörperschaft(en), die diese im Rahmen ihrer Kompetenzen erlassen haben, in sachlich ungerechtfertigter Weise beeinträchtigen. Die Gesetzgeber sind in diesen Fällen zu einer Interessenabwägung verpflichtet. So hat zB der VfGH im sog Jagdrecht-Forstrecht-Erkenntnis (VfSlg 10.292/1984 → *Forstrecht*) eine kompetenzrechtlich rechtmäßige Regelung des nö JagdG, die eine Sperre von Jagdgebieten für jagdfremde Personen in großem Ausmaß vorsah, wegen Verletzung des Grundsatzes der Rücksichtnahme im Bundesstaat aufgehoben, weil dadurch für große Gebiete die vom bundesgesetzlichen ForstG jedermann eingeräumte Freiheit, sich im Wald zu Erholungszwecken aufzuhalten und ihn zu betreten, praktisch zunichte gemacht wurde. Berücksichtigungsbefugnis bedeutet hingegen, dass Bundes- und Landesgesetzgeber in ihren Regelungen auch Verwaltungszwecke der gegenbeteiligten Gebietskörperschaft(en) berücksichtigen dürfen.

Bundesverwaltung: Die Bundesverwaltung ist jener Bereich der Vollziehung, der nach den Kompetenzbestimmungen dem Bund zufällt, also von Verwaltungsorganen für die Gebietskörperschaft Bund zu vollziehen ist. Handlungen, die in diesem Rahmen von Verwaltungsorganen gesetzt werden, berechtigen bzw verpflichten die Gebietskörperschaft Bund und sind dieser zurechenbar. Nach Art 102 B-VG kann die Bundesverwaltung entweder in → *mittelbarer* oder unmittelbarer *Bundesverwaltung* vollzogen werden. Jene Angelegenheiten, die in unmittelbarer Bundesverwaltung vollzogen werden können (aber nicht müssen), sind in Art 102 Abs 2 B-VG erschöpfend aufgezählt. In diesen Angelegenheiten ist der Gesetzgeber ermächtigt, zur Vollziehung eigene Bundesbehörden einzurichten bzw mit der Vollziehung zu betrauen. Unter unmittelbarer Bundesverwaltung wird daher die Vollziehung von Angelegenheiten der Bundesverwaltung durch Bundesbehörden verstanden (zB Finanzverwaltung). Im Regelfall werden Angelegenheiten der Bundesverwaltung (Art 10 B-VG) – insb wenn sie in Art 102 Abs 2 B-VG nicht genannt sind – durch Landesorgane vollzogen. Diese werden dabei funktional als Bundesorgane tätig, obwohl sie organisatorisch Landesorgane sind. In diesen Fällen verpflichten oder berechtigen sie die Gebietskörperschaft Bund. Ihre Handlungen sind dem Bund zurechenbar (mittelbare Bundesverwaltung).

Bürgerbeteiligungsverfahren: Bei einem Bürgerbeteiligungsverfahren wird – unabhängig von einem konkreten „rechtlichen" Parteiinteresse – die „betroffene" Öffentlichkeit in das Verfahren zur Erzeugung von Rechtsnormen (Verordnungen, Bescheiden) einbezogen. So stellen Auflagepflichten sowie Einsichts- und Stellungnahmerechte im Verfahren zur Erlassung von FWP (→ *Raumordnungsrecht*) ebenso eine Art Bürgerbeteiligung dar, wie die Einbindung von Bürgerinitiativen in das UVP (→ *Umweltverträglichkeitsprüfung*). Dem Bund kommt gem Art 11 Abs 6 B-VG eine besondere Bundes(bedarfs)gesetzgebungskompetenz für die gesetzliche Regelung von Bürgerbeteiligungsverfahren für bundesgesetzlich zu bestimmende Vorhaben, die Beteiligung an den einem Bürgerbeteiligungsverfahren nachfolgenden Verwaltungsverfahren und die Berücksichtigung der Ergebnisse des Bürgerbeteiligungsverfahrens bei der Erteilung der für die betroffenen Vorhaben erforderlichen Genehmigungen sowie die Genehmigung der in Art 10 Abs 1 Z 9 B-VG genannten Vorhaben zu, soweit ein Bedürfnis nach Erlassung einheitlicher Vorschriften als vorhanden erachtet wird.

Dauerdelikt: Bei Dauerdelikten ist vom objektiven Tatbestand nicht nur das Herbeiführen, sondern auch die Aufrechterhaltung der Rechtsgutbeeinträchtigung umfasst. Für die Beantwortung der Frage, ob ein Dauerdelikt vorliegt oder nicht, ist die konkrete Formulierung des gesetzlichen

Straftatbestandes entscheidend: Wird das Aufrechterhalten eines Zustandes sanktioniert, liegt ein Dauerdelikt vor. Diese Qualifikation hat insb für die → *Verjährung* Bedeutung. Typische Dauerdelikte sind der baurechtlich verbotene Schwarzbau, der Betrieb einer nicht genehmigten Betriebsanlage, die dauernde nicht genehmigte Wasserentnahme usw.

Delegation: → *Mandat*.

Derogation: Unter Derogation wird im Allgemeinen die Aufhebung der Geltung einer Rechtsvorschrift (und damit ihr Ausscheiden aus der Rechtsordnung) verstanden, wobei zu beachten ist, dass die Derogation einer Rechtsnorm nur durch eine andere Rechtsnorm erfolgen kann. Außerdem muss zwischen materieller und formeller Derogation unterschieden werden. Von formeller Derogation spricht man, wenn die aufzuhebende Norm ausdrücklich bezeichnet wird. Mit materieller Derogation wird das Phänomen der Unvereinbarkeit der gleichzeitigen Anwendbarkeit von einander widersprechenden Rechtsvorschriften angesprochen. Ein solcher Widerspruch ist nach den Grundsätzen „lex posterior derogat legi priori" bzw „lex specialis derogat legi generali" aufzulösen. Derogation tritt in solchen Fällen nur insoweit ein, als die Geltungsbereiche der konfligierenden Normen, dh deren sachlicher, persönlicher, zeitlicher und örtlicher Geltungsbereich ident sind (Identität des Regelungsgegenstandes) und es sich um Bestimmungen auf gleicher Stufe handelt (eine gesetzliche Bestimmung widerspricht einer anderen gesetzlichen Bestimmung). Bei konfligierenden Bestimmungen auf unterschiedlicher Stufe (eine Verordnung widerspricht einem Gesetz) tritt idR Invalidation ein, dh die rechtswidrige Verordnung ist solange anzuwenden, bis sie der VfGH aufhebt. Bei der Verwendung des Begriffs Derogation wird freilich mitunter nicht deutlich zwischen dem Ausscheiden einer Norm aus der Rechtsordnung und einem bloßen Verdrängen einer widersprechenden Norm unterschieden, die nach Außerkrafttreten der sie verdrängenden Norm wieder auflebt. Deshalb ist darauf zu achten, ob bei der Verwendung des Begriffs Derogation das hier vertretene strikte Verständnis zu Grunde gelegt wird, oder ob man darunter auch andere Kollisionsphänomene versteht.

Devolutionsantrag: Als Devolutionsantrag bezeichnet man den Antrag einer Verfahrenspartei auf Übergang der Entscheidungszuständigkeit an die Berufungsbehörde. Dieser Übergang der Zuständigkeit zur Sachentscheidung auf die Berufungsbehörde mittels Devolutionsantrag kommt seit der Einführung der Verwaltungsgerichtsbarkeit I. Instanz nur mehr im innergemeindlichen Instanzenzug im eWb der Gemeinde zum Tragen → *Wirkungsbereiche der Gemeinde*. In sonstigen Säumniskonstellationen bewirkt seit 01. Jänner 2014 die Säumnisbeschwerde an das zuständige VwG einen Übergang der Entscheidungszuständigkeit, wobei gem §§ 8, 16

VwGVG die säumige Behörde den Bescheid innerhalb von drei Monaten nachholen kann. Die Säumnisbeschwerde muss daher bei der säumigen Behörde eingebracht werden. Der Devolutionsantrag ist dagegen nach § 73 Abs 2 AVG bei der Berufungsbehörde, also idR beim Gemeinderat zu stellen.

Dienstleistungsfreiheit: Gem Art 56 ff AEUV (Art 36 ff EWRA) haben EU-/EWR-Bürger bzw Unternehmen das Recht, in einem anderen Mitgliedstaat unter den gleichen Bedingungen wie dortige Inländer vorübergehend Leistungen zu erbringen, ohne in diesem Staat eine Niederlassung zu eröffnen (zB gewerbliche oder freiberufliche Tätigkeiten; „aktive Dienstleistungsfreiheit"). Die Dienstleistungsfreiheit erfasst auch jene Fälle, in denen sich der Leistungsempfänger zum Leistungserbringer in einen anderen Mitgliedstaat begibt (zB Arztbesuch; „passive Dienstleistungsfreiheit") oder nur die Dienstleistung selbst die Grenze überschreitet (zB Versicherungsdienste; „Dienstleistungstransfer").

dingliche Wirkung: Von einem Bescheid mit dinglicher Wirkung („dinglicher Bescheid") spricht man dann, wenn ein Rechtsakt (Bescheid) sachbezogen ist und damit die Bescheidwirkung unabhängig vom Inhaber der Sache besteht und auch durch einen Wechsel des Eigentümers (bzw – wenn gesetzlich ausdrücklich vorgesehen – auch des Inhabers, zB Mieters, Pächters → *Gewerberecht*) einer Sache die Bescheidwirkung nicht verändert wird. Typische Beispiele für Bescheide mit dinglicher Wirkung sind: gewerberechtliche Betriebsanlagengenehmigung, Bauplatzerklärung, Baubewilligung, bestimmte wasserrechtliche Bewilligungen, die Erklärung eines Objekts zum Naturdenkmal, die Unterschutzstellung eines Denkmals usw.

Diskriminierungsverbot: Im Anwendungsbereich der EU-Verträge ist jede Diskriminierung aus Gründen der Staatsangehörigkeit verboten (Art 18 AEUV: allgemeines Diskriminierungsverbot); daneben bestehen spezielle Diskriminierungsverbote für bestimmte Regelungsbereiche (zB Art 45 AEUV → *Freizügigkeit*, Art 49 AEUV → *Niederlassungsfreiheit*, Art 56 AEUV → *Dienstleistungsfreiheit*). Das Diskriminierungsverbot gilt auch im EWR (vgl Art 4 EWRA). Die europarechtlichen Diskriminierungsverbote richten sich gegen die Diskriminierung von → *EU-/EWR-Bürgern* aus anderen Mitgliedstaaten gegenüber den eigenen Staatsangehörigen. Einer Benachteiligung von Inländern gegenüber anderen → *EU-/EWR-Bürgern* steht das EU-Diskriminierungsverbot jedoch nicht entgegen.

Drittwirkung (von Grundrechten): Von der Drittwirkung eines Grundrechts spricht man dann, wenn es auch auf Rechtsbeziehungen von Privatpersonen untereinander anzuwenden ist. Es wird zwischen unmittelbarer und mittelbarer Drittwirkung unterschieden. Eine unmittelbare Drittwirkung liegt in dem seltenen Fall vor, dass ein Grundrecht ausdrücklich privatrechtliche Beziehungen (zB zwischen Ehegatten unter sich und zu ihren Kindern) regelt (Art 5 7. ZPEMRK) oder *jedermann* zur Wahrung des betreffenden Grundrechts gesetzlich verpflichtet ist (§ 5 Abs 4 DSG; → *Datenschutzrecht*). IdR ergibt sich jedoch lediglich eine mittelbare Drittwirkung. Der (einfache) Gesetzgeber ist – namentlich iZm grundrechtlichen Schutzpflichten – verpflichtet, grundrechtlich geschützte Rechtspositionen von Privaten gegeneinander abzugrenzen und ihre Ausübbarkeit zu schützen. Das gilt vor allem im Fall gegenläufiger Grundrechtsansprüche (→ *Versammlungsrecht*). Auch die ordentlichen Gerichte sind verpflichtet, das Zivilrecht (zB Familien-, Vertrags-, Schadenersatzrecht) grundrechtskonform auszulegen. Dabei haben sich in der Rsp vor allem die Generalklauseln des Privatrechts (§§ 879, 1295 Abs 2 ABGB; vgl → *Vereinsrecht*) sowie § 16 ABGB (Persönlichkeitsrechte) als von besonderer Bedeutung für die verfassungskonforme Interpretation erwiesen.

eigener Wirkungsbereich: → *Wirkungsbereiche der Gemeinde*.

Einwendung: An die Behörde gerichtete öffentlich-rechtliche Prozesserklärungen, mit denen eine Partei die Verletzung eines subjektiven Rechts behauptet, bezeichnet man als Einwendungen; sie stellen daher einen verfahrensrechtlichen Antrag zur Wahrung eines Rechtsanspruchs dar. „Privatrechtliche Einwendungen" (zB fehlende Verfügungsbefugnis des Antragstellers) sind von den Behörden auf den Zivilrechtsweg zu verweisen, wenn eine gütliche Einigung nicht gelingt. Bei „öffentlich-rechtlichen Einwendungen" – dh solchen, die im öffentlichen Recht begründet sind (zB Missachtung baurechtlicher Abstandsvorschriften, Beeinträchtigung des Orts- oder Landschaftsbildes) – hat die Behörde selbst zu entscheiden. Betrifft die Einwendung ein Recht, das va dem Schutz eines konkreten Individuums (zB Nachbarn) dient, so spricht man von „subjektiv öffentlich-rechtlichen Einwendungen"; steht hingegen der Schutz öffentlicher Interessen im Vordergrund (zB Verkehrsbelange, Orts- und Landschaftsbild), so handelt es sich um „objektiv öffentlich-rechtliche Einwendungen". Zu beachten ist, dass Nebenparteien eines Verfahrens nur hinsichtlich jener Bestimmungen wirksam Einwendungen erheben können, die dem Schutz eines vom MaterienG eingeräumten subjektiven Rechts dienen. Bestimmungen, die dem Schutz öffentlicher Interessen dienen, sind hingegen von der Behörde amtswegig zu vollziehen. Das AVG sieht zur Verfahrensbeschleunigung → *Präklusion* vor, wenn Einwendungen nicht oder nicht rechtzeitig erhoben wurden.

Emission: Die Freisetzung von Geruch, Lärm, Strahlen, Wärme, Stoffen (zB Staub), Erschütterungen usw durch eine Anlage, ein Gerät usw. Zu ihrer Feststellung wird eine Messung bestimmter Einflüsse auf Umweltmedien am Entstehungsort durchgeführt (im Gegensatz dazu handelt es sich bei → *Immissionen* um die am Zielort auftretenden Einwirkungen).

Erfolgsdelikt: Erfolgsdelikte setzen den Eintritt einer von der Tathandlung zumindest gedanklich abtrennbaren Wirkung (zB Schaden, Gefährdung) in der Außenwelt voraus. Der Eintritt des Erfolges ist für die Verwirklichung des objektiven Tatbestandsmerkmales aller Erfolgsdelikte (zB Gewässerverunreinigung; Gefährdung des Baumbestandes) wesentlich. Demgegenüber sind → *Ungehorsamsdelikte* (schlichte Tätigkeitsdelikte = Formaldelikte) jene Delikte, deren Tatbestand sich in der Vornahme eines bestimmten Tuns erschöpft (zB Übertretung eines Halteverbotes; Geschwindigkeitsüberschreitung).

Ermessen: Beim Ermessen (vgl Art 130 Abs 3 B-VG, Art 133 Abs 3 B-VG) hat die Verwaltungsbehörde bzw das VwG die Wahl zwischen zwei oder mehreren rechtlich gleichwertigen Lösungen. Im Gegensatz dazu liegt Gebundenheit vor, wenn die Entscheidungsinstanz durch eine Rechtsnorm verpflichtet ist, bei einem bestimmten Tatbestand einen Verwaltungsakt bestimmten Inhalts zu setzen. In welchem Sinne das Ermessen auszuüben ist, muss vom Gesetz vorgegeben werden (→ *Legalitätsprinzip*, Art 18 B-VG). Die Verwendung der Worte „kann" oder „darf" in einer Bestimmung stellt dabei lediglich ein Indiz für das Vorliegen von Ermessen dar. Die Behörde bzw das VwG muss vom Ermessen „im Sinne des Gesetzes" Gebrauch machen (was vielfach einem Abwägungsvorgang gleichkommt), gesetzlich normierte Ermessensrichtlinien beachten und die Entscheidung schlüssig und nachvollziehbar begründen. Ermessensentscheidungen unterliegen der Kontrolle der VwG und von VwGH und VfGH hinsichtlich des Vorliegens von Ermessensfehlern.

EU-/EWR-Bürger: Jeder Staatsangehörige eines Mitgliedstaates der Europäischen Union (EU) ist EU-Bürger (= Unionsbürger; vgl Art 20 ff AEUV) und damit auch EWR-Bürger, weil die EU-Staaten Vertragsparteien des seit 01. Jänner 1994 in Kraft befindlichen → *EWRA* sind. Weiters sind auch die Staatsangehörigen Norwegens, Islands und Liechtensteins (nicht jedoch auch der Schweiz) EWR-Bürger, ohne gleichzeitig Unionsbürger zu sein. Die Rechtsstellung der EU- und der EWR-Bürger deckt sich in vielen Bereichen, vereinzelt bestehen jedoch Unterschiede (zB → *Grundverkehrsrecht*).

EUV: Der Vertrag über die Europäische Union (EUV) wurde 1992 in Maastricht abgeschlossen („Vertrag von Maastricht") und durch die Verträge von Amsterdam (1997), Nizza (2001) und Lissabon (2009) geändert. Letzterer hob die „Tempelkonstruktion" des Maastrichter Vertrages, namentlich die Unterscheidung zwischen Europäischer Union und Europäischer Gemeinschaft auf. Der EUV enthält nunmehr Regelungen zu den demokratischen Grundsätzen der EU, zu den Organen (Kommission, Rat, Europäisches Parlament; Europäischer Gerichtshof) sowie zur Gemeinsamen Außen- und Sicherheitspolitik. Die weiteren Regelungen der EU (zB Unionsbürgerschaft, Binnenmarkt, Grundfreiheiten) finden sich im → *AEUV* und zB in der → *Grundrechte-Charta*. Obwohl es sich bei diesen Verträgen formal „nur" um völkerrechtliche Verträge zwischen den EU-Mitgliedstaaten handelt, werden sie aufgrund der Inhalte zusammen auch als „europäisches Verfassungsrecht" bezeichnet (→ *Primärrecht der EU*).

EWRA: Das Abkommen über den Europäischen Wirtschaftsraum wurde zwischen EU und Mitgliedstaaten der Europäischen Freihandelsassoziation (EFTA) geschlossen und dehnt den Europäischen Binnenmarkt auf Island, Lichtenstein und Norwegen aus. Zwischen der EU und der Schweiz bestehen gleichgerichtete bilaterale Abkommen.

Feststellungsbescheid: Ein Feststellungsbescheid ist ein Bescheid, durch den das Bestehen oder Nichtbestehen eines Rechtes oder Rechtsverhältnisses in rechtskraftfähiger Weise festgestellt wird. Er ist zwar nicht vollstreckbar iSd VVG, entfaltet aber Bindungswirkung (auch gegenüber anderen Behörden und Gerichten). Grundsätzlich ist die Erlassung solcher Bescheide nur zulässig, soweit dies gesetzlich vorgesehen ist. Nach der Rsp wird die Erlassung von Feststellungsbescheiden ohne gesetzliche Grundlage (von Amts wegen oder auf Antrag einer Partei) überdies für zulässig erachtet, wenn dies im öffentlichen Interesse gelegen ist oder ein notwendiges Mittel zweckentsprechender Rechtsverfolgung darstellt.

finale Determinierung: Bei der finalen Determinierung handelt es sich um eine gesetzliche Regelungstechnik, bei der – im Gegensatz zur vorherrschenden Gestaltung von rechtlichen Regelungen in Form von Wenn-dann-Verknüpfungen von Tatbestand und Rechtsfolge (Konditionalnormen) – „nur" die Ziel-Mittel-Relation festgelegt wird (Zwecknormen, Finalnormen, Programmnormen). Als Gegengewicht für die dadurch bedingte Unbestimmtheit des Verwaltungshandelns werden aber ua an die Ausgestaltung des Verfahrens, das zur Entscheidung führt, erhöhte Anforderungen gestellt (→ *Legitimation durch Verfahren*), um mit dem Bestimmtheitsgebot des Art 18 B-VG (→ *Legalitätsprinzip*) nicht in Widerspruch zu geraten. Solcherart final determinierte Regelungen finden sich insb im Raumplanungs- und Wirtschaftslenkungsrecht.

Fiskalgeltung der Grundrechte: Der Begriff findet in den allgemeinen Grundrechtslehren Verwendung und bezeichnet die Bindung des Staates (in einem weiteren Sinn: auch bestimmte eigenständige Rechtsträger können umfasst sein) an Grundrechte auch dann, wenn dieser nicht in den Rechtsformen der Hoheitsverwaltung, sondern in privatrechtsförmiger Weise tätig wird. Als „Fiskus" wird insofern der Staat in seiner Rolle als Träger von Privatrechten umschrieben. Anerkannt ist heute insb, dass sich aus dem Gleichheitssatz auch für den privatrechtlich handelnden Staat ein Gleichbehandlungsgebot ergibt und daraus uU Kontrahierungs- (zB Anschlusszwang) oder Leistungsansprüche erfließen können. Von besonderer praktischer Bedeutung ist die Fiskalgeltung der Grundrechte in der Förder- und Subventionsverwaltung sowie im Vergaberecht.

fortgesetztes Delikt: § 22 Abs 1 VStG normiert bei Zusammentreffen mehrerer Verwaltungsübertretungen (und zwar für beide Fälle der Deliktskonkurrenz: Real- und Idealkonkurrenzen), dass die dafür vorgesehenen Strafen nebeneinander zu verhängen sind (→ *Kumulationsprinzip*). Die Realkonkurrenz besteht in der Begehung mehrerer Verwaltungsübertretungen durch mehrere für sich selbstständige Einzelakte. Mit Hilfe der dogmatischen Figur des fortgesetzten Delikts werden die an sich real konkurrierenden Straftaten unter bestimmten Voraussetzungen zu einer einzigen („fortgesetzten") Straftat „zusammengefasst". Ein fortgesetztes Delikt liegt dann vor, wenn die Tatakte eine zeitliche, örtliche und sachliche Einheit bilden und von einem einheitlichen Gesamtvorsatz getragen sind (zB: ständige, in zeitlichem Zusammenhang stehende Übertretung des ÖffnungszeitenG; Fahren ohne Lenkberechtigung über einen längeren Zeitraum). In diesem Fall ist die vorgesehene Strafe nur einmal zu verhängen.

Freizügigkeit: Die Freizügigkeit der Arbeitnehmer (Art 45 ff AEUV, Art 28 ff EWRA) umfasst die Abschaffung jeder auf der Staatsangehörigkeit beruhenden unterschiedlichen Behandlung von → *EU-/EWR-Bürgern* in Bezug auf Beschäftigung, Entlohnung und sonstige Arbeitsbedingungen und gewährt diesen sog „Wanderarbeitnehmern" besondere Rechte wie zB Aufenthaltsrechte für sich und ihre Familienangehörigen, Zugang zu Bildungseinrichtungen für ihre Kinder oder Gewährung von sozialer Sicherheit.

Gesichtspunktetheorie: Unter der sog Gesichtspunktetheorie versteht man eine von der Lehre und der Rsp des VfGH entwickelte Interpretationsmethode für die Auslegung von verfassungsrechtlichen Kompetenznormen. Dabei wird von der Überlegung ausgegangen, dass Sachverhalte unter verschiedenen Gesichtspunkten gesetzlich geregelt werden können. Nach dem einen Gesichtspunkt kann dabei eine Zuständigkeit des Bundes, nach dem anderen eine Zuständigkeit der Länder gegeben sein.

Gliedstaatsverträge (Art 15a B-VG-Vereinbarungen): Dabei handelt es sich um Verträge, die zwischen Bund und (einzelnen oder allen) Ländern oder zwischen den (einzelnen oder allen) Ländern untereinander abgeschlossen werden. Gegenstand können sowohl Gesetzgebungs- als auch Vollziehungsangelegenheiten des eigenen (hoheitlichen) Wirkungsbereiches sein. Gliedstaatsverträge sind ein wesentliches Koordinationsinstrument im Bundesstaat. Damit kann in bestimmten Sachbereichen ein einheitliches Vorgehen der verschiedenen Gebietskörperschaften erreicht werden.

Grundrechte-Charta der EU (GRC): Die Grundrechte-Charta kodifiziert – orientiert über weite Strecken an den Garantien der EMRK – Grund- und Menschenrechte im Rahmen der EU. GRC, → *EUV* und → *AEUV* sind rechtlich gleichrangig (Art 6 Abs 1 EUV) und bilden zusammen die „Verfassung" der EU (→ *Primärrecht der EU*). Im Gefolge der Rsp des VfGH werden im Anwendungsbereich von Unionsrecht die Rechte der GRC innerstaatlich verfassungsgesetzlich gewährleisteten Rechten gleichgehalten; sie sind von Gesetzgebung und Vollziehung zu berücksichtigen, können vor dem VfGH geltend gemacht werden und bilden einen Prüfungsmaßstab der verfassungsgerichtlichen Kontrolle (VfSlg 19.632/2012).

Hauptwohnsitz: Der Hauptwohnsitz einer Person ist dort begründet, wo sie sich in der erweislichen oder aus den Umständen hervorgehenden Absicht niedergelassen hat, hier den Mittelpunkt ihrer Lebensbeziehungen zu schaffen (Art 6 Abs 3 B-VG). Diese Definition erlaubt nur *einen* Hauptwohnsitz. Hingegen wird der → *Wohnsitz* an einem beliebigen Anknüpfungspunkt von Lebensbeziehungen einer Person eingerichtet, sodass jede Person mehr als einen Wohnsitz haben kann. Insb im Grundverkehrs- und Raumordnungsrecht sind spezielle Wohnsitzformen wie „ständiger Wohnsitz", „Zweitwohnsitz" oder „Freizeitwohnsitz" von Bedeutung.

Immission: Unter Immissionen versteht man Einwirkungen durch Geruch, Lärm, Strahlen, Wärme, Stoffen (zB Staub), Erschütterungen usw, die an einem bestimmten Ort auftreten. Die Auswirkungen dieser Einflüsse auf Umweltmedien werden am Zielort gemessen (im Gegensatz dazu bezeichnet man Freisetzungen am Entstehungsort als → *Emissionen*).

Interessenabwägung: Die Vollziehung von Rechtsnormen erfordert oftmals eine Abwägung der betroffenen Interessen. Im Verwaltungsrecht sind Interessenabwägungen häufig und sowohl auf generell-abstrakter Ebene (bei Erlassung von Verordnungen) als auch auf individuell-konkreter Ebene (insb Erlassung von Bescheiden) zu beobachten. Im Einzelnen ist nach Maßgabe der jeweiligen gesetzlichen Grundlage zu bestimmen, ob eine

Interessenabwägung durchzuführen ist und welche maßgeblichen Interessen mit welchem Gewicht in die Abwägung einzustellen sind. Strukturell gliedern sich Abwägungsvorgänge iaR in drei Schritte: Ermittlung der abwägungsrelevanten (öffentlichen und/oder privaten) Interessen, Gewichtung der Interessen, Abwägung im engeren Sinn. Gesetzliche Interessenabwägungsklauseln finden sich in unterschiedlichen Ausprägungen etwa im Naturschutz-, Wasser-, Forst- oder Grundverkehrsrecht.

Invalidation: Sie tritt idR bei Normen unterschiedlicher Rangstufe auf (Verfassungsgesetz – Gesetz; Gesetz – Verordnung) und bezeichnet den Widerspruch zwischen Normen, der zu Rechtswidrigkeit (nicht aber zum Außerkrafttreten!) der rangniedrigeren Norm führt. Eine ausdrückliche Aufhebung oder Abänderung entweder durch den Normsetzer oder durch den VfGH ist notwendig. Bis zur Aufhebung oder Abänderung bleibt die invalidierte Norm in Geltung und ist verbindlich.

janusköpfiger Verwaltungsakt: Darunter werden typischerweise Verwaltungsakte verstanden, die sowohl die Wirkung einer generellen Regelung (einer Verordnung) als auch die Wirkung eines Individualaktes (insb eines Bescheides) haben (vgl zB die Erklärung zum Naturdenkmal). Auch wenn in der Lehre tw die Zulässigkeit derartiger Verwaltungsakte abgelehnt wird, lässt sich deren Existenz nicht leugnen. Probleme können sich insb aufgrund des unterschiedlichen Rechtsschutzsystems für individuelle und generelle Verwaltungsakte ergeben.

Kapitalverkehrsfreiheit: Gem Art 63 AEUV sind (bis auf bestimmte Ausnahmen) alle Beschränkungen des Kapitalverkehrs zwischen den Mitgliedstaaten sowie zwischen den Mitgliedstaaten und dritten Ländern verboten. Umfasst werden vom Kapitalverkehr alle einseitigen grenzüberschreitenden Übertragungen von Sach- oder Geldkapital. Das → *EWRA* (Art 40 ff) sieht ebenfalls die Kapitalverkehrsfreiheit vor, enthält aber einige Sonderregelungen (zB vorübergehende Aufrechterhaltung von Beschränkungen bei Investitionen in Immobilien). Beschränkungen sind nach der Jud des EuGH nur in engen Grenzen zulässig (zulässige Gründe sind zB der Schutz des Allgemeinwohles iZm der Bekämpfung des Terrorismus, des Drogenhandels, der Geldwäsche etc).

Kontrahierungszwang: Darunter versteht man eine Verpflichtung zum Abschluss von zivilrechtlichen Verträgen, die zu einer Beschränkung der Vertragsfreiheit führt. Als Ausdruck des allgemeinen Gedankens der Privatautonomie gilt im Schuldrecht grundsätzlich das Prinzip der Vertragsfreiheit, also auch der Freiheit, ob und mit wem ein Vertrag geschlossen wird. Eine Durchbrechung dieses Prinzips erfolgt ausnahmsweise in den Fällen des Kontrahierungszwanges. Dieser ist dort anzunehmen, wo die faktische Übermacht eines Beteiligten bei bloß formaler Parität diesem die Möglichkeit der „Fremdbestimmung" über andere gäbe und darum die Ausnützung dieser Monopolstellung gegen die guten Sitten verstieße. Beispiele: Elektrizitätsversorgung (→ *Regulierungsrecht*), Eisenbahnbeförderung, Flughafenbenützung, Müllentsorgung. Ein Kontrahierungszwang im Bereich der Leistungsverwaltung kann unter bestimmten Umständen auch auf den Grundsatz der Gleichbehandlung gestützt werden (→ *Fiskalgeltung der Grundrechte*).

konzentriertes Genehmigungsverfahren: In einem konzentrierten Genehmigungsverfahren sollen Fragen verschiedener, aber miteinander zusammenhängender Verwaltungsverfahren vor einer einzigen Behörde in einem Verfahren abgehandelt werden. Die zuständige Genehmigungsbehörde hat die materiellen Genehmigungsvorschriften des „verdrängten Rechtsbereichs" meistens mit anzuwenden. Das konzentrierte Verfahren mündet schlussendlich in der Erlassung *eines* Gesamtbescheids, mit dem gegebenenfalls alle erforderlichen Genehmigungen erteilt werden. Solche konzentrierten Genehmigungsverfahren können sich – bei entsprechender verfassungsrechtlicher Absicherung – über Bundes- und Landesrecht erstrecken (§ 38 AWG 2002; § 3 Abs 3 UVP-G 2000 → *Umweltverträglichkeitsprüfung*), anderenfalls bleiben sie auf bestimmte Bereiche des Bundes- oder Landesrechts beschränkt (vgl zB § 356b GewO, § 127 Abs 1 lit b WRG, § 50 Abs 2 ForstG). Im Unterschied zu einer solchen „echten" Verfahrenskonzentration handelt es sich bei § 39 Abs 2 AVG nur um eine „faktische" Verbindung mehrerer selbstständiger Verfahren („unechte" Verfahrenskonzentration).

Kumulationsprinzip: Auf einen bestimmten Sachverhalt können die Bestimmungen mehrerer Verwaltungsmaterien bzw verschiedener kompetenzrechtlicher Herkunft anzuwenden sein, wenn dieser Sachverhalt unter verschiedenen Aspekten durch mehrere Regelungen erfasst wird. In einem solchen Fall sind grundsätzlich mehrere Bewilligungen nebeneinander notwendig, jede Verwaltungsbehörde hat aber nur die in ihren Zuständigkeitsbereich fallenden Aufgaben wahrzunehmen (zB Bau einer Betriebsanlage im Wasserschongebiet: das baubehördliche Verfahren ist vor dem Bgm der Standortgemeinde, gewerbebehördliches und wasserrechtliches Verfahren dagegen sind von der zuständigen BVB zu führen). Ausnahmen können sich durch einfachgesetzliche Regelungen ergeben, die die Durchführung eines → *konzentrierten Genehmigungsverfahrens* vorsehen. So ordnet eine Reihe von gesetzlichen Bestimmungen an, dass in einem speziellen Genehmigungsverfahren die materiellen Genehmigungsbestimmungen anderer Rechtsbereiche mit anzuwenden sind (zB § 356b GewO,

§ 127 Abs 1 lit b WRG). Das *Verwaltungsstrafrecht* kennt ebenfalls ein Kumulationsprinzip: Begeht jemand durch mehrere selbstständige Taten mehrere Verwaltungsübertretungen oder fällt eine Tat unter mehrere einander nicht ausschließende Strafdrohungen, sind die Strafen grundsätzlich nebeneinander zu verhängen (§ 22 Abs 2 VStG).

Legalitätsprinzip: Art 18 B-VG ordnet an, dass die gesamte staatliche Verwaltung nur auf Grund der Gesetze ausgeübt werden darf. Der Staat darf durch seine Organe nur aufgrund von Gesetzen handeln, ein Eingriff durch Verwaltungsorgane ohne gesetzliche Grundlage ist unzulässig. Die Gesetzesbindung der Verwaltung verpflichtet auch den Gesetzgeber, das Verwaltungshandeln zu determinieren. Dabei muss er Inhalt, Verfahren und Organisation in allen wesentlichen Punkten festlegen. Damit wird das Handeln der Verwaltung nicht nur als solches gebunden, sondern auch vorhersehbar gemacht. Mangelnde Determinierung einer gesetzlichen Bestimmung ist aufgrund des Art 18 B-VG verfassungswidrig. „Lockerungen" des Legalitätsprinzips treten bei → *finaler Determinierung* bzw → *Ermessensbestimmungen* auf. Solche „Lockerungen" sind auch mit dem in der Jud des VfGH entwickelten „differenzierten Legalitätsprinzip" verbunden. Danach bestehen nach Sache und Regelungszusammenhang differenzierende Determinierungserfordernisse auf einfachgesetzlicher Ebene. So wird etwa an abgabenrechtliche und strafrechtliche Bestimmungen typischerweise ein strengerer Maßstab angelegt als an wirtschaftsrechtliche Bestimmungen.

Legitimation durch Verfahren: Darunter versteht man die erhöhten Anforderungen an die verfahrensrechtliche Ausgestaltung von → *final determinierten* Regelungen (Zielnormen, Zwecknormen). Die durch die bloße Zweck-Mittel-Relation eröffneten Spielräume der Verwaltung sollen durch verfahrensrechtliche Maßnahmen eingegrenzt werden. Die weniger starke Bindung im Vergleich zu den „Wenn-dann-Normen" (Konditionalnormen) wird auf diese Weise kompensiert und kann so vor dem verfassungsrechtlichen → *Legalitätsprinzip* bestehen.

Mandat: Im öffentlichen Recht versteht man unter einem Mandat, dass ein Organ ein anderes durch Willensakt zur Ausübung seiner Kompetenz ermächtigt („im Namen des ...", „für den ..."). Im Verwaltungsrecht spielt der Begriff va bei der Ermächtigung von → *Organwaltern* durch den Behördenleiter („innerbehördliches Mandat": zB „Für den Bezirkshauptmann: Dr. Huber") und der Ermächtigung von nachgeordneten → *Behörden* durch übergeordnete Behörden eine wichtige Rolle („zwischenbehördliches Mandat"). In diesen Fällen bleibt die Zuständigkeitsordnung unverändert. Dies unterscheidet ein Mandat von der Delegation. Bei einer

Delegation findet eine Übertragung der Zuständigkeit zur Wahrnehmung hoheitlicher Befugnisse auf eine nach- oder auch übergeordnete Behörde statt und setzt idR eine damit verbundene Steigerung der Verwaltungseffizienz (Zweckmäßigkeit, Raschheit, Einfachheit, Kostenersparnis) voraus. Ob es sich bei einer gesetzlichen Ermächtigung um ein Mandat oder eine Delegation handelt, muss im Wege der Interpretation ermittelt werden und bleibt zuweilen umstritten.

Mandatsbescheid: Mandatsbescheide sind Bescheide, die ohne vorausgegangenes Ermittlungsverfahren ergehen (abgekürztes Verfahren). Sie sind gem § 57 AVG einerseits bei Vorschreibung gesetzlich, statutarisch oder tarifmäßig bestimmter Geldforderungen, andererseits bei Gefahr im Verzug zur Anordnung unaufschiebbarer Maßnahmen zulässig.

mittelbare Bundesverwaltung: Die mittelbare → *Bundesverwaltung* ist dadurch gekennzeichnet, dass Angelegenheiten, deren Vollziehung Bundessache ist (Art 10 B-VG), nicht durch eigene Bundesorgane besorgt werden. Träger der als Grundsatz im B-VG verankerten mittelbaren Bundesverwaltung ist vielmehr der LH, der insoweit funktionell als → *Organ* des Bundes tätig wird. Dies bedeutet, dass sein Handeln im Rahmen der mittelbaren Bundesverwaltung nicht dem Land, sondern dem Bund zugerechnet wird, obwohl der LH organisatorisch als Landesbehörde eingerichtet ist. Soweit er als → *Organ* in Angelegenheiten der mittelbaren Bundesverwaltung handelt, verpflichtet und berechtigt er die Gebietskörperschaft Bund (Art 102 Abs 1 B-VG).

Niederlassungsfreiheit: Gem Art 49 ff AEUV (Art 31 ff EWRA) haben → *EU-/EWR-Bürger* sowie Gesellschaften, die nach den Rechtsvorschriften eines Mitgliedstaats/Vertragsstaats gegründet wurden und ihren satzungsmäßigen Sitz, ihre Hauptverwaltung oder ihre Hauptniederlassung innerhalb der EU/dem EWR-Raum haben, das Recht, in einem anderen Mitgliedstaat/Vertragsstaat unter denselben Bedingungen wie dortige Inländer eine selbstständige Erwerbstätigkeit aufzunehmen und auszuüben sowie Unternehmen zu gründen und zu leiten.

öffentliches Interesse: Darunter versteht man jenes Interesse, das die → *Behörden* aufgrund der Rechtsnormen für die Allgemeinheit wahrzunehmen haben. Das „öffentliche Interesse" ist ein klassisches Beispiel für einen → *unbestimmten Rechtsbegriff*. Zwecks Vermeidung einer Verfassungswidrigkeit aus Gründen des Art 18 B-VG (→ *Legalitätsprinzip*) präzisieren die VerwaltungsG zT ausdrücklich den Inhalt des jeweils zu berücksichtigenden öffentlichen Interesses (zB § 105 WRG), zT ist dieser durch Interpretation zu ermitteln (zB § 74 Abs 2 GewO).

ÖNORM: Eine ÖNORM ist eine allgemeine Empfehlung, die von Austrian Standards International (ASI), einem dazu ausschließlich befugten Verein, ausgearbeitet wird. ÖNORMen sind an sich rechtlich unverbindlich, können aber vom Bundes- bzw Landesgesetzgeber für verbindlich erklärt werden. Darüber hinaus können ÖNORMen durch Gebräuche im Geschäftsverkehr (§ 346 UGB), Verkehrssitte (§ 863 ABGB) oder dann rechtsverbindlich werden, wenn sie zur Interpretation → *unbestimmter Rechtsbegriffe* herangezogen werden.

Organ: Unter einem Organ ist ein „Zuständigkeitsbündel" zu verstehen. Organe haben keine Rechte, sondern Kompetenzen. Sind mit diesen Zuständigkeiten hoheitliche Befugnisse verbunden, handelt es sich um → *Behörden* (Beispiel: Der LH ist ein Verwaltungsorgan, das mit hoheitlichen Befugnissen ausgestattet ist, daher ist er auch Behörde. Die Wettbewerbskommission nach dem WettbG ist nur beratend tätig und hat keine hoheitlichen Befugnisse; sie ist Verwaltungsorgan, aber keine Behörde).

Organe der öffentlichen Aufsicht: Dieser Begriff erfasst über die → *Organe des öffentlichen Sicherheitsdienstes* hinaus jene Personen, die mit besonderen Aufsichtsfunktionen in den einzelnen Verwaltungsbereichen betraut sind (Straßenaufsichts-, Gewässeraufsichts-, Jagdschutz-, Fischereischutz-, Forstschutzorgane etc).

Organe des öffentlichen Sicherheitsdienstes: Organe des öffentlichen Sicherheitsdienstes sind die den Sicherheitsbehörden beigegebenen, zugeteilten oder unterstellten Hilfsorgane, denen gem § 5 SPG der Exekutivdienst in den Angelegenheiten der → *Sicherheitsverwaltung* obliegt (zB Angehörige des Wachkörpers Bundespolizei).

Organpartei: Räumen die Vorschriften des materiellen Verwaltungsrechts bestimmten Personen ausdrücklich Parteistellung ein, nennt man diese Legalparteien. Wird (durch ausdrückliche gesetzliche Anordnung) einer natürlichen oder juristischen Person, die in einem Verfahren nicht ihre materiellen subjektiven Rechte wahrnimmt, sondern zur Geltendmachung öffentlicher Interessen berufen ist, Parteistellung eingeräumt, spricht man von einer Formalpartei. Einrichtungen ohne Rechtspersönlichkeit (→ *Organe*), denen in einem Verfahren aufgrund ausdrücklicher gesetzlicher Anordnung zur Wahrung öffentlicher Interessen einzelne Verfahrensrechte zukommen, werden als Organ- bzw Amtspartei bezeichnet. Die Parteirechte der Organpartei sind keine subjektiven Rechte, sondern Kompetenzen eines Verwaltungsorgans, die diesem zur Wahrung des → *öffentlichen Interesses* übertragen werden. Dass es sich nicht um die Wahrnehmung von → *subjektiv-öffentlichen Rechten* handelt, zeigt sich insb darin, dass für die Anrufbarkeit der VwG und des VwGH durch eine Organpartei eine ausdrückliche gesetzliche Regelung erforderlich ist; die einfachgesetzliche Festlegung der Anrufbarkeit des VfGH ist verfassungsrechtlich unzulässig.

Organstrafverfügung: Die → *Behörde* kann besonders geschulte → *Organe der öffentlichen Aufsicht* ermächtigen, wegen bestimmter, von ihnen dienstlich wahrgenommener oder vor ihnen eingestandener Verwaltungsübertretungen mit Organstrafverfügung Geldstrafen einzuheben (§ 50 VStG; „Organmandat"). Die Organstrafverfügung ist ein Instrument zur Ahndung von Bagatelldelikten ohne vorangehendes Ermittlungsverfahren. Sie ist kein Bescheid, sondern ein Rechtsakt sui generis.

Organwalter: Organwalter sind physische Personen, die die Kompetenzen eines Organs (zB Bgm, LH, BPräs) ausüben. Die Organfunktionen des → *Organs* sbg LH übt derzeit der Organwalter Dr. *Wilfried Haslauer* aus.

ortspolizeiliche Verordnung: In den Angelegenheiten des eigenen → *Wirkungsbereichs der Gemeinde* kann die Gemeinde gesetzesergänzende Verordnungen zur Abwehr unmittelbar zu erwartender oder zur Beseitigung bestehender, das örtliche Gemeinschaftsleben störender Missstände erlassen sowie deren Nichtbefolgung als Verwaltungsübertretung erklären. Solche Verordnungen dürfen nicht gegen bestehende Gesetze und Verordnungen des Bundes und des Landes verstoßen (Art 118 Abs 6 B-VG).

Personenverkehrsfreiheiten: Das EU-Recht regelt die Freiheit des Personenverkehrs unter zwei Aspekten: Gewährleistet wird einerseits die → *Freizügigkeit* der Arbeitnehmer, andererseits die → *Niederlassungsfreiheit* für selbstständig Erwerbstätige bzw Unternehmen.

Positivplanung: Die Positivplanung verpflichtet, ein Grundstück nach der festgelegten Nutzungsart (zB Bauland) tatsächlich zu nutzen. Das Unterlassen der Nutzung kann mit Verwaltungsstrafe bedroht sein. Es können aber auch andere Maßnahmen, bspw die Nichtigerklärung der zugrunde liegenden Rechtsgeschäfte und die Rückabwicklung bzw Zwangsversteigerung oder auch privatrechtliche Nutzungsverpflichtungen, die iZm einer Umwidmung (→ *Widmung*) auferlegt werden, vorgesehen sein.

Präklusion: Als Präklusion bezeichnet man den Verlust der Parteistellung infolge des nicht rechtzeitigen Erhebens von → *Einwendungen*. Voraussetzung der Präklusion ist grundsätzlich eine qualifizierte (doppelte) Kundmachung iSd §§ 41, 42 AVG. Ist diese Voraussetzung nicht erfüllt, präkludieren nur jene Beteiligten, die rechtzeitig die Verständigung von der Anberaumung der mündlichen Verhandlung erhalten haben. Da der Verlust der Parteistellung infolge der Präklusion auch die Möglichkeit eines Wiedereinsetzungsantrages gem § 71 AVG abschneidet, wurde in § 42 Abs 3 AVG eine von der Parteistellung unabhängige → *Quasi-Wiedereinsetzung* geschaffen. Zu beachten ist, dass materienspezifische Sonderregelungen erlassen werden können (zB § 356 Abs 1 GewO).

Primärrecht der EU: Dieser Begriff bezeichnet die grundlegenden (Vertrags-) Regelungen über die Funktionsweise der EU (insb → *EUV*, → *AEUV*, → *Grundrechte-Charta*). Als sog „Verfassungsrecht" der EU regelt und bedingt es die Erzeugung von abgeleitetem EU-Recht (→ *Sekundärrecht der EU*). Soweit es → *unmittelbar anwendbar* ist, kommt ihm → *Vorrang* gegenüber nationalem Recht zu.

Privatwirtschaftsverwaltung: Handelt der Staat in den Rechtsformen des Privatrechts (insb Vertrag) und tritt er dem Bürger als formell gleichrangiges Rechtssubjekt gegenüber, spricht man von Privatwirtschaftsverwaltung („nichthoheitliche Verwaltung"). Demgegenüber handelt der Staat in der Hoheitsverwaltung mit einseitigen Anordnungsbefugnissen („Imperium"; zB Bescheid, Verordnung).

Quasi-Wiedereinsetzung: Die → *Präklusion* nach § 42 AVG bewirkt den Verlust der Parteistellung und somit auch den Verlust der Möglichkeit einer Wiedereinsetzung gem § 71 AVG. Zur Vermeidung unbilliger Härtefälle wird mit § 42 Abs 3 AVG eine, vom Parteistatus unabhängige Quasi-Wiedereinsetzungsmöglichkeit eröffnet, die in ihren Voraussetzungen der „normalen" Wiedereinsetzung nachgebildet ist.

Querschnittsmaterie: Von Querschnittsmaterie (oder: „komplexer Materie") spricht man, wenn ein größerer Aufgabenbereich (zB Raumordnung, Umweltschutz) verschiedenen Kompetenztatbeständen zuzuordnen ist und in der Folge nicht von einem einzigen Gesetzgeber (Bund oder Land), sondern vom Bundes- und vom Landesgesetzgeber unter jeweils verschiedenen Gesichtspunkten gesetzlich zu regeln ist.

Rechtskraft: Bei Bescheiden wird zwischen formeller Rechtskraft (Unanfechtbarkeit) und materieller Rechtskraft (Unwiderrufbarkeit und Unabänderlichkeit, Unwiederholbarkeit, Verbindlichkeit) als typische Bescheidwirkungen unterschieden. Prinzipiell fallen formelle und materielle Rechtskraft zusammen. Die Reform des öffentlich-rechtlichen Rechtsschutzes und die damit einhergehende Bekämpfbarkeit von Bescheiden mittels Beschwerde beim VwG hat iZm dem Begriff der Rechtskraft zahlreiche Fragen aufgeworfen. So ist etwa strittig, wann ein Bescheid formell rechtskräftig wird (wenn er mit ordentlichen Rechtsmitteln iSd AVG nicht mehr angefochten werden kann oder erst wenn er nicht mehr mit Beschwerde beim VwG bekämpfbar ist). In der Literatur wird daher zwischen formeller Rechtskraft ieS (Unanfechtbarkeit mit verwaltungsinternen ordentlichen Rechtsmitteln) und iwS (Unanfechtbarkeit mit Beschwerde beim VwG) unterschieden. Ist in Materiengesetzen von „rechtskräftigen Bescheiden" die Rede, soll die Bedeutung dieses Begriffs nach hA in systematisch-teleologischer Auslegung zu ermitteln sein. Klarheit über die Bedeutung besteht in jenen Fällen, in denen der Gesetzgeber den Begriff der Rechtskraft ausdrücklich definiert hat (zB § 6b Oö Landesverwaltungsgerichts-Vorbereitungsgesetz, LGBl 10/2013).

Richtlinie (EU): Gem Art 288 Abs 3 AEUV ist eine RL für jeden Mitgliedstaat, an den sie gerichtet ist, hinsichtlich des zu erreichenden Ziels verbindlich, überlässt jedoch den innerstaatlichen Stellen die Wahl der Form und der Mittel der Umsetzung in das innerstaatliche Recht. Die Mitgliedstaaten haben RL innerhalb einer jeweils bestimmten Frist umzusetzen. Kommen sie dieser Pflicht nicht rechtzeitig bzw nicht ordnungsgemäß nach, hat die RL nach Ablauf der Umsetzungsfrist unter bestimmten Voraussetzungen unmittelbare Wirkung. In der Folge kann sich der Einzelne gegenüber staatlichen Behörden und Gerichten unmittelbar auf die RL berufen (→ *unmittelbare Anwendbarkeit von EU-Recht*).

Rücksichtnahmeprinzip (-pflicht): → *Berücksichtigungsprinzip*.

sachlich in Betracht kommende Oberbehörde: So wird jene Behörde bezeichnet, die durch Ausübung des Weisungs- oder Aufsichtsrechts den Inhalt von Entscheidungen der Unterbehörde bestimmen kann. ZB ist in der → *mittelbaren Bundesverwaltung* idR der LH sachlich in Betracht kommende Oberbehörde, ihm gegenüber wiederum der zuständige BM. Im eigenen → *Wirkungsbereich der Gemeinde* wird davon ausgegangen, dass (auch) der Berufungsbehörde die Stellung als sachlich in Betracht kommende Oberbehörde zukommt. (Der Gemeinderat ist als sachlich in Betracht kommende Oberbehörde gegenüber dem Bgm weisungsbefugt.)

Sekundärrecht der EU: Dabei handelt es sich um Rechtsakte, die aufgrund des → *Primärrechts der EU* erlassen wurden. Dies sind va die → *Verordnung*, die → *Richtlinie* sowie der Beschluss (Art 288 AEUV).

Selbstverwaltung: Die Besorgung öffentlicher Aufgaben durch eigene Rechtsträger außerhalb der staatlichen Verwaltung durch Bund und Länder (zB Gemeinden, Kammern) bezeichnet man als Selbstverwaltung. Wesentliches Merkmal für einen Selbstverwaltungskörper ist, dass ihm Aufgaben zur weisungsfreien Besorgung übertragen werden („eigener Wirkungsbereich"). In diesen Angelegenheiten üben Behörden der staatlichen Verwaltung lediglich die Aufsicht aus. Darüber hinaus werden Selbstverwaltungskörper regelmäßig auch mit der Vollziehung von Bundes- oder LandesG im „übertragenen Wirkungsbereich" betraut; in diesem Fall werden ihre Organe funktionell als Bundes- oder Landesorgane tätig und sind an die Weisungen der Organe des Bundes oder des Landes gebunden. Die allgemeinen Bestimmungen über Grundzüge der „sonstigen Selbstverwaltung" finden sich in Art 120a ff B-VG. Die Gemeindeselbstverwaltung wird gesondert in Art 115 ff B-VG geregelt (→ *Wirkungsbereiche der Gemeinde*).

Sicherheitspolizei: Zur Sicherheitspolizei gehört die Abwehr von Gefahren, die nicht typischerweise in Bezug auf eine bestimmte Verwaltungsrechtsangelegenheit auftreten (vgl → *Verwaltungspolizei*). Dabei handelt es sich regelmäßig um Maßnahmen, die in erster Linie der Abwehr von allgemeinen Gefahren für Leben, Gesundheit, Sicherheit, öffentliche Ruhe und Ordnung dienen.

Sicherheitsverwaltung: Als Sicherheitsverwaltung gilt eine – legaldefinierte – Summe von Rechtsmaterien (§ 2 Abs 2 SPG), die von den Sicherheitsbehörden zu besorgen sind. Sie besteht aus der → *Sicherheitspolizei*, dem Pass- und dem Meldewesen, der → *Fremdenpolizei*, der Überwachung des Eintritts in das Bundesgebiet und des Austritts aus ihm, dem Waffen-, Munitions-, Schieß- und Sprengmittelwesen sowie aus dem Pressewesen und den → *Vereins-* und → *Versammlungsangelegenheiten*.

Staatszielbestimmung: Staatszielbestimmungen (auch: „Verfassungsaufträge") sind Verfassungsbestimmungen, die Bekenntnisse (zB zur „umfassenden Landesverteidigung" oder zum „umfassenden Umweltschutz") des Staates enthalten. Aus Staatszielbestimmungen können nach allgemeiner Auffassung keine (verfassungsgesetzlich gewährleisteten) subjektiven Rechte abgeleitet werden, ihnen kommt aber bei einer verfassungskonformen Auslegung oder auch als Impuls für Rechtsetzungsaktivitäten des einfachen Gesetzgebers oder unter systematischen Interpretationsgesichtspunkten eine nicht unerhebliche Bedeutung zu.

Stand der Technik: Der in den MaterienG häufige Hinweis auf den Stand der Technik ist eine dynamische Verweisung auf außerrechtliche Tatsachen. Änderungsoffene Anforderungen an einen gewissen Entwicklungsstand, die nicht unmittelbar vom Materiengesetzgeber ausgehen, sollen die in Frage stehende Regelung flexibilisieren. Einzelne MaterienG enthalten ei-

gene Definitionen des Standes der Technik, so insb § 71a GewO („der auf den einschlägigen wissenschaftlichen Erkenntnissen beruhende Entwicklungsstand fortschrittlicher Verfahren, Einrichtungen, Bau- oder Betriebsweisen, deren Funktionstüchtigkeit erprobt und erwiesen ist. Bei der Bestimmung des Standes der Technik sind insb jene vergleichbaren Verfahren, Einrichtungen, Bau- oder Betriebsweisen heranzuziehen, welche am wirksamsten zur Erreichung eines allgemein hohen Schutzniveaus für die Umwelt insgesamt sind; weiters sind unter Beachtung der sich aus einer bestimmten Maßnahme ergebenden Kosten und ihres Nutzens und des Grundsatzes der Vorsorge und der Vorbeugung im Allgemeinen wie auch im Einzelfall die Kriterien der Anlage 6 [zur GewO] zu berücksichtigen.")
→ *Gewerberecht*.

subjektiv-öffentliches Recht: Subjektiv-öffentliche Rechte begründen jene Bestimmungen des materiellen Verwaltungsrechts, die nicht (nur) dem öffentlichen Interesse, sondern auch den Interessen der Beteiligten (zB Nachbarn) dienen. Da der Schutzzweck der Norm häufig schwierige Interpretationsfragen aufwirft, enthalten die VerwaltungsG zur einfacheren Handhabung bisweilen Aufzählungen der maßgeblichen subjektiv-öffentlichen Rechte (zB § 134a wr BauO). Materiengesetzlich eingeräumte subjektiv-öffentliche Rechte vermitteln – in Gestalt eines „Rechtsanspruches" bzw eines „rechtlichen Interesses" – Parteistellung im Verwaltungsverfahren (§ 8 AVG) und können auf diese Weise prozessual durchgesetzt werden. Selbst wenn Verwaltungsvorschriften eine (demonstrative oder taxative) Aufzählung der Verfahrensparteien iSd § 8 AVG enthalten (sog Legalparteien, zB § 19 Abs 4 ForstG; s auch → *Organpartei*), reicht jedoch die Parteistellung nicht weiter als die konkret festgelegten subjektiv-öffentlichen Rechte, zu deren Durchsetzung sie dient („beschränktes Mitspracherecht").

sukzessive Zuständigkeit: Nach dem verfassungsgesetzlichen Gebot der Trennung von Justiz und Verwaltung (Art 94 Abs 1 B-VG) waren Instanzenzüge von einer Verwaltungsbehörde an ein (ordentliches) Gericht oder umgekehrt ausgeschlossen. Gesetzliche Konstruktionen, wonach der Bescheid mit Anrufung des Gerichts von Gesetzes wegen außer Kraft trat und dem Gericht dadurch eine „Neuentscheidung" der Sache ermöglicht wurde, sah der VfGH hingegen als verfassungskonform an (sog sukzessive Zuständigkeiten, wie sie etwa im Enteignungsrecht hinsichtlich der Entschädigungshöhe oder im Sozialversicherungsrecht anzutreffen sind). Seit der B-VGNov BGBl I 51/2012 ermächtigt Art 94 Abs 2 B-VG den einfachen Gesetzgeber dazu, anstatt einer Beschwerde an das VwG einen (regulären) Instanzenzug von der Verwaltungsbehörde an die ordentlichen Gerichte vorzusehen, womit die Rechtssache von der Zuständigkeit der

VwG ausgeschlossen ist (Art 130 Abs 5 B-VG). Die bisherige verfassungsrechtliche Problematik der sukzessiven Zuständigkeit ist damit entschärft.

Tatbestandswirkung eines Bescheides: Neben der Vollstreckbarkeit von Leistungsbescheiden und der Bindungswirkung von → *Feststellungsbescheiden* als unmittelbare Rechtsfolge eines rechtskräftigen Bescheides (→ *Rechtskraft*) kann dessen Existenz auch mittelbar Rechtsfolgen auslösen. Wenn eine andere Rechtsvorschrift als jene, auf die sich der Bescheid stützt, an dessen Vorliegen (als Tatbestand) Rechtsfolgen knüpft, die über den unmittelbaren Inhalt des Bescheids (des Spruches) hinausgehen, spricht man von Tatbestandswirkung. So bildet zB die rechtskräftige Bestrafung wegen bestimmter Verwaltungsübertretungen einen Tatbestand, der die Erlassung eines Aufenthaltsverbotes rechtfertigt. Eine derartige Konstruktion begegnet mangels Vorhersehbarkeit solcher über den Spruch hinausreichender Rechtsfolgen zuweilen allerdings rechtsstaatlichen Bedenken.

Tribunal: Art 6 EMRK ordnet an, dass für Entscheidungen in „civil rights", worunter auch österr Verwaltungsangelegenheiten fallen können, und „criminal charges", worunter ua auch das österr Verwaltungsstrafrecht fällt, eine Entscheidung durch ein Tribunal garantiert sein muss. Dieser Tribunalbegriff der EMRK muss nicht notwendig mit dem Gerichtsbegriff des B-VG übereinstimmen. Nach Maßgabe der va in der Rsp des EGMR entwickelten Kriterien muss es sich um ein Organ handeln, das auf Gesetz beruht, das unabhängig und unparteilich ist und in den genannten Bereichen in vollem Umfang, dh in Sach- und Rechtsfragen, zur Entscheidung befugt ist (volle Kognitionsbefugnis). Die Unabhängigkeit muss zudem glaubwürdig, dh auch dem äußeren Anschein nach gewährleistet sein. Die Einordnung des betreffenden → *Organs* nach den organisationsrechtlichen Bestimmungen des jeweiligen Staates ist dabei nicht entscheidend, sodass grundsätzlich auch Verwaltungsbehörden (wie die früheren UVS) über Tribunalqualität verfügen können. Die VwG (des Bundes und der Länder) sind vor dem Hintergrund der maßgeblichen Kriterien als Tribunale nach Art 6 EMRK anzusehen.

übertragener Wirkungsbereich: → *Selbstverwaltung*; → *Wirkungsbereiche der Gemeinde*.

unbestimmte Rechtsbegriffe: Das sind Rechtsbegriffe, denen sprachlich kein eindeutig feststehender Inhalt zukommt (zB → *öffentliches Interesse*, Dunkelheit, öffentliche Ordnung, Verlässlichkeit). Dem vollziehenden Organ wird auf diese Weise ein gewisser Beurteilungsspielraum eingeräumt, der verfassungsrechtlich (va im Lichte von Art 18 Abs 1 B-VG,

→ *Legalitätsprinzip*) zulässig ist, solange der Inhalt der Norm selbst bestimmbar bleibt und der Einzelne seine konkrete Rechtsposition erkennen kann. Die Auslegung unbestimmter Rechtsbegriffe unterliegt der uneingeschränkten Kontrolle durch die VwG. Demgegenüber ist es einem VwG grundsätzlich verwehrt, ein gesetzlich eingeräumtes → *Ermessen* anders zu üben als die Verwaltungsbehörde, sofern diese das Ermessen iSd Gesetzes ausgeübt hat (Art 130 Abs 3 B-VG, § 28 Abs 4 VwGVG). In der Lehre wird die strikte Unterscheidung zwischen unbestimmtem Rechtsbegriff und Ermessen aufgrund der bestehenden strukturellen Ähnlichkeiten vielfach in Zweifel gezogen.

Ungehorsamsdelikt: Wenn ein Tatbild ein menschliches Verhalten ohne Rücksicht auf einen bestimmten Erfolg umschreibt, so spricht man von einem Ungehorsamsdelikt (oder Formaldelikt bzw schlichtem Tätigkeitsdelikt: zB das vorschriftswidrige Parken eines Kfz gem § 24 Abs 3 lit b StVO). Im Gegensatz dazu ist bei einem → *Erfolgsdelikt* der durch das (verbotene) Verhalten herbeigeführte Erfolg ein Teil des Straftatbestandes (zB § 14 Abs 2 ForstG – Verbot der Baumfällung, wenn dadurch nachbarlicher Wald einer offenbaren Windgefährdung ausgesetzt wird).

unionsrechtskonforme Interpretation: Das Gebot unionsrechtskonformer Interpretation bedeutet, dass das innerstaatliche Recht so auszulegen ist, dass es den unionsrechtlichen Vorgaben entspricht. Nach der Rechtsprechung des EuGH muss das anzuwendende nationale Recht „soweit wie möglich" in Übereinstimmung mit den Anforderungen des Unionsrechts ausgelegt werden (EuGH 05.10.1994, C-165/91, *van Munster*, Rz 34 mwH). Besondere Bedeutung hat dieses Auslegungsregel iZm → *Richtlinien* erlangt. Nicht nur staatliches Recht, das zu Umsetzung einer Richtlinie erlassen wurde, sondern jede staatliche Rechtsvorschrift, die in den Anwendungsbereich der Richtlinie fällt, ist richtlinienkonform zu interpretieren (EuGH 05.10.2005, C-397/01 ua, *Pfeiffer* ua, Rz 115).

unmittelbare Anwendbarkeit von EU-Recht: → *Primärrecht* und → *Sekundärrecht der EU* verpflichten nicht nur die Union und die Mitgliedstaaten, sondern begründen auch Rechte für die Einzelnen, die vor den europäischen Gerichten, insb aber auch vor den nationalen → *Behörden* und Gerichten geltend gemacht werden können, ohne dass es hierfür notwendiger Weise einer Übernahme der betreffenden EU-Rechtsvorschrift in die nationale Rechtsordnung bedürfte. Nach der Rsp des EuGH ist eine Vorschrift des → *Primärrechts* dann unmittelbar anwendbar, wenn sie hinreichend genau und unbedingt ist und keine zusätzlichen (Vollzugs-)Maßnahmen erforderlich sind. Auf Ebene des → *Sekundärrechts* sind insb → *Verordnungen* von den Behörden und Gerichten der Mitgliedstaaten unmittelbar anwendbar. Demgegenüber sind → *Richtlinien* an die Mitgliedstaaten adressiert; sie bedürfen einer Umsetzung in nationales Recht. Sind die Mitgliedstaaten ihrer Umsetzungspflicht jedoch nicht fristgerecht oder nicht ordnungsgemäß nachgekommen, wird auch eine unmittelbare Anwendbarkeit von Richtlinienbestimmungen bejaht, sofern diese so genau formuliert sind, dass daraus unmittelbar Rechte abgeleitet werden können („Direktwirkung").

unmittelbare Bundesverwaltung: → *Bundesverwaltung.*

Unterlassungsdelikt: (Echte) Unterlassungsdelikte sind Delikte, bei denen das Gesetz die Nichtvornahme eines gebotenen Tuns mit Strafe bedroht. Ihr Tatbestand erschöpft sich in der Nichtvornahme eines gebotenen Tuns (zB das Unterlassen der Anzeige der Bestellung eines gewerberechtlichen Geschäftsführers, das Unterlassen der Anzeige der Verlegung des Betriebsstandortes usw). Die Strafbarkeit unechter Unterlassungsdelikte (Herbeiführen eines Erfolges durch Unterlassen) ist im Verwaltungsstrafrecht nicht ausdrücklich normiert (s demgegenüber § 2 StGB). Die Bestrafung wegen Unterlassung ist nur zulässig, wenn entweder dem gesetzlichen Tatbestand oder anderen Bestimmungen entnehmbar ist, dass die Nichtvornahme bestimmter Handlungen strafbar sein soll.

Urkunde: Urkunden sind schriftliche Vergegenständlichungen von Gedanken (Schriftstücke, Zeichnungen, Pläne). Sie werden im AVG ausdrücklich als Beweismittel genannt (§ 47 AVG). Eine öffentliche Urkunde wird von einer Behörde im Rahmen ihrer Amtsbefugnisse oder von einer mit öffentlichem Glauben ausgestatteten Person innerhalb des ihr zugewiesenen Geschäftskreises in der vorgeschriebenen Form errichtet und begründet vollen Beweis dessen, was darin verfügt, erklärt oder bezeugt wird. Öffentliche Urkunden haben somit die Vermutung ihrer inhaltlichen Richtigkeit für sich. Privaturkunden begründen, sofern sie von den Ausstellern unterschrieben sind oder gerichtlich oder notariell beglaubigt sind, vollen Beweis dafür, dass die darin enthaltenen Erklärungen von den Ausstellern stammen, dass die Urkunde also echt ist.

Urkunde mit Bescheidcharakter: IdR stellt die schriftliche Ausfertigung eines Bescheides in den Formen des AVG die Beurkundung der Erlassung eines Bescheides als Norm dar. In einigen MaterienG sind demgegenüber besondere Formen der Beurkundung der Bescheiderlassung vorgesehen (zB Führerschein zur Beurkundung der erteilten Lenkberechtigung gem § 13 FSG). In diesen Fällen spricht der VwGH von Urkunden mit Bescheidcharakter; anders als Urkunden im Allgemeinen bilden sie (bzw der ihnen zugrunde liegende Bescheid) einen tauglichen Beschwerdegegenstand. Freilich fehlt in solchen Fällen idR die Prozessvoraussetzung der Beschwer, weil den Anträgen der Antragsteller mit Ausstellung der Urkunde entsprochen wird und nur bei einer Verweigerung mit Bescheid abzusprechen ist, der dann bekämpft werden kann.

Verfall: Der Verfall bedeutet den Verlust des Eigentums zugunsten des Staates. Im Verwaltungsstrafrecht stellt er einerseits eine Strafe für deliktisches Verhalten dar (§ 10 iVm §§ 17, 18 VStG). Als Strafe ist der Verfall nur zulässig, wenn die Voraussetzungen des § 17 VStG gegeben sind, also insb wenn Eigentümer und Täter ident sind. Im gerichtlichen Strafrecht hat das Gericht Vermögenswerte, die für die Begehung einer strafbaren Handlung oder durch die strafbare Handlung erlangt wurden, für verfallen zu erklären. Bei Vermögenswerten handelt es sich um alle wirtschaftlichen Vorteile. Zweck des Verfalls ist es, einen Vermögenszuwachs, der durch die Begehung einer strafbaren Handlung erlangt wurde, zu beseitigen. Können die Vermögenswerte, welche vom Gericht für verfallen zu erklären sind, nicht sichergestellt oder beschlagnahmt werden, besteht die Möglichkeit eines Wertersatzverfalls. In diesem Fall erklärt das Gericht einen Geldbetrag für verfallen, der dem Wert der betroffenen Vermögenswerte entspricht. Das Gericht hat auch Vermögenswerte, über die eine kriminelle Organisation oder eine terroristische Vereinigung verfügt oder die als Mittel der Terrorismusfinanzierung bereitgestellt oder gesammelt wurden, für verfallen zu erklären (erweiterter Verfall). Außerdem ist der Verfall ein Sicherungsmittel, soweit er gegen Personen, die nicht als Täter zu verfolgen sind, in Betracht kommt (§ 37 VStG).

Verjährung: Das öffentliche Recht kennt allgemein keine Verjährung. Sie ist daher in den einzelnen Materien gesondert zu bestimmen. Die Verjährung im Verwaltungsstrafrecht ist zB in § 31 VStG geregelt. Danach wird an den Ablauf einer bestimmten Frist der Ausschluss der Verfolgbarkeit (Verfolgungsverjährung), die Unzulässigkeit der Bestrafung (Strafbarkeitsverjährung) oder die Unzulässigkeit der Vollstreckung (Vollstreckungsverjährung) geknüpft. Der Eintritt der Verjährung ist von Amts wegen zu beachten. Die Nichtbeachtung einer eingetretenen Verjährung verletzt den Betroffenen im Recht auf ein Verfahren vor dem gesetzlichen Richter.

Verordnung (EU): Gem Art 288 AEUV hat eine VO allgemeine Geltung; sie ist in allen ihren Teilen verbindlich und gilt unmittelbar in jedem Mitgliedstaat. Eine VO bedarf keiner mitgliedstaatlichen Umsetzung. Die Behörden und Gerichte der Mitgliedstaaten haben die VO unmittelbar anzuwenden (→ *unmittelbare Anwendbarkeit*). Mitgliedstaatliches Recht, das mit der VO in Widerspruch steht, ist aufgrund der Vorrangwirkung (→ *Vorrang des EU-Rechts*) unanwendbar.

Versteinerungsprinzip (-theorie): Das Versteinerungsprinzip ist eine Methode der Verfassungsinterpretation, die insb bei der Kompetenzinterpretation angewandt wird. Danach sind verfassungsrechtliche Begriffe im Zweifelsfall so zu verstehen, wie sie nach Stand und Systematik der Rechtsordnung zum Zeitpunkt ihres Inkrafttretens verstanden wurden. Dieses Verständnis wird unter Rückgriff auf die unterverfassungsgesetzliche Rechtsordnung dieses Zeitpunkts ermittelt. (Als Versteinerungszeitpunkt wird von der hL und Judikatur der Zeitpunkt des Inkrafttretens, also bei vielen Kompetenzbestimmungen zB der 01. Oktober 1925 angenommen, dagegen wird aber auch argumentiert, dass der Zeitpunkt der Beschlussfassung relevant ist, weil sich in dieser der Wille des Bundesverfassungsgesetzgebers manifestiert, das wäre dann bei vielen Kompetenzbestimmungen nicht 1925 sondern 1920). „Versteinert" wird jeweils das abstrakte Begriffsbild des Kompetenztatbestandes, dh es kommt auf den typischen Inhalt der unterverfassungsgesetzlichen Regelungen an. Neue Regelungen sind zulässig, sofern sie sich systematisch der jeweiligen Materie zuordnen lassen (Grundsatz der intrasystematischen Fortentwicklung).

Verwaltungsakzessorietät: Der Grundsatz der Verwaltungsakzessorietät ist vor allem für das gerichtliche Umweltstrafrecht und Wirtschaftsstrafrecht kennzeichnend. Er bedeutet, dass die gerichtliche Strafbarkeit von zB umweltschädlichem Verhalten eine Verletzung von verwaltungsrechtlichen Verpflichtungen voraussetzt. Die Strafbestimmungen des gerichtlichen Umweltstrafrechts beziehen sich regelmäßig nur auf solche Tathandlungen, die entgegen einer bestehenden verwaltungsrechtlichen Rechtsvorschrift oder einem behördlichen Auftrag gesetzt werden. Demnach kann niemand dafür bestraft werden, dass er zum Schutz der Umwelt nicht mehr tut, als das Verwaltungsrecht von ihm verlangt.

Verwaltungspolizei: Zur Verwaltungspolizei zählen all jene Angelegenheiten, die dem Schutz eines bestimmten Verwaltungsrechtsgutes bzw der Abwehr von Gefahren von diesem dienen (zB Baupolizei, Gewerbepolizei, Veranstaltungspolizei; vgl demgegenüber → *Sicherheitspolizei*). Nach der Rsp des VfGH umfasst die Verwaltungspolizei die Abwehr „besonderer" Gefahren, wobei der Gerichtshof darunter Gefahren versteht, die sich einer konkreten Verwaltungsmaterie zuordnen lassen (VfSlg 3201/1957; 12.081/1989).

Vorfrage: Eine Vorfrage ist eine Rechtsfrage, deren Beantwortung eine für den Ausgang des Verfahrens unabdingbare Voraussetzung bildet, die aber nicht in den Zuständigkeitsbereich der das Verwaltungsverfahren durchführenden → *Behörde* fällt, sondern von einer anderen Verwaltungsbehörde oder einem Gericht oder aber derselben Verwaltungsbehörde in einem anderen Verfahren als Hauptfrage zu entscheiden ist. Für die verfahrensrechtliche Behandlung von Vorfragen legt § 38 AVG fest, dass die Behörde entweder die Vorfrage selbst beurteilen und diese Beurteilung ihrem Bescheid zu Grunde legen kann. In diesem Fall bildet eine abweichende Entscheidung der Vorfrage durch die zuständige Verwaltungsbehörde bzw das zuständige Gericht gem § 69 Abs 1 Z 3 AVG einen Wiederaufnahmegrund. Die Behörde kann ihr Verfahren aber auch bis zur rechtskräftigen Entscheidung der Vorfrage aussetzen, sofern die Vorfrage bereits Gegenstand eines anhängigen Verfahrens bei der zuständigen Verwaltungsbehörde bzw beim zuständigen Gericht ist oder ein solches Verfahren gleichzeitig anhängig gemacht wird.

Vorrang des EU-Rechts: Soweit der Inhalt innerstaatlicher Rechtsvorschriften dem Inhalt von → *unmittelbar anwendbarem EU-Recht* (→ *Primärrecht* wie → *Sekundärrecht der EU*) widerspricht, haben die innerstaatlichen Behörden und Gerichte nach der Rsp des EuGH das innerstaatliche Recht unangewendet zu lassen („Anwendungsvorrang"). Dabei spielt der innerstaatliche Rang der nicht anzuwendenden Regelung grundsätzlich keine Rolle. So gilt der Anwendungsvorrang etwa auch im Verhältnis einer EU-VO zu innerstaatlichem Verfassungsrecht. Gegenüber Drittstaatsangehörigen (oder nach Wegfall der vorrangigen Bestimmung des EU-Rechts) bleibt (wird) die innerstaatliche Regelung (wieder) voll wirksam.

Vorstellung: Es sind im Wesentlichen zwei Arten der Vorstellung zu unterscheiden: Einerseits die Vorstellung nach § 57 Abs 2 AVG als ordentliches (remonstratives) Rechtsmittel gegen einen → *Mandatsbescheid*, das sich an die → *Behörde* richtet, die den Bescheid erlassen hat, andererseits das Rechtsmittel der Vorstellung gem § 54 VwGVG gegen Erkenntnisse und Beschlüsse des Rechtspflegers beim zuständigen Mitglied des VwG.
Vereinzelt ist eine Vorstellung auch als devolutives Rechtsmittel vorgesehen, vgl zB §§ 42 ff StudFG.

Warenverkehrsfreiheit: Die Art 28 ff AEUV (Art 8 ff EWRA) verbieten grundsätzlich alle mengenmäßigen Ein- und Ausfuhrbeschränkungen und alle Maßnahmen gleicher Wirkung zwischen den Mitgliedstaaten. Die EU-Mitgliedstaaten bilden darüber hinaus eine Zollunion (keine Binnenzölle, gemeinsame Außenzölle).

Wertersatzstrafe: Diese Zusatz(geld)strafe wird verhängt, wenn das bestrafte Verhalten einen nicht wiedergutzumachenden Schaden verursacht hat (zB Zerstörung eines Denkmals) oder die Wiedergutmachung trotz Aufforderung nicht vorgenommen wird. Die Verhängung einer Wertersatzstrafe muss im MaterienG ausdrücklich vorgesehen sein.

Widmung: Widmung ist die rechtsverbindliche Festlegung einer Nutzungsart für eine bestimmte Sache (zB Liegenschaft). Damit ist nicht unbedingt verbunden, dass die festgelegte Nutzung tatsächlich erfolgen muss, es darf aber keine andere Nutzung erfolgen. Beispiele: die Widmung einer Privatstraße für den öffentlichen Verkehr; die Widmung eines Grundstücks im FWP als Bauland bzw Grünland.

Wirkungsbereiche der Gemeinde: Der eWb der Gemeinde als Selbstverwaltungskörper ist bundesverfassungsgesetzlich festgelegt und umfasst neben der → *Privatwirtschaftsverwaltung*, der Haushaltsführung und der Abgabenausschreibung (Art 116 Abs 2 B-VG) alle Angelegenheiten, die im ausschließlichen oder überwiegenden Interesse der in der Gemeinde verkörperten örtlichen Gemeinschaft gelegen und geeignet sind, durch die Gemeinschaft innerhalb ihrer örtlichen Grenzen besorgt zu werden (Art 118 Abs 2 und 3 B-VG). Der einfache Gesetzgeber hat bei Regelung einer Materie derartige Angelegenheiten (anders als in der sonstigen → *Selbstverwaltung*) ausdrücklich als solche des eWb zu bezeichnen. Der üWb der Gemeinde umfasst jene Angelegenheiten, die die Gemeinde nach Maßgabe der Bundes- und LandesG als Verwaltungssprengel zu besorgen hat (Art 119 Abs 1 B-VG). Der zur Besorgung des üWb zuständige Bgm wird daher in diesem Fall funktionell als Bundes- oder Landesbehörde tätig; anders als bei der Besorgung von Aufgaben im eWb untersteht er dabei der Weisungsgewalt der übergeordneten Bundes- oder Landesbehörde.

Wohnsitz: Ein Wohnsitz eines Menschen ist an einer Unterkunft begründet, an der er sich in der erweislichen oder aus den Umständen hervorgehenden Absicht niedergelassen hat, dort bis auf Weiteres einen Anknüpfungspunkt von Lebensbeziehungen zu haben (§ 1 Abs 6 MeldeG). Es steht jedermann frei, mehr als nur einen Wohnsitz zu begründen. Allerdings kann eine Person nur einen → *Hauptwohnsitz* haben. Insb im Grundverkehrs- und Raumordnungsrecht sind spezielle Wohnsitzformen wie „ständiger Wohnsitz", „Zweitwohnsitz" oder „Freizeitwohnsitz" von Bedeutung.

Sachverzeichnis

A

Aarhus-Beteiligungsgesetz 2018 344
Aarhus-Konvention 251, 344
Abbruchauftrag 410, 591
Abfallablagerung 396
Abfallbehandlungsanlagen 569
Abschiebung 190
Abschleppen 427
Abwasserbeseitigung 339, 594
Abwassereinleitung 359
Adhäsionsprinzip 673
Adoption 231
AEUV 673
AGB-Kontrolle 455, 478
aggressives Verhalten 87
Alkoholbeeinträchtigung
– ärztliche Untersuchung 426
Alkoholkontrolle 424
Alpenkonvention 391
Alternativauftrag 381
Altstadterhaltung 594
Amtsbeschwerde 242, 352, 373
Amtshaftung 312, 323, 673
Amtsrevision 91
Anforderungen, bautechnische 593
Angebot, Vergaberecht 517
Anhaltung 81
Anklageprinzip
– Blutabnahme 419
– Lenkerauskunft 420
– materielles 420
Anlage 405, 576, 674
Anliegerleistungen 576
Anmeldebescheinigung 200
Anmeldungsgewerbe 285
Annexkompetenz 570, 635
Anonymisierung 12
Anpassungsauftrag 353

Anschlusspflicht, allgemeine 474
Anschlusszwang 339
Anwendbarkeit, unmittelbare 696
Anwendungsvorrang 700
Anzeigepflicht
– Baurecht 578
– Gewerberecht 294
– Grundverkehrsrecht 622
– Naturschutzrecht 636
Anzeigeverfahren
– Wasserrecht 377
Äquivalenzprüfung 291
Art 15a B-VG-Vereinbarung 608, 628, 674
Assoziierungsübereinkommen, EWG-Türkei 177
Asylaberkennung 214
Asylantrag 215
Asylausschluss 214
Asylbehörden 222
Asylberechtigter 210
Asylgesetz 2005 210
Asylrecht 172
Asylverfahren
– Einstellung 217
– Gegenstandslosigkeit 217
– Zulassung 216
Asylwerber
– Begriff 179
Atemluftkontrolle 425
– nachträgliche 425
– Verweigerung 426
Attraktionszuständigkeit 411
Aufenthalt, rechtmäßiger 175, 183, 193
Aufenthaltsbeendigung 189
Aufenthaltsberechtigung 183
– Nachweis 184
Aufenthaltskarte 200
Aufenthaltsrecht

- EWR-Bürger 205
- fremdenpolizeiliche Überprüfung 185
- für Vertriebene 200
- türkischer Arbeitnehmer 177
- Unionsbürgerschaft 175
Aufenthaltsrichtlinien 176, 612
Aufenthaltstitel 198
- Erteilung 203
- Erteilungsvoraussetzungen 200
- quotenpflichtige 202
- Verlust 203
Aufenthaltsverbot 232
- lokales 75
Auffangplanung 545
Aufforstungspflicht
- allgemeine 395
- besondere 396
Aufgaben
- Sicherheitspolizei 55
Auflage 310, 319, 401, 405, 589, *674*
Auflageverfahren, Raumordnung 552
aufschiebende Wirkung *674*
- Ausschluss
  - im Asylrecht 223
  - im Fremdenrecht 190
Aufschließungsbeiträge 576
aufsichtsbehördliche Genehmigung 552
Aufträge
- baupolizeiliche 591
- forstpolizeiliche 397, 403, 410
- gemischte 507
- gewerbepolizeiliche 315, 324
- wasserpolizeiliche 381
Auftraggeber
- Einrichtungen öffentlichen Rechts 505
- öffentliche 505
- Sektoren 506
- sonstige 506
Auftragsverarbeiter, Datenschutz 10
Aufzüge 594
Augenblicksverband 138
Auktion, elektronische 514
Ausgestaltungsvorbehalt 124, 157
Ausgleichsfonds 479
Auskunftspflicht
- KFG 434
Auskunftsrecht, Datenschutz 33
Auskunftsverlangen 74
- fremdenpolizeiliches 185
Ausländer der zweiten Generation 191

Ausländerbegriff im Grundverkehrsrecht 625
Ausländerbeschäftigung 173, 212
Ausländergrundstücksverkehr 606, 608, 625
- Beschränkungen, verwaltungsbehördliche 626
- Genehmigungsbedingungen 626
- Genehmigungspflichten 626
- Regelungsgegenstand 625
Ausschreibung, Vergaberecht 515
Austrian Power Grid AG 476
Ausweisung 412

B

Bau, Begriff 576
Bauansuchen 580
Bauaufsicht 589 f
Bauauftrag 506
Bauausführung 589
Baubewilligung 401
- fiktive 581
Baubewilligungsbescheid 557, 589
Baubewilligungsverfahren 580
Bauernstand, leistungsfähiger 619
Baufluchtlinien 556
Baufreistellung 578
Bauführer 590
Baugestaltung 593
Baugrenzlinien 557
Baugrundstücksverkehr 607 f, 620
- Ausländer 621
- Begriff 620
- Beschränkungen, verwaltungsbehördliche 621
  - Ausnahmen 623
- Erklärungspflicht 622
- Rechtserwerbsbedingungen 623
- Strafbestimmungen 623
- Versagungsgründe 623
Baulandbefristung 554
Baulandhortung, spekulative 607
Baulandmobilisierung 554, 556, 559
Baulandüberhang, Rücknahme 559
Baumschutz 638
Bauplatz 573
- Begriff 573
- Eignung 574
- Erlöschensgründe 574
Bauplatzbewilligung 573

Bauplatzerklärung 574
– Erteilung 574
Bauplatzerklärungsbescheid 557
Baupolizei 591
Bauprodukte 572
Baurecht 565
– Behördenzuständigkeit 594
– Gemeindezuständigkeit 570
– Gruppen von Normen 568
– kompetenzrechtliche Einordnung 569
– öffentliches 568
– privates 568
– Regelungsgegenstand und -ziele 568
– Verfahren 596
Bausperre 575
– Raumordnung 548, 552, 555, 564
Bauten, illegale 592
Bauverfahren
– Parteistellung 572
Bauverhandlung 581 f
Bauvorhaben
– anzeigepflichtige 578
– bewilligungspflichtige 578
– freie 580
– Kategorien 577
– mitteilungspflichtige 579
Bauwerk 576
Bebauungsplan 556
– Verfahrensablauf 557
Bedarfskompetenz 249
Bedarfsprüfung 277, 280, 292
Bedingung 300, 401, 405, *675*
Befähigungsnachweis 284, 289, 299, 301
Befehls- und Zwangsgewalt 60, 90, 410, 426, 428, 430 f, 433, 591, *675*
Befristung *675*
Befugnisse
– fremdenpolizeiliche 184
– sicherheitspolizeiliche 73
Behandlung, unmenschliche oder erniedrigende 59, 174
Behandlungsanlagen, ortsfeste 378
Behörde *676*
Behördenbefugnisse, fremdenpolizeiliche 188
Beihilfeverbot, Ausnahmen vom 422
Beleihung 429 f, 438, 457, 644, *676*
Benützungsbewilligung 590
Beratung, kriminalpolizeiliche 69
Bergwacheorgane 644
Berichtigungsrecht, Datenschutz 36

Berücksichtigungsprinzip 388, 634, *676*
– Raumordnung 539
Berufsfreiheit 277, 280
Beschaffungssystem, dynamisches 513
Bescheid, vertragsersetzender 470, 483
Bescheiddatum, Wirkung 242
Beschlagnahme 412
Besetzungen, Auflösung von 77
Besorgnisjudikatur 428
beste verfügbare Techniken 309 f
Beteiligte
– Forstrecht 399
Betretungsrecht
– fremdenpolizeiliches 185
– von Wohnungen 78
Betriebsanlage, gewerbliche
– amtswegige Revision 323
– Änderung 321
– Auflage 310, 319 f
– Auflassung 325
– Bagatellanlage 304, 314
– Emission 308, 312, 320
– Erlöschen der Genehmigung 323
– Genehmigungsbescheid 319
– Genehmigungspflicht 303, 318
– Genehmigungsverfahren 405
– Immission 307, 312, 320
– interne Revision 322
– IPPC-Anlage 304, 310
– Nachbar 309, 320
– nicht genehmigungspflichtige 306
– Normalanlage 303
– Parteistellung 313 ff
– Sanierungskonzept 320
– Seveso-Anlage 305
– Unterbrechung 323
– Versuchsbetrieb 318
– Weiterbetrieb 319
– Zwangs- und Sicherheitsmaßnahmen 324
Betriebsanlagengenehmigung
– IPPC-Anlage 313
– Normalverfahren 313
– vereinfachtes Verfahren 314
Betriebsstätte 297
betroffene Person, Datenschutz 8
Beurkundung 241
Bewachung
– von Menschen 81
– von Sachen 81
Beweismittelsicherstellung

- asylrechtliche 219
- fremdenpolizeiliche 185
Bewilligungsfiktion 378
Bewilligungsverfahren
- vereinfachte 580
- Wasserrecht 375
Bezirksgrundverkehrskommission 629
Bilanzgruppenmodell 476
Bildverarbeitung 41
Binnengrenzen 64
Binnenmarkt-Informationssystem (IMI) 291
Biosphärenpark 642
Blankettstrafnorm 439
Blutabnahme 420, 426
- an einem Bewusstlosen 420
Bodenfonds 560
Bringung, forstliche 408
- zu Lande 408
- zu Wasser 409
Bringungsanlagen 409
Buchmacher 656, 667
B-UHG 343, 356, 374
Bundesamt für Wald und Forschungszentrum 412
Bundesbürgerschaft 229
Bundeskriminalamt 61
Bundesmuseen 653
Bundesstraßen 254
Bundesstraßen und Hochleistungsstrecken 249, 264
Bundestheater 652
Bundesverwaltung 677
- mittelbare 411, *677*, *688*
- unmittelbare 123, 156, *677*
Bürgerbeteiligung 249
- Raumordnung 551
Bürgerbeteiligungsverfahren *677*
Bürgerinitiative 258, 262 f
Buschenschanken 657
BVT 309 f
BVwG-Beschwerde, asylrechtliche 220

C

Campingplätze 657, 667
civil rights 278, 341, 456, 541, 610, 630

D

Dachverband 110, 373
Daseinsvorsorge 466

Data Breach Notification 26
Dateisystem
- Begriff 12
- Datenschutz 12
Daten
- Begriff 11
- Datenschutz 11
- personenbezogene 11
- sensible 11
Datenermittlung 74
Datenschutz 11 f, 58, 83, 91, 194, 222, 278, 280, 328, 421
- Arbeitsverhältnis 22
- ausdrückliche Einwilligung 22
- Auskunftserteilung 34
- Frist 35
- Auskunftsrecht 17, 33
- Beschränkungen 36
- Begriffsbestimmungen 8
- Berichtigungsrecht 36
- Betroffenenrechte 31
- Bildverarbeitung 41
- Data Breach Notification 26
- Datengeheimnis 27
- Datenschutzbeauftragter 30
- Datenschutzbehörde 45
- Datenschutzgesetz 1978 4
- Datenschutzrat 45
- Datensicherheitsmaßnahmen 26
- Datenübertragbarkeit 38
- Datenverarbeitungsregister 28
- Einschränkung der Verarbeitung 38
- europarechtliche Bezüge 6
- Geheimhaltungsrecht 15
- Geldbuße 44
- Gesundheitsbereich 23
- Grundrecht 6, 14
- Identitätsnachweis 33
- Informationspflicht 32
- Kompetenz 5
- Literatur 2
- Löschungsrecht 36
- Mitwirkungspflicht 35
- personenbezogene Daten 15
- Rechtmäßigkeitsprüfung 18
- Rechtsgrundlagen 1
- Rechtsprechung 3
- Rechtsschutz 45
- Regelungsgegenstand und -ziele 4
- Richtigstellungsrecht 17
- Schadenersatz 47

- schutzwürdiges Geheimhaltungsinteresse 16
- Selbstbestimmung, informationelle 4
- Strafbestimmungen 43
- unmittelbare Drittwirkung 17
- verfassungsrechtliche Bezüge 5
- Verwaltungsstrafen 45
Datenschutzbehörde 45
Datenschutz-Folgenabschätzung 29
Datenschutzrat 45
Datenschutzrecht 1
Datenübermittlung
- ins Ausland 25
Datenübertragbarkeit 38
Datenverarbeitung 13
Datenverwendung
- asylrechtliche 221
- aufenthaltsrechtliche 208
- fremdenpolizeiliche 194
- straßenpolizeiliche 421
Daueraufenthaltsbescheinigung 200
Daueraufenthaltskarte 200
Dauerdelikt 677
Delegierungsverordnung 570
Demolierung 592
Demonstrationen 653
Derogation 678
Determinierung, finale 542, 682
Devolutionsantrag 678
Dialog, wettbewerblicher 513
Dienstleistungen von allgemeinem wirtschaftlichem Interesse 459
Dienstleistungsauftrag 507
Dienstleistungsfreiheit 279, 288, 290, 612, 679
dingliche Wirkung 319, 323, 325 f, 401, 406, 574, 589, 639, 679
Direktvergabe 514
Diskriminierungsverbot 228, 230, 279, 291, 606, 679
Doppelbestrafungsverbot 60, 88, 420
doppelte Kundmachung 583
Drainagierung 362
Drittausländer 179
Drittstaatsangehörige 179
Drittstaatssicherheit 212
Duldung 187
Durchbeförderungsabkommen 187
Durchsuchung 78
Durchsuchungsauftrag, fremdenpolizeilicher 188

E

E-Control 485, 487, 490
- Regulierungskommission 473, 485
- Vorstand 488
Eigentumsbeschränkungen 610
- Raumordnung 541, 556
Eigentumsschutz 57, 278, 340, 388, 420, 571, 610, 619, 635
- Raumordnung 540, 560 f
Einbietrechte 620
Einbietungsrechte 626
Einforstungsberechtigter 374
Einkaufszentren 539
Einreisetitel 182
Einreiseverbot 190
Einreiseverhinderung 186, 219
Einrichtung öffentlichen Rechts 505
Einschränkung der Verarbeitung 38
einstweilige Verfügung 380, 524
Einweisung 473
Einwendung 374, 680
- Erhebung von 583, 587
- objektiv öffentlich-rechtliche 315, 317, 552, 587
- privatrechtliche 317, 587
- subjektiv öffentlich-rechtliche 315, 317, 587
Einwilligung 19
- Datenschutz 13
Einwirkungsbewilligung 358
Eisenbahninfrastrukturunternehmen 480
Eisenbahnverkehrsunternehmen 480
Eislaufplätze 654, 657
EKIS 84
Elektrizitätsrecht 472
Emission 308, 310, 312, 320, 322, 360, 405, 681
Energieausweis 573
Energiewirtschaft 472
Enteignung 370, 541, 571
Entflechtung 464
- Energiewirtschaft 474
- Schienenverkehr 480
Entgelte, Überprüfung 478
Entgeltregulierung
- Schienenverkehr 483
- Telekommunikation 469
Entschädigung 379, 413, 540, 562
Entwässerungsanlage 362

Entwicklungskonzept, räumliches bzw örtliches 550
– Wirkungen 550
Entwicklungsplanung 545
Erdwärme, Gewinnung 358
Erfolgsdelikt *681*
Erfüllungsverantwortung 453
Ergänzungsflächen, Enteignung von 571
Erholungswald 407
Erholungswert der Natur 633
Erkennungsdienst 75, 84, 194, 208, 221
Erklärungspflichten 622
Ermessen *681*
Ermittlungsdienst 75, 84
Erwerb zu Spekulationszwecken 620
Erwerbsfreiheit 276, 420, 658
Erzeugungsanlagen, gemeinschaftliche 473
Espoo-Konvention 251
essential facilities-Doktrin 458
EU-/EWR-Bürger *681*
EuGH Rs Gruber 379
EuGH Rs Protect 344
EuGH Rs Wasserreinhaltungsverband Nördliches Burgenland 343
Europäischer Berufsausweis (EBA) 291
Europäischer Datenschutzausschuss 46
Europaschutzgebiete 640
Europol 63
EU-Vertrag *681*
Evidenzstelle 241
EWR
– Abkommen *682*
EWR-Bürger
– Begriff 179
– Grunderwerb 611

F

Fachplanung 387, 538, 544, 548
– wasserwirtschaftliche 365
Fahndung 69
Fahrverbot, sektorales 422
fakultative Aufsichtsorgane 113
Familienangehörige 176, 190, 202, 206, 212, 216
Familienverfahren 212
Fauna-Flora-Habitat-RL 636
Fernmeldebehörden 487
Fertigstellungsanzeige 590
Festnahme 66, 80, 412

– asylrechtliche 219
– fremdenpolizeiliche 185, 187 f
Feststellungsbescheid 238, 394, 413, *682*
Feststellungsverfahren 524
Fiaker 656, 667
Filialgeschäftsführer 296, 298
finale Determinierung 542, *682*
Finalnorm 542
– Raumordnung 547
Findelkinder 231
Fischereiberechtigter 371, 374
Fiskalgeltung *683*
Flächenschutz 639
Flächenwidmungsplan 551
– Einzelbewilligung 555
– Verfahrensschritte 551
– Widmungsart 553
– Widmungskategorie 553
– Wirkungen 555
Flächenwidmungsplanänderung
– Kostentragung 561
Flüchtling
– Begriff 179, 211
– Refoulementverbot 188
Flusseinzugsgebiet 366
Flussgebietseinheit 366
Folterverbot 59, 188, 192, 212 f, 215, 220 f
Förderung, forstliche 410
Förderungswesen 558
Forstaufsicht 409
– behördliche 409
– private 409
Forstaufsichtsorgane 412
Forstorgane 409
Forstpolizei 409
Forstrecht 383
– Ausführungsgesetze 388
– Behördenzuständigkeit 411
– Grundrechtsschutz 388
– Grundsätze 391
– Klimaschutz 390
– kompetenzrechtliche Einordnung 387
– Naturschutz 390
– Parteistellung 399
– Regelungsgegenstand und -ziele 386
– Verfahren 413
Forstschutz 404
– Forstschädlinge 405
– Luftverunreinigungen 405 f
– Waldbrand 404

Forstschutzorgane 412
Forststrategie der EU 390
Forsttagsatzungskommission 412
Fortbetriebsrecht, gewerberechtliches 296
fortgesetztes Delikt 683
Freiheit, persönliche 57, 174, 186, 219, 389
Freiheitsstrafen, primäre 628
Freizeitwohnsitz 555, 561, 607, 611, 613 f, 623
Freizeitwohnsitzabgabe 624
Freizeitwohnsitzverzeichnis 623
Freizügigkeit 176, 279, 612, 683
Fremdenpolizei 180
Fremdenpolizeigesetz 2005 180
Fremdenrecht 161, 228, 238
– Asylantrag 215
– Asylbehörden 222
– Asylberechtigter 210
– AsylG 2005 210
– asylrechtliche Rückkehrentscheidung 218
– Asylverfahren 210
– Aufenthaltsbeendigung 189
– Aufenthaltsberechtigung 183
– Aufenthaltsrecht EWR-Bürger 205
– Aufenthaltstitel 198
– Begriffsbestimmungen 178
– Behörden und Verfahren 195, 208
– BWwG-Beschwerde 220
– Datenverwendung 194, 208, 221
– europarechtliche Bezüge 175
– Fremdenpolizei 184
– Fremdenpolizeigesetz 2005 180
– Grundrecht 174
– Grundversorgung 222
– Integrationsförderung 206
– Kompetenz 173
– Literaturauswahl 164
– Niederlassungs- und AufenthaltsG 197
– Rechtsgrundlagen 161
– Rechtsprechung 166
– Refoulementverbot 188
– Regelungsgegenstand und -ziele 172
– Reisedokument 181
– Schubhaft 192
– Sichtvermerke 182
– Strafbestimmungen 195
– subsidiär Schutzberechtigter 214

– verfassungsrechtliche Bezüge 173
– völkerrechtliche Bezüge 178
– Zwangsbefugnisse Asyl 219
Fremder, Begriff 178
Frequenzen, Versteigerung 468
Führerschein 432
– Abnahme 421
Führerscheingesetz
– Behördenzuständigkeit 437
– Verfahren 439
Fundwesen 61, 80

G

Garagen 594
Gasrecht 472
– Marktgebiete 476
GATS 460
Gebiete, schutzwürdige 362
Gebietsschutz 277, 279, 292
Gefahr im Verzug 430
Gefährderansprache 78
Gefahren
– allgemeine 56, 68
– besondere 70
Gefahrenabwehr 133
Gefahrenerforschung 68
Gefahrenpolizei 94
Gefahrenzonenplan 395
Gefahrenzonenplanung 363
gefährlicher Angriff 68, 73
Geheimhaltungsrecht, Datenschutz 15
Geldanlage 613, 616
Geldbuße 44
Geldwäschemeldestelle 300, 328
Gemeinde, eigener Wirkungsbereich der 436
– Selbstverwaltung 548
Gemeindeverband 241
Gemeindewachkörper 436
Gemeingebrauch
– Wasserrecht 348
– forstrechtlicher
  – Ausschluss 407
Genehmigung, aufsichtsbehördliche 552
Genehmigungskonzentration 378
Genehmigungsverfahren
– konzentriertes 248, 308, 314, 405, 411, 413, 596, 686
– vereinfachtes 314
Generaldirektion für öffentliche Sicherheit 61

Sachverzeichnis

Gepflogenheiten, internationale 181
Gerichtspolizei 57, 85
Geschäftsführer, gewerberechtlicher 287, 290, 295, 329
Gesichtspunkte 419
Gesichtspunktetheorie 340, 569, 634, *683*
Gewährleistungspflichten, grundrechtliche 135
Gewährleistungsverantwortung 453
Gewässer
- Abwehr und Pflege 362
- Arten 345
- Begriff 345
- Benutzung 348
- Eigentum 346
- Gemeingebrauch
  - großer 348
  - kleiner 349
- Instandhaltung 364
- Nachhaltigkeitsgebot 355
- Nutzung
  - bewilligungsfreie 349
  - bewilligungspflichtige 349
- öffentliche 345
- private 346
- Reinhaltung 354
- Schutz 354 f
- Verschlechterungsverbot 355
- Verunreinigung 355 f
- Wärmenutzung 358
Gewässeraufsicht 374, 380
Gewässerbeschau 380
Gewässerbewirtschaftung, nachhaltige 354, 366
Gewässerbewirtschaftungspläne, nationale 366 f
Gewässergütewirtschaft 338
Gewässerschutz 280, 303
Gewässerzustand, Überwachung 368
Gewerbe
- allgemeine Ausübungsvoraussetzungen 287
- Anmeldungsgewerbe 285
- bescheidbedürftiges 286
- besondere Ausübungsvoraussetzungen 288
- einfache Tätigkeiten 285, 293
- fachübergreifende Leistungen 293
- freies 285
- Nebenrechte 293
- reglementiertes 284

- Teilgewerbe 284, 293
- verbundenes 284, 293
Gewerbeberechtigung 292, 294
- subjektiv-öffentliches Recht 294
Gewerbeinformationssystem Austria (GISA) 278, 285, 328
Gewerbelizenz 294
- subjektiv-öffentliches Recht 294
Gewerberecht 267, 654
- Antritts- und Ausübungsvoraussetzungen 287
- Anzeigeverfahren 294
- Auflagen 310
- Ausnahmen Geltungsbereich 283
- Ausübung v Gewerbe 294
- Befähigungsnachweis 284, 289, 299, 301
- Befähigungsprüfung 289
- Behörden und Verfahren 327
- Betriebsanlage 301
- Betriebsanlagengenehmigungsverfahren 313
- europarechtliche Bezüge 279
- Fortbetriebsrecht 296
- freies Gewerbe 284
- Geldwäsche 297, 299, 328
- Geltungsbereich 281
- genehmigte Betriebsanlagen 319
- Geschäftsführer 295
- Gewerbearten 284
- Gewerbeberechtigung 292, 294
- Gewerbeinhaber 294
- Gewerbelizenz 294
- Gewerbepolizei 323
- Gewerbetreibende 294
- Gewerbsmäßigkeit 281
- Grundrechtsschutz 276
- Kompetenz 276
- Literatur 269
- Märkte 326
- Meisterprüfung 289
- Meisterprüfungsstelle 289
- Nachbarn 309
- nationaler Qualifikationsrahmen 289
- Privat- und Familienleben 277
- Prüfbescheinigung 299
- Rechtsgrundlagen 267
- Rechtsprechung 271
- Rechtsschutz 330
- Regelungsgegenstand und -ziele 275
- reglementiertes Gewerbe 284

710

– Schutzgüter 307
– Staatszielbestimmungen 278
– Stand der Technik 309
– Standesregeln 297, 299
– Terrorismusbekämpfung 297
– Terrorismusfinanzierung 299, 328
– Übereinstimmungserklärung 299
– verfassungsrechtliche Bezüge 276
– Verlust der Gewerbeberechtigung 300
Gewerberegister 285, 328
gewerbliche Tätigkeit 281
Gewerbsmäßigkeit 281
Gleichbehandlung 230
Gleichbehandlungsgebot 509
Gleichheitssatz 229, 541
– bei Fremden 174
Gliedstaatsvertrag 608, 628, *684*
Glücksspielmonopol 655
Golfplätze 657
Großveranstaltungen 667
Großverfahren 317
Grundeigentum 352
Grundrecht auf Datenschutz 6, 14
Grundrechte-Charta der EU 277, 280, *684*
Grundsteuer, Raumordnung 555
Grundstücke, land- und forstwirtschaftliche 617
Grundstückerwerb
– EU-Bürger 616
Grundstücksänderung 575
Grundverkehr
– grauer 620
– grüner 617
– land- und forstwirtschaftlicher 606 f, 617
Grundverkehrskommission 629
Grundverkehrsrecht 599, 606
– Behördenzuständigkeit 629
– Genehmigungsmodell 615
– Genehmigungspflicht, Ausnahmen von der 618
– Genehmigungsvorbehalt 615
– Unerlässlichkeit 615
– unionsrechtswidrig 615
– Kollisionsregeln 617
– kompetenzrechtliche Einordnung 607
– Kompetenzverteilung 607
– Literatur 602
– Rechtsgrundlagen 599
– Rechtsprechung 603

– Rechtsschutz 630
– Regelungsbereich 616
– Regelungsgegenstand und -ziele 606
– Regelungsspielraum der Länder 614
– Verfahren 630
Grundversorgung 222
– asylrechtliche 222
Grundwasser 340, 343, 350, 355, 361, 370
– Benutzung 350
Grundwasserentnahme
– Entschädigung 350

H

Handwerk 284, 289, 293
Handymast 577
Harmonisierung nationaler Rechtsvorschriften 422
Hauptverein 110
Hauptwohnsitz 229, 237, 240 f, 611, *684*
Hausbrieffachanlagen 479
– Austausch 455
Hausbriefkästen 479
Hausrecht
– Kraftfahrzeug 421
Helsinki-Übereinkommen 344
Heurige 657
Hilfeleistung, erste allgemeine 69
Hochleistungsstrecken 254
Hochwasserrisikomanagement 363, 367
Hochwasserrisikomanagementpläne 363
Hochwasser-RL 342, 367
Hoheitsverwaltung
– Ausgliederung 458
Höhlenschutz 641
Holzgewinnung 408
Horten von Grundstücken 616

I

Identitätsfeststellung 74, 412
– fremdenpolizeiliche 185
IE-Anlagen 343, 353
IMI 291
Immission 307, 310, 312, 320, 405, *684*
Inanspruchnahme von Sachen 80
Indirekteinleitungen 360
Individualantrag 562
Industriebetrieb 286, 300 f
Industrieemissions-RL 304, 310, 312, 343, 353
Informationsrecht bei Versammlungen 153

711

Infrastrukturmärkte, netzgebundene 453
Infrastrukturwettbewerb 462
Inhouse-Auftrag 507
Inländerdiskriminierung 229
Instandhaltungspflicht, wasserrechtliche 365
Instandsetzungsauftrag 591
Integrationsförderung 206
Interesse, öffentliches 279, 288, 303, 308, 326, 347, 400, *688*
Interessenabwägung 20
Interpol 65
Interpretation 537
– der Vereinsstatuten 111
Invalidation *685*
inzidente Normenkontrolle 562
IPPC-Anlage 278, 280, 304, 310, 312, 317, 321 ff, 326
ISO – Independent System Operator 474
ITO – Independent Transmission Operator 474
ITO+ 475
ius sanguinis 230 f
ius soli 230

J

janusköpfiger Verwaltungsakt 639, *685*

K

Kapitalverkehrsfreiheit 611, 619, *685*
– Andwendungsbereich 612
– Freizeitwohnsitz, Erwerb eines 614
– ständiger Wohnsitz, Erwerb eines 612
Kernbereich der civil rights 630
Kfz, Verkehrs- und Betriebssicherheit von 418
Kfz-Zulassung 428
– befristete 429
– unter Auflagen 429
Kiesgewinnung 358
Kinowesen 666
Kollaudierungsverfahren 590
– Wasserrecht 380
Kollegialbehörde mit richterlichem Einschlag 456 f
KommAustria 453
Kompetenzdeckungsklausel 454
Konsumentenschutz 299, 462
Kontrahierungszwang 297, *685*
Kontrolle, parlamentarische 62

Konventionsreisepass 212
Konzentrationswirkung des Genehmigungsbescheids 262
konzentriertes Genehmigungsverfahren 248, 308, 314, 405, 411, 413, 595, *686*
Konzessionssystem 134
Konzessionsvertrag 521
Kooperation, öffentlich-öffentliche 508
Koordination, Raumordnung 558
Kraftfahrbeirat 438
Kraftfahrgesetz
– Behördenzuständigkeit 437
Kraftfahrrecht 415
Kraftfahrwesen 419
Kraftfahrzeug
– Alkoholbeeinträchtigung 424
– Begriff 424
– Begutachtungsplakette 430
– Entfernung eines 428
– Hinderung an der Inbetriebnahme eines 426
– Inbetriebnahme 424
– Lenken 424
– rechtswidriges Abschleppen eines 428
– Suchtgiftbeeinträchtigung 424
– Typenschein 429
Kraftfahrzeuggesetz
– Verfahren 439
Kriminalpolizei 55, 57, 85
Kumulationsprinzip 308, 314, 569, 589, 634, 664, *686*
Kundmachung
– digitale 553
– doppelte 583
Kundmachungsform
– geeignete 584
Kunstfreiheit 658

L

Landesbürgerschaft 229
Landesentwicklungsprogramm 547
Landespolizeidirektion
– Überwachung von Veranstaltungen 657, 669
Landesumweltanwalt 644
Landschaftsschutz, allgemeiner 636
Landschaftsschutzgebiete 640
Landschaftsteil, geschützter 641
land- und forstwirtschaftlicher Grundverkehr 617

Lärmerregung 87
Lärmschutz 280, 305
Lebensraum
– für Menschen, Tiere und Pflanzen 633
– Schutz von 639
Lebensschutz 60, 188, 212, 215, 220 f
Legalitätsprinzip 541, 626, *687*
– differenziertes 60
Legalservitut 371
Legitimation durch Verfahren 542, *687*
Leistungserklärung 573
Lenkberechtigung 431
– Einschränkung 432
– Entziehung 432
– Entziehungsdauer 433
– Erteilung 431
– Rechtsnatur 432
– Verfahren zur Entziehung 433
– vorläufige Abnahme 433
Lenkerauskunft 420, 434
Lenkererhebung 434
– Auskunftspflicht 434
Lenkverbot 433
Liberalisierung 461
– Energiemarkt 473
– Post 477
Lichtbildausweis für EWR-Bürger 200
Lieferantenwahl, freie 473
Lieferauftrag 506
Liegenschaftsverkehrsfreiheit 609
Löschungsrecht 36
Luftreinhaltung 280, 308, 312, 320, 405

M

Mandat *687*
– zwischenbehördliches 208
Mandatsbescheid 193, *688*
Marchfeldkanal 359
Marktanalyse
– Telekommunikation 468
Marktgebiete, Gaswirtschaft 476 f
Marktordnung 326
Marktregeln 465
Marktzugang
– Postdienste 479
– Schienenverkehr 480
Marktzutrittsregulierung 463
Maßnahmenbeschwerde, Ermittlungspflichten 60
Maßnahmenprogramm 367
Medienprivileg 40

Meinungsäußerungsfreiheit 58
Meinungsfreiheit 420
Meldeverpflichtung, polizeiliche 78
Menschenrechtsbeirat 62, 196
Minderalkoholisierung 424
Mitspracherecht, beschränktes 586
Mittel, gelindere 71, 83, 619
mittelbare Bundesverwaltung 411, *677*, *688*
Mitwirkungspflichten
– im Asylrecht 221, 223
– im Fremdenrecht 194, 197
Mobilisierung von Bauland 554, 556, 559
Musik- und Tanzveranstaltungen 655

N

Nachbar
– Gewerberecht 315
– übergangener 585
– verhinderter 585
Nachbarbegriff
– Baurecht 582
– Gewerberecht 309
Nachbarrechte 316, 586
– Wasserrecht 364
Nachhaltigkeit 278
Nachprüfungsverfahren 523
Nachschau 78
Nachsicht, gewerberechtliche 287, 290
Nachtrunk 426
Nassbaggerung 359
Nationalbibliothek 653
Nationale HochwasserrisikomanagementplanVO 2021 367
Nationaler Gewässerbewirtschaftungsplan 2021 367
Nationalpark 404, 642
– Schutzintensität 642
Natura 2000 636
Naturdenkmal, Erklärung zum 638
Naturdenkmalschutz 638
Naturhöhlen 635
Naturparks 641
Naturschutzabgaben 643
Naturschutzbeauftragte 644
Naturschutzbeirat 645
Naturschutzbuch 645
Naturschutzgebiet 404, 639
– Unterschutzstellung 640
Naturschutzrecht 631

- Anzeigepflicht 637
- Ausgleichsmaßnahmen 643
- Behördenzuständigkeit 643
- Bewilligungspflicht 637
- Gruppen von Regelungsgegenständen 634
- kompetenzrechtliche Einordnung 634
- Regelungsgegenstand und -ziele 633
- Verfahren 644
- Wiederherstellung 642
Naturschutzwacheorgane 644
Naturverträglichkeitsprüfung 640
Naturwaldreservate 404
Netzanschluss
- Energiewirtschaft 473
Netzausbau
- Telekommunikation 470
Netzdienstmodell 466
Netzwirtschaften 463
Netzzugang 461
- Energiewirtschaft 472
- geregelter 472 f, 475
- Schienenverkehr 482
Netzzugangsberechtigter 472
Netzzugangsregulierung 463
Nichterwerbstätigenrichtlinie 612
Niederlassungs- und AufenthaltsG 197
Niederlassungsfreiheit 230, 279, 287, 290, 612, *688*
Nitrat-Richtlinie 342
Normenkontrolle, inzidente 562
Nothilfe 73
Nutzerrechte 465
- Telekommunikation 469
Nutzung, Sicherstellung der 616, 628
Nutzungsplanung 545
Nutzungsverpflichtungen 613
Nutzwasserwirtschaft 338

O

Objektschutz 81
Objektschutzwald 402
öffentliche Ordnung 69
- Aufrechterhaltung der 66
- Störung 86
öffentliche Sicherheit 67
öffentliches Interesse 20, 279, 288, 303, 308, 326, 347, 400, *688*
öffentliches Wassergut 346
- Begriff 346
- Schutz 347

- Verwaltung 347
Öffentlichkeitsbeteiligung 280, 313, 318
Öffentlichkeitsbeteiligungsrichtlinie 250
Öffnungsklauseln 5
OIB-Richtlinien 593
Ökopunktesystem 422
One-stop-shop-Prinzip 378
ÖNORM 593, *689*
Organ *689*
- der öffentlichen Aufsicht 412, 644, *689*
- des öffentlichen Sicherheitsdienstes 89, 413, 430, 433, 670, *689*
- weisungsfreies 457
Organbefugnisse, fremdenpolizeiliche 184
Organmandat 439
Organpartei 320, 644, *689*
Organstrafverfügung 412, *690*
Organwalter *690*
örtliche Sicherheitspolizei 92
Ortsbildschutz 594
ortspolizeiliche Verordnung *690*
Österreichische Post AG 479
Österreichische Raumordnungskonferenz 558

P

Partei
- politische 109
- übergangene 586
Parteistellung
- Baurecht 583
- Einschränkung der 583
- Forstrecht 405, 413
- Gewerberecht 315, 317
- Wasserrecht 374
Passpflicht 181
PCI 254, 264
Pensionistenrichtlinie 612
Personendurchsuchung 79
- asylrechtliche 219
- fremdenpolizeiliche 185
Personenschutz 81
Personenverkehrsfreiheit 611, *690*
- Freizeitwohnsitz, Erwerb eines 613
Pflanzen
- Beschädigung von 637
- seltene und gefährdete 637
Pflanzenschutz 637
Pflanzenschutzverordnungen 638
Pickerl, Kfz-Begutachtung 428, 430
Pilzeschutzverordnung 637

Planung, einzugsgebietsbezogene 366
Planungshierarchie 546
Planungskompetenz 539
Planungsorgan, wasserwirtschaftliches 375
Platzverbote 75
Playboyrichtlinie 612
Polizeikooperation 64
polizeilicher Staatsschutz 62
Polizeistrafrecht 86
Positivplanung 540, 545, 610, *690*
Post 477
Post- und Telegraphenverwaltung (PTV) 477
Postämter
– Schließung 455
Post-Control-Kommission 488, 490
Postgeheimnis 456
Präklusion 313, 315 f, 318, 583, *690*
Prävention 439
Preisregulierung 464
– Energiewirtschaft 475
Primärrecht der EU *691*
Privat- und Familienleben 6, 58, 174, 183, 191, 201, 213, 218, 277, 658
Privatautonomie, Raumordnung 560
Privatgewässer
– Öffentlicherklärung 369
Privatisierung, Sicherheitspolizei 63
Privatunterricht 656
Privatwirtschaftsverwaltung *691*
Prognoseentscheidung 432
Projektwerber 256
Pseudonymisierung 12

Q

Quasi-Wiedereinsetzung 585, *691*
Querschnittsmaterie *691*
– Raumordnung 538
Quersubventionierung 474

R

Rahmenpläne, wasserwirtschaftliche 365
Rahmenvereinbarung 513
Raumentwicklungskonzept, europäisches 544
Rauminformationssystem 546
Raumordnung 536 f
– Bebauungsplan 556
– Behörden und Verfahren 561

– Behördenzuständigkeit 561
– Definition 536
– einfachgesetzliche Rechtsgrundlagen 544
– Einkaufszentren 539
– Einwendungen 552
– europarechtliche Bezüge 542
– Fachplanung 538
– finale Determinierung 542
– Flächenwidmungsplan 551
– Förderungswesen 558
– Grundrechtsschutz 540
– hoheitliche 544
  – Bundesebene 544
  – Gemeindeebene 549
  – Landesebene 545
– Kompetenz 537
– Koordination 558
  – zwischen Bund und Ländern 539
– Landesentwicklungs- bzw Raumordnungsprogramme 547
– Literaturauswahl 529
– nichthoheitliche 544, 558
– Planungshierarchie 546
– Positivplanung 540
– räumliches Entwicklungskonzept 550
– Raumverträglichkeitsprüfung 549
– Rechtsgrundlagen 527
– Rechtsprechung 532
– Rechtsschutz 562
– Regelungsgegenstand und -ziele 536
– Regionalprogramm 547
– Sachprogramm 547
– Stellungnahme- und Äußerungsrechte 547
– Theorie vom weißen Fleck 564
– Umweltprüfung 549
– Umwidmung 540, 556, 561
– Verfahren 562
– verfassungsrechtliche Bezüge 537
– Verträglichkeitsprüfung 549
– Vertragsraumordnung 554
Raumordnungsbeirat 546
Raumordnungsgrundsätze 536, 546
Raumordnungsprogramm 547
Raumordnungsrecht 527
Raumordnungsziele 536, 546
Raumplanung 537, 545
– forstliche 387, 394
– örtliche 538 f, 549
Raumverträglichkeitsprüfung 549

Rauschzustand
- Begehung einer Verwaltungsübertretung 88
Rechnungsprüfung 113
Rechte im Asyl 212
Rechtfertigungsgrund 138
rechtliche Verpflichtungen, Datenschutz 19
Rechtserwerb unter Lebenden 618
- Beschränkungen, verwaltungsbehördliche 627
Rechtserwerb von Todes wegen 608, 626
Rechtsgeschäfte
- genehmigungsfreie 618
- genehmigungspflichtige 618
Rechtsgüterschutz 70
- vorbeugender 68
Rechtskraft *691*
- Begriff 596
Rechtsschutz, Vergabeverfahren 522
Rechtsschutzbeauftragte 62, 91
Rechtsstaatsprinzip 175
Rechtsvermutung
- Staatsbürgerschaft 231
Refoulementverbot 188
Regelzonen 476
Regionalprogramme, wasserwirtschaftliche 363, 367
Regulatory Sandbox 476
Regulierung
- asymmetrische 462, 468
- Energiewirtschaft 472
- Instrumente 463
- Post 477
- Schienenverkehr 480
- Telekommunikation 467
Regulierungsbehörden 486
- Energiewirtschaft 487
- Finanzierung 455
- Post 488
- Schienenverkehr 489
- Telekommunikation 486
- Weisungsfreistellung 457
Regulierungsbehördenmodell, österreichisches 484
Regulierungskommission 473 f, 485, 488
Regulierungsrecht 441
- europäisches 458
- grundrechtliche Bezüge 454
- kompetenzrechtliche Einordnung 454
- Rechtsschutz 490

- Regelungsgegenstand und -ziele 452
- völkerrechtliche Bezüge 460
Regulierungsverbund, europäischer 459
Reinhaltungsverband 373
Reisedokument 181
Religionsausübung, öffentliche 658
Religionsgemeinschaften 108
Richtlinie, EU *692*
Richtlinienverordnung 72
Rodung
- Anmeldeverfahren 398
- Begriff 397
- Bewilligungsantrag 398
- Bewilligungspflicht 398
- Bewilligungsverfahren 398
- Bewilligungsvoraussetzung 400
- kleinflächige 398
- konzentriertes Bewilligungsverfahren 402
Rodungsverbot 397
Rosinenpicken 462
RTR-GmbH 463, 486, 488, 490
Rückflugbegleitung, fremdenpolizeiliche 187
Rückkehrentscheidung
- asylrechtliche 218
Rücksichtnahmeprinzip (-pflicht) *692*
Ruhegebiete 641
Rundfunk 453, 463

S

sachlich in Betracht kommende Oberbehörde *692*
Sammelbescheid 237
Sandgewinnung 358
Sanierungsplan 357, 373
Satzungsautonomie 371
Schadenersatz
- Datenschutz 47
- Vergaberecht 525
- Wasserrecht 354
Scheingeschäfte 629
Schengener Durchführungsübereinkommen 64
Schienen-Control GmbH 489, 491
Schienen-Control Kommission 489, 491
Schieneninfrastruktur-Dienstleistungsgesellschaft mbH (SCHIG) 490
Schipisten 657
Schleierfahndung 74

Schongebiet 361
Schubabkommen 178, 187
Schubhaft 192, 219
– Aufhebung 194
– Dauer 193
– Vollstreckung 193
– Widerruf 193
Schubhaftprüfungsverfahren 194
Schulveranstaltungen 653
Schutz lebenswichtiger Interessen 19
Schutz- und Regulierungswasserbauten 363
Schutzgebiet 361
Schutzgesetz 418
Schutzklauselverfahren, gewerberechtliches 299
Schutzwald
– Feststellungsbescheid 403
Schutzwasserwirtschaft 338
Schutzzone 75
Schwarzbauten 592
Schwellenwerte 503
Section Control 435
– Bedingungen für 435
Sektoren, regulierte 463
Sektorenauftraggeber 506
Sektorenbereich, Auftragsvergabe 521
Sekundärrecht der EU 692
Selbstbeschuldigungsverbot 59
Selbstbewirtschaftung 616, 619
Selbstbindung, Raumordnung 548
Selbstverwaltung 692
– Wasserrecht 372
Seveso-Anlage 280, 305
Sicherheitsbehörden 61, 89, 124, 156
– Aufgaben und Organisation 61
Sicherheitsbereich 75
Sicherheitsgurt, Pflicht zum Anlegen von 421
Sicherheitskontrolle 63
Sicherheitsleistung 401
Sicherheitspolizei 56, *693*
– allgemein 56
– Aufgaben 66 f
– Befugnisse 66, 70
– allgemeine 73
– besondere 74
– Grundsätze 70
– örtliche 56
– Rechtsschutz 90
Sicherheitspolizeirecht 49

– Behörden 95
– Behördenzuständigkeit 89
– Bund 66
– kompetenzrechtliche Einordnung 55
– Regelungsgegenstand und -ziele 55
– Verfahren 90, 95
Sicherheitsunternehmen 63
Sicherheitsverwaltung 62, 123 f, 156 f, 173, *693*
– Organisation 55
Sicherstellung
– der Nutzung 616, 628
– von Sachen 79
Sicherungsmaßnahmen 324, 591
Sichtvermerke 182
Sichtvermerksabkommen 178
Sichtvermerksfreiheit 182
Sichtvermerkspflicht 182
Sickergrube 359
Sondernutzung
– Wasserrecht 348
Sorgfaltspflicht, wasserrechtliche 355
Spekulation 607, 613, 616
Spielapparate 656, 665
Spontanversammlungen 138
Sportgroßveranstaltungen 76
Staatenlosigkeit 230 f, 237
Staatsbürgerrechte 228
Staatsbürgerschaft
– Begriff 227
– Beibehaltung 238
– Diskriminierungsverbot 228
– Entziehung 239
– Erwerb 231
– durch Anzeige 237
– Gelöbnis bei Verleihung 242
– Grundrecht 228
– Kompetenz 228
– Verleihung 232
– Verlust 238
– Verzicht 240
– Zusicherung 234
Staatsbürgerschaftsevidenz 241
Staatsbürgerschaftsnachweis 241
Staatsbürgerschaftsrecht 225
– Behörden und Verfahren 240
– europarechtliche Bezüge 229
– Grundsätze 230
– Literatur 226
– Rechtsgrundlagen 225
– Rechtsprechung 226

- Regelungsgegenstand und -ziele 227
- Strafbestimmungen 240
- verfassungsrechtliche Bezüge 228

Staatsbürgerschaftsregister, zentrales 241
Staatsbürgerschaftsverband 241
Staatspolizei 85
Staatsziel 341, 421
- Forschung 278
- Nachhaltigkeit 278
- Tierschutz 278
- Umweltschutz 278, 341, 389, 636
- Wasser- und Lebensmittelversorgung 278, 341

Staatszielbestimmung *693*
Stand der Technik 305, 307 ff, 312, 321 f, 352, 360, 593, *693*
Standesamtsverband 241
Standortanwalt 259
Standort-Entwicklungsgesetz 255, 265
Standortgemeinde 258
standortrelevante Vorhaben 255, 265
Standortschutzwald 402
Stoffe, wassergefährdende 357
Strafbarkeit des Versuchs
- Straßenverkehrsordnung 438
Strafrechtspflege 62
Straße
- Begriff 423
- öffentlicher Verkehr 423 f
Straßenaufsicht 436
Straßenbenützung 427
- Menschenansammlungen 427
- zu verkehrsfremden Zwecken 427
Straßenfluchtlinien 556
Straßenpolizei 419
Straßenpolizeirecht 415
- kompetenzrechtliche Einordnung 418
- Regelungsgegenstand und -ziele 418
Straßenverkehr
- Sicherheit, Leichtigkeit und Flüssigkeit des 419
- Teilnahme am 418
Straßenverkehrsordnung
- Behördenzuständigkeit 436
- Verfahren 438
Streitschlichtung 69, 462, 470, 486, 488
Strukturpolitik, regionale 544
Sturztrunk 426
StVO
- Geltungsbereich, örtlicher 423
- Regelungen 423

- Verordnungsermächtigungen 423
subjektiv-öffentliches Recht 294, 587, 620, *694*
subsidiär Schutzberechtigter 214
sukzessive Zuständigkeit 341, 380, 389, 408, 412 f, 635, *694*
Systemnutzungsentgelte 472 f, 475

T

Tagwasser 346, 349
Tatbestandswirkung 212, 639, *695*
Teilgewerbe 284, 293
Teiltätigkeit, gewerbliche einfache 285, 293
Telekom-Control-Kommission 487, 490
Telekommunikation 467
TEN-E-VO 250, 254
Tennisplätze 654, 657
Theorie vom weißen Fleck 564
Tierartenschutz 638
Tiere 655
Tierschutz 278
Todesstrafe 175, 188, 212, 215, 220 f
Totalisateure 656, 667
transeuropäische Netze 543
Transitsicherung 186
Transparenzgebot 509
Trassenfestlegung 545
Tribunal 630, *695*
Trockenbaggerung 358
Typengenehmigung 352

U

übergangene Partei 586
Übernahmeauftrag 188
Übertragungsnetzbetreiber 474
Überwachung 81
- von Veranstaltungen 657, 669 f
Überwachungsdienst, besonderer 70
Umgehungsgeschäfte 629
Umwegszumutbarkeit 563
Umweltanwalt 257
Umweltbeschwerde 357, 374
Umwelterheblichkeitsprüfung 549
Umwelthaftung 343, 356, 374
Umweltorganisation 259, 261, 317, 344
- Gewerberecht 317
- Wasserrecht 344, 375 f
Umweltprüfung 549
- strategische 250

Umweltrat 256
Umweltschaden 357
Umweltschutz 275, 277 f, 280, 299, 304, 321, 326, 421, 633
Umweltverträglichkeitserklärung 261, 314
Umweltverträglichkeitsgutachten 262
Umweltverträglichkeitsprüfung 243, 248, 314, 549, 569
– Bundesstraßen 254
– Feststellungsverfahren 253, 260
– Hochleistungsstrecken 254
– Nachbarn 257
– Parteien 256
– Prüfungspflicht 251
– Rechtsgrundlagen 243
– UVP-Verfahren 251
– völkerrechtliche Bezüge 251
Umweltverträglichkeitsprüfungspflicht 251, 329
Umweltziele 355, 360, 367
Umwidmung 540
unbestimmte Gesetzesbegriffe 695
unbestimmte Rechtsbegriffe 695
Unbundling 464
– Energiewirtschaft 474
– Schienenverkehr 480
Ungehorsamsdelikt 434, 438, 696
Unionsbürgerschaft 229
unionsrechtskonforme Interpretation 696
Universaldienst 462, 466
– Post 478
– Telekommunikation 471
Universitätsveranstaltungen 653
unmittelbare Bundesverwaltung 123, 156, 677
Unterlassungsdelikt 697
Unterricht, privater 656, 659
Unzuständigkeit, asylrechtliche 213
Urkunde 697
– mit Bescheidcharakter 432, 697
– öffentliche 429
UVP-pflichtige (Neu-)Vorhaben 252
UVP-Verfahren
– Bürgerinitiative 262
– Feststellungsverfahren 253
– Mediationsverfahren 262
– ordentliches 261
– Sperrwirkung 262

– vereinfachtes 263
– Vorhabensbegriff, gesamthafter 251

V

Veranstalter 663
Veranstaltung
– Anwendungsbereich 660
– anzeigepflichtige 662
– Begriff 651, 656, 660
– Bewilligungskriterien 661
– bewilligungspflichtige 661
– Bundesmuseen 653
– Bundestheater 652
– Demonstrationen 653
– Einteilung 660
– freie 662
– Gewerberecht 654
– Glücksspiel 655
– Großveranstaltungen 667
– im Freien 665
– Jugendschutz 668
– Kultus 655
– Landeskompetenzen 656, 659
– Musik- und Tanzveranstaltungen 655
– Nationalbibliothek 653
– Polizeistrafgesetze 668
– Rechtsschutz 669
– Schulen 653
– Sonderregelungen 665
– Tiere 655
– Überwachung 657, 669 f
– Universitäten 653
– verbotene 663
– Verfahren 669
– Vergnügungssteuer 668
– Verkaufsausstellungen 655
– Verwaltungsgerichtsbarkeit 669
– Zuständigkeiten 669
Veranstaltungspolizei 659
– örtliche 657
Veranstaltungsrecht 133, 647
– Behörden und Verfahren 669
– Buchmacher 667
– Campingplätze 667
– einfachgesetzliche Grundlagen 659
– europarechtliche Bezüge 659
– Fiaker 667
– Großveranstaltungen 667
– Grundrechtsschutz 658
– Jugendschutz 668

Sachverzeichnis

- Kinowesen 666
- Kompetenz 652
- Literatur 648
- Rechtsgrundlagen 647
- Rechtsprechung 650
- Regelungsgegenstand und -ziele 651
- Sonderregelungen 665
- Spielapparate 665
- Totalisateure 667
- Überwachung 670
- Urheberrecht 668
- Veranstalter 663
- Veranstaltungsarten 660
- VeranstaltungsG 659
- Veranstaltungsstätte 664
- verfassungsrechtliche Bezüge 652

Verantwortlicher, Datenschutz 8
Verarbeitung 13
Verband 110
Verbraucherschutz 299
Verein
- Erscheinungsformen 110
- im Gewerberecht 282

Vereinsauflösung 114
- behördliche 120
- freiwillige 120

Vereinsbeendigung 119
Vereinsbegriff 105
Vereinsentstehung 114
Vereinserrichtung 111
Vereinsfreiheit 103
Vereinsgeschäftsführung 117
Vereinsgründung 110
- Untersagung 115

Vereinskonstituierung 117
Vereinsleitungsorgan 113
Vereinsmitgliederversammlung 112
Vereinsmitgliedschaft 112
Vereinsname 111
Vereinsorgane 112
Vereinsrecht 99, 654
- Behörden und Verfahren 123
- Behördenzuständigkeit 123
- Binnenmarktfreiheiten 105
- Erscheinungsformen 110
- europäischer Verein 105
- europarechtliche Bezüge 105
- Grundrechte-Charta 105
- Grundrechtsschutz 103
- ideeller Vereinszweck 106
- Kompetenz 103

- Konzessionspflicht, Verbot 104
- Literatur 99
- öffentliches 103
- politische Parteien 109
- privates 103
- Rechnungslegung 118
- Rechtsgrundlagen 99
- Rechtsprechung 101
- Regelungsgegenstand und -ziele 102
- Religionsgemeinschaften 108
- Sicherheitsverwaltung 123
- Verbot der Pflichtmitgliedschaft 106
- Vereinsbeendigung 119
- Vereinsentstehung 114
- Vereinserrichtung 111
- Vereinsgeschäftsführung 117
- Vereinsgründung 110
- Vereinskonstituierung 117
- Vereinsregister 126
- Vereinstätigkeit 116
- Vereinsumbildung 119
- Vereinsversammlungen 118
- Verfahren 124
- verfassungsrechtliche Bezüge 103
- Verwaltungsstrafrecht 123

Vereinsregister 126
Vereinssitz 111
Vereinsstatuten 111, 127
- Änderung 119

Vereinsstreitschlichtung 114
Vereinstätigkeit 116
Vereinsvermögen
- Abwicklung 122

Vereinsversammlungen 118, 141
Vereinszweck 111
Verfahren 669
Verfahrensgarantien 59, 389, 541, 572, 610
Verfahrensgliederung, vertikale 377
Verfahrenskonzentration 308, 314, 405, 413
Verfall 79, 329, *698*
Vergabegrundsätze 508
Vergaberecht 493
- Angebot 517
- Anwendungsbereich 504
- Ausschreibung 515
- Bekanntmachung 515
- Eignungsprüfung 516
- europarechtliche Bezüge 502
- Grundrechtsschutz 501

720

- Kompetenz 500
- Literatur 495
- Rechtsgrundlagen 493
- Rechtsprechung 496
- Rechtsschutz 522
  - Länderebene 525
- Regelungsgegenstand und -ziele 499
- Schadenersatz 525
- verfassungsrechtliche Bezüge 500
- Vergabeverfahren 508
- Vergabeverfahrensarten 511
- völkerrechtliche Bezüge 500, 504
- Zuschlag 518
- Zuständigkeit BVwG 523

Vergaberechtsschutz 522
- einstweilige Verfügungen 524
- Europäische Union 525
- Feststellungsverfahren 524
- Länderebene 525
- Nachprüfungsverfahren 523
- Parteistellung 524
- Präklusion 523
- Schadenersatz 525

Vergaberichtlinien 503
Vergabeverfahren 508
- Angebot 517
  - Mängelbehebung 518
- Angebotsprüfung 518
- Ausschreibung 515
- Bekanntmachung 515
- Eigenerklärung 517
- Eignungskriterien 516
- Eignungsprüfung 516
- Verhandlungsverbot 518
- Widerruf 520
- Zuschlagsverfahren 518

Vergabeverfahrensarten 511
Vergnügungsanlagen 657
Vergnügungssteuer 668
Verhältnismäßigkeitsgrundsatz 277, 281, 340, 369, 540, 610, 619
Verjährung *698*
Verkehrsbeeinträchtigung 427
Verkehrsbeschränkungen 435
- ImmissionsschutzG-Luft 436
Verkehrspolitik 422
- Gemeinschaftsaufgabe 422
Verkehrspolizei 436
- Autobahnen 437
- BMKUEMIT 437
- Wachkörper 437

Verkehrsverbote 435
Verkehrszuverlässigkeit 431
Vermummungsverbot 151
Verordnung
- EU *698*
- ortspolizeiliche 57, 95
Verpflichtungen, gemeinwirtschaftliche 466
Verrechnungsstelle 477
Versammlungen
- absolut verbotene 149
- anzeigepflichtige 142
- bewilligungspflichtige 141
- freie 141
- nicht anzeigepflichtige 141
- öffentliche 142
- StVO 427
- Vereinsversammlungen 141
- Wählerversammlungen 141

Versammlungsanzeige 142
Versammlungsarten 140
Versammlungsaufsicht
- behördliche 153
- interne 151
Versammlungsbegriff 137
Versammlungsdauer 138
Versammlungsdurchführung 150
Versammlungsfreiheit 58, 132 f, 420
Versammlungsleiter 150
Versammlungsrecht 129, 653
- Behörden 156
- europarechtliche Bezüge 136
- Grundrechtsschutz 133
- Kompetenz 133
- Literatur 129
- Rechtsgrundlagen 129
- Rechtsprechung 130
- Regelungsgegenstand und -ziele 132
- Strafrecht 155
- Verfahren 157
- verfassungsrechtliche Bezüge 133
- Versammlungsanzeige 142
- Versammlungsarten 140
- Versammlungsauflösung 154
- Versammlungsaufsicht 153
- Versammlungsbegriff 137
- Versammlungsdurchführung 150
- Versammlungsuntersagung 144
- Verwaltungsstrafrecht 155
- völkerrechtliche Bezüge 136
Versammlungsuntersagung 144

Sachverzeichnis

Verschlechterungsverbot 342, 355, 376
Versteinerungsprinzip 56, 133, 276, 339, 387, 419, 569, 607, *699*
Versteinerungstheorie *699*
Verteidigungsbereich, Auftragsvergabe 504, 522
Verteilernetzbetreiber 475
Vertrag von Lissabon *673*
Verträglichkeitsprüfung 549
Vertragserfüllung 19
Vertragsnaturschutz 643
Vertragsraumordnung 545, 554, 559, 561
Vertretungsbehörde 241
– fremdenrechtliches Verfahren 197
Verwaltungsakzessorietät *699*
Verwaltungsgerichtsbarkeit *700*
Verwaltungspolizei 56, 70, *699*
Verwertungszwang 616
virtueller Handelspunkt 477
Visum 183
Vogelschutzrichtlinie 636
Volksanwaltschaft 62
Vorbehaltsflächen
– Raumordnung 553
Vorfrage *699*
Vorführung 81
Vorhaben
– Begriff 251
– potentiell wassergefährdende 357
– von gemeinsamem Interesse 254
Vorhabensänderungen 253
Vormerksystem 433
Vorprüfung im Bauverfahren 581
Vorrang des EU-Rechts *700*
Vorratsdatenspeicherung 65
Vorschriften, bautechnische 592
Vorstellung *700*

W

Wachkörper 61
Waffengebrauch 83
Waffenverbot 151
Wählerversammlungen 141
Wahlrecht 229
Wald
– Ausnahmen vom Begriff des 393
– Bannlegungsverfahren 404
– Bannwald 403
– Begriff 391
– Biotopschutzwald 404
– Erklärung zum 392
– erweiterte Nutzung 407
– Fällung
– freie 408
– Feststellungsbescheid 393
– Funktionen 386
– Gemeingebrauch 406
– Kahlhieb 408
– Kampfzone 392, 403
– Mindestgröße 392
– Schutz 387
– Schutzwald 402
– Wildbach- und Lawinengefahren 406
– Windschutzanlagen 392, 403
Waldbenützung 406
Waldbewirtschaftung 408
Waldeigenschaft 392
Waldeigentümer
– Überwachungspflichten 409
Waldentwicklungsplan 394
Walderhaltung 395
– Grundsatz 391
– öffentliches Interesse an der 399
Waldfachplan 395
Waldnutzung, kleine 407
Waldverwüstung 396
Waldverwüstungsverbot
– allgemeines 397
– spezielles 397
Waldwirkungen 391, 394
Warenverkehrsfreiheit *700*
Wasser
– Einleitung von Stoffen 342
– Gebrauch von 342
Wasserbauten 340
Wasserbenutzung
– Bewilligung 351
Wasserbenutzungsanlagen 351
Wasserbenutzungsrechte 351
– Erlöschen 353
Wasserberechtigter 353
Wassergenossenschaften 364, 371
– Arten 371
– Realcharakter 372
Wasserinformationssystem Austria (WISA) 368
Wassernutzungen
– rechtmäßige 351
Wasserrahmenrichtlinie 342, 366
– Planung 366
Wasserrecht 331

- Anlagen 349
- Behördenzuständigkeit 373
- Beteiligte 375
- Bewilligung 348
- Einbringungsverbote und -beschränkungen 360
- Enteignung 370
- europarechtliche Bezüge 342
- Hilfeleistung im Notfall 364
- kompetenzrechtliche Einordnung 339
- Mitanwendung von Bestimmungen 379
- mündliche Verhandlung 376
- Rechtsgrundlagen 331
- Rechtsprechung 336
- Regelungsgegenstand und -ziele 338
- Verordnungsrecht 338
- völkerrechtliche Bezüge 344
- Vorarbeiten, Duldung von 369
Wasserverbände 364, 371
- Arten 371
Wasserversorgung
- Schutz 361
wasserwirtschaftliches Planungsorgan 257, 314, 330
Wegweisung 77
Wertersatzstrafe 700
Wertminderung 540
Wettbewerb 286, 329, 514
Widerruf, Vergaberecht 520
Widerspruchsrecht, Datenschutz 39
Widerstand gegen die Staatsgewalt 88
Widerstreit 351, 377
Widmung 551, 553, 608, 618, 623, *701*
Widmungsarten, Raumordnung 553
Widmungskategorien, Raumordnung 553

Wiederbewaldung 395 f
Wirkung, aufschiebende *674*
Wirkungsbereich der Gemeinde *701*
- eigener 57, 95, 326, 538 f, 549, 570, 643, *680*
  - Raumordnung 561
- übertragener 61, 97, 241, 561, *695*
wissenschaftliche Forschung 40
Wohnbebauung, heranrückende 588
Wohnsitz 229, 295, 431, *701*
- ständiger 612
WRG-Nov 2003 342, 366

Z

Zivil- und Strafrechtskompetenz der Länder 608
Zivilrechtswesen 608
Zulassungsevidenz 430
Zulassungsschein 429
Zurückschiebung 187
Zurückweisung 186
Zusammenschaltung 470
Zuschlagsverfahren 518
Zustellfiktion 377
Zuverlässigkeit, gewerberechtliche 286, 291
Zuverlässigkeitsgewerbe 286, 296
Zwangsbefugnisse, asylrechtliche 219
Zwangsgewalt 82
- unmittelbare 70
Zwangsmaßnahmen 59
Zwangsrechte, wasserrechtliche 368
Zwangsversteigerung 628
Zweigverein 110
Zweitwohnsitz 611
Zweitwohnsitzabgabe 624

 VERLAG ÖSTERREICH

Verwaltungsrecht verstehen durch konkrete Anwendungsbeispiele

Bachmann/Baumgartner
Feik/Fuchs/Giese/Jahnel
Lienbacher (Hrsg)
Besonderes Verwaltungsrecht
Fälle und Lösungen

Casebook
2. Auflage
323 Seiten, broschiert
ISBN 978-3-7046-9039-5
Erscheinungsdatum: 7.10.2022
33,00 €

www.verlagoesterreich.at
Verlag Österreich Kundenservice: T: +43-1-610 77-555
kundenservice@verlagoesterreich.at

Grundlagen des Verfassungsrechts verständlich erklärt

Khakzadeh
elements Verfassungsrecht

Lehrbuch
339 Seiten, broschiert
ISBN 978-3-7046-8924-5
Erscheinungsdatum: 7.9.2022
49,00 €

www.verlagoesterreich.at
Verlag Österreich Kundenservice: T: +43-1-610 77-555
kundenservice@verlagoesterreich.at